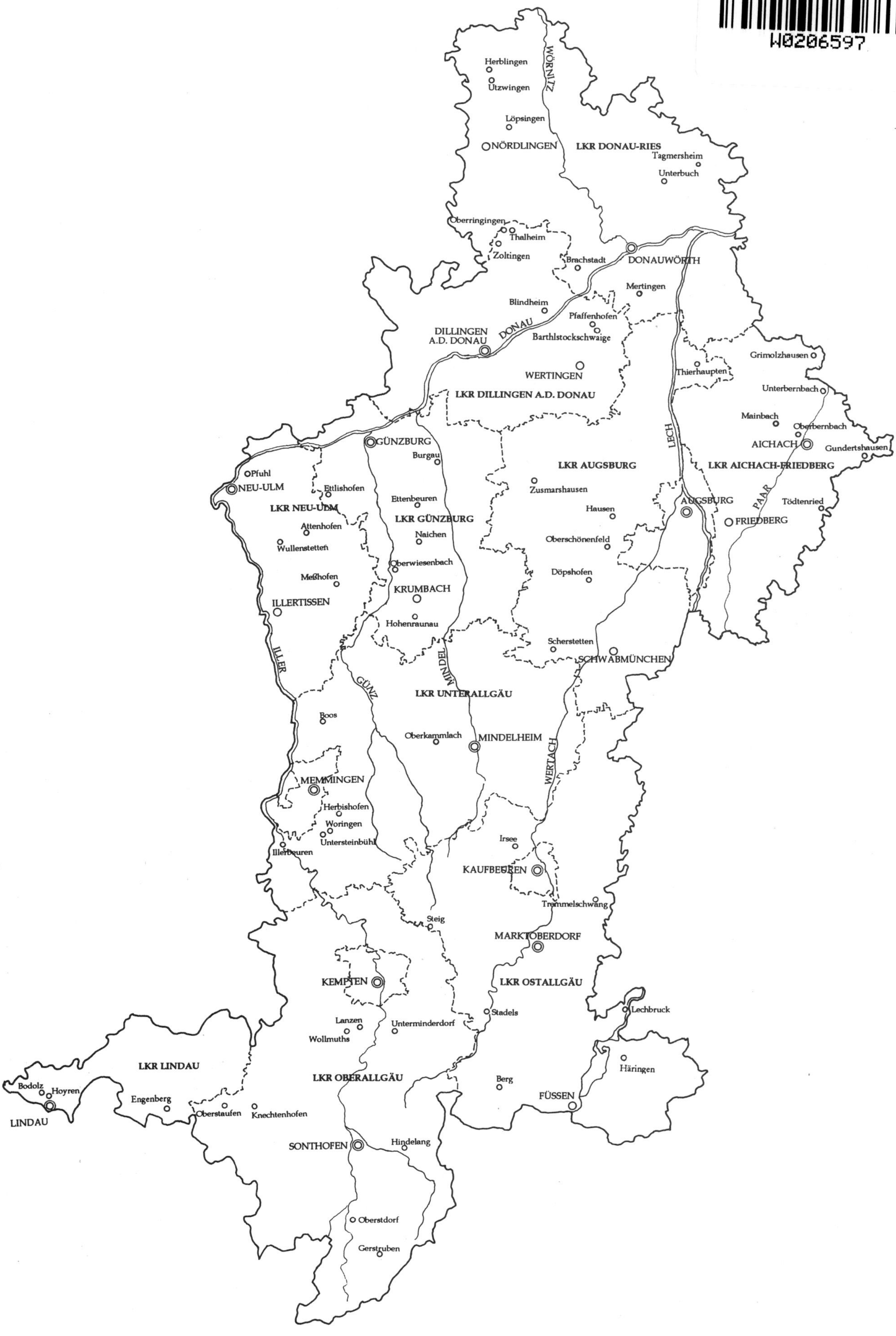
Herblingen
Utzwingen
WÖRNITZ
Löpsingen
NÖRDLINGEN
LKR DONAU-RIES
Tagmersheim
Unterbuch
Oberringingen
Thalheim
Zoltingen
Brachstadt
DONAUWÖRTH
Mertingen
Blindheim
Pfaffenhofen
Barthlstockschwaige
DILLINGEN
A.D. DONAU
DONAU
WERTINGEN
LKR DILLINGEN A.D. DONAU
Grimolzhausen
Thierhaupten
Unterbernbach
Mainbach
Oberbernbach
AICHACH
Gundertshausen
GÜNZBURG
Burgau
LECH
LKR AUGSBURG
LKR AICHACH-FRIEDBERG
Pfuhl
NEU-ULM
Ettlishofen
Ettenbeuren
Zusmarshausen
AUGSBURG
PAAR
Tödtenried
LKR NEU-ULM
LKR GÜNZBURG
Hausen
FRIEDBERG
Attenhofen
Wullenstetten
Naichen
Oberschönenfeld
Oberwiesenbach
Meßhofen
Döpshofen
KRUMBACH
ILLERTISSEN
Hohenraunau
Scherstetten
SCHWABMÜNCHEN
ILLER
MINDEL
GÜNZ
LKR UNTERALLGÄU
Boos
Oberkammlach
MINDELHEIM
WERTACH
MEMMINGEN
Herbishofen
Woringen
Untersteinbühl
Illerbeuren
Irsee
KAUFBEUREN
Tremmelschwang
Steig
MARKTOBERDORF
KEMPTEN
LKR OSTALLGÄU
Lechbruck
Stadels
Lanzen
Wollmuths
Unterminderdorf
Häringen
LKR LINDAU
Bodolz
Hoyren
LINDAU
Engenberg
Oberstaufen
Knechtenhofen
LKR OBERALLGÄU
Berg
FÜSSEN
SONTHOFEN
Hindelang
Oberstdorf
Gerstruben

BAUERNHÄUSER IN BAYERN

Schwaben

Bauernhäuser in Bayern

Dokumentation

Band 7

Herausgegeben vom
Bayerischen Staatsministerium für Ernährung, Landwirtschaft und Forsten
und dem Bayerischen Landesverein für Heimatpflege e. V.

Eine Fördermaßnahme des
Freistaats Bayern

Bauernhäuser in Bayern

Schwaben

Ries, Mittelschwaben, Allgäu

Herausgegeben von
Helmut Gebhard
Hans Frei

Hugendubel

Herausgeber	Bayerisches Staatsministerium für Ernährung, Landwirtschaft und Forsten und Bayerischer Landesverein für Heimatpflege e. V.
Autoren	Univ. Prof. Dr. Ing. Helmut Gebhard Architekt BDA Prof. Dr. Hans Frei, Ltd. Museumsdirektor Dr. Otto Kettemann, Museumsleiter Dipl. Ing. Michael Felkner, Architekt Dr. Michaela Haibl Sibyllle Schmidt-Lawrenz M. A. Jürgen Schmid M. A. Ministerialrat Dipl. Ing. Ludwig Menner
Zeichnungen und Berechnungen	Lehrstuhl für Entwerfen und ländliches Bauwesen, TU München Univ. Prof. Dipl. Ing. Matthias Reichenbach-Klinke Architekt BDA Dipl. Ing. Vinzenz Dufter Architekturbüro Gebhard, München Dipl. Ing. Harald Scharrer Dipl. Ing. Sabrina Hehl
Koordinierung und Gesamtleitung	Univ. Prof. Dr. Ing. Helmut Gebhard Ministerialrat Dipl. Ing. Ludwig Menner

Die Deutsche Bibliothek – CIP-Einheitsaufnahme
Bauernhäuser in Bayern : Dokumentation / hrsg. vom
Bayerischen Staatsministerium für Ernährung, Landwirtschaft
und Forsten und dem Bayerischen Landesverein für
Heimatpflege e.V. – Kreuzlingen ; München : Hugendubel.
Bd. 7 Schwaben / hrsg. von Helmut Gebhard ; Hans Frei. – 1999
ISBN 3-89631-369-X
NE: Gebhard, Helmut [Hrsg.]

Umschlaggestaltung: Zembsch' Werkstatt, München
Produktion: Tillmann Roeder, München
Herstellung: Caroline Saupe, München
Satz und Reproduktion: SatzTeam Berger, Ellenberg
Papier: Holzfrei, chlorfrei Bilderdruck, Scheufelen
Druck und Bindung: Bosch Druck, Landshut
Printed in Germany

ISBN 3-89631-369-X

Inhalt

Zum Buch

Schwaben mit dem Ries, mit Jura und Donautal, den mittelschwäbischen Landstrichen und vor allem mit dem mächtigen Allgäu ist seit 1806 ein gewichtiger Teil von Bayern. In römischer Zeit war Augsburg, die Hauptstadt des heutigen Regierungsbezirks Schwaben, als Augusta Vindelicum strahlender Verwaltungsmittelpunkt der Provinz Raetien, bedeutendes und eigenständig wirkendes Zentrum bis hin nach Noricum.

Auf dieser glanzvollen Grundlage entwickelte sich die freie Reichsstadt Augsburg als weltweit wirkende Handelsstadt der Welser und Fugger, von denen baulich mit der Fuggerei ein bis heute beispielhaftes Sozialmodell erhalten ist. Die große Spannweite der traditionellen Bauformen in diesem Raum reicht von den Bauten des Bürgertums bis hin zu bedeutenden profanen und kirchlichen Baudenkmälern als Ergebnis wirtschaftlicher und kultureller Entwicklung, und nicht zuletzt zu den zahllosen Beispielen ländlicher Hausformen.

Das Sammelwerk »Das Bauernhaus im Deutschen Reich und in seinen Grenzgebieten«, das der Verband deutscher Architekten und Ingenieurvereine im Jahr 1904 herausbrachte, gibt darauf einen ersten Vorgeschmack und zeigt aus der reichhaltigen Palette der Bauformen und Haustypen einen repräsentativen, aber dennoch nur relativ kleinen Ausschnitt.

Um der Vielfalt der in Bayern vorkommenden Haus- und Hoftypen besser gerecht zu werden und um eine Arbeits- und Beratungsgrundlage für Bauherren oder Architekten zu schaffen, hatten in den dreißiger Jahren angesichts der bereits damals abzusehenden Verluste an gewachsener Bausubstanz Vorarbeiten für ein auf sechs Bände angelegtes »Bayerisches Bauernhauswerk« begonnen. Unter Leitung des Hausforschers Rudolf Hoferer war beim Bayerischen Landesverein für Heimatschutz ein eigener Ausschuß zur Realisierung dieses Vorhabens gebildet worden.

Krieg und Nachkriegszeit behinderten diese Arbeiten, so daß erst 1960 als erster und einziger Teilband »Das Bauernhaus in Bayerisch-Schwaben« von Heinrich Götzger und Helmut Prechter erscheinen konnte. Er wurde herausgegeben von der damals noch zum Landesverein gehörenden Landesstelle für Volkskunde und dem Landesamt für Denkmalpflege und ist in seiner Art bis heute ein Grundlagenwerk von hoher Qualität.

Ein ebenso wichtiges und gesuchtes Standardwerk ist der »Wegweiser zur Bauernhausforschung in Bayern« von Torsten Gebhard, der 1957 als Heft 11 der »Bayerischen Heimatforschung« erschien und wertvolle Hinweise auch zum bäuerlichen Bauen in Schwaben enthält.

Örtliche Stellen in Schwaben oder der Landesverein für Heimatpflege waren stets darum bemüht, die regionaltypische Bauweise sorgsam und zeitgemäß weiterzuentwickeln oder auf die Ortsbildpflege Einfluß zu nehmen. Wesentliche Komponenten waren dabei die Beiträge in den Zeitschriften »Schönere Heimat« und »Der Bauberater« und der Beratungsdienst des Landesvereins bei öffentlichen und privaten Bauaufgaben. Viele Aktionen des Bayerischen Staatsministeriums für Ernährung, Landwirtschaft und Forsten galten einer guten Gestaltung der Baumaßnahmen der Landwirte oder bei der Dorferneuerung. Vor allem die in Schwaben besonders erfolgreichen Wettbewerbe »Landschaftsgebundenes Bauen in der Landwirtschaft« der Jahre 1978 bis 1991 dürfen hier angeführt werden.

Landschaftsgerechtes Bauen und die dafür notwendige Grundlagenforschung wurden auch von der Kommission der Europäischen Union als wichtige Aufgabe erkannt und in die Förderung ländlicher Gebiete einbezogen. Dieses Förderungskonzept, das auch bauliche und bauplanerische Aufgaben einschließen sollte, verfolgte ganzheitlich das Ziel, den Strukturwandel auf dem Lande zu berücksichtigen und Verbesserungen der Lebens- und Wirtschaftsverhältnisse im ländlichen Raum zu bewirken. Es war Anstoß und wesentliche Grundlage für diese neue Bauernhausdokumentation.

Das vorliegende Werk ist eine wichtige Vorleistung dazu, den Bürgern, Planern und Gemeinden die Gestaltwerte der Hauslandschaften bewußt zu machen, dadurch auch Qualitätsmaßstäbe für neue Bauaufgaben zu vermitteln und insgesamt den ländlichen Raum attraktiv und lebenswert zu gestalten.

Für die Entstehung und Entwicklung der Hauslandschaften waren örtlich verfügbare Baumaterialien, handwerkliche Praktiken, regionale Traditionen und unterschiedliche Formen der Bewirtschaftung und Nutzung maßgebend. Politische oder verwaltungsmäßige Grenzen spielten dabei nur eine geringe Rolle. Gleichwohl hält sich diese Dokumentation an die Einteilung in Regierungsbezirke und Landkreise, die in Bayern historisch begründet ist. Dadurch wird die Benutzung des Bandes als Nachschlagewerk und rasche Informationshilfe erleichtert.

Die Übereinstimmung des Bayerischen Staatsministeriums für Ernährung, Landwirtschaft und Forsten und des Bayerischen Landesvereins für Heimatpflege in den Zielen der Bau- und Ortsbildpflege und ihr gutes Einvernehmen sind eine wesentliche Grundlage für dieses interdisziplinäre Gemeinschaftswerk, das Bauernhof- und Bauernhausforschung nicht nur als eine von historischem Interesse bestimmte Aufgabe wertet, sondern Anregungen geben soll für eine künftige Gestaltung des ländlichen Raumes. Die Einbeziehung aller fachlich damit befaßten Einrichtungen wie Universitätsinstitute und Museen, von Bauverwaltung und Denkmalschutzbehörden, von Architekten, Hausforschern und Heimatpflegern steht für das Bemühen, einzelwissenschaftliche Fachkenntnisse zu einem interdisziplinären Gesamtüberblick zu verbinden. In gleicher Weise sollen mit diesem Werk nicht nur Fachleute, sondern durch eine übersichtliche und verständliche Darstellung eine breite Leserschaft angesprochen werden.

Der Band Schwaben schließt die insgesamt achtbändige Dokumentation »Bauernhäuser in Bayern« ab. Jeder Band ist in sich abgeschlossen und doch vielfältig mit den Darstellungen der anderen Regierungsbezirke und Regionen verknüpft. Der Quervergleich durch die verschiedenen, dem gleichen Grundthema gewidmeten Kapitel, der gleiche Maßstab und die entsprechende Darstellung der dokumentierten älteren Hausbeispiele, die ergänzenden Beiträge zu regionalen Besonderheiten, die neuen Hausbeispiele oder die Anmerkungen zur Bauberatung und dergleichen mehr, machen das Gesamtwerk zu einer großen Arbeit aus der Praxis und zu einer wissenschaftlichen Fundgrube, deren tatsächlicher Wert heute noch kaum ermessen werden kann.

Durch das Zusammenwirken der verschiedenen Fachdisziplinen wird ein vielschichtiges Gesamtbild des bäuerlichen Wirtschaftens und Bauens geboten, das deutlich macht, wie die natürlichen Gegebenheiten des Bodens, des Klimas und der Landschaft, Herrschaftsstrukturen und historische Entwicklungen, aus der Natur gewonnene Baustoffe und örtliches Handwerk das Baugeschehen in den Höfen und Dörfern geprägt haben. Die Baugeschichte des einzelnen Gehöfts und die dabei einfließenden Angaben über die Hofbesitzer lassen aber auch unmittelbar die Menschen aufscheinen, deren Leben und Schicksal mit diesen Gebäuden verknüpft war. Dadurch wird diese Buchreihe zu einer Dokumentation vergangener ländlicher Baukultur und Wirtschaftsformen sowie des gegenwärtigen historischen Bestands. Ziel dieser Arbeit ist und war es nicht nur, das Bewußtsein und das Verständnis zu wecken für die überlieferten Haus-, Hof- und Siedlungsformen in den einzelnen Kulturlandschaften Bayerns und ihre Erhaltung, sondern vor allem, daß dieser Reichtum an Erfahrung und Kultur Grundlage sein kann für eine zeitgemäße Weiterentwicklung von Bautraditionen, die der Landschaft und dem Land verpflichtet sind, damit das kulturelle Erbe zum kulturellen Auftrag für Gegenwart und Zukunft wird.

Diese Gemeinschaftsarbeit verdankt ihre Entstehung einer großen Zahl von Mitarbeitern, Beratern und unterstützenden Institutionen. Ein Wort des Dankes und die Nennung aller Beteiligten bilden den Abschluß der Dokumentation.

Das Gesamtwerk » Bauernhäuser in Bayern« ist eine Fördermaßnahme des Freistaats Bayern.

München, im Dezember 1999

Bayerisches Staatsministerium
für Ernährung, Landwirtschaft und Forsten

Josef Miller
Staatsminister

Bayerischer Landesverein
für Heimatpflege e.V.

Johann Böhm
Präsident des Bayerischen Landtags, Vorsitzender

Ziele der Dokumentation

Helmut Gebhard

Bauernhäuser, Modelle eines zukunftsfähigen Bauens

Die Bauernhäuser des Ries, Mittelschwabens und des Allgäu strahlen heitere Gelassenheit und vitale Vielfalt einer ländlichen Baukultur aus, die von den vorausgehenden Generationen geschaffen wurde und heute unserer Verantwortung übergeben ist. Sie sind gebaute Zeugnisse der Überlebensstrategien früherer Zeiten, die mit den an Ort und Stelle verfügbaren Materialien und Energien ihre Wohn- und Arbeitsstätten errichten mußten[1]. Dabei steigerten sie ihre handwerklichen Fähigkeiten zu einer Höhe, von der aus das Bauen der Wohnhäuser für die Menschen, der Stallungen für die Tiere und der Scheunen für die Erntevorräte eine selbstverständliche Qualität der räumlichen Organisation, des konstruktiven Gefüges und der materialgerechten Gestaltung erreichen konnte. Die regionalen Unterschiede der landschaftlichen Voraussetzungen von Boden, Klima und Vegetation wurden aufgenommen und daraus individuelle Lösungen entwickelt. Mit der Verwendung der örtlichen Baumaterialien wie Natursteine und Lehm und der nachwachsenden Rohstoffe wie Holz, Stroh und Schilf entstand eine ländliche Baukultur als eigenständige Variation[2] des Bauens in dynamischem Gleichgewicht zwischen den Naturkräften und den Anforderungen der menschlichen Gesellschaft.

Aus diesem Grund gewinnen die Bauernhäuser über ihre Bedeutung als Erinnerungspotentiale hinaus ein neues Wertespektrum als grundsätzliche Modelle für ein zukunftsfähiges Bauen in der Vielfalt der einzelnen Regionen Europas. Nachhaltigkeit[3] ist ein in verbalen Proklamationen sich rasch ausbreitender jedoch in handlungsorientierten Entscheidungen noch ungenügend eingelöster Begriff. Er zielt darauf, die ökologische Tragfähigkeit mit den sozialen und wirtschaftlichen Bedürfnissen immer wieder in ein dynamisches Gleichgewicht zu bringen. Hinweise auf den Übergang von der durch vorherrschende Naturkräfte geprägten Agrarepoche zu der durch technisch-naturwissenschaftliche Forschung gestützten Industrieepoche bestätigen: »Die menschliche Gesellschaft kann sich nicht mehr auf außermenschliche Kräfte hinausreden. Es ist niemand verantwortlich außer sie selbst, ihre Tätigkeiten und dahinter ihre Wertvorstellungen«[4].

Damit steht die menschliche Gesellschaft sich selbst gegenüber und muß, um das Überleben der kommenden Generation zu sichern, neue Wertvorstellungen und neue Lebensstile bis in den Alltag hinein innovativ verwirklichen[5].

In dieser neuen Sicht bieten die überkommenen Bauernhäuser eine ganze Skala von Entwicklungshinweisen zur räumlichen Organisation und zu den konstruktiven Grundlagen eines energiesparenden Bauens mit nachwachsenden Rohstoffen. Hinzu kommt eine wirtschaftliche Gliederung der Gebäude in unterschiedlich temperierte Zonen wie die beheizten Stuben oder die indirekt erwärmten Schlafkammern. Die erreichte Gestaltqualität vermittelt grundsätzliche Anregungen für neue Kombinationen eines umweltschonenden und damit zukunftsfähigen Bauens.

Aufbau der Dokumentation

Hier setzt die Dokumentation ein. Sie greift die gegenwärtigen Fragestellungen der Hausforschung[6] und die verschiedenen Ansatzpunkte der Volkskunde, heute erweitert zu einer europäischen Ethnologie[7], auf. Hinzu kommen die Erforschung von Siedlung und Kulturlandschaft[8] und die kritische Sichtung der Entwicklungsphasen von Kultur, Alltag und Identität[9].

Die Suche nach einer möglichst objektnahen und nicht nur historisch analytischen, sondern gegenwartsorientierten Darstellung der Bauernhäuser führte zu einer erweiterten interdisziplinären Zusammenarbeit zwischen Geographie, Hausgeschichte und Volkskunde sowie Gebäudelehre, Hochbaukonstruktion und Städtebau. Damit eröffnete sich die Chance eines neuen Fragespektrums von den räumlichen Grundlagen, der zeitlichen Entwicklung bis hin zu den Gebäuden selbst. Ihre konkrete räumliche Organisation und konstruktive Gestaltung fügen sich zu einem neuen Bild der Bauernhäuser zusammen, das allen Leserinnen und Lesern tiefer liegende Grundstrukturen vermitteln kann.

Die Einleitung erläutert die Ziele der Dokumentation. Der Entschluß, die interdisziplinäre Zusammenarbeit als Dokumentation zu veröffentlichen, geht auf den Ansatz zurück, das wertvolle Erbe der Bauernhäuser nicht nur in Fotografien, sondern vor allem in maßstabgerechten Plänen und den neuen Ergebnissen der Archivforschung umfassend darzustellen.

Die folgenden Abschnitte über die räumlichen Grundlagen von Naturraum, Kulturlandschaft und Siedlung sowie die zeitlichen Entwicklung des Hausbaus vom Ries bis zum Allgäu bilden Querschnitts-

Bauernhäuser 1999 Ries und mittleres Schwaben

Baiershofen
Gemeinde Altenmünster
Landkreis Augsburg
Eingeschossiger Massivbau
Giebelgliederung mit
Putzgesimsen

Döpshofen
Gemeinde Gessertshausen
Landkreis Augsburg
Ein- /zweigeschossiges
Staudenhaus mit ver-
brettertem Giebel

Bibrachzell
Gemeinde Weißenhorn
Landkreis Neu-Ulm
Ein-/zweigeschossiger
Massivbau, Giebel mit
gemauertem Ortgang

Bauernhäuser 1999
Ries und mittleres
Schwaben

Löpsingen
Stadt Nördlingen
Landkreis Donau-Ries
Eingeschossiger Massivbau
Giebel mit gemauertem
Ortgang

Herblingen
Gemeinde Fremdingen
Landkreis Donau-Ries
Eingeschossiger Massivbau
Giebel mit horizontalen
Putzbändern

Ettlishofen
Gemeinde Bibertal
Landkreis Günzburg
Zweigeschossiger
Fachwerkbau
Erdgeschoß Massivbau

Landschaft und Siedlung des Ries, Straßendorf Munningen, Landkreis Donau-Ries.

übersichten, um die einzelnen Hausbeispiele des Hauptteils der Dokumentation in ihren verschiedenen Wechselbeziehungen und Zusammenhängen einordnen zu können.
Der für das Allgäu kennzeichnenden Gebäudegruppe der Alpen – in Oberbayern Almen genannt[10] – ist ein eigener Abschnitt gewidmet, in dem die Auseinandersetzung einer einfachen Lebenswelt mit dem Gebirgsklima sichtbar wird.
Den Hausbeispielen vorangestellt ist eine wissenschaftliche Dokumentation der Baugeschichte des Hauses aus Honsolgen, das im Rahmen seiner Translozierung in das Bauernhofmuseum Illerbeuren in allen Details untersucht werden konnte[11]. Damit wird der gegenwärtige Stand der Hausforschung aufgezeigt, der grundsätzlich allen Hausbeispielen, jedoch in abgekürzter Form zugrunde liegt.
Die Einzeldarstellungen der Hausbeispiele beruhen auf Erhebungen verfügbarer Bauaufmaße, wie des Archivs für Hausforschung oder der Sammlungen des Landesamtes für Denkmalpflege. Sie stellen eine Auswahl dar, die in alphabetischer Reihenfolge nach Landkreisen und Ortsteilen übersichtlich geordnet ist[12]. Alle Pläne wurden nach einheitlichem Maßstab 1 : 50 neu gezeichnet und hier im Maßstab 1 : 200 veröffentlicht, um sie untereinander nach Größenordnung, Raumfolge, Baukonstruktion und Gesamtgestalt vergleichen zu können. Ergänzt werden sie durch Lagepläne des örtlichen Umfelds der Siedlung im Maßstab 1 : 2500. Historische und neue Fotos vermitteln eine bildhafte Anschauung der Hausbeispiele. Archivalische Erhebungen brachten neue Erkenntnisse zur Siedlung, zur Hofgeschichte und zur bauhistorischen Beschreibung.
Die Hausbeispiele stellen den Mittelpunkt der Dokumentation dar. Hier erfolgt der Brückenschlag von der historischen Forschung zur bautechnischen Untersuchung der Gebäudemerkmale für die Bauberatung. Maßtabellen und Übersichtszeichnungen im Maßstab 1 : 500 bieten quantifizierte Daten[13]. Die Bauernhäuser werden damit als konkrete Gegenwart und Modelle eines mit den regional verfügbaren Materialien und Energien wirtschaftenden Bauens aufgezeigt.
Den Abschluß bilden Beispiele von Neubauten und Sanierungen, die in der Bauberatung den Ergebnissen der vorausgehenden Dokumentation gegenübergestellt sind und in ihrer Vielfalt die gegenwärtigen Chancen einer ländlichen Baukultur Schwabens bestätigen[14].

Bauernhöfe, Bausteine der Siedlungen in der Kulturlandschaft

Die menschliche Gesellschaft hat der vorgefundenen Naturumwelt mit den Daseinsgrundlagen von Boden, Klima, Wasser, Vegetation und Tierwelt eine selbst geschaffene Kulturumwelt für die Daseinsgrundfunktionen des Wohnens, der Landwirtschaft (primärer Sektor), des Gewerbes (sekundärer Sektor), der Dienstleistungen (tertiärer Sektor), des Verkehrs, der Ver- und Entsorgung eingefügt, um vor allem in den gemäßigten Zonen Europas eine Überlebensbasis zu gewinnen.[15]
Für die räumliche Umwelt ist viel gewonnen, wenn das auf den ersten Blick unüberschaubare Geflecht von Landschaft, Siedlung, Verkehr und Versorgungsnetzen in seine einzelnen Komponenten aufgegliedert werden kann, ohne den Gesamtzusammenhang aus den Augen zu verlieren.[16]
Dazu gehört auch die Frage nach den Bauernhöfen als Bausteine der Siedlungen[17].
Die gegenwärtigen Erfolge der Informatik und der elektronischen Datenverarbeitung sind eng mit der Kybernetik und der Systemtheorie verbunden[18]. Da-

Landschaft und Siedlung des mittleren Schwaben, Weiler Schöneschach, Landkreis Unterallgäu.

bei werden Einzelteile als Elemente von umfassenden Gesamtsystemen verstanden, die zwar isoliert untersucht, jedoch nicht isoliert beurteilt oder eingesetzt werden können, da sie Teile einer Gesamtheit sind. Durch aktive und passive Wechselbeziehungen sind sie mit den anderen Elementen verbunden und können erst mit diesen zusammen ihre Wirkung entfalten. Dies gilt in besonderem Maße für die konkrete räumliche Umwelt. Deshalb ist es erforderlich, die Bauernhäuser als Gebäude selbst, aber in gleicher Weise als Elemente des größeren Raumes, des Ortes und der Region aufzufassen[19].

Darum werden auf den vorhergehenden Seiten je sechs Bauernhäuser mit steilgeneigten Dächern aus dem Ries und Mittelschwaben sowie auf den folgenden Seiten sechs Bauernhäuser aus dem Allgäu mit flachgeneigten Dächern einander gegenübergestellt. Ebenso wird danach in den folgenden Siedlungsbildern gezeigt, wie Bauernhäuser Elemente der größeren Zusammenhänge sind, des Kirchdorfes, des Weilers und der Einzelhofsiedlung in der Kulturlandschaft[20].

Das Straßendorf Munningen liegt im ebenen Talgrund der Wörnitz an der Straße, die von Öttingen im Ries nach Harburg führt. Die Aufnahme von Osten zeigt die variantenreiche Ähnlichkeit der erdgeschossigen Bauernhäuser mit den steil geneigten Satteldächern.

Herausgehoben aus der Vielzahl der einander in Größenordnung und Materialwahl ähnlichen privaten Wohn- und Arbeitsstätten der Bauern ist das große öffentliche Bauwerk der Pfarrkirche[21], dessen quadratischer Turm mit einer achteckigen Glockenstube und schwäbischer Haube gekrönt ist und als Wahrzeichen über das Dorf hinauswirkt[22]. Zur Landschaft bilden Obstbäume eine schützende Randzone, hinter der die Hauswiesen in die freie Feldflur mit den Getreideäckern übergehen, die hier noch die schmalen langgestreckten Parzellen vor der Zusammenlegung durch die Flurbereinigung erkennen lassen. Zu erwähnen ist, daß im Gemeindegebiet Muningen Spuren einer römischen Siedlung aufgefunden wurden aus der Zeit, in der das Ries in die römische Provinz Raetien einbezogen war.

Der Westrand des Weilers Schöneschach[23] läßt erkennen, wie die Wiesenhänge mit den Bauernhöfen eine lebendige Gesamtheit von großer landschaftlicher Schönheit bilden. Während die Wohnteile der großen Höfe nach Osten ausgerichtet sind, schützen die querstehenden Scheunenteile mit ihren holzverschalten Traufseiten die Hofräume gegen die Angriffe der Witterung von Westen. Schöneschach liegt in der Übergangszone zwischen den ursprünglich mit Stroh gedeckten steil geneigten Dächern und den flachgeneigten Legschindeldächern, die heute auch nebeneinander in den Siedlungen, wie z. B. dem benachbarten Ort Altensteig im Mindeltal[24] zu finden sind.

Die Gemeinde Wiggensbach[25] im oberen Illertal zeigt eine Kulturlandschaft mit kleinen Weilern und Einzelhöfen, Grünland und dazwischen Waldteilen, am Horizont die Allgäuer Alpen. Die stark geneigten Hanglagen begünstigen die Einzelsiedlung, bei der die Einfirsthöfe inmitten ihrer Wiesen erbaut sind.

An den drei unterschiedlichen Siedlungssystemen, dem planmäßig geordneten Straßendorf des Ries, dem Haufenweiler auf der Höhe zwischen Wertach und Mindeltal im mittleren Schwaben und der Einödsiedlung im Oberallgäu wird die Vielfalt der Siedlungssysteme in ihrer regionalen Ausgestaltung sichtbar. Die Wechselbeziehungen zwischen Bauernhöfen als Elementen und den Siedlungen als übergeordneten Systemen sind bei jedem einzelnen Hausbeispiel der Dokumentation mit den Lageplänen nachgewiesen und ebenso in dem Abschnitt Bauberatung gegenwartsbezogen analysiert.

Bauernhäuser 1999
Allgäu

Waal
Gemeinde Waal
Landkreis Ostallgäu
Zweigeschossiger Massivbau
mit auskragendem
Pfettendach

Binzen
Gemeinde Altusried
Landkreis Oberallgäu
Zweigeschossiger
Fachwerkbau
Erdgeschoß Massivbau

Bayerstetten
Gemeinde Nesselwang
Landkreis Ostallgäu
Zweigeschossiger
ausgeblockter Ständerbau
Giebel verbrettert

Bauernhäuser 1999
Allgäu

Holz
Gemeinde Rückholz
Landkreis Ostallgäu
Zweigeschossiger hell verputzter Giebel mit auskragendem Pfettendach

Hirschdorf
Kreisfreie Stadt Kempten
Zweigeschossiger Fachwerkbau
Erdgeschoß Massivbau

Untergassen
Gemeinde Sulzberg
Landkreis Oberallgäu
Zweigeschossiger Baukörper, Fassaden verschindelt

Landschaft und Siedlung des Allgäu, Einzelhöfe bei Wiggensbach, Landkreis Oberallgäu.

Schwaben, Regionen und Baukultur

Auch wenn die räumliche Gliederung einer Dokumentation der Bauernhäuser je nach den im Vordergrund stehenden Merkmalen wie Hofanlage, Baukörper, Materialwahl oder Raumzuordnung unterschiedliche Verbreitungszonen zeigt, lassen sich doch Schwerpunkte für naturräumliche oder kulturbedingte Entwicklungsgebiete finden. Jedoch ergeben sich an der Peripherie unterschiedliche Übergangs- und Abgrenzungszonen. Um vergleichbare Daten zu erhalten, lag es deshalb analog den vorausgehenden Bänden »Bauernhäuser in Bayern« nahe, von den Grenzen des Regierungsbezirks Schwaben auszugehen, der seit 1837 als Schwaben und Neuburg besteht, wenn auch in der Gebietsreform von 1972 Neuburg zu Oberbayern kam und dafür Aichach-Friedberg eingegliedert wurde[26]. Die offenen Grenzzonen begünstigen kulturelle Verbindungen, so im Norden zwischen dem Ries und dem südlichen Mittelfranken, dem Lechtal und dem altbayerischen Raum im Osten, dem Illertal und dem württembergischen Oberschwaben im Westen und dem Allgäu mit dem österreichischen Vorarlberg[27] und den Ostschweizer Kantonen über dem Bodensee im Süden[28]. Diese Wechselbeziehungen zu den benachbarten Landschaften erklären die große Vielfalt der Siedlungsstrukturen und ihrer Bausteine, der Bauernhäuser in Schwaben[29].

Die vielfältige Kultur Schwabens ist auch in seiner geschichtlichen Herkunft begründet. So waren in Schwaben Städte und ländliche Räume immer durch wechselseitigen Austausch von landwirtschaftlicher und gewerblicher Produktion sowie durch Handel miteinander verbunden. Dabei ist hier unter Kultur die Gesamtheit der »existentiellen Wechselbeziehung von Mensch und Natur bzw. Umwelt«[30] zu verstehen. Um sich gegen die vor allem vom Historismus des späten 19. Jahrhunderts verbreitete subjektivistische Einengung des Begriffes Kultur auf wissenschaftliche und künstlerische Hochleistungen abzusetzen, sei hier auch an das umfassendere Bedeutungsfeld des Wortes Kultur, abgeleitet von dem lateinischen »colere« erinnert: den Acker bebauen, auf die Dauer ansässig sein, Gastfreunde und Götter ehren.

So kann am Schicksal des Zentrums Augsburg die zeitliche Entwicklung Schwabens in Kürze abgelesen werden. Als Augusta vindelicorum, Hauptstadt der römischen Provinz Raetien (nach 15 vor Christus) gegründet, erlangte in alemannischfränkischer Zeit der Bischofssitz besondere Bedeutung[31]. Die Verbindung des Bistums mit dem ländlichen Raum wird an dem um 800 überlieferten Güterverzeichnis von Bauernhufen[32] deutlich. Als wichtiger Stützpunkt der Reichspolitik erwies sich Augsburg bei der Verteidigung durch Bischof Ulrich gegen die eingedrungenen Ungarn und deren vernichtende Niederlage 955 auf dem Lechfeld. Nach Ende der Stauferzeit setzte im östlichen Teil des Herzogtums Schwaben eine außerordentlich kleinteilige Aufgliederung in viele Herrschaftsbezirke des Adels, der Klöster und der Reichsstädte ein. Die wirtschaftliche Glanzzeit Augsburgs im 15. und 16. Jahrhundert als Handels- und Gewerbezentrum strahlte auch auf die ländlichen Räume aus. Mit der Säkularisierung und Mediatisierung 1803 erhielt das Kurfürstentum Bayern, ab 1806 Königreich, Flächenzuwachs in Schwaben, das nach französischem Vorbild zunächst im Oberdonaukreis zusammengefaßt und später als Regierungsbezirk Schwaben-Neuburg nach 1837 abgegrenzt wurde. Der Gewerbefleiß in Schwaben bot besondere Voraussetzungen für den Aufstieg Augsburgs zu einem der herausragenden Industriestandorte in Bayern bis heute.

Die Bedeutung des Ries als Bauernland im Norden Schwabens wird an seinem zentralen Ort, der ehemals freien Reichsstadt Nördlingen, deutlich. Sie stand nach Frankfurt an zweiter Stelle der Messeplätze in Süddeutschland und hatte auch einen überregionalen Umsatz landwirtschaftlicher Produkte mit großen Viehmärkten – vier pro Jahr – zu verzeichnen[33].
Als weiterer wichtiger Beitrag zur Entwicklung ländlicher Räume ist für Schwaben auf die Vereinödung des Allgäuer Alpenvorlandes hinzuweisen[34]. Die Übernahme der Vereinödung durch die bayerische Verwaltung nach 1803 führte zu der späteren Flurbereinigung, die 1886 gesetzlich verankert wurde[35]. Erst nach dem Bau der Eisenbahnen im 19. Jahrhundert konnte die gemischte Landwirtschaft durch die Grünlandbewirtschaftung und Käseherstellung abgelöst werden, die zu dem heute vertrauten Bild des grünen Allgäu führte[36].
Die landschaftliche Gliederung und kulturelle Vielfalt kehrt auch in den gegenwärtigen landesplanerischen Zielsetzungen Bayerns in den drei Regionen Schwabens wieder: der Region 9 (Augsburg) der Region 15 (Donau-Iller) und im Süden der Region 16 (Allgäu).
In der Neufassung des Landesentwicklungsprogramms Bayern von 1994 sind als wichtige Ziele die Schaffung gleichwertiger Lebens- und Arbeitsbedingungen im ganzen Land und die Wahrung der dezentralen Raum- und Siedlungsstrukturen genannt[37].

Perspektiven für das Bauen in ländlichen Räumen Europas

In den generellen Aussagen des Landesentwicklungsprogramms Bayern 1994 wird auf die veränderten politischen und wirtschaftlichen Rahmenbedingungen innerhalb der Europäischen Union hingewiesen und eine Festigung der Stellung Bayerns in einem Europa der Regionen gefordert. Bei den übergeordneten Zielen ist ausgeführt: »Dabei sollen insbesondere die strukturelle Vielfalt, das reiche Kultur- und Naturerbe, die räumliche und geschichtliche Identität sowie die darauf aufbauende dezentrale Raum- und Siedlungsstruktur erhalten und gestärkt werden.«[38]
In diesen Zukunftsstrategien stellt der ländliche Raum mit Kulturlandschaft und Siedlung und in ihnen die Bauernhöfe einen unersetzlichen Bestandteil dar. Im Rahmen der Herausforderungen durch die Globalisierung der Weltmärkte ist hier der scheinbare Widerspruch zu der regionalen Vielfalt zu diskutieren. In diesem Konflikt wird die Aufgabe sichtbar, die Entwicklung der technologischen Produktivkräfte aufzugreifen und gleichzeitig den entfesselten Marktmechanismen durch demokratische Vereinbarungen umwelt- und sozial verträgliche Wege zu weisen und aus den wissenschaftlichen Erkenntnissen politische Konsequenzen zu ziehen. In diesen Konflikten wird auch nach der demokratischen Legitimation ökonomischer Zielsetzungen gefragt werden. Dafür sind auf europäischer Ebene mit dem Vertrag von Maastricht 1992[39] über den Zusammenschluß der Europäischen Union klare Grundsätze vorgegeben. Für die Kultur- und Wertegemeinschaft Europas wird ein »Europa der Vielfalt« gefordert »zur Entfaltung der Kulturen der Mitgliedstaaten und der Wahrung der regionalen Vielfalt sowie gleichzeitiger Hervorhebung des gemeinsamen kulturellen Erbes«. Dieses gemeinsame kulturelle Erbe ist jedoch nicht als traditioneller Besitz, sondern als herausfordernde Aufgabe für die europäische Identität in der Auseinandersetzung mit der Welt zu verstehen. Entscheidend ist, daß zwischen der Entwicklung der industriellen Gesellschaft und der Zerstörung der Umwelt keine zwangsläufige Verbindung besteht, sondern immer die Werturteile der Gesellschaft dafür verantwortlich sind[40].
Bei diesen Fragen zwischen globalen Austauschprozessen und der konkreten Vielfalt der Natur- und Kulturräume europäischer Regionen gewinnen die Bauernhäuser über ihre Werte als Erinnerungspotentiale ein neues Gewicht als Modelle grundsätzlicher Strukturen für ein zukunftsfähiges Bauen[41].
In den Bauernhäusern begegnen wir einer dauerhaft wirkenden realen Verdichtung der ländlichen Lebenswelt, deren Prozesse in diesen räumlichen Strukturen bis in die Gegenwart hinein ihre Spuren hinterlassen haben. Ihre Raumfolgen können außer den baulichen Erstnutzungen auch Folgefunktionen erfüllen, als Wohn- und Arbeitsstätten unter geänderten Verhältnissen[42].
Aber nicht nur Handwerker, Architekten und Ingenieure, sondern alle Bewohnerinnen und Bewohner können sich über die Qualitäten und Wechselbeziehungen zwischen Ort, Bauwerk und Freiraum oder die inneren Raumfolgen informieren, um ihre Argumente im Rahmen der demokratischen Willensbildung, die zukünftig an Bedeutung gewinnen wird, zu stärken[43].
Die Übersicht der Dokumentation soll typenbildende Modellfälle näher darstellen, um daraus wichtige Grundzüge der räumlichen Organisation und der konstruktiven Gestaltung abzuleiten, die dazu anregen können, neue Ansätze und Kombinationen zu entwickeln und in ihren Vorzügen und Nachteilen abzuwägen. Daraus wird die Befähigung erwachsen, die einzelnen Elemente in ihren Wechselbeziehungen zwischen Lebensvorgängen und gebauten Räumen neu zu erfassen und selbst wieder als Bausteine in der regionalen und überregionalen Umweltgestaltung einzusetzen[44].

Landschaft: Donautal bei Höchstädt.

Landschaft: Schwäbische Alb.

Räumliche Grundlagen und zeitliche Entwicklung

Landschaft und Siedlung in Schwaben

Hans Frei

»Wie der Ökologe das Schneckenhaus nicht außer acht lassen kann, wenn er die Lebensweise der Schnecke verstehen will, so wird man die menschliche Gesellschaft und ihre geschichtliche Entwicklung nicht begreifen, wenn man sie nicht in Verbindung mit der Landschaft sieht«.[1]

Natur und Landschaft sind die Grundlage menschlicher Existenz und kultureller Entfaltung. Die natürlichen Gegebenheiten einer Landschaft wie Relief und geologischer Untergrund, Klima und Gewässer, Boden und Vegetation haben im Laufe der Geschichte den Gang und den Umfang der Besiedlung, die Art und Intensität der agrarischen Nutzung, die Bauweise, das gewerbliche Wirtschaftsleben, ja die gesamte Entwicklung der Dörfer und Städte entscheidend beeinflußt.

Neben der Nutzbarkeit der Natur spielten dabei stets die ökonomischen Ziele und Ansprüche, welche die Menschen im Rahmen der politischen Ordnung und des Wirtschaftsgeschehens sowie in steter Abhängigkeit von den technischen Möglichkeiten an den Naturraum stellten, eine wichtige Rolle. Entsprechend den Grundbedürfnissen des Alltags wie Wohnen, Arbeiten, Sich Versorgen und Waren Transportieren haben die Menschen – genauer gesagt die verschiedenen sozialen Gruppen – durch ihre Aktivitäten im Raum, die Natur in vielen kleinen Schritten verändert und eine sehr differenzierte Kulturlandschaft geschaffen. Sie ist das Ergebnis langer Wechselbeziehungen zwischen den naturräumlichen Potentialen und den sich ständig wandelnden kulturellen Einwirkungen.

Die Abhängigkeit der Kulturlandschaft von der Natur und dem Gestaltungswillen der Menschen wird besonders sinnfällig im ländlichen Lebensraum, vor allem im Bild der bäuerlichen Siedlungen. Ob das Land bebaut und was gepflanzt wird, war jahrhundertelang von Bodenart und Klima abhängig. Topographie und Baustoffe der jeweiligen Gegend, die Klima- und Bodenverhältnisse, die Betriebsgröße oder die Wirtschaftsweise des Anwesens haben wiederum die Bauweise und damit auch das Erscheinungsbild der Bauernhäuser und Dörfer bestimmt. Die Reaktion bzw. Rücksicht des Menschen auf seine natürliche und kulturelle Umwelt hat jene lebendige Vielfalt von Häusern, Höfen, Dörfern und Weilern entstehen lassen, die im Zuge der Technisierung, Rationalisierung und Spezialisierung der Landwirtschaft zunehmend schwindet und deshalb zum Gegenstand der Hausforschung und der heimatpflegerischen Dokumentation geworden ist.

Bei unserem Blick auf »Landschaft und Siedlungsraum« kommt es darauf an, die naturräumliche Ordnung, wie sie durch die Faktoren Geologie, Relief, Klima, Gewässer, Böden bestimmt wird, in Beziehung zu setzen zur kulturräumlichen Ordnung, die durch Erschließung und Nutzung der Natur im Laufe der Jahrhunderte entstanden ist.[2]

Naturräumliche Vielfalt

Lage, Grenze, Größe, Name

Die Darstellung bezieht sich auf das klar umgrenzte Territorium des heutigen Regierungsbezirks Schwaben in Bayern. Dabei handelt es sich weder um eine geographische Raumeinheit noch um einen historisch einheitlich geprägten Kulturraum. Die geographische Ausdehnung und die heutigen Grenzen sind vielmehr das Ergebnis geschichtlicher Entwicklungen und administrativer Entscheidungen ohne irgendwelche Rücksicht auf alte Stammes- und Sprachgrenzen oder naturräumliche Einheiten.[3] Lediglich im Süden bildet der Allgäuer Hauptkamm als höchste Erhebung gleichzeitig die Grenze zu dem Nachbarland Österreich. Im Osten greift Schwaben mit dem Landkreis Aichach-Friedberg weit über den Lech hinaus und umfaßt Teile des altbayerisch geprägten Siedlungsraumes. Im Westen geht die Grenze zum Bundesland Baden-Württemberg zwischen Bodensee und Ries auf die napoleonische Neuordnung Europas um 1800 zurück, der viele kleine Herrschaftsgebiete in Südwestdeutschland zum Opfer fielen. Sie durchschneidet einstmals historisch und naturräumlich zusammengehörige Gebiete. Im Norden grenzt Schwaben an den innerbayerischen Regierungsbezirk Mittelfranken. Die äußere Form entspricht einem schmalen Rechteck. Die längste Erstreckung von Süd nach Nord beträgt ca. 200 km, von West nach Ost mißt sie zwischen Iller und Lech im Mittel ca. 50 km.[4] Mit einer Fläche von rund 10 000 qm ist Schwaben der drittgrößte, nach der Einwohnerzahl mit etwa 1,7 Mio hinter Oberbayern der zweitgrößte Regierungsbezirk in Bayern. Er verkörpert in statistischer Hinsicht ein Siebtel des Freistaats Bayern mit sieben Regierungsbezirken, so daß ein schwäbischer Regierungspräsident mit Recht »von der goldenen Mitte Bayerns« gesprochen hat. Neben vier kreisfreien Städten (Augsburg, Kaufbeuren, Kempten, Memmingen) gibt es 334 Gemeinden in 10 Landkreisen und 3 Planungsregionen.[5]

Quelle: Historischer Atlas von Bayerisch Schwaben, 2. Lieferung, II.7.

Der Name leitet sich ab von der germanischen Völkerschaft der Sueben, die sich in der Völkerwanderungszeit im südwestdeutschen Raum niedergelassen hatten.
Von dem völkerreichen »Suebenstamm« ging er auf einen einzigen dieser Stämme, auf die Alamannen über, dann auf das Stammesherzogtum. Später erscheint er in den Reichslandvogteien Ostschwaben, Oberschwaben und Niederschwaben, dann im »Schwäbischen Bund« (1488) und im »Schwäbischen Reichskreis« (1512). Bei der Neuorganisation Schwabens innerhalb des Königreichs Bayern verschwand er zunächst von der politischen Landkarte und lebte erst seit 1837 wieder auf, als der historisch ausgerichtete König Ludwig I. den sog. »Oberdonaukreis« in den Kreis »Schwaben und Neuburg« umbenannte. Außerhalb von Schwaben ist der ehemalige Stammesname in geographischen Bezeichnungen wie Oberschwaben, Schwäbische Alb oder Schwäbisch-Fränkisches Stufenland erhalten. Wenngleich der Name Schwaben auch für einen Teil der Bewohner des Bundeslandes Baden-Württemberg gebräuchlich ist, so hat er dort keinen offiziellen Charakter mehr. Heute versteht man unter Schwaben den bayerischen Regierungsbezirk, das historische Ostschwaben.

Die Naturlandschaft

Schwaben hat Anteil an drei großen Landschaftsräumen Süddeutschlands, dem Schichtstufenland im Norden, dem Alpenvorland in der Mitte und den Alpen im Süden.[6] Innerhalb dieser geologisch-tektonisch bestimmten Grundstrukturen lassen sich verschiedene naturräumliche Einheiten voneinander abgrenzen. Der Name der Einheiten deckt sich häufig mit historischen Landschaftsbegriffen, manche Benennungen sind neu geprägte Fachbezeichnungen.[7]
Aus dem Gefügemuster der Haupteinheiten leitet sich die naturlandschaftliche Gliederung des Raumes ab.[8] Im Norden ist im Nahtbereich von Schwäbischer und Fränkischer Alb das kreisförmige Riesbecken als erdgeschichtliche Besonderheit eingesenkt. Beide bilden eigene naturräumliche Einheiten. Südlich des breiten Donautales als selbständiger Landschaftseinheit gliedert sich das Alpenvorland in die Iller-Lech-Platte, das Tertiärhügelland östlich des unteren Lechs und in das voralpine Hügelland der Moränenlandschaft. Im Süden bilden die ostwestlich verlaufenden Kämme der Kalkvoralpen den Übergang zum schwäbischen Anteil der Kalkhochalpen mit markanten Gipfelgestalten über 2500 m.

Geologie und Morphologie

Der Beschreibung der Naturräume Schwabens sollen noch einige Grundtatsachen der Erd- und Landschaftsgeschichte vorausgehen. Im Gebiet des heutigen Schwaben treten Gesteine an die Oberfläche, die im Laufe der letzten 250 Mio Jahre gebildet worden sind. Sie entstanden im Wechselspiel von Hebungen und Senkungen der Erdkruste und im steten Rhythmus von Ablagerungs- und Abtragungsvorgängen auf der Oberfläche. Entscheidende Ereignisse für die Bildung der Gesteine im Untergrund und die Formung des Oberflächenbildes vollzogen sich im Erdmittelalter während der Trias-, Jura- und Kreidezeit (250–65 Mio Jahre vor heute) sowie in der Erdneuzeit in den Formationen von Tertiär (65–2,5 Mio Jahre vor heute) und Quartär.[9]
Im Aufbau der Allgäuer Alpen sind Gesteine aus den Formationen der Trias-, Jura- und Kreidezeit vorherrschend. In der Schwäbisch-Fränkischen Alb bildet das Kalkgestein des oberen Jura das landschaftsbestimmende Bauelement. Im Alpenvorland zwischen Donau und Alpenrand liegt dasselbe Gestein unter einer 3000 m mächtigen Schichtenfolge von Kiesen und Sanden, die während der ca. 60 Mio Jahre dauernden Tertiärzeit aus dem Abtragungsmaterial der langsam emporsteigenden Alpen angehäuft worden ist. Diese Ablagerungen werden unter dem Sammelbegriff »Molasse« (= weiches, sandig-mergeliges Gestein) zusammengefaßt. In die ausgehende

Legende zu Seite 20:
Die Naturräumliche Gliederung von Schwaben.

▢ Schwäbisch-Fränkisches Schichtstufenland

Fränkisches Keuper-Lias-Land
13.1 Mittelfränkisches Keuperland 13.2 Vorland der Südlichen Frankenalb

Schwäbische Alb
14.1 Mittlere Kuppenalb 14.2 Albuch und Härtsfeld 14.3 Mittlere Flächenalb 14.4 Niedere Flächenalb 14.5 Kesseltal-Alb

Nördlinger Ries
15.1 Riesebene 15.2 Riesrandhöhen

Fränkische Alb
16.1 Südliche Frankenalb

▢ Alpenvorland

Donau-Iller-Lech-Platte
21.1 Donau-Ablach-Platten 21.2 Riß-Aitrach-Platten 21.3 Hügelland an der unteren Riß 21.4 Holzstöcke 21.5 Unteres Illertal 21.6 Donauried 21.7 Iller-Lech-Schotterplatten 21.8 Lech-Wertach-Ebenen und -Schotterplatten 21.9 Aindlinger Terrassentreppe

Tertiärhügelland
22.1 Donau-Isar-Hügelland 22.2 Donaumoos

Isar-Inn-Hügelland und -Schotterplatten
32.1 Fürstenfeldbrucker Hügelland 23.2 Münchner Schotterebene

Voralpines Hügel- und Bergland
24.1 Oberschwäbisches Hügelland 24.2 Westallgäuer Hügelland 24.3 Allgäuer Molasse-Bergland 24.4 Iller-Berg- und -Hügelland 24.5 Lech-Wertach-Berg- und -Hügelland 24.6 Ammer-Loisach-Hügelland

▢ Alpen

Nördliche Randalpen
31.1 Appenzeller Alpen 31.2 Rheinquertal und Rheindelta 31.3 Vorderer Bregenzer Wald 31.4 Westliche Allgäuer Randalpen 31.5 Oberes Illertal 31.6 Östliche Allgäuer Randalpen 31.7 Tannheimer Berge (Vilser Alpen) 31.8 Ammergauer Alpen 31.9 Niederwerdenfelser Land 31.10 Ester-Gebirge 31.11 Jachenauer Berge

Nördliche Kalkalpen
32.1 Hinterer Bregenzer Wald 32.2 Walgau 32.3 Rätikon 32.4 Allgäuer Hochalpen 32.5 Lechtaler Alpen 32.6 Wetterstein-Gebirge 32.7 Mieminger Gebirge 32.8 Seefelder Sattel 32.9 Karwendel-Gebirge

Tertiärzeit fällt auch die Entstehung des Riesbeckens als Einschlagskrater eines Meteoriten vor ca. 15 Mio Jahren. Nach der Verfüllung des Kessels mit Fluß- und See-Sedimenten wurde die ehemalige Kraterstruktur erst mit der tektonisch bedingten Heraushebung der Alb wieder freigelegt. Mit dem Beginn des jüngsten Zeitabschnittes der Erdgeschichte, dem Quartär vor ca. 2,5 Mio Jahren, veränderten sich allmählich die Klimaverhältnisse, so daß riesige Eismassen aus den Gebirgsregionen ins flache Vorland drangen und vielfältige Spuren und Ablagerungen hinterlassen haben.[10] Im Eiszeitalter wurden im wesentlichen Relief und Formenbild der Alpen und des Alpenvorlandes geschaffen, mit all den naturbedingten Merkmalen der schwäbischen Landschaften. Nach dem Abklingen der letzten Eiszeit vor ca. 10 000 Jahren beginnt die Jetztzeit im geologischen Sinn, und mit der Erwärmung bildete sich die Verteilung der Tiere, Pflanzen und Böden heraus, auf deren Grundlage die Menschen siedelnd und gestaltend den Raum geprägt haben.

Klimatische Prägung

Die klimatischen Verhältnisse Bayerisch-Schwabens sind gekennzeichnet durch die Lage im Übergangsbereich vom atlantischen feuchtgemäßigten Maritimklima im Westen zum trockenen Kontinentalklima im Osten. In dieser Zone mit vorherrschender Westrichtung der Winde vollzieht sich ganzjährig der Austausch von Luftmassen, der häufig wechselnde Wetter- und Witterungsverhältnisse zur Folge hat. Einen starken Einfluß übt die Lage im Nordsaum der Alpen aus. Durch Stau- und Föhnwirkungen des Gebirges und durch die Reliefunterschiede zwischen Alpen, Schwäbischer Alb und Riesbecken ergeben sich auch Unterschiede zwischen den klimagünstigen Bereichen im Ries und im Donautal und den mäßig kalten Wintern am Alpenrand.[11]

Die wichtigsten Klimaelemente sind die Lufttemperatur und die Niederschläge. Karte und Tabelle veranschaulichen die räumliche Verteilung verschiedener Meßwerte im Jahresmittel. Sie ermöglichen eine Analyse der räumlichen Unterschiede des Klimas.[12]

Neben den großklimatischen Gegebenheiten spielen zwischen dem Donautal und den Alpen die großen Höhenunterschiede sowie die Lage im Nordstau der Alpen eine wesentliche Rolle. Die Jahresmittelwerte der Temperaturen nehmen mit zunehmender Höhe um 100 m durchschnittlich um $^1/_2$°C ab. Demzufolge sinkt das Jahresmittel, das ein ungefähres Bild von der einer Gegend zugeführten Wärmemenge wiedergibt, vom Ries mit ca. 8°C, Donauwörth mit 7,5°C über Mindelheim und Krumbach mit 7°C und 8°C, Kaufbeuren, Kempten, Marktoberdorf zwischen 6°C und 7°C, bis zum Alpenrand bei Füssen, Oberstdorf auf 5°C bis 6°C ab. Im Bereich um Lindau bewirkt die mäßigende Ausstrahlung des Bodensees eine mittlere Lufttemperatur von über 8°C und begünstigt Obst- und Weinbau. Im Gebirge sinken die Werte mit zunehmender Höhe rapide ab, so daß die Nullgradgrenze des Jahresmittels bei etwa 2 000 m liegt.

Ortsname	**Lage in der Landschaft**	**Niederschläge in mm/qm**	**Temperatur °C**
Nördlingen	Riesbecken	650	8,0
Donauwörth	Donautal	715	7,5
Dillingen	Donautal	722	8,3
Augsburg	Lechtal	810	8,2
Krumbach	mittelschwäb. Hügelland	950	7,7
Bad Wörishofen	mittelschwäb. Hügelland	1025	6,8
Kaufbeuren	Endmoränengebiet	1241	7,2
Kempten	Endmoränengebiet	1273	6,9
Füssen	Alpenrand	1365	6,8
Immenstadt	Alpenrand	1916	–
Oberstdorf	Alpenrand/ Illerbecken	1831	6,1
Steibis	Molassealpen	2143	–
Lindau	Bodensee	1420	8,8

Jahresmittelwerte der Lufttemperatur und mittlere Jahressummen des Niederschlags 1960–1990 (in mm = Liter/qm)

In der Verteilung der Niederschlagsmengen pro Jahr wird die Höhengliederung ebenfalls deutlich erkennbar. Im Ries und im Donautal fallen im Jahresdurchschnitt 600–700 mm (= Liter) Regen, im nördlichen Teil der Iller-Lech-Platte 700–800 mm, südlich einer Linie Illertissen – Krumbach – Landsberg einschließlich der nach Norden zungenförmig ausgreifenden Staudenplatte 800–900 mm. In einem unregelmäßigen von der Topographie bedingten Übergangssaum zwischen Kempten, Kaufbeuren und Marktoberdorf wird eine Niederschlagssumme von 1000–1200 mm erreicht. In der südlich sich anschließenden alpinen Hügelzone steigen die Werte rasch auf 1500 mm an, in den Tallagen des Alpenrandes auf 1800 mm, in den Randalpen auf 2000 mm und in den Allgäuer Hochalpen bis zu 2500 mm. Im Allgäu fällt also das Zwei- bis Dreifache an Regenmenge gegenüber dem Ries oder dem Donautal im Jahresmittel. Die damit verbundenen Konsequenzen für Anbau und Ernte werden verstärkt durch die atlantische Prägung, d. h. die Mehrheit des Regens fällt im Frühsommer und kann den Ertrag der Ackerfrüchte entscheidend beeinträchtigen.

Die mittlere Zahl der Tage mit Schneedecke, ein wichtiges Kriterium für die Vegetationsperiode, nimmt ebenfalls vom Ries (17 Tage) über das Donautal (20 Tage), Krumbach (30–40 Tage), Kaufbeuren, Kempten (60–80 Tage) zum Alpenrand (80–100 Tage) kontinuierlich zu und erreicht im Oberstdorfer Becken und in der Füssener Bucht sogar mehr als 100 Tage. Der Schneereichtum des Allgäus ist die Voraussetzung für intensiven Wintertourismus.

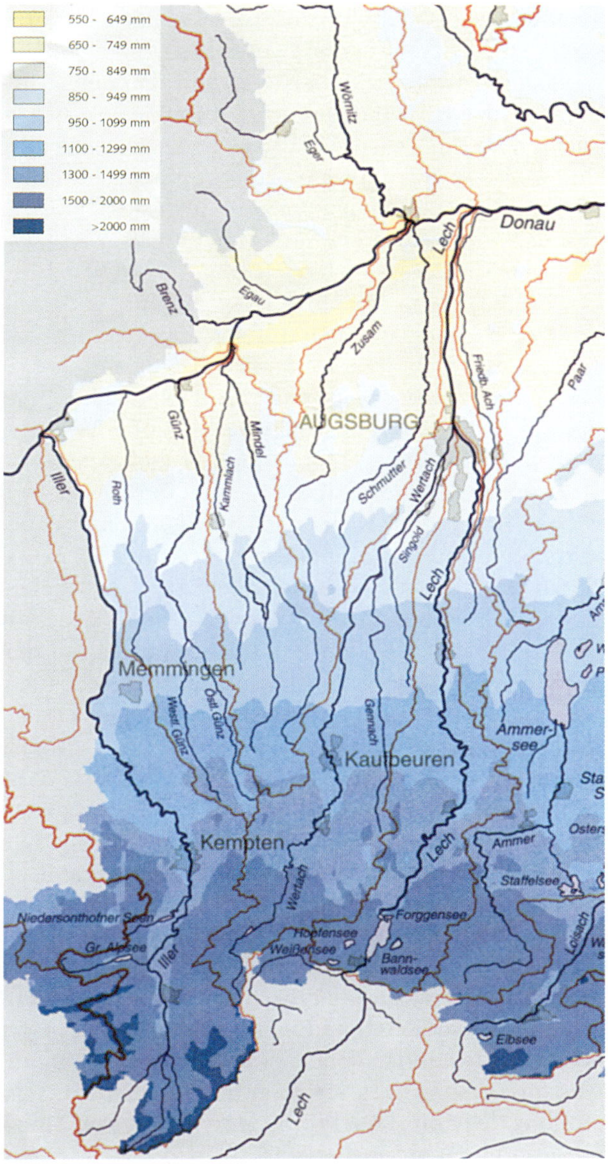

Mittlere Jahresniederschläge in Schwaben. Periode 1961 bis 1990.

Für die Eignung eines Raumes zur landwirtschaftlichen Nutzung ist die jährliche Zahl der Tage mit einer Tagesmitteltemperatur von mindestens 10°C wichtig. Damit wird auch die Dauer der Vegetationsperiode charakterisiert. Wenn diese lang ist, kann der Landwirt zwischen mehreren Kulturpflanzen seine Wahl treffen und evtl. auch Zwischenfruchtanbau betreiben. Meßergebnisse zeigen, daß der Wert von durchschnittlich 10°C im Ries und Donautal sowie im Iller- und im Lechtal bei ca. 160 Tagen liegt, im Alpenvorland bei 130–140 Tagen und am Alpenrand bei etwa 120 Tagen. Ein wichtiges Datum für die Vegetationsdauer ist auch der Beginn der Apfelblüte. Der Termin, der den Vollfrühling anzeigt, liegt im Ries zwischen dem 25. und 30. April, im Donau-, Lech- und Illertal am 5. Mai, im Alpenvorland dagegen erst zwischen dem 10. und 20. Mai. Das bedeutet für das Ries eine Verlängerung der Vegetationszeit von etwa 3 Wochen.

Anspruchsvollere Gewächse wie Zuckerrüben, Gemüse und Obst gedeihen gut in der Höhenlage zwischen 400 und 500 m, während oberhalb zwischen 500 und 600 m Getreide und Hackfrüchte dominieren. Jenseits der 600 m-Linie treten die Ackerflächen zugunsten des Grünlandes zurück.

Der Übergangssaum mit Grünlandanteil zwischen 50 und 75 % ist ziemlich breit. Er buchtet auf der Linie Illertissen–Zusmarshausen–Gessertshausen nach Norden aus, entsprechend der von Klima und Boden abhängigen Ertragsfähigkeit. Südlich der eiszeitlichen Endmoränen, also ab 700 m Höhe, dominiert die landwirtschaftliche Nutzung mit Wiesen und Weiden.

In dieser Verteilung spiegelt sich eine Veränderung der letzten 150 Jahre, in denen große Teile des südlichen Schwaben aus klimatischen und marktwirtschaftlichen Gründen in Grünland umgewandelt worden sind. Jahrhundertelang hatten die Allgäuer Landwirte ihre buckligen und stark beregneten Hangflächen auch als Ackerland genutzt. Spürbare Klimaverschlechterungen im 15. Jahrhundert mit sinkenden Temperaturen und höheren Niederschlagsmengen verkürzten das Ausreifen des Getreides und machten den Getreidebau mit zunehmender Höhe immer unrentabler. Dazu kam im 19. Jahrhundert ein tiefgreifender struktureller Wandel: Der traditionelle Flachsanbau unterlag der Konkurrenz der Textilindustrie und wurde aufgegeben. An die Stelle der Ackernutzung trat die Grünland-Monokultur für die Milchviehhaltung mit Weide und Wiesen.[13]

Die Böden und ihre Nutzung

Die Art und die Ertragsfähigkeit der Böden bestimmen in Verbindung mit dem Klima und den Grundwasserverhältnissen die Landnutzung. Die Unterschiede in der Bodenqualität haben deshalb seit frühester Zeit die Eignung einer Landschaft für die Besiedlung und den Anbau beeinflußt. Ausgangsmaterial für die Bodenbildung sind lockere und feste Gesteine, die an der Erdoberfläche unter dem Einfluß der Niederschläge und der Temperatur der physikalischen und chemischen Verwitterung unterliegen. Die Produkte der Gesteinsverwitterung bilden, durchsetzt von organischen Stoffen sowie Wasser und Luft, die Böden. Ihr Spektrum reicht in Schwaben von feinstkörnigen Tonböden über Lehm-, Fein- und Grobsandböden bis zu kieshaltigem Gemenge. Sie werden in Abhängigkeit von ihrer Materialzusammensetzung, ihrem Nährstoffgehalt, ihrem Entwicklungszustand und ihrer Wasserdurchlässigkeit in verschiedene Bodentypen eingeteilt, die oft auf engstem Raum verzahnt sind und sich in ihren Eigenschaften unterscheiden: tiefgründige, nährstoffreiche Braunerden und Parabraunerden, trockene, kalkreiche Rendzinen, flachgründige, saure Podsole oder staunasse Gleyböden. Die lokale und regionale Verbreitung der Bodenarten und -typen wird in bodenkundlichen Übersichtskarten dokumentiert.[14]

Eine Bestimmung der Ertragsfähigkeit der landwirtschaftlich genutzten Böden in Deutschland erfolgte 1935 in der amtlichen Bodenschätzung nach Ertragsmeßzahlen von 1 bis 100 (Bonitäten).[15] Die fruchtbaren aus Löß entstandenen Staub- und Feinlehmböden erreichen im westlichen Ries und auf den Hochterrassen entlang von Donau, Iller, Lech und Wertach Werte zwischen 50 und 80. Sie eignen sich vor allem für den Getreide- und Hackfruchtanbau. Wo die Bearbeitbarkeit erschwert ist und Nässe auftritt, liegt die Bewertung bei 40 bis 60. In den Talsohlen der großen Alpenflüsse und ihrer zahlreichen Nebenflüsse sind vor allem kiesführende, flachgründige Auenböden verbreitet, die sich bei hohem Grundwasserstand für die Grünlandwirtschaft eignen. Stellenweise treten in den Tälern auch schluffreiche Lehmdecken auf, die wiederum Ackernutzung erlauben. Auf der Schwäbisch-Fränkischen Alb haben sich auf der Grundlage von Weißjurakalken und aufgewehten Staublehmdecken mittel- bis tiefgründige Rendzinen mit unterschiedlichen Kalkanteilen entwickelt, die bei einer Bewertung zwischen 35 und 60 für den Ackerbau geeignet sind. Für das Tertiärhügelland und die Höhenrücken der Iller-Lech-Platte ergibt sich aus Reliefgründen und in Abhängigkeit vom Ausgangsgestein und der Zeit der Bodenbildung ein sehr kleinräumiger Wechsel der Bodenarten. Die entkalkten und tonigen Lehmböden sowie die sauren Böden auf Quarzsanden werden großflächig vom Wald eingenommen, während sich die sandig-mergeligen Gehängelehme für den Ackerbau und die staunassen Auenböden als Wiesenland eignen.

Im voralpinen Hügelland mit seinen Grund- und Endmoränen ist ebenfalls eine große Vielfalt von Böden auf engem Raum verbreitet. Auf sandigem Lehm und feinem Ton haben sich oftmals mineralstoffreiche Braunerden gebildet. In den Senken und Verlandungsgebieten ehemaliger Seen sind nasse Moor- und Gleyböden eingestreut, die sich bei einer Bewertung zwischen 25 und 40 als Grünland eignen oder streckenweise vom Wald eingenommen sind. Im Bereich der Alpen hängt die Bodenbildung wiederum stark vom Ausgangsgestein, von der Höhenlage und der Hangneigung ab. Flachgründige Rohböden, kalkhaltige, gesteinsdurchsetzte Lehmböden und sandig-lehmige Rendzinen verschiedener Entwicklungsstufen eignen sich bei einer Bewertung zwischen 20 und 30 ausschließlich für die Grünlandnutzung, soweit nicht der Wald aus Reliefgründen und als Schutzfunktion vorherrscht. Wo Lias-Fleckenmergel, sog. Allgäu-Schichten, das Ausgangsmaterial bilden, sind tiefgründige, lehmhaltige Böden die Grundlage für eine üppige Flora und eine sommerliche Weidenutzung.

Die jeweilige Wertigkeit für die Landwirtschaft hat sich im Laufe der letzten 100 Jahre durch menschliche Einflußnahme wie Entwässerung und Düngung verändert, doch besteht eine deutliche Beziehung zwischen der Bodengüte und der jeweiligen Nutzung für Wald, Ackerland oder Wiese. Dafür spielen auch die ökonomischen oder betrieblichen Rahmenbedingungen sowie die zeitlichen und gruppenspezifischen Ansprüche eine wichtige Rolle. In der Verbreitung und Verteilung des Waldes kommt ein wesentliches Merkmal der Bodeneignung zum Ausdruck.

Rund 28 % Schwabens sind gegenwärtig mit Wald bedeckt. Waldarme Gebiete sind vor allem das Ries, die Flußtäler von Donau, Iller, Lech und Wertach, das Tertiärhügelland beiderseits der Paar und die Moränenlandschaft am Alpenrand.[16] Einen hohen Waldanteil haben dagegen die Hochflächen der Schwäbisch-Fränkischen Alb sowie große Teile des mittelschwäbischen Hügellandes, insbesondere die Gegend zwischen Schmutter, Zusam und Mindel sowie die Rand- und Hochalpen des Allgäus. Die Waldverteilung und insbesondere die Zusammensetzung der Baumarten, entsprechen nicht den natürlichen Vegetationsverhältnissen.[17] Von Natur aus würde nur an wenigen Stellen kein Wald wachsen, z. B. in den Hochlagen der Alpen, auf Felsen, an steilen Hängen oder in feuchten Senken und Mooren. Die Aufgliederung in geschlossene Waldgebiete und offenes Kulturland war nach dem Abschluß des Rodungswerkes im späten Mittelalter weitgehend festgelegt. Doch gab es damals noch keine scharfe Grenze zwischen Wald und landwirtschaftlich genutztem Kulturland, sondern fließende Übergänge von Wiese, Weide und Wald.

Der Wald wurde jahrhundertelang für Weidezwecke genutzt. Im Wald sammelte man Laub und Bodenstreu. Landwirtschaft und Waldnutzung waren in der vorindustriellen dörflichen Wirtschaft eng miteinander verbunden. Holz war der gebräuchlichste Rohstoff für den Hausbau, für die Herstellung von Mobiliar und Geräten, und war in den meisten Gebieten das einzig verfügbare Heizmaterial. In manchen Gegenden wurde der Wald deshalb stark zurückgedrängt und durch intensive Nutzung verändert wie z. B. südwestlich von Augsburg im Gebiet der »Stauden«. Dieser Begriff bezeichnet eine mit Buschwerk und Gesträuch bedeckte Gegend, die erst durch Forstordnungen und Einrichtungspläne im Laufe der letzten 150 Jahre wieder in ein ertragreiches und leistungsstarkes Waldgebiet umgewandelt wurde. Im Vordergrund einer ertragreichen Waldwirtschaft steht seitdem die Fichte, die in Schwaben einen Anteil von 73 % hat. Dabei hat sich die Fichte auch auf ungeeignete Standorte ausgebreitet, wo ursprünglich ein hoher Anteil an Laubholz vorherrschte. Buche, Eiche und andere Edellaubbäume bilden im Bereich der Schwäbisch-Fränkischen Alb und in den Auwäldern von Lech und Donau noch größere Bestände. Dies ist auf die standortlichen Verhältnisse mit Kalkverwitterungsböden oder nährstoffhaltigen Decklehmen zurückzuführen. Auf nährstoffarmen Sanden oder kalkigen Kuppen herrschen Kiefern vor. Im Bergland ist der Mischwald in der Höhenzone bis ca.

1500 m ebenfalls stark von Fichtenbeständen geprägt. Daneben kommen Buche, Bergahorn, Esche sowie die vom Wild stark gefährdete Tanne vor. In zunehmender Höhenlage beherrscht die Fichte den Bergwald, teilweise auf günstige Kleinstandorte zusammengedrängt. Durch Aufforstung in den Hochlagen sind neben der Fichte auch Grünerlen, Ahorn und Vogelbeere eingestreut.

Der Wechsel von Wald und offener Landschaft ist ein prägendes Element der schwäbischen Landschaft. Der Wald leistet wichtige Funktionen für den Schutz des Wassers, des Bodens und des Klimas und er ist Lebensraum für zahlreiche Tiere und Pflanzen. Als Erholungsraum spielt er für die Freizeitgestaltung und den Tourismus gebietsweise eine besondere Rolle, beispielsweise als »Naturpark Augsburg-Westliche Wälder« mit markierten Wander- und Radwegen.[18]

Landschaft Ries. Intensiv genutzte Ackerflächen zwischen den Dörfern Möttingen und Balgheim am Forellenbach.

Die Landschaften in Schwaben

Das Ries

Als nahezu kreisrundes Becken mit 20 bis 25 km Durchmesser ist das Ries in den Höhenzug der Schwäbisch-Fränkischen Alb mit rundum steilen Rändern eingesenkt.[19] 100 bis 150 m betragen die Höhenunterschiede zwischen dem flachwelligen Beckenboden und den umrahmenden Hochflächen. Die Flüsse Eger und Wörnitz und ihre zahlreichen Nebenbäche gliedern das Innere des Rieses in weit gespannte Ebenen, sanftwellige Hügel und flache Niederungen, die randlich um 50 bis 80 m von einzelnen Erhebungen und Hügelketten überragt werden. Sie tragen vielfach eine artenreiche Vegetation von Trockenrasen und naturnahen Waldgesellschaften, während die Ebenen von Ackerland und die Niederungen von Wiesen eingenommen werden. Der Name »Ries« hat seine Wurzeln in der römischen Provinzbezeichnung »Raetia«, die einstmals ein weitaus größeres Gebiet umfaßte.

Das ausgeglichene Landschaftsbild läßt nicht erahnen, daß es einer verheerenden Naturkatastrophe, nämlich dem Einschlag eines riesigen Steinmeteoriten, seine Entstehung verdankt.[20] Aus den ungewöhnlichen geologischen Gegebenheiten hat eine mehr als 100jährige geowissenschaftliche Forschung die komplizierten Vorgänge ermittelt und das Ries-Phänomen schlüssig gedeutet. An zahlreichen Stellen treten Granit- und Gneisgesteine an der Erdoberfläche auf, die normalerweise in 600 m Tiefe als kristallines Grundgebirge vorkommen. Das anstehende oberflächlich zugängliche Gesteinsmaterial ist vielfach stark zerrüttet, an vielen Stellen ist der ursprüngliche Schichtverband der Gesteine gestört. Anstelle der normalen Gesteinsfolge mit Ablagerungen aus den Perioden vom Erdmittelalter bis zum Tertiär lagern am Riesrand ältere Gesteine über jüngeren, vermischt mit groben Blöcken, oft chaotisch durcheinandergemengt zu einem spezifischen Gestein, der sogenannten bunten »Breccie«. Ein einzigartiges Ries-Gestein ist der »Suevit« (Schwabenstein), dessen graue poröse Grundmasse von aufgeschmolzenen glasartigen Bruchstücken durchsetzt ist. Die Ähnlichkeit des Suevits mit den vulkanischen Tuffen galt lange Zeit als Beweis für den vulkanischen Ursprung des Rieskessels.

Die verschiedenen Theorien einer vom Erdinneren her verursachten, also irdischen Bildung, fanden eine überraschende Wende, als man im Suevit Mineralien entdeckte, die nur unter extremen Druck- und Temperaturverhältnissen gebildet werden, wie sie beim Aufprall kosmischer Körper auf die Erdoberfläche entstehen. Weitere Untersuchungen lieferten nach und nach die Beweise über den Ablauf des Ries-Ereignisses vor rund 14,6 Millionen Jahren durch eine außerirdische Kraft. Der Asteroid von ca. 1 km Durchmesser durchdrang in weniger als 2 Sekunden die Erdatmosphäre mit einer Geschwindigkeit von rund 70 000 km/h und bohrte sich beim Einschlag auf die Landoberfläche über 1 km tief in die Gesteinsunterlage ein. Infolge der ungeheuren freigesetzten Energie, die einer Explosionswirkung von ca. 250 000 Atombomben des Hiroshima-Typs entsprach, wurden die Steine sowie der Meteorit zertrümmert, aufgeschmolzen und verdampft. Riesige Gesteinsmassen wurden aus dem Sprengkrater geschleudert und als mächtige Schuttdecke rund um das Ries bis zur Entfernung von 40 km aufgetürmt. Die Hohlform füllte sich bald mit Wasser, es bildete sich ein seichter See, der 2 Millionen Jahre lang existierte und vielfältigen Land- und Wassertieren Lebensraum und Nahrung bot. Ablagerungen aus Kalk, Sand und Ton füllten nach und nach allmählich das gesamte Seebecken auf. Als am Ende der Tertiärzeit weite Teile Süddeutschlands einschließlich der Jurakalke herausgehoben wurden, konnten die Wasserläufe die Landoberfläche zerschneiden, die weichen Seetone ausräumen und die ehemalige Kraterform wieder freilegen. Harte Rieskalke wurden als Einzelhügel herauspräpariert. Das ausgehende Eiszeitalter brachte dem Ries schließlich Löß, der in Verbindung mit einem relativ trockenen, sommerwarmen Klima seit Jahrtausenden die Landwirtschaft begünstigt. Geographische Eigenart, Klimagunst und differenzierte Bodenverhältnisse verschafften dem Ries den Ruf einer ertragreichen Agrarlandschaft, die der berühmte Kosmograph Sebastian Münster um 1550 lobte: »Das Land ist fruchtbar und reich an Vieh und Getreide, jedoch ist es auch sumpfig, und Weinreben gedeihen nicht«.[21]

Die Schwäbisch-Fränkische Alb

Kargheit und Wasserarmut gelten als Merkmale der Alb, die aus weißgrauen Kalken und Dolomiten der Juraformation aufgebaut ist und die als Höhenzug quer durch Süddeutschland verläuft. Sie ist allerdings keine trockene unfruchtbare Karstlandschaft, die man aus weiten Teilen des Balkan kennt. Sie weist zwar wesentliche Eigenschaften des Karstes wie Höhlen, Dolinen und Trockentäler auf, die auf die Wasserdurchlässigkeit und Löslichkeit des Kalkgesteins zurückgehen. Doch haben lehmig-sandige Verwitterungsböden und die flächenhaft verbreiteten Auswurfmassen des Rieses seit alters her die landwirtschaftliche Nutzung begünstigt und Anlaß gegeben für Rodung und Siedlung.[22]

Auffallend wasserreich ist der donauseitige Abschnitt, wo die Täler von Egau, Kessel und Ussel durch ihre Nebenbäche die Hochfläche zerschnitten und gegliedert haben. In den weiten muldenförmigen Tälern herrschen üppige Wiesen vor, während sich auf der nährstoffreichen Lehmdecke die Äcker ausbreiten. Standorte mit geringer Bodenentwicklung sind als Magerrasen für die Schafhaltung geeignet. Wo tertiärzeitliche grobe Sande als Unterlage vorherrschen, haben sich ausgedehnte Waldgebiete erhalten. Das Wörnitztal, das traditionell als Grenze zwischen der Schwäbischen und der Fränkischen Alb gilt, zerteilt in einer bis 100 m eingeschnittenen Enge die Juratafel und weist eindrucksvolle Felsbildungen auf. Im Westen reicht mit der Umgebung des Bachtales (Zwergbach) noch ein Ausschnitt der sogenannten Flächenalb nach Bayerisch-Schwaben herein. Er wird nach Norden durch die deutlich ausgeprägte Klifflinie des ehemaligen Molassemeeres von der Kuppenalb des Härtsfeldes abgetrennt. In verschiedenen Steinbrüchen lassen sich Kalkgerölle mit Bohrlöchern, Bohrmuscheln und Schwämmen beobachten, die eine Existenz eines ehemaligen Meeresstrandes beweisen. Kleine Dörfer und Weiler charakterisieren das historisch geprägte Siedlungsbild.

Das Donautal

Die Alb senkt sich nach Süden wie eine flach geneigte schiefe Ebene ins Donautal hinab. Weite und Geräumigkeit kennzeichnen den ca. 100 km langen schwäbischen Talabschnitt des europäischen Stromes zwischen der Illermündung bei Neu-Ulm und der Lechmündung bei Marxheim, den das Fließgewässer in dem sandigen Untergrund selbst angelegt hat.[23] Die Breite des Tales und die meterdicken Schotterablagerungen im Untergrund sind das Werk der kräftigen Schmelzwasserströme, die während der Eiszeiten von den zahlreichen südlichen Nebenflüssen herangeführt worden sind. Zeugen einer kräftigen, quer zur Hauptabflußrichtung wirkenden Seitenerosion sind die Schleifen und Schlingen der Altwasserarme sowie die über die ganze Talbreite hin aufgeschütteten Sande und Kiese. Durch Regulierung und Verbauung und durch künstliche Dämme und Wehre hat der Fluß seit mehr als 100 Jahren seinen Charakter als ungestümer Strom verloren. Das Wasser wurde in ein kanalartiges Gerinne gezwängt und wird durch Anlage von Staustufen zur Energiegewinnung genutzt. Mit den technischen Eingriffen in die ursprüngliche Flußlandschaft hat sich auch der flußbegleitende Auwald verändert. Die grüne Girlande, die einstmals in vier vertikalen Vegetationsstufen von der Bodenschicht über die Kraut- und Strauchschicht bis zur Baumschicht vielfältige Lebensräume für Pflanzen und Tiere umfaßte, ist nur noch auf wenigen Abschnitten in ihrer ursprünglichen Form erhalten. Einzelne Altwässer bilden wertvolle ökologische Inseln und dienen als Brut- und Futterplätze für zahllose Vogelarten.[23]

Außerhalb der eigentlichen Auwälder erstreckten sich einst weiträumige Flachmoore, in Schwaben als »Riede« bezeichnet. Sie haben sich überall dort gebildet, wo hoher Grundwasserstand oder Staunässe zur Torfbildung führte. Größere Moorflächen entstanden nördlich von Günzburg im »Donauried«, neuerdings als »Schwäbisches Donaumoos« bezeichnet, und westlich von Mertingen, wo im »Ried« durch die Schwemmkegel von Schmutter und Zusam der donaubegleitende Grundwasserstrom gestaut wird. Diese Versumpfungen waren bis ins 18. Jahrhundert sehr unwegsam und konnten bestenfalls als Streuwiesen genutzt werden. Durch Abtorfung, Entwässerung und Kultivierung wurden sie in den letzten 100 Jahren weitgehend in üppige Wiesen und Weiden umgewandelt. Auf wenigen Restflächen entfaltet sich noch die artenreiche Riedvegetation mit Trollblumen, Orchideen, Seggen und Binsen.

Eine intensive landwirtschaftliche Nutzung in weiten Teilen des Donautales ist möglich und sinnvoll, seit Hochwasserdämme die alljährlichen Überschwemmungen einschränken. Auf den von Auelehm bedeckten Schotterplatten haben sich seit dem Mittelalter günstige Standorte für Einzelhöfe und Kleinsiedlungen mit Ackerbau entwickelt. Zwischen Höchstädt und Donauwörth wurden als Sonderform die Einödsiedlungen der sog. »Schwaigen« auf ehemaligen Donauinseln errichtet.[24] Aufgrund ihrer Zweckbestimmung hatten die Viehhöfe dem Grundherrn alljährlich in festgelegten Abgaben Käseprodukte zu liefern. Sie verloren ihren ursprünglichen Charakter bereits im 17. Jahrhundert mit der Umwandlung der Viehweiden in Ackerland und wurden zu normalen bäuerlichen Betrieben.

Eine andersartige, ebenfalls zum Donautal gehörige Landschaft wird durch eine 5 bis 10 m hohe Terrassenkante von der Flußniederung und den Riedflächen abgetrennt. Die Hochterrasse, die auf der Südseite zwischen Fahlheim und Günzburg, auf der Nordseite zwischen Langenau und Donauwörth, ausgebildet ist. Die von der Alb herabkommenden Bäche (Brenz, Zwergbach, Egau, Kessel) haben die nördliche Terrasse zerschnitten, die Schotter ausgeräumt und streckenweise Niederungen mit Moorbildung verursacht (Brenzniederung, Dattenhauser Ried). Die Lößschichten auf den eiszeitlichen Schotterpaketen machen hingegen die Hochterrasse zu einer fruchtbaren altbesiedelten Landschaft mit stattlichen Dörfern und intensiver Ackernutzung. Dazwischen reihen sich im Abstand von 5 bis 10 km zwischen Ulm und Donauwörth mehrere alte Städte aneinander. Der Städtereichtum weist auf die große politische Bedeutung dieses Raumes im Mittelalter hin und betont die überregionale Verkehrsfunktion. Im Windschatten der Schwäbischen Alb hat das Donautal die geringsten Regenmengen in Schwaben aufzuweisen. Von Westen nach Osten steigt die Sommerwärme geringfügig. Kaltluftseen und häufige Nebel beeinträchtigen allerdings die landwirtschaftliche Nutzung.

Das Tertiärhügelland östlich des unteren Lechs

Östlich des Lechs hat Schwaben im Landkreis Aichach-Friedberg auch Anteil an der naturräumlichen Einheit des Tertiärhügellandes. Dieses Gebiet wurde weder vom Gletschereis erreicht noch von eiszeitlichen Schottern überlagert. Lediglich am Unterlauf des Lechs treten mit der Aindlinger Terrassentreppe eiszeitliche Ablagerungen reliefbildend in Erscheinung. Der übrige Teil wird ausschließlich von den Mergeln, Sanden und Kiesen der tertiären Molasse aufgebaut. Zahlreiche Flüsse und Bäche haben den Untergrund zu einem sanftwelligen Hügelland mit weitgeschwungenen Höhenzügen, flachen Kuppen und breiten Tälern ausgeformt.[25]

Streckenweise bilden die lokalen Lößdecken gute Voraussetzungen für die Landwirtschaft. Der Wald ist meist auf die Höhenrücken beschränkt. Wo grobe Quarzsande den Untergrund bilden, haben sich ausgedehnte Fichten- und Föhrenbestände entwickelt. Die stark wechselnde, relief- und bodenabhängige Landnutzung prägt die Kleinräumigkeit der Landschaft, die sich wesentlich von der gut überschaubaren, nahezu schematischen Gliederung auf der Iller-Lech-Platte unterscheidet. Die Paar als Hauptentwässerungsader hat ein breites Tal angelegt, dem die Hauptlinien des Verkehrs folgen. In ziemlich gleichmäßiger Streuung verteilen sich Pfarrdörfer, Weiler und Einzelhöfe. Nach Norden schließt sich die Ausräumungslandschaft des Donaumooses an, das einst von einem Flachmoor erfüllt war und seit der Entwässerung nach 1790 ein brauchbares Ackergebiet darstellt.

Landschaft Mittelschwaben: Hügelland der »Stauden«. Walkertshofen südwestlich von Augsburg.

Mittelschwaben – Die Terrassenlandschaft zwischen Iller und Lech

Im Gegensatz zu den fast eintönigen Oberflächenformen des Donautals gewinnt das Relief nach Süden zu mehr Energie und Lebhaftigkeit. Die breit eingeschnittenen Flußtäler von Lech, Wertach, Mindel, Günz und Iller und die schmalen Talböden von Schmutter, Zusam oder Glött werden durch langgestreckte Hügelketten und sanftwellige Hochflächen voneinander getrennt. Niederungen und Höhenrücken verlaufen parallel zueinander, streng in die Süd-Nord-Richtung eingespannt, von den Alpen zur Donau hin gleichmäßig abfallend. Wer von Ost nach West von Tal zu Tal wandert, steigt häufig über gestufte Hänge hinauf und hinab, denn in die eingesenkten Flußtäler sind naturbedingte Terrassen eingebaut.[26]

Das Relief ist geprägt durch das kaltzeitliche Klima und die Erosionswirkung der Fließgewässer während des Eiszeitalters. Im Rhythmus mehrerer Kalt- und Warmzeiten wechselten das Aufschütten von Schottern und die Zertalung des Untergrundes miteinander ab. Die Gründe des mehrfachen Klimawechsels im Laufe von 2,5 Millionen Jahren sind nicht eindeutig geklärt. Das Wandern der Kontinente, Schwankungen der Erdbahnelemente während des Umlaufs um die Sonne, möglicherweise auch Änderungen in der Zusammensetzung der Erdatmosphäre können dabei eine Rolle gespielt haben. In den Kaltzeiten sanken die Jahrestemperaturen um ca. 10°C ab und die Sonneneinstrahlung war kürzer. Ein Großteil der winterlichen Niederschläge blieb als Schnee liegen, der sich in Eis verwandelte, in Form von Gletschern die Alpen bedeckte und in das Alpenvorland hinaus vordrang. Die schürfende und ausräumende Erosionskraft des Eises war vor allem in den Alpentälern und am Alpenrand wirksam. Die nordwärts anschließenden Bereiche wurden von den abfließenden Schmelzwässern zertalt und mit Schottern überlagert. Da in den Kaltzeiten nur ein spärlicher Pflanzenwuchs die Oberfläche bedeckte, konnte das abfließende Wasser das Gelände stark verändern. Die Flüsse tieften sich in die vorher abgelagerten Geröllmassen ein und ließen beim Nachlassen der Transportkraft ihre Geröllfracht im Talboden zurück. Die Schotter aus verschiedenen Kaltzeiten sind in unterschiedlichen Höhenlagen anzutreffen.[27]

Im Gebiet zwischen Lech und Iller lassen sich die Geländespuren von wenigstens sechs großen Kaltzeiten nachweisen, die nach den Alpenvorlandflüssen Biber, Donau, Günz, Mindel, Riß und Würm benannt sind. Die Ablagerungen der ältesten Kaltzeiten treten auf den höchsten Hügelketten und Kuppen oberflächig in Erscheinung. Sie werden als Hoch- oder Deckenschotter bezeichnet. Die jüngeren Schotter der nachfolgenden Kaltzeiten bedecken Höhenrücken auf niedrigerem Niveau. Reste der Bibereiszeit sind westlich des unteren Lechs, zwischen den Flüssen Schmutter und Laugna in der sogenannten »Staufenberger Terrassentreppe« sowie zwischen Wertach und Mindel auf der »Staudenplatte« verbreitet. Sie gehen auf die Aufschüttungen einer sogenannten Ur-Iller zurück, die am Rande der Allgäuer Alpen ihren Ursprung hatte und von Süd-Südwest nach Nord-Nordost durch das Alpenvorland strömte. Als die Ur-Iller ihre Fließrichtung im Laufe der nachfolgenden Donau-Kaltzeit weiter nach Nordwesten verlagerte, schüttete sie die Schotter auf den Höhenzügen zwischen Günz und Mindel beiderseits der unteren Zusam und östlich des Lech in der »Aindlinger Platte« auf. Auf die Günzeiszeit gehen die sogenannten älteren Schotter auf einzelnen Höhenzügen südlich von Ottobeuren und nordwärts auf den Hochflächen zwischen Günz und Kammel zurück. Schotterfluren der Mindeleiszeit bauen das »Grönenbacher Feld« und Gebiete nördlich von Memmingen und östlich von Mindelheim auf. Die älteren und die jüngeren Deckenschotter der Günz- und der Mindeleiszeit sind oft zu harten Nagelfluhbänken verkittet. Wo sie von stark entkalkten Lehmböden bedeckt sind, herrschen Fichtenwaldungen vor. In der vorletzten Eiszeit, der Rißeiszeit, drangen die Gletscher weit nach Norden vor. Ein Saum von Altmoränen kennzeichnet die maximale Ausdehnung des Eises, das im Lech- und Wertachtal bis zur Linie Bad Wörishofen–Türkheim–Kaufering reichte und mit dem Ammerseegletscher bis in die Gegend von Mering vordrang. Schmelzwässer haben große zusammenhängende Schotterfluren außerhalb der rißeiszeitlichen Moränen aufgeschüttet wie das breite Hochterrassenfeld zwischen Buchloe und Augsburg, das Hawanger Feld im Illergebiet, schmale Terrassen entlang des Günz- und des Kammeltales sowie die Hochterrasse zwischen Gundelfingen und Höchstädt im Donautal. Die Schotter der Rißeiszeit sind fast überall von einer Lößlehmdecke überzogen, die als Staubablagerung während der folgenden Eiszeit, der Würmeiszeit, abgesetzt worden ist. Durch ihre guten Bonitäten bilden diese Flächen seit alters her ein waldarmes, intensiv genutztes Bauernland mit großen Dörfern, die entlang der Terrassenränder an den Quellhorizonten entstanden sind.

In die Täler der jetzigen Flüsse wurden während und nach der Würmeiszeit die jüngsten und letzten Glieder der Schichtenfolge abgesetzt. Entlang von Lech, Wertach und Iller lassen sich die Schotterablagerungen als breite Niederterrassen verfolgen (Lechfeld südlich von Augsburg, Wertachfeld zwischen Türkheim und Buchloe), oder sie bedecken die Talböden von Günz, Mindel, Roth und Iller. Wo die Schotterdecke fehlt oder ausdünnt und das Grundwasser an die Oberfläche tritt, entstanden vielerorts Moore (Rothtal, Abschnitte im Günz- und Rothtal, Mindelrieder Paradies, Gennacher Ried), die inzwischen entwässert und kultiviert sind. Auf den Schotterdecken haben sich abschnittsweise sandige Lehmböden entwickelt, die für die Ackernutzung günstige Standorte abgeben, wie z. B. das Steinheimer Feld und das Weißenhorner Rothtal. Wo dem Schotter allerdings die Lehmauflage fehlt, enstanden infolge sommerlicher Austrocknung Magerrasen und Heidewiesen (Lechfeld), die heute weitgehend in nutzbares Ackerland umgewandelt sind. Vom Ackerbau bevorzugt werden allerdings seit alters her die hochwassersicheren lößbedeckten Terrassen oder die flachen Talhänge, während die Hochflächen weitgehend von Wäldern eingenommen sind. Innerhalb ihres Strömungsbereiches haben die heutigen Flüsse vielfach Lehme und Mergel abgesetzt, auf denen streckenweise noch artenreiche Auwälder stocken, soweit nicht die Eingriffe des Menschen die natürliche Vegetation beseitigt haben.

Für die Klimaverhältnisse des Terrassenlandes sind die Großwetterlagen Süddeutschlands bestimmend, doch üben die nahe liegenden Alpen durch ihre Stau- und Föhnwirkung einen erheblichen Einfluß auf die Menge der Niederschläge und die Lufttemperatur aus. Die Jahresdurchschnittswerte schwanken zwischen 8°C im Donaugebiet, und den Lech-Wertachebenen und 6°C auf den südlichen Höhenrücken. Die Regenmengen steigen von Nord nach Süd von ca. 700 auf 1000 mm an (1 mm ist gleich 1 Liter pro qm). Die breiten Täler von Lech, Wertach, Mindel und Iller waren seit alters her die Leitlinien der Besiedlung und des Verkehrs. Für eine Verbindung zwischen der Donau und den Alpenübergängen benutzten bereits die Römer das Lech- und das Illertal.

Das voralpine Hügelland – die Moränenlandschaft

Kleinteilig und wenig übersichtlich ist das Landschaftsbild im südlichen Schwaben. Langgezogene Hügel, breite Kuppen, flache Becken wechseln auf engem Raum miteinander ab, in kurzer Entfernung kann sich die Abflußrichtung der Gewässer oder die Breite der Täler und Rinnen ändern. Das gegenüber der Iller-Lech-Platte regellos wirkende Relief ist das Ergebnis der schürfenden, schiebenden und aufschüttenden Wirkung des Gletschereises und seiner

Landschaft am Alpenrand. Weiler und Einzelhöfe zwischen Wertach und Nesselwang, Grüntensee, Füssener Berge im Hintergrund.

Landschaft Alpenvorland. Das Pfarrdorf Seeg liegt auf einem Moränenrücken des ehemaligen Lechgletschers. Seen und Moore sind eiszeitliche Relikte.

Schmelzwässer.[28] Drei größere Gletscher und eine Reihe kleiner Eisströme waren daran beteiligt. Aus dem Lechtal kam der Lechgletscher, der bei Füssen und Pfronten das Gebirge verließ und sich im Ostallgäuer Voralpenland bis zu 40 km ausbreitete. Aus dem Illertal kam der Illergletscher, der sich nördlich von Immenstadt nur auf ca. 20 Kilometer ausdehnen konnte, da er von den Höhenzügen der Faltenmolasse eingeengt war. Aus dem Alpenrheintal kam der gewaltige Rheingletscher, der mit mehreren Eisströmen weit über das Bodenseebecken hinaus nach Norden und Westen vorstieß und eine maximale Breite von mehr als 100 km erreichte. Mit den schmäleren Eiszungen des Ammerseegletschers und des Wertachgletschers bildeten sich im Vorlandgletscher eine geschlossene Eisdecke.

Während der maximalen Eisstände in der Riß- und Würmeiszeit erreichte die Oberfläche der Gletscher am Gebirgsrand eine Höhe zwischen 1200 und 1500 Meter. Gegen Norden dünnten die Eismassen allmählich aus und an der Gletscherstirn häuften sie den mitgebrachten Gesteinsschutt zu wallartigen Moränenhügeln auf. Eine langgestreckte Hügelkette, die sich auf der Linie Kaufbeuren–Obergünzburg–Altusried quer durch Schwaben zieht, markiert girlandenartig die Randlage der Eismassen in der Würmeiszeit. Innerhalb der Moränenwälle bildet das vom Gletscher mittransportierte grobe Gestein und das feinkörnige Gesteinsmehl die sogenannte Grundmoräne. Dazwischen lagern oft metergroße Findlinge, wie der Dengelstein oder der Baltenstein im Kemptener Wald. In den Stammbecken der Gletscher sind teilweise größere Seen (Weißen-, Hopfen-, Bannwaldsee bzw. der Niedersonthofener See) erhalten geblieben, während die einstigen Seen bei Wertach, Marktoberdorf und Unterthingau längst ausgelaufen sind. Als Relikte des Eiszeitalters gelten auch die kleinen Seebecken, wie der Elbsee, Seeger Seen und die zahlreichen Weiher und Moore. Kleine Hohlformen wurden mit der Zeit oft zugeschüttet oder sind ganz oder teilweise verlandet. Mit dem Bodenseebecken, das in einem tektonischen Senkungsgebiet vom gewaltigen Rheingletscher tief ausgeschürft wurde, blieb einer der größten Alpenrandseen mit bedeutender Wasserfülle zurück.

Über die 700 bis 800 m hohe Moränenlandschaft erheben sich Bergrücken und Höhenzüge der Allgäuer Faltenmolasse. Sie gehören geologisch-tektonisch zum Alpenbereich, bilden aber morphologisch-naturräumlich einen wesentlichen Teil des voralpinen Hügellandes. Westlich der Iller sind sie in mehreren Hügelketten, (Hauchenberg-Stoffelberg, Sonneckrücken, Salmaser Höhenzug) dicht hintereinander gestaffelt und stellen den allmählichen Übergang zum Gebirge her. Östlich der Iller bilden sie mit dem Wertacher Rücken und dem Höhenkamm Senkele-Zwieselberg markante Erhebungen. Quer zur Stoßrichtung des Gletschereises wurden die harten Nagelfluhbänke und Sandsteine lediglich abgeschliffen, während die weicheren Mergellagen ausgeräumt worden sind. Auf diese Weise entstanden die eng hintereinander gestaffelten Höhenrücken mit den dazwischenliegenden Tälern und Mulden. Im Bereich des Kempter Waldes sind die Molasseschichten oft von eiszeitlichen Ablagerungen überdeckt. Im gesamten voralpinen Hügelland bedingen die morphologischen Gegebenheiten einen engräumigen Bodenwechsel. In der Grundmoräne und in den Molasseschichten überwiegen lehmige Böden, innerhalb der Endmoränen sowie in den Talzügen sind Sand, Kies und Auenböden vorherrschend. Das Klima ist kühler und feuchter als im Vorland, die Regenmengen steigen mit zunehmender Höhe von 1000 bis 1800 mm im Jahresmittel an.

Siedlung und Rodung haben den Wald stark zurückgedrängt, er bedeckt vor allem die Moränenrücken, die steilen Talhänge und Bergflanken und hat sich in den Flußauen und Bacheinschnitten naturnah erhalten. Das offene Land wird intensiv beweidet oder als Mähwiese genutzt. Mit der Erkenntnis, daß sich die Boden- und Klimaverhältnisse am besten für die Grünlandnutzung eignen, sind seit der Mitte des letzten Jahrhunderts die Ackerflächen südlich der Endmoränen fast vollständig verschwunden. Weiler und Einzelhöfe, die auf die spätmittelalterliche Rodungstätigkeit und teilweise auf die Vereinödungsbewegung des 16. bis 18. Jahrhunderts zurückgehen, prägen das Siedlungsbild. Ländliche Märkte und Dörfer bilden die lokalen Zentren. Mit Kempten, Kaufbeuren und Marktoberdorf haben sich an verkehrsgünstigen Standorten die administrativen und wirtschaftlichen Mittelpunkte entwickelt.

Die Allgäuer Alpen

In mehreren immer höher ansteigenden Kulissen sind die Höhenzüge der Allgäuer Alpen hintereinandergestaffelt. Der geologische Aufbau ist kompliziert und weist die charakteristischen Züge eines Faltengebirges mit verschiedenen Bauteilen und ineinander verschachtelten Schichtfolgen auf.[29] Unter den Gesteinsablagerungen der Triaszeit herrschen der graue bis graubraune Hauptdolomit, aus den Gesteinsarten der Jurazeit die dunkelbraunen Lias-Mergel vor. In den Ablagerungen der Kreidezeit nehmen die schiefrig-sandigen Flyschschichten breiten Raum ein. Das jüngste Glied in der alpinen Serie des Allgäus, die tertiäre Molasse, ist mit Sandstein, Ton und Nagelfluh am Aufbau der Randalpen maßgeblich beteiligt. Alle diese Ablagerungen, die sich im Laufe von mehr als 200 Mio Jahren unter wechselnden Bedingungen in verschiedenen Meeresbecken angesammelt haben, kamen durch großräumige Krustenbewegungen an die Oberfläche, vornehmlich in der Tertiärzeit, und verfielen wieder der Verwitterung und Abtragung. Aus der Fülle von Gesteinsarten mit verschiedenartiger Lagerung und Verformung entwickelte sich unter dem Einfluß der Verwitterung, Vergletscherung und Wirkung des

Fließwassers eine große Vielfalt an Formen, von abweisenden nackten Felspartien über mattenüberzogene Hänge bis zu waldreichen Hügeln.
Naturräumlich lassen sich zwei Einheiten unterscheiden, die vom breit ausgeformten Illertal wiederum in zwei Abschnitte gegliedert werden. Als Kalkvoralpen bezeichnet man den 10 bis 15 km breiten Außensaum, der westlich der Iller aus den Höhenzügen der gefalteten Molasse besteht, und mit Hochgrat – Rindalphorn – Stuiben seine höchste Erhebung erreicht, sowie den im Süden anschließenden sanft geformten Flyschbergen der Hörner-Gruppe. Östlich der Iller erstrecken sich schmale ost-westlich streichende Bergrücken zwischen Wertach, Nesselwang, Pfronten, Füssen und Trauchgau. Ihre Gipfel sind sanft gerundet und meist bewaldet. Verebnungen und flache Hänge sind für Zwecke der Alpwirtschaft gerodet, Siedlungen liegen meist unter 800 m. Das überwiegend kühle, feuchte und niederschlagsreiche Klima schränkt die landwirtschaftliche Nutzung ein und hat schon im Mittelalter zur Spezialisierung auf Viehwirtschaft geführt. Die Entwicklung des Tourismus seit 1900 hat die Siedlungsdichte vor allem in den letzten Jahrzehnten stark ansteigen lassen und stellenweise zu einer Zersiedelung der bäuerlich geprägten Kulturlandschaft geführt. Besonders intensiv ist das breit angelegte Illertal auf den hochwassersicheren Terrassen besiedelt.
Nach Süden schließt sich die Zone der Kalkhochalpen an, die sich über das sanft geböschte Stockwerk der Molasse und der Flyschberge zu den markant geformten Bergkämmen und Gipfelgruppen über 2000 m aufschwingen und die typischen Merkmale eines Hochgebirges besitzen. Die Wirkungen des Eiszeitalters haben eine Vielfalt an Formen und Gestalten entstehen lassen: schroffe Wände, scharfe Grate, schuttreiche Hänge. In unteren Lagen bestimmen noch naturnahe Laub- und Mischwälder das Erscheinungsbild. Nach oben nimmt der Fichtenwald zu. Die natürliche obere Waldgrenze ist häufig durch Rodungen verändert. Weiden und hochgelegene Wiesen dienen einer intensiven Alpwirtschaft. Ein Gürtel mit Krummholz und Zwergsträuchern leitet über in die Zone der Schutt- und Felsspaltenvegetation.
Starke Reliefunterschiede und hohe sommerliche Niederschläge schränken die Siedlungsmöglichkeiten auf wenige Räume (Oberstdorfer Becken, Walsertal, Füssener Bucht) ein. Am Alpenrand sind an verkehrsgünstigen Stellen die historischen Städte Immenstadt und Füssen zu wichtigen zentralen Orten herangewachsen. Die meisten Talorte haben sich unter dem Einfluß des Fremdenverkehrs zu attraktiven Kur- und Ferienorten entwickelt. Infolge des Schneereichtums weisen sie neben der Sommersaison eine ausgeprägte Wintersaison auf.[30]

Prägende Kräfte der Kulturlandschaft

Landesnatur und Kulturlandschaft

Die Kulturlandschaften Schwabens, wie sie sich heute darstellen, sind im Verlaufe von Jahrtausenden durch das Zusammenwirken verschiedener Faktoren entstanden. Die Bauelemente der Landesnatur – geologischer Untergrund, Relief, Klima, Böden und Gewässer – haben die Menschen in stetig wachsendem Maße umgestaltet und dabei neue Bestandteile in die Landschaft eingebracht. Die Siedlungen, die Städte, Dörfer und ihre zugehörigen Wirtschaftsflächen in Form der Fluren sind neben dem verbindenden Netz der Verkehrswege die bestimmenden Elemente. Flächenmäßig entfallen etwa 8 % auf das besiedelte Areal und das Verkehrsnetz, etwa 60 % werden von der Landwirtschaft genutzt und ca. 28 % nimmt der Wald ein. Die Restfläche von rund 4 % verteilt sich auf Gewässer und naturnahe, ungenutzte Areale wie Ödland, Feuchtgebiete oder Felsen.
Die Art und das Ausmaß der Nutzung einzelner Landesteile als Siedlungs- und Wirtschaftsräume ist nicht allein von den Unterschieden in der Landesnatur abhängig, sondern wurde in gleichem Maße von dem siedlungs- und wirtschaftsgeschichtlichen Werdegang bestimmt. Zur Erläuterung und zum Verständnis der heutigen Kulturlandschaften gehört deshalb nach der Darstellung der Naturräume der Blick in die Tiefe der Zeit, auf die historischen Prägekräfte, die im Rahmen der politischen Ordnungen und der territorialen Zuständigkeiten zu verschiedenen Zeiten wirksam gewesen sind. In der historischen Dimension unserer Kulturlandschaften sind die Spuren und räumlichen Strukturen verschiedener Jahrhunderte sichtbar. Bauliche Relikte der Römer, Burgen des Mittelalters, Kirchen und Residenzen der Barockzeit, Bauernhäuser aus verschiedenen Jahrhunderten, Industrie- und Verkehrsbauten des 19. und 20. Jahrhunderts treten nebeneinander in Erscheinung. Die Kulturlandschaften werden damit zum eindrucksvollen Zeugnis der Geschichte. Sie stellen neben den Bibliotheken und Museen einen wichtigen Speicher für den kulturellen Formenschatz und die Leistungen der Vergangenheit dar. Die Eigentümlichkeiten der bäuerlichen Bauweise und die Besitzverhältnisse, Konfession und Sozialstruktur, Wirtschaftskraft und Lebensstil haben bei der Gestaltung und Nutzung der Kulturlandschaften mitgewirkt und spiegeln sich in ihrem Erscheinungsbild.[31]

Perioden der Siedlungsgeschichte

Spuren der Jäger, Sammler, Bauern, Handwerker und Händler

Die ältesten Relikte des Menschen in Schwaben reichen in die Periode der Rißeiszeit zurück. Ein Faustkeil von Mündling (zwischen Harburg und Monheim) beweist, daß der frühe Neandertaler vor mehr als 130 000 Jahren die südliche Frankenalb begangen hat. Die Jäger und die Sammler der nachfolgenden altsteinzeitlichen Kulturen hinterließen ihre Artefakte auf Rastplätzen und in Höhlen vor allem am Rande des Rieses und entlang des Donautales. Südlich der Donau haben die eiszeitlichen Vorgänge die menschlichen Spuren, mit Ausnahme weniger Fundstellen wieder ausgelöscht. Am Ende der Eiszeit, mit der fortschreitenden Erwärmung und Wiederbewaldung, dehnten Jäger und Sammler ihren Lebensraum nach Süden, vor allem entlang der Täler von Lech und Iller aus und drangen sporadisch bis an den Alpenrand vor.

Während die Altsteinzeit durch spärliche Gerätefunde wie Schaber oder Blattspitzen gekennzeichnet ist, treten die Spuren der Mittelsteinzeit in Form von Mikrolithen im Ries, auf der Schwäbischen Alb und entlang von Iller und Lech häufiger auf. Periodische Niederlassungen bestanden wohl an verschiedenen Seen in der Füssener Bucht. Aus dem Mesolithikum stammen auch die ältesten Menschenreste Bayerisch-Schwabens, nämlich die Kopfbestattungen der großen Ofnethöhle am Riesrand, die 8000 Jahre alt sind und zeitlich nahe an die älteste Bauernkultur heranreichen.

Ein entscheidender Wandel in der Siedlungs- und Wirtschaftsweise vollzog sich zu Beginn der jüngeren Steinzeit vor rund 7500 Jahren. Die neolithischen Ackerbauern siedelten in festen Holzhäusern, lebten in dörflichen Gemeinschaften, bauten Getreide an und domestizierten die Wildtiere. Archäologisch spiegeln sich die Veränderungen vor allem in verbesserten Steingeräten und in der Herstellung von Tongefäßen, deren Form, Typ und Verzierung ein wichtiges Hilfsmittel für die Abgrenzung und Datierung verschiedener Kulturgruppen bildet und den Ablauf der Besiedelung kennzeichnet.

Die ältesten in Schwaben siedelnden Bauern gehörten zur Kulturstufe der Bandkeramiker, die sich bevorzugt im südlichen Ries sowie auf den Terrassen von Donau, Lech und Iller niederließen und dabei den Grenzsaum zwischen trockenen Platten und feuchten Niederungen nutzten. Tierhaltung und Pflanzenbau führten erstmals zu Eingriffen in die natürliche Vegetation durch Roden und Abbrennen. Die meisten Siedlungsstellen sind aus Lesefunden, kleinen und großen Rettungsgrabungen bekannt, dazu kommen zahlreiche Gräberfelder und Einzelfunde von Steinbeilen. Dies gilt auch für die Nachfolgekulturen des Mittel- und Jungneolithikums, die sich im gleichen Areal niederließen und ihre Häuser in kleinen Siedlungen auf leicht isolierten Bergkuppen oder geschützten Terrassen anlegten.

Die nachfolgenden Kulturen der Metallzeiten (Bronze-, Urnenfelder-, Eisenzeit) erweiterten langsam und stetig den Siedlungsraum. Das allmähliche Vordringen in die waldreichen Hügellandschaften Mittel- und Südschwabens läßt sich an Hand zahlreicher Siedlungsreste und Grabbeigaben verfolgen. Funde und Wallanlagen auf Höhenrücken lassen auf eine differenzierte Nutzung des Siedlungsareals schließen. Die Bestattung in Grabkammern sowie die Art der Beigaben in der Hallstattzeit (750–450 v. Chr.) beweisen eine soziale Schichtung der Bevölkerung. Die räumliche Ausdehnung der Grabhügelfelder auf den Hochflächen der Schwäbisch-Fränkischen Alb und in der mittelschwäbischen Terrassenlandschaft, etwa bis zum Rande des alpinen Hügellandes, lassen darauf schließen, daß in der Hallstattzeit auch weniger klimagünstige Gegenden aufgesucht, landwirtschaftlich erschlossen und genutzt wurden. Die Zahl und die Verteilung der Grabhügel vermittelt erstmals eine quantitative Vorstellung von den Siedlungsverhältnissen.

Für die letzten Jahrhunderte vor der Zeitenwende ist mit den Kelten erstmals die Bevölkerung unseres Raumes auch namentlich überliefert. Reichhaltiger Fundstoff aus Siedlungen und Gräbern belegt eine hohe Blüte von Kunst und Handwerk und den Handel mit der römisch-hellenistischen Welt des Mittelmeerraumes. Die Gehöfte bestanden vornehmlich aus einfachen Wohnstätten mit wenigen Nebengebäuden. Wesentliche Zeugnisse der spätkeltischen Kultur sind die Viereckschanzen, die ziemlich gleichmäßig vom Ries bis zur Linie Kaufbeuren–Memmingen über Schwaben verteilt und als Kultplätze und Tempelbezirke zu deuten sind. Politische und wirtschaftliche Mittelpunkte waren in der späten Latènezeit die sog. Oppida. Langjährige Ausgrabungen innerhalb des Ringwalls von Manching bei Ingolstadt, dem vermutlichen Hauptort der Vindeliker, haben ein vielschichtiges Bild von den Wohnhäusern, Handwerkervierteln, Marktplätzen und vom Sitz des Adels und des Kultes erbracht. Im antiken Schrifttum sind für den Bereich Schwaben namentlich die Vororte der Likater (Damasia), der Estionen (Cambodunum/Kempten) und der Brigantier (Brigantium/Bregenz) erwähnt.[32]

Schwaben als römische Provinz

Als die Römer um 15 v. Chr. das Alpenvorland unter ihre Herrschaft gebracht hatten, gingen die keltisch geprägte Bevölkerung und ihre kulturelle Überlieferung allmählich im römischen Imperium auf. Der Verlauf der folgenden 400jährigen römischen Herrschaft läßt sich aus schriftlichen Quellen, Bodendenkmälern und Funden ablesen.[33] Eine wesentliche Voraussetzung für die räumliche Erschließung der neuen Provinz war ein funktionstüchtiges Straßennetz. Reste der geradlinig verlaufenden Straßendämme haben sich im Gelände vielerorts erhalten. Ein eindrucksvolles Beispiel bietet die Via Claudia Augusta, die von der Po-Ebene über den Reschen- und den Fernpaß an Füssen vorbei nach Augsburg und weiter an die Donau führte.[34] An wichtigen Flußübergängen oder Kreuzungen entstanden Militärstationen, Marktorte oder Herbergen. So verdanken Günzburg, Füssen, Lauingen, Nördlingen,

Schwabmünchen, Türkheim und viele andere Orte in Schwaben ihre Anfänge römischen Siedlungen. Im Anschluß an einen Militärbereich wuchs im Laufe des ersten Jahrhunderts am Zusammenfluß von Lech und Wertach, hochwassersicher über dem Talboden, die Provinzhauptstadt »Augusta Vindelicum« heran.[35] Auf einer Fläche von ca. 60 Hektar fanden etwa 10000 Bewohner im Schutz einer Mauer Platz. Die Erwähnung als »glänzendste Stadt« der Provinz Raetien durch den Schriftsteller Tacitus und zahlreiche Grabungsfunde weisen sie als Mittelpunkt von Handel und Gewerbe, Kult und Kultur inmitten eines dichten Netzes von Kleinsiedlungen und Gutshöfen aus.

In Faimingen (Landkreis Dillingen) errichtete man mit dem Tempel des römischen Heilgottes Apollo Grannus ein zentrales Heiligtum der römischen Provinz. In Kempten entstand auf dem Hochufer der Iller eine Römerstadt mit Forum, Thermen und einem ausgedehnten Tempelbezirk. Die rekonstruierten Tempelbauten des »Archäologischen Parks Cambodunum« vermitteln in Verbindung mit Funden und Schautafeln ein anschauliches Bild vom Leben in einer Stadt nach mediterranem Muster.[36]

Architekturteile, Gebrauchsgüter, Schmuck und Münzen aus zahlreichen Grabungen und Fundplätzen bezeugen auch ein blühendes wirtschaftliches und kulturelles Leben auf dem flachen Land.[37] Die Verbreitung und die Dichte der Siedlungen waren von der Art des Bodens und der Gunst des Klimas für die Landwirtschaft abhängig. Neben luxuriös ausgestatteten Landhäusern im Umfeld der Städte bestimmten die Einzelhöfe inmitten von Wiesen und Feldern, vergleichbar mit den modernen Aussiedlerhöfen, das Bild der Kulturlandschaft. Sie bestanden in der Regel aus einem Wohnhaus, einem Badehaus und mehreren Wirtschaftsgebäuden, die als Speicher für die Ernte und als Stallungen des Viehs dienten. Zu jedem römischen Gehöft gehörte ein eigener kleiner Friedhof. Der Anbau von Getreide, vor allem Dinkel als Brotfrucht, aber auch von Gerste und Hafer, ist ebenso nachgewiesen wie der Obst- und Gemüseanbau. Die Gutshöfe mit Betriebsgrößen von 50–100 Hektar hatten die Versorgung der Zivilbevölkerung und des Militärs sicherzustellen. Eine intensive Bodennutzung erleichterten hochwertige Eisengeräte wie Pflug oder Sense. Für den Fleischbedarf sorgte eine hochstehende Rinderzucht. Als Reit-, Zug- und Lasttier spielte das Pferd eine wichtige Rolle. Für Massen- und Schwertransporte dienten auch die großen Flüsse wie Lech und Donau als schiffbare Wasserstraßen. So wurden Jurakalke der Schwäbisch-Fränkischen Alb als hochwertiges Baumaterial für die Provinzhauptstadt Augsburg sogar lechaufwärts verfrachtet. Zur Sicherung der Grenzen entstanden Kastelle und Garnisonsorte, die mit dem Vorrücken der Grenzlinie von der Donau bis zum Limes mehrfach nach Norden verlegt und ausgebaut wurden.

Alemannische Siedlungen und frühe Klöster

Das Erbe der Römer zwischen Ries und Alpen traten die Alemannen im Laufe von mehreren Jahrhunderten an.[38] Als Teil der nach Süden drängenden elbgermanischen Stämme vertrieben sie in mehreren Kriegszügen die Römer zunächst aus dem nördlichen Teil der Grenzprovinz und ließen sich nach 260 bevorzugt im Ries und entlang der Donau nieder. Ihre Gehöfte mit ebenerdigen Holzbauten für Wohnzwecke und einfachen Hütten für das Vieh entstanden im offenen Kulturland und in der Nachbarschaft römischer Straßen. Felder und Wiesen lagen in nächster Umgebung. Als die Römer im 5. Jahrhundert alle Truppen aus dem Alpenvorland abziehen mußten, drangen die alemannischen Siedler entlang der Hauptflüsse Lech, Wertach, Mindel und Iller nach Süden vor und erreichten am Ende des 6. Jahrhunderts den Alpenrand. Wesentliche Zeugnisse für den Werdegang und die Größe der Siedlungen sind für diese Zeit ohne schriftliche Nachweise, die alemannischen Reihengräberfriedhöfe des 6./7. Jahrhunderts, in denen die Toten in reihenartig angelegten Gräbern mit Beigaben – die Männer mit Waffen, die Frauen mit Schmuck – bestattet wurden. Die archäologische Auswertung der Funde vermittelt ein anschauliches Bild über die sozialen Strukturen, über Eigenheiten in Kleidung und Schmuck und über die handwerkliche Produktion.[39] Die häufige Lage der Reihengräber in der Nähe von heutigen Ortschaften mit den Namensendungen auf »-ingen« und »-heim« kennzeichnet diese als die älteste Siedlungsschicht.

Am Beispiel der Siedlungsentwicklung im mittleren Mindeltal läßt sich verfolgen, wie sich der Landesausbau schrittweise vollzog. Ausgehend von der Siedlung Salgen, deren Gräberfeld mit der Belegung um 500 einsetzte, wurde 10 km mindelaufwärts die Siedlung Mindelheim angelegt, deren Gräberfeld während des späten 6. und beginnenden 7. Jahrhunderts belegt wurde. Aus den Funden von 160 Gräbern erkennt man, daß es die einfache, landwirtschaftlich orientierte Bevölkerung im Laufe des 7. Jahrhunderts zu einem gewissen Wohlstand gebracht hatte, denn es sind auch Luxusgegenstände aus dem Rheinland und aus dem langobardischen Italien als Beigaben nachgewiesen worden. In der Mitte dieses Jahrhunderts begann dann einige Kilometer weiter südlich die Belegung des Gräberfeldes in dem Ausbauort von Dirlewang.

Die Alemannen ließen sich bevorzugt im Umfeld römischer Siedlungen und Straßen nieder. Etwa auf halber Strecke der Römerstraße zwischen Cambodunum (Kempten) und Abodiacum (Epfach) lag an einem Wertachübergang die Militärstation »Escone«. In dem waldfreien Gelände dürfte in der Mitte des 6. Jahrhunderts als alemannische Siedlung der Ort Altdorf entstanden sein. Reihengräberfunde in den Nachbarorten Marktoberdorf, Ebenhofen, Hiemenhofen und Thalhofen weisen auf den Sied-

lungsausbau im 6./7. Jahrhundert hin. In einem weiteren Kranz von »-hofen«-Orten läßt sich der folgende Ausbau mit Rodungen auf den Anhöhen diesseits und jenseits des Wertachtales verfolgen.
Inzwischen war Schwaben ein christliches Land geworden.[40] Der Eingang des Christentums erfolgte zwar schon in römischer Epoche, wie die über die Wirrnisse der Völkerwanderungszeit hinweg lebendig gebliebene Verehrung der Märtyrerin Afra († um 304) in Augsburg beweist. Grabbeigaben mit christlichem Charakter wie Goldblattkreuze sind ab dem 6. Jahrhundert, die Anlage von Kirchen inmitten heidnischer Reihengräberfriedhöfe im 7. Jahrhundert belegt. Für einen allmählichen Übergang zum Christentum spricht auch das Erlöschen der Beigabensitte in der zweiten Hälfte des 7. Jahrhunderts. Eine wesentliche Rolle für die Ausbreitung der christlichen Lehre spielten neben der Bischofsstadt Augsburg (Bischöfe belegt seit 613) die frühen Klostergründungen. So gingen aus den Missionszellen der Mönche Magnus und Theodor im Allgäu die Benediktinerklöster Füssen (um 740) und Kempten (742) hervor. Sie trugen ebenso wie das 764 gegründete Kloster Ottobeuren, das Reichskloster Stöttwang bei Kaufbeuren (Ende 8. Jahrhundert) und die frühe Mönchsniederlassung Thierhaupten im Lechtal (um 800) zur Christianisierung und weiteren Erschließung des Landes bei.
In jener Zeit unterstanden die Alemannen bereits der Oberhoheit der fränkischen Könige, die auf den Säulen des Königtums, des Adels und der Kirche ein neues herrschaftliches Ordnungssystem aufbauten. Reichs- und Königshöfe bildeten dabei wichtige Mittelpunkte der Verwaltung, der Wirtschaft und der militärischen Sicherung. Zu regionalen und lokalen Zentren entwickelten sich die Klöster und die frühen Pfarreien, die häufig mit Marien- oder Martinspatrozinien gegründet wurden. In die fränkische Zeit fällt auch ein weiterer Ausbau der Siedlungen. Die Ortsnamen sagen manches über den zeitlichen Ablauf und ihre von Personennamen abgeleiteten Bestimmungswörter etwas über den Grundherrn und Organisator einer Siedlung aus. Zwischen dem 7. und 10. Jahrhundert dürften die meisten Orte auf »-hofen«, »-hausen«, »-beuren«, »-stetten« sowie die »-kirch« und »-zell« Orte entstanden sein.[41] Ihre Lage läßt oft erkennen, von welchen älteren Siedlungen her die Gründung erfolgte. Eine Besonderheit bilden Ortsnamen wie Sachsenried, Ingenried oder Böhen, die auf die zwangsweise Ansiedlung von unterworfenen Stämmen durch die fränkischen Herrscher schließen lassen.
Die Auswertung archäologischer Funde und Ortsnamen ergibt für das Gebiet der heutigen Stadt Neusäß beiderseits der mittleren Schmutter westlich von Augsburg folgenden Siedlungsablauf: Hirblingen und Täfertingen am Hochufer des Flusses Schmutter sind durch Reihengräberfunde als alemannische Siedlungen des 6. Jahrhunderts und damit als echte

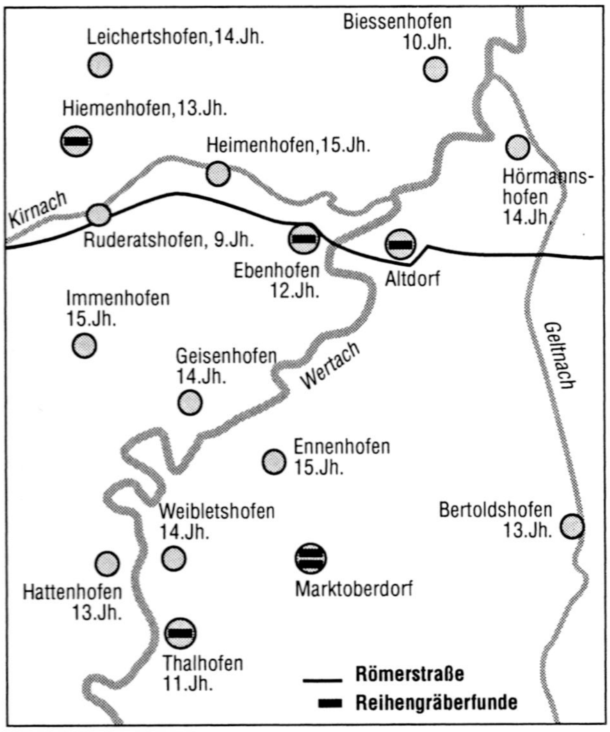

Siedlungsausbau im Mittelalter im Raum Kaufbeuren-Marktoberdorf.

-ingen-Orte belegt. Hainhofen im 7. oder 8. Jahrhundert und Ottmarshausen im 9. oder 10. Jahrhundert waren Ausbausiedlungen von Täfertingen. Schlipsheim entstand als Tochtersiedlung von Hainhofen vermutlich im 10. Jahrhundert. Etwa 100 Jahre später entstanden Westheim und Neusäß, vermutlich als Aussiedlungen des Dorfes Oberhausen. Die letzte Siedlungsgründung ist Hamel, das im 11. oder 12. Jahrhundert als Ausbausiedlung von Täfertingen gegründet wurde. Zwischen der Entstehung von Täfer-

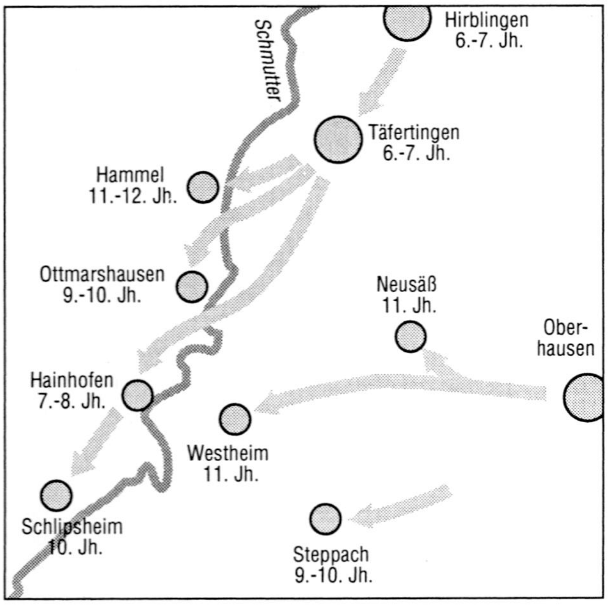

Siedlungsentwicklung von 500 bis 1000 n. Chr. am Beispiel der heutigen Stadt Neusäß westlich von Augsburg.

tingen und Hamel liegen etwa 500 Jahre. In diesem Zeitraum zwischen 500 und 1000 n. Chr. wurde das gesamte Gebiet des heutigen Schwaben besiedelt und erschlossen.

Landesausbau und Städtebildung im Mittelalter

Mit der Italienpolitik der deutschen Könige rückte Schwaben seit dem 10. Jahrhundert auch in den Blickpunkt reichspolitischer Ereignisse. In Augsburg und Ulm hielten die sächsischen und salischen Könige häufig Reichstage ab, hier sammelten sie das Heer für ihre Italienzüge. Eine Bewährungsprobe hatte die aufstrebende Bischofsstadt Augsburg 955 bei der Belagerung durch die Ungarn zu bestehen, ehe sie das unter König Otto I. herbeigeführte Reichsheer vor den Toren der Stadt, wahrscheinlich auf dem Lechfeld, vernichtend besiegte.
Als die Stauferherzöge zu Königen und Kaisern aufstiegen, bauten sie in ihren schwäbischen Besitzungen zahlreiche Burgen (Harburg, Höchstädt, Schwangau u. a.) und gründeten befestigte Städte (Donauwörth, Kaufbeuren, Lauingen, Memmingen, Mindelheim, Nördlingen) als Machtinstrumente. Mit wichtigen Privilegien für Markt-, Münz- und Zollrechte begünstigten sie Handel und Gewerbe und förderten die Stadtentwicklung.[42] Den Urbanisierungsprozeß setzten die Habsburger und die Wittelsbacher bis zur Mitte des 14. Jahrhunderts mit Aichach, Friedberg, Günzburg, Burgau, Füssen, Wertingen fort. Außerdem verliehen sie Marktrechte.

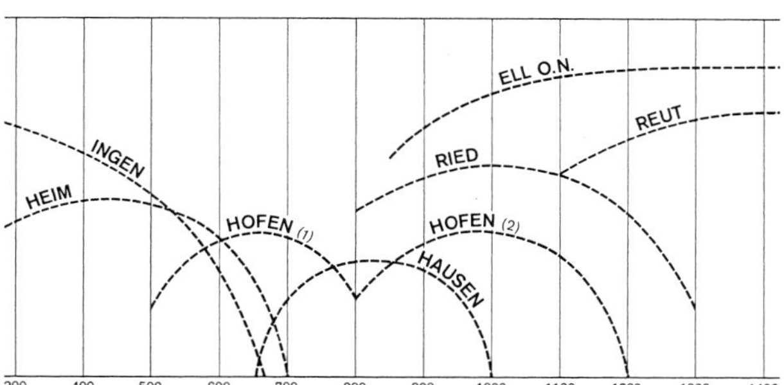

Ungefähre Zeitübersicht der wichtigsten Ortsnamentypen.

Dem Ausbau und der wirtschaftlichen Durchdringung des Landes dienten vor allem die zahlreichen Klostergründungen des Hochadels im 12. und 13. Jahrhundert (Donauwörth 1044, Roggenburg 1126, Ursberg 1130, Wettenhausen 1130, Kaisheim 1135, Elchingen 1142, Irsee 1182). Die geistlichen Stifte, zu denen seit dem 13. Jahrhundert auch zahlreiche Frauenklöster gehörten, beteiligten sich an der Ausweitung des Siedlungslandes durch Rodung und schufen sich damit neue Rechte und Einkünfte.
Die Ortsnamen auf »-holz«, »-reut«, »ried«, »-loh« oder »-wald« weisen auf den Vorstoß in die noch geschlossenen Waldgebiete der Iller-Lech-Platte, der südlichen Frankenalb und des voralpinen Hügellandes hin. Einzelne Dörfer inmitten der Wälder Mittelschwabens zeigen bis zur Gegenwart die charakteristischen Orts- und Flurformen spätmittelalterlicher Rodungssiedlungen.[43] Markante Beispiele der Binnenkolonisation sind auch mehrere Dörfer und Weiler auf der Monheimer Alb, die als Gründungen von Klöstern und Adelsfamilien zwischen Donau und Ries am Ende des 12. Jahrhunderts bis zu Beginn des 14. Jahrhunderts entstanden sind. Zur Gruppe der Rodungssiedlungen im Allgäu gehören die Weiler und Einzelhöfe mit Ortsnamen wie »Eckarts«, »Akams« bzw. »Heimen« oder »Eggen«, die aus dem Genitiv oder Dativ eines Personennamens gebildet sind. Mit dem Abschluß des Rodungswerkes im Lauf des 14. Jahrhunderts war die Verteilung von offenem Kulturland und geschlossenen Waldgebieten weitgehend festgelegt. Bei einer geschätzten Bevölkerungsdichte von ca. 10 Menschen pro Quadratkilometer umfaßte die Einwohnerzahl weniger als ein Zehntel des heutigen Standes. Die Tragfähigkeit des Siedlungsraumes war noch stark von den natürlichen Bedingungen abhängig.
In der Epoche des Ausbaus veränderten sich die Dörfer allmählich auch in qualitativer Hinsicht. An die Stelle der einfachen Pfostenbauten, bei denen die tragenden Holzstützen in die Erde gegraben waren, traten zunehmend Ständerbauten auf Fundamentsteinen oder Schwellen. Das Baumaterial bestand vorwiegend aus Holz oder Lehm für die Wände, Stroh oder Holz für die Dachdeckung. Konstruktion und Erscheinungsbild der Bauernhäuser waren noch stark geprägt vom Rohstoffangebot der Natur in der näheren Umgebung, denn Transporte waren langwierig und teuer. Wo das Holz reichlich zur Verfügung stand, dürfte sich der Blockbau mit den übereinandergeschichteten Rundhölzern oder Vierkantbalken entwickelt haben. Die Verwendung gerader, langer Nadelholzstämme ergab eine ruhige, hingelagerte Form, die das Allgäuer Haus bis heute kennzeichnet. Wo Eichenholz leicht zu beschaffen war, entwickelte sich der Fachwerkbau. Eine Dachhaut aus Holz – Brettern oder Schindeln – erforderte flache Dachneigungen, Stroh oder Schilf als Dachmaterial dagegen Steildächer, auf denen der Regen schnell abfließen konnte. Die Gehöfte waren von Zäunen umgeben. Nur die dörfliche Oberschicht lebte in größeren, räumlich-differenzierten Häusern, mittlere und kleinere Anwesen mußten mit ein- bis zweiräumigen Wohnhäusern und wenigen Nebengebäuden auskommen. Das offene Herdfeuer bildete bis zum 16. Jahrhundert den Mittelpunkt des häuslichen Lebens, bis der Ofen nach dem Hinterladerprinzip eine rauchfreie Küche ermöglichte und eine Verbesserung der Wohnqualität mit sich brachte.
Ein ausgeklügeltes Bodennutzungssystem, die sogenannte Dreifelderwirtschaft, war mit der Trennung von Weideland und Ackerfläche verbunden. Sie regelte seit dem 10. Jahrhundert den Anbau von Wintergetreide (Roggen, Dinkel), Sommergetreide

(Gerste, Hafer) und Brache in jährlichem Wechsel auf den drei Gewannen. Jedes Gewann war in mehr oder weniger breite Ackerstreifen gleicher Pflugrichtung aufgeteilt. Diese mußten mit derselben Frucht bebaut werden, damit das Pflügen, Säen und Ernten zu gemeinsamen Terminen erfolgen konnte. Wiesen, die man in der Regel nur einmal mähte, lieferten das Heu, um die wenigen Tiere über den Winter zu bringen. Brachflächen und Wald wurden als Weide für die Rinder und Schweine genutzt. Im Garten wuchsen Gemüse, Obst und Heilkräuter. Von der mühsam erwirtschafteten Produktion mußten Abgaben an den Grundherrn (Getreidezehnt, Heuzehnt, Blutzehnt) erbracht werden. Die Rohstoffe Flachs und Hanf dienten der Selbstversorgung mit Garn und Stoff. Deren Anbau nahm im Spätmittelalter stark zu, um den Bedarf der städtischen Weber für die Leinen- und Barchentproduktion zu befriedigen.

Das »Leitfossil« der bäuerlichen Arbeit war der Pflug. Im 13. Jahrhundert verdrängte der Beetpflug mit Rädern, Sech und Streichbrett den älteren Hakenpflug. Er verlangte eine höhere Zugkraft, die man mit der Erfindung des Kummet und einer verbesserten Anspanntechnik für Rinder und Pferde erreichte. Die Heuernte erfolgte mit Grassensen. Das Korn wurde mit Sicheln geschnitten, das Getreide in der Tenne mit Dreschflegeln ausgedroschen. Diese Arbeit zog sich oft bis in den Winter hinein. Hölzerne Geräte und Holzteile an den Werkzeugen stellten die Bauern oft selbst her. Für Eisenteile (Pflugschar, Sensenblätter) gewann das Schmiedehandwerk zunehmend an Bedeutung. Dazu kamen später Wagner, Sattler und Seiler als typische dörfliche Gewerbe. Die zahlreichen Fließgewässer nutzte man mit der Anlage von Kanälen und Stauwehren zum Antrieb zahlreicher Mahl-, Säge-, Schneid- oder Ölmühlen. Der Wasserreichtum des schwäbischen Raumes eignete sich für Weiher und Teiche, die den Bedarf an Fisch als Fastenspeise deckten und den kargen Speisezettel mit Getreidenahrung ergänzten.

Ab der Mitte des 14. Jahrhunderts trat auch in Schwaben ein Stillstand, ja gar ein Rückgang der Siedlungsentwicklung ein. Verschiedene Faktoren waren dafür verantwortlich. Eine Pestwelle um 1347/48 verminderte die Bevölkerungszahl und löste vielerorts die Aufgabe von Wohnstätten und Kulturland aus, es entstanden sog. Wüstungen. Im 15. Jahrhundert bewirkte die klimatische Veränderung, insbesondere der allmähliche Rückgang der Temperatur und die Zunahme der Niederschläge einen Siedlungsschwund. Infolge des unrentablen Getreideanbaus in höheren Lagen wurden Siedelstellen im ökonomischen Grenzbereich aufgegeben, vor allem in den Hügellandschaften Mittelschwabens und des Allgäus. Eine wesentliche Ursache für die Siedlungs- und Agrarkrise war auch die Landflucht in die Städte mit ihren zahlreichen Arbeitsmöglichkeiten in Gewerbe und Handel. Die Marktprivilegien begünstigten Bürger, Bauern und Handwerker und verpflichteten diese zu Gegenleistungen, vor allem zu Steuern. Die rechtliche Stellung erlöste die Zuwanderer aus der grundherrlichen Abhängigkeit nach dem Grundsatz: »Stadtluft macht frei«.

Seit dem 13. Jahrhundert hatte sich das Städtewesen in allen Gegenden Schwabens kräftig entfaltet.[44] Die weltlichen und geistlichen Obrigkeiten nützten die geographische Lage und die Verkehrsgunst für Städtegründungen in ihren Territorien. So erklärt sich die ungewöhnliche Städtedichte an der Donau aus der Verkehrsbedeutung dieser geographischen Leitlinie.[45] An den mannigfachen Vorteilen aus Handel und Gewerbe wollten alle Herrschaftsträger teilhaben. Ulm und Donauwörth stiegen mit Förderung des Königs zu freien Reichsstädten auf. Günzburg verdankt seine planmäßige Stadtanlage dem Herrschaftsanspruch der Habsburger in den österreichischen Vorlanden, Lauingen, Gundelfingen und Höchstädt erhielten das Stadtrecht von den Staufern, Dillingen entfaltete sich unter der Oberhoheit der Bischöfe von Augsburg. Im 14. Jahrhundert erfaßte das Gründungsfieber auch die gräflichen und freiherrlichen Familien. So entstanden Immenstadt, Mindelheim, Monheim, Oettingen, Weißenhorn als ummauerte Städte in der engen Nachbarschaft mittelalterlicher Burgen. Zahlreiche Dörfer mit Herrschaftssitz wurden als ländliche Märkte mit Privilegien ausgestattet.

Als das Bedürfnis von regionalen und lokalen Märkten am Ende des 14. Jahrhunderts weitgehend gesättigt war, brach der Urbanisierungsprozeß schnell ab. In einer gegenläufigen Entwicklung erlebten sogar einige Kleinstädte den Abstieg zu Märkten und Dörfern. Der überregionale Handel konzentrierte sich jetzt auf die freien Reichstädte. Neben Augsburg erreichten Donauwörth, Kaufbeuren, Kempten, Lindau, Memmingen und Nördlingen mit dem Rang einer freien Reichstadt auch politische Selbständigkeit. Durch den Zusammenschluß in Städtebünden erlangten diese auch Gewicht gegenüber den Fürsten und der geistlichen Obrigkeit.[46]

Die territorialen und sozialen Verhältnisse bis zum Ende des alten Reiches

Die Unruhen der Reformationszeit und die Folgen der Glaubenskriege zogen starke Veränderungen in den Machtstrukturen und verheerende Auswirkungen auf die Entwicklung der Kulturlandschaft nach sich. In dem gemischten Territorienmosaik aus fürstlichen, gräflichen, reichsstädtischen, klösterlichen und ritterschaftlichen Hoheitsgebieten verschiedener Größe und unterschiedlichen Ranges entluden sich der Niedergang der königlichen Zentralmacht, die konfessionellen Spannungen und die sozialen Probleme in heftigen Konflikten. Die Unzufriedenheit der mit Leistungen und Abgaben stark überbelasteten Bauern entzündete sich 1525 zu einem Aufstand, der mit den 12 Artikeln der Bauernschaft in

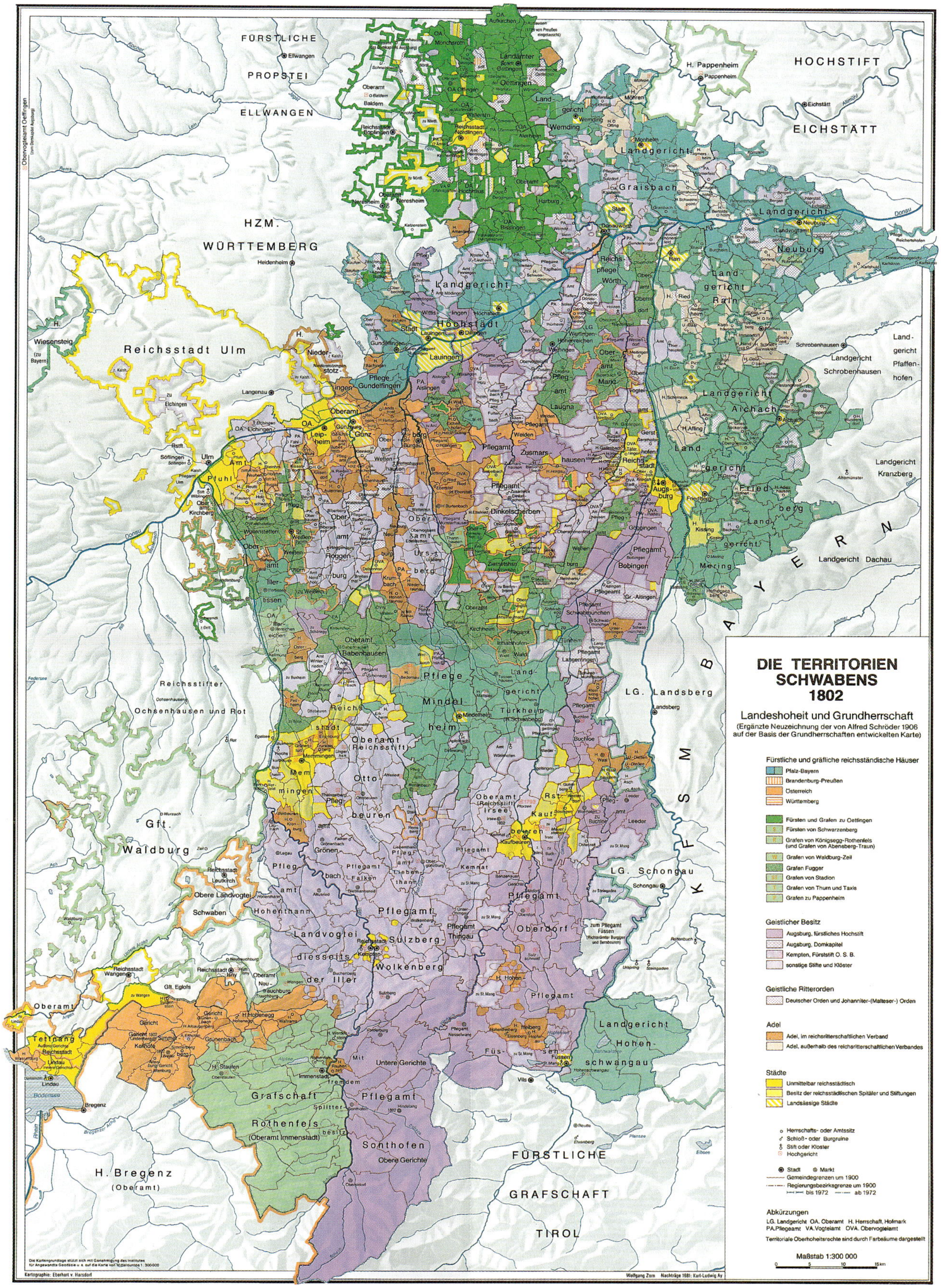

Die Territorien Schwabens 1802 – Landeshoheit und Ortsherrschaft.

Einzelhöfe und Weiler beherrschen das Siedlungsgefüge westlich von Kempten. Die Streusiedlung ist das Ergebnis der spätmittelalterlichen Rodung und der Vereinödung im 17./18. Jahrhundert.

Schwaben sein Programm fand. Der Bauernkrieg breitete sich vom Fürststift Kempten über das ganze Land aus.[47] Klöster, Burgen und Schlösser wurden geplündert und zerstört, bis die Truppen des Schwäbischen Bundes die Aufständischen gewaltsam niederschlugen. Die rechtliche und soziale Stellung der Bauern verbesserte sich dadurch keinesfalls.

Die Gedanken der Reformation setzten sich vornehmlich in den Reichsstädten durch und fanden auch in fürstlichen Territorien ihren Anhang. Augsburg war Schauplatz mehrerer entscheidender Ereignisse der Glaubensstreitigkeiten. 1530 übergaben die prostestantischen Reichsstände dem Kaiser die Confessio Augustana, 1555 wurde durch den Augsburger Religionsfrieden mit der Gleichberechtigung der Katholiken und Protestanten ein Kompromiß erzielt. Mit dem Recht der Reichsstände, die Religion der Untertanen zu bestimmen, drang in manchen Gegenden Schwabens in Abhängigkeit von der landesherrlichen Hoheit die konfessionelle Aufsplitterung in Städte und Dörfer vor. So grenzten in Kempten eine katholische Stiftsstadt und eine evangelische Reichsstadt aneinander.[48] In manchen Ortschaften, insbesondere in den Dörfern des Rieses und des Memminger Umlandes, lief die konfessionelle Trennungslinie entlang von Straßen und Gassen.[49]

Neben den alltäglichen Erschwernissen entluden sich die konfessionellen Auseinandersetzungen in den Zerstörungen, Truppendurchzügen und Plünderungen des Dreißigjährigen Krieges, an dessen Ende im Jahre 1648 das Land zwischen Ries und Allgäu zu den am schwersten heimgesuchten Teilen des Reiches gehörte. Die meisten Städte hatten mehr als die Hälfte ihrer Einwohner verloren und ihre Wirtschaftskraft eingebüßt. Krankheiten und Hungersnöte rafften die Bevölkerung dahin. Viele Dörfer und Höfe waren verödet, das Kulturland lag lange Zeit brach, es fehlte auch an Zugtieren, Werkzeugen und Saatkorn. Mit einer starken Zuwanderung, hauptsächlich aus den Alpenländern, folgte der Wiederaufbau. Da den städtischen Gewerben die vom Land erzeugten Rohstoffe wie Wolle oder Flachs fehlten und der Handel stagnierte, wanderten arbeitslose Handwerker aus den Städten oftmals in die Dörfer

ab. Dort kam es zu einem spürbaren Anwachsen der landarmen oder gar landlosen Schicht, die als dörfliche Handwerker oder Taglöhner auf einen außerlandwirtschaftlichen Erwerb angewiesen waren. Sie errichteten ihre Sölden auf den Freiflächen zwischen den alten Höfen oder entlang neuer Dorfstraßen und trugen wesentlich zur baulichen Verdichtung der Dörfer im Laufe des 17. und 18. Jahrhunderts bei.[50] In vielen Ortschaften übertrafen die kleinbäuerlichen Sölden nach und nach die bäuerlichen Höfe. Von seiten des Grundherrn bestand reges Interesse an jeder neuen Hofstelle, denn damit nahmen auch die Einkünfte und Leistungen der Untertanen zu. Verschiedene Obrigkeiten begünstigten gegen die Zahlung von Schutzgeldern im 17. und 18. Jahrhundert die Ansiedlung von jüdischen Händlern, Hausierern und Handwerkern. In manchen Orten trugen die jüdischen Familien mit nichtbäuerlichen Häusern erheblich zum Wachstum der Siedlungen bei.
Auf eine Steigerung der landwirtschaftlichen Erträge zielten seit 1550 auch die Maßnahmen der Vereinödung, die in einer Art Flurbereinigung langsam das gesamte Allgäu erfaßte.[51] Die zersplitterten Feldfluren wurden zusammengelegt, Höfe ausgesiedelt, Moore und Weiher entwässert, Wege begradigt. Die damit verbundene Veränderung der Agrarstruktur führte zu dem charakteristischen Siedlungsbild des Allgäus mit Einzelhöfen, Weilern und Dörfern, die heute in Verbindung mit der Grünlandwirtschaft ein prägendes Element der Kulturlandschaft darstellen.
Beim Wiederaufbau nach dem Dreißigjährigen Krieg entstanden in Schwaben charakteristische, oft schematisch angelegte Dorfgrundrisse in Form von Straßen- oder Angerdörfern. Die Höfe reihte man in ziemlich gleichmäßigen Abständen beiderseits der Dorfstraße aneinander, die Giebel der Wohnstallhäuser richtete man zur Straße aus, die Scheunen wurden im rechten Winkel dazu angebaut. Sichtbarer Ausdruck der steigenden Wirtschaftskraft war auch das Baugeschehen in den Kleinstädten und Residenzorten sowie die künstlerische Ausstattung der Klöster und Kirchen im Stil des Barock.
In der politischen Ordnung hatte sich nach dem Dreißigjährigen Krieg auf der Grundlage der territorialen Zersplitterung endgültig die absolutistische Regierungsform durchgesetzt. Neben dem Kurfürsten von Bayern, dem Hause Habsburg und dem Augsburger Bischof gab es in Schwaben mehr als 150 Herrschaften, nämlich 9 fürstliche und gräfliche Familien, 55 Stifte und Klöster, 2 geistliche Ritterorden, 85 reichsunmittelbare Adelige und 7 Reichsstädte.[52] Wenige Einzelgewalten hatten ein politisches Gewicht, die meisten nahmen ihre Herrschaftsrechte in patriarchalischer Form wahr und ahmten den Lebensstil der großen Höfe nach. So bot das Territorium von Schwaben am Ende des alten Reiches ein mosaikartiges Bild, eben jenen bunten Flecklesteppich der vielgeschmähten Kleinstaaterei. Die vielfältigen Obrigkeiten, die zahlreichen Grenzen und Zölle hemmten das wirtschaftliche Leben, doch brachte das konkurrierende Nebeneinander von Städten, Klöstern und Residenzen auch kulturelle und künstlerische Leistungen hervor, die sich auf dem Kaisermantel des Heiligen Römischen Reiches Deutscher Nation nicht wie Flicken an Flicken, sondern wie Juwel an Juwel ausnahmen.
Das Zeitalter der Aufklärung brachte auf verschiedenen Gebieten Neuerungen und Fortschritte. Mit dem Bau von befestigten Straßen versuchte man die Abhängigkeit der Verkehrswege von der natürlichen Bodenbeschaffenheit und den Witterungsverhältnissen zu mindern. Die geradlinigen Chausseen lehnten sich oft an den Verlauf der alten Römerstraßen oder an die Linienführung der mittelalterlichen Salz-

Krumbach und Hürben um 1750. Ortsplan von Johann Lambert Kolleffel mit Eintragung der Häuser, Straßen und Gärten. Einzelne Gebäude (Kirche, Schloß, Rathaus, Pfarrhaus, Mühle) sind besonders gekennzeichnet. In Hürben sind die zahlreichen Judenhäuser schwarz eingetragen.

straßen an. Die Gründung neuer Siedlungen und die Zusammenlegung der Grundstücke, vor allem im Allgäu im Rahmen der Vereinödung, sowie die Neulandgewinnung im Donaumoos im späten 18. Jahrhundert waren bemerkenswerte Maßnahmen zur Ausweitung und besseren Landnutzung.

In den Städten regte sich manche wirtschaftliche Initiative in Handel und Gewerbe. Die bäuerliche Existenz blieb noch voll in die Forderungen der Grundherrschaft eingespannt. Die Bauern verfügten selten über eigenen Grund und Boden.[53] Grundherr und Eigentümer waren Adel, Kirche oder ein Kloster. Der Bauer mußte für die Nutzung Abgaben (Zehnt) leisten sowie Hand- und Spanndienste erbringen. Die Bauern waren verpflichtet, ihre Arbeitskraft und ihre Geräte zur Verfügung zu stellen: auf dem Feld, bei der Ernte, im Wald, bei der Jagd oder beim Straßenbau. Die Arbeit auf den eigenen Feldern oder im Hof stand oft an letzter Stelle. Zur Steigerung der Erträge bemühten sich viele Obrigkeiten um Reformen in der Landwirtschaft. Mit dem Anbau auf den bisherigen Brachflächen und mit der vermehrten Stallfütterung des Viehes sollten höhere Erträge erzielt werden. Unergiebige Weiden verschwanden zugunsten von Wiesen, und auf den Brachflächen pflanzte man Kartoffel, Klee oder Hackfrüchte. Langsam setzte sich diese verbesserte Dreifelderwirtschaft durch. Sie veränderte die traditionelle Wirtschaftsweise und damit das Erscheinungsbild der Fluren und später auch der Dörfer.

Schwaben im bayerischen Staat – Agrarland und neue gewerbliche Strukturen

Die jahrhundertelange territoriale Prägung mit zahlreichen Kleinstaaten ging mit dem Untergang des alten Reiches im Jahre 1806 zu Ende. Durch die Säkularisation und die Mediatisierung gingen landesherrliche Rechte und Besitzungen an das neue Königreich Bayern über. Alle schwäbischen Landesteile unterstellte die Zentralregierung in München zunächst als Provinz Schwaben einer Landesdirektion in Ulm und untergliederte sie nach französischem Vorbild in mehrere nach Flüssen benannte Kreise (Ober-Donau-Kreis mit Hauptstadt Ulm, Lech-Kreis mit Hauptstadt Augsburg, Iller-Kreis mit Hauptstadt Kempten, Altmühl-Kreis mit Hauptstadt Eichstätt). 1817 wurden sie zum Ober-Donau-Kreis mit dem Verwaltungssitz Augsburg vereinigt und von dem geschichtsbewußten König Ludwig I. 1837 in »Kreis Schwaben und Neuburg« umbenannt, erweitert um das Ries und das bis dahin oberbayerische Neuburg a.D., verkleinert zugunsten Oberbayerns um Aichach, Friedberg und Rain.[54]

Durch die Reformen des Grafen Montgelas veränderte sich nicht nur die Verwaltungs- und Gerichtsorganisation, sondern auch die rechtliche Stellung der bäuerlichen Untertanen: Sie wurden zu Staatsbürgern.[55] Der Staat übernahm schrittweise die grundherrschaftlichen Funktionen. Es wurde eine zentrale allgemeine Besteuerung eingeführt und die Umwandlung des von Diensten belasteten Grundbesitzes in bäuerliches Eigentum in Gang gebracht. Der Bauer konnte jetzt selbst über Grund und Boden verfügen und ohne Flurzwang seine Felder bestellen. Er entfaltete mehr Interesse an einer ertragreichen Bewirtschaftung, da die Steuern nach der Nutzfläche und nicht mehr am Ertrag bemessen wurden. In der Verfassung von 1818 wurden den bisherigen »Untertanen« auch die Rechte der Freiheit der Person und der Meinungsäußerung garantiert. Ausgeschlossen von den Änderungen in Staat und Gesellschaft blieben weiterhin die Dienstboten auf dem Lande. Der Dienstherr war zur Reglementierung ihres Lebenswandels berechtigt, Knechte und Mägde mußten oft ihr Leben lang Heirats- und Niederlassungsverbot ertragen. Erst mit der Einführung der Gewerbefreiheit im Jahre 1868 und dem zunehmenden Bedarf an Arbeitskräften außerhalb der Landwirtschaft boten sich den Dienstboten wirkliche Alternativen für ihre Lebensgestaltung.

Die rechtlichen und gesellschaftlichen Veränderungen wirkten sich in Verbindung mit den Neuerungen in Wissenschaft und Technik sehr innovativ auf die Landwirtschaft aus.[56] Die verbesserte Dreifelderwirtschaft mit der Bebauung des Brachfeldes setzte sich überall durch. Der Kartoffelanbau verbesserte die jahrhundertelange Abhängigkeit vom Getreide als Grundnahrungsmittel. Die neuen Futterpflanzen wurden an das Vieh verfüttert, das nun das ganze Jahr über im Stall gehalten werden konnte. Das bessere Futter verhalf zu höheren Milch- und Fleischerträgen. Der Stallmist kam als Dünger auf die Felder, und im Herbst wurden die Rinder noch zur Weide auf die Stoppeläcker getrieben. Naturwissenschaftliche Erkenntnisse und technische Erfindungen trugen wesentlich zur Steigerung der Erträge bei.[57] Verbesserte Geräte und neue Maschinen kamen zuerst auf großen Gütern zum Einsatz, da sie für die Masse der Bauern noch zu teuer waren, und es im Dorf außerdem ausreichend Arbeitskräfte gab. Langsam setzte sich die Düngung mit Kalk, Kali oder Stickstoff durch, und die genetische Forschung ermöglichte die Züchtung leistungsfähiger Tierrassen und Pflanzensorten. Landwirtschaftliche Vereine, Ausstellungen und Feste vermittelten den Bauern die praktischen Neuerungen und die fachlichen Kenntnisse. 1811 wurde in München das 1. Zentrale Landwirtschaftsfest in Verbindung mit dem Oktoberfest abgehalten, es entwickelte sich zum Vorbild für viele regionale und lokale Feste und Leistungsschauen in den Klein- und Mittelstädten Schwabens.

Ein starker Anstoß zur Intensivierung der Landwirtschaft war die Zunahme der Bevölkerung, bewirkt durch bessere medizinische Versorgung und erweiterte hygienische Maßnahmen.[58] Der einzelne Bauer mußte nun erheblich mehr Menschen ernähren, die traditionelle Selbstversorgung wurde allmählich von

Dorfansichten und Landnutzung der vorindustriellen Zeit in der Umgebung von Augsburg auf Aquarellen von Heinrich Wilhelm Klonke (1826): Aystetten und Diedorf.

einer marktorientierten Produktion abgelöst. Der Absatz der Produkte vollzog sich seit Jahrhunderten auf den Märkten der Städte und größeren Dörfer. Es gab Wochenmärkte für Gemüse, Eier oder Schmalz, für Wolle, Federn oder Textilien. Dazu kamen die Getreidemärkte und die Märkte für Rinder, Geflügel, Schafe und Schweine. Den Marktbesuchern, den Anbietern und den Kunden bot sich über den Warenhandel hinaus am Markttag Gelegenheit, Neuigkeiten auszutauschen, einzukehren und auch selber einzukaufen.[59]
Der Transport der Produkte mit menschlicher und tierischer Kraft war mühsam und aufwendig. Nach 1840 beförderte die Eisenbahn große Gütermengen schnell und billig. Auf die Eröffnung der Linie München–Augsburg folgten bald die Anschlüsse nach Nördlingen, Donauwörth, Kempten, Lindau und Ulm. Der Ausbau weiterer Strecken und Nebenlinien ging sehr langsam vor sich. Mit der Eisenbahn kamen auf genossenschaftlicher Basis neben Düngemitteln und Saatgut auch Landmaschinen in die Dörfer. Sie erleichterten die Arbeit, steigerten die Tagesleistung und wirkten sich nach und nach auf den bäuerlichen Lebens- und Arbeitsrhythmus und auf das Erscheinungsbild der Dörfer und Fluren aus. Das Interesse der Landwirte an leistungsfähigen industriell gefertigten Geräten war groß. Mehr als 500 Landwirte kamen zusammen, als um 1900 in einem Dorf bei Augsburg die erste gespanngezogene Mähmaschine zum Einsatz kam. Was sechs Schnitter, die oft als Saisonarbeiter eingestellt wurden, an einem Arbeitstag leisteten, konnte jetzt ein einziger Mann mit Gespann und Gerät bewältigen. Eine Reduzierung von Arbeitskräften brachte vor allem die Mechanisierung der Drescharbeit. Mit der Erfindung der Dreschtrommel kamen zunächst kleine Dreschmaschinen, angetrieben durch Handkurbel oder Göpel, in Gebrauch. Leistungsfähigere Maschinen waren auf eine starke Energiequelle angewiesen, die in Form der Dampflokomobile seit 1880 zur Verfügung stand. Der Elektromotor, der als Antriebsenergie an verschiedenen Stellen und in kleinen Einheiten zum Einsatz gebracht werden konnte, ermöglichte den Einzug weiterer Maschinen auf dem Bauernhof. Die weitgehende Mechanisierung der Arbeit auf dem Feld brachte schließlich der selbstfahrende Schlepper, der ab 1900 schon in Amerika in Gebrauch war und der nach 1920 auch von mehreren deutschen Firmen (z. B. MAN in Augsburg, Fendt in Marktoberdorf) produziert wurde.
Die allmähliche Technisierung der Arbeits- und Produktionsvorgänge war mit mannigfachen Folgen für das Leben und Arbeiten auf dem Dorf verbunden. Bäuerliche Schichten, die sich im Laufe des 19. Jahrhunderts im Dorf niedergelassen hatten und auf saisonalen Zuerwerb als Taglöhner oder Hilfskräfte angewiesen waren, wurden nach und nach eingespart. Sie wanderten als Handwerker in die rasch heranwachsenden Industriebetriebe der umliegenden Städte oder auch ins Ausland ab.[60] Für die Entwicklung der Industrie in schwäbischen Städten spielte das große Reservoir ländlicher Arbeitskräfte eine wesentliche Rolle.[61] Neben Augsburg, wo um 1860 bereits 70 Fabriken bestanden, erreichte die Industrialisierung Kempten, Kaufbeuren und allmählich die übrigen schwäbischen Städte, aber auch zahlreiche ländliche Orte wie Bäumenheim, Blaichach oder Bobingen. In Vöhringen verdoppelte sich die Einwohnerzahl mit der Gründung der Wielandwerke (1864) in wenigen Jahrzehnten.
Neben dem traditionellen Textilgewerbe entwickelten sich die Metallverarbeitung und der Maschinenbau sowie die Nahrungsmittelproduktion zu herausragenden Industriezweigen. Hier setzt der Aufstieg der Allgäuer Milchwirtschaft ein, die sich zu einer entscheidenden Erwerbsquelle für die naturräumlich benachteiligten Betriebe im südlichen Schwaben entwickelte, als der gewohnte Nebenerwerb der Leinenweberei der industriellen Konkurrenz unterlag.[62] In Anlehnung an ausländische Vorbilder (Schweiz, Belgien, Holland) verarbeitete man die Milch in gemeinsam belieferten Molkereien zu lagerfähigen Käsesorten. Händler besorgten mit dem neuen Verkehrsmittel Eisenbahn den Absatz in weit entfernte Märkte. Eine erhebliche Steigerung der Milchproduktion erzielte man seit 1850 durch die Umstellung auf die von der Natur begünstigte Gras-

und Weidewirtschaft (Vergrünlandung) und die Züchtung von leistungsfähigen Rindern.
Die freie Verfügbarkeit über das Eigentum und die vermehrten Einnahmen aus der Landbewirtschaftung setzten in der zweiten Hälfte des 19. Jahrhunderts eine rege Neu- und Umbautätigkeit auf dem Lande in Gang.[63] Häuser in der traditionellen Holz- oder Fachwerkbauweise wurden ganz oder teilweise durch Massivbauten ersetzt. Ebenso verdrängten Dachziegel das herkömmliche Holz oder Stroh als Dacheindeckungsmaterial. Die Gewerbefreiheit für die Ziegelproduktion und die feuerpolizeilichen Vorschriften der Brandversicherungsanstalten haben dabei kräftig mitgewirkt. Das steilgeneigte Dach konnte problemlos mit Falzziegeln umgedeckt werden, das flachgeneigte Dach im südlichen Schwaben erforderte eine Erhöhung der Dachneigung auf wenigstens 45°. Damit ergab sich auch eine Vergrößerung des Bergeraumes, der mit dem vermehrten Viehbestand sehr erwünscht war. So verschob sich im Laufe des 19. Jahrhunderts die Grenze des flachgeneigten Satteldaches erheblich nach Süden.[64]
Eine andere Möglichkeit zur Erweiterung der Bergeräume war der rechtwinklige Anbau einer Scheune, die sog. Widerkehr. Sie bildete auf der Westseite gleichzeitig einen zweckmäßigen Wetterschutz. In Nord- und Mittelschwaben setzte sich im ausgehenden 19. Jahrhundert die weißgekalkte Fassade des Ziegelbaus fast überall durch. Die schlichte, sachliche Bauweise spiegelt sich in ruhigen Wandflächen und zurückhaltenden Schmuckelementen. Gesimsgiebel, die mit Kalkputz verstrichen oder von Platten abgedeckt sind, sowie Giebelbekrönungen mit Schwalbenschwanzmotiven entwickelten sich zu landschaftstypischen Zierelementen, die auf eine lokale oder regionale Bautradition verweisen.[65] Als neue Bauten kamen in den Dörfern das Rathaus, das Schulhaus und das Feuerwehrhaus hinzu. Sie bildeten mit der Kirche und dem historischen Pfarrhaus den wirtschaftlichen und kulturellen Mittelpunkt.
Je nach Größe des Betriebes ist das Anwesen als Einfirsthaus (Wohn- und Wirtschaftsteil unter einem Dach) oder als Gehöft (Wohn- und Stallgebäude sowie Scheune) ausgebildet. Für den Maschinenpark der Landwirtschaft entstanden eigene Gerätehallen. Die zunehmende Mechanisierung der Handarbeit wirkte sich im Laufe des 20. Jahrhunderts auch auf die Gestaltung der Kulturlandschaft aus. Die alte, vom Flurzwang geprägte Gewannflur verschwand durch die nach 1900 einsetzenden Maßnahmen der Flurbereinigung. An die Stelle kleinteiliger Besitzparzellen traten große, durch Wege gegliederte Flurblöcke. Wer einstmals 20–30 Grundstücke rund um das Dorf bewirtschaften mußte, hatte nach der Zusammenlegung noch 4–5 Besitzeinheiten.[66]
Der technische Fortschritt formte das Dorf und seine Wirtschaftsfläche.[67] Mit Verbesserung der Arbeits- und Produktionsbedingungen war häufig der Verlust von ökologisch wertvollen Grünlandstreifen, Feldgehölzen, Hecken, Feuchtwiesen verbunden. Auch sind landschaftstypische Merkmale wie Ackerterrassen, Lesesteinreihen oder Hohlwege der Technisierung und Intensivierung zum Opfer gefallen.
In den letzten Jahrzehnten hat sich auch die Sozialstruktur des Dorfes entscheidend verändert. Früher war die Mehrzahl der Bevölkerung unmittelbar in der Landwirtschaft tätig, Arbeit und Wohnen waren eng miteinander verzahnt. Der Strukturwandel und die neuen Bevölkerungsgruppen auf dem Dorf haben es mit sich gebracht, daß an die Stelle der alten Bauernhäuser städtisch orientierte Neubauten getreten sind.[68] Zahlreiche Höfe wurden auf die Fluren verlagert, die Freiflächen zwischen den Höfen wurden durch Wohnhäuser und Gewerbebauten ausgefüllt. Die alten Obstgärten und die bunten Bauerngärten haben oft sterilen Rasenflächen Platz gemacht. Für den Durchgangsverkehr sind die Hauptstraßen ausgebaut und erneuert worden. Auf die Kramerläden und die kleinen Fachgeschäfte war man mit zunehmender Mobilität nicht mehr angewiesen. Sie sind ebenso verschwunden wie Pfarrhaus und Schule. An der Tatsache, daß es in manchen Dörfern nur noch zwei oder drei landwirtschaftliche Betriebe im Haupterwerb gibt, kann man sich den Wandel im Dorfbild konkret vorstellen.[69] Heimatpflege und Denkmalpflege bemühen sich um die Erhaltung der regionalen Baukultur und die angemessene Einbindung von Neubauten und Neubaugebieten in die Landschaft.[70]

Siedlung im Raum

»Schwaben ist ein Land der heiteren, ruhig hingelagerten Dörfer«.[71] Diese poetische Aussage des Lehrers und Dichters Arthur Maximilian Miller (1901–1992) trifft auf große Teile der schwäbischen Siedlungslandschaft in Mittel- und Nordschwaben zu und betont zwei wichtige Merkmale: die ungezwungene Lage in der offenen und flachen Landschaft und das freundliche Erscheinungsbild der Häuser mit weißgekalkten Fassaden und zahlreichen Fenstern. Zur Vielfalt der schwäbischen Dorfbilder trugen darüber hinaus die Bauernhäuser in Block- oder Ständerbohlenbauweise bei, die vorwiegend aus Holz gebaut wurden und mit ihrem verbretterten Wirtschaftsteil einen landschaftsgebundenen Eindruck vermitteln. Entscheidend wurde das Erscheinungsbild des Dorfes auch von der Führung der Wege und den Straßenräumen, der Anordnung der Gebäude, der Lage der Gärten und Grünflächen bestimmt.[72] Nachstehend sollen die historischen Muster und die formalen Kriterien der schwäbischen Siedlungsbilder und Siedlungsräume im Überblick vorgestellt und die typischen Ortsgrundrisse und Flurformen erläutert werden.
Jedes Dorf ist im Laufe der Jahrhunderte gewachsen oder geschrumpft und hat Veränderungen im Bau-

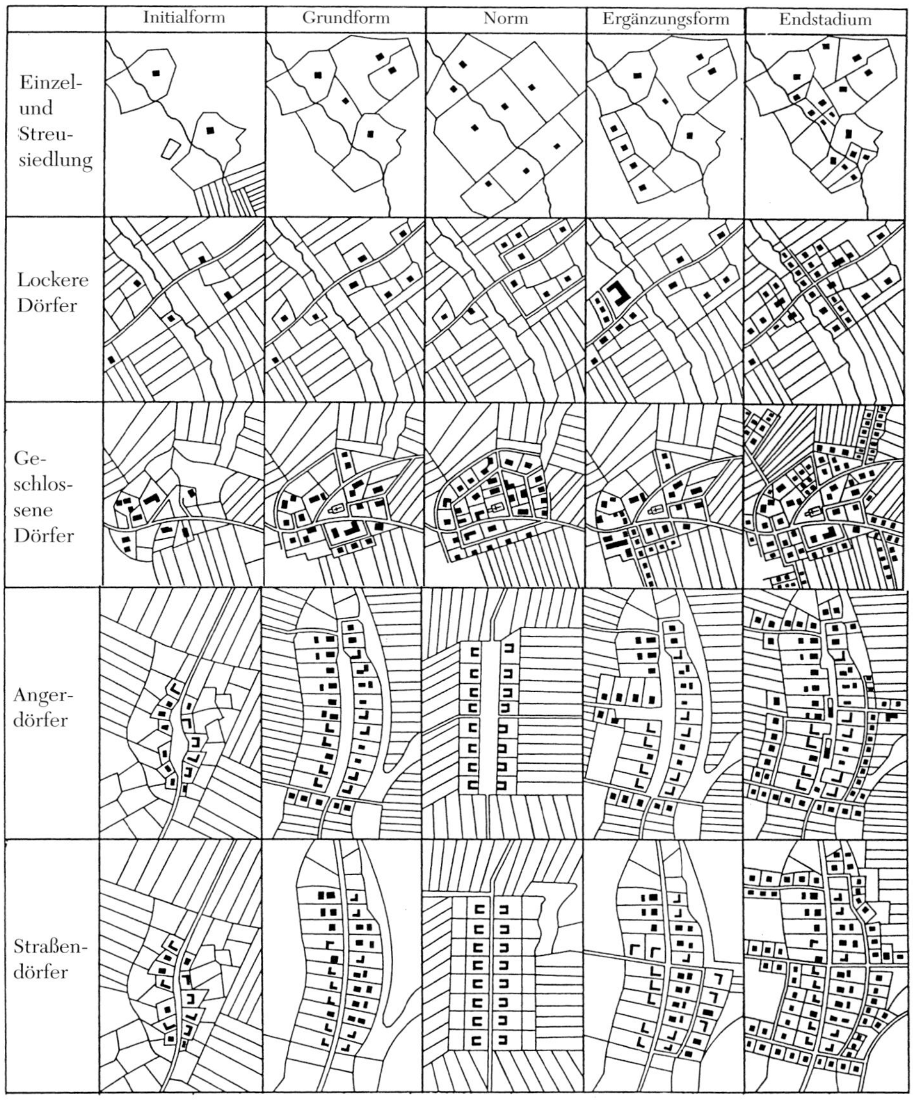

Typen von Siedlungsformen und ihre möglichen Entwicklungsstufen.

bestand und in der Bauweise erfahren. In dieser Entwicklung spiegeln sich naturbedingte Gegebenheiten ebenso wie ökonomische, soziale oder baugeschichtliche Faktoren bis hin zu den gesetzlich reglementierten oder städtisch orientierten Bau- und Wohnverhältnissen der letzten Jahrzehnte. Die Wirksamkeit einzelner Faktoren für die Entstehung und Gestaltung von Dörfern und Häusern sowie ihre wechselseitigen Beziehungen werden in systematischen Übersichten dargestellt.[73]

Siedlungsformen und Siedlungsräume

Die vorherrschende Siedlungsform bildet in Mittel- und Nordschwaben das geschlossene Dorf inmitten seiner Wirtschaftsfläche, der zugehörigen Flur. Das Merkmal des geschlossenen Dorfes ist die bauliche Verdichtung im Ortskern, d.h. die Anwesen mit ihren Hausgärten und Hofflächen sind eng zusammengedrängt. Gegenüber der Flur werden sie durch Zäune oder Hecken klar abgegrenzt. In der Ortsform, d.h. in der Anordnung der Gehöfte und in der Wegeführung lassen sich zwei verschiedene Grundtypen voneinander unterscheiden: das Haufendorf oder Haufenwegedorf mit ziemlich verwinkelten Straßen und regelloser Verteilung der Gehöfte und das Straßen- oder Wegedorf mit der regelmäßigen Aneinanderreihung der Anwesen entlang einer geraden oder leicht geschwungenen Leitlinie, wobei die Giebel meist zur Straße ausgerichtet sind.[74]

Beide Dorfformen gehören zu den ältesten Siedlungsschichten. Sie sind in allen Epochen entstanden und haben sich meist aus wenigen Gehöften heraus entwickelt und verdichtet. Raumprägend sind sie vor allem im Ries, auf der Schwäbisch-Fränkischen Alb, im Donautal und entlang der von Süden nach Norden verlaufenden Flußtäler von Lech, Wertach, Mindel, Kammel, Günz und Iller. Daß die Siedlungsweise in enger Beziehung zu den naturräumlichen Gegebenheiten steht, wird besonders deutlich an der fast perlschnurartigen Aufreihung der Straßendörfer auf hochwassersicheren Terrassen sowie an den unregelmäßig verteilten Haufendörfern auf ebener, topographisch nicht eingeengter Fläche. Auf Höhenrücken, an Hängen und vor allem in den schmalen Bachtälern der mittelschwäbischen Terrassenland-

schaft und der alpinen Hügellandschaft ist die Besiedlung dünner und weitmaschiger, dort herrschen Kleindörfer und Weiler vor, die Gebäude und Hofanlagen sind locker verstreut, rundum schließen sich die Wirtschaftsflächen an.
Weiler gibt es auch am Rande des Rieses, auf den Hochflächen der Schwäbisch-Fränkischen Alb und in größerer Zahl im Tertiärhügelland östlich des Lechs, wo die Kleinräumigkeit der Topographie die Entwicklung zu stattlichen Dörfern hemmte. Ungünstige Verkehrslage oder schlechte Böden konnten das Wachstum zu größeren Siedlungen ebenfalls behindern. Eine Sonderform des geschlossenen Dorfes mit klarem Grundriß sind die spätmittelalterlichen Rodungsdörfer, die im Laufe des 13./14. Jahrhunderts zur Erweiterung der Siedlungs- und Nutzfläche in den waldreichen Gegenden der südlichen Frankenalb und auf der Iller-Lech-Platte entstanden sind.[75] Ihr gemeinsames Charakteristikum ist ein 30 bis 50 m breiter rechteckiger Straßenanger mit beiderseits angelegten Hofreihen und einer regelmäßigen Gewannflur. Die Anzahl der Höfe und die Größe der Gewanne, auf denen jeder Bauer mindestens einen Acker haben mußte, war abhängig vom Umfang der verfügbaren Fläche.
Einzelhöfe sind im mittel- und nordschwäbischen Raum die Ausnahme. Meist handelt es sich um planmäßig angelegte Gutshöfe, die von Klöstern oder Adeligen zur besseren Nutzung ihres Besitzes im 13./14. bzw. 17./18. Jahrhundert gegründet worden sind. Eine Sonderform bilden die Schwaigen im Donautal, die als spezielle Viehhöfe in Einödlage errichtet und als Lehen vergeben wurden.[76] Die Gründung im Überschwemmungsbereich der Donau war mit der Gewinnung von Neuland verbunden und läßt sich mit der planmäßig betriebenen Marsch- oder Moorkultivierung in Norddeutschland im 12. und 13. Jahrhundert vergleichen.
Im südlichen Schwaben, im Bereich des voralpinen Hügellandes südlich der Linie Memmingen–Kaufbeuren–Schongau treten die geschlossenen Dörfer gegenüber der lockeren Verteilung von Kleinsiedlungen, Weilern und Einzelhöfen zurück. Das kleinräumig modellierte Hügelgelände des Moränengebietes, durchsetzt mit feuchten Senken und Mooren, war für die Anlage weitflächiger oder langgestreckter Dörfer reliefbedingt und von der Bodenqualität her weniger geeignet als die Ebenen Mittel- und Nordschwabens. Die vorherrschende Siedlungsform ist die Streusiedlung. Auf dieses Siedlungsgefüge im Rodungsgebiet weist auch die Verbreitung der Ortsnamen mit der Endung -berg, -bach, -loh, -ried oder -reut hin sowie die Ortsnamen, die aus dem Genetiv oder Dativ eines Personennamens (z. B. Akams, Bräunlings, Dietrichs) bestehen und die den Siedler oder nachfolgenden Besitzer benennen. Die Rodungsweiler oder Einzelhöfe entwickelten sich durch Teilungen des Besitzes oder die Ansiedlung von Handwerkern und Taglöhnern häufig zu Kleinsiedlungen mit starker Besitzzersplitterung. Der damit verbundene Flurzwang und die Weidedienstbarkeit erschwerten die Bewirtschaftung des Landes. Das bergige Gelände und die spürbare Klimaverschlechterung nach 1500 schränkten eine rentable Landwirtschaft weiter ein.
Eine Verbesserung der Arbeits- und Produktionsbedingungen erreichte man ab der Mitte des 16. Jahrhunderts mit den Maßnahmen der sog. Vereinödung.[77] Dies war eine Art Flurbereinigung, bei der innerhalb einer Gemarkung der gesamte zersplitterte Grundbesitz zusammengelegt und aus dem Ganzen jedem Bauern entsprechend der Größe und Güte seiner Wirtschaftsfläche ein gleichwertiges, wenn möglich zusammenhängendes Stück Land zugeteilt wurde. Da nicht alle verteilten Grundstücke gleich günstig zum Dorf lagen, ging man im Laufe der Vereinödungsverfahren dazu über, einzelne Höfe vom Dorfverband hinaus in die freie Einöde zu verlegen. Damit konnte man auch die Wege zu den Feldern verkürzen und begradigen. Da es sich vorwiegend um Holzhäuser handelte, konnte man sie leicht abbauen, auf Fuhrwerke verladen und inmitten des Besitzes wieder aufstellen. Die ersten Vereinödungen erfolgten im Fürststift Kempten um 1550 in den Weilern der Gemeinden Sulzberg und Wiggensbach. Die Verfahren zogen sich über 300 Jahre hin und erreichten im 18. Jahrhundert ihren Höhepunkt. Sie breiteten sich in Abhängigkeit von den jeweiligen Grundherrschaften nach Osten bis in den Raum Marktoberdorf, nach Westen bis in die Gegend von Überlingen und Pfullendorf, im Norden bis zur Linie Memmingen–Kaufbeuren–Schongau aus. Illeraufwärts wirkten sie sich erst um 1800 im Gunzesrieder Tal und in Oberstdorf/Tiefenbach aus. Die letzte Vereinödung wurde in der Gemeinde Mittelberg (Landkreis Oberallgäu) 1879 durchgeführt. In größeren Orten waren oft mehr als 100 Grundbesitzer beteiligt (Altusried 104, Grünenbach 148, Wertach 128 Teilnehmer).
Am Beispiel des Dorfes Schönau (Gemeinde Grünenbach, Landkreis Lindau), lassen sich der Ablauf und die Ergebnisse anhand des Katasterplanes nachvollziehen.[78] Das Dorf Schönau liegt in einem flachen, von Moränenhügeln umrahmten Becken. Im 13. Jahrhundert wurden Güter der Klöster Isny und Mehrerau genannt. Aus dem Besitz der Reichsritter von Laubenberg ging die Ortsherrschaft 1647 an die Freiherren von Pappus von Tratzberg über. Die Zahl der Anwesen nahm ständig zu, darunter auch zahlreiche Sölden und einzelne Handwerker. Die Höfe wurden nicht mit Hausnummern, sondern nach Namen von Heiligen bezeichnet. 1772–73 wurde eine umfassende Zusammenlegung aller landwirtschaftlichen Grundstücke (ohne Wald) und eine komplette Neugestaltung der zersplitterten Gemeindeflur durchgeführt. Der Antrag der Teilnehmer, »jedem unter ihnen ihr Gueth an einem Stuckh und als eine Einöde zuzuteilen«, konnte nur erfüllt werden, indem 15 Betriebe aus dem Dorfverband aussiedelten

Streusiedlung und Grünlandwirtschaft im Allgäu. Einzelhöfe zwischen Wiesenhügeln und Waldschöpfen, südlich von Altusried (Landkreis Oberallgäu).

Niederhausen – ein Haufendorf (Landkreis Neu-Ulm).

Herretshofen – ein Angerdorf in Mittelschwaben.

Amerbacherkreuth – ein Rodungsweiler am Riesrand (1982).

Ried – ein Straßendorf im Kammeltal.

und inmitten ihres Besitzes neue Häuser und Wirtschaftsgebäude errichteten. Sie erhielten dafür von den im Dorf verbliebenen Bauern einen Bauschilling in Höhe von 60 Gulden. Ein Katasterplan 1 : 10 000 zeigt die damalige Neuverteilung von ca. 330 Hektar Fläche in farbiger Abstufung. Die einfarbigen Grundstücke gehören zu den im Dorf verbliebenen Höfen, die schraffierten Flächen kennzeichnen die ausgesiedelten Höfe. Im Zuge dieser vorbildlichen Neuordnung wurde auch die Landstraße zwischen den Nachbarorten Harbatshofen und Röthenbach ausgebaut und die Flur mit einem einfachen Straßennetz erschlossen. Seit der Mitte des 19. Jahrhunderts setzte sich die Grünlandnutzung mit Viehhaltung und Milchwirtschaft im gesamten Gemeindegebiet durch. Schönau wurde 1860 in die Gemeinde Grünenbach eingegliedert.

Flurformen und Bodennutzung

Die Flur ist die Wirtschaftsfläche des Dorfes. Sie bestand bis zur Mitte des letzten Jahrhunderts aus der das Dorf umrahmenden Ackerflur, aus dem Wiesenland, das auf die feuchten Talauen beschränkt war, und aus den randlichen Gemeindeweiden. Die Gliederung und innere Aufteilung der Flur haben sich im Laufe der Dorfentwicklung immer wieder verändert, z. B. wenn das Ackerland auf Kosten des randlichen Weidelandes vergrößert wurde, um die wachsende Bevölkerung zu ernähren. Die Gemeinschaftsweiden verschwanden völlig, als man nach 1800 die Allmenden aufteilte und die Stallfütterung einführte.
Flurformen aus langen und kurzen, breiten und schmalen Streifen oder kleinen und großen Blöcken sind in der Regel das Ergebnis einer langen Entwicklung, bei der Besitzrechte, Nutzungsart und Erbsitte ebenso eine Rolle spielten wie Topographie, Bodenbedingungen und Anbauverhältnisse.[79] Im Überblick lassen sich zwei grundverschiedene Flureinteilungen unterscheiden. Formale und genetische Gesichtspunkte verbinden sich zu Typen und Formenreihen. Wo Hof und Flur eine in sich geschlossene Einheit bilden, spricht man von der Einödflur. Wenn der Besitz der einzelnen Betriebe parzelliert und auf mehrere, oft 20 bis 30 Standorte verteilt ist, handelt es sich um eine Gemengeflur. Die Einödflur ist vor allem im Allgäu verbreitet, wo durch spätmittelalterliche Rodungen oder durch die Aussiedlungen im Rahmen der Vereinödung die Besitzeinheiten rund um den Hof liegen. Manchmal befinden sich mehrere blockförmige Besitzeinheiten in enger Nachbarschaft des Betriebes, dann spricht man von einer Blockgemenge- oder auch Kleinblockflur, die nahezu in allen Gegenden Schwabens, insbesondere im alpinen Hügelland und im Tertiärhügelland auftritt.[80]
Den Gegensatz bildet die Gewannflur, die sich aus mehreren Komplexen von gleichlaufenden Ackerparzellen der einzelnen Bauern zusammensetzt. Jede Parzelle besteht im allgemeinen aus einem

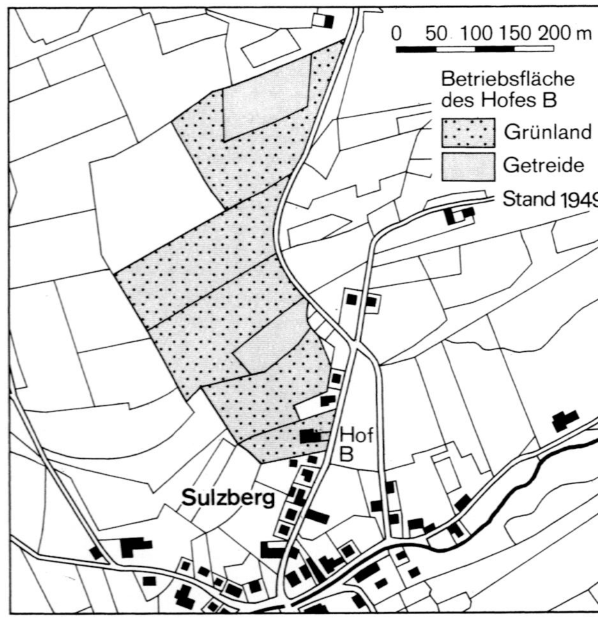

Flurformen und Bodennutzung in der Gemeinde Sulzberg (Landkreis Oberallgäu), (nach Jahn, 1979, S. 32). Die Flur ist in größere und kleinere Blöcke aufgeteilt, die als geschlossener Besitz rund um den Hof angeordnet sind. Diese Flur ist im Rahmen der Vereinödung durch die Zusammenlegung der Grundstücke entstanden, sie ist typisch für die meisten Einzelhöfe und kleinen Weilersiedlungen im Allgäu.

mehr oder weniger breiten Streifen. 20 bis 30 parallel verlaufende Ackerstreifen bilden ein sogenanntes Gewann. Diese Flurgestaltung hat sich aus der Benutzung des Scharpfluges entwickelt, da das arbeitstechnisch ungünstige Wenden nicht so oft nötig war. Der Besitz jedes Bauern verteilte sich auf die einzelnen Gewanne, die Zerstückelung nennt man Gemengelage. Die Gewannflur hat sich in Schwaben in erster Linie in den traditionellen Ackerbaugebieten (Ries, Donautal, Lech-Wertach-Ebenen, mittelschwäbische Terrassenlandschaft) bis zu einer Höhenlage von ca. 700 m herausgebildet.[81]
Zwischen der kleinteiligen Besitzzersplitterung und der großflächigen Besitzeinheit gibt es zahlreiche Mischformen, in denen sowohl Blöcke wie auch Streifen nebeneinander vorkommen oder miteinander verzahnt sind. Die Formenvielfalt ergibt sich vor allem aus der unterschiedlichen Anordnung und Laufrichtung großer und kleiner Parzellen. Der geschlossene Besitz kann sich auch in Form von Streifen bzw. Hufen über die gesamte Gemarkung erstrecken. Streifengrundstücke von 50 bis 80 m Breite und 500 bis 1200 m Länge schließen dann oft unmittelbar an das Hofgrundstück an. Sie waren vorwiegend in den Rodungsdörfern der Iller-Lech-Platte, des Staudengebietes und der südlichen Fränkischen Alb verbreitet, oder sie sind durch die Zusammenlegungen entstanden wie im Allgäu.
Seit mehr als 100 Jahren befindet sich die historische Flureinteilung in starker Veränderung, da rationelles und rentables Wirtschaften im Zeitalter der mechani-

Flurformen und Bodennutzung in der Gemeinde Eutenhausen (Landkreis Unterallgäu), (nach Jahn, 1979, S. 32). Die Flur ist eine kleinteilige Gewannflur mit Gemengelage. Der Besitz eines Hofes ist über die ganze Gemarkung verteilt. Die geradlinigen Flurgrenzen weisen auf eine flache, ebene Oberfläche hin, und zeigen die ackerbauliche Bodennutzung nach dem System der Dreifelderwirtschaft.

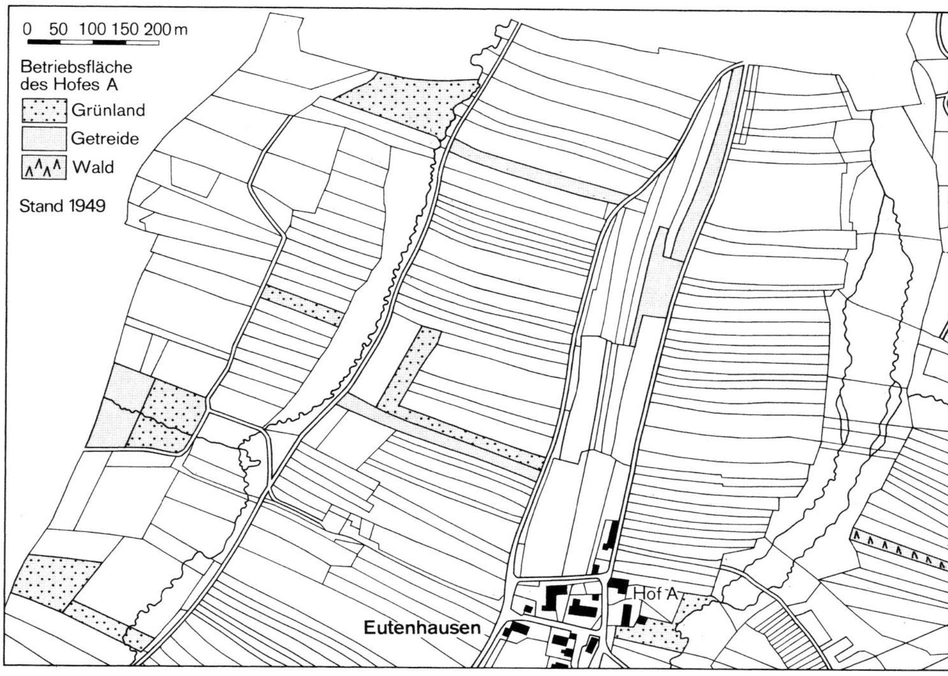

sierten und technisierten Landwirtschaft größere Besitzeinheiten und eine Erschließung der Flur mit Wegen erforderte. Nach dem Motto »Die Technik formt das Dorf« wurden durch die Maßnahmen der Flurbereinigung fast überall Parzellen zusammengelegt und die Arbeits- und Produktionsbedingungen verbessert.[82] In diesem Zusammenhang wurden auch zahlreiche Höfe aus der beengten Dorflage in die Fluren hinausverlagert. Dabei entstanden Einzelhöfe oder Kleingruppensiedlungen mit neuen Wohn- und Wirtschaftsgebäuden inmitten des arrondierten Besitzes. Häufig haben sich dabei die Betriebsflächen durch Zukauf oder Pacht vergrößert und die Chancen für eine Fortführung des landwirtschaftlichen Betriebes verbessert. So entstanden am Ostrand der Gemarkung Nördlingen 1962 im Rahmen der Flurbereinigung zwei Gruppensiedlungen mit je vier Höfen jeweils an der Kreuzung neuer Wege. Gegenüber der Einzelaussiedlung haben sie Vorteile hinsichtlich der Versorgung mit Strom und Wasser, sowie die Chance zur nachbarschaftlichen Hilfe.[83]

Zur Gewannflur des Ackerlandes gehörte jahrhundertelang die Dreifelderwirtschaft. Dabei wurden die Äcker eines Gewannes in einem dreijährigen Turnus mit Winterfrucht (Brotgetreide), im nächsten Jahr mit Sommerfrucht (Hafer oder Gerste) bebaut. Im dritten Jahr lagen sie brach und gehörten zur Gemeindeweide. Da es wenige Feldwege gab und die meisten Äcker nur über das benachbarte Feld zugänglich waren, mußten sie mit gleicher Frucht bebaut werden. Die Einteilung der Ackerfelder in Gebiete mit gleichem Anbau nennt man »Zelge«. Zelgengebundene Ackerwirtschaft war mit Flurzwang verbunden.

Nach 1800 setzte sich überall die verbesserte Dreifelderwirtschaft durch. Dabei wurde die Brachzelge mit Hackfrüchten (Kartoffel, Rübe) oder mit Futterpflanzen (Klee, Luzerne) bebaut. Jahrhundertelang war auf schwäbischem Boden eine gemischte Wirtschaft betrieben worden, d.h. Ackerbau und Viehhaltung, die wesentlichen Elemente der Landwirtschaft, traten in enger räumlicher und betrieblicher Mischung auf. Die Wirtschaftsweise, in der jeder Betrieb alles produzierte, was man für die Familie brauchte, war die Voraussetzung für die Selbstversorgung. Hauptgetreidefrüchte waren Weizen und Roggen als Winter- und Hafer und Gerste als Sommerfrüchte. Im schwäbischen Raum war auch der Dinkel verbreitet, der als Brotfrucht des kleinen und in ungünstigen Lagen wirtschaftenden Bauern naturbedingt angebaut wurde. Um 1850 war Dinkel mit über 50 % noch der Hauptbestandteil des Brotgetreides, vor allem im Allgäu, wo viele Fröste und hohe Schneedecken die übrigen Getreidearten einschränkten. Hackfrüchte und Futterpflanzen waren insbesondere für eine ertragreiche Viehhaltung notwendig. Die Ausbringung des Stalldüngers, die Anwendung von künstlichem Dünger und die Züchtung von Rinderrassen vergrößerten den Viehbestand und verbesserten die Ernteerträge.

Eine dominierende Rolle spielte die Viehhaltung bis zur Mitte des 19. Jahrhunderts nur in wenigen Betrieben, z.B. in den sog. Schwaigen. Die Ausschließlichkeit mit der Ausrichtung auf Milchvieh erfuhr sie nach 1850 in optimaler Anpassung an die Naturbedingungen im Allgäu.[84] Der agrarwirtschaftliche Strukturwandel berücksichtigte die Markt- und Gewinnchancen für die Produkte Käse und Butter in einer Zeit, als der Getreidebau unrentabel und die Flachsproduktion wegen der aufkommenden Industrie nicht mehr abzusetzen war. Die Bereitschaft, ausländische Vorbilder und Erfahrungen für die Butter- und Käseerzeugung zu übernehmen, spielten dabei ebenso eine Rolle wie das Bevölkerungswachstum und die damit verbundene Nachfrage aus den großstädtischen Absatzmärkten z. B. München, Augsburg, Stuttgart. Die Grünlandwirtschaft wurde damit zu einem Wesensmerkmal der Allgäuer Landschaft.

Den Übergang von der Grünlandzone des Allgäus zum gemischten Getreide- und Hackfruchtanbau Mittel- und Nordschwabens bildet ein breiter Saum, innerhalb dessen noch 10 bis 20 % der Nutzfläche mit Getreide bestellt werden. Nördlich der Linie Illertissen – Krumbach – Schwabmünchen gewinnt dann der Feldbau die Oberhand. Neben der Milchviehhaltung bildet jetzt die Rinder- und Schweinemast das Hauptgewicht der Viehwirtschaft. Die Futtergrundlage dafür sind neben einer intensiven Heugewinnung die Erträge aus Hackfrüchten, Futterpflanzen und Grünmais. In den Lech-Wertach-Ebenen, im Donau- und Illertal und insbesondere im Ries als einer traditionellen Kornkammer Schwabens, spielt der Anbau von Weizen und Gerste nach wie vor eine wichtige Rolle. Der Anbau von Zuckerrüben richtet sich nach den Boden- und Klimaverhältnissen sowie nach der Abnahmequote der Zuckerfabrik in Rain am Lech. Die einstmals weitverbreitete Kartoffel hat aus verschiedenen Gründen in den letzten Jahren stark abgenommen. Lediglich in einigen Rieser Gemarkungen, im Donaumoos und im Tertiärhügelland nimmt sie auf geeigneten Sandböden noch eine Sonderstellung ein und wird von den Bauern oft direkt vermarktet.

Überblickt man zusammenfassend die Anbauverhältnisse, die Betriebsstruktur und die Produktionsleistung der Landwirtschaft in Schwaben, so tritt besonders der starke Rückgang der Betriebe und der Arbeitskräfte in den letzten Jahrzehnten in Erscheinung. Demgegenüber sind die Erträge durch Bodenverbesserung, gezielte Düngung und Unkrautvertilgung, durch richtige Sortenwahl und Tierzüchtung erheblich angestiegen. Der Anteil der Erwerbstätigen in der Landwirtschaft ist stark gesunken. Die Technisierung und Rationalisierung der Feld- und Stallarbeit, vor allem der Einsatz des selbstfahrenden Schleppers nach 1950, hat die Wirtschaftsweise erheblich verändert.[85] Nicht zu übersehen sind die damit verbundenen Probleme wie Überdüngung von Wiesen, Umbruch von Ackerland in Grünland, Entwässerung von Feuchtgebieten.

Die in Jahrhunderten gewachsene Kulturlandschaft wurde in den letzten Jahrzehnten in vielfältiger Weise beeinflußt und gestört, vor allem das Erscheinungsbild des Dorfes wurde durch die Ausbreitung städtischer Lebensformen und die Mobilität der Bevölkerung radikal verändert. Dabei besteht die Gefahr, daß Landschaft und Siedlung ihre charakteristische Prägung verlieren. Den Verfahren der Dorfentwicklung und der Kulturlandschaftspflege sowie dem landschaftsgebundenen Bauen kommt deshalb besondere Bedeutung zu.

Schmähingen – ein Haufendorf im Ries. Urkatasterplan von 1826 (Ausschnitt).

Ausgewählte Siedlungsformen als Ausdruck der Siedlungsgeschichte

Schmähingen – ein Haufendorf am Riesrand

Funde der Vorgeschichte auf dem Kirchberg und Reste eines römischen Gutshofes in der Flur bezeugen die Anfänge der Siedlungsentwicklung. Wenngleich Reihengräberfunde bislang fehlen, weist der Ortsname »Smahingen« das kleine Dorf der alemannischen Siedlungsschicht zu. Die erste urkundliche Nennung enthält das Schenkungsverzeichnis für das Kloster Fulda (750–802). 1236 wird das Dorf als Sitz der Herren von Smahingen erwähnt. Der Besitz aus mehreren Höfen gelangte nach 1361 an verschiedene Grundherren, darunter auch die Grafen von Oettingen, und um 1709 in größerem Umfang an den Deutschen Orden. Im Dreißigjährigen Krieg wurde der Ort nahezu völlig zerstört. 1790 setzte sich Schmähingen aus 60 Anwesen, darunter ein Meierhof, 2 Höfe, 2 Lehengüter, 38 Sölden, 11 Halbssölden, Kirche, Pfarrhaus, Schule und Mühle zusammen.[86] Der alte Ortskern schmiegt sich in eine flache Bodenmulde. Der Katasterplan von 1825 zeigt deutlich die Verteilung der Gehöfte und der Sölden als Einfirsthöfe entlang der Straßen und Wege.[87]

Nähermemmingen – ein Straßendorf im Ries

Nähermemmingen liegt auf einer hochwassersicheren Terrasse am Rande des Flusses Eger. Das Bestimmungswort charakterisiert die Nähe zu Nördlingen gegenüber dem weiter entfernten Utzmemmingen. Der Ortsname und die erste urkundliche

Nähermemmingen – ein Straßendorf im Ries. Urkatasterplan von 1825 (Ausschnitt).

Nennung in den »Fuldaer Traditionen« (um 800) weisen den Ort der ältesten Siedlungsschicht des Rieses zu.[88] Vom 12. bis 15. Jahrhundert ist der Ort Sitz eines Ortsadels im Dienste der Grafen von Oettingen. Die Wasserburg am südlichen Ortsrand (Mauerreste im Anwesen Haus Nr. 50) bildete mit den umrahmenden kleinbäuerlichen Anwesen den Kern der ehemaligen Burgmannensiedlung. Im Osten entwickelte sich im Umgriff der nicht mehr erhaltenen Kirche St. Georg (Anwesen Nr. 31) ein zweiter Siedlungsbereich. 1367 gingen Burg, Dorfgericht und viele Güter in den Besitz des Nördlinger Spitals über und verblieben dort bis 1803. Um 1792 setzte sich Nähermemmingen aus 74 Anwesen zusammen, darunter waren 6 Höfe, 3 Halbhöfe, 6 Sölden, 50 Klein- und Kleinstsölden, eine Tafernwirtschaft, das Pfarrhaus, das Schul- und Mesnerhaus und die Pfarrkirche Hl. Geist. Die historische Dorfstruktur wird auf dem Katasterplan von 1825 ebenso sichtbar wie die ursprüngliche Einteilung der Flur in mehrere Gewanne mit einer Kombination von Blöcken und schmalen Streifen. In der Egeraue lagen Wiese und Weideland. Die Bruck- und die Klötzenmühle nutzen die vom Riesrand hereinströmende Eger zur Energiegewinnung.[89]

Rudelstetten – ein Angerdorf im Riesbecken

Rudelstetten tritt bereits im 8. Jahrhundert ins Licht der Geschichte. In einem Schenkungsverzeichnis des Klosters Fulda wird ein »Rutenstat im Riesgau« erwähnt, das später von der Fuldaer Gründung »Solnhofen« im Altmühltal aus verwaltet wurde. Im Mittelalter kamen zahlreiche Güter aus dem Eigentum der Grafen von Lechsgmünd-Graisbach in die Hand des Klosters Kaisheim. Um 1800 teilten sich die Grafen von Oettingen und das Zisterzienserkloster die 60 Anwesen, darunter viele Sölden.
Auf dem vereinfachten Katasterplan von 1833 weist Rudelstetten im Grundriß die typischen Merkmale eines Angerdorfes auf.[90] Beiderseits eines langgestreckten, ovalen Angers reihen sich die Anwesen in ziemlich gleichen Abständen aneinander. Die Giebel der Wohnstallhäuser sind zum Anger und damit zur Straße ausgerichtet. Die Scheunen stehen dazu im rechten Winkel. Die Grundstücke sind zur Straße und zur Flur hin eingezäunt. Die markante Siedlungsform ist beim Wiederaufbau nach den Zerstörungen des Dreißigjährigen Krieges parallel zu einem Wasserarm der Wörnitz angelegt worden.
Der Katasterplan von 1983 zeigt die vergrößerten und erweiterten Stall- und Wirtschaftsgebäude, die im Laufe des 19. und 20. Jahrhunderts durch Intensivierung und Technisierung der Landwirtschaft entstanden sind. Die An- und Umbauten erfolgten meist rückseitig in den Gärten, so daß der Angerbereich unbeeinträchtigt blieb. Er wurde durch den überbreiten Ausbau der Durchgangsstraße mit beiderseitigen Parkstreifen geschmälert. Die historische Dorfstruktur blieb erhalten, da ein neues Wohngebiet deutlich vom alten Ortskern nach Osten abgesetzt wurde. Rudelstetten ist als Ensemble in die Denkmalliste eingetragen.[91]

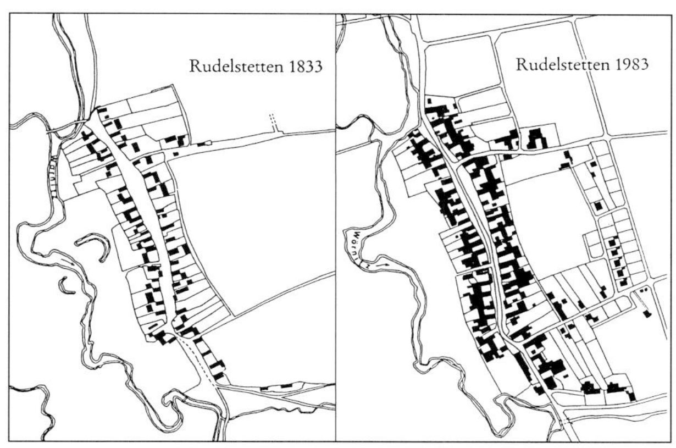

Rudelstetten – ein Angerdorf im Ries 1833 und 1983.

Altenmünster und Neumünster – Haufendorf und Rodungssiedlung

Die Dörfer Altenmünster und Neumünster zwischen Zusmarshausen und Wertingen gehören verschiedenen Siedlungsschichten an. Ihre Lage, Siedlungsform und Flurstruktur dokumentieren eine sehr unterschiedliche Siedlungsgeschichte.[92]
Beide Orte liegen im Gebiet der Iller-Lech-Platte, Altenmünster im Tal, auf einer kleinen Terrasse am linken Ufer der Zusam, Neumünster in 3 km Entfernung auf einer Hochfläche in 500 m Höhe. Die Gemarkung von Altenmünster umfaßte bis zur Gebietsreform (1972) 510 Hektar und erstreckte sich vom Talboden der Zusam nach Westen über die Tal-

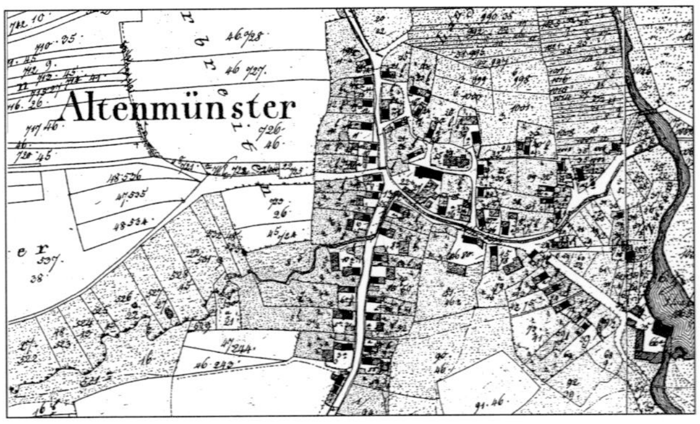

Altenmünster – Haufendorf mit Gewannflur. Ausschnitt des Katasterplans von 1823/24.

Neumünster – Rodungsdorf mit Streifenflur. Katasterplan von 1823/24.

hänge des Münsterbaches und in einem Ausläufer nach Osten in das Hügelland zwischen Zusam und Laugna. Die Gemarkung von Neumünster umfaßte ca. 350 Hektar und dehnte sich über mehrere west-östlich verlaufende Seitentälchen der Zusam und die dazwischen liegenden Riedel aus.

Altenmünster kam in der zweiten Hälfte des 9. Jahrhunderts als kleiner Weiler als Schenkung der fränkischen Könige an das 754 bis 764 gegründete Benediktinerkloster Ellwangen. 1262 vertauschte das Kloster wegen der großen Entfernung seinen Besitz an den Grafen Ludwig von Oettingen (Ries), der ihn noch im selben Jahr dem Zisterzienserinnenkloster Oberschönenfeld vermachte. In den folgenden Jahrhunderten zog das Kloster alle Rechte und Besitzungen im Dorf an sich und blieb bis zur Säkularisation 1803 Grund- und Gerichtsherr des Ortes. Unter den 9 Höfen hatte der Maierhof durch die Lage und Größe seiner Grundstücke stets eine Sonderstellung. Diese verteilten sich als große und kleine Blöcke rund um den Ortskern, während die kleineren Parzellen der übrigen Höfe unregelmäßig über die Streifenflur verstreut waren.

Neben den Höfen entstanden im 14. und 15. Jahrhundert zahlreiche Sölden, in denen sich Kleinbauern, Handwerker und Taglöhner niederließen und die zeitweise 70 % der Anwesen ausmachten. Neben Müller, Wirt und Schmied, belegen die Hausnamen das Vorkommen folgender Berufe: Maurer, Schuster, Schneider, Schreiner, Wagner, Weber, Glaser, Metzger, Bader, Schäfer. In der Ortsform entwickelte sich Altenmünster aus einem Weiler zu einem typischen Haufendorf. 1492 zählte man 39 Anwesen, bis 1625 wuchsen sie auf 53 an. Das Wachstum vollzog sich entlang den Hauptstraßen und eine bauliche Verdichtung rund um die abseits gelegene Kirche. Im Flurbild traten große und kleine Blöcke in Ortsnähe auf sowie schmale Streifen am Rande der Gemarkung. Die Dorfstruktur blieb bis zur Nachkriegszeit ziemlich unverändert, die Gemeinde lebte vorwiegend von der Landwirtschaft. Inzwischen hat der Anteil sonstiger Berufsgruppen stark zugenommen. Der Ort ist entlang der Straßen weiter gewachsen und zählt 800 Einwohner (1998).

Eine völlig andere Dorfanlage und Sozialstruktur ergibt sich aus dem Werdegang des Ortes Neumünster. Der Charakter als Rodungssiedlung ist in dem rechteckigen Straßenanger und den beiderseits aufgereihten Anwesen mit den anschließenden Gärten ablesbar. Neumünster wurde vom Zisterzienserinnenkloster Oberschönenfeld zur besseren Nutzung des Waldgebietes mit der Ansiedlung von zinspflichtigen Bauern gegründet.[93] Der Dorfbrief von 1346 regelte die Form der Siedlung, die Zahl und die Größe der Lehen und bestimmte die Abgaben. Nach der Rodung wurden zu beiden Seiten des 50 m breiten Angers je 6 Hofgrundstücke vermessen. Auf deren Rückseite rodete man die Flur bis zur Gemarkungsgrenze, so daß 2 Gewanne mit je 6 parallelen Flurstreifen von ca. 250 m Länge entstanden. Die beiden anderen, für die Dreifelderwirtschaft notwendigen Gewanne, entstanden im Westen und im Osten des Dorfes. Jeder Lehner hatte am Anfang die gleiche Besitzgröße an Acker, Wiese und Wald, die Bauern waren also bei der Gründung wirtschaftlich und rechtlich gleichgestellt. Dies änderte sich bald durch zahlreiche Teilungen und durch Ansiedlung von Sölden. Diese verfügten über ein Gehöft, aber nicht über genügend Felder und mußten deshalb ihren Lebensunterhalt durch Handwerk oder Taglöhnerarbeit verdienen. 1803, als der Ort im Zuge der Säkularisation an das Kurfürstentum Bayern kam, umfaßte er 48 Hofstätten. Die Landwirtschaft blieb der bestimmende Erwerbszweig. Die anwachsende Bevölkerung war auf Arbeitsplätze in den umliegenden Städten und Märkten angewiesen. Neue Siedlungsgebiete haben sich inzwischen am Ortsrand entwickelt. Das historische Grundmuster hat sich trotz baulicher und besitzrechtlicher Veränderungen im Erscheinungsbild als charakteristisches Rodungsdorf des späten Mittelalters erhalten.

Gestratz – Pfarrdorf und Streusiedlung

Gestratz im Tal der oberen Argen ist Pfarrort für mehr als 30 Weiler und Einöden der weitverzweigten Gemeinde. Am Kreuzungspunkt alter Straßen und Wege errichtete im 9. Jahrhundert das Kloster St. Gallen die Pfarrkirche St. Gallus, die 1437 neu erbaut und mit einem Freskenzyklus völlig ausgemalt wurde. Der Kirche sind der nördlich angesiedelte Pfarrhof (ein Neubau, der die äußere Gestalt des Vorgängerbaus bewahrt hat), das Benefiziatenhaus, das Mesnerhaus des 18. Jahrhunderts (jetzt Gemeindeamt) und die Schule aus der Zeit um 1925 zugeordnet. Dazu kommen die Sennerei, die ehemalige Bäckerei und die Gasthäuser »Adler« und »Krone«. Die geistlichen, weltlichen und wirtschaftlichen Einrichtungen mit Bauwerken des 18. und 19. Jahrhunderts markieren den Gemeindemittelpunkt. Der Ortskern ist als Ensemble in die Denkmalliste eingetragen. In jüngster Zeit kamen dazu die »Argenhalle« als Veranstaltungszentrum und Neubaugebiete am Ortsrand.[94]

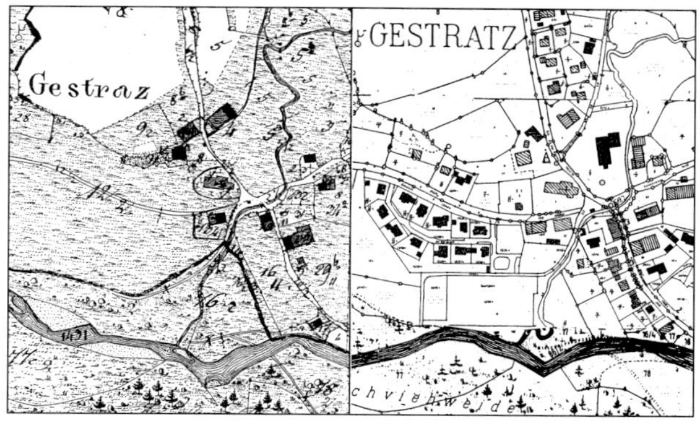

Gestratz – Ortskern eines Pfarrdorfes. Katasterpläne 1830 und 1996.

Algertshausen – Entwicklung vom Weiler zum Stadtteil

Algertshausen liegt am westlichen Talhang der Paar, gegenüber der Stadt Aichach. Historisch faßbar ist der Ort seit dem 12. Jahrhundert, wenngleich archäologische Funde eine Besiedlung bis ins frühe Mittelalter zurückverfolgen lassen. Algertshausen war ursprünglich ein kleiner Weiler, dessen Grundherren, ein ansässiges Landadelsgeschlecht, enge Beziehungen zum Domkapitel in Augsburg unterhielten. Siegfried von Algishusen wurde 1286 zum Bischof gewählt.

Noch im Spätmittelalter wurden die zwei Höfe am Ort geteilt, doch blieb Algertshausen auch in der Folgezeit eine Kleinsiedlung. Seit dem 16. Jahrhundert betrieb insbesondere die nahe Deutschordenskommende Blumenthal den weiteren Ausbau des Dorfes. Einschließlich der Kleinsölden wuchs Algertshausen auf insgesamt 17 Anwesen im Jahre 1818 an.[95]

Im späten 19. Jahrhundert setzte unter dem Einfluß der Stadt Aichach eine grundlegende Umstrukturierung ein. Erste einschneidende Maßnahme war der Bau der Paartaleisenbahn von Augsburg nach Ingolstadt mit der Errichtung des Aichacher Bahnhofes auf Algertshauser Gemeindegebiet im Jahre 1875. Hier bekam auch das Aichacher Postamt 1934 seinen Sitz. Das Bevölkerungswachstum und die Konzentration von Gewerbe, Handel und Dienstleistungen in der Kreisstadt Aichach führten in den umliegenden Randgemeinden im Laufe des 20. Jahrhunderts zur Ausweisung von ausgedehnten Wohngebieten und zu einer völligen Neuorientierung der Wirtschafts- und Sozialstruktur. Die Bevölkerungszahl Algertshausens stieg von 98 Einwohnern im Jahr 1840 auf 167 (1900), 345 (1950) und schließlich 538 Einwohner (1998) an. Es ist damit das prozentual am stärksten gewachsene Dorf des Altlandkreises Aichach. Entspechend nahm die Zahl der Wohngebäude von 18 (1822) auf nunmehr 183 (1998) zu. Gleichzeitig vollzog die Landwirtschaft eine entgegengesetzte Entwicklung. Die Zahl der bäuerlichen Betriebe erhöhte sich zwar von 12 im Jahre 1840 auf einen Höchststand von 20–25 Mitte des 20. Jahrhunderts. Seit Ende der 1960er Jahre ist die Anzahl jedoch extrem rückläufig, heute leben nur noch zwei Familien im Vollerwerb und zwei im Nebenerwerb von der Landwirtschaft.

Die starken Verflechtungen zwischen Aichach und Algertshausen führten schon in den 1920er Jahren zu Eingemeindungsbestrebungen. Als beide Orte räumlich zusammengewachsen waren, gab Algertshausen seine politische Eigenständigkeit auf und ließ sich am 1. Januar 1974 in die Kreisstadt eingemeinden.

Algertshausen (Landkreis Aichach-Friedberg). Katasterpläne von 1866, 1907 und 1994.

Bartlstockschwaige
Gemeinde Buttenwiesen
Landkreis Dillingen
Massivbau mit steil-
geneigtem Dach und
geschweiftem Giebel

Lengenfeld
Gemeinde Oberostendorf
Landkreis Ostallgäu
Gemauerter Mittertennbau
Weit Überstehendes
mittelsteiles Dach

Hinterberg
Gemeinde Rettenberg
Landkreis Oberallgäu
Verschindelter Einfirsthof
mit weit überstehendem
flachgeneigtem Dach

Bäuerlicher Hausbau in Schwaben

Otto Kettemann

Der Regierungsbezirk Schwaben ist überaus reich an Hausformen, was angesichts seiner Ausdehnung nicht verwundert. Er erstreckt sich vom Alpenraum im Süden bis ins Ries im Norden und vereint deutlich voneinander zu unterscheidende Kulturräume und Hausformenlandschaften. Die wissenschaftliche Bearbeitung des Bauernhauses in Schwaben verdient deshalb eine besondere Aufmerksamkeit. Bereits 1960 veröffentlichten Heinrich Götzger und Helmut Prechter das Standardwerk zum Bauernhaus in Bayerisch-Schwaben,[1] das als erster Band einer Reihe gedacht war, welche die Bauernhäuser aller Regierungsbezirke Bayerns vorstellen sollte. Das großangelegte Vorhaben konnte damals nicht fortgesetzt werden. Nun wird mit dem vorliegenden Band der völlig neu konzipierten Reihe »Bauernhäuser in Bayern« das gleiche Vorhaben fast 40 Jahre später abgeschlossen. Langlebige und vielleicht etwas spröde Forschungsgegenstände erfordern eben, so drängt sich der Eindruck auf, eine langwierige Bearbeitung und nicht nachlassende Zähigkeit.

Forschungsstand

Wie in den anderen Regierungsbezirken – abgesehen von Franken, insbesondere Mittelfranken – blieb das Wissen um das Bauernhaus in Schwaben lange im Hintergrund. Erste zaghafte Annäherungen erfolgten um 1860 im Zusammenhang mit der »Bavaria«[2]. Noch während und kurz nach dem Ersten Weltkrieg widmeten sich August Ullrich[3] und Friedrich Jummerspach[4] dem Allgäuer Bauernhaus, dessen Betrachtung wohl durch den aufkommenden Tourismus beflügelt wurde.[5] In den 30er Jahren erfuhr das »altoberschwäbische Bauernhaus« durch Hermann Kolesch[6] seine Würdigung. Als weitere Veröffentlichungen in dieser Zeit sind Franz Eheleuter, Hans Lippert und Albrecht Bufler zu nennen, die sich mit dem Bauernhaus im Allgäu[7] und in Nordschwaben[8] befaßten. 1942 erschien Heinrich Götzgers Baufibel für das Allgäu[9], die neben Gestaltungshinweisen für den ländlichen Hausbau, welche durchaus auch heute der Beachtung wert wären, einen Überblick über die Entwicklung des Bauernhauses im Allgäu gibt. Robert Pfaud erstellte eine solche für den nördlichen Teil Schwabens.[10]
Die systematische Sammlung von Materialien und die Erforschung des Bauernhauses in Schwaben begann durch den Bayerischen Landesverein für Heimatschutz – heute Heimatpflege – unter Rudolf Hoferer, der sich auch mit dem Bauernhaus in Schwaben befaßte.[11] Die Dokumentationstätigkeit im Landesverein bildete schließlich den Grundstock für die bereits genannte Arbeit von Götzger und Prechter.[12]
Die Veröffentlichung einer grundsätzlichen Arbeit wirkt auf weitere Forschungen zum gleichen Thema nicht unbedingt fördernd. Und so nahm die Hausforschung nach dem Erscheinen des Standardwerkes keineswegs einen Aufschwung – das Thema schien eher abschließend behandelt. Bis auf wenige Ausnahmen[13] erschienen in den 60er und 70er Jahren kaum hauskundliche Forschungsarbeiten. Erst in den 80er Jahren erregte das schwäbische Bauernhaus wieder mehr Interesse[14] – natürlich auch im Rahmen weiträumiger Arbeiten[15]. Hervorzuheben sind Walter Pötzl mit seiner herausragenden Publikation zum Hausbau im Landkreis Augsburg[16], Karl Höpfner[17] und insbesondere Wilhelm Neu, der bereits für Götzger und Prechter Bauaufnahmen beisteuerte. Er widmet sich in vielen Veröffentlichungen auch dem Bauernhaus in Schwaben.[18] Sein Bearbeitungsgebiet erstreckte sich vornehmlich auf den Landsberger Raum, aber er blickte bei seinen Abhandlungen auch stets nach Schwaben – schließlich halten sich Hausformen nur selten an die heutigen politischen Grenzen. Auch Hans Frei geht in zahlreichen Veröffentlichungen immer wieder auf hauskundliche Aspekte ein[19]. Von gewissem bauforscherischem Wert sind die Baudokumentationen des Fachbereichs Architektur der Fachhochschule München, von denen eine auch Bauernhäuser in Schwaben behandelt.[20] Von Interesse für die Bauernhäuser im Landkreis Lindau ist eine Veröffentlichung von Petra Sachs[21], deren Augenmerk insgesamt aber auf dem baden-württembergischen Gebiet liegt. Daneben befaßt sich eine Reihe von Schriften – Ortschroniken und dergleichen – mit der Geschichte von Bauernhöfen[22] oder beschreibt angesichts des gewaltigen Verlusts an historischer Bausubstanz verlorengegangene Gehöfte,[23] doch liegt das Erkenntnisinteresse dieser Publikationen nur ganz am Rande auf dem Gebiet der Hausforschung. Auch die sogenannten Landkreisbücher widmen sich meist dem bäuerlichen Hausbau.[24]
In den anderen Regierungsbezirken gingen von den jeweiligen Freilichtmuseen wichtige Impulse auf die Hausforschung aus. Vom schwäbischen Freilichtmuseum, das bereits 1955 eröffnet wurde, war dies nicht zu erwarten, da es ohne wissenschaftliches Personal arbeitete. Und seit den späten 70er Jahren wurde es als nahezu abschließend ausgebaut betrachtet. Erst seit wenigen Jahren geht der Ausbau auch dort

Joseph Ignaz Hörmann: Bauernhaus bei Ottmaring, Landkreis Aichach-Friedberg, 1812.

Joseph Buck: Bauernhaus in Unterbühl, Landkreis Oberallgäu, 1860.

voran, was sich allmählich in der Hausforschung niederschlägt[25].

Bildquellen zur Hausforschung

Im Rahmen der Hausforschung dürfen insbesondere ältere bildliche Zeugnisse nicht außer Acht gelassen werden. Für Schwaben können unter diesem Gesichtspunkt mehrere wichtige Autoren genannt werden.[26] Zu den frühen Darstellern ländlicher Architektur Schwabens gehören Domenico Quaglio (1787–1837) für den Füssener Raum[27], Ignaz Hörmann (1775–1820)[28], Gallus Weber (1794–1876)[29] und Heinrich Wilhelm Klonke (1803–1887)[30] für den mittelschwäbischen Bereich. Für das Ries sind die Brüder Eberhard Wilhelm (1775–1844) und Friedrich Wilhelm Doppelmayr (1776–1845) zu nennen[31], und im Allgäu zeichnete, malte und forschte Joseph Buck (1820–1897)[32]. Für unser Jahrhundert sind insbesondere Karl Höpfner, Robert Pfaud und Lutz Simon zu nennen, die ländliche Baukultur zeichnerisch festhielten.[33]

Charakteristische Merkmale des Bauernhauses

Das Bauernhaus Schwabens tritt dem Betrachter vielgestaltig gegenüber. Manche charakteristischen Merkmale, wie etwa die einstöckige oder zweistöckige[34] Bauweise, offenbaren sich leicht und lassen sich nach einem ersten Hinschauen mühelos einzelnen Regionen zuordnen. Bei genauerer Betrachtung verliert selbst dieses einfache Unterscheidungskriterium an Eindeutigkeit. Denn – um ein Beispiel zu nennen – im Kaufbeurer Raum finden sich neben den durchgehend zweistöckig erbauten Bauernhäusern auch Sölden mit Steildach und nur einem Geschoß. Somit bleibt die Beschreibung des bäuerlichen Hausbaus stets eine Gratwanderung zwischen generalisierenden und damit allgemein verständlichen, das Typische heraushebenden Aussagen einerseits und der detaillierten Beschreibung andererseits, die letztlich, wenn man sich im Dschungel der Besonderheiten verliert, wesentlich an Aussagekraft und strukturierendem Gehalt verliert. Das Problem tritt bei der Zuordnung bestimmter Bauweisen zu ausgewiesenen Regionen auf und verschärft sich beim Einbezug der Entwicklung im Verlauf der Geschichte.

Die folgende Schilderung des Bauernhauses und seiner Entwicklung unternimmt den Versuch, das Typische der Bauernhäuser Schwabens darzustellen, regionale Besonderheiten und Merkmale zu benennen und Veränderungen im Laufe der Zeit zu charakterisieren. Der letzte Strang des Vorhabens bedarf einer Begrenzung. Aufgrund der Materiallage müssen Rückgriffe auf die bäuerliche Baukultur der Zeit vor dem Dreißigjährigen Krieg suspekt und zweifelhaft bleiben – und es besteht keinerlei ideologischer Zwang, ungebrochene Entwicklungslinien aus grauer Vorzeit bis in die Gegenwart zu ziehen. Der zeitliche Rahmen spannt sich im folgenden also vom 17. bis in das 20. Jahrhundert.

Im Vordergrund der Beschreibung steht das traditionelle Bauernhaus in seiner Struktur sowie seine baulichen und funktionalen Elemente. Daß bestimmte Hausformen, konstruktive Verfahren und die Verwendung typischer Materialien in hohem Maß von der Wirtschaftsweise und der Landschaft abhängen, braucht hier nicht besonders betont zu werden. Die Einflüsse dieser Faktoren auf den bäuerlichen Hausbau müssen deshalb immer wieder gestreift werden – im Beitrag von Hans Frei sind sie bereits ausführlich behandelt.

Ausgangspunkt der Schilderung ist also das Haus in seiner Struktur, an dem das regional und zeitlich Typische verdeutlicht wird.[35] Bei der Beschreibung der Bauernhäuser und ihrer Eigenheiten soll an notwendigen Stellen auch auf handwerkliche Belange eingegangen werden. Dies ist insofern wichtig, weil die technische Ausführung von nicht unerheblichem Einfluß auf die Gestaltung und Konstruktion eines Gebäudes oder Bauteiles ist.

Eine Arbeit über den bäuerlichen Hausbau in Schwaben muß sich zwangsläufig auf Götzger und Prechter stützen. Sie führten ihre Recherche im we-

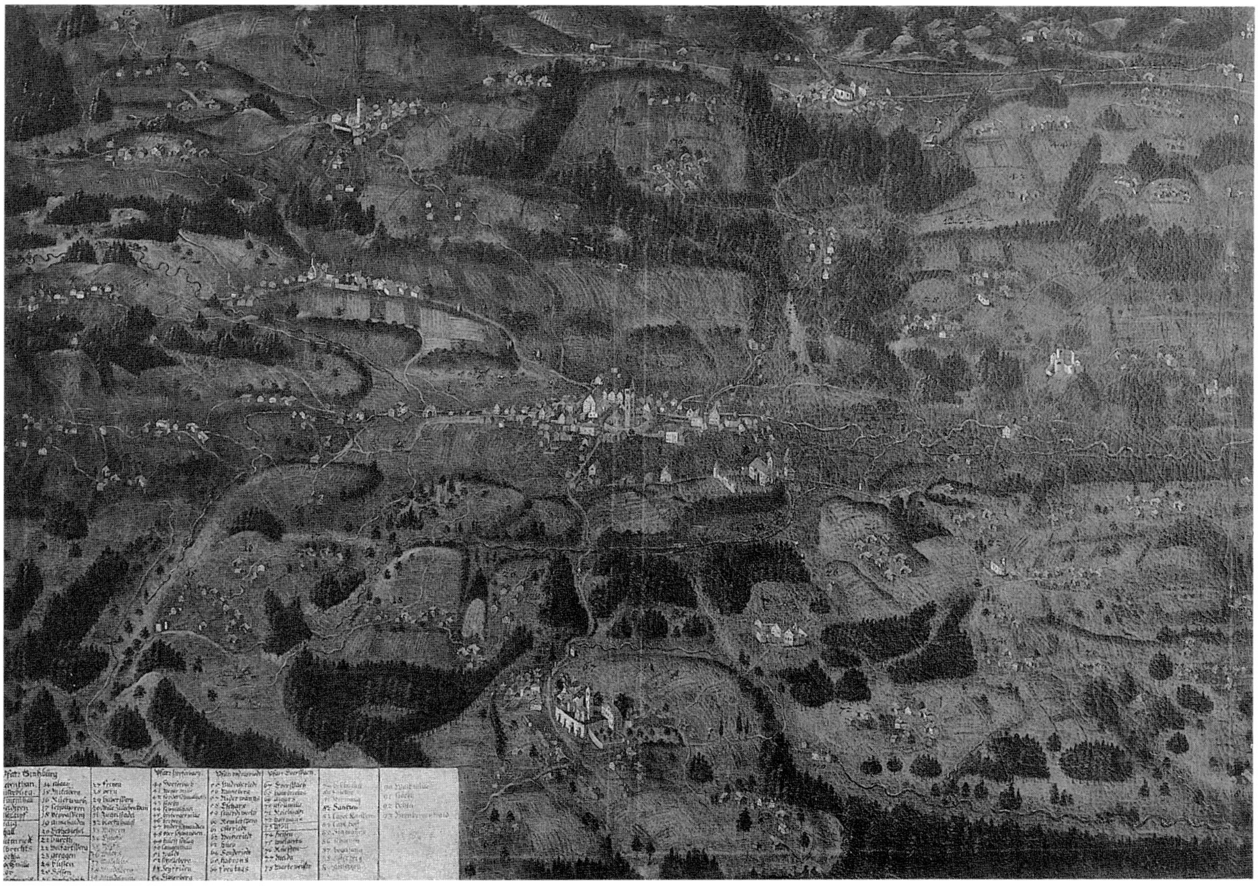

»Abriß der Pflegschaft Liebenthan« (später Obergünzburg, Landkreis Ostallgäu) des Fürststifts Kempten von 1714, der die Häuser der Pflegschaft zeigt. Öl auf Leinwand. Heimatmuseum Obergünzburg.

sentlichen in der Zeit bis 1960 durch, als der Bestand an alten Bauernhäusern noch wesentlich umfangreicher und aussagekräftiger als heute war. Sie haben ihre Situation hervorragend genutzt und die Bauernhäuser detailliert in ihren lokalen Formen beschrieben. Ihre Beschreibung hat bis heute Gültigkeit. Infolgedessen haben diesbezügliche Ausführungen im vorliegenden Band ihre Grundlage in Götzgers und Prechters Veröffentlichung; wörtlich übernommene Passagen sind entsprechend gekennzeichnet.

Gesellschaftliche Rahmenbedingungen

Eine Beschreibung des Hausbaus in Schwaben hat nicht unbedingt die ehemaligen grundherrschaftlichen Verhältnisse zum Thema, dennoch scheinen einige Bemerkungen dazu fast unumgänglich.
Die Höfe der Bauern befanden sich – bis auf wenige Ausnahmen – nicht in ihrem Eigentum, sondern waren an eine Grundherrschaft gebunden. Die Grundherrschaft konnte der Landesherr, der Adel oder die Kirche mit ihren Klöstern sein. Der Grundherr und Eigentümer bewirtschaftete seine Güter in der Regel nur zu einem kleinen Teil selbst. Er setzte auf seine Höfe Bauern, denen er das Anwesen zur Bewirtschaftung und Nutznießung überließ. Der Bauer »besaß« den Hof, er war Besitzer oder »Hintersasse«, Eigentümer blieb aber der Grundherr. Die Besitzrechte der Bauern am Hof waren durchaus unterschiedlich. Hatte ein Bauer seinen Hof in Erblehen (Erbrecht), ging er nach dem Tod des Bauern an seinen gesetzlichen Erben über. Der Bauer hatte also beim Erblehen die Gewißheit, den Hof nicht mehr zu verlieren. Das Erblehen war für den Nutznießer die günstigste Form des Besitzrechtes, und es war in unserem Bearbeitungszeitraum auch die weitaus überwiegende. Beim Leibrecht (Leibgeding) wurde der Hof nur auf Lebenszeit des Bauern verliehen. Starb der Bauer eines »leibfälligen« Hofes, fiel der Hof an die Herrschaft zurück, die ihn nach Belieben neu besetzen konnte. Diese Form des Hofbesitzes nannte man auch »Schupflehen«, da die Hinterbliebenen nach dem Tod des Bauern vom Hof geschupft werden konnten. Als weitere, allerdings sehr seltene Besitzformen sind noch das Freistift (der Grundherr konnte dem Bauern jährlich kündigen) und das Neustift (nach dem Tod des Grundherrn erlosch das Besitzrecht des Bauern) zu nennen.
Die Form des Lehens beeinflußte die Entwicklung von Lebensperspektiven nicht unerheblich. Hatte der Bauer seinen Hof im Erblehen, konnte er in der

Gewißheit, etwas für sich und seine Nachfahren zu tun, in seine Baulichkeiten investieren. Bei allen anderen Lehensformen mußten dagegen Zweifel am Sinn des Bauens aufkommen.
Im Alltag des Bauern schlugen sich die Lehensverhältnisse durch die zu leistenden Abgaben und Dienste an die Grundherrschaft nieder. Eine ganze Reihe verschiedener Abgaben belastete die Bauern. Bereits bei der Übernahme einer Hofstelle war einmalig das Laudemium, der Preis für die Überlassung des Hofes, fällig, das etwa 10 % des Vermögenswertes entsprach. Der Gild war ursprünglich die Abgabe eines Teiles des landwirtschaftlichen Ertrages, der sich nach der Intensivierung der Geldwirtschaft in die Zahlung eines Grundzinses wandelte. Der große Zehnt war die Abgabe des zehnten Teils vom Getreide- (oder Wein-)Ertrag, der kleine Zehnt enthielt die Abgabe von Gartengemüse und dergleichen. Der Blutzehnt war die Abgabe jedes zehnten Jungtieres des in der Landwirtschaft gehaltenen Viehs, das Küchengefälle betraf die Abgabe von Eiern, Schmalz, Hühnern etc. zu festgelegten Terminen. Und oft stand dem Grundherrn das Mortuarium zu, d.h. beim Tod eines Grundabhängigen konnte der Grundherr aus dem Nachlaß das beste Stück Vieh, das beste Kleidungsstück oder eine gewisse Geldsumme fordern.
Als besonders drückend wurde die Fronarbeit (Scharwerk) empfunden. Das waren die Dienste, die der Bauer für den Grundherrn und auf dessen eigenbewirtschafteten Feldern zu leisten hatte. Die Zahl der Frontage schwankte von einigen Tagen im Jahr bis zu mehreren Tagen in der Woche. Neben diesen direkten Abgaben profitierte der Grundherr oft noch von der Patrimonialgerichtsbarkeit, also der niederen Gerichtsbarkeit des Grundherrn über seine untertänigen Bauern. Vergehen wie Ehebruch, Raufereien, Beschimpfungen und Übertretungen kirchlicher und weltlicher Vorschriften konnten mit Geldstrafen belegt werden und füllten die Privatschatulle des Gerichtsherrn, der meist auch der Grundherr war. Und nicht zuletzt drückten den Bauern Steuern an den Landesherrn, Sondersteuern in Kriegszeiten, Abgaben an Gemeinde und Kirche.
Das alte Allgäu zeichnete sich durch eine besondere Verknüpfung zwischen Untertan und Grundherr aus. »Hier war nicht der jeweilige Aufenthaltsort in Steuer- und Gerichtssachen maßgebend, sondern nach dem Allgäuer Brauche trug ein jeder Unterthan, mochte er hinziehen wohin er wollte, seinen hohen oder niedern Gerichtszwang auf dem Rücken mit sich. Wenn also z.B. ein Kemptener Bauer von Niedersonthofen in das angrenzende Gebiet des Bischofs von Augsburg zog und hier, etwa in Oberstdorf, ein Gut erkaufte oder erheiratete, so kam er nicht etwa, wie man erwarten sollte, unter die Hoheit des Bischofs, sondern er blieb seinem bisherigen Herrn, dem Kemptener Fürstabte, gerichtsbotmäßig und kriegsdienstpflichtig, ja sogar die Steuer seines Gutes in Oberstdorf floß nunmehr in die Kasse des Fürstabtes, wurde also ihrem bisherigen Herrn entzogen.«[36] Allerdings begann man im Zuge der Schaffung von Territorien die Gewohnheit des »Allgäuer Brauches« aufzulösen, was anfangs durch regelrechte Verträge geschah, die diese Gewohnheit aufhoben und bestimmten, daß der neue Untertan auch seinem neuen Herrn untertan wurde.[37]
Die bis ins 19. Jahrhundert bestehende Abhängigkeit des Bauern vom Grundherrn hat ihren Ursprung im mittelalterlichen Feudalwesen. Der Grundherr gewährte mit der Übergabe des Lehens (»feudum«) an den Bauern diesem »Schutz und Schirm«. Und dafür erhielt er vom Bauern die beschriebenen Gegenleistungen. Dieses System der Gegenseitigkeit entwickelte sich im Laufe der Zeit immer mehr zu Ungunsten des abhängigen Bauern, da die Schutzfunktion des Grundherrn zunehmend an Bedeutung verlor, die Abgaben des Bauern aber blieben.
Für die Entwicklung der Landwirtschaft wirkte dieses System äußerst hemmend. Johann Heinrich Gottlieb von Justi schreibt etwa 1767: »Als … Hindernis wirkt der Umstand, daß die Bauern in vielen deutschen Ländern nicht einmal Besitzer [Eigentümer] ihrer Güter sind … Wie soll unter solchen Verhältnissen die Landwirtschaft vorwärts kommen? Ein jeder weiß, daß nur das eigene Interesse Triebfeder des Fleißes ist, und wenn das fehlt, so kann man nur verdrossene und schlechte Arbeit erwarten.«[38] Noch Anfang des 19. Jahrhunderts klagt Albrecht Thaer ähnlich: »Das Übel liegt in der gegenwärtigen Verfassung, die den Bauern immer ärmer, stumpfsinniger und träger werden läßt.«[39]
Die Bauern wurden im wesentlichen nach der Größe ihres Besitzes klassifiziert, wobei es schwierig ist, für Schwaben allgemein verbindliche Flächen anzugeben. Das Maß für Ackerflächen war bis ins 18. Jahrhundert fast ausschließlich das »Jauchert«. Für Wiese und Wald benutzte man als Flächenmaß das bayerische Tagwerk. Ein Kemptischer Jauchert maß 1,3729 bayerische Tagwerk[40] (0,3407 Hektar), was einer Fläche von 0,46774 Hektar entspricht. Rainer Beck hat für Unterfinning bei Landsberg für das 18. Jahrhundert durch Flurrekonstruktionen das Jauchert zu 0,6 Hektar ermittelt. Für unseren Zusammenhang, wo es nur um ungefähre Vorstellungen von Hofgrößen geht, kann für das Jauchert etwa ein halber Hektar als Überschlagsgröße angenommen werden. Auch die zu einem Hof gleicher Kategorie gehörende Fläche schwankte innerhalb Schwabens erheblich. Deshalb sei ein Beispiel ausgewählt. In der Herrschaft Roggenburg galt als »ganzer Bauer« derjenige, der 30–40 Jauchert Acker besaß; der »halbe Bauer« hatte ca. 20 Jauchert in seinem Besitz. »Lehner« war man mit 15 Jauchert, und wer noch weniger hatte, war ein Söldner.[41] Für die Ortschaft Meßhofen in der selben Herrschaft verzeichnet das Urbar von 1598 sechs Höfe (= Bauer), sechs Lehen (= Lehner) und 31 Sölden (= Söldner).[42]

Im späten 18. Jahrhundert unterschied man in Roggenburg die Untertanen nicht mehr nach der Hofgröße, sondern nach der Zahl der Pferde, mit denen die Bauern zum Frondienst herangezogen wurden. Der ganze Bauer diente mit vier Pferden, der halbe mit drei, der Lehner mit zwei. Diejenigen, die nur mit ihrer Hände Arbeit Frondienst verrichteten, waren die Söldner, »Neuhäußler« (besaßen nur ein Haus) und »Gehäußten« (wohnten zur Miete).

Die etwas ungewöhnliche Bezugsgröße zur Einstufung der Bauern fußt natürlich auf der Hofgröße. Je größer der Hof war, desto mehr Pferde benötigte man zu seinem Umtrieb. Die Übernahme des mittelbaren Maßes der Pferdezahl beim Frondienst kann wohl als praktische Vereinfachung von seiten der Grundherrschaft interpretiert werden. Die Dienste an die Grundherrschaft wurden als besonders drückend empfunden. Obwohl z. B. in der Herrschaft Roggenburg relativ wenig Frondienste zu leisten waren – die Quellen sprechen von 5 bis 20 Diensttagen pro Jahr[43] –, riefen sie bei den Bauern wenig Freude hervor.

Die Angaben zeigen deutlich die allgemeine Tendenz in Schwaben in bezug zur Hofgröße: Es herrscht das kleine Bauerngut vor, die ganzen Höfe sind in der Minderzahl. Das muß natürlich nicht heißen, daß die Bauernhäuser Schwabens entsprechend der sozialen Einteilung ihres Besitzes überwiegend klein gewesen wären. Das in diesem Band vorgestellte Bauernhaus Meßhofen aus der Herrschaft Roggenburg war beispielsweise ein Lehen, zu dem etwa 15 Jauchert Acker gehörten und dessen Besitzer gegen Ende des 18. Jahrhunderts mit zwei Pferden Dienste bei der Grundherrschaft zu verrichten hatte. Götzger und Prechter, die eine Fotografie dieses Hofes abdruckten, nennen die Gebäude (damals stand noch die zugehörige Scheune) einen »stattlichen Hof«.[44]

In unserem Zusammenhang sei auch auf die vielen Holzdiebstähle hingewiesen, bei denen oft ganze Gemeinden zusammenwirkten. Aus Meßhofen ist etwa bekannt, daß die Bewohner des Ortes 1783 an 200 jungen Tannen Holzfrevel geübt hatten.[45] Holzdiebstahl diente in erster Linie der Beschaffung von Feuerungsmaterial, aber er weist auch auf die Problematik der Beschaffung von Baumaterial hin.

Um 1825, nachdem durch die Säkularisation von 1803 die Bauern auf dem verstaatlichten Kirchengrund bereits die Möglichkeit gehabt hatten, sich gegen die Zahlung einer Ablösesumme aus den grundherrschaftlichen Verpflichtungen freizukaufen, waren erst 15% der Bauernhöfe frei von fremdem Obereigentum.[46]

Die grundherrschaftlichen Verhältnisse endeten in Bayern erst 1848 mit dem Ablösegesetz, der sogenannten Bauernbefreiung. Der Bauer hatte eine genau berechnete Ablösesumme zu bezahlen, die er in bar oder durch jährliche Ratenzahlungen entrichten konnte. Der relativ geringe Zinssatz von 4% führte zu einer äußerst schleppenden Tilgung. Per Gesetz sah man 1908 schließlich die Tilgung der letzten Beträge für das Jahr 1940 vor, wobei allerdings die Inflation von 1923 einen früheren und gnädigen Schlußpunkt unter die Bauernbefreiung setzte.[47]

Vergegenwärtigt man sich die gesellschaftliche Situation der Bauern bis zur Mitte des 18. Jahrhunderts, ihre Schwierigkeit, auf lange Sicht für sich und die Nachfahren zu planen, verwundert es geradezu, daß Bauprojekte wie die alten Bauernhöfe überhaupt zustande kamen. Aber ihre Bewohner wurden durch diese Unsicherheiten offenbar nicht davon abgehalten, ihrem Wohnen und Wirtschaften einen baulichen Rahmen zu geben, der heute geradezu Bewunderung hervorruft.

Hof und Dorf

Vor der Beschreibung des Bauernhauses in seinem Aufbau und seiner inneren Struktur ist kurz auf Siedlungsformen in Schwaben einzugehen, wobei hier der Schwerpunkt auf der Besonderheit der Einödhöfe im Allgäu liegen wird. Dann wird die Gesamtanlage des Hofes und seine äußere Erscheinung – ob er aus einem oder mehreren Gebäuden besteht, ob er sich nur erdgeschossig ausdehnt oder ein Obergeschoß besitzt – beschrieben.

Einödhöfe im Allgäu

Daß man die Kirche im Dorf lassen soll, ist – belegt durch die gleichlautende Redensart – allgemein akzeptierte Konvention. In Schwaben, genauer: im Allgäu, muß der Bauernhof allerdings nicht immer im Dorf stehen. Weite Teile der Allgäuer Landschaft zeichnen sich durch Einödhöfe aus, die außerhalb geschlossener Ortschaften inmitten der Felder stehen. Sie haben ihr Entstehen größtenteils einem Vorgang zu verdanken, der mit Vereinödung bezeichnet wird. Der zeitliche Schwerpunkt dieser Vereinödung lag in der zweiten Hälfte des 18. und am Anfang des 19. Jahrhunderts, begonnen hat sie freilich schon im 16. Jahrhundert.[48]

Das Gebiet der Vereinödung ist bereits häufig und mitunter widersprüchlich beschrieben worden[49], weil oft versucht wurde, die Vereinödungen an politische, sprachliche oder herkunftsmäßige Einheiten zu binden. Aber die Vereinödungsbewegung verlief davon unabhängig, beruhte allein auf der Eigeninitiative der Bauern und blieb unabhängig von den jeweiligen Herrschaften, auch wenn sie natürlich innerhalb deren Rahmen verlief.[50] Das Verbreitungsgebiet der Vereinödung kann deshalb nur auf der Grundlage der durchgeführten Vereinödungen geographisch beschrieben werden. Es reicht von Überlingen im Westen bis Kaufbeuren im Osten, von der Höhe Memmingens im Norden bis auf die Sonthofens im Süden.[51] Der Füssener Raum wurde von der Vereinödung nicht berührt.

Unter Vereinödung[52] wird heute meist eine Arrondierung der Felder verstanden. Diese Kennzeichnung trifft ihren Kern nicht, sondern betont lediglich einen Aspekt, der am Anfang sogar unmaßgeblich war und sich erst allmählich herausbildete. Die Vereinödung beinhaltet drei Bedeutungen: eine rechtliche, eine geographische und eine wirtschaftliche. Zum besseren Verständnis des Vorgangs, dem das Allgäu seine einzeln stehenden Höfe verdankt, sei kurz auf das alte Gemeindsrecht eingegangen. Jeder Ort, selbst der kleinste Weiler, bildete eine agrarische Gemeinde. In ihr lagen die gemeinsamen Oesche (Gewanne), auf denen jeder seine Parzellen – verstreut an viele Orte – hatte. Hier waren Trieb und Tratt[53] gemeinsam – nicht nur auf der gemeinsamen Weide, sondern auch auf den sich in Privatbesitz befindlichen Äckern und Wiesen. Ursprünglich hatte alles Feld Gemeindsrecht. Davon ausgenommen waren lediglich die Hofstelle und der Garten. Beide waren umzäunt und der ausschließlichen Nutzung des Hofbesitzers vorbehalten. Oft kam dazu noch die Beund[54], der an die Hofstelle angrenzende Grasgarten. Hofstelle und Beunden bildeten zusammen die »Ehehaften«, das Eigentum, an dem niemand außer dem Eigentümer ein Recht hatte.

Es ist leicht vorstellbar, daß der Besitz von nur eigenständig genutzten Feldern ein erstrebenswertes Ziel war.[55] Die Vereinödung als Überführung von Feldern aus dem Gemeindsrecht in das Beundrecht, die Befreiung einer Parzelle aus dem Flurzwang (Trieb und Tratt) und die Übergabe all ihrer Nutzungsrechte an den Besitzer ist also zunächst ein rechtlicher Akt. »›N. kauft den Acker im untern Oesch, groß ein Jauchert, so eine rechte wahre aynödin ist‹, das ist hundertmal zu lesen.«[56]

Der Erwerb der ausschließlichen Privatnutzung eines Feldes war nicht umsonst. »Um $^1/_4$ Jauchert Acker zur Beund zu schlagen, muß 1713 in Durach Jemand $^5/_8$ Jauchert schlechtes Ackerfeld zur gemeinen Viehweid geben. Wegen ›Geldnot‹ überläßt Dietmannsried 1704 Jemandem sein fast $^3/_4$ Jauchert großes Wiesenmad für 75 fl zu Beundrecht. Ein anderer muß, um 12 Jauchert von Trieb und Tratt einer fremden Gemeinde (Ueberbach) zu befreien, dies Recht mit 135 fl erkaufen, und zwar zu einer Zeit, wo man für das doppelte oft ein Feld von gleicher Größe (zu Gemeindsrecht) erwerben konnte.«[57]

Neben dem Kauf des Beundrechts konnten sich Bauern darauf einigen, ihr mit gegenseitigen Nutzungsrechten behaftetes Land aufzuteilen und der ausschließlichen Nutzung durch die Einzelnen zuzuführen. Als Beispiel mag ein Auszug aus den Land-Ammann-Amts-Protokollen des Stiftes Kempten von 1552 dienen. »Item Hanns Kutter genannt der grosse, Hanns Kutter genannt der kleine, Ulrich Rottermelin vnnd Hanns sein sonn alle 4 zum Albings in Probstrieder pfarr gesessen Bekennen nachdeme sie bisher ire gelegene guetter zum Albings ausserhalb der Ehafftin in gemainer Tratt beschlagung vnnd oeschrecht mitainannder inngehabt darmit sy aber hinfüro noch freundlicher vnnd nachbarlicher bey ainannder wonen mögen, haben sie sich freiwillig in beyseyn vnnd gietlicher underhaltung guter fruind vnnd nachbauer mitainanndern verglichen vnnd gemelte guetter vonainandern inn die einödinen getaylt wie hernach volgt.«[58]

Joseph Buck: Bei Ermengerst, Landkreis Oberallgäu, um 1860.

Bemerkenswert an solchen Absprachen und Einigungen ist eine landschaftsprägende Folge, denn das ausschließlich ihrer Nutzung zustehende Land war ebenso wie die Beund einzuzäunen. Die Verträge bestimmten, daß bei Feldern mit Beundrecht an den eingeschlagenen Pfählen drei Stangen übereinander zu befestigen waren, ansonsten genügten zwei oder auch nur eine Stange. Im 18. Jahrhundert ging man über auf das Anpflanzen von lebendigen Hecken auf den Grundstücksgrenzen. »In den letzten Jahrzehnten des vorigen Jahrhunderts finden wir so das ganze Land in eine Hecke verwandelt. Wenn es eine Statistik der Sperlinge gäbe, so würden die Folgen dieses Systems hinlänglich beleuchtet sein. Die lebendigen Hecken sind jetzt von den Feldern verschwunden; die Zäune haben sich vermindert.«[59] Das heutige Bild des Allgäus läßt diese einst heckenreiche Region in keiner Weise erahnen und zeigt, wie schnell sich das Bild einer Kulturlandschaft wandeln kann.

Die Vereinödung war also zunächst die Überführung von Parzellen in ein anderes Nutzungsrecht. Dabei ist offenbar, daß es leichter war, Grundstücke am Rande der Gemeindeflur zu vereinöden als solche in Dorfnähe, über die notwendigerweise ständig Tratt gehen mußte. Im Fortgang der Vereinödung gewannen weitere Aspekte immer größere Bedeutung. Die Bauern erkannten schnell, daß sich der wirtschaftliche Nutzen der Vereinödung durch die Zusammenlegung der Felder zu einer oder wenigen Parzellen enorm steigerte, so daß die Vereinödung im Laufe der Zeit immer mehr mit einer Arrondierung der Felder einherging. Seit dem 18. Jahrhundert wandelte sich die Bedeutung der Vereinödung bis zur Ausschließlichkeit hin zur Arrondierung der Felder, hinter der die ursprüngliche rechtliche Dimension verschwand. Nowotny nennt sogar das Kuriosum,

daß es schließlich Vereinödungen gab, nach denen weiterhin gegenseitige Weidedienstbarkeiten bestanden, also lediglich eine Arrondierung durchgeführt worden war.
Mit der Arrondierung der Felder ging oft der sogenannte Ausbau einher, nämlich die Versetzung der Höfe oder ihr Neubau in die neuen, arrondierten Felder außerhalb des Dorfes in der Einöde. Zwar gab es auch in Dänemark und Schweden im 18. Jahrhundert Arrondierungen mit Ausbau, dennoch ist dieser Vorgang im Allgäu von besonderer historischer Bedeutung wegen seines frühen Zeitpunktes – seine Anfänge liegen in der zweiten Hälfte des 16. Jahrhunderts – und aufgrund seines Vollzugs ohne besondere Beteiligung oder Intervention der Herrschaft.
Nicht jede Vereinödung wurde begleitet von einem Ausbau, und natürlich siedelten nicht alle Bauern einer Vereinödung aus. Über die Zahl der Ausbauten wurde in der Literatur viel spekuliert; Nowotny nennt schließlich die Zahl von 1500 Ausbauten im Rahmen der Vereinödung, räumt aber auch ein, daß es mehr gewesen sein könnten.[60] Bei den frühen Vereinödungen mit durchgehend wenig Teilnehmern fanden sich stets Freiwillige zum Ausbau, bei den späteren mit um die 50 Teilnehmern mußte mitunter nachgeholfen werden.[61] Nowotny berichtet von dem einmaligen Fall eines Bauern in Adrazhofen, »der sich schon zum Ausbau entschlossen hatte, dann aber die Einwilligung wieder zurückzog, weil er nicht jenes Gut bekam, das er haben wollte. Dadurch bestand für die übrigen die Gefahr, daß die Vereinödung sich verzögerte. Diese rissen ihm daher, als er abwesend war, sein ganzes Haus ab. Zwar mußte ihm das Mobiliar ersetzt werden, doch die Vereinödung konnte weitergehen.«[62]
Die Zahl der Ausbauten und die Wahl des neuen Standortes hing von vielerlei Faktoren ab, etwa der Größe der Gemarkung, den Trinkwasservorkommen im Ausbaugebiet und dergleichen mehr. Der Ausbauer konnte mit zweierlei Entschädigung rechnen, dem Bauschilling und dem Dienst der Gemeindeleute. Der Bauschilling bemaß sich am Zustand und der Größe des alten Hofes und der Leistungsfähigkeit der Gemeinde. Er schwankte zwischen 25 und 400 fl.[63] Die Dienste der Gemeindeleute waren Hand- und Spanndienste, welche die im Ort Verbliebenen dem Ausbauer leisteten.
Der alte Hof des Ausbauers im Ort mußte in der Regel – sofern er nicht komplett versetzt wurde – vollständig niedergerissen werden, weil man den Zuzug armer Leute fürchtete und fahrendem Volk keinen Unterschlupf gewähren wollte. Der praktische Ausbau scheint relativ einfach gewesen zu sein. Das alte, damals noch ganz aus Holz oder in Fachwerk errichtete Gebäude wurde zerlegt und am neuen Standort wieder zusammengefügt. Die bei Ditz angegebene Zeit – die gewiß angezweifelt werden darf, wie das Dorn bereits getan hat[64] – für einen solchen Gesamtumzug muß jedes Freilichtmuseum vor Neid erblassen lassen: »Zwei Tage zum Abbrechen, zwei zum Ineinandersetzen und noch zwei zum Einrichten des Allernöthigsten.«[65] Seit dem späten 18. Jahrhundert wird der Ausbau zum Anlaß genommen, die Stubenstöcke zu mauern. »In vielen Fällen wird der Neubau mit Mauerwerk unter dem Druck der Regierungskommission ausdrücklich durch Gemeindebeschluß dem Ausbauer zur Pflicht gemacht.«[66]
Die Vereinödung entstand nicht auf Geheiß der Obrigkeit. Nowotny stellt fest, daß »der Gedanke dieser Arrondierungsbewegung [...] genauso der bäuerlichen Eigeninitiative [entstammt] wie die gesamte Vereinödung selbst«[67]. Auf österreichischem Gebiet griff man zwar unter Josef II. 1760 obrigkeitlich in die Vereinödung ein[68], aber im Kerngebiet der Vereinödung äußerten sich die Kemptener Fürstäbte als Landes- und Lehensherren erst 1791 durch eine regulierende Verordnung, die im wesentlichen den üblichen Gang der Dinge bestätigte.
Die Entscheidung der Bauern zum Leben in der Einöde war nicht unbedingt neu. Die geologischen Verhältnisse im Allgäu ließen häufig die Bildung größerer Ortschaften nicht zu. Und so waren bereits vor der Vereinödung Einzelhofanlagen entstanden. Der Gedanke, ohne Nachbarschaft zu wirtschaften, war also nicht neu und ungewöhnlich. Der häufig mit der Vereinödung verbundene »Ausbau« führte zum charakteristischen Siedlungsbild im Allgäu mit den einsam in der weiten Flur stehenden Höfen.[69] Trotz der frühen »Aussiedlungen« durch die Vereinödung haben sich natürlich Dörfer erhalten, die eben um die Einödhöfe erweitert wurden.

Geschlossene Ortschaften

In Schwaben herrscht – das Vereinödungsgebiet ausgenommen – die geschlossene Ortschaft vor. Dabei sind alle Siedlungsformen anzutreffen, wobei das Haufendorf überwiegt. Selbst in fest umrissenen, in Wirtschaftsweise und Baukultur sehr homogenen Gebieten, wie etwa dem Ries und dem Fränkischen Jura, finden sich Straßen-, Haufen- und Angerdörfer nebeneinander.
Die Anlage eines Dorfes hängt entscheidend von landschaftlichen Gegebenheiten und der rechtlichen Form der Gründung ab. Entlang einem Wasserlauf, in Tälern oder längs einer alten Handelsstraße entwickeln sich fast gezwungenermaßen Straßendörfer. Sind solche örtlichen Vorgaben zu einer straffen Gruppierung nicht vorhanden, entstehen gerne Haufendörfer. Rodungsdörfer der späten Kolonisation folgen wieder anderen Gesichtspunkten. Rechbergreuten im Landkreis Günzburg ist etwa ein solches, das systematisch als Angerdorf angelegt wurde. Beiderseits des Angers, in dessen Mitte die Kirche plaziert ist, stehen die Häuser systematisch giebelseitig aufgereiht. Orte mit dieser Anordnung sind vornehmlich im waldigen Hügelgebiet westlich von

Heinrich Wilhelm Klonke: Ottmarhausen, 1826, Landkreis Augsburg. Im Dorf sind deutlich einige strohgedeckte Häuser zu erkennen. Das Dorf entwickelt sich entlang dem Wasserlauf, die Talaue wird als Wiese genutzt, die ansteigenden Lagen als Äcker. Der Kamm des Höhenzuges ist bewaldet.

Augsburg zu Hause.[70] Auch Varianten der genannten Siedlungsformen treten selbstverständlich in Erscheinung, wenn sich etwa entlang einem Wasserlauf beiderseits Häuserzeilen entwickeln oder bei Kreuzungen wichtiger Straßen sich die Häuser entlang beide Straßen aufreihen. In bestimmten Gegenden dominieren aufgrund ähnlicher Landschaftsgestalt bestimmte Formen: im schwäbischen Jura begegnet uns allein das Haufendorf, das auch im gesamten Donautal überwiegt. Einzelne Orte, wie Unterglauheim oder Illdorf, bilden als ausgesprochene Straßendörfer die Ausnahme. Im Gebiet nordwestlich von Augsburg verdienen planmäßig angelegte Waldhufendörfer Erwähnung: Rechbergreuten, Baiershofen, Landensberg, Neumünster.

Ebenfalls hingewiesen sei in dem Zusammenhang auf ein Kuriosum. Das allerdings erst 1836 gegründete Königsbrunn erstreckt sich über acht Kilometer entlang der Straße; Götzger und Prechter nennen 1960 300 Landwirtschaften für diesen Ort, heute sind es allerdings nur noch 147[71].

Vom unteren Illertal im Westen bis in die Stauden und das Augsburger Land im Osten findet man Straßen- und Haufendörfer, die sich entlang eines Wasserlaufes – meist in Süd-Nord-Richtung – entwickeln. Auch entlang von Höhenzügen entstanden auf natürliche Weise Straßendörfer. Die Ebenen und weiten Täler begünstigten dagegen die Entwicklung von Haufendörfern.

Einfirstige und mehrfirstige Höfe

Ein Bauernhof kann aus einem oder mehreren Gebäuden bestehen. Unter diesem Gesichtspunkt zieht sich eine bemerkenswerte Grenze durch Schwaben. Im Norden herrschen bis zur Ausschließlichkeit zwei- oder mehrfirstige Hofanlagen vor, während im Süden das Einhaus, das alle Funktionsräume des Hofes unter einem Dach vereinigt, zu Hause ist. Die ungefähre Trennlinie dieser Erscheinung kann im Westen beginnend nördlich Memmingens und im Osten nördlich Schwabmünchens endend gezogen werden; die Karte im Beitrag von Hans Frei zeigt diese Grenze. Innerhalb dieser grundsätzlichen Unterscheidung lassen sich weitere wesentliche Abweichungen feststellen.

Die funktionale Aufteilung der Hofgebäude im Norden Schwabens ist durchaus unterschiedlich. Im allgemeinen kann davon ausgegangen werden, daß Wohnhaus und Stall unter einem Dach vereinigt sind, während die Scheune ein eigenständiges Gebäude ist. Diese Charakterisierung gilt für das Ries und die angrenzenden Gebiete des Jura sowie das westliche Donautal. Meist steht das Wohnhaus mit dem Giebel zur Straße, die Scheune liegt zurückgesetzt und bildet mit dem Wohnhaus einen rechten Winkel. Auffallend sind im Schwäbischen Jura die Gärten vor den Hausgiebeln. Im Ries kommen zu diesen Hauptgebäuden oft noch kleinere Nebengebäude wie etwa ein Kleintierstall hinzu. Die Gehöfte des bayerisch geprägten Donautales östlich des Lechs und im Landkreis Aichach-Friedberg entsprechen dem Schema der Zweifirstigkeit, allerdings herrscht eine andere Funktionszuteilung vor: Das Bauernhaus ist allein dem Wohnen vorbehalten, während sich der Stall mit den anderen Wirtschaftsbereichen im zweiten Bau befindet. Durch diese Aufteilung fallen die bäuerlichen Wohnhäuser relativ klein aus.

In dem in Rede stehenden Gesamtgebiet der zweifirstigen Hofanlagen läßt sich eine Abweichung beobachten, die einerseits mit der Hofgröße und andererseits dem Alter des Hofes zusammenhängt. Im

Mehrfirstiger Hof in Munningen, Donau-Ries. Aufnahme von Helmut Richter, 1940.

Einfirstiger Hof in Pless, Landkreis Unterallgäu. Aufnahme von Rudolf Hoferer, 1937.

Tal der Kessel westlich von Donauwörth, also im schwäbischen Jura, vereinigen sehr kleine Höfe Wohn- und Wirtschaftsteil unter einem Dach. Auch im Landkreis Aichach-Friedberg, östlich des Lechs, fallen die kleinen Anwesen durch ihre Einfirstigkeit auf. Und im Donautal westlich des Lechs sowie im Augsburger Raum waren einfirstige Hofanlagen im 17. Jahrhundert durchaus üblich. Diese Hofform wurde allerdings vom mehrfirstigen Gehöft verdrängt.
Die Landschaft der Stauden kann bereits zum Gebiet der einfirstigen Anlagen gerechnet werden, auch wenn dort besonders große Höfe durch Zweifirstigkeit auffallen. Im Tal der Iller nördlich Memmingens und im Tal der Mindel lassen sich sowohl das Einhaus als auch das Wohnstallhaus mit separater Scheune finden.
Im Süden Schwabens ist das Einhaus nahezu die Norm. Ausnahmen machen lediglich einzelne Getreidekästen, die gesondert stehen, insbesondere im Raum Memmingen, nördlich von Kaufbeuren und in der Marktoberdorfer Gegend. In den bergigen Landschaften des Allgäus baute man bis ins 17. Jahrhundert mitunter zweifirstige Anlagen, sogenannte Zwiehöfe, die sich in ein Wohn- und ein Wirtschaftsgebäude aufspalteten. Der Grund für diese Abweichung liegt überwiegend im unebenen Geländerelief, welches das Aufstellen größerer Gebäude erschwert.
Bei zweifirstigen Hofanlagen steht die Scheune überwiegend im rechten Winkel und zurückgesetzt zum Wohnstallhaus. Der Giebel des Haupthauses zeigt bevorzugt zur Straße. Aber das muß nicht immer sein. In den Stauden findet man beispielsweise den rückwärtigen Giebel an der Straße, in der Gegend westlich Augsburgs stehen die Häuser auch häufig mit der Traufseite zur Straße.
Sucht man nach einer Begründung für den grundsätzlichen Unterschied in der Hofanlage zwischen Mittel- und Nordschwaben einerseits und Südschwaben andererseits, mögen die unterschiedlichen klimatischen Bedingungen einen Erklärungsansatz geben. Das Allgäu und das Alpenvorland zeichnen sich durch hohe jährliche Niederschlagsmengen aus. Die Verrichtung der Hofarbeit unter einem Dach ohne ständige Gänge nach draußen war gewiß ein erstrebenswertes Ziel, das bei der Entwicklung der Hofform eine Rolle gespielt haben mag. Im Norden Schwabens erforderte das Klima diese Rücksichtnahme weit weniger.[72]

Eingädige und zweigädige Höfe

Ein Gebäude ist eingädig, wenn es bis zum Dach aus einer Etage besteht, zweigädig wird es, wenn es zwei Etagen besitzt. Diese im allgemeinen Sprachgebrauch nicht eben übliche Bezeichnung ist hier gewählt, weil die Benennungen einstöckig/zweistöckig oder eingeschossig/zweigeschossig mehr meinen als nur die Anzahl der Etagen. Von Stockwerken spricht man beim Bauernhaus dann, wenn die Ständer des Gebäudes, also die tragenden Holzsäulen, durch beide Stockwerke laufen, während von Geschossen die Rede ist, wenn die Ständer jeweils nur über ein Geschoß reichen.
Wie bei der Anlage des Hofes – Einhaus oder mehrere Gebäude – zeigen sich auch bei der »Geschoßzahl« der Bauernhöfe in Schwaben grundsätzliche Unterschiede. Es lassen sich drei Varianten beschreiben. Da ist zunächst das eingädige Bauernhaus, das bis zur Dachtraufe aus einer Etage besteht. Weite Verbreitung hat das zweigädige Bauernhaus, und schließlich ist noch ein Sonderfall festzuhalten, nämlich das sogenannte Staudenhaus, dessen eine Traufe über dem Erdgeschoß liegt, während sich die gegenüberliegende über dem ersten Obergeschoß befindet.

Zweigädige Bauernhäuser in Gessertshausen, Landkreis Augsburg. Aufnahme von Rudolf Hoferer, 1938.

Die Höfe im Donautal und in den nördlich davon gelegenen Gebieten Schwabens zeichnen sich durch die eingädige Bauweise aus. Selbst große Gebäude im Ries halten sich an diesen Grundsatz, auch wenn dadurch bei breit angelegten Häusern und den dort ebenfalls verbreiteten steilen Sparrendächern enorme Dachbauten zustande kommen. Die Beispiele im Dokumentationsteil für die Landkreise Donau-Ries und Dillingen entsprechen diesem Muster. Eine Ausnahme bildet der Bauernhof mit Gastwirtschaft aus Pfaffenhofen an der Zusam, die sich aus dem Wirtshausbetrieb erklärt. Einschränkend muß hinzugefügt werden, daß im schwäbischen Randgebiet des fränkischen Jura zweigädig bzw. eingädig mit hohem Kniestock gebaut wurde.
In dem in bayerischer Tradition stehenden Landkreis Aichach-Friedberg ist ebenfalls die eingädige Bauweise zu Hause. Es ist offenbar, daß dafür die Gesamtanlage des Bauernhofes verantwortlich ist, die eben nicht nur aus einem Gebäude, sondern aus mehreren besteht. Der Raumbedarf wird hier ebenerdig realisiert. Die Beispiele in der Hausdokumentation belegen diesen Zusammenhang deutlich, denn

Eingädige Bauernhäuser in Inningen, Landkreis Augsburg. Aufnahme von Heinrich Götzger, 1942.

alle – mit Ausnahme des einfirstigen Hofes aus Tödtenried, das weit im Süden des Landkreises liegt – vorgestellten Bauten entstammen mehrfirstigen Hofanlagen.

Im Gebiet der Stauden hat sich eine besondere Hausform entwickelt, welche die Bezeichnung Staudenhaus erhalten hat. Der einfirstige Hof geht auf der einen – meist sonnenseitigen – Traufseite über zwei Etagen, während die gegenüberliegende Traufe bereits über dem Erdgeschoß beginnt. Im Dokumentationsteil sind zwei Staudenhäuser im Landkreis Augsburg beschrieben: das nach Oberschönenfeld transferierte Haus aus Döpshofen und das in Scherstetten. Die Querschnitte und Giebelansichten zeigen deutlich ein wichtiges, aus der Einhüftigkeit des Hauses nicht unbedingt resultierendes Merkmal: die beidseitig gleiche Dachneigung und die daraus erfolgende Außermittigkeit des Dachfirstes. Dies sei betont, weil in den Stauden mitunter Häuser auffallen, die auf den ersten Blick als Staudenhaus erscheinen, weil sie die typische unterschiedliche Traufhöhe besitzen. Sie können dennoch nicht zu ihnen gezählt werden, weil sie den First in der Hausmitte haben und die beiden Dachhälften deshalb zwangsweise unterschiedlich geneigt sind. Bei diesen Häusern handelt es sich um ursprünglich eingädige Bauten, die nachträglich aufgestockt wurden. Man folgte damit einer Baugepflogenheit der Region.

Im Verbreitungsgebiet des Staudenhauses ist seine spezielle äußere Form aber nicht für alle bäuerlichen Anwesen verbindlich. Neben dem Staudenhaus stehen durchaus normale zweigädige Bauten mit auffallend schmalem Giebel, wie sie im östlichen und südöstlichen Anschluß an die Stauden üblich sind.

Südlich des Donautales sind, abgesehen von der Sonderform des Staudenhauses, zweigädige Höfe grundsätzlich. Es können zwar wenige Ausnahmen genannt werden, die am Grundsatz aber nichts ändern. So können im Kaufbeurer Raum kleine Sölden durchaus eingädig ausgebildet sein, wie dies auch für den Bereich nördlich des Bodensees hin und wieder gilt.

Die Grenze zwischen der ein- und zweigädigen Bauweise deckt sich nicht genau mit der zwischen ein- und mehrfirstigen Hofanlagen. Die mehrfirstigen Höfe reichen weiter in den Süden als die eingädigen, dennoch erscheint ein gewisser Zusammenhang zumindest plausibel. Das zweigädige Einhaus enthält auf gleicher Grundfläche wesentlich mehr Raum als ein entsprechendes Haus in eingädiger Bauweise, so daß sich letzteres bei gleichem Raumbedarf weiter ausdehnen muß. Und so liegt es durchaus nahe, beim Favorisieren der eingädigen Bauweise den Hof in zwei oder mehr Gebäude aufzuteilen.[73] Die eben genannten eingädigen Ausnahmen im zweigädigen Gebiet beziehen sich allesamt auf kleine Anwesen, bei denen das erforderliche Raumprogramm ohne Mühe unter einem Dach verwirklicht werden kann.

Bauweise

Die Wände

Zur Errichtung von Wänden bieten sich aus konstruktiver Sicht drei grundsätzliche Möglichkeiten an: Massivbau, Blockbau und Ständerbau.

Massive Wände

Im Massivbau werden Steine, Bruchsteine oder vorgefertigte Ziegelsteine mit dem Hilfsmittel Mörtel aufeinander gefügt. Der Mörtel kann einfach mit Sand vermengter Lehm sein oder aus Sand und dem Bindemittel Kalk bestehen. Das Bindemittel Zement ist eine Errungenschaft der jüngeren Vergangenheit. Die traditionellen Mörtel – Lehm bzw. Kalkmörtel – hatten nicht die Aufgabe, die einzelnen Mauersteine aneinanderzukleben; der Mörtel verschaffte den Steinen lediglich eine gleichmäßige Auflage und dadurch einen festen Sitz. Die Verbindung zwischen Stein und Mörtel beruht dabei eher auf dem Gesetz der Schwerkraft als auf der Klebewirkung. Erst der Zementmörtel verband sich innig mit dem Stein. Das hat Folgen für die Wiederverwendung gebrauchter Mauersteine. Die traditionellen Mörtel lösen sich problemlos vom Stein, wohingegen der Zementmörtel die Wiederverwendung von Mauersteinen fast unmöglich macht, weil sich der Mörtel kaum entfernen läßt. Sowohl Lehm als auch Kalk sind Baustoffe, die in den meisten Fällen nicht weit zu transportieren waren, weil sie allenthalben vorkommen. Der Kalk bedarf einer Aufbereitung. In der Natur vorkommende Kalksteine müssen im Kalkofen gebrannt und danach mit Wasser abgelöscht werden[74]. Die gebrannten Kalksteine zerfallen unter großer Hitzeentwicklung, und es entsteht der Sumpfkalk, der dem Mauersand als Bindemittel beigegeben wird. Der Kalk wurde in meist mit Brettern ausgekleideten Erdgruben aufbewahrt, die man im Winter mit Stroh abdeckte. Diese Lagerung war notwendig, weil der Sumpfkalk keinen Frost verträgt. Da der

Kalk vielseitig eingesetzt wurde, etwa zum Tünchen der Wände oder Kalken von Obstbäumen, gehörte die Kalkgrube ganz selbstverständlich zum Bauernhof bzw. zur ländlichen Maler- und Maurerwerkstatt. Beim Bau von Alpgebäuden in den Hochlagen der Allgäuer Berge kommen häufig Trockenmauern vor. Die Alpen[75] sind zwar grundsätzlich in Holzbauweise errichtet – es herrscht der Blockbau vor –, doch sind die Sockel bzw. Fundamente häufig als Trockenmauer errichtet. Die landschaftlichen Gegebenheiten bedingen oft, daß die Alpe in den Hang gebaut werden muß, so daß die hangseitige Außenwand zugleich die Stützmauer ist. Diese wurde oft aus vor Ort vorgefundenem Felssteinmaterial trocken aufgeführt, später aber auch mit Kalkmörtel vermauert.
Als weiteres Sonderbaumaterial für Massivwände muß der Tuffstein erwähnt werden, der allerdings selbst unter regionalen Gesichtspunkten eine marginale Rolle spielt. Tuff »wächst« beispielsweise an manchen Steilhängen der Iller und wurde ehemals beim Kirchenbau in größerem Umfang verwendet, wobei lange Transportwege – günstigenfalls mit dem Floß – nicht gescheut wurden. Beim bäuerlichen Hausbau kommt Tuff nur in nahe den Vorkommen liegenden Gebäuden vor und auch nicht als sonderlich behauener Stein, sondern lediglich als mehr oder minder zufällig eingemauerter Brocken.
Die in weiten Teilen Schwabens anstehenden Kieslagen und Geröllfelder der montanen Flüsse wurden dagegen gerne zur Gewinnung von Mauermaterial genutzt. Und die großen Kiesel dienten, nebenbei bemerkt, auch der Pflasterung von Hofflächen.
Die Überspannung von Toren, Fenstern oder Türen erfordert beim Massivbau gewölbte Stürze. Die Decken werden beim bäuerlichen Massivbau in Holz ausgeführt, aber Kellerräume von üblicherweise bescheidenen Ausdehnungen werden nicht selten durch Gewölbe überspannt.
Die massiv errichtete Wand erhält in der Regel einen Verputz. Dieser war ein Lehm- oder Kalkputz, wobei der Lehm im Verlauf des 18. Jahrhunderts immer weniger zur Anwendung kam. Der Lehm wird in mehreren Schichten aufgetragen. Die erste, relativ dicke Schicht ist stark mit auf etwa 10–15 Zentimeter Länge gehacktem Stroh vermengt. Das Stroh wirkt wie eine »Armierung«. Der Anteil des Strohs war erstaunlich hoch. »Stroh kann nie zuviel sein«, sagen nach Wilhelm Grebe die alten Lehmfachleute.[76] Die Vermengung des Lehms mit dem Stroh erfolgte so: Auf einer sauberen Fläche wird zunächst eine ca. 15 Zentimeter starke Schicht gehackten Strohs ausgebracht. Darauf folgt eine 10 Zentimeter dicke Schicht Lehm. Dann wird wieder gewechselt, bis etwa drei Stroh- und drei Lehmschichten (die oberste Lehmschicht nur 5–10 Zentimeter stark) aufeinanderliegen. Nun kann Wasser zugegeben und die Lagen zunächst mit Hacken grob durchmischt werden. Die eigentliche Durchmischung erfolgt durch Durchtreten, am besten barfuß. Bei der Herstellung

Blockbau in Oy, Landkreis Oberallgäu. Aufnahme von Heinrich Götzger, 1941.

großer Mengen kam auch Vieh zum Einsatz. Der abschließenden dünnen Deckschicht des Lehmverputzes konnte natürlich kein Stroh beigemischt werden – ihr werden Sand oder auch die feinen, hölzernen Bestandteile der Flachsstengel und meist etwas Kalk beigegeben. Außen bestand die letzte Feinputzschicht aus einem Kalkputz.

Blockbau

Der Blockbau – die zweite Möglichkeit der Wandausbildung – ist ein reiner Holzbau. Er besteht aus in der Regel auf rechteckigen Querschnitt gebrachten Hölzern, die waagerecht aufeinanderliegen und an den Ecken und Wandanschlüssen ineinander verzahnt sind. In gewissen Abständen (mehr als ein Meter) sind die einzelnen Hölzer durch Dollen miteinander verbunden. Die Verzahnung an den Kanten kann durchaus unterschiedlich sein, sie reicht von Überkämmungen bis hin zu Schwalbenschwanzverbindungen. Die Eckverbindungen gaben dem Blockbau im Allgäu den Namen: man spricht von der Eckverbindung als dem »Schloß« oder »Strick«, die Häuser sind »gestrickt«.
In der Regel schließen beim Wohnbau die Hölzer bündig mit der Hauskante ab. Bis ins 18. Jahrhundert ragten sie über die Hauskanten hinaus, wie das bei Wirtschaftsbauten noch im 19. Jahrhundert üblich war. Götzger und Prechter sprechen davon, daß insbesondere am Grenzgebiet zum Ständerbau der bündige Abschluß gepflegt wurde.[77] Es kamen jedoch nicht immer behauene Blöcke zum Einsatz. Bei Wirtschaftsbauten, wo eine Durchlüftung von Vorteil war (Heuschinde), wurden durchaus Rundlinge verstrickt – oft sogar mit absichtlicher Spaltenbildung zwischen den einzelnen Hölzern. Beim Wohnbau wurden die eventuell entstandenen Ritzen sorgfältig mit Moos ausgestopft. Das Material für den Blockbau wie überhaupt das Bauholz Schwabens – natürlich bezogen auf den bäuerlichen Hausbau – ist das der Fichte. Eichenholz fand allenfalls für Schwellen und als Lagerholz für die Tennenböden Verwendung. Natürlich gibt es auch Ausnahmen. Es lassen

Bissen als Putzträger an einem Blockbau in Wollmuths, Landkreis Oberallgäu. Aufnahme von 1990.

sich in Schwaben auch vereinzelt Bauernhäuser finden, deren gesamtes Tragwerk aus dem wertvollen, weil nicht so häufigen Eichenholz gezimmert ist. In Thannhausen, in dessen Umland Eichen verbreitet waren, ist beispielsweise ein bäuerlicher Fachwerkbau aus Eichenholz nachgewiesen.
Die Zurichtung der Hölzer erfolgte aus dem vollen Stamm unter Anwendung von Axt und Breitbeil. Erst im 20. Jahrhundert setzen sich die Sägewerke soweit durch, daß neben den Brettern auch das Bauholz gesägt wurde. Die kleineren, alten Sägemühlen sind baulich so ausgeführt, daß lediglich Stämme bis knapp fünf Meter Länge verarbeitet werden können, weil nach dieser Entfernung vom Gatter die geschlossene Außenwand der Säge steht. Diese bauliche Anordnung ist keinesfalls zwingend – es wurde eben so gebaut, weil nie die Absicht bestand, längere Hölzer zu sägen. Das lange Bauholz wurde geschlagen, die Bretter und Bohlen wurden gesägt.
Der Blockbau kann natürlich unverputzt bleiben. Allerdings wurden zumindest die Wetterseiten mit einem Schutzschild aus Brettern, seit der Mitte des 19. Jahrhunderts aus kleinen Schindeln verkleidet. Das Aufkommen der kleinen Schindeln korrespondiert mit dem der industriell gefertigten Drahtstifte. Wer einmal die Wandschindeln eines Bauernhauses aufgebracht – oder schlimmer noch: abgenommen – hat, weiß um die große Zahl der erforderlichen Nägel. Geschmiedete Nägel in der für die Verschindelung notwendigen Größe waren kaum herzustellen und wären geradezu unerschwinglich gewesen.
Seit dem 19. Jahrhundert wurden die Blockbauten in aller Regel verputzt, um eine nach der zeitgenössischen Auffassung schönere und wertvollere Wandfläche zu erhalten. Aber die Verschalung mit Brettern oder Schindeln hielt sich weiterhin. Um dem Putz Haftung zu verschaffen, wurden insbesondere beim Blockbau kleine Hartholzkeile, Bissen genannt, im Abstand von 10–15 cm in die Oberfläche geschlagen. Sie gaben dem Putz ausreichende Haftung. An dieser Stelle sei auch auf andere Haftgrundlagen für Verputze auf Holzflächen eingegangen. Neben den genannten »Bissen« war das Einschlagen von Kerben mit dem Beil in die Holzoberfläche eine gängige Methode. Als in der zweiten Hälfte des 19. Jahrhunderts die Nägel zur Massenware wurden, schuf man andere Putzträger. Man nagelte dünne, gespaltene Ruten – meist Hasel – auf das Holz. Diese Methode wurde abgelöst durch das Anbringen von vorgefertigten Schilf- bzw. Reetmatten, die ebenfalls aufgenagelt wurden.
Der Blockbau erhält seine Stabilität durch die Eckverbindungen bzw. die eingezapften Wandanschlüsse. Alle Wanddurchbrüche für Fenster und Türen stören das Gefüge, ja sie beeinträchtigen die Stabilität des Bauwerkes. Vor diesem Hintergrund ist nachvollziehbar, daß insbesondere Türpfosten, die ja eine ganze Reihe von Blöcken durchschneiden, enorm kräftig ausgebildet sind.

Ständerbau

Das dritte Konstruktionsprinzip ist der Ständerbau, der in vielen Variationen auftritt. Sein grundsätzliches Merkmal sind die senkrechten Ständer oder die Säulen, welche die Last tragen. Die Ständer werden durch verschiedene andere, vor allem schräg laufende Hölzer – die Streben – und waagerechte in der Geschoßmitte – die Riegel – stabilisiert. Beim ursprünglichen Ständerbau laufen die Säulen durch alle Stockwerke, bei der Geschoß- oder Ständer-Rähm-Bauweise reichen sie jeweils nur über ein Geschoß. Letztere Variante eröffnet die besonders in Städten genutzte Möglichkeit, das obere Geschoß über das untere hinauskragen zu lassen. Wandöffnungen für Fenster und Türen entstehen beim Ständerbau sozusagen von alleine. Die Bezeichnung der

Fachwerkstadel in Amerdingen, Landkreis Donau-Ries. Der Lehm ist bereits abgefallen, so daß die Stakung deutlich zu sehen ist. Aufnahme um 1940.

Ständerbau, datiert 1737, in Neuenried, Landkreis Ostallgäu. Die Wände sind mit Holz geschlossen, im Bereich des Stubenstocks wurde das Holz mit Lehm überputzt. Aufnahme von 1906.

Etagen eines Hauses hängt beim Ständerbau davon ab, ob die Ständer durch alle Etagen laufen oder jeweils nur über eine. Im ersten Fall spricht man von Stockwerken, im zweiten von Geschossen.
Als bekannteste Variante des Ständerbaus kann das Fachwerk genannt werden, das häufig durch besondere Schmuckelemente auffällt. Die das Fachwerk aussteifenden Hölzer, also die schrägstehenden Streben und Büge, die waagerecht gliedernden Riegel, um nur die wesentlichsten zu nennen, haben üblicherweise Mauerstärke. Die Ständer und Schwellen sind in der Regel stärker. Die Hohlräume zwischen den Hölzern, die Gefache, werden unterschiedlich geschlossen. Üblich war der Einbau eines hölzernen Flechtwerks (senkrechte Stäbe, um die waagerechte Ruten oder Spaltlinge geflochten sind), das mit Lehmputz (unter Zugabe von geschnittenem Stroh) beworfen wurde. Bei der Auswahl des Flechtmaterials sind keine Regeln zu erkennen; es ist davon auszugehen, daß man das nahm, was greifbar war. Die senkrechten Stäbe des Flechtwerks sind zwischen die waagerechten Hölzer eingespannt und sitzen mit ihren Enden in kleinen Kerben. Der Abstand zwischen den Stäben beträgt meist 40 bis 50 Zentimeter. Die waagerechten Flechtlinge sitzen eng aufeinander und reichen in ihrer Länge meist über vier senkrechte Stäbe. Die Stöße der Flechtlinge sind nicht versetzt, sondern liegen im jeweiligen Gefach senkrecht übereinander. Das Einbringen von über die ganze Gefachbreite – oft mehr als zwei Meter – reichenden Ruten ist technisch kaum möglich. Der Bewurf des Flechtwerks mit Putz (früher stets Lehm, später auch Kalkmörtel) muß von beiden Seiten gleichzeitig erfolgen, um mit dem Aufbringen der diesseitigen Putzlage die jenseitige nicht wieder zu lockern. Die Ausmauerung der Gefache mit Ziegelsteinen war bereits früh gebräuchlich.
Die Wandflächen des Ständerbaus können aber auch mit Holz geschlossen werden, wobei dann aber nicht mehr von Fachwerkbau die Rede ist. Werden in seitliche Nuten der Ständer waagerechte Bohlen eingeschoben, dann spricht man vom Ständerbohlenbau. Haben diese Bohlen die Stärke der Ständer, so spricht man vom Ständerblockbau, der in der Wandfläche dem Blockbau ähnelt, aber durch die tragenden Säulen ein Ständerbau ist. Auch das Schließen der Wandflächen durch senkrechte Bohlen war üblich und führte zu einer sehr lebendigen Oberfläche. Hier wechselt jeweils ein stehendes Brett mit einem mit seitlichen Nuten versehenen Pfosten ab. Gebräuchlich ist dafür die Bezeichnung Ständerstabbauweise. Die aussteifenden Verstrebungen beim Ständerbau mit holzgeschlossenen Wandflächen lassen den Einbau von wandstarken Streben und Bügen nicht zu. Die Aussteifung wird deshalb erzielt durch dünnere Kopf- und Fußbänder, die in die Ständer eingeblattet sind und über die Bohlen der Wandfläche laufen.
Ein Haus muß natürlich nicht homogen in einer Bauweise errichtet werden, Mischformen sind leicht möglich und äußerst häufig. Das in Fachwerk ausgeführte Obergeschoß kann ohne Umstände auf einem massiv oder in Blockbauweise errichteten Erdge-

schoß ruhen, selbst in der Horizontalen können verschiedene Bauweisen – z. B. Massivbau und Fachwerk – nebeneinanderliegen. Daß bei mehrfirstigen Hofanlagen die einzelnen Gebäude unterschiedliche Wandaufbauten haben, und daß die verschiedenen Funktionsbereiche eines einfirstigen Hofes auch konstruktiv verschiedene Wandaufbauten haben, ist nicht als Besonderheit zu werten. Die äußere Erscheinung der Wandfläche verrät nicht immer das Konstruktionsprinzip der Wände. Denn ein Blockbau kann durchaus massiv wirken, wenn er, wie es durchaus gängig war, verputzt ist. Aber davon wird noch zu sprechen sein.

Regionale Aspekte

Die Zuweisung von bestimmten Wandtypen auf festumrissene Gebiete läßt sich nicht eindeutig vornehmen, da der zeitliche Faktor eine entscheidende Rolle spielt. Das Baumaterial für die Wände des Bauernhauses war bis zum ausgehenden Mittelalter das Holz, wobei der Ständerbohlenbau gegenüber dem Blockbau als älter gilt. Die Verknappung des Holzes führte zu anderen Bauweisen. Als erste holzsparende Wandausführung ist das Fachwerk zu nennen, konsequenter noch ist der Massivbau. Das ist die grundsätzliche Entwicklung der Wandausführung. Allerdings vollzogen sich diese Schritte je nach Landschaft zu verschiedenen Zeiten in Abhängigkeit vom natürlichen Waldreichtum, dem Ausbau der Städte und dem Vorhandensein gewisser Gewerbe, wie etwa Glashütten mit ihrem gewaltigen Verbrauch von Holz. So hielt sich der Holzbau im waldreichen Allgäu bis weit ins 19. Jahrhundert, während im waldarmen Ries bereits im 17. Jahrhundert fast ausschließlich massiv gebaut wurde, und im Osten Schwabens wurde der Blockbau durch den Massivbau ersetzt. Neben diesen natürlichen Faktoren nahmen auch die Brandschutzbestimmungen Einfluß auf die Bauweise. Spätestens seit Anfang des 19. Jahrhunderts, als nach Bildung des Königreichs mit der neuen Brandversicherungsanstalt für ganz Bayern einheitliche Bestimmungen geschaffen und ein Versicherungszwang eingeführt worden war (1811), wurde der Massivbau indirekt obrigkeitlich belohnt: Die Auflagen der Brandversicherungen erforderten wesentlich höhere Prämien für Häuser mit Strohdach und für Außenwände aus Holz …«[78]

In Schwaben sind in unserem Behandlungszeitraum alle geschilderten Wandaufbauten heimisch. Nach Rudolf Hoferer ist der Ständerbohlenbau die älteste Wandtechnik in Bayern. Er konzentriert sich in Schwaben auf den mittleren und südlichen Teil mit Ausnahme des Sonthofener Raumes, der durch den Blockbau belegt ist. Als Gebiete mit deutlicher Bevorzugung dieses Wandtyps können der Landkreis Ostallgäu und die Gebiete der Mindel und der Günz genannt werden, und auch im Kemptener Raum ist er anzutreffen.

Joseph Buck: Bei Hohenegg, 1860, Landkreis Oberallgäu. Deutlich ist das Nebeneinander verschiedener Techniken der Mauerausführung an einem Bau zu erkennen.

Ständerstabbauweise an einem Bauernhaus in Lachen, Ende 17. Jahrhundert, Landkreis Unterallgäu.

Ständerbohlenbauweise am Wirtschaftsteil eines Hofes in Oberrohr, Landkreis Günzburg. Aufnahme um 1940.

Das Gebiet des Blockbaus ist am eindeutigsten festzuschreiben. Im holzreichen Allgäu, speziell im Sonthofener Raum, war der Blockbau die Art und Weise, in der ein Haus zu errichten war. Andere Bauweisen, wie etwa das ausgemauerte Fachwerk, das es des öfteren in Oberstdorf gab, blieben eher die Ausnahme. Auch in Richtung Bodensee, in der hüge-

Bauernhaus mit Kalkplattendach in Warching, Landkreis Donau-Ries. Aufnahme um 1950.

Strohgedeckter Bauernhof in Großaitingen, Landkreis Augsburg. Aufnahme um 1950.

ligen und bergigen Landschaft des Westallgäus, ist der Blockbau vertreten, wird aber mit der Entfernung zu seinem Kerngebiet immer schwächer und wird durch das Fachwerk abgelöst. Zwischenformen wie erdgeschossige Block- und obergeschossige Fachwerkbauten machen diesen Wechsel deutlich.
Das Fachwerk hat sich fast im ganzen westlichen Schwaben verbreitet, auch wenn es nirgendwo die ausschließliche Bauweise wurde. Will man eine geographische Grenze ziehen, so liegt sie im Norden etwa zwischen Dillingen und Wertheim, nach Süden zu geht sie in Richtung Kaufbeuren. Westlich dieser Linie ist der Fachwerkbau verbreitet.[79] Als herausragendes Fachwerkgebiet Schwabens kann das mittelschwäbische Illertal bis hin zur Roth gelten. Wenn nicht das ganze Haus in Fachwerk aufgeführt ist, so doch wenigstens das Obergeschoß oder zumindest der Giebel. Oft läuft es in schöner Regelmäßigkeit um das ganze Gebäude und ist häufig durch Zierformen aufgelockert. Neben dem Fachwerkbau ist in diesem Gebiet der Massivbau gegenwärtig.
Als Massivbaugebiete dürfen der Landkreis Aichach-Friedberg und das Ries genannt werden.
Um das für Schwaben typische Nebeneinander der Wandtypen herauszustellen, ist nach der eben vollzogenen Beschreibung von Gebieten mit wirklich dominanten Wandaufbauten ein kurzer Gang durch Schwaben notwendig. Dabei soll auch auf die Nebengebäude eingegangen werden, die im Wandaufbau durchaus von den Wohngebäuden abweichen können.
Im Ries ist, wie bereits erwähnt, seit dem 17. Jahrhundert der Massivbau gewöhnlich. »Das Rieser Bauernhaus ist steinern bis zur letzten Konsequenz.«[80] Das war nicht immer so. Dem Massivbau ging im Ries der Fachwerkbau voraus, der dort bereits als holzsparende Maßnahme im Mittelalter das Holzhaus verdrängt hatte. Als letzte Relikte aus der Zeit des Fachwerkbaus im Ries nennen Götzger und Prechter einzelne fast versteckt stehende Scheunen. In dem sich südwestlich an das Ries anschließenden Fränkischen Jura dominiert im Südosten der Massivbau, wobei sich das Fachwerk insbesondere bei Scheunen durchaus erhalten hat. Bei Wohnbauten findet man nur noch Reste von Fachwerk, das sich auf die Giebel beschränkt. Südlich der Ussel auf Donauwörth zu dominiert das Fachwerk, das einst wohl offen lag, seit dem 19. Jahrhundert aber überputzt wurde. Im Schwäbischen Jura ist im Tal der Kessel fast nur der Massivbau anzutreffen. Das Fachwerk hat sich nur noch in Resten als Zeugnis früherer Anwendung gehalten. Im westlichen Donautal ist deutlich die fast schematisch ablaufende Wandlung des Wandaufbaus vom Ständerbohlenbau über das Fachwerk bis hin zur Massivbauweise abzulesen. Nach Götzger und Prechter war auch in diesem Gebiet einst der Ständerbohlenbau heimisch. In der Mitte unseres Jahrhunderts entdeckten Götzger und Prechter im westlichen Donautal noch da und dort sekundäres Fachwerk an Wohngebäuden und Scheunen. Zwischen Dillingen und Wertingen hört der Fachwerkbau auf, von da an in östlicher Richtung dominiert der Massivbau. Erwähnenswert ist hier noch das Donaumoos südöstlich von Neuburg, das bis zu seiner Kultivierung im frühen 18. Jahrhundert unbesiedelt war. Interessant ist in unserem Zusammenhang, daß die ersten Siedler die Blockbauweise mitbrachten und bei den ersten Siedlungsbauten umsetzten.
Mittelschwaben ist im Westen vom Fachwerkbau geprägt, der nach Osten hin aufhört.[81] Der Massivbau ist auch schon im Westen des in Rede stehenden Raumes zu Hause, er nimmt aber nach Osten hin zu, bis er im Landkreis Aichach-Friedberg fast ausschließlich wird. Dazwischen sind besonders in der Krumbacher Gegend noch Ständerbohlenbauten zu finden.
Im Alpenvorland ist der Ständerbohlenbau überall anzutreffen. Daneben stehen im Westen bis etwa Irsee als Ostgrenze auch Fachwerkbauten. Und fast schon selbstverständlich hat auch hier der Massivbau Tradition. Um Marktoberdorf ist neben dem Ständerbohlenbau auch der Ständerblockbau oft in einer Kombination mit ersterem häufig: Im Erdgeschoß

Profilierte Büge zur Unterstützung der Pfetten, damit ein größerer giebelseitiger Dachüberstand erreicht werden kann. Aufnahme an einem Bauernhauses in Erkheim, Landkreis Unterallgäu, um 1950.

bilden die starken Blöcke die Wand, im Obergeschoß die dünneren Bohlen.
Das innere Allgäu ist geprägt vom Blockbau, auch wenn – etwa in Oberstdorf – Fachwerkbauten anzutreffen sind.
Um ein sicheres Fundament für die Wände sorgte man sich wenig. Der Begriff »frostsichere Gründung« blieb bis in die jüngste Vergangenheit unbekannt. Es ist festzustellen, daß lediglich die Humusschicht entfernt wurde, bevor man mit dem Mauern der Massivwand begann. Der Blockbau konnte durchaus auf einem steinernen Fundament ruhen, es war aber auch üblich, den ersten Block bzw. die Schwelle beim Ständerbau einfach auf den gewachsenen Boden zu legen. Bei dem in diesem Band beschriebenen Haus aus Honsolgen (Beispiel einer wissenschaftlichen Hausdokumentation) konnten mehrere Schwellen bei der Versetzung ins Freilichtmuseum wiederverwendet werden, und das, nachdem diese Hölzer zuvor über 300 Jahre im Erdreich gelegen hatten.

Die Decken

Auf die Ausbildung der Decken muß nur kurz eingegangen werden, um eine Besonderheit des Blockbaus zu beschreiben. Üblicherweise bestehen die Decken aus Balken, auf denen die Fußbodenbretter aufliegen. Die Balken laufen in der Regel von der einen Traufseite zur anderen und liegen auf dem konstruktiven Gerüst der Außen- und Innenwände auf. Die Decken im Erdgeschoß sind normalerweise zweischalig, d.h. im unteren Bereich haben die Balken Nuten, in die Bretter eingeschoben sind. Diese Bretter können quer zu den Balken, bei der Spunddecke aber auch parallel zu ihnen laufen, was dann einen relativ geringen Balkenabstand bedingt. Diese eingefügte Untersicht kann auch, wie es im 19. Jahrhundert häufiger wurde, als Kassettendecke ausgeführt werden, mitunter verdeckt die Kassettierung die Balkenlage vollständig. Der Hohlraum zwischen Unterschalung und Fußbodenlage ist in aller Regel mit Spreu ausgefüllt. Die Decke über dem Obergeschoß ist in der Regel einschalig und besteht nur aus den Fußbodenbrettern des Dachbodens.
Zur Vermeidung von Fugen zwischen den einzelnen Fußbodenbrettern über dem Erdgeschoß fügte man in jedem Raum zwei keilförmige Bretter ein, wobei das sich nach außen verbreiternde Fußbodenbrett durch die Wand ins Freie lief. Durch Schläge auf dieses Keilbrett konnten die Fußbodenbretter eng aneinander getrieben werden.
Dieser konstruktive Aufbau der Decken gilt für alle Konstruktionsprinzipien des Hauses. Allein der Blockbau hat eine davon abweichende Deckenkonstruktion: ihm fehlen die Deckenbalken. Die Fußböden werden allein durch sehr kräftige, etwa sechs Zentimeter starke Bohlen gebildet, die nach Errichtung der Blockwände in eine umlaufende Nut der Blockwand eingezogen werden. Die letzte Bohle eines Raumbodens ist wieder ein Keilbrett, das durch eine Öffnung in der Außenwand eingetrieben wird und die Fugen schließt.

Das Dach

Das traditionelle Dach ist entweder ein Sparren- oder Pfettendach. Die Bevorzugung des einen oder anderen Konstruktionsprinzips hat entscheidenden Einfluß auf bauliche Veränderungen, insbesondere Vergrößerungen des Gebäudes, auf die später noch einzugehen sein wird. Deshalb seien diese Konstruktionsprinzipien etwas ausführlicher beschrieben. Das Sparrendach zeichnet sich durch eine feste Verbindung der Sparren mit den darunter liegenden Deckenbalken aus, während beim Pfettendach diese feste Verbindung nicht besteht.
Das aus einem Sparrenpaar und einem Deckenbalken gebildete Dreieck beim Sparrendach ist fest und stabil. Im Firstbereich sind die Sparren in der Regel abgeblattet und durch einen Holznagel verbunden. Am Fußende der Sparren ist ein Zapfen ausgebildet, der in das entsprechende Zapfenloch im Deckenbalken greift. Die Zapfenlöcher des Deckenbalkens können zwangsläufig nicht am Ende des Deckenbalkens sitzen, so daß die Sparren etwas vor dem Ende des Deckenbalkens auf denselben stoßen. Die entstehende Lücke zwischen Dachfläche und Balken wird durch sogenannte Aufschieblinge, also Hölzer, die auf dem Sparren und dem Deckenbalkenkopf aufliegen, überbrückt. Diese Aufschieblinge können auch einen größeren Dachvorsprung bilden, wenn sie über das Deckenbalkenende hinausragen. Durch die Aufschieblinge erhält die Dachhaut des Sparren-

daches im unteren Viertel einen konstruktiv bedingten Knick, der es auf den ersten Blick als solches ausweist. Auf der Höhe der Deckenbalken des ersten Dachgeschosses liegen die Sparren auf einer längs unter den Sparren, parallel zur Traufe laufenden Mittelpfette auf, die wiederum an jedem sogenannten Bund (alle vier bis fünf Meter, korrespondierend mit tragenden Wänden) gestützt sind. Die Stütze kann eine senkrechte oder eine unterhalb des Sparrens parallel zu ihm laufende Säule sein. Im ersten Fall spricht man von einem stehenden Stuhl, im zweiten von einem liegenden. Der liegende Stuhl bietet den Vorteil eines stützenfreien Dachraumes, erfordert aber größeren handwerklichen Aufwand als der stehende Stuhl. Mitunter finden sich beim Sparrenstuhl Fußpfetten, die schräg angeschnitten sind. Sie bilden die Auflage für die schräge Säule bei jedem Bund des liegenden Stuhles. Diese handwerklich schöne Variante findet sich häufig im Illertal nördlich Memmingens. Das Sparrendach ist ein steiles Dach, flachgeneigte Dächer werden mit ihm nicht gebaut.

Die »Sparren« des Pfettendachs heißen Rafen oder Rofen. Diese Bezeichnung ist heute fast verschwunden, obwohl fast alle modernen Dachkonstruktionen Pfettendächer sind. Es hat sich bei ihnen die falsche Bezeichnung »Sparren« eingebürgert. Die Rafen liegen auf einer Fußpfette und einer oder auch mehr Mittelpfetten auf. Sie sind durch Auskerbungen und Dollen im Bereich der Pfetten gegen das Herabrutschen gesichert. Das bevorzugte Anwendungsgebiet des Pfettendaches war das flachgeneigte Dach, aber es kann damit auch ein steiles Dach ausgebildet werden. Dennoch dominierte bei steilen Dächern der Sparrenstuhl.

Für die äußere Erscheinung des Bauernhauses ist die Dachneigung und das Deckungsmaterial prägender als die Dachkonstruktion. Es unterscheidet sich wiederum, wie schon bei den bisher behandelten Formen des Hofes, der Süden vom Norden. Die Grenze zwischen den beiden Dachneigungsformen kann etwa von Memmingen über Erkheim, Mindelheim nach Buchloe gezogen werden.[82] In einem Schnittgebiet entlang dieser Grenze finden sich nebeneinander sowohl steile als auch flachgeneigte Dächer. Die Karte im Beitrag von Hans Frei zeigt diese Grenze.

Die Ausbildung einer bestimmten Dachneigung hängt natürlich – wie viele andere Merkmale des Bauens – von vielen Faktoren ab. Einen nicht unerheblichen Anteil hat daran die Entscheidung für das Konstruktionsprinzip des Stuhls – ein Sparrendach kann kein flachgeneigtes Dach werden – und damit die handwerkliche Tradition der Region. Eher zu vernachlässigen scheint das naheliegende Argument des Raumbedarfs zu sein. Zweifellos bietet das Steildach unvergleichlich mehr Bergeraum als ein flachgeneigtes, aber die praktische spärliche Nutzung großen Dachraums legt nahe, diesem Gedanken zunächst keine große Bedeutung beizumessen.[83]

Entscheidend ist wohl das in der jeweiligen Region vorhandene und bevorzugte Deckungsmaterial. Und da treten in erster Linie das Stroh und das Holz auf; die Ziegel spielen bis ins 19. Jahrhundert hinein eine eher untergeordnete Rolle. Das Stroh erfordert ein steiles Dach, das Holz in der Regel ein flachgeneigtes. Der Bedarf an Stroh für ein Dach ist enorm und erforderte Ackerbau in nicht unerheblichem Umfang, der so im Allgäu kaum möglich und nicht üblich war, zumal das Stroh im Form von »Gsod« auch Futtermittel für das Vieh war. Holz war dagegen im Allgäu kein rares Material und bot sich zur Bedeckung der Dächer geradezu an.

Das Strohdach und damit das steile Dach ist deshalb bis ins 19. Jahrhundert hinein charakteristisch für die Nordhälfte Schwabens. Dachneigungen knapp über 45° sind üblich, 48° werden es im Ries und gar über 50° im unteren Illertal. Auch das Staudenhaus ist mit Stroh gedeckt. Das Strohdach, für das das langhalmige Roggenstroh verwendet wird, hat in der Regel ein Dicke von 25–35 Zentimeter. Es liegt auf waagerechten Stangen, welche an den Sparren im Abstand von etwa 30 Zentimeter mit Dollen befestigt oder mit Weidenruten festgebunden sind. Das Stroh selbst wird auf diese Stangen »genäht«.

Das Deckungsmaterial im Süden Schwabens ist das Holz, sind die Legschindeln, die auch Landern genannt werden. Landern werden aus Fichten- oder Lärchenstämmen gespalten, die vorher auf die gewünschte Länge (60–90 cm) gebracht worden sind. Der Stamm wird beim Spalten so aufgeteilt, daß die Landern stets stehende Jahresringe aufweisen. Die Landern liegen etwa dreischichtig und versetzt übereinander und ruhen lose auf waagerechten Stangen. Um die Landern zu sichern, werden sie mit großen Steinen beschwert, welche wiederum durch aufgelegte Stangen eine feste Lage erhalten und zugleich den Druck auf die Dachhaut verteilen. Ein Legschindeldach wird beim Rauchhaus in der Regel im Abstand von etwa sieben Jahren umgeschlagen, wobei die Unterseite der Landern zur Oberseite wird, die von Rauch und Ruß »behandelte« Seite gelangt also auf die Wetterseite.

Das Deckungsmaterial bestimmt nicht nur die Neigung des Daches, sondern auch seine Form. Die Dachhaut des Strohdachs wird möglichst geschlossen ohne seitlichen Dachrand ausgeführt, es ist also ein Walmdach oder eines mit Halbwalm. Denn es ist wesentlich vorteilhafter, einen Grat mit dem weichen Deckungsmaterial zu überdecken als einen seitlichen Abschluß zu bilden. Das Landerndach ist dagegen als Satteldach ausgeführt, weil das Material kaum die sichere Überdeckung eines Grates erlaubt.

Im Gebiet des Fränkischen Jura griff man zu einem speziellen, in der Region vorkommenden Deckungsmaterial, den Kalkplatten. Die in Solnhofen und Langenaltheim gewonnenen und zugehauenen Kalkplatten haben eine Größe von 12–20 auf 20–40 Zentimeter. Die Platten haben eine Dicke von 6–15 Milli-

meter und liegen versetzt in vier bis sechs Lagen übereinander. Ein solches Steindach erfordert eine flache Dachneigung (üblich sind 26–29°) und einen äußerst tragfähigen Dachstuhl. Der Stuhl ist stehend ausgeführt und hat immer eine Firstpfette. Der Dachvorsprung ist angesichts des schweren Dekkungsmaterials gering, lediglich über dem Stadeltor ist der Vorsprung häufig größer und unterstützt.
Die Verbreitung des Kalkplattendachs umfaßt etwa das Gebiet innerhalb eines Radius von 10 km um die Gewinnungsorte Solnhofen und Langenaltheim. In weitem Bogen darüber hinaus reicht das Verbreitungsgebiet der Zwicktaschen, den etwa auf Biberschwanzgröße zugehauenen und mit einem Befestigungsloch versehenen Schieferplatten. Diese Platten wurden aufgenagelt, lagen einfach und erforderten deshalb ein Steildach. Sie wurden allerdings meist nur für Nebengebäude benutzt; sie sind jünger als die ursprünglichen Kalkplatten. Der Mengenbedarf an Zwicktaschen für eine Dachfläche war wesentlich geringer als bei Kalkplatten, weshalb längere Transportwege nicht so sehr ins Gewicht fielen.
Die Dachflächen sind in Schwaben ungestört, es gibt in der Regel keine die Fläche unterbrechenden Aufbauten. Eine Ausnahme macht der Randbereich des Fränkischen Jura, wo auffallend viele Aufzugsgauben zu finden sind, die mit der Außenwand abschließen.
Die Dachvorsprünge hängen in erheblichem Maße von der Konstruktion des Dachstuhls ab. Das Pfettendach erlaubt ohne besonderen Aufwand sowohl an der Giebel- wie an der Traufseite erhebliche Dachvorsprünge. Und so sind die flachgeneigten Bauernhöfe im Süden mit großen Dachvorsprüngen versehen. Auch das Staudenhaus, das einen Pfettenstuhl trägt, fällt bereits durch weit größere Dachvorsprünge als weiter im Norden auf.
Das Sparrendach gestattet die Zutat großen Dachvorsprungs weit weniger. Da die Sparren am Fußende einen Deckenbalken erfordern, reduziert sich der mögliche Dachvorsprung auf der Giebelseite automatisch auf den statisch möglichen Vorsprung der Dachlattung. An der Traufseite wäre es allerdings leicht möglich, die Deckenbalken weit auskragen zu lassen, aber die enorme Last des Daches setzt diesem Ansinnen ein arg begrenztes Ende. Man griff aber hier zu einem »Notbehelf«. Der bereits genannte Aufschiebling wird beim Sparrendach häufig nicht nur als Ausgleich für den bereits beschriebenen konstruktiven Knick in der Dachhaut verwandt, sondern auch zur Vergrößerung des Dachvorsprungs an der Traufe benutzt. Diese Variante findet sich auffallend häufig im Bodenseegebiet, wo die dadurch erzielten größeren Dachvorsprünge als Unterstellplatz für Wagen genutzt werden. Auch im mittleren und unteren Illertal fallen viele Höfe durch ihre größeren, durch Aufschieblinge erzielten Dachvorsprünge an der Traufe auf.
Der seitliche Abschluß des Daches, der sich beim Walmdach ohnehin erübrigt, ist das Windbrett oder der massive Ortgang. Letzterer ist bei den Sparrendächern des Nordens gängig, es bleibt dabei kein Dachvorsprung.[84]
Die Blockbauten haben, bedingt durch die balkenlose Konstruktion, auf der Traufseite einen relativ geringen Dachvorsprung, da die Fußpfette mit der Außenwand abschließt. Der Dachvorsprung kann deshalb nur soweit reichen, wie die frei endenden Rafen die Dachhaut zu tragen vermögen.
Im Landkreis Aichach-Friedberg findet sich in bescheidener Ausführung eine Kleinigkeit der Dachausbildung, die in der Hallertau beheimatet ist: die »Gred«. Am einstöckigen Haus sind die Deckenbalken auf der Eingangsseite weiter herausgezogen und ergeben so einen Dachvorsprung. Unter diesem Vordach liegt das geziegelte Gredpflaster, auf dem man trockenen Fußes vom Hauseingang zum Stall und weiter bis zur Tenne gelangen kann. Über dem Tennentor ist das Dach dann meist etwas angehoben, um eine ausreichende Durchfahrtshöhe zu erzielen. Diese Besonderheit strahlt in Einzelfällen bis in den Landkreis Augsburg aus.
Zu diesen traditionellen ländlichen Deckungsarten kommt bereits seit dem 17. Jahrhundert die harte Deckung mit Ziegeln. Die alte Form des Dachziegels ist der Biberschwanz. Die Biberschwanzdeckung erfordert ein steiles Dach. Die Ziegel kamen im allgemeinen in einer einfachen Lage und reihenweise um die halbe Breite versetzt auf das Dach. In der Länge sorgte man für eine kurze Überdeckung, der Spalt an den Längsseiten wurde durch eine unter den Ziegeln eingeschobene dünne gespaltene Holzschindel geschlossen. Das ist die einfache Deckung. Die heute übliche Doppeldeckung kommt ohne die Schindeln aus, weil sich die Ziegel in der Länge soweit überdecken, daß das durch den Längsspalt eintretende Wasser vom darunter liegenden Ziegel weitergeleitet wird.
Als Besonderheit der harten Deckung kann für das Ries das Schabldach[85] genannt werden, eine Variante des »Mönch-und-Nonne-Daches«. Die Dachziegel dieser Deckungsart haben etwa einen halbkreisförmigen Querschnitt, sie sind sozusagen halbe Röhren. In der Richtung quer zum Dach folgt auf eine »Nonne« (die konkave Fläche zeigt nach oben) ein »Mönch« (die konvexe Fläche zeigt nach oben), der die Fuge zwischen den Nonnen überdeckt. Das Schabldach besteht nur aus Nonnen auf einer lehmgetränkten Strohunterlage.
Seit dem frühen 19. Jahrhundert verbreitet sich das hart gedeckte Dach immer mehr und verdrängt das Strohdach. Diese Veränderung ist Anfang des 20. Jahrhunderts abgeschlossen, auch wenn Mitte des 20. Jahrhunderts noch ein paar Häuser mit Strohdach standen. Mit dem Übergang auf die harte Deckung veränderte sich auch die Dachform. Das althergebrachte Walmdach wurde dabei zum Satteldach. Die ehemalige giebelseitige Dachfläche wurde häufig durch eine einfache Bretterverschalung ge-

schlossen, so daß die verschalten Giebel ein erster Hinweis auf das ehemals vorhandene Walmdach sind. Und in den Gebieten mit Massivbauweise können die Gesimsbänder im Giebel auf einen ehemals vorhandenen Walm oder Halbwalm hinweisen.
Seit der Mitte des 19. Jahrhunderts kamen maschinengefertigte Falzziegel auf, die sich auch zur Deckung wesentlich flacherer Dächer eigneten und sich auch im Süden Schwabens verbreiteten und allmählich die Legschindeln verdrängten. Diese Neuerung veränderte zwar das Aussehen der Dachflächen erheblich, blieb aber zunächst ohne Auswirkung auf die Form des Daches. Erst seit den 70er Jahren des 19. Jahrhunderts geht mit der Abkehr von den Landern die Aufsteilung des Dachstuhles einher, wobei nun auch die Vergrößerung des Dachraumes beabsichtigt war. Die Dachneigung von ehemals 19–23° wurde auf 30–40° erhöht. Seit dem späten 19. Jahrhundert erfreut sich auch das Blech auf flacheren Dächern gewisser Beliebtheit, und schließlich tritt in unserem Jahrhundert das Eternit insbesondere auf reinen Wirtschaftsbauten in Erscheinung.

Das Raumgefüge

Die bisher beschriebenen Aspekte des Hausbaus betrafen handwerkliche Techniken und die äußere Erscheinung des Bauernhauses. Nun ist auf seine innere Struktur, die räumliche Gliederung, einzugehen. Das Raumprogramm eines Bauernhauses hat zwar entscheidenden Einfluß auf seine äußere Form, aber andererseits geben tradierte Hausformen den äußeren Rahmen vor, in den sich das Raumprogramm einfügen muß. Dieser Aspekt erlangt durch technische Neuerungen, Wandlungen im Bereich der Wohnvorstellungen und Änderungen in der Wirtschaftsweise ein besonderes Gewicht, denn meist ist das Gebäude bereits vorhanden und muß an die neuen Anforderungen angepaßt, also umgebaut werden. Je schneller sich dieser Wandel vollzieht, desto gravierender wird dieser Aspekt, da das Haus durch seine Langlebigkeit den an es gerichteten Anforderungen immer wieder nicht mehr genügt. Und so ist die Geschichte eines Hauses in erster Linie geprägt von Umbauten und Ergänzungen. Die Dokumentation eines Hauses schildert also meist einen in gewisser Weise vorläufigen Zustand.[86] In Zeiten relativ langsamen technischen und gesellschaftlichen Wandels fällt dies weniger ins Gewicht, seit dem 19. Jahrhundert mit dem bis heute anhaltenden rasanten Wandel dafür um so mehr. Angesichts der Tragweite dieser Feststellung wird das Thema Umbau in einem eigenen Abschnitt behandelt. Hier soll vorrangig auf die alte Ordnung des Hauses eingegangen werden.
Ein Bauernhof ist grundsätzlich Wohnhaus und »Betriebsstätte«. Einzelne Bereiche des Betriebes spielen sich zwar auch im räumlichen Bereich des Wohnens ab, dennoch grenzen sich diese grundlegenden Bereiche räumlich durch einen Wohnteil mit Stube, Küche oder Feuerstelle und Schlafkammern und einen Wirtschaftsteil mit Stall und Lagerräumen ab. Dazu kommt die Tenne als Verkehrsraum, die das Haus den Gütern öffnet. Bei einfirstigen Hofanlagen sind alle Funktionsbereiche selbstredend in einem Gebäude vereinigt, bei zweifirstigen sind üblicherweise Wohnteil und Stall unter einem Dach, während die Scheune eigenständig steht. Allein in den bayerisch beeinflußten Gebieten des östlichen Donautales und des Aichacher Landes jenseits des Lechs steht der Wohnteil in Form des Wohnhauses separat.

Die Stube des Uttenhofes im Bauernhofmuseum in Illerbeuren. Aufnahme 1997.

Der Viehbestand heutiger Bauernhöfe mag mitunter dazu verleiten, den Raumbedarf für Vieh und Futter selbst für das 17. und 18. Jahrhundert zu überschätzen. Aber er war nicht sonderlich groß. Rainer Beck hat beispielsweise für das allerdings oberbayerische, nahe Landsberg gelegene Unterfinning Zahlen zur Viehhaltung ermittelt, die durchaus auch für mittelschwäbische Höfe herangezogen werden können. 1721 waren acht Kühe und zwei Jungrinder der höchste Viehbestand pro Hof, dazu kamen auf demselben Anwesen fünf Pferde und vier Schafe. Auf den anderen Anwesen war der Viehbestand wesentlich geringer – die Hälfte oder noch weniger.[87]
Neben der Tenne als Verkehrsraum für den Wirtschaftsbereich hat sich der Hausgang als solcher für den Wohnteil herausgebildet. Der Flur, der den Wohnteil von außen erschließt, war aber nicht ausschließlich Hausgang, sondern häufig auch die Küche. Das Bauernhaus in Schwaben ist, bis auf den Sonthofener Raum, weitaus überwiegend von der Traufseite her erschlossen. Sowohl die Haustüre als auch das Tennentor öffnen das Haus auf der Traufseite. Diese Eingänge sind in der Regel der Sonnenseite (Süden oder Osten) zugewandt, um sie von den ungeliebten Wettereinflüssen fernzuhalten.

Mittertennhaus in Arlesried, Landkreis Unterallgäu. Aufnahme von Helmut Richter, um 1940.

Mitterstallhaus in Oberviechen, Landkreis Mindelheim. Aufnahme von Helmut Richter, um 1940.

Die Unterscheidung von Wohnteil und Wirtschaftsteil des alten Bauernhauses und -hofes darf nicht absolut gewertet werden. Denn die Trennung von Arbeiten und Wohnen ist zumindest in der alten bäuerlichen Lebenswelt praktisch nicht gegeben. In der Stube wurde selbstverständlich auch gearbeitet – etwa gesponnen –, und die Tenne war über lange Zeit des Jahres hinweg kontinuierlich Arbeitsplatz, wenn im Winter das Getreide gedroschen wurde. Die Einteilung des Bauernhauses in Wohn- und Wirtschaftsbereich weist den Räumen also teilweise nur die hauptsächliche Belegung zu.
Die Plazierung der einzelnen Räume im Bauernhaus ist durchaus unterschiedlich, es lassen sich aber Grundtypen unterscheiden, die im folgenden vorgestellt werden sollen.

Einfirsthöfe

Das Mittertennhaus und das »Mitterstallhaus«

Als vergleichsweise klar erhaltene Grundrisse dieses Haustyps seien die Häuser Lechbruck (s. S. 307) und Boos (s. S. 320) des vorliegenden Dokumentationsteils zur Erklärung herangezogen. Der Grundriß des Hofes bildet ein Rechteck. Die Tenne, die von der einen Traufseite bis zur gegenüberliegenden durch das ganze Gebäude läuft, teilt es in den Wohnteil und den Wirtschaftsteil, und zwar über beide Etagen, denn die Tenne reicht bis zum Dachboden. In der Regel liegt der Wohnteil im Osten und der Wirtschaftsteil im Westen. Allerdings gibt es genügend Gründe, von diesem die Witterungseinflüsse berücksichtigenden Prinzip abzuweichen. In den Straßendörfern Mittelschwabens etwa, die sich in Nord-Süd-Richtung ausdehnen, liegt der Wohnteil in den sich östlich der Straße befindenden Häusern im Westen, also der Straße zugewandt. In unseren gewählten Beispielen steht das Lechbrucker Haus entsprechend der Regel, den Wohnteil entgegen der Wetterseite im Osten zu plazieren. Das Haus in Boos hat seinen Wohnteil etwa im Süden und den Wirtschaftsteil im Norden – einer die Witterungseinflüsse berücksichtigenden Stellung durchaus angemessenen Ausrichtung. Parallel zur Tenne verläuft der Hausgang, der ebenfalls das ganze Haus durchschneidet. Das Tennentor und der Hauseingang befinden sich in im wettergeschützten Süden (Lechbruck) bzw. Osten (Boos). Die Wohnräume des Erdgeschosses, beginnend am Hausgang sind die Stube, die Küche und ein Nebenraum, der als Holzlege oder Speisekammer genutzt wird. Der Wirtschaftsteil ist von der Tenne aus erschlossen, dessen wichtigster Raum natürlich der Stall ist.
Im Obergeschoß liegen im Wohnteil die Räume über den unteren, so daß sich automatisch der obere Gang und drei Schlafkammern ergeben, wobei die über der Stube diejenige der Bauersleute ist. Die Treppe in das Obergeschoß liegt im Hausgang, und zwar immer auf der Tennenseite. Ihre Lage ist zwingend, denn auf der Zimmerseite versperrte sie die Zugangstüren – zwischen Hausgang und Tenne ist dagegen nur eine Türe erforderlich, die nahe der Haustüre liegt. (Die Lage dieser Türe im hinteren Gangdrittel bei unserem Beispiel aus Boos ist eine nachträgliche Änderung). Im Raum um Memmingen und Mindelheim entstand oft noch ein zweiter Zugang in das Obergeschoß, nämlich eine steile Stiege von der Wohnstube in die darüberliegende Schlafstube. In den Dachboden gelangt man wiederum über eine Treppe vom oberen Hausgang aus. Die Wohn- und Schlafräume sind jeweils vom Gang her erschlossen. Zwischen Küche und Stube gab es keine Türe, was seinen Grund in dem offenen Feuer der Küche hat. Die Wohnstube sollte rauchfrei sein. Verbindungstüren zwischen Küche und Nebenraum sowie zwischen den hinteren Kammern im Obergeschoß – aber nicht zwischen Schlafstube und mittlerer Kammer – waren dagegen durchaus üblich. Die Abweichungen davon in den beiden Beispielen gehen auf bauliche Veränderungen zurück.
Sofern ein Keller vorhanden war, blieb er relativ klein. Er umfaßte oft nicht mehr als die vordere Hälfte des Hausganges. Der kleine Anbau an der westlichen Traufseite des Booser Beispiels sind Toiletten, die wohl erst um 1900 entstanden.

Bauernhaus in Hochbuch, Landkreis Lindau. Aufnahme von Heinrich Götzger, 1958.

Wohnhaus in Vorderhindelang, Landkreis Oberallgäu. Aufnahme von Friedrich Jummerspach, 1901.

Eine häufige Variante dieses Grundrisses wird Mitterstallbau genannt, ohne jedoch ein eigener Haustyp zu sein. Der Mitterstallbau zeichnet sich durch eine andere Lage des Stalles aus. Dieser rückt direkt an den Hausgang und nimmt – allerdings nur im Bereich des Erdgeschosses – den Platz der Tenne ein. Letztere entfernt sich vom Hausgang und folgt auf den Stall. Der Raum über dem Stall wird in der Regel zum Heuboden. Als Beispiel eines solchen Mitterstallhauses kann im Dokumentationsteil der Hof in Stadels im Landkreis Ostallgäu gelten.
Die Entwicklung des Mittertennhauses kann in mehreren Stufen beschrieben werden. In seiner ursprünglichen Form besitzt es noch keinen Hausgang, allein die Tenne ist der Verkehrsraum für den Wohn- und Wirtschaftsbereich; man gelangte also über die Tenne auch in die Schlafkammern des Obergeschosses. Als erste Entwicklungsstufe dieses Haustyps kann die Schaffung des Hausgangs als eigenständiger Verkehrsraum für den Wohnteil gelten; die genannten Beispiele entsprechen dieser Entwicklungsstufe, die bereits im 17. Jahrhundert selbstverständlich wurde. Zugleich mit dem Hausgang erhält das Mittertennhaus einen eigenen Eingang für den Wohnteil. Die Verschiebung von Tenne und Stall zum sogenannten Mitterstallbau vollendet die Trennung von Wohn- und Wirtschaftsteil. Durch die Verlegung des Stalls rückte das Vieh näher zum Menschen, so daß Unruhen im Stall leichter wahrnehmbar waren. Vielleicht mag die vermehrte Tierhaltung seit dem 19. Jahrhundert diese Entwicklung begünstigt haben.
Das Mittertennhaus und seine Weiterentwicklung, der Mitterstallbau, haben in Schwaben weite Verbreitung. Man findet dieses Bauernhaus in einem breiten Streifen, der sich von der Iller bis zum Lech hinzieht und die Landkreise Unterallgäu, den südlichen Landkreis Augsburg mit den Stauden und das Alpenvorland in den Landkreisen Ostallgäu und Lindau umfaßt. Auch im nördlichen Landkreis Oberallgäu ist dieser Haustyp verbreitet. Die Höfe des Bodenseegebiets weisen einige landschaftsspezifische Ergänzungen des Raumgefüges auf. Der Obstanbau erfordert nämlich Lagerkeller, die unter dem Wohnteil liegen. Um die Aushubarbeiten zu begrenzen, liegen die Häuser gerne etwas erhöht. Die Fischerhäuser am Bodensee halten sich an dieses Muster. Größere Höfe des Bodenseeraums haben manchmal einen separat stehenden Stallbau.

Der »Allgäuer Dreiraumwürfel«

Das Bauernhaus im inneren Allgäu zeichnet sich unter anderem durch eine ihm eigene Raumteilung aus. Der wesentlichste Teil und die Besonderheit dieses zweigädigen Hauses ist der etwa würfelförmige Wohnblock, der in Blockbauweise ausgeführt ist. Die weiteren Räume des Allgäuer Hofes sind diesem »Würfel« in durchaus unterschiedlicher Anordnung und meist auch in anderer Wandbauweise zugefügt. Als Beispiele im Dokumentationsteil vertreten die Häuser aus Gerstruben (s. S. 267), Knechtenhofen (s. S. 273) und Wollmuths (s. S. 291) diesen Haustyp eindrucksvoll. Beim Gerstrubener Haus bildet der Wohnblock ein eigenständiges Gebäude – auf seinen Wirtschaftsbau sei später eingegangen –, es kann deshalb die Struktur des Allgäuer Hauses deutlich veranschaulichen. Der etwa quadratische Grundriß wird von drei Räumen gebildet, nämlich dem »Hus«, das ist der Hausgang und zugleich die Küche, der Stube und dem »Gaden«, also der ehelichen Schlafkammer. Die Raumordnung im Obergeschoß entspricht der des Erdgeschosses, es gibt den »Solar«, das ist der Gang, die obere Stube und eine Kammer. Die Verbindung zwischen Erd- und Obergeschoß übernimmt eine Treppe, die vom Hus in den Solar führt. In den anderen genannten Beispielen – Wollmuths und Knechtenhofen – läßt sich derselbe Wohnblock ausmachen. Dieser »Dreiraumwürfel«, wie ihn Götzger und Prechter nennen[88], ist »gestrickt«, also als Blockbau ausgeführt. An den Wohnblock fügen sich die Wirtschaftsräume an. Beim Gerstrubener Beispiel ist dieser ein eigenständiges Gebäude, wie es in der Nähe des Walsertales häufig war. Diese Form des Allgäuer Hofes wird Zwiehof genannt. Beim Hof aus Knechtenhofen umschließt der »Hakenschopf« die Wirtschaftsräume und den

Wohnblock, und beim Hof aus Wollmuths schließen sich an das Hus der Stall und Schopf an, auf die schließlich die Tenne folgt, so daß man geneigt ist, den Hof als Mitterstallbau zu bezeichnen. Aber die variantenreiche Art der Anfügung der Wirtschaftsräume und die unterschiedlichen konstruktiven Merkmale des Gesamtgebäudes sprechen dem entgegen. Denn die Wirtschaftsteile des Allgäuer Hofes sind in der Regel keine Blockbauten wie der Wohnteil, sondern als Riegelwerk ausgeführt, so daß man meinen könnte, sie gehörten nicht zum ursprünglichen Bau. Die Ansichten des Knechtenhofener Hofes veranschaulichen diesen Wechsel deutlich. Soweit der Wohnblock im Giebel reicht, zeigt er sich als Blockbau, der Giebelanteil des Hakenschopfes ist Ständerwerk. Das Dach überspannt das gesamte Bauwerk. Wollmuths liegt bereits am Rand des Verbreitungsgebietes des Allgäuer Hauses und ist deshalb in seiner Gesamtheit nicht mehr so eindeutig.

Der Eingang in das Allgäuer Haus erfolgt auf der Schmalseite des »Huses«, er liegt an der Giebelseite. Am Rand des Verbreitungsgebietes des Allgäuer Hauses kann er aber auf die Traufseite gelangen, wie es das Beispiel Wollmuths zeigt.

Das Verbreitungsgebiet dieses Raumgefüges ist nicht das ganze Allgäu, sondern im wesentlichen die Gegend um Sonthofen, das innere Allgäu. In der Nähe des Walsertales dominierte, wie bereits gesagt, der Zwiehof als zweifirstige Erscheinung diese Haustyps. In der Oberstdorfer Gegend besteht der Allgäuer Hof aus dem Wohn- und dem Stallblock – beide gestrickt –, die durch die Tenne – als Ständerwerk ausgeführt – verbunden sind. Wohn- und Stallteil müssen dabei keineswegs die gleiche Breite haben. Im Bereich des Hauchenbergrückens zwischen Missen und Sonthofen – siehe dazu das Beispiel Wollmuths der Dokumentation – ist nur noch der Wohnblock gestrickt, während Stall und Tenne Ständerwerk sind.

Bedingt durch die häufige Hanglage der Häuser hat sich eine Besonderheit herausgebildet, die »Fille«, ein brückenartiger Gang vor dem Wohnteil und dem Stall auf der Talseite. Die bergseitige Entsprechung dieses »Sonderbauwerks« ist die Hocheinfahrt. Die dazugehörende Obertenne muß nicht über der unteren liegen.

Die Mischform von »Allgäuer Dreiraumwürfel« und »Mitterstallhaus«

In den Randgebieten des Allgäuer »Dreiraumwürfels« hat sich bis in die Kreise Lindau und Ostallgäu hinein ein Grundriß etabliert, der seine Verwandtschaft sowohl zum Mitterstallhaus als auch zum Allgäuer Haus nicht verleugnen kann. Als Beispiel dafür mag das Bauernhaus aus Engenberg (Landkreis Lindau, s. S. 241) der Dokumentation dienen. Die Ordnung der Räume entspricht auf den ersten Blick einem Mitterstallbau, wobei der breite Hausgang etwas erstaunt. Aber der ist ja nicht nur Verkehrsraum, sondern zugleich die Küche. Das wiederum entspricht den baulichen Gepflogenheiten im inneren Allgäu, wo das »Hus« Küche und Hausgang zugleich ist. Die Raumteilung dieses Hofes nimmt also das Element der Flurküche aus dem Allgäuer Haus auf, folgt aber ansonsten den baulichen Gepflogenheiten des Alpenvorlandes, in dem das Mittertennhaus bzw. der Mitterstallbau die übliche Grundrißgestaltung ist.

Der »Allgäuer Dreiraumwürfel« mit dem Hus hat sich erhalten, allerdings nicht in seiner Ausrichtung. Das Hus durchschneidet das Haus von Traufe zu Traufe und nimmt die Lage des Hausgangs im Mitterstallbau ein, so daß der Eingang ins Haus von der Traufe aus erfolgt. Auf das Hus folgen der Stall, die Tenne und der Heustock. Den Abschluß des Wirtschaftsteils bildet der »Stadel«. Der Heustock kann im Erdgeschoß auch verschwinden, er hat dann seinen Platz über dem Stall. Die Möglichkeit längeren Grünschnittes beim Gras aufgrund des milderen Klimas erfordert keine große Heubevorratung wie in rauheren Regionen.

Die Laube im Schwangauer Raum

In der Schwangauer Gegend hat sich die Laube[89] in den Grundriß eingefügt und dadurch das Bauernhaus zu einer Besonderheit in der Hauslandschaft Schwabens gemacht, die sich nur noch in wenigen Exemplaren erhalten hat. Ein paar der Laubenhäuser verschwanden auf eine nicht alltägliche Weise: Sie standen in den heute vom Forggensee überfluteten Weilern Deutenhausen und Forggen. Häuser mit ähnlichen Laubeneinbauten finden sich erst wieder im Bregenzer Wald.

Das Laubenhaus zeichnet sich durch eine überdachte Laube im Bereich der Stube aus. Der Eckpfosten der einen Giebelseite steht frei und die Stube ist etwas zur Hausmitte hin verschoben, so daß sich ein überdachter Freiraum ergibt, der sowohl entlang des Giebels als auch entlang der Traufe laufen kann.

Im Dokumentationsteil (Landkreis Ostallgäu) ist ein Laubenhaus aus Häringen (s. S. 300) abgebildet. Dieses Gebäude ist in zweierlei Hinsicht bemerkenswert. Einmal ist es eines der seltenen Laubenhäuser, zum anderen ist es erst durch einen Umbau (wohl im frühen 18. Jahrhundert) zum Laubenhaus geworden. Man folgte also beim Umbau einer Bautradition der Region, wie sich das bereits beim Staudenhaus gezeigt hat. Auch dort wurden Bauernhäuser in Nachahmung einer anderen Bauweise der Region zu Staudenhäusern gemacht.

Der Umbau erschwert das Verstehen des Grundrisses unseres Laubenhauses zwar etwas, dennoch zeichnet sich im Osten deutlich ein Wohnblock ab, wie wir ihn aus dem inneren Allgäu kennen. An den Wohnblock schließt sich die durchgehende Tenne an, und ihr folgen die Wirtschaftsräume. Die Laube verläuft vor Stube und Hus entlang der Traufe. Der

Laubenhaus in Schwangau, Landkreis Ostallgäu. Aufnahme von Heinrich Götzger, um 1950.

Eingädiger Einfirsthof in Göllingen, Landkreis Dillingen. Aufnahme von 1940.

Eingang in den Wohnteil bzw. das Hus erfolgt über die Laube.
Außer den bereits genannten Laubenhäusern sind solche in Bayerisch-Schwaben nachgewiesen in Schwangau, aber auch noch in Pfronten und Waltenhofen.[90]

Der eingädige Einfirsthof

Es versteht sich fast von selbst, daß Höfe dieser Art nicht die von Großbauern waren, sondern kleine Sölden. Das gesamte Raumprogramm des Hofes wird bei ihnen ebenerdig unter einem Dach untergebracht. Als Beispiel mag das Bauernhaus aus Schmähingen im Landkreis Donau-Ries dienen. Wie in Schwaben üblich, betritt man das Haus von der Traufseite her. Der Gang – auch »Haustenne« genannt – geht durch das ganze Haus und erschließt Stube und Küche auf der Giebelseite und zwei gegenüberliegende Schlafkammern. An letztere schließen der Stall und die anderen Wirtschaftsräume an.
Sölden dieser Raumordnung sind in Schwaben nördlich der Donau häufig, das Ries und das Kesseltal mögen, wie die Beispiele in der Dokumentation zeigen, insbesondere genannt sein. Auch nördlich des Bodensees, im hügeligen Drümlingebiet, finden sich solche eingädigen Bauernhäuser, die in der Raumteilung denen im Ries folgen.

Zweifirstige Höfe

Das zweigädige Wohnstallhaus mit Scheune

Besteht eine Hofanlage aus mehreren Gebäuden, gibt es einerseits eine Zuordnung von Funktionsbereichen unter die einzelnen Dächer und darunter – insbesondere Wohnräume betreffend – eine entsprechende Raumteilung. Eine verbreitete Variante ist die Aufteilung des Hofes in zwei Gebäude, nämlich das Wohnstallhaus für Mensch und Vieh und eine eigens stehende Scheune. Als Beispiel einer solchen Hofanlage ist das Bauernhaus Meßhofen (Landkreis Neu-Ulm, s. S. 257) in der Hausdokumentation zu nennen. Der Hausgang führt quer durch das Haus und erschließt die Wohnstube und die Küche im Erdgeschoß sowie zwei Schlafkammern im Obergeschoß. An den Hausgang schließt sich der Stall an, der einen eigenen Eingang auf der Traufseite besitzt. Das Haus ist nicht so breit wie die beschriebenen Mittertennhäuser, so daß lediglich zwei Räume über die Hausbreite gehen. Allerdings findet sich im Obergeschoß über dem Stall Platz für weitere Kammern, die häufig als Altenteil genutzt wurden. Der zu einer solchen Hofanlage gehörende Stadel ist ebenfalls von der Traufseite aus erschlossen, meist liegt die Tenne in der Mitte der Scheune. Die Stellung der beiden Hofgebäude zueinander scheint relativ beliebig, sie können im rechten Winkel zueinander oder –

Hof in Denzingen, Landkreis Günzburg. Aufnahme von Helmut Richter, um 1950.

Hofananlage in Schwenningen, Landkreis Dillingen. Aufnahme von Helmut Richter, um 1950.

wohl häufiger – parallel zueinander mit den Giebeln zur Straße stehen.
Höfe dieser Gliederung sind insbesondere im mittelschwäbischen Raum zu finden, also in den Landkreisen Neu-Ulm (in der Dokumentation mit dem Haus Meßhofen vertreten), Günzburg und Augsburg. Besonders aussagekräftige Beispiele in der Dokumentation sind die Höfe in Ettenbeuren (s. S. 218) und Ettlishofen (s. S. 221) im Landkreis Günzburg.

Das eingädige Wohnstallhaus mit Scheune
Beim eingädigen Wohnstallhaus verteilen sich alle Wohnräume ebenerdig. Wie in Schwaben meistens üblich, durchschneidet der Hausgang das Gebäude von Traufe zu Traufe. Zur Giebelseite hin liegen Stube und Küche, ihnen gegenüber befinden sich Schlafstube und Kammer, worauf schließlich der Stall folgt. Die Scheune ist ein eigenständiges Gebäude, das in den meisten Fällen im Winkel zum Wohnstallhaus steht. Bei größeren Höfen kann der Stall im Wohnhaus allein den Pferden vorbehalten bleiben, so daß dann die Scheune einen Viehstall enthält.
Das Platzangebot im Wohnteil dieser Hofform ist nicht sonderlich groß. Deshalb durchsticht der Hausgang vielfach nicht das ganze Haus, sondern stößt auf eine quer eingebaute Kammer bzw. das »Stüble« als Altenteil. Das Stüble kann aber auch aus dem wohnseitigen Giebel ragen, wobei dann die berührte Küche etwas zurückgesetzt vom Giebel endet.
Die Lage von Küche und Stube am Giebel ergibt eine typische asymmetrische Giebelansicht mit drei Fenstern im Erdgeschoß, wobei zwei zur Stube gehören, während die Küche lediglich mit einem Fenster vertreten ist.
Diese Raumteilung hat in Nordschwaben, insbesondere im Ries, ihre Heimat.

Das eingädige Wohnhaus mit Nebengebäuden
Diese Hofeinteilung ist für Schwaben ein Sonderfall, der sich im Landkreis Aichach-Friedberg findet. Sie entspricht dem des westbayerischen Hofes. Das Wohnhaus ist ein eigenständiges Gebäude, der Stall und die Scheune bilden in der Regel ein weiteres und häufig kommt noch ein Backhaus hinzu. Als Beispiel aus der Dokumentation sei das Haus aus Gundertshausen (s. S. 120) herangezogen. Der von Traufseite zu Traufseite führende Gang teilt das Wohnhaus in zwei Hälften, wobei Stube und Küche auf der einen Seite liegen, während sich auf der gegenüberliegenden die Schlafkammern befinden. Der kleine Raum neben der Küche weist in unserem Beispiel auf eine häufige Erscheinung dieser Gegend hin: Das oft aus dem Giebel herausragende Stüberl für den Austrag, wie es sonst nur noch im Ries als Stüble auftaucht.
Es hat sich gezeigt, daß das Raumprogramm eines Bauernhofes in den verschiedenen Regionen nahezu gleich ist. Die innere Struktur weicht allerdings erheblich voneinander ab, wobei der gravierendste Unterschied die Unterbringung aller Räume unter

Hof in Klingen, Landkreis Aichach-Friedberg. Aufnahme von Helmut Richter, 1939.

einem Dach bzw. die Aufgliederung in zwei oder gar mehr Gebäude ist. Ein Grund zur Entscheidung für die eine oder andere Variante läßt sich schwerlich eindeutig formulieren. Die Größe der Hofstellen, tradierte Bauformen und geologische Gegebenheiten[91] mögen von gewissem Einfluß sein. Mehr noch scheint das Klima von Bedeutung. Denn es ist auffallend, daß in dem niederschlagsreichen und von harten und langen Wintern geprägten südlichen Schwaben das Einhaus vorherrscht. Es bietet den Vorteil, daß die alltäglichen Gänge über den Hofplatz entscheidend geringer als bei mehrgliedrigen Hofanlagen sind.
Die Entscheidung für die ein- oder zweigädige Bauweise hat Einfluß auf die Raumaufteilung im Wohnteil. Sie betrifft insbesondere die Schlafkammern als die im Gegensatz zu Küche und Stube weit weniger frequentierten Räume. Sie befinden sich im zweigädigen Bauernhaus im Obergeschoß.
Von Bedeutung für die Raumteilung ist der Blockbau als Bauweise, der offenbar würfelförmige Bauteile bevorzugt. Daß aber dabei im Gegensatz zu allen anderen Regionen Schwabens der Hauseingang fast grundsätzlich von der Giebelseite her erfolgt, ist dadurch nicht zwangsweise festgelegt.

Entwicklungen im Raumgefüge

In den letzten Abschnitten wurde die grundsätzliche Struktur des Bauernhauses in Schwaben beschrieben, wobei bereits auf die frühe Ausbildung des Hausgangs – spätestens seit dem 17. Jahrhundert – beim Mittertennhaus und dessen Weiterentwicklung zum Mitterstallbau eingegangen wurde. Diese Veränderungen sind weniger als Umbauten am bestehenden Objekt, sondern mehr als frühe Entwicklungsstufen des Bauernhauses zu verstehen, die insbesondere beim Neubau eines Hofes griffen. Hier soll nun auf Umbauten und Ergänzungen, verursacht durch neue Raumanforderungen, eingegangen werden.
Am auffälligsten und relativ früh haben sich die Höfe im Allgäu verändert. Das verwundert nicht, ist doch das Allgäu geprägt von einer grundsätzlichen Umstellung der Landwirtschaft. Betrieben die Bauern bis ins 19. Jahrhundert weitgehend Subsistenzwirtschaft – Flachsanbau und der Verkauf von Schlachtvieh bildeten bescheidene marktorientierte Ergänzungen –, änderte sich dies seit dem frühen 19. Jahrhundert grundsätzlich. Angeregt durch Entwicklungen in der Schweiz, spezialisierten sich die Bauern auf die Milchproduktion[92]. Die Viehbestände wurden größer und erforderten einen umfangreichen Futtervorrat für die Winterzeit. Auf dem Hof mußte also Platz für Vieh und Futter geschaffen werden. Daneben gestalteten die klimatischen Verhältnisse im Allgäu die Heugewinnung nicht gerade einfach, weil die (früheren) Heumonate Juni und Juli die niederschlagsreichsten und -häufigsten Monate des Jahres sind – in Nesselwang fallen im Juni durchschnittlich an 20 Tagen Niederschläge, im Juli an 18[93]. Dadurch schied die Trocknung des Grases auf dem Boden praktisch aus, weil jeder Regenguß das Gras langanhaltend durchnäßt. Als Hilfsmittel bildeten sich die Heinzen – Holzpfähle mit drei versetzten Quersprossen – heraus, auf die das Gras gehängt wurde. Nur dadurch gelang die Heuernte, und ohne die Heinzen wäre im Allgäu die Einführung der Grünlandwirtschaft nicht möglich gewesen[94]. Ein Hof benötigte etwa 5–6000 Heinzen, die irgendwo gelagert sein wollten. So entstanden in diesem Zusammenhang kleine Stadel, die oft auf den Feldern errichtet wurden.
Der Platzbedarf auf dem Hof mußte durch die Erweiterung des Wirtschaftsteils befriedigt werden. Es ergaben sich grundsätzlich zwei Möglichkeiten, die vom Konstruktionsprinzip des Dachstuhls abhingen. Das steilgeneigte Sparrendach, bei dem die Fußenden der Sparren fest in den zugehörigen Deckenbalken eingezapft sind, läßt im Grund keine Verbreiterung des Hauses zu, außer man greift zur Anfügung eines anders konstruierten Daches. So blieb entweder die Verlängerung des Daches und damit des Gebäudes oder man baute im rechten Winkel an. Die letztgenannte Möglichkeit setzte sich überwiegend durch. Diese Anbauten werden als Widerkehr bezeichnet. Bauernhöfe mit Widerkehr prägen bis heute die weite Landschaft des nördlichen Alpenvorlandes.

Mittertennhaus in Hawangen, Landkreis Unterallgäu, das um eine Remise verlängert wurde. Aufnahme um 1950.

Typische Verbreiterung des Hauses im Bereich der flachen Pfettendächer, hier in Görisried, Landkreis Ostallgäu. Aufnahme von Heinrich Götzger, 1942.

Heinzen unter dem Dachüberstand eines Bauernhofes in Unterreithen, Landkreis Ostallgäu. Aufnahme um 1950.

Die flachen Pfettendächer eigneten sich für eine Gebäudevergrößerung in die Breite. Weil bei ihnen die Rafen lediglich auf den Pfetten aufliegen und keine direkte Verbindung mit dem Deckengebälk haben, brauchen lediglich die Rafen für die Dachverbreiterung auf die vorhandene Fußpfette eingeschoben werden. Die Fortführung der flachen Dachneigung führt auch zu einem wesentlich geringeren Höhenverlust als dies bei einem Steildach der Fall wäre. Diese Schopfanbauten prägen das Bauernhaus im südlichen Allgäu.
Seit dem 18. Jahrhundert sind im Allgäu aber auch Vergrößerungen und Änderungen im Wohnteil der Häuser zu beobachten, die das Haus dem Mittertennhaus annähern. Für den Kemptener Raum, das Westallgäu und das südliche Ostallgäu wurde im vorliegenden Beitrag hinsichtlich der Raumteilung eine Mischung von »Allgäuer Dreiraumwürfel« und Mitterstallbau beschrieben: Stube, Gaden und Hus bilden einen etwa quadratischen Grundriß, wobei sich – in Abweichung vom inneren Allgäu – der Hauseingang auf der Traufseite befindet. Durch eine Hausverbreiterung im Anschluß an den Gaden wurde nun ein weiterer Raum gewonnen, wodurch sich das Raumgefüge erheblich änderte. Der Gaden wanderte in das Obergeschoß und die Küche entstand im ehemaligen Gaden, so daß das ehemalige Hus zum Hausgang wurde. Nach dieser Umstrukturierung erinnert nur noch der auffällig breite Hausgang an den alten Grundriß.
Ähnlich wurde seit der gleichen Zeit im inneren Allgäu verfahren. Die Längsschöpfe entlang der ganzen Hausfront wurden fast zur Regel und erbrachten in einem Zug eine Vergrößerung von Wirtschafts- und Wohnteil. Der neue Raum im Wohnteil brachte das Hus in die Giebelmitte, das nun zum Hausgang wurde und Stube und Küche erschloß. Der Hauseingang verblieb aber auf der Giebelseite.
Dieser Grundrißgestaltung kann mit aller Vorsicht eine gewisse Ausstrahlungskraft in die Marktoberdorfer Gegend unterstellt werden. Denn dort finden sich Türen in der Giebelseite der Küche, allerdings ohne daß dabei vom Grundriß des Mittertennhauses abgegangen worden wäre. Diese Türe ist lediglich eine schnelle Verbindung zwischen Küche und draußen bzw. dem Garten.
Das Mittertennhaus bietet im Wohnbereich ohnehin ein üppiges Platzangebot, das bei Bedarf ohne große Umstände erweitert werden konnte. So finden sich häufig im oberen Hausgang nachträglich abgetrennte Gesindekammern.
Im 19. und vermehrt im 20. Jahrhundert entstanden auf den Höfen vielerorts Altenteile als selbständige Bauten.
Als eine Anfügung an das Bauernhaus ist der Abtritt zu erwähnen, der in Form eines kleinen Anbaus seit dem Ende des 19. Jahrhunderts im Anschluß an den Hausgang entstand. Bei zweigädigen Häusern reichte er über zwei Etagen, so daß er auch über den oberen Gang erreicht werden konnte.

Heizen und Kochen

Ein wesentlicher Bestandteil des Hauses ist die Heiz- und Kochstelle. Seit dem späten Mittelalter besteht diese aus Ofen und Herd, wobei auch der Ofen Kochstelle war.[95] Der Ofen stellte gegenüber dem offenen Feuer eine bahnbrechende Neuerung dar, denn er verschaffte dem Haus einen mehr oder minder rauchfreien und beheizten Raum. Der Standort des Ofens war die Stube; er hatte seinen Platz an der Wand zur Küche bzw. zum Küchenflur. Der Ofen war im Bereich der Stube völlig geschlossen. Er bestand aus einem großen Feuerraum ohne irgendwelche eingebauten Züge, seine Beschickung und Bedienung erfolgte von der Küche aus. Dort hatte er sein Feuerloch, eventuell noch ein Rauchabzugsloch über der Feueröffnung, so daß der Rauch auf jeden Fall in die schwarze Küche zog. Die Stube aber blieb, was das Kochen und Heizen betraf, weitgehend rauchfrei. Allerdings brannten die Lichtquellen – der Kienspan und die Kerze, die bis zum Anfang des 19. Jahrhunderts noch genügend rauchte und ständig »geputzt« werden mußte – keinesfalls rückstandsfrei ab.
Der relativ große Feuerraum des Ofens erlaubte, daß in ihm in gewissem Rahmen gekocht werden konnte: Man rückte die irdenen Töpfe einfach in die Nähe der Glut. Als Hilfsmittel zum Kochen auf dem Herd benutzte man das eiserne Dreibein, das die Plazierung des Kochgefäßes über der Glut ermöglichte. Der Herd war im Grunde ein gemauerter Kochtisch, auf dem in bequemer Höhe ein Feuer unterhalten wurde. Ältere Beschreibungen bäuerlicher Wohnverhältnisse weisen, wenn auch indirekt, auf die Verwendung des Ofens als Kochstelle hin. »Der leitende Grundgedanke bei der Construirung dieser Hütten zielt eben lediglich darauf ab: ›wenn's nur warm ist‹ warm für Menschen und Vieh [...] nicht minder muß

die gemeinschaftliche Wohnstube, wenn anders der Aufenthalt in derselben ›erträglich‹ sein soll, bis in den Hochsommer hinein den ganzen Tag über bei strenggeschlossenen Fenstern bis zu + 25° bis 28° R [entspricht 32° bis 35° C] wenigstens durch Heizen erwärmt sein.«[96] Der Autor verkennt die Situation etwas, denn der Ofen ist »bis in den Hochsommer hinein« in Betrieb, weil in ihm gekocht wird.

Die Gestaltung der Öfen konnte selbstverständlich sehr unterschiedlich sein. Meist ruhte er auf einem 40 bis 50 Zentimeter hohen, gewölbeartig aufgemauerten Sockel, der oben eine ebene Fläche bildete. Diese Fläche war die Feuerungsebene. Zum Bau des eigentlichen Ofens verwendete man bis ins 18. Jahrhundert üblicherweise irdene Napfkacheln. Im Allgäu war die Form des Gupfofens vorherrschend, er glich in seiner Form einer Kalotte. Im Verlauf des 18. Jahrhunderts wird der Kachelofen immer mehr zum Schmuckstück in der Stube. Der Ofen wird mächtiger, die Napfkacheln verschwinden und machen mit Reliefen verzierten Kacheln Platz. Die Produktion von großen gußeisernen Ofenkacheln wird gerne angenommen. Für Schwaben erhalten die Produkte der württembergischen Gießerei in Wasseralfingen große Bedeutung. Zur bescheidenen Heizung der Schlafstube im Obergeschoß befand sich in der Stubendecke ein kleiner Schieber, der bei Bedarf geöffnet werden konnte.

Der Herd wandelt sich weitaus später im 19. Jahrhundert. Die aufkommenden gemauerten und mit raffinierten Zügen und einer eiserner Kochplatte versehenen Herde erforderten enge Kamine, um den erforderlichen Zug zu erzielen. Diese »russi-

Herdstelle in einem Bauernhaus in Neuenried, Landkreis Ostallgäu. Aufnahme von 1910.

Gußeiserner Hinterladerofen in einem Bauernhaus in Thurneck, Landkreis Donau-Ries. Aufnahme um 1950.

schen« Kamine fanden aber erst nach dem ersten Drittel des 19. Jahrhunderts Verbreitung. Vorher leitete man den Rauch von Ofen und Herd recht aufwendig aus der Küche.

Die einfachste Möglichkeit, die im 18. Jahrhundert zumindest im südlichen Schwaben noch gang und gäbe war, bestand darin, dem Rauch einfach freie Bahn nach oben zu verschaffen. Über den Feuerstellen von Ofen und Herd wurde eine Rauchkutte, meist ein lehmverputztes Rutengeflecht, gezogen, um dem Funkenflug nach oben Einhalt zu gebieten. Der Dachboden wurde im Bereich der Küche nur lose mit Brettern überdeckt, so daß der Rauch in den Dachraum und von dort irgendwie ins Freie ziehen konnte. Beim Bauernhaus Honsolgen von 1674, das im vorliegenden Band als Beispiel einer umfangreichen Hausdokumentation vorgestellt wird (s. S. 99), war der Rauchabzug in dieser Weise gelöst. Der Raum über der Küche dieses zweigädigen Hauses ist eben keine Kammer, sondern Rauchabzugsraum.[97]

Die vermutlich relativ lange Beibehaltung dieser primitiv erscheinenden Lösung hatte im Allgäu durchaus seine Berechtigung. Wie schon gesagt, war das Dachdeckungsmaterial die hölzerne Legschindel. Der aufsteigende Rauch sammelte sich im Dachraum und zog allmählich durch die Dachhaut ab. Dabei erhielten die Landern eine Imprägnierung, die durch das im Rhythmus von mehreren Jahren erfolgte Umschlagen der Dachhaut ausgenutzt wurde.

Die zweite Möglichkeit der Rauchführung, die durchaus zeitgleich mit der ersten gebräuchlich war, war die Ausbildung eines Schlotes. Über den Feuerstellen wurde eine große Rauchhaube ausgebildet, die sich auf ihrem Weg nach oben verjüngte und bis über das Dach hinausführen konnte. Dieser deutsche Schlot erforderte die Reinigung durch den Kaminkehrer, der eben in den Schlot einstieg. Als Baumaterial für den Schlot verwendete man in der Regel außen mit Lehm verputzte Bretter. Der Schlot mußte nicht unbedingt über die Dachhaut hinausführen, sondern konnte auch im Dachraum enden, so daß die Vorzüge des Rauchhauses – Imprägnierung der Dachhaut – erhalten blieben. Der Schlot hatte innerhalb der Hauswirtschaft Bedeutung, denn er war der Ort, in dem Fleisch und Wurst geräuchert wurden.

Seit den 40er Jahren des 19. Jahrhunderts verbreitete sich der russische Kamin, die Form der Rauchabführung, die wir bis heute kennen. Diese enge, geschlossene Rauchführung erzeugt einen kräftigen Zug. Das erlaubte auch den Einbau von Zügen in Öfen und Herde, also eine bewußte Führung der Hitze, wie sie im gemauerten Herd bzw. dem Dauerbrandherd perfektioniert wurde.

Im Zuge dieser Neuerung war für die Räucherstelle Schlot ein Ersatz zu schaffen, der im Dachgeschoß durch den Anbau einer Räucherkammer an den Kamin realisiert wurde. Mit dem Einbau des russischen Kamins erweiterten sich die heizbaren Räume im Bauernhaus, indem kleine Öfen an den Kamin angeschlossen wurden.

Zierde

Das Haus als ein Werk, das Jahrhunderte Bestand haben soll und Wind, Wetter und der Nutzung durch Mensch und Tier ausgesetzt ist, hat bei seiner Gestaltung zunächst funktionalen Anforderungen zu genügen. Allein damit waren die Erbauer mitunter arg gefordert, waren sie doch weitgehend auf Ressourcen der engeren Umgebung angewiesen. Mit dem Bau von Häusern ging aber auch das Bestreben einher, gefällig zu gestalten und im Detail Zierde und Schmuck anzufügen[98]. Dabei sind die Möglichkeiten sehr reichhaltig, vom Material abhängig und auch von der Bauweise, so daß sich neben materialbedingten Zierformen auch regionaltypische und nicht zuletzt vom Geschmack der Zeit abhängige Zierformen entwickelten.

Der Norden Schwabens ist in weiten Bereichen spätestens seit dem 17. Jahrhundert geprägt vom Massivbau. Das traditionelle Deckungsmaterial war das Stroh, welches das Walmdach bevorzugt. Das Aufkommen der harten Deckungen förderte das Satteldach. Der Massivbau und der Übergang zum Satteldach boten die Möglichkeit, im Giebelbereich dekorative Elemente einzufügen. Da ist zunächst der Ortgang, also der giebelseitige Dachabschluß, der ohne Dachvorsprung ausgeführt wurde. Die Dachziegel am Rand werden einfach eingeputzt, der Ortgang aber ist profiliert, zumindest aber als Rollschicht ausgeführt. Die Giebel selbst sind durch Gesimse und Traufknoten gegliedert. Das gilt für den ganzen Norden Schwabens bis in das Donautal

Giebelbekrönung und Gesimsbänder am Bauernhaus in Reimlingen, Landkreis Donau-Ries. Aufnahme von Helmut Richter, 1940.

Bundwerk über dem Tennentor und am Kniestock eines Hofes in Sulzschneid, Landkreis Ostallgäu. Aufnahme von 1940.

Verschindeltes Bauernhaus bei Sonthofen, Landkreis Oberallgäu. Aufnahme um 1950.

und in das Aichacher Land. Die Gestaltungsformen am Giebel reichen aber noch weiter. Das Ries zeichnet sich durch besondere Giebelbekrönungen in den unterschiedlichsten Formen aus: Schwalbenschwanz, Kreuz, Knospe, Kugel und dergleichen[99]. Im westlichen Donautal sind Nischen für Heilige besonders häufig, sie sind aber auch sonst in Nord- und Mittelschwaben durchaus üblich. Im Süden Schwabens scheint man statt dessen Hauskreuze an der Fassade zu bevorzugen. In die besondere Giebelgestaltung im nördlichen Schwaben nahm man natürlich auch zeitbedingte Formen auf: Geschwungene Giebelgliederungen geben den Häusern ein Erscheinungsbild, das über die funktionalen Anforderungen weit hinaus reicht. Auch im Landkreis Aichach-Friedberg sind Giebelbekrönungen zu Hause, die oft den Sockel für eine Windfahne bilden. Dort sind auch Segment-, Korb- und Rundbögen über dem Tennentor anzutreffen. Im Tal der Mindel fallen gelegentlich Putzgliederungen auf.

Der Massivbau und der Übergang vom Walmdach zum Satteldach spornte also im Norden Schwabens zu besonderen Zierformen an, die eng mit der Massivbauweise verknüpft sind. Der Süden Schwabens kennt seit dem frühen 19. Jahrhundert natürlich auch das verputzte (Holz-)Haus, denn das massiv wirkende Gebäude galt nach dem Zeitgeschmack für wertvoller als das holzsichtige. Der Putz konnte hier dem Haus lediglich eine massiv anmutende Oberfläche ohne Zierde geben, welche im Süden natürlich an das den Hausbau dominierende Holz gebunden war. Fasen an Hölzern sind mehr als gewöhnlich und sind selbst in den Wirtschaftsteilen der Höfe zu finden. Häufig sind die Fasenenden am Übergang zum vollen Profil sogar mit Rötel gefaßt. Die Fasen an den Hölzern sind einerseits bereits Zierde, andererseits sind sie ein Schutz für die Kanten, haben also durchaus eine gewisse konstruktive Funktion. Auch geschweifte Formen im Fachwerk, wie sie mitunter zu entdecken sind, stehen noch in enger Verbindung zum Konstruktiven. Exponiert plazierte, konstruktiv notwendige Bauteile fordern ihre dekorative Gestaltung oftmals geradezu heraus. Die über die Hauswand hinausragenden Deckenbalken des Obergeschosses erhalten am Ende beidseitig eine kräftige Fase, die an der Unterseite beginnt und sich gerundet an der seitlichen Hirnholzkante nach oben zieht. Die Büge zur Unterstützung der Pfetten auf der Giebelseite erhalten oft geschweifte Formen, mitunter florales Schnitzwerk mit farbigen Fassungen. Türstürze im Innern des Hauses bzw. die eingesetzten Abschlußbretter sind liebevoll ausgesägt, etwa in Form der »Eselsrücken«. Kopf- und Fußbänder werden oft verdoppelt und ansprechend gearbeitet. In der Marktoberdorfer Gegend fallen besondere Kraghölzer auf. Der dort erwünschte große Dachüberstand auf Trauf- und Giebelseite erfordert, daß die weit über den Giebel hinausragende Fußpfette unterstützt wird. Dies erfolgt durch ein Kragholz, das schräg aus der Hauskante hinauskragt. Das Ende dieses exponiert liegenden Kragholzes ist häufig als Drachenkopf ausgebildet. Im Kaufbeurer Raum fallen Andreaskreuze über der Tenneneinfahrt auf – darunter ist der Platz für die Jahreszahl. Schon Götzger und Prechter beschrieben die ausnehmend schönen Fachwerkgiebel mit geschweiften Kreuzbügen und gebogenem Strebenwerk aus der ersten Hälfte des 18. Jahrhunderts im Bereich Roßhaupten/Seeg. Sie vermuten dahinter die Handschrift eines Füssener Meisters. Damit verweisen sie auf einen sicher zu beachtenden Aspekt ländlichen Bauens. Trotz aller Konventionen und der zeit- und regionaltypischen Bauausführungen blieb im Detail immer noch Spielraum für die individuelle Gestaltung und Ausführung des Bauwerkes, die oft genug Nachahmung fand, wie etwa die Kerbschnittverzierungen im Kaufbeurer Raum, die sich bis ins 19. Jahrhundert hielten. Aus dem Oberbayerischen herüber wirkt in den Füssener Raum die Ausführung von Bundwerk. Die Bretterverschalungen des Giebels liegen hinter den Konstruktionshölzern und bilden so das bekannte Bundwerk.

Haustüre bei Kimratshofen, Landkreis Oberallgäu. Aufnahme von 1990.

Ein beliebter Ort zur Anbringung von Zierelementen sind im Süden Schwabens die aus dem Giebel herausragenden Pfetten, deren Köpfe mit kunstvoll geformten Pfettenbrettchen abgedeckt werden.

Der Hinweis auf die Andreaskreuze über dem Tennentor in der Marktoberdorfer Gegend macht auf die Sonderstellung des Hauseingangs – sowohl Tenne als auch Haustüre – aufmerksam. Die Haustüre als Visitenkarte des Hauses ist spätestens seit dem ausgehenden 17. Jahrhundert Träger reichen Schmucks. Bis in die Gegenwart gilt ihr – stets deutlich am Zeitgeschmack orientiert – ein besonderes gestalterisches Interesse. Auch die Tennentore, die zunächst durch besonders saubere handwerkliche Ausführung auffallen, werden im 19. Jahrhundert durch Bemalungen – auch figürlicher Art – zu einem visuellen Anziehungspunkt.

Tennentor in Greuth, Landkreis Unterallgäu. Aufnahme von 1999.

Im Allgäu prägen seit der Mitte des 19. Jahrhunderts aufgenagelte kleine Schindeln die Fassaden. Im Westallgäu wurde diese Schutz- und Verschönerungsmaßnahme dazu genutzt, im Bereich über den Fenstern ein kleines Hohlkehlenvordach, das etwa 50 bis 70 Zentimeter herausragt, auszubilden, um die Fenster zu schützen und das Haus attraktiver zu gestalten.

Schmuck- und Zierelemente, die sich aus der Konstruktion des Hauses entwickelten, wurden in der Literatur stets beachtet. Daß aber nicht nur in Kirchen und Schlössern, sondern auch im Bauernhaus die Farbe eine wesentliche Rolle spielte, ist lange Zeit vernachlässigt worden.[100] Gerade das Haus als langlebiges Werk bietet dem Bewohner insbesondere durch die entsprechende farbige Gestaltung der Oberfläche die Möglichkeit, das Haus dem Geschmack anzupassen und Anschluß an das Zeitgemäße zu finden. Die Natursichtigkeit der Werkstoffe mag vielleicht bis ins 19. Jahrhundert beim einfachen Bau dominiert haben, dennoch ist »spätestens seit dem 16. Jahrhundert, die Farbe am und im Haus, in weiten Teilen Mitteleuropas selbstverständlich«[101]. Das heißt nicht, daß die Bauernstuben überaus bunt waren, aber Farben wurden eingesetzt, insbesondere auch im Holzbau. In der Gegend um Kaufbeuren sind bemalte, oft noch profilierte Fasen an den Fußpfetten, Kranzbalken, Säulen und Kopfbändern sehr häufig. Meist sind es Schrägstreifen in Schwarz-Rot oder Weiß. Der Einsatz von Farbe im Bauernhaus des 17. und 18. Jahrhunderts ist in Schwaben bei weitem nicht genügend erforscht. So ist es eher dem Zufall zu verdanken, daß in dem in diesem Band ausführlich beschriebenen Bauernhaus aus Honsolgen in der Stube Dekorationen aus der Erbauungszeit (1674) zu Tage traten. Es sind geometrische und – kaum mehr erkennbar – farbig gefaßte Ritzmuster, auf der Lehne der umlaufenden Stubenbank sowie im Bereich der Fenstererker. Daß das Fachwerk bereits früh farbig gefaßt war, ist keine Neuigkeit. Aber, wie das Bauernhaus aus Meßhofen (S. 257) zeigt, bahnte sich bereits früh der Wille zur farbigen, dekorativen Bemalung seine Bahn. Die dunkelgrauen – rebschwarz – bemalten Hölzer werden in jedem Gefach begleitet von einer üppigen Zickzacklinie in derselben Farbe.[102]

Im letzten Drittel des 19. Jahrhunderts erlebte die Dekorationsmalerei einen enormen Aufschwung, der bis zum Zweiten Weltkrieg anhielt. Schablonenmalereien, Walzmuster und viele andere Techniken verhalfen den Räumen im Bauernhaus zu einem überwältigenden Eindruck, bis die Tapete in wesentlich dezenteren Tönen diesem Farbenrausch ein Ende setzte.

Technik im Bauernhaus

Die Modernisierung der Landwirtschaft hat bis heute die Höfe grundlegend verändert. Funktional errichtete landwirtschaftliche Anwesen der Gegenwart lassen nur noch in Ausnahmefällen die regionale Bautradition erkennen. Die Veränderungen in der Landwirtschaft verliefen seit dem Zweiten Weltkrieg besonders rasant und intensiv, aber auch vorher stand die Landwirtschaft nicht still. Erinnert sei nur an die Vereinödung im Allgäu seit dem 16. Jahrhundert oder der Einbezug des Klees in die Dreifelderwirtschaft im späten 18. Jahrhundert, die Abläufe in der Landwirtschaft veränderten, ohne zunächst baulich auf den Hof überzugreifen. Bauliche Veränderungen wurden durch Produktivitätssteigerungen im 19. Jahrhundert notwendig, wobei nochmals an die oben beschriebenen Vergrößerungen der Höfe in Form von Wiederkehr und Schopfanbau hingewiesen sei. Hier soll nun kurz auf technische Einbauten eingegangen werden, die sich auf die Bauwerke auswirkten.

Die radikale Umstellung der Allgäuer Landwirtschaft und ihre fast ausschließliche Hinwendung zur Milchproduktion[103] war verbunden mit der Einführung der Güllewirtschaft, die dem Schweizer Sennen Althaus zugeschrieben wird. Er propagierte erfolgreich die Düngung der Wiesen mit Gülle. Gülle ist das Gemenge von Harn und Kot des auf dem Hof gehaltenen Viehs sowie der Einstreu im Stall. Sofern die Einstreu Stroh war[104], mußte sie kurz gehäckselt sein. Die Güllewirtschaft erforderte Güllegruben, die in Einzelfällen in die Ställe eingebaut wurden, was angesichts der aufsteigenden Ammoniakdämpfe keine gute Lösung war. Deshalb fanden die Güllegruben außerhalb des Stalls im Bereich oder unter der Mistlege ihren Platz. Durch die Gül-

Fördereinrichtung im Wirtschaftsteil eines Hofes. Aufnahme um 1950.

Greiferanlage einer neuen Bergehalle. Aufnahme 1978.

lewirtschaft brauchte man die Mistlege nur noch für den Mist aus dem Jungviehstall, weil dort mit langem Stroh eingestreut wurde. Da sich in den Güllegruben Harn und Kot separieren, bildete die Entleerung der Gruben oft Schwierigkeiten. Deshalb entstanden seit dem Aufkommen von Motoren Güllerührwerke, welche die festeren und flüssigen Bestandteile vermischten. Eine häufige Variante einer solchen Rühranlage bestand aus einer langen Welle, die längs durch die ganze Grube lief. Auf ihr saßen fest verbunden mehrere schräg sitzende Holzscheiben von bis zu zwei Meter Durchmesser. Die Welle wurde angetrieben von einem Motor, der in einem Verschlag auf der Güllegrube untergebracht war.
Viele frühe Neuerungen in der Hofwirtschaft betrafen den Transport bzw. die Förderung des Futters bzw. des Feldertrages. Im bergigen Allgäu waren die Hocheinfahrten auf den Höfen wohl seit dem 18. Jahrhundert keine Besonderheit mehr. Sie erleichterten die Lagerung des Heus enorm, weil man mit dem Wagen bereits in die erste Etage des Hofes fahren konnte. In den 30er Jahren scheint man auch im Alpenvorland die Vorzüge solcher Hocheinfahrten geschätzt zu haben, denn sie entstanden hier in großer Zahl, obwohl die landschaftlichen Voraussetzungen nicht eben günstig waren. Im flachen Gelände mußten Fahrbahnen hoch aufgeschüttet werden, und oft überqueren die Hocheinfahrten Straßen oder Wege. Die Hocheinfahrten im Alpenvorland münden meist auf der Giebelseite des Wirtschaftsteiles in den Hof.
Eine andere Möglichkeit der Heubeförderung waren die gegen Ende des 19. Jahrhunderts aufkommenden Heuförderer, die als Voraussetzung einen Motor hatten. Heuförderer sind mit einem schräg laufenden Förderband zu vergleichen, wobei mitlaufende Zinken das Fördergut (Heu) mitnehmen und seitliche Holzwände das Herabfallen verhindern. Die Heuförderer führten von der Tenne in den Heustock über dem Stall, oft nahmen sie auch außen am Hof neben der Tenne ihren Anfang.
Im Zuge der Vergrößerung der Viehbestände kamen vor allem in der Zeit nach dem Zweiten Weltkrieg Erleichterungen für die Fütterung des Viehs im Stall in Gebrauch. Mittels Graszangen, die auf an der Decke befestigten Schienen liefen, konnte das Gras von außerhalb an die gewünschten Stellen im Stall transportiert werden.
Dem Einbau solcher Graszangen ging aber der Einbau neuer Stalldecken voraus. Die neuen Stalldecken, sog. Rippendecken, kamen in den zwanziger Jahren zum Durchbruch. In relativ geringen Abständen (etwa 80 Zentimeter) lagen Eisenträger, deren Zwischenräume mit speziell angefertigten Ziegelsteinen – von Träger zu Träger reichend – geschlossen wurden. Auf der Unterseite bildeten sie zwischen den Trägern (»Rippen«) konkave Flächen, auf der Oberseite wurde durch einen Betonaufguß eine ebene Fläche hergestellt. Mit dem Einzug der neuen Stalldecken ging die Ausmauerung der Außenwände des Stalls einher, wobei man gern Klinkersteine verwendete. Besonders im Westallgäuer Raum sind diese Klinkerwände im Stallbereich noch heute augenfällig.
Zur Beförderung des Getreides auf den Dachboden bediente man sich in älterer Zeit – sofern man die Getreidesäcke nicht einfach trug – kleiner handbetriebener Winden. Es sind aber auch Elevatoren bekannt, die der Förderung des Getreides dienten. An einem Band befestigte Becher, die in einem hölzernen Schacht laufen, transportieren die Körner nach oben. Das Schwäbische Bauernhofmuseum hat ein solches Gerät von 1910 in seinem Bestand.
Von erheblichem Einfluß auf das Gefüge des Bauernhauses war seit dem frühen 20. Jahrhundert der Einbau von Greiferanlagen, kleinen Krananlagen mit Laufkatzen, die im Dachspitz des Wirtschaftsteils montiert wurden. Das war nicht ganz problemlos, denn die Heuzangen brauchten unter sich und über ihre ganze Lauflänge hinweg Freiraum, der durch die konstruktiven Elemente der Zangen im Dachstuhl des Sparrendachs nicht vorhanden war. Die störenden Zangen wurde deshalb einfach herausgeschnitten, was eine Störung der Statik des Dachstuhls zur Folge hatte. Mitunter kam es dabei zu enormen Verformungen im Dachbereich.

Eine eher seltene technische Möglichkeit, Lasten in der Scheune nach oben zu bringen, waren die Tennenaufzüge, die in den letzen Jahren nachgewiesen werden konnten.[105] Beim Tennenaufzug wird der Tennenboden speziell ausgebildet, so daß er mit Motorkraft mittels Stahlseilen nach oben gezogen werden kann. Auf diesem Aufzugsboden finden ganze Wagen samt Ladung Platz. Seitliche Führungsschienen halten den Boden in einer stabilen Lage, und ein mächtiges Räderwerk mit Untersetzungen bewerkstelligt diesen Kraftakt.

Als weitere Einbauten im Zuge der Modernisierung der Hofwirtschaft müssen die Silos genannt werden, die anfangs meist im Wirtschaftsgebäude bzw. einem Anbau untergebracht waren. Als weitere Fördermittel sind noch Gebläse zu nennen, die aber auf die Baulichkeiten geringen Einfluß hatten.

Die Ställe selbst erfuhren gewisse Umbauten, welche die Fütterung und das Melken des Viehs erleichterten. Im Zuge der Modernisierung des Melkens entstanden die Melkkammern und Verschläge für die Melkaggregate, deren Leitungen Teil der Anbindevorrichtung im Stall wurden.

Abschließend sei hier noch eine Baumaßnahme genannt, die oft als störend empfunden wird. Die Brandmauer zwischen Wohn- und Wirtschaftsteil, die im Verlauf der ersten Hälfte des 20. Jahrhunderts Pflichtbestandteil eines Bauernhofes wurde. Oft kragt sie über die Dachhaut hinaus und bildet eine merkwürdige Mauererhebung in der Dachfläche.

Seit dem 20. Jahrhundert vergrößerte sich der Maschinenbestand in der Landwirtschaft ständig. Als Folge der Vergrößerung des »Fuhrparks« entstanden auf den Höfen »Garagen« für den Traktor und oft einzeln stehende Maschinenschuppen.

Gegenwärtig gebaute Bauernhöfe folgen funktionalen und technischen Belangen und nehmen bestenfalls nur noch die äußeren Merkmale der alten, landschafts- aber auch schon zeittypischen Höfe auf.

Typische schwäbische Bauernhäuser

Es hat sich gezeigt, daß uns das Bauernhaus in Schwaben sehr vielgestaltig entgegentritt. Das betrifft seine Konstruktion, seine innere Struktur, die Verwendung der Materialien und vieles mehr. In einzelnen Regionen werden bestimmte Hausformen bevorzugt und andere überhaupt nicht gebaut. Manchmal lassen sich die Grenzen eines Haustyps relativ klar umreißen, oft sind sie verschwommen und relativ unterschiedliche Gebäude stehen nebeneinander. Landschaftstypische Materialien – Holz zur Dachdeckung im Süden und Stroh im Norden – bestimmen ebenso wie regionale Konventionen die Art und Weise, wie ein Bauernhaus errichtet wurde, und schließlich schlagen sich Entwicklungen und Neuerungen im Laufe der Zeit auf das Erscheinungsbild des Hauses nieder.

Im vorliegenden Aufsatz wurden überwiegend einzelne Aspekte des bäuerlichen Hausbaus und – soweit das möglich ist – einzelnen Landschaften zugeordnet. Die Linie, an der sich die Beschreibung orientierte, war einerseits die offensichtliche äußere Erscheinung – eingädig oder zweigädig, einfirstig oder mehrfirstig – und andererseits die technische Ausführung des Hauses – die Wände, das Dach. Und schließlich wurde die innere Struktur des Hauses, seine Raumteilung beschrieben, die zum Verständnis des Hofes von entscheidender Bedeutung ist. Es wurde bewußt darauf verzichtet, vom Bauernhaus einer bestimmten Region in seiner Gesamtheit auszugehen, um die vielfältigen Aspekte bäuerlichen Bauens nicht in ein starres Schema zu pressen, das dem Gegenstand der Betrachtung nicht angemessen ist. Die massive Wand eines Bauernhauses kann natürlich Ausdruck eines bestimmten Haustyps sein, sie ist aber auch Folge der Bemühungen um den Brandschutz und im 19. Jahrhundert und ebenso das Abbild des Zeitgeschmacks, der eine massive oder verputzte Wand als wertvoller gegenüber einer holzsichtigen empfand. Das will heißen, daß die Merkmale eines bestimmten Haustyps keineswegs allein diesem Haustyp eigen sind, sondern auch Merkmal eines anderen Typs sein können. Die Beschreibung eines Haustyps mit seinen Merkmalen und die Zuweisung eines Verbreitungsgebietes hätte Charakterisierungen hervorgebracht, die in solcher Eindeutigkeit die Realität nicht getroffen hätten. Der beschrittene umgekehrte Weg, nämlich die Beschreibung von einzelnen Merkmalen und ihre Lokalisierung, ließ die vielen Formen des Bauernhauses in ihrem Beitrag zum gesamten Hof deutlicher werden. Allerdings wird jetzt eine Schilderung des Bauernhauses in seiner Gesamtheit notwendig, um eine Vorstellung des Bauernhofes in Schwaben zu geben und die Details zu einem Ganzen zu fügen. Die Handwerker haben sozusagen den Bau vollendet, das Haus steht in seiner Gesamtheit. Und so werden als Zusammenfassung die wichtigsten historischen Bauernhausformen beschrieben, die als typisch für Schwaben gelten können.

Das Bauernhaus im Ries

Wenn die Straubinger Gegend als bayerische Kornkammer bezeichnet wird, so kann man die gleiche Kennzeichnung getrost auf das Ries und Schwaben übernehmen. Der Ackerbau brachte und bringt reiche Erträge. Es herrschte der mittlere Hof vor, große Betriebe waren eher selten.

Von drei Seiten fließen im Ries zahlreiche Wasserläufe, die alle in der Wörnitz münden. Der Wald ist zurückgedrängt auf die Höhen des Riesrandes. Die Wasserläufe geben oft das Straßendorf als Siedlungsform vor, wobei sich auch entlang alten Straßen diese langgestreckten Dorfformen entwickelten. Es entstanden aber auch Angerdörfer wie Ahlerheim, und

wo eine richtungsgebende Kraft fehlte, entstanden Haufendörfer.
Als typische Hofform kann das Wohnhaus mit Stall und einer separat stehenden Scheune gelten. Das Vieh ist mit dem Menschen unter einem Dach; allerdings kann es auch vorkommen, daß nur die Pferde im Wohnstallhaus untergebracht werden und das Vieh in der Scheune steht. Das Wohnstallhaus steht mit dem Giebel direkt an der Straße – meist ohne Vorgarten –, und die Scheune steht zurückgesetzt im rechten Winkel zum Haus.
Das Ries ist von alters her reiches Kornland, die Jura-Kalksteinbrüche liegen nahe, und auch Lehmvorkommen stehen an. Dagegen war das Holz bereits früh Mangelware. Das hatte Auswirkungen auf die Bauweise. Bereits im Mittelalter kam das Fachwerk als eine holzsparende Bauweise ins Land.[106] An den Scheunen entdeckten Götzger und Prechter in Einzelfällen noch diese Bauweise. Aber seit der Mitte des 17. Jahrhunderts ist das Rieser Bauernhaus steinern, ist es ein Massivbau. Das Deckungsmaterial für die Dächer war natürlich überwiegend das Stroh, das Dach ist steil und als Sparrendach ausgebildet. Die alten Dachformen trugen dem Rechnung: Es war einst der Vollwalm, der sich im Laufe der Zeit mit dem Niedergang der Strohdeckung im 19. Jahrhundert über den Halbwalm zum Satteldach wandelte.[107] Es kann davon ausgegangen werden, daß daneben bereits früh das Ziegeldach vorhanden war, wobei nochmals auf die Besonderheit des Schabldachs – siehe den Abschnitt »Das Dach« – hingewiesen sei.
Das Haus im Ries ist erdgeschossig. Selbst die großen Bauten machen hierin keine Ausnahme, auch wenn dann bei der üblichen steilen Dachneigung von 48° und mehr und einer größeren Hausbreite enorme Dachbauten zustande kommen. Eine Ausnahme im ländlichen Bauen machen in dieser Hinsicht lediglich die Pfarr- und Wirtshäuser, die zweigädig sein können.
Der Eingang in das Rieser Haus erfolgt auf der Traufseite, über die man den Hausgang, den »Haustenna« betritt. Zur Giebelseite hin liegen zwei Räume: die Stube und die Küche. Auf der anderen Seite des Hausgangs liegen die Schlafkammern und eine weitere Kammer oder ein Abstellraum. Auf diesen Teil des Wohnbereichs, also nach den Kammern, folgt der Stall. Die Stube ist von außen leicht auszumachen. Im Bereich der sonnenseitigen Hausecke öffnet sie sich nach draußen durch Fensterpaare auf der Giebel- und Traufseite. Die neben der Stube liegende Küche hat meist nur ein Fenster im Giebel, wodurch sich eine spannende, asymmetrische Anordnung der Fenster im Giebel ergibt: In der einen Hälfte sitzen relativ eng die zwei Fenster der Stube beisammen, während in der zweiten Hälfte das Fenster der Küche liegt.
Manchmal sind im Dachgeschoß auf der Giebelseite Kammern eingebaut. Die Treppe führt vom Hausgang nach oben, die natürlich auch dann vorhanden

Hof in Reimlingen, Landkreis Donau-Ries. Am Giebel das Stüble. Aufnahme von Helmut Richter, 1935.

ist, wenn es oben keine Kammern gibt, denn auf dem Dachboden wurde das Korn gelagert.
Großartige Kellerräume gibt es im Rieser Haus nicht. Wenn ein Keller vorhanden ist, so ist er klein und liegt häufig unter dem hinteren Ende des Hausgangs.
Dies ist der gewöhnliche Grundriß des Rieser Hauses. Es sei aber noch auf zwei ab und an zu findende Besonderheiten hingewiesen. Götzger und Prechter berichten von dem »Kanzlei«, einem Nebenstübchen der Stube, das von ihr nur durch eine hölzerne Wand vom Ofen zur Außenwand getrennt ist. Hier zeigt sich die Nähe zum Fränkischen, wo sich diese Abteile der Stube als »Kabinett« finden. Die zweite Besonderheit ist das Stüble, ein wie ein Anbau wirkender, auf der Giebelseite herausragender Gebäudeteil. Die Küche reicht in diesem Fall nicht ganz bis zum Giebel, aber an sie schließt sich das Stüble an und wächst aus dem Giebel heraus, wobei es nicht die Hälfte der Giebelbreite einnimmt. Das Stüble ist der Raum für die Austrägler. Das Stüble ist kein Anbau, sondern gehört zur ursprünglichen Konzeption. Götzger und Prechter zeigen ein Beispiel aus Pfefflingen, wo die Mittelpfette der einen Dachhälfte als Firstpfette über dem Stüble durchläuft. Das Stüble ist in Schwaben außer im Ries nur noch im bayerisch beeinflußten Aichacher Land zu finden.
Das Rieser Bauernhaus hat einige Schmuckformen aufzuweisen. Üblich ist die profilierte Ausbildung der Ortgänge – das Dach hat auf der Giebelseite überhaupt keinen und auf der Traufseite nur einen geringen Dachüberstand. Oft setzen sich die Ortgänge am unteren Ende ein Stückchen waagrecht in Richtung Giebelmitte fort. Die Haustüren haben oft ein Oberlicht, um den Hausgang etwas zu erhellen. Eine Rieser Besonderheit sind des weiteren die Giebelbekrönungen in verschiedenen Formen.
Das Rieser Bauernhaus kann als typisch für den nordschwäbischen Raum gelten. Auch wenn im Donautal oder im schwäbischen Jura gewisse Modifikationen genannt werden könnten, bleibt die Struktur des Hauses ähnlich. Allein das Verbreitungsgebiet des Kalkplattendachs, also nördlich von Neuburg

und westlich von Wemding, muß herausgenommen werden. Schon das Dach ändert das Erscheinungsbild des Hauses erheblich, aber das ist im Abschnitt »Das Dach« ja bereits beschrieben.

Das mittelschwäbische Wohnstallhaus mit Scheune

Der mittelschwäbische Raum ist geprägt von Wasserläufen, die sich von Süden nach Norden auf die Donau zu bewegen. Zwischen Iller und Lech strömen die Roth, die Günz, die Kammlach und die Mindel, Zusam, Schmutter und auch die Wertach nach Norden und bilden sanfte, meist weite Täler. Die Bergrücken sind bewaldet, und in den Talauen entwickelten sich die Dörfer entlang des Wasserlaufs oder den leicht ansteigenden Hängen. In diesem relativ großen Gebiet lassen sich verschiedene Hausformen ausmachen. Da es aber hier um das Typische der Region geht, soll zunächst das mittelschwäbische Wohnstallhaus mit separater Scheune, das im wesentlichen in den Landkreisen Neu-Ulm, Günzburg und auch Augsburg zu Hause ist, vorgestellt werden. Auf das in diesem Gebiet ebenfalls beheimatete Staudenhaus wird danach eingegangen.

Als typischer Hof in Mittelschwaben kann der zweifirstige Hof, gebildet aus einem zweigädigen Wohnstallhaus und einer Scheune, gelten. Beide Baukörper haben recht ähnliche Dimensionen. Die Stellung dieser beider Gebäude zueinander und zur Straße ist nicht immer gleich, dennoch scheint man der giebelseitigen Stellung beider Gebäude zur Straße den Vorzug gegeben zu haben. Und so stehen Wohnstallhaus und Scheune meist parallel zueinander, dazwischen entsteht ein geräumiger Hofplatz. Das nächste Gehöft schließt meist dicht an, so daß die benachbarten Gebäude enger beieinanderstehen als die eines Hofes. Besonders zum (ehemaligen) Ortsende hin kann das Wohnhaus auch einmal mit der Traufseite und zurückgesetzt zur Straße stehen und die Scheune mit dem Giebel zur Straße zeigen, so daß die Hofanlage einen Winkel bildet.

Der Hof ist seit dem 17. Jahrhundert als Fachwerkbau ausgeführt. Allerdings finden sich bei Scheunen oft noch Reste eines ehemaligen Ständerbohlenbaus. Das Fachwerk ist sehr regelmäßig ausgeführt, wobei immer wieder dezente Zierelemente auftauchen. Den zur Straße zeigenden Giebel zieren Kreuzstreben und allerlei mitunter geschweiftes Kreuzwerk. Die Ecksäulen tragen erhaben herausgearbeitete Symbole (beim Haus Meßhofen, Landkreis Neu-Ulm etwa das Sech eines Pfluges) und Kartuschen. Die Gefache sind mit Flechtwerk und Lehmbewurf geschlossen und getüncht. Die Fachwerkhölzer sind farbig, bis ins frühe 18. Jahrhundert gerne dunkelgrau/schwarz, später meist rot gefaßt, wobei die Bemalung häufig ein paar Zentimeter über das Holz hinausreicht und so die Hölzer noch mächtiger erscheinen läßt. Im Laufe der Zeit ging man, wie viele

Bauernhaus in Wettenhausen, Landkreis Günzburg. Aufnahme von Helmut Richter, um 1950.

Beispiele zeigen, dazu über, die schadhaften Flechtwerkgefache mit Ziegeln auszumauern. Und seit der Mitte des 19. Jahrhunderts, oft in Zusammenhang mit dem Einbau russischer Kamine, wurden einzelne Fachwerkwände durch massive ersetzt. Diese Bestrebungen führten häufig zu einem Ersatz der gesamten Fachwerkwände im Erdgeschoß durch massive Ziegelwände. Dieser Vorgang hat bei vielen Häusern Spuren im Fachwerk des Obergeschosses hinterlassen, die auf die Methode des Vorgangs hinweisen. Offenbar hat man das Haus ringsum abgestützt, um große Wandflächen des Erdgeschosses zu ersetzen. Das erforderliche Stützwerk ließ man in die Säulen des Fachwerks ein. Und so tragen die Ständer vieler Häuser im Bereich des unteren Drittels des oberen Stockwerks tiefe Kerben, in welche die Stützstreben faßten.

In diesem Zusammenhang sei auf ein interessantes Arbeitsgerät der Zimmerleute hingewiesen: die Hausschraube. Das Gerät ist eine Hebevorrichtung, die aus hartem Eichenholz gefertigt ist. Es besteht aus zwei sehr kräftigen etwa ein Meter langen aufeinanderliegenden Hölzern, wobei das obere zwei Gewindebohrungen (um die 15 cm Durchmesser) besitzt. Darin laufen ebenfalls hölzerne Schrauben. Dreht man diese Schrauben, entfernt sich das obere Holz vom unteren, und man kann etwa Stützstreben mit enormer Kraft anspannen oder gar ganze Hausteile nach oben pressen.

Die bereits genannten Reste des Ständerbohlenbaus bei den Scheunen weisen darauf hin, daß diese Bauweise ehemals verbreitet war. Und auch der Massivbau, nach Osten hin zunehmend, hat eine lange Tradition. Die Verwendung von Ziegeln zum Ausmauern der schadhaften Lehmgefache und die Erneuerung der Erdgeschoßwände durch Massivwände weisen darauf hin, daß man bestrebt war, das Fachwerkhaus dem Massivbau anzunähern, was in vielen Fällen dazu führte, das ehemals so gerne farblich betonte Fachwerk zu übertünchen.

Das Dach hat allseitig wenig Vorsprung, es ist sehr steil und erreicht mitunter eine Dachneigung von über 50°. Das Deckungsmaterial war Stroh, aber

Bauernhäuser mit Backofenanbauten in Gerlenhofen, Landkreis Neu-Ulm. Aufnahme von Rudolf Hoferer, 1938.

Staudenhaus in Scherstetten, Landkreis Augsburg. Aufnahme um 1950.

ebenso wurde bereits früh der Biberschwanz als harte Dachdeckung benutzt.
Wie bereits gesagt, besteht das Gehöft aus zwei Gebäuden, dem Wohnstallhaus und der etwa gleich großen Scheune. Das Haus ist von der Traufseite her erschlossen. Man betritt zunächst den Hausgang, der oft durch das ganze Haus läuft, oft aber auch im hinteren Teil abgetrennt ist und eine Speis enthält. Zur Giebelseite hin liegen über die gesamte Hausbreite zwei Räume, nämlich Stube und Küche. Die Küche enthält den Backofen, der im Laufe der Zeit oft »aus dem Haus herausgewachsen« ist und dort eine Art Anbau ergibt. Dieser Backofen kann sowohl aus der Giebel- wie auch aus der Traufseite ragen. Auf der anderen Seite des Hausgangs liegt der Stall, der bis zum anderen Giebel durchläuft.
Der obere und der untere Hausgang sind durch die Treppe verbunden. Über Stube und Küche liegen die Schlafkammern, und über dem Stall sind häufig weitere Kammern für die Altenteiler oder das Gesinde eingebaut.
Die Anordnung der Fenster entspricht im allgemeinen dem bekannten Muster: Die zwei Fensterpaare der Stube liegen auf Giebel- und Traufseite, für die Küche genügte, oft auch bedingt durch den eingebauten Backofen, meist ein Fenster. Durch die Kammern über dem Stall ziehen sich im oberen Stock die Fenster über die ganze Traufseite. Seit dem späten 18. Jahrhundert sind die Fenster unabhängig vom konstruktiven Fachwerk plaziert. Davor bevorzugte man eine heute ungewöhnlich erscheinende Anordnung. Die Fenster gruppierten sich paarweise beiderseits der Mittelständer, also jeweils sehr dicht beisammen, wodurch die Fassade ein spannungsvolles Gesicht erhielt.
Die Scheune hat eine einfache Raumteilung. Die von Traufseite zu Traufseite etwa in der Mitte des Gebäudes verlaufende Tenne erschließt den Bau, der im Obergeschoß ohne raumbildende Zwischenwände auskommt. Im Erdgeschoß laufen sie parallel zum Giebel und können so auch einmal weiteren Unterstand für das Vieh ergeben. Hofanlagen dieser Art können als typisch für den mittelschwäbischen Raum gelten. Je weiter man sich nach Osten begibt, desto mehr nimmt allerdings der Massivbau zu. Es darf bei der Zuweisung dieses Haustyps aber nicht verschwiegen werden, daß die kleineren Höfe bereits als Einfirstanlagen gebaut sind, wie sie weiter südlich zur Regel werden und weiter unten beschrieben werden sollen.

Das Staudenhaus

Südwestlich von Augsburg liegt das die Stauden genannte Gebiet, jene Höhen, die sich westlich des Wertachtales erheben und einen einheitlichen Teil der tertiären Hügellandschaft Schwabens darstellen. Für unsere Belange muß der Raum etwas erweitert werden, und so seien seine Randorte etwa mit Thannhausen, Gessertshausen, Bobingen, Langeringen und Markt Wald benannt. Innerhalb dieses Gebietes hat sich eine Hausform entwickelt, die Staudenhaus genannt wird. Allerdings ist diese Hausform weit davon entfernt, in ihrem Verbreitungsgebiet Ausschließlichkeit zu erlangen. Hofanlagen, wie sie im vorangegangenen Abschnitt beschrieben sind, sind durchaus üblich. Aber die Sonderform des Staudenhauses innerhalb der Hausformenlandschaft Schwabens bedarf einer kurzen Darstellung.
Das Staudenhaus ist die Altform des Bauernhauses dieses Raumes. Der Hof ist in der Regel ein Einfirsthof. Bei der Wandausführung dominiert in unserem Behandlungszeitraum bereits der Massivbau. Das Dach ist mit Stroh gedeckt. Die Besonderheit des Staudenhauses resultiert aus seiner Einhüftigkeit: Die Sonnenseite ist zweistöckig, gegenüber beginnt die Traufe über dem Erdgeschoß. Die Dachneigung ist beidseitig gleich, so daß der Dachfirst außermittig liegt.
Von der Raumteilung her ist das Staudenhaus Mittertennhaus bzw. in seiner Weiterentwicklung Mitterstallbau. Man betritt das Haus auf der Traufseite über den Hausgang, zum Giebel hin liegen die Stube und die Küche, und manchmal folgt auf die Küche bereits ein dritter, schmaler Raum, nämlich die Speis oder ein Stüble. Vom erdgeschossigen Hausgang

Staudenhaus in Scherstetten, Landkreis Augsburg, Aufnahme von Rudolf Hoferer, 1938.

Wohnhaus mit Stüberl in Dasing, Landkreis Aichach-Friedberg. Aufnahme von Helmut Richter, 1939.

führt die Tenne in den oberen Gang. Über Stube und Küche liegen zwei Schlafkammern, wobei die über der Küche wegen der Dachschräge natürlich schmaler wird. Ursprünglich war die hintere Kammer nicht vorhanden, da sie der Rauchraum der Küche war.
Auf den Hausgang folgen auf der anderen Seite die Tenne, der Stall und Bergeräume oder eine Remise. Ist der Stall schon an die Stelle der Tenne gerückt, können über dem Stall Kammern eingebaut sein, die vom oberen Hausgang her erschlossen sind.

Der Bauernhof im Aichacher Land

Der typische Hof im Aichacher Land lehnt sich, wie es nicht anders zu erwarten ist, an die Form des Hofes im nördlichen Oberbayerns an. Die strenge Ordnung der Dörfer, wie wir sie von Mittelschwaben her gewohnt sind, hat einer ungezwungenen Gruppierung im Haufendorf Platz gemacht. Die Häuser, auch die Nebengebäude, sind durchweg massiv errichtet, das Dach ist steil und als Sparrendach ausgebildet. Jüngere Forschungen am Haus Gundertshausen (s. S. 120), das im Dokumentationsteil dargestellt ist, belegen, daß in früher Zeit auch im Aichacher Land in Fachwerk gebaut wurde. Diese neue Erkenntnis verdient besondere Beachtung, da sie einen Fachwerkbau jenseits der schwäbischen Fachwerkgrenze nachweist. Dendrochronologische Untersuchungen belegen, daß dieses Haus um 1560 als Fachwerkbau errichtet wurde. Dieser Befund belegt die generell festzustellende Entwicklung vom Holzbau über das Fachwerk hin zum Massivbau, wobei die Zeitschnitte des Übergangs stark variieren – im Aichacher Land wurde der Massivbau ausnehmend früh die Standardbauweise.
Das Strohdach hat sich lange gehalten, bevor es der harten Dachdeckung wich. Die Hofanlage ist, wie wir es vom Norden Schwabens bereits kennen, eingädig erbaut. Aber im Unterschied zum Rieser Bauernhof, bei dem Wohnhaus und Stall unter einem Dach vereint sind, hat sich hier das Wohnhaus verselbständigt, das Vieh ist in der Scheune untergebracht oder hat mitunter ein eigenes Gebäude. Kleine Höfe können aber auch als Einfirsthof eingädig erbaut sein. Das Hauptmerkmal der Höfe im Aichacher Land ist aber das eigenständige, eingädige Wohnhaus. Der Grundriß variiert häufig etwas, aber es bleibt stets der traufseitige Eingang in den etwa in der Hausmitte liegenden Hausgang. Auf der einen Seite des Hausgangs liegen Küche und Stube, auf der anderen die Schlafkammern. Auch im Obergeschoß – wegen der Dachschrägen in der Hausmitte – liegt über der Stubenseite oft noch eine Kammer. Wie im Ries – und sonst nirgendwo in Schwaben – tritt hier wieder das Stüberl für die Altenteiler auf, das aus dem Giebel herauswächst. Ist ein Stüberl vorhanden, so reicht die Küche nicht ganz bis zum Giebel und die Stüberlmitte liegt etwa auf der Höhe des Giebels (siehe das Haus Gundertshausen in der Dokumentation).
Auch die in der Hallertau verbreitete »Gred« ist hier – in Einzelfällen sogar jenseits des Lechs im Schwäbischen – beim kleinen, einfirstigen Hof zu Hause. Die Deckenbalken ragen auf der Eingangsseite etwas weiter vor und ergeben eine Art überdachten Gang vor dem Haus, der gepflastert ist. Diese Variante ist insbesondere bei wirklich kleinen Anwesen zu finden, die eben auch als Einfirsthof ausgebildet sein können. Die Gred ergibt hier den Sinn, vom Dach geschützt von der Haustüre zum Stall zu gelangen. Hat dieser kleine eingädige Einfirsthof eine Tenne, so ist das Dach über der Tenne etwas angehoben, um die erforderliche Durchfahrtshöhe zu erreichen.

Das Bauernhaus im Alpenvorland

Der Bauernhof des Alpenvorlandes ist das Mittertennhaus. Der zweigädige Hof besteht also aus einem Gebäude, wobei die Tenne (und der Hausgang) das Haus in einen Wirtschaftsteil und einen Wohnteil trennen. Die Plazierung des Wohnteils im wettergeschützten Osten und des Wirtschaftsteils im Westen

Zwei Flügel eines Dreiseithofes in Sielenbach, Landkreis Aichach-Friedberg.

wird angestrebt, kann aber nicht immer verwirklicht werden.
Beim Wandaufbau des Hauses im Alpenvorland dominiert der Ständerbohlenbau, der sich insbesondere im Osten bis ins frühe 20. Jahrhundert gehalten hat. Im Westen des Gebietes ist das Fachwerk dagegen stärker verbreitet und seit der Mitte des 18. Jahrhunderts nimmt überall die Massivbauweise zu. Dabei sind insgesamt Mischformen des Wandaufbaus am Haus auffällig, etwa daß das Erdgeschoß bereits massiv, das Obergeschoß aber noch in Fachwerk errichtet wurde.
Am nördlichen Rand des Alpenvorlandes, auf Memmingen und Mindelheim zu, sind die Häuser oft mit Steildächern versehen, ansonsten ist das Dach flach geneigt und mit Legschindeln gedeckt. Im späten 19. Jahrhundert erfahren viele flachgeneigte Dächer im Zusammenhang mit dem Übergang auf die Deckung mit Falzziegeln eine Erhöhung auf etwa 35° Dachneigung.
Die Raumteilung im Mittertennhaus wurde bereits hinreichend beschrieben, es sei aber nochmals unter einem speziellen Aspekt auf die Tenne eingegangen. Die Tenne war nicht nur Verkehrsraum, sondern in hohem Maße auch Arbeitsplatz für das Dreschen des Getreides. Beide Funktionen erforderten einen äußerst stabilen und dichten Tennenboden, der entsprechend aufgebaut wurde. Die ca. acht Zentimeter starken Bohlen laufen in Längsrichtung durch die Tenne und ruhen auf starken, quer liegenden Lagerhölzern. Die Lagerhölzer sind oft die einzigen eichenen Hölzer des Hauses. Die Bohlen sind mit Nut und Feder versehen und werden durch Keilbohlen, wie wir sie bereits von Fußböden kennen, heftig zusammengetrieben, um nicht den geringsten Spalt zu lassen, damit kein wertvolles Korn verlorenging.
Die frühen Ständerbauten – bis etwa 1700 – fallen durch Fenstererker auf. Die Fensterreihen von Stube und Schlafstube sitzen zwischen waagrechten, kräftigen Bohlen, die stärker als die Wand sind und nach außen herausragen. So entsteht außen ein vorgesetztes Band, in dem die Fenster liegen, während im Inneren eine breite Ablage entlang der Außenwände entsteht.
Im 19. Jahrhundert erfuhren die Höfe eine Vergrößerung. Im nördlichen Bereich mit den steilen Sparrendächern war dies eine Vergrößerung des Baukörpers entweder in Firstrichtung oder im Winkel dazu in Form der Wiederkehr.

Das Allgäuer Haus

Im inneren Allgäu, in der Sonthofener Gegend, hat sich ein Bauernhaus entwickelt, das sich sowohl durch seine Raumteilung als auch seine Bauweise von anderen Bauernhaustypen Schwabens deutlich unterscheidet. Da es aufgrund seines eigenständigen Typs bereits in vorangegangenen Abschnitten eindeutig beschrieben ist, können hier einige kurze Hinweise genügen.
Das Allgäuer Haus ist zweigädig und hat ein flachgeneigtes, holzgedecktes Dach. Es besteht aus zwei würfelförmigen Teilen, dem Wohn- und Wirtschaftsteil. In den Berglagen waren dies ehemals zwei eigenständige Gebäude, die aber bereits früh unter einem First vereinigt wurden. Der Wohnblock ist stets als Blockbau ausgeführt, der Wirtschaftsteil und die dazwischen liegende Tenne können auch Ständerwerk sein. Der Wohnblock besteht im Grundriß aus drei Räumen – Stube, Gaden und Hus –, wobei sich das Hus entlang von Stube und Gaden spannt. Das Hus ist Hausgang und Küche. Die obere Etage mit den Kammern und dem Solar (über dem Hus) korrespondiert mit dem Erdgeschoß, sofern das Hus nicht über beide Stockwerke reicht und die Kammern etwas zurückgesetzt sein müssen.
Viele Allgäuer Häuser hatten einen Webkeller, der unter der Stube und von ihr aus über eine Bodenfalle zu erreichen war. Der Webstuhl stand im Keller, weil das Leineweben ein feuchtes Raumklima erforderte.
Die Modernisierung der Landwirtschaft im 19. Jahrhundert durch die Umstellung auf Grünlandwirtschaft machte eine Erweiterung der Kubatur notwendig; sie erfolgte durch die Verbreiterung des

Bauernhaus in Oberkammlach, Landkreis Unterallgäu. Aufnahme von Helmut Richter, um 1950.

Bauernhaus in Altstätten, Landkreis Oberallgäu. Aufnahme von Karl Erdmannsdorffer, 1939.

Hauses. Dabei gewann meist auch der Wohnteil in einem Zug einen neuen Raum, weil die Verbreiterung entlang des ganzen Hauses lief. Der neue Raum wurde zur Küche und das alte Hus zum Hausgang. Die Haustüre verblieb aber auf der Giebelseite.

In den sich im Norden, Nordwesten und Nordosten anschließenden Randgebieten des Allgäuer Hauses entstand auf der Basis des Allgäuer Hauses eine Mischform, die sich dem Mittertennhaus annähert. Der »Allgäuer Dreiraumwürfel« wird so gedreht, daß das Hus quer zum First läuft, es also die Stelle des Hausgangs beim Mittertennhaus einnimmt, der Hauseingang also auf die Traufseite kommt. Die auch hier im 19. Jahrhundert erfolgte Verbreiterung des ganzen Hauses ergab einen dritten Raum am Giebel, und das Hus verlor die Küchenfunktion. Und so erhält dieses Haus den Grundriß des Mittertennhauses bzw. Mitterstallbaus.

Die Holzhäuser des Allgäus wurden auf den Wetterseiten bereits früh verschalt; im 19. Jahrhundert werden in der Regel alle Außenflächen verdeckt. Dabei setzen sich zwei Varianten durch. Die radikalste Form war das Überputzen, das dem Haus das wertvoller erachtete Aussehen eines Massivbaus gab. Ebenso häufig nagelte man aber auch kleine Schindeln auf, die heute noch – insbesondere im Westallgäu – das als typisch erscheinende Aussehen des Allgäuer Hauses ausmachen.

Die Beschreibung der grundsätzlichen und charakteristischen Bauernhausformen Schwabens ließ lokale Spezifika, wie etwa beim Haus am Bodensee auftauchen, der Übersichtlichkeit halber und weil sie an anderer Stelle hinreichend genannt sind, außer Acht. Die vielen unterschiedlichen Haustypen Schwabens und ihre Durchmischung in den jeweiligen Grenzgebieten weisen auf einen Sachverhalt hin, auf den Konrad Bedal im Band »Mittelfranken« dieser Buchreihe bereits eindringlich aufmerksam gemacht hat. Er sei deshalb abschließend zitiert. Wir dürfen »bei aller Kontinuität im Bauen eines auf keinen Fall, auch nicht für die Zeit vor 1800, annehmen: ein einheitliches Dorfbild, in dem gleiche Formen und gleiche Konstruktion und gleiches Baumaterial alle Bauten bestimmen würden. Es ist eher die Vielseitigkeit, oder besser die Variationsbreite gleicher Grundformen, die das ›alte Dorf‹ charakterisiert hat.«[108]

Die Alpwirtschaft und ihre Gebäude im Allgäu

Michael Felkner

Die Anfänge der Alpwirtschaft

Im alemannischen Sprachraum – also auch im Allgäu – spricht man von den »Alpen«. Dieses Wort deckt sich sinngemäß mit dem im bairischen Sprachraum üblichen Begriff »Almen« und bezeichnet Bergweiden mit den dazugehörigen Gebäuden, die getrennt vom Heimanwesen nur saisonal bewirtschaftet werden. Die Anfänge der Alpwirtschaft sind in allen Alpenländern gleichermaßen wenig erforscht. Aus den Namen einzelner Alpen wie der beiden Elpen, Salober, wohl auch Entschen, Schnippen, Printschen und Höllritz(er) läßt sich erkennen, daß leicht erreichbare Bergweiden schon in voralemannischer Zeit benutzt wurden[1]. Urkunden als Belege für die Existenz einer selbständigen Alpwirtschaft existieren erst seit dem Mittelalter. In der einschlägigen Literatur ist zwar vielfach das Jahr 820 zitiert, in dem die Alpe Gelchenwang, am Ende des Gunzesrieder Tales Käse an den fränkischen Hof nach Kempten geliefert haben soll[2], aber nie durch entsprechende Quellenangaben belegt. Erst für das Jahr 1173 ist im Allgäu in den Traditionen des Klosters Isny mit der pascula in alpibus dicta »Gerichinwang«, also der Weide in den Alpen namens Gerichinwang, heute Gelchenwang eindeutig eine Alpe ausdrücklich als solche benannt. Im ältesten Güterverzeichnis des Klosters Füssen erscheint dann im Jahre 1200 als Bestandteil einer Schenkung in Vils auch der Anteil (pars una) an der alba in Stabilis, also wohl der heutigen Vilser Alpe[3]. In den Lehensbüchern aus dem Mittelalter, als auch die Alpflächen bereits ihre Besitzer hatten (vorwiegend Klöster und Adelige), ist dann vermehrt von Rodungen die Rede. Im Spätmittelalter schließlich sind auch die schwierig zu erreichenden Regionen für die Alpwirtschaft erschlossen worden.

Für die Entwicklung der Alpwirtschaft im Allgäu sind auch die rechtlichen Verhältnisse von Bedeutung. Unsere Vorfahren siedelten in »Marken« (= Grenzen, Regionen), innerhalb derer der einzelne Eigentum nur in Verbindung mit seiner Hofstelle, auch »Buind« genannt, besaß. Das übrige Land unterlag der gemeinsamen Nutzung, war also »Almende«. Diese Markgenossenschaften wurden von gewählten Landesfürsten, die im Namen des Königs handelten, verwaltet. Im Ostallgäu und im angrenzenden Oberbayern finden wir heute noch mancherorts das Gemeindealpsystem. Im Oberallgäu dagegen ist das System der Urgenossenschaften aufgrund ständig sich ändernder Herrschaftsverhältnisse schon sehr früh zugunsten einer Aufteilung in Individualeigentum aufgegeben worden. Die heute hier noch existierenden Genossenschaften sind eher als Kapitalgenossenschaften zu sehen.

Alpe Gelchenwang im Gunzesrieder Tal. Aufnahme 1987.

Die Alpwirtschaft seit dem 19. Jahrhundert

Durch die Säkularisierung und ein damit einhergehendes Liquidationsverfahren wurden die bis dahin mancherorts noch intakten Gemeinschaften der freien Marken mit ihren Dorfschaftsverfassungen endgültig aufgelöst. Die Zersplitterung des Alpbesitzes und die damit einhergehenden hohen Aufwendungen zur Bewirtschaftung stellen den Hauptgrund für die Entwicklung des neuen Allgäuer Genossenschaftswesens dar.

Bis etwa 1830 hatte sich im Allgäu der Ackerbau als die wesentliche Wirtschaftsform erhalten. Durch die seit 1550 in Gang gekommene »Vereinödung« waren arrondierte Parzellen geschaffen worden, die entsprechend gut zu bewirtschaften waren. Neben Getreide, Feldfutter und Kartoffel wurde Flachs angebaut, der zu Leinen weiterverarbeitet wurde. Das Vieh spielte zwar bereits eine große Rolle, jedoch nicht die dadurch erwirtschafteten Erzeugnisse wie Käse und Butter, denn diese konnten wegen mangelnder Haltbarkeit nur sehr begrenzt vermarktet werden. Das Vieh (Rinder, Ochsen, Pferde) wurde hauptsächlich als Handelsobjekt gehalten und bis nach Oberitalien verkauft. Die Alpen dienten damals vorwiegend der Sömmerung des Jungviehs und der Erzeugung von Bergheu. Ende des 19. Jahrhunderts ging durch die Erfindung des mechanischen Webstuhls und die Einfuhr von Baumwolle die Bedeutung des Flachsanbaus schlagartig zurück. Gleichzeitig kamen seit 1820 mehr und mehr Schweizer Sennen ins Allgäu, um hier die Hartkäserei in Form der Emmentaler-Herstellung einzuführen. Der bekannteste unter ihnen war der 1827 eingewanderte Johann Althaus (1798–1876), der außerdem eine verbesserte Grünlandbewirtschaftung mit Hilfe der kontrollierten Gülledüngung durchsetzte. Der Allgäuer Carl Hirnbein (1807–1871) führte die in Holland, Belgien und Frankreich erlernte Weichkäserei in seiner Heimat ein. Begünstigt durch die vorteilhafte Agrarstruktur fand die Herstellung von transport- und lagerfähigem Käse im ganzen Allgäu eine explosionsartige Verbreitung. Durch die Umstellung von Ackerbau auf Grünlandwirtschaft im Tal und von der Galtvieh(= Jungvieh)- auf Milchkuhhaltung auf den Alpen setzte eine rege Bautätigkeit ein. Dazu kam, daß bis in die 80er Jahre des 19. Jahrhunderts die Meinung verbreitet war, daß guter Käse nur auf den Alpen erzeugt werden könne. Da zur Herstellung von Emmentalerkäslaiben größere Milchmengen benötigt wurden, legte man kleinere Alpen zusammen oder bewirtschaftete die Flächen und Gebäude gemeinsam. Auf diese Weise entstanden neue Genossenschaften, die allerdings mit den Urgenossenschaften nichts gemein hatten. Stagnierender Absatz und die Erkenntnis, daß eine ebenso qualitätvolle, gleichzeitig aber wirtschaftlichere Käseherstellung im Tal möglich ist, führten dazu, daß um die Jahrhundertwende viele Sennalpen wieder in Galtalpen umgewandelt wurden.

Ställenalpe im Retterschwanger Tal. Aufnahme 1986.

Die Alpgebäude im Allgäu

Bedingt durch die extremen Witterungsverhältnisse, durch Naturgewalten wie Schnee, Lawinen, Blitz, Steinschlag und Muren, aber auch durch Inbrandsetzen infolge Funkenflug (die Gebäude besaßen ursprünglich keinen Kamin) sind heute nur mehr wenige Alpen erhalten, die älter als 200 Jahre sind. Daneben spielen seit jeher wirtschaftliche Notwendigkeiten die maßgebende Rolle, wenn es um Erhaltung, Ausbau oder Umbau der Gebäude geht.

Entscheidend für die Anlage und Situierung eines Alpgebäudes sind zunächst einmal die Topographie und die naturräumlichen Gegebenheiten. Aus Gründen der besseren Erreichbarkeit vom Tal und der leichteren Versorgung des Viehs wurden die Alpgebäude meistens im unteren Drittel der zu bewirtschaftenden Fläche angeordnet. Sie durften nicht in ausgesprochen lawinengefährdeten Bereichen liegen und mußten auch in Trockenzeiten ausreichend mit Wasser versorgt sein. Sofern möglich, wurden die Gebäude stets nach dem Wetter ausgerichtet, was bedeutet, daß der Stallteil dem Wetter zu- und der Wohnteil dem Wetter abgewandt ist. So ist der Wohnteil zumeist nach Norden oder Osten orientiert.

Die Größe der Gebäude richtet sich nach der Art der Bewirtschaftung, wobei im Allgäu wohl immer schon Stallungen für das Vieh vorgesehen wurden. Man unterscheidet Galt-, Kuh- und Sennalpen. Auf den Galtalpen werden nur Jungtiere und eine geringe Anzahl von Milchkühen zur Eigenversorgung gesömmert, während auf den Sennalpen die Milch der dort geälpten Kühe verarbeitet wird. Die Milch der Kuhalpen wird zu Tal gebracht und dort verwertet. Die reine Form der Roßalpen existiert heute nicht mehr. Während in den flacheren Lagen die Funktionen Wohnen/Milchverarbeitung, Stall und Futterlager immer unter einem Dach vereint sind, wurden in den steiler ausgeformten Tälern diese drei Nutzungen oft räumlich voneinander getrennt und in mehrere Gebäude aufgeteilt. Die in manchen Tälern früher intensiv betriebene Wildheugewinnung findet Ausdruck durch eine Vielzahl von meist im Talboden verstreut liegenden kleinen Heustadeln – im Allgäu »Heuschinden« genannt –, die heute meist dem Verfall preisgegeben sind. Durch die im vergangenen Jahrhundert eingeleitete Intensivierung der Alpwirtschaft und den Zusammenschluß vieler Bauern zu Genossenschaften entstanden oftmals große Gebäude. Darüber hinaus gehören oft mehrere Gebäude zu einer Alpe, d. h. im Frühling wird zunächst das »Vorsäß« bezogen, später die Hauptalpe und im Herbst vor dem endgültigen Auszug wieder das »Vorsäß«. Bei größeren Sennalpen befindet sich in den Hochlagen manchmal eine sogenannte »Melk«, die aus einem kleinen Unterstand mit Stall besteht.

Die Baumaterialien zur Errichtung der Gebäude wurden früher vor Ort gewonnen. Der Baustoff Holz war zumindest in der Nähe der meisten Bauplätze vorhanden. Es herrscht die Blockbauweise vor, wobei der Hausstock bei den heute erhaltenen Beispielen fast ausschließlich aus behauenen Balken »gestrickt« ist. Die Ställe und Heuschinden der älteren Beispiele bestehen oft noch aus Rundhölzern. Balken von zerstörten Hütten wurden bei Neubau oder Reparatur von anderen Hütten selbstverständlich wiederverwendet. Im Gebiet um Hindelang (Ostrachtal), wo – bedingt durch den Erzbergbau – sehr früh schon ein Mangel an Holz bestand, oder in Gebieten oberhalb der Baumgrenze, wo die Schuttkegel der höheren Berge entsprechendes Baumaterial hergaben, wurden die Wände der Gebäude aus trocken oder später mit Kalkmörtel vermauertem

Alte Buralp im Ehrenschwanger Tal. Eckdetail eines mehr als 300 Jahre alten »gestrickten« Holzbaus, der seit über 70 Jahren nicht mehr bewohnt wird. Aufnahme 1986.

Gerstruber Alp im Dietersbachtal. Eckdetail eines aus Rundhölzern »gestrickten« Stallgebäudes mit Legschindeldeckung und Sockelpfeiler aus mit Kalkmörtel vermauerten Felssteinen. Aufnahme 1988.

Raut-Alpe im Rohrmoos. Stallgebäude von 1736 mit Felssteinsockel, gestrickter Außenwand und mit Steinen auf Holzstangen beschwertem Legschindeldach. Aufnahme 1988.

Alpe Hintere Kölle bei Wertach. Erbaut um 1880, daher hier beispielhaft die ausgefeilte zimmermannsmäßige Ausbildung der Dachkonstruktion, wenn auch noch mit handbehauenen Hölzern. Aufnahme 1986.

Felssteinmaterial errichtet. Die Sockel (-pfeiler) und Käskeller wurden überall aus vorgefundenen Bruchsteinen aufgebaut. Die einfach konstruierten Dachstühle sind wegen der im Allgäu weitverbreiteten Dacheindeckung aus Legschindel zwischen 13° und 18° flach geneigt. Herrschaftliche und in jüngerer Zeit errichtete Gebäude zeichnen sich oft durch über 20° bis maximal 40° steil geneigte Dächer aus, die mit der aufwendigeren genagelten Schindeldeckung versehen sind. Auch die Fassaden sind zum besseren Schutz gegen Wind, Regen und Schnee häufig mit früher vor Ort hergestellten, handgespaltenen Schindeln verkleidet.

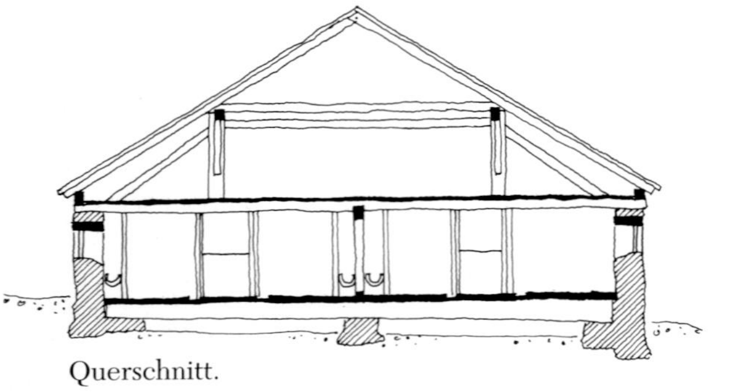

Querschnitt.

Mösle-Alp

Die Mösle-Alp liegt auf 1134 m über N.N. im Ostrachtal bei Hinterstein und ist auch heute noch nur zu Fuß erreichbar. Erwähnt wurde diese Alpe erstmals 1553[4] und war bis 1812 eine ganzjährig bewohnte Einöde. Der heute vorhandene langgestreckte Baukörper ist 1879 aus mit Kalkmörtel vermauerten Felssteinen errichtet worden. Diese Bauweise ist im Ostrachtal weit verbreitet. Das 31° geneigte Dach war ursprünglich schindelgedeckt. Die Raumeinteilung ist typisch für die Erbauungszeit. Die Käsküche als wichtigster Raum neben dem Kuhstall ist zentral in Giebelmitte im Südosten angeordnet und wird flankiert von einem Wohn-/Schlafraum auf der Tal- und einer Milchkammer und einer Holzlege auf der Bergseite. Die Käsküche ist offen bis unters Dach. Unter der Stube befindet sich ein über eine Falle zugänglicher Käskeller. Die Decken über Stube und Milchkammer bestehen aus 10 cm dicken handbehauenen Holzdielen. Der Stallraum ist offen bis unters Dach. Der Dachstuhl besteht aus behauenen Holzbalken und ist in seiner Konstruktionsart als Pfettendachstuhl, ausgebildet als Sprengwerk mit Mittelpfette, jedoch ohne Firstpfette, typisch für das ausgehende 19. Jahrhundert. Die Holzverbindungen sind mit Holznägeln gesichert. Bei diesem Gebäude ist in den vergangenen Jahrzehnten so gut wie keine Veränderungen vorgenommen worden.

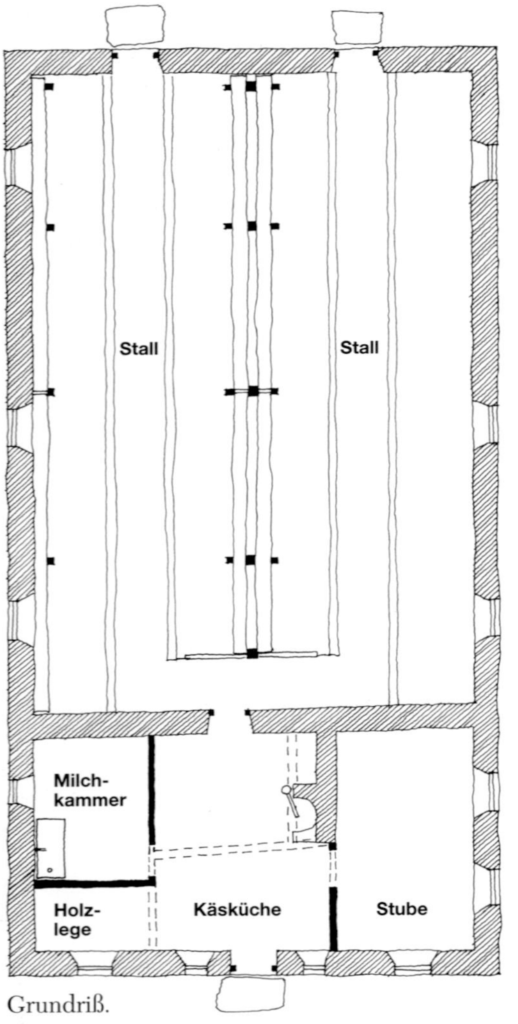

Grundriß.

Die Käsküche mit Feuerstelle, Galgen und Käskessel.

Die Bugrat (fest eingebaute Schlafstelle) in der Stube.

Gerstruber Alp

Die Gerstruber Alp liegt auf 1216 m über N.N. im Dietersbachtal bei Oberstdorf, wurde 1781 erstmals urkundlich erwähnt[5] und ist wohl um 1840 in der heutigen Form errichtet worden. Die Gesamtanlage besteht aus drei Stall- und einem Wohn- und Sennereigebäude. Die Aufteilung in Einzelbaukörper ist ebenso typisch für die Oberstdorfer Täler wie die Konstruktion und die verwendeten Baumaterialien. Die Stallungen sind aus Rundholzstämmen in Blockbauweise errichtet. Die unter 16° bis 18° geneigten Dächer sind mit Legschindeln gedeckt. Das Hauptgebäude ist aus behauenen Hölzern gestrickt und mit einem 31° steilen schindelgedeckten Dach versehen. Die Käsküche nimmt auch hier mehr Raum ein als der aus Stube und Gaden (Schlafkammer) bestehende Wohnteil. In den Hang eingegraben sind zwei aus Felssteinmauerwerk errichtete Käslagerräume. Die Käsküche war ursprünglich wohl offen bis unters Dach.

Die Gerstruber Alp von Nordwesten. Aufnahmen 1988.

In der Mitte das Hauptgebäude, flankiert von den Ställen.

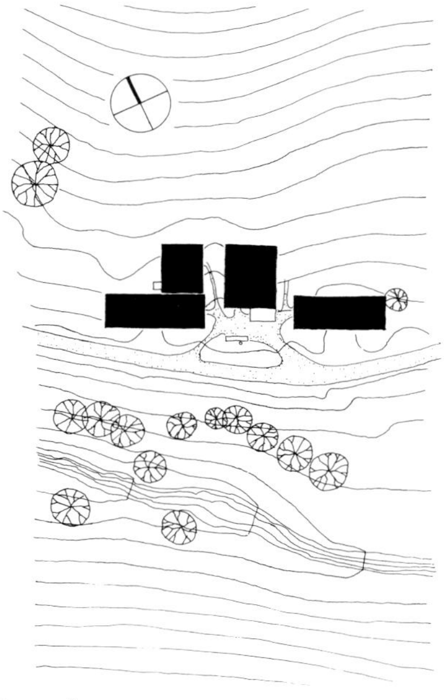

Lageplan.

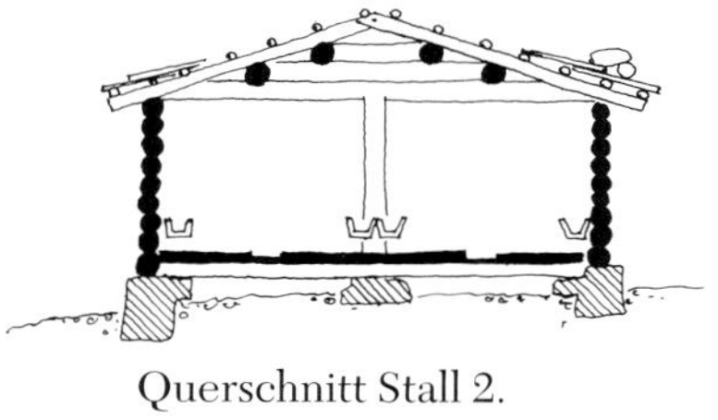

Querschnitt Stall 2.

Querschnitt Hauptgebäude.

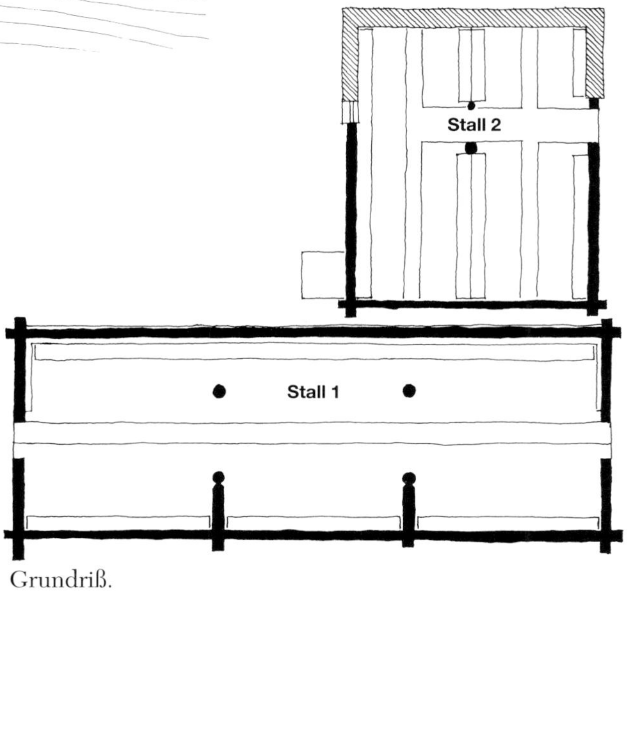

Grundriß.

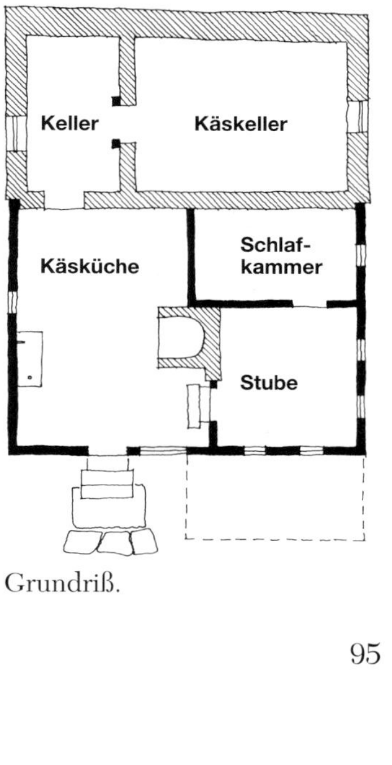

Grundriß.

Die Raut-Alpe von Westen. Aufnahme 1988.

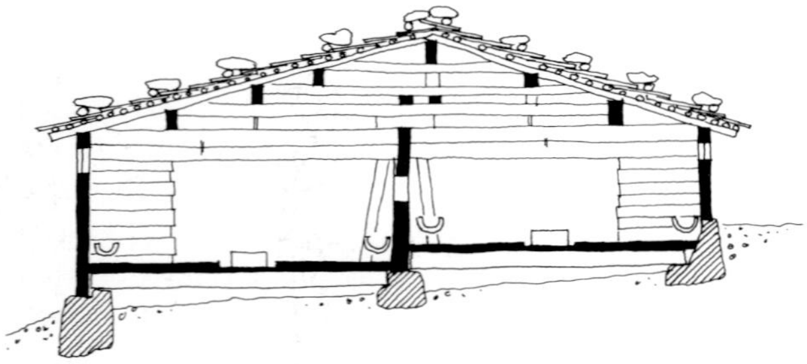

Querschnitt.

Raut-Alpe

Die Raut-Alpe liegt auf 1048 m über N.N. am alten Alpweg ins Rohrmoos westlich von Oberstdorf und ist 1498 erstmals urkundlich erwähnt worden[6]. Das Ensemble besteht – ähnlich wie bei der Gerstruber Alp – aus zwei Stall- und einem Wohn- und Sennereigebäude. Letzteres ist 1935 nach Zerstörung durch eine Lawine an gleicher Stelle und vermutlich in ähnlicher Grundrißform in Blockbauweise neu errichtet worden. Das kleinere Stallgebäude wurde um 1860 in derselben Bauweise errichtet, in jüngerer Zeit allerdings teilweise erneuert. Am bemerkenswertesten aber ist das 1736 in Blockbauweise errichtete große Stallgebäude. Ungewöhnlich für die Entstehungszeit ist die Größe des Gebäudes, zumal beim Bau der Alpgebäude aufwendige Holzverbindungen allgemein vermieden wurden.

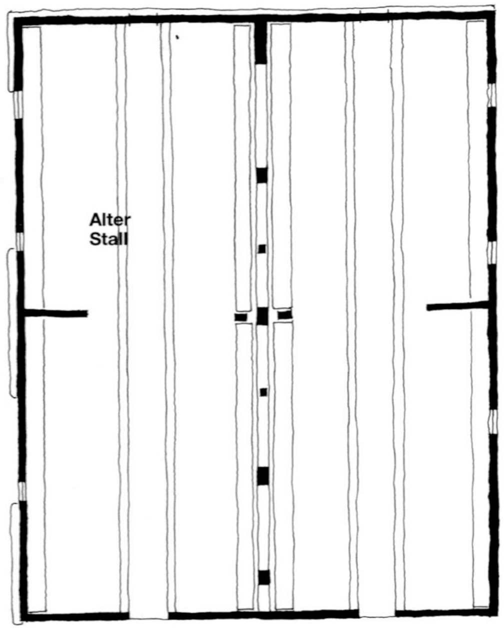

Grundriß.

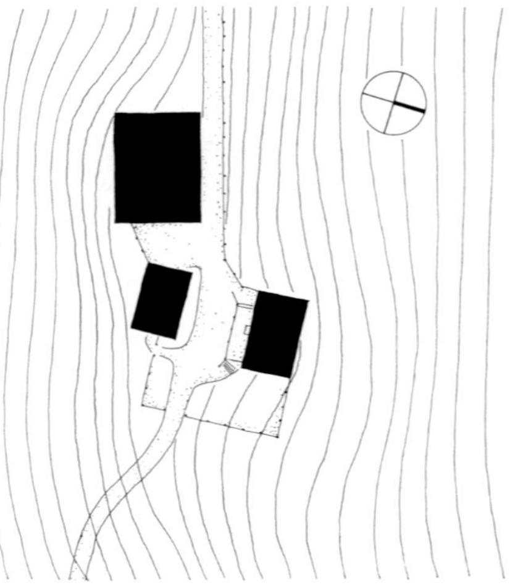

Lageplan.

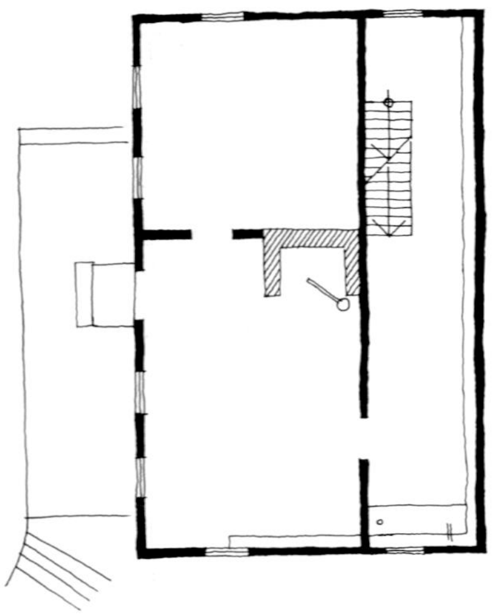

Grundriß Hauptgebäude.

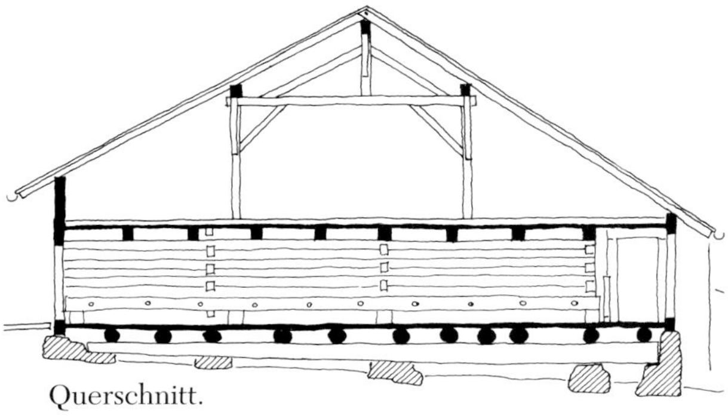

Querschnitt.

Alpe Unterdenneberg von Norden. Aufnahme 1986.

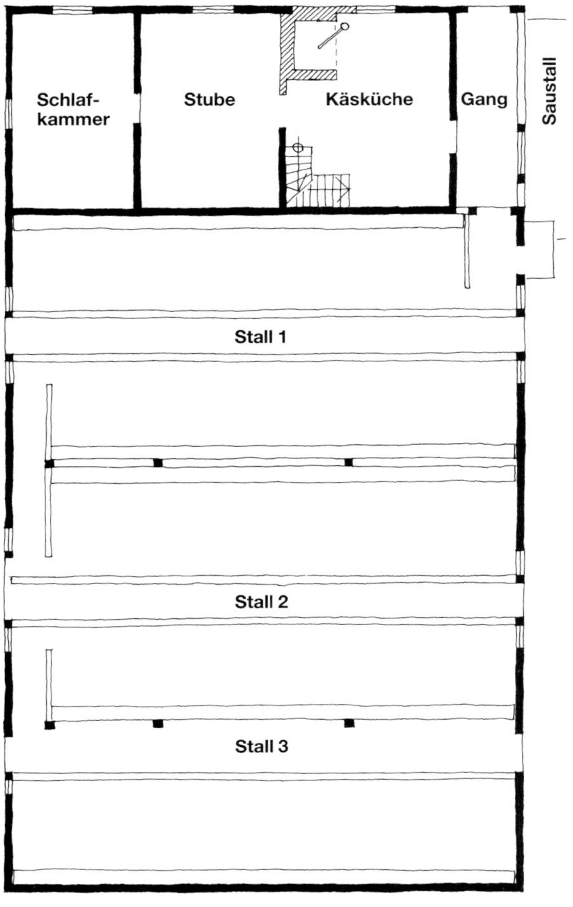

Grundriß.

Alpe Unterdenneberg

Die Alpe Unterdenneberg liegt auf 1192 m über N.N. im Ehrenschwanger Tal südwestlich von Immenstadt und ist 1592 erstmals urkundlich erwähnt[7]. Wie im Oberallgäu nördlich von Oberstdorf bei den Alpgebäuden üblich, handelt es sich hier um ein Einfirstgebäude, das Wohn-, Sennerei- und Stallteil unter einem Dach vereint. Die weniger schroffen Bergformationen im voralpinen Gebiet begünstigen eine intensivere Bewirtschaftung, die sich auf die Größe der Gebäude auswirkt.
Das Gebäude ist gänzlich in Holzblockbauweise errichtet, wobei der Wohn- und Sennereiteil angeblich 1719 erbaut wurde. Die Ställe und der Dachstuhl sind Ende des 19. Jahrhunderts erneuert und vergrößert worden. Das asymmetrische Satteldach (28°/34°) ist heute blechgedeckt. Typisch für das Gebiet um den Alpsee sind Orientierung und Grundrißeinteilung: Wohn- und Sennereiteil im Osten, erschlossen von der Talseite über einen Längsschopf mit der Raumfolge Käsküche–Stube–Gaden. An den Wohnteil schließen sich im Westen drei Querstallungen an. Über der Käsküche wurde erst 1974 eine Decke eingezogen, während der große Dachraum über dem Stall immer schon durch eine Decke zur Heulagerung abgetrennt war. Unter der Käsküche befindet sich ein Käskeller.

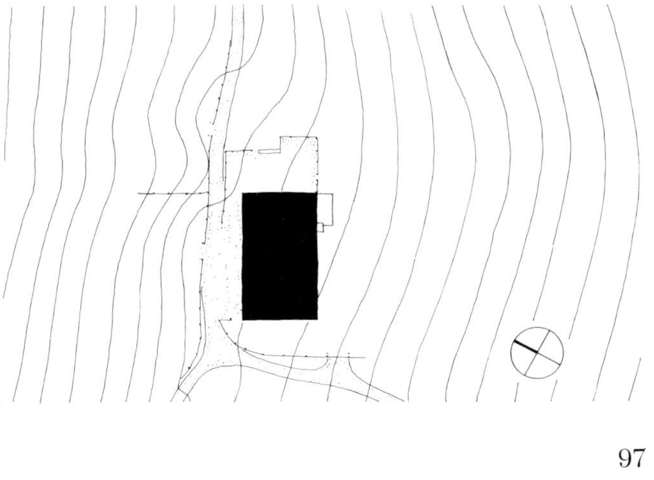

Lageplan.

Bur-Alp

Die Bur-Alp liegt auf rund 1310 m über N.N. ebenfalls im Ehrenschwanger Tal südwestlich von Immenstadt und wurde 1340 erstmals erwähnt[8]. Etwas oberhalb der alten Buralp liegt die 1925 errichtete neue Buralp. Mit ihren gigantischen Ausmaßen von ca. 15 x 42 m bietet sie Stallungen für über 100 Milchkühe. Der Hausstock ist ein Holzblockbau, während der Stallteil als Holzriegelwerk ausgeführt ist. Der Dachstuhl ist eine Mischung aus mehrfach stehendem Stuhl und Sprengwerk. Die 37,5° steilen Dachflächen sind – ebenso wie die Außenwände – geschindelt.

Interessanter jedoch ist die wohl im ausgehenden 17. Jahrhundert errichtete und seit dem Neubau nicht mehr unterhaltene alte Buralp. Der kleine Blockbau ist rundum verschindelt, ebenso das unter 32° geneigte Dach. Über einen auf der südlichen Traufseite durchgehenden Schopf gelangt man in den Stall bzw. in die Käsküche und die dahinter liegende Stube. Allein die Stube verfügt über eine raumabschließende Decke aus in die Umfassungswände eingenuteten 12 cm dicken Dielen, wie es im Blockbau bis weit ins 19. Jahrhundert allgemein üblich war. Die beiden Halbfenster in der Stube wurden nachträglich vergrößert. Die ehemals in der Käsküche vorhandene Feuerstelle hat auch die Stube beheizt. Obwohl sämtliche Ausbauteile inzwischen verloren gegangen sind, vermittelt dieses Gebäude einen unverfälschten Eindruck von der Kargheit des temporären Lebens auf den Allgäuer Alpen.

Neue Buralp und Alte Buralp im Ehrenschwanger Tal. Die Neue Buralp ist das größte Alpgebäude im Allgäu, während die Alte Buralp eines der ältesten Gebäude ist. Aufnahmen 1986.

Die Alte Buralp trotzt immer noch Wind und Wetter.

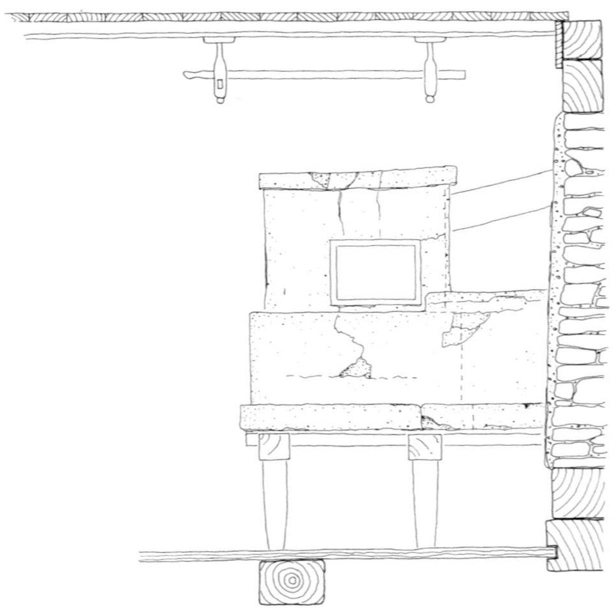

Grundriß.

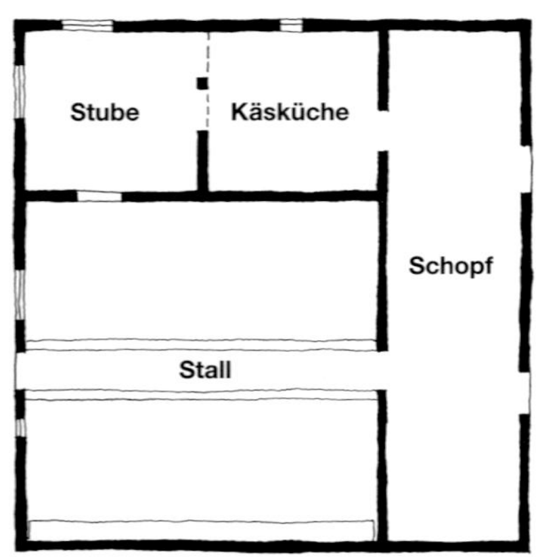

Grundriß.

Dokumentation der Hausbeispiele
Überblick

Helmut Gebhard

Weg der Darstellung

In den Hausbeispielen tritt das Ziel der Dokumentation deutlich hervor, nämlich aus den unterschiedlichen Sichtweisen und Untersuchungsmethoden der einzelnen Fachbereiche eine konkrete Darstellung der Bauernhäuser einer Region bis in ihre räumlichen Details hinein zu gewinnen. Die Zusammenführung geowissenschaftlicher Untersuchungen von Landschaft und Siedlung als ökologische Wirkungsfelder und hausgeschichtlicher Erforschung der Bauernhöfe als Zentren des Wohnens und der Landbewirtschaftung verspricht neue Einsichten in die Lebenswelt ländlicher Kultur. Den unmittelbaren Bezug zur Gegenwart stellen die Maßtabellen und Texte der Gebäudemerkmale für die Bauberatung her. Bauberatung als fachkundige Durchleuchtung von räumlicher Organisation und konstruktiver Gestaltung bezieht Sanierungen bestehender Anlagen ebenso ein wie die Errichtung von Neubauten. Diesen wichtigen Zukunftsfragen ist ein eigener »Bauberatung« genannter Teil der Untersuchung gewidmet, in dem die Vielfalt zukunftsorientierter Lösungsmöglichkeiten aufgezeigt und anhand von gebauten Beispielen nachgewiesen wird.
Wenn die Hausbeispiele im Mittelpunkt stehen, sind auch ihre räumlichen Verflechtungen einzubeziehen, einmal mit ihren Einzelteilen aus deren Elementen sie aufgebaut sind, also den Gebäudedetails, und zum anderen mit den weiterreichenden Raumdimensionen, wie den Wechselbeziehungen zur Nachbarschaft, zum Ortsteil, zur Gemeinde und darüber hinaus zu Landkreis und Region.
Auf wichtige bautechnische Details von Wandaufbau, Dach, Konstruktionen, Treppenanlagen, Türen und Fenstern wird in den Gebäudemerkmalen mit Maß und Zahl eingegangen.
Das weitere Umfeld ist mit den Lageplänen und den Kurzbeschreibungen zur Siedlung erfaßt, ob es sich um eine Lage im Dorf, wie überwiegend im nördlichen und mittleren Schwaben, oder um eine Hofstelle in freier Landschaft, wie meist im Allgäu handelt. Unter diesen Voraussetzungen führt die Konzentration auf die Gebäude selbst nicht zu einer Verkürzung der Fragen des früheren und gegenwärtigen Bauens in ländlichen Räumen für die bäuerliche Lebenswelt, deren Aufgabenfelder sich über die landwirtschaftliche Produktion gesunder Nahrungsmittel und nachwachsender Rohstoffe hinaus auf die Funktionen des ländlichen Wohnens und der Erholung ausweiten. Damit wird auch einsehbar, daß Fragen der landwirtschaftlichen Betriebssysteme und landtechnischer Einrichtungen ebenso als Einflußgrößen im Bewußtsein bleiben müssen, wie übergreifende soziale und ökonomische Faktoren und technisch wissenschaftliche Veränderungen, auch wenn sie anderen Untersuchungen vorbehalten sind, für die von der vorliegenden Dokumentation Anregungen ausgehen sollen.
An zwei Beispielreihen können die Wechselbeziehungen der verschiedenen räumlichen Dimensionen der Hausbeispiele anschaulich dargestellt werden.
Die Bildfolge beginnt mit einem Dreiseithof des mittleren Schwabens in Allenberg, Gemeinde Schiltberg. Der von Gebäuden umstandene Hof öffnet sich zu dem erschließenden Fahrweg, dem auch der Giebel des Wohnstallhauses zugewandt ist. Der mit Kies befestigte unversiegelte Hofraum bildet die Mitte des Anwesens. Auf ihn sind die Türen und Tore von Wohnteil, Stall und Scheune ausgerichtet.
Die Giebelansicht des Wohnstallhauses zeigt ein breit gelagertes Erdgeschoß, über dem sich ein steiles Satteldach mit zwei Dachböden erhebt. Die hell verputzte Giebelwand wird von einem knapp überstehenden gemauerten Ortganggesims abgeschlossen, das zu den ziegelgedeckten Dachflächen überleitet. Die Fensteröffnungen sind nach oben stufenweise kleiner gehalten und lassen damit auch die unterschiedliche Bedeutung der Räume des Erdgeschosses, der Dachkammern und des obersten Dachbodens erkennen.
In der Detailansicht der Hausecke treten die nahezu bündig in die helle Putzfläche eingesetzten weiß gestrichenen Holzfenster mit festem Mittelstück und zwei seitlichen Öffnungsflügeln deutlich hervor. Zwei senkrechte in den Fensterstock eingesetzte Eisenstäbe sichern die Erdgeschoßräume gegen Einbruch. Ebenso gewähren die seitlichen Klappläden Schutz gegen Hagelschlag und Winterkälte.
An diesem Beispiel räumlicher Wechselbeziehungen zwischen Hofstelle, Einzelbauwerk und Fensterdetail in Allenberg, Landkreis Aichach-Friedberg[1] können auch die verwandten Merkmale der Bauernhäuser des nördlichen und mittleren Schwaben und des nördlichen Oberbayern aufgezeigt werden.
Bei den Versuchen, Verbreitungsgebiete von Hausmerkmalen zu finden, wenn auch mit durchlässigen Grenzzonen, stießen sowohl die geographisch naturräumlichen als auch die geschichtlich hauskundlichen Untersuchungen dort auf ähnliche Grundstrukturen des ländlichen Bauens.
So hat Robert Gradmann in seinem geographischen

Bauernhäuser 1999
Vom Bauwerk
zum Detail

Allenberg
Gemeinde Schiltberg
Landkreis Aichach-Friedberg

Ansicht der Hofstelle
Unversiegelter, zum
Weg hin offener Hofraum

Ansicht des massiven
Giebels mit gemauertem
Ortgang

Ansicht der Südostecke
mit zweiflügeligen
Fenstern und Klappläden

Bauernhäuser 1999
Von der Ortslage
zum Innenraum

Schweineberg
Gemeinde Ofterschwang
Landkreis Oberallgäu

Einödhöfe in der Wiesenlandschaft des Allgäu

Ansicht des verschindelten Giebels mit doppelter Firstpfette

Innenraum Stube mit Blick auf den Herrgottswinkel

Grundlagenwerk »Süddeutschland« das Gebiet südlich der Donau als schwäbisch-bayerisches Alpenvorland bezeichnet[2]. Ebenso weisen die neueren Arbeiten wie die wissenschaftliche Länderkunde von Bayern[3] in den Naturfaktoren von Relief und Böden, Klima, Gewässer und Vegetation eine Zonenfolge vom Donautal im Norden zu den Alpen im Süden auf, quer über die Flußtäler von Iller, Lech bis zur Isar.

In der Hausforschung wird bei allen grundsätzlichen Übereinstimmungen im Baudetail auf Unterschiede hingewiesen, z. B. der Gliederung von Giebeln mit Gesimsen westlich des Lech gegenüber den meist schmucklos aufsteigenden weißen Giebelfeldern der Bauernhäuser des nördlichen Oberbayern, wie sie Heinrich Götzger und Helmut Prechter hervorgehoben haben[4]. Die neue Darstellung von Heinz Ellenberg: Bauernhaus und Landschaft in ökologischer und historischer Sicht[5] bezeichnet das Gebiet der schwäbisch-bayerischen Hochebene als Randgebiet des südlichen Albvorlandes zwischen Hallertau und Ulm als naturräumliche Einheit mit grundsätzlich ähnlichen Bauernhäusern.

Aus dem Allgäu zeigt das zweite Beispiel einen sanierten Einfirsthof in Schweineberg in der Gemeinde Ofterschwang, Landkreis Oberallgäu.

Die Bildfolge reicht hier von der freien Lage in der Allgäuer Wiesenlandschaft über den Wohnteil des Einfirsthofes bis zum Innenraum der Stube. Auch hier soll der durchgehende Zusammenhang der verschiedenen räumlichen Reichweiten vor Augen gestellt werden.

Auf dem ersten Foto ist der Blick aus der Ferne von Südwesten her auf den Einfirsthof gerichtet. Dahinter wird ein weiterer benachbarter Einödhof inmitten seiner Wiesen auf erhöhtem Standort sichtbar. Beide Gebäude stehen in Ost-West-Richtung und schützen sich mit den holzverschalten Bergeräumen gegen die Angriffe der Wetterseite. Nach dem Stall in der Gebäudemitte – in beiden Höfen an dem hell verputzten Mauerwerk erkennbar – folgt an der Ostseite der zweigeschossige Wohnteil. Die Weidewiesen beherrschen das Landschaftsbild, unterbrochen durch Fichten der Waldstücke und Laubbäume neben den Bauernhäusern. Den Hintergrund bilden die Berghänge des gegenüberliegenden Ufers des Illertales.

Das Obergeschoß der Giebelansicht des Einfirsthofes ist auf dem zweiten Foto von Südosten zu sehen. Das weit überstehende flach geneigte Satteldach mit der für das Allgäu charakteristischen doppelten Firstpfette schützt den zweigeschossigen verschindelten Wohnteil. Die Reihe der fünf Fenster an der Giebelseite setzt sich über Eck auf der südlichen Traufseite mit gleichen Abmessungen und Details fort. Die weiß gestrichenen zweiflügligen Fenster sind durch grün gehaltene seitliche Klappläden gesichert.

Die gleiche Gebäudeecke mit den über Eck angeordneten Fenstern ist von innen auf dem dritten Foto abgebildet. Die Tischecke mit der umlaufenden Eckbank wird von zwei in gleicher Entfernung zur Außenecke angeordneten Fenstern belichtet. An den Wänden auf die Außenecke des Herrgottwinkels hin entsteht so eine Diagonalsymmetrie, die auch bei der Sanierung erhalten blieb.

In dieser Bildfolge wird deutlich, wie die innere Fensterecke der Stube in der Gebäudeecke des Wohnteils auch außen sichtbar wird und der Wohnteil selbst wieder einen wichtigen Baustein im Raumgefüge des ganzen Einfirsthofes darstellt. Damit wird zusammenfassend auf die gegenseitigen Wechselbeziehungen der unterschiedlichen räumlichen Reichweiten hingewiesen, die auch bei den Hausbeispielen immer im Bewußtsein bleiben sollen.

Beispiel einer wissenschaftlichen Baudokumentation und Hausforschung

Die Bauernhäuser Bayerns in ihren räumlichen und zeitlichen Wechselbeziehungen darzustellen und in ihren wichtigsten Merkmalen zu dokumentieren setzt die Untersuchung ihrer funktionalen und baulichen Strukturen auf dem heutigen Stand wissenschaftlicher Forschung voraus. Dabei sind Probleme der verformungsgerechten Bauaufnahme ebenso einbezogen wie die im Gebäude hinterlassenen Spuren bäuerlichen Lebens und Arbeitens. Als Beispiel einer umfassenden Hausforschung werden die derzeitigen Untersuchungen des Bauernhauses Honsolgen Nr. 24, ehemals Landkreis Kaufbeuren, heute Ostallgäu dargestellt.

Hier konnten im Rahmen der Transferierung in das Bauernhausmuseum Illerbeuren der Rohbau des Hauses mit Mauern, Decken, Feuerstellen und Dach ebenso erforscht werden wie auch die Ausbauteile mit Fußböden, Wandanstrichen, Türen und Fenstern. Bei diesen Vorarbeiten zur Umsetzung wurden vielfach bisher verborgene Schichten entdeckt, die eine vertiefte Einsicht in die Prozesse des konstruktiven Aufbaus und der räumlichen Gestaltung gewähren. In gleicher Weise können hier die Methoden heutiger Bauforschung mit zeichnerischem Aufmaß und fotografischer Dokumentation sowie die Sicherung von Ausbauspuren aufgezeigt werden.

Die Folge der Hausbeispiele

Lage und Siedlung

Die 62 Hausbeispiele entsprechen grundsätzlich dem in der wissenschaftlichen Baudokumentation aufgezeigtem Stand der Hausforschung, sind jedoch wegen ihrer großen Zahl kürzer und auf ihre Ergebnisse hin konzentriert dargestellt. Dies war aus der Begrenzung der verfügbaren Mittel geboten. Ebenso sollte aus wissenschaftlichen Gründen nachgewiesen werden, daß auch eine weiter gefaßte interdisziplinäre Forschungsarbeit in übersichtlicher Form veröffentlicht werden kann, um eine Zusammenschau der naturräumlichen Voraussetzungen, der darin eingefügten kulturellen Entwicklungsschritte und der konstruktiven Gestaltung des Bauens zu erreichen.
Für die Einzeldokumentation der Hausbeispiele wurde, wie auch in den vorausgehenden sieben Bänden der Bauernhäuser in Bayern, die alphabetische Reihenfolge nach Landkreisen und Ortsnamen gewählt, um sie auch als Einzelobjekte leicht finden zu können. Zugleich ist damit der Hinweis auf die örtlichen Voraussetzungen der Region der Gemeinde und des Standortes verbunden.
Deshalb beginnt jedes Hausbeispiel mit einer Kurzdarstellung »zur Siedlung«, in der die Verflechtungen mit den landschaftlichen Gegebenheiten und der Ortsentwicklung in verschiedenen Zeitstufen aufgezeigt werden. Betont wird die Bedeutung der Örtlichkeit jedes Hausbeispiels durch einen eigenen Lageplan im Maßstab 1 : 2500.

Hofgeschichte und bauhistorische Beschreibung

Entscheidend für die erweiterte Sicht der Bauernhäuser war die Erforschung der Hofgeschichte. Diese Chance eröffnete sich durch den Untersuchungsauftrag, die tatsächlichen Zusammenhänge zwischen der Lebenswelt der Bauern und der von ihnen geschaffenen räumlichen Umwelt nachvollziehbar aufzuzeigen. Dafür konnten Mittel bereitgestellt werden, die eine Archiverhebung für jedes Hausbeispiel ermöglichten und damit der Dokumentation eine neue Qualität durch vertiefte Einbeziehung der Zeitdimension verleihen. Von hier aus wird einsehbar, daß sozialwissenschaftliche, wirtschaftsgeschichtliche oder bauhistorische Einzeluntersuchungen allein nicht mehr den gegenwärtigen Anforderungen genügen können, da aus ihnen nur ein Teil der Einflußgrößen hervorgeht, die für eine nachvollziehbare Bewertung der jeweiligen Bauzustände aus heutiger Sicht unerläßlich sind.
Gerade die Selbstverantwortung jeder Generation für Gedeihen oder Untergang des Hofes, der Mehrung oder Minderung der landwirtschaftlichen Nutzflächen lassen deutlich hervortreten, wie immer wieder ein dynamisches Gleichgewicht zwischen den Tragfähigkeitsgrenzen der Kulturlandschaft und ihrer Siedlungen einerseits und den Anforderungen der menschlichen Gesellschaft auf der anderen Seite gefunden werden mußte, um ein langfristiges Überleben zu gewährleisten.
In der bauhistorischen Beschreibung überlagern sich Vorgänge der Hofgeschichte mit dem Baubestand der verschiedenen Zeiten. Sie reicht von einem Ausgangszustand – der vielfach nur indirekt zu erschließen ist – über Veränderungen durch Umwidmung und Umbaumaßnahmen bis hin zu den in den Plänen und Fotos festgehaltenen Zeitstufen.
Wenn der Wohnteil Schwerpunkt der Beschreibung ist, müssen auch die Wirtschaftsteile von Ställen, Bergeräumen und Maschinenremisen einbezogen werden. Ihnen sind jedoch eigene Untersuchungen vorbehalten, da nur dann die Tierhaltung mit ihren unterschiedlichen Anforderungen oder die pflanzliche Produktion mit der Aufbereitung des Saatgutes und der Lagerhaltung für die Ernte in der erforderlichen technischen Präzision zu vermitteln sind.

Abbildungen und Pläne

Über die Hälfte der Dokumentation nehmen Abbildungen und Pläne ein, die anschaulich informieren, wie die Bauernhöfe in ihre Umgebung eingesetzt und wie die Gebäude gruppiert und in ihren Einzelheiten ausgebildet sind. Das Ziel einer authentischen Darstellung lenkte auch die Auswahl der Hausbeispiele für die auf der Grundlage verformungsgerechter Aufnahmen oder nachvollziehbarer Plandarstellungen ausreichende Unterlagen bereitgestellt werden mußten. Sämtliche Pläne wurden dann in einheitlichem M 1 : 50 neu gezeichnet, um die Vergleichbarkeit der der einzelnen Merkmale einsehbar darzustellen und damit die Informationstiefe zu verbessern.
Auch hier beschreitet die Dokumentation neue Wege mit den in allen acht Bänden gleich durchgehenden Maßstäben der Lagepläne im M 1 : 2500 und der Gebäudepläne – der Grundrisse, Ansichten und Schnitte – im M 1 : 200 als detailscharfe Veröffentlichung der Originale im M 1 : 50. Es ist ein Anliegen der interdisziplinären Arbeitsgruppe, in den Bauernhäusern die Bedeutung des Primärbereiches des landwirtschaftlichen Lebens und seiner Baukultur darzustellen und eine umfassende Auseinandersetzung der Industriegesellschaft mit ihrem landwirtschaftlichen Basisbereich zu fördern.

Beispiel einer wissenschaftlichen Hausdokumentation und Bauforschung

Das »Haus Honsolgen«

SYBILLE SCHMIDT-LAWRENZ

Die Ortschaft Honsolgen liegt zwischen Buchloe und Landsberg am Lech. Das Haus Nr. 24, ein spätbarockes Bauernhaus, wurde 1989 abgebaut und ins Schwäbische Bauernhofmuseum Illerbeuren transferiert, weil es ein zwar typisches, aufgrund der Datierung jedoch selten gewordenes Beispiel für einen Mittertennbau darstellt. Vor dem Abbau erfolgten neben der archivalischen Forschung die Erstellung von Aufmaß- und Baualtersplänen und die Durchführung restauratorischer Befunduntersuchungen. Nach dem Abbau führte man eine archäologische Untersuchung durch. Im Museum wurde das Gebäude 1997/98 wiederaufgebaut. Während des Wiederaufbaus erfolgten weitere bauhistorische Untersuchungen. Dieser Artikel soll den Weg der genauen Erforschung des Hauses Honsolgen beschreiben.
Zunächst werden die Lage und die Geschichte des Ortes kurz gestreift. Dann folgen die allgemeine Erläuterung verschiedener Datierungsmethoden und ihre Verifizierung am konkreten Objekt. Dazu zählen unter anderem die Archivrecherche, das Befund- und Raumbuch und das verformungsgerechte Aufmaß. Die darauffolgenden Abschnitte beschreiben die konkrete Vorgehensweise beim Abbau und die Ergebnisse der archäologischen Grabung. Im Anschluß daran folgen die einzelnen Arbeitsschritte und auch die Schwierigkeiten, die der Wiederaufbau an manchen Punkten mit sich brachte.

Lage der Siedlung

Honsolgen, heute zur Gemeinde Buchloe im Landkreis Ostallgäu gehörig, liegt verkehrsgeografisch äußerst günstig. In unmittelbarer Nähe schneiden sich drei wichtige Wege. Es handelt sich zum einen um die Verbindung zwischen München und Kempten, zum zweiten um die Straße von Buchloe nach Memmingen und zum dritten um die Strecke Augsburg–Kempten. Dies mag auch der Grund dafür gewesen sein, daß bereits zu Zeiten der römischen Besiedelung Bayerns der Platz des Hauses Nr. 24 anthropogen genutzt wurde, wie umfassende archäologische Grabungen ergeben haben.

Ortsgeschichte

Dank der umfangreichen jahrzehntelangen privaten Forschungen von Franz Xaver Hartung in den Staatsarchiven von Neuburg a. d. Donau und Augsburg läßt sich die Ortsgeschichte von Honsolgen relativ lückenlos nachvollziehen.

Das Bauernhaus Honsolgen vor Beginn der Untersuchungen 1987.

Erster Katasterplan Honsolgen aus dem Jahr 1811 mit der Erweiterung der Straßenzüge von 1837.

In einer Bischof Embrico zugeschriebenen Urkunde des Stadtarchivs Augsburg, wird der Ort 1067 im Zusammenhang mit einem »Marcwart de Hunsola« erstmals urkundlich erwähnt. Im Jahre 1472 hat das Kloster Steingaden das Gericht Honsolgen von den Landsberger Bürgern Schmalzholz erworben.[1]

Das Kloster Steingaden hatte in Honsolgen nur wenig Besitz. Hierzu gehörte mitsamt den angrenzenden Parzellen das Haus Nr. 24, dessen älteste Bezeichnung »Steingadische Sölde« lautete. Seit 1621 besaß das Hochstift Augsburg die Territorialherrschaft im Ort, und 1785 gingen auch die wenigen steingadischen Güter durch Tausch und Grenzberichtigungen in den Besitz des Hochstifts Augsburg über. Mit der Säkularisation, der Aufhebung kirchlichen Gutes im Jahr 1803, trat der Staat an diese Stelle.

Im Jahr der Bauernbefreiung 1848 erhielten die Bauern per Ablösungsgesetz die Möglichkeit, ihre Güter vom Staat freizukaufen, was dem Ort eine hohe Schuldenlast eintrug.[2] Diese konnte erst im Jahr 1923, dem Jahr der Hyperinflation, endgültig abgegolten werden.

Datierungsmethoden

Um das genaue Alter eines Architekturobjekts bestimmen zu können, gibt es verschiedene Methoden der Datierung. Sie dienen entweder einer absoluten zeitlichen Einordnung oder der Erstellung einer relativen Chronologie. Unter einer absoluten Chronologie versteht man die Festlegung auf einen ganz bestimmten Zeitpunkt. Dies ist zum Beispiel mittels der Dendrochronologie möglich. Aus den Bauhölzern werden Proben entnommen. Diese Proben werden auf ihre Jahresringe hin untersucht. Dadurch wird es möglich, das genaue Alter des Holzes zu bestimmen. Soweit vorhanden dienen auch archivalische Urkunden der exakten Datierung. Darüber hinaus ermöglichen Münzfunde eine genaue zeitliche Einordnung.

Nur am Rande zu nennen sind die C-14-Datierung bei organischen Materialien und weitere naturwissenschaftliche Methoden, die jedoch eher auf dem Gebiet der Archäologie zur Anwendung kommen.[3]

Die relative Chronologie meint dagegen die Einordnung der Befunde in ihrem Verhältnis zueinander. Hierbei gilt die logische Anwendung der Begriffe »terminus post quem« (der Zeitpunkt, nach dem ein Ereignis stattgefunden hat beziehungsweise ein Kunstwerk geschaffen wurde) und »terminus ante quem« (der Zeitpunkt, vor dem ein Ereignis stattgefunden hat beziehungsweise ein Kunstwerk geschaffen wurde).[4] Damit lassen sich zum Beispiel die Zusammenhänge zwischen den einzelnen Befunden einer Putzuntersuchung beschreiben. Die Schichten können zwar nicht exakt datiert werden, sie können jedoch mit den Begriffen »jünger als – gleichzeitig – älter« als miteinander in Beziehung gebracht werden, also stratigraphisch eingehängt werden. Die einzelnen »Fenster«, die bei einer solchen Untersuchung freigelegt werden, nennt man daher auch Stratigraphien. Desgleichen sind in diesem Zusammenhang die Baualterspläne zu erwähnen, die ebenfalls auf relativen Datierungen beruhen. Darüber hinaus sind der Vergleich verschiedener Baustile und deren zeitliche und räumliche Einordnung eines der wichtigsten Mittel zur relativen Datierung. Letztendlich erlaubt erst die Verbindung all dieser Erkenntnisse, der relativen und der absoluten Werte, genauere Aussagen.

Beim konkreten Objekt Honsolgen hat sich in bezug auf die absolute Datierung folgendes ergeben. Die dendrochronologischen Untersuchungen des Labors Siebenlist-Kerner haben als Fälldatum des Fichtenbauholzes den Winter 1673/74 ergeben. Der Einschlag von Bauholz erfolgte früher im Winter, weil die Stämme in dieser Jahreszeit wenig Wasser enthalten, verbaut wurde es meist ohne Ablagerungszeit. Auch der Fund eines kaum abgenützten silbernen Hellers von 1671 spricht für die Datierung des Gebäudes. Er wurde direkt vor dem Schwellbalken der Stube geborgen. Das unter dem Haus gefundene Münzspektrum setzt mit dem genannten Zeitpunkt ein und reicht bis in die dreißiger Jahre des 20. Jahrhunderts. Lediglich zwischen 1699 und 1799 ist die Münzserie unterbrochen.

Archivalische Forschungen

Anstelle des Hauses Nr. 24 stand ehedem wohl ein Doppelhaus der Familien Hanns Gropp und Hanns Schwinkhraist.[5] Die Spuren dieses Vorgängerbaus ließen sich archäologisch fassen.

Die archivalischen Forschungen zum Haus Honsolgen haben eine lückenlose Besitzerliste erbracht. Es handelt sich um eine Sölde, also einen kleinen landwirtschaftlichen Betrieb, dessen Bewohner neben der Landwirtschaft ein Handwerk betrieben. Die verschiedenen Handwerke, die im Haus Nr. 24 betrieben wurden, lassen sich teilweise ebenfalls nachweisen.

Christian Altwögger war es, der das Haus wohl für seinen Sohn Matheis gebaut hat, der 1696 als Besitzer aufgeführt wird. Dessen Sohn Alban wiederum kauft im Jahr 1730 die Sölde vom Vater: »In Pauding ao. 1730 bestehet Alban Atwegger zu Honsolgen das von seinem Vater Matheis alda inngehabt Closter Steingad. Sölden güetl, so er gegen Hinausgab 250 fl an sich gebracht un erlegt zu dem Ihme dictierten Bstandt 8 fl (3,2%).«[6]

Alban war dreimal verheiratet, er überlebt alle seine Ehefrauen. Das Haus vererbt er an seine Tochter. Ihr Mann betreibt in der Sölde das Böttcherhandwerk. Im Jahr der Säkularisation 1803 folgt eine Schuhmacherei, die bis 1882 betrieben wurde. Der Vorname des ersten Schusters »Simon« Abröl ist im Hausnamen tradiert. Seit diesem Zeitpunkt wird das Haus

»beim Simonschuster« genannt. In den ersten zwei Jahrzehnten des 20. Jahrhunderts versucht ein Landwirt, durch Vergrößerung des Wirtschaftsteiles den Hof rentabler zu gestalten. Er muß jedoch aufgeben, der Hof wird zwangsversteigert und von Johann Simnacher erworben. Dieser prägt den letzten Hausnamen »Simnacherhof«. Dessen Sohn Wilhelm verkaufte das Haus Mitte der achtziger Jahre an das Schwäbische Bauernhofmuseum.

Ein Haus gerät ins Blickfeld der Wissenschaft

Die erste bauhistorische Untersuchung erfolgte durch den Hausforscher Wilhelm Neu im Jahre 1958. Er fertigte Aufmaßpläne im Maßstab 1:100 vom Grundriß und der Ost- und Westfassade an. Dazu kamen ein Quer- und ein Längsschnitt durch das Gebäude und ein Fassadenausschnitt der Südseite im Maßstab 1:40.[7]
Neu beschreibt die Ständerbaukonstruktion, die einem für das Nordallgäu typischen Schema folgt. »Der Hausgang spaltet sich eben von der Tenne ab, der Backofen ist wie üblich in den Nebenraum von der Küche eingebaut.«[8] Als bemerkenswert bezeichnet er die Ausfachung der Stuben- und Kammerfensterwände mit Bohlen- und Stabwänden und den Dachaufbau als Rafenstuhls mit einer vom Boden bis zum First durchlaufenden Hochsäule.
Nach dem Beschluß der Transferierung des Hauses in das Museum Illerbeuren wurden vom Ingenieurbüro Sattler detaillierte verformungsgerechte Aufmaßpläne im Maßstab 1:25 gefertigt. Sie werden in einem späteren Abschnitt beschrieben.

Gebäudemerkmale

Die Ergebnisse dieser beiden Untersuchungen ergab im Überblick folgendes Bild: Bei dem Bau handelt es sich um eine Ständerbaukonstruktion. Die Ausfachungen sind teils als Ständerbohlen- teils als Ständerstabwände ausgeführt. Es sind zwei Vollgeschosse mit einer Raumhöhe von 2,10 m und ein Dachgeschoß vorhanden. Die Erschließung erfolgt traufseitig nach Süden, die Firstrichtung verläuft von Ost nach West. Im Erdgeschoß gibt es 6 Räume. Auf der Ostseite liegen die Stube, die Küche und die Kammer. Richtung Westen schließen sich der Hausgang, die Tenne und der Stall an. Diese Raumaufteilung wiederholt sich im Obergeschoß. Bei der Dachkonstruktion handelt es sich um einen einfach stehenden Rafenstuhl mit Mittelbundwerk. Das Dach hat auf der Westseite einen Vollwalm mit einer Neigung von 52°, auf der Ostseite einen Krüppelwalm mit 62°. Das Hauptdach hat eine Neigung von 49°. Das mächtige Vordach mißt 1,50 m, waagerecht gemessen. Die Dachdeckung bestand ursprünglich aus Stroh, wie durch Bindespuren nachgewiesen werden konnte. Darüber hinaus läßt sich aus den archivalischen Unterlagen ersehen, daß Strohdächer in Honsolgen bis zum Beginn des 20. Jahrhunderts durchaus üblich waren. Bei der Übernahme des Hauses war das Dach mit Ziegeln gedeckt.

Befund- und Raumbuch

Der zweite Untersuchungsschritt nach der Bauaufnahme von Wilhelm Neu war das in mehreren Phasen vom Büro Joo-Roser erstellte Befund- und Raumbuch.[9]
Es gliedert sich in mehrere Etappen. In der ersten Maßnahme wurde zunächst nur nach dekorativen Systemen gesucht, und diese wurden dargestellt. Von den wichtigsten Stratigraphien der Wände wurden Proben im Labor nach ihrer Art genauen Zusammensetzung untersucht.
Als dekorative Systeme bezeichnet man die Schmuckdekors an den Wänden. Es handelt sich um sogenannte Schablonendekors. Sie wurden stratigraphisch untersucht. Dafür schnitt man zunächst sogenannte Fenster aus. Danach erfolgte die sorgfältige Freilegung der Putzkanten beziehungsweise Farbdekors Schicht für Schicht mit dem Skalpell bis zur Holzkonstruktion. Danach wurden diese Stratigraphien mit entsprechenden Materialien (zum Beispiel mit Wasser verdünnter Leim) gefestigt, vom Untergrund gelöst und nach der Laboruntersuchung ins Museum verbracht.
Auf diese Weise stellte man zum Beispiel in der Stube – dem baulich am wenigsten veränderten Raum – 68 verschiedene Farbdekors fest. Das mag überraschend erscheinen; bedenkt man jedoch, wie oft Innenräume auch heute neu gestrichen werden, relativiert sich die hohe Zahl angesichts der langen Zeit, in der das Haus bewohnt war.
Parallel dazu wurden von eindeutig noch zum Gründungsbau gehörenden Hölzern Proben zur dendrochronologischen Untersuchung entnommen. Die Untersuchungsergebnisse wurden bereits kurz bei der Datierung des Hauses besprochen.

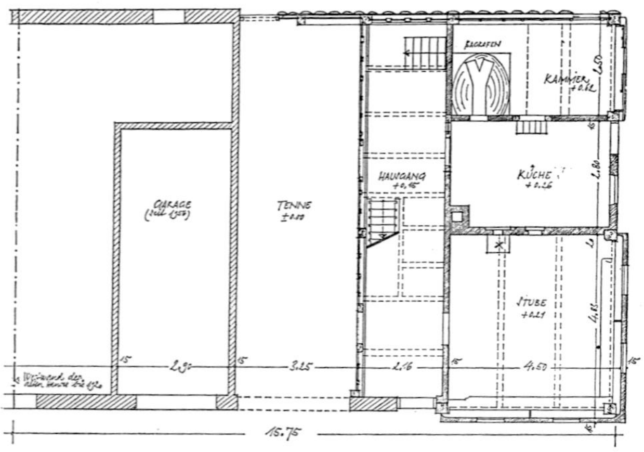

Das erste Aufmaß des Hausforschers Wilhelm Neu aus dem Jahre 1958. Es handelt sich um den Grundriß des Erdgeschosses.

Fensterrahmen im Obergeschoß an der Südseite der Schlafstube. Zum Gründungsbau gehörig.

Die nächste Etappe bei der Erstellung des Befund- und Raumbuches war die Gefügeuntersuchung vor dem Abbau. Damit ist die genaue Untersuchung der Holzkonstruktion gemeint, anhand derer sich ein Gebäude zeitlich und räumlich eingrenzen läßt. Diese Maßnahmen zusammengenommen führten zur Erstellung von sogenannten Bauwaltersplänen. Sie dokumentieren die verschiedenen Umbauphasen Raum für Raum im Detail.

In groben Zügen kann von folgenden Bauphasen ausgegangen werden:

Bauphase I um 1674: Erbauung des Hauses durch Christian Altwögger für seinen Sohn Matheis. Es stellte sich heraus, daß die Fensterrahmen, die über die Außenfassade hinausragen und anfangs einer zweiten Bauphase zugewiesen wurden, dieser ersten Phase zugerechnet werden können. Das haben dendrochronologische Nachuntersuchungen eindeutig ergeben.

Bauphase II ab 1847: Ausmauerung des Küchenbereichs mit dem Einbau eines Kamins, der Schließung des Schlotes und dem Einzug der Küchendecke. Die Fenster wurden erneuert und ein Keller eingebaut. Die Kammer neben der Küche erhielt eine Vertäfelung.

Das Tennentor wurde verändert und der Vorbau vor der Südseite entfernt. Man erhöhte den Ostgiebel und setzte eine Verbretterung davor.

Diese Baumaßnahmen lassen sich auf einen bestimmten Besitzer festlegen, auf Leonhard Tröber, der von 1847 bis 1882 Besitzer der Sölde war.

Bauphase III seit 1924: Der Wirtschaftsteil wurde erweitert und das Strohdach durch eine Ziegeleindeckung ersetzt. Bis 1934 erfolgte auch die Elektrifizierung des Hofes. Auch hier ist bekannt, wer die Umbauten hat vornehmen lassen.

Tatsächlich wurden sehr viel mehr Umbaumaßnahmen vorgenommen und auch Raum für Raum und Wand für Wand im Raumbuch festgehalten. Sie alle im einzelnen auszuführen würde den Rahmen sprengen, deshalb werden beispielhaft die im Erdgeschoß des Hausganges festgestellten Bauphasen genauer aufgezeigt:

Zum Gründungsbau gehört die Ständerbaukonstruktion mit Stabwandausfachungen. In der südlichen Hälfte der Ostwand des Hausflurs liegt die Tür zur Stube, die Küche erschließt sich durch eine Tür in der Mitte dieser Wand. Eine gegenüber der Stubentüre gelegene Öffnung in der Westwand ermöglicht den Zugang zur Tenne. An der Rückseite des Flurs, der Nordwand, gibt es ein kleines durch einen Schieber verschließbares Fenster.

In einer zweiten Phase wird die nördlich der Tür zur Stube hin gelegene Holzwand durch Ziegelmauerwerk ersetzt. Dieser Ziegelverband quetscht sich an die Mittelsäule der Ständerkonstruktion.

Diese Mittelsäule wird in einer dritten Phase ausgewechselt. Außerdem erfolgt jetzt mit dem Austausch des Rähmbalkenabschnitts über der Küche der Ersatz der lehmverputzten Holzwand vor dem Herd durch eine Ziegelwand. Diese Wand reicht in das Obergeschoß hinein und ersetzt dort die alte Schlotkammerwestwand bis zum Türstock.

Danach wird in Bauphase vier auch die südlich der Tür zur Stube hin gelegenen Wand durch Ziegel ersetzt.

Phase fünf stellt die Auswechslung der Südwand mit der Haustüre und dem westlichen Ständer durch einen Ziegelverband dar.

In einer letzten sechsten Bauphase wird die Wand der neben der Küche gelegenen Kammer durch Ziegelmauerwerk ersetzt wegen des darunter erfolgten Kellereinbaus.

Zusammenfassend läßt sich feststellen, daß nach und nach die ursprünglichen Holzwände der Süd- und Osthälfte des unteren Hausflurs durch Ziegelmauern ersetzt wurden. Ähnliche Bauphasen lassen sich im gesamten Baukörper erkennen, Modernisierungen hat nahezu jeder Besitzer der Sölde vorgenommen. Anhand des Raumbuches wird es jedoch möglich, diesen Veränderungen auf den Grund zu gehen. Bei dem Beispiel Hausflur bedeuten diese Erkenntnisse, daß die Wände heute wieder als ursprüngliche Ständerstabwände ausgeführt werden konnten. Im Anschluß an das Befund- und Raumbuch des Untersuchungsobjekts wurden die bereits erwähnten neueren Aufmaßpläne gefertigt.

Verformungsgerechtes Aufmaß

Zunächst wurden mit dem Nivelliergerät Horizontal- und Vertikalachsen gelegt. Diese Achsen sind als Höhenpunkte an zentralen Stellen der Holzkonstruktion unveränderlich befestigt und in den anschließend verfertigten Aufmaßplänen eingetragen. Neben den Außenansichten wurden das Erdgeschoß, die zum jeweiligen Geschoß gehörigen Deckenspiegel und sämtliche Wände als Schnitte erfaßt und im Maßstab 1 : 25 gezeichnet.

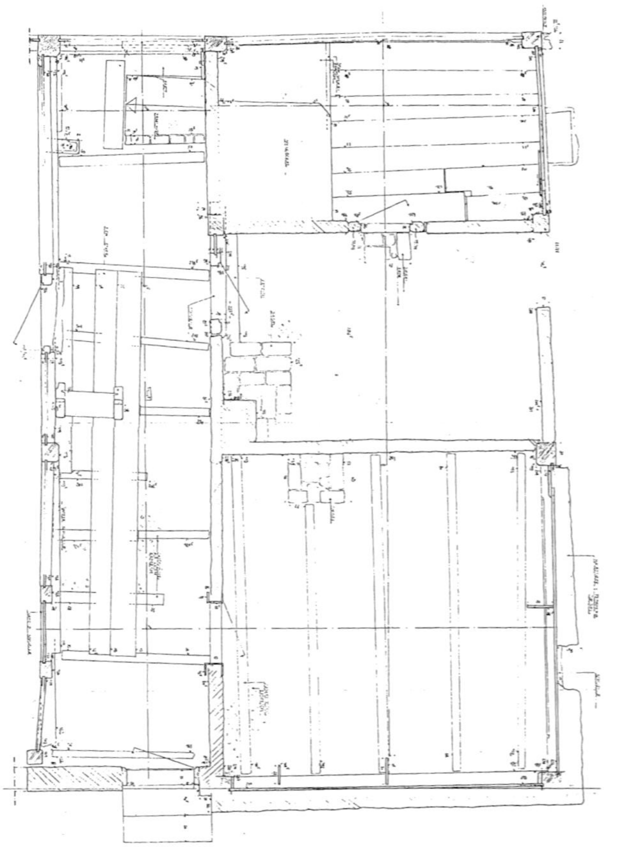

Verformunsgerechter Aufmaßplan des Erdgeschosses.

Ein Beispiel eines solchen Planes

Die durch das ganze Gebäude gezogenen Höhenachsen sind unabdingbar für die Einmessung der einzelnen Bauteile. Indem man die Achsen horizontal und vertikal verlegt, wird es möglich, das Gebäude dreidimensional zu erfassen, auch wenn die Pläne zweidimensional erstellt werden. Nur so kann ein sogenanntes verformungsgerechtes Aufmaß bewerkstelligt werden. Schiefe Wände, krumme Fußböden, eben die »Verformungen«, können als solche dokumentiert und später wieder originalgetreu aufgestellt werden.

Numerierung

Im Anschluß daran wurden die einzelnen Bauteile, jeder Holzbalken, jede Strebe und jede Bodendiele nach Wand- und Deckenabwicklungen numeriert. Die Nummern bestehen aus genormten verwitterungsfreien Plastikkärtchen, die an jedem Teil festgenagelt werden. Sie verbleiben auch nach dem Aufbau an den einzelnen Hölzern, und dienen als Teil der Ausstellung zum und im Gebäude, die die Frage nach dem konkreten Vorgehen bei einer Haustransferierung ins Museum thematisiert.
Die Numerierung erleichtert den Wiederaufbau erheblich. Anhand des Eintrages in die Aufmaßpläne läßt sich die Lage der einzelnen Holzteile exakt bestimmen.

Abbau des Hauses

Als erste Abbaumaßnahme erfolgte der Ausbau nicht konstruktiver Teile des Innenbereichs, der Böden, Fenster und Wände.
Die Bodendielen wurden einzeln herausgenommen und abtransportiert, die Fenster zum Transportschutz mit Folien und Holzschalungen verpackt, die Holzwände in ihre Einzelteile zerlegt und abtransportiert. Auf den Abtransport der eindeutig nachträglich errichteten Ziegelwände (zum Beispiel die Wand zwischen Küche und Hausflur) verzichtete man.
Der nächste Schritt beinhaltete die Abnahme der konstruktiven Teile, beginnend mit der Dachhaut und der Dachkonstruktion. Danach folgten die Balkenlager der Decke und die konstruktiven Wandteile des Obergeschosses. Dieses Verfahren wurde bis zum Erreichen der Oberkante des Erdreichs durchgeführt. Die einzelnen Bauteile bündelte man wand-, raum- und geschoßweise und lagerte sie in einer Halle in der Nähe des Museums Illerbeuren.

Archäologische Ausgrabung nach dem Abbau

Zunächst war lediglich geplant, anhand einer archäologischen Untersuchung zusätzliche Aufschlüsse über baugeschichtliche Zusammenhänge wie zum Beispiel mögliche Vorgängerbauten zu erzielen.[10] Bald stellte sich jedoch heraus, daß die Befunde weit umfangreichere Aussagen erwarten ließen.
Insgesamt wurden 1989 und 1990 zwei Grabungskampagnen durchgeführt. Es fand eine Aufteilung der Fläche in 16 Planquadrate zu je 3 x 3 und 3 x 4 Metern statt. Durch eine Erweiterung in der zweiten Kampagne konnte auch das Gelände außerhalb des Hauses auf einer Breite von bis zu 6 Metern erfaßt werden.
Als Meßachse wurde eine von Westen nach Osten orientierte Grundlinie durch das gesamte Gebäude gezogen. Sie teilt Tenne und Flur in eine je gleich große Nord- und Südhälfte.
Außerdem wurden vier Profile angelegt, die sich entlang eines auf den Grundriß des Hauses bezogenen Kreuzschnitt orientieren. Die Profile wurden so angelegt, daß vom Untergrund eines jeden Raumes mindestens ein stratigraphischer Befund vorliegt.
Stratigraphischer Befund meint hier eine Schichtenabfolge, die eine relative zeitliche Zuordnung zuläßt, ganz ähnlich wie bei den Putzuntersuchungen. Die Voraussetzungen für eine Ausgrabung waren sehr günstig, auch wenn der ehemalige Wirtschaftsteil des Bauernhauses westlich der Tenne durch den 1919/20 erfolgten Einbau eines Stalles nicht mehr vorhanden war und unter der Kammer in der Nordostecke des Gebäudes nachträglich ein Keller errichtet worden war. Die übrigen Teile des Hausgrundrisses und auch das Gelände außerhalb waren weitgehend ungestört. Die Ausdehnung des früheren Wirtschaftsteil ließ

Gesamtaufnahme nach Abschluß der archäologischen Untersuchung. Erkennbar sind die römischen Mauerzüge im Westteil und die Fundamente für den Herd und den Kachelofen.

sich durch die auch im Westteil überwiegend erhaltene Dachkonstruktion einfach rekonstruieren.
Nach dem Abbau des Hauses Honsolgen zeigte sich eine ungefähr 7 x 8 m große und bis zu 0,8 m hohe Kies-Lehm-Aufschüttung.
Trotz dieser Aufschüttung stand das Gebäude nicht plan. Der minimale Neigungswinkel war vermutlich beabsichtigt, er entspricht dem des östlich des Hauses ansteigenden Hang und ermöglichte ein rasches Abfließen des Regenwassers in den westlich vorbeifließenden Schorenbach. Die Tatsache, daß sich bis heute kein Holzteil verzogen hat, ist ein weiteres Indiz für den planmäßigen Aufbau auf dem Untergrund. Im Anschluß folgt die Darstellung der Befunde in den ergrabenen Räumen.

Tenne

Unter einer modernen Bauschuttauffüllung traten 43 Ziegelsteinpostamente zutage. Sie dienten als Lager für die Querbalken des Fußbodens und datieren in die Mitte des 19. Jahrhunderts. Sie könnten korrelieren mit einem Umbau des zweiten Schuhmachers Leonhard Tröber, der seit 1847 Besitzer der Sölde war.
Außerdem fanden sich wenige Reste abgesägter Baumstämme, die ältesten Stützen für die Querlager eines Fußbodens der zweiten Hälfte des 17. Jahrhunderts. Darunter befand sich die Aufschüttung ebenfalls aus der Bauzeit des Hauses.
Das Erstaunlichste waren jedoch die direkt darunter liegenden Reste römischer Mauerfundamente. Unter dem Haus Honsolgen gab es also neben dem archivalisch belegten Vorgängerbau ein römisches Bauwerk, eventuell Teil eines römischen Gutshofes, einer villa rustica.[11]

Flur

Unter den Resten moderner Humus- und Kiesschichten des 20. Jahrhunderts fand sich zunächst ein Estrich, der vermutlich als Laufhorizont der Bauzeit anzusprechen ist. Außerdem konnten auf der Südseite Teile der flach in den gewachsenen Boden eingetieften Fundamente des Vorgängerbaus erfaßt werden. In der nördlichen Flurhälfte wurden die das römische Bauwerk nach Osten begrenzenden Fundamente ergraben.

Stube

In der Stube fanden sich neben Fußbodenlagern unterschiedlicher Fußböden vor allem die Fundamente eines Ofens. Dieser Ofen, ein wohl mehrphasiger Kachelofen, wie die zweischichtige Fundamentierung und die unterschiedlich gearteten Kachelfragmente belegen, zieht über ein Pfostenloch, das mit hoher Wahrscheinlichkeit zu einem Vorgängerbau gehört.
Teile der Fundamente dieses Vorgängerbaus sind in der Stube ebenfalls erfaßt. Sie schneiden teilweise eine noch ältere Grube, deren Funktion bis jetzt unklar geblieben ist. Sie ist wannenförmig in den gewachsenen Boden eingetieft und hat eine Größe von ca. 4 x 5,2 m. Das Vorhandensein dieser Grube mit weiteren dazugehörigen Pfostenlöchern spricht für eine Bebauung noch vor dem archivalisch belegten Vorgängerbau. Die Verfüllung dieser Grube bestand neben Ofenkachelstücken aus römischen Ziegelresten. Denkbar wäre also, daß die römischen Mauerreste bis zum Bau eines Vorgängerbaues im Gelände sichtbar gewesen sind. Dafür spricht auch der Fund eines churpfälzischen Hellers von 1533, der direkt auf dem Fundament des südlichen Anbaus des römischen Gebäudes lag.

Küche

Als wichtigste Befunde in der Küche sind die mehrfach umgebauten Herdfundamente und der mit dem im Flur korrespondierende Estrich zu nennen. Das

Ein Querschnitt des Fundmaterials. Gebrauchsgegenstände wie Spinnwirtel oder Münzen sind ebenso vertreten wie zum Beispiel eine Tonpuppe oder Schmuck.

erste kleine Herdfundament lag direkt auf dem Estrich, gehört also zur Bauzeit des Hauses. Es wurde später dreimal vergrößert. Die Fundamente 2 bis 4 konnten mangels Funden zwar nicht exakt datiert werden, es liegt jedoch nahe, daß diese Vergrößerungen mit dem viermaligen Besitzerwechsel zwischen 1696 und 1801 in Zusammenhang stehen.

Keller unter der Schuhmacherei

Da die Schuhmacherei 1919/20 unterkellert wurde, sind frühere Befunde komplett zerstört worden.

Befunde außerhalb des Hauses

An der Nordseite befand sich in Verlängerung des Flurs eine Latrine. Dazu gehört eine Tür im oberen Hausflur. Diese Tür existiert zwar noch, hat aber keine Funktion mehr. Die Aufgabe der Latrine kann aufgrund der Funde in die Mitte des 18. Jahrhunderts datiert werden.

Von der Latrine ausgehend Richtung Norden und an der Ostseite vor der Schuhmacherei befanden sich mehrere Abfallgruben des 18. und 19. Jahrhunderts. Eine barocke Rollkieselpflasterung (nach 1673/74) konnte direkt an der Ostwand vor der Küche und der Schuhmacherei erfaßt werden. Ebenfalls vor der Küche lag ein Brunnen, der um die Mitte des 19. Jahrhunderts angelegt worden sein dürfte und dessen neuzeitliche Verfüllung für eine Aufgabe erst nach Einbau des Kellers spricht.

Eine letzte Grube konnte auf der Südseite vor der Stube ergraben werden. Sie datiert vor 1811, da sie von einem Kiesweg gestört war, der um diese Zeit angelegt worden war.

Zusammenfassung der Befunde

Zuerst stand in römischer Zeit, wohl in der zweiten Hälfte des 3. Jahrhunderts, ein großes Gebäude auf dem Platz des Hauses Nr. 24. Davon erfaßt werden konnte lediglich die östliche Begrenzung, die Ausdehnung nach Westen in Verlängerung des Stalls bleibt unbekannt. Danach blieb der Platz längere Zeit unbebaut, die römischen Fundamente blieben wohl bis ins 16. Jahrhundert sichtbar. Davon zeugen eine Grube und mehrere Pfosten einer nicht näher identifizierbaren Bebauung. Unmittelbar vor dem ins Museum transferierten Haus gab es noch einen sowohl archäologisch wie archivalisch belegten Vorgängerbau, das Doppelhaus der Familien Schwinkhraist und Gropp.

Das Haus selbst konnte mit mehreren Umbauphasen erfaßt werden, die mit den Besitzerwechseln in Korrelation gebracht werden können. Dazu gehören Fußböden, die Herdstelle, das Kachelofenfundament, ein Brunnen, eine Latrine und mehrere Abfallgruben.

Die Fülle der Befunde rechtfertigt den großen Aufwand, der für die Ausgrabung unternommen wurde.

Vorarbeiten zum Wiederaufbau

Als Grundlage für den Wiederaufbau im Museum diente unter anderem ein Holzmodell, das maßstäblich anhand der Aufmaßpläne gebaut ist.

Beginnend mit dem Erdgeschoß wurde eine Kopie des Originalplanes auf einer Holzplatte befestigt. Danach folgte der maßstabgerechte Zuschnitt des Schwellenkranzes aus Balsaholz und das Fixieren auf den dem Plan entsprechenden Bauteilen. Nach demselben Prinzip geschah das Zusammenfügen der einzelnen Wandteile. Diese konnten dann Stück für Stück auf dem Schwellenkranz befestigt werden.

Konstruktionsmerkmale früherer Bauphasen wurden zusätzlich wieder eingebaut. Offensichtlich moderne Auswechslungen, wie die Balkendecke über der Küche, wurden Weggelassen.

So ermöglichte das Modell die dreidimensionale Rückführung auf den Baubestand der Entstehungszeit des Gebäudes.

So gelang es, einige fragliche Aspekte zu klären.

Es stellte sich heraus, daß die Küche in der Höhe anfangs beide Stockwerke eingenommen hatte. Er-

Das Balsaholzmodell des Hauses Honsolgen.

gänzt mit dem Befund, daß die Balken oberhalb des Küchenbereichs geschwärzt waren, und dem Abgleich mit wissenschaftlichen Vergleichsbeispielen ergab sich für die Küche folgendes Bild. Ursprünglich befand sich über der Herdstelle eine einfache Rauchhaube ohne Abzug. Diese aus Lehm gebauten Rauchhauben fingen zwar die nach oben entweichenden Funken auf, den Geruch konnten sie indes nicht verhindern. Der Rauch fing sich in dieser Haube und zog dann langsam über das nach oben offene Obergeschoß in den Dachraum. Dort entwich er allmählich durch das Strohdach nach draußen. Zwar war das ganze Haus sicher von ständigem Rauchgeruch erfüllt, aber das Strohdach wurde auf diese Weise von innen abgedichtet und gegen Schädlingsbefall imprägniert.
Allmählich ergab sich ein Bild, das die Erkenntnisse sämtlicher Voruntersuchungen sinnvoll ergänzen half.

Moderne Schutzmaßnahmen

Parallel zum Bau des Modells erfolgte die Planung des Wiederaufbaus im Gelände. Die genaue Lage wurde festgelegt und die Größe der aus Beton gegossenen Bodenplatte bestimmt. Diese Bodenplatte diente der Aufnahme der modernen Versorgungsleitungen für Strom und Wasser. Außerdem sollte das Haus Honsolgen keine gewöhnliche Heizung erhalten, sondern eine Temperierung, die nicht nur für eine konstante Wärme von mindestens 5° über Null im Winter und höchstens 20° im Sommer sorgt, sondern auch für eine konstante Luftfeuchtigkeit von ca. 45%. Damit wurden optimale Voraussetzungen für den dauerhaften Schutz eines Kulturgutes geschaffen.[12]
Neben den Versorgungsleitungen wurde in der Bodenplatte ein weiterer Schacht ausgespart. Er dient der Aufnahme eines Teilstücks der römischen Fundamente im Tennenbereich. Die genaue Lage und Tiefe wurden den archäologischen Zeichnungen entnommen und in den Aufmaßplan des Grundrisses übertragen.

Reinigung, Ergänzung und Untersuchung der Bauteile

Ein dritter paralleler Arbeitsgang stellte das Reinigen und Ergänzen der Konstruktionsteile dar. Jedes einzelne Bauteil wurde sorgfältig mechanisch gereinigt. Der Abtrag moderner Farbschichten erfolgte mit dem Skalpell, weichen Kunststoffbürsten, und milden chemischen Säureprodukten. Diese Arbeit verlangte großes Fingerspitzengefühl, und es soll auch nicht verschwiegen werden, daß in geringem Umfang der Farbabtrag zu gründlich erfolgte. Zusätzlich zur Reinigung mußten etliche Holzteile ersetzt werden.

Die Verbindung von altem und neuem Holz am Beispiel einer Stabwand und zweier Kopfbänder im Hausflur.

Dieses Ersetzen und Ansetzen erfolgte nach traditionellen Methoden. Die Balken, die völlig neu hergestellt werden mußten, sind nach den Vorlagen originalgetreu mit dem Breitbeil von Hand gehauen worden. Wenn irgend möglich, wurden die jedoch an die maroden Holzteile mit Fichtenholz angesetzt. Die dafür notwendigen Holzverbindungen – Schwalbenschwanz- und Blattverbindungen – wurden ebenfalls manuell ausgeführt, es gibt keinerlei Stahl- oder Leimbindungen. Zur sichtbaren Unterscheidung von alten und neuen Teilen verwendete man Neuholz, nur an nicht sichtbaren Stellen wurde auch mit Altholz rekonstruiert.
Sämtliche Rekonstruktionsmaßnahmen sind in gesonderten Zeichnungen festgehalten, damit sie auch in Zukunft nachvollziehbar bleiben. Diese Zeichnungen basieren auf der Grundlage der Aufmaßpläne.
Der Wirtschaftsteil mußte komplett neu hergestellt werden, da dieser 1919/20 vollständig abgerissen und durch einen Neubau ersetzt worden war. Die in der Tennenwand und der Dachkonstruktion noch erkennbaren Anbindungen ermöglichten jedoch eine relative sichere Rekonstruktion. Auch die Fenster mußten neu gebaut werden. Die Fenster des Bestandes entsprachen weder in Machart noch Größe denen, die für die Erbauungszeit des Honsolgener Hauses typisch gewesen waren. Die genaue Größe ergab sich aus dem Bestand, die Form mit mehrfacher Unterteilung und kleinem Schiebefenster

wurde anhand der wissenschaftlichen Recherche nach Vergleichsbeispielen gefertigt. Es wurde kein Industriepreßglas verwendet, sondern Teile älterer Glasfenster, deren Oberflächen noch nicht so ebenmäßig sind.
Neben der Reinigung, dem Ergänzen und dem Neuaufbau konnten die Holzteile nach dem Farbabtrag genauer untersucht werden. Daraus ergaben sich teilweise Details, denen man mit den bisher beschriebenen Methoden nicht auf die Spur gekommen wäre. Ein Beispiel wiederum aus der Küche: Der Boden- und der Deckenbalken, die die Wand zwischen Küche und Hausflur begrenzen, wiesen eine erst nach der Reinigung ersichtliche Nut auf – ein eindeutiges Kennzeichen für eine hölzerne Stabwand. Diese war der Feuergefahr wegen sicher mit Lehm verputzt gewesen. Später war diese Wand durch eine Ziegelwand ersetzt, die Nuten mit Mörtel verfugt worden.
Eine weitere offene Frage konnte teilweise geklärt werden. In der Tenne an der Ostseite Richtung Hausflur sind in handwerklich sehr einfacher Manier zwei Kirchen eingeritzt. Diese wurden im Maßstab 1 : 1 auf Papier übertagen.
Nach Anfragen beim Bayerischen Landesamt für Denkmalpflege und eigenen Recherchen handelt es sich bei der Doppelturmkirche wahrscheinlich um die Katholische Wallfahrtskirche St. Wendelin in Obergermaringen. Die Kirche entstand in den Jahren 1696/97, hat zwei Türme mit hohem quadratischem Unterbau und niedriger Kuppelhaube und ein einschiffiges vierachsiges Langhaus.[13] Sie liegt im Landkreis Ostallgäu, ungefähr 15 km von Honsolgen entfernt. Wahrscheinlich hat einer der Bewohner einmal eine Wallfahrt nach Obergermaringen unternommen und danach die Kirche im Haus verewigt. Die zweite kleinere Kirche daneben konnte bis jetzt noch nicht identifiziert werden.

Wiederaufbau des Hauses

Unter einem direkt über der Bodenplatte aufgestellten Zelt konnte nun mit dem Aufbau begonnen werden. Das Zelt ermöglichte den Fortgang der Arbeiten unabhängig von der Witterung.
Zunächst wurde der Schwellenkranz auf der Bodenplatte gelegt. Dann setzte man die Umfassungswände zusammen und stellte sie mit Hilfe eines Krans auf. Gleichzeitig mußten die Balkendecken eingefahren und die nach Befund rekonstruierten oder noch im Original vorhandenen Zwischenwände bei diesem Arbeitsgang mit eingebracht werden. Lediglich die Wandteile, hinter denen sich die Temperierung verbirgt, bestehen aus modernem Mauerwerk.
Nachdem das gesamte Holzgefüge der Wände und Decken aufgestellt worden waren, legte man die Einzelteile der Dachkonstruktion lose obenauf. Danach wurde das gesamte Gebäude luftdicht verschlossen und mit Methylbromid begast. Diese Methode dient der Bekämpfung holzzerstörender Insekten. Das Gas ist gesundheitsschädlich, seine Verwendung bedarf einiger Sicherheitsvorkehrungen, obwohl es schnell flüchtig, und damit die Gefährdung zeitlich begrenzt ist. Mit Hilfe des Gases wird eine enorme Tiefenwirkung erzielt, ein vorbeugender Schutz wird jedoch nicht gewährleistet.
Erst nach genauen Messungen, die bestätigten, daß sich eventuelle Restgase gänzlich verflüchtigt hatten, konnte das Gebäude wieder betreten werden.
Im nächsten Arbeitsgang entstand das Dach. Zunächst konzentrierte man sich auf den Aufbau des Bestandes über dem Haupthaus. Danach folgte das Aufstellen des Daches über dem rekonstruierten Wirtschaftsteil. Die Rekonstruktion war aufgrund der vorgegebenen Neigungen und den an der Westseite des Hauptdaches vorhandenen Blattsassen relativ einfach.
Nun konnten die Aktivitäten auf den Innenausbau verlagert werden. Der erste Schritt galt dabei den Bodenbelägen. Die schweren Dielen des Obergeschosses wurden originalgetreu wieder eingefügt. Für die Beläge des Erdgeschosses mußte zunächst ein Niveauausgleich erfolgen, da die Schwellen auf der Bodenplatte aufgelegt waren, daher also der Zwischenraum zwischen Bodenplatte und Unterkante Fußbodenbelag ausgeglichen werden mußte. Dazu verwendete man zerkleinerte Ziegelreste, die als »natürliches« Baumaterial zusätzlich noch isolierende Eigenschaften aufweisen. Da die originalen Bodenbeläge des Erdgeschosses im Laufe der Zeit durch modernere Materialien ausgetauscht worden waren, entschied man sich nach historischen Vergleichen für einen Backsteinboden. Es könnte ursprünglich auch ein Stampflehmboden vorhanden gewesen sein, die archäologischen Befunde haben an dieser Stelle keine eindeutigen Rückschlüsse zugelassen. Die Entscheidung für den Backsteinboden ist jedoch durchaus vertretbar. Außerdem wurden jetzt die nachgebauten Fenster und die Treppe eingesetzt, die umlaufende Bank in der Stube wiedereingebaut und die Fundamente für den Kachelofen und den Herd mit Ziegelsteinen gemauert. Die Eckbank weist eine nur noch schwach erkennbare geometrische Einbrennverzierung auf, die ursprünglich farbig gefaßt war.

Putzträgerkanten werden wieder geöffnet.

Das Haus Honsolgen im Jahr 1998. Erkennbar sind das Strohdach, die Vormauerungen und der Lehmverputz.

Die vorgefundenen Türen waren sicher moderne Auswechslungen, also mußten auch diese nach Vorlagen und nachgewiesenen Rahmengrößen neu hergestellt und mit nach Vergleichsbeispielen geschmiedeten Beschlägen versehen werden. Der nächste Arbeitsschritt galt der Rekonstruktion von Herd und Ofen. Die Form des Herdes bereitete keine größeren Probleme, da die Größe aufgrund der vorgefundenen Fundamente feststand und das Aussehen mit Vergleichen vielfach belegt werden kann. Es handelt sich eigentlich nur um einen mit Ziegeln hochgemauerten Block, der in der Oberfläche eine kleine Mulde zur Aufnahme des offenen Kochfeuers aufweist. Größe und Form der darüber befindlichen Rauchhaube richtet sich nach der Herdgröße. Die Rauchhaube wurde aus einem Lehm-Stroh-Gemisch auf einem als Stütze notwendigen Holzgerüst aufgebaut. Das Aussehen des originalen Kachelofens kann nicht mit letztendlicher Sicherheit festgelegt werden. Nur die Lage stand eindeutig fest, der Ofen muß an der Wand zwischen Stube und Küche gestanden haben.

Die jetzige Form beruht auf Vergleichsbeispielen. Sie wurde auch aufgrund der aufgefundenen Kachelfragmente festgelegt. Im Fundmaterial fanden sich etliche einfache sogenannte Napf- oder Schüsselkacheln (der Begriff ist ihrer Form entlehnt), entweder unglasiert oder grün glasiert. Sie fanden, je nach sozialem Umfeld, seit dem Mittelalter bis in die späte Neuzeit hinein vielfache Verwendung, zumindest im ländlichen Raum. Bei den jüngsten Kacheln handelt es sich um Blattkacheln mit verschiedenen Motiven, die zu einer ganzen Motivserie gehören.[14] Sie stammen vom letzten Umbau und wurden in situ vorgefunden. Die Fundumstände der unglasierten Napfkacheln sprechen für ihre Zugehörigkeit zu einem Kachelofen des Vorgängerbaues. Es liegt nahe, daß die einfach grün glasierten Napfkacheln zu einem Ofen gehören, der in die Bauzeit des Hauses datiert. Die genaue Form mit Kuppelwölbung und der Aufbau mit nachgearbeiteten Kacheln, die in den Lehm gesetzt wurden, muß spekulativ bleiben, ist jedoch vielfach an anderen Stellen belegt.[15]

Die Art der Heiztechnik bei diesem Ofen ergibt sich aus der Tatsache, daß es im Gründungsbau des Hauses Honsolgen keinen Abzug in Form eines Kamins gab. Es mußte also eine Rauchführung oberhalb des Ofens oder eine identisch mit dem Schürloch gegeben haben. Es ist unwahrscheinlich, daß sich dieses Schürloch und der Rauchabzug an der der Stube zugewandten Seite befunden haben, sonst wäre der Raum von ständigem Qualm erfüllt gewesen. Auch die originalen Holzteile in der Stube waren nicht geschwärzt. Also befanden sich das Schürloch und die Rauchabzugsöffnung auf der der Küche zugewandten Seite des Kachelofens. So konnte von der Küche aus sowohl der Herd als auch der Kachelofen beheizt werden. Oberhalb des Ofens in der Stube befindet sich eine kleine Öffnung in der Decke. Dadurch wurde wenigstens ein Teil der Wärme in die obere Kammer geleitet.

Weitere Baumaßnahmen im Innenbereich bezogen sich auf die Gestaltung des modernen Ausstellungsraumes im rekonstruierten Wirtschaftsteil und die Errichtung einer stabilen Plattform im Dachgeschoß. Diese Plattform soll Besuchern den Blick ins Dachgebälk und ins Strohdach ermöglichen. Das Strohdach erforderte als eine der parallel zum Innenausbau stattfindenden Außenmaßnahmen einen hohen Aufwand.

In Süddeutschland werden Dachdeckungen mit Stroh nur noch in Freilichtmuseen praktiziert. Ortsansässige Firmen bieten diese Technik nicht mehr an, also mußte im Falle Honsolgen ein Betrieb aus Norddeutschland engagiert werden. Und da auch diese in erster Linie mit Reet und nicht mit Stroh decken, mußte das geeignete Roggenstroh aus England importiert werden. Weniger aufwendig gestaltete sich die Suche nach Handwerkern, die Erfahrung mit Lehmverputz haben.

Die Befunduntersuchung hatte ergeben, daß die Außenwände an der Südseite und der Ostseite ursprünglich mit einer Vormauerung aus Lehmziegeln bis zum ersten Stock und einem Lehmverputz bis zum Dachgeschoß versehen waren. An der Ostseite reichte der Lehmverputz nur in der südlichen Hälfte bis zum Dachgeschoß, auf der nördlichen Seite bis zum Obergeschoß.

Die gesamte Nordseite des Hauses blieb unverputzt. Indiz dafür waren die Putzträgerspuren an den Außenseiten der Bohlen- und Stabwände des Obergeschosses.

Im Erdgeschoß waren keine Putzträgerspuren vorhanden, es zeigten sich jedoch die Mörtelspuren ehemals vorgemauerter Lehmziegel. Diese Befunde wurden originalgetreu rekonstruiert.

Offene Fragen

Bei der Rekonstruktion des Gründungsbaus eines Hauses, das dreihundert Jahre lang bewohnt und vielfach umgebaut worden ist, werden zwangsläufig manche Fragen offenbleiben. Ein Beispiel hierfür ist das Vorhandensein einer Blattsasse in einem Deckenbalken in der Stube. Die Funktion dieser Blattsasse ist bis heute unklar. Gab es darunter einen Ständer, der eventuell Teil eines Webstuhles gewesen sein könnte? War an dieser Stelle ein Unterzug zur Unterstützung der Deckenbalken eingepaßt? Gehört diese Blattsasse in dem Balken zum ursprünglichen Bau, oder wurde sie erst sehr viel später eingeschnitten?

Offenbleiben muß auch die Beantwortung der Frage nach den unterschiedlich konstruierten Holzwänden im Bereich der Stube, der Schlafkammer und den übrigen Räumen. Warum gibt es im nachweislich ältesten Teil des Bauwerks, im Bereich von Stube und Schlafkammer, im südöstlichen Teil bis ins Obergeschoß Ständerbohlenwände, während die übrigen Wände als Ständerstabwände aufgebaut sind? Waren zwei verschiedene Zimmerleute am Werk, oder handelt es sich um zwei Bauphasen, die jedoch an keiner Stelle eindeutig belegbar sind. Die dendrochronologischen Daten gaben an diesem Punkt auch keine Antwort, es konnten keine ausreichenden Proben entnommen werden, ohne zuviel Substanz zu schädigen.

Sicher wird die Weiterentwicklung von naturwissenschaftlichen Methoden, deren sich die Bauforschung bedienen kann, manche dieser Fragen klären helfen. Grundlegend bleibt die Forderung nach der Erhaltung von architektonischen Kulturgütern.

Die Hausbeispiele

Hofgeschichte, bauhistorische Beschreibung

Michaela Haibl, Hans Frei, Otto Kettemann

Gebäudemerkmale für Bauberatung

Helmut Gebhard

Hofgeschichte und Gebäudemerkmale

Für die Hausbeispiele werden in der Übersichtskarte des Regierungsbezirks Schwaben die Standorte mit den Ortsnamen eingetragen. Geordnet sind die Bauernhöfe in alphabetischer Reihenfolge nach Landkreisen und Ortsnamen mit der Angabe der heutigen Gemeinde nach der neuesten Volkszählung 1987. In den Überschriften der einzelnen Hausbeispiele werden Ortsangabe, Gebäudeart und zeitliche Daten kurz zusammengefaßt.
Wie in den vorausgehenden Bänden soll die interdisziplinäre Zusammenarbeit in der gleichen Abfolge dokumentiert werden. Die Texte beginnen mit Aussagen zur Siedlung und führen weiter zur Hofgeschichte und der bauhistorischen Beschreibung. Sie schließen mit den Gebäudemerkmalen zur Bauberatung ab, ergänzt durch Merkmaltabellen mit typologischen Übersichtszeichnungen im Maßstab 1: 500. Die Pläne enthalten einen Lageplan im Maßstab 1:2500 und die umgezeichneten Grundrisse, Schnitte und Ansichten der Bauernhäuser im einheitlichen Maßstab 1: 200. Für die Texte der Gebäudemerkmale sind Reihenfolge und Begriffe bewußt ähnlich gehalten, um die Vergleichbarkeit von Querbeziehungen und Unterschieden zu erhöhen.
Historische und neue Fotos vertiefen die Dokumentation. Die verschiedenen Verfasser der einzelnen Beiträge und Inhaber von Fotorechten sind im Anhang und Bildnachweis aufgeführt.

Kennzeichnung der Baumaterialien in Grundrissen und Schnitten

- Bruchstein
- Werkstein
- Ziegel
- Lehm
- ■ Holzquerschnitt

Grimolzhausen

Nr. 4

Gemeinde Pöttmes, Landkreis Aichach-Friedberg

Wohnhaus einer Hofanlage
»Weschlbauernhof« (1837)
»beim Stegmeir« (20. Jahrhundert)
1692: erbaut (d)
1970: Abbruch

Zur Siedlung

Das um einen Kirchenanger angelegte Pfarrdorf Grimolzhausen war ein typisches westbayerisches Bauerndorf, das gerichtlich zu Schrobenhausen gehörte. An die von Westen nach Osten verlaufende Hauptstraße reihen sich – meist giebelständig – die Anwesen. Ausgedehnt hat sich die Besiedelung schließlich nach Süden. 1837 umfaßte das Dorf 35 Anwesen, von denen der Großteil Sölden waren. Der Weschlbauernhof gehörte zu den größten Anwesen des Ortes.

Zur Hofgeschichte

Seit dem Jahr 1726 ist die Familie Stegmeir auf dem Weschlbauernhof nachweisbar, der 1837 im Urkataster als halber Bauernhof verzeichnet steht. Georg Stegmeir hatte den Hof 1815 von seinem Vater Michael übernommen, zu dem neben dem freistehenden Wohnhaus noch Stadel, Stall, Schweinestall und Backofen gehörten. Mit den zu nutzenden Gemeindeteilen und den walzenden Gründen betrug die Hofgröße 1837 gut 136 Tagwerk. 1859 übernahm Peter Stegmeir im Anschlag zu 16 000 Gulden das Anwesen mit seiner Frau Barbara, geborene Sterk. Zwischen 1865 und 1882 sind in den Steuerakten Grundstücksverkäufe verzeichnet, deren Erlös vermutlich in die Erneuerung der Ökonomiegebäude investiert wurde. 1890 wurde das noch immer über 135 Tagwerk große Anwesen an Caspar Stegmeir und dessen spätere Frau Maria Kneißl vererbt. Josef und Katharina Stegmair, die 1929/30 den Hof übernahmen, behielten bei der Übergabe an ihren Sohn im Jahr 1940 das Austragshaus in Besitz. Zwei Generationen später, 1985, übernahm Alois Stegmüller jun. von seinem Vater Alois das neu erbaute Anwesen und führt mit seiner Frau Emilie den traditionsreichen Hof weiter.

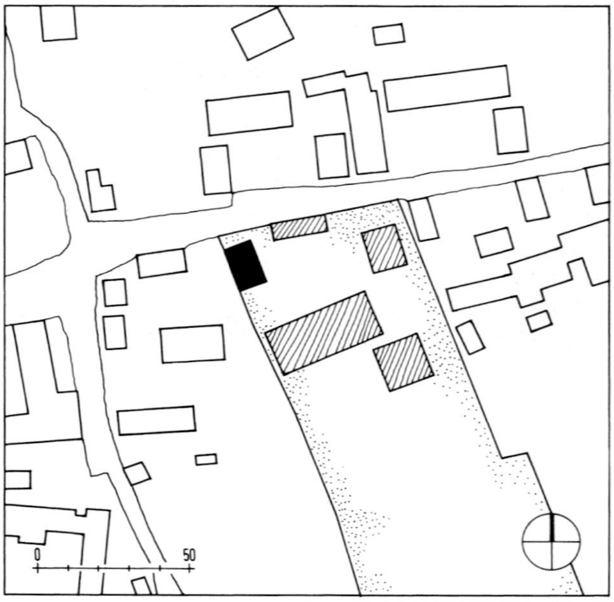

Lageplan 1970.

Bauhistorische Beschreibung

Das einstöckige Wohnhaus des großen Hofes, dessen Südseite vollständig mit einem tonnengewölbten und einem einfachen Kartoffelkeller mit flacher Decke unterkellert war, erhob sich über einem kleinen farblich abgesetzten Sockel. Über drei Stufen gelangte man hofseitig zu der fast mittig gelegenen Haustür. Der Eingang mit über der Tür gelagertem Oberlicht wurde von zwei verputzten Pfeilern flankiert, auf deren Kämpfer ein Dreiecksgiebel auflag. Der Grundriß glich dem der westbayerischen Bauernhäuser, wonach ein durchgesteckter Fletz links und rechts symmetrisch je zwei Räume erschließt. Stube und Kammer lagen hofseitig und waren quadratisch angelegt. Wohl im 19. Jahrhundert wurden mit dem Einbau eines Kamins am Grundriß Veränderungen vorgenommen. Der ehemals durchgesteckte Hausgang wurde mit einer Wand abgeriegelt, um zusätzlichen Raum für die neben der Stube liegende Küche zu schaffen. Gleichzeitig wurde die Treppe in der Laufrichtung umgekehrt und weiter nach vorne zur Haustüre verlagert und ein »Stüberl« im Obergeschoß ausgebaut.

Die frühe Schreibweise des Hausnamens des Anwesens »Welschbauer« deutet vielleicht auf das visuelle Erscheinungsbild des alten Wohngebäudes hin. Die zur Straße gelegene Giebelseite zeigte sich im »welschen Stil« geschwungen, also mit einer architektonischen Anleihe an italienische Barockfassaden. Der Giebel wird von einem Halbbogen bekrönt und schwingt links und rechts in je drei flachen S-Schwüngen nach unten, unterbrochen jeweils durch einen kleinen Absatz, der von einer Kugel bekrönt wurde. Eine Inschrift gibt als Erbauungszeit das Jahr 1692 an. In diese Zeit verweist auch die Formensprache des liegenden Dachwerkes mit Verblattungen sowie aufwendigen Fasungen und geschwungenen Abtreppungen der Binderbalken. Die untypische Lage des Gebäudes mit der Nordseite als Schauseite ist aus der Lage des Wohnhauses zu erklären – und mit dem offensichtlichen Wunsch des Bauern, zur Straßenseite hin zu repräsentieren. So kommt es, daß die eigentlich lichtreiche Südseite, auf die eine aus der Zeit um 1700 stammende Sonnenuhr auffreskiert war, mit kleinen Fenstern auskommen mußte. 1970 wurden die historischen Hofgebäude abgebrochen und durch moderne Bauten ersetzt.

Giebelansicht von Norden.

Ansicht von Süden.

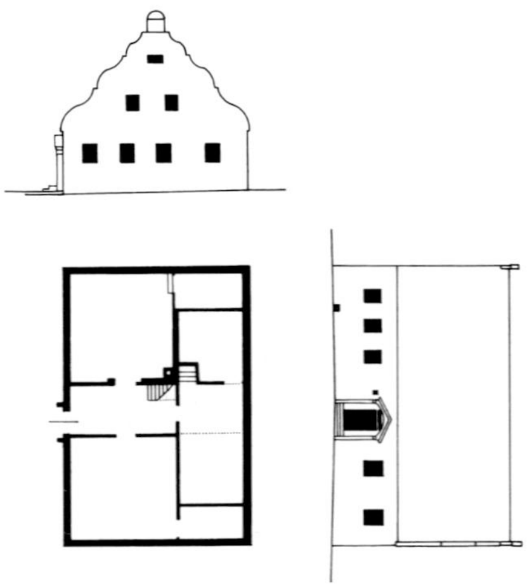

Ort	
Grimolzhausen, Nr. 4	
Gebäude	
Gebäudeart	Wohnhaus
Wandkonstruktion	Ziegel
Geschoßzahl	1 + Dach
Geschoßhöhe	2,6 m
Grundfläche (B × L)	147 qm (9,7 × 15,1 m)
Umbauter Raum	
Vollgeschosse	460 cbm
Dachgeschoß	430 cbm
Dach	
Dachart	Satteldach
Dachneigung	50°
Dachdeckung	Biberschwanzplatten
Dachüberstand	
Erschließung	
Hauseingang Lage	Traufseite
Flur Lage	Querflur
Grundfläche (B × L)	14,3 qm (2,6 × 5,5 m)
Treppe Art	einläufig
Laufbreite	75 cm
Steigungsverhältnis	17,3/19,3 cm, 42°
Stube	
Lage	Nordostecke
Grundfläche (B × L)	29,7 qm (5,4 × 5,5 m)
Fensterzahl	5
Fensteröffnung (B × H)	90 × 110 cm
Belichtungsfaktor Fensteröffnung: Grundfläche	1 : 6,0
Stubenofen	Hinterlader von Küche
Küche	
Lage	Flurende
Grundfläche (B × L)	21,5 qm (3,3 × 6,5 m)

Gebäudemerkmale für Bauberatung

Das große Anwesen wird von Norden her über die Grimolzhausen mit Pöttmes und Schrobenhausen verbindende Staatsstraße erreicht. Das eingeschossige Wohnhaus steht an der westlichen Grundstücksgrenze. Es ist mit seinem geschweiften Giebel auf die Staatsstraße ausgerichtet und bildet mit den Wirtschaftsgebäuden einen dem Rechteck angenäherten Hofraum aus. Die grenzständige Bauweise herrscht im ganzen Dorf vor, auch wenn die größeren Hofstätten ein Abrücken von der Grenze gestattet hätten. Das Ziel, möglichst zusammenhängende Hofflächen zu erhalten, führt zu dieser konsequenten siedlungstechnischen Organisation, die bei offener Bauweise eine rationelle Grundstücksausnützung ermöglicht.

Der geschlossene Rechteckbaukörper von 9,7 m Breite und 15,1 m Länge ist durch das steile Satteldach von 50° und den geschweiften Schaugiebel der Nordansicht gekennzeichnet. Vom Hofraum aus betritt man das Wohnhaus an der östlichen Traufseite und gelangt in einen Querflur mit einläufiger Treppe zum Dachgeschoß.

Der nahezu quadratischen Stube von 5,4 × 5,5 m ist die Ecklage zur Straße hin vorbehalten, von der aus auch die Hofzufahrt überwacht werden kann. Bemerkenswert ist, wie nach dem Umbau des ursprünglich durchgehenden Querflurs mit der asymmetrisch angeordneten Längswand wieder eine klare Aufteilung in eine breitere östliche Stubenzone – mit Kammer südlich des Flurs – und eine schmälere westliche Küchenzone – mit Stüble und Kammer – geschaffen wurde.

Die Nordansicht zeigt den dreifach geschwungenen Schaugiebel, in dessen großer Mauerfläche nur die Fenster des Giebeldreiecks die Symmetrieachse des Firstes aufnehmen, die Fensterreihe im Erdgeschoß mit den drei Stubenfenstern und dem davon seitlich abgerückten Einzelfenster des Stüble eine asymmetrische Gruppierung bilden.

Auch im Südgiebel findet sich eine freie Verteilung der unterschiedlich großen Fenster. Der Firstpunkt des Daches ist durch einen gemauerten Schild mit halbrundem Abschluß betont.

Wie sehr eine grundsätzliche Ordnung ohne schematische Erstarrung angestrebt ist, geht auch aus dem Längsschnitt hervor, in dem von den 15 Sparrenfeldern die Stube 6, der Flur 3, die Kammer wieder 6 Achsen erhalten und damit der Flur als Raumzone auch in den Gebäudeproportionen betont ist.

Aus der Grundfläche von 147 qm ergibt sich mit einem aus Erfahrungswerten gewonnenen Umrechnungsfaktor von 0,75 eine Wohnfläche von 110 qm im Erdgeschoß.

Ansicht von Norden.

Ansicht von Osten.

Ansicht von Süden.

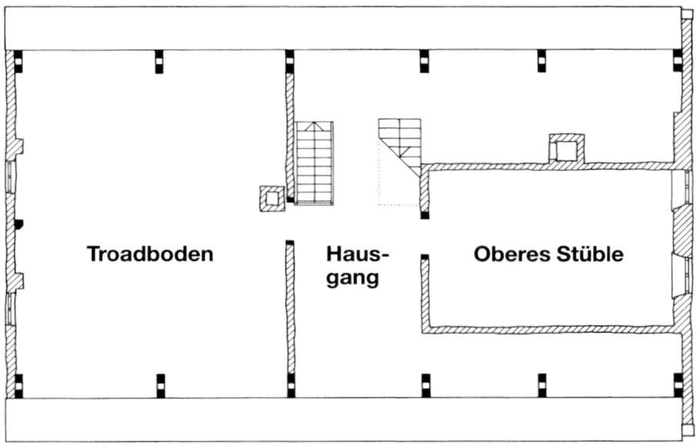

Dachgeschoß.

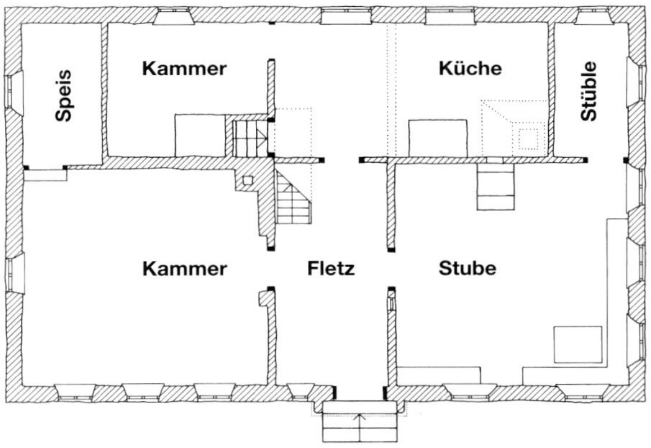

Erdgeschoß.

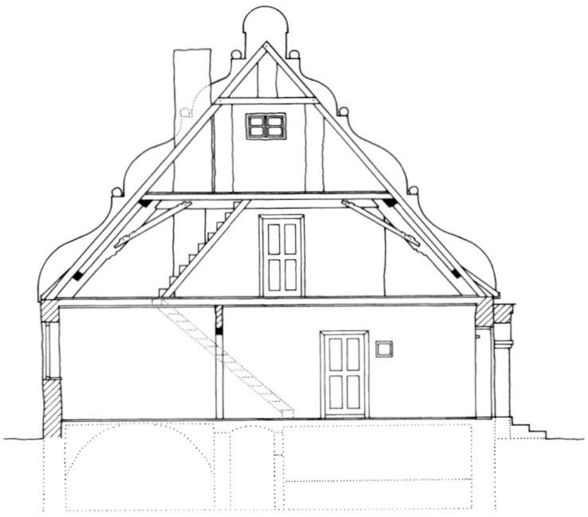
Querschnitt.

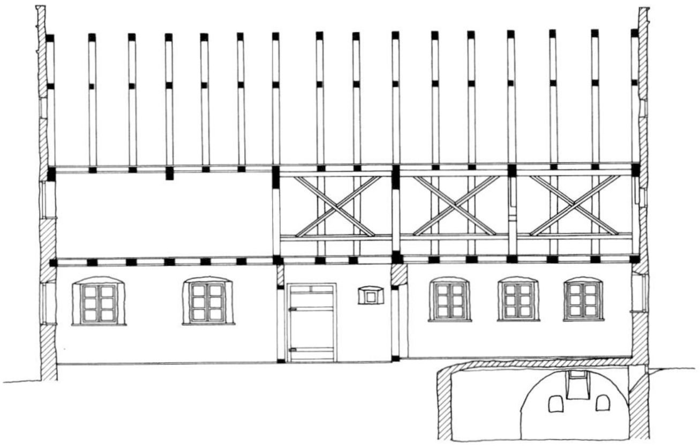
Längsschnitt.

Gundertshausen

Nr. 10

Gemeinde Schiltberg, Landkreis Aichach-Friedberg

Wohnhaus einer ehemaligen Hofanlage
»beim Diepold« (1752), »Neumair« (19. Jahrhundert)
1559/1561: erbaut (d)
1996: abgebrochen

Zur Siedlung

Als frühmittelalterliche Siedlung entwickelte sich der östlich von Aichach an der Weilach gelegene kleine Ort Gundertshausen. Bis heute hat sich das Dorf in seiner gewachsenen Anordnung der Anwesen erhalten, wie sie der erste Ortsplan aus dem Jahr 1812 zeigt. Das Straßendorf war bereits in der zweiten Hälfte des 18. Jahrhunderts dem Amt Schiltberg zugehörig und kam bei der Gemeindenbildung 1818 zur Gemeinde Schiltberg. Neben dem halben Hof mit der Hausnummer 10 und zwei weiteren Höfen gab es um 1800 in Gundertshausen nur Kleinbauernhöfe (Sölden) und ein Hirtenhaus.

Zur Hofgeschichte

Der »halbe« Diebolderhof in Gundertshausen wurde, wie dendrochronologische Untersuchungen ergaben, bereits 1559 oder 1561 als Fachwerkhaus erbaut. Gerichtlich gehörte das Anwesen zu Schiltberg, befand sich aber gemäß der Hofmarkenkonskription von 1752 als einziger Hof des kleinen Ortes im Besitz der Deutschherrenkommende der Hofmark Blumenthal. 1821 fand ein Hoftausch statt. Alois Neumair vom Hof Nr. 3 in Gundertshausen (bezeichnet als $^1/_2$-Hof, Hausname Bultbauernhof) ging auf den Diebolderhof, Nr. 10, und zahlte an den Vorbesitzer Erasmus Gschoßmann, der nun die Nr. 3 bezog, 860 fl Aufschlag. Durch eine Erbschaft seiner Eltern Thomas und Theresia Neumair fielen dem Hof weitere Flächen an Äckern, Wiesen und Wald zu, so daß Mitte des 19. Jahrhunderts insgesamt 108 Tagwerk Grund zum Hof gehörten. Die stets gleichbleibenden Steuerabgaben bis weit in die zweite Hälfte des 19. Jahrhunderts hinein zeigen, daß offensichtlich gut gewirtschaftet wurde und kaum Flächen veräußert wurden. Bis in die Zeit um 1900 blieb der Besitz bei der Familie Neumaier. Unter Cyprian Neumaier wurde das neben der Mühle zweitgrößte Anwesen im Dorf (120 Tagwerk) an Josef Effinger veräußert. Dieser verkaufte es um 1930 mit nur noch 23 Tagwerk Grund an Josef und Sabina Breitsameter weiter. Von Sabina Breitsameter und ihrem zweiten Mann Michael Birkl wurde der Hof bis 1964 bewirtschaftet. Birkls Stieftochter Anna Ziegenaus führte die Landwirtschaft bis 1990 weiter. Michael Birkl, der letzte Bewohner des »Neumair«, starb 1986. Im Juli 1996 wurde das Haus abgebrochen.

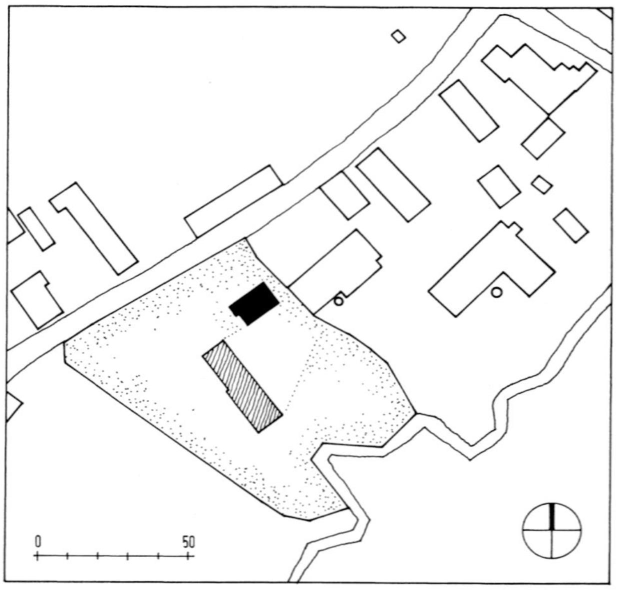

Lageplan 1990.

Bauhistorische Beschreibung

Von der Hofanlage, die im Jahr 1837 aus Wohnhaus, Stadel mit Viehstall und Backofen bestand, hatte sich bis zu seinem Abbruch 1996 nur das Wohnhaus erhalten. Erdgeschossig wurde es von der Traufseite mittels eines durchgesteckten Hausganges erschlossen. Nach Nordosten ordneten sich zwei Schlafkammern, nach Südwesten Stube und Küche an, eine durchaus typische Raumaufteilung für die sogenannten »westbayerischen« Häuser der Gegend. Aufgrund der Raumordnung, der äußeren Form des Anwesens mit seinem Gredgang auf beiden Traufseiten und dem liegenden Dachgestühl mit Verzapfungen und Resten von in Rötel aufgetragenen Bundzeichen und Schnurschlägen an einigen Stützbändern wurde das Haus zunächst in das späte 17. oder frühe 18. Jahrhundert datiert. Eine genaue bauhistorische Untersuchung jedoch führte zum Fund von teils demontierten Konstruktionshölzern, die auf ehemalige Fachwerkwände im Erdgeschoßbereich verwiesen. Dendrochronologische Befunde ergaben schließlich, daß das Gebäude bereits um 1560 als Fachwerkbau errichtet wurde. In dem liegenden Dachwerk hatten sich Teile der ursprünglichen Konstruktion des ehemals mit Stroh gedeckten Daches erhalten. Zum baulichen Restbestand gehörte zudem die Wand zwischen Küche und Stube. Dort ließ sich ein Holzständer mit Kopfstreben rekonstruieren. An Umbauten werden für das späte 18. Jahrhundert die Errichtung von massiven Ziegelaußenwänden und zwei flach tonnengewölbte Kellerräume vermutet. Möglich wäre es jedoch auch, daß dies erst im beginnenden 19. Jahrhundert unter dem neuen Besitzer Thomas Neumair geschah, der seit 1821 den im Kataster als »zertrümmert« bezeichneten Diebolderhof besaß. Selbst der Anbau einer Austragstube an die ehemalige Küche stammt nicht, wie vermutet, aus dem späteren 19. Jahrhundert, sondern ist so schon im Katasterplan von 1812 verzeichnet gewesen.

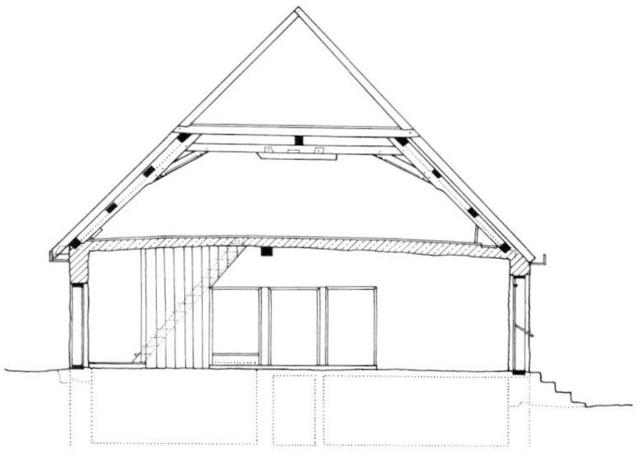

Querschnitt.

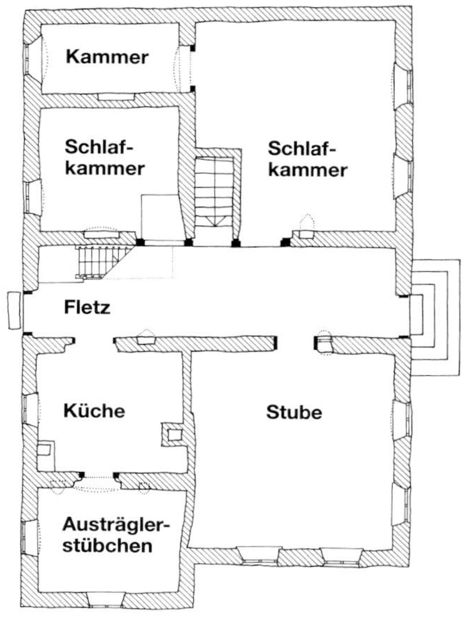

Erdgeschoß.

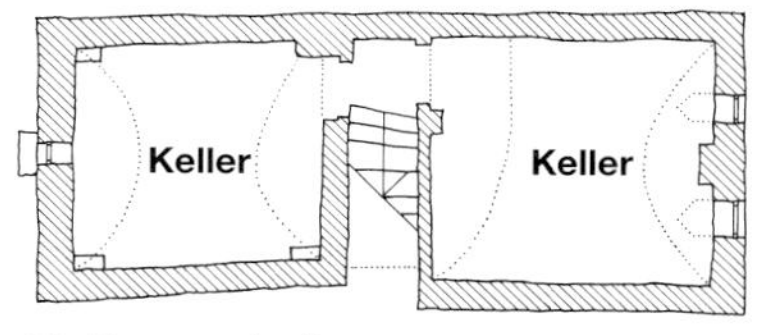

Kellergeschoß.

Ansicht der Hofseite von Süden. Davor Einfriedung des ehemaligen Hausgartens.

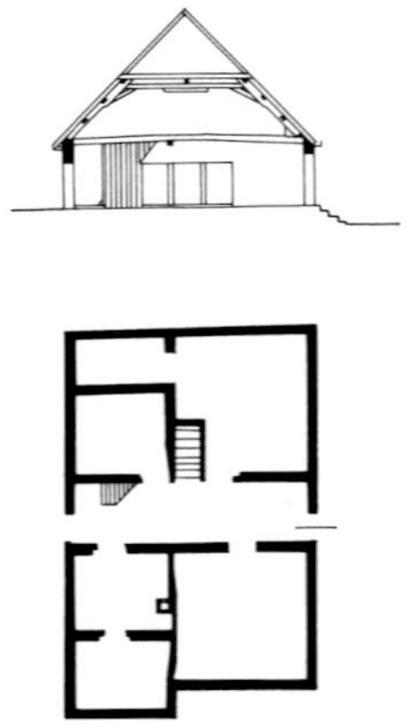

Ort	
Gundertshausen, Nr. 10	
Gebäude	
Gebäudeart	Wohnhaus
Wandkonstruktion	Ziegel
Geschoßzahl	1 + Dach
Geschoßhöhe	2,8 m
Grundfläche (B × L)	136 qm (9,4 × 14,0 + 1,1 × 4,2 m)
Umbauter Raum	
Vollgeschosse	380 cbm
Dachgeschoß	ca. 330 cbm
Dach	
Dachart	Satteldach
Dachneigung	45°
Dachdeckung	Biberschwanzziegel ehemals Stroh
Dachüberstand	
Erschließung	
Hauseingang Lage	Traufseite
Flur Lage	Querflur
Grundfläche (B × L)	19,8 qm (2,3 × 8,6 m)
Treppe Art	einläufig
Laufbreite	65 cm
Steigungsverhältnis	18,7/15,7 cm, 50°
Stube	
Lage	Südwestecke
Grundfläche (B × L)	24,0 qm (4,8 × 5,0 m)
Fensterzahl	4
Fensteröffnung (B × H)	85 × •• cm
Belichtungsfaktor Fensteröffnung: Grundfläche	
Stubenofen	
Küche	
Lage	neben Stube
Grundfläche (B × L)	10,5 qm (3,0 × 3,5 m)

Gebäudemerkmale für Bauberatung

Die große Hofstelle ist zwischen die sie erschließende Ortsstraße im Nordwesten und den Flußlauf der nach Norden abfließenden Weilach eingespannt. Das Haus dient allein dem Wohnen, abgesetzt von Stall und Scheune, eine Grundrißdisposition, die bei größeren Anwesen auch im westlichen Oberbayern anzutreffen ist. Mit seiner Firstrichtung von Südwest nach Nordost nimmt das Gebäude, wie auch die Häuser auf den benachbarten Hofstellen, die Richtung der Ortsstraße auf.

Der eingeschossige Rechteckbaukörper mit 9,4 m Breite und 14,0 m Länge trägt ein 45° steiles Satteldach, ebenso wie der Stüberlanbau (1,1 × 4,2 m) vor dem südwestlichen Giebel. Die Grundrißorganisation folgt dem entwickelten Typus der Wohnhäuser mit durchgehendem Querflur, einläufiger Treppe in der Mitte der Traufseite und zwei ähnlich großen Räumen auf beiden Seiten des Flures, hier der Stube (4,8 × 5,0 m) und gegenüberliegend der großen Schlafkammer. Eine nur durch den Hausgang unterbrochene, sonst durchgehende Längswand teilt das Gebäude in zwei Zonen, die größere im Südwesten mit Stube und Schlafkammer, die schmälere im Nordosten mit Küche, Austragsstüberl sowie zwei weiteren Kammern.

Die nahezu quadratische Stube weist an beiden Seiten der zur Außenecke mit dem Herrgottswinkel führenden Fensterwände zwei nach Abmessungen und Ausformung gleiche Wandabwicklungen auf, die als Merkmale einer räumlichen Diagonalsymmetrie – unabhängig von der Ausbildung der Deckenbalken – anzusprechen sind.

Das in seinen Umfassungswänden aus Ziegelmauerwerk aufgeführte Haus weist, wie das Foto zeigt, am Nordostgiebel den für das nördliche Oberbayern und Schwaben kennzeichnenden knappen gemauerten Ortgang auf, der einer späteren Ausbaustufe zuzurechnen ist.

Bei 136 qm überbauter Fläche ergibt der Umrechnungsfaktor 0,75 eine Wohnfläche von ca. 102 qm im Erdgeschoß, ohne Anrechnung des möglichen Dachausbaus.

Das eingädige Wohnhaus von Westen mit Stubenanbau.

Mainbach

Nr. 20

Gemeinde Hollenbach, Landkreis Aichach-Friedberg

Wohnhaus eines Gehöftes
»Michlbauer« (1836)
»Kasmayerhof« (20. Jahrhundert)
1880: erbaut
1992: Renovierung und Instandsetzung

Hofseite des Wohnhauses nach der Renovierung 1994.

Zur Siedlung

Das Dorf Mainbach liegt an der alten mittelalterlichen Landstraße, die von Aichach über Rain am Lech nach Donauwörth führte. Der Ort wurde erstmals im 12. Jahrhundert als »Maginbach« urkundlich belegt. Für das 18. Jahrhundert sind 28 Anwesen belegt, die nach zehn verschiedenen Herrschaften abgabepflichtig waren. Bis heute hat sich aufgrund der gravierenden Veränderungen in der Landwirtschaft zwar die Nutzung, nicht aber die Anzahl der Höfe verändert. Große Hofräume mit direkt angrenzenden Wirtschaftsflächen kennzeichnen die Siedlung.

Zur Hofgeschichte

Die Hofstelle des ehemaligen Michlbauernhofes läßt sich als Lehen des Augsburger Reichsstifts St. Ulrich bis in das Jahr 1391 zurückverfolgen. Wohl um 1800 wurde der Hof zertrümmert, so daß im Grundsteuerkataster aus dem Jahr 1836 der Michlbauernhof nur als verbliebener »Rest« des ehemals großen Hofgutes von Joseph Kell bewirtschaftet wurde. Verkäufe und Tauschgeschäfte bestimmten während des 19. Jahrhunderts die Geschichte des Anwesens. Häufig wechselten die Besitzer. 1865 tauschte der Ökonom Carl Mannhard den Hof, zu dem 38 Tagwerk Grund gehörten, von Joseph und Emerentia Weichsler im Wert von 7450 Gulden ein. 1872 erstand der Bauer des Nachbarhofes mit der Hausnummer 20, Martin Altmann, das zertrümmerte Anwesen mit nun 28 Tagwerk an Grundflächen und vereinte es mit seinem 165 Tagwerk großen Betrieb. Zwischen 1872 und 1874 ließ Altmann den alten Hof abreißen und errichtete ein neues Wohnhaus. Dies geschah möglicherweise im Jahr 1880. Ein Hinweis darauf könnte die gußeiserne Ofenplatte des Stubenofens sein, die mit diesem Datum versehen ist. 1881 übergaben Martin und Anna Altmann den Hof an ihren Sohn Martin und dessen Braut Franziska Wünsch. 1904 wurde das Anwesen, das zu dem Zeitpunkt 24 Tagwerk umfaßte, abermals verkauft. Diesmal erwarb Joseph Bergmeier den Hof, der ihn 1942 an seinen Sohn Georg vererbte. Dieser blieb unverheiratet, so daß sein Neffe Ludwig Bergmeier das Anwesen seit 1986 weiterführt. Das renovierte Wohnhaus ist vermietet.

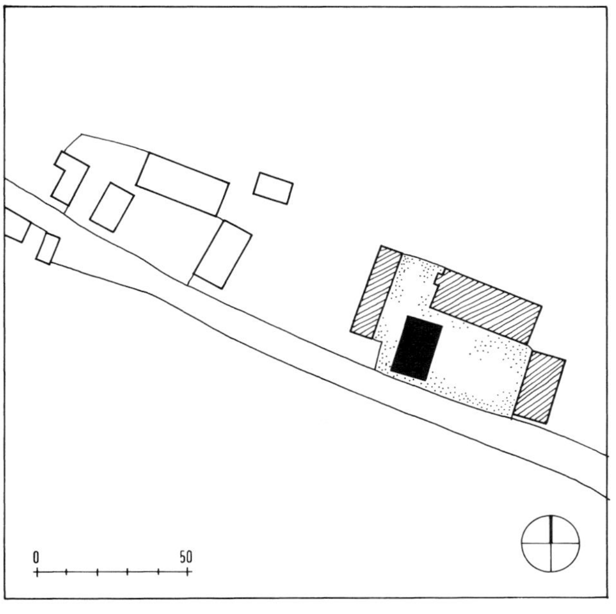

Lageplan 1992.

Bauhistorische Beschreibung

Das Anwesen des ehemaligen »Michlbauer« und späteren »Kasmayer« entspricht dem westbayerischen Typus mit separatem Wohnhaus und einem weiteren, rechtwinklig zum Haus stehenden Stall-Scheune-Gebäude. Das Wohnhaus, wohl 1880 erbaut, folgte in Baukörper und Grundriß den regionalen Gewohnheiten des Hausbaus. Anders als bei älteren Häusern wurde jedoch Wert auf regelmäßige Abstände der oben segmentbogig abgeschlossenen Fenster gelegt. Die Flügelfenster und die dreigeteilten zweifarbig grün gefaßten Fensterläden mit aufwendigen Füllungen folgen einer beliebten »Mode« aus dem späten 19. Jahrhundert, die über engere regionale hausgeschichtliche Grenzen hinausging. Der mit fünf Fensterachsen symmetrisch gegliederte Südgiebel des eingädigen auf einem hohen Sockel errichteten Hauses ist zur Straßenseite gerichtet, ganz oben im Giebelfeld öffnet sich ein von einem Putzband umgebenes kreisrundes Fenster.

Das Gebäude wird von der östlichen Hofseite erschlossen. Eine zweiflügelige Haustür mit aufgedoppelten Feldern und einem segmentbogigen Oberlicht öffnet sich in einen fast drei Meter breiten mit

Ansicht von Süden.

Ansicht von Norden.

Ansicht von Osten.

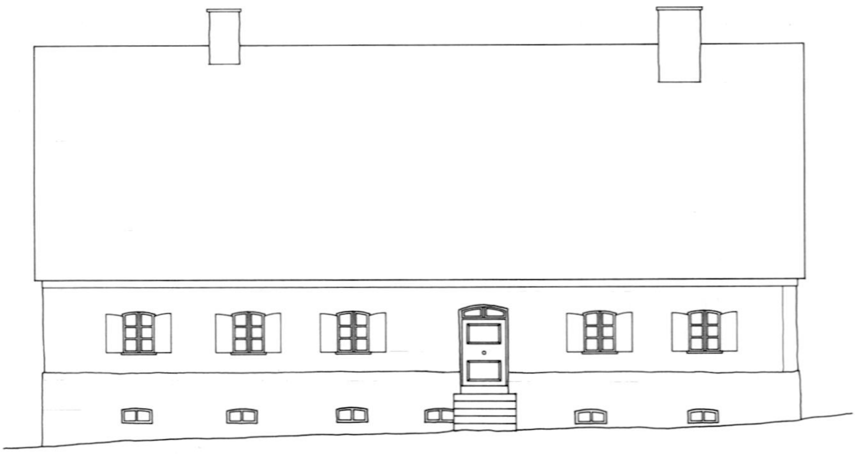

Ansicht von Westen.

Solnhofener Platten ausgelegten Flur. Zur Giebelseite liegen Stube und Küche. Zur Nordseite des Hausganges, genau gegenüber der Stube, befindet sich eine Kammer. Nach Westen kann der Hausgang zum Hausgarten hin durch eine schmale Tür, die aus der Erbauungszeit stammt, verlassen werden. Das Obergeschoß ist mit zwei zur Südseite liegenden Giebelkammern ausgebaut. Der übrige Raum, den das liegende Dachwerk umschließt, wird als Lager- und Abstellraum genutzt. Der tonnengewölbte Keller erstreckt sich an der westlichen Längsseite des Hauses über eine Breite von gut 3,50 m lichte Weite und kann vom Hausgang aus begangen werden. Ein weiterer Eingang ist von der Nordseite möglich, was das Einlagern von Vorrat, etwa von Kartoffeln, erheblich erleichterte. Unter Ludwig Bergmeier wurde das Wohnhaus des Hofes im Jahr 1992 renoviert und saniert.

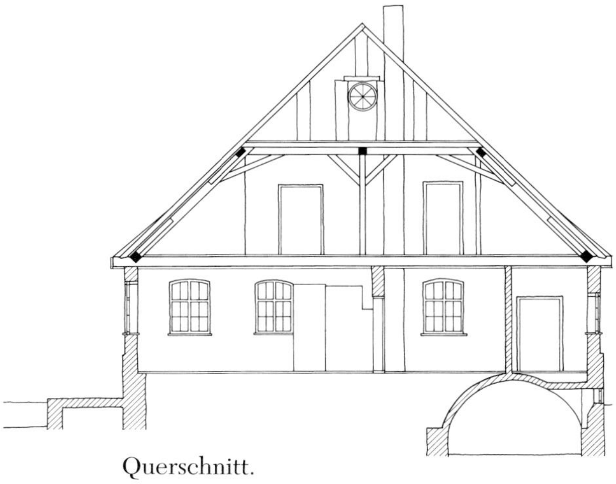

Querschnitt.

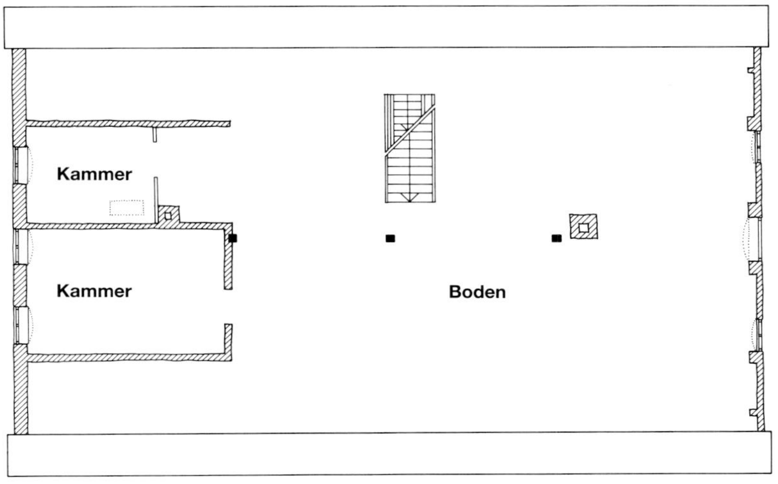

Dachgeschoß.

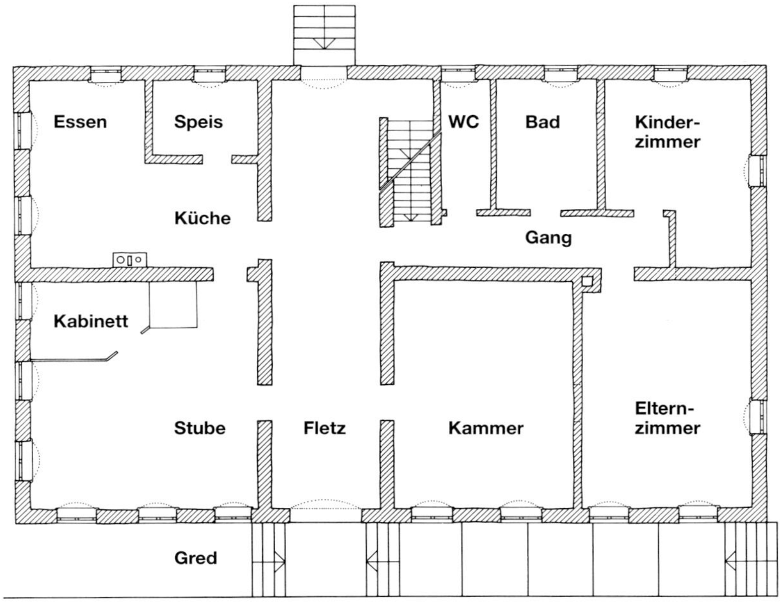

Erdgeschoß nach der Renovierung.

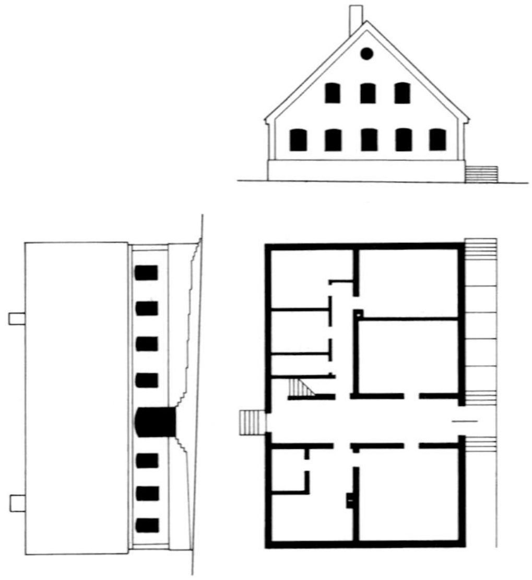

Ort
Mainbach, Nr. 21

Gebäude	
Gebäudeart	Wohnhaus
Wandkonstruktion	Ziegel
Geschoßzahl	1 + Dach
Geschoßhöhe	3,1 m
Grundfläche (B × L)	248 qm (12,5 × 19,8 m)
Umbauter Raum	
Vollgeschosse	990 cbm
Dachgeschoß	770 cbm
Dach	
Dachart	Satteldach
Dachneigung	45°
Dachdeckung	Biberschwanzziegel
Dachüberstand	20 cm (Giebelseite)
Erschließung	
Hauseingang Lage	Traufseite
Flur Lage	Querflur
Grundfläche (B × L)	43,8 qm (2,8 × 11,7 m + 1,4 × 7,3 m)
Treppe Art	einläufig
Laufbreite	120 cm
Steigungsverhältnis	
Stube	
Lage	Südostecke
Grundfläche (B × L)	31,2 qm (6,0 × 6,2 m – 2,1 × 3,1 m + 0,5 × 1,1 × 0,9 m)
Fensterzahl	5
Fensteröffnung (B × H)	100 × 140 cm
Belichtungsfaktor Fensteröffnung: Grundfläche	1 : 4,6
Stubenofen	Hinterlader von Küche
Küche	
Lage	neben Stube
Grundfläche (B × L)	23,7 qm (5,1 × 6,0 m – 2,3 × 3,0 m)

Gebäudemerkmale für Bauberatung
Die breitgelagerte Hofstelle öffnet sich zu der südlich vorbeiführenden Straße, auf die der Südgiebel des freistehenden Wohnhauses ausgerichtet ist. Die Wirtschaftsbauten bilden die übrigen Flügel des auf drei Seiten umbauten Hofes, eine Gebäudestellung, die sich auch bei den benachbarten Anwesen in gleicher Weise wiederholt.
Der eingeschossige Rechteckbaukörper von 12,5 m Breite und 19,8 m Länge trägt ein 45° geneigtes Satteldach. Das Erdgeschoß ist durch einen Sockel aus dem Gelände herausgehoben. Die Gred der östlichen Traufseite muß deshalb mit mehreren Treppenabsätzen bis zur Fußbodenhöhe der Eingangstüre hinaufgeführt werden.
Die zweiflügelige Haustüre öffnet sich in einen breiten durchgehenden Querflur, der an der gegenüberliegenden Westseite mit einer kleinen Türe und vorgelegter Treppe ebenfalls einen Ausgang erhält. An dieser Westseite steigt auch die einläufige Schachttreppe parallel zum Flur in das Dachgeschoß hinauf.
Die große nahezu quadratische Stube von 6,0 × 6,2 m wird an der Südostecke von je drei Fensterachsen ähnlicher Ausbildung belichtet. Die dadurch entstehende Diagonalsymmetrie zur Außenecke tritt wegen des an der Trennwand zur Küche später eingebauten Kabinetts nur teilweise räumlich in Erscheinung. Die Längswand zwischen Stube und Küche ist jenseits des Flurs in der Kammerzone bis zum Nordgiebel in gleicher Lage fortgesetzt, begleitet von einem Längsgang zur Erschließung der hinteren Räume. Damit folgt auch dieser Hausgrundriß dem Typus des Querflurhauses mit durchgehender, nur vom Flur unterbrochener Längswand.
Im Dachgeschoß sind am südlichen Giebel zwei schmale Kammern ausgebaut. Auf der westlichen Traufseite ist in dem über das Gelände hochgezogenen Sockel eine durchgehende tonnengewölbte Kellerzone eingefügt.
Der in Ziegelmauerwerk errichtete Massivbau trägt mit den großen Segementbogenfenstern über den Fenstern und der Haustüre die Merkmale des späten 19. Jahrhunderts.
In der südlichen Giebelseite sind die Fenster mit der Abfolge von 5 : 3 : 1 Öffnungen symmetrisch auf die Mittelachse des Dachfirstes ausgerichtet. Sie bilden so eine in ihren Teilen aufeinander bezogene Einheit. Dem entspricht auch das umlaufende Putzgesims als Ecklisene und der massive Ortgang im Giebeldreieck.
Bei 248 qm Grundfläche ergibt der Umrechnungsfaktor 0,75 eine Wohnfläche von ca. 186 qm je Geschoß.

Oberbernbach

Maria-Eich-Straße 7 (alte Hausnummer 2)

Stadt Aichach, Landkreis Aichach-Friedberg

Wohnhaus und Stall-Stadel-Bau eines »Achtelhofes«
»Ziegler« (1752)
1671: erbaut (d)
1999: Abbruch

Das Wohnhaus von Südosten mit traufseitiger Erschließung.

Zur Siedlung

Im 13. Jahrhundert war Oberbernbach urkundlich als Lehen der Pernbecke ausgewiesen. 1312 ist urkundlich die Übergabe des Dorfes an den Deutschen Orden belegt, der 1464 Oberbernbach erstmals als »Hofmark« benannte. 1752 umfaßte das Pfarrdorf 47 Anwesen, von denen 41 zur Hofmark Blumenthal, die anderen nach Oberwittelsbach und zu dem Baron Füll gehörten. Die Hofmarkskonskription der Deutschherrenkommende Blumenthal aus dem Jahr 1752 vermerkt unter der Hausnummer 2 einen Achtelhof mit dem Hausnamen »Ziegler«. Mit der Säkularisation kam Oberbernbach zu Aichach, seit 1972 gehört es zur Stadt Aichach.

Zur Hofgeschichte

Auch wenn eine dendrochronologische Untersuchung es ermöglicht, das Wohngebäude des ehemaligen Achtelhofes in das späte 17. Jahrhundert zu datieren, so läßt sich archivalisch bisher die Hofgeschichte erst seit Mitte des 18. Jahrhunderts verfolgen. 1802 hatte Bernhard Erhardt das »Ziegler-Anwesen« von seinem Vater Ignaz übernommen. In der Steuer-Fassion des Jahres 1808 gehören dazu: »ein gemauertes Wohnhaus Nr. 2 mit gemauertem Stadel und Stallungen, dann Backofen, der Ziegelstadl mit Backhaus [zum Brennen der Ziegel], die Boschenhutter gezimmert«. Der Hof umfaßte damals etwa $52^1/_2$ Tagwerk Wirtschaftsfläche, in die Waldrechte, Gemeindeteile, sowie Wiesen, Kraut- und Haus-Gärten und Acker eingerechnet waren. Auch in den Steuerbüchern des Jahres 1834 wird die Ziegelei als zusätzlich ausgeübtes Handwerk genannt, das den Bewohnern des Achtelhofes Einnahmen ermöglichte, die in Grundstückszukäufe investiert wurden. Nach der Übergabe von Bernhard an Xaver Erhardt im Jahr 1837 umfaßte das Anwesen bereits mehr als 84 Tagwerk Grund. Bei der Übergabe der Witwe des Xaver Erhard, Mariana Erhard, an ihren Sohn Xaver Erhard im Dezember 1853 wurde der Wert des Anwesens auf stattliche 6400 Gulden veranschlagt. Im 20. Jahrhundert wurde der Hof bis in das Jahr 1955 als landwirtschaftlicher Betrieb von der Familie Fendt geführt und bis 1975 bewohnt.

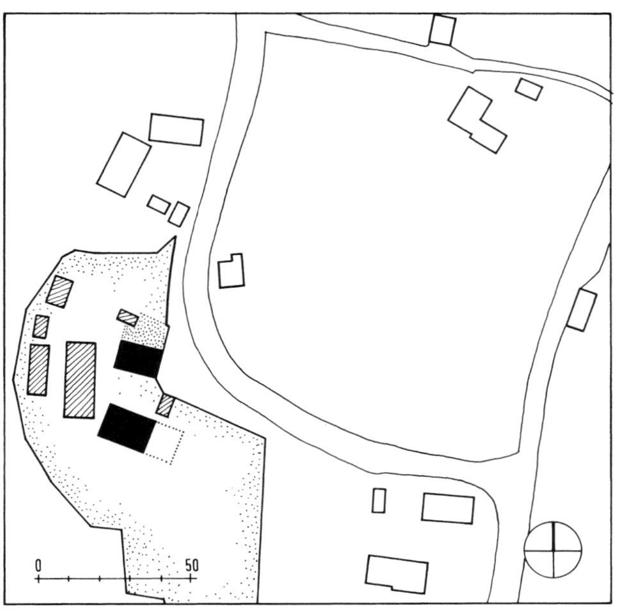

Lageplan 1812.

Bauhistorische Beschreibung
Wohnhaus

Der »Ziegler« als ältester Hof, der sich in Oberbernbach bei Aichach erhalten hat, bestand zuletzt nur noch aus dem Wohnhaus. Der Dachstuhl des Gebäudes war fast analog zu dem des ebenfalls abgebrochenen Schiellerhofes in Tödtenried ausgeführt. Es handelte sich um ein Dachwerk in Kehlbalkenkonstruktion mit liegendem Stuhl. Dendrochronologische Untersuchungen ergaben als Fälldatum der verwendeten Bäume das Jahr 1671. Der zur Straße hin ausgerichtete Giebel und Ortgang des aus Ziegeln gemauerten Hauses wurde von drei kantigen, unprofilierten und verputzten Ziegelgesimsen gegliedert.

Bis zuletzt hatte sich im Gebäude der bauzeitliche Grundriß erhalten. Das Haus wurde traufseitig von einem Fletz erschlossen, der sich von der hofseitigen Südseite zum Norden durchsteckte. Das eingädige Wohnhaus barg im Erdgeschoß drei Kammern, giebelseitig eine Küche und eine Stube. Im 19. Jahrhundert wurde im Dachboden noch eine weitere Kammer ausgebaut. Nachdem das Haus seit 1975 leerstand und eine Instandsetzung nach denkmalpflegerischen Vorgaben nicht möglich war, wurde das Haus 1999 abgebrochen.

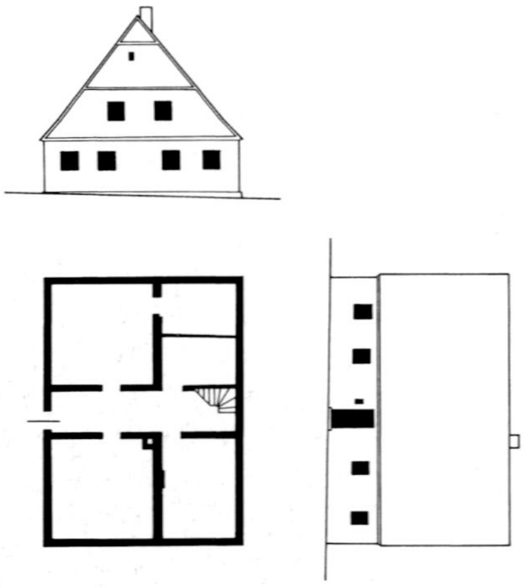

Ort	
Oberbernbach, Maria-Eich-Straße 7	
Gebäude	
Gebäudeart	Wohnhaus
Wandkonstruktion	Ziegel
Geschoßzahl	1 + Dach
Geschoßhöhe	2,6 m
Grundfläche (B × L)	141 qm (10,0 × 14,1 m)
Umbauter Raum	
Vollgeschosse	420 cbm
Dachgeschoß	430 cbm
Dach	
Dachart	Satteldach
Dachneigung	53°
Dachdeckung	Ziegel
Dachüberstand	
Erschließung	
Hauseingang Lage	Traufseite
Flur Lage	Querflur
Grundfläche (B × L)	20,5 qm (2,2 × 9,3 m)
Treppe Art	einläufig über Eck
Laufbreite	90 cm
Steigungsverhältnis	18,6/26,3 cm, 35°
Stube	
Lage	Südostecke
Grundfläche (B × L)	26,5 qm (5,1 × 5,2 m)
Fensterzahl	4
Fensteröffnung (B × H)	80 × 100/100 × 100 cm
Belichtungsfaktor Fensteröffnung: Grundfläche	1 : 7,4
Stubenofen	
Küche	
Lage	neben Stube
Grundfläche (B × L)	19,8 qm (3,8 × 5,2 m)

Gebäudemerkmale für Bauberatung Wohnhaus

Die auf drei Seiten umbaute Hofstelle öffnet sich nach Osten zur Erschließungsstraße hin. Das Wohnhaus steht getrennt von den Wirtschaftsgebäuden und begrenzt den Hofraum nach Norden.

Der eingeschossige Rechteckbaukörper ist 10,0 m breit und 14,1 m lang. Er trägt ein 53° geneigtes Satteldach mit ostwestgerichtetem First.

Die Haustüre an der südlichen Traufseite führt in einen, die ganze Hausbreite durchziehenden Querflur, der am Ende die mit einer Viertelwendung angetretene einläufige Treppe in das Dachgeschoß aufnimmt. Die Grundrißorganisation zeigt einen hohen Ordnungsgrad. Der durchgehende Hausgang teilt zu den Giebelseiten hin zwei gleich große Raumeinheiten, nach Osten die Stube, nach Westen die große Kammer.

Die Bedeutung der Stube mit 5,1 × 5,2 m Seitenlänge wird durch die Lage an der Südostecke und den über Eck angeordneten Fensterpaaren sichtbar, wogegen die Kammer am Westgiebel nur ein Fenster erhält. Eine durchgehende vom Hausflur unterbrochene Längswand trennt die tiefere Stubenzone auf der südlichen Traufseite von der schmäleren Küchen- und Kammerzone auf der Nordseite.

Im Dachgeschoß wird die Kammer an der Giebelseite durch zwei große Fenster belichtet.

Die klare Grundrißorganisation tritt auch in den regelmäßigen Ansichten in Erscheinung. Die Mitte der Traufseite wird von der Haustüre und dem kleinen Flurfenster betont.

Der Massivbau zeigt in den knappen Dachgesimsen der Traufseite und in den Putzbändern des zur Straße zugewandten Ostgiebels eine konsequente konstruktive Gestaltung, die auch in dem Profil des gemauerten Ortgangs am Giebel Ausdruck findet.

Die überbaute Fläche von 141 qm ergibt mit dem Umrechnungsfaktor von 0,75 eine Wohnfläche von ca. 106 qm im Erdgeschoß.

Querschnitt Wohnhaus.

Ansicht Wohnhaus von Osten.

Ansicht Wohnhaus von Süden.

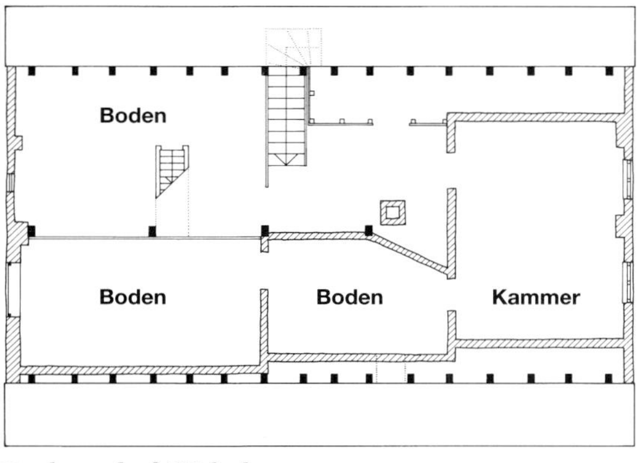

Dachgeschoß Wohnhaus.

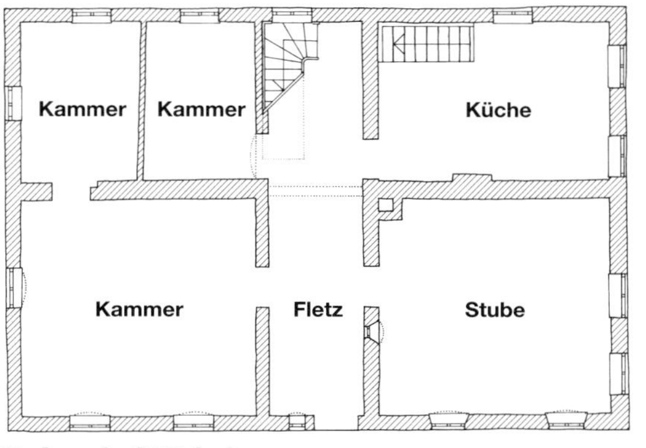

Erdgeschoß Wohnhaus.

Westliche Giebelseite des Wohnhauses mit gemauertem Ortgang.

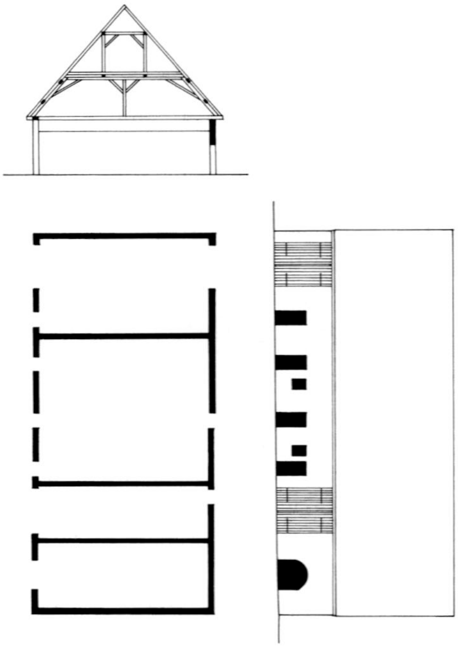

Ort	
Oberbernbach, Maria-Eich-Straße 7	
Gebäude	
Gebäudeart	Stall-Scheune
Wandkonstruktion	Ziegel
Geschoßzahl	1 + Dach
Geschoßhöhe	4,0 m
Grundfläche (B × L)	312 qm (12,1 × 25,8 m)
Umbauter Raum	
Vollgeschosse	1250 cbm
Dachgeschoß	1200 cbm
Dach	
Dachart	Satteldach (Kniestock)
Dachneigung	50°
Dachdeckung	Ziegel
Dachüberstand	

Stall und Stadel unter einem Dach

Ursprünglich gehörte zu der Hofstelle neben dem Wohnhaus ein gemauertes Stall- und Stadelgebäude. Der mittig gelegene Stall wurde von zwei Tennen mit Durchfahrten flankiert, wobei sich an die westliche Tenne noch das »Viertel« anschloß. Das liegende Dachwerk des Stadels mit Firstsäule könnte in der gleichen Zeit wie das des Wohnhauses entstanden sein. Da eine dendrochronologische Datierung hier nicht mehr möglich war, kann aufgrund von Konstruktionsmerkmalen als Erbauungszeit das frühe 18. Jahrhundert angenommen werden.

Gebäudemerkmale für Bauberatung Stallstadel

Der große Stallstadel mit einem Rechteckbaukörper von 12,1 m Breite und 25,8 m Länge bildet die südliche Begrenzung des nach Osten zur Straße hin offenen Dreiseithofes. Der aus Ziegelmauern errichtete Rechteckbau trägt ein 50° steiles Satteldach.
Das Grundrißgefüge wird gekennzeichnet durch den Stall in der Mitte, der mit drei Türen von der nördlichen Traufseite erschlossen ist.
An beiden Giebelenden sind Tennen angeordnet, die durch hohe bis zum Dachansatz hinauf reichende Brettertore die Längsansicht von Norden her prägen.

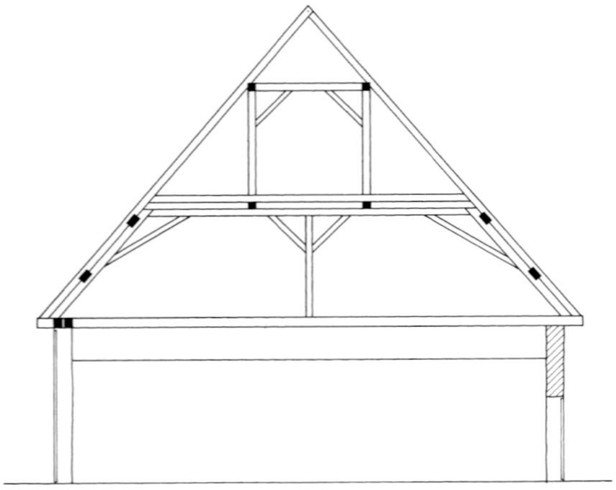

Querschnitt Stall-Stadel.

Ansicht Stall-Stadel von Norden.

Tödtenried

Nr. 27

Gemeinde Sielenbach, Landkreis Aichach-Friedberg

Mitterstallbau, ehemals Mittertennbau
»halber Hof« (1752)
»beim Schieller«, $^{3}/_{8}$ Gütl (1812)
Erbaut: Zweite Hälfte des 17. Jahrhunderts
1989: Abbruch

Zur Siedlung

Das wohl als Rodungsort gegründete Dorf Tödtenried ist noch heute auf den Flurplänen als Angerdorf erkennbar, das sich in Richtung Nordwesten an zwei Straßenkreuzungen weiter entwickelte. Seit dem 13. Jahrhundert gehörte das Dorf zum Domkapitel Augsburg, dessen Herrschaftsrechte von einem ansässigen Geschlecht niederen Adels wahrgenommen wurden. Im 18. Jahrhundert befanden sich zudem Hofstellen im Besitz des Klosters St. Ulrich in Augsburg, von Kloster Altomünster und Kühbach. Tödtenried umfaßte nach der Gerichtskonskription von 1752 insgesamt 27 Anwesen, von denen eines als ganzer und zwei als halbe Höfe bezeichnet wurden.

Zur Hofgeschichte

Das Anwesen »beim Schieller« lag wie alle anderen Häuser bereits nach dem Katasterplan von 1812 giebelseitig zur Straße, der heutigen Dorfstraße. Dendrochronologisch ließ sich für den Hof eine Bauzeit um 1670/80 nachweisen. Bereits in dieser Zeit gehörte der Hof beim Schieller zum Domkapitel in Augsburg. Als halber Hof war der Schiellerhof eines der großen Anwesen, auch wenn das die Photographien des eingädigen Gebäudes so nicht vermitteln. Seit dem Jahr 1799, als ein erster Georg Siegl das Anwesen im Anschlag zu 2000 fl von Ezechiel Hörtl eintauschte, befand sich der Hof im Besitz der Familie Siegl. 1841 übernahm Georg Siegl von seinem Vater im Februar den »Rest des Schiellerhofes und den gesamten Besitz«, ein Hinweis darauf, daß das Anwesen vermutlich schon vor dem Erwerb durch den älteren Georg Siegl zertrümmert worden war. Bis in die 1950er Jahre bewirtschaftete die Familie Siegl (später Sigl) das Anwesen. Hoferbe war stets ein Georg Siegl (durchgängig von 1799 bis 1858), danach jeweils ein Johann Sigl. Während dieser Zeit kam es offenbar zu mehreren Umbauten, wobei jedoch das Wohnhaus bis zu seinem Abbruch 1989 in großen Teilen sein ursprüngliches Aussehen behielt.

Traufseite von Westen.

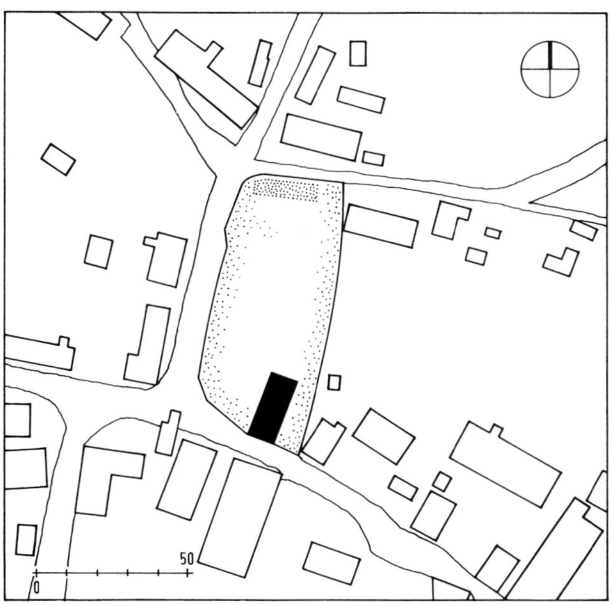

Lageplan 1892.

Bauhistorische Beschreibung

Mit dem Schiellerhof in Tödtenried hatte sich eines der ältesten Beispiele massiver Ziegelbauweise mit einer durch Gurtgesimse gegliederten Giebelfassade erhalten. Trotz späterer Umbauten war der für die Häuser in der Gegend um Aichach typische Grundriß erkennbar geblieben. Das Haus war giebelseitig nach Süden zur Straße hin ausgerichtet und wurde traufseitig über einen Querflur erschlossen. Von hier führte – bevor sie in die Küche verlegt wurde – eine Treppe ins Dachgeschoß, das im 19. Jahrhundert zum Teil als Wohnraum ausgebaut wurde. Aus der gleichen Zeit stammt auch der Einbau eines sogenannten altdeutschen Kamins und einer eingemauerten Räucherkammer. Küche und Stube lagen giebelseitig. Von der westlichen Hofseite erschloß der Flur den Schlafraum und führte vermutlich auch direkt in den Scheunen- und Stalltrakt des Einfirsthofes. Beim Umbau des Hauses vom Mittertenn- zum Mitterstallbau wurde die Tenne zum hofseitigen Ende des Hauses verschoben. Dabei wurden von außen Haus und Stall deutlich sichtbar voneinander getrennt. Eine unterschiedliche Deckung des Daches von Wohnhaus und Wirtschaftsgebäude vermerkte bereits die Katasterbeschreibung aus dem Jahr 1808. Das Wohnhaus war zu diesem Zeitpunkt mit Dachziegeln gedeckt, während der »von Holz erbaute Getreidestadel« ein Strohdach besaß. Unter demselben Dach befanden sich auch der Kuh- und Pferdestall sowie die Wagenremise. 1898, nach dem Tod Johann Sigls, wurde der Ökonomieteil durch die

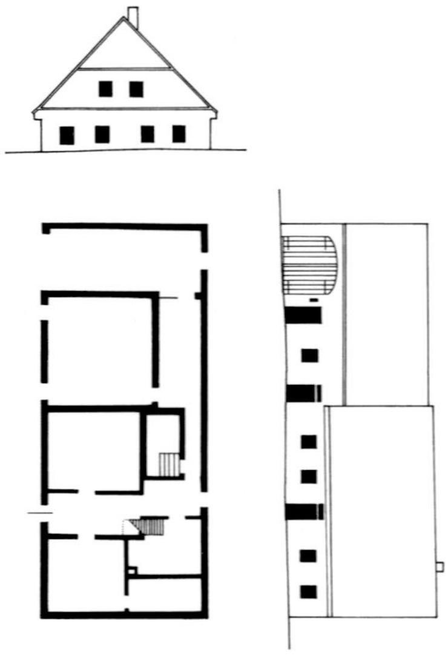

Ort	
Tödtenried, Nr. 27	
Gebäude	
Gebäudeart	Wohnstallhaus
Wandkonstruktion	Ziegel
Geschoßzahl	1 + Dach
Geschoßhöhe	2,5 m
Grundfläche (B × L)	203 qm (9,1 × 22,3 m)
Umbauter Raum	
Vollgeschosse	570 cbm
Dachgeschoß	510 cbm
Dach	
Dachart	Satteldach
Dachneigung	50°
Dachdeckung	Biberschwanzziegel
Dachüberstand	
Erschließung	
Hauseingang Lage	Traufseite
Flur Lage	Querflur
Grundfläche (B × L)	18,1 qm (2,3 × 5,1 m + 2,0 × 3,2 m)
Treppe Art	einläufig
Laufbreite	80 cm
Steigungsverhältnis	
Stube	
Lage	Südwestecke
Grundfläche (B × L)	17,2 qm (4,1 × 4,2 m)
Fensterzahl	4
Fensteröffnung (B × H)	85 × 100 cm
Belichtungsfaktor Fensteröffnung: Grundfläche	1 : 5,1
Stubenofen	Hinterlader von Küche
Küche	
Lage	neben Stube
Grundfläche (B × L)	10,5 qm (2,0 × 4,1 m + 1,1 × 2,1 m)

Witwe Therese Sigl, geborene Bichler, noch vor der Übergabe an ihren Sohn Johann Sigl im Jahr 1903 umgebaut. Das Dach von Stall und Tenne besaß einen geringeren Neigungswinkel als das des Wohnhauses und lag mit dem First etwa 30 cm tiefer. Die modernen Elemente in der Konstruktion bestätigen die Umbauzeit, aus der auch der mit einem preußischen Schienengewölbe ausgestattete Stall stammt. Letzte Veränderungen wurden in den 1930er Jahren unter Magdalena Sigl vorgenommen. Der vorhandene Halbkeller neben der Küche wurde abgebrochen, um eine weitere Wohnstube abzuteilen, gleichzeitig entstand ein neuer Halbkeller neben dem Durchgang zum Stall.

Gebäudemerkmale für Bauberatung

Das Wohnstallhaus steht mit dem Südgiebel unmittelbar an der Erschließungsstraße. Die Praxis, schadhafte Fahrbahnen durch Aufbringung neuer Schichten auszubessern, führte zu einer schrittweisen Anhebung des Straßenprofils. Da die anliegenden Gebäude auf dem alten Niveau verblieben, lagen sie nach den Reparaturen tiefer als das Straßenniveau, mit der Folge der Durchfeuchtung der Häuser, die dann langfristig nicht mehr den Anforderungen an gesunde Wohn- und Arbeitsverhältnisse entsprechen konnten. Sie fielen leer und wurden schließlich abgebrochen, wie das vorliegende Hausbeispiel im Jahre 1989.

Der erdgeschossige Rechteckbaukörper des Wohnteils mit Seitenlängen von 9,1 × 12,0 m trägt ein 50° steiles Satteldach. Der anschließende 10,3 m lange Wirtschaftsteil nimmt die gleiche Breite auf, erhält jedoch im Rahmen eines späteren Ausbaus eine höhere Traufe und einen niedrigeren First bei geringerer Dachneigung.

Die in der bauhistorischen Beschreibung angegebenen Umbaumaßnahmen erklären auch die unterschiedlichen Lagen der Innenwände. Dennoch ist der Grundtypus des von der Traufseite her erschlossenen Querflurhauses an der Westseite ebenso zu erkennen, wie die in gleicher Richtung zum Dach aufsteigende einläufige Treppe, die im letzten Bauzustand vor dem Abbruch von der Küche aus angetreten wurde.

Auch die nahezu quadratische Stube mit 4,1 × 4,2 m Wandlängen befindet sich in der Südwestecke mit 2 × 2 Fensterpaaren. Auch hier lassen die gleichen Maßverhältnisse der Öffnungen bzw. der Wandabschnitte gegenüber der Außenecke eine Diagonalsymmetrie zum Herrgottswinkel hin erkennen.

Der verputzte Massivbau wendet der Straße einen Giebel mit knapp ausgebildetem gemauertem Ortgang und Gurtgesimsen zu.

Bei 203 qm überbauter Fläche ergibt der Umrechnungsfaktor von 0,75 eine Nutzfläche von ca. 152 qm im Erdgeschoß.

Ansicht von Süden.

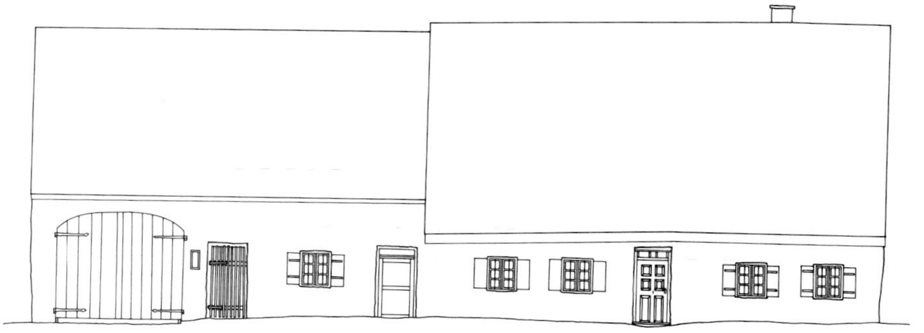

Ansicht von Westen.

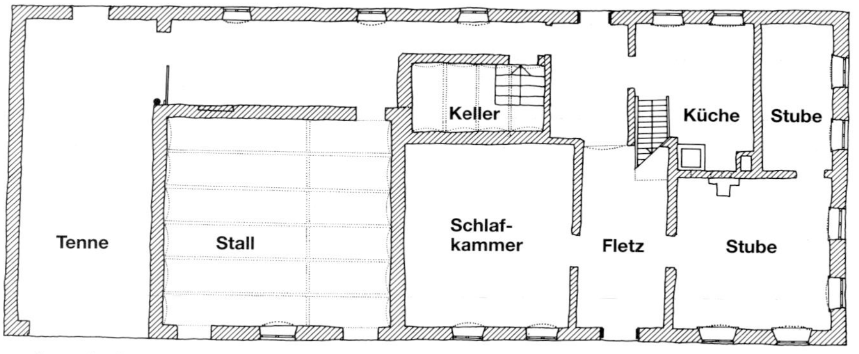

Erdgeschoß.

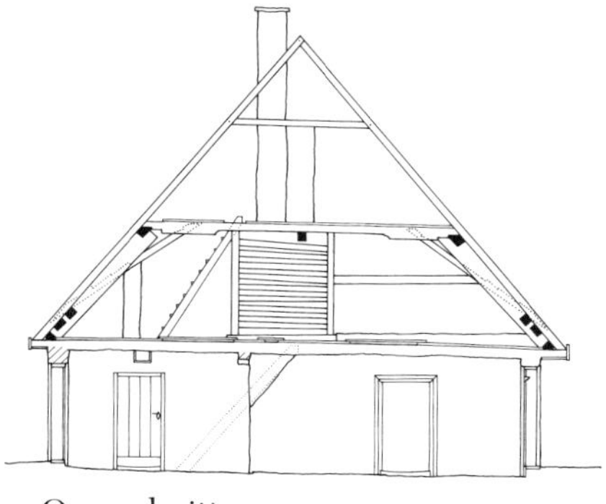

Querschnitt.

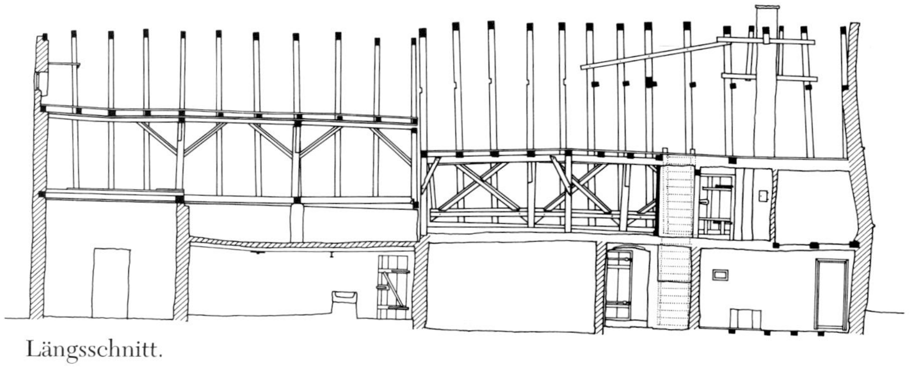

Längsschnitt.

Das Anwesen Nr. 27 im Dorfverband von Südwesten gesehen.

Unterbernbach

Nr. 24

Gemeinde Kühbach, Landkreis Aichach-Friedberg

Austragshaus
»Lablmann« (19. Jahrhundert)
»Lamei«, »beim Lama« (20. Jahrhundert)
ca. 1858: erbaut
1988: abgetragen, jetzt Freilichtmuseum des Bezirks Oberbayern (eingelagert)

Das Austragshaus von Süden mit Backofenanbau am Originalstandort.

Zur Siedlung

Das Dorf Unterbernbach liegt umgeben von Nadelwald an dem Flüßchen Paar in einer flachen Talmulde. Der Ort wurde erstmals im 11. Jahrhundert als »Beren« urkundlich erwähnt. 1752 umfaßte Unterbernbach 39 Anwesen, die nach St. Ulrich und Afra in Augsburg, nach Aichach, der Kirche Walchshofen und dem Kloster Kühbach gehörten. Zwei Drittel davon waren Sölden, die an Handwerker und Taglöhner vergeben waren. Zu diesen gehörte auch die Hausnummer 24. 1809 wurde das Pfarrdorf mit seiner dem Hl. Martin geweihten Kirche ein eigener Steuerdistrikt zu dem noch weitere Nachbarorte gehörten. Bis weit in die 1970er Jahre blieb das Dorf, das erst 1930 elektrifiziert wurde, ein reines Bauerndorf.

Zur Hofgeschichte

Das kleine Austragshaus gehörte zum Hof Nr. 24 in Unterbernbach, der im frühen 19. Jahrhundert unter dem Hausnamen »Lablmann« bekannt war. Seit 1823 waren Joseph und Justina Hirschinger als Besitzer des Anwesens verzeichnet. Sie hatten drei Söhne und zwei Töchter. 1840 heiratete Justina in zweiter Ehe Michael Mair. 1858 übernahmen Justinas Sohn Anton Hirschinger und dessen Frau Franziska das Anwesen, das 6,85 Tagwerk Acker-, Wiesen- und Waldflächen umfaßte. Der Übergabevertrag, den Justina und Michael Mair aus diesem Anlaß mit ihren Kindern bzw. Stiefkindern geschlossen hatten, regelte alle Bedürfnisse der Austrägler, denen »Herberge im Pfründehause« zustand. Der im Grundsteuerkataster vermerkte Hausname »beim Hütterschneider« verweist auf das Handwerk, das zusätzlich zur Landwirtschaft ausgeübt wurde, da mit dem kleinen $^{1}/_{16}$ Söldgut allein der Lebensunterhalt nicht bestritten werden konnte. Nachdem Franziska und Anton Hirschinger keine Nachkommen hatten, kauften 1889 Carl und Otilie Stocker das Anwesen um 5 040 M. Die Hofgröße betrug damals bereits mehr als 10 Tagwerk. Die Nachkommen vergrößerten durch stete Zukäufe die Grundflächen bis auf 6,3 Hektar im Jahr 1956. Bis 1972 war das Austragshaus vom Altbauern Karl Stocker bewohnt, während sein Sohn Josef den Hof bewirtschaftete. Heute ist die Landwirtschaft verpachtet.

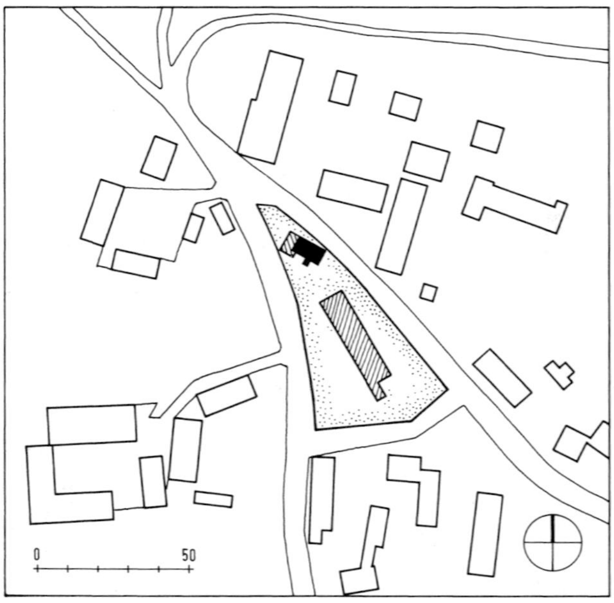

Lageplan um 1850.

Bauhistorische Beschreibung

Das kleine, ursprünglich nur 3,90 auf 8 m große Pfründhaus wurde höchstwahrscheinlich ein bis zwei Jahre vor der Verheiratung Anton Hirschingers mit Franziska Steindl für den Austrägler Michael Mair auf der Hofstelle der Hausnummer 24 erbaut. Als Ort wählte man den Spitz des zwischen zwei ineinander mündenden Straßen liegenden nördlichen Teiles des Hofgrundes. Beide Giebelseiten des in Ziegel gemauerten Hauses waren verbrettert, das Dach mit Biberschwanzplatten einfach gedeckt. Der Grundriß zeigte sich den geringen Ausmaßen des Häuschens entsprechend einfach: Die eine Hälfte des Hauses barg den mit einem Preußischen Gewölbe versehenen Stall, die andere den Wohnteil. Der durchgesteckte Hausgang öffnete sich nach Südosten zur Stube, die gleichzeitig als Kammer diente. Der Hausgang wurde zur Gartenseite hin als Küche genutzt. 1914 erhielt das Häuschen einen Anbau quer an die Nordwestseite, der als Stadel und Remise genutzt wurde. Zudem wurde direkt an den Hausgang grenzend an der südwestlichen Traufseite ein Backofen errichtet, der vom Hausgang aus beschickt wurde und im Gegensatz zum Remisenanbau bis zuletzt erhalten blieb.

Gebäudemerkmale für Bauberatung

Das Austragshaus ist in den spitzen Winkel des von zwei Straßen umschlossenen Hofes Nr. 24 gesetzt. Der schmale Rechteckbaukörper steht mit der Firstrichtung von Südost nach Nordwest. Er weist eine geringe Breite von 4,0 m, eine Länge von 9,8 m auf und wird von einem 45° geneigten Satteldach abgeschlossen, das an beiden Traufseiten deutlich übersteht.

An der nordöstlichen Traufseite liegt der Zugang in den durchgesteckten Querflur, an dessen Ende eine Kochstelle mit dem über First geführten Kamin eingerichtet ist. Hier wurde später auch der Backofen (2,1 × 2,1 m) mit quergestelltem Satteldach angebaut.

Links erreicht man vom Flur die Stube von 2,7 × 3,2 m Seitenlänge, die über Eck von zwei gleich großen Fenstern belichtet ist. Da auch ihre Wandabstände zur Außenecke die gleichen Abmessungen aufweisen, kann auch hier von einer Diagonalsymmetrie zum Herrgottswinkel gesprochen werden.

Mehr als die Hälfte der Gebäudelänge nimmt der von sogenannten preußischen Kappen, d. h. flachen Segmentbogen auf Eisenschienen, überwölbte Stall ein, der mit dem Wohnteil nicht verbunden, sondern nur von der nördlichen Traufseite her zugänglich ist.

Das aus Ziegelmauerwerk errichtete Gebäude ist verputzt, das Giebeldreieck mit senkrechten Brettern verschalt.

Das Kleinhaus folgt einem auch in den übrigen bayerischen Regionen anzutreffenden Querhaustyp einfachster Raumorganisation, wie in den Bänden Oberfranken, Oberpfalz und nördliches Oberbayern der Reihe Bauernhäuser in Bayern nachzulesen ist.

Änliche Beispiele finden sich in:

Band 2 Oberfranken: S. 135, Austragshaus, Frensdorf, Landkreis Bamberg; S. 149, Gesindehaus, Zettelsdorf, Landkreis Bamberg;

Band 4 Oberpfalz: S. 305, Personalwohnhaus, Ernestgrün, Landkreis Tirschenreuth S. 342; Taglöhnerhaus, Mallersricht, Stadt Weiden;

Band 6.1 Oberbayern 1: S. 301, Kanalhaus, Grillheim, Landkreis Neuburg-Schrobenhausen.

Bei 44 qm überbauter Fläche ergibt der Umrechnungsfaktor von 0,75 eine Nutzfläche von 33 qm.

Ort	
Unterbernbach, Nr. 24	
Gebäude	
Gebäudeart	Austragshaus
Wandkonstruktion	Ziegel
Geschoßzahl	1 + Dach
Geschoßhöhe	2,2 m
Grundfläche (B × L)	44 qm (4,0 × 9,8 m + 2,1 × 2,1 m)
Umbauter Raum	
Vollgeschosse	80 cbm
Dachgeschoß	40 cbm
Dach	
Dachart	Satteldach
Dachneigung	45°
Dachdeckung	Biberschwanzplatten
Dachüberstand	
Erschließung	
Hauseingang Lage	Traufseite
Flur Lage	Querflur
Grundfläche (B × L)	4,2 qm (1,2 × 3,5 m)
Treppe Art	
Laufbreite	
Steigungsverhältnis	
Stube	
Lage	Südostecke
Grundfläche (B × L)	8,6 qm (2,7 × 3,2 m)
Fensterzahl	2
Fensteröffnung (B × H)	70 × 70 cm
Belichtungsfaktor Fensteröffnung: Grundfläche	1 : 8,8
Stubenofen	
Küche	
Lage	im Flur
Grundfläche (B × L)	

Ansicht von Südosten.

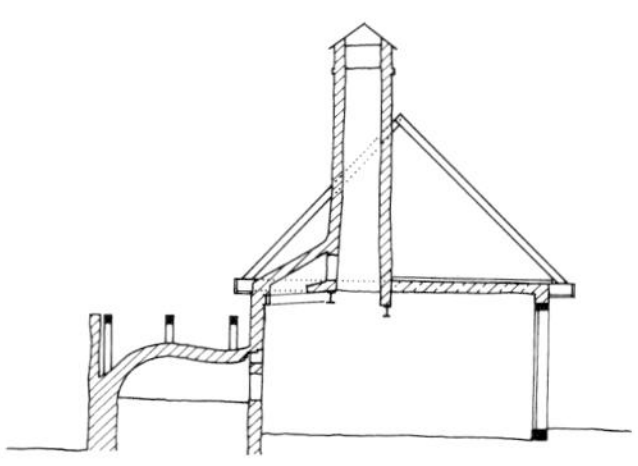

Querschnitt.

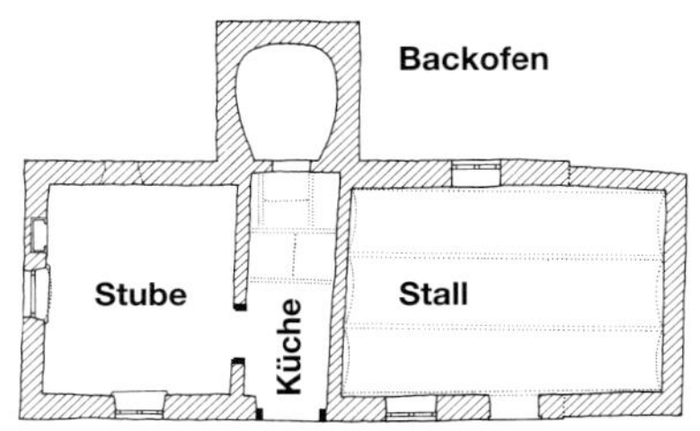

Erdgeschoß.

Döpshofen

Nr. 40

Gemeinde Gessertshausen, Landkreis Augsburg

Einhüftiger strohgedeckter Mitterstallbau
»Glaserschuster« (um 1880)
Um 1750: erbaut
1975–1980: Transferierung als Museumsgebäude nach Oberschönenfeld

Zur Siedlung

Gegründet in der hochmittelalterlichen Rodungsperiode abgelegener Waldgegenden entstand Döpshofen als Siedlung wohl im Auftag der Augsburger Bischöfe. Sie erschienen 1241 als die ersten nachweisbaren Grundherren. Siedlungshistorisch entwickelte sich der Ort zunächst von der Kirche auf beiden Seiten der Straße den Hang hinab nach Süden und von der Kirche nach Westen als ein um einen Anger angelegtes Dorf. Die sandige Ortsflur ermöglichte den Bauern wenig Ertrag, so daß im Jahr 1808 in Döpshofen die strohgedeckten Sölden die größte Gruppe der dörflichen Anwesen bildeten. Zwei Viertelsölden und sieben Gnadenhäuser lagen sozial und wirtschaftlich noch unter dieser Gruppe, während sechs Viertelhöfe, drei Halbhöfe und schließlich fünf Höfe und ein Hofgut die ökonomische Spitze im Dorf bildeten.

Zur Hofgeschichte

Archivalisch sind die Döpshofener Schmiede auf dem Anwesen Nr. 40 namentlich seit 1542 nachweisbar. Der Schmiedbrief des Matthias Mair aus dem Jahr 1704 gibt Einblick in die Rechtsverhältnisse des Schmiedes innerhalb der Dorfgemeinschaft. Ersichtlich wird daraus, daß der Bau und die Erhaltung eines Wohnhauses bei der Schmiede nicht bei der Gemeinde lagen, sondern daß der Schmied dafür

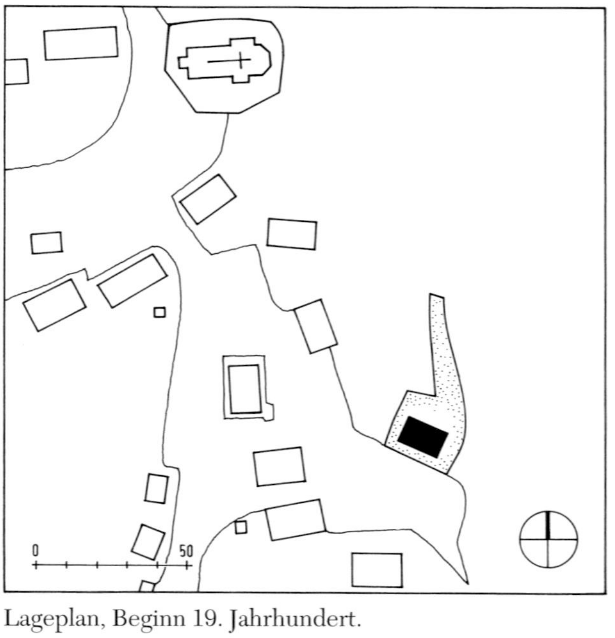

Lageplan, Beginn 19. Jahrhundert.

selbst aufzukommen hatte. Der einhüftige strohgedeckte Mitterstallbau, der zur Döpshofener Schmiede gehörte, stammt stilistisch in seinem heutigen Zustand aus der Zeit um 1750. Darauf hin deuten die Angaben einer Brandversicherungsanstalt im Jahr 1858, die das Alter des Hauses mit 120 Jahren angab. Mit seiner Hochzeit 1738 übernahm Martin Mair das Anwesen Nr. 40 von seinem Vater. 1765 übergab Martin Mairs Witwe Magdalena, geborene Weber, das »Söldnergütel zu dorf und Feld, bestehend in Haus Schmidten, gartel, feldiglichen ein Jauchert Ackhers, 7 Viertel Tagwerk einmädige Maad« ihrem Stiefsohn Thomas Mair um 475 Gulden. Er verkaufte das Anwesen 1771 an Leonhard Kraus, der mit seiner Frau Maria, geborene Motzet, das Haus umbaute. 1800 wurde das Anwesen um 600 Gulden an Kapar Geh veräußert, dessen Tochter Maria Rosalia Geh 1801 den Glaser Franz Xaver Eisensteger aus Biberbach heiratete. Er übernahm in Döpshofen den Schul- und Mesnerdienst, führte Glaserarbeiten aus – ein notwendiger Nebenverdienst bei einer Hoffläche von nicht einmal zwei Tagwerk Acker- und Wiesenfläche. 1880 heiratete Anna Eisensteger den Schuhmacher Moriz Unverdorben aus Ustersbach, als Hausname wurde nun »Glaserschuster« gebräuchlich. Der letzte Bewohner der Sölde, Matthäus Unverdorben, starb 1978.

Bauhistorische Beschreibung

Die Lehensölde »beim Mesner« wird im Kataster von 1808 als »hölzernes Wohnhaus mit Stadel und Stallung unter einem Strohdach« beschrieben. Kaspar Geh bewirtschaftete zu Beginn des 19. Jahrhunderts ein Feldlehen von drei Jauchert Acker, eine zweimähdige Wiese von einem Tagwerk, sowie $1^1/_2$ Tagwerk einmähdige Wiese. Der kleine Mitterstallbau vertritt mit seinem einhüftigen strohgedeckten Satteldach den sogenannten Staudenhaustypus. Im Laufe der Umbauten durch Leonhard Kraus im späten 18. Jahrhundert wurde das Erdgeschoß massiv ausgemauert und das Obergeschoß erhielt ein verputztes, auf der südlichen Traufseite im 19. Jahrhundert geschlämmtes Fachwerk in einfacher konstruktiver Form. Die Wetterseite im Westen und der Ostgiebel waren verbrettert, die nördliche Traufseite herabgeschleppt. Aus den Angaben für eine Feuerversicherung in den 1850er Jahren wird ersichtlich, daß das Ständerwerk mit Ziegeln ausgemauert war. An Feuerstellen wurden neben dem Stubenofen noch ein Herd und ein Backofen genannt. Der Hausgang des traufseitig erschlossenen Gebäudes wird von der Küche abgeriegelt, an die sich nach Osten, an die Stube angrenzend, eine Backstube anschloß. In der Küche setzt über einer Rauchkutte der deutsche Kamin an, auch dies ein Einbau aus der Mitte des 19. Jahrhunderts. Im Obergeschoß befinden sich über Stube, Backstube und Stall jeweils eine Kammer.

Ansicht von Osten am Originalstandort.

Ansicht von Süden am Originalstandort.

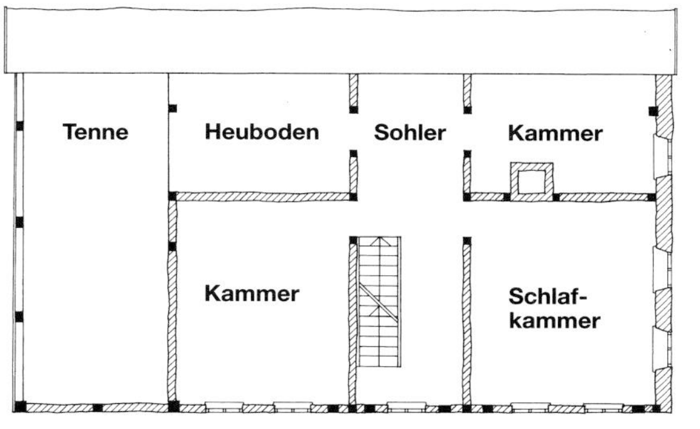

Obergeschoß.

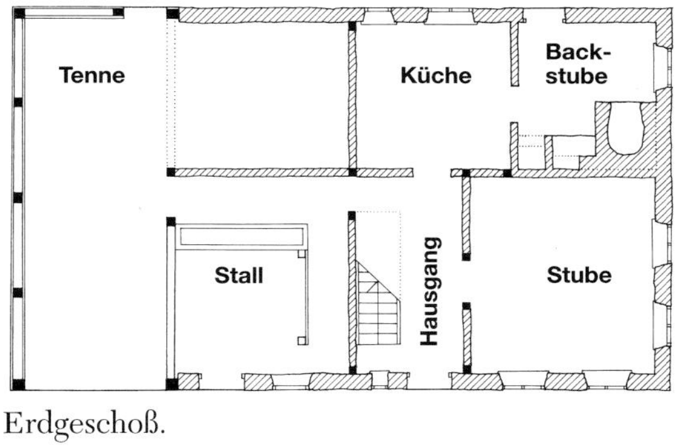

Erdgeschoß.

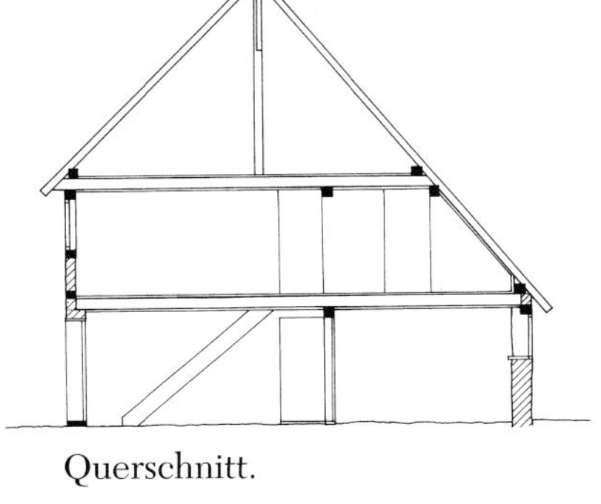

Querschnitt.

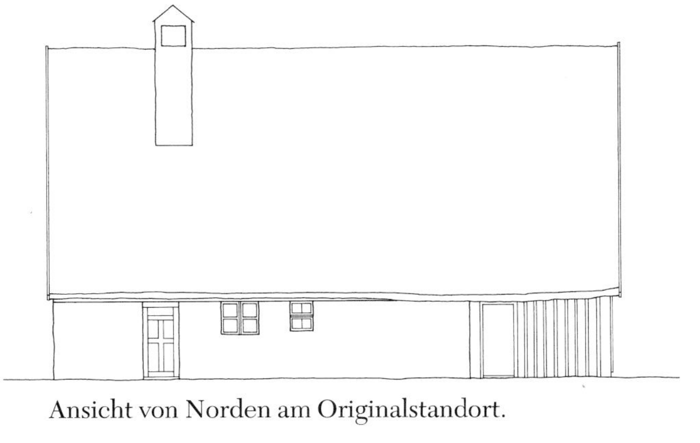

Ansicht von Norden am Originalstandort.

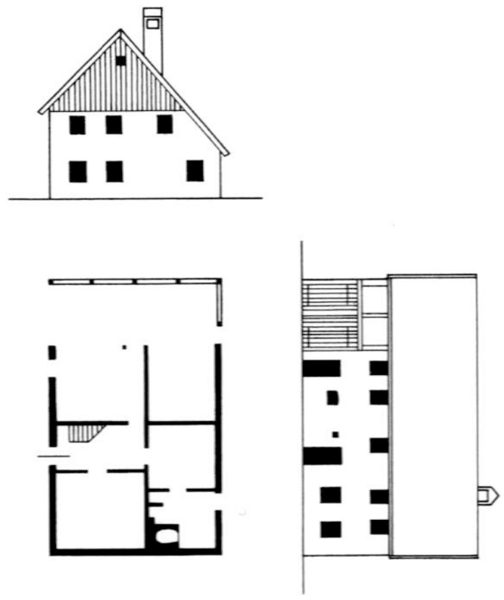

Ort	
Döpshofen, Nr. 40	
Gebäude	
Gebäudeart	Wohnstallhaus
Wandkonstruktion	Ziegel/Fachwerk verputzt
Geschoßzahl	1–2 + Dach
Geschoßhöhe	2,4 m
Grundfläche (B × L)	116 qm (8,3 × 14,0 m)
Umbauter Raum	
Vollgeschosse	510 cbm
Dachgeschoß	170 cbm
Dach	
Dachart	einhüftiges Satteldach
Dachneigung	45°
Dachdeckung	Stroh
Dachüberstand	20/30 cm (Giebelseite)
Erschließung	
Hauseingang Lage	Traufseite
Flur Lage	Querflur
Grundfläche (B × L)	9,5 qm (2,2 × 4,3 m)
Treppe Art	einläufig
Laufbreite	80 cm
Steigungsverhältnis	17,1/22,0 cm, 40°
Stube	
Lage	Südostecke
Grundfläche (B × L)	16,8 qm (3,9 × 4,3 m)
Fensterzahl	4
Fensteröffnung (B × H)	85 × 105 cm
Belichtungsfaktor Fensteröffnung: Grundfläche	1 : 4,7
Stubenofen	
Küche	
Lage	Flurende
Grundfläche (B × L)	10,2 qm (3,2 × 3,2 m)

Gebäudemerkmale für Bauberatung

Das zur Schmiede gehörende Wohnstallhaus stand am Dorfanger südlich der Kirche. Der nur geringfügig von der Ostwestausrichtung abweichende Baukörper ist 14,0 m lang und 8,3 m breit. Mit der zweigeschossigen Traufseite im Süden und dem im Norden bis auf das Erdgeschoß herunterreichenden asymmetrischen Satteldach von 45° Neigung zählt das Gebäude zu dem Typus des Staudenhauses im Umkreis von Augsburg.

Die Erschließung erfolgt von der südlichen Traufseite für den Wohnteil, den in der Mitte liegenden Stall und die Tenne am Westende. Gegenüber den einfachen Brettertüren der Wirtschaftszugänge ist der Hauseingang mit der Füllungstüre reicher gestaltet und in seiner Funktion deutlich herausgehoben. Der Querflur nimmt seitlich die einläufige Treppe in das Dach- bzw. Obergeschoß auf und führt rechts in die Stube, geradeaus in die Küche und links in den Stall. Eine durchgehende Längswand teilt den Grundriß in eine breitere südliche und eine schmälere nördliche Raumzone für Küche und Backstube.

Die Stube mit Seitenlängen von 3,9 × 4,3 m liegt in der bevorzugten Südostecke und wird von zwei ähnlich ausgebildeten Fensterpaaren mit nach innen abgeschrägten Laibungen belichtet.

Im Obergeschoß tritt die klare Raumorganisation des durchgesteckten Querflurs mit den beiden seitlichen Kammerzonen deutlicher als im Erdgeschoß hervor. Während dort die Belichtung des Flurs durch ein kleines Fenster neben der Haustüre erfolgt, kann hier ein großes Fenster in die Mittelachse des Flures eingesetzt werden, der sich auch in der Aufteilung des Fachwerkes im ersten Obergeschoß mit den Ständern deutlich abzeichnet. Zu beiden Seiten des Flures weisen die Fensterpaare der Kammern auf den Versuch hin, hier eine symmetrische Fassadengestaltung zu erreichen.

Auf der nördlichen Traufseite wird das Dach bis zum Erdgeschoß heruntergezogen. Die Backstube ist über eine Türe mit dem Außenraum verbunden, die Küche durch zwei Fenster belichtet.

Der asymmetrische Giebel des Wohnteiles im Osten zeigt eine von innen nach außen entwickelte Fensterverteilung. Das Fensterpaar der Stube ist gegenüber dem seitlichen Einzelfenster der Backstube hervorgehoben.

Das als Ziegelbau errichtete Haus trägt im Dachdreieck eine senkrechte Bretterschalung, die auf einen früheren Bauzustand des strohgedeckten Hauses hindeutet.

In der Flächenaufstellung errechnet sich bei 116 qm überbauter Grundfläche und einem Umrechnungsfaktor von 0,75 eine Nutzfläche von ca. 87 qm im Erdgeschoß.

Die zweigeschossige Traufseite des Staudenhauses an seinem jetzigen Standort Oberschönenfeld.

Der Ostgiebel mit dem auf der Nordseite bis zum Erdgeschoß herabgezogenen, mit Roggenstroh gedeckten Dach.

Hausen

Ortsstraße 2 (alte Nr. 8)

Gemeinde Diedorf, Landkreis Augsburg

Einfirsthof
Sölde »beim Schuhmichl« (1854)
Erbaut: Mitte 19. Jahrhundert
1995–1996: Umbau und Renovierung

Zur Siedlung

Hausen bei Diedorf ist ein kleines Haufendorf westlich von Augsburg nahe der Schmutter gelegen. Seit dem ausgehenden 16. Jahrhundert übte das adelige Damenstift zu St. Stephan in Augsburg die Grundherrschaft über die Mehrzahl der Anwesen aus. Bei St. Stephan lag auch die Niedere Gerichtsbarkeit, wohingegen das Gassengericht den Fuggern der Herrschaft Wellenburg und das Hochgericht der Markgrafschaft Burgau übertragen war. Um 1750 wurden in Hausen 42 Feuerstätten, eine Bräustatt und eine Mühle an der Schmutter gezählt. 1854 umfaßte das kleine Dorf 18 Anwesen, darunter zwei Höfe, zwei Hofgüter, sechs Sölden und fünf Gnadenhäuser.

Zur Hofgeschichte

Im Katasterplan aus der Zeit um 1820 ist an der Stelle des heutigen Anwesens ein kleineres Einfirstgebäude eingezeichnet, dessen Erscheinungsbild aufgrund fehlender Archivalien nicht rekonstruiert werden kann. Offenbar begann aber mit dem Verkauf des Anwesens im Jahr 1844 an Wendelin Hauser zum Preis von 2800 Gulden ein neuer Abschnitt in der Geschichte der Hofstelle. Im renovierten Grundsteuerkataster von 1854 ist die Sölde mit einer landwirtschaftlichen Nutzfläche von 14,3 Tagwerk beschrieben. Unter Wendelin Hauser prosperierte das Anwesen. Zahlreiche wirtschaftliche Gebäude wurden neu erbaut oder erneuert, was auch für den Wohnteil des Hofes gilt. 1872 kaufte Wendelin Hauser fast vier Tagwerk Ackerflächen zu. 1875 vergrößerte er Stall und Stadel, und 1875 kamen weitere vier Tagwerk Wirtschaftsflächen dazu. Nur wenige Jahre später kaufte Wendelin Hausers Bruder das Anwesen, das er 1884 an seinen Sohn Martin und dessen Braut, die Bauerntochter Veronika Johs aus Anhausen, übergab. Von einer Hofgröße über neun Hektar Grund brachte es das Ehepaar durch Zukäufe im Jahr 1901 auf 12,7 Hektar, eine Größe, die es der Familie ermöglichte, von der Landwirtschaft zu leben. Während des 20. Jahrhunderts war das Anwesen durchgängig im Besitz der Familie Hauser. 1994 wurde das Bauernhaus mit Hofraum von der Familie Kiening gekauft und schließlich umgebaut. Es dient heute als Wohnhaus und Künstleratelier. Die landwirtschaftlichen Flächen werden von Karl Hauser in der vierten Generation weiterbetrieben.

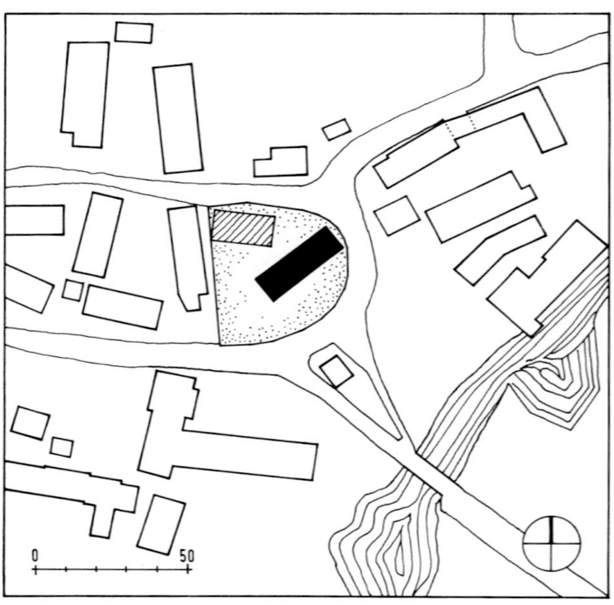

Lageplan 1995.

Bauhistorische Beschreibung

Der ehemalige Bauernhof beim » beim Schuhmichl« ist in seiner erhaltenen baulichen Substanz ein zweigeschossiger, in Massivbau aus Ziegeln errichteter Einfirsthof. Der Zugang zum Wohnhaus erfolgte von der südlichen Traufseite durch einen zurückversetzten Hauseingang. Die Fassaden des nach 1850 neu errichteten Wohnteils besitzen noch Reste des Fassadenschmuckes aus dem späten 19. Jahrhundert, etwa die Eckrustizierung und die Fensterfaschen der in den 1960er Jahren nicht vergrößerten Fenster im Giebeldreieck, die dem Gebäude ein repräsentatives Erscheinungsbild gaben.

Im Wohnteil entspricht nach dem Umbau des Ökonomieteiles zu einem Atelier der Grundriß großenteils dem des ehemals bäuerlichen Anwesens. Der durchgesteckte Hausgang erschloß die giebelseitig liegenden Räume, die Stube und die Küche. Ein abzweigender Stichgang in den Ökonomieteil öffnete sich zu zwei Kammern, von denen eine als Dienstbotenkammer, die andere als Speis genutzt wurde. Auf der Nordseite des Hausganges führt eine viertelgewendelte Treppe nach oben in den ersten Stock und nach unten in den gewölbten Keller. In den 1960er Jahren wurde das Anwesen umgebaut. Vor allem der Wohnteil wurde modernisiert. Neben dem Einbau von Badezimmer und Toiletten wurden die Fensteröffnungen vergrößert. Die Galgenfenster im Obergeschoß und die zweiflügeligen Kastenfenster des Erdgeschosses wurden durch einflügelige, nicht unterteilte Verbundglasfenster ersetzt, wodurch die Faschen, die die Fensteröffnungen akzentuierten, wegfielen.

Mit dem Kauf des Hauses durch eine Künstlerfamilie im Jahr 1994 wurde der Ökonomieteil in ein Büroatelier im Erdgeschoß und ein Malatelier im Obergeschoß umgebaut. Vom historischen Bau blieb das Dachwerk erhalten. In der Außengliederung der Fassade behielt der Bauherr die ursprünglichen

Das Anwesen mit der Fassadengestaltung des 19. Jahrhunderts. Aufnahme um 1930.

Der ehemalige Bauernhof nach der Renovierung. Er wird heute als Atelier- und Wohnhaus genutzt.

Fenster und Türöffnungen des ehemaligen Ökonomieteils bei, der mit einer vertikalen Holzverkleidung versehen wurde. Die Fassade des Wohnteils wurde aus Kostengründen vorerst nicht verändert oder in historischem Sinne rückgebaut. Sie erhielt eine farbliche Neugestaltung, wobei die Eckrustizierung des späten 19. Jahrhunderts sorgfältig mit einbezogen wurde.

Ansicht von Nordwesten.

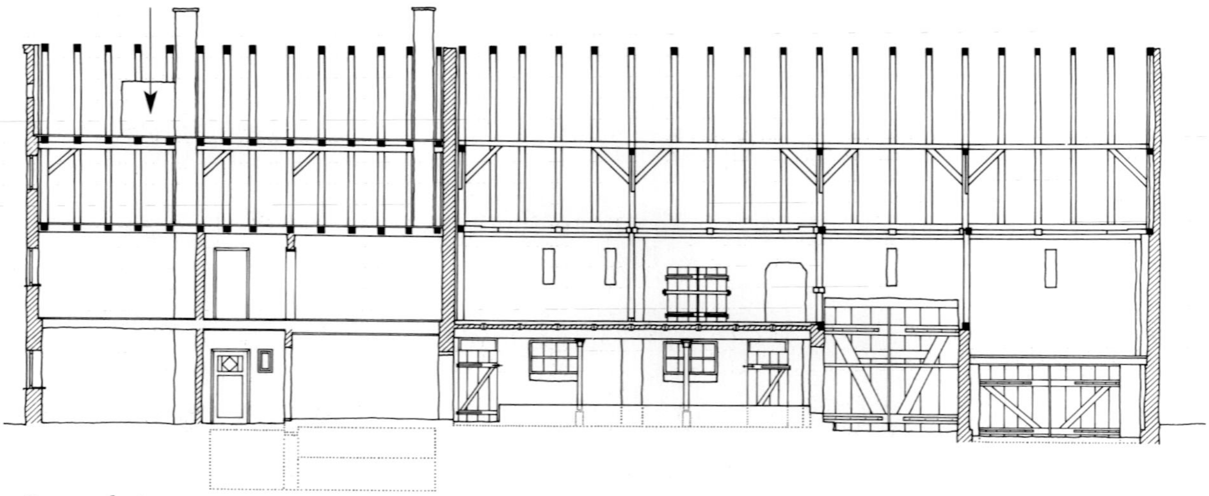

Längsschnitt.

Ansicht von Nordosten.

Ansicht von Südwesten.

Ansicht von Südosten.

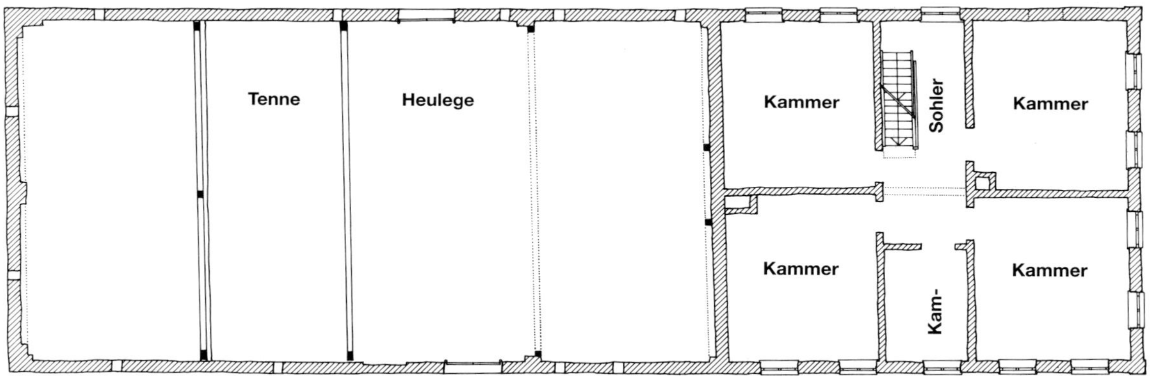

Obergeschoß.

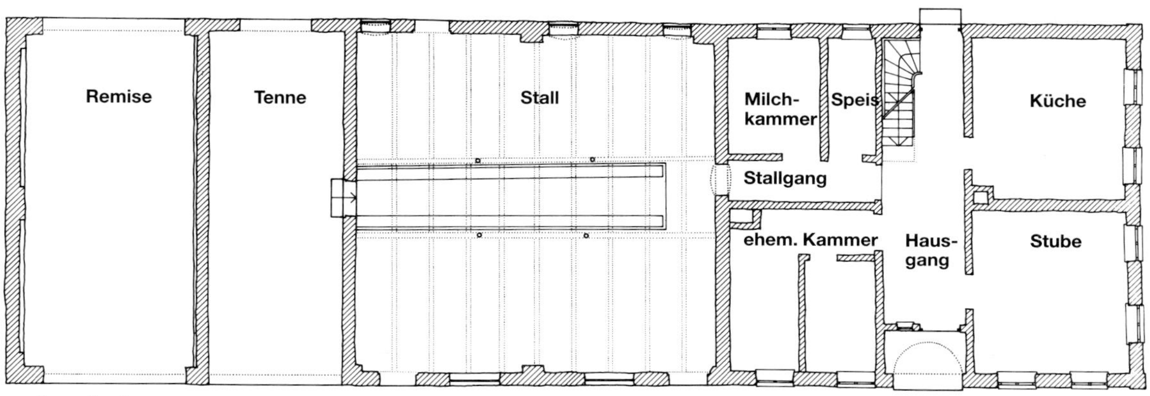

Erdgeschoß.

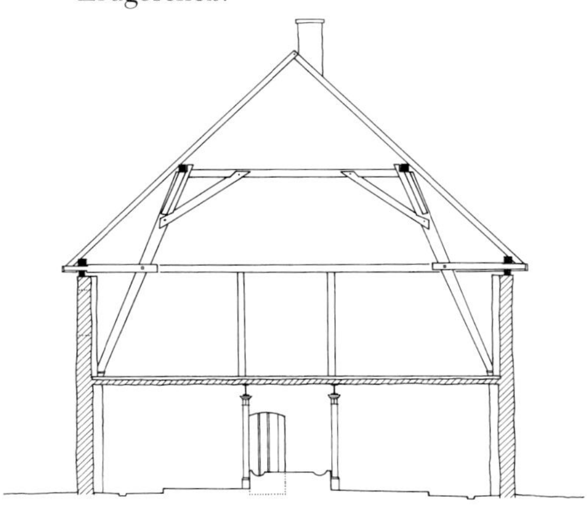

Querschnitt durch Stall.

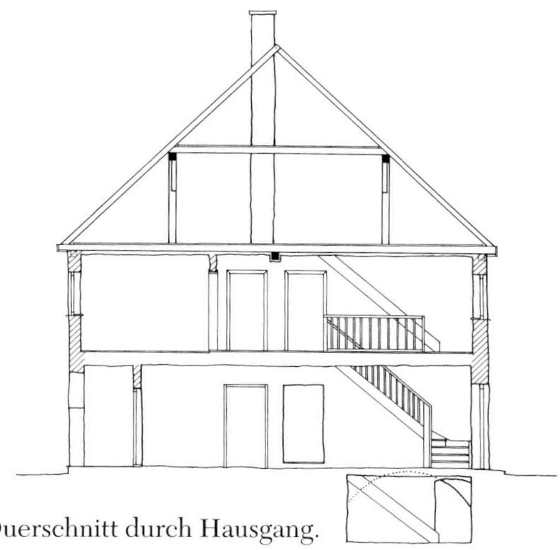

Querschnitt durch Hausgang.

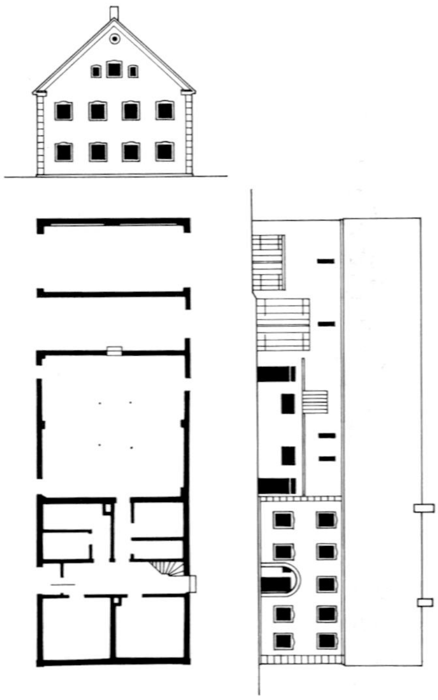

Ort
Hausen, Ortsstraße 2

Gebäude	
Gebäudeart	Wohnstallhaus
Wandkonstruktion	Ziegel
Geschoßzahl	2 + Dach
Geschoßhöhe	2,9 m
Grundfläche (B × L)	301 qm (10,0 × 30,1 m)
Umbauter Raum	
Vollgeschosse	1710 cbm
Dachgeschoß	750 cbm

Dach	
Dachart	Satteldach
Dachneigung	43°
Dachdeckung	
Dachüberstand	

Erschließung	
Hauseingang Lage	Traufseite
Flur Lage	Querflur
Grundfläche (B × L)	21,6 qm (2,2 × 7,9 + 1,1 × 3,8 m)
Treppe Art	einläufig über Eck
Laufbreite	70 cm
Steigungsverhältnis	19,0/23,0 cm, 40°

Stube	
Lage	Südostecke
Grundfläche (B × L)	18,0 qm (4,1 × 4,4 m)
Fensterzahl	4
Fensteröffnung (B × H)	90 × 100 cm
Belichtungsfaktor Fensteröffnung: Grundfläche	1 : 5,0
Stubenofen	

Küche	
Lage	neben Stube
Grundfläche (B × L)	18,0 qm (4,1 × 4,4 m)

Gebäudemerkmale für Bauberatung
Der langgestreckte Einfirsthof folgt wie die östlich anschließenden Nachbaranwesen der Richtung der nach Nordosten abfließenden Schmutter. Er gewinnt damit parallel zum Talhang eine möglichst ebene Hoffläche, die von der südöstlich vorbeiführenden Ortsstraße aus erschlossen ist.
Der zweigeschossige Rechteckbaukörper von 10,0 m Breite und 30,1 m Länge wird von einem 43° steilen Satteldach mit gleichmäßig durchlaufendem First abgeschlossen. In dem langgestreckten Massivbau sind alle Zugänge an der südöstlichen Traufseite angeordnet. Der Wohnteil wird durch die Rundbogenöffnung an der Haustüre besonders betont, während die Stalltüren und die Tore der Tenne als einfache Bretterkonstruktionen zurücktreten.
In dem durchgehenden Querflur führt eine einläufige Treppe mit viertelgewendeltem Antritt zum Obergeschoß hinauf. Rechts und links sind zwei nahezu gleiche Raumzonen angeordnet, die selbst wieder durch eine mittig angeordnete Längswand in zwei Räume geteilt werden.
Die Stube an der Ostecke (4,1 × 4,4 m) erhält damit gleiche Abmessungen wie die neben ihr angeordnete Küche (4,1 × 4,4 m). Während die Stube von 2 × 2 Fenstern über Eck belichtet wird, hat die Küche nur zwei Fenster in der nordöstlichen Giebelfront.
Während in dem vorausgehenden älteren Hausbeispiel Döpshofen (um 1700) die Stubenfenster asymmetrisch im Giebel der Erdgeschoßzone eingesetzt sind, um der Stube eine möglichst gleichmäßige Belichtung über Eck zu geben, wird hier um 1815 dem repräsentativen Gleichmaß der Fassadengestaltung der Vorrang eingeräumt, auch wenn dadurch die Wandpfeiler zwischen den Fenstern der Giebelseite so unterschiedlich breit werden, dass zur mittleren Längswand nur noch 30 cm bleiben. Dieser Wechsel der Gestaltungsziele um 1800 ist auch in den vorausgehenden Dokumentationen der Bauernhäuser im nördlichen und südlichen Bayern nachgewiesen, für Nordbayern zusammengefaßt in der Dokumentation Unterfranken (S. 334 f.).
Links vom Hauseingang führt ein Stallgang neben der durchgehenden Längswand zum Wirtschaftsteil in einen Stall, der eine zweiseitige Längsaufstallung der Rinder erkennen läßt. Eine Türe verbindet den Stall mit der quer durchgesteckten Tenne, hinter der noch eine Remise bis zum Westgiebel anschließt.
Das konstruktive Baugefüge besteht aus verputztem Ziegelmauerwerk. Die Putzgliederungen treten an den Gebäudeecken und dem massiven Ortgang des Giebels in Erscheinung.
Bei 301 qm Grundfläche ergibt der Umrechnungsfaktor von 0,75 ca. 226 qm Nutzfläche im Erdgeschoß.

Abtei Oberschönenfeld

Schwäbisches Volkskundemuseum Oberschönenfeld

Gemeinde Gessertshausen, Landkreis Augsburg

Ehemaliger »Bräumeisterstadel« der Zisterzienserinnenabtei
1743: erbaut
1981/82: Restaurierung

Zur Siedlung

Ensprechend den zisterziensischen Idealen von »Tal und Einsamkeit« wurde das Kloster Oberschönenfeld im wald- und wasserreichen Tal der Schwarzach, nahe bei Gessertshausen, erbaut. Als Gründungsjahr für das Kloster ist das Jahr 1211 überliefert. Doch erst 1248 wurden der frommen Frauengemeinschaft, die sich möglicherweise aus einer Beginenvereinigung entwickelt hatte, durch Papst Innozenz IV. alle Privilegien verliehen, die der Zisterzienserorden am päpstlichen Stuhl hatte. Nachdem der Bestand der alten aus dem 15. bis 17. Jahrhundert stammenden Gebäude baulich nicht mehr haltbar war, wurde der Baumeister Franziskus II. Beer aus dem Bregenzerwald beauftragt, das neue Kloster zu planen, das schließlich zwischen 1720 und 1770 errichtet wurde.

Zur Geschichte

Der sogenannte Bräumeisterstadel ist eines der Ökonomiegebäude des zwischen 1720 und 1760 neu errichteten Ensembles des Zisterzienserinnenklosters Oberschönenfeld. Gemäß der Ordensregeln des hl. Benedikt verpflichteten sich die Zisterzienserinnen einer Ordensregel, die für jede der Schwestern einen bestimmten Arbeitsbereich erschloß. Der Bräumeisterstadel wurde unter Äbtissin Cäcilia I. Wachter (1742–1767) zu einem Zeitpunkt errichtet, als auch die Klosterkirche prächtig ausgestattet worden ist. Mündlichen Berichten der Zisterzienserinnen folgend diente der Stadel im 20. Jahrhundert als Holzlege, Dreschtenne, Flachs- und Strohlager und war Abstellplatz für landwirtschaftliche Maschinen. Genutzt wurde er ferner von einem Braumeister – auch deshalb wird er als »Bräumeisterstadel« bezeichnet. Möglicherweise geht diese Bezeichnung aber doch bis ins 18. Jahrhundert zurück. Immerhin warf das im Klosterbesitz befindliche Bräuhaus damals jährlich 3 122 fl Gewinn ab.

Braumeisterstadel von Südwesten.

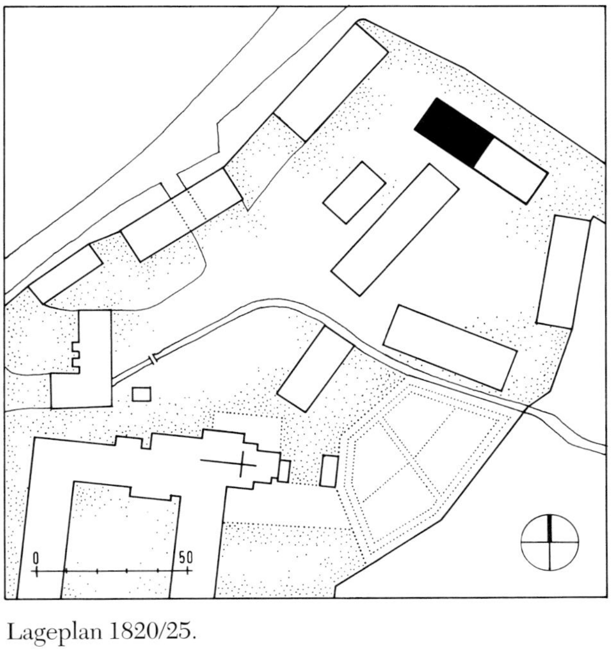

Lageplan 1820/25.

Seit der Eröffnung des Museums im Jahr 1984 birgt der Bräumeisterstadel als Depot des Volkskundemuseums Oberschönenfeld einen Teil des volkskundlichen Sammlungsbestandes. In Planung befindet sich derzeit die »Schwäbische Galerie« als Forum für schwäbische Kunst, der künftig im Bräumeisterstadel Raum gegeben wird.

Bauhistorische Beschreibung

Das stattliche Stadelgebäude liegt innerhalb der ummauerten Klosteranlage an der Nordgrenze des Klosterareals. Der in den Außenmauern in Ziegel aufgemauerte, innen als Ständerbau errichtete Stadel wurde von Südwesten erschlossen. Drei unterschiedlich große zweiflügelige Tore führen in den Innenraum, der nach Norden aufgrund seiner Grenzlage aber nicht – wie sonst häufig üblich – durchfahren werden kann. An der Südwestseite befindet sich über dem linken Tor in das Mauerwerk eingelassen eine in Terracotta ausgeführte Wappenkartusche der Äbtissin Cäcilia I. Wachter, unter der dieser Stadel erbaut worden ist. Im Gegensatz zur mehrfach umgebauten Südwestfassade, deren Toreinfahrten und die Fenster nach Bedarf vergrößert oder verkleinert wurden, ist der etwas vorkragende Nordwestgiebel mit seiner Quergliederung kaum verändert worden. Von hier führt eine Toreinfahrt in das obere Geschoß des Stadels. Der Südostgiebel hingegen stammt aus der zweiten Hälfte des 19. Jahrhunderts. Aus dem historischen Lageplan aus der Zeit um 1820 wird ersichtlich, daß der Stadel fast um die Hälfte verkürzt wurde. Aus dieser Bauperiode stammen die beiden kleinen von einem weißen Putzband umrahmten

Ansicht von Nordwesten.

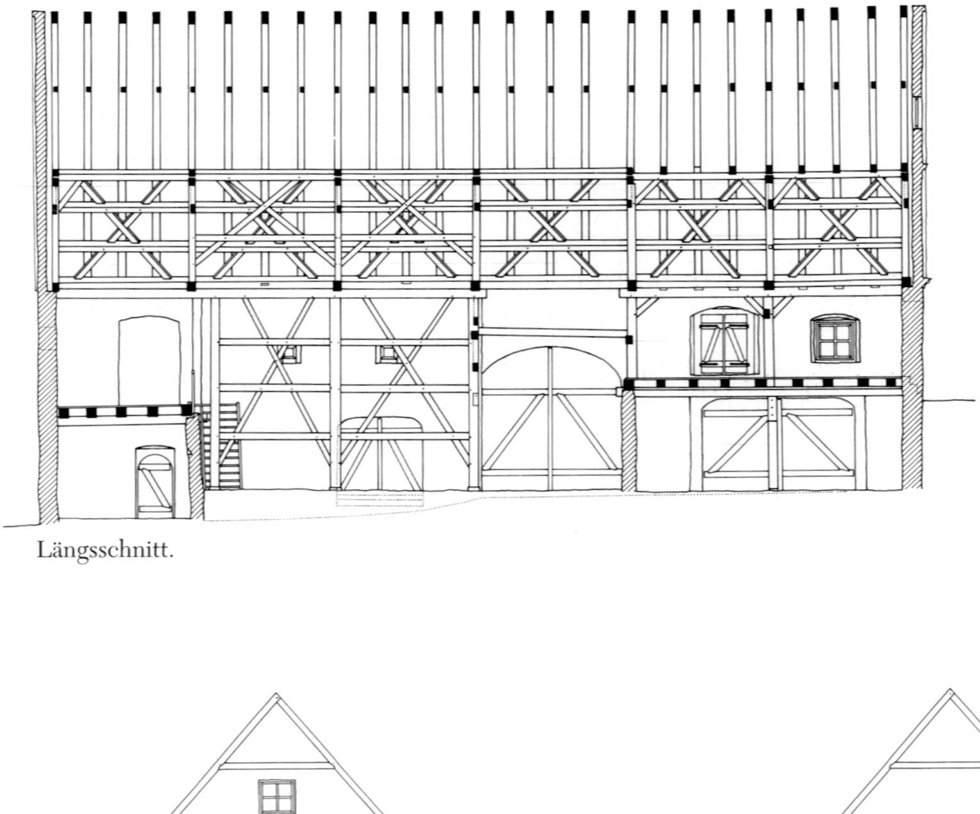

Längsschnitt.

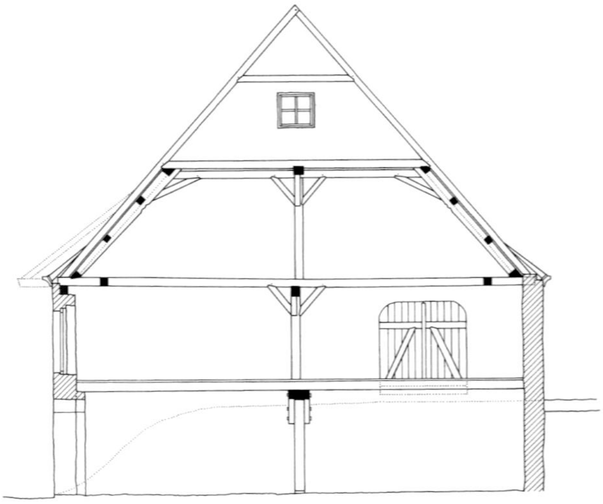

Querschnitt, Blickrichtung nach Nordosten.

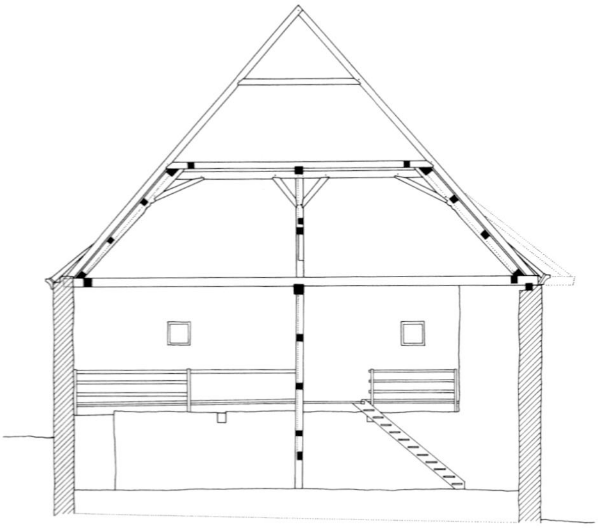

Querschnitt, Blickrichtung nach Südosten.

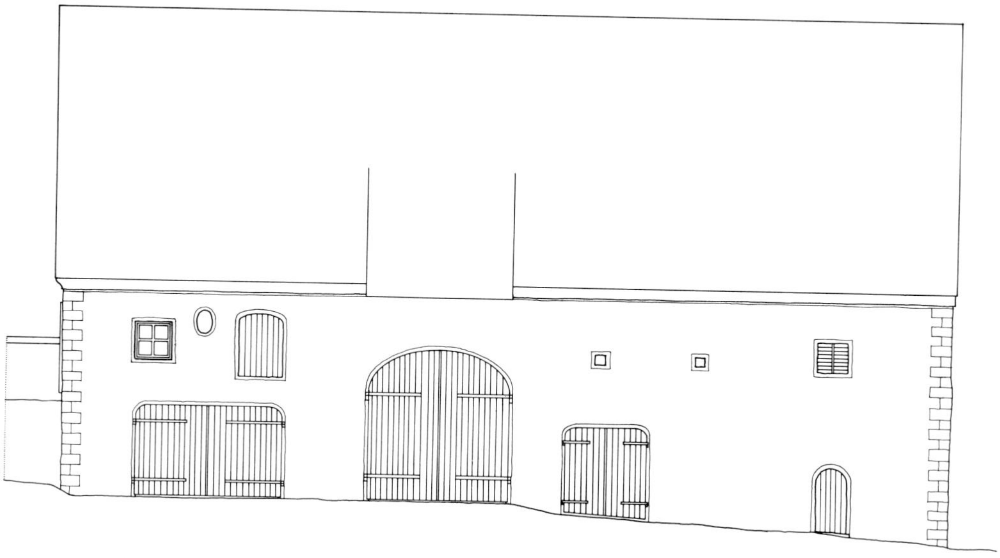

Ansicht von Südwesten.

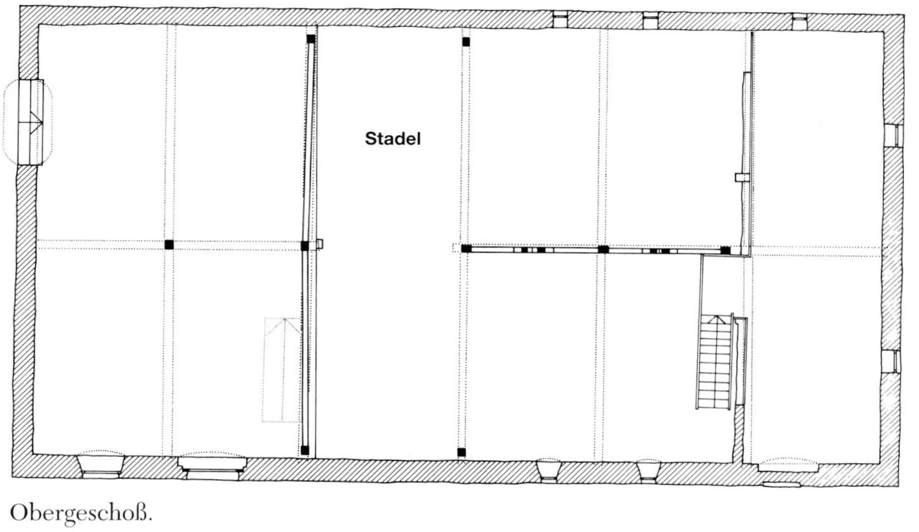

Obergeschoß.

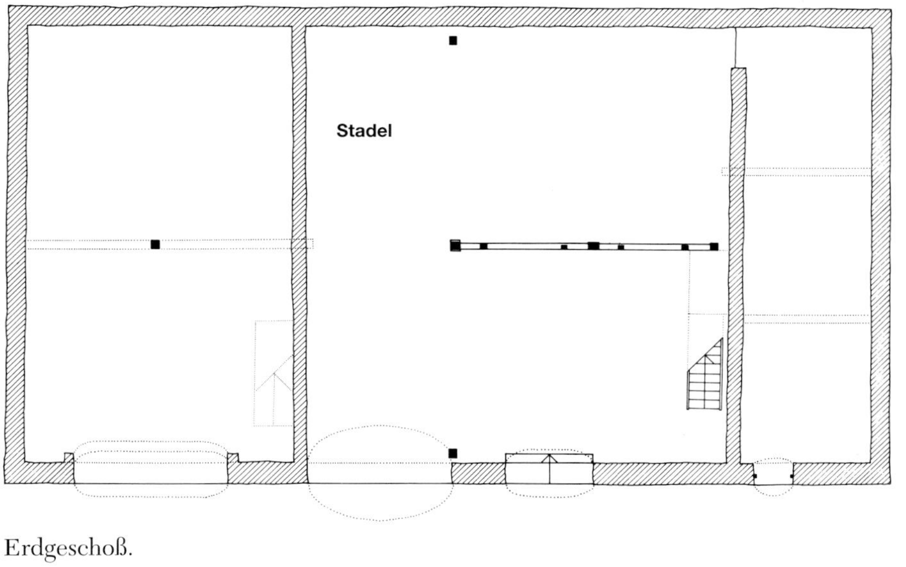

Erdgeschoß.

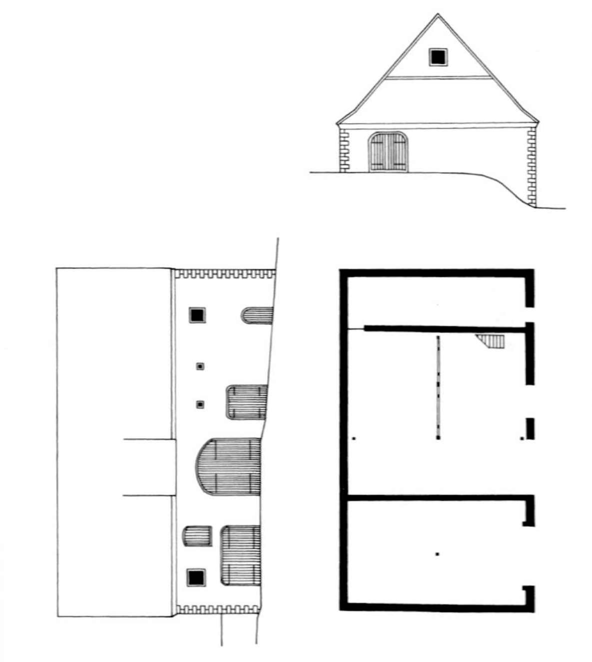

Ort	
Oberschönenfeld	
Gebäude	
Gebäudeart	Klosterstadel
Wandkonstruktion	Ziegel
Geschoßzahl	1
Geschoßhöhe	ca. 5,8 m Traufhöhe
Grundfläche (B × L)	306 qm (13,0 × 23,5 m)
Umbauter Raum	
Vollgeschosse	} 3450 cbm
Dachgeschoß	
Dach	
Dachart	Satteldach
Dachneigung	49°
Dachdeckung	Ziegel
Dachüberstand	
Erschließung	
Hauseingang Lage	
Flur Lage	
Grundfläche (B × L)	
Treppe Art	einläufig
Laufbreite	80 cm
Steigungsverhältnis	20,0/23,6 cm, 40°

quadratischen Fensteröffnungen, die ursprünglich nicht verglast waren und vor allem der Lüftung dienten. Der Giebel blieb ungegliedert und wurde zum Ortgang mit einem kleinen Putzgesims abgesetzt. Das steil geneigte Dach besitzt eine Biberschwanz-Doppeldeckung und wurde mit der Erhöhung der mittleren Toreinfahrt an der Traufe gehoben.

Gebäudemerkmale für Bauberatung

Der in massivem Ziegelmauerwerk aufgeführte Stadel zählt zu den nördlich des Konventgebäudes und der Klosterkirche am Hang des Schwarzachtales errichteten Wirtschaftsbauten des ehemaligen Zisterzienserinnenklosters.

Der geschlossene Rechteckbaukörper weist heute, in gekürztem Zustand, Abmessungen von 13,0 × 23,5 m auf. Ein herausragendes Merkmal bildet das mächtige Satteldach von 49° Neigung mit langgezogenen Aufschieblingen und knappem Gesims am Dachfuß.

Von den sechs durchgehenden Grundrißfeldern reichen die drei mittleren bis zum Dachfuß hinauf, wogegen die beiden am Westgiebel und das einzelne Feld am Ostgiebel durch Zwischenböden zweigeschossig ausgebildet und über je eine einläufige Treppe erschlossen sind.

Im Querschnitt wird die zweischiffige Raumfolge mit der in der Mittelachse eingesetzten Ständerkonstruktion in den zum Dachraum offenen Feldern sichtbar, wogegen die zweigeschossigen Felder einzeln abgezimmert sind.

In der äußeren Erscheinung tritt auf der Traufseite die Reihe der gemauerten Bögen bei den Toren bzw. Türen hervor.

Die mächtige Giebelseite wird in den aufgehenden Wänden von den rustizierten Ecklisenen bestimmt, während das Dachdreieck mit dem gemauerten Ortgang durch Gesimse gegliedert ist. Die farbige Fassung der großen Putzfläche gegenüber den Toröffnungen verleiht dem Stadel eine besonders eindrucksvolle Gestalt.

Südostgiebel des Braumeisterstadels mit erneuerter Fassade des 19. Jahrhunderts, nachdem ein Teil des Gebäudes abgebrochen wurde.

Scherstetten

Nr. 27

Gemeinde Scherstetten, Landkreis Augsburg

Mitterstallhaus, Staudenhaus
Ehemalige Sölde »beim Binder« (1808)
»beim Baltus« (1821)
Erbaut: erste Hälfte 18. Jahrhundert

Zur Siedlung

Johann Lambert Kolleffel beschreibt in dem von ihm um 1750 angefertigten Plan des Ortes Scherstetten als »Dorff von 22 Feuerstätten, welche halben Theils dem Hospital zum Heiligen Geist und halb der Herrschaft Schwabeck zugethan« seien. Das Dorf ist an einer erhöhten Terrasse westlich der Schmutter gelegen. Begrenzt von zwei Straßen entwickelte sich der Ort vor allem nördlich und westlich der Pfarrkirche. Zur Ortsdurchfahrtsstraße wurde später die westlich führende Dorfstraße, die auf beiden Seiten bebaut wurde und dem Dorf heute den Charakter eines Straßendorfes gibt.

Zur Hofgeschichte

Die Vorgängerbauten des Söldanwesens »beim Binder« lassen sich bis in das Jahr 1499 zurückverfolgen, als das Anwesen sich im Besitz des Hl.-Geist-Spitals in Augsburg befand. Auch auf dem Ortsplan von 1750 ist das Gebäude in seiner Lage nahe einer Weggabelung genau eingezeichnet. Die späteren Katasterpläne geben dieselbe Lage des giebelseitig nach Osten weisenden Einfirstgebäudes an. Die Familie Bresele ist seit dem Jahr 1787 auf dem Anwesen nachzuweisen. Die Häuserfassion aus dem Jahr 1810 unterzeichnete Balthasar Bresele mit der Bemerkung, er habe die Sölde »von Georg Binder mit aller Zugehör erkauft um 400 fl«. Das Anwesen umfaßte $1^3/_4$ Jauchet Acker sowie $^1/_8$ Tagwerk Garten, und $^1/_4$ Tagwerk Wiesen, sowie eine Forstrechtsentschädigung über 4 Tagwerk Holzgrund in den spitälischen Wäldern. 1821 wurde die Sölde »beim Balthus« (für Balthasar) – mit gut 14 Tagwerk Grund an Matthias Bresele übergeben. Während des 19. Jahrhunderts veränderte sich die ökonomische Situation am Hof kaum. 1866 wurde der Hof von Theresia Bresele an ihren Sohn Johann und seine Frau Kreszenz, geborene Rogg im Anschlag von 3 400 Gulden übergeben. 1882 wurde ein Pfründhaus erbaut, und für das Jahr 1886 sind in den Umschreibebüchern Vermessungen und Umbauvorhaben belegt. 1905 belief sich der Grundbesitz nur noch auf $6^1/_2$ Tagwerk. Im 20. Jahrhundert bewirtschafteten die Nachkommen der Breseles das Anwesen. In den 1980er Jahren wurde die Landwirtschaft aufgegeben.

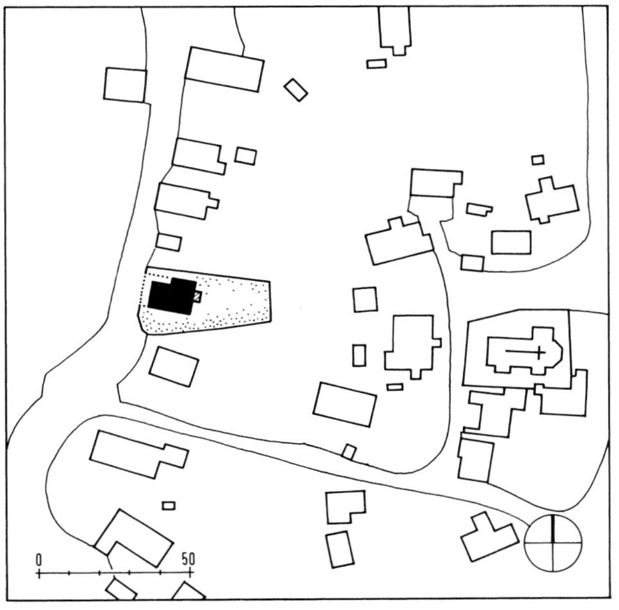

Lageplan 1820/25.

Bauhistorische Beschreibung

Die ehemals Spitälische Sölde »beim Baltes« läßt sich als einhüftiges Einfirstgebäude baugeschichtlich in die erste Hälfte des 18. Jahrhunderts datieren. Bei dem heutigen Mitterstallbau handelt es sich um eines der letzten noch in situ vorhandenen Staudenhäuser. Im Kataster von 1810 ist das Anwesen als »hölzern Wohnhaus mit Stall und Stadel unter einem Dach« beschrieben. Die ursprüngliche Konstruktion des Dachwerkes als Krüppelwalmdach deutet mit den erkennbaren, von Holznägeln gesicherten Verblattungen der Streben im Dachwerk in die erste Hälfte des 18. Jahrhunderts. Allerdings wurde das Dach im 19. Jahrhundert im Rahmen der Umbaumaßnahmen durch Johann und Kreszenzia Bresele aufgesteilt und um ein Joch nach Westen verlängert. Zu diesem Zeitpunkt wurde auch der ehemalige Mittertennbau zu einem Mitterstallbau umgebaut.

Das Wohnhaus, mit Stube, Küche und Stüble im Erdgeschoß wird traufseitig von einem Hausgang erschlossen, und nach Norden von einem Schweinestall abgeriegelt, der nur von der nördlichen Traufseite zugänglich ist. Ein in das Jahr 1872 datierter gußeisener Hinterladerofen diente zur Beheizung der Stube. In der Küche befand sich ein altdeutscher Kamin, der 1954 durch einen russischen Kamin ersetzt wurde. In der zweiten Hälfte des 19. Jahrhunderts ist das Wohnhaus massiv aufgemauert worden. Stall und Stadel hingegen blieben mit Ausnahme der südlichen Stallmauer in Ständerbauweise errichtet. Der vollständig verbretterte Westgiebel ist mit einem Firstbrett verziert, das nach oben als Kreuz ausgesägt ist.

Bis zur Mitte des 20. Jahrhunderts war das Pfettendach mit Firstpfette und in den Mittelpfeiler eingemauerter Firstsäule mit Stroh gedeckt, das nun durch Falzziegel ersetzt ist. An der Südseite steht das Dach 1,20 m weit über, an der Nordseite wurde es, wie beim »Staudenhaus« üblich, bis zum Erdgeschoß herabgezogen. Der entstandene zusätzliche Raum diente als Futterraum. Der heutige Bestand ist seit Mitte der 1950er Jahre fast unverändert. Das Gebäude wird als Wohnhaus genutzt.

Giebelseite des Staudenhauses mit dem auf der Nordseite abgeschleppten, strohgedeckten Dach. Nach 1960 wurde das Strohdach durch Falzziegel ersetzt.

Südliche Traufseite des Staudenhauses mit weit auskragendem Vordach.

Ansicht von Osten.

Ansicht von Süden.

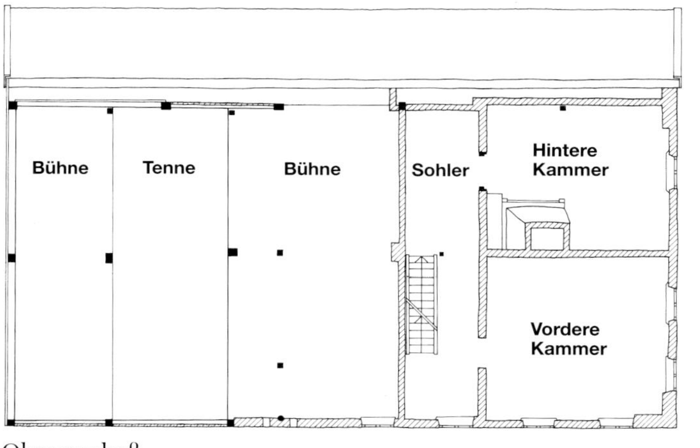

Obergeschoß.

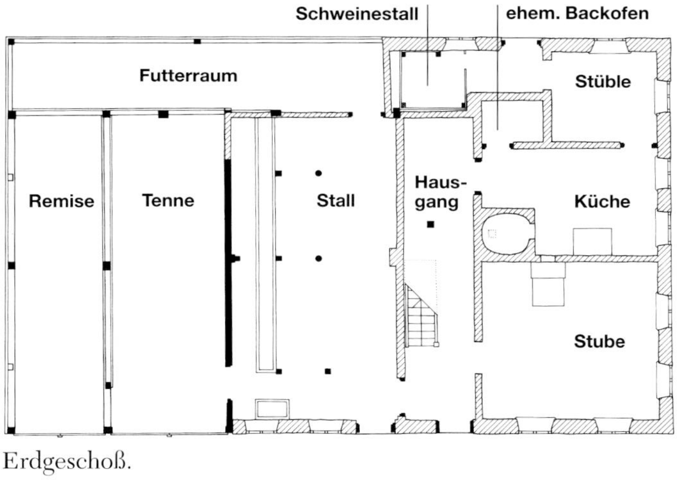

Erdgeschoß.

Querschnitt durch Stube, Küche und Stüble.

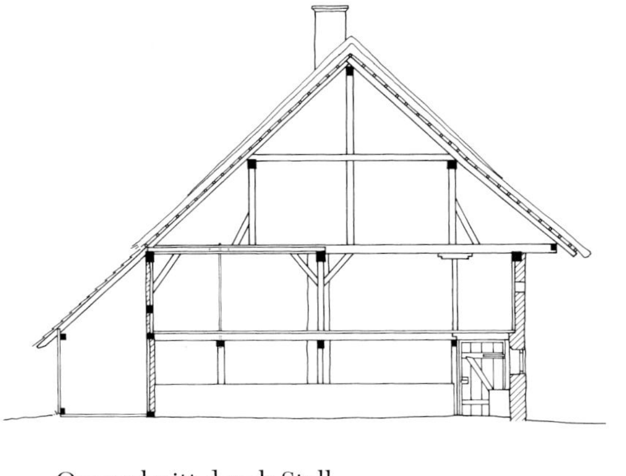

Querschnitt durch Stall.

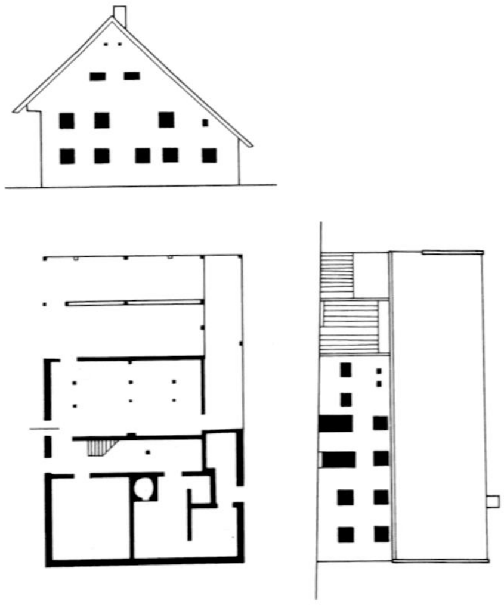

Ort	
Scherstetten, Nr. 27	
Gebäude	
Gebäudeart	Wohnstallhaus
Wandkonstruktion	Ziegel/Holzständerbau
Geschoßzahl	2 + Dach
Geschoßhöhe	2,2 m
Grundfläche (B × L)	194 qm (10,9 × 17,8 m)
Umbauter Raum	
Vollgeschosse	ca. 700 cbm
Dachgeschoß	ca. 490 cbm
Dach	
Dachart	ehem. Krüppelwalm-/ Satteldach
Dachneigung	44°
Dachdeckung	Stroh
Dachüberstand	
Erschließung	
Hauseingang Lage	Traufseite
Flur Lage	Querflur
Grundfläche (B × L)	15,6 qm (1,9 × 8,2 m)
Treppe Art	einläufig
Laufbreite	70 cm
Steigungsverhältnis	16,9/20,0 cm, 40°
Stube	
Lage	Südostecke
Grundfläche (B × L)	19,7 qm (4,7 × 4,2 m)
Fensterzahl	34
Fensteröffnung (B × H)	90 × 90 cm
Belichtungsfaktor Fensteröffnung: Grundfläche	1 : 6,1
Stubenofen	Hinterlader über Küche
Küche	
Lage	neben Stube
Grundfläche (B × L)	113,8 qm (3,0 × 4,6 m)

Gebäudemerkmale für Bauberatung

Das Anwesen wird von der im Westen vorbeiführenden nordsüdlich verlaufenden Ortsstraße her erschlossen. Das Haus wendet ihr jedoch nur einen verbretterten Westgiebel zu, während der Wohnteil nach Osten blickt.

Der rechteckige Baukörper von 10,9 m Breite und 17,8 m Länge ist $1^1/_2$-geschossig ausgebildet und trägt ein 44° geneigtes Satteldach. Im Querschnitt durch den Stall wird der zweigeschossige Hauptteil gegenüber dem nördlich anschließenden bis zum Erdgeschoss heruntergezogenen Dach des Futterraumes sichtbar.

Der Zugang zum Wohnteil und Stall sowie die Zufahrt zu Tenne und Remise erfolgt an der südlichen Traufseite, die durch weit auskragende Deckenbalken und die darauf liegenden Rafen gegen das Wetter geschützt ist. Die als Füllungstüre hervorgehobene Haustüre öffnet sich in einen Querflur, der die einläufige Treppe aufnimmt und von dem nach Osten Stube und Küche, nach Westen der Stall erreicht werden.

Die Stube mit 4,2 × 4,7 m Seitenlängen liegt in der Südostecke und wird von zwei ähnlich ausgebildeten Fensterpaaren über Eck belichtet. An der Trennwand zur Küche steht ein Hinterladerofen. In der Nordostecke schließt an die Küche ein Stüberl an. Über eine Türe in der erdgeschossigen nördlichen Traufseite wird ein Schweinestall erreicht, der von den übrigen Räumen getrennt ist.

Im Obergeschoß tritt die klare Raumorganisation mit dem durchgehenden Querflur (Sohler) und die breite Kammerzone am Ostgiebel deutlich hervor. Im Wirtschaftsteil sind Erd- und Obergeschoß gleichartig ausgebildet. Der Queraufstallung mit durchgehender Futterkrippe und dem seitlichen Mistgang mit Stalltüre ins Freie entspricht im Obergeschoß ein Bodenraum, der von der Quertenne in zwei Bühnen geteilt wird.

Der Wohnteil in hell verputztem Ziegelmauerwerk bezieht auch die Südwand des Stalles mit ein, wogegen die übrige Konstruktion des Wirtschaftsteils aus einem Holzständerbau besteht.

Der Typus des $1^1/_2$-geschossigen Gebäudes ist nicht nur in Schwaben als Staudenhaus, sondern auch in den übrigen bayerischen Regionen zu finden. Als Beispiele seien genannt: Band Oberbayern 1, Lkr. Landsberg/Lech, Pestenacker (S. 249), Unterschondorf (S. 254); Band Oberfranken, Lkr. Hof, Kleinlosnitz (S. 256), Saalenstein (S. 272); in der Oberpfalz Landkreis Tirschenreuth, Neualbenreuth (S. 324); Band Niederbayern Landkreis Landshut, Pfaffendorf (S. 219). Weiterhin ist auch auf $1^1/_2$-geschossige Nebengebäude hinzuweisen, wie sie in Mittelfranken, Oberfranken und der Oberpfalz ebenfalls in den Dokumentationen nachgewiesen sind.

Bei 194 qm überbauter Grundfläche errechnet sich mit dem Faktor 0,75 eine Nutzfläche von ca. 146 qm im Erdgeschoß.

Schwabmünchen

Frauenstraße 21

Stadt Schwabmünchen, Landkreis Augsburg

Wohnstallhaus einer Hofanlage mit Pfründhaus »Hopferbauer«(18.–20. Jahrhundert)
Erbaut: spätes 17. Jahrhundert
1798: Datierung der Fresken
1997: Renovierung der Fresken

Zur Siedlung

Der 1953 zur Stadt erhobene ehemalige Markt Schwabmünchen liegt am Rande der Hochterrasse der Lech-Wertach-Ebene und wird von weitläufigen Ackerflächen umgeben. In seiner Siedlungsstruktur ist Schwabmünchen ein Straßendorf, an dessen von Norden nach Süden führender Hauptachse fast alle Anwesen giebelständig gereiht standen. Nach dem Urkataster von 1836 umfaßte der Marktort 381 Anwesen, zwei Mühlen und eine Kapelle. 24 Höfen standen dabei 32 Leerhäuser und 325 Söldanwesen gegenüber. In den meisten Häusern wurde zusätzlich die Strumpfwirkerei, auch für den Export, betrieben. Der Hopferhof wurde im 18. und 19. Jahrhundert als Söldanwesen geführt, obwohl seine Wirtschaftsfläche weit über 100 Tagwerk umfaßte.

Hofgeschichte

Die Geschichte der Hofstelle läßt sich archivalisch bis in die Zeit um 1630 zurückverfolgen als in Schwabmünchen ein Ulrich Hopfer aus Augsburg belegt ist, der ein Gut und Wohnhaus besessen habe. Davon ausgehend etablierte sich der Hausname »Hopferbauer«, der bis ins 20. Jahrhundert häufiger gebraucht wurde als der Schreibname der jeweiligen Hofbesitzer. Anhand von Protokollbüchern lassen sich die Bewohner des Anwesens bis in das Jahr 1718 zurückverfolgen, als die Witwe Maria Fischer die

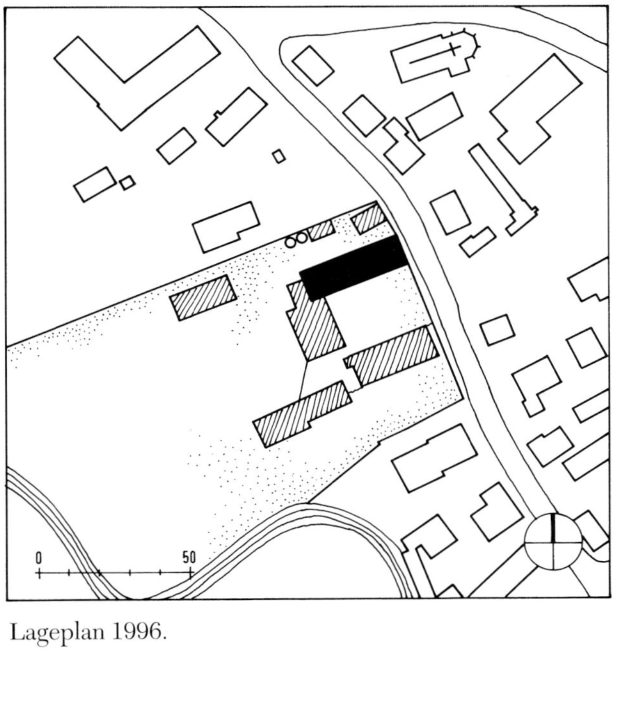

Lageplan 1996.

Östliche Giebelseite an der Straße.

Sölde mit vier nicht näher angegebenen Söldgerechtigkeiten an ihren Sohn Michael Fischer übergab. Dieser schloß noch am selben Tag einen Heiratsvertrag mit der Tochter der Kramerseheleute Strohmayr zu Schwabmünchen. 1817 gelangte das Anwesen an Michael Schmid, der als Adoptivsohn der vorherigen Besitzerin Viktoria Knechtlin das Anwesen um 5500 Gulden kaufte. Im Kaufvertrag wird der Hopferhof beschrieben als »das Söldneranwesen mit ganz gemauertem Wohnhaus unter Blattendach, Viehbestand 3 Pferde, 1 Ochse, 13 Stück Kuhvieh, 6 Hennen, 2 Wägen, 2 Pflüge, 2 Eggen, 2 Gsodstühle, 1 Windmühle«. 1823 kaufte Schmid Ackerflächen eines zertrümmerten Anwesens, des sogenannten »Daviden-Hofs«, auf. Seit der Liquidation, die in Schwabmünchen 1830 stattfand, war der Hopferhof Eigentum der Familie Schmid und umfaßte eine Fläche von 106 Tagwerk Grund. Aus der Ehe von Michael Schmid mit Theresia Völk, die 1841 am Kindbettfieber gestorben war, gingen 14 Kinder hervor, von denen sechs bereits während des ersten Lebensjahres starben. In der zweiten Ehe mit Viktoria Müller wurden weitere acht Kinder geboren. Auch von ihnen starben zwei bereits als Kleinkinder. Der zweitälteste Sohn, Josef Schmid, wurde 1860 Hopferbauer. Auch er heiratete zweimal und übergab 1894 den Hof seinem ältesten Sohn Lorenz Schmid und dessen Braut Maria Schorer. Lorenz Schmid erwarb in der Folgezeit Flächen und brachte den Hof zu neuer Blüte. Im 20. Jahrhundert wurde zunächst das Anwesen in der gewohnten Form weiterbetrieben. Unter Joseph Schmid, seit 1932 Hopferbauer, wurden zahlreiche Um- und Neubauten der Ökonomie in Angriff genommen und ausgeführt. Als sein

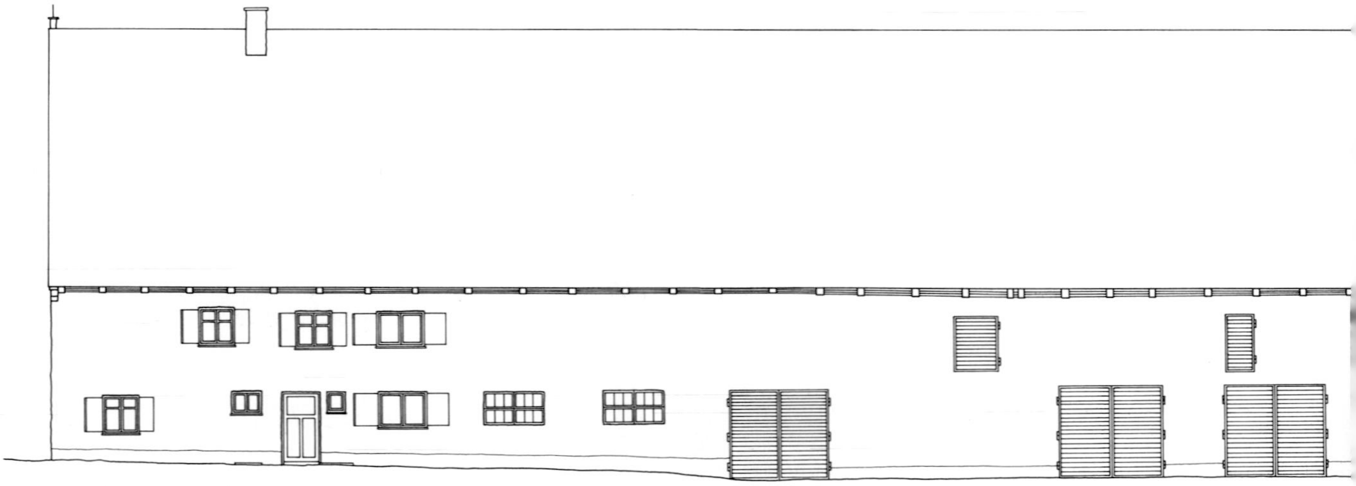

Ansicht von Norden.

Ansicht von Osten.

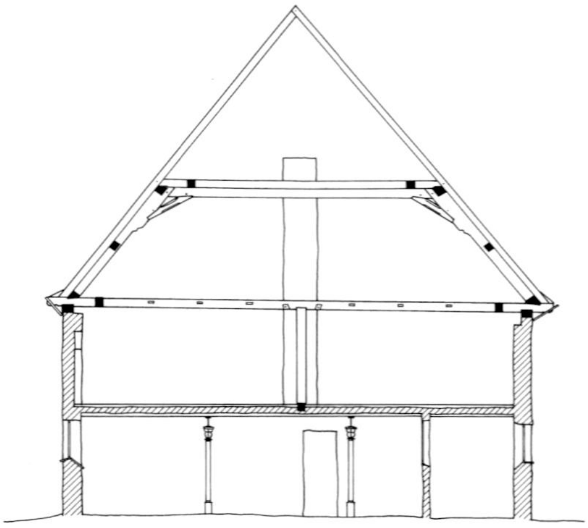

Querschnitt durch Pferdestall.

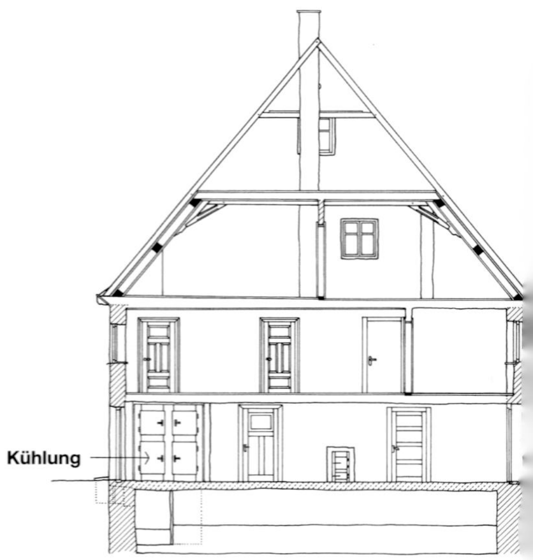

Querschnitt durch Hausgang.

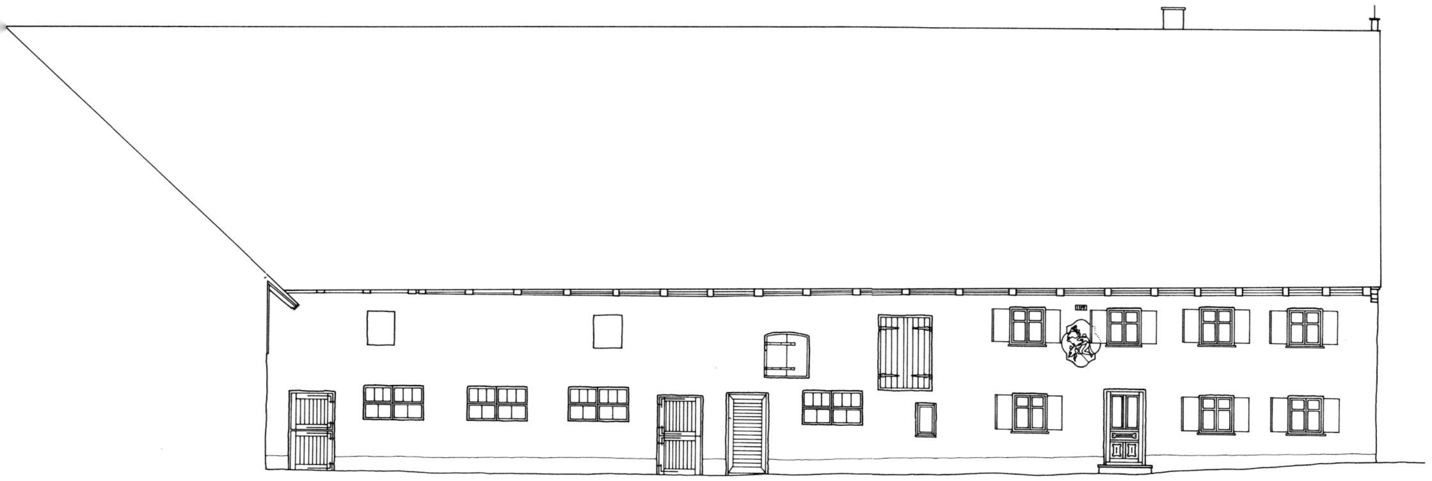
Ansicht von Süden.

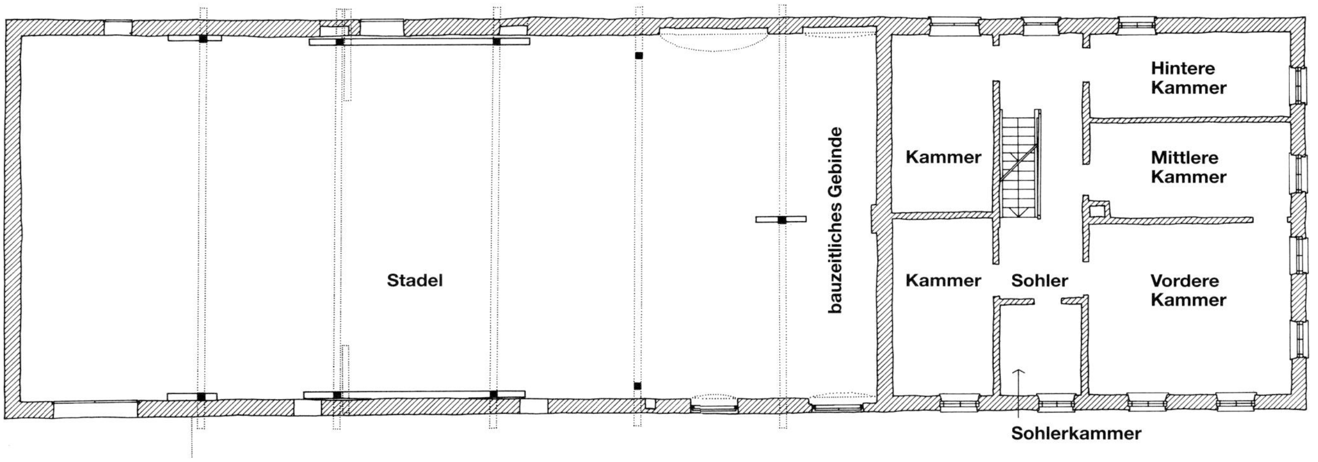

Obergeschoß.

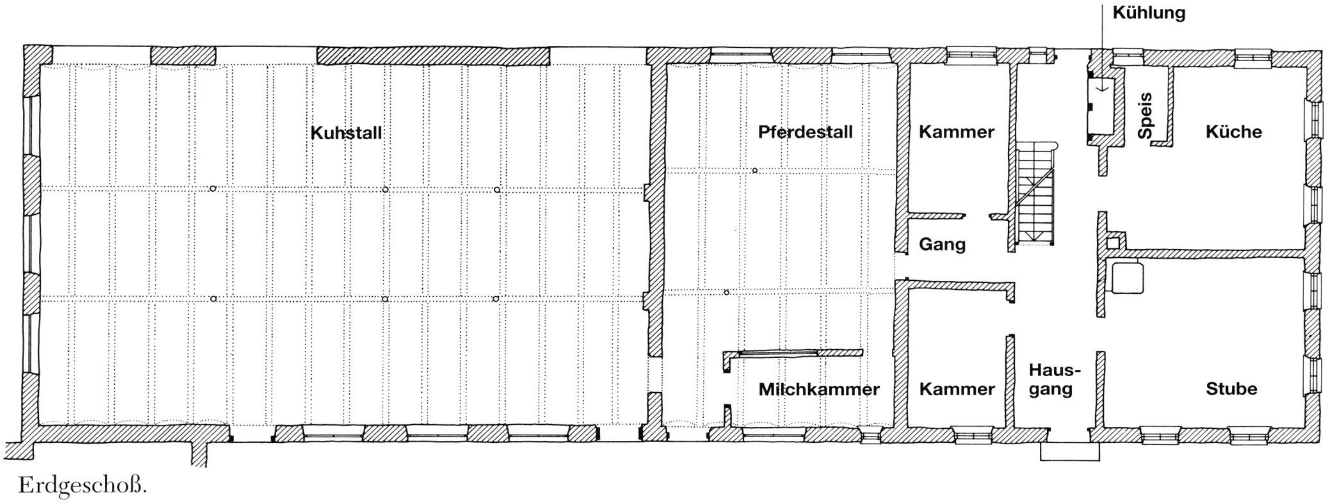

Erdgeschoß.

Der Hopferhof um 1900 mit einer Tenne zwischen Roß- und Rinderstall.

Sohn Joseph jun. 1963 den Betrieb übernahm, wurde die Milchwirtschaft aufgegeben. In der sechsten Generation bewirtschaftet nun Johannes Schmid als ausgebildeter Agraringenieur und Landwirtschaftsmeister den stattlichen Ackerbaubetrieb.

Bauhistorische Beschreibung

Die Hofanlage des Hopferhofes besteht heute aus dem historischen Wohnstallhaus, einem daran angeschlossenen Querbau, der den Hof nach hinten abriegelt und einem weiteren Ökonomiegebäude. Nördlich des Wohnhauses wurde zudem ein eingädiges Austraghaus errichtet. Den ältesten Teil der Hofanlage bildet das aus dem 18. Jahrhundert stammende Wohnstallhaus. Der Baukörper erfuhr zahlreiche Veränderungen im Bereich von Stall und Tenne. Allerdings haben sich mit der Putzschicht aus dem späten 18. Jahrhundert zwei Fresken erhalten. An der südlichen Traufseite ist in einem eingezogenen Vierpaßfeld der Hl. Bernhard von Clairveaux dargestellt. Am Ostgiebel befindet sich eine Darstellung des Gnadenbildes aus Einsiedeln.

Im Kern stammt das Gebäude aus dem späten 17. Jahrhundert. Aus dieser Zeit haben sich Teile des Dachstuhles erhalten. Unverbaut geblieben ist das erste Gebinde des Dachstuhles, das an den Wohnteil angrenzt. Das einfach liegende Dachwerk besaß eine Mittelsäule. Der erhaltene Zerrbalkenkopf wurde mit Zierfasungen versehen und die Verblattungen mit Holznägeln gesichert. Mit den Veränderungen am Dachstuhl wurde die Mittelsäule mit den Kopfbändern herausgeschnitten.

Das Wohnstallhaus entspricht dem mittelschwäbischen Bauernhaustypus, der sich als zweigeschossiger Massivbau mit steilem Satteldach, mit Gesimsgliederung und gemauertem Ortgang charakterisieren läßt. Das Innere des Wohnteiles ist mehrfach durch Ausbauten überformt. Allerdings läßt sich an der heutigen Raumaufteilung der ursprüngliche Grundriß ablesen. Ein durchgesteckter Hausgang erschloß traufseitig den Wohnbereich mit Stube und Küche, die giebelseitig angeordnet waren. Von der Küche wurde später eine Speis abgetrennt. Westlich des Hausgangs lagen getrennt durch den sogenannten Stallgang zwei weitere Kammern. Mit diesem Zugang zum Ökonomieteil des Hauses wurde der ehemalige Pferdestall erschlossen, an den der Kuhstall anschloß. Allerdings war der Ökonomieteil im 19. Jahrhundert anders aufgeteilt. Eine alte Photographie zeigt, daß sich vormals zwischen Pferde- und Kuhstall eine Tenne befand, von der aus die Bergeräume über den Stallungen erreichbar waren. Von hier aus konnten die Tiere beider Ställe versorgt werden.

Nach 1900 kam es zu zahlreichen Um- und Anbauten von Ökonomiegebäuden. 1909 etwa wurde der freistehende Stadel, der den Hofraum zu einer Dreiseitanlage schloß, völlig neu gebaut. Später wurden an den Stall Anbauten vorgenommen und 1933 der im Neunziggradwinkel zum Wohnhaus stehende Teil um mehrere Räume erweitert. Die letzten Umbauten der Wirschaftsgebäude resultieren aus der 1963 begonnenen Umstrukturierung des Betriebs von der Milchwirtschaft zum Ackerbau.

Gebäudemerkmale für Bauberatung

Die große Hofstelle ist über die im Osten vorbeiführende von Nord nach Süd verlaufende Straße erschlossen. In dem auf drei Seiten umbauten Hof bildet das Wohnstallhaus den nördlichen Flügel, dessen Zugänge für Wohnen, Pferde- und Rinderstall sich nach Süden auf den geschützten Hofraum hin öffnen.

Mit 10,9 m Breite und 34,5 m Länge erreicht der zweigeschossige Rechteckbaukörper, der ein 51° geneigtes Satteldach trägt, stattliche Ausmaße. Der Hausgang wird von der südlichen Traufseite her betreten. Er durchzieht die gesamte Gebäudetiefe und nimmt seitlich die einläufige Treppe in das Obergeschoß auf.

Die Stube mit 4,7 × 5,3 m Seitenlänge liegt in der südöstlichen Gebäudeecke und wird von zwei Fensterpaaren belichtet. An sie schließt im Norden die nahezu gleich große Küche an, von der eine kleine Speise an der Nordwand abgetrennt ist. In dem großen Bauernhaus ist es gelungen, die vier Fensterachsen der Außenansichten mit der regelmäßigen Fensterverteilung des Innenraumes der Stube zu verbinden. Die beiden nach Osten und Süden ausgerichteten Fensterpaare weisen in Größenordnung und Achsabständen ähnliche Abmessungen auf, die eine Diagonalsymmetrie der Wandabwicklungen auf den Herrgottswinkel zur Außenecke hin ergeben. Bestärkt wird diese räumliche Beziehung durch die für die Bauernstube kennzeichnende Diagonale zwischen innerer Ofenecke und äußerer Tischecke.

Westlich des Flures führt ein kurzer Gang in Längsrichtung zwischen den kleinen Kammern zum Pferdestall und dem dahinter folgenden großen Rinderstall.

Im Obergeschoß erschließt der über die einläufige Treppe mit dem Erdgeschoß verbundene Querflur (Sohler) auf beiden Seiten Kammern.

Das in Ziegelmauerwerk errichtete Bauernhaus wird auf der östlichen Giebelseite mit einem massiven Ortgang und waagrechten Gesimsbändern abgeschlossen. Das hohe 51° geneigte Satteldach enthält zwei Böden, die ebenfalls mit großen Fenstern wie Vollgeschosse belichtet sind.

Die Dachneigung von 51° führt im Giebeldreieck zu einem Längenverhältnis zwischen der Höhe und seiner Breite, die den Proportionen des »Goldenen Schnittes« nahekommt. Dabei verhält sich die Proportion der Strecke vom kleineren zum größeren Abschnitt genauso wie der größere Abschnitt zum Ganzen. Fibonacci-Reihe, nach dem Mathematiker Leonardo von Pisa (1180–1240) wird die dem Streckenverhältnis des goldenen Schnittes angenäherte Zahlenreihe 3 : 5 : 8 : 13 : 21 genannt, deren ganze Zahlenwerte die praktische Verwendung im handwerklichen Bauwesen begünstigten. Winkel um 51° sind bei vielen Hausbeispielen, vor allem der fränkischen Regionen (s. Bauernhaus in Bayern, Bände 1, 2, 3), nachzuweisen.

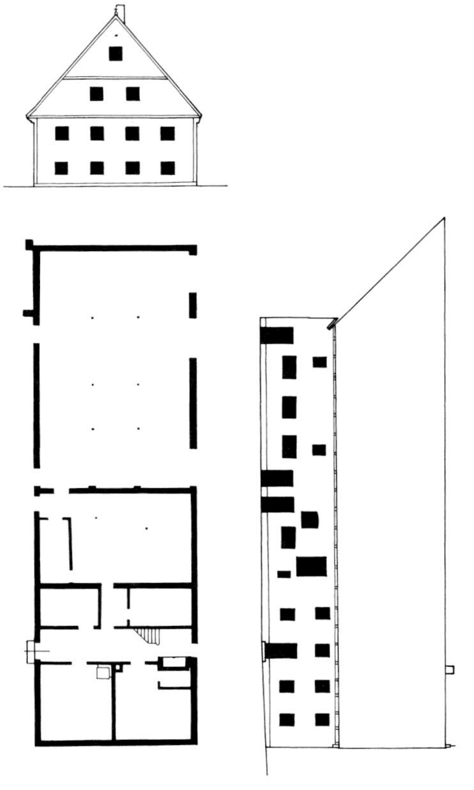

Ort
Schwabmünchen, Frauenstraße 21

Gebäude	
Gebäudeart	Wohnstallhaus
Wandkonstruktion	Ziegel
Geschoßzahl	2 + Dach
Geschoßhöhe	2,4 m
Grundfläche (B × L)	376 qm (10,9 × 34,5 m)
Umbauter Raum	
Vollgeschosse	1920 cbm
Dachgeschoß	1320 cbm
Dach	
Dachart	Satteldach
Dachneigung	51°
Dachdeckung	
Dachüberstand	
Erschließung	
Hauseingang Lage	Traufseite
Flur Lage	Querflur
Grundfläche (B × L)	21,3 qm (2,2 × 7,8 + 1,9 × 2,2 m)
Treppe Art	einläufig
Laufbreite	90 cm
Steigungsverhältnis	17,0/25,0 cm, 34°
Stube	
Lage	Südostecke
Grundfläche (B × L)	24,9 qm (4,7 × 5,3 m)
Fensterzahl	4
Fensteröffnung (B × H)	90 × 100 cm
Belichtungsfaktor Fensteröffnung: Grundfläche	1 : 6,9
Stubenofen	Hinterlader von Flur

Thierhaupten

Herzog-Tassilo-Straße 34 (alte Nr. 130)

Gemeinde Thierhaupten, Landkreis Augsburg

Wohnhaus mit Pfründeanbau
»beim Pumper« (1835)
Erbaut: wohl spätes 18. Jahrhundert
1973: Heimat- und Trachtenstuben Thierhaupten

Zur Siedlung

Der Marktflecken Thierhaupten liegt eingebettet in das Tal der Friedberger Ach an den östlichen Höhenzügen des Lechraines. Der Ort war von jeher geprägt durch das um 750 gegründete Benediktinerkloster. Im Mittelalter gab es dort eine eigene klösterliche Verwaltungskanzlei und die klostereigene Hofmark war mit der niederen Gerichtsbarkeit betraut. Zahlreiche Funde aus der Frühzeit – neben einer Villa Rustica in Baar und alemannischen Zeilengräbern, auch einer der größten Münzfunde Bayerns – verweisen darauf, wie früh das Gebiet bereits besiedelt war. 1832 bestand das Pfarrdorf aus insgesamt 150 Anwesen, einer Papiermühle, einer Ölmühle, der Ober- und Untermühle sowie den Gebäuden der 1803 aufgelösten Benediktinerabtei. Den Großteil der Gemeindeflur machten mit insgesamt 496 Hektar Wiesen und 53 Hektar Weiden die Grünflächen aus.

Zur Hofgeschichte

Das »$^1/_4$ Zoller-Melcher Gütl zu Thierhaupten«, bestehend aus einem halbgemauerten Haus mit Stadel und Stallung, übernahm Andreas Kastl 1797 von seiner Mutter Anna Kastlin. Die erste baierische Steueransetzung auf sein für damalige Verhältnisse stattliches Anwesen (gut 16 Jauchert), dessen Gras-, Wurz- und Krautgarten zehntfrei war, unterzeichnete Kastl mit drei Kreuzen, so daß zwei Zeugen für seine Sig-

Lageplan 1995.

Das ehemalige Viertelgütl mit Austrag von Südosten.

natur bürgen mußten. Das unter dem Hausnamen »beim Pumper« geführte Gütl verkaufte die Witwe Konstanzia Kastl 1827 an Georg Schapfel. Es umfaßte damals noch 12,8 Tagwerk Grund. Über verschiedene Besitzer zwischen 1855 und 1876 kam das Anwesen mit der Größe von 17,27 Tagwerk in den Besitz von Michael Fischer und Katharina Ludl. Sie übergaben den Hof 1908 an Lorenz Fischer, der im gleichen Jahr noch Elisabeth Gebhard heiratete. Nach dem Tod ihres im Ersten Weltkrieg gefallenen Mannes erbten die Witwe und ihre fünf Kinder den gesamten Hof, der nun 8,8 Hektar umfaßte. 1918 heiratete Elisabeth Fischer in zweiter Ehe Andreas Helfer. Sie übergab 1952 den Besitz an Leonhard Fischer und dessen Frau Agnes, geborene Brugger. Die Hofgröße veränderte sich nun nicht mehr. Bis in das Jahr 1972 wurde der Hof von der Familie Fischer bewohnt und bewirtschaftet. Seit 1973 dient das ehemalige Bauernhaus als Museum, das Leben und Arbeit im Thierhaupten in der Zeit des späten 19. und frühen 20. Jahrhunderts dokumentiert. Träger ist der Heimat- und Trachtenverein Thierhaupten.

Bauhistorische Beschreibung

Das ehemalige Viertelgut repräsentiert heute eines der wenigen an Ort und Stelle erhaltenen Bauernhäuser, wie sie im Thierhaupten des 18. und 19. Jahrhunderts verbreitet waren. Das Wohnhaus wurde von der östlichen Traufseite erschlossen. Der breite ursprünglich durchgesteckte Hausgang wurde im 19. Jahrhundert nach hinten durch Küche und Treppenaufgang ins Dachgeschoß abgeriegelt. Die zur Giebelseite liegende Stube besitzt zwei zu zwei Fensterachsen und ist beinahe quadratisch angelegt. Die Küche dagegen, die mit handgeschlagenen Solnhofener Platten ausgelegt wurde, war wesentlich schmaler. An der nördlichen Seite des Hausganges liegen Kammer und Hinterkammer. Der Keller befand sich im hinteren Teil des Hausflures.

Im Dachboden wurde die meiste Fläche als Kornlege benutzt, nur an der Giebelseite hatte man um

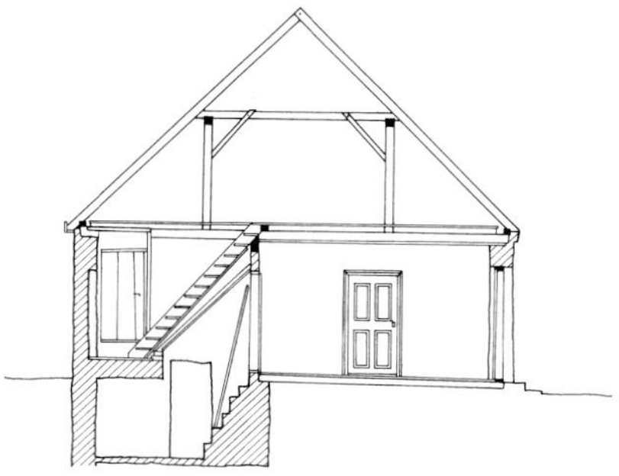

Querschnitt.

Ansicht von Osten.

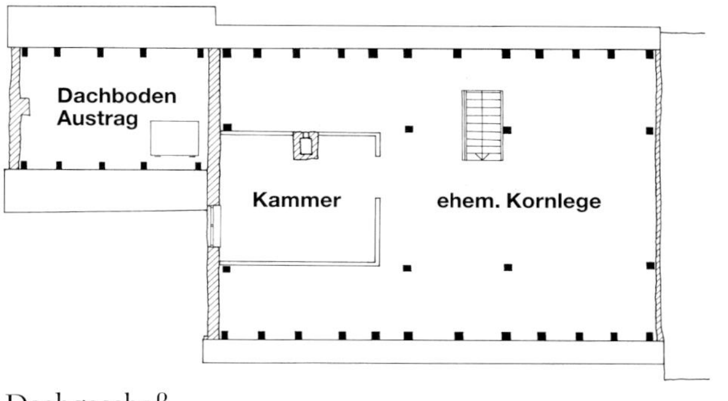

Dachgeschoß.

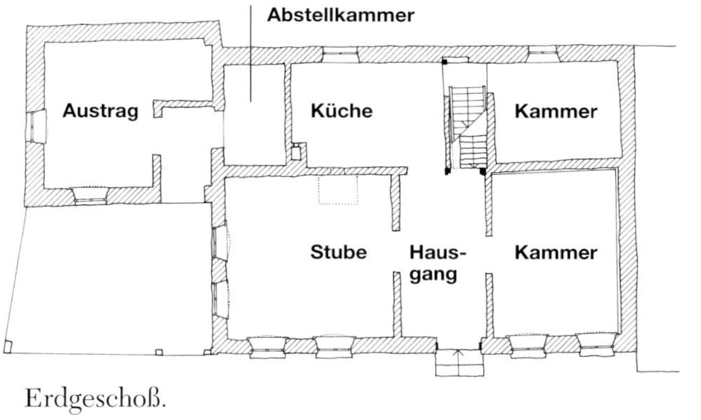

Erdgeschoß.

1840 eine Kammer zwischen den beiden Firstständern abgetrennt. Eine weitere Veränderung erfuhr der Bau mit dem Anbau eines Austragshäusles, das einen eigenen Zugang besaß. Es wurde ohne Verbindung zum Wohnteil an der Westseite des zur Straße gerichteten Hausgiebels im Jahr 1856 angebaut.
Schon im Kataster von 1835 wurden Stall und Stadel nicht als unter einem Dach liegend bezeichnet. Vielmehr stand das Stall-Stadel-Gebäude frei im Hofraum. 1849 wurde dieses Gebäude abgebrochen und erst jetzt direkt an das Wohnhaus angebaut. 1903 folgte ein weiterer Stadelanbau. Für die Nutzung des Bauernhauses als Museum seit 1973 wurde der historische Bestand saniert und weitgehend erhalten.

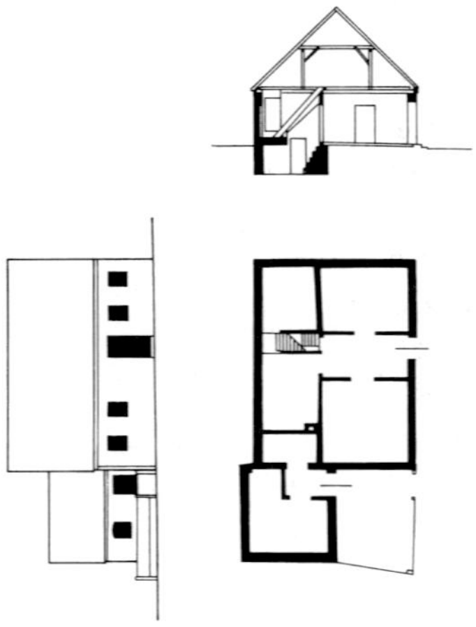

Ort	
Thierhaupten, Herzog-Tassilo-Straße 34	
Gebäude	
Gebäudeart	Wohnhaus
Wandkonstruktion	Ziegel
Geschoßzahl	1 + Dach
Geschoßhöhe	2,7 m
Grundfläche (B × L)	98 qm (7,6 × 10,2 + 4,5 × 4,5 m)
Umbauter Raum	
Vollgeschosse	260 cbm
Dachgeschoß	190 cbm
Dach	
Dachart	Satteldach
Dachneigung	45°
Dachdeckung	Falzziegel
Dachüberstand	10 cm (Giebelseite)
Erschließung	
Hauseingang Lage	Traufseite
Flur Lage	Querflur
Grundfläche (B × L)	8,4 qm (2,1 × 4,0 m)
Treppe Art	einläufig
Laufbreite	70 cm
Steigungsverhältnis	18,8/19,9 cm, 49°
Stube	
Lage	Südwestecke
Grundfläche (B × L)	15,6 qm (3,9 × 4,0 m)
Fensterzahl	4
Fensteröffnung (B × H)	75 × 95 cm
Belichtungsfaktor Fensteröffnung: Grundfläche	1 : 5,5
Stubenofen	Hinterlader von Küche
Küche	
Lage	Flurende
Grundfläche (B × L)	9,6 qm (2,6 × 3,7 m)

Gebäudemerkmale für Bauberatung

Der Bauernhof liegt auf der Ostseite der nach Norden durch Thierhaupten führenden Ortsstraße. Das Haus ist mit dem Westgiebel zur Straße ausgerichtet und steht ähnlich wie die überwiegende Zahl der Nachbargebäude an der Nordgrenze der Hofstelle. Damit wird bei den nebeneinandergereihten schmalen Anwesen ein möglichst ungeteilter nach Süden zur Sonne hin offener Hofraum geschaffen.

Der eingeschossige Rechteckbaukörper wendet seinen Westgiebel der Ortsstraße zu, ebenso das später angefügte Austragshaus. Mit 7,6 m Breite und 10,2 m Länge prägt das Haupthaus die Erscheinung der Baugruppe mit dem 45° geneigten ziegelgedeckten Satteldach. Die Zugänge zum Haupthaus und dem Anbau (4,5 × 4,5 m) liegen an der südlichen Traufseite. Von hier aus betritt man einen kurzen Querflur, der jeweils links die Stube erschließt.

Der Grundriß des Hauptgebäudes entspricht der einfachen Raumfolge von Querflurhäusern, die zusätzlich von einer durchgehenden Längswand in eine breite südliche und eine schmälere nördliche Raumzone gegliedert sind. Die breitere Raumzone nimmt den Hausflur, nach Osten die Kammer und nach Westen die nahezu quadratische Stube mit Seitenlängen von 3,9 × 4,0 m auf, die von je einem Fensterpaar der südlichen Trauf- und der westlichen Giebelseite belichtet wird.

Den Querflur schließen die Türen zur Küche und zur Kellertreppe ab. Über die Küche erreicht man einen Antritt zu der einläufigen Treppe zum Dachgeschoß und ebenso die Kammer in der Nordostecke des Gebäudes.

Die Austragsstube als Anbau des Westgiebels erhält ähnlich der großen Stube die Belichtung von Süden und Westen, der geringeren Wohnfläche entsprechend mit nur je einem Fenster. Der Anbau ist gegenüber dem Hauptgebäude nach Norden so versetzt, daß im Westgiebel für die Kammer des Dachgeschosses noch ein Fenster eingesetzt werden kann.

Der als Ziegelbau aufgeführte Massivbau trägt alle Merkmale eines kleinen Bauernhauses des 19. Jahrhunderts, das durch klare Grundrißeinteilung ein hohes Maß an wirtschaftlicher Raumnutzung mit möglichst einfacher Konstruktion.

An Giebel- und an Traufseite leiten massive Gesimse mit geringer Ausladung zu dem knapp aufsitzenden Dachflächen über.

Bei insgesamt 98 qm überbauter Fläche, einschließlich der vorgesetzten Austragsstube, ergibt der Umrechnungsfaktor von 0,75 eine Nutzfläche von ca. 74 qm im Erdgeschoß.

Zusmarshausen

Wertinger Straße 5

Markt Zusmarshausen, Landkreis Augsburg

Eingeschossiges Wohnstallhaus (Sölde)
mit angehängtem Stadel
Fachwerksbau aus der zweiten Hälfte des 18. Jahrhunderts
1934: Größerer Umbau
1996: Abbruch

Zur Siedlung

Der mittelschwäbische Markt Zusmarshausen besaß im Laufe seiner Geschichte stets zentralörtliche Bedeutung: römischer vicus an der Fernstraße Augsburg–Mainz, karolingisches Hofgut (Urkunde König Arnulfs von 892 »actum Zusemarohuson«), früher Marktort (vor 1295), Sitz des fürstbischöflichen Pflegeamtes (um 1500–1804), Poststation der Thurn- und Taxis'schen Post. Amtssitz von Landgericht (1804–1862) und Bezirksamt (1862–1929). Trotz dieser überörtlichen Funktionen wies der Marktort, der bis zur Säkularisation mit 87,5 % seiner Anwesen im Besitz des Hochstifts Augsburg war, zu Beginn des 19. Jahrhunderts einen sehr hohen Anteil von 83 % Sölden (102 Anwesen) bei insgesamt 123 Wohnhäusern auf, die alle mit Plattendächern gedeckt waren.

Zur Hofgeschichte

Bei dem im Dorfzentrum gelegenen Anwesen Nr. 37 handelt es sich um eine typische schwäbische Sölde aus dem 18. Jahrhundert. Eine als Spolie sekundär in der Tenne verbaute Inschrift nennt das Jahr 1782 als Baudatum eines Gebäudes, von dem wir nicht mit letzter Sicherheit wissen, ob es sich dabei um unsere Sölde handelt.

Um 1800 ist auf dem Anwesen der Söldner und Metzger Dominicus Deyhl aus Häder belegt. Das

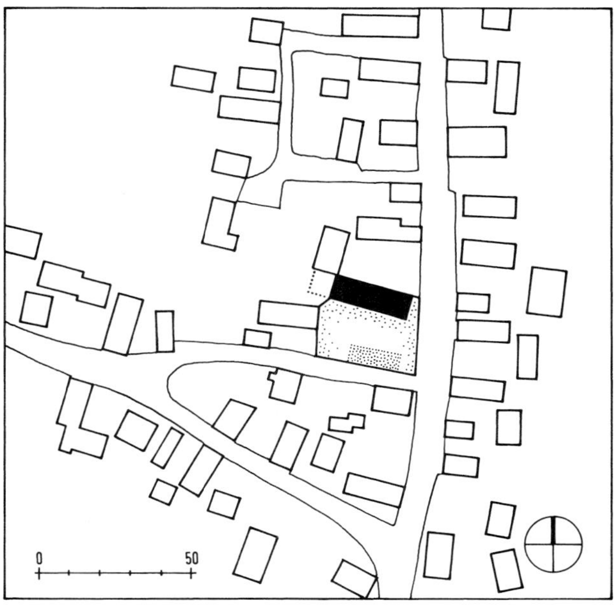

Lageplan 1883/84.

Steuer-Kataster von 1808 weist für das »kleine Mezgers Söld« »ein Wohnhaus mit angehängtem Stadl und ein neben Wohnhäusel« aus und vermerkt, daß es sich um ein ehemaliges burgauisches Lehen handelt. Im Jahr 1818 erwirbt Franz Dörr das Anwesen durch Heirat mit dessen Witwe für 1350 fl mit 8,93 Tagwerk Grundbesitz und Anteil am Gemeindenutzen. Zu dieser Zeit nimmt das Anwesen einen mittleren Platz unter den Zusmarshauser Sölden ein. Um 1850/60 betreibt der Jettinger Konrad Schuster eine Seifensiederei und einen kleinen Kolonialwarenladen (Straßenverkauf) auf dem Anwesen. Johann und Kreszentia Klein, geb. Schwarzkopf, erwarben das Anwesen bei ihrer Heirat 1867. Von nun an verblieb das Anwesen in Familienbesitz; es wurde durch Erbschaft bzw. Heirat 1904 an Richard und Franziska Klein, geb. Egle, und 1934 an die letzten Bewohner Karl und Anna Hutner, geb. Klein, übergeben. Neben einer kleinen Landwirtschaft wurden stets auch handwerkliche Tätigkeiten im Nebenerwerb verrichtet.

Bereits die Fassionen von 1808 weisen ein »neben Wohnhäusel« aus. Dieses traufständige Austragshaus wurde um 1980 abgebrochen. Die Sölde, in deren Wohngebäude sich zwischen 1904 und 1934 die »Pfründe« befand, wurde nach dem Tod der letzten Bewohnerin Anna Hutner im Jahre 1996 abgebrochen.

Bauhistorische Beschreibung

Das in der zweiten Hälfte des 18. Jahrhunderts erbaute eingeschossige Söldhaus war als Mittertennhaus mit anschließendem Stall und angehängtem Stadel nach den Befunden ganz in Fachwerk errichtet. Zur Bauzeit ist nach dem Befund (roter Anstrich am Giebelfachwerk) eindeutig ein Sichtfachwerk zu belegen. Der zweiphasige (zweischalige) Maueraufbau und Putzbefunde mit Dutzenden von Farbschichten übereinander legen die Annahme eines bauzeitlichen gemauerten Stubenstocks nahe.

Die merkwürdige Gestalt des Hausflurs ergibt sich aus sekundären Veränderungen der Grundrißgestalt; für die Erbauungszeit ist ein durchgängiger Querfletz gesichert, der das Wohnhaus in zwei funktionale Teile trennt: im Osten Stube und Küche (mit Stubenkammer), im Westen Schlafzimmer und Nebenkammer. Die Küche besaß lange Zeit einen offenen Herd, was durch die vollständig verrußten Deckenbalken belegt ist. Das Wohngebäude war ursprünglich nicht unterkellert, erst später hat man durch eine Ausschachtung einen kleinen Vorratskeller unter dem Schlafzimmer geschaffen. Erst um 1950 wurde in der Nebenkammer des Erdgeschosses ein Ofen und eine Badewanne eingebaut; das Klohäuschen befand sich bis zum Abbruch des Gebäudes auf dem Hof. Das Dachgeschoß ist zum Teil intensiv genutzt worden. Dort befanden sich die Schlafkammern der Kinder. Nach dem Zweiten Weltkrieg mußte zwischen 1945 und 1954 eine drei-

Straßenansicht von Südosten um 1900.

köpfige sudetendeutsche Flüchtlingsfamilie in der nördlichen Dachkammer des Hauses untergebracht werden.
An dem Gebäude sind mehrere Umbaumaßnahmen nachweisbar: Nach kleineren Umbauten im Jahr 1897 wurde anläßlich der Heirat von Richard Klein und Franziska Egle im Oktober 1904 ein Neubau des Stalles mit einem preußischen Kappengewölbe ausgeführt. Der Umbau des Hauses 1934 zur Heirat von Karl Hutner und Anna Klein (Zimmerer-Rechnung) gab dem Gebäude seine letzte Gestalt. Dabei wurde der Dachstuhl komplett erneuert und im Obergeschoß mit dem Einbau einer großen Dachgaube auch ein neues Schlafzimmer eingerichtet. Im Jahre 1958 fanden zur Heirat von Hermann Wagner und Franziska Hutner die letzten größeren Umbaumaßnahmen statt: Aufgabe der Stubenkammer und Vergrößerung der Küche, Einbau von neuen Kreuzstockfenstern, Aufgabe der alten Haustüre und Vermauerung des Spionfensters. Nach dem Abbruch des Wohnteiles konnten in einer archäologischen Grabung mehrere hochmittelalterliche Siedlungsphasen (Pfostenbauten, Kellergrube, Grubenhäuser) des 12./13. Jahrhunderts erfaßt werden.

Ansicht von Süden.

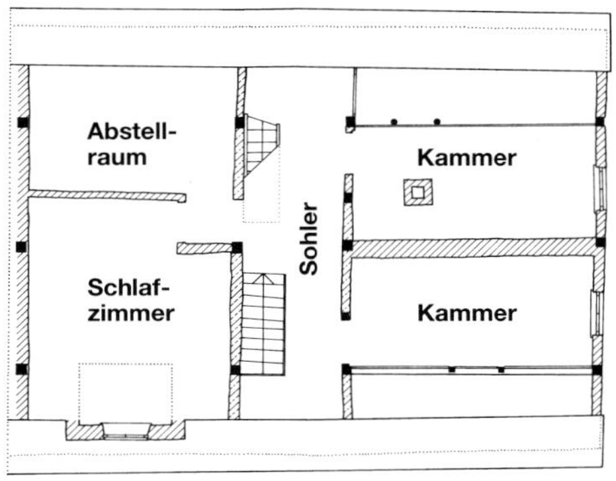

Dachgeschoß.

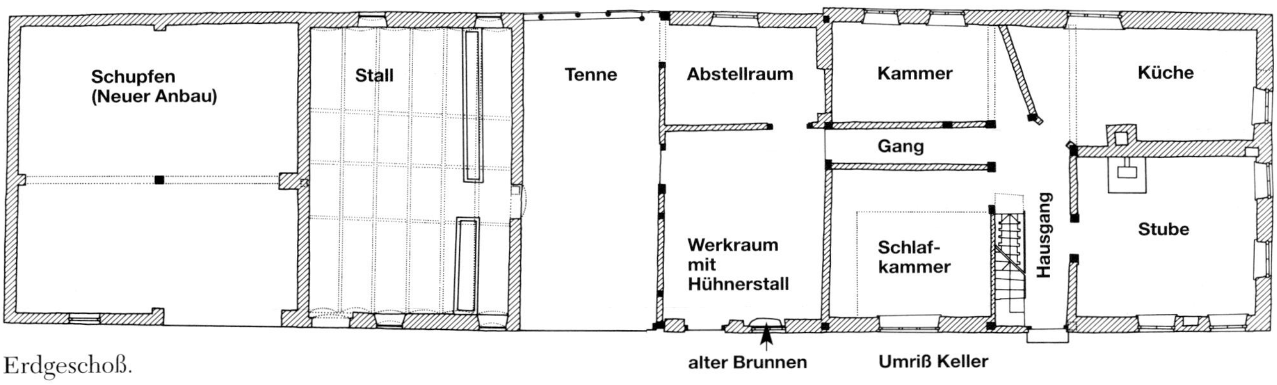

Erdgeschoß.

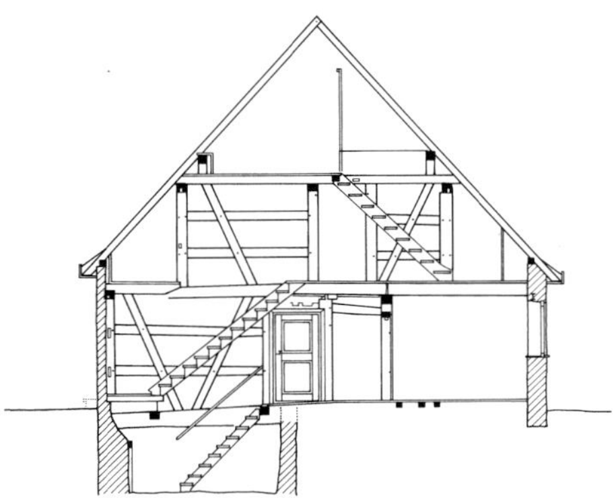

Querschnitt durch Hausgang des Wohnteils.

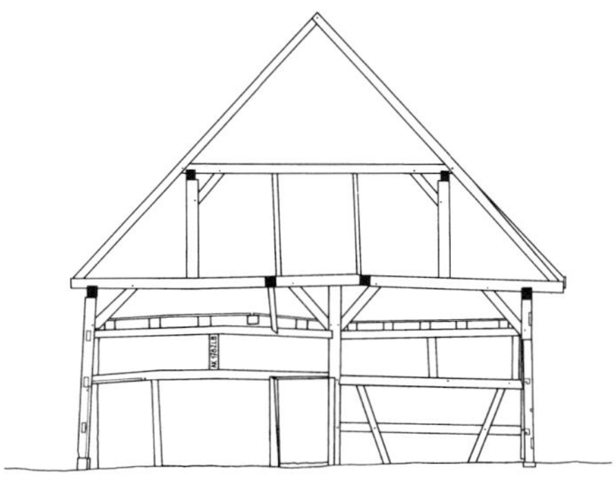

Querschnitt durch Tenne.

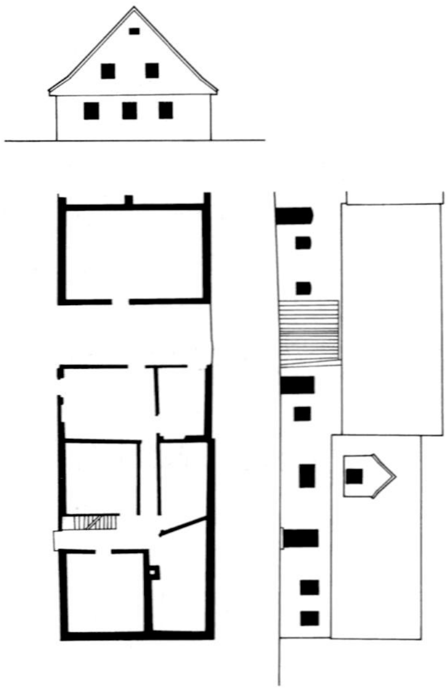

Ort	
Zusmarshausen, Wertinger Straße 5	
Gebäude	
Gebäudeart	Wohnstallhaus
Wandkonstruktion	Ziegel/Fachwerk
Geschoßzahl	1 + Dach
Geschoßhöhe	2,4 m
Grundfläche (B × L)	290 qm (8,7 × 33,4 m)
Umbauter Raum	
Vollgeschosse	1020 cbm
Dachgeschoß	790 cbm
Dach	
Dachart	Satteldach
Dachneigung	48°
Dachdeckung	Falzziegel
Dachüberstand	
Erschließung	
Hauseingang Lage	Traufseite
Flur Lage	Querflur
Grundfläche (B × L)	10,8 qm (1,9 × 5,0 m + 0,7 × 1,0 m + 1,2 × 1,0 m × 1/2)
Treppe Art	einläufig über Eck
Laufbreite	80 cm
Steigungsverhältnis	18,0/24,0 cm, 39°
Stube	
Lage	Südostecke
Grundfläche (B × L)	20,7 qm (4,4 × 4,7 m)
Fensterzahl	4
Fensteröffnung (B × H)	90 × 110 cm
Belichtungsfaktor	
Fensteröffnung:	
Grundfläche	1 : 5,2
Stubenofen	Vorderlader
Küche	
Lage	neben Stube
Grundfläche (B × L)	18,0 qm (3,1 × 4,8 m + 3,1 × 2,0 m × 1/2)

Gebäudemerkmale für Bauberatung

Die Hofstelle zählt zu der weitgehend regelmäßigen Abfolge von Anwesen an beiden Seiten der nach Norden in das Zusamtal weiterführenden Ortsstraße. Das Wohnstallhaus ist an der Nordgrenze des Grundstückes erbaut, um einen möglichst ungeteilten Hofraum für die Landwirtschaft zu erhalten. Es folgt damit der auch bei den Nachbaranwesen vorliegenden Siedlungsorganisation der grenzständigen Bauweise, die dem jeweils folgenden Nachbarn ebenfalls zugestanden wird. Der Katasterplan von Zusmarshausen zeigt im ganzen Ort ein hohes Maß regelmäßiger Hofstätteneinteilung, die fast ausnahmslos mit grenzständiger Lage der Wohnstallhäuser verbunden ist.

Der Hof des Anwesens wird von Osten her erreicht. Der eingeschossige rechteckige Baukörper von 8,7 m Breite und 33,4 m Länge, einschließlich des Wirtschaftsteils, trägt ein 48° geneigtes Satteldach mit ostwest verlaufender Firstrichtung. Die Stellung an der nördlichen Grundstücksgrenze führt zu einer Erschließung von Haus, Werkstatt, Tenne und Stall von der südlichen, dem Hof zugewandten Traufseite. Der Hausgang nimmt als Querflur die einläufige Treppe in das Dachgeschoß auf, unter der raumsparend auch die Kellertreppe angeordnet ist.

Der Stube (4,4 × 4,7 m) ist die Südostecke vorbehalten. Sie erhält von je zwei über Eck angeordneten Fenstern Licht und Sonne. Aus der bauhistorischen Beschreibung und den Fotos kann ein früherer Bauzustand mit je drei Fenstern für die Stube ersehen werden. Damals zeigte die Giebelansicht deutlich die Ecklage der Stube mit einer asymmetrischen Fensterverteilung des Erdgeschosses.

Der heutige Bauzustand weist mit den drei neuen Fenstern, die soweit als möglich symmetrisch im Giebel verteilt sind, veränderte Ordnungsvorstellungen.

Bei 290 qm überbauter Fläche ergibt der Umrechnungsfaktor von 0,75 eine Nutzfläche von 218 qm im Erdgeschoß.

Ansicht von Südosten nach 1958.

Bartlstockschwaige

Gemeinde Buttenwiesen, Landkreis Dillingen

Wohnstallhaus eines ehemaligen Dreiseithofes »Eberweinschwaige« (1809)
1680: erbaut
1978: Verkauf des Schwaighofes
1994–1998: Renovierung und Sanierung

Zur Siedlung

Im Bereich des fast völlig ebenen Schwemmlandes des Donaurieds unweit der Donau liegt das Anwesen Bartlstockschwaige. Das Donauried war im Bereich der archivalisch seit dem 13. Jahrhundert belegten Schwaighöfe kultiviert und zunehmend landwirtschaftlich genutzt worden. Die beiden Schwaighöfe Bartlstockschwaige und Ludwigsschwaige gehen zurück auf das Gebiet des sogenannten Staufischen Erbes und dienten zunächst der Milch- und Käseproduktion. Später wurde dort neben der Anpflanzung und Nutzung von Kopfweiden auch Schweinezucht betrieben. Siedlungshistorisch wie auch innerhalb der sonst üblichen Haustypen im Bereich des schwäbischen Donaurieds stellten die zweigeschossigen dreifirstigen Hofanlagen der Schwaighöfe, so auch die Bartlstockschwaige, eine Sonderform dar.

Zur Hofgeschichte

Um 1800 war der grundherrschaftlich habsburgische Hof zum Kloster St. Stephan in Augsburg verpflichtet und zudem zehntbar zur Pfarrei Tapfheim. Nach dem Ableben seines Stiefvaters Xaver Müller hatte Franz Xaver Kuenle den damals noch als »Eberwein-Schwaige« benannten Hof mitsamt den in- und auswärtigen Gütern von seiner Mutter Maria Viktoria übernommen. Auf dem nahe der Donau und ihren Altwässern gelegenen Einödgut lag zudem die Pflicht, »den Wasserbau an der Donau zu tragen«, um Überschwemmungen vorzubeugen. An Grund sind 1809

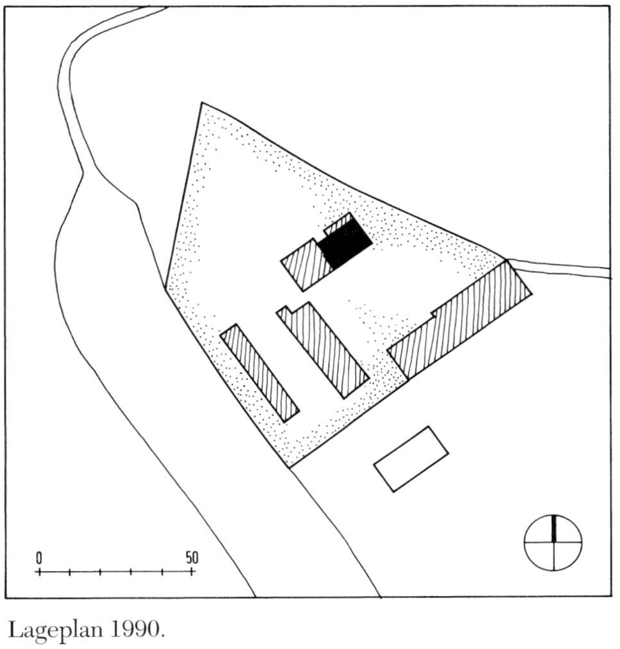

Lageplan 1990.

Ansicht von Osten mit geschwungenem Ziergiebel.

eine Hofstelle mit Kraut- und Wurzgarten über 1¼ Tagwerk, sowie 25 Jauchert Acker, 22½ Jauchert Wiesen, und aus dem »Westernachschen Lehen« 20 Jauchert Acker, 5 Tagwerk Wiesen und 5 Jauchert Holz belegt. 1842 betrug der Grund 204 Tagwerk Wirtschaftsflächen. 1850 übernahm schließlich Leonhard Kuhnle das Anwesen im Anschlag zu 15 000 Gulden. Einen Teil davon überschrieb er seiner Schwester Genofeva im Jahr 1853. 1872 wurde das Gut verkauft und kam über mehrere Tauschhandlungen 1875 an den Ökonomen Johann Oesch aus Parfeld im Anschlag zu 30 000 Gulden. Nach dem Tod von Johann Oesch, im Jahr 1887 und Barbara Oesch 1895 erbten die Kinder das Gut, das im selben Jahr noch Magdalena Suttor, geborene Oesch um insgesamt 24 800 Mark erwarb. Deren Nachfahren bewirtschafteten den im Jahre 1900 60,55 Hektar großen Betrieb. Olga Sutor berichtete, daß im Sommer 1917 Bertolt Brecht mehrfach seinen Bruder hier besuchte, der auf der Bartlstockschwaige seinen Kriegshilfsdienst ableistete. Auch Brechts Eltern kamen immer wieder einige Tage im Sommer auf den Hof zu Besuch. Das Anwesen war damals 200 Tagwerk groß und hatte einen Bestand von 15 Rössern und 80 Stück Vieh. Die letzte Hofübergabe von Daniel Sutor an seinen Sohn Joachim war im Jahr 1962. 1978 wurde der Hof veräußert. Über die Flughafengesellschaft München kam der Hof schließlich 1982 in den Besitz der Lech-Elektrizitäts-Werke. Die zum Hof gehörigen landwirtschaftlichen Flächen sind nun verpachtet und werden weiter bewirtschaftet.

Bauhistorische Beschreibung

Um 1680 wurde das Wohnstallhaus des ehemaligen Dreiseithofes als Fachwerkbau errichtet. Aus dieser Zeit stammt der geschweifte Ostgiebel, der vor die Fachwerkinnenwände im Obergeschoß gestellt wurde. Somit entstand der Eindruck eines gemauerten Hauses, den die Besitzfassion aus dem Jahr 1809 vermerkt, wenn sie das Wohnhaus als »gemauertes Haus« bezeichnet. Zu den ältesten Räumen des Hauses gehören die beiden großen tonnengewölbten

Kellerräume mit Steinfußboden, die vom Hausgang einzeln mit eigener Treppe erschließbar sind und je zwei Fenster zur Nordwest- und zur Südostseite besitzen.
Trotz mehrerer Umbauten im 19. und 20. Jahrhundert behielt der Wohnteil seinen ursprünglichen Grundriß. Von Südosten wird das Haus über zwei Stufen traufseitig erschlossen. Der durchgesteckte Hausgang zweigt zwischen zwei Kammern zum ehemaligen Pferdestall ab. Die nach Südosten liegende Kammer wurde im 19. Jahrhundert zusätzlich beheizbar gemacht, ein Umstand der auf deren Nutzung als Austragstube verweist. Die repräsentative Stube mit je drei segmentbogigen Fenstern nach Südosten und zum Nordostgiebel und einer gemauerten Eckkonsole im Herrgottswinkel wurde von der Küche aus beheizt. Die Küche erhielt im 19. Jahrhundert einen russischen Kamin und wird von Norden und Osten beleuchtet.
Im Obergeschoß, dessen Grundriß dem des Erdgeschosses folgt, haben sich mit den Wänden der einzelnen Kammern Reste der ursprünglichen Riegelbauweise erhalten, die im Erdgeschoß bereits um 1830 durch Ziegelmauerwerk ersetzt wurden. Die Mauerstärke ist oben deutlich geringer als im Erdgeschoß, wo bis zu 45 cm gemessen werden können.
An den Wohnteil schlossen sich ursprünglich der Pferde- und der Kuhstall an. Allerdings wurde dieser Ökonomieteil im 20. Jahrhundert vollständig durch einen neuen ersetzt. Deutlich erkennbar ist die Baunaht, die durch den geringeren Neigungswinkel des Daches entstand. Nach mehreren Verkäufen des Schwaiggutes drohte bis zu Beginn der 1990er Jahre der Abbruch des historischen Wohnhauses. Dies konnte durch das Engagement von Heimat- und Denkmalpflege verhindert werden, so daß die neuen Besitzer, die LEW, das Anwesen zwischen 1994 und 1998 sanieren und renovieren ließen.

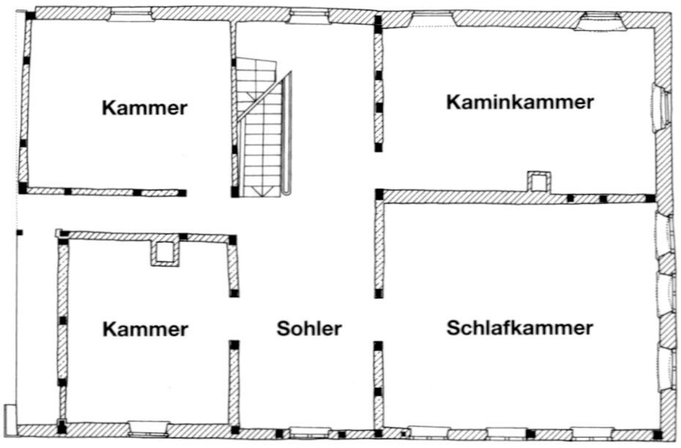

Obergeschoß.

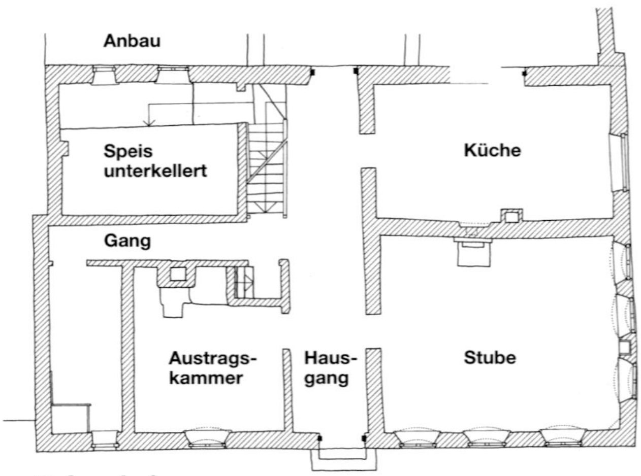

Erdgeschoß.

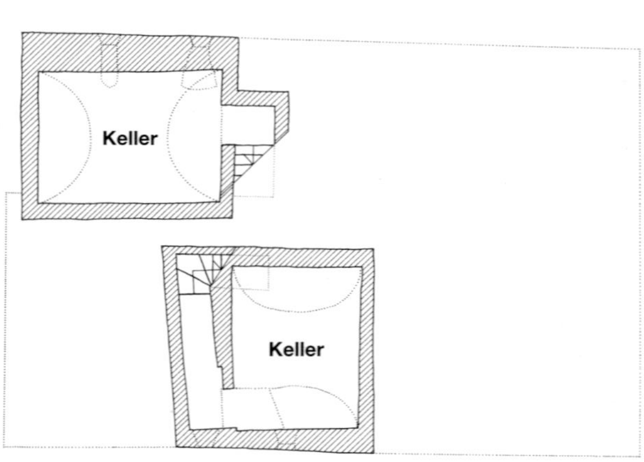

Kellergeschoß.

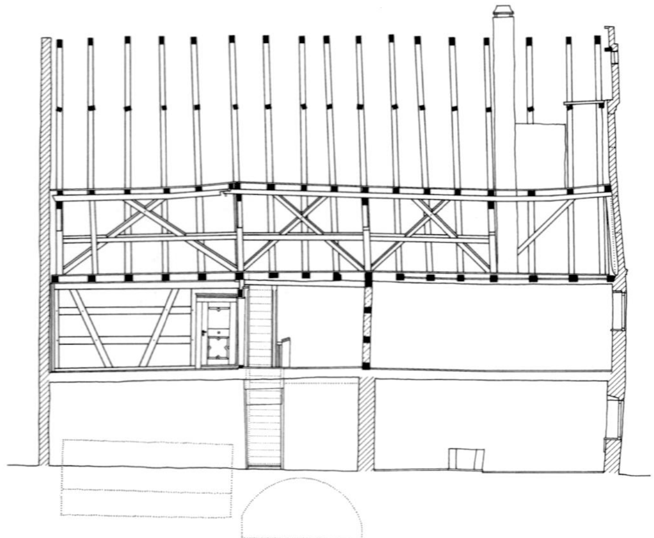
Längsschnitt.

Gebäudemerkmale für Bauberatung

Der große Hofraum wird im Südwesten von dem ehemaligen Flußlauf begrenzt und ist nach Osten zu dem dort ankommenden Erschließungsweg hin offen.

Das Wohnstallhaus bildet den Nordflügel des Dreiseithofes. Der zweigeschossige Rechteckbaukörper des Wohnteils weist Seitenlängen von 10,4 × 15,7 m auf und trägt ein 52° steiles Satteldach. Den Grundriß bestimmt der durchgesteckte Querflur, der an der südlichen Traufseite betreten wird und seitlich die einläufige Treppe in das Obergeschoss aufnimmt.

Die Stube (5,3 × 6,1 m) wird über Eck von je drei Fenstern belichtet und von der Küche, die seitlich anschließt, beheizt. Auf der gegenüberliegenden Seite des Querflurs ist eine beheizte Austragskammer und ein vom Hausgang rechtwinklig abgehender Stichflur zu erkennen, der zu den westlich anschließenden Stallräumen führt.

Im Obergeschoß tritt die klare Grundrißorganisation deutlich hervor. Der Querflur ist auf die ganze Länge in einer, die Treppe einbeziehenden Breite ausgebildet. Er erschließt auf beiden Seiten je zwei Kammern und nach Westen zusätzlich einen kurzen Längsgang zu den Böden über den Wirtschaftsräumen.

Das konstruktive Baugefüge des Obergeschosses weist auf ein Fachwerk hin, das mit Lehmwänden ausgefacht ist, während die Umfassungswände in massiven Ziegelmauern aufgeführt sind.

Der zweigeschossige hell verputzte Massivbau läßt die Größenordnung des Schwaighofes nicht nur in den Gebäudedimensionen erkennen, sondern betont auch seine Bedeutung durch die rustizierten Ecklisenen und den sechsfach geschweiften Giebel, der mit dem durchgehenden Horizontalgesims dem Dachdreieck eine prägnante Gestalt verleiht.

Bei 161 qm überbauter Fläche ergibt der Umrechnungsfaktor von 0,75 eine Wohnfläche von 121 qm je Vollgeschoß.

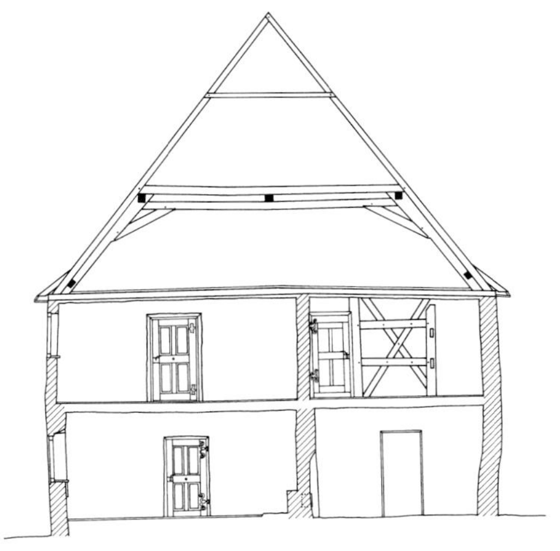

Querschnitt.

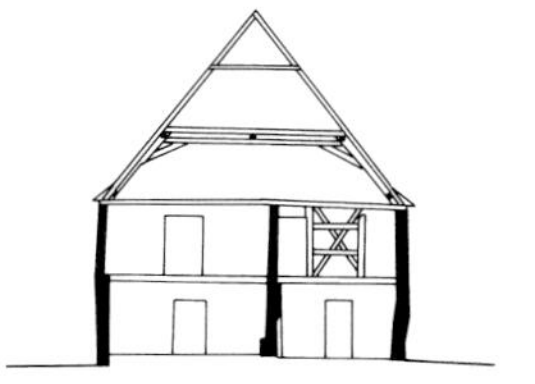

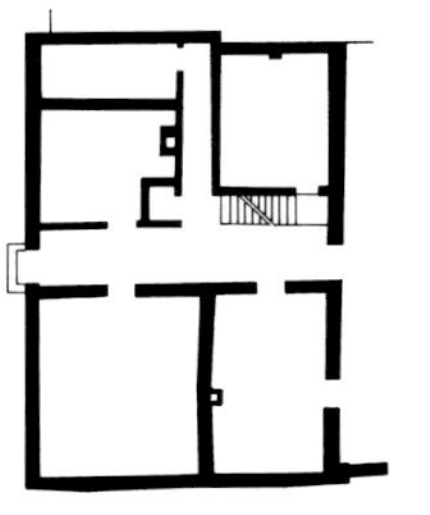

Ort	
Bartlstockschwaige	
Gebäude	
Gebäudeart	Wohnteil eines Wohnstallhaus
Wandkonstruktion	Ziegel/Holzständerbau mit Lehmausfachung
Geschoßzahl	2 + Dach
Geschoßhöhe	2,7 m
Grundfläche (B × L)	161 qm (6,4 × 15,7 + 4,0 × 15,1 m)
Umbauter Raum	
Vollgeschosse	810 cbm
Dachgeschoß	540 cbm
Dach	
Dachart	Satteldach
Dachneigung	52°
Dachdeckung	
Dachüberstand	
Erschließung	
Hauseingang Lage	Traufseite
Flur Lage	Querflur
Grundfläche (B × L)	29,2 qm (2,0 × 9,4 m + 1,1 × 3,8 m + 1,0 × 6,2 m)
Treppe Art	einläufig über Eck
Laufbreite	90 cm
Steigungsverhältnis	18,0/24,0 cm, 37°
Stube	
Lage	Südostecke
Grundfläche (B × L)	32 qm (5,3 × 6,1 m)
Fensterzahl	6
Fensteröffnung (B × H)	90 × 110 cm
Belichtungsfaktor Fensteröffnung: Grundfläche	1 : 5,4
Stubenofen	Hinterlader von Küche
Küche	
Lage	neben Stube
Grundfläche (B × L)	22,0 qm (3,6 × 6,1 m)

Blindheim

Weiherstraße 9 (alte Nr. 96)

Gemeinde Blindheim, Landkreis Dillingen

Wohnteil eines Einfirsthofes
»Zillenbauer« (1832)
Erbaut: Mitte 17. Jahrhundert
Umbau: erste Hälfte des 18. Jahrhunderts
1998: Nutzung als Heimatmuseum

Zur Siedlung

Das eben auf einer Hochterrasse nordöstlich von Höchstädt gelegene Dorf geht auf eine alamannische Gründung zurück. 1156 wurde es erstmals urkundlich als »Blinthaim« genannt. Für das stattliche Dorf sind im Jahr 1560 13 Höfe und 86 Sölden belegt. Eine wichtige Schlacht des Spanischen Erbfolgekrieges fand am 13. August 1704 hier statt, bei der die alliierten österreichischen und englisch-niederländischen Truppen das französisch-bayerische Heer besiegten. 1813 werden 114 Feuerstellen gezählt, 1872 sind es 133, wovon acht Hofgröße besaßen und alle anderen Söldanwesen unterschiedlicher Größe waren.

Zur Hofgeschichte

Bauhistorische Untersuchungen anläßlich einer genauen Bauaufnahme durch den Architekten Dieter Domes ermöglichten die Zuordnung des Anwesens als zum Kloster Kaisheim gehörig, was auch die Angaben aus dem Urkataster aus dem Jahr 1832 bestätigten. Ein Protokollbuch des Pflegamtes Kaisheim nennt 1719 einen Georg Khuenlen als Hofbesitzer. Dessen Nachfolger führten den Hof weiter, bis er über die Heirat der letzten Witwe des Johan Michael Kuehnle 1785 an Johannes Mayrshofer aus Tapfheim ging. Die Inschriften einer in die Mitte des 17. Jahrhunderts zu datierenden Kartusche auf der zuunterst liegenden Putzschicht im Giebelbereich der Südseite mit einer IHS-Ligatur und dem Buchstaben K dokumentieren möglicherweise die Gehörigkeit zum Kloster Kaisheim. Während des 19. Jahrhunderts bewirtschaftete Xaver Maierhofer das Anwesen »beim Zillenbauer«, das er 1814 von seinem Vater Johann Maierhofer übernommen hatte. Das große Anwesen umfaßte 119 Tagwerk zu bewirtschaftende Flächen. Seit 1876 betrieben Johann Kapfer und seine Frau Barbara den Hof, die das Anwesen von ihrer Mutter, der verwitweten Walburga Befringer übernommen hatte. Von der Familie Keller wurde der Hof bis in das Jahr 1975 landwirtschaftlich betrieben und bis 1990 bewohnt. Im gleichen Jahr noch erwarb die Gemeinde Blindheim das Anwesen, das seit 1993 renoviert wurde.

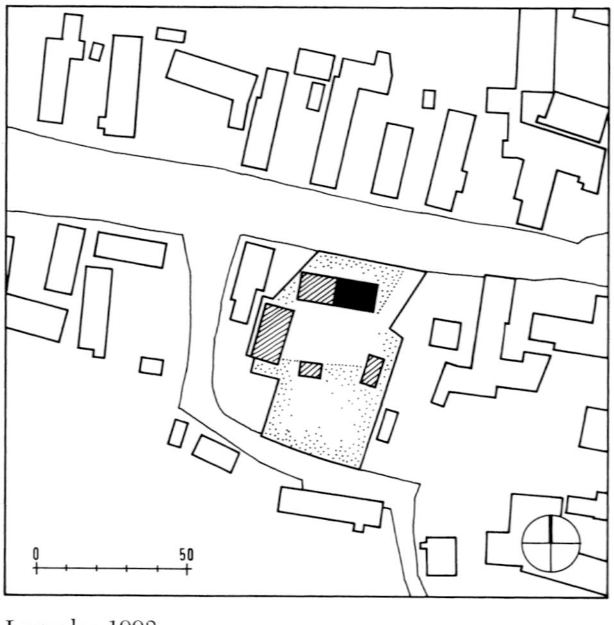

Lageplan 1993.

Bauhistorische Beschreibung

Das einstöckige freistehende Bauernhaus mit einem südlich angefügten Zwerchhaus und Scheunenanbau im Westen ist massiv gemauert und besitzt ein liegendes Dachwerk mit doppelter Biberschwanzdeckung. Über die südliche Hofseite wird das Haus erschlossen, ein durchgesteckter Hausgang ermöglicht den Zugang zu der fünffenstrigen Stube und zur daneben liegenden eingewölbten Küche. Das Bodenniveau der gegenüber befindlichen Speisekammer ist wegen eines darunter liegenden Kellerraumes um 40 cm erhöht. Zwischen Speis und einer weiteren Kammer zweigt der mit Solnhofener Platten belegte Stallgang ab, der ehemals in den Ökonomieteil des Bauernhauses führte. Das Obergeschoß wird vom Hausgang aus durch eine Treppe erschlossen und besitzt einen dem Erdgeschoß fast identischen Grundriß.

Zwei große Bauphasen kennzeichnen das Erscheinungsbild des Hauses. Zwischen den ehemaligen Giebelfenstern – die später vergrößert wurden, hat sich aus der Mitte des 17. Jahrhunderts eine Kartusche mit der Inschrift »Gelobt sei Jesus Christus in Ewigkeit. Amen.«, darunter eine IHS-Ligatur erhalten. Aus dieser frühen Zeit stammen die Gewölbe der Küche, die nördliche Außenwand (also der ursprüngliche Nordgiebel) und die Wände zwischen Stube und Küche.

In einer zweiten Bauphase aus der Zeit nach den Zerstörungen durch den Spanischen Erbfolgekrieg in der Schlacht von Blindheim 1704 wurde das Gebäude zu einem Bauernhaus umgebaut, das nun traufständig zur Straße steht. Aus dieser Zeit haben sich in der vorderen Kammer im Obergeschoß bis heute sämtliche Ausbaudetails (Deckenputz, Bodenbelag, Fenster und Tür) erhalten. Sie dokumentieren zudem, daß es sich beim Besitzer des Hofes um einen ausgesprochen wohlhabenden Bauern gehandelt haben muß.

Spätere Baumaßnahmen führten zu keinen gravierenden Veränderungen. Nur ein Kamin wurde im 19. Jahrhundert eingebaut. Die daran angeschlosse-

Südliche Traufseite mit Zwerchgiebel des 18. Jahrhunderts.

Das Anwesen in renoviertem Zustand 1998.

nen Öfen wurden vom Treppenhaus aus befeuert. Der Erwerb des Gebäudes durch die Gemeinde Blindheim ermöglichte dem historischen Wohnteil eine Weiterexistenz als von der Gemeinde und dem Heimatverein Blindheim getragenes Heimatmuseum. 1993 begannen Sanierung und Restaurierung des Wohnteils. Dem Baukörper des ehemaligen Ökonomieteiles folgend, wurde ein neues Gebäude errichtet, in dem sich seit 1998 das Rathaus der Gemeinde Blindheim befindet.

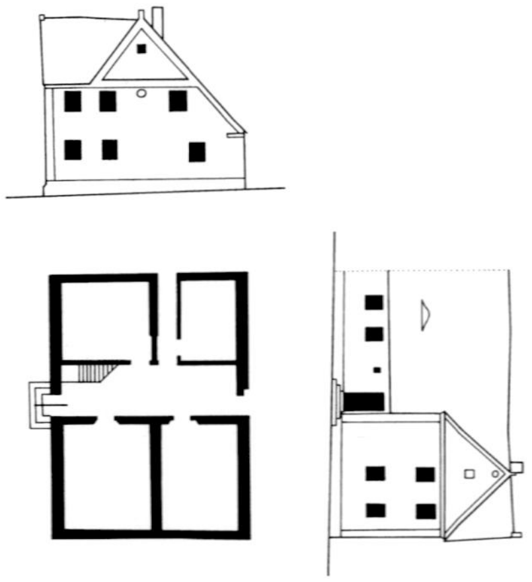

Ort	
Blindheim, Weiherstraße 9	
Gebäude	
Gebäudeart	Wohnteil eines Einfirsthofes
Wandkonstruktion	Mauerwerk verputzt
Geschoßzahl	1 + Dach / 2 + Dach
Geschoßhöhe	2,5 m
Grundfläche (B × L)	134 qm (9,8 × 13,7 m)
Umbauter Raum	
Vollgeschosse	480 cbm
Dachgeschoß	410 cbm
Dach	
Dachart	Satteldach
Dachneigung	50°/45°
Dachdeckung	Biberschwanzziegel
Dachüberstand	
Erschließung	
Hauseingang Lage	Traufseite
Flur Lage	Querflur
Grundfläche (B × L)	27,4 qm (2,6 × 8,7 m + 1,0 × 4,8 m)
Treppe Art	einläufig
Laufbreite	80 cm
Steigungsverhältnis	21,5/19,0 cm, 49°
Stube	
Lage	Südostecke
Grundfläche (B × L)	23,8 qm (4,4 × 5,4 m)
Fensterzahl	4
Fensteröffnung (B × H)	80 × 100 cm
Belichtungsfaktor	
Fensteröffnung: Grundfläche	1 : 7,4
Stubenofen	
Küche	
Lage	neben Stube
Grundfläche (B × L)	20,5 qm (3,8 × 5,4 m)

Gebäudemerkmale für Bauberatung

Die Hofstelle ist von der im Norden vorbeiführenden Dorfstraße aus erschlossen. Die Einfahrt erfolgt im Osten des Grundstücks am Giebel vorbei in den Hofraum, von dem aus wiederum das Gebäude an seiner südlichen Traufseite betreten wird. Der Wohnteil des ehemaligen Bauernhauses steht damit in seinem derzeitigen Bauzustand mit dem ostwestgerichteten First parallel zur Straße. Der Rechteckkörper, der in der Bauaufnahme gezeigt wird, ist 9,8 m breit und 13,7 m lang. Er trägt ein 50° steiles Satteldach über dem erdgeschossigen Teil, an dessen Südostecke ein Zwechgiebel über der Stube aufgerichtet wurde, dessen quer zum Hauptbaukörper ausgebildetes Satteldach nur 45° geneigt ist.

Der verputzte Massivbau ist durch Ecklisenen und profilierte Gesimse sowie gleiche Fenstermaße des Erdgeschosses und des Zwerchhauses zu einem gegliederten Gesamtbauwerk auf der Detailebene zusammengefaßt.

Der durchgehende Querflur wird von der südlichen Traufseite über die Haustüre betreten, erhält aber auch auf der nördlichen Traufseite einen zusätzlichen Ausgang. Ein kleines hochliegendes Fenster belichtet den Flur, der seitlich nach einem Antritt die einläufige Treppe zum Dach bzw. zum Obergeschoß aufnimmt.

Die Stube und die über ihr im Zwerchhaus eingerichtete Kammer sind an der Südostecke angeordnet, von der aus die Hofzufahrt überwacht werden kann. Die großzügige Belichtung von drei Fenstern der südlichen Traufseite (ein Fenster in der Zwischenzeit wieder geschlossen) und zwei Fenstern am Ostgiebel weist auf die besondere Bedeutung der Stube als zentralen Aufenthaltsraum des Bauernhauses hin. Trotz der rechteckigen Grundrißanordnung von 4,4 × 5,4 m sind hier die Fensterachsen auf die Außenecken im Südosten mit gleichen Abmessungen so zugeordnet, daß eine Diagonalsymmetrie zur Außenecke hin sichtbar wird. Die Trennwand zu der nach Norden anschließenden gewölbten Küche setzt sich neben einem Stallgang jenseits des Flurs in der gleichen Flucht fort. Damit liegt die Grundrißorganisation des Querflurhauses mit durchgehender Längswand vor.

Der verputzte Massivbau stellt ein Beispiel für die Wohnteilerweiterung durch einen Zwerchgiebel dar, wie er auch in Mittelfranken z. B. Offenhausen, Lkr. Nürnberger Land (Band 1, S. 246) oder in Großgründlach, Stadt Nürnberg (Band 1, S. 267) anzutreffen ist. Die Erweiterung der Wohnflächen durch einseitige Aufstockung findet sich schon in den Bauakten der Stadt Nürnberg aus dem 16. Jahrhundert und ebenso in den Frackdachhäusern Oberfrankens oder den Staudenhäusern Schwabens.

Bei einer überbauten Fläche von 134 qm ergibt der Umrechnungsfaktor von 0,75 eine Nutzfläche von ca. 101 qm im Erdgeschoß.

Ansicht von Osten.

Ansicht von Süden.

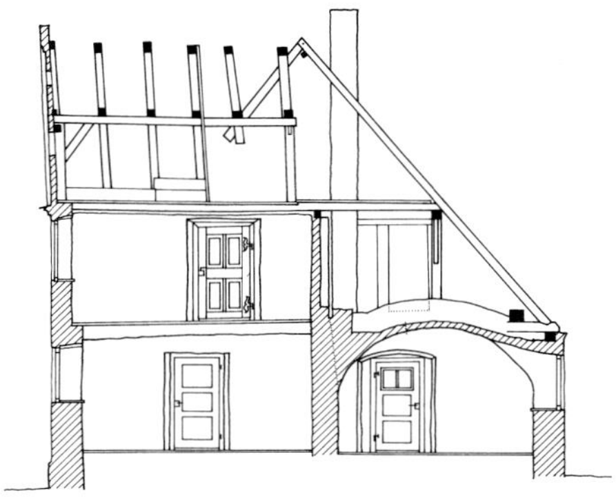

Querschnitt durch Stube und Küche.

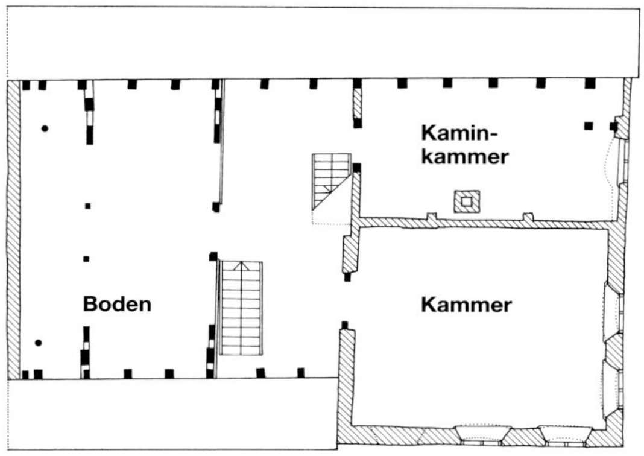

Dachgeschoß.

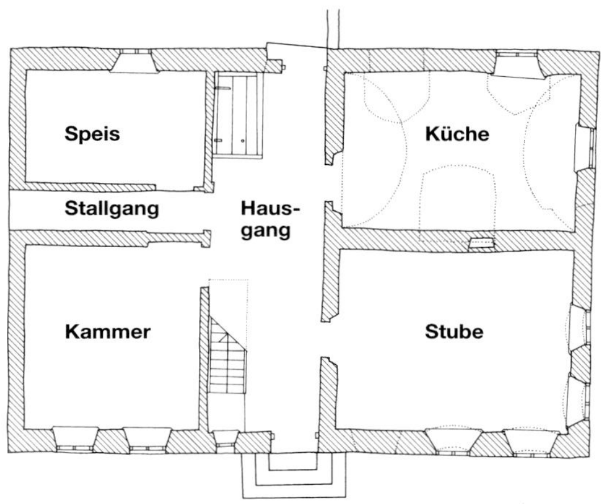

Erdgeschoß.

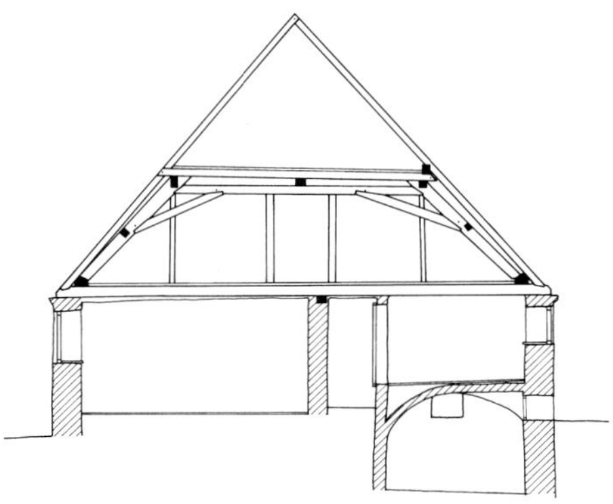

Querschnitt durch Kammer und Speis.

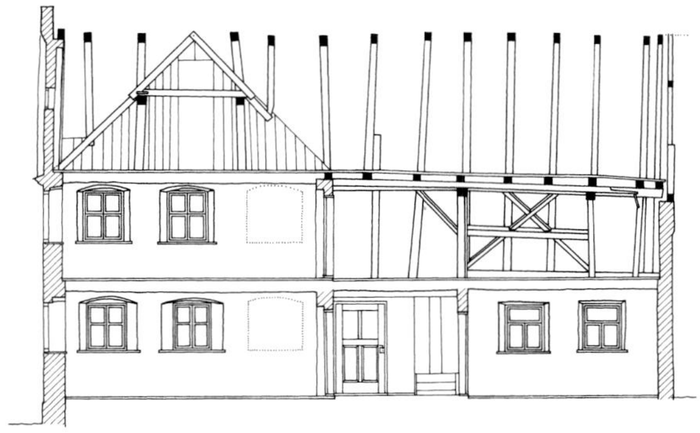

Längsschnitt.

Oberringingen

Nr. 11

Gemeinde Bissingen, Landkreis Dillingen

Wohnteil eines Einfirsthofes
»Ganze Sölde, Hufhanns« (1809)
Erbaut: um 1800
Abbruch: um 1980

Zur Siedlung

Im oberen Teil des Kesseltals, nordwestlich von Bissingen liegt das Dorf Oberringingen über dem Fohlenbach, einem Zufluß zur Kessel. Der Ort ist möglicherweise als Ausbausiedlung von Unterringingen entstanden und wurde im Jahr 1262 erstmals als »superior villa Ringingen« erwähnt. Kirchlich gehörte das Dorf zu Unterringingen, seit der Reformation jedoch war es entsprechend der herrschaftlichen Besitzverhältnisse konfessionell gespalten. Zur Zeit der Erstellung des Urkatasters im Jahr 1835 bestand der Ort aus insgesamt 38 Anwesen, von denen der Großteil (21) Söldanwesen mit einer Bewirtschaftungsfläche zwischen 3 und 35 Tagwerk waren. Dazu kam die Anzahl von elf Gnadenhäusern, in denen Taglöhner und Handwerker lebten.

Zur Hofgeschichte

Die ganze Sölde zum »Hufhanns« war seit dem Jahr 1809 im Besitz des Johann Jörg, der sie nach dem Tod seiner Mutter Anna Maria Jörg um 900 Gulden kaufte. Noch im Jahr 1834 war der Blutzehnt zu zwei Dritteln an das Rentamt Bissingen und zu einem Drittel an die Pfarrei Unterringingen zu entrichten, so »von allen Gattungen Geflügel und junge Schweine, sowie für jedes geboren Fohlen, Lamm, Kalb oder Kitz ein Anteil zwischen 1 und 2 Pfennigen«. Die Größe der zu bewirtschaftenden Fläche betrug 13½ Tagwerk. 1855 übernahm der Sohn, Johann Jörg jun. den Hof. 1881 ging das neben der Sölde liegende Gnadenhaus mit der Nr. 11 b, in dem ein Maurer lebte, auf Johann Jörg über. Bis ins Jahr 1885 kaufte er stetig Flächen zu, so daß der Hof schließlich eine Größe von 19 Tagwerk erreichte und er die Sölde gegen ein größeres Wohnhaus im Dorf eintauschte. Haus und Hofraum erwarben sodann im Jahr 1892 Matthäus und Sophia Link, zusammen mit einer Fläche von 10 Tagwerk Grund. Mit dieser Größe übergaben sie 1906 den Hof an Andreas und Katharina Link. Infolge mehrerer kleiner Zukäufe erweiterte sich der Besitz auf 12,8 Tagwerk im Jahr 1915. Zur Zeit der Maßaufnahme der Sölde in den 1950er Jahren befand sich der Hof im Besitz des Andreas Link jun. Um 1960 wurde die Landwirtschaft aufgegeben. Die ehemalige Hofstelle befindet sich heute im Besitz der Enkelin des letzten Landwirts, Andreas Link.

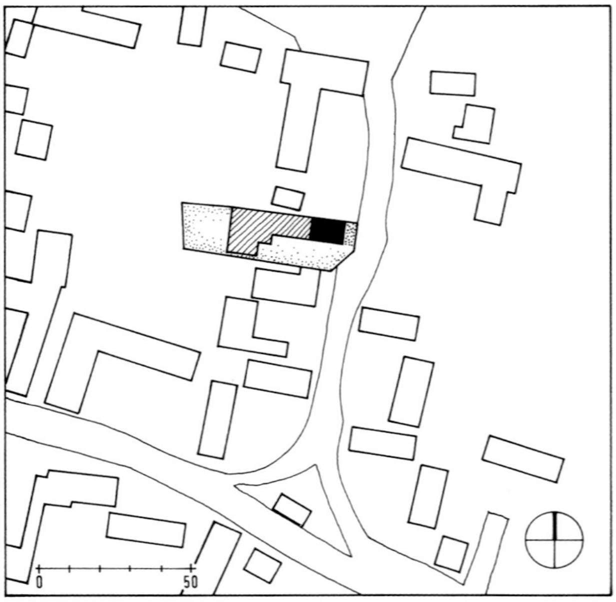

Lageplan 1975.

Bauhistorische Beschreibung

Das zur Zeit der Bauaufnahme noch strohgedeckte Wohnhaus der Sölde lag giebelseitig zur Dorfstraße und war von Süden her traufseitig begehbar. Der durchgesteckte Hausgang erschloß nach Osten eine vierfenstrige Stube und die von Osten und Norden beleuchtete Küche. Auf der anderen Seite lagen nach hinten eine Kammer, die einen Zugang zum Stall besaß, und eine vordere Schlafkammer, von der aus der darunter liegende Kellerraum erreichbar war. Die Unterkellerung der Schlafkammer führte zu einem kleinen Sockel, auf dem das gemauerte eingädige Haus stand, so daß vier Stufen das Niveau vom Hofraum zum Bodenniveau des Erdgeschosses ausglichen. Das Dachgeschoß wurde über eine Treppe erschlossen, die direkt neben der Haustür vom Hausgang nach oben führte. Dort war eine zusätzliche Kammer eingebaut worden. Wie auch bei dem Haus Thalheim Nr. 8 (S. 178) waren die Fensterachsen des Giebels nicht symmetrisch angeordnet. Der Stubenstock separierte sich deutlich von der Küche. Das Giebelfeld war an den hervorstehenden Pfettenköpfen als Holzkonstruktion erkennbar, allerdings wurde es überputzt. Während der Wohnteil sich fast unverändert bis in die Mitte des 20. Jahrhunderts erhalten hatte, war der Wirtschaftsteil im ausgehenden 19. Jahrhundert erhöht und erweitert worden. Um 1980 wurde das historische Anwesen abgebrochen und ein neues Wohnhaus errichtet.

Ansicht von Süden.

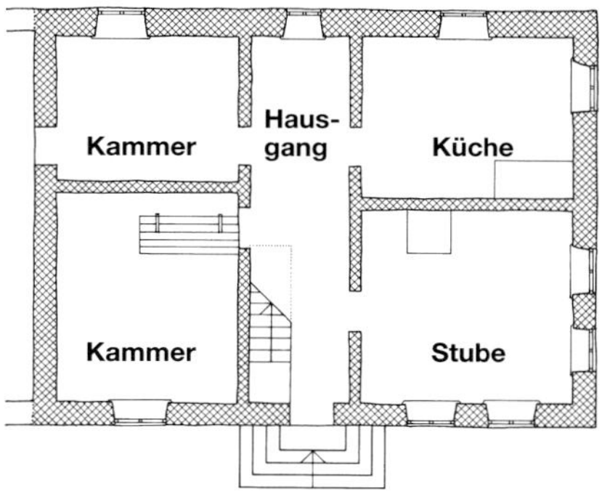

Erdgeschoß.

Ansicht von Osten.

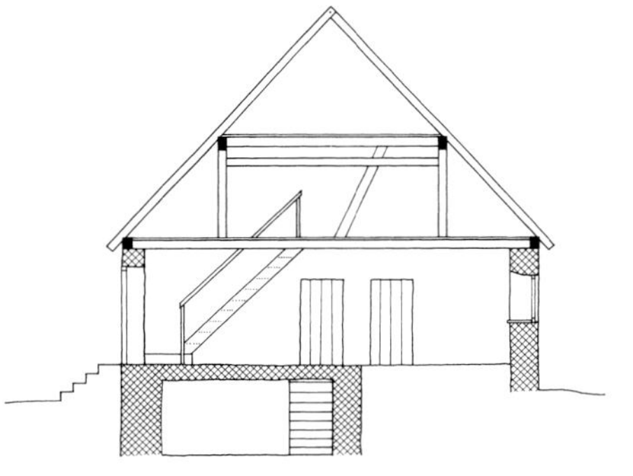

Querschnitt.

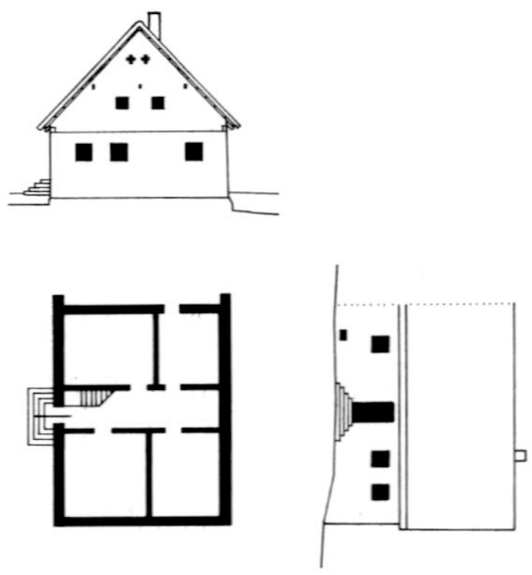

Ort	
Oberringingen, Nr. 11	
Gebäude	
Gebäudeart	Wohnteil eines Einfirsthofes
Wandkonstruktion	Ziegel
Geschoßzahl	1 + Dach
Geschoßhöhe	2,5 m
Grundfläche (B × L)	81 qm (7,9 × 10,3 m)
Umbauter Raum	
Vollgeschosse	260 cbm
Dachgeschoß	170 cbm
Dach	
Dachart	Satteldach
Dachneigung	47°
Dachdeckung	
Dachüberstand	30 cm Giebelseite
Erschließung	
Hauseingang Lage	Traufseite
Flur Lage	Querflur
Grundfläche (B × L)	12,4 qm (1,8 × 3,9 m)
Treppe Art	einläufig über Eck
Laufbreite	70 cm
Steigungsverhältnis	
Stube	
Lage	Südostecke
Grundfläche (B × L)	14,4 qm (3,7 × 3,9 m)
Fensterzahl	4
Fensteröffnung (B × H)	80 × 90 cm
Belichtungsfaktor Fensteröffnung: Grundfläche	1 : 5,0
Stubenofen	Hinterlader
Küche	
Lage	neben Stube
Grundfläche (B × L)	11,7 qm (3,0 × 3,9 m)

Gebäudemerkmale für Bauberatung

Die langgestreckte Hofstelle wird von der östlichen Schmalseite her erschlossen. Sie ist in ein rechtwinklig abgestecktes Straßengeviert eingefügt, dessen rationelle Grundstücksnutzung durch grenzständig angeordnete Wohnstallhäuser auf den Nachbargrundstücken einen gezielten Ausbauvorgang erkennen lassen, der auch in der vorausgehenden Siedlungsgeschichte erwähnt wird.

Der Rechteckbaukörper von 7,9 m Breite und 10,3 m Länge ist mit dem Ostgiebel auf die etwas tiefer liegende Straße ausgerichtet.

Bei der Dachkonstruktion verdient die sichtbare Strohdeckung besonderes Interesse. Wie schon in dem Werk »Das Bauernhaus in Bayrisch Schwaben«, München 1960, von Götzger und Prechter erwähnt, hatte sich im Abseits der Verkehrsströme liegenden Kesseltal eine Reihe von strohgedeckten Bauten, Wohnstallhäusern und Scheunen bis in die zweite Hälfte des 20. Jahrhunderts erhalten, so auch das Beispiel Oberringingen, Nr. 11. Bei dem 47° geneigten strohgedeckten Satteldach trägt der stehende Stuhl die Hauptlast, die Firstpfette fehlt, wie der Querschnitt erkennen läßt.

Das Haus wird von der südlichen Traufseite her über eine vorgelegte Außentreppe betreten. Der durchgehende Hausflur nimmt seitlich nach einem Antrittspodest die einläufige Treppe in das Dachgeschoß auf, in dem an der Ostseite eine Kammer ausgebaut ist.

Der Stube bleibt die bevorzugte Südostecke vorbehalten. Der mit 3,7 × 3,9 m Seitenlänge nahezu quadratische Raum wird über Eck von je zwei Fensterpaaren belichtet, deren Abmessungen und Wandabstände zur Außenecke ähnlich durchgebildet sind und somit eine Diagonalsymmetrie ergeben. Diese Hervorhebung der Stube zeigt, wie man in einer vom ständigen Wandel der Naturkräfte bestimmten Lebens- und Arbeitswelt der Landwirte auch bei einfacher Baukultur, wie sie hier in dem kleinen Söldenanwesen vorliegt, dennoch in der Stube mit der Außenecke und dem Herrgottswinkel eine über das einzelne Haus hinausgehende Ordnungsvorstellung verwirklicht.

Die Außenansicht zeigt in der Giebelseite des Erdgeschosses eine asymmetrische Verteilung des Fensterpaares der Stube gegenüber dem Einzelfenster der daneben liegenden Küche, ein Beispiel des Bauens von innen nach außen, wie es bis in die Mitte des vorigen Jahrhunderts im ländlichen Raum vorherrschend war.

Bei 81 qm überbauter Fläche ergibt der Umrechnungsfaktor von 0,75 eine Wohnfläche von ca. 61 qm.

Pfaffenhofen an der Zusam

St.-Martin-Straße 22

Gemeinde Buttenwiesen, Landkreis Dillingen

Wohnhaus eines Bauernhofs mit Gastwirtschaft »Kittelwirth« (1834)
1726/27: Erbaut (d)
Seit 1994: Instandsetzung

Zur Siedlung

Das große Dorf Pfaffenhofen bestand um 1800 aus 95 Anwesen, die mit Ausnahme von acht Anwesen, die der Deutschorden-Kommende Donauwörth unterstanden, alle grundherrschaftlich nach dem Damenstift von St. Stephan in Augsburg verpflichtet waren. Nur die Pfarrkirche, das Pfarrhaus, eine Kapelle und ein Hirtenhaus waren Eigentum der Pfarrei Pfaffenhofen.
Von den 94 Anwesen im Jahr 1835 bildeten die 68 Sölden die größte Gruppe. Dazu kamen sozial noch tiefer liegend elf Gnadenhäuser. Die sieben Höfe, worunter ein Meierhof und ein Widumhof waren, gehörten zu den begüterten und ökonomisch unabhängigen Anwesen.

Zur Hofgeschichte

Das ehemalige Gasthaus zum »Kittelwirt«, erbaut zu Beginn des 18. Jahrhunderts, ist im Dorfverband direkt gegenüber der Kirche gelegen. Zum hier beschriebenen Wohnhaus gehört zudem ein auf der Nordseite gelegenes quergelagertes Stall-Stadelgebäude, das ebenfalls dendrochronologisch in das frühe 18. Jahrhundert zu datieren ist. Ein erster großer Umbau um 1842 fand unter Johann von Höchst statt, der, als Metzgerssohn aus Tapfheim kommend, 1834 die aus dem Landgericht Bregenz stammende Maria Anna Sauter heiratete. Ihr hatte die verwitwete Kittelwirtin Genoveva Gumpp, die sie

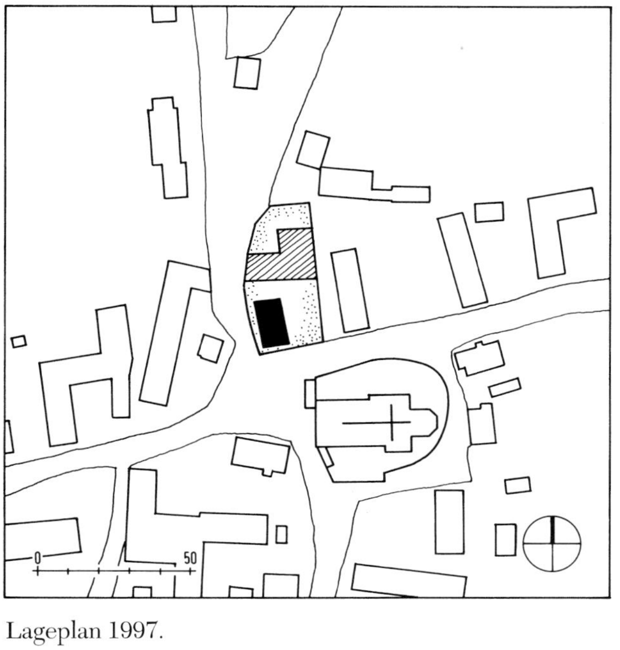

Lageplan 1997.

Giebelfassade mit massivem Ortgang von Süden.

an Kindesstatt annahm, die Wirtschaft samt den Gebäuden, den Flächen, der Bäckerei-, Branntweinbrennerei- und Metzgersgerechtigkeit und großen Teilen des Inventars übergeben. Ein ausführlicher Übergabevertrag legte zudem den Austrag der Genoveva Gumpp fest. Zum Zeitpunkt der Übergabe gehörten zum Kittelwirt gut 11 Tagwerk landwirtschaftlicher Flächen. Bis zur Übergabe an Maria Annas Sohn Alois Höchst im Jahr 1873 vergrößerte man sich auf fast 26 Tagwerk. 1898 mit der Eheschließung der Maria Höchst mit Johann Arker belief sich der Grundbesitz auf fast 30 Tagwerk. Die Eheleute bauten die Gastwirtschaft um und ließen sie neu verputzen und farbig fassen. Schon 1901 jedoch wurde das gesamte Anwesen verkauft. Bis 1907 wechselten fast jährlich die Besitzer, bis 1907 Konrad und Anna Schlicker die Wirtschaft kauften. 1937 übergaben sie ihren Betrieb an den Sohn Edmund Schlicker, der ihn bis zu seinem Tod im Jahr 1986 weiterführte. Der letzte Bewohner des Hauses, Josef Pirner, der als Knecht beim »Kittelwirth« gearbeitet hatte, starb 1991. Unter dem neuen Besitzer des Hauses, Ralph Pöllath, wird das Gebäude seit 1994 instand gesetzt.

Bauhistorische Beschreibung

Im frühen 18. Jahrhundert wurde das Anwesen Nr. 7 in Pfaffenhofen als sekundärer Fachwerkbau erbaut. Dendrochronologische Untersuchungen des zweigeschossigen Kehlbalkendaches ergaben das Jahr 1726 als Fälldatum. Von einem Vorgängerbau haben sich die Kellerräume erhalten, die ins 16. Jahrhundert verweisen. Eine vom Besitzer aufgefundene Materialgrube enthielt neben Tierknochen auch Keramik, die ebenfalls in das 16. und 17. Jahrhundert datiert werden konnte. Das Wohnhaus ist giebelseitig zur Straße gelegen und wird traufseitig von Osten mittig durch einen ehemals durchgesteckten Querflur erschlossen. In der Zeit um 1760/80 kam es zu Umbauten. Die Nordwand wurde erneuert und massiv aufgemauert. Es entstand im Erdgeschoß ein Backofengewölbe, im Obergeschoß wurden an die Nordwand Sparbögen eingebaut. Noch vor dem Jahr 1842 (einer mit den Initialen IvH [Johann von Höchst] in

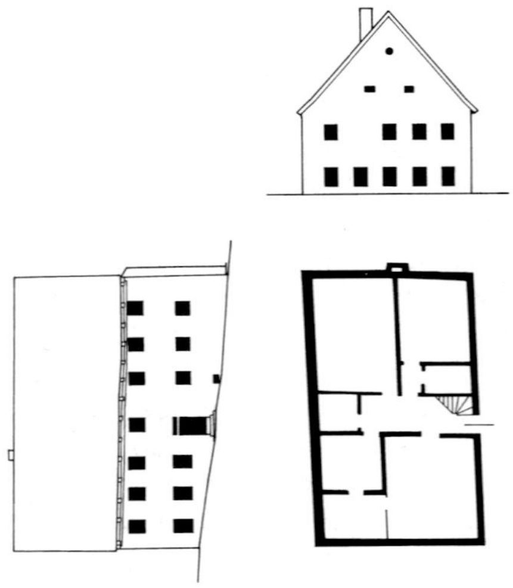

Ort	
Pfaffenhofen a. d. Zusam, Kirchenstraße 22	
Gebäude	
Gebäudeart	Wohnhaus mit Gastwirtschaft
Wandkonstruktion	Ziegel, Fachwerk teils mit Lehmausfachung
Geschoßzahl	2 + Dach
Geschoßhöhe	2,5 m
Grundfläche (B × L)	148 qm (9,4 × 15,7 m)
Umbauter Raum	
Vollgeschosse	840 cbm
Dachgeschoß	440 cbm
Dach	
Dachart	Satteldach
Dachneigung	50°
Dachdeckung	Biberschwanzziegel
Dachüberstand	
Erschließung	
Hauseingang Lage	Traufseite
Flur Lage	Querflur
Grundfläche (B × L)	12,8 qm (2,1 × 6,1 m)
Treppe Art	einläufig über Eck gewendelt
Laufbreite	90 cm
Steigungsverhältnis	17,5/25,0 cm, 35°
Stube	
Lage	Südostecke
Grundfläche (B × L)	28,4 qm (4,9 × 5,8 m)
Fensterzahl	6
Fensteröffnung (B × H)	80 × 110 cm
Belichtungsfaktor Fensteröffnung: Grundfläche	1 : 5,4
Stubenofen	Hinterlader von Küche
Küche	
Lage	neben Stube
Grundfläche (B × L)	10,6 qm (3,2 × 3,3 m)

die Rahmenverkleidung der Haustüre eingestemmten Jahreszahl) wurden offenbar die Fachwerkfassaden der Seitenwände im Obergeschoß durch Ziegelmauerwerk ersetzt. Obwohl Putzteile zu diesem Zeitpunkt und im Jahr 1898 an allen Seiten ergänzt und erneuert wurden, sind an der Ostfassade noch Reste der originalen Bemalung mit farbigen Fensterfaschen in Rot, Ocker und Schwarz sowie Teile farbiger Eckpilaster auf glattem Kalkmörtelputz erhalten. Um 1900 wurde die nach Süden gelegene Küche verändert und im Nordosten ein neuer Kamin erbaut. 1930/40 schließlich wurde in der Küche ein neuer Kamin aufgezogen.

Gebäudemerkmale für Bauberatung

Das Anwesen bildet mit dem Wohnhaus im Westen und der Stallscheune im Norden einen sich nach Süden zur Straße hin öffnenden Hofraum aus. Die im Dorf Pfaffenhofen häufig anzutreffende grenzständige Bauweise findet sich auch hier an den Giebelseiten der die ganze Grundstücksbreite einnehmenden Stallscheune.

Der zweigeschossige Rechteckbaukörper des Wohnhauses, in dem auch eine Gastwirtschaft betrieben wurde, ist 9,4 m breit und 15,7 m lang. Er wird von einem knapp aufsitzenden 50° steilen Satteldach mit gemauertem Ortgang abgeschlossen.

Der Zugang erfolgt über den Hofraum an der Mitte der östlichen Traufseite und führt in einen Querflur, der seitlich die viertelgewendelte einläufige Treppe zum Obergeschoß hin aufnimmt.

Links betritt man die große Stube von 4,9 × 5,8 m Seitenlänge. Sie ist an der Südwestseite von je drei Fenstern über Eck belichtet und enthält bis heute die darunter hinlaufende Eckbank. Ein Nebenzimmer an der Südwestecke und die Küche, von der aus der Stubenofen beheizt wurde, schließen seitlich an. Auf der gegenüberliegenden Flurseite gelangt man in weitere Wirtschaftsräume und eine Kammer.

Das Obergeschoß läßt eine klare Raumdisposition deutlich erkennen. Der ursprünglich durchgesteckte Flur erschließt zu beiden Seiten Kammern, die unterschiedlichen Nutzungen, auch als Tanzboden, dienten.

Das Obergeschoß ist teilweise in Fachwerk konstruiert, dessen Zwischenwände mit Lehm ausgefacht wurden, während die Umfassungswände mit Ziegelmauerwerk massiv aufgeführt und verputzt sind.

In der Hausgestaltung ist auf den Unterschied zwischen den durchgehenden Fensterachsen der südlichen Giebelseite (Blick zur Straße) und der östlichen Traufseite mit dem Hauseingang hinzuweisen, die sich deutlich als Repräsentationsseiten von der westlichen Traufseite und dem Nordgiebel abheben.

Bei 148 qm Grundfläche ergibt der Umrechnungsfaktor 0,75 eine Nutzfläche von ca. 111 qm in jedem Vollgeschoß.

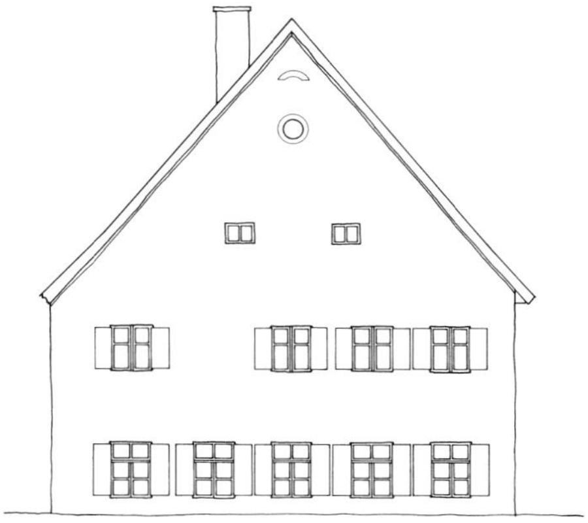

Ansicht von Süden.

Ansicht von Osten.

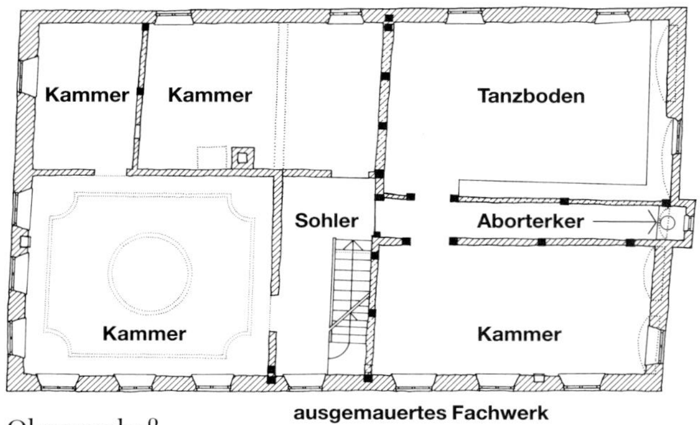

Obergeschoß.

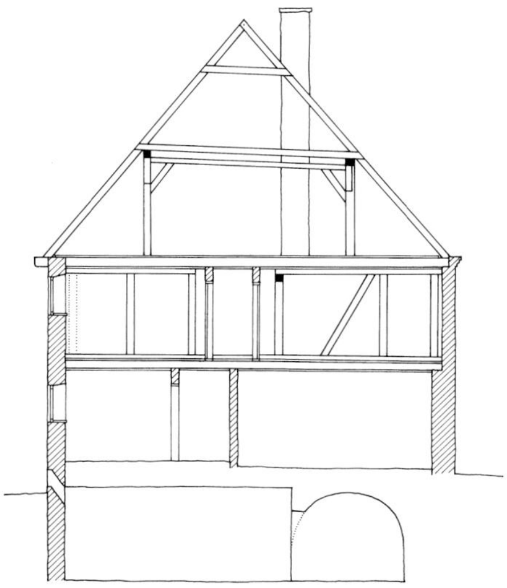

Querschnitt.

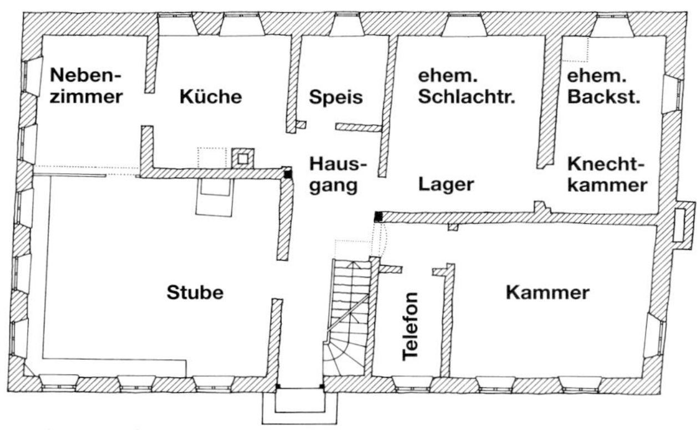

Erdgeschoß.

Ansicht von Norden.

Ansicht von Westen.

Thalheim

Thalheim Nr. 8

Gemeinde Bissingen, Landkreis Dillingen

Wohnteil eines Einfirsthofes mit angebautem Backofen
Sölde »beim Schuster« (1835)
Erbaut: 18. Jahrhundert
1966: Abbruch

Zur Siedlung

Am Hang eines kleinen Seitentales der Kessel, nordwestlich von Bissingen, liegt die Siedlung Thalheim. Im 16. Jahrhundert gehörte sie großteils nach der Herrschaft Hohenburg-Bissingen, deren Besitz in Thalheim den Maierhof, vier Höfe, ein Hirtenhaus, die Badstube, zwei Lehen und 13 Sölden umfaßte. Da die Herrschaft auch nach der Reformation katholisch blieb, löste sich der Ort 1556 von der evangelisch gewordenen Pfarrei Unterringingen und kam zur katholischen Pfarrei Fronhofen. 1813 bestand Thalheim aus insgesamt 27 Anwesen. Für das Ortsbild prägend war die traufseitige Lage der Anwesen, die sich an das Haus Nr. 8 entlang der von Norden nach Süden führenden Dorfstraße anschlossen.

Zur Hofgeschichte

Die Geschichte der Schustersölde in Thalheim läßt sich anhand der Steuerkataster bis ins frühe 19. Jahrhundert zurückverfolgen. 1813 übergab Alois Kraus (später Knaus geschrieben) die ganze Sölde zusammen mit den Grundstücken im Wert von 909 fl an seinen Sohn Joseph, wobei die Steuerabgaben für die einzelnen Grundstücke nach Bissingen, Höchstädt, zur Pfarrei Fronhofen und zur Pfarrei Unterringingen zu leisten waren. Die von Alois und später Joseph Kraus erworbenen Grundstücke ergaben im Jahr 1835 eine Hofgröße von knapp 12 Tagwerk.

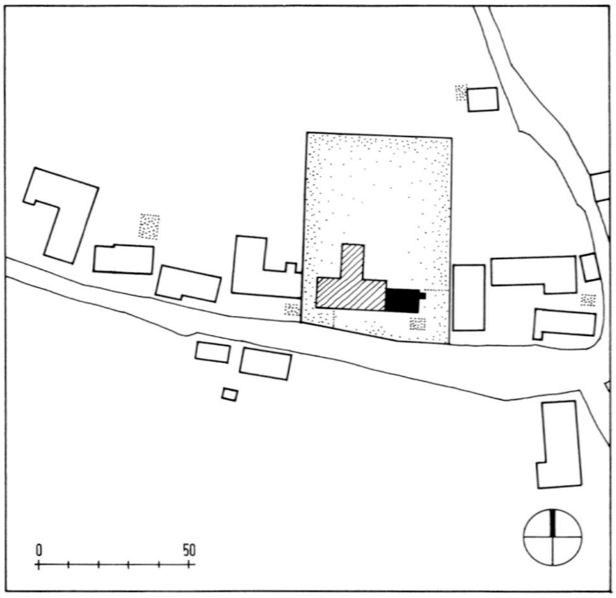

Lageplan um 1960.

1855 übergab Joseph 13,44 Tagwerk an seinen Sohn Benedikt. Auch dieser investierte in Wirtschaftsflächen, so daß das Anwesen im Jahr 1882 mit 22 Tagwerk eine für die Gegend des Kesseltals mittlere Hofgröße erreicht hatte. Von dieser ökonomischen Verbesserung künden auch die Umbauten. So wurde 1878 im Obstgarten nahe dem Haus ein Brunnen gegraben, der über eine Pumpe und ein unterirdisch verlegtes bleiernes Wasserrohr das Haus mit Wasser versorgen konnte. Bis zur Mitte des 20. Jahrhunderts befand sich das Anwesen im Besitz der Familie Knaus. Unter einem neuen Besitzer wurden Wohnhaus und Ökonomie im Jahr 1966 abgebrochen.

Bauhistorische Beschreibung

Die Thalheimer Schustersölde wurde traufseitig von der Südseite erschlossen. Ein durchgesteckter Hausgang teilte den Wohnteil symmetrisch in Küche und Stube auf der südlichen und in zwei Kammern auf der nördlichen Seite. Das Dachgeschoß erreichte man über eine Stiege, die im vorderen Teil des Hausgangs nach oben führte. Die hintere Kammer war teilunterkellert und hatte einen direkten Zugang zum Stalltrakt. 1876 war der an den Stall anschließende Ökonomieteil vergrößert worden. Die Umfassungen wurden in Bruchstein aufgemauert, das Dach mit Ziegelplatten gedeckt, zur Straßenseite wurde zudem eine Holzlege angebaut. Zu einer weiteren Vergrößerung kam es 1903, als der direkt an den Wohnteil angrenzende Stall durch einen breiteren und höheren ersetzt wurde. Das Wohnhaus dagegen blieb eingädig, und das steile, strohgedeckte Sparrendach mit Aufschiebling bestand weiter. Abweichend vom Idealtypus des Kesseltaler Strohdachhauses ist die Stube nicht vierfenstrig angelegt, sondern besitzt auf der Traufseite die gewohnten zwei, auf der nach Süden gelegenen Giebelseite nur ein Fenster. Die Küche erhielt Licht durch ein Fenster auf der Ostseite, da sie zur Giebelseite um einen Backofen erweitert worden war, der von der Küche aus zu heizen und zu beschicken war. Im Giebel ist das Fachwerk nicht überputzt, sondern im 19. Jahrhundert mit Kalk überschlämmt worden, so daß sich an den giebelseitig freiliegenden Ständern und Streben von außen die Dachkonstruktion erkennen ließ. In diesem Zustand blieb das Haus bis zum Abbruch erhalten.

Wohnteil mit gemauertem Erdgeschoß und Backofenanbau. Im Dachdreieck ist das mit Kalk geschlämmte Giebelfachwerk zu erkennen.

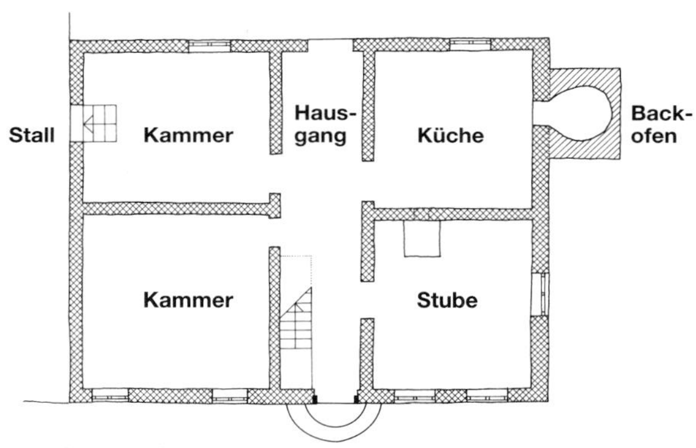

Erdgeschoß.

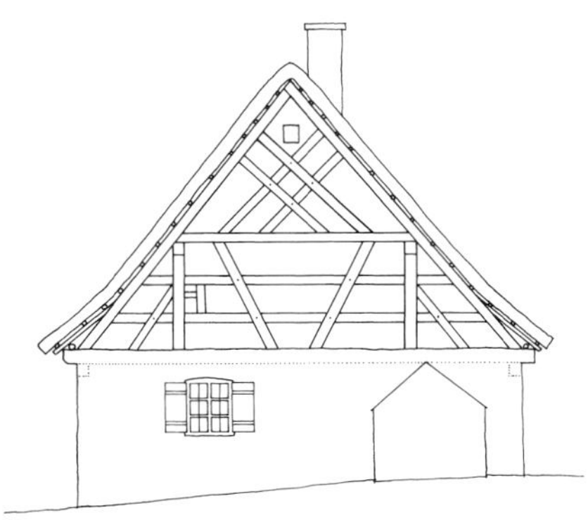

Ansicht von Osten.

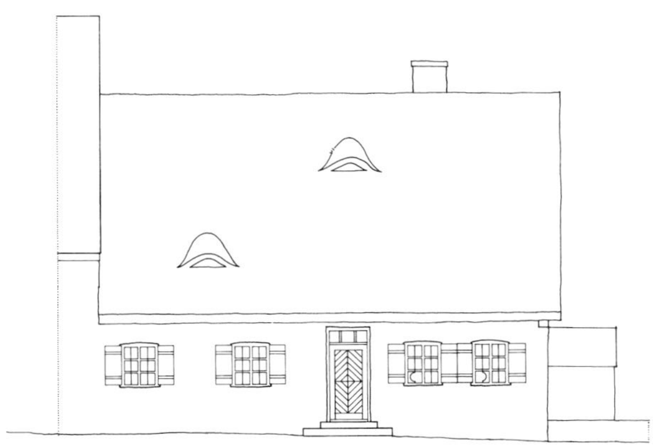

Ansicht von Süden.

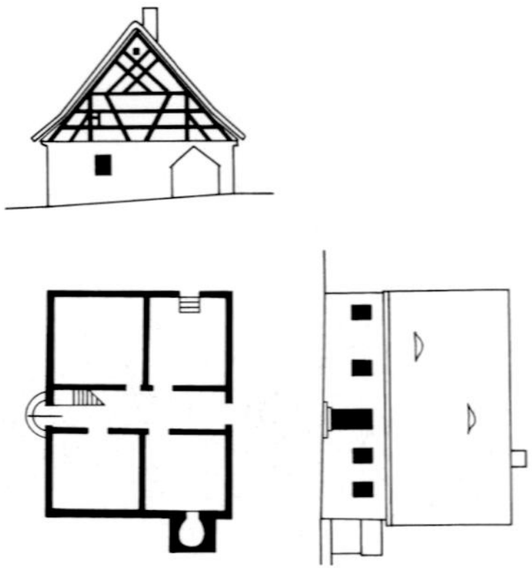

Ort	
Thalheim, Nr. 8	
Gebäude	
Gebäudeart	Wohnhaus
Wandkonstruktion	Bruchstein/Fachwerk
Geschoßzahl	1 + Dach
Geschoßhöhe	2,7 m
Grundfläche (B × L)	93 qm (8,4 × 10,7 + 1,6 × 2,1 m)
Umbauter Raum	
Vollgeschosse	240 cbm
Dachgeschoß	250 cbm
Dach	
Dachart	Satteldach
Dachneigung	52°
Dachdeckung	Stroh
Dachüberstand	30 cm Giebelseite
Erschließung	
Hauseingang Lage	Traufseite
Flur Lage	Querflur
Grundfläche (B × L)	13,3 qm (1,7 × 7,8 m)
Treppe Art	einläufig über Eck
Laufbreite	70 cm
Steigungsverhältnis	
Stube	
Lage	Südostecke
Grundfläche (B × L)	14,0 qm (3,6 × 3,9 m)
Fensterzahl	3
Fensteröffnung (B × H)	90 × 110 cm
Belichtungsfaktor Fensteröffnung: Grundfläche	1 : 4,7
Stubenofen	Hinterlader von Küche
Küche	
Lage	neben Stube
Grundfläche (B × L)	12,6 qm (3,5 × 3,6 m)

Gebäudemerkmale für Bauberatung

Das kleine Anwesen wird von der südlich vorbeiführenden Ortsstraße her erschlossen. Es steht wie seine Nachbarn mit der südlichen Traufseite parallel zur Straße, an der auch der Hausgang des hier gezeigten Wohnteiles liegt. In dem ostwestgerichteten Einhof folgen nach Westen Stall und Scheunenteil, die einen späteren Bauzustand zeigen als der im 18. Jahrhundert errichtete Wohnteil.

Der Rechteckbaukörper von 8,4 m Breite und 10,7 m Länge trägt ein 52° steiles Satteldach, dessen Ostgiebel im Fachwerk auch den Knick der Aufschieblinge und damit die Konstruktion eines Sparrendaches mit stehendem Stuhl erkennen lässt.

Die Haustüre an der südlichen Traufseite führt in einen durchgehenden Querflur mit seitlich angetretener einläufiger Treppe in das Dachgeschoß. Die Grundrißorganisation entspricht dem übersichtlichen Typus eines Wohnhauses mit Querflur in der Mitte der Längsseite und zwei seitlichen ähnlich großen Raumzonen, die von einer nur durch den Flur unterbrochenen durchgehenden Längswand in je zwei Räume geteilt sind.

Die Stube von 3,6 × 3,9 m Seitenlänge liegt in der Südostecke und ist von einem Fensterpaar der südlichen Traufseite und einem Fenster in der Giebelseite belichtet. Der Stubenofen wird als Hinterlader von der seitlich anschließenden Küche aus beheizt. Am Ostgiebel wurde ein Backofen an die Küche angebaut, dessen kleiner Baukörper (1,6 × 2,1 m) mit einem Satteldach abgeschlossen ist.

Das bis zum Abbruch mit einem Strohdach gedeckte Haus stellte ein wichtiges Zeugnis früheren Bauens im nördlichen Schwaben dar, das sich in dem abgelegenem Kesseltal bis zur Mitte des 20. Jahrhunderts erhalten hatte (Götzger/Prechter »Das Bauernhaus in Bayrisch Schwaben«, München 1960, S. 45).

Über die klare Grundrißdisposition und die damit erzielte einfache kostengünstige Bauweise hinaus weist das kleine Bauernhaus nach, wie eine in mehrfacher Hinsicht funktional, konstruktiv und ökonomisch bewährte Typologie in der Region weite Verbreitung gefunden hat. Diese grundsätzliche Raumaufteilung kann bei großen und kleinen Anwesen gefunden werden. Arme und Wohlhabende sind damit bei allen Größenunterschieden durch eine ähnliche Bautradition verbunden, die auch dem kleinen Haus eine Würde verleihen, die in der gemeinsamen Baukultur ihren Ausdruck findet.

Bei 93 qm überbauter Fläche ergibt der Umrechnungsfaktor von 0,75 eine Wohnfläche von ca. 70 qm.

Zoltingen

Nr. 19

Gemeinde Bissingen, Landkreis Dillingen

Eingädiger Einfirsthof mit Strohdach
»Gantenschneider« (1834)
Erbaut: Ende 18. Jahrhundert
1949–54: Abbruch

Giebelansicht mit Ziegeldeckung. Anschließend das ursprüngliche Strohdach.

Zur Siedlung

Das Dorf Zoltingen geht auf eine alemannische Gründung aus dem 7. Jahrhundert zurück. Darauf verweisen Reihengräber aus dieser Zeit, die nördlich der an einem Juraabhang im oberen Kesseltal gelegenen Siedlung aufgefunden und ausgegraben wurden. Im Jahr 1557 befanden sich zwei Höfe und 15 Sölden des Ortes im Besitz des Amtes Hochhaus, die übrigen Anwesen gehörten zur Herrschaft Diemantstein. 1813 umfaßte das Dorf 30 Wohnhäuser, ein Bestand, der sich bis weit ins 20. Jahrhundert kaum veränderte. Bis ins Jahr 1872 waren alle 140 Einwohner des Ortes, der pfarrlich noch heute nach Unterringingen gehört, evangelisch.

Zur Hofgeschichte

Das Söldgut »beim Gantenschneider« hatte Johann Baumgärnter 1801 durch die Heirat mit der Tocher des Johann Georg Kühn im Anschlag zu 725 Gulden übernommen. Den Obst-, Garten- und den Blutzehnt hatte Baumgärtner zu zwei Dritteln an das Rentamt Bissingen und zu einem Drittel an die Pfarrei Unterringingen zu entrichten. Zehntfrei waren insgesamt drei Tagwerk Wiesen, ein Tagwerk davon hatte Baumgärtner aufgrund der Gemeindegründeverteilung im Jahr 1815 zum eigenen Besitz erhalten. Dennoch war bei der kleinen Betriebsgröße ein Nebenwerb lebensnotwendig, möglicherweise war es dem Hausnamen folgend der Schneiderberuf, den er ausübte. Als der älteste der drei Söhne, Johann Baumgärtner jun., den Besitz 1834 übernahm, umfaßte das Anwesen 11 Tagwerk Grund, die Johann in den folgenden Jahren durch steten Zukauf bis in das Jahr 1850 auf 19 Tagwerk erweitern konnte. Nach dem Tod Baumgärtners im Jahr 1873 führte seine Witwe Katharina den Betrieb weiter, bis 1883 der Sohn Gottfried die Landwirtschaft mit seiner Frau Christine übernahm und bis zu seinem Tod 1924 bewirtschaftete. Um 1940 kaufte Friedrich Ganzenmüller, der Nachbar, der das Anwesen Nr. 17 besaß, die ehemalige Hofstelle der Baumgärtners. Seitdem sind beide Flurstücke unter der Flurnummer 40 vereint. Der alte Hof Nr. 19 wurde beginnend mit dem Stadel zwischen 1949 und 1954 nach und nach abgebrochen.

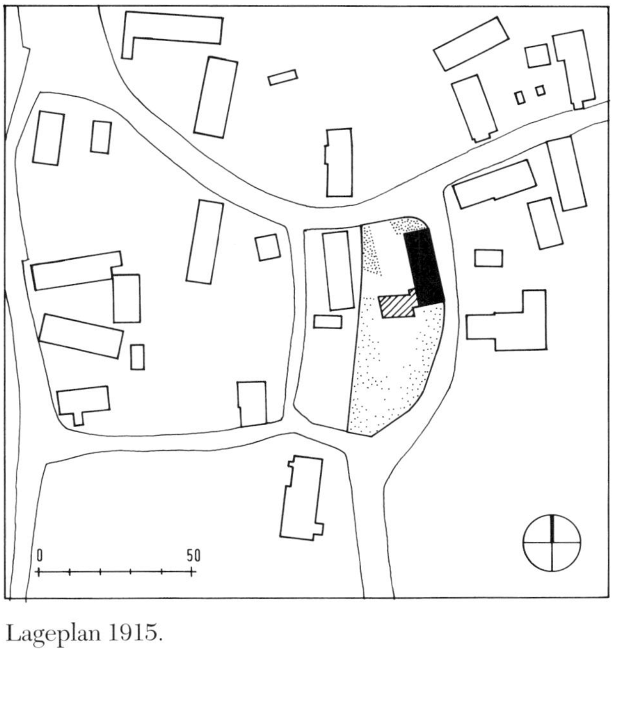

Lageplan 1915.

Bauhistorische Beschreibung

Wie bei dem Wohnhaus von Michael Eberhardt, das in Zoltingen die Hausnummer 20 trug, gehörte das Anwesen beim »Gantenschneider« zu jener Gruppe von eingädigen Strohdachhäusern, die sich im hauslandschaftlichen Rückzugsgebiet des Kesseltales erhalten haben. In mehrfacher Hinsicht ähnelte das Ganzenmillerhaus den kleinen Sölden, wie sie auch im nahe gelegenen Ries verbreitet waren. Das Haus wurde traufseitig erschlossen, war im Erdgeschoß aus Bruchstein aufgemauert und besaß eine tonnengewölbte Küche, von der ein sogenannter deutscher Kamin mit Rauchkutte über der offenen Feuerstelle nach oben führte. Im Dachgeschoß war zur Giebelseite eine Kammer ausgebaut. Die Wände der Ständerkonstruktion waren gezäunt. Am Beispiel des »Gantenschneider« läßt sich zudem nachvollziehen, wie das Strohdach allmählich dem einfachen gespänten Biberschwanzplattendach weichen mußte. Bei einem Giebelumbau im Jahr 1886 wurde vorne am Ortgang das offenbar schadhafte Strohdach nicht mehr in Stroh, sondern mit Dachplatten ergänzt. Dies geschah gleichzeitig mit der Versetzung des vorher nach außen ragenden Backofens in die Küche. Anders als beim Haus von Michel Eberhardt war der Ökonomieteil nicht wesentlich erhöht oder verändert worden. Lediglich eine Baunaht verweist auf die

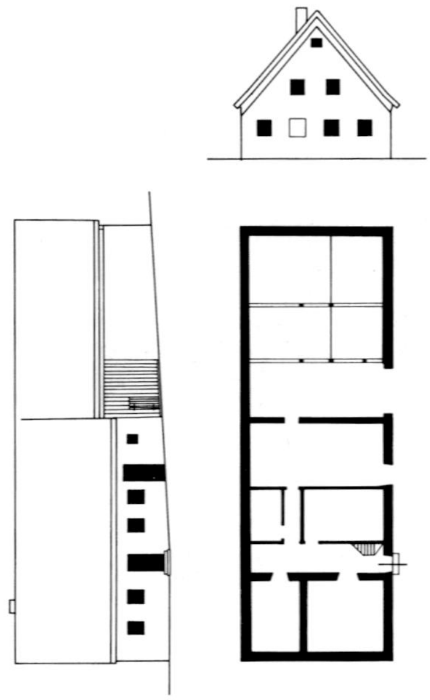

Ort	
Zoltingen, Nr. 19	
Gebäude	
Gebäudeart	Wohnstallhaus
Wandkonstruktion	Bruchstein
Geschoßzahl	1 + Dach
Geschoßhöhe	2,7 m
Grundfläche (B × L)	220 qm (8,6 × 25,6 m)
Umbauter Raum	
Vollgeschosse	730 cbm
Dachgeschoß	560 cbm
Dach	
Dachart	Satteldach
Dachneigung	50°
Dachdeckung	Stroh, Ziegel
Dachüberstand	30/10 cm (Giebelseite)
Erschließung	
Hauseingang Lage	Traufseite
Flur Lage	Querflur
Grundfläche (B × L)	16,3 qm (1,8 × 7,5 m + 0,9 × 3,1 m)
Treppe Art	einläufig über Eck
Laufbreite	60 cm
Steigungsverhältnis	
Stube	
Lage	Nordwestecke
Grundfläche (B × L)	18,5 qm (4,3 × 4,3 m)
Fensterzahl	4
Fensteröffnung (B × H)	90 × 100 cm
Belichtungsfaktor Fensteröffnung: Grundfläche	1 : 5,1
Stubenofen	Hinterlader von Küche
Küche	
Lage	neben Stube
Grundfläche (B × L)	12,0 qm (2,8 × 4,3 m)

Erweiterung des Wohnstallhauses um einen Maschinenraum und weitere Bergeflächen. Über dem Tennentor wurde zudem später das Strohdach in der Traufe angehoben und 1900 ein neuer freistehender Stadel errichtet.
Nach dem Tod des letzten Bauern, Gottfried Baumgärtner, wurde die Landwirtschaft aufgegeben, das Anwesen verkauft und abgebrochen.

Gebäudemerkmale für Bauberatung

In Zoltingen richtet sich die überwiegende Anzahl der Wohnstallhäuser auf die von Osten nach Westen verlaufende kurvenreiche Ortsstraße aus, gleich ob sie mit dem Giebel nach Süden oder nach Norden blicken. Die Baukörper der Hofstellen, seien es Einfirst-, Winkel- oder Dreiseithöfe, stehen überwiegend an der Grenze zum Nachbarn, um bei den schmalen in die Tiefe entwickelten Grundstücken einen möglichst ungeteilten Hofraum als Arbeitsfläche für Landwirtschaft und Handwerk zu erhalten.
Das Wohnstallhaus des Winkelhofes Nr. 19 steht an der Ostgrenze der Hofstelle, die von Norden her erschlossen ist.
Der Rechteckbaukörper weist eine Breite von 8,6 m und eine Länge von 25,6 m auf. Er trägt ein 50° geneigtes Satteldach, das mit Stroh, später am Nordgiebel, nach einem Umbau mit Ziegeln eingedeckt wurde.
Die Zugänge zu Wohnteil, Stall und Tenne liegen an der westlichen Traufseite. Der durchgehende Hausgang wird als Querflur ausgebildet, der seitlich die einläufige Treppe in das Dachgeschoß und am östlichen Ende eine Falltüre über dem Abgang zum Keller aufnimmt.
Der Stube ist die Nordwestecke zur Hofeinfahrt hin vorbehalten. Sie bildet mit 4,3 × 4,3 m ein Quadrat und wird über Eck von 2 × 2 Fenstern mit abgeschrägten Laibungen und Segmentbogenstürzen belichtet. Daneben ist die mit einer Tonne überwölbte Küche an der Nordostecke des Hauses angeordnet, von der aus der als Hinterlader konstruierte Stubenofen beheizt wird.
Auf der Südseite des Querflures liegen zwei Kammern, getrennt durch den zum Stall führenden Längsgang. Den Südteil des Baukörpers nehmen Tenne mit den weiteren Bergeräumen ein.
Der verputzte Massivbau ist aus Bruchsteinmauerwerk errichtet. Der Nordgiebel zeigt mit der Ziegeldeckung und dem abschließenden Dachgesims den knappen Dachvorsprung des gemauertem Ortganges, wie er im Foto und im Längsschnitt bzw. der Westansicht nachgewiesen ist.
Der ältere Zustand des Strohdaches mit einer größeren Konstruktionshöhe und Dachüberstand ist aus der Ansicht des Ostgiebels zu ersehen.
Bei 220 qm überbauter Fläche ergibt der Umrechnungsfaktor von 0,75 eine Nutzfläche von ca. 165 qm im Erdgeschoß.

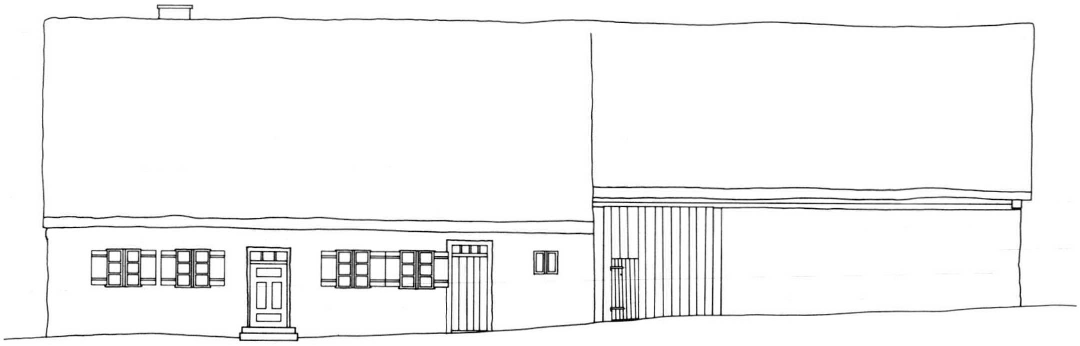

Ansicht von Westen.

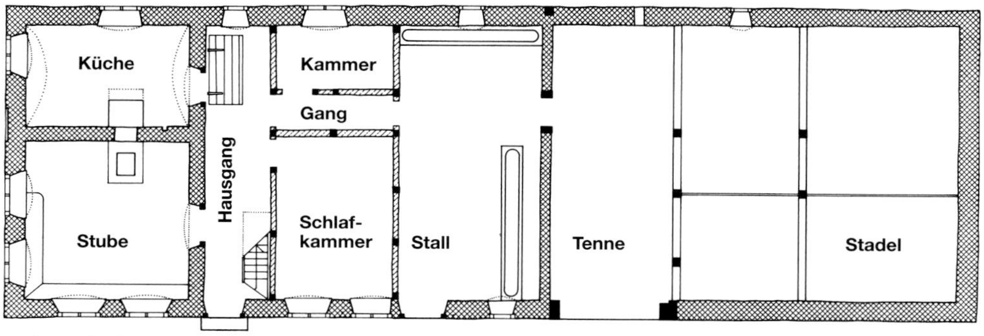

Erdgeschoß.

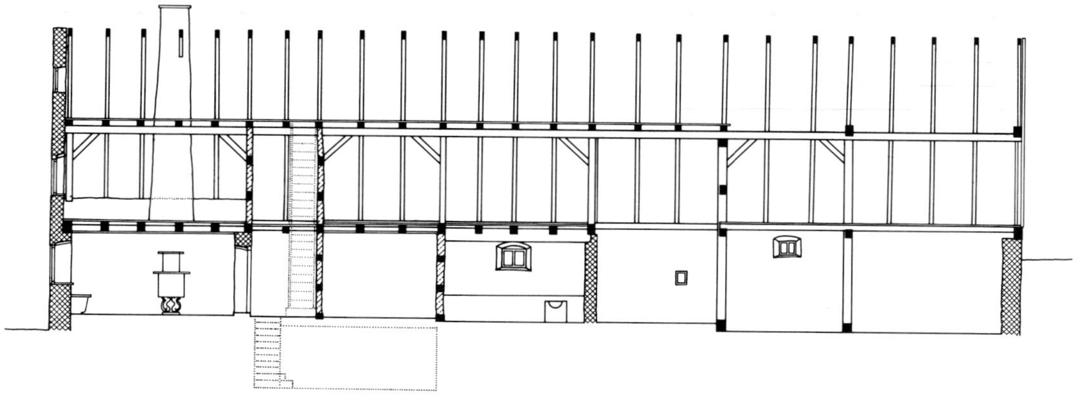

Längsschnitt.

Ansicht von Norden.

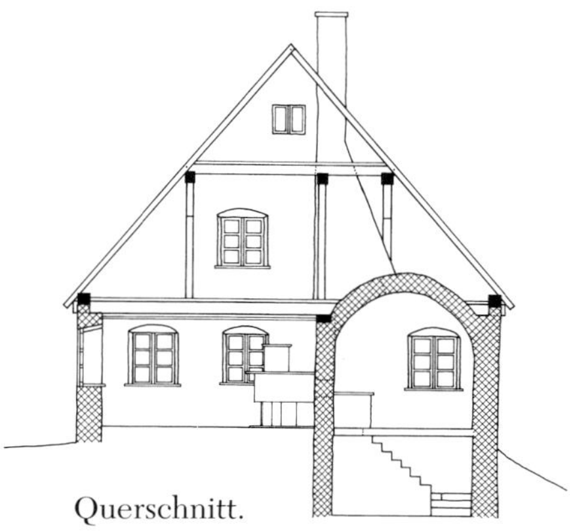

Querschnitt.

Zoltingen

Nr. 20

Gemeinde Bissingen, Landkreis Dillingen

Wohnteil eines Einfirsthofes
»beim Judenhanns« (1834)
Erbaut: um 1800
1966: Abbruch

Ansicht des Wohnteils von Norden.

Zur Hofgeschichte

Das ehemalige Söldengut, das der schwäbische Mundartdichter Michel Eberhardt bewohnte und als Landwirtschaft weiterführte, steht im Urkataster mit dem Hausnamen »Judenhanns« verzeichnet. Nichts jedoch deutet darauf hin, daß Johann Kron, der damalige Besitzer, selbst jüdischen Glaubens gewesen ist. Gut $13^1/_2$ Tagwerk Wirtschaftsfläche gehörten zu dem Anwesen, die sich in der Hauptsache aus Acker und Krautgarten zusammensetzten. Diese Fläche ermöglichte es, daß ein Nebenhandwerk nicht existenziell notwendig war. Aufgrund mehrerer Zukäufe erweiterten sich die zum Hof gehörenden Flächen auf 18 Tagwerk. Für das Jahr 1854 sind Johann und Sofie Eberhardt als Besitzer des Anwesens verzeichnet. Aber erst 1873 wurde der Kaufvertrag über den veranschlagten Wert des Anwesens notariell festgelegt. Als 1913 Johann Eberhardt starb, übergab Sofie den knapp 21 Tagwerk großen Betrieb an ihren Sohn Michael Eberhardt und dessen Frau Margareta, geborene Ronzmann. 1962 bezog das Ehepaar einen der Nachbarhöfe und ließ das baufällig Haus im Jahr 1966 abbrechen.

Bauhistorische Beschreibung

Das Anwesen »beim Judenhanns« gehörte bis 1966 zu den letzten strohgedeckten Häusern des Kesseltales. Von der nach Osten liegenden Traufseite betrat man den mit Solnhofener Kalkplatten ausgelegten Hausgang. Übers Eck geführt, mündete er nach Süden in den Stall. Zur Straßenseite lagen die durch den Hausgang erschlossene Stube und die Küche. Die aus dem 19. Jahrhundert stammende Ausstattung der Stube mit einem Dielenfußboden und einer Bretterdecke mit Profilleisten hatte sich fast unverändert erhalten. Der Ofen war von der Küche aus beheizbar und stand etwa 30 cm von der Wand entfernt – der Raum zwischen Ofen und Wand wurde mundartlich als »Katzehöll« bezeichnet. 1887 wurden die Ökonomiegebäude erweitert, verbreitert und erhöht. Der neue Stall wurde mit einem preußischen Schienengewölbe versehen. Zudem wurde eine Brandmauer errichtet und unter die Stube ein gewölbter Keller eingebaut. Mit dem Einbau eines deutschen Kamins anstelle der nach oben offenen Rauchkutte über dem offenen Herd wurde 1929 das Küchengewölbe entfernt und der Raum mit einer einfachen Decke versehen. Der Backofen wurde gleichzeitig von der nördlichen Straßenseite auf die Westseite der Küche verlegt. Im Gegensatz zum ziegelgedeckten Ökonomieteil behielt das Wohnhaus die für die Gegend typische weiche Dachhaut aus Stroh bis zum Abbruch des Anwesens im Jahr 1966.

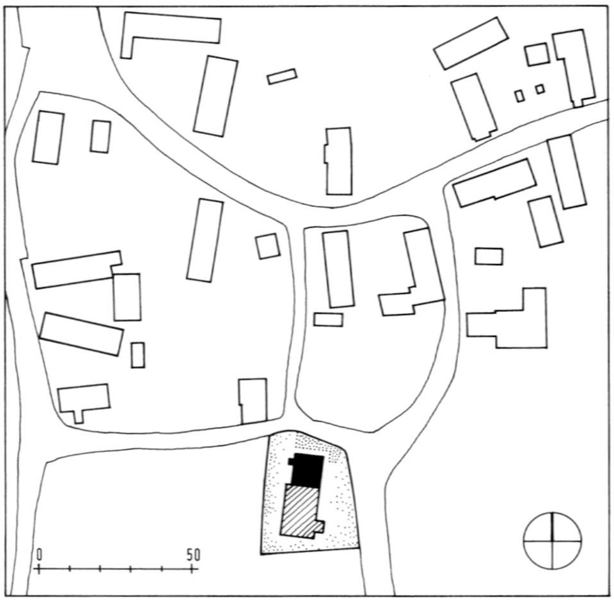

Lageplan 1915.

Ansicht von Norden.

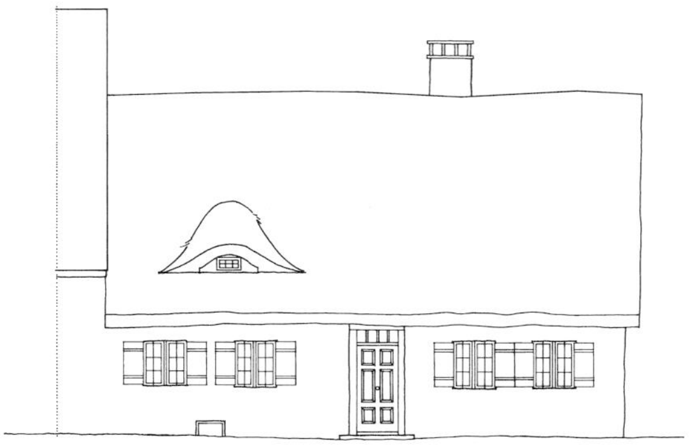

Ansicht von Osten.

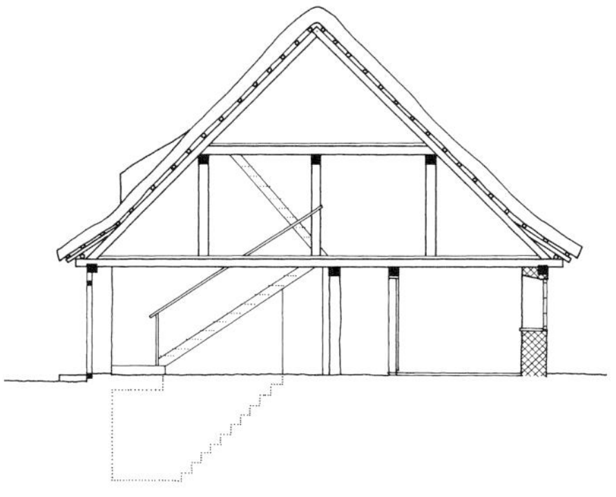

Querschnitt.

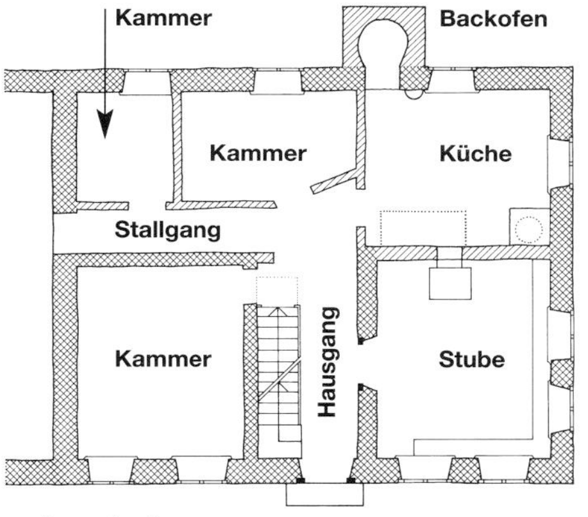

Erdgeschoß.

Ansicht der Traufseite von Osten.

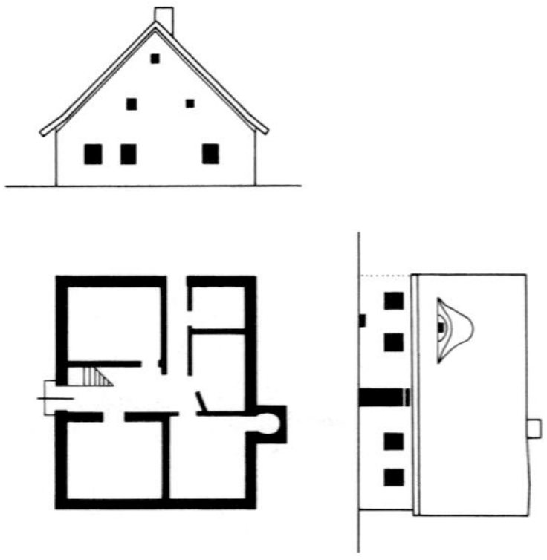

Ort	
Zoltingen, Nr. 20	
Gebäude	
Gebäudeart	Wohnteil eines Einfirsthofes
Wandkonstruktion	Ziegel
Geschoßzahl	1 + Dach
Geschoßhöhe	2,3 m
Grundfläche (B × L)	98 qm (8,9 × 10,8 + 1,3 × 1,7 m)
Umbauter Raum	
Vollgeschosse	220 cbm
Dachgeschoß	240 cbm
Dach	
Dachart	Satteldach
Dachneigung	46°
Dachdeckung	Stroh
Dachüberstand	30 cm (Giebelseite)
Erschließung	
Hauseingang Lage	Traufseite
Flur Lage	Querflur
Grundfläche (B × L)	15,5 qm (2,1 × 5,3 m + 0,9 × 4,2 m + 0,7 × 1,7 m)
Treppe Art	einläufig über Eck
Laufbreite	80 cm
Steigungsverhältnis	17,0/26,0 cm, 33°
Stube	
Lage	Nordostecke
Grundfläche (B × L)	15,1 qm (3,6 × 4,2 m)
Fensterzahl	4
Fensteröffnung (B × H)	90 × 100 cm
Belichtungsfaktor	
Fensteröffnung: Grundfläche	1 : 4,2
Stubenofen	Hinterlader von Küche
Küche	
Lage	neben Stube
Grundfläche (B × L)	12,9 qm (3,4 × 3,8 m)

Gebäudemerkmale für Bauberatung

Die Hofstelle Nr. 20 liegt südlich außerhalb des eng gebauten Dorfkernes an einer zur Dorfstraße führenden nordsüdlichen Querstraße. Das Wohnstallhaus steht mit dem First in Nordsüdrichtung und wird von der Ostseite her erschlossen.

Der Wohnteil bildet einen rechteckigen erdgeschossigen Baukörper von 8,9 m Breite und 10,8 m Länge, mit einem 46° geneigten strohgedeckten Satteldach. Der am Südgiebel anschließende Stall und Scheunenteil weist mit angehobener Traufhöhe und Ziegeldeckung auf eine spätere Bauphase hin.

Die Haustüre führt auf der östlichen Traufseite in einen Querflur, der die einläufige Treppe zum Dachgeschoß aufnimmt. An seiner Nordseite schließt die Stube mit 3,6 × 4,2 m Seitenlänge an. Sie ist von 2 × 2 Fenstern belichtet und weist eine umlaufende Eckbank auf. Der Stubenofen wird als Hinterlader von der in der Nordwestecke des Hauses eingerichteten Küche beheizt, an deren Außenwand ein Backofen (1,3 × 1,7 m) angebaut ist. Auf der anderen Flurseite liegen Kammer und Stallgang.

Das verputzte Bruchsteinmauerwerk ist im Inneren durch Ziegelwände, z. B. zwischen Stube und Küche ergänzt. Der Grundriß entspricht in seinem letzten Ausbauzustand dem entwickelten Querflurhaus mit durchgehender, nur vom Flur unterbrochener Längswand.

In der Giebelansicht von Norden heben sich die beiden zusammengerückten Stubenfenster gegenüber dem Einzelfenster der Küche deutlich ab und zeigen damit die frühere Gestaltungsphase des Bauens von innen nach außen, im Gegensatz zu den gleichmäßig verteilten Fensterachsen späterer Neubauten.

Die mittige Lage des Querflurs zwischen der Stube und der gleich großen Kammer ist in den beiden ähnlichen Fensterachsen auf der östlichen Traufseite deutlich sichtbar.

Die Bedeutung des Hausbeispiels Nr. 20 wird bestätigt durch die Aufnahme in das frühere Bauernhauswerk »Das Bauernhaus in Bayrisch Schwaben«, München 1960, Seite 47.

Bei 98 qm überbauter Fläche ergibt der Umrechnungsfaktor von 0,75 eine Wohnfläche von ca. 74 qm.

Brachstadt

Nr. 1

Gemeinde Tapfheim, Landkreis Donau-Ries

Wohnhaus des »Abtsholzerhof«
Erbaut: um 1820

Zur Siedlung

Das Kirchdorf Brachstadt ist an dem Flüßchen Kessel gelegen und bildet zusammen mit Oppertshofen den nördlichen Teil der Gemeinde Tapfheim. Brachstadt wurde im Jahr 760 erstmals urkundlich erwähnt. Neben der Grafschaft Oettingen verfügte auch das Stift Kaisheim über Besitzungen im Ort. Im 16. Jahrhundert wechselte mit der Linie Oettingen-Oettingen Brachstadt zum protestantischen Glauben. Der Abtsholzer Hof liegt an der Grenze der Ortsgemarkung und ist einer von ursprünglich drei sogenannten Holzhöfen. Der Name läßt sich auf die Grundherrschaft des Kosters Kaisheim zurückführen. Die in diesem »Abtsholz« gerodete Siedlung erhielt so den 1319 bereits erwähnten Namen »Aptsholze«.

Zur Hofgeschichte

Während der unruhigen Geschichte des Hofes im 19. Jahrhundert kam es immer wieder zu Verkäufen. So erwarb 1832 Johann Georg Birzele das Hofgut mit fast 165 Tagwerk landwirtschaftlicher Nutzfläche um 7 900 Gulden. Zum Wohnhaus mit Stall gehörte damals ein eigener langgestreckter Stadel und ein Hofraum von einem halben Tagwerk. Direkt an das Wohnhaus angrenzend befanden sich 3,5 Tagwerk Baum-, Wurz- und Grasgärten. Als Blutzehnt ging der zehnte Teil an »jungen Schweinen, Gänsen, Enten und Hühnern« an die Pfarrei Wörnitzstein, gleiches galt für den Obst-, Heu-, Groß- und Kleinzehnt. 1836 bereits verkaufte Birzele mit beträchtlichem Gewinn das Anwesen an den Bauern Johann Sorg. 1869 übernahm dessen Sohn Josef mit seiner Braut Serafina Wiedemann den 172 Tagwerk großen Betrieb, zu dessen Erwerbszweigen neben Ackerbau und Viehzucht auch Schafhaltung zählten. 1903 erwarb der Güterhändler Leopold Gründfelder das Gut, von dem es Christian und Sophie Weng noch im gleichen Jahr erkauften. 1932 erhielt Christian Weng zusammen mit seinen acht Kindern den Hof in Erbengemeinschaft, der 1941 schließlich an Heinrich Weng und dessen Frau Helene übergeben wurde. Deren Sohn, Heinrich Weng führt den Hof seit 1974 als landwirtschaftlichen Betrieb weiter.

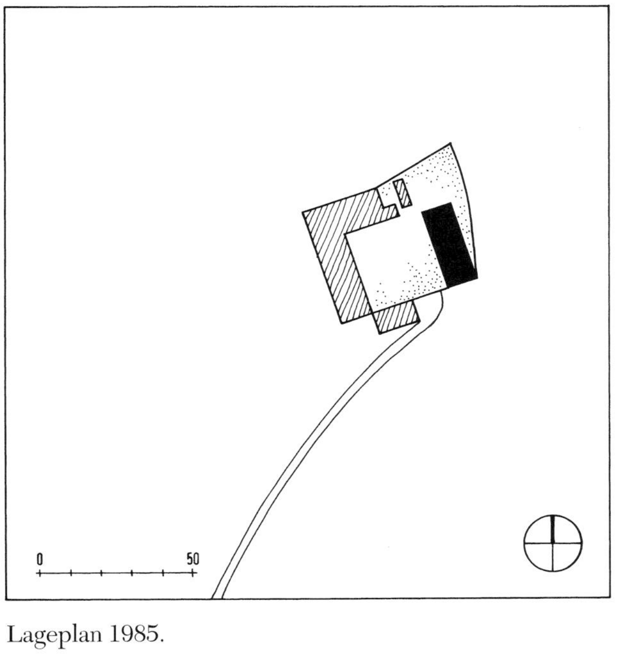

Lageplan 1985.

Giebelseite des Wohnhauses von Süden.

Bauhistorische Beschreibung

Das langgestreckte eingädige aus Ziegeln gemauerte Wohnhaus des großzügig vierseitig angelegten Abtsholzerhofes hat sich in der historischen Bausubstanz des frühen 19. Jahrhunderts weitgehend erhalten. Seine Lage an einem abfallenden Gelände macht nach Süden ein unter Küche und Stube liegendes Kellergeschoß sichtbar, das aus Bruchstein aufgemauert wurde. Bei einer für die Gegend typischen Dachneigung von 48 Grad war das Sparrendach mit liegendem Stuhl ursprünglich mit Biberschwanzziegeln gedeckt worden. Teile der alten Deckung haben sich auf der Ostseite des giebelseitig nach Süden ausgerichteten Wohnhauses erhalten. Die Giebelfassade mit fünf Fensterachsen ist symmetrisch angelegt und wird von einem geputzten Ortgang und einem Gurtgesims strukturiert. An der Traufseite wechselt am Übergang vom Wohntrakt in den Wirtschaftsteil die Form des Gurtgesimses vom Profilgesims zur einfach gemauerten Hohlkehle.

Von den ehemals fünf Fensterachsen auf der Giebelseite wurde eine geschlossen. Dies hing mit dem Einbau des Kamins zusammen, der die Raumeinteilung von Stube und Küche veränderte. Die Fenster im oberen Giebelfeld wurden Mitte des 20. Jahrhunderts vergrößert und im ehemaligen Pferdestall Wohnräume eingebaut. Seitdem wurden keine Veränderungen durchgeführt.

Ansicht von Süden.

Ansicht von Norden.

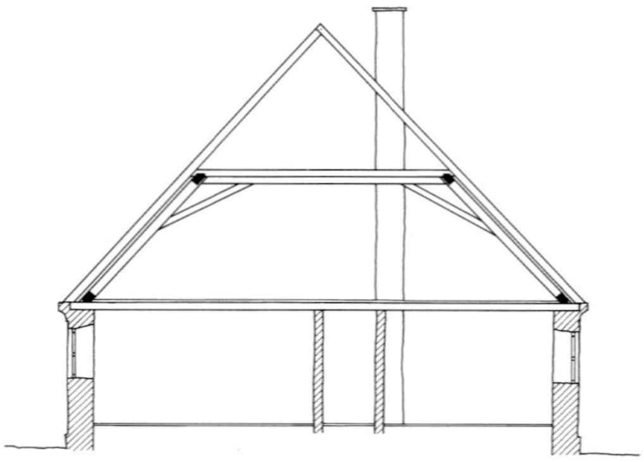

Querschnitt.

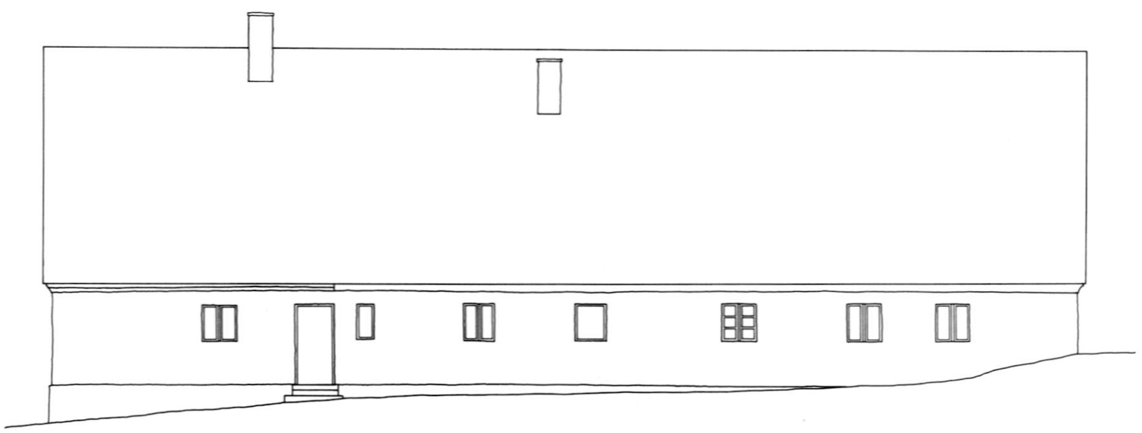

Ansicht von Osten.

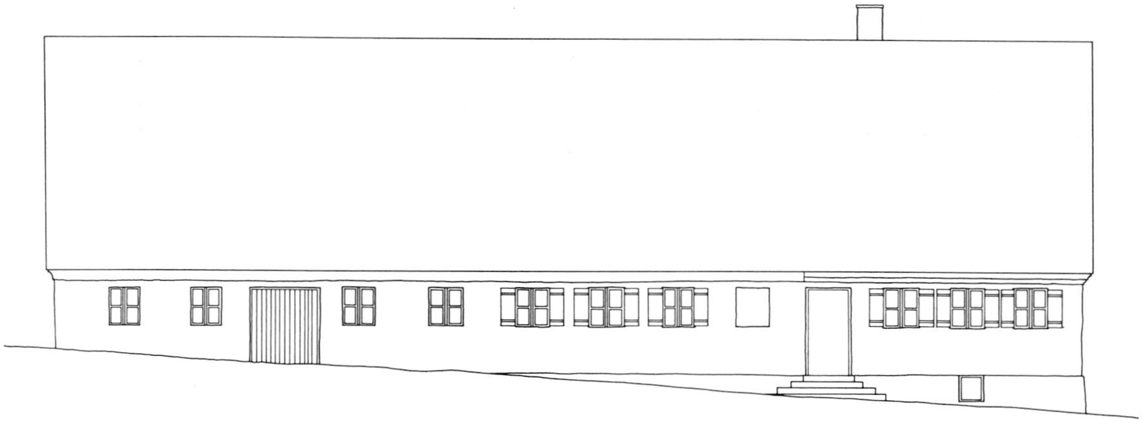

Ansicht von Westen.

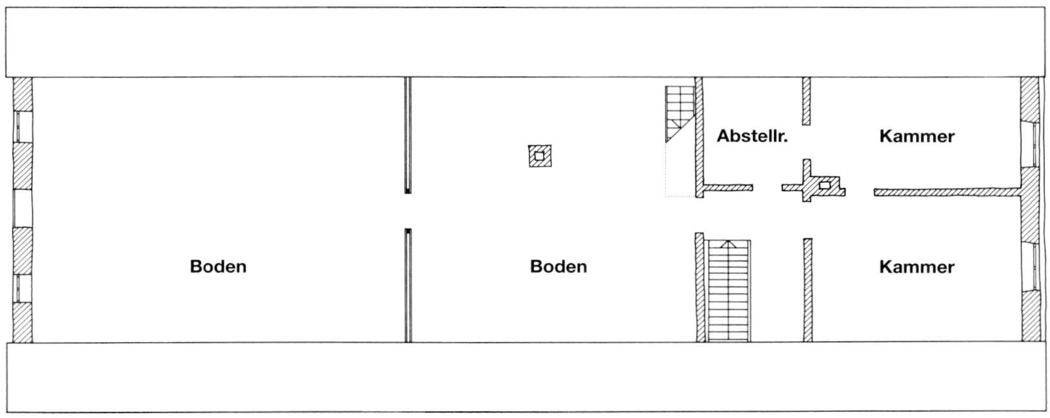

Dachgeschoß.

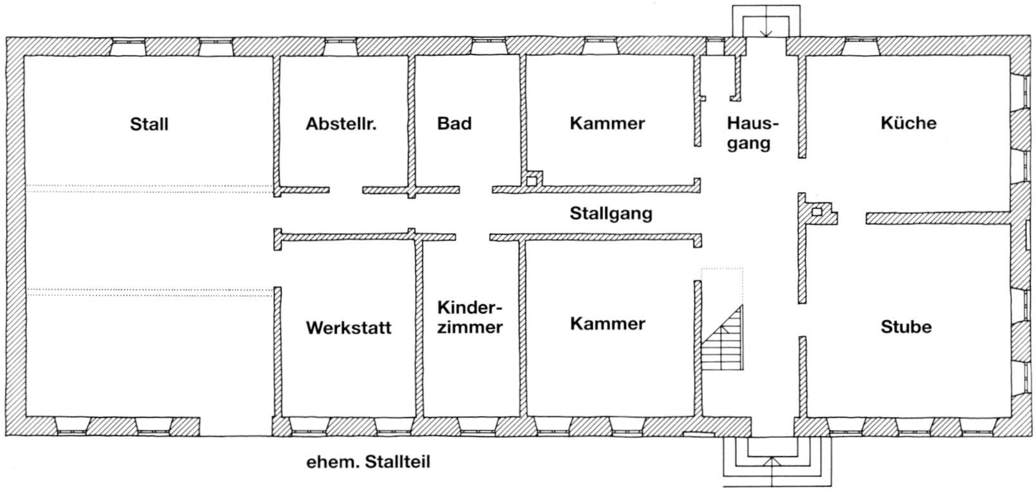

Erdgeschoß.

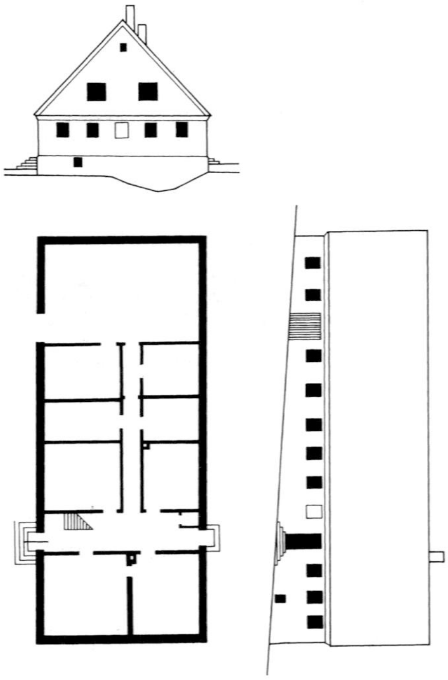

Ort	
Brachstadt, Nr. 1	
Gebäude	
Gebäudeart	Wohnstallhaus
Wandkonstruktion	Ziegel
Geschoßzahl	1 + Dach
Geschoßhöhe	2,6 m
Grundfläche (B × L)	293 qm (10,8 × 27,1 m)
Umbauter Raum	
Vollgeschosse	880 cbm
Dachgeschoß	950 cbm
Dach	
Dachart	Satteldach
Dachneigung	48°
Dachdeckung	
Dachüberstand	20 cm (Giebelseite)
Erschließung	
Hauseingang Lage	Traufseite
Flur Lage	Querflur
Grundfläche (B × L)	36,4 qm (2,6 × 8,6 m + 1,4 × 1,3 m + 1,1 × 11,1 m)
Treppe Art	einläufig
Laufbreite	100 cm
Steigungsverhältnis	17,3/19,6 cm, 41°
Stube	
Lage	Südwestecke
Grundfläche (B × L)	28,1 qm (5,2 × 5,4 m)
Fensterzahl	5
Fensteröffnung (B × H)	90 × 100 cm
Belichtungsfaktor Fensteröffnung: Grundfläche	1 : 6,2
Stubenofen	
Küche	
Lage	neben Stube
Grundfläche (B × L)	23,2 qm (4,3 × 5,4 m)

Gebäudemerkmale für Bauberatung

Der Abtsholzer Hof wurde auf dem zum Bollenbach abfallenden Gelände am Südrand des Fuggerholzes erbaut und durch einen von Süden heranführenden Weg erschlossen. Das Wohnstallhaus grenzt den auf vier Seiten umbauten Hofraum nach Osten hin ab.

Der eingeschossige Rechteckbau weist eine Breite von 10,8 m und eine Länge von 27,1 m auf. Er trägt ein 48° geneigtes Satteldach, dessen First von Norden nach Süden ausgerichtet ist. Wegen des nach Süden abfallenden Hanges wird der Höhenunterschied durch einen Sockel ausgeglichen. Der Haustüre an der Westseite ist deshalb eine Freitreppe vorgelegt.

Der Querflur durchzieht die gesamte Hausbreite bis zur östlichen Traufseite, in der eine weitere Türe ins Freie führt. Die einläufige Treppe steigt in das Dachgeschoß, das an der Giebelseite nach Süden mit zwei Kammern und nach Norden als Bodenraum genutzt wird.

Die nahezu quadratische Stube von 5,2 × 5,4 m Seitenlängen liegt in der Südwestecke und wird von drei Westfenstern der Traufseite und zwei Südfenstern der Giebelseite belichtet. Die anschließende Küche bildet mit der Stube die giebelseitige Raumzone, der auf der anderen Flurseite zwei Kammern und der zum Stall führende Längsgang entsprechen. Vor dem inzwischen verkleinerten Stall sind weitere Räume, wie Bad, Kinderzimmer und Werkstatt eingebaut.

Das aus Ziegeln errichtete Haus zeigt im Giebeldreieck mit dem gemauerten Ortgang und dem Gesims Gestaltelemente des verputzten Massivbaus. Auf der westlichen Traufseite weist die neben der Haustüre sichtbare Fensternische auf eine spätere bauliche Änderung hin, da in dieser Achse die nördliche Flurwand auf die Außenwand trifft.

Die Ansicht des Südgiebels läßt bei der mittleren der ursprünglich fünf Fensterachsen ebenfalls eine Umbaumaßnahme erkennen, die wegen des Anschlusses der neuen Trennwand zwischen Stube und Küche erforderlich war.

In dem Giebelfeld über den Erdgeschoßfenstern sind zwei große Fenster später eingesetzt und auf die Symmetrieachse des Firstes ausgerichtet. Auch das Holzspalier im Erdgeschoß verstärkt die bewußt repräsentative Gestaltung.

Bei 293 qm überbauter Fläche ergibt der Umrechnungsfaktor von 0,75 eine Nutzfläche von ca. 220 qm im Erdgeschoß.

Herblingen

Nr. 7

Gemeinde Fremdingen, Landkreis Donau-Ries

Wohnstallhaus eines Gehöftes
»Dichenmichelshof« (1809)
»beim Dicken« (1836), »beim Dicken« (1901)
Erbaut: 18. Jahrhundert
1981–88: Renovierung und Sanierung

Zur Siedlung

Am Nordrand des Rieskessels ist das katholische Kirchdorf Herblingen am Fuß des Nonnberges gelegen. Pfarrlich gehörte es seit dem 16. Jahrhundert zu Hochaltingen. Anders als sonst im Ries üblich weist der kleine Ort eine lockere Bebauung mit großen Hofräumen und den darin integrierten Obstgärten auf. Um die Mitte des 19. Jahrhunderts bestand Herblingen aus 14 Anwesen, von denen der Hof Nr. 7 zu den stattlichsten gehörte. Zur Hofstelle gehörten um 1800 das Wohnhaus, Stadel und Stall sowie $1^1/_4$ Tagwerk Gras- und Baumgarten.

Zur Hofgeschichte

1805 hatte Kaspar Deubler den »Dickenmichelshof« von seinem Vater Michael Deubler im Anschlag zu 11 000 Gulden übernommen. Neben stattlichen Zehntabgaben, die teils noch in Naturalien abgeliefert werden mußten, war der Besitzer des Hofes verpflichtet, einen »herrschaftlichen Hund« zu halten. Das halbe Hofgut umfaßte 1836 110 Tagwerk Grund, vorzugsweise Äcker, und wurde nun unter dem Hausnamen »beim Dicken«, wohl spöttelnd auf die Prosperität des Hofes verweisend, genannt. Nach dem Tod des zweiten Kaspar Deubler 1894 erbten dessen Kinder gemeinsam das Anwesen. Den Hof erhielt schließlich Joseph Deubler. Dessen Witwe Therese übergab 1933 den Hof an den Sohn Kaspar. In der

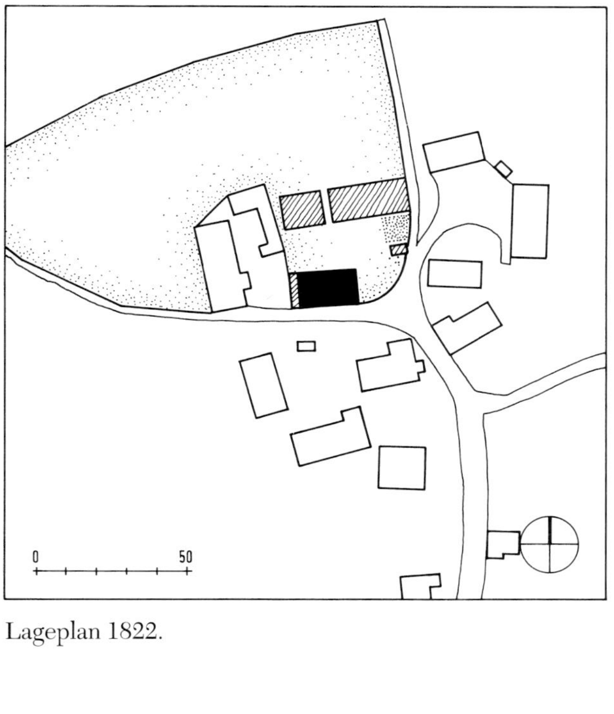

Lageplan 1822.

Ansicht des Ostgiebels mit dreifacher Gliederung durch Putzbänder.

Folge wurde der Hof geteilt. Als Hausnamen gab es nun einen »oberen Dick« und einen »unteren Dick«. Letzteren betrieb Max – nun unter dem veränderten Nachnamen Deibler – mit seiner Frau Anna und übergab ihn schließlich an seinen Sohn Max Deibler jun., der das Anwesen als Ackerbaubetrieb bis 1987 weiterführte. Seit 1981 wurde das Wohnhaus saniert, das von Claudia Deibler und ihren Kindern nach wie vor bewohnt wird. Die landwirtschaftlichen Flächen wurden nach Max Deiblers Tod verpachtet.

Bauhistorische Beschreibung

Das markante eingädige Wohnstallhaus war auf von Westen nach Osten leicht abfallendem Terrain errichtet. Die Giebelseite war durch glatte Putzbänder dreifach quergegliedert und besaß zusätzlich glatte Ecklisenen. Ein mit Planzeichung und Lageplan eingereichter Bauantrag zur Errichtung eines russischen Kamins im Wohnhaus datiert aus dem Jahr 1924. Im Zuge dieses Umbaus wurde die ehemals hölzerne Wand zwischen Küche und »Wohnzimmer« durch eine Ziegelwand ersetzt, gleiches geschah mit der Wand zur Speisekammer. Entgegen der Gebäudedokumentation aus dem Jahr 1981 zeigt der Zustand von 1924 den ursprünglichen Grundriß des Wohnhauses, das giebelseitig von Osten über einen durchgesteckten Hausgang erschlossen wurde, der auf der anderen Seite direkt in den Stall führte. Die nordseitige Zimmerflucht, die aus einem Schlafzimmer und zwei Kammern bestand, war deutlich schmaler als die nach Süden gerichtete, die aus Stube Wohnzimmer, Küche und einer abgeteilten Speis bestand, was nach außen die Symmetrie der Giebelgestaltung im Erdgeschoß leicht nach Norden verschob. Der im Plan als Pferdestall benannte gemauerte Stallteil des Hauses wurde bis in die 1930er Jahre nicht verändert. 1933 ließ Therese Deubler, nachdem ihr Mann gestorben war, in den nordöstlichen Teil des Stalles eine Dämpferküche mit eigenem Kamin einbauen. Von der Nordseite aus war ein unter Schlafzimmern und den beiden anschließenden Kammern sich erstreckender gemauerter, tonnengewölbter Kellerraum zugänglich, der aus der Erbauungszeit stammte. Zwischen 1981 und 1988 kam es zu einer grundlegenden Renovierung.

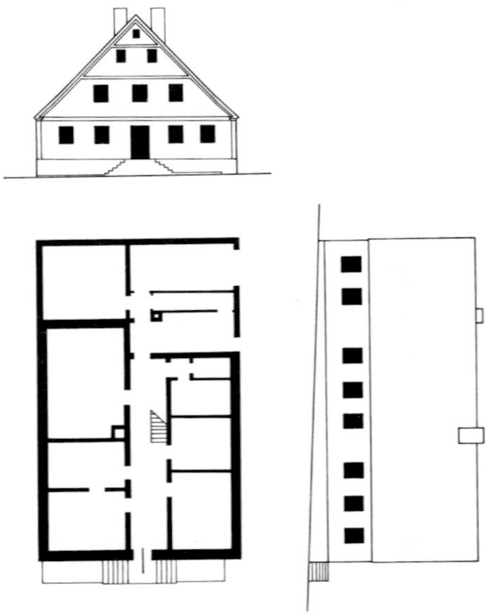

Ort	
Herblingen, Nr. 7	
Gebäude	
Gebäudeart	Wohnstallhaus
Wandkonstruktion	Ziegel, Bruchstein
Geschoßzahl	1 + Dach
Geschoßhöhe	
Grundfläche (B × L)	244 qm (12,1 × 20,2 m)
Umbauter Raum	
Vollgeschosse	930 cbm
Dachgeschoß	740 cbm
Dach	
Dachart	Satteldach
Dachneigung	47°
Dachdeckung	Biberschwanzziegel
Dachüberstand	10 cm (Giebelseite)
Erschließung	
Hauseingang Lage	Giebelseite
Flur Lage	Längsflur
Grundfläche (B × L)	25,4 qm (2,1 × 12,1 m)
Treppe Art	einläufig
Laufbreite	90 cm
Steigungsverhältnis	
Stube	
Lage	Südostecke
Grundfläche (B × L)	17,5 qm (4,6 × 3,8 m)
Fensterzahl	4
Fensteröffnung (B × H)	100 × 100 cm
Belichtungsfaktor Fensteröffnung: Grundfläche	1 : 4,0
Stubenofen	
Küche	
Lage	neben Stube
Grundfläche (B × L)	13,3 qm (2,9 × 4,6 m)

Gebäudemerkmale für Bauberatung

Die im Süden vorbeiführende Ortsstraße erschließt den Bauernhof, der zusätzlich im Osten von einem Weg berührt wird. Das Wohnhaus steht mit dem ostwestgerichteten First am Südrand der Hofstelle, die davon getrennten Wirtschaftsgebäude im Norden.

Der eingeschossige Rechteckbaukörper von 12,1 m Breite und 20,2 m Länge trägt ein 47° geneigtes ziegelgedecktes Satteldach. Das Raumgefüge wird durch den in Firstrichtung verlaufenden Längsflur gekennzeichnet, von dem aus das Dachgeschoß über die einläufige Treppe erreicht wird. Folgerichtig liegt der Hauseingang an der östlichen Giebelseite, zu dem eine zweiläufige Freitreppe hinaufführt, um die Höhendifferenz zwischen dem abfallenden Gelände und der Sockelhöhe zu überwinden.

Die Stube von 4,6 × 3,8 m Seitenlänge ist an der Südostecke eingesetzt, wenn auch gegenüber einem älteren Bauzustand in verkleinerten Abmessungen, um seitlich eine kleine Küche zu gewinnen, da die dahinter an der südlichen Traufseite folgende ehemalige Küche mit Speise zu einem Wohnraum umgebaut wurde.

Die Räume nördlich des Flures sind heute als Schlafkammern bzw. installierte Räume genutzt und gehen ebenfalls auf den Umbau zurück.

Das Baugefüge besteht in den alten Umfassungswänden aus Bruchsteinmauerwerk, in das Ziegeltrennwände eingezogen wurden. Dem Charakter des verputzten Massivbaus entspricht auch die konstruktive Gestaltung des hohen Ostgiebels mit Bandgesimsen und gemauertem Ortgang.

Die auf den ersten Blick symmetrisch erscheinende Giebelseite überspielt die außermittige Lage des Längsflurs infolge der breiteren südlichen Raumzone durch eine seitliche Verschiebung der Haustüre und der mittleren Fensterachse des Dachgeschosses gegenüber dem First. Durch gleiche Abstände der beiden äußeren Erdgeschoßfenster von den Gebäudeecken wird diese Asymmetrie dort ausgeglichen. Die Maßunterschiede sind auf die weniger ins Auge fallenden Abstände der inneren Fensterachsen übertragen.

Dagegen nehmen die zwei oberen Fenster des Giebeldreiecks und das Einzelfenster des Spitzbodens die Symmetrieachse des Dachfirstes auf.

In diesem Beispiel ländlichen Bauens treten knapp gehaltene Dachanschlüsse und Giebelgesims deutlich in Erscheinung, verstärkt durch die entschiedene Höhe des breit gelagerten Dachgeschosses. Auch in der südlichen, der Straße zugewandten Traufseite lassen die 2 × 3 Fensterachsen einen bewussten Gestaltungswillen erkennen.

Bei 244 qm überbauter Grundfläche ergibt der Umrechnungsfaktor von 0,75 eine Raumnutzfläche von ca. 183 qm.

Ansicht von Süden 1981.

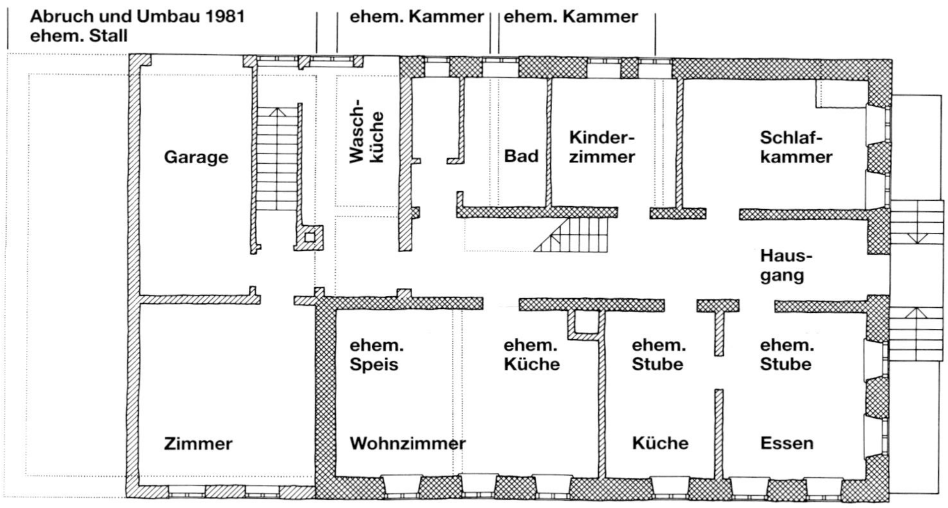

Erdgeschoß 1981.

Ansicht von Osten 1981.

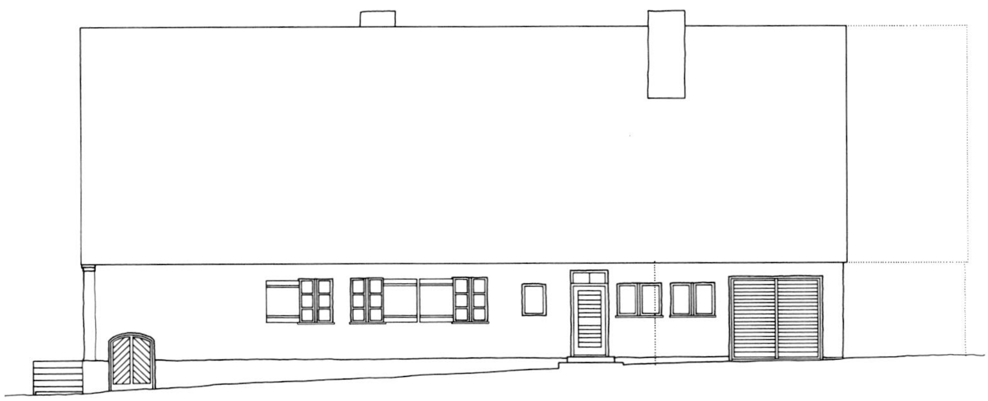
Ansicht von Norden 1981.

Löpsingen

Ortsstraße 29

Stadt Nördlingen, Landkreis Donau-Ries

Wohnstallhaus und Stadel
Ehemaliger sog. »Urmeierhof«
»Meirbaur« (1810)
»Untermeier« (1853)
Erbaut: erstes Drittel des 16. Jahrhunderts
1972: Renovierung Wohnhaus
1984: Renovierung Stadel

Der renovierte Südgiebel mit gemauertem Ortgang.

Zur Siedlung

Das protestantische Pfarrdorf Löpsingen liegt in der Mitte des Rieskessels. Die Entwicklung der Siedlung folgte dem Lauf des Flusses Eger, ausgehend von der auf einer alten Egerschleife liegenden Kirche. Auffällig ist die Dichte, in der auch heute noch die Gehöfte nebeneinanderliegen. Entlang der Hauptstraße sind die Gehöfte giebelständig zur Straße geordnet. Da der große Ort mit Ausnahme des Meierhofes und drei weiteren Höfen ausnahmslos aus Söld- und Kleinsöldanwesen (insgesamt 158) bestand, sind die Hofräume relativ klein. Diese Tatsache erklärt mit, warum am Gründonnerstag des Jahres 1736 42 Gebäude einem Brand zum Opfer fielen. Die Brandfolgen waren so gravierend, daß der Schuster, dessen Frau den Brand durch Unvorsichtigkeit beim Kochen ausgelöst hatte, sein Haus dort nicht mehr aufbauen durfte, sondern nach Ehringen abwandern mußte.

Zur Hofgeschichte

Der Meierhof mit seiner zentralen Lage in der Nähe der Pfarrkirche nahm von jeher im Dorf eine Sonderstellung ein. Dessen Bewirtschafter, der Meier, war bis zur Ablösung des Zehntsystems im Jahr 1848 direkt dem Grundherrn unterstellt, führte dessen Aufträge aus und hatte zudem das Recht, dreimal jährlich über kleinere Delikte im Dorf Gericht zu halten. Als Paulus Han (später Hahn geschrieben) 1812 als neuer »Meirbaur« von seinem Vater Kaspar den »Meirhof« Nr. 87 in Löpsingen übernahm, war der ehemals ganze Hof bereits geteilt worden. Im Wert zu 11 000 Gulden veranschlagt, bewirtschaftete Han eine Fläche von $76^1/_2$ Morgen Acker, 10 Morgen Holz und gut 6 Tagwerk Wiesen- und Weideflächen. Seiner Stellung als Meier folgend, bezog er im Auftrag des Grundherrn zu diesem Zeitpunkt den halben Groß- und Brachzehnten (die andere Hälfte erhielt die Hausnummer 86) von allen Gütern der Ortsflur. Dazu gehörten unter anderem auch die Obstzehnten von $12^1/_2$ Tagwerk Gärten, der Geflügelzehnt von 55 ganzen und halben Häusern, der Michelspfennig von 16 Söldenhäusern und drei Feldlehen. Das jährlich anfallende Steuerkapital betrug damals 20 275 Gulden.

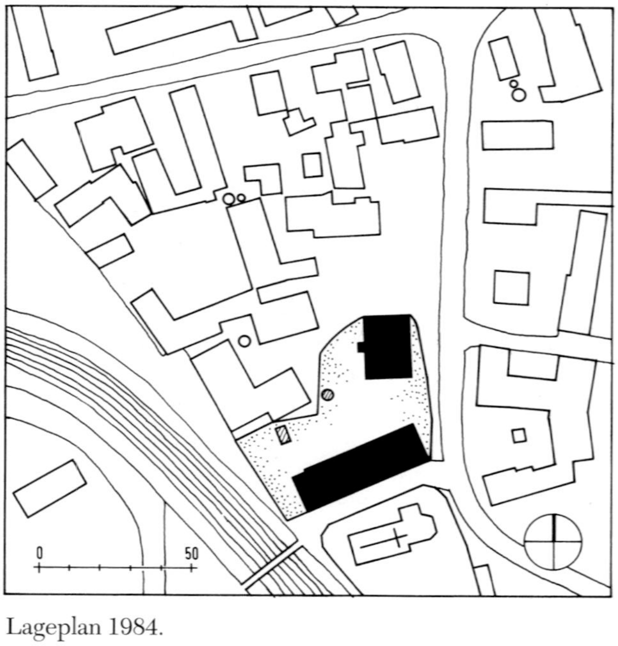

Lageplan 1984.

1853 steht als Besitzer des halben Meierhofes mit einer Wirtschaftsfläche von knapp 132 Tagwerk Johann Michael Hahn verzeichnet. Als Hausname ist »Untermeier« angegeben, was die Lage des Hofes im Vergleich zur anderen »oberen« Hälfte bei Hausnummer 86 angibt. 1889 zahlte Johann Michael seinen Sohn Andreas, der in Hausnummer 85 lebte, mit 33 Tagwerk Grund aus, während der andere Sohn, Johann Hahn, und seine Verlobte Margaretha Weng den Meierhof mit nun 88,46 Tagwerk übernahmen. Sie übergaben 1919 an Christine und Friedrich Hahn, die die Landwirtschaft weiterbetrieben. Ihre Tochter Christine Hahn bewirtschaftete mit ihrem Mann Friedrich das Anwesen bis 1928. 1966 übernahm deren Sohn Friedrich Hahn jun. das Anwesen zusammen mit seiner Schwester Mariann. 1988 wurde die Landwirtschaft aufgegeben, und die landwirtschaftlichen Flächen und Ökonomiegebäude wurden verpachtet.

Bauhistorische Beschreibung Wohnstallhaus

Der »Urmeierhof« war eines der größten Bauernhäuser der Gegend. Eine Bewirtschaftungsfläche von über 90 Morgen bedingte zahlreiches Dienstper-

Das beeindruckende Wohnstallhaus des Meierhofes von Südosten. Links im Vordergrund der Giebel der dazugehörigen Stall-Scheune.

sonal, das untergebracht werden mußte, und entsprechende Lagerflächen für Getreide. Das aus Ziegeln gemauerte Wohnhaus des im 18. Jahrhundert noch ungeteilten Meierhofes ist in Ausmaß und Grundrißeinteilung für die Gegend völlig untypisch, ein Umstand, der sicher auch in der herausgehobenen Funktion des Meierhofes lag. So wurde das eingädige Haus mit drei Dachbodengeschossen giebelseitig von Süden her erschlossen. Ein gut drei Meter breiter Hausgang, mit Solnhofener Platten ausgelegt, streckte sich bis zum Zugang in den Pferdestall. Westseitig lagen eine große Wohnstube mit eingebautem »Kanzleile«, eine gepflasterte Küche mit angegliedertem Backofen und eine von der Küche zugängliche unbefensterte Speisekammer, deren Bodenniveau um drei Stufen, etwa 70 cm, tiefer lag und so gleichzeitig als »Keller« genutzt wurde. Zur Ostseite reihten sich an eine fast quadratische, etwa 25 qm große Kammer drei weitere kleinere, von denen jede vom Hausgang zugänglich war. Im Anschluß befanden sich im Stallteil nach Osten zwei Schweineställe und eine Futterkammer und nach Westen ein Pferdestall, der bei der Bauaufnahme fünf Rosse aufnahm. Ins Dachgeschoß gelangte man über eine Holztreppe. Der Grundriß entsprach hier nicht dem des Erdgeschosses. Vielmehr wurden die Kammern über einen großen Sohler und einen Stichgang zur Westseite zugänglich gemacht. Zur Giebelseite lagen zwei Schlafkammern sowie eine größere Kammer. Die beiden weiteren Dachgeschosse, durch einfache Holztreppen mit eingeschobenen Bretterstufen erreichbar, wurden als Lagerräume verwendet, die dazugehörige Göpelanlage, die den Lastenaufzug ermöglichte, war jedoch bei der Bauaufnahme 1951 nicht mehr vorhanden. Von außen zeigte sich das Anwesen vor den Umbauten der zweiten Hälfte des 20. Jahrhunderts als breit gelagertes Anwesen mit mächtigem steil geneigten mit Biberschwänzen gedecktem Dach. Die Ortgänge sind auf der Nord- und der Südseite gemauert und mit einfachem Profil versehen, profiliert sind auch die Traufen. Die Fensterachsen waren asymmetrisch angeordnet und zeigen im Erdgeschoß die Raumverteilung an. Nach Umbauten in der zweiten Hälfte des 20. Jahrhunderts und dem Einbau neuer Fenster im Jahr 1972 blieb vom historischen Gebäude unverändert das mächtige Dachwerk in dreifach liegender Stuhlkonstruktion erhalten.

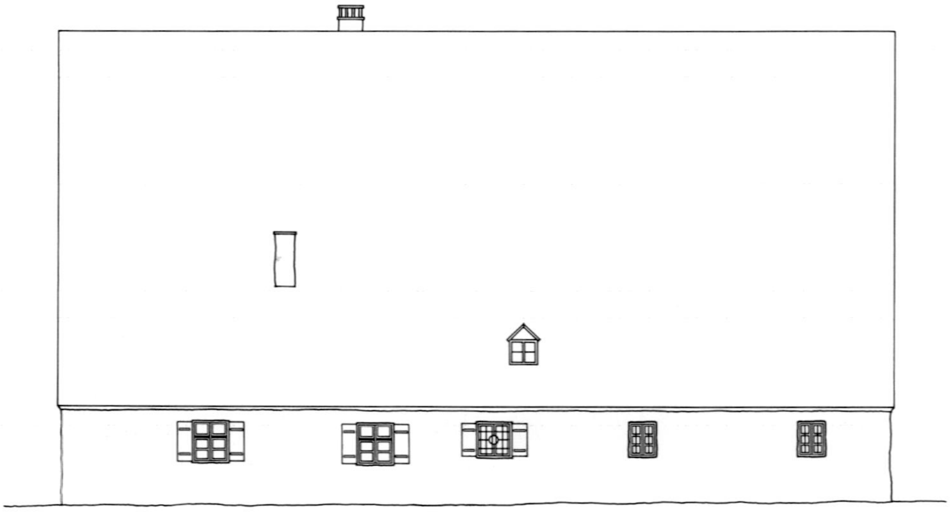

Ansicht Wohnstallhaus von Osten.

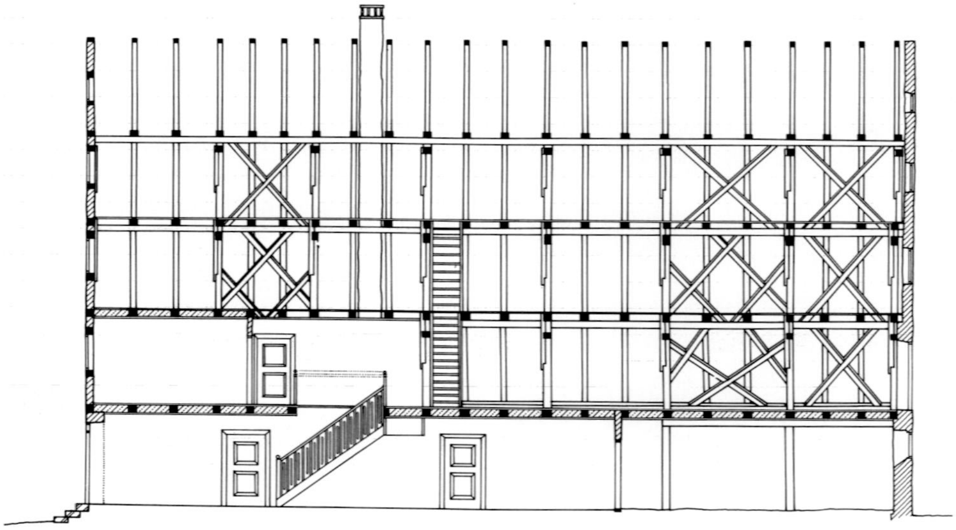

Längsschnitt Wohnstallhaus.

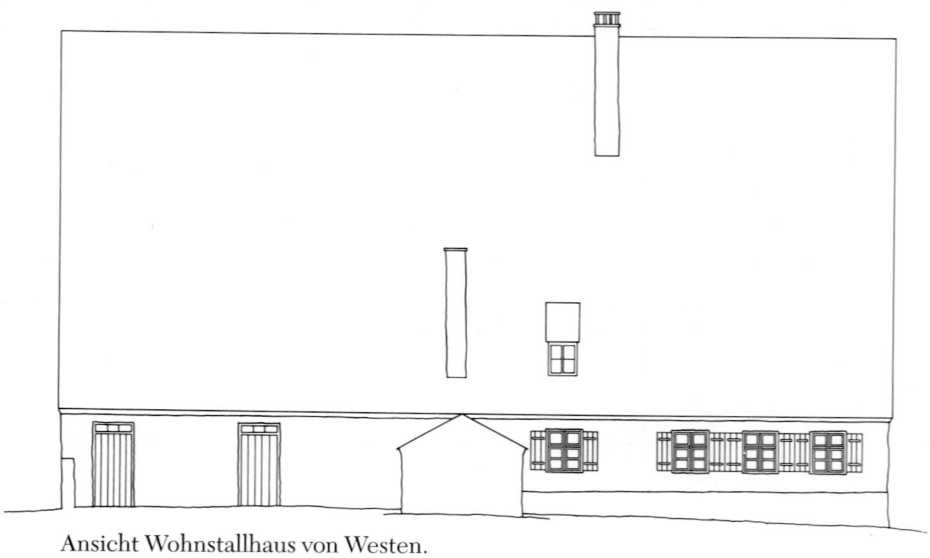

Ansicht Wohnstallhaus von Westen.

Ansicht Wohnstallhaus von Norden.

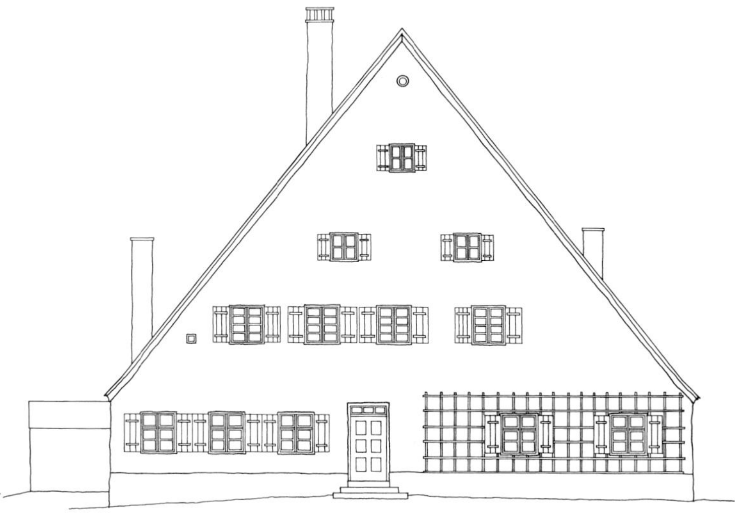

Ansicht Wohnstallhaus von Süden.

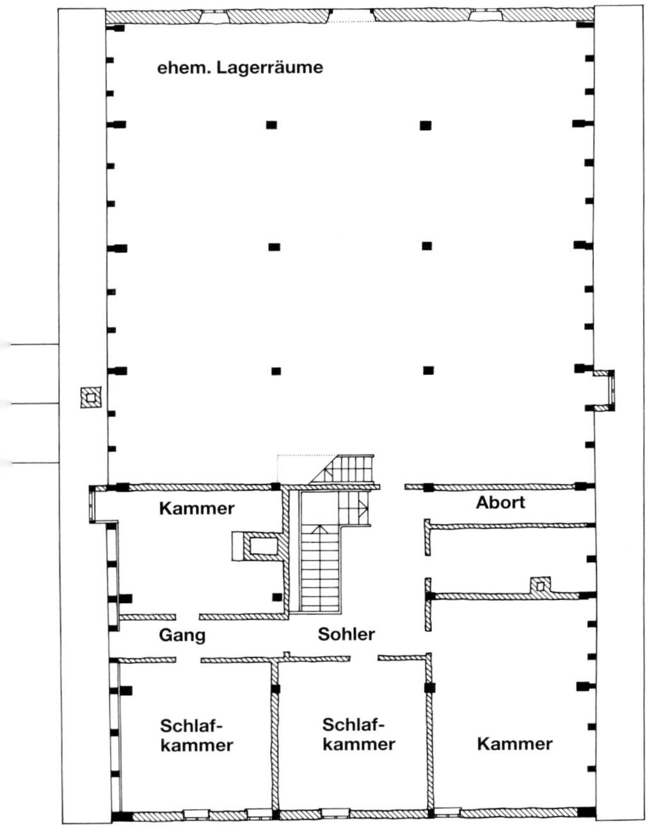

Dachgeschoß Wohnstallhaus.

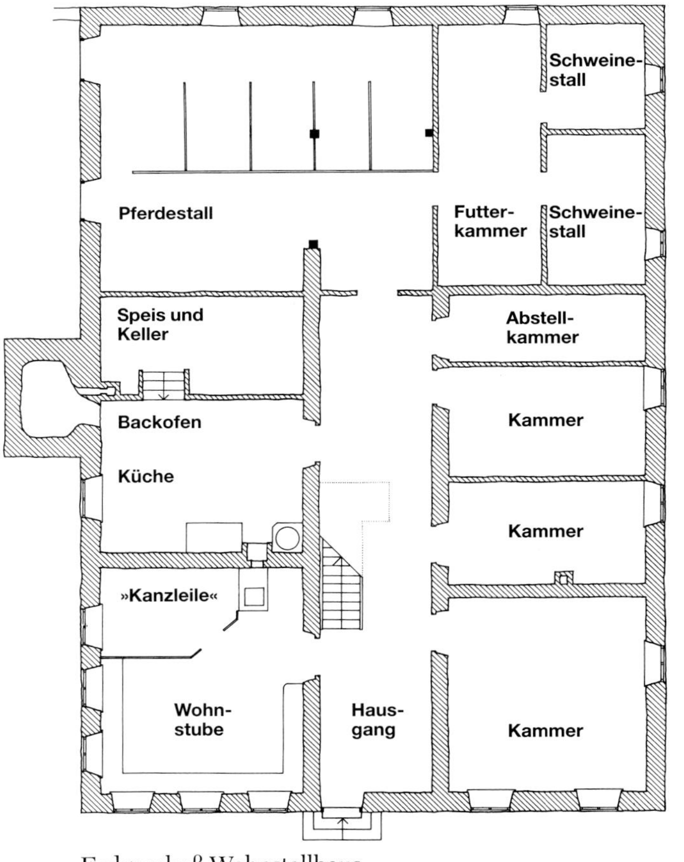

Erdgeschoß Wohnstallhaus.

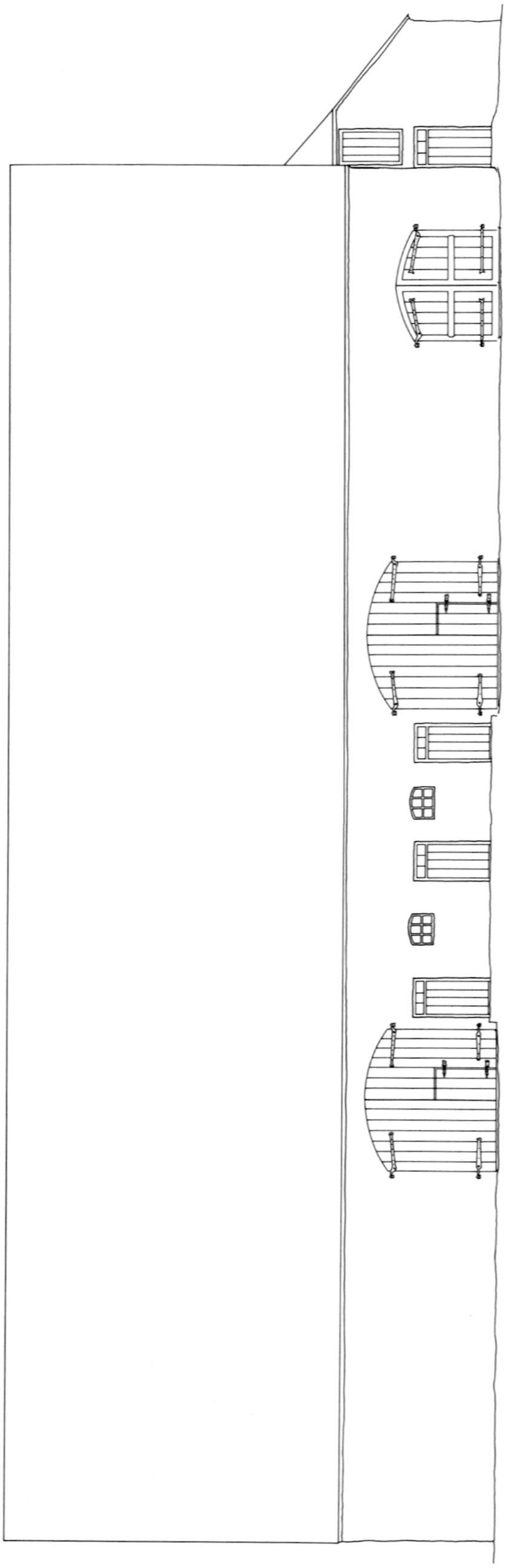

Ansicht Stall-Scheune von Norden.

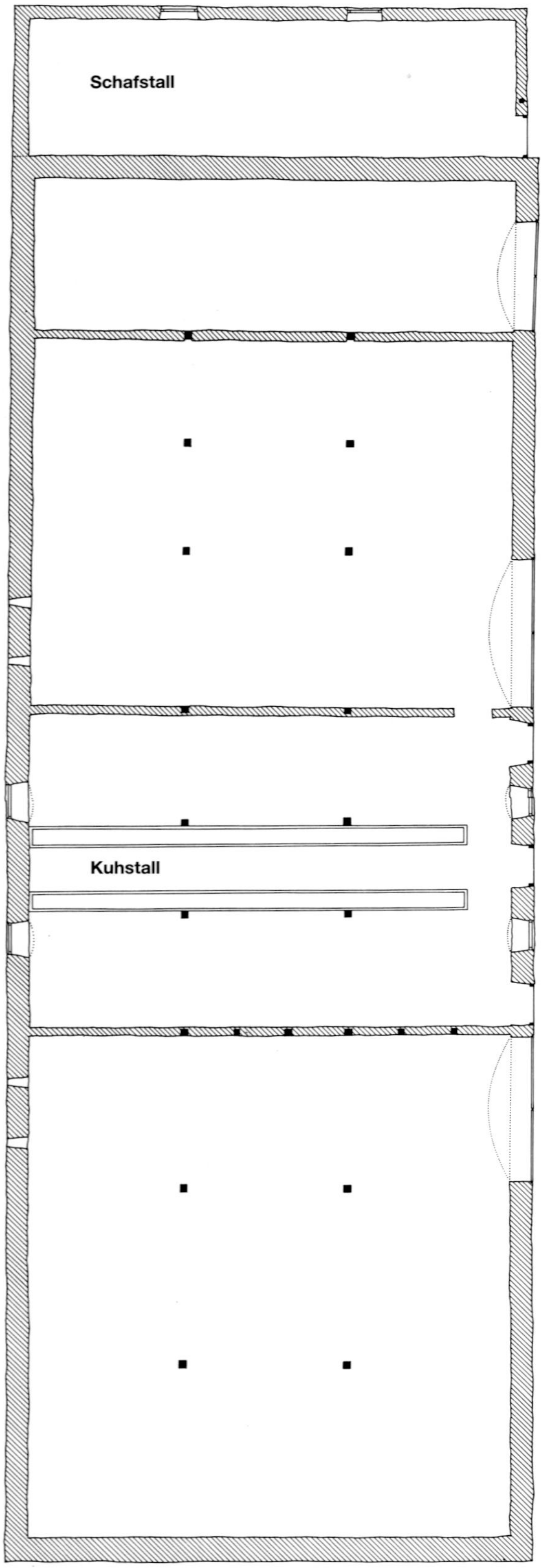

Erdgeschoß Stall-Scheune.

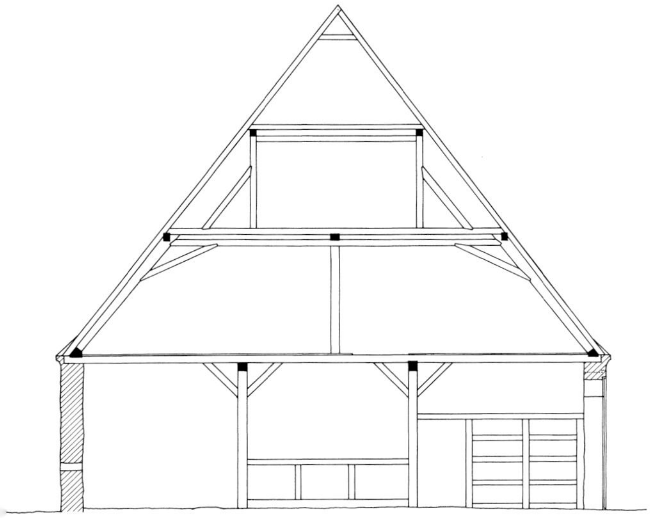

Querschnitt Stall-Scheune.

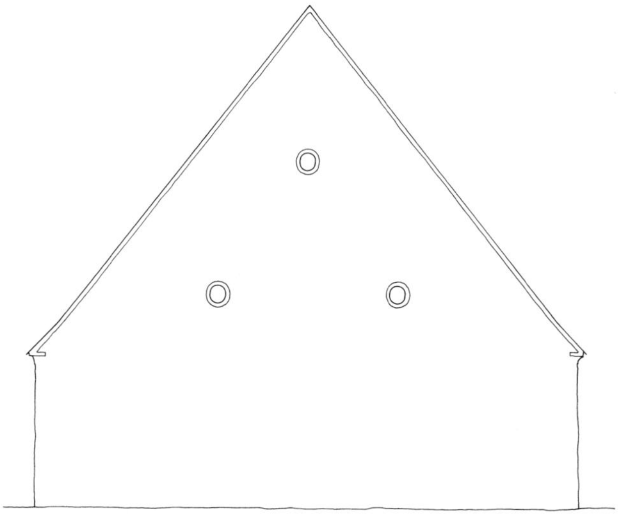

Ansicht Stall-Scheune von Osten.

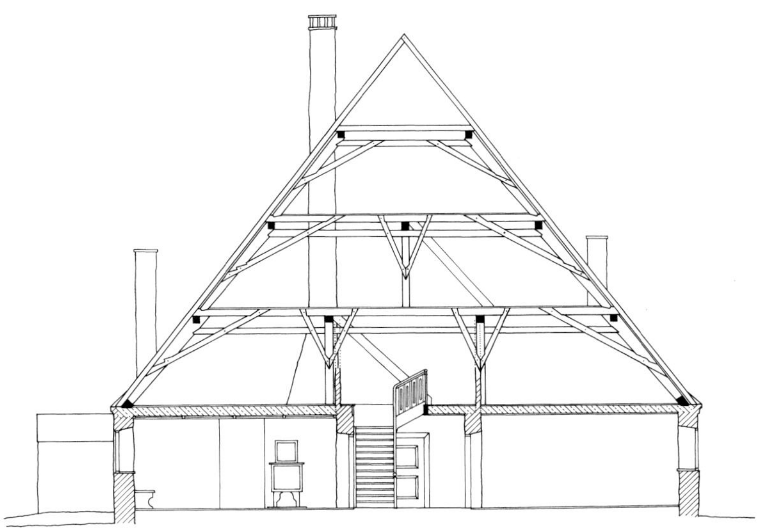

Querschnitt Wohnstallhaus.

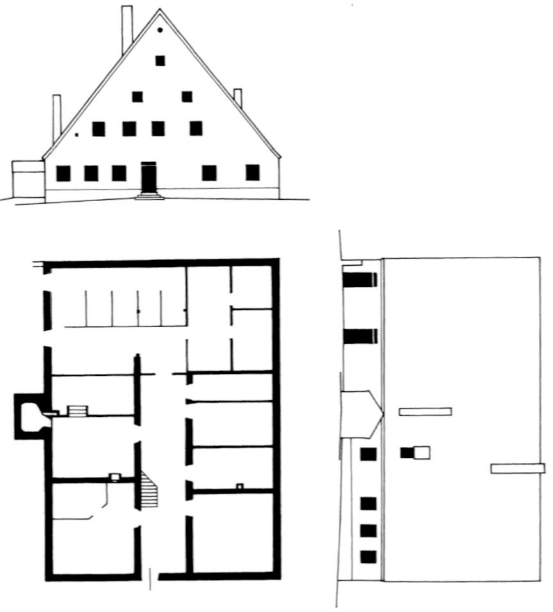

Ort	
Löpsingen, Ortsstraße 29	
Gebäude	
Gebäudeart	Wohnstallhaus
Wandkonstruktion	Ziegel
Geschoßzahl	1 + Dach
Geschoßhöhe	2,8 m
Grundfläche (B × L)	340 qm (15,6 × 21,4 + 2,0 × 3,2 m)
Umbauter Raum	
Vollgeschosse	1010 cbm
Dachgeschoß	1900 cbm
Dach	
Dachart	Satteldach
Dachneigung	53°
Dachdeckung	Biberschwanzplatten
Dachüberstand	
Erschließung	
Hauseingang Lage	Giebelseite
Flur Lage	Längsflur
Grundfläche (B × L)	40,5 qm (3,0 × 13,5 m)
Treppe Art	einläufig über Eck
Laufbreite	95 cm
Steigungsverhältnis	16,5/24,4 cm, 34°
Stube	
Lage	Südwestecke
Grundfläche (B × L)	24,9 qm (3,7 × 5,4 m + 1,7 × 2,5 m + 1/2 × 1,1 × 1,2 m)
Fensterzahl	5
Fensteröffnung (B × H)	95 × 110 cm
Belichtungsfaktor Fensteröffnung: Grundfläche	1 : 4,8
Stubenofen	Hinterlader von Küche
Küche	
Lage	neben Stube
Grundfläche (B × L)	22,1 qm (4,1 × 5,4 m)

Gebäudemerkmale für Bauberatung Wohnstallhaus

Das große Wohnstallhaus und der am südlichen Rand der Hofstelle errichtete Stallstadel zeigen die Größenordnung des ehemaligen Meierhofes nördlich der Dorfkirche an. Der winkelförmige Hofzuschnitt läßt eine Teilung des ursprünglich nach Westen und Norden noch größeren Hofraumes neben dem Flußlauf der Eger erkennen.

Der eingeschossige Rechteckbaukörper des Wohnstallhauses weist die eindrucksvolle Breite von 15,6 m und eine Länge von 21,4 m auf. Er wird von einem 53° geneigten Satteldach abgeschlossen, das bei der außergewöhnlichen Gebäudebreite auf drei Dachgeschosse ansteigt. Auf der westlichen Traufseite ist ein Backofen (2,0 × 3,2 m) an die Küche angebaut und mit einem flacheren Satteldach abgedeckt.

Die vorgelegten Treppenstufen überwinden die Sockelhöhe der südlichen Giebelseite bis zur Haustüre, die sich zu einem Längsflur öffnet. Hier führt die einläufige Treppe mit einem Viertelpodest am oberen Austritt in das auf der Südseite ausgebaute Dachgeschoß.

Die Stube erreicht einschließlich des später mit einem Holzverschlag abgeteilten »Kanzleile« die Ausmaße von 5,4 × 6,2 m Seitenlänge. Sie wird über Eck von je drei Fenstern der südlichen Giebelseite und der westlichen Traufseite belichtet. Dahinter folgt die Küche, von der aus der Stubenofen als Hinterlader beheizt wird. Auf der Ostseite des Längsflurs liegt eine Zone von Kammern, die bis zum Stall durchgeht.

Die Querwand von Pferdestall und seitlicher Futterkammer trennt auch zwei kleinere Schweinestallräume vom Wohnteil ab.

Im Obergeschoß erschließt der in die Gebäudemitte eingefügte Flur (Sohler) drei Kammern am breiten Südgiebel. Eine seitliche Kammer wird durch eine Dachgaube belichtet. Der überwiegende Dachraum dient als großer Lagerboden.

Der aus Ziegeln gemauerte Massivbau erreicht in dem verputzten, durch Gesimsbänder nicht zusätzlich gegliederten südlichen Giebel eine besonders großzügige Einfachheit. Dazu trägt auch die freie Anordnung der nach oben kleiner gehaltenen Fensterachsen im Dachdreieck bei.

Auch der große Nordgiebel des Wirtschaftsteils, mit Stall im Erdgeschoß und Lager im Dachraum bildet mit den symmetrisch ausgeteilten Luken ein bedeutendes Denkmal bäuerlichen Bauens.

Bei 340 qm überbauter Fläche ergibt der Umrechnungsfaktor von 0,75 eine Nutzfläche des Erdgeschosses von ca. 255 qm.

Bauhistorische Beschreibung
Stall-Scheune

Quer zum Südgiebel des Wohnauses gelagert, befindet sich im Hofraum des Urmeierhofes, parallel direkt neben der Kirche in Ost-West-Ausrichtung, ein mächtiges Stadelgebäude. Das Ökonomiegebäude stammt aus dem 18. Jahrhundert und greift die Bauformen des Wohnhauses in vereinfachter Form auf. Der eingädige langestreckte Bau barg den Kuhstall, sowie Remisen- und Lagerräume, deren Größe aus der exponierten Funktion des Meierhofes resultierten. Das Dachwerk kombiniert die Konstruktion eines liegenden und eines stehenden Dachstuhles. Die Umfassungsmauern sind massiv aus Ziegeln aufgemauert worden, wohingegen die Einbauten aus Holz errichtet wurden. Der Bestand der Tore und Türen, die die Stall-Scheune erschlossen, stammt aus dem 19. Jahrhundert, was auch für den Stallraum und dessen segmentbogige Eisensprossenfenster gilt. Ebenfalls aus dem späten 19. Jahrhundert ist der Anbau eines Schafstalles an die westliche Giebelseite. Der Ostgiebel präsentiert sich mit einem gemauerten, mit einfachem Putzprofil gegliederten Ortgang und drei kreisrunden Öffnungen, sogenannte »Oculi«, im bauzeitlichen Zustand. Der seit etwa 100 Jahren unveränderte Stadel wurde 1984 renoviert.

Gebäudemerkmale für Bauberatung
Stall-Scheune

Gegenüber dem Südgiebel des Wohnhauses steht mit ostwestgerichtetem First die große Stall-Scheune des Meierhofs an der Südgrenze der Hofstelle neben der Kirche. Der geschlossene Rechteckbaukörper ist 14,5 m breit und 39,9 m lang. Hinzu kommt an der dem Flußlauf der Eger zugewandten Giebelseite der Anbau eines Schafstalles, der nicht mehr unter den langen First des 53° steilen Satteldaches einbezogen ist, sondern bei geringerer Traufhöhe eine abgeschlepptes Pultdach trägt.
Die Zufahrt zu den an beiden Giebelenden liegenden Scheunenteilen erfolgt von der nördlichen Traufseite durch mit Segmentbogen überwölbte zweiflüglige Brettertore. Ein drittes niedrigeres Segmentbogentor öffnet eine weitere Lagerfläche neben dem Westgiebel, an dem der Pultdachanbau des Schafstalles anschließt.
Zwischen beiden Tennenteilen ist der quergerichtete Kuhstall eingefügt, dessen mittlere Türe zum Futtergang führt und dessen beide seitliche Türen der Entmistung dienen. Die beiden großen Tennentore und die drei Stalltüren mit den beiden dazwischen angeordneten Fenstern bilden eine Teilsymmetrie an der langen nördlichen Traufseite aus, die auf eine bewußte Baugestaltung schließen läßt.
Der aus Ziegelmauern errichtete Massivbau wird im Innern von einer Holzkonstruktion getragen, die im Dachdreieck als liegender Stuhl und darüber mit einem stehenden Dachstuhl ausgebildet ist. Das monumentale Dachdreieck zeichnet sich auch in dem durch drei Rundöffnungen belüfteten Ostgiebel mit dem gemauerten Ortgang ab.

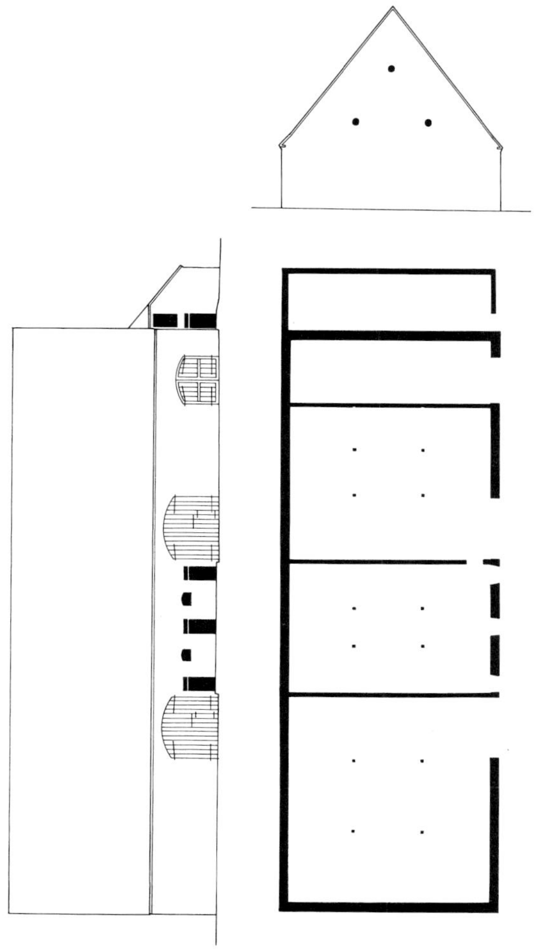

Ort	
Löpsingen, Ortsstraße 29	
Gebäude	
Gebäudeart	Stall-Scheune
Wandkonstruktion	Ziegel
Geschoßzahl	1 + Dach
Geschoßhöhe	4,2 m
Grundfläche (B × L)	639 qm (14,5 × 39,9 m + 14,1 × 4,3 m)
Umbauter Raum	
Vollgeschosse	2580 cbm
Dachgeschoß	2880 cbm
Dach	
Dachart	Satteldach
Dachneigung	53°
Dachdeckung	
Dachüberstand	

Mertingen

Mardostraße 10

Gemeinde Mertingen, Landkreis Donau-Ries

Einfirsthof mit Stall und Scheune
»Untermetzgersölde« (19. Jahrhundert)
1883: erbaut
1990: Dorfmuseum (Museumsverein Mertingen)

Zur Siedlung

Dort wo Lech- und Schmuttertal mit dem Tal von Donau und Zusam zusammentreffen, wurde Mertingen in der Nähe zweier Römerstraßen und eines römischen Kastells als Ansiedlung wohl zur Zeit der germanischen Landnahme gegründet. Die Dorfsiedlung strukturierte sich mit weit auseinanderliegenden Höfen und dazwischen liegenden Sölden. 1825 bestand der Ort aus einem Gut, 19 Höfen, 77 Sölden, 35 halben Sölden, 12 Gnadenhäusern, vier halben Gnadenhäusern und $4^1/_2$ Leerhäusern (ohne Grundbesitz). Noch heute besitzt Mertingen eine große Ackerflur. In der Gemarkung liegen zudem ausgetorfte Grundstücke, die der Streunutzung dienten und als nun Landschaftsschutzgebiet ausgewiesen sind. Im Dorfmuseum wird aus diesem Grund auch der in der Gegend übliche Torfstich dokumentiert.

Zur Hofgeschichte

Die heute die Funktion als Dorfmuseum wahrnehmende »Untermetzgersölde« wurde nach dem Dorfbrand von 1883 neu erbaut. Die Geschichte ihrer im 19. Jahrhundert dreimal wechselnden Besitzer spiegelt wider, wie häufig auf dem Land vor allem die Häuser kleiner Anwesen getauscht worden sind, während man die Flächenbesitzungen behielt und zur neuen Hausnummer transferierte. An Stelle des jetzigen Anwesens stand ein Söldanwesen, das 1814 durch Verheiratung der Witwe Kreszenz Müller an

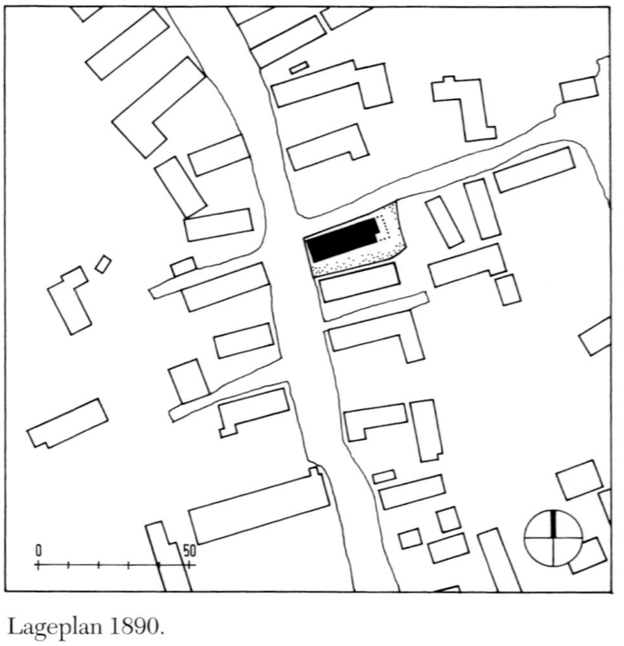

Lageplan 1890.

Giebelseite von Westen um 1930.

Sebastian Hießinger ging. Für ihn ist im Urkataster eine »Metzgergerechtsame« eingetragen. 1845 belief sich der Gesamtbesitz auf gut 50 Tagwerk Grund, was die Sölde als für die Gegend mittelgroßen Betrieb auswies. Die Demharters zogen 1874 nach Hausnummer 83. Die Sölde wurde an zwei Immobilienmakler verkauft, von denen Gordian Lachenmaier mit seiner Frau Anna die Sölde gegen Tausch von seiner bisherigen Hofstelle Nr. 118b erhielt. 1889 tauschte Lachenmaier über den Gütermakler Ullman den Hof, den 1902 Joseph Mannes um 4 700 Gulden erwarb. Bis 1925 befand sich in der Sölde einer von vier Gemischtwarenläden in Mertingen. Dazu kam es, weil Joseph Mannes, der auch Botengänge erledigte, einmal wöchentlich in Donauwörth die im Dorf gesammelten Naturalien wie Eier, Butter und Gemüse auf dem Markt verkaufte. Im Gegenzug brachte er Waren aus Donauwörth für die Dorfbewohner mit. 1971 vererbte der letzte Nachkomme der Mannes-Familie die Sölde an Michael Martin, der 1987 Haus und Hofraum an die Museumsfreunde Mertingen verkaufte.

Historische Baubeschreibung

Der Wiederaufbau der Untermetzgersölde nach dem Mertinger Dorfbrand von 1883 erfolgte auf den Grundmauern des abgebrannten Gebäudes. Der Keller mit einem böhmischen Gewölbe blieb erhalten. Ebenso überdauerten Eisenteile des Stubenofens, mit der Jahreszahl 1867 versehen, den Brand. Mit dem Neubau fiel der zur Erweiterung von Tenne und Scheune angebaute Widerkehr weg, der in der Mitte des 19. Jahrhunderts notwendig geworden war, nachdem die Wirtschaftsfläche des Hofes deutlich die übliche Größe für eine einfache Sölde überstieg. Der erdgeschossige aus Ziegeln gemauerte Mitterstallbau wird traufseitig von der südlichen Hofseite erschlossen. Es handelt sich um einen im gesamten Mittel- und Nordschwaben einst verbreiteten Haustypus. Den durchgesteckten, mit Solnhofener Platten gepflasterten Hausgang erhellen das Oberlicht in der Haustür und ein am anderen Gangende eingesetztes Fenster. Zwischen Kammer und der nördlich angeordneten Knechtkammer oder Austragstube

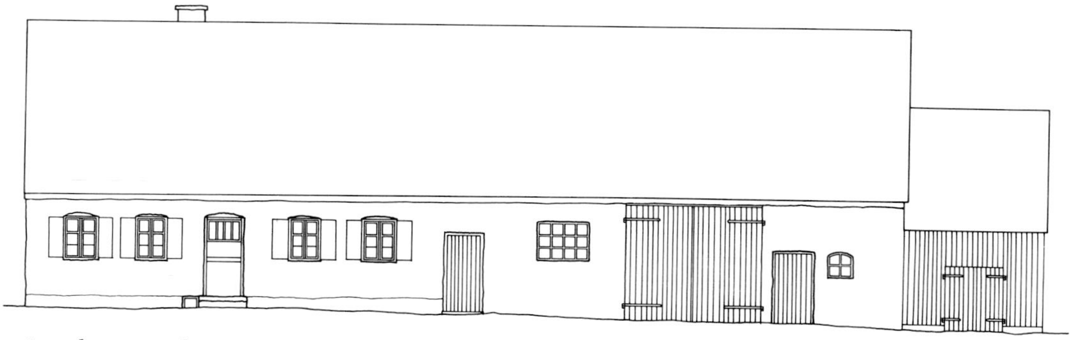

Ansicht von Süden.

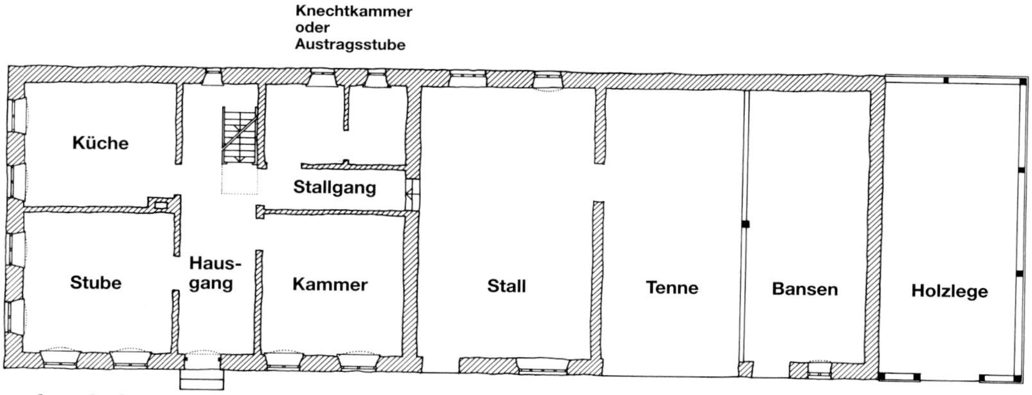

Erdgeschoß.

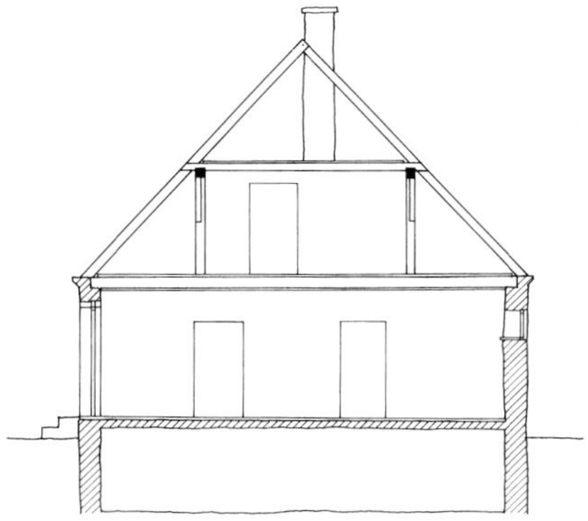

Querschnitt.

Ansicht von Westen.

Ansicht von Norden.

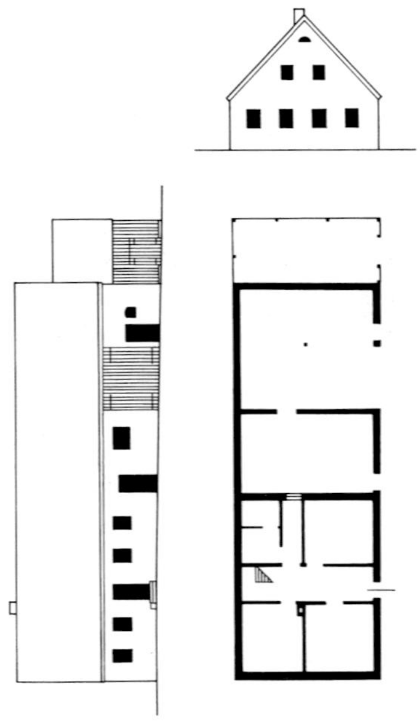

Ort	
Mertingen, Nr. 116	
Gebäude	
Gebäudeart	Wohnstallhaus
Wandkonstruktion	Ziegel
Geschoßzahl	1 + Dach
Geschoßhöhe	2,8 m
Grundfläche (B × L)	224 qm (8,3 × 26,9 m)
Umbauter Raum	
Vollgeschosse	720 cbm
Dachgeschoß	510 cbm
Dach	
Dachart	Satteldach
Dachneigung	47°
Dachdeckung	Biberschwanzziegel
Dachüberstand	
Erschließung	
Hauseingang Lage	Traufseite
Flur Lage	Querflur
Grundfläche (B × L)	19,1 qm (2,0 × 7,4 m + 1,1 × 3,9 m)
Treppe Art	einläufig
Laufbreite	80 cm
Steigungsverhältnis	19,0/17,0 cm, 48°
Stube	
Lage	Südwestecke
Grundfläche (B × L)	14,8 qm (3,8 × 3,9 m)
Fensterzahl	4
Fensteröffnung (B × H)	85 × 105 cm
Belichtungsfaktor Fensteröffnung: Grundfläche	1 : 4,2
Stubenofen	
Küche	
Lage	neben Stube
Grundfläche (B × L)	13,6 qm (3,4 × 4,0 m)

führt ein Verbindungsgang direkt in den Stall, von dort zur Tenne. Der 1902 eingerichtete Kramladen wurde in der Knecht- oder Austragskammer betrieben. Bei der Restaurierung des Gebäudes für Museumszwecke 1987 blieb die alte Raumfolge erhalten.

Gebäudemerkmale für Bauberatung

Die mit der Schmalseite auf die nordsüdlich verlaufende Dorfstraße ausgerichtete Hofstelle ist, wie die benachbarten Anwesen in die Tiefe entwickelt.
Um trotz der geringen Grundstücksbreiten einen möglichst großen ungeteilten Hof für die Landwirtschaft oder das Handwerk zu erhalten, sind die mit den Giebeln des Wohnteils auf die Straße ausgerichteten Wohnstallhäuser nahe oder auf der seitlichen Grundstücksgrenze, hier der Nordgrenze erbaut.
Der Neubau von 1883 nach dem Dorfbrand weist die Merkmale des entwickelten Massivbaus am Ende des 19. Jahrhunderts auf. Der langgestreckte geschlossene Rechteckbaukörper von 8,3 m Breite und 26,9 m Länge trägt ein 47° geneigtes ziegelgedecktes Satteldach mit von West nach Ost durchgehendem First.
Der Zugang erfolgt über den von Westen her erschlossenen Hof auf der südlichen Traufseite des Hauses. Der durchgehende Querflur nimmt die einläufige Treppe in das Dachgeschoß auf, in dem am Westgiebel eine Kammer ausgebaut ist. Der Hausgang trennt im Wohnteil links und rechts zwei gleiche Raumzonen ab.
Die Südwestecke ist der nahezu quadratischen Stube (3,8 × 3,9 m Seitenlänge) vorbehalten. Sie wird von 2 × 2 Fenstern gleicher Größe und gleicher Achsabstände zur Außenecke hin belichtet und läßt damit eine Diagonalsymmetrie erkennen. Dem entspricht auch die Ofenecke an der Trennwand zu der seitlich anschließenden Küche.
Auf der gegenüberliegenden Gangseite erhält die Kammer ebenfalls zwei Fensterachsen, neben der in Firstrichtung ein Gang zum Stall führt, der über eine Außentüre mit dem Hofraum verbunden ist. Von dort werden auch Tenne und die am Ostgiebel angefügte niedrigere Holzlege beschickt.
Das Baugefüge ist durchweg im verputzten Ziegelmauerwerk aufgeführt, das auch die Gestaltung des massiven Ortganges am Westgiebel bestimmt. Die Axialsymmetrie des Westgiebels und die gleichen Fensterpaare links und rechts neben der Haustüre in der südlichen Traufseite lassen das Bestreben nach einer baulichen Regelmäßigkeit erkennen, die sich schon in der Grundrißorganisation abzeichnet.
Bei 224 qm überbauter Fläche ergibt der Umrechnungsfaktor von 0,75 ca. 168 qm Nutzfläche im Erdgeschoß.

Tagmersheim

Goggenhofstraße 3 (alte Nr. 35)

Gemeinde Tagmersheim, Landkreis Donau-Ries

Einfirsthof
»Goggenhof«
»Bruijakkel« (1810)
1603: erbaut (d)
1999: Abbruch

Traufseite von Süden.

Zur Siedlung

Tagmersheim ist zwischen Spindeltal und Altmühltal an der östlichen Grenze des Bezirks Schwaben gelegen. Die Anfänge der Siedlung liegen im 7. Jahrhundert. Das Dorf entwickelte sich im Gebiet zwischen dem Wassergraben der ehemaligen Wasserburg aus dem 14. Jahrhundert und einem weiter talwärts gelegenen Weiher. Die Flur umfaßte aufgrund ihrer Lage in der »Monheimer Alb« zahlreiche Ödhänge und Niederholz, so daß sich Schafhaltung und Schafzucht für den landwirtschaftlichen Erwerb anboten. Um 1800 wurden die kleinen Söldanwesen des Ortes häufig geteilt, was zu einer Verdoppelung der Familien aber zur Halbierung der jeweiligen Landwirtschaftsflächen führte. Auch in Tagmersheim schwankte die Größe der Söldanwesen zwischen einem Tagwerk und bis zu 40 Tagwerk Wirtschaftsfläche. Von 106 Anwesen im Jahr 1841 waren 16 halbe Sölden, 67 ganze Sölden, und elf Gnadenhäuser. Die in halben Sölden und Gnadenhäusern lebenden Taglöhner waren auf den Ländereien und im Steinbruch der Gutsherrschaft zur Arbeit verpflichtet. Drei ganze Höfe und ein halber Hof bildeten die ökonomische »Oberschicht«.

Zur Hofgeschichte

Der Goggenhof gehört zu den ältesten Anwesen des Dorfes Tagmersheim und läßt sich als Hofstelle noch vor der Erbauung des erhaltenen Anwesens im Jahr 1603 belegen. Aufgrund seiner historischen Schlüsselstellung im Ort überdauerte dieses Bauernhaus fast vier Jahrhunderte. In der ersten bayerischen Steuerfassion aus dem Jahr 1810 wird das Anwesen des Lorenz Brechenmacher, bekannt unter dem Hausnamen »Bruijakkel«, als Bauerngut bezeichnet, das neben Krautgärten 5 Tagwerk Wiesen und $16^{7}/_{8}$ Jauchert Acker umfaßte. 1829 übergab die Witwe Anna Maria Brechenmacher den 23 Tagwerk großen Hof an ihren Sohn Mathias. Der Hof war damals zur Gutsherrrschaft von Tagmersheim abgabepflichtig, also dem Bankier Daniel Wohnlich aus Augsburg, der die Hofmark von Franz Anton Pestalozza erworben hatte. Ihm zahlte er das Scharwerksgeld, während die Zehnten noch 1841 in Getreide an das königliche Rentamt in Dinkel, Roggen, Gerste und Haber abgeführt werden mußten. Zu diesem Zeitpunkt bewirtschaftete Brechenmacher 46,3 Tagwerk Land. 1852/53 kam es zu einer Zertrümmerung des Hofes. Die Hälfte der Flächen und das Haus blieben jedoch im Besitz des Mathias Brechenmacher. 1858 heiratete Michael Degmaier ein, dessen Witwe Anna 1887 schließlich den 26 Tagwerk großen Betrieb an ihren Sohn Georg Degmaier und dessen Braut Walburga Heckl übergab. Im Besitz der Degmaiers wurde der Hof bei einer Größe von rund 10 Hektar auch im 20. Jahrhundert weiterbetrieben. In dem Wohnteil lebte bis zu seinem Tod 1972 Josef Degmaier, der 1963 den Hof an seinen Sohn Georg übergeben hatte. 1984/85 wurde die Bewirtschaftung des Hofes aufgegeben.

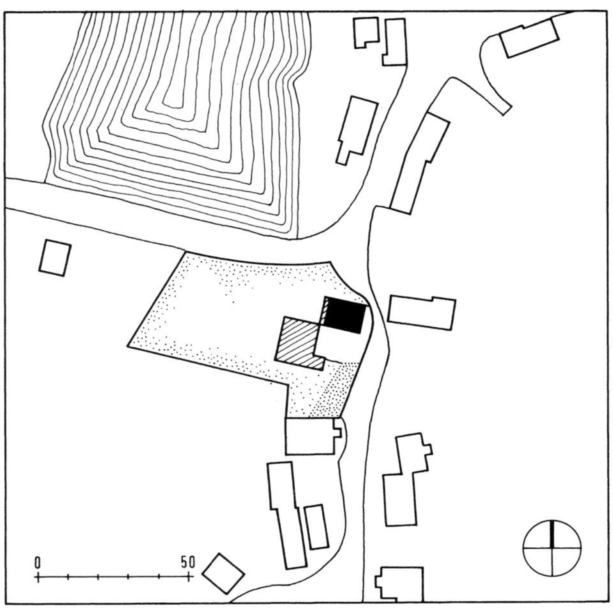

Lageplan 1825.

Bauhistorische Beschreibung

Als eines der letzten für die Gegend des Altmühltales typischen mit Kalkplatten gedeckten Jurahäuser im Bezirk Schwaben hatte sich der Kerbelhof in Tagmersheim erhalten. Das giebelständige Bauernhaus war an einem nach Osten und Süden abfallenden Hanggrundstück in der Dorfmitte gelegen. Über dem aus massivem Bruchstein gemauerten Erdgeschoß erhob sich ein flach geneigtes Pfettendach mit Kniestock, der bereits bauzeitlich als Obergeschoß ausgebaut war. Die Außenwände bestanden aus ge-

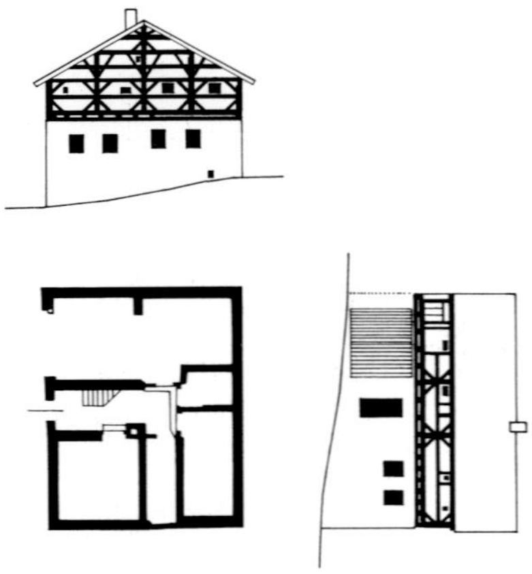

Ort	
Tagmersheim, Goggenhoferstraße 3	
Gebäude	
Gebäudeart	Wohnstallhaus
Wandkonstruktion	Bruchstein, Fachwerk mit Lehmausfachung
Geschoßzahl	2 + Dach
Geschoßhöhe	2,9 m
Grundfläche (B × L)	117 qm (9,6 × 12,2 m)
Umbauter Raum	
Vollgeschosse	640 cbm
Dachgeschoß	180 cbm
Dach	
Dachart	Satteldach
Dachneigung	30°
Dachdeckung	Kalkplatten
Dachüberstand	20 cm (Giebelseite)
Erschließung	
Hauseingang Lage	Traufseite (ehem. Giebelseite)
Flur Lage	Querflur (ehem. Längsflur)
Grundfläche (B × L)	12,4 qm (2,1 × 5,9 m)
Treppe Art	einläufig
Laufbreite	70 cm
Steigungsverhältnis	18,5/24,5 cm, 37°
Stube	
Lage	Südostecke
Grundfläche (B × L)	15,2 qm (3,8 × 4,0 m)
Fensterzahl	4
Fensteröffnung (B × H)	80 × 100 cm
Belichtungsfaktor Fensteröffnung: Grundfläche	1 : 4,8
Stubenofen	
Küche	
Lage	neben Stube
Grundfläche (B × L)	6,3 qm (1,5 × 4,2 m)

zäuntem Fachwerk. Die Konstruktion des Hauses folgte – auch in ihren ausschließlich verzapften Verbindungen der Holzkonstruktion – einem Standard, den zahlreiche Jurahäuser seit dem 15. Jahrhundert besaßen. Dendrochronologischen Untersuchungen zufolge war für den Hof im Jahr 1603 das Holz geschlagen worden, das wenig später zu dem dreijochigen Bauernhaus verbaut wurde.

Bis in die Zeit um 1900 besaß das Haus den bauzeitlichen Grundriß. Demnach war der Wohnteil giebelseitig über einen noch vorhandenen Längsflur erschlossen, der bis an die ehemalige Stallwand grenzte. An diesen Längsflur grenzte nach Süden eine Stube, deren Stuckdecke 1926 entfernt wurde, und anschließend die Küche. Um 1900 wurden die Erschließungsachsen des Hauses verändert. Zur Haustür wurde nun der ehemalige Hofzugang von der Küche an der südlichen Traufseite. Von hier führte jetzt ein Querflur nach Norden, in dessen mittleren Bereich sich die Küche mit einem böhmischen Gewölbe und einem deutschen Kamin befand. Mit dem Einbau des Querflurs wurde zudem die Treppe verlegt.

Im Dachgeschoß war im mittleren Joch zur Giebelseite hin eine kleine Dachkammer angebaut, deren Bretterwände verputzt und mit einem mehrfarbigen geometrisierenden Bänderfries bemalt waren. Zwei weitere Kammern kamen im 19. Jahrhundert dazu. Der übrige Raum des Dachbodens wurde als Getreideboden genutzt.

Gebäudemerkmale für Bauberatung

Die Hofstelle ist von der im Osten vorbeiführenden Ortsstraße aus erschlossen. Das Wohnstallhaus und die Stall-Scheune bilden einen nach Osten uns Süden hin offenen Winkel aus.

Der zweigeschossige Rechteckbaukörper von 9,6 × 12,2 m Seitenlänge trägt ein 30° geneigtes Satteldach, das mit Kalkplatten gedeckt ist.

In der Raumorganisation ist ein früherer Bauzustand mit giebelseitiger Erschließung von Osten und einem First parallelen Längsflur zu unterscheiden von der späteren Situation nach dem Umbau mit dem Querflur zur südlichen Traufseite, der Umwidmung des bisherigen Längsflurs in eine Küche mit daneben angeordneter Speisekammer.

Bei der Stube wurde die alte Lage in der Südostecke beibehalten. Der mit Abmessungen von 3,8 × 4,0 m nahezu quadratische Raum wird von zwei Fensterpaaren über Eck belichtet.

Im Dachgeschoß erschließt der Querflur mit der einläufigen Treppe auf den östlichen Giebel eine Reihe kleiner Kammern, auf der Westseite den Dachboden über dem ehemaligen Stall.

Das Baugefüge ist im Erdgeschoß aus Bruchsteinmauerwerk aufgeführt, im Dachstuhl mit hohem Kniestock als Fachwerk ausgebildet.

Das konstruktive Gerüst des Fachwerks ist durch die waagrechten Brust- und Stirnriegel des niedrigen Dachgeschosses ebenso gekennzeichnet wie durch die regelmäßige Abfolge der mit Streben abgestützten senkrechten Ständer, die vor allem im Giebeldreieck die Baugestaltung wirkungsvoll betonen.

Bei 117 qm überbauter Fläche ergibt der Umrechnungsfaktor von 0,75 eine Nutzfläche von ca. 88 qm.

Ansicht von Osten.

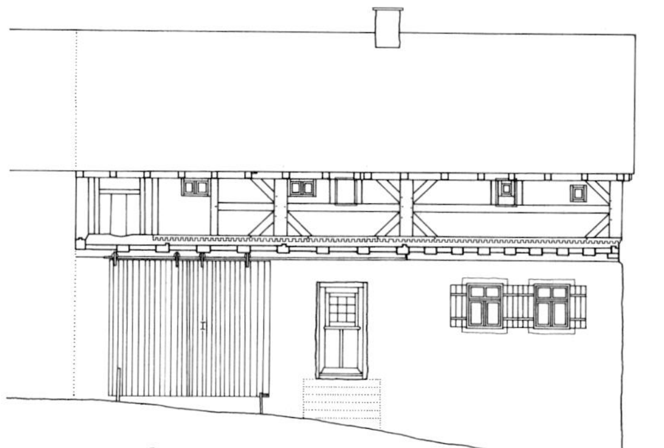

Ansicht von Süden.

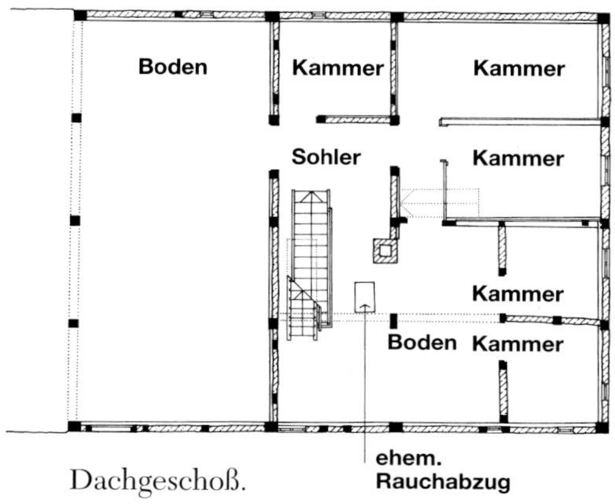

Dachgeschoß.

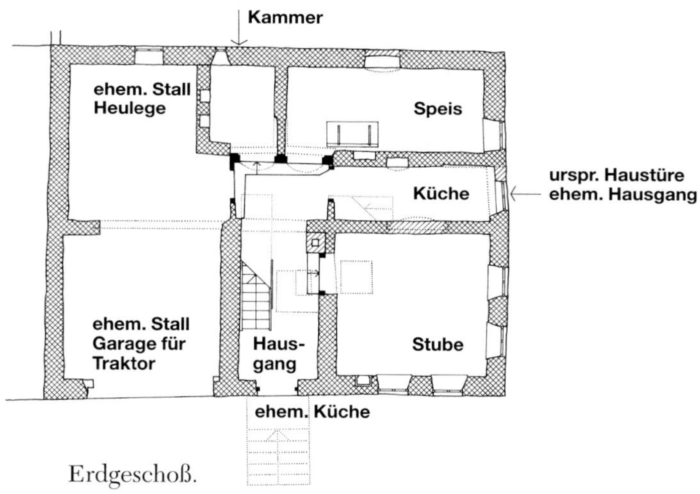

Erdgeschoß.

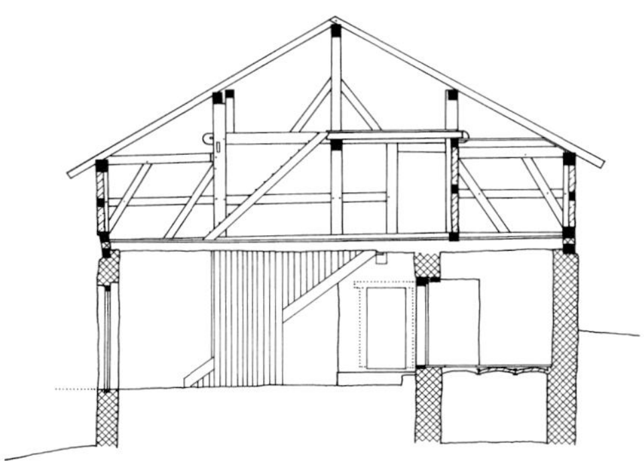

Querschnitt.

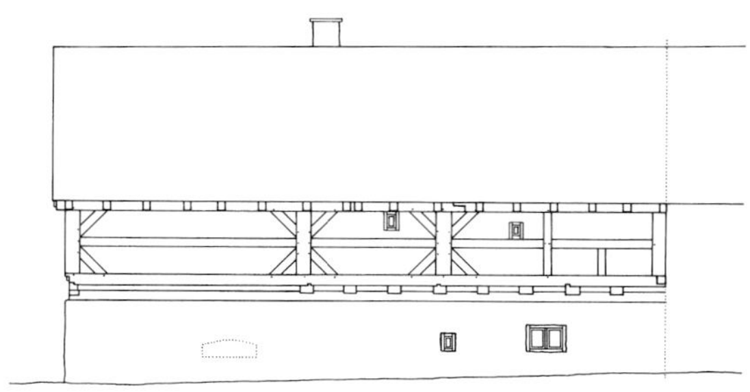

Ansicht von Norden.

Unterbuch

Nr. 5

Gemeinde Daiting, Landkreis Donau-Ries

Wohnstallhaus
»1/4 Hof beim Lengacker« (1808)
»halber Mairhof« (1841)
Erbaut: zweite Hälfte 18. Jahrhundert
1991: Abbruch

Zur Siedlung

Das kleine Haufendorf Unterbuch wurde als »Underbuoch« im 14. und 15. Jahrhundert urkundlich erwähnt. Bis zur Säkularisation stand der Ort unter der Herrschaft des Stiftes Kaisheim. Zur Zeit der Erstellung des Urkatasters im Jahr 1841 bestand der Ort aus 15 Anwesen, von denen drei als halbe Höfe, einer als ganzer Hof und die restlichen als Sölden bezeichnet werden. Allerdings schwankte die Flächengröße der Sölden zwischen zwei und fast 50 Tagwerk zu bewirtschaftender Gründe. Als späterer halber Hof gehörte die Nr. 5 zu den großen Anwesen.

Zur Hofgeschichte

Der Besitzfassion aus dem Jahr 1808 folgend, hatte Georg Mair 1778 den Viertelhof von seiner Stiefmutter übernommen. Neun Morgen Acker und drei Tagwerk Wiesen gehörten zu dem Anwesen, das 1818 an Johann Huber ging. Nach dessen Tod heiratete seine Witwe Walburga den Georg Schuster. 1841 umfaßte das nun als halber Hof ausgewiesene Anwesen 81 Tagwerk Grund, vor allem Ackerland. 1846 folgte Johann Georg Schuster als Hoferbe. Er kaufte kleinere Flächen zu und baute 1876 einen neuen Stadel. 1888 schließlich wurde der Hof an Georg Schuster und dessen Braut Maria Anna Glafs übergeben. Aufgrund der Gemeindegründeverteilung im Jahr 1898 erreichte der Hof nun eine Größe von mehr als 83 Tagwerk. Den Zeichen der Zeit aufgeschlossen, erfuhren 1911 die Wirtschaftsgebäude eine Erweiterung. Zum Wohnstallhaus und dem Stadel, in dem sich Stall und Schweinestall befanden, kam eine Wagenremise und 1913 ein Göpelhaus. 1920 übernahm Georg Schuster jun. das Anwesen und heiratete Maria Kugler. Seit 1956 führten Josef und Kreszenz Schuster die Landwirtschaft bis in die Zeit um 1980 weiter.

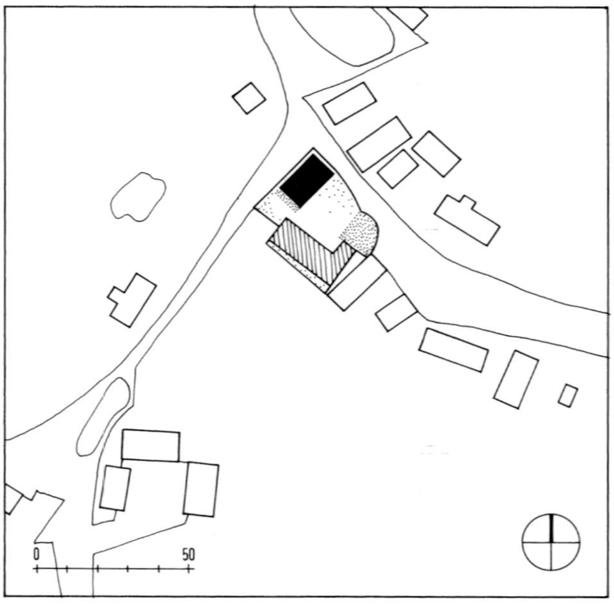

Lageplan 1825.

Traufseite von Südosten.

Bauhistorische Beschreibung

Mit dem aus dem 18. Jahrhundert stammenden Viertelhof des Georg Mair hatte sich bis 1985 ein für die Gegend eher untypisches Gebäude in einhüftiger Bauform erhalten. Bei dem mit sog. Zwicktaschen aus Solnhofener Kalkstein gedeckten Frackdach handelt es sich nicht um die ursprüngliche Form, da sich die Neigungswinkel der Ortgänge deutlich unterscheiden. Auch der Querschnitt zeigt, daß der Dachstuhl im Osten nachträglich verändert wurde. Die Außenmauern des Gehöfts waren mit Ausnahme des Nordgiebels in Bruchstein aufgemauert und verputzt. Die Innenmauern bestanden aus ausgemauertem, überputztem Fachwerk. Der Wohnteil des Hauses wurde von der östlichen Traufseite durch einen mit Solnhofener Platten gepflasterten Hausgang erschlossen. Wie üblich lagen die Stube mit zwei zu zwei Fensterachsen und die nach Süden und Westen mit nur einem Fenster versehene Küche zur Giebelseite. Von der Küche führte eine Treppe in den aus Bruchstein gemauerten tonnengewölbten Keller, der unterhalb der Stube lag. Nach Norden lagen eine Schlafkammer und eine weitere Kammer. Wohl in der ersten Hälfte des 20. Jahrhunderts wurden Veränderungen im Grundriß vorgenommen. Eine Verkleinerung der Küche ermöglichte den Kellerzugang nun von der so entstandenen Diele. Das Obergeschoß nahm zur Giebelseite den Grundriß des Erdgeschosses auf, an die östlich erhöhte Traufseite reihten sich drei weitere kleine Kammern. 1991 wurde das inzwischen baufällige Gebäude abgebrochen. An seiner Stelle wurde ein neues Wohnhaus erbaut.

Ansicht von Südwesten.

Ansicht von Südosten.

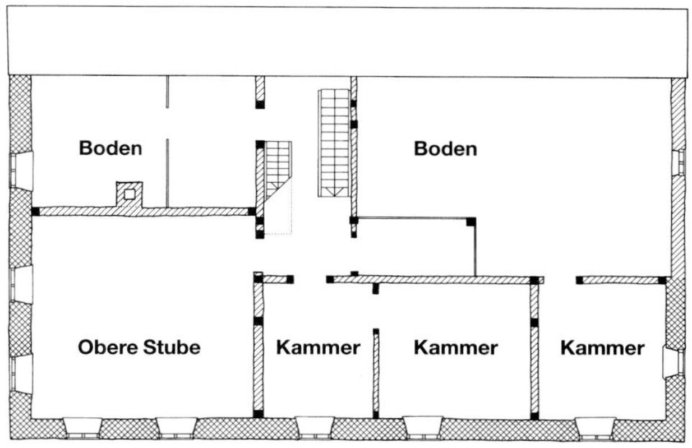

Dachgeschoß.

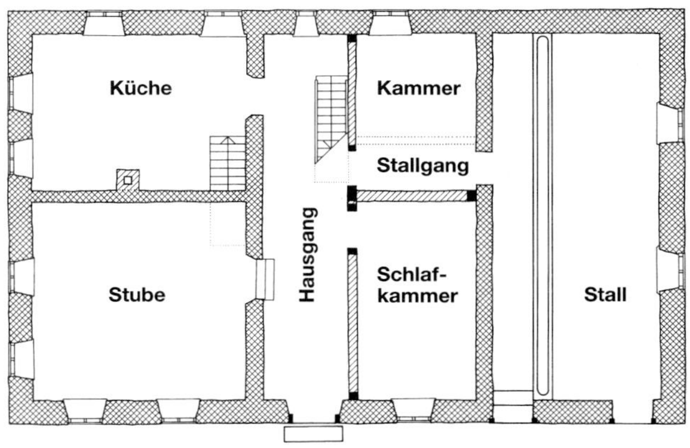

Erdgeschoß.

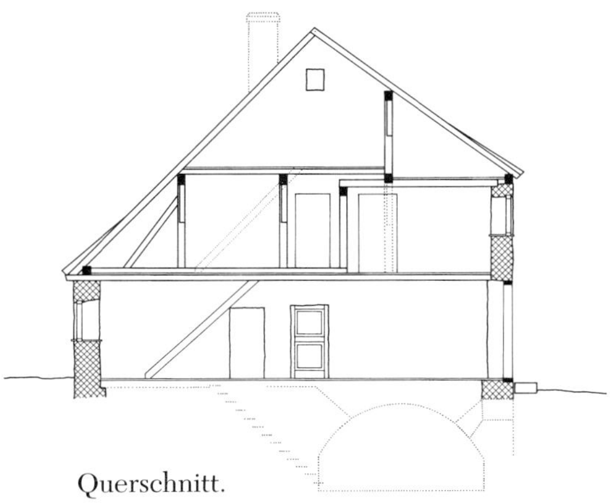

Querschnitt.

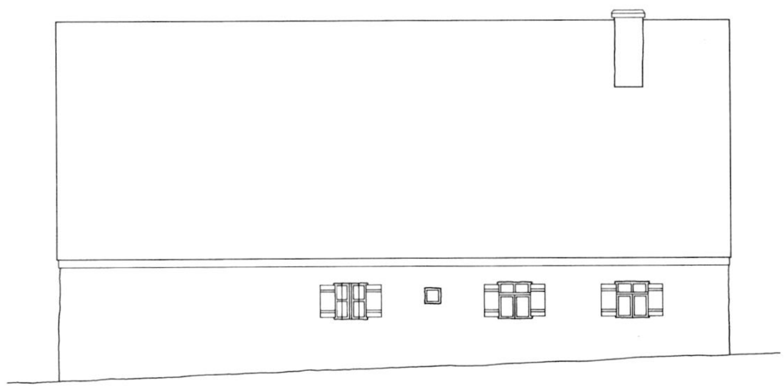

Ansicht von Nordwesten.

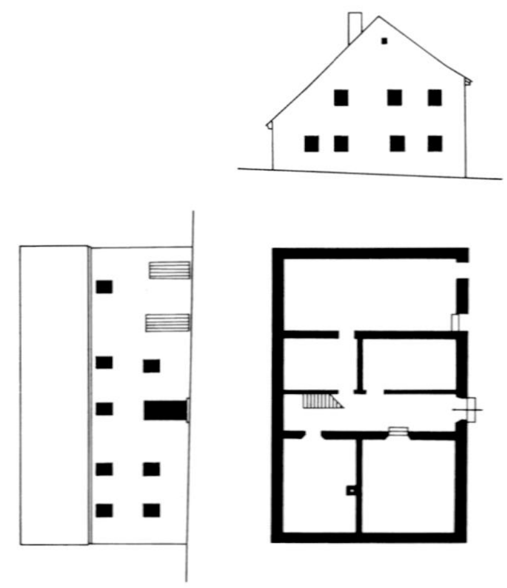

Ort	
Unterbuch, Nr. 5	
Gebäude	
Gebäudeart	Wohnstallhaus
Wandkonstruktion	Bruchstein, Fachwerk
Geschoßzahl	1–2 + Dach
Geschoßhöhe	2,5 m
Grundfläche (B × L)	164 qm (10,2 × 16,1 m)
Umbauter Raum	
Vollgeschosse	720 cbm
Dachgeschoß	260 cbm
Dach	
Dachart	Frackdach
Dachneigung	35°/45°
Dachdeckung	Solnhofener Kalkstein
Dachüberstand	
Erschließung	
Hauseingang Lage	Traufseite
Flur Lage	Querflur
Grundfläche (B × L)	21,1 qm (2,1 × 9,0 m + 1,1 × 2,8 m)
Treppe Art	einläufig
Laufbreite	70 cm
Steigungsverhältnis	17,9/20,0 cm, 42°
Stube	
Lage	Südecke
Grundfläche (B × L)	25,0 qm (4,9 × 5,1 m)
Fensterzahl	4
Fensteröffnung (B × H)	70 × 90 cm
Belichtungsfaktor Fensteröffnung: Grundfläche	1 : 9,9
Stubenofen	
Küche	
Lage	neben Stube
Grundfläche (B × L)	19,9 qm (3,9 × 5,1 m)

Gebäudemerkmale für Bauberatung

Das auf drei Seiten umbaute Anwesen wird von der im Nordwesten vorbeiführenden Dorfstraße erschlossen. Das Wohnstallhaus bildet die nordwestliche Begrenzung des zur Straße hin offenen Hofraums.

Der geschlossene Rechteckbaukörper ist 10,2 m breit und 16,1 m lang. Er trägt ein zur zweigeschossigen Südostseite mit 35°, zur eingeschossigen Nordwestseite mit 45° steiler geneigtes asymmetrisches Satteldach. Die Dachdeckung besteht aus Kalksteinplatten.

Der Zugang erfolgt an der südöstlichen Traufseite zum Wohnteil und ebenso zum Stall. Der Querflur durchzieht die ganze Gebäudebreite und nimmt nahe der gegenüberliegenden nordwestlichen Außenwand die einläufige Treppe auf.

Die nahezu quadratische Stube von 4,9 × 5, 1 m ist in die Südecke eingefügt und wird von 2 × 2 Fenstern über Eck belichtet. Ihr Boden ist um drei Treppenstufen angehoben, um für den darunter liegenden tonnengewölbten Keller die erforderliche Konstruktionshöhe zu erreichen.

Am Giebel folgt seitlich die ebenfalls mit 2 × 2 Fenstern ausgestattete Küche, von der aus der Kellerabgang erfolgt. Auf der gegenüberliegenden Flurseite liegen zwei Kammern. Zwischen ihnen führt ein kurzer Längsgang zum Stall für das Großvieh, der – wie die durchgehende Futterkrippe zeigt – in Querrichtung organisiert ist.

Das Obergeschoß enthält unter dem bis zum Erdgeschoß herabgezogenen Dach der nordwestlichen Traufseite Bodenräume, auf der zum Vollgeschoß erhöhten südöstlichen Traufseite jedoch eine obere Stube und seitlich mehrere Kammern.

Das Baugefüge besteht bei den inneren Raumtrennwänden aus Holzständerkonstruktionen mit Ziegelfeldern, bei den Umfassungswänden aus verputztem Bruchsteinmauerwerk. Der Massivbau bestimmt die knappen Übergangsprofile zum Satteldach, wie bei dem gemauerten Ortgang am Südwestgiebel.

Der Querschnitt läßt bei der Konstruktion des Dachdreiecks Veränderungen erkennen, die auf einen eingeschossigen älteren Baukörper mit stehendem Stuhl und symmetrischen Satteldach von 45° Neigung schließen lassen. Damit würde auch der Südwestgiebel mit 2 × 2 Fenstern im Erdgeschoß und darüber zwei Fenstern eine klare Aufteilung erhalten. Auch nach dem Umbau zeigt die Gliederung der zweigeschossigen südöstlichen Traufseite und des Giebels aufeinander bezogene Fensterachsen.

Bei 164 qm überbauter Fläche ergibt der Umrechnungsfaktor von 0,75 eine Nutzfläche von 123 qm.

Utzwingen

Nr. 80

Gemeinde Maihingen, Landkreis Donau-Ries

Einfirsthof, Taglöhnerhaus
»Beim Singer« (nach 1919)
Erbaut: Ende 18. Jahrhundert
1982: Abbruch

Zur Siedlung

Am westlichen Riesrand, nur etwa einen Kilometer nördlich von Maihingen, liegt das katholische Pfarrdorf Utzwingen. Um 1760 gehörten 80 der insgesamt 88 Anwesen dem Fürstentum Oettingen an. Davon kamen 22 Anwesen von den Herren von Welden, die sie 1764 an Oettingen verkauft hatten, drei von der Stadt Nördlingen, und fünf vom Kloster St. Klara zu Regensburg. Die Siedlung zeigt sich auch heute noch als locker gefügtes Haufendorf mit Dorfteich. Das kleine bäuerliche Anwesen Nr. 80 grenzte räumlich äußerst beengt im Westen fast an die Straße und hatte weder im Süden noch im Norden größere Flächen für einen angemessenen Hofraum.

Zur Hofgeschichte

Das Taglöhnerhaus läßt sich in den Steuerakten des Rentamts Oettingen zurückverfolgen bis ins Jahr 1787, als der Taglöhner Franz Kirchenbauer »ein Wohnhaus und Städelein« von dem Oettinger Güterhändler Nathan Isaac um 720 Gulden kaufte. Kirchenbauer hatte keine Gemeindeanteile zu bewirtschaften, die Wirtschaftsfläche betrug auch nach einigen Zukäufen 1845 unter Josepha Kirchenbauer nur 0,78 Tagwerk. 1853 befand sich das Anwesen im Besitz von Thomas Leberle. Verschiedene Käufe und Verkäufe von Grundstücken ließen die Hofgröße zwischen fünf und anderthalb Tagwerk schwanken. 1880 erkaufte die ledige Viktoria Gentner den Hof.

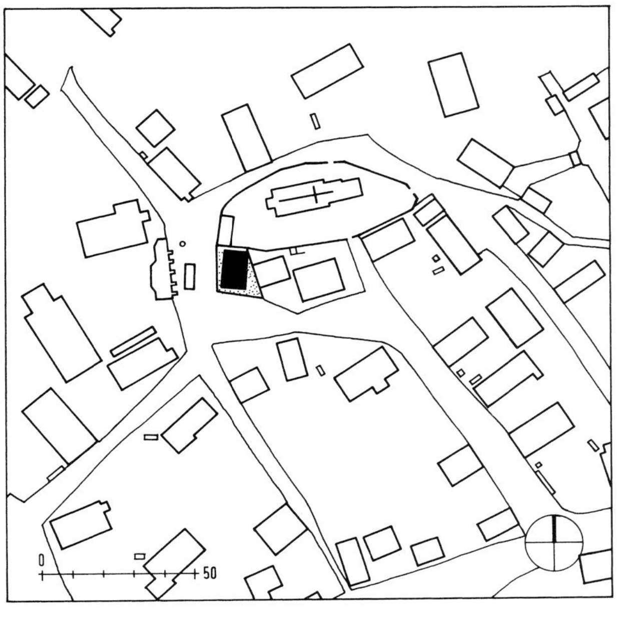

Lageplan 1822.

Typisches Kleinstanwesen mit gemauertem Giebel.

1889 erwarb Sebastian Thum um 1 100 Mark das Anwesen, um es 1919 an den Utzwingener Landwirt Leonhard Singer zu verkaufen. An dazugehörigem Grund sind 0,08 Tagwerk verzeichnet. Dabei handelt es sich allein um die Hofstelle. Singers Nachkommen bewohnten von nun an das Taglöhnerhaus. Nach ihm formierte sich auch der Hausname »Beim Singer«. 1982 wurde das Haus abgebrochen.

Bauhistorische Beschreibung

Das Taglöhnerhaus »beim Singer«, im späten 18. Jahrhundert erbaut, gehörte zu einem der wenigen bis auf einen Kaminbau fast unverändert erhaltenen kleinstbäuerlichen Anwesen im nördlichen Ries. Giebelseitig erschlossen, durchstreckte der Flur, hier »Haustenna« genannt, den Wohnteil und mündete in die traufseitig zugängliche Tenne. Von der eingewölbten Küche aus wurde der Stubenofen beheizt, der aus Wasseralfinger Eisenguß-Platten bestand. In der Küche befand sich ursprünglich der deutsche, auf das Gewölbe aufgesetzte Kamin mit offener Feuerstelle. Vom Flur aus war der unter der Schlafkammer liegende Keller mit Holzbalkendecke über Falltüre und Stiege zugänglich. Die Tenne besaß den üblichen Lehmschlagboden und war zum Stall hin mit einer Bretterwand abgetrennt, in der sich eine mit Holzläden zu verschließende »Baraschalt« genannte Öffnung befand, durch die das Futter in den hölzernen Barn des Stalls gereicht werden konnte. Der Nordgiebel des Wirtschaftsteiles war als Holzkonstruktion in Fachwerk aufgezimmert und senkrecht verbrettert. Der Sockel des Hauses besaß eine mit einem Eisenkamm von unten nach oben gezogene Linienstruktur und war mit einer Farbe aus Kalk und Ruß dunkel gestrichten worden. Die Höhe des Sockels entsprach jeweils der Oberkante des Erdgeschoßfußbodens.

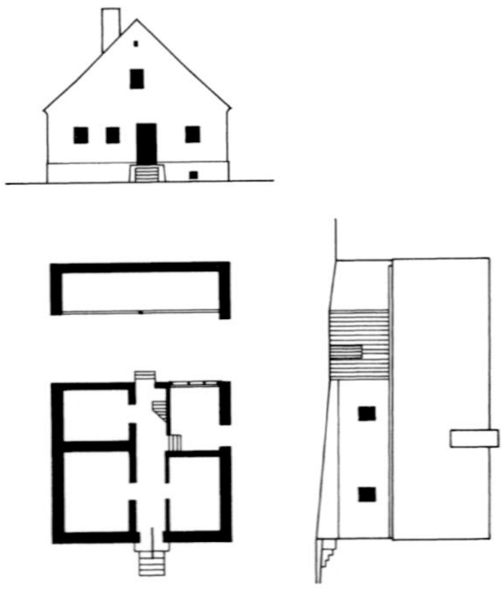

Ort
Utzwingen, Nr. 80

Gebäude	
Gebäudeart	Wohnstallhaus
Wandkonstruktion	Bruchsteinmauerwerk
Geschoßzahl	1 + Dach
Geschoßhöhe	2,6 m
Grundfläche (B × L)	124 qm (8,7 × 14,2 m)
Umbauter Raum	
Vollgeschosse	430 cbm
Dachgeschoß	290 cbm
Dach	
Dachart	Satteldach
Dachneigung	46°
Dachdeckung	Biberschwanzziegel
Dachüberstand	
Erschließung	
Hauseingang Lage	Giebelseite
Flur Lage	Längsflur
Grundfläche (B × L)	10,8 qm (1,5 × 7,2 m)
Treppe Art	einläufig
Laufbreite	60 cm
Steigungsverhältnis	18,6/17,0 cm, 48°
Stube	
Lage	Südwestecke
Grundfläche (B × L)	13,1 qm (3,2 × 4,1 m)
Fensterzahl	3
Fensteröffnung (B × H)	80 × 100 cm
Belichtungsfaktor Fensteröffnung: Grundfläche	1 : 5,5
Stubenofen	Hinterlader von Küche
Küche	
Lage	neben Stube
Grundfläche (B × L)	8,3 qm (2,6 × 3,2 m)

Gebäudemerkmale für Bauberatung

Das kleine Taglöhnerhaus steht ohne privaten Hofraum südlich des Friedhofes unmittelbar an der Straßenecke. Der eingeschossige Rechteckbaukörper von 8,7 m Breite und 14,2 m Länge trägt ein 46° geneigtes Satteldach, dessen First von Norden nach Süden ausgerichtet ist. Das abfallende Gelände wird durch einen Sockel ausgeglichen, auf dessen Höhe eine vorgelegte Freitreppe zu der Haustüre an der südlichen Giebelseite emporsteigt.

Ein Längsflur durchzieht den Wohnteil bis zur Tenne, nimmt die einläufige Treppe in das Dachgeschoß auf und teilt den Grundriß in eine breite westliche Raumzone mit Stube und dahinter der Küche sowie eine schmalere auf der Ostseite mit Kammer und dahinter dem kleinen Stall.

Die Stube liegt an der Südwestecke und wird von zwei Fenstern der Giebelseite und einem Fenster der westlichen Traufseite über Eck belichtet. Der Ofen steht an der Trennwand zur dahinter folgenden Küche, die durch ein Tonnengewölbe gegen Funkenflug des offenen Herdes gesichert ist. Die Rauchgase werden von einem deutschen Kamin über Dach abgeleitet.

Die Quertenne im Nordteil des Baukörpers ist von einem zweiflügeligen bis zur Dachtraufe hochgezogenen Brettertor abgeschlossen. Eine schmale Schlupftüre im rechten Türflügel erleichtert den Zugang in die Tenne und zu der Futterluke des Stalls, der selbst über eine Türe der östlichen Traufseite betreten wird. Hinter der Tenne folgt bis zum Nordgiebel eine schmale Lagerfläche.

Der Querschnitt zeigt den stehenden Dachstuhl als einfache übersichtliche Tragkonstruktion, die auch in der regelmäßigen Abfolge der Sparrenlagen sichtbar wird.

Das Baugefüge ist in Bruchsteinmauerwerk aufgeführt. Dieser Massivbauweise entspricht die Detailgestaltung des verputzten Mauerwerks mit knappen Traufgesimsen und einem gemauerten Ortgang an der Giebelseite.

Die Giebelansicht von Süden und die Traufansicht von Westen lassen die konsequente Einheitlichkeit der Details des verputzten Massivbaus erkennen. Das im fallenden Gelände mit einem abgesetzten Sockel versehene Kleinhaus zeigt im Dachdreieck des Giebels eine symmetrische Anordnung der Fensterachsen, jedoch im Rechteck des Erdgeschosses eine freie Achseinteilung der beiden enger zusammengesetzten Stubenfenster, der aus der Mittelachse nach rechts verschobenen Eingangstüre und des seitlichen Einzelfensters der Kammer. Die Giebelseite wird von der überwiegenden Mauerfläche und den gleichen Maßverhältnissen der Fenster mit den seitlichen Klappläden zu einer überzeugenden Gesamtgestalt zusammenfaßt.

Bei 124 qm überbauter Fläche ergibt der Umrechnungsfaktor von 0,75 eine Nutzfläche von ca. 93 qm.

Ansicht von Süden.

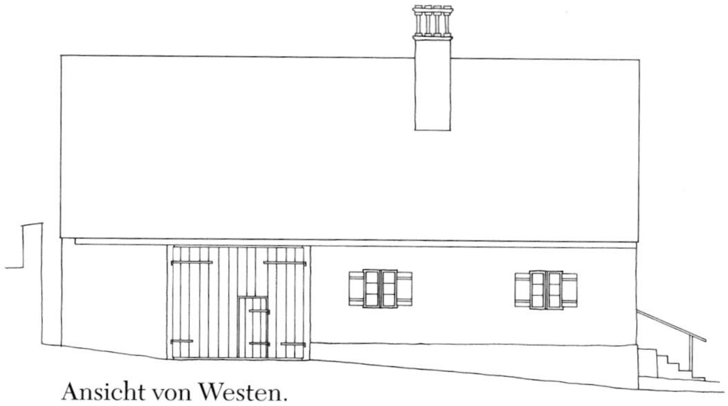

Ansicht von Westen.

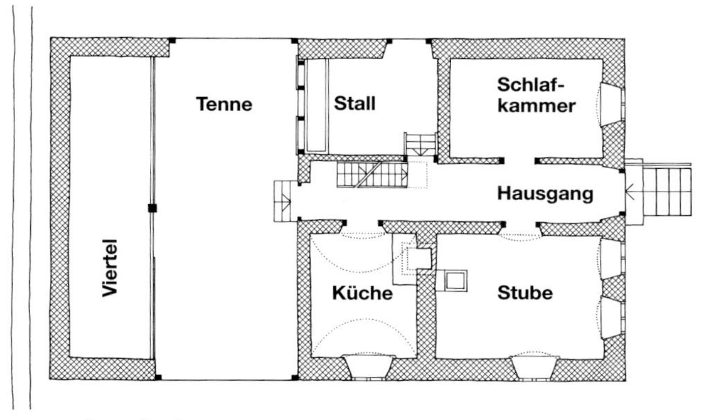

Erdgeschoß.

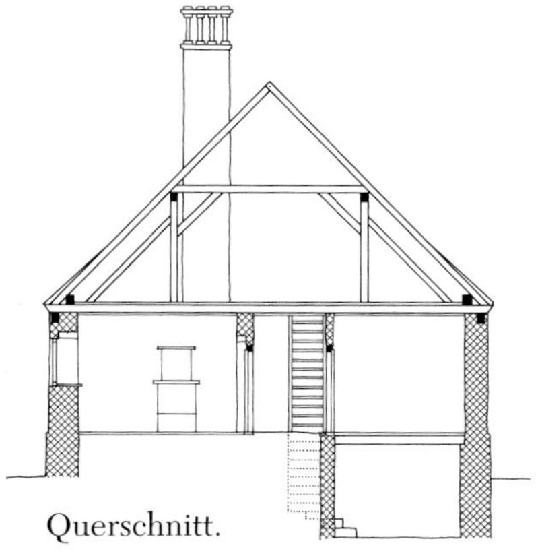

Querschnitt.

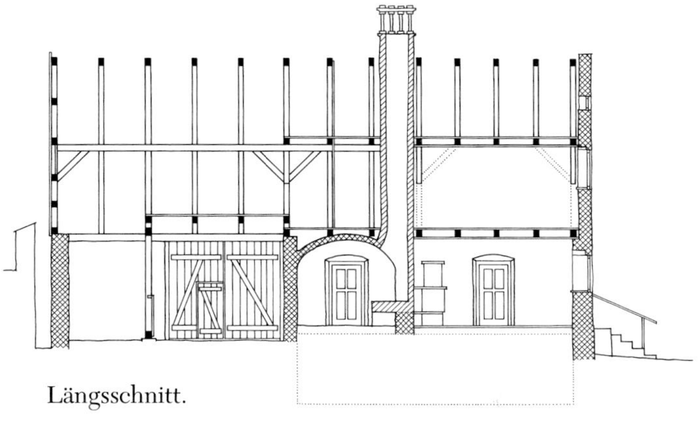

Längsschnitt.

Wiesenbach
Gemeinde Wiesenbach
Landkreis Günzburg
Eingeschossiger
Massivbau mit
steilgeneigtem Dach

Kniebis
Gemeinde Halblech
Landkreis Ostallgäu
Zweigeschossiger Massivbau
Bundwerkgiebel mit
flacher Dachneigung

Schwangau
Gemeinde Schwangau
Landkreis Ostallgäu
Weiß verputzter Giebel
mit flachgeneigtem
auskragenden Dach

Bauernhäuser 1999
Detailgestaltung

Wiesenbach
Gemeinde Wiesenbach
Landkreis Günzburg
Zweiflügeliges Fenster
mit separatem kleinen
Öffnungsflügel

Kniebis
Gemeinde Halblech
Landkreis Ostallgäu
Zweiflügelige Fenster,
bündig in die Putz-
fassade eingesetzt

Schwangau
Gemeinde Schwangau
Landkreis Ostallgäu
Schwangauer Haus
mit Eingangslaube
und Haustüre

Burgau

Landkreis Günzburg

Fl. Nr. 4822, 50 m zur Bundesstraße, 100 m zur Bahnlinie
Nähe Bahnhof Burgau

Torfstadel
Erbaut: Mitte 19. Jahrhundert
Abgebrochen 1950

Zur Siedlung

Das Grundstück mit der Flurnummer 4822 der Gemarkung Burgau, unweit vom Bahnhof und an die Bundesstraße 10 grenzend, gehört zur »Unteren Hirtenmähder«. Die dortigen nassen Wiesen besaßen einen ergiebigen Torfflez, der von den Besitzern abgebaut wurde. Aufgrund der Flächenkataster und der Verzeichnisse in Hypothekenbüchern der Stadt Burgau wird ersichtlich, daß im Bereich der Hirtenmähder mehrere Torfhütten standen, die jeweils zu anderen Gehöften, großteils in Röfingen, gehörten, dessen Gemarkung direkt an die Hirtenmähder angrenzt.

Zur Hofgeschichte

Der große hölzerne Torfstadel wurde in der zweiten Hälfte des 19. Jahrhunderts auf einem Torfgrundstück erbaut. Seit 1887 sind im Hypothekenbuch der Stadtgemeinde Burgau Baltasar Kraenzl, Ziegeleibesitzer, und dessen Neffe Johann Kraenzl, Ökonom, als Besitzer des Flurstückes genannt, auf dem noch ein weiterer Stadel stand. Johann Kraenzl hatte 1886 den Torfstadel zusammen mit zwei Magazinen Torfstiche und Mähder seinem Onkel, der sich in finanziellen Schwierigkeiten befand, abgekauft. Damit gehörte der Torfstadel im unteren Hirtenmähder zum Anwesen Nr. 44 in Röfingen. 1883 hatte Karl

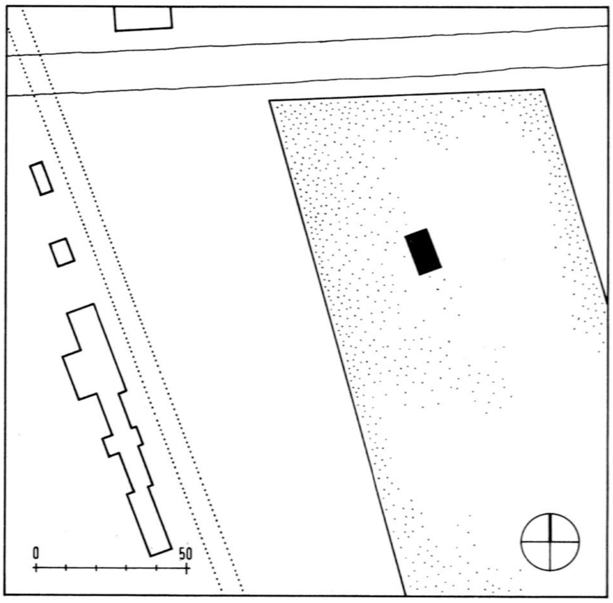

Lageplan 1990, Lage des ehemaligen Torfstadels rekonstruiert.

Traufseite des Torfstadels mit typischer hinterschalter Ständerkonstruktion aus Holz.

Kränzle, der Bruder der Besitzerin, Anna Maria Schön, den 25 Tagwerk großen Betrieb ererbt. 1888 ging der Hof an seinen Sohn Johann Kraenzle. Der im Ried gestochene, getrocknete und in großen Torfstädeln aufbewahrte Torf diente als billiges Heizmaterial vor allem auch der Ziegelei des Baltasar Kränzle, die 1887 an die Gesellschaft Macholdt, Starker & Co verkauft werden mußte.

Bauhistorische Beschreibung

Das funktionale Aufbewahrungsgebäude war im Grundriß rechteckig angelegt und ist als Ständerbau aufgezimmert worden. An den Giebelseiten stützten Firstsäulen die Firstpfette des Dachwerkes, das eine gespänte Biberschwanz-Deckung besaß. Die inneren vier Zwischensäulen ruhten wie auch die Außenständer bereits auf Betonsockeln. Das Gebäude wurde traufseitig im mittleren Gefache durch ein hohes zweiflügeliges Tor von beiden Seiten erschlossen, so war eine Durchfahrt mit dem Fuhrwerk möglich und der Torf konnte an Ort und Stelle abgeladen werden. Die Dachpfetten waren rund und ruhten in den Eckständern. Kopfstreben steiften die Holzkonstruktion aus. Typisch für die funktionale Bauweise dieses einfachen Torfstadels ist die vertikale Verbretterung auf der Rauminnenseite; oft wurden anstelle der Bretter auch einfache dünne Fichtenstangen verwendet. Die Holzkonstruktion blieb also nach außen sichtbar. Ein Grund dafür ist die temporäre Lagerung der gestochenen Torfziegel an der Außenseite der Städel. Häufig ließ man – zwischen den Ständern an den Sonnseiten aufgeschichtet die Torfziegel nachtrocknen, bevor sie zur luftigen Aufbewahrung in den Stadel kamen. Sämtliche Ständer und Streben sind aus einfachem kaum behauenem Stammholz, gleiches gilt für das Dachwerk und dessen Pfetten und Rafen.

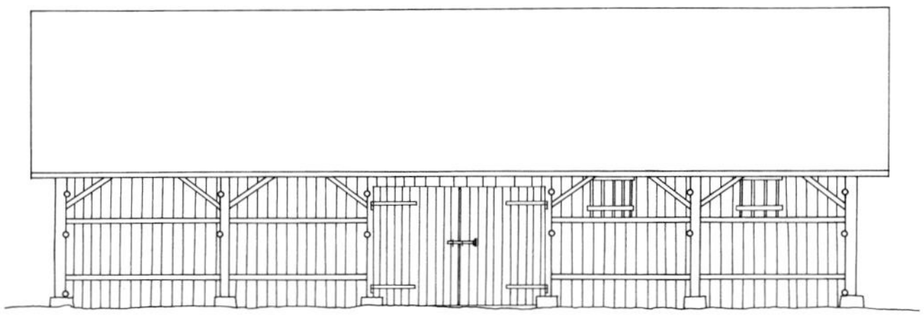

Ansicht von Osten.

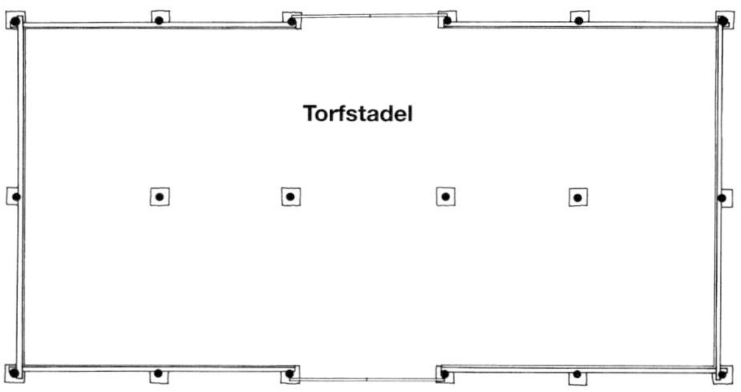

Erdgeschoß.

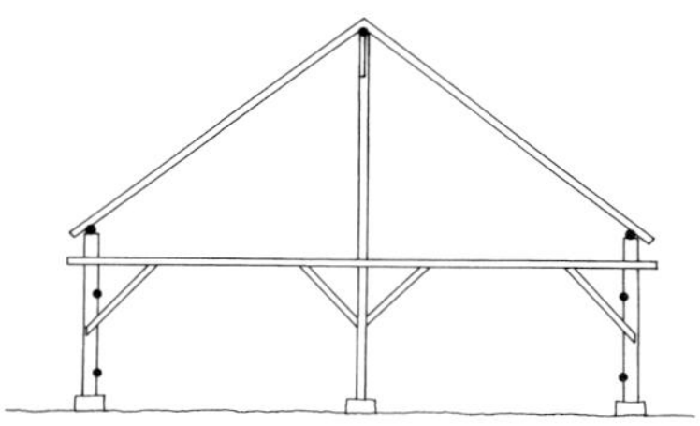

Querschnitt Konstruktion.

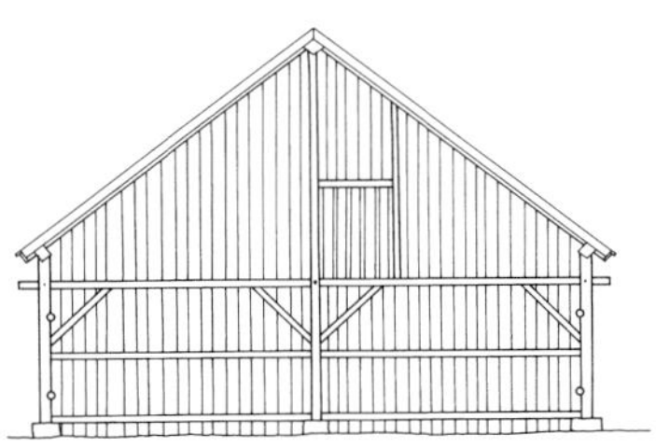

Ansicht von Süden.

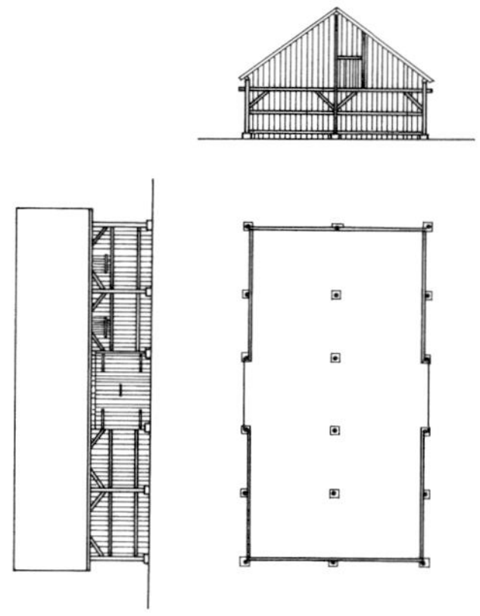

Ort	
Burgau	
Gebäude	
Gebäudeart	Torfstadel
Wandkonstruktion	Holzständerbau
Geschoßzahl	1 + Dach
Geschoßhöhe	2,2 m
Grundfläche (B × L)	116 qm (7,7 × 15,0 m)
Umbauter Raum	
Vollgeschosse	320 cbm
Dachgeschoß	190 cbm
Dach	
Dachart	Satteldach
Dachneigung	38°
Dachdeckung	Biberschwanzziegel
Dachüberstand	50 cm (Giebelseite)

Gebäudemerkmale für Bauberatung

Der in Holz konstruierte Torfstadel steht mit dem First in Nordsüdrichtung im Mindelgrund, östlich des Bahnhofes Burgau.

Der 7,7 m breite und 15,0 m lange Rechteckbaukörper wird von einem 38° geneigten Satteldach abgeschlossen. Die zweiflügligen Zufahrtstore öffnen sich auf den mittleren der fünf durch senkrechte Ständer gekennzeichneten Gebäudeachsen, die auch in den Außenansichten hervortreten, da die senkrechte Bretterschalung auf der Innenseite der Balkenkonstruktion befestigt ist.

Der Querschnitt zeigt die einfache Bauweise, bei der die Firstpfette von einer Stuhlsäule unterstützt wird, die selbst wieder ihre Last direkt nach unten abträgt und auf einem Steinfundament aufruht, das sie zugleich gegen Bodenfeuchtigkeit schützt.

Der leichte Aufbau der wohl nicht auf lange Dauer ausgerichteten Baukonstruktion wird auch in den großen Spannweiten zwischen den Pfetten der Dachkonstruktion und der dem Wetter direkt ausgesetzten Tragkonstruktion der Balken sichtbar.

Ettenbeuren

Kirchenweg 2

Landkreis Günzburg

Wohnstallhaus eines dreiseitig angelegten Bauernhofs
»Kapitelhof« (1834)
Erbaut: Mitte 18. Jahrhundert
1981: abgebrochen

Giebelansicht von Osten.

Zur Siedlung

Bei Ettenbeuren (»Attinbouron« im 11. Jahrhundert) handelt es sich um eine frühe Ortsgründung, wohl aus dem 9. Jahrhundert. Bereits 991 wird das Dorf im Zusammenhang mit dem Kloster Wettenhausen genannt, das dort Besitzungen erwarb. Urkundlich nachweisbar ist, daß das Kloster in Nachfolge des Vorderösterreichers Hans von Roth die Lehen zu Ettenbeuren (Maierhof, Burchhof, Taverne, sechs Sölden, ein Gütel und verschiedene Ehaften) erwarb. Im Jahr 1818 hatte das Dorf 418 Einwohner. Der Großteil der Hofstellen gehörte nach Wettenhausen, nur das Domkapitel in Augsburg und die Markgrafschaft Burgau blieben noch im Ort begütert.

Zur Hofgeschichte

Nach den im Jahr 1791 gezählten 66 Feuerstellen in Ettenbeuren gehörte der Hof Nr. 13 zum Besitz des Domkapitels Augsburg. Auf dem um 1750 erstellten genauen Orts- und Flurplan des Johann Lambert Koleffel ist der »Kapitelhof« als Anwesen dargestellt, das aus einem über Eck gestellten Stall-Stadel-Gebäude und einem freistehenden Wohnhaus besteht. Mit diesem Bestand übergab 1833 Joseph Ortner das Anwesen im Anschlag zu 8000 Gulden seiner noch ledigen Tochter Eleonore. Zum Kapitelhof gehörte damals eine Wirtschaftsfläche von fast 70 Tagwerk Acker, zweimähdigen Wiesen und Wald. Eleonore heiratete 1834 den Bauern Joseph Schiller. Der Hof prosperierte weiter, so daß 1870 für einen der ledigen Söhne des damaligen Bauern Jacob Schiller im Ort das Anwesen Nr. 40 gekauft wurde, und jener dort wirtschaftete, während sein Bruder den elterlichen Hof übernahm. Auf der Hofstelle folgten Leonhard, Martin und schließlich 1959 Martin jun. Schiller, der 1981 das alte Anwesen abbrechen ließ und einen neuen Hof erbaute. Dessen Sohn Andreas Schiller führt die Landwirtschaft an der historischen Hofstelle der Schillers seit 1995 weiter.

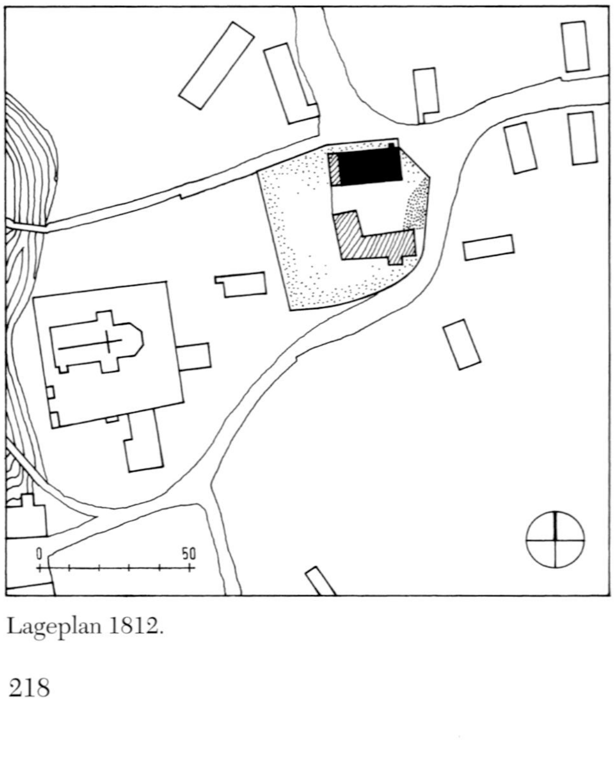

Lageplan 1812.

Historische Baubeschreibung

Der ehemals stattliche, ausgesprochen repräsentative »Kapitelhof« präsentierte sich als dreiseitige Anlage, bestehend aus einer über Eck geführten Scheune und einem Wohnhaus mit Stall unter einem Dach. Das zweigädige Wohnhaus wurde über die hofseitige Traufseite erschlossen. Nach dem zur Straße gerichteten Ostgiebel lagen Stube und Küche. Der Hausgang wurde von der Speisekammer abgeriegelt. Von der Küche aus wurden Stube, Herd und der an die Nordseite mit einem eigenen Kamin angebaute Backofen befeuert. Im Erdgeschoß war das Gebäude aus Ziegeln gemauert, im Obergeschoß als Fachwerk aufgezogen. Allerdings wurden die Gefache, die rein konstruktive Merkmale aufwiesen, wohl nach der Mitte des 19. Jahrhunderts dem Zeitgeschmack entsprechend überputzt. Erhalten blieb jedoch die strenge, vom Fachwerk herrührende Giebelgliederung. Eine zwischen Erdgeschoß und er-

Ansicht von Osten.

Ansicht von Süden.

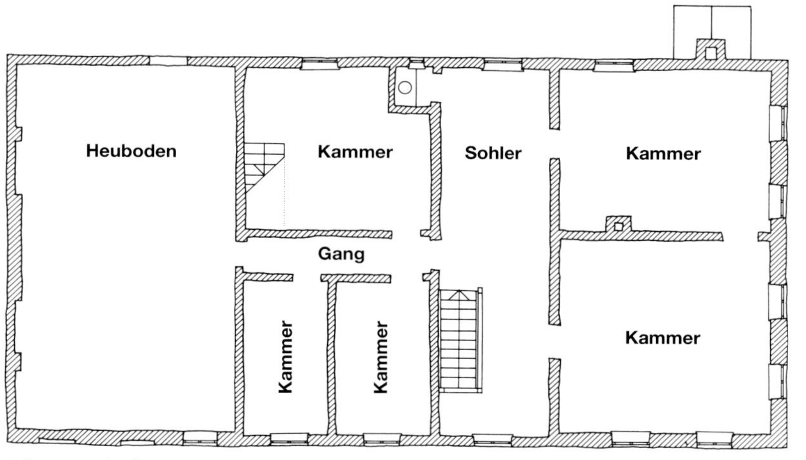

Obergeschoß.

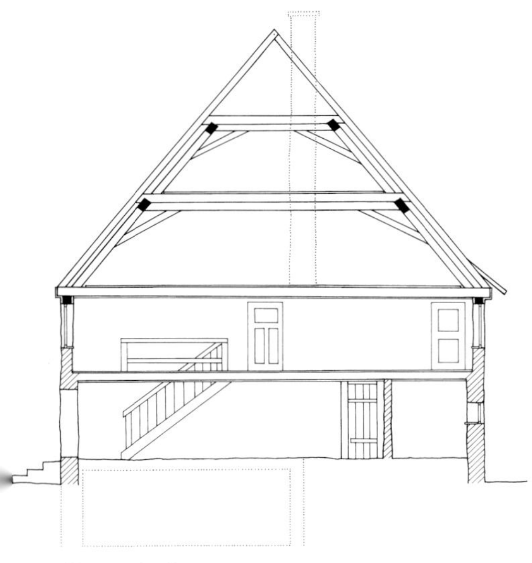

Querschnitt.

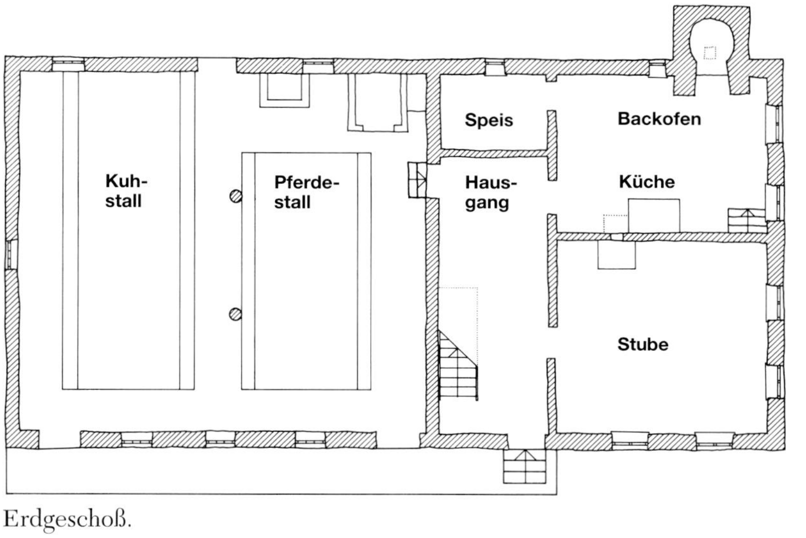

Erdgeschoß.

stem Stock angebrachte rundbogig abgeschlossene Nische für eine Heiligenfigur wurde im Giebelfeld wiederholt.
Putzbänder verbanden die drei Giebelfenster und griffen das einfache Putzband des gemauerten Ortganges wieder auf. Der Hausgang war zur Stallseite gemauert und besaß einen Zugang in den Pferdestall.

Von der Hofseite konnten der Pferdestall und der nach Westen ohne Zwischenmauer sich anschließende Kuhstall jeweils durch einen Zugang aus erreicht werden.
1981 wurde das gesamte Anwesen abgebrochen und ein neuer landwirtschaftlicher Betrieb auf der alten Hofstelle errichtet.

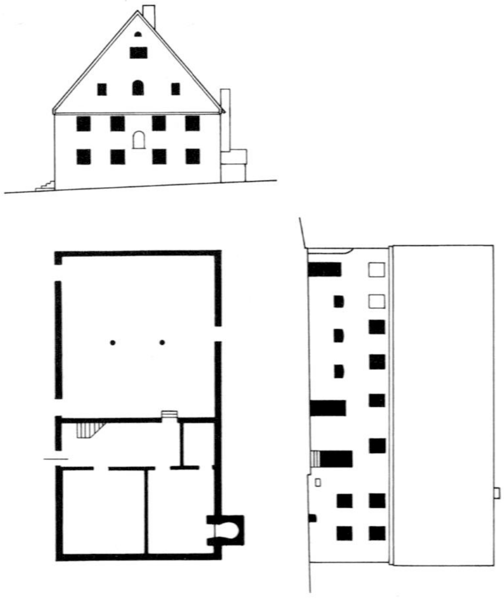

Ort	
Ettenbeuren, Kirchenweg 2	
Gebäude	
Gebäudeart	Wohnstallhaus
Wandkonstruktion	Ziegel
Geschoßzahl	2 + Dach
Geschoßhöhe	2,3 m
Grundfläche (B × L)	220 qm (10,6 × 20,5 + 1,4 × 2,0 m)
Umbauter Raum	
Vollgeschosse	1190 cbm
Dachgeschoß	720 cbm
Dach	
Dachart	Satteldach
Dachneigung	50°
Dachdeckung	Biberschwanzziegel
Dachüberstand	20 cm (Giebelseite)
Erschließung	
Hauseingang Lage	Traufseite
Flur Lage	Querflur
Grundfläche (B × L)	21,8 qm (2,9 × 7,5 m)
Treppe Art	einläufig
Laufbreite	90 cm
Steigungsverhältnis	17,7/22,5 cm, 38°
Stube	
Lage	Südostecke
Grundfläche (B × L)	28,6 qm (5,2 × 5,5 m)
Fensterzahl	4
Fensteröffnung (B × H)	90 × 105 cm
Belichtungsfaktor Fensteröffnung: Grundfläche	1 : 7,6
Stubenofen	Hinterlader von Küche
Küche	
Lage	neben Stube
Grundfläche (B × L)	23,7 qm (4,3 × 5,5 m)

Gebäudemerkmale für Bauberatung

Das auf drei Seiten umbaute Anwesen liegt westlich der Kirche an einer Straßenabzweigung und wird von der Ostseite her erschlossen. Das Wohnstallhaus steht am Nordrand der Hofstelle und wendet seinen Giebel nach Osten.

Der zweigeschossige Rechteckbaukörper von 10,6 m Breite und 20,5 m Länge trägt ein 50° geneigtes Satteldach. Die Haustüre des Wohnteiles und die beiden Stalltüren öffnen sich in den Hofraum nach Süden. Der breite Querflur nimmt seitlich die einläufige Treppe in das Obergeschoß auf. Er wird an seinem Nordende von einer Speisekammer abgeschlossen, die seitlich mit der in der Nordostecke liegenden Küche verbunden ist.

Der Stube bleibt die Südostecke mit dem Blick auf die Hofzufahrt vorbehalten. Der 5,2 × 5,5 m große Raum wird von zwei in Abmessungen und Detailausbildung ähnlichen Fensterpaaren belichtet. Ihre gleichen Abstände zur Außenecke ergeben in der Wandgliederung eine Diagonalsymmetrie zum Herrgottswinkel hin.

Westlich des Flurs schließt unmittelbar der Stall an. Seine beiden in Querrichtung verlaufenden Tierstände werden von zwei Stalltüren der südlichen Traufseite und einer Türe in der Nordwand mit Futter beschickt bzw. entmistet. Hinzuweisen ist auf die regelmäßige Ausbildung der drei Fensterachsen der Südseite, die jedoch keine Verbindung zu den darüberliegenden Kammerfenstern des Obergeschosses aufnehmen.

Im Obergeschoß stellt der breite durchgehende Querflur mit der einläufigen Treppe das bestimmende Ordnungselement der Raumeinteilung dar. Von ihm aus sind die beiden Kammern an der östlichen Giebelseite und weitere Kammern auf der Westseite zugänglich. Ein kurzer Längsgang führt zum Heuboden, der sich bis zum Westgiebel erstreckt.

Das Baugefüge ist in verputztem Ziegelmauerwerk ausgeführt.

Der zur Straße gewandte Ostgiebel erhielt eine reichere Gestaltung, nicht nur der vier symmetrisch angeordneten Fensterachsen in den Vollgeschossen, sondern ebenso in dem Dreieck des großen Giebelfeldes. Dort ist die mittlere Dachluke durch einen Rundbogen abgeschlossen und mit zwei Quergesimsen zu den seitlichen Öffnungen hin verbunden. Die dreimalige Wiederholung des Rundbogens im Giebel, bei der Heiligennische, der mittleren Luke und dem Taubenschlag im Spitzboden weisen auf bewußte Gestaltungsansätze hin.

Bei 220 qm überbauter Fläche ergibt der Umrechnungsfaktor von 0,75 eine Nutzfläche von ca. 165 qm.

Ettlishofen

Deiblerstraße 20

Gemeinde Bibertal, Landkreis Günzburg

Wohnstallhaus
Ganzer Hof »beim Beckenbaur« (1808)
Erbaut: zweite Hälfte 18. Jahrhundert
1996/97: Renovierung

Ansicht des Wohnstallhauses von Osten.

Zur Siedlung

Ettlishofen gehörte während des 18. Jahrhunderts zum Vogteibezirk Elzee, hatte aber herrschaftliche Ausdehnung in den Vogteibezirk Burgau und stand unter österreichischer Landeshoheit. 1752 sind für Ettlishofen fünf Immediat-Feuerstätten verzeichnet. Pfarrlich gehörte der Ort bis 1878 nach Pfaffenhofen. Bis heute ist das Dorf in der Struktur ohne neue Baugebiete erhalten geblieben.

Zur Hofgeschichte

1803 hat Simon Benz den »ganzen eigenthümlichen [also eigenen] Hof Nr. 21« von seinem Vater im Anschlag zu 4050 Gulden übernommen. Die Hofstelle wird in der Steuerfassion aus dem Jahr 1808 beschrieben als »einen halbgemauerten des übrigs Ziegel gebauter Hof samt einem besonderen Stadel. Einen Graß- und Wurzgarten und noch ein kleines Brunle«. Der Besitz setzte sich hauptsächlich aus Acker- und Waldflächen zusammen und wurde im Urkataster von 1835 mit 73,9 Tagwerk Grund angegeben. Simon Benz, der jüngere »Beckenbaur«, besaß nach der Übergabe durch seinen Vater im Jahr 1838 über den Hof mit seinen Ländereien hinaus noch die Sölde Hausnummer 13, die einen Grund von 6,34 Tagwerk aufwies. 1851 sind Umschreibungen aus dem Besitz verzeichnet. Als Simon Benz den Hof an seinen Sohn Jakob übergab, wurden die Geschwister, darunter auch Matthias Benz, offenbar ausbezahlt. Dennoch blieb eine Gesamtfläche von fast 73 Tagwerk zur Bewirtschaftung erhalten. 1921 übernahmen Philip Benz und seine Frau Babette in allgemeiner Gütergemeinschaft das Anwesen. Im Kataster sind nun auch ein Backofen und eine Schupfe angegeben, die in den vorherigen Aufstellungen fehlen. Der Hof wird bis heute von Walburga und Eugen Benz bewirtschaftet.

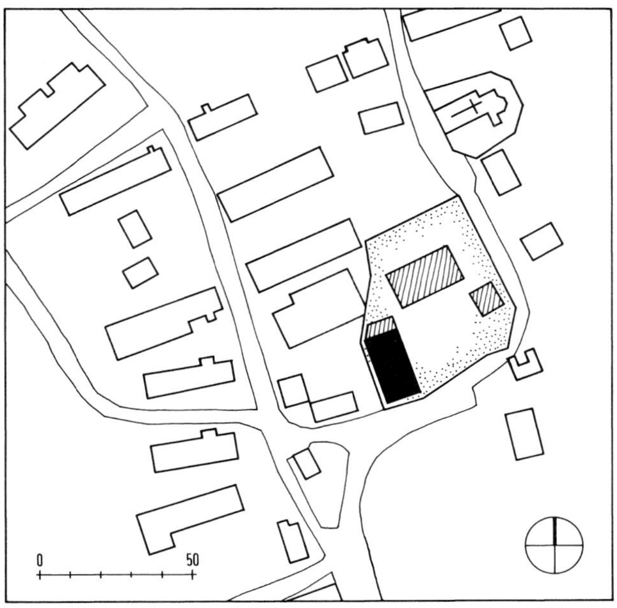

Lageplan 1953.

Bauhistorische Beschreibung

Beim »Beckenbaur« handelt es sich um ein für den Bereich der mittleren Iller typisches Gehöft. Das Wohnstallhaus steht getrennt vom quer zum Wohnhaus gelagerten Stadel mit Tenne und Scheune. Das Wohngebäude aus der zweiten Hälfte des 18. Jahrhunderts ist ein Fachwerkbau. Das Erdgeschoß steht auf einem einstufigen Sockel und wurde später erneuert, wobei auch die Zwischenwände der Räume gemauert wurden. Die einzelnen breit gelagerten Joche sind durchgehend im Giebel und auf der Traufseite im Obergeschoß mit den gleichen Strebenmotiven versehen. Das Rähm bildet im Obergeschoß den Fenstersturz, der Brustriegel dient als Sohlbank. Die Balkenköpfe der auf dem Rahmbalken gelagerten Dielenbalken stehen auf der nach Süden ausgerichteten Giebelseite über, und ornamentieren zusätzlich die Fassade. Bis auf wenige Ausnahmen, wie etwa die zahlreichen senkrechten Streben im dreifach vorkragenden Giebelfeld über den Fenstern des zweiten Stockes, handelt es sich um konstruktives Fachwerk mit Brustriegeln und schrägen Kopf- und Fußstreben. Der zweifach liegende Dachstuhl wird im unteren Kehlbalken am Mittelunterzug gestützt. Die Dachhaut besteht aus Falzziegeln.
Erschlossen wird das Gebäude traufseitig vom Hof aus. Der Hausgang des Wohnbereichs erschließt das Erdgeschoß und ist nach der Westseite von einer nur durch die Küche zu begehende Speisekammer abgeriegelt. Nach Süden zur Giebelseite liegen die vierfenstrige Stube und die wesentlich größere Küche, an die – offensichtlich erst in der zweiten Hälfte des 19. Jahrhunderts – ein Backofen gebaut wurde. Wie

Ansicht von Süden mit dem später abgebrochenen Backofen. Aufnahme um 1940.

Situation 1998 nach der Erneuerung.

in fast allen Bauernhäusern wurde der Stubenofen von der Küche aus beheizt.
Im Wirtschaftsteil ist jede Abteilung des dreigeteilten Stalles durch mindestens jeweils eigene Stalltüren zugänglich, die die Arbeitswege beim Füttern und Ausmisten deutlich verkürzten. Alle Türen besitzen – typisch für die Gegend – segmentbogige Türstürze. Seit Mitte der 1990er Jahre wurde das Anwesen grundlegend durch die Familie Benz, die seit 200 Jahren den Hof bewirtschaftet, renoviert und saniert.

Ansicht von Osten.

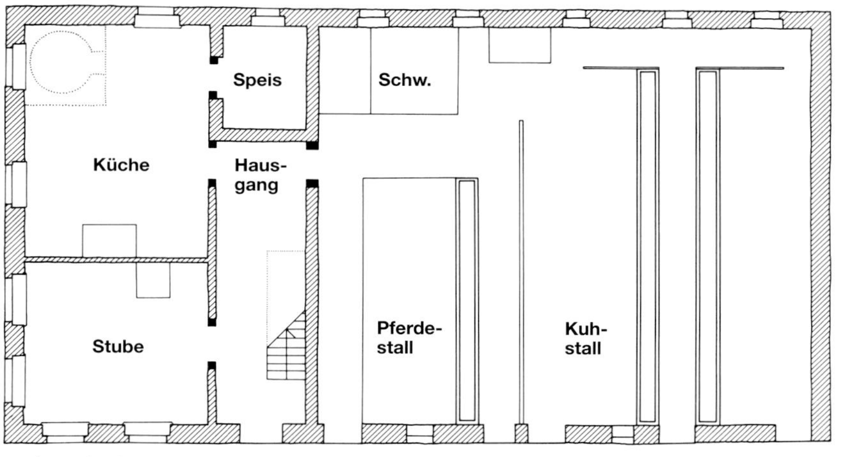

Erdgeschoß.

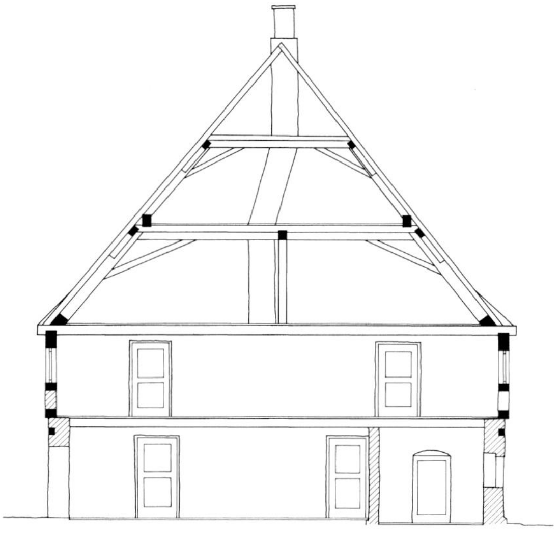

Querschnitt.

Ansicht von Süden.

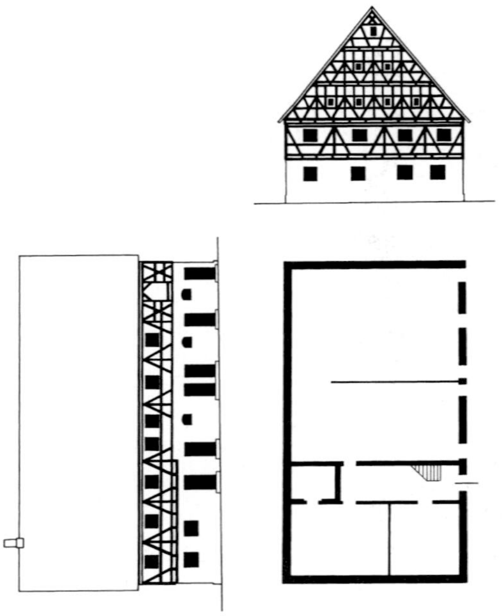

Ort	
Ettlishofen, Deiblerstraße 20	
Gebäude	
Gebäudeart	Wohnstallhaus
Wandkonstruktion	Ziegel/Fachwerk
Geschoßzahl	2 + Dach
Geschoßhöhe	2,7 m
Grundfläche (B × L)	262 qm (12,0 × 21,9 m)
Umbauter Raum	
Vollgeschosse	1310 cbm
Dachgeschoß	1100 cbm
Dach	
Dachart	Satteldach
Dachneigung	50°
Dachdeckung	Falzziegel
Dachüberstand	40 cm (Giebelseite)
Erschließung	
Hauseingang Lage	Traufseite
Flur Lage	Querflur
Grundfläche (B × L)	18,7 qm (2,4 × 7,8 m)
Treppe Art	einläufig
Laufbreite	100 cm
Steigungsverhältnis	16,9/23,6 cm, 36°
Stube	
Lage	Südostecke
Grundfläche (B × L)	22,1 qm (4,5 × 4,9 m)
Fensterzahl	4
Fensteröffnung (B × H)	110 × 100 cm
Belichtungsfaktor	
Fensteröffnung:	
Grundfläche	1 : 5,0
Stubenofen	Hinterlader von Küche
Küche	
Lage	neben Stube
Grundfläche (B × L)	31,4 qm (4,9 × 6,4 m)

Gebäudemerkmale für Bauberatung

Die Hofstelle wird von der im Süden und Osten vorbeiführenden Ortsstraße aus erschlossen. Das Wohnstallhaus steht an der westlichen Grundstücksgrenze des Dreiseithofes, der nach Norden von einer querstehenden Scheune und nach Osten von einem kleinen Zuhaus umbaut ist.

Der zweigeschossige Rechteckbaukörper wendet seinen 12,0 m breiten Südgiebel zur Straße und trägt ein 50° geneigtes Satteldach. Auf der östlichen 21,9 m langen Traufseite öffnen sich die Türen des Wohnteiles und des großen Stalls zum Hofraum. Die als Füllungstüre gegenüber den fünf Brettertüren des Stalles im Detail hervorgehobene Haustüre führt in einen Querflur, der seitlich die einläufige Treppe in das Obergeschoß aufnimmt. An seinem westlichen Ende ist eine Speisekammer abgemauert.

Die Stube mit 4,5 × 4,9 m Seitenlänge liegt in der Südostecke und wird von 2 × 2 Fenstern belichtet. Durch die gleichen Abstände der Fensterpaare zur Außenecke und die gleiche Detailgestaltung der Laibungen entsteht zwischen den beiden Fensterwänden über Eck eine Diagonalsymmetrie. Neben der Stube folgt die Küche, die ebenfalls vom Hausgang aus erreicht wird und durch eine Türe mit der Speisekammer verbunden ist. In der Südwestecke des Küchenraums wurde später ein Backofen eingebaut.

Hinter dem Hausgang geht der Großviehstall bis zur nördlichen Giebelwand durch. Die Queraufstallung wird von zwei Futtergängen aus beschickt und über drei Mistgänge entsorgt, für die sich fünf Stalltüren in der östlichen Traufseite öffnen.

Das Baugefüge ist im Erdgeschoß als verputztes Mauerwerk ausgeführt und im Obergeschoß und im Dachgiebel als Fachwerk gestaltet.

Im Erdgeschoß weisen die Fensterpaare der Stube an der südlichen Giebel- und östlichen Traufseite gleiche Maße in den Öffnungen und in den Wandabständen auf. Davon unterscheiden sich die beiden Fensterachsen der Küche auch in der Höhenlage, die besonders im Verhältnis zu dem sichtbaren Sockel hervortritt.

Das Fachwerk des Obergeschosses ist in zwei breite und zwei schmale Felder zwischen den von schrägen Streben gestützten senkrechten Ständern eingeteilt. Die konstruktive Freiheit innerhalb der Bauelemente des Fachwerks wird an den unterschiedlichen Verteilungen der Balkenköpfe im Verhältnis zu den Ständern des Wandaufbaus sichtbar. Davon unterscheidet sich nochmals die Achseinteilung des Dachdreiecks. Die geschoßweise Abzimmerung und damit die Steifigkeit des Fachwerks erklärt, warum diese Mischbauweise so weit verbreitet war, wenn auch in unterschiedlichen regionalen Ausprägungen.

Bei 262 qm überbauter Fläche ergibt der Umrechnungsfaktor von 0,75 eine Nutzfläche von ca. 196 qm.

Hohenraunau

Nr. 22

Gemeinde Krumbach, Landkreis Günzburg

Ehemaliges Pfründhaus zum »½ Schneiderhöfel« gehörig
Erbaut: spätes 18. Jahrhundert
1906: »Seilerei«
1981: Abbruch des Hauses und Wiederaufbau als Museumsgebäude für die Kreisheimatstube in Stoffenried

Südostansicht des Pfründhauses nach dem Wiederaufbau.

Zur Siedlung

Die Ortsgeschichte des Dorfes Hohenraunau ist eng mit der Entwicklung der auf dem Ortsgebiet stehenden Burg verbunden. Ihren Namen, der die Lage der Burgstelle über dem Dorf Niederraunau bezeichnete, erhielt auch das Dorf, das sich seit dem 10./11. Jahrhundert als Siedlung entwickelte. 1525 wurde die Burg von den Bauern des Dorfes geplündert und niedergebrannt. Das 1527 neu erbaute Schloß verkaufte Hans Ferdinand Welser an Ferdinand Vöhlin von Frickenhausen. Über die letzten vöhlinschen Erbtöchter ging Hohenraunau 1802 an den österreichischen Pfleger zu Großkötz. Zu dieser Zeit gehörten zum Dorf 44 Anwesen.

Zur Hofgeschichte

Das im späten 18. Jahrhundert erbaute Pfründhaus in Hohenraunau gehörte als Nr. 34½ zum halben Schneiderhof Nr. 34 des Michael Niederwieser. In der Häuserfassion aus dem Jahr 1808 wird es als »Pfründhäusel samt Wurzgärtlein« bezeichnet, war gerichtsbar nach Hohenraunau und mußte den Kleinzehnt in Naturalien (Linsen, Erbsen, Wicken, Kartoffeln, Hanf und Rüben) an die Pfarrei Niederraunau leisten. Die bewegte Geschichte des ständigen Besitzerwechsels dieses Kleinstanwesens steht in direktem Zusammenhang mit Migrationsbewegungen, wie sie in den schwäbischen Dörfern vor allem für das 19. Jahrhundert belegt sind. Im Falle einer wirtschaftlichen Verbesserung (etwa durch Erbschaften) oder Verschlechterung zog man auf eine größere oder eben kleinere Hofstelle. 1816 wurde der gesamte Hof an die Herrschaft von Hohenraunau verkauft und zunächst von Anton Weichmann, drei Jahre später von Urban Reiser erworben. 1838 ging das Pfründhaus an den Maurer Franz Heiß, dessen Tochter Creszentia es 1873 an die Schäferseheleute Alois und Jospha Ostler aus Kirchheim veräußerte. Im Jahr 1876 kam es zu einer Zwangsversteigerung, und 1906 wechselte das Haus erneut die Besitzer. Das Taglöhnerpaar Michael und Walburga Lachenmayer richteten im Dachgeschoß eine Seilerei ein und sicherten sich so den Zuerwerb. 1939 übergaben sie das Kleinstanwesen an ihren Sohn. 1978 wurde es erneut verkauft und 1981 schließlich auf das Areal der Kreisheimatstube nach Stoffenried transferiert. Das Dachgeschoß konnte mit originalen Teilen der ehemaligen Seilerei ausgestattet werden.

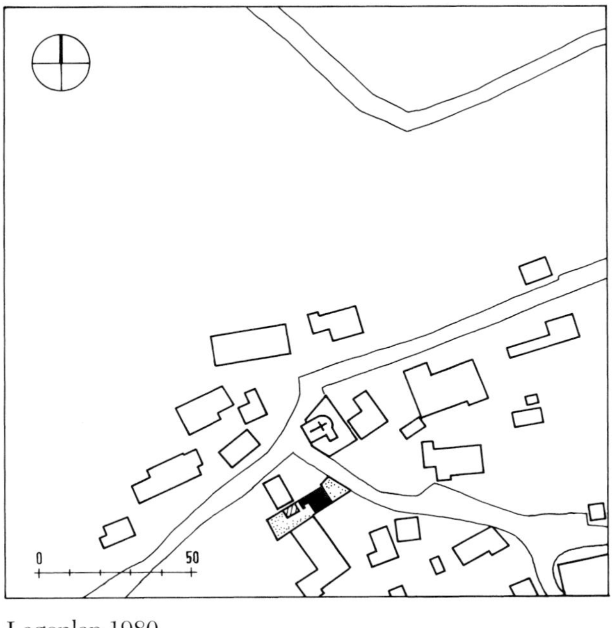

Lageplan 1980.

Bauhistorische Beschreibung

Das Pfründhäusl beim Schneiderhöfl wurde auf fast quadratischem Grundriß erbaut. Im Erdgeschoß wurde das Gebäude von der östlichen Firstseite über eine Haustür erschlossen. Man gelangte direkt in die mit Solnhofener Platten ausgelegte Küche, von der durch eine Tür ein kleiner Hausgang abgetrennt wurde. Von dort führte eine Treppe zum Obergeschoß und eine Tür auf die westliche Hofseite. Unter der kleinen neben der Stube liegenden Kammer im Erdgeschoß befand sich ein kleines aus Ziegeln gemauertes Kellerloch. Das Erdgeschoß war bis zur Sohlbank der Fenster aufgemauert und dann in mit Ziegeln geschlossenem Fachwerk erbaut, das eine

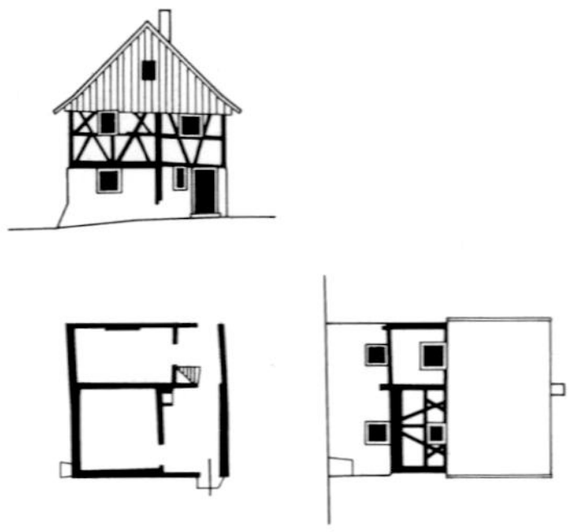

Ort	
Hohenraunau, Nr. 22	
Gebäude	
Gebäudeart	Wohnhaus
Wandkonstruktion	Ziegel/Fachwerk
Geschoßzahl	2 + Dach
Geschoßhöhe	2,2 m
Grundfläche (B × L)	41 qm (6,4 × 6,5 m)
Umbauter Raum	
Vollgeschosse	190 cbm
Dachgeschoß	80 cbm
Dach	
Dachart	Satteldach
Dachneigung	50°
Dachdeckung	Biberschwanzziegel
Dachüberstand	20 cm (Giebelseite)
Erschließung	
Hauseingang Lage	Giebelseite
Flur Lage	Eckflur
Grundfläche (B × L)	4,3 qm (1,8 × 2,4 m)
Treppe Art	einläufig
Laufbreite	60 cm
Steigungsverhältnis	
Stube	
Lage	Südostecke
Grundfläche (B × L)	10,9 qm (3,2 × 3,4 m)
Fensterzahl	2
Fensteröffnung (B × H)	90 × 100 cm
Belichtungsfaktor	
Fensteröffnung:	
Grundfläche	1 : 6,1
Stubenofen	Hinterlader von Küche
Küche	
Lage	neben Stube
Grundfläche (B × L)	8,3 qm (2,3 × 3,6 m)

einfache konstruktive Formensprache aufweist. Reste der ursprünglichen gezäunten Lehmschlag-Ausfachung hatten sich im Obergeschoß an der Westseite bis zur Translozierung 1981 erhalten. Die Innenwände waren damals als Bretterwände vorhanden, die zum Teil in der Mitte des 19. Jahrhunderts verputzt worden sind.

An den im Giebel und im Obergeschoß verbretterten Westteil wurde im späten 19. Jahrhundert ein kleiner Anbau aus Holz errichtet, der über die halbe Hausbreite bis zu den Dachbalken des Pfründhauses reichte.
Beim Wiederaufbau in Stoffenried wurde das Haus um 180 Grad gedreht, so daß die ursprüngliche Ostseite zur Westseite wurde.

Gebäudemerkmale für Bauberatung

Das kleine Pfründhaus war Teil des Schneiderhofes in Hohenraunau. Der zweigeschossige Baukörper erhebt sich über einem quadratischen Grundriß von 6,4 × 6,5 m Seitenlänge und wird von einem 50° geneigten Satteldach mit nordost- nach südwestgerichtetem First abgeschlossen.
Der Zugang erfolgt von der im Nordosten vorbeiführenden Straße. Die Haustüre an der Giebelseite öffnet sich in einen als Küche benützten Eckflur und den dahinter liegenden Hausgang, von dem eine steile einläufige Treppe quer zum First in das Obergeschoß hinaufsteigt.
Die über die Küche zugängliche Stube liegt in der Südostecke. Ihre Seitenlänge von 3,2 × 3,4 m ergibt nahezu ein Quadrat. Dem entspricht auch die Belichtung über Eck durch zwei gleiche Fenster, die mit ähnlichen Abständen von der Außenecke bei diesem Kleinhaus eine Diagonalsymmetrie der Wandabwicklungen erkennen lassen. In der gegenüberliegenden Innenecke ist der Stubenofen an den Kamin der Küche angeschlossen.
Das Obergeschoß wird von einer durchgehenden Querwand bestimmt, entlang der die einläufige Treppe eingefügt ist. Zwei gegeneinander versetzte Längswände teilen die drei Kammern ab.
Das Fachwerkhaus ist im Erdgeschoß mit Ziegelwänden ausgemauert, im Obergeschoß mit Lehmschlägen geschlossen und im Dachgeschoß mit senkrechten Brettern verschalt. Die Konstruktion des Sparrendaches tritt in den Aufschieblingen am Dachfuß deutlich in Erscheinung.
Die durchgehende Querwand und die quadratische Stube bestimmen die räumliche Organisation des in den Außenabmessungen quadratischen Baukörpers. Die Zwischenwände sind so gegeneinander versetzt, daß im Erdgeschoß drei Räume an den zentralen Kamin der Küche angeschlossen werden könnten.
Bei dem später in Holzständerbauweise errichteten Schupfen mit dem Pultdach ist die senkrechte Holzverschalung in den Ansichten dargestellt, im Grundriß jedoch nur der Lage nach einpunktiert.
Bei 41 qm überbauter Fläche ergibt der Umrechnungsfaktor 0,75 eine Wohnfläche von ca. 31 qm je Geschoss, also insgesamt ca. 60 qm im ganzen Haus, zuzüglich des bei der steilen Dachneigung als Werkstatt (Seilerei) genutzten Dachbodens.

Ansicht von Süden.

Ansicht von Osten.

Ansicht von Norden.

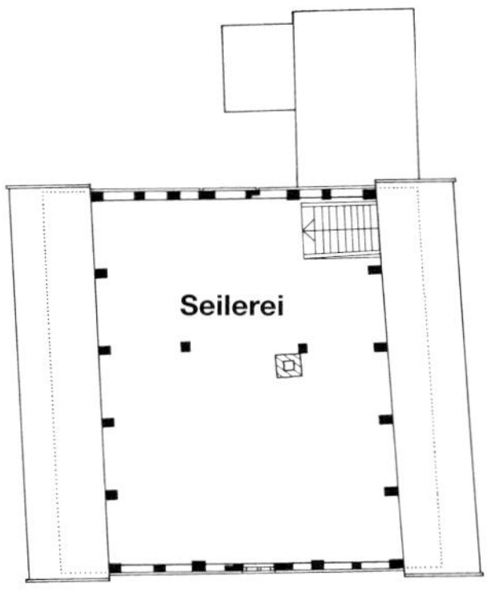

Dachgeschoß.

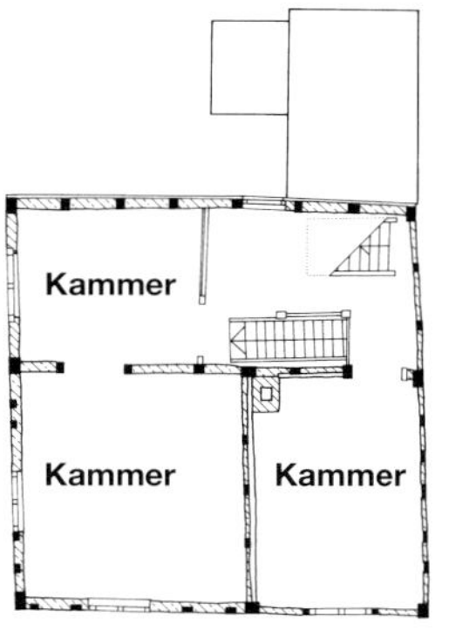

Obergeschoß.

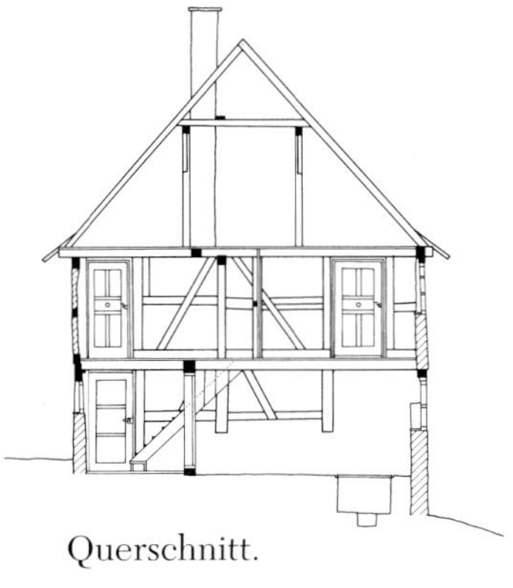

Querschnitt.

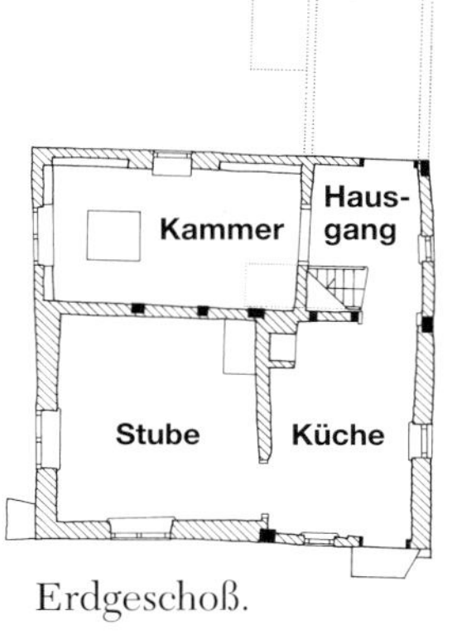

Erdgeschoß.

Naichen

Nr. 9½

Naichen, Gemeinde Neuburg an der Kammel, Landkreis Günzburg

Einfirsthof, gehörig zur Hammerschmiede Naichen »Stockerhof« (seit 1839)
1838: erbaut
1998: Außenstelle des Schwäbischen Volkskundemuseums Oberschönenfeld

Ansicht des Wohnstallhauses nach der Renovierung.

Zur Siedlung

Hochwassersicher wurde der Weiler Naichen auf einer Terrasse im nördlichen Tal der Kammel bei Neuburg gebaut. Etwas tiefer, direkt an einer Schleife des Flusses und vom Dorf enfernt, liegt das zu Naichen gehörige Schmiedeanwesen. Es wurde in der ersten Hälfte des 19. Jahrhunderts dort errichtet und vereint die Hammerschmiede mit der dazu gehörigen Ökonomie, dem Stockerhof.

Zur Hofgeschichte

Die Geschichte des Stockerhofes läßt sich sehr genau zurückverfolgen. Der gelernte Hammerschmied Michael Kleiner bat im Jahr 1838 beim fürstlichen Herrschaftsgericht in Edelstetten, das sich im Besitz von Fürst Esterhazy befand, um die »Verleihung einer hammerschmids Gerechtsame auf dem Weiler Ober-Naichen«. Kleiner konnte ein Vermögen von 6000 Gulden als Sicherheit vorweisen und erhielt, nachdem er Wiesen und Äcker gekauft hatte, die gewünschte Konzession und die Hausnummer 9½ auf das Wohnhaus. 1850 übergaben Michael Kleiner und seine zweite Frau Viktoria das Anwesen an ihren Sohn Konrad, der es offenbar nicht halten konnte, so daß es zur Versteigerung kam. Der Vater kaufte daraufhin das Anwesen zurück und verpachtete es an den Sohn. Mit dem Tod Michael Kleiners 1854 fielen das Schmiede-Anwesen und die 4,3 Tagwerk umfassende Landwirtschaft an dessen Witwe Viktoria Kleiner. Sie übergab die Schmiede samt Landwirtschaft schließlich an ihre Tochter Rosa, die 1860 den 22jährigen Schmiedemeister Johann Stocker aus Mitterscheyern bei Pfaffenhofen heiratete. 1892 übernahm das Anwesen der älteste Sohn, Serafin Stocker. Er vermählte sich in erster Ehe mit Hirlanda Schmied aus Langenhaslach, der Tochter eines wohlhabenden Maurermeisters. Als Serafin Stocker 1942 starb, wurden Schmiede und Hof geteilt. Serafin Stocker jun. übernahm die Schmiede, während Joseph Stocker die inzwischen auf gut 8 Tagwerk angewachsene Landwirtschaft auf dem Stockerhof weiterführte. 1990 wurde der Hof vom Bezirk Schwaben gekauft. Seit 1998 dient der Stockerhof als Museumsgebäude der Außenstelle des Volkskundemuseums Oberschönenfeld.

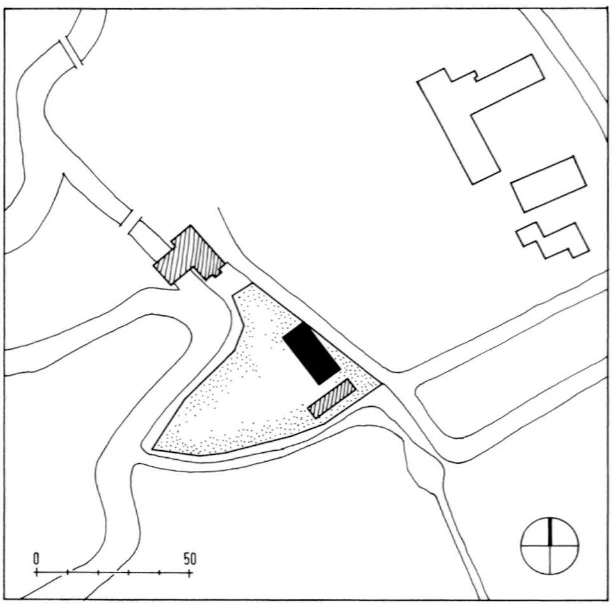

Lageplan 1995.

Bauhistorische Beschreibung

Der zweigädige gemauerte Einfirsthof ist in Aufbau und Substanz fast original aus der Erbauungszeit erhalten. Zusammen mit der daneben an der Kammel gelegenen Schmiede wurde er von Michael Kleiner

Der Stockerhof um 1930 mit der Familie Stocker vor ihrem Haus.

errichtet. Es handelt sich um ein für die Gegend typisches Bauernhaus mit klar gegliederter, symmetrisch angelegter Giebelfassade und einen gemauerten, durch Putzprofile gezierten Ortgang. Das Gebäude wird über die Traufseite erschlossen. Die Fensterachsen links und rechts der Haustür sind symmetrisch angelegt. Der Flur wurde nach hinten durch die Speisekammer abgeriegelt und führte über Eck zur Tenne. Auf der einen Seite des Flurs, nach Norden, liegen Stube und Küche, auf der anderen befanden sich ein Lagerraum und der Stall. Im Obergeschoß wiederholt sich die Raumsituation. Zwei große Kammern befinden sich zur Giebelseite, ein kleine, die sogenannte Sohlerkammer wurde nach Westen vom oberen Hausgang abgetrennt. Vier weitere kleine Kammern befanden sich links und rechts des an die Tenne angrenzenden Hausganges. Während des 19. und 20. Jahrhunderts kam es zu keinen gravierenden baulichen Veränderungen der Bausubstanz oder des liegenden Dachwerks, dessen steil geneigtes Dach mit Falzziegeln gedeckt ist. Lediglich die Fassaden wurden in der Zeit um 1894 erneuert und mit Dekor versehen. Zu dieser Zeit ermöglichte die stattliche Mitgift der Maurermeisterstochter Hirlanda Schmid Umbauten in der Schmiede und die Außenrenovierung des Stockerhofes. Das Haus wurde durch ein Mauerband quergegliedert und dem Zeitgeschmack entsprechend mit Sockel- und Eckrustika in Rauhputz versehen, wie eine Photographie aus der Zeit um 1900 verdeutlicht. Bei Befunduntersuchungen anläßlich der Sanierung des Gebäudes als Museumsgebäude der Hammerschmiede Naichen wurden vier unterschiedliche Fassungen freigelegt. Die erste, wohl aus dem Jahr 1894, war besonders kontrastreich und wurde für die jetzige Nutzung als Museum rekonstruiert. Das Erdgeschoß war in Grau- und Grüntönen gehalten. Im Giebel und im Obergeschoß wurden Gesimse und Profile in hellem Ocker, die Wandflächen etwas dunkler und gelber gestrichen. Während im Wohnteil des Stockerhofes die historische Raumaufteilung und zahlreiche Details der ehemaligen Ausstattung zumindest teilweise erhalten werden konnten, beherbergt heute der Ökonomieteil eine Museumswerkstatt und gibt auf drei Ebenen Raum für Wechselausstellungen.

Ansicht von Nordwesten.

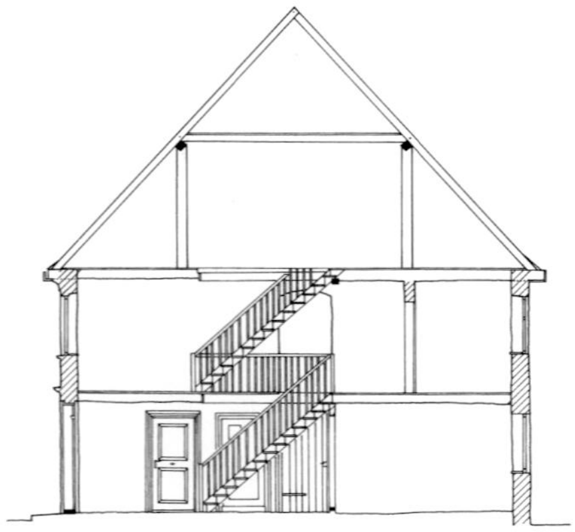

Querschnitt durch Hausgang.

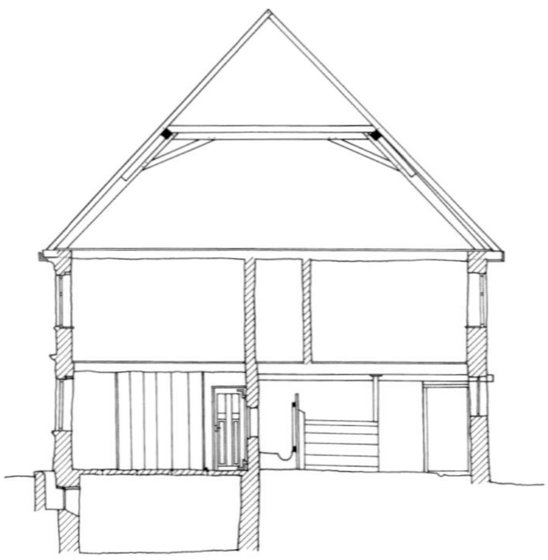

Querschnitt durch Stall.

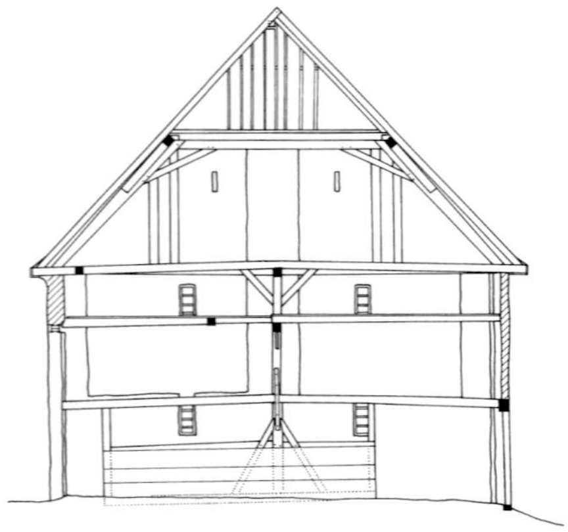

Querschnitt durch Tenne.

Ansicht von Südwesten.

Ansicht von Nordosten.

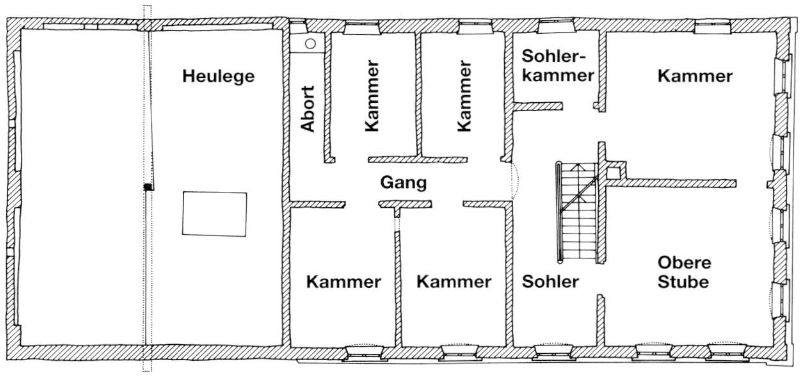

Obergeschoß

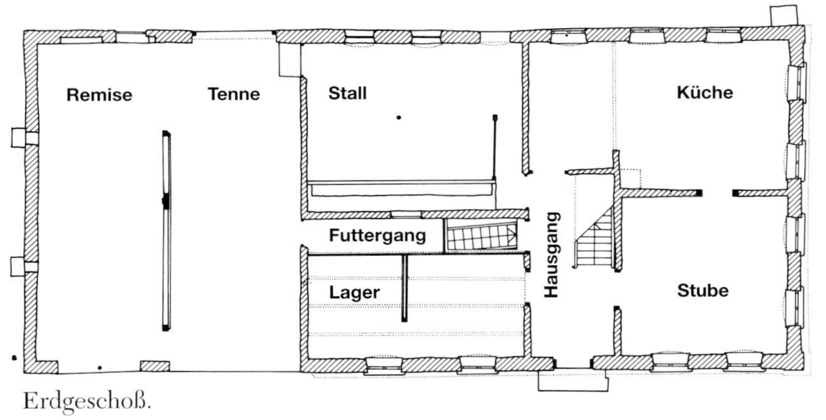

Erdgeschoß.

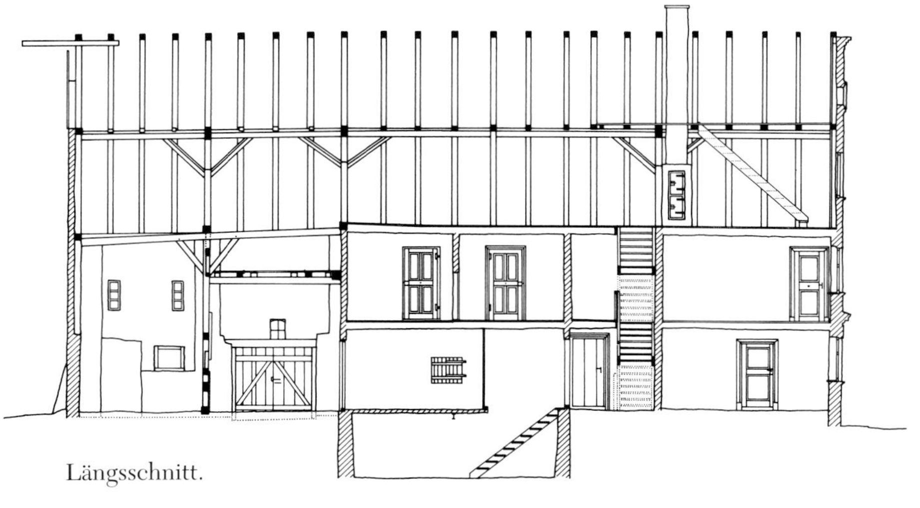

Längsschnitt.

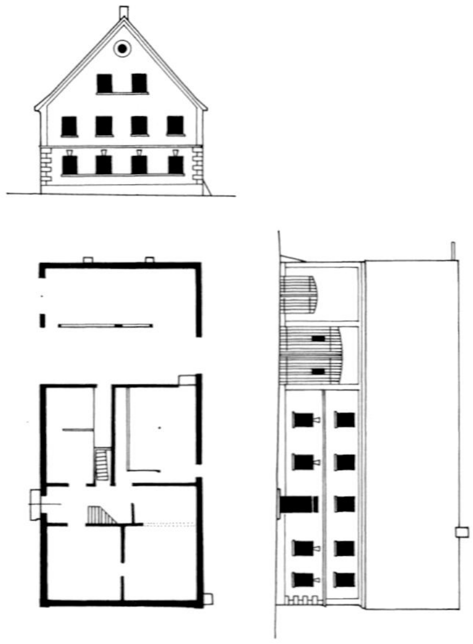

Ort	
Naichen a. d. Kammel, Nr. 9 1/2	
Gebäude	
Gebäudeart	Wohnstallhaus
Wandkonstruktion	Ziegel
Geschoßzahl	2 + Dach
Geschoßhöhe	ca. 2,6 m
Grundfläche (B × L)	188 qm (9,3 × 20,4 m)
Umbauter Raum	
Vollgeschosse	950 cbm
Dachgeschoß	520 cbm
Dach	
Dachart	Satteldach
Dachneigung	49°
Dachdeckung	Falzziegel
Dachüberstand	20 cm (Giebelseite)
Erschließung	
Hauseingang Lage	Traufseite
Flur Lage	Querflur
Grundfläche (B × L)	11,3 qm (2,3 × 4,9 m)
Treppe Art	einläufig
Laufbreite	95 cm
Steigungsverhältnis	18,6/19,2 cm, 44°
Stube	
Lage	Nordostecke
Grundfläche (B × L)	18,5 qm (4,3 × 4,3 m)
Fensterzahl	4
Fensteröffnung (B × H)	90 × 110 cm
Belichtungsfaktor Fensteröffnung: Grundfläche	1 : 4,7
Stubenofen	
Küche	
Lage	neben Stube
Grundfläche (B × L)	18,0 qm (4,1 × 4,4 m)

Gebäudemerkmale für Bauberatung

Die von der Wasserkraft der nach Norden fließenden Kammel betriebene Hammerschmiede steht unmittelbar am Betriebskanal zwischen zwei Flußschleifen. Die zu ihr gehörende landwirtschaftliche Hofstelle ist nach Südosten abgesetzt, wird aber von der gleichen Zufahrtsstraße aus erschlossen.

Der mit dem Hausgiebel nach Nordwesten gerichtete Baukörper trägt ein 49° geneigtes Satteldach und hat eine Breite von 9,3 m und eine Länge von 20,4 m.

Die Haustüre des Wohnteiles führt von der nordöstlichen Traufseite in den Querflur, der seitlich die einläufige Treppe in das Obergeschoß aufnimmt. Die quadratische Stube mit 4,3 × 4,3 m Seitenlänge wird von je zwei Fenstern über Eck von der nordwestlichen Giebelseite und der nordöstlichen Traufseite belichtet. Zwischen den beiden Fensterwänden entwickelt sich durch die gleichen Abmessungen und Detailausbildungen der Fensterpaare eine diagonal auf die Außenecke gerichtete Symmetrieachse. Daneben liegt die große Küche, die ebenfalls über Eck zwei Fensterpaare aufweist, jedoch durch unterschiedliche Wandabstände keine Diagonalsymmetrie entwickelt, im Gegensatz zu der bewußten Gestaltung der Stubenwände. An die Küche schließt eine Kammer an, die durch Abtrennung des Hausganges gewonnen wird.

Auf der gegenüberliegenden Flurseite folgen die Wirtschaftsräume von Stall und Lager. Dazwischen ist ein Stallgang mit der Kellertreppe eingefügt.

Dahinter schließt die Quertenne mit Lagerflächen bis zur westlichen Giebelseite an, die von schmalen Lüftungsschlitzen für die Bergeräume, auch für den Heuboden des Obergeschosses gekennzeichnet ist.

Im Obergeschoß des Wohnteils verbindet der Querflur die giebelseitige obere Kammer und Stube mit den kleinen Kammern über dem Stall, die selbst wieder über einen schmalen Längsflur erreicht werden.

Der Massivbau aus der ersten Hälfte des 19. Jahrhunderts zeichnet sich durch eine klare Entsprechung der Fensterachsen der Vollgeschosse und der Giebelseite aus. Die Gestaltungsmerkmale der Außenrenovierung von 1894 treten mit harten Kontrasten in den rustizierten Ecklisenen des Erdgeschosses, das farbig vom Obergeschoß abgesetzt ist und den grob geformten Gesimsen an Traufe und Ortgang als Zeichen einer gewollten Repräsentation hervor, die im Rückblick auf die bauliche Entwicklung der letzten hundert Jahre als Beginn der Verunsicherung handwerklicher Gestaltungskräfte erkannt werden kann.

Bei 188 qm überbauter Fläche ergibt der Umrechnungsfaktor 0,75 eine Nutzfläche von 141 qm.

Oberwiesenbach

Nr. 47½

Gemeinde Wiesenbach, Landkreis Günzburg

Einfirsthof
»Spieshaus« (nach dem letzten Besitzer)
Erbaut: um 1700
1980: abgetragen und als Museumsgebäude in Stoffenried wiederaufgebaut
1984: Eröffnung der Kreisheimatstube Stoffenried

Zur Siedlung

Südlich des Steinbaches liegt an einer Wegkreuzung das Dorf Oberwiesenbach. Johann Lambert Kolleffel beschreibt es um 1750 als Dorf mit 27 Feuerstellen, in dem Feldbau, Viehzucht, Stein- und Kernobstsowie Flachsbau betrieben wurde. Die Grundherrschaft über den Ort übte die Reichs-Prälatur des Prämonstratenserstiftes Roggenburg aus, und hochgerichtlich gehörte Oberwiesenbach zur Marktgrafschaft Burgau. Das Söldanwesen mit der ehemaligen Hausnummer 47½ lag am Fuße des Kirchberges und war bis zur Säkularisation dem Kloster Roggenburg gerichtlich untergeben und zu Abgaben verpflichtet.

Zur Hofgeschichte

In den Salbüchern des Klosters Roggenburg ist das Anwesen Nr. 47½ als Hofstelle bis ins Jahr 1683 zurückzuverfolgen. In vollständiger Folge sind somit die Besitzer des Söldgütls überliefert, das während des 18. Jahrhunderts sechsmal verkauft wurde. Seit dem Verkauf an Blasius Bader im Jahr 1760 blieb der Hof bis ins späte 18. Jahrhundert in Händen von Baders Nachkommen. Die Namen wechselten (Bader, Mickenrieder, Thalhofer), da meist an eine Tochter übergeben wurde. 1881 ging das Anwesen von Leonhard Thalhofer in Tauschverträgen mit Ottmar Hopp und Joseph und Marianne Stegmann an

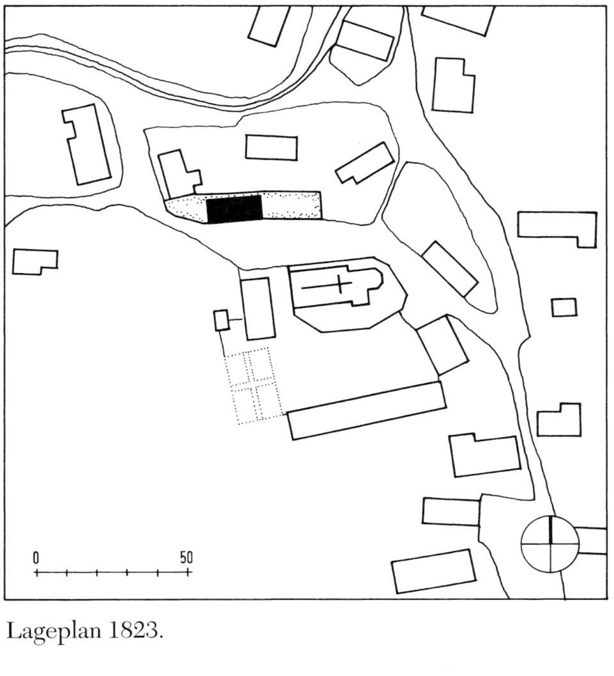

Lageplan 1823.

Ansicht des Fachwerkgiebels von Osten.

die Familie Stegmann. 1902 übergab Marianne an ihre Tochter Kreszenz und deren Bräutigam Wilhelm Spies aus Mechetsweiler. Etwa um 1906/08 verschüttete ein Erdrutsch die Südseite des Wohnhauses fast bis ins Obergeschoß, was jedoch zu keinen größeren Gebäudeschäden geführt hat. 1944 wurde nach der Übergabe an den Sohn Alfons Spies eine Schusterwerkstatt eingerichtet, mit der er das nötige Zubrot für die kleine Landwirtschaft verdiente. 1980 konnte das abbruchreife Gebäude vom Landkreis erworben, abgetragen und in Stoffenried als »Kreisheimatstube« wiederaufgebaut werden.

Bauhistorische Beschreibung

In seiner ursprünglichen Lage im Dorf war das Söldhaus von der südlichen Traufseite, direkt von der knapp am Haus vorbeiführenden Dorfstraße aus begehbar. Die Giebelseite mit zweifenstriger Stube und einfenstriger Küche war nach Osten, zum Hausgarten gerichtet, so daß die Speisekammer auf der kühlen Nordseite zu liegen kam. Die Tenne wurde aufgrund des räumlich begrenzten Umgriffes von der westlichen Giebelseite über ein zweiflügeliges Tennentor erschlossen. Hier befand sich auf dem Platz, den die Straßenbiegung erlaubte, der Misthaufen.

Das Haus war als sekundärer Fachwerkbau mit einem gemauerten Erdgeschoß errichtet worden. Gemäß der gängigen Grundrißeinteilung in Schwaben liegen Küche und Stube von einem durchgesteckten Hausgang erreichbar an der Giebelseite. Zu Stall und Tenne zweigt zwischen zwei weiteren Kammern ein schmaler Gang ab. Im Obergeschoß teilt sich der Raum erneut in vier Kammern. Vordere und hinter Kammer entsprechen im Grundriß Stube und Küche. Zwei weitere fast quadratische Kammern liegen auf der anderen Seite des Flures, der von einem Fenster auf der Südseite sein Tageslicht erhält.

Das Sparrendach war einfach mit Biberschwanzziegeln gedeckt worden. Als besonders sorgfältig ausgeführtes Detail muß die Sparrenschwelle genannt werden, die im Giebelfeld zwischen den Dachbalken im Eselsrückenmotiv eingekerbt ist. An der Nord-

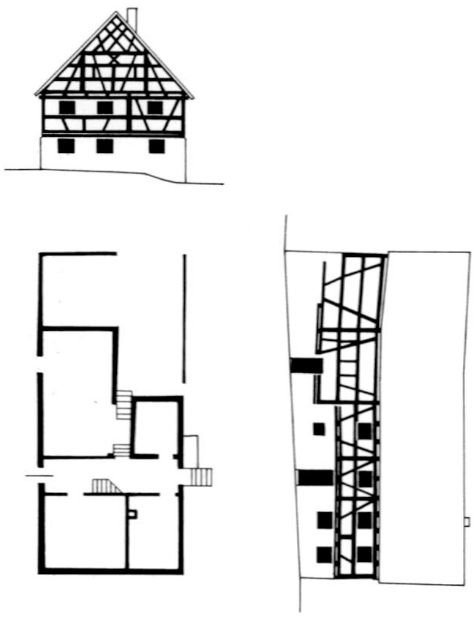

Ort	
Oberwiesenbach, Nr. $47\frac{1}{2}$	
Gebäude	
Gebäudeart	Wohnstallhaus
Wandkonstruktion	Ziegel/Fachwerk
Geschoßzahl	2 + Dach
Geschoßhöhe	2,2 m
Grundfläche (B × L)	150 qm (8,1 × 18,5 m)
Umbauter Raum	
Vollgeschosse	740 cbm
Dachgeschoß	350 cbm
Dach	
Dachart	Satteldach
Dachneigung	48°
Dachdeckung	Biberschwanzziegel
Dachüberstand	30 cm (Giebelseite)
Erschließung	
Hauseingang Lage	Traufseite
Flur Lage	Querflur
Grundfläche (B × L)	14,1 qm (1,9 × 7,4 m)
Treppe Art	einläufig
Laufbreite	65 cm
Steigungsverhältnis	16,0/24,0 cm, 34°
Stube	
Lage	Südostecke
Grundfläche (B × L)	18,5 qm (4,2 × 4,4 m)
Fensterzahl	4
Fensteröffnung (B × H)	105 × 95 cm
Belichtungsfaktor Fensteröffnung: Grundfläche	1 : 4,6
Stubenofen	Hinterlader von Küche
Küche	
Lage	neben Stube
Grundfläche (B × L)	11,3 qm (2,7 × 4,2 m)

seite des Ökonomieteiles hatten sich gezäunte Ausfachungen mit Lehmschlag erhalten. Die Tenne wurde vollständig als hölzerner Ständerbau auf einem Steinsockel aufgezimmert.
Für die Umsetzung des Gebäudes konnten nicht alle Teile des originalen Hauses übertragen werden. Auch wurde das Haus gedreht, so daß es nun nicht mehr von Süden erschlossen wird, sondern von Westen. Allerdings ermöglichte die Translozierung von Oberwiesenbach nach Stoffenried ähnlich wie beim Staudenhaus in Döpshofen einen Bauernhaustypus zu erhalten, der im Sinne der Heimatpflege öffentlich genutzt werden kann.

Gebäudemerkmale für Bauberatung

Das Söldhaus ist auf so schmalem Grundstück nördlich der Straße gegenüber der Kirche erbaut, daß beide Traufseiten nach Süden zur Straße und nach Norden zum Nachbaranwesen unmittelbar neben der Grenze stehen.
Der in Ostwestrichtung ausgerichtete zweigeschossige Rechteckbaukörper ist 8,1 m breit und 18,5 m lang. Er wird von einem 48° geneigten Satteldach abgeschlossen. Die Haustüre auf der südlichen Traufseite führt in einen durchgehenden Querflur, der seitlich die einläufige Treppe in das Obergeschoß aufnimmt und an der gegenüberliegenden Nordwand einen weiteren Ausgang hat. Die Stube mit 4,2 × 4,4 m Seitenlänge bildet nahezu ein Quadrat und wird von 2 × 2 Fenstern ähnlicher Abmessungen und Wandausbildung von Osten und Süden her über Eck belichtet. Damit deutet sich, auch bei den hier feststellbaren geringen Maßabweichungen, eine Diagonalsymmetrie der Wandabwicklungen zur Außenecke hin an. Die Heizung erfolgt von der daneben in der Nordostecke des Hauses liegenden Küche.
Auf der gegenüberliegenden Gangseite schließt der Stall an, der über einen Stallgang erreicht und durch eine Türe an der südlichen Traufseite beschickt und entsorgt werden kann. Die Tenne geht bis zur westlichen Giebelseite durch, in der sich ein zweiflügeliges Tor öffnet. Im Obergeschoß stellt der Querflur mit einläufiger Treppe das bestimmende Raumelement dar, von dem aus Kammern an der östlichen Giebelseite erreicht werden. Über dem Stall wird der Raum als Boden genutzt.
Wegen des nach Westen und Norden zum Bachlauf hin abfallenden Geländes liegen der Stall und die Tenne tiefer als der Wohnteil. Deshalb sind im Stallgang die Differenzstufen zum Stall und noch weiter bis zur Tenne eingesetzt.
Das Baugefüge ist im Erdgeschoß als Ziegelmauerwerk aufgeführt, im Obergeschoß als Fachwerk ausgebildet, ebenso im Dachdreieck. An der Giebelseite nach Osten wird die asymmetrische Raumaufteilung der großen Stube und der kleinen Küche auch in den unterschiedlichen Achsabständen der Fensterpaare bzw. des Einzelfensters sichtbar. Dagegen bleibt das Dachdreieck in der Verteilung der senkrechten Ständer und Streben auf die Symmetrieachse des Dachfirstes ausgerichtet.
Bei 150 qm überbauter Fläche ergibt der Umrechnungsfaktor 0,75 eine Nutzfläche von ca. 112 qm je Geschoß.

Ansicht von Osten.

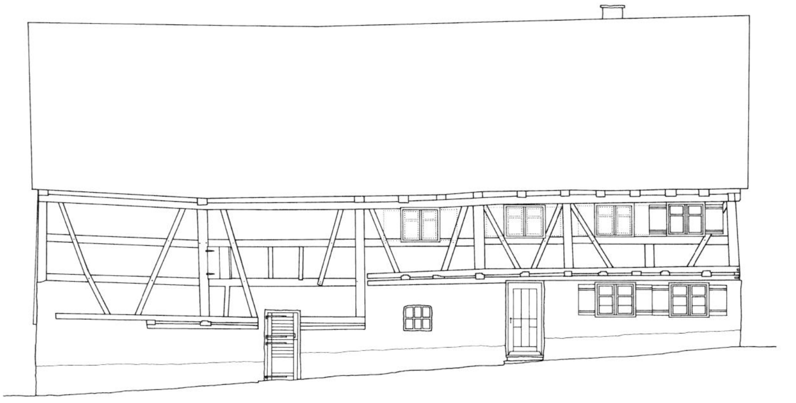

Ansicht von Süden.

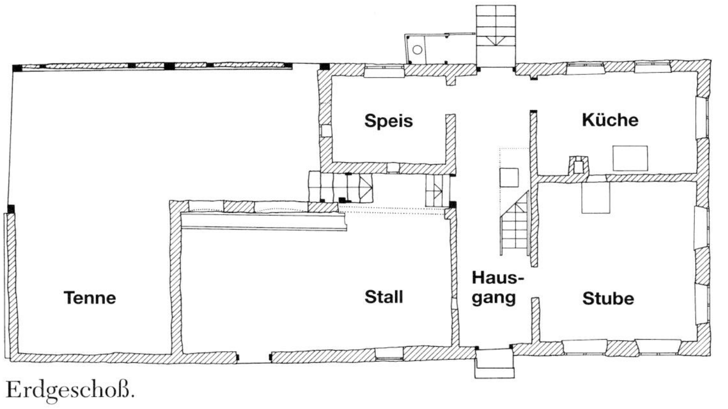

Erdgeschoß.

Ansicht von Norden.

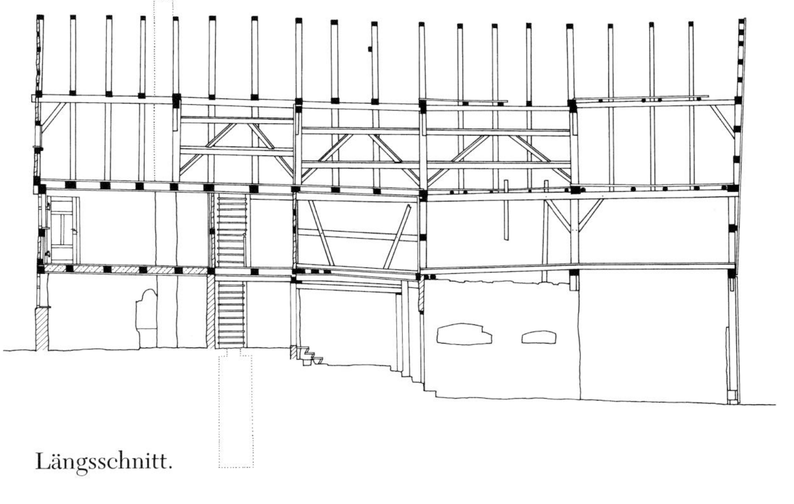

Längsschnitt.

Bodolz

Auf der Egg 1 (Nr. 54)

Gemeinde Bodolz, Landkreis Lindau

Einfirsthof
»beim Fränzle« (1834)
1853/54: erbaut

Zur Siedlung

Der Ort Bodolz ist urkundlich seit dem 14. Jahrhundert belegt, seine Gründung geht aber zurück bis in das 8. oder 9. Jahrhundert. Der aus einem Personennamen »Podolt« gebildete Name steht in Verbindung mit dem damaligen Kloster St. Gallen, in dessen Besitz sich Teile des Ortes Bodolz befanden. Im 16. Jahrhundert war Bodolz ausschließlich der Herrschaft Wasserburg zugehörig, die von den Fuggern aufgekauft wurde. Am Ort wird seit Jahrhunderten Weinbau in Kombination mit Obstbau und Landwirtschaft betrieben. Das Anwesen Nr. 54 war am Ortsrand erbaut worden und grenzt mit seinen Flächen an die Gemarkung Hoyren.

Zur Hofgeschichte

Bereits nach der ersten kurbairischen Steuerveranschlagung aus dem Jahr 1812 ist das Anwesen des Andreas Humpel, genannt »beim Fränzle«, als »ganzer Hof« bezeichnet. Neben zahlreichen Äckern, waren auch 19 Rebenbeete zum Teil als Lehen, zum Teil als eigener Besitz vermerkt. Zum Haus, das Humpel 1793 geerbt hatte, gehörte zudem eine Torkel und eine Ofenkuchl. 1836 befand sich das fast 13 Tagwerk große Anwesen im Besitz des Michael Schnell. Für das Jahr 1835 sind fast 13 Tagwerk Grund angegeben, von denen 1,35 Tagwerk Reben, 1,17 Tagwerk Gartenflächen und 6 Tagwerk Ackerflächen sind. Schnell hatte das in seinen Ökonomieflächen für das Bodenseegebiet typische Anwesen mit Obst- und Rebgärten 1821 von der Witwe Franziska Humpel im Anschlag zu 4 688 Gulden übernommen. Als zwischen 1852 und 1856 die Bahnstrecke Buchloe–Lindau gebaut wurde, betraf dies das Anwesen Nr. 54 sehr konkret, stand es doch direkt auf der geplanten Bahntrasse. 1853 kam zu Flächenverkäufen an die Bahngesellschaft, die durch Neuzukäufe von Wiesen- und Ackerflächen wieder ausgeglichen wurden. Das alte Anwesen wurde abgebrochen und weiter westlich neu erbaut. Von Johann und Creszenz Schnell übernahm 1894 die Tochter Magdalena zusammen mit ihrem Mann Josef Gierer den gut 18 Tagwerk großen Besitz. Neben der Ackerwirtschaft baute man Wein auf einer Fläche von mehr als drei Tagwerk Weingärten an. Nach 1900 wurde der Weinbau aufgegeben und auf den Hochstamm-Obstbau umgestellt. Bis 1965 wurde noch Viehwirtschaft betrieben. Seitdem konzentrierte sich die Familie allein auf den im ganzen Ort betriebenen Niederstamm-Obstbau. In der dritten Generation bewirtschaftet heute die Familie Gierer den Obstbaubetrieb auf der Egg in Bodolz.

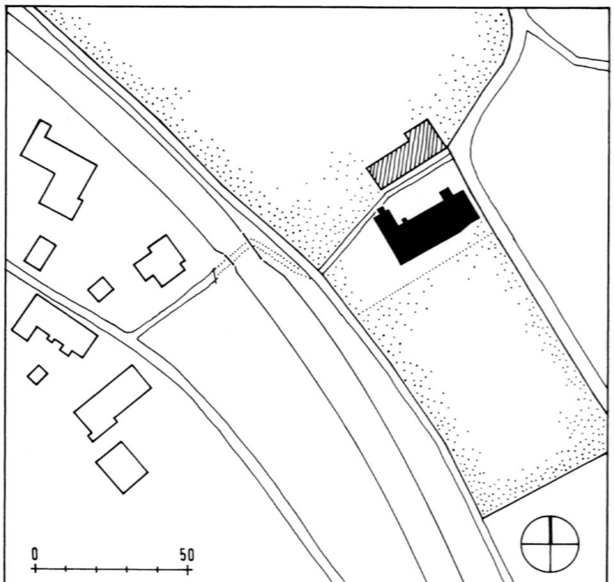

Lageplan 1977.

Bauhistorische Beschreibung

Das alte »Fränzlis-Anwesen« war »ein Haus von Holz gebaut, samt Stallung und Torkel unter einem Dach«, wie das Rustikalsteuerkataster aus dem Jahr 1812 berichtet. Der neue Hof jedoch, wie er sich heute auch den Bahnreisenden auf der Strecke zwischen Immenstadt und Lindau präsentiert, wurde 1853/54 völlig neu erbaut. An einen zweigädigen großzügig angelegten Baukörper wurde nach Norden ein Querflügel angesetzt. Eine siebenachsige Fensterfront öffnet sich mit den für die Bodenseegegend typischen großen Fenstern zu je sechs hochformatigen Scheiben pro Flügel nach Westen. Die Hauswände waren mit Spalieren bepflanzt. Der hochgieblige Sparrenstuhl des Daches besitzt einen weit ausschießenden Aufschiebling, der so als Vordach über die Spaliere hinausgezogen war, daß sie vor negativen Witterungseinflüssen geschützt wurden. Regionalen Gepflogenheiten entsprechend, erschließt sich das Gebäude traufseitig durch eine repräsentative zweiflügelige gestemmte aufgedoppelte Haustür. Von der breiten Diele wurde eine Küche abgetrennt. Zur Giebelseite lagen eine Stube und eine Schlafkammer sowie nur von der Küche zugänglich die Speis. Nach Norden folgte eine Backstube mit Brennerei die einen direkten Zugang in den Wein- und Mostkeller besitzt. Das Obergeschoß wird über eine viertelgewendelte Treppe erreicht. Die Grundrißaufteilung entspricht der des Erdgeschosses. Im Dachgeschoß finden durch den Einbau des Zwerchgiebels noch zwei weitere Kammern Platz.

Der ehemalige Stall grenzt direkt an den Wohnteil des Anwesens an.

Im 20. Jahrhundert kam es zu mehreren kleineren Um- und Ausbauten. Eine letzte Renovierung fand im Jahr 1993 statt.

Ansicht des Wein- und Obstbauernanwesens von Süden.

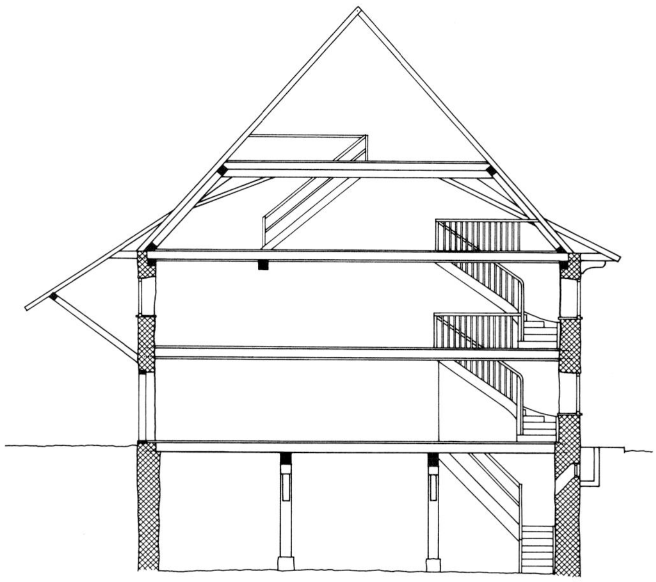

Querschnitt Wohnteil.

Ansicht von Norden.

Ansicht von Westen.

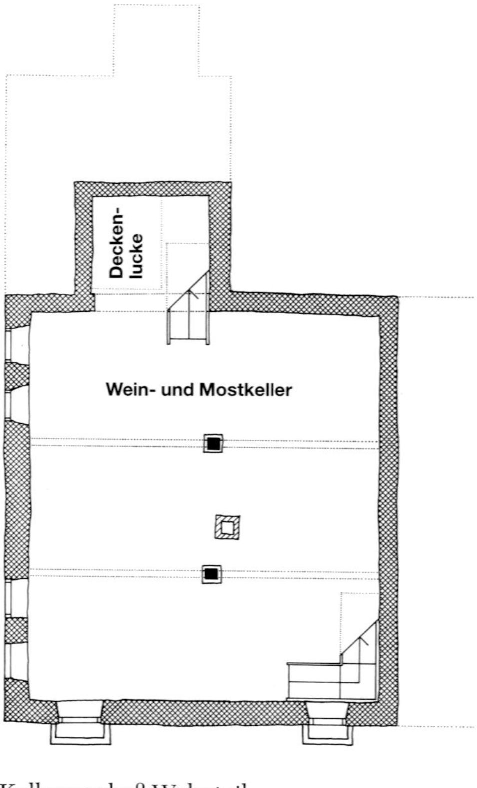

Kellergeschoß Wohnteil.

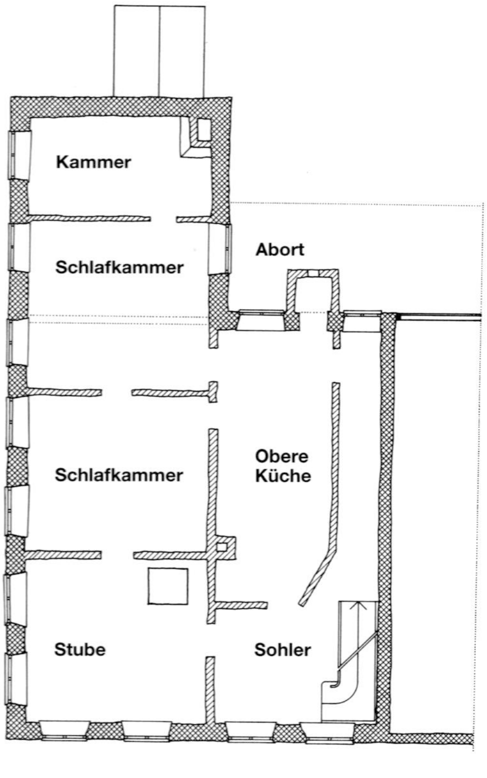

Obergeschoß Wohnteil.

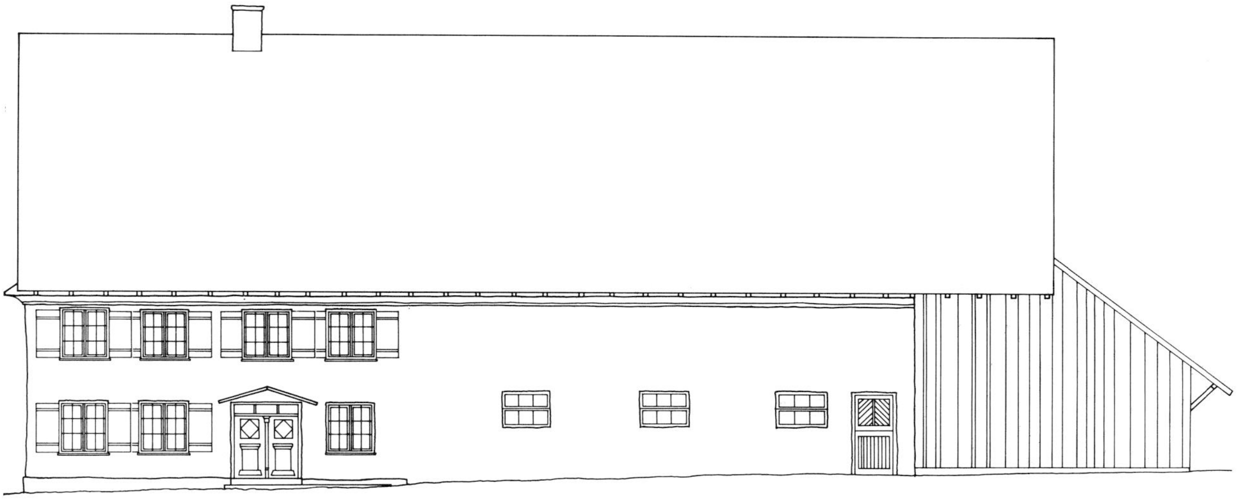

Ansicht von Süden.

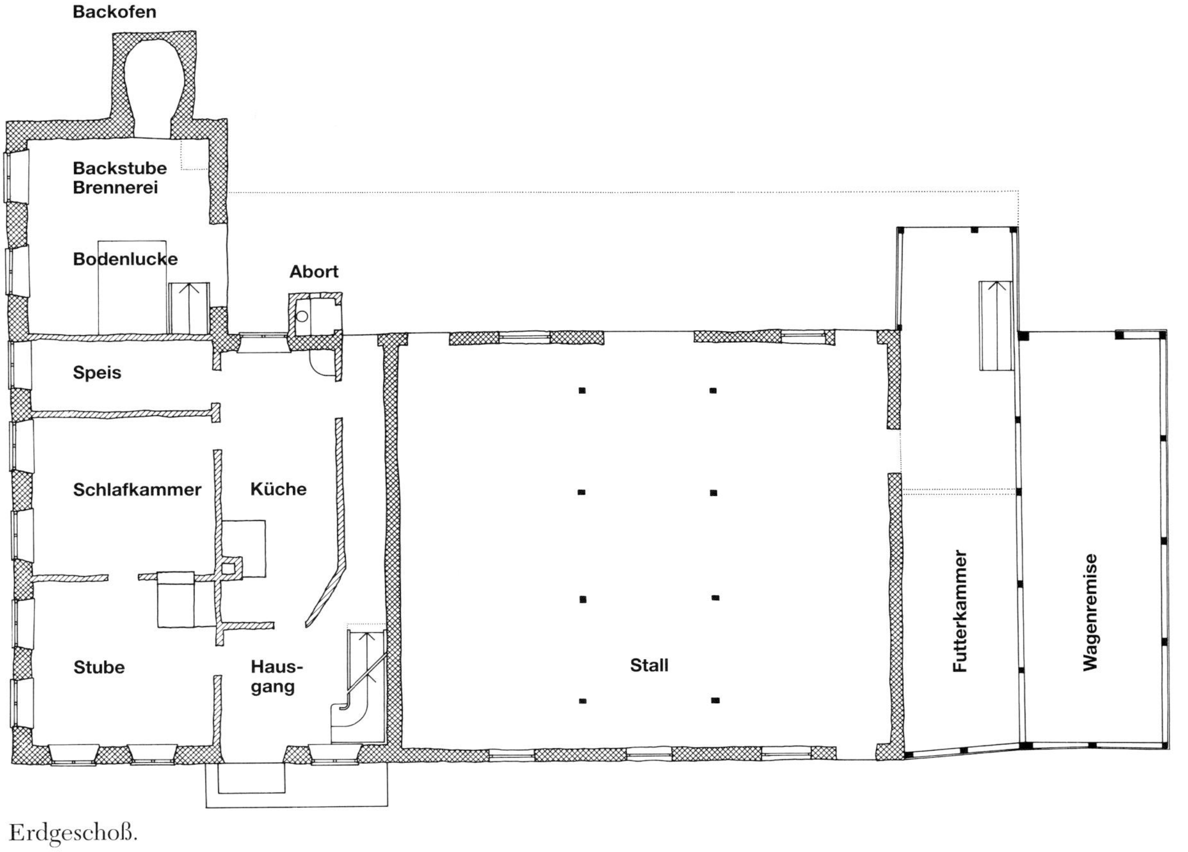

Erdgeschoß.

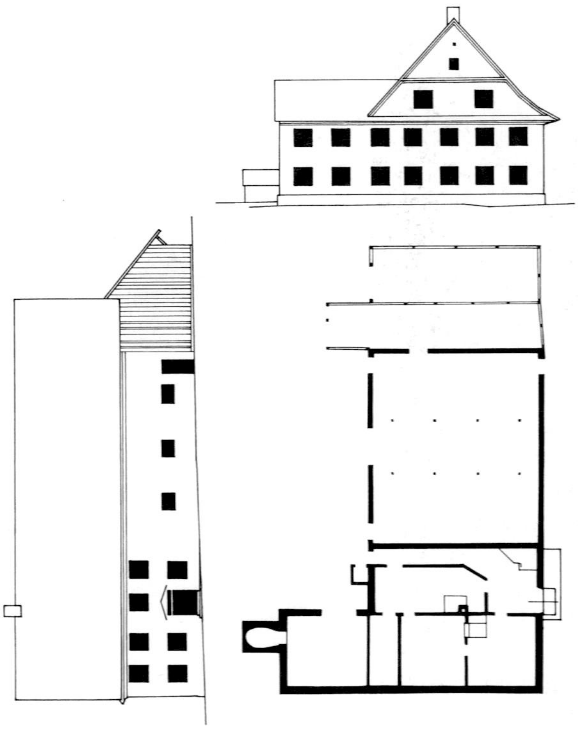

Ort
Bodolz, Auf der Egg 1

Gebäude	
Gebäudeart	Wohnstallhaus
Wandkonstruktion	Bruchstein, Ziegel
Geschoßzahl	2 + Dach
Geschoßhöhe	2,7 m
Grundfläche (B × L)	409 qm (11,7 × 30,7 + 2,8 × 3,3 + 5,9 × 5,9 + 2,2 × 2,5 m)
Umbauter Raum	
Vollgeschosse	2080 cbm
Dachgeschoß	1180 cbm

Dach	
Dachart	Satteldach
Dachneigung	49°
Dachdeckung	
Dachüberstand	

Erschließung	
Hauseingang Lage	Traufseite
Flur Lage	Querflur
Grundfläche (B × L)	22,8 qm (1,1 × 7,5 + 1,0 × 0,5 + 1,5 × 9,5 + 4,3 × 3,2 m)
Treppe Art	einläufig über Eck
Laufbreite	90 cm
Steigungsverhältnis	

Stube	
Lage	Südwestecke
Grundfläche (B × L)	21,6 qm (4,5 × 4,8 m)
Fensterzahl	4
Fensteröffnung (B × H)	110 × 130 cm
Belichtungsfaktor Fensteröffnung: Grundfläche	1 : 3,8
Stubenofen	

Gebäudemerkmale für Bauberatung

Das Anwesen liegt frei inmitten eines ausgedehnten Obstgartens östlich des Ortskerns von Bodolz. Die Hofstelle wird von der im Osten vorbeiführenden Straße erschlossen und besteht aus dem Wohnstallhaus mit dem ostwestgerichteten First und einem parallel dazu im Norden errichteten Wirtschaftsgebäude.

Der zweigeschossige Rechteckbaukörper von 11,7 m Breite und 30,7 m Länge trägt ein 49° geneigtes Satteldach. Ein ebenfalls zweigeschossiger Anbau nach Norden setzt bündig an dem Westgiebel an, nimmt das Traufgesims auf und fügt den fünf Fensterachsen des Hauptbaukörpers noch zwei zusätzliche Fenster an, erweitert damit die westliche Hausfront auf sieben Achsen.

Der Zugang erfolgt von der südlichen Traufseite durch eine zweiflügelige Haustüre in den 4,3 m breiten Querflur, aus dem seitlich die viertelgewendelten einläufigen Treppen einmal in das Obergeschoß hinauf- und zum anderen in den Weinkeller unter dem Wohnteil hinabführen. Nach 3,2 m Tiefe wird die Flurbreite auf 1,1 m verringert und auf die Länge von 7,5 m seitlich eine Küche abgeteilt, die bis zur nördlichen Traufseite durchgeht und von dort direktes Licht erhält.

Der Stube von 4,5 × 4,8 m Seitenlänge ist die Südwestecke neben der Haustüre vorbehalten. Sie wird von zwei Fensterpaaren über Eck belichtet und von einem Stubenofen auf der Innenseite mit Anschluß zur Küche und der daneben liegenden Schlafkammer beheizt. Der nördliche Anbauflügel ist im Erdgeschoß als Backstube und Brennerei genutzt.

Das Obergeschoß zeigt die gleiche Raumaufteilung wie das Erdgeschoß. Auch hier ist eine obere Küche vom Querflur abgeteilt und die obere Stube in der südwestlichen Hausecke eingerichtet, an die entlang des Westgiebels nach Norden Schlafkammern anschließen.

Der Stall grenzt unmittelbar an den Querflur an, ist mit ihm jedoch nicht direkt verbunden, sondern wird von der nördlichen Traufseite her beschickt. Am Ostgiebel des Hauptbaukörpers folgt noch eine Futterkammer und ein Schupfen, dessen abgeschlepptes Pultdach ihn als späteren Anbau erkennen läßt.

Das Baugefüge besteht in den Außenwänden und der Trennwand zwischen Flur und Stall aus verputztem Bruchsteinmauerwerk, während die Innenwände des Wohnteils aus Ziegeln gemauert sind. Am östlichen Giebel wird in der senkrechten Bretterschalung die Holzkonstruktion von Futterkammer und Schupfen sichtbar.

Für die Baugestalt vermitteln die sieben Achsen der in beiden Vollgeschossen gleich ausgebildeten Fenster einen großzügigen Maßstab des wohlhabenden Obstbaubetriebs.

Bei 409 qm überbauter Fläche ergibt der Umrechnungsfaktor 0,75 eine Nutzfläche von 307 qm je Vollgeschoß.

Engenberg

Nr. 29

Gemeinde Heimenkirch, Landkreis Lindau

Einfirsthof
Bauerngut »beim Langen« (1856)
Erbaut: um 1800
1998: abgetragen zum Wiederaufbau im Bauernhofmuseum Illerbeuren

Zur Siedlung

Seit dem Spätmittelalter war Engenberg Teil der Grundherrschaft des Spitals Isny. Bereits 1834 sind in den Urbaren Engenbergs sämtliche Güter als »eigen« bezeichnet worden. Von den insgesamt 25 Anwesen besaßen 16 Höfe über zwanzig Tagwerk Grund, die übrigen unter 10 Tagwerk. Die einzelnen Höfe der Siedlung liegen breitgestreut, mit meist großen Hofflächen und ausgedehnten Obstgärten in der hügeligen Landschaft nördlich des Bodensees. Der Hof Nr. 29, »beim Langen«, befand sich am nördlichen Ortsrand auf einer Hügelkuppe.

Zur Hofgeschichte

In den Angaben des Rustikalsteuerkatasters aus dem Jahr 1811 wird das Anwesen des Martin Nueber als »Einöde mit 62 Winterfuhren« beschrieben. Martin Nueber hatte das Bauerngut 1806 von seinem Vater Franz Joseph Nueber im Anschlag zu 3300 Gulden übernommen, ein Betrag der das Anwesen als mittelgroßes Bauerngut auswies. Damals schon besaß Nueber eigene Grundstücke, die er bewirtschaftete. Für die Lehensgründe war er mit dem Groß- und Kleinzehnten zum Pfarramt Heimenkirch und mit der »Habergült« nach dem Spital Isny zehntbar. 1853 übernahm Franz Joseph Nuber jun. das Anwesen, das etwa 30 Tagwerk an Ökonomie-Flächen besaß. Dabei dominierten die Ackergründe mit gut 15 Tagwerk Anteil. Die übrigen Flächen bestanden aus Grünland und Wald. Der für das Allgäu ansonsten typische Strukturwandel von der Mischwirtschaft zur reinen Weidewirtschaft fand bei diesem Anwesen nicht statt. Die Aufteilung der Wirtschaftsflächen blieb während des 19. und 20. Jahrhunderts gleich.
Nach dem Tod des Franz Joseph Nuber verkaufte seine Witwe Emerentia das Anwesen im Jahr 1889 an Franz Xaver Huber und dessen Ehefrau Agathe. Deren Sohn Engelbert Huber übernahm 1935 den Hof, dessen Größe, gut 10 Hektar, sich nicht mehr veränderte. 1951 wurde das Anwesen erneut verkauft. 1960 veräußerte man nach der Aufgabe der Landwirtschaft die Wirtschaftsflächen. Seitdem wurde das Bauernhaus als Wohnhaus genutzt. Versuche, das Gebäude am Ort zu erhalten und als Wohnhaus für eine große Familie umzubauen, scheiterten, so daß es 1998 abgetragen und in das Schwäbische Bauernhofmuseum Illerbeuren gebracht wurde.

Der Hölzerne Blockbau vor der Tranzlozierung. In der Konstruktion ein »Allgäuer Haus«, zeigt es die für die Bodenseegegend typischen größeren Fensteröffnungen.

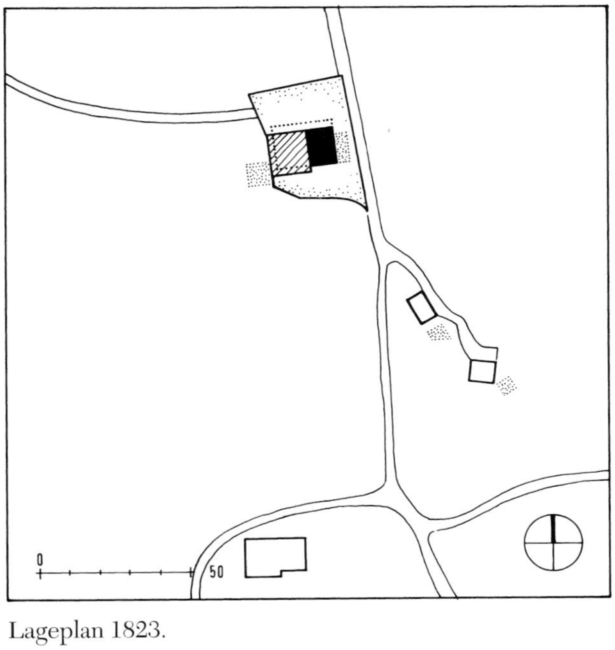

Lageplan 1823.

Bauhistorische Beschreibung

Das aus Holz erbaute Anwesen besteht im Kern aus einem Blockbau, der die für das Allgäu typischen drei Räume – Hüs, Stube und Gaden – umfaßt. Der Bereich der Rauchstube im Hüs hat sich mit seiner Steinpflasterung erhalten, während der übrige Raum mit breiten Fichtendielen ausgelegt war. Von der Feuerstelle im Hausgang aus wurde der Kachelofen in der großen Stube geheizt. Mit dem Einbau eines gemauerten deutschen Kamins wurden an den Ofenstandorten die hölzernen Wände durch neue, aus Ziegeln aufgemauerte Wände ersetzt.
Der Keller mit einer einfachen auf vier Unterzügen liegenden Bretterdecke war aus Bruch- und Feldsteinen aufgebaut. Vor der Erweiterung des Gebäudes hatte er einen bauzeitlichen Zugang über eine steinerne, gewendelte Treppe, die am nördlichen Ende des Hüs nach unten in zwei Kellerräume führte und mit dem Umbau des Hauses um die Mitte des 19. Jahrhunderts geschlossen wurde. Der größere Kellerraum öffnete sich mit zwei Fenstern nach Osten und diente ursprünglich als Webkeller.

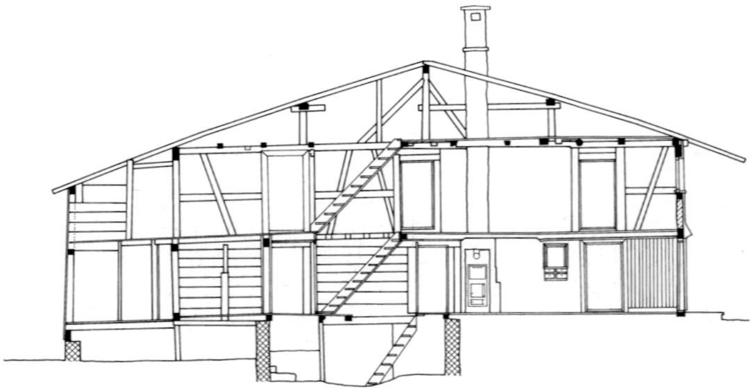

Querschnitt durch Hausgang.

Ansicht von Osten, spätere Verschindelung nicht dargestellt

Querschnitt durch Stube.

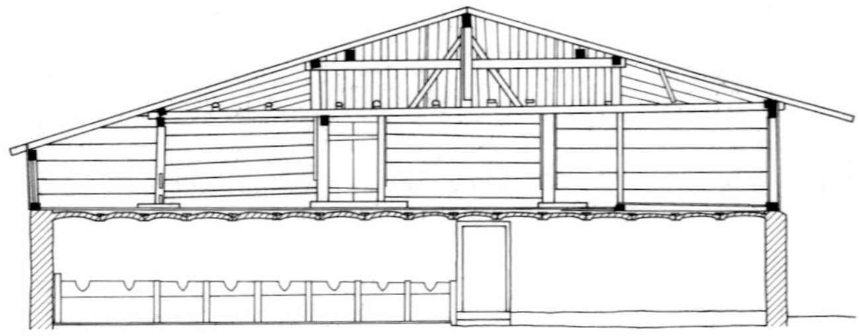

Querschnitt durch Stall.

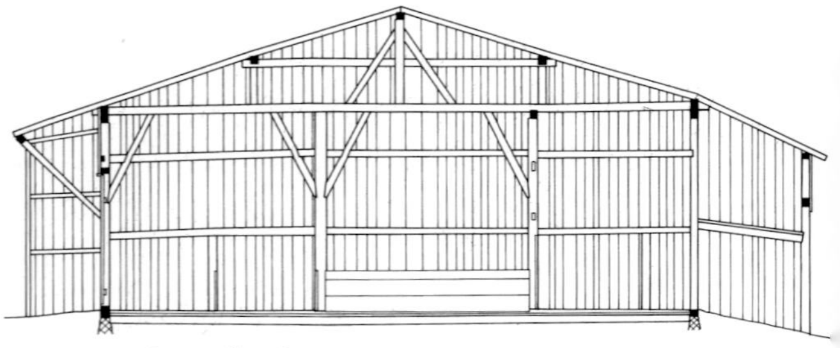

Querschnitt durch Tenne.

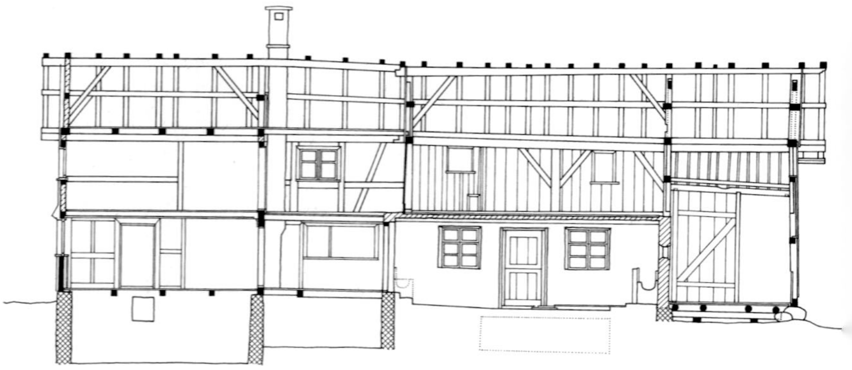

Längsschnitt.

Wohl zwei größere Umbauten lassen sich baulich nachvollziehen: zum einen die Erweiterung des Dreierblocks im Wohnteil in Ständerbauweise mit waagrecht eingenuteten Bohlen um eine Kammer nach Norden und die Verlängerung des Hüs. Im Laufe eines weiteren Umbaus wurde die historische Kellertreppe geschlossen und ein neues Treppensystem im Hausgang errichtet. Der Stall wurde Ende des 19. Jahrhunderts völlig neu erbaut und bot Raum für mindestens 18 Stück Vieh. Die hölzernen Baren waren nach Westen zur Tenne durch segmentbogig ausgesägte Futterluken mit Futter zu beschicken.

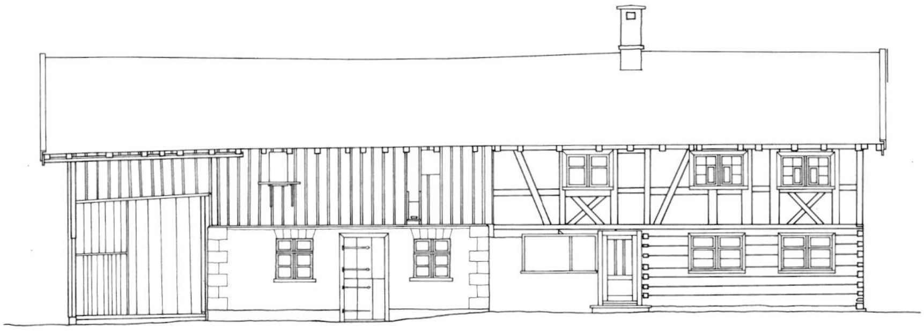

Ansicht von Süden, spätere Verschindelung nicht dargestellt.

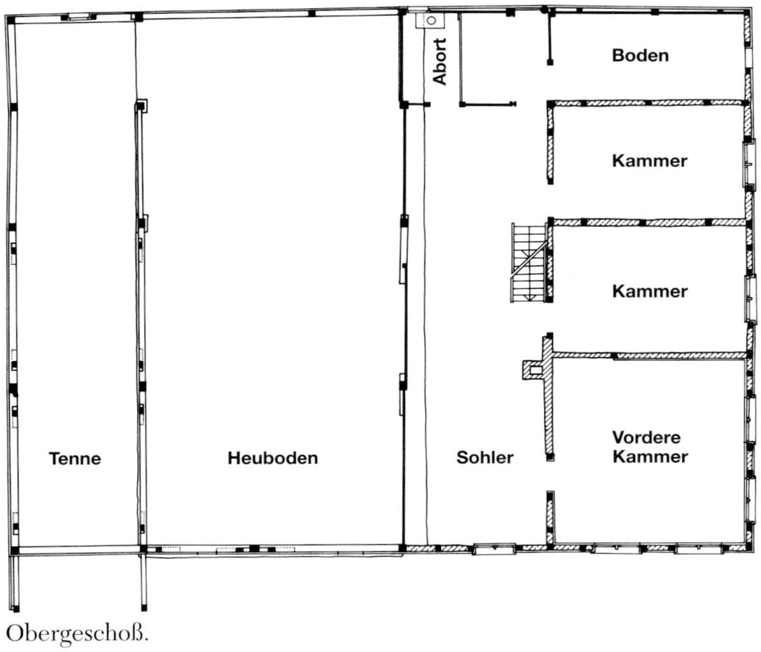

Obergeschoß.

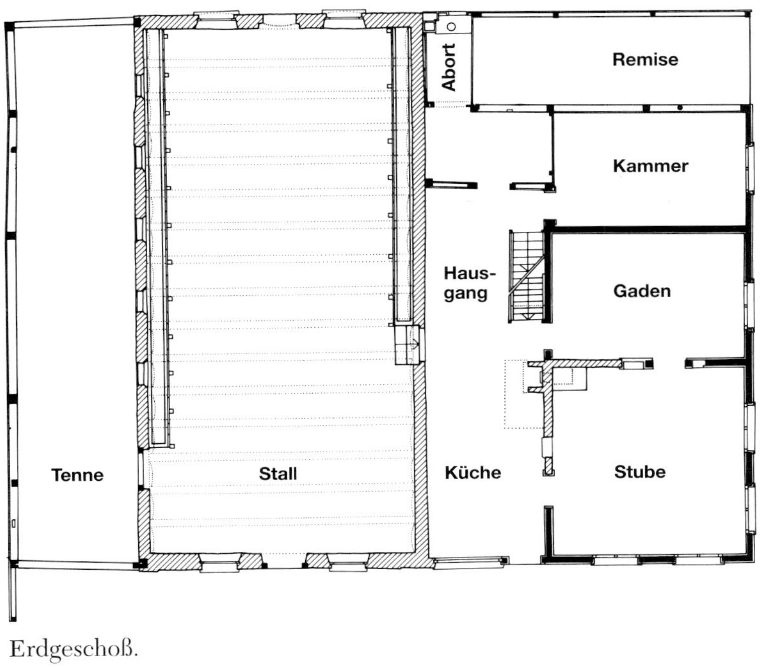

Erdgeschoß.

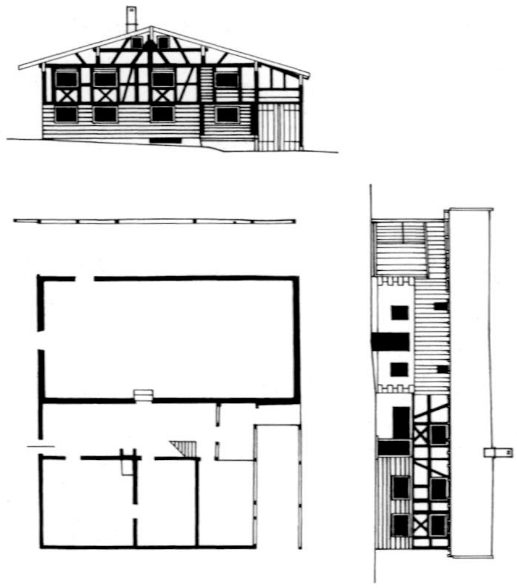

Ort	
Engenberg, Nr. 29	
Gebäude	
Gebäudeart	Wohnstallhaus
Wandkonstruktion	Blockbau, Holzständerbau, Ziegel, Bruchstein, Fachwerk
Geschoßzahl	2 + Dach
Geschoßhöhe	2,1 m
Grundfläche (B × L)	297 qm (15,1 × 19,7 m)
Umbauter Raum	
Vollgeschosse	1350 cbm
Dachgeschoß	280 cbm
Dach	
Dachart	Satteldach
Dachneigung	17°
Dachdeckung	
Dachüberstand	50/70 cm (Giebelseite)
Erschließung	
Hauseingang Lage	Traufseite
Flur Lage	Querflur
Grundfläche (B × L)	31,0 qm (3,1 × 10,0 m)
Treppe Art	einläufig
Laufbreite	80 cm
Steigungsverhältnis	
Stube	
Lage	Südostecke
Grundfläche (B × L)	26,0 qm (5,1 × 5,1 m)
Fensterzahl	4
Fensteröffnung (B × H)	120 × 90 cm
Belichtungsfaktor Fensteröffnung: Grundfläche	1 : 6,0
Stubenofen	Hinterlader von Flur
Küche	
Lage	im Flur
Grundfläche (B × L)	

Gebäudemerkmale für Bauberatung

Die frei in der Landschaft errichtete Hofstelle ist von der im Osten vorbeiführenden Straße aus erschlossen. Unter dem ostwestgerichteten First des Satteldaches von 17° Neigung blickt der Wohnteil mit dem Giebel nach Osten, wogegen die Tenne die westliche Giebelseite einnimmt und so den in der Mitte eingefügten Stall gegen die Wetterseite schützt.

Der zweigeschossige Rechteckbaukörper weist eine Breite von 15,1 m und eine Länge von 19,7 m auf. Er bietet seine südliche Traufseite mit den Zugängen zum Wohnteil und Stall sowie dem zweiflügeligen Tennentor der wärmenden Sonneneinstrahlung dar.

Die Haustüre öffnet sich in einen Querflur, der als Küche genutzt wird, von einem seitlichen Fenster Licht erhält und in dessen rückwärtigem Teil übereinander angeordnete einläufige Treppen in den Keller hinab- und in das Obergeschoß hinaufführen.

Der quadratischen Stube von 5,1 × 5,1 m ist die bevorzugte Südostecke vorbehalten. Sie wird über Eck von 2 × 2 Fenstern gleicher Größenordnung und Detailausbildung belichtet. Die ähnlichen Abmessungen und Wandabstände ergeben zwischen der östlichen Giebelwand und der südlichen Traufwand zur Außenecke hin eine Diagonalsymmetrie, die durch die Lage des Stubenofens gegenüber dem Herrgottswinkel in dem quadratischen Grundriß betont wird.

Entlang der Giebelseite folgen der Stube der Gaden, eine Kammer und an der nördlichen Traufwand ein Schupfen mit seitlich abgeschlepptem Dach.

Im gemauerten Stall werden die Rinder entlang der Futterkrippe in Querrichtung aufgestallt. Über eine mittlere Achse erfolgt durch zwei Stalltüren im Süden und Norden die Entmistung. Aus der durchgehenden Quertenne im Westgiebel kann ein Teil der Futterbarren des Stalles direkt beschickt werden.

Das Obergeschoß weist die gleiche Grundrißorganisation auf. Über einen breiten Querflur sind vier Kammern der Giebelseite im Osten erschlossen, dahinter nach Westen Heuboden und Tenne.

Das Baugefüge besteht im Erdgeschoß aus Blockwänden für Stube und Gaden, allerdings mit einer gemauerten Ofenecke, an der auch in der Flurküche der Herd angeschlossen ist. Die gemauerten Teile bestehen aus Ziegeln, deren Verputz an der nördlichen Traufseite mit der Andeutung gegliederter Ecklisenen repräsentative Akzente setzt. Im Gegensatz dazu stehen die freien Verteilungen der Öffnungen im Blockbau des Erdgeschosses und Fachwerk des Obergeschosses, das mit Lehmwänden geschlossen ist. Heuboden und Tenne zeigen durch senkrechte Leistenschaltung, daß sie als unbeheizte Gebäudeteile für Lagerung und Gerät genutzt werden.

Bei 297 qm überbauter Fläche ergibt der Umrechnungsfaktor von 0,75 eine Nutzfläche von 223 qm.

Hoyren

Öschländerweg 19

Stadt Lindau, Landkreis Lindau

Einfirsthof
»beim Babiloner« (1812)
1688: erbaut
1836: Hof gehört als Nr. 43 zu Schachen

Zur Siedlung

Etymologisch verweist der Ortsname Hoyren auf römerzeitliche Lagerstellen und Hafenanlagen, das »horreum«. Im 18. Jahrhundert gehörte die Mehrzahl der neun Höfe und 24 kleineren Anwesen zum Stift Lindau. Die Sozialstruktur des Dorfes wurde im 19. Jahrhundert von Handwerkern und Taglöhnern bestimmt, was sich aus der Nähe zur Stadt Lindau erklärt. Die meisten Anwesen, die im Nebenerwerb Landwirtschaft und Weinbau betrieben, besaßen nur etwa 5 Tagwerk Grund. Das Anwesen »beim Babiloner« gehörte unter diesen kleinen Anwesen zu den bessergestellten.

Zur Hofgeschichte

Das »Haus und Gut beim Babiloner« war bereits zu Beginn des 19. Jahrhundert das freie Eigentum des Matthias Oeglin. Er hatte 1810 das Anwesen von seiner Mutter Felizitas Oeglin, geborene Brombeiß, übernommen. Zum Hof gehörten etwas mehr als 6 Tagwerk Grund, darunter 22 Rebenbeete, mehrere Wiesen und zwei Waldungen. Matthias Oeglins Bruder Johannes bewirtschaftete mit dem nachbarlichen Anwesen Nr. 58/59 das Vatergut. Gemeinsam besaßen und nutzten sie je die »halbe Oeglinsche Weinpreß«. Die Beziehungen zwischen den Höfen waren eng. So heiratete die Tochter des Matthias Eglin ihren Cousin Sebastian und kam so auf den Nachbarhof. Mit dem Jahr 1891, als Adrian und Anna Maria

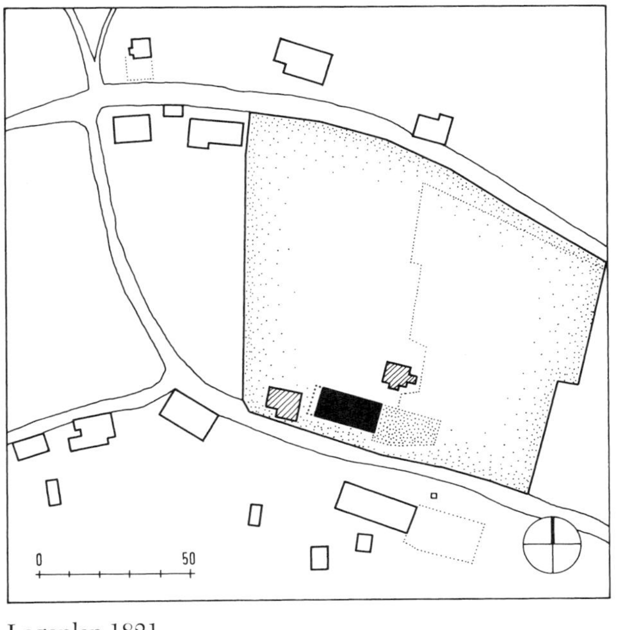

Lageplan 1821.

Südliche Traufseite mit Werksteingewänden von Tür und Fenstern im Erdgeschoß.

Meßmer das Babiloner-Gut kauften, endete die Familiengeschichte der Oeglin auf dem Anwesen. 1914 ist als Besitzerin die Witwe des Richard von Seutter genannt. Zum Haus gehörten damals noch Stadel, Schupfen, eine Ofenküche, sowie ein ausgedehnter Hofraum mit Gras- und Baumgarten in der Größe von 1,2 Hektar. 1939 wurden aus dem Gartenareal Bauplätze ausgemessen. Die Rebgärten waren noch im 19. Jahrhundert verkauft worden. 1961 erkaufte ein Nachbar das Haus mit dem verbliebenen Hofraum. Unter der jetzigen Besitzerin ist das Anwesen vermietet.

Bauhistorische Beschreibung

Deutlich läßt sich der Babiloner-Hof in seinen Bauformen in das Bodenseegebiet verorten. Er verbindet, obwohl er in Ziegelstein aufgemauert wurde, den Grundriß des drei Räume umfassenden »Stubenstock« des Allgäuer Hauses mit der im Westallgäu üblichen Form des Ökonomieteiles. Das im steinernen rundbogigen Türsturz in das Jahr 1688 datierte Haus wird von Süden her traufseitig erschlossen. Der breite, durchgesteckte »Küchengang« wurde hinter der Treppe mittels einer Wand geteilt und im hinteren Teil als Küche genutzt. Die giebelseitige Stube und eine zum Stall hin liegende Kammer war von der so entstandenen Diele zu begehen, eine weitere Kammer und das nach hinten liegende Stüble durch die Küche. Zum Stall hin zweigte aus der Küche ein Gang ab, von dem aus eine Treppe in den Keller führte. Das Obergeschoß entsprach im Grundriß dem Erdgeschoß. Es wurde seit Beginn des 20. Jahrhunderts als eigenständige Wohnung genutzt, indem vom Hausgang nach Norden eine Küche abgetrennt wurde. Von hier aus war der nach außen verbretterte, im 19. Jahrhundert angefügte Abtritt auf dem Altan zugänglich, der von einem Vordach überdeckt wurde und auch im Erdgeschoß über die gesamte Nordseite reichte. Auffallend und für das Bodenseegebiet typisch sind die großen Fensteröffnungen nach Süden

und nach Osten. Die Fenster im Erdgeschoß besaßen Steingewände und eine feste profilierte Mittelzarge. Die Fenster des Obergeschosses sind zweiflügelig, mit eigens zu öffnenden Lüftungsflügeln und hölzernen Gewänden versehen. Das mit Biberschwanzplatten gedeckte Sparrendach des Hofes besaß bis zu 1,30 m weit über die Wandflucht ausgreifende Aufschieblinge, die so ein Vordach schufen.
Der Wirtschaftsteil war vom Wohnteil aus zugänglich. Über die Futtertenne konnte der Barn des Viehstalles durch kleine Öffnungen in der hölzernen Wand zwischen Tenne und Stall mit Heu und Gras beschickt werden. Die Tenne, deren Tore im 20. Jahrhundert erhöht worden sind, konnte von den Fuhrwerken von Süden nach Norden durchfahren werden. Als Heuboden diente der Raum oberhalb von Stall und Futtertenne. Abgesehen von dem Einbau einer Küche im Obergeschoß des Wohnhauses und zwei Dachgauben auf der Südseite wurde der Bau im 20. Jahrhundert kaum verändert. Nach dem letzten Verkauf des denkmalgeschützten Anwesens im Jahr 1961 wurde das Gebäude zu einem Wohnhaus mit einzelnen Wohnungen ausgebaut, die jeweils eigene Eingänge besitzen.

Ansicht von Osten.

Die Südseite des Wohn- und Wirtschaftsteiles ist mit Wein bewachsen.

Östliche Giebelseite mit großen Fenstern und Obstspalier.

Ansicht von Süden.

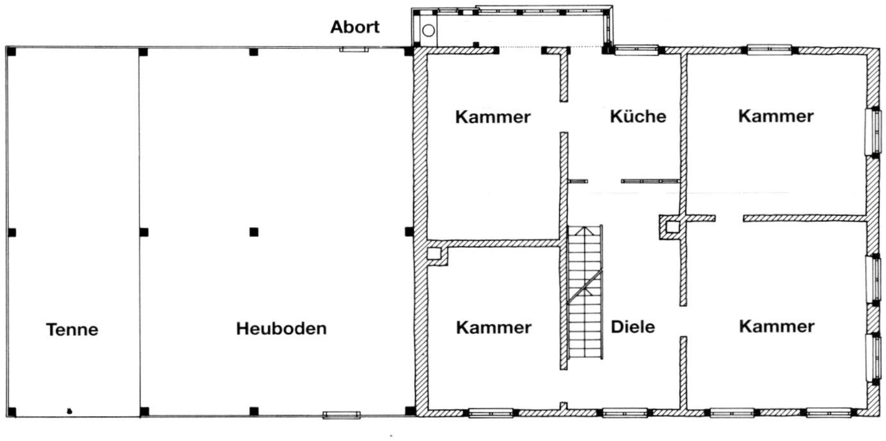

Obergeschoß.

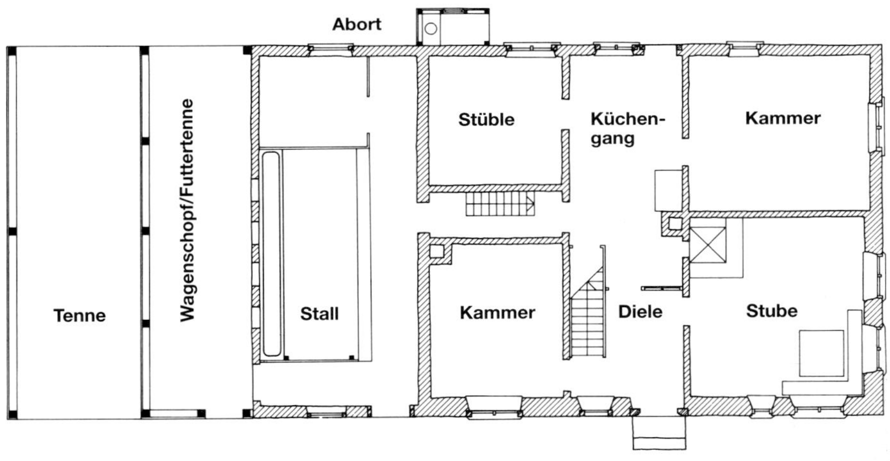

Erdgeschoß.

Ansicht von Norden.

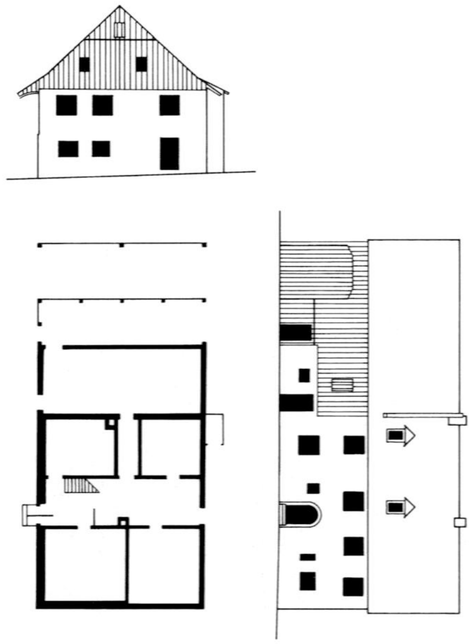

Ort	
Hoyren, Öschländer Weg 19	

Gebäude	
Gebäudeart	Wohnstallhaus
Wandkonstruktion	Ziegel, Holzständerbau
Geschoßzahl	2 + Dach
Geschoßhöhe	2,8 m
Grundfläche (B × L)	236 qm (10,2 × 23,1 m)
Umbauter Raum	
Vollgeschosse	1300 cbm
Dachgeschoß	630 cbm

Dach	
Dachart	Satteldach
Dachneigung	45°
Dachdeckung	
Dachüberstand	40 cm (Giebelseite)

Erschließung	
Hauseingang Lage	Traufseite
Flur Lage	Querflur
Grundfläche (B × L)	21,6 qm (1,3 × 6,7 + 3,0 × 4,3 m)
Treppe Art	einläufig
Laufbreite	80 cm
Steigungsverhältnis	

Stube	
Lage	Südostecke
Grundfläche (B × L)	22,5 qm (4,6 × 4,9 m)
Fensterzahl	4
Fensteröffnung (B × H)	120 × 110 cm, 40 × 110 cm
Belichtungsfaktor Fensteröffnung: Grundfläche	1 : 5,1
Stubenofen	Hinterlader von Flur/Küche

Küche	
Lage	Flurende
Grundfläche (B × L)	11,1 qm (3,0 × 3,7 m)

Gebäudemerkmale für Bauberatung

Das Wohnstallhaus steht mit ostwestgerichtetem First parallel zu der südlich vorbeiführenden Erschließungsstraße in einem sich nach Norden ausdehnenden Obstgarten.

Der zweigeschossige Rechteckbaukörper ist 10,2 m breit, 23,1 m lang und trägt ein 45° geneigtes Satteldach. Die Haustüre führt in einen 3,0 m breiten Querflur, der seitlich die einläufige Treppe in das Obergeschoß aufnimmt und von einem höher liegenden Fenster belichtet wird. Sein rückwärtiger größerer Teil ist als Küche genutzt und geht bis zur nördlichen Traufseite durch, in die ein Fenster und daneben eine Türe eingebaut sind.

Die Stube mit 4,6 × 4,9 m Seitenlänge liegt in der Südostecke und wird von zwei Fenstern der östlichen Giebelseite und einem einzelnen Fenster halber Breite der südlichen Traufseite belichtet. Der Eckbank gegenüber steht in der inneren Stubenecke der Ofen mit Ofenbank, der von der Flurküche aus beheizt wird. Die seitlich folgende Kammer ist mit der Küche verbunden, ebenso das Stüble auf der gegenüberliegenden Seite. Zwischen Stüble und Kammer an der südlichen Traufseite ist ein Längsflur zum Stall eingefügt, in dem auch die einläufige Treppe zum Keller untergebracht ist.

Der Stall wird von der südlichen Traufseite aus betreten. Die Futterkrippen und Einwurföffnungen an der Querwand zur Futtertenne weisen auf die Queraufstallung des Großviehs hin. An der westlichen Giebelseite schließt die quer durchfahrbare Tenne den Baukörper ab.

In der räumlichen Organisation des Obergeschosses tritt der Typus des Querflurs mit einläufigen Treppen und den zu beiden Seiten erschlossenen Kammerzonen deutlich hervor. An seiner Nordseite ist eine Küche für eine eigene Wohneinheit abgetrennt. Nach Westen folgen über den Stall der Heuboden und dann die bis zur Traufhöhe offene Tenne am Westgiebel.

Das Baugefüge ist durch die verputzte Ziegelmauer des Wohnteils und des Stalles bestimmt. Heuboden und Tenne sind in Holzständerbauweise ausgeführt und mit senkrechten Brettern abgeschlossen, die im Wirtschaftsteil auch die Struktur der Türen und Tore kennzeichnen. In beiden Vollgeschossen der östlichen Giebelseite bilden das Fensterpaar der Stuben den Schwerpunkt, dem das Einzelfenster der Kammer gegenübersteht. Im Giebel ist ein deutlicher Dachüberstand des Ortganges sichtbar. An der Traufe lassen die langen Aufschieblinge die Sparrendachkonstruktion erkennen. Die südliche Traufseite wird vor allem durch das Natursteingewände der Rundbogentüre am Hauseingang und die großen Fenster des Obergeschosses sowie dem breiten Dachüberstand des Giebels geprägt.

Bei 236 qm überbauter Fläche ergibt der Umrechnungsfaktor von 0,75 eine Nutzfläche von ca. 177 qm je Vollgeschoß.

Hoyren

Schönauerstraße 4

Stadt Lindau, Landkreis Lindau

Werkstattgebäude, ehemals auch Weinpresse
»Gut im Tobelin« (1812)
beim Drechsler (1836)
Erbaut: spätes 17. Jahrhundert

Südgiebel der ehemaligen Drechslerwerkstatt. Das oberhalb der Südfenster angebrachte sog. Klebdach ist im Bodenseegebiet verbreitet.

Zur Hofgeschichte

Für das Anwesen des Johannes Wilhalm sind in der Besitzfassion aus dem Jahr 1812 zwei Gebäude vermerkt. Beim Wohnhaus handelte es sich um einen hölzernen Ständerbau. Das »gemauerte Haus mit Werkstatt« steht unweit davon entfernt in der Nähe eines Baches, deshalb auch der Hausname »im Tobelin«. Die zugehörigen landwirtschaftlichen Flächen umgaben das frei stehende Anwesen, auf dem eine Drechsler-Conzession für dessen Besitzer Johannes Wilhalm lag. Er hatte das Anwesen 1800 im Anschlag zu 1681 Gulden übernommen. 1836 wurde die Drechslerei im Zusammenhang mit einem Wohnteil und einer Weinpresse erwähnt, vermutlich diente es auch als Austragshaus. Zu dem Drechsleranwesen gehörten etwa 4 Tagwerk Grund, von denen etwa ein halbes Tagwerk Rebflächen waren, zu denen Leonhard Wilhalm 1854 nochmals vier Rebenbeete zukaufte. Nach dem Tod Daniel Wilhalms übergab dessen Frau Ursula 1874 an die beiden Kinder Katharina und Johann. Nochmals wurden Rebenbeete gekauft, ein Hinweis darauf, daß man sich als Zubrot mehr auf die Winzerei verlegte und die Drechslerei nicht weitergeführt wurde. Die Werkstatt wird nun zusammen mit einer Holzschupfe genannt. Am Wohnhaus kam es zu mehreren Umbauten. Seit 1914 bewirtschafteten Daniel Wilhalm und Barbara, geborene Nüberlin, den Hof, den sie 1921 an ihren Sohn Daniel und dessen Frau Anna, geborene Meßmer, übergaben. 1954 übernahm deren Neffe Gottfried Striebel das Anwesen. Seit 1968 führt Gottfried Striebel jun. die Landwirtschaft im Nebenerwerb mit Schafhaltung weiter und betreibt in dem alten Handwerkerhaus eine Brennerei.

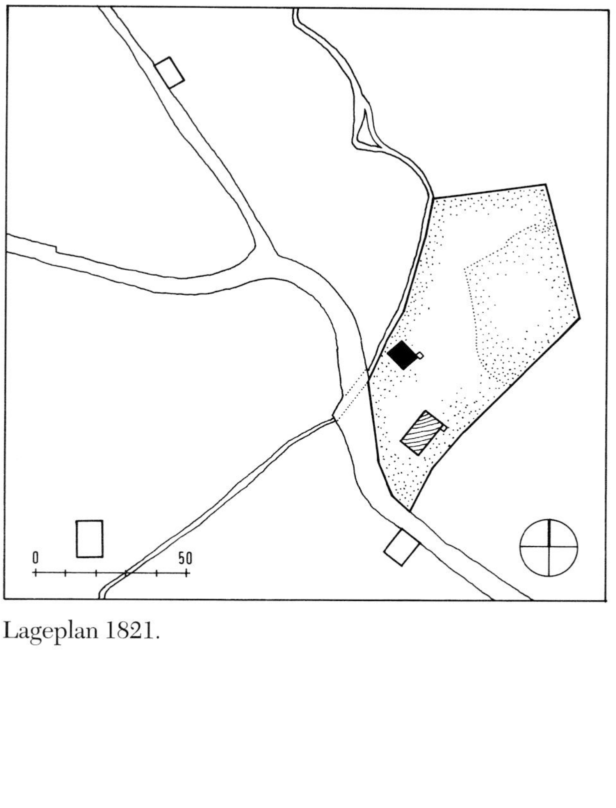

Lageplan 1821.

Bauhistorische Beschreibung

Neben einem Einfirsthof mit Wohn- und Ökonomieteil besaß Johannes Wilhalm eine eigene Werkstatt zur Ausübung seines Drechslerhandwerks. In Grundriß und äußerem Erscheinungsbild erinnert das für die Gegend typische gestelzte Gebäude aber auch an Weinberghäuser. Tatsächlich befand sich – aus den Archivalien ersichtlich – neben der Drechslerei im 19. Jahrhundert in dem gemauerten Sockelgeschoß eine Weinpresse. Darüber erhebt sich mit je einer vergitterten Fensteröffnung nach Südost, Südwest und Nordwest die Werkstatt. Sie wurde über einen hölzernen Aufgang traufseitig von Südosten über einen kleinen Vorraum erschlossen. Der die ganze Traufseite einnehmende Werkraum war von Südwesten mit drei Fenstern sowie von Nordwesten und Südosten je einem Fenster reichlich mit Tageslicht versorgt. Außen ist das Gebäude im Obergeschoß nach allen Seiten verbrettert. Die südliche Giebelseite, an der in den 1940er Jahren zwei Obstspaliere wuchsen, war über den hohen vierflügeligen Fenstern mit einem kleinen ziegelgedeckten Vordach, einem sogenannten Klebdach, versehen. Das steile stehende Dachwerk besitzt einen bis zu einem

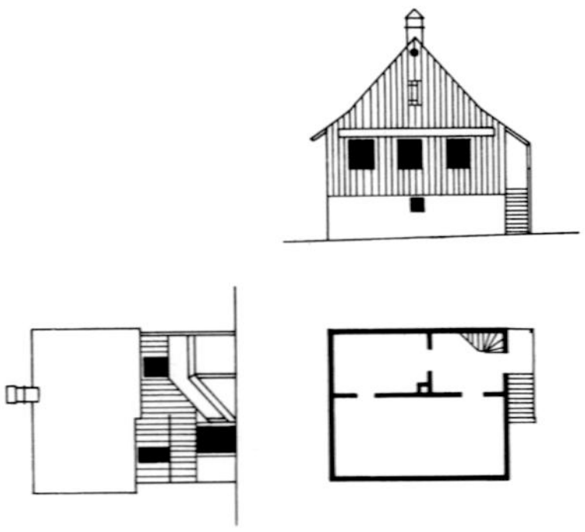

Ort	
Hoyren, Schönauerstr. 4	
Gebäude	
Gebäudeart	Wirtschaftsgebäude
Wandkonstruktion	Ziegel/Holzständerbau
Geschoßzahl	2 + Dach
Geschoßhöhe	2,7 m
Grundfläche (B × L)	49 qm (6,7 × 7,6 m)
Umbauter Raum	
Vollgeschosse	250 cbm
Dachgeschoß	100 cbm
Dach	
Dachart	Satteldach
Dachneigung	49°
Dachdeckung	
Dachüberstand	20/40 cm (Giebelseite)
Erschließung	
Hauseingang Lage	Traufseite
Flur Lage	Eckflur
Grundfläche (B × L)	7,5 qm (2,5 × 3,0 m)
Treppe Art	einläufig, über Eck angewendelt
Laufbreite	80 cm
Steigungsverhältnis	

Meter auskragenden Aufschiebling, der über den Aufgang herausgezogen wurde. Seit den 1940er Jahren wurde an dem Bau nur wenig verändert. Im Erdgeschoß befindet sich – wohl seit der Jahrhundertwende – eine Brennerei, die von Gottfried Striebel erweitert wurde. Die Drechslerwerkstatt im Obergeschoß ist in ihrer alten Einrichtung erhalten geblieben, wird aber schon lange nicht mehr genutzt.

Gebäudemerkmale für Bauberatung

Das Werkstattgebäude gehört zu einem Weinbaubetrieb. Es steht am Westrand des Grundstücks neben dem nach Süden abfließenden Bachlauf.

Der zweigeschossige einem Quadrat angenäherte Baukörper trägt ein 49° geneigtes Satteldach. Er mißt an der Giebelseite 7,6 m, wogegen die Traufseite nur 6,7 m erreicht.

Der Zugang zum Erdgeschoß führt an der südöstlichen Traufseite in einen die ganze Hausbreite einnehmenden Werkstattraum, der ehemaligen Weinpresse, die später als Brennerei genutzt wurde. Die Querwand öffnet sich nach Nordosten zu einem Lagerraum und daneben einer Waschküche. Die Fenster sind auf das Mindestmaß der Belüftung zurückgenommen.

Zum Obergeschoß steigt an der südöstlichen Traufseite eine überdachte Freitreppe empor und erschließt einen Vorraum, der die viertelgewendelte Treppe zum Dachgeschoß und daneben einen Abstellraum aufnimmt.

Eine durchgehende Querwand trennt die Drechslerwerkstatt ab, die ungeteilt die ganze Hausbreite einnimmt. Sie wird von drei gleich großen Fenstern der Giebelseite und zwei schmalen halben Fenstern der Traufseite belichtet.

Das Baugefüge besteht im Erdgeschoß aus verputzten Ziegelmauern, im Obergeschoß aus einer Holzständerkonstruktion mit senkrechter Leistenschalung. Dabei kragen die Fensterbretter über die Schalung deutlich aus. Hier ist auf das Klebdach über den drei Obergeschoßfenstern als schmales durchgehendes Pultdach am Giebel hinzuweisen.

Das Bauwerk erinnert an süddeutsche Weinberghäuschen oder Weiherhäuschen, die als gestelzte Bauten mit geschlossenen unteren Geschossen ein Fachwerkobergeschoß mit großen Fenstern trugen, das von einem steilen Dach abgeschlossen war.

Bei einer überbauten Fläche von 49 qm ergibt der Umrechnungsfaktor von 0,75 eine Nutzfläche von ca. 37 qm je Geschoß.

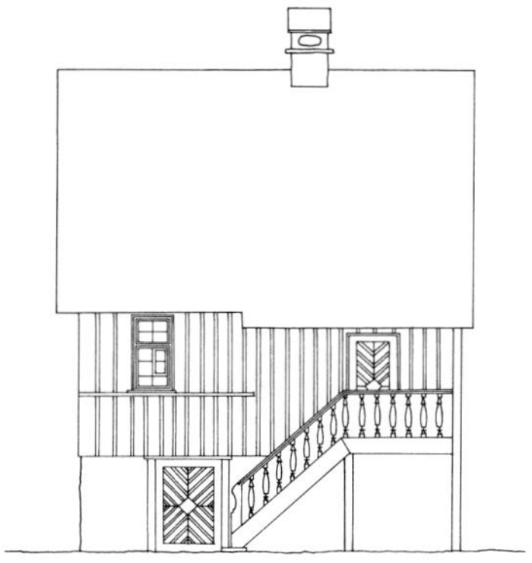
Ansicht von Südosten.

Ansicht von Südwesten.

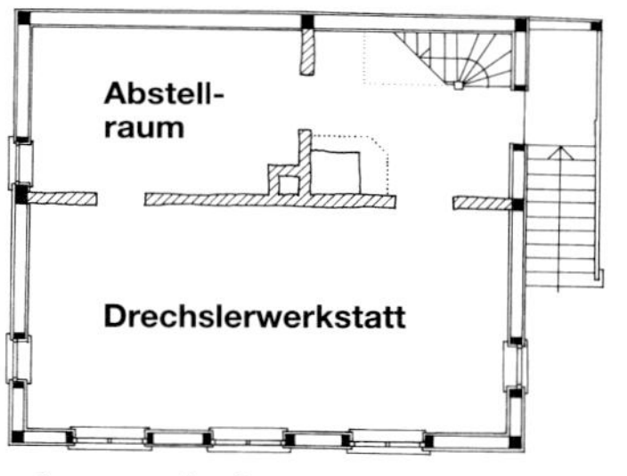

Obergeschoß.

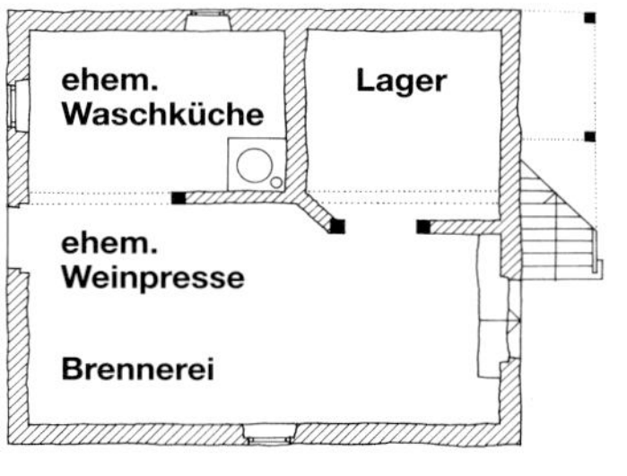

Erdgeschoß.

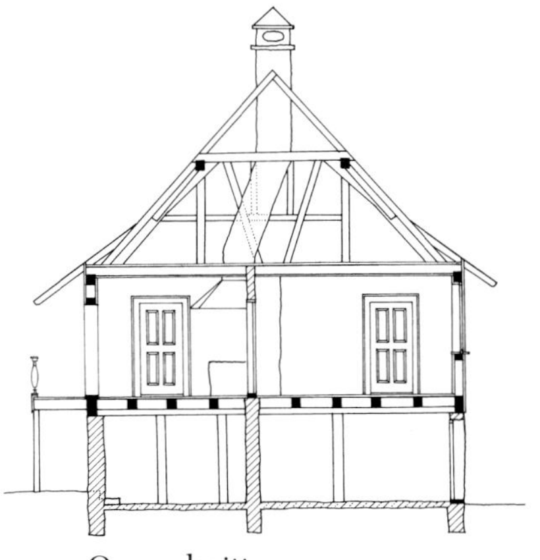
Querschnitt.

Attenhofen

St.-Lorenz-Straße 10

Stadt Weißenhorn, Landkreis Neu-Ulm

Einfirsthof
Hofgut »beim Hansweber« (1835)
1781: erbaut
1999: Abbruch des Ökonomieteiles

Zur Siedlung
Das Dorf Attenhofen ist als geschlossene Ansiedlung aus acht ehemaligen Einödhöfen entstanden, die sich in der Nähe einer verlassenen römischen Siedlung entwickelte. Der heutige Kirchturm der Pfarrkirche St. Laurentius steht an der Stelle des ursprünglichen römischen Wachturmes, der der Sicherung der ehemals römischen Militärsiedlung und der Römerstraße diente. Im Südosten war eine jüdische Siedlung entstanden. Um 1680 gehörten 55 Anwesen zur Herrschaft Pfaffenhofen, zehn zum Spittal Ulm und zwei zum Münsterpflegeamt Ulm. Im Jahr 1835 setzte sich der Ort aus zwölf Hofgütern, zwei Mühlgütern, einem Wirtsgut, 60 Sölden und zehn Leerhäusern zusammen.

Zur Hofgeschichte
Das Hofgut beim »Hansweber« wurde unter Walburga und Thaddäus Weber im späten 18. Jahrhundert erbaut. 1794 übernahm Johann Weber das Haus, den hölzernen Stadel und die landwirtschaftlichen Flächen von seinem Vater. Unter Sebastian Weber, der seit 1825 dort wirtschaftete, betrug die Hofgröße über 109 Tagwerk, wovon rund zwei Drittel Ackerland waren. Zum Hof gehörte nach dem Kataster von 1835 auch das Anwesen Nr. 35 in Attenhofen, eine nach dem Hospital Ulm erblehenbare Sölde, die von Thaddo Weber, möglicherweise einem Onkel von Sebastian Weber, bewirtschaftet wurde.

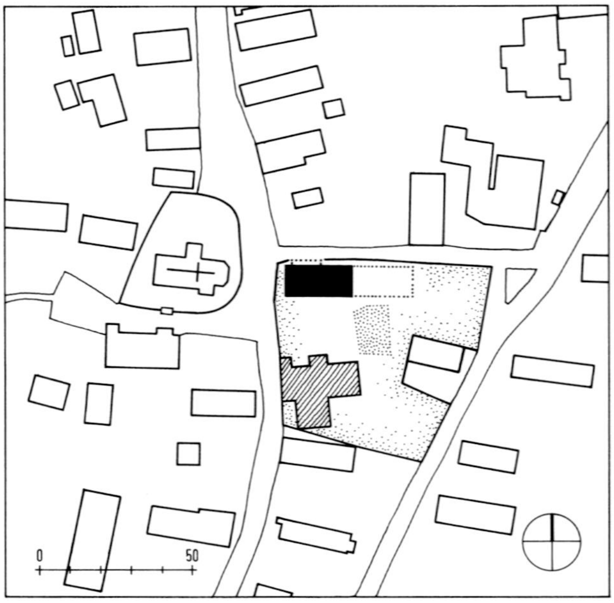

Lageplan 1899.

Mit einem veranschlagten Wert von 15 000 Gulden übernahm 1859 Johann Weber das Gut. Mehrere Grundstücke wurden verkauft, so daß von 124 Tagwerk im Jahr 1882, als Ulrich Weber und seine Frau Maria Anna das Anwesen übernahmen, noch 110 Tagwerk vorhanden waren. 1906 kamen Anton Weber und Kreszenz Buchmiller in Besitz des Hofes. Nach einem Brand 1927 wurde wiederaufgebaut. Seit 1947 war Ulrich Weber Bauer des 38,7 Hektar großen Betriebes. 1981 übernahm seine Tochter Maria Weber zusammen mit ihrem Mann den Hof und führt ihn als Ackerbaubetrieb weiter.

Bauhistorische Beschreibung
Das zweigeschossige Wohnstallhaus mit Satteldach liegt giebelseitig zur Straße, direkt gegenüber dem Ostchor der Attenhofener Kirche. In seiner Lage im Hofraum, auch in seiner Bauweise und den Umbauphasen korrespondiert es mit der Baugeschichte des Anwesens St.-Lorenz-Str. Nr. 22 im gleichen Ort. Das Hofgut beim »Hansweber« wurde im Jahr 1781 erbaut. Eine Inschrift auf einer im Giebel eingelassenen Sandsteintafel mit dem Text »Tateus Weber Walburga Webren. MDCCLXXXI. Gelobt sei Jesus Christus in Ewickeit Amenn.« verweist darauf. Die Fassion aus dem Jahr 1808/10 spricht von einem »halb gemauerten« Wohnhaus, wonach ursprünglich das Erdgeschoß gemauert, das Obergeschoß aber in Riegelbauweise errichtet worden war. Von der südlichen Traufseite wird das Gebäude von einem ursprünglich nach Norden durchlaufenden Hausgang erschlossen. Nach Westen liegen eine vierfenstrige Stube und die Küche. Umbauten im 19. Jahrhundert riegelten den Hausgang nach hinten ab und fügten einen Anbau mit einem Backhaus, Speise- und Milchkammer hinzu. Die Treppe wurde in den hinteren Teil des Hausganges verlegt und führt nun mit zwei Läufen in das Obergeschoß. Giebelseitig liegen hier zwei Kammern, und, nach Westen von einem schmalen Gang erschlossen, reihen sich nach Norden vier, nach Süden drei Kammern, die sich alle über dem Stall befinden und zum Teil als Dienstbotenkammern genutzt wurden. Die auffallende Ornamentik des Hauses an der vier Fensterachsen fassenden westlichen Giebelseite, die Eckrustizierung und die sogenannten Spiegelscheiben in Rautenform zwischen Erd- und Obergeschoß entsprechen der Umgestaltung am Ende des 19. Jahrhunderts bei der auch neue Galgenfenster mit gewölbten Scheiben eingesetzt wurden. Der langgestreckte Hofraum ermöglichte im Anwesen eine Erweiterung durch mehrere Anbauten nach Osten. So wurden im 19. Jahrhundert der Stalltrakt erneuert und 1906 eine Scheune, ein Maschinenhaus und ein Schweinestall dazugebaut. Nach der Bauaufnahme des Einfirsthofes im Jahr 1997 ist für 1999 der Abbruch des Ökonomieteiles geplant, der durch einen dem historischen Baukörper entsprechenden Wohnteil ersetzt werden soll.

Südliche Traufseite des Wohnstallhauses mit Putzrustika und Rauten als Fassadendekoration.

Auf der westlichen Giebelseite nennt eine Sandsteintafel das Erbauungsdatum 1781.

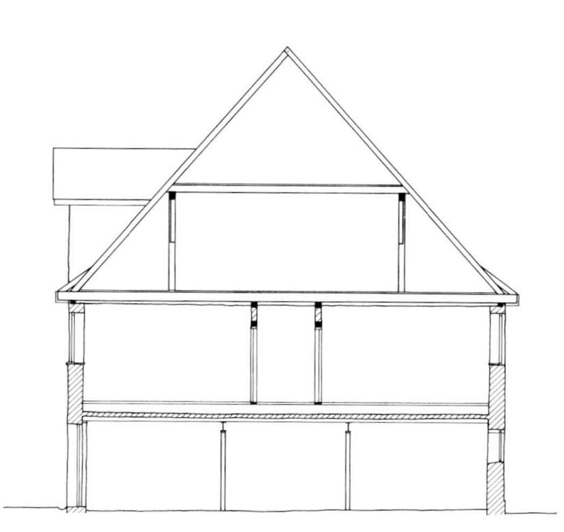

Querschnitt durch Stall.

Ansicht von Westen.

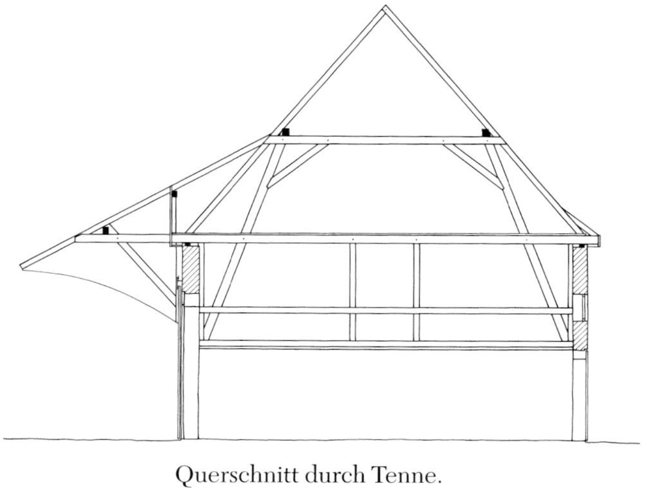

Querschnitt durch Tenne.

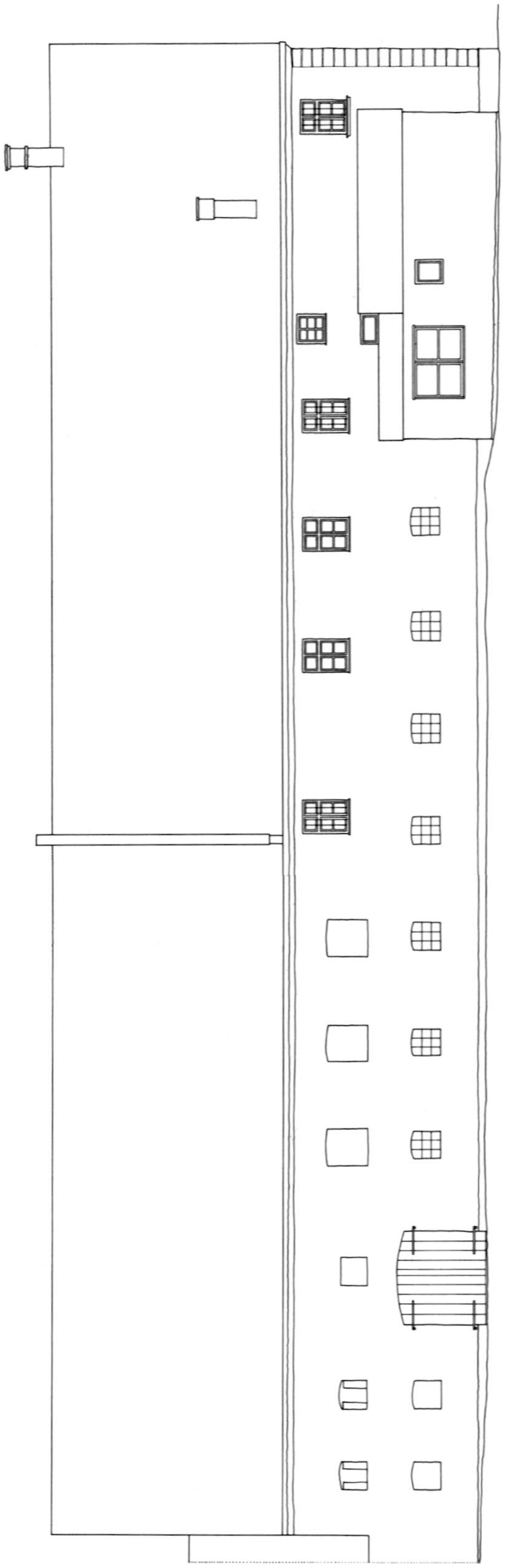

Ansicht von Norden.

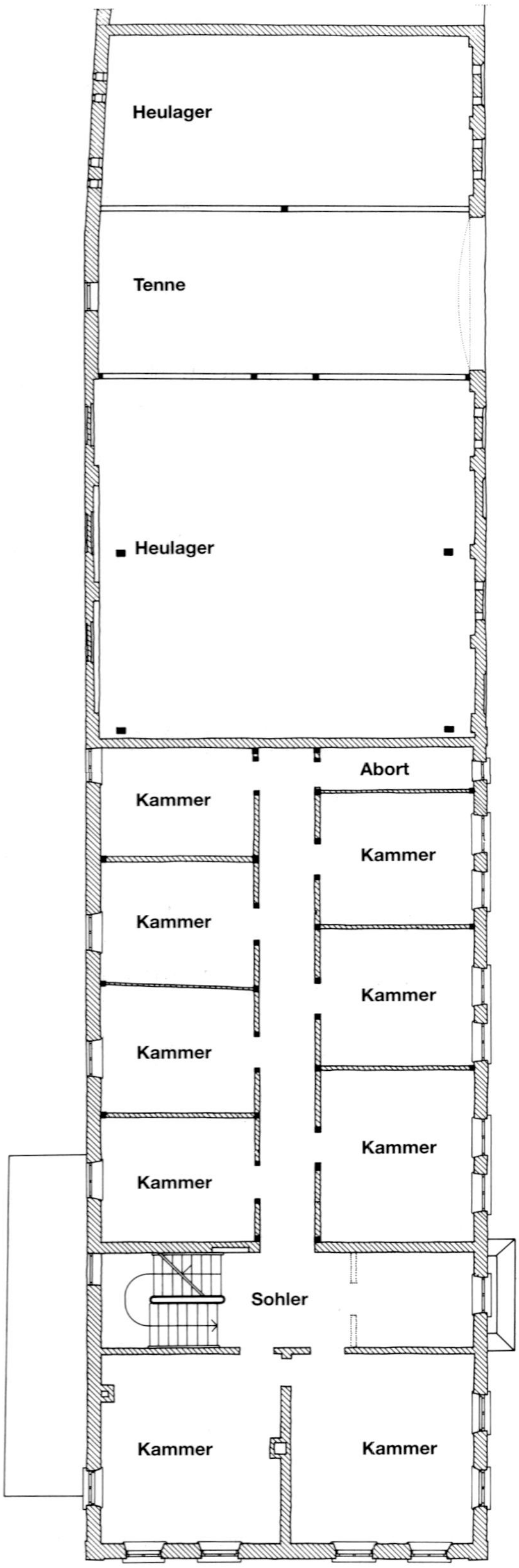

Obergeschoß.

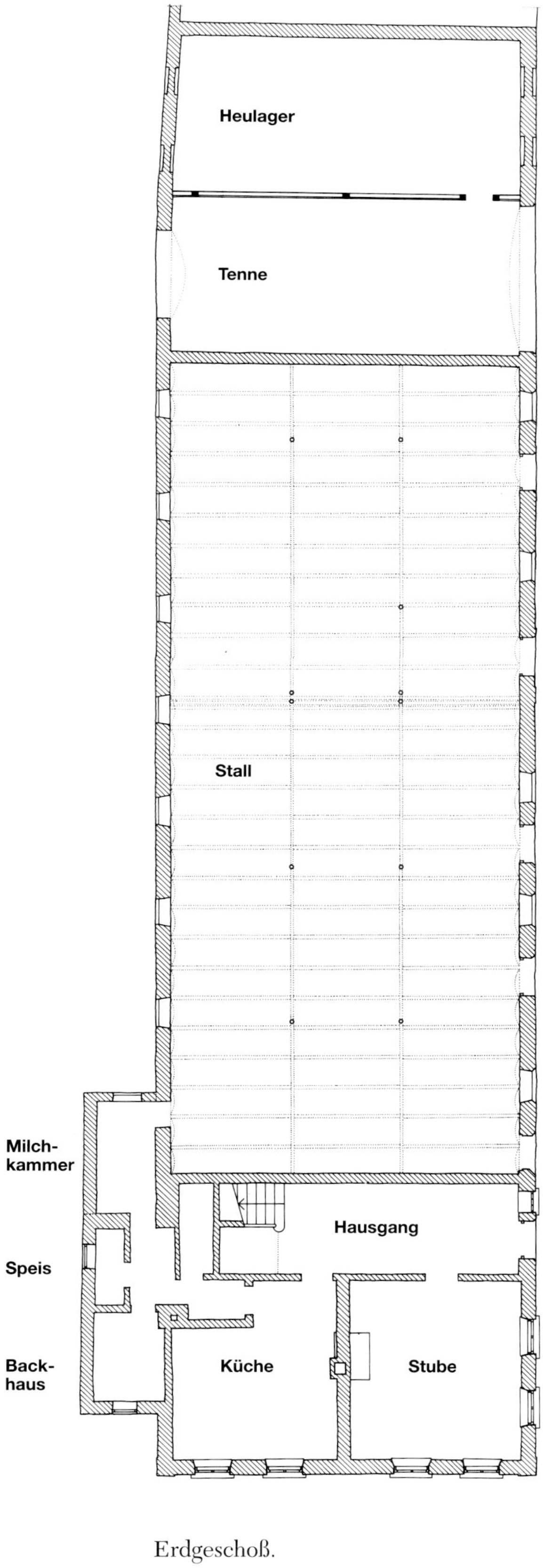

Erdgeschoß.

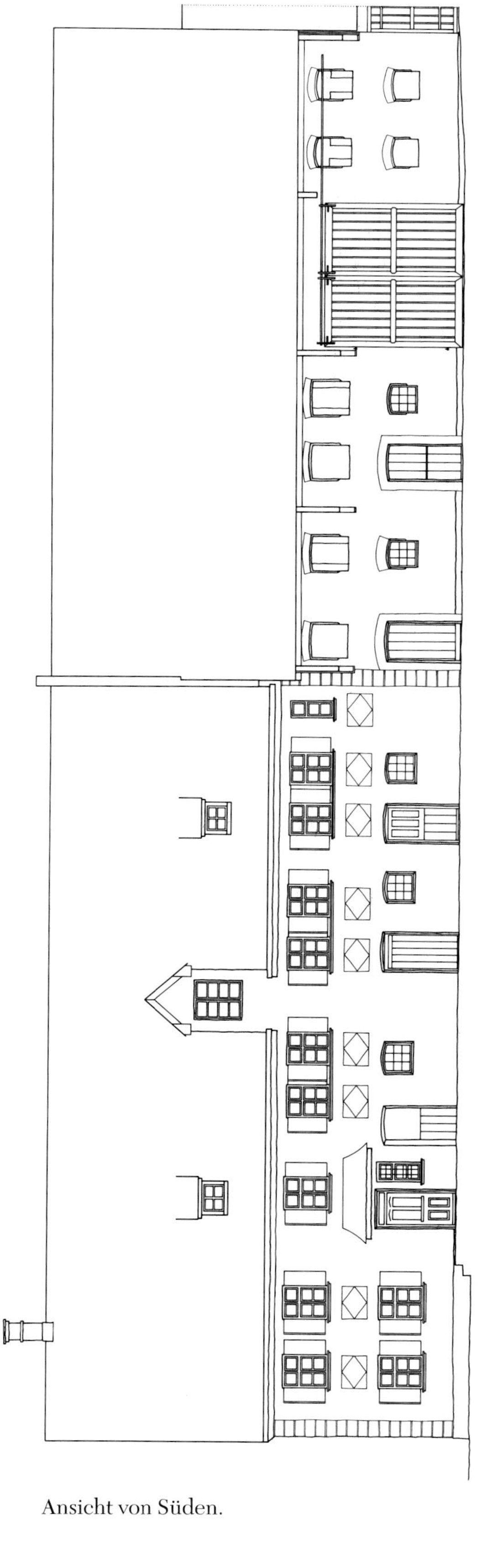

Ansicht von Süden.

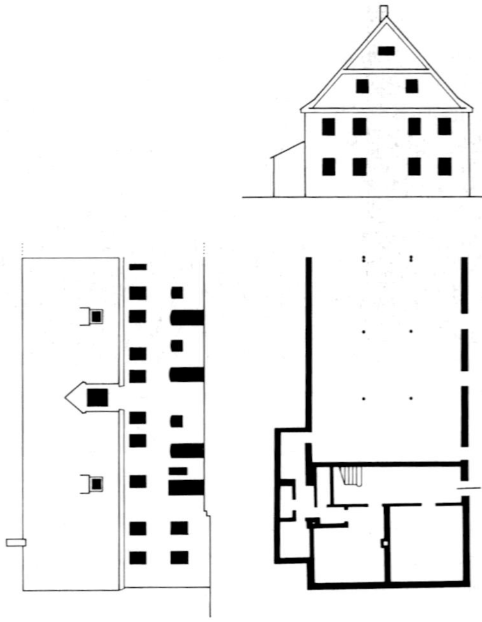

Ort	
Attenhofen, St.-Lorenz-Straße 10	

Gebäude	
Gebäudeart	Wohnstallhaus
Wandkonstruktion	Ziegel
Geschoßzahl	2 + Dach
Geschoßhöhe	2,7 m
Grundfläche (B × L)	110 qm (8,7 × 10,6 + 2,0 × 9,2 m, Wohnteil)
Umbauter Raum	
Vollgeschosse	570 cbm
Dachgeschoß	320 cbm

Dach	
Dachart	Satteldach
Dachneigung	50°
Dachdeckung	Falzziegel
Dachüberstand	20 cm (Giebelseite)

Erschließung	
Hauseingang Lage	Traufseite
Flur Lage	Querflur
Grundfläche (B × L)	21,8 qm (2,6 × 8,4 m)
Treppe Art	zweiläufig
Laufbreite	120 cm
Steigungsverhältnis	

Stube	
Lage	Südwestecke
Grundfläche (B × L)	25,0 qm (4,8 × 5,2 m)
Fensterzahl	4
Fensteröffnung (B × H)	100 × 130 cm
Belichtungsfaktor Fensteröffnung: Grundfläche	1 : 4,8
Stubenofen	Hinterlader von Küche

Küche	
Lage	neben Stube
Grundfläche (B × L)	20,5 qm (3,8 × 4,6 + 1,3 × 2,3 m)

Gebäudemerkmale für Bauberatung

Die Hofstelle in der Ortsmitte gegenüber der Kirche wird von der im Westen vorbeiführenden Straße erschlossen. Das lang gestreckte Wohnstallhaus steht am Nordrand des Grundstücks und blickt mit dem Westgiebel des Wohnteiles zur Ortsstraße.

Der zweigeschossige Rechteckbaukörper ist 10,6 m breit und erreicht einschließlich Tenne und Heulager insgesamt eine Länge von 42,0 m. Der Wohnteil selbst nimmt im Erdgeschoß nur 8,7 m am westlichen Ende, der anschließende Stall den größeren Teil von 23,4 m ein, auf den dann zum Ostgiebel hin die Quertenne und das Heulager folgen.

Der westostgerichtete Dachfirst des 50° geneigten Satteldaches geht in gleicher Höhe durch, ist jedoch von einer Brandwand in einen westlichen Bereich mit den im Obergeschoß den Stall übergreifenden Kammern und einen östlichen Teil mit dem Heulager und der Tenne aufgeteilt.

Die Haustüre auf der südlichen Traufseite öffnet sich in einen breiten Querflur, an dessen Ende eine zweiläufige Treppe in das Obergeschoß hinaufführt.

Die Stube mit Seitenlängen von 4,8 × 5,2 m liegt in der Südwestecke, von der aus die Hofeinfahrt überwacht werden kann. Sie ist von je zwei Fenstern über Eck belichtet. Nach Norden folgt – getrennt durch die gemeinsame Kaminwand der Feuerstellen von Herd und Stubenofen – die ebenfalls mit zwei Fenstern ausgestattete Küche. An sie schließt entlang der nördlichen Traufwand ein schmaler eingeschossiger Vorbau an, der Backhaus und Speise sowie eine Milchkammer für den Stall aufnimmt.

Im Wirtschaftsteil verbinden fünf Türen den großen Stall mit dem südlichen Hofraum. Die Deckenkonstruktion seiner preußischen Kappengewölbe wird von durchlaufenden Unterzügen und schlanken Stahlsäulen getragen. Hinter der bis zum Dachraum offenen Quertenne ist noch ein Heulager angefügt.

Im Obergeschoß entspricht die Raumaufteilung am Westgiebel mit den zwei großen Kammern und dem Querflur der Einteilung des Erdgeschosses, weicht aber im Osten davon ab. Hier sind über dem Stall je vier Kammern an der südlichen und nördlichen Traufseite ausgebaut, die ein mittlerer Längsgang erschließt, der mit dem Querflur verbunden ist.

Das Baugefüge ist als Massivbau mit verputzten Ziegelmauern aufgeführt, die auf den Schauseiten des Westgiebels und der südlichen Traufseite durch Ecklisenen, Quergesimse und massive Ortganggesimse gegliedert sind. Hinzu kommen noch mit Rauten geschmückte Brüstungsfelder in den Fensterachsen, die zu Paaren zusammengezogen einen durchgehenden, nur am Hauseingang unterbrochenen Rhythmus ergeben.

Für die Flächenberechnung wird nur der westliche Wohnteil des Erdgeschosses herangezogen, bei dem mit Anbau 110 qm überbauter Fläche vorliegen, die mit dem Umrechnungsfaktor 0,75 eine Wohnfläche von 82 qm ergeben.

Meßhofen

Nr. 23

Gemeinde Roggenburg, Landkreis Neu-Ulm

Wohnstallhaus
»halbes Bauerngut« (1811)
Erbaut: 1712 (d)
1998: Translozierung in das Schwäbische Bauernhofmuseum Illerbeuren

Ansicht von Südosten vor der Tranzlozierung.

Zur Siedlung

Das Dorf Meßhofen, im Tal der Biber gelegen, entstand in der hochmittelalterlichen Siedlungsperiode und ist in seiner Entwicklung eng mit dem 1126 gegründeten Kloster Roggenburg verbunden. In einem Urbar des Klosters wird Meßhofen 1598 als Ort mit sechs Höfen, sechs Lehen und 31 Sölden angegeben. Um 1750 beschrieb Johann Lambert Kolleffel Meßhofen als Grenzort zwischen der Marktgrafschaft Burgau und der Grafschaft Weißenhorn, der 40 Feuerstellen umfasse. Nach der Montgelas-Statistik aus dem Jahr 1811 war mehr als die Hälfte der Häuser mit Stroh gedeckt, was vor allem für die Söldhäuser der Gegend typisch war.

Zur Hofgeschichte

Über die Baudingbücher des Klosters Roggenburg lassen sich die Besitzer des Anwesens Nr. 23 bis in das Jahr 1710, auf Michael Kling, zurückverfolgen. Während des 18. Jahrhunderts wechselte der Hof mehrfach die Besitzer. 1801 tauschte es David Streicher von dem Güterhändler Einstein gegen sein eigenes Anwesen ein. Das 1811 als halbes Bauergut bezeichnete Anwesen umfaßte 11 Jauchert Acker, einige »Flecken« Wiese und Gemeindeteile. 1823 kam es unter David Streicher zu einer Zertrümmerung des Hofes, was bedeutete, daß die Gebäude veräußert und auch die einzelnen Grundstücke verkauft wurden. Anton Hieber erwarb das Anwesen noch im selben Jahr. Aufgrund einer zusätzlich gezahlten Ablösesumme, war das »Streicherbauernhofgut« seit 1842 sein Eigentum, also zehnt- und abgabenfrei. Mit dem Tod Anton Hiebers ging der Hof bei einer Größe von 40 Tagwerk auf dessen Witwe Theresia über, die an ihren Sohn Anton übergab. Dessen Kinder Joseph und Viktoria Hieber verkauften 1880 den Hof, den 1881 schließlich Lorenz und Amalie Zeh erwarben. Seit dem beginnenden 20. Jahrhundert befand sich das nun noch 15 Tagwerk große Anwesen im Besitz der Familie Zeh. 1905 übernahm Johann Zeh zusammen mit seiner Braut Christina Wieser den Streicherbauernhof. Ihre Tochter Euphrosine Zeh heiratete schließlich 1928 Albert Neuhäusler. Aus dieser Verbindung gingen fünf Söhne hervor, von denen der jüngste, Friedrich, den Hof übernahm und ihn im Alter schließlich an den Bezirk Schwaben verkaufte.

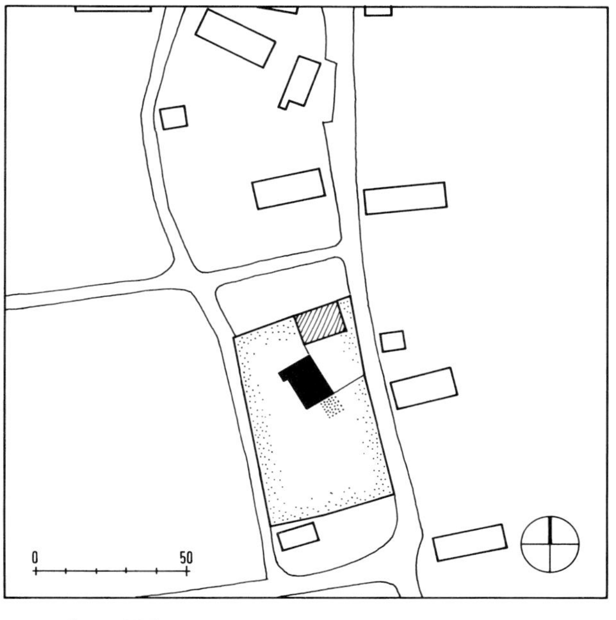

Lageplan 1997.

Bauhistorische Beschreibung

Das halbe Bauerngut Nr. 23 in Meßhofen wurde bereits in der Besitzfassion aus dem Jahr 1811 als »hölzernes Haus, unter einem Dach, die Stallung, Stadel aber besonders« beschrieben. Das eingädige Wohnstallhaus ist im Erdgeschoß mit massiv aus Ziegeln gemauerten Umfassungsmauern versehen und im Obergeschoß in Fachwerk aufgezimmert. Die Ausfachungen der Wände sind über dem Stall gezäunt, im Wohnbereich wurden sie später zum Teil mit Ziegeln ausgemauert. Die Ecksäulen und auch eine der Mittelsäulen des Ständerwerkes besitzen zur südlichen Giebelseite profilierte Kopfstücke, gleiches gilt für die Stuhlsäulen im Giebelfeld. Wie für das Gebiet an der unteren Iller üblich, bleiben die Zierformen des Fachwerkes auf Rautengitter und geschwungene Andreaskreuze begrenzt; beide Formen finden sich im Giebelfachwerk. Die auf vorkragenden Balkenköpfen liegende Giebelschwelle des Dachwerks auf der Südseite weist eselsrückenförmige Zierfasungen auf.

Der Wohnteil des Wohnstallhauses wird von der östlichen Traufseite erschlossen. Die Stube liegt mit je zwei Fenstern nach Osten und Süden. Bauliche Ver-

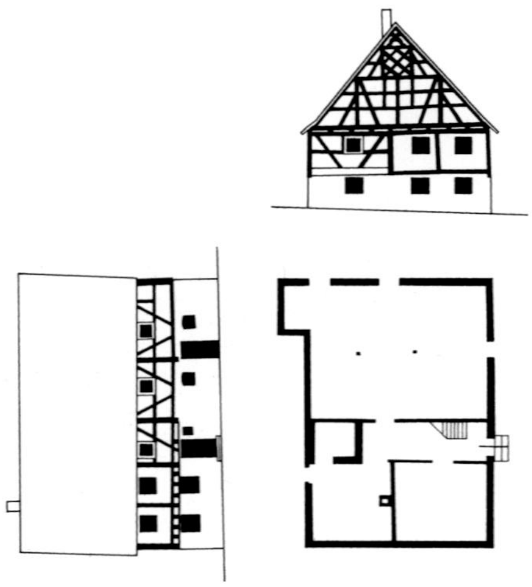

Ort	
Meßhofen, Nr. 23	
Gebäude	
Gebäudeart	Wohnstallhaus
Wandkonstruktion	Ziegel/Fachwerk mit Lehmausfachung
Geschoßzahl	2 + Dach
Geschoßhöhe	2,1 m
Grundfläche (B × L)	158 qm (10,1 × 15,2 + 1,5 × 3,2 m)
Umbauter Raum	
Vollgeschosse	740 cbm
Dachgeschoß	460 cbm
Dach	
Dachart	Satteldach
Dachneigung	50°
Dachdeckung	Biberschwanzziegel
Dachüberstand	40 cm (Giebelseite)
Erschließung	
Hauseingang Lage	Traufseite
Flur Lage	Querflur
Grundfläche (B × L)	15,0 qm (2,2 × 6,8 m)
Treppe Art	einläufig
Laufbreite	80 cm
Steigungsverhältnis	17,5/21,0 cm, 40°
Stube	
Lage	Südostecke
Grundfläche (B × L)	21,6 qm (4,4 × 4,9 m)
Fensterzahl	4
Fensteröffnung (B × H)	100 × 100 cm
Belichtungsfaktor Fensteröffnung: Grundfläche	1 : 5,4
Stubenofen	
Küche	
Lage	neben Stube
Grundfläche (B × L)	18,5 qm (4,2 × 4,4 m)

änderungen erfuhr im 19. Jahrhundert vor allem die Küche. Dabei wurde ein russischer Kamin in Ziegeln aufgemauert und gleichzeitig die Wand zwischen Stube und Küche durch Massivmauerwerk ersetzt.

Der Stall wurde ebenfalls mehrfach erneuert und besaß insgesamt vier Zugänge. Mit einem Umbau des Stalles und dessen Erweiterung um einen kleinen Anbau nach Norden wurden neue Baren eingebaut, zwischen denen ein Futtergang lag.

Gebäudemerkmale für Bauberatung

Das große Hofgrundstück erlaubt es das Wohnstallhaus mit südöstlich gerichteten First von der im Osten vorbeiführenden Straße zurückzusetzen. Mit dem Stadel, der an der nördlichen Grundstücksgrenze errichtet ist, bildet es einen winkelförmigen Hofraum, der nach Osten und Süden offenbleibt.

Der zweigeschossige Rechteckbaukörper ist 10,1 m breit und 15,2 m lang und trägt ein 50° geneigtes Satteldach. Die Haustüre auf der nordöstlichen Traufseite führt in einen Querflur, der zusätzlich von einem kleinen hochliegenden Fenster Licht empfängt, das auch auf den Antritt der seitlich in das Obergeschoß hinaufsteigenden einläufigen Treppe fällt. Am Flurende ist eine mit der Küche direkt verbundene Speisekammer abgetrennt.

Die in der Südostecke liegende Stube von 4,4 × 4,9 m Seitenlängen wird von zwei Fensterpaaren über Eck belichtet. Der Stubenofen steht an der Kaminwand zu der seitlich folgenden Küche, die trotz ähnlicher Grundfläche von 4,2 × 4,4 m nur je ein Fenster in der südlichen Giebelseite und an der nördlichen Traufseite erhält. Damit liegt hier ein klarer Hinweis auf die herausgehobene Bedeutung der Funktion und Gestalt der Stube gegenüber den übrigen Räumen als dem wichtigsten Aufenthaltsort der Bauernfamilie an Werk- und Festtagen vor.

Nach Norden folgt auf den Querflur der Stall, dessen mittiger Futtergang mit den beidseitigen Futterbarren eine Längsaufstellung der Rinder erkennen läßt.

Das Obergeschoß setzt die Raumaufteilung des Erdgeschosses mit Querflur und einläufiger Treppe sowie den beiden großen Kammern an der südlichen Giebelseite fort. Der nördlich des Querflurs anschließende Raum über dem Stall wird als Heulager genutzt.

Das konstruktive Baugefüge besteht im Erdgeschoß aus verputzten Ziegelmauern. Das Obergeschoß ist als Fachwerk ausgebildet, dessen Ständer durch geschoßhohe Streben abgestützt und dessen Dachdreieck über dem Kehlbalken mit Rautenfeldern und geschweiften Andreaskreuzen geschmückt ist.

Auf der Giebelansicht von Südosten wird bei dem enger zusammengerückten Fensterpaar der Stube und dem Einzelfenster der Küche das Bauen von innen nach außen sichtbar, das zu einer asymmetrischen Lage der Fensterachsen in den Vollgeschossen der Giebelfront führt. Erst im Giebeldreieck ist die Symmetrieachse des Dachfirstes in den Öffnungen und der Fachwerkkonstruktion aufgenommen.

Bei 158 qm überbauter Fläche ergibt der Umrechnungsfaktor von 0,75 eine Nutzfläche von 119 qm je Geschoß.

Ansicht von Südosten vor der Abtragung.

Ansicht von Nordosten vor der Abtragung.

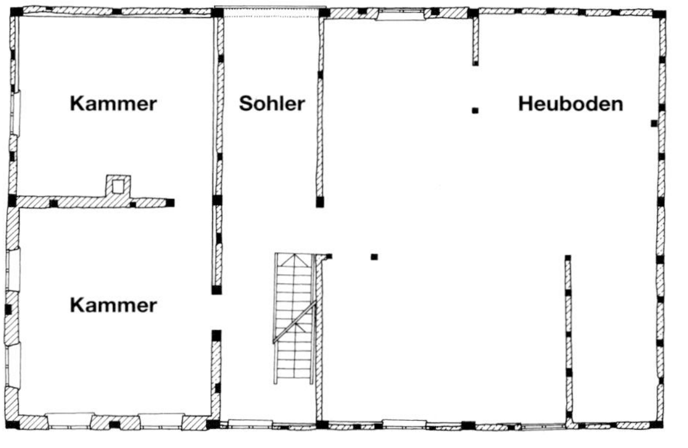

Obergeschoß.

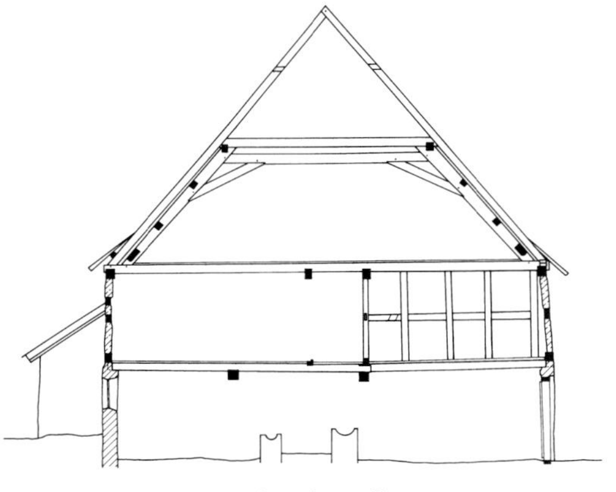

Querschnitt durch Stall.

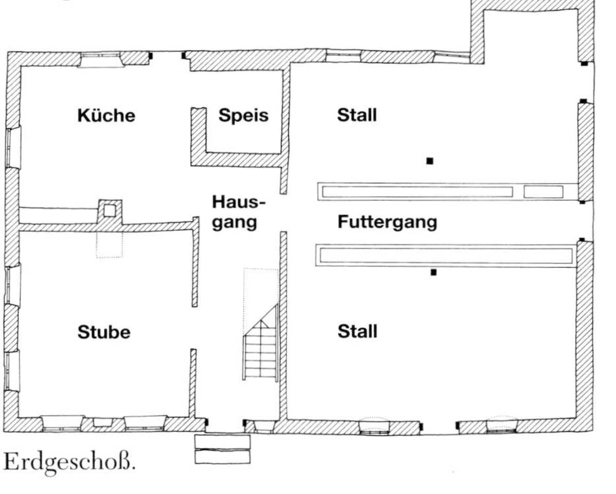

Erdgeschoß.

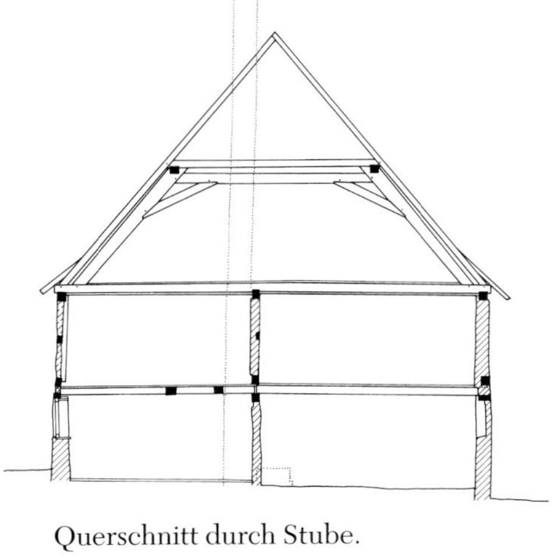

Querschnitt durch Stube.

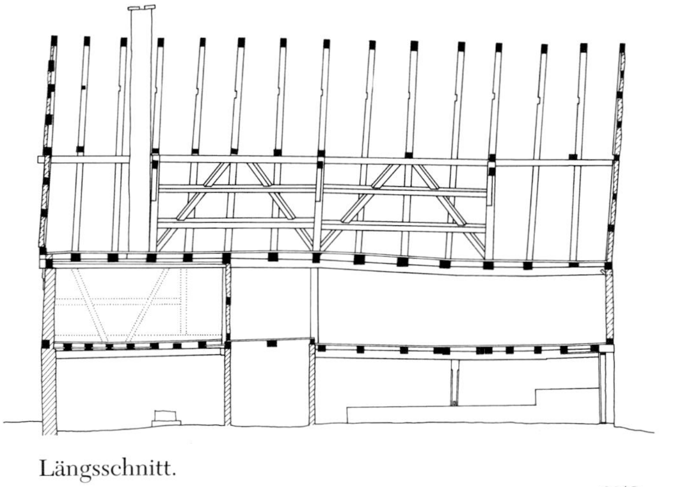

Längsschnitt.

Pfuhl

Hauptstraße 37

Stadt Neu-Ulm, Landkreis Neu-Ulm

Einfirsthof
»Sölde« (1811)
Erbaut: 1630 (d)
1995/99: Renovierung und Sanierung

Zur Siedlung

Die Anfänge der Besiedelung des drei Kilometer östlich von Neu-Ulm gelegenen Dorfes reichen ins 6. Jahrhundert zurück. Entlang der Ost-West-Achse der heutigen Hauptstraße entwickelte sich das Dorf als Straßendorf. In Pfuhler Steuerakten aus dem Jahr 1685 sind von 118 im Dorf Ansässigen 15 als Bauern und alle anderen Bewohner als Söldner, Häusler oder sogenannte Beisitzer benannt. Der Großteil der Bevölkerung, der keine eigenen Grundstücke besaß, verdiente seinen Lebensunterhalt seit dem Mittelalter mit der Herstellung von Barchent-, Baumwoll- und Leinenstoffen. So sind für Pfuhl im späten 17. Jahrhundert 39 Weber verzeichnet, wobei in die Produktionsvorgänge zusätzlich Frauen und Kinder eingebunden waren.

Zur Hofgeschichte

Für die alte Hofstelle der zu Kloster Söflingen gehörigen Sölde sind die Namen der jeweils ansässigen Bewohner seit der Zeit um 1500 überliefert. So wird als erstes 1496 eine Margaretha Schleich genannt. In der Nachfolge von Michael Jehle, der die Sölde 1764 übernahm, wurde die Sölde geteilt. 1801 kaufte der Weber Samuel Hagenmaier die eine Hälfte um 750 Gulden von Georg Lapp, die andere Hälfte übernahm er 1834 um 290 Gulden von Georg Hetzler. Zu dieser Zeit wurde im Keller als Zuerwerb die Weberei betrieben. Die Hofgröße lag in den 1840er Jahren bei über 12 Tagwerk, wobei vor allem Ackerflächen mit guter Bonität zu bearbeiten waren. 1841 übernahm Martin Hagenmaier das Anwesen, der 1868 an seine Tochter Katharina Hagenmaier und Georg Boschman übergab. Seit 1869 war Katharina Alleineigentümerin, nachdem Boschmann seine Hälfte um 3000 Gulden an sie abgegeben hatte. 1885 wurde das Anwesen von Adolf Steppacher eingetauscht. Allerdings erwarb es noch im gleichen Jahr Johann Hagenmaier, der nach und nach die Grundflächen veräußerte. 1890 kauften Johann und Katharina Pflüger das zertrümmerte Anwesen und bewirtschafteten nach stetigen Zukäufen 1892 schließlich wieder fast zwei Hektar Grund. 1903 wurde Johann und Katharina Pflüger die Tochter Magdalena geboren, die bis zu ihrem Tod im Jahr 1986 in dem kleinen Söldanwesen lebte. Ihre Erben verkauften das Haus 1989 mit dem gesamten Inventar an die Stadt Neu-Ulm. Das Inventar wird nun im Heimatmuseum Pfuhl ausgestellt. Das historische Gebäude wurde 1994 an Privatleute verkauft.

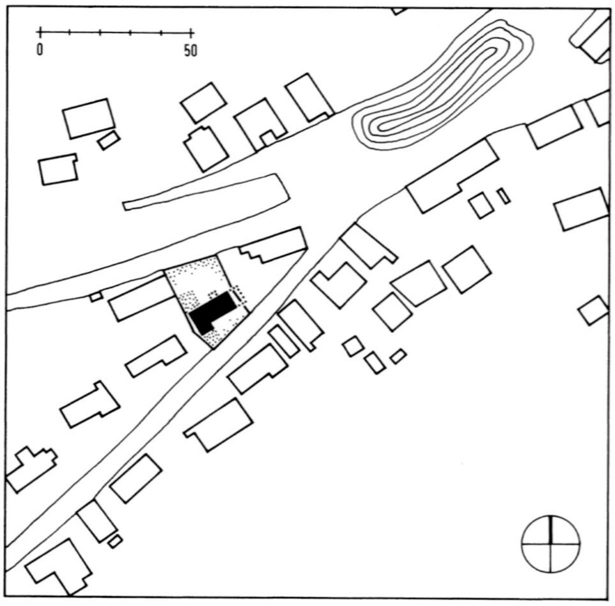

Lageplan 1825/30.

Bauhistorische Beschreibung

Ursprünglich als Ständerbau konzipiert, erfuhr die Webersölde in Pfuhl mehrere Umbauten und Veränderungen. Früheste Bestandteile sind ins 16. Jahrhundert zu datieren, so auch der langgestreckte gemauerte, und gewölbte Keller mit seinen fünf Lichtnischen. Das im Stallteil mit einem stehenden Dachstuhl, im Wohnteil mit einem liegenden Stuhl konstruierte Dachwerk gehörte urspünglich zu einem Ständerbau, von dem sich im Erdgeschoß das Rähm in Teilen erhalten hat. Das Gebäude wird von der straßenseitigen Traufseite erschlossen. An die westliche Giebelseite reihen sich eine große Stube und eine Küche. Der auf einem gemauerten Sokkel stehende Stubenofen aus gußeisernen Platten stammt aus dem frühen 20. Jahrhundert und wurde von der Küche aus beheizt. Der Bestand der querrechteckigen Zargenfenster stammte ebenso wie die zahlreichen feste Ausstattungsgegenstände, Täfelungen, Türen und Bänderbeschläge aus der Zeit des großen Umbaus nach 1800. Damals wurden Küche und Stube durch eine fast 60 cm breite Mauer vorgemauert. Gleichzeitig wurde die Stube nach Süden um etwa eineinhalb Meter vergrößert. Dies war möglich, indem man das Dach nach Süden durch zusätzliche Sparren verlängerte, eine Baumaßnahme, die im frühen Katasterplan aus der Zeit um 1825 schon verzeichnet ist. Damit entstand auf der Südseite ein kleines zur Traufe hin verbrettertes Vordach.

Der durchgesteckte Hausgang war mit Holzdielen belegt. Er erschloß nach Osten den Kuhstall und eine später ebenfalls aufgemauerte kleine Speisekammer. Im späten 19. Jahrhundert wurde der Kuhstall nach Norden erweitert und mit einem eigenen Zugang versehen. Die Tenne, die von Süden nach Norden durchfahren werden konnte, besaß auf der

Ansicht von Westen.

Ansicht von Süden.

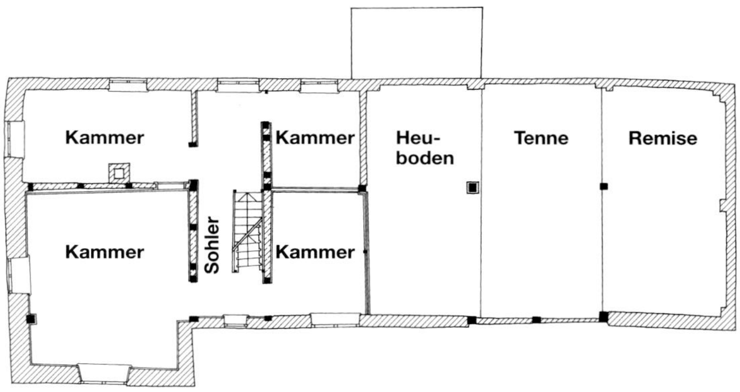

Obergeschoß.

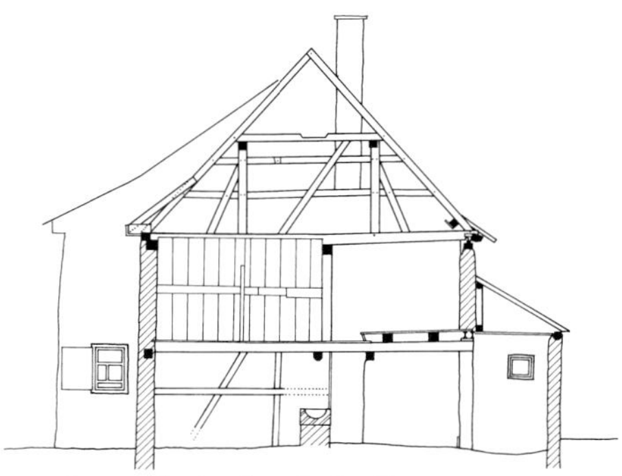

Querschnitt durch Stall.

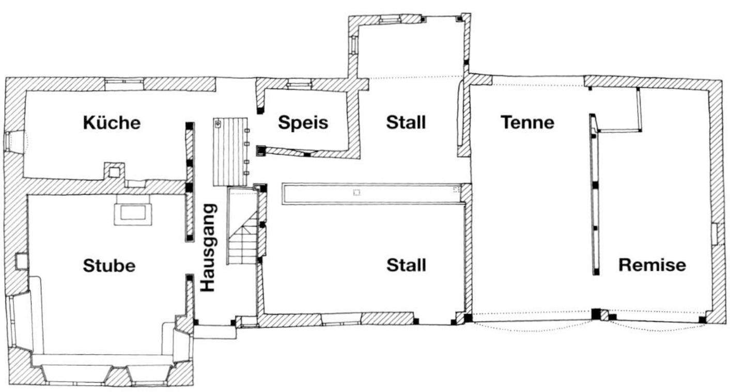

Erdgeschoß.

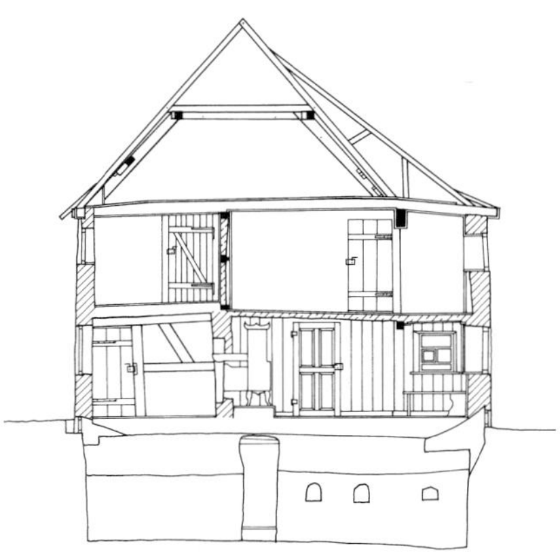

Querschnitt durch Stube.

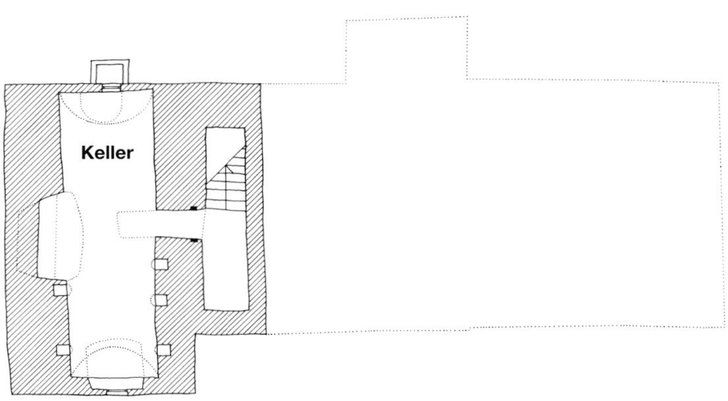

Kellergeschoß.

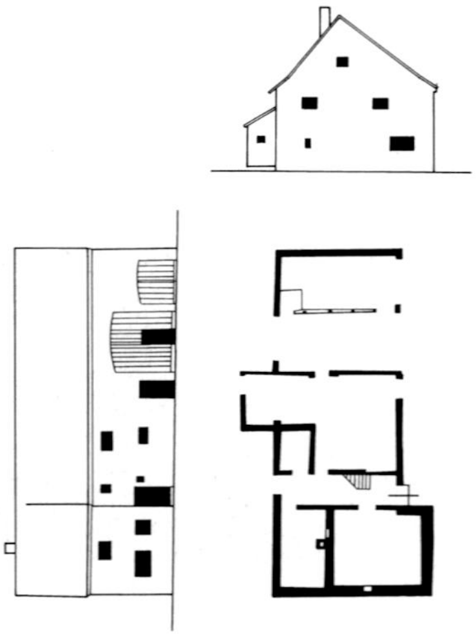

Ort	
Pfuhl, Hauptstraße 37	
Gebäude	
Gebäudeart	Wohnstallhaus
Wandkonstruktion	Ziegel/Holzständerbau mit Ziegel oder Stroh-Lehm-Ausfachung
Geschoßzahl	2 + Dach
Geschoßhöhe	2,1 m
Grundfläche (B × L)	132 qm (6,5 × 18,4 + 1,6 × 3,1 + 1,6 × 4,7 m)
Umbauter Raum	
Vollgeschosse	550 cbm
Dachgeschoß	270 cbm
Dach	
Dachart	Satteldach
Dachneigung	49°
Dachdeckung	
Dachüberstand	
Erschließung	
Hauseingang Lage	Traufseite
Flur Lage	Querflur
Grundfläche (B × L)	
Treppe Art	einläufig
Laufbreite	70 cm
Steigungsverhältnis	20,5/20,5 cm, 45°
Stube	
Lage	Südwestecke
Grundfläche (B × L)	18,0 qm (4,0 × 4,5 m)
Fensterzahl	4
Fensteröffnung (B × H)	140 × 100 cm, 90 × 100 cm
Belichtungsfaktor Fensteröffnung: Grundfläche	1 : 3,9
Stubenofen	Hinterlader von Küche
Küche	
Lage	neben Stube
Grundfläche (B × L)	9,7 qm (2,3 × 4,2 m)

Ostseite noch die ehemalige Bretterwand mit hölzernen Ständern. Auch sie wurde nach Osten Ende des 19. Jahrhunderts nochmals um einen Raum erweitert. Nach dem Tod der letzten Bewohnerin wurde das Haus verkauft. Nun wird es seit 1995 saniert und renoviert.

Gebäudemerkmale für Bauberatung

Die zwischen zwei Straßen eingespannte Hofstelle ist gerade breit genug, um das mit dem First in Ostwestrichtung erbaute Wohnstallhaus aufzunehmen. Wie in vielen Straßendörfern überwiegt auch bei den Bauernhäusern in Pfuhl die grenzständige Bauweise, gleich ob sie mit der Giebelseite oder der Traufseite zur erschließenden Straße ausgerichtet sind.

Der Einfirsthof zeigt zahlreiche Spuren von Umbauvorgängen. Der zweigeschossige, im Kern 6,5 m breite Rechteckbaukörper ist 18,4 m lang und trägt ein 49° geneigtes Satteldach. Der Wohnteil wurde an der Stube um 1,6 m nach Süden erweitert und mit einer am First beginnenden Abschleppung abgedeckt, die es ermöglicht, die Traufhöhe beizubehalten. Ebenso wurde an der Nordwestwand des Stalles ein Vorbau angefügt.

Die Grundrißorganisation entspricht einem Querflurhaus, das von der südlichen Traufseite her erschlossen ist und dessen Geschosse durch die einläufige Treppe miteinander verbunden werden.

Die Stube in der Südwestecke wurde durch den späteren Umbau zu einem Rechteck von 4,0 × 4,5 m Seitenlänge erweitert. Sie wird von zwei gekoppelten Fenstern über Eck belichtet, die durch zwei weitere unterschiedlich große Fenster ergänzt sind. Auch die nach der Kaminwand seitlich anschließende Küche weist über Eck zwei unterschiedlich große Fenster auf.

Hinter dem durchgehenden Querflur folgen nach Osten der Stall, von dem eine Speisekammer abgetrennt ist, und dahinter die Quertenne mit zweiflügeligen Toren an beiden Traufseiten. Die Remise bildet den abschließenden Raum am Ostgiebel.

Im Obergeschoß zeichnet sich klar die ursprüngliche Raumorganisation ab: ein durchgehender Querflur mit je zwei Kammern auf beiden Seiten.

Im Wirtschaftsteil werden Heuboden und Remise von der Tenne aus beschickt.

Das konstruktive Baugefüge läßt ebenfalls Umbaumaßnahmen erkennen. Während die Außenwände als Ziegelmauern aufgeführt sind – am Westgiebel bis zu 60 cm verstärkt – blieben bei den inneren Trennwänden Holzständerkonstruktionen und Fachwerk erhalten.

Der Wert des Wohnstallhauses beruht auf dem Zeugnis unterschiedlicher Bauzustände, die deutlich in den verschieden ausgebildeten Fenstern hervortreten.

Bei 132 qm überbauter Fläche ergibt der Umrechnungsfaktor von 0,75 eine Nutzfläche von ca. 99 qm.

Die ehemalige Webersölde in Pfuhl von Süden. Links die Erweiterung der Stube mit angehobenem Dach.

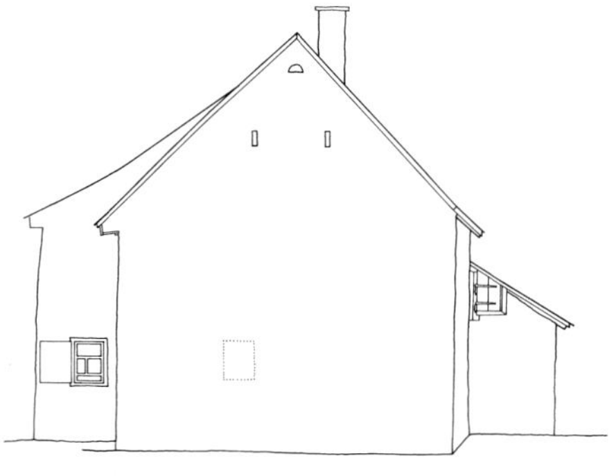

Ansicht von Osten.

Ansicht von Norden.

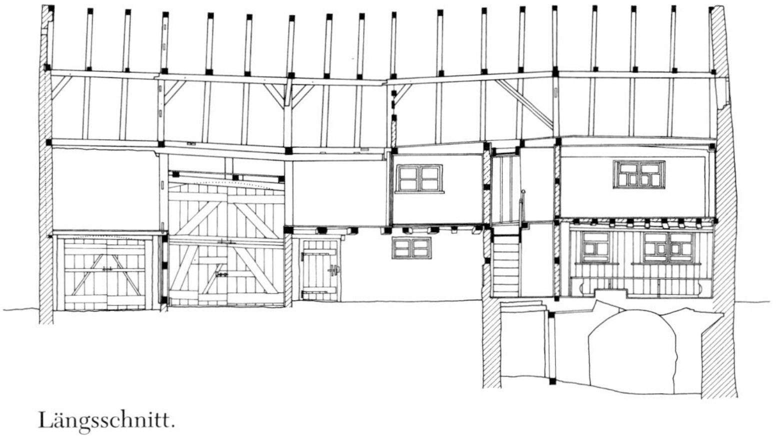

Längsschnitt.

Wullenstetten

Hauptstraße 17

Stadt Senden, Landkreis Neu-Ulm

Einfirsthof
»beim Schimmel« (1835)
Erbaut: um 1800
1977: Abbruch

Das Wohnstallhaus zeigt noch die ursprüngliche Ausrichtung des Giebels zum Straßenraum.

Zur Siedlung

Das Dorf Wullenstetten wurde zurückgehend auf einen römischen Gutshof, eine »villa rustica«, gegründet. In dem an der Iller gelegenen Dorf hat sich auf einem leicht über die Illerniederung erhöhten Gelände eine Burgstelle der seit dem frühen 14. Jahrhundert belegten Grafen von Wullenstetten erhalten. Im Jahr 1835 bestand der Ort aus 61 Anwesen. Die Hauptgruppe bildeten die 26 Sölden, dazu kamen sieben Leerhäuser und sieben halbe Leerhäuser. Sieben Hofgüter und drei halbe Höfe zählten zu den begüterten Anwesen im Ort, der zudem Kirche, Pfarrgut, Benefiziatenhaus, Feuerspritze und Hirtenhaus zwei Schmieden umfaßte.

Zur Hofgeschichte

Die Geschichte des Anwesens »beim Schimmel« spiegelt lebhaft die sich häufig verändernden Besitzverhältnisse kleiner Sölden wider. Während des 19. Jahrhunderts wechselte die Sölde fünfmal die Besitzer, mehrfach durch Häusertausch innerhalb des Dorfes. 1832 übergab Anton Ade das Söldgut seiner Tochter Magdalena und deren Mann Michael Amann, die den 11 Tagwerk großen Betrieb zwischen 1838 und 1853 auf 20 Tagwerk vergrößerten. 1864 und 1866 wurde das Anwesen verkauft und gleich darauf von Mathias Maucher eingetauscht. Er vererbte es 1870 an seine beiden Kinder. Seit 1876 bewirtschafteten Alois und Therese Maucher die gut 14 Tagwerk Grund. 1878 wurde erneut verkauft und der Hof schließlich von Hubert Stegmann gegen Nr. 37½ eingetauscht. Stegmann vergrößerte den Hof, den 1897 sein Sohn Lorenz im Anschlag zu 8 000 Mark übernahm. 1910 kamen durch einen weiteren Tausch die Eheleute Michael und Agnes Amann auf die Hofstelle. Während des 20. Jahrhunderts blieb der Hof im Besitz der Familie. 1927 wurde an Engelbert Amann übergeben. Der spätere Bürgermeister von Wullenstetten (1952–1962) bewirtschaftete den Hof neben seiner Tätigkeit in einem Sägewerk bis in das Jahr 1952 im Nebenerwerb.

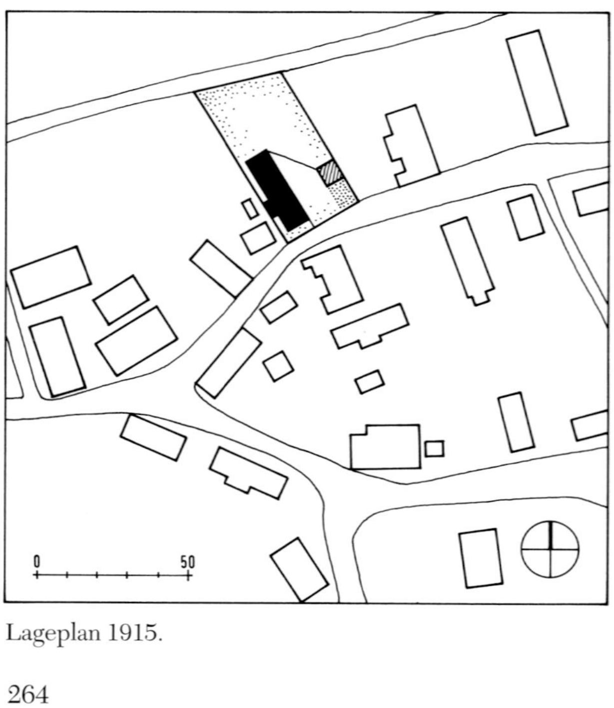

Lageplan 1915.

Bauhistorische Beschreibung

Der in der Zeit um 1800 erbaute Einfirsthof »beim Schimmel« stand wie die meisten an der Dorfstraße gelegenen Höfe mit dem Giebel zur Straße hin ausgerichtet. Mit seiner Zweigeschossigkeit näherte sich das Söldgut äußerlich an die großen Höfe an. Der Giebel war durch ein reich profiliertes, mit Biberschwanzplatten gedecktes Sohlgesims gestaltet und mit Putzprofilen am Ortgang versehen.

Von der östlichen Traufseite erschlossen, zeigte der Mitterstallbau im Wohnteil den gewohnten Grundriß. Eine fast quadratische vierfenstrige Stube grenzte an die nach Westen liegende Küche. Der Hausgang wurde durch die Speisekammer abgeriegelt und besaß einen Zugang zum Stall, an den sich Tenne und Scheune anschlossen. Das Obergeschoß folgte im Grundriß dem Erdgeschoß, war jedoch um eine Knechtkammer über dem Stall erweitert. Vom Sohler gab es zudem einen Zugang zur Scheune.

Mehrere An- und Umbauten veränderten vor allem den Ökonomieteil. Im Gegensatz zu dem gemauerten Wohnteil und Stall waren Scheune, Tenne und Remise als Ständerbau aufgezimmert und mit Ziegeln ausgefacht. 1895 wurde an die Scheune ein Waschhaus angefügt. Der Stadelanbau aus dem Jahr 1899 erweiterte die Ökonomie um zweieinhalb Gefache. Um 1930, nach der Hofübergabe an Engelbert Amann, wurde an die Ostseite, direkt an Speis und Stall grenzend, ein Jungviehstall gebaut. Nachdem die landwirtschaftliche Nutzung des Hofes bereits in den 1950er Jahren ein Ende fand, wurde das Bauernhaus 1977 abgebrochen.

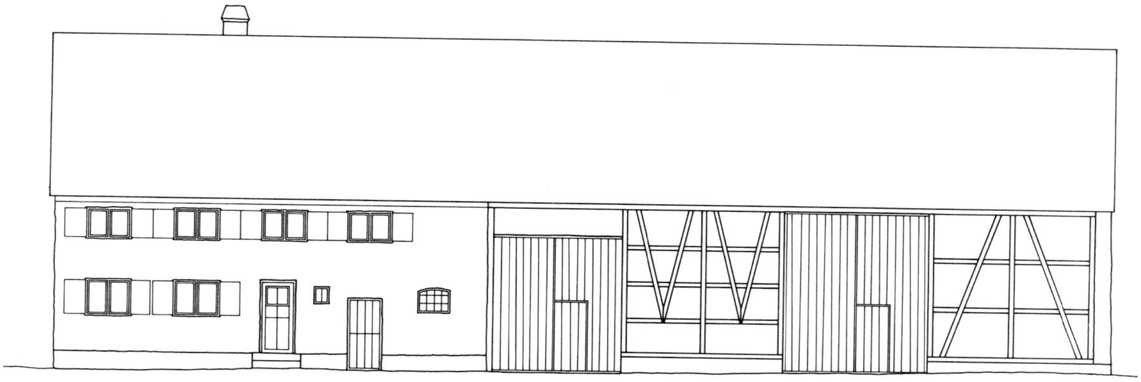

Ansicht von Osten.

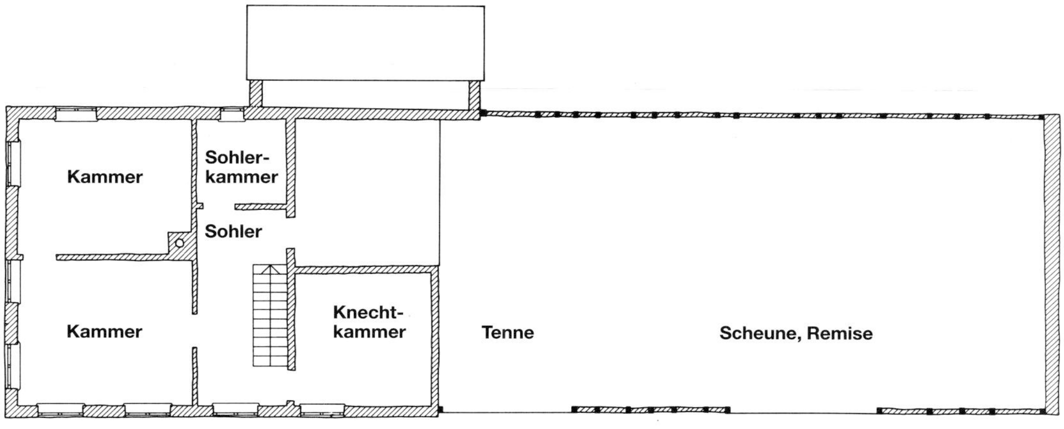

Obergeschoß.

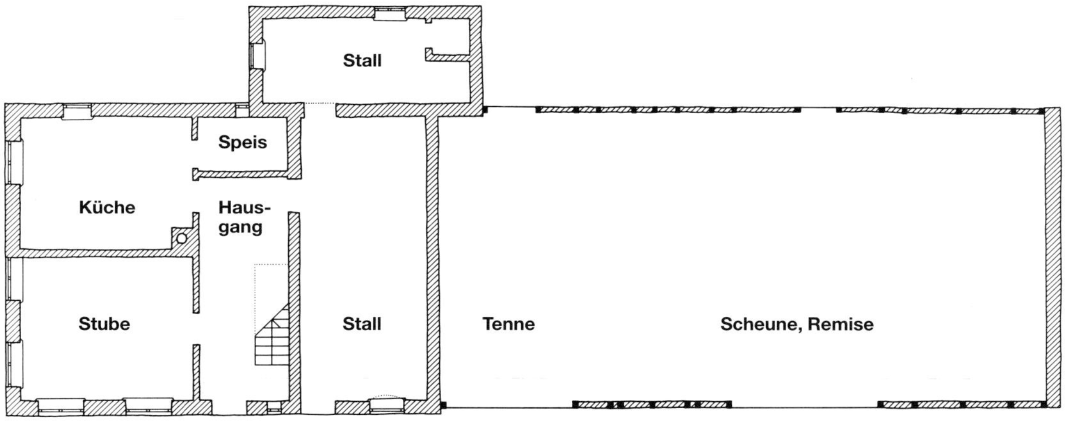

Erdgeschoß.

Ansicht von Süden.

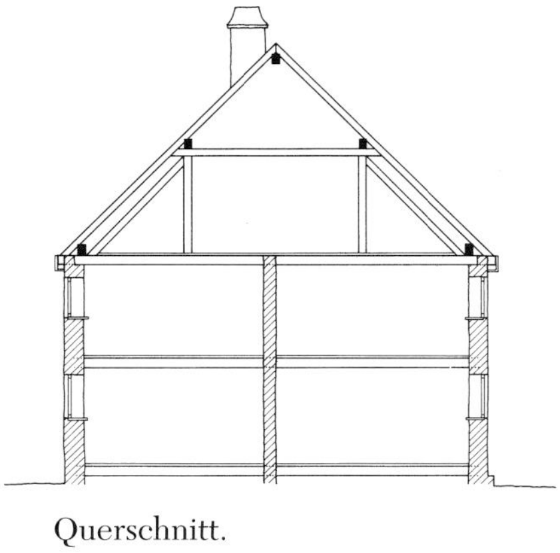

Querschnitt.

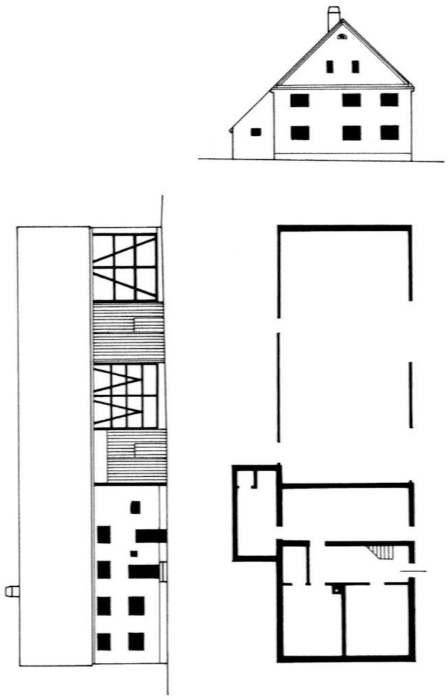

Ort	
Wullenstetten, Hauptstraße 17	
Gebäude	
Gebäudeart	Wohnstallhaus
Wandkonstruktion	Ziegel, Fachwerk
Geschoßzahl	2 + Dach
Geschoßhöhe	2,2 m
Grundfläche (B × L)	251 qm (8,4 × 27,9 + 2,7 × 6,2 m)
Umbauter Raum	
Vollgeschosse	1140 cbm
Dachgeschoß	540 cbm
Dach	
Dachart	Satteldach
Dachneigung	45°
Dachdeckung	Biberschwanzziegel
Dachüberstand	
Erschließung	
Hauseingang Lage	Traufseite
Flur Lage	Querflur
Grundfläche (B × L)	14,0 qm (2,3 × 6,1 m)
Treppe Art	einläufig
Laufbreite	90 cm
Steigungsverhältnis	18,3/25,5 cm, 36°
Stube	
Lage	Südostecke
Grundfläche (B × L)	17,6 qm (3,9 × 4,5 m)
Fensterzahl	4
Fensteröffnung (B × H)	120 × 100 cm
Belichtungsfaktor Fensteröffnung: Grundfläche	1 : 3,7
Stubenofen	
Küche	
Lage	neben Stube
Grundfläche (B × L)	16,7 qm (3,7 × 4,5 m)

Gebäudemerkmale für Bauberatung

Das Anwesen wird von der im Süden vorbeiführenden Straße erschlossen, auf die auch die Nachbarhäuser ausgerichtet sind. Die grenzständige Bauweise ermöglicht eine rationelle Nutzung der schmalen Hofstellen, bei der möglichst große zusammenhängende Hofräume für Landwirtschaft und Handwerk gewonnen werden.

Der zweigeschossige Rechteckbaukörper weist eine Breite von 8,4 m und eine Länge von 27,9 m auf und trägt ein 45° geneigtes Satteldach. Während der Südgiebel der Straße zugewandt ist, öffnen sich an der östlichen Traufseite Haustüre, Stalltüre und die beiden zweiflügeligen Tennentore zum Hofraum hin.

Der Wohnteil wird in einem Querflur betreten, der von einem kleinen hochliegenden Fenster belichtet, an der gleichen Seite die einläufige Treppe zum Obergeschoß hin aufnimmt.

Die Stube mit 3,9 × 4,5 m Seitenlänge ist in der Südostecke angeordnet und wird von zwei Fensterpaaren über Eck belichtet. Die Trennwand zu der seitlich folgenden Küche stößt in die Laibung des linken Stubenfensters und läßt die im 19. Jahrhundert beginnende Abkehr von einer gleichmäßigen Wandabwicklung der inneren Fensterwände erkennen, auch wenn hier mit dem einzelnen Küchenfenster noch keine regelmäßige Achsaufteilung der äußeren Giebelansicht erreicht ist. Von der Küche aus ist eine Speisekammer zugänglich, die vom Querflur abgetrennt wurde.

Im Norden schließt der Stall an, der an der westlichen Traufseite mit einem schmalen Anbau erweitert wurde. Dahinter nehmen die Bergeräume von Tenne und Lagerfläche das Bauvolumen bis zur nördlichen Giebelwand ein.

Für das Obergeschoß stellt der Querflur mit einer kleinen Kammer an der westlichen Traufseite die raumbestimmende Erschließung dar, von der aus die Kammern am südlichen Giebel und die zusätzliche Knechtskammer über dem Stall erreicht werden.

Im Baugefüge sind Wohnteil und Stall durch verputztes Ziegelmauerwerk bis in die Gestaltung der kräftigen Gesimse und dem massiven Ortgang des Südgiebels geprägt. Die Traufwände des Scheunenteils sind als schlichtes Fachwerk konstruiert, in dem nur die konstruktiven Ständer und die schrägen Streben hervortreten. Es ruht auf einem durchgehenden Sockel, der durch die mit senkrechten Brettern verschalten zweiflügeligen Tennentore unterbrochen ist. Der Nordgiebel dagegen ist als geschlossene Ziegelmauer mit bündigem Ortgang verputzt und nur durch Lüftungsschlitze im Dachdreieck gegliedert.

Bei 251 qm überbauter Fläche ergibt der Umrechnungsfaktor von 0,75 eine Nutzfläche von ca. 188 qm je Geschoß.

Gerstruben

Nr. 3

Gemeinde Oberstdorf, Landkreis Oberallgäu

Wohngebäude eines Allgäuer Zwiehofs
»Kuefer« (1716)
Erbaut: 17. Jahrhundert
1955: abgebrannt

Zur Siedlung

Archivalisch belegt ist der von den Walsern besiedelte Ort Gerstruben seit dem 14. Jahrhundert. In der Mitte des 16. Jahrhunderts bereits waren alle Bewohner des in einem Hochtal bei Oberstdorf gelegenen Dorfes nach dem Augsburger Hochstift steuerbar. Ökonomisch hatten sich die Gerstrubener auf die Vieh- und Milchwirtschaft konzentriert, zeitweise wurde auch verstärkt Ackerbau betrieben, und im 18. Jahrhunderts kam es zu einem Anstieg des Flachsanbaus. Von den ursprünglich elf Anwesen im Jahr 1819 haben sich fünf bis heute erhalten. Sie befinden sich im Besitz der sogenannten »Rechtler«, von denen die nicht mehr bewohnten Anwesen als Kulturdenkmäler instand gehalten werden.

Zur Hausgeschichte

Die Geschichte des Anwesens ist bis auf einen Hans Kappeler in das Jahr 1544 zurückzuverfolgen, und damit auf einen der drei »Urhöfe« von Gerstruben. Über die Steuerbeschreibungen des Hochstiftes Augsburg lassen sich die Besitzer fast durchgängig belegen. Im Jahr 1716 wird das Haus Nr. 3 unter Johann Schratt mit dem Hausnamen »Kuefer« angegeben, ein Hinweis auf die Art des handwerklichen Zubrotes, das zum Erhalt des Hofes in solch exponierter Lage notwendig war. Seit Ende des 18. Jahrhunderts kam es zu mehreren Verkäufen: 1790 Joseph Anton Renn, 1852 Ignaz und Konrad Brutscher, 1856 Johann Rietzler. 1866 Josef Wolf. Seit 1892 schließlich befand sich der Hof im Besitz von Josef Adolf Berktold. 1893 sollte ein Wasserkraftwerk gebaut werden, in dessen Staubereich Gerstruben lag. Aufgrund der Abwanderung der jungen Gerstruber in Handwerksbetriebe im Tal befand sich der Ort in einer Strukturkrise, so daß die Bewohner schließlich 1893 nach langen Diskussionen in der Dorfwirtschaft, als die der »Kuefer« diente, beschlossen, ihr Dorf zu verkaufen, und ins Tal zogen. Da sich die Kraftwerk-Pläne zerschlugen, kaufte 1896 Freiherr von Heyl zu Herrsheim in Worms den Ort. Der »Kuefer« wurde zum Wohnhaus von Heyls Jäger, Medardus Rohrmoser. 1955 brannte das Wohnhaus ab und wurde nicht wieder aufgebaut.

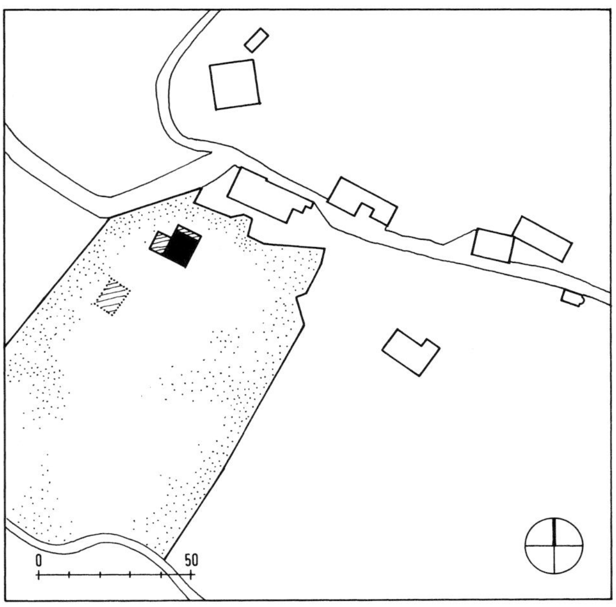

Lageplan um 1950.

Östliche Traufseite des Blockbaus um 1920.

Bauhistorische Beschreibung

Das Anwesen Nr. 3 folgte dem im Oberallgäu weit verbreiteten Grundriß des sogenannten Flurküchenhauses. Es handelte sich um einen Zwiehof, das heißt, das Wirtschaftsgebäude mit dem Stall stand etwas unterhalb des Wohnhauses und von ihm getrennt. Die Heuvorräte wurden an einem kleinen Schopf an der Nordseite des Hauses aufbewahrt und in besonders schneereichen Zeiten über den Küchenkeller nach unten zum Stall transportiert. Zum Ausgleich des steilen Terrains wurde das Holzhaus auf einem Natursteinsockel errichtet. Der Eckverband war eine Schwalbenschwanzverzinkung, das Gebäude somit ein »gestricktes« Holzhaus, das mit dem Haus Nr. 9 in Gerstruben fast baugleich war. Auch die Bohlen der Zwischenwände waren in die Umfassungswände mit einem Schwalbenschwanz eingezapft und kragten nach außen. Der Stubenstock war deutlich erkennbar mit seinen zwei zu zwei Fensterachsen, die giebelseitig auch das Obergeschoß gliederten. Das Haus wurde traufseitig von Westen direkt über die Küche erschlossen, und konnte nach Osten durch eine weitere Tür begangen werden. Auf der zum Tal, nach Süden gewandten Giebelseite, waren Stube und Gaden unterkellert. Der Keller besaß zwei Zugänge, einen von der Talseite, einen von der

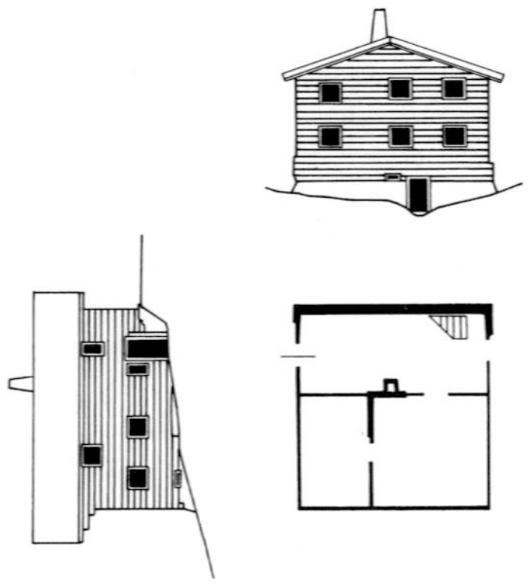

Ort	
Gerstruben, Nr. 3	
Gebäude	
Gebäudeart	Wohngebäude
Wandkonstruktion	Bruchstein/Blockbau
Geschoßzahl	2 + Dach
Geschoßhöhe	2,1 m
Grundfläche (B × L)	77 qm (8,4 × 9,2 m)
Umbauter Raum	
Vollgeschosse	350 cbm
Dachgeschoß	60 cbm
Dach	
Dachart	Satteldach
Dachneigung	18°
Dachdeckung	Legschindeln
Dachüberstand	180/80 cm (Giebelseite)
Erschließung	
Hauseingang Lage	Traufseite
Flur Lage	Querflur
Grundfläche (B × L)	28,4 qm (3,5 × 8,1 m)
Treppe Art	einläufig
Laufbreite	100 cm
Steigungsverhältnis	
Stube	
Lage	Südostecke
Grundfläche (B × L)	24,0 qm (4,9 × 4,9 m)
Fensterzahl	4
Fensteröffnung (B × H)	90 × 80 cm
Belichtungsfaktor Fensteröffnung: Grundfläche	1 : 8,3
Stubenofen	Hinterlader
Küche	
Lage	im Flur
Grundfläche (B × L)	

Küche über eine Stiege. Im Zentrum des Wohnhauses befand sich der Kamin mit den angeschlossenen Feuerstellen der Küche und der Stube, wobei der Stubenofen so konzipiert war, daß in ihm auch gebacken werden konnte. Einer Feuerbeschau aus dem Jahr 1787 folgend waren der Kamin (ein sog. Wickelkamin) und der Küchenboden aus Holz. Vom vorderen flurartigen Teil der Küche, der mit einer einfachen Holzwand abgeteilt war, wurde die Stube und von ihr aus der Gaden begehbar. Das mit Legschindeln bedeckte, mit Stangen und Steinen beschwerte Dachwerk ruhte auf doppelten Mittelpfetten, die in die Giebelseite eingekämmt waren.

Gebäudemerkmale für Bauberatung

Der Zwiehof aus Wohnhaus und Stallscheune steht am westlichen Ende der Siedlung und wird von der im Norden vorbeiführenden Straße erschlossen. Das Wohnhaus wendet seinen Giebel zur Talseite nach Süden.

Der zweigeschossige, mit einem Sockelgeschoß unterfangene, einem Quadrat angenäherte Baukörper von 8,4 m Breite und 9,2 m Länge wird durch ein weit überstehendes 18° geneigtes Satteldach gegen die Witterung geschützt. Über dem Südgiebel kragt das Dach auf der Talseite 180 cm, am Nordgiebel 80 cm aus, während der Dachüberstand an den seitlichen Traufen 60–70 cm beträgt.

Der einfache Grundriß besteht aus einem durchgehenden Querflur mit Türen an Ost- und Westseite. Zwei einläufige Treppen führen aus ihm in das Obergeschoß hinauf und das Sockelgeschoß hinab. Der Flur ist als Flurküche genutzt, wie der gemauerte Kaminblock zeigt, an dem der Herd und an der anderen Seite der Stubenofen angeschlossen sind.

Die quadratische Stube von 4,9 × 4,9 m liegt in der Südostecke. Zwei gleiche Fensterpaare belichten sie über Eck. In der gegenüberliegenden Ofenecke ist ein Kachelofen mit umlaufender Ofenbank gesetzt. Seitlich betritt man von der Stube aus die Kammer (Gaden), die in der südwestlichen Gebäudeecke von je einem Fenster Licht erhält.

Das Baugefüge besteht über dem mit Bruchsteinen gemauerten Sockel aus den zwei Geschossen des Blockbaus. In der waagrechten Struktur der aufeinander geschichteten Holzbalken zeichnen sich die Balkenköpfe der überblatteten Ecken und die Einfügung der Zwischenwände ab und lassen die Aufteilung in eine quadratische Stube und die schmaleren Räume des Querflurs und der Kammer auch in den Außenansichten erkennen.

Die Fensterpaare der Stube an der Südostecke weisen gegenüber den Einzelfenstern der Kammer und des Querflurs auf die hervorgehobene Bedeutung dieses zentralen Wohn-, Eß- und Aufenthaltsraumes des Hauses hin.

Bei 77 qm überbauter Fläche ergibt der Umrechnungsfaktor von 0,75 eine Wohnfläche von ca. 58 qm je Geschoß.

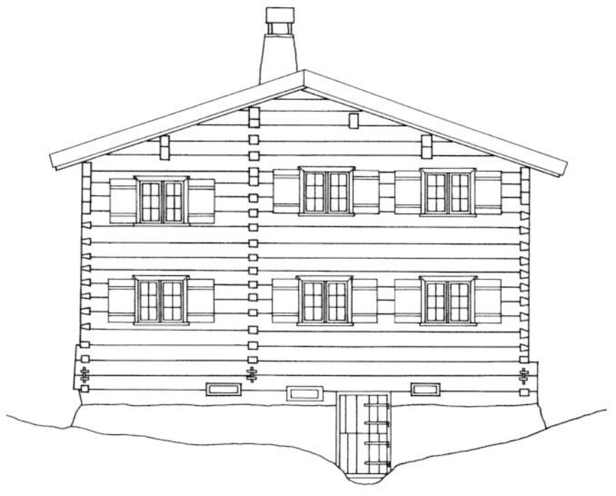

Ansicht von Süden.

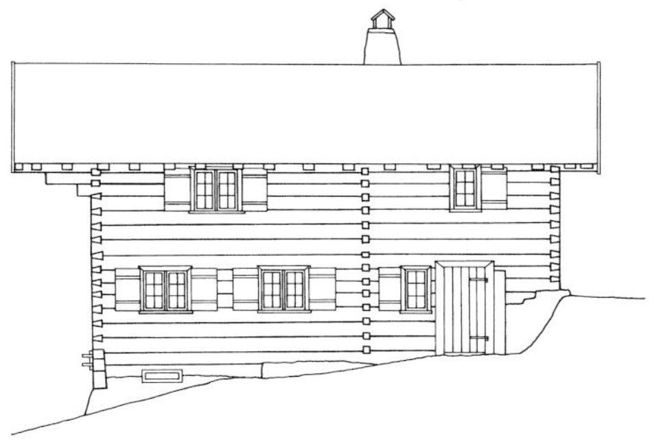

Ansicht von Osten.

Längsschnitt.

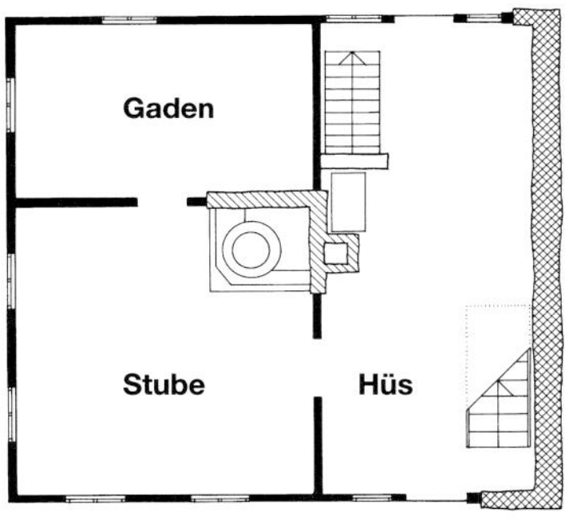

Erdgeschoß.

Querschnitt.

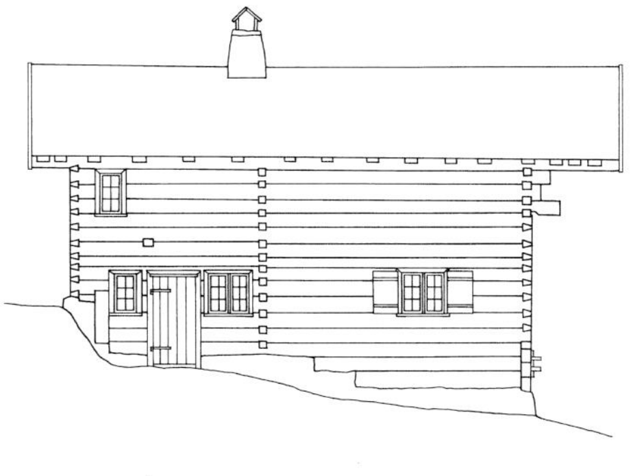

Ansicht von Westen.

Hindelang

Gailenbergstraße 8

Hindelang, Landkreis Oberallgäu

Einfirsthof
»beim Vite Söff« (nach 1860)
»beim Schoafhansar« (nach 1906)
Erbaut: zweite Hälfte 18. Jahrhundert

Zur Siedlung

Das wohl im 9. Jahrhundert gegründete Dorf Hindelang entstand unweit der ehemaligen römischen Militärstraße Via Decia im Zuge der Besiedelung des Ostrachtals von Sonthofen aus. 1429 erhielt das Dorf durch den Augsburger Bischof das Marktrecht verliehen, im 17. Jahrhundert wurde der Ort zu einer der Sommerresidenzen des Fürstbischofs von Augsburg. Bis ins 20. Jahrhundert hatte sich in Hindelang wie auch in einigen anderen Orten des Oberallgäus das Rechtlerwesen gehalten, wonach einzelne Wasser- oder Weiderechte allein den alteingesessenen Familien, gleichsam als Dorfgemeinschaft in der Dorfgemeinschaft, vorbehalten waren.

Zur Hofgeschichte

Das Anwesen Nr. 42 in Hindelang gehörte gemeinderechtlich zur sogenannten »oberen Rechtlergemeinde«. Für das Wasserrecht, das die Entnahme von Trink- und Brauchwasser regelte, war das Anwesen zum »Bote Brunnen« gehörig. Die umliegenden Dorfbewohner, so auch der »Vite Söff«, waren für den Unterhalt und die Deichelzuleitung zuständig, bis eine moderne Hochdruckwasserleitung 1897/98 gebaut wurde.

Während des 19. Jahrhunderts wurde auf dem Hof, neben verschiedenen Zuerwerben bis ins Jahr 1969, eine Landwirtschaft betrieben. Zehntbar war das Anwesen nach dem Hochstift Augsburg, worauf eine

Lageplan um 1990.

Verschindelte Westseite mit giebelseitigem Hauseingang.

mit entsprechendem Wappen versehene eiserne Herdplatte, die sich im Haus befand, hinwies. Die übrigen Steuern waren an den Pfarrherrn zu Hindelang und das Spital in Sonthofen zu leisten. Joseph Zillibiller, der seit 1859 auf dem Hof lebte, war neben seiner Tätigkeit als Landwirt Schneidermeister. Nach seinem Tod – er war fast hundert Jahre alt geworden – wurde das Anwesen von der Erbengemeinschaft um 9300 Mark an Johann Baptist Wechs und dessen Frau Barbara, geb. Schmid, verkauft. Barbara Schmid brachte in die Ehe ein eigenes Anwesen ein, die Nr. 22, die sie 1884 an ihren ledigen Schwager, Leonhard Wechs veräußerte. 1910 übernahm Joseph Wechs das Anwesen Nr. 42 und heiratete Gertraud Besler aus Hinterstein. Sie kauften Weiden auf der Sennalpe Laufbichl zu. 1955 übergab Joseph Wechs, der 35 Jahre lang Gemeindemeister der oberen Rechtlergemeinde in Hindelang war, den Hof an seine Tochter Barbara. Mit ihrem Mann, dem Zimmerer Anton Geiger, bewirtschaftete sie den Hof bis 1969.

Bauhistorische Beschreibung

Das Anwesen stellt ein markantes Beispiel für ein am Hang gebautes, sogenanntes gestelztes Haus dar. Im Kern stammt es aus dem 18. Jahrhundert. Das Untergeschoß ist aus Bruchsteinen gemauert. Der talseitig nach Süden liegende Kellerraum wurde zunächst als Stall genutzt. Nach einem Umbau der Hofanlage in den 1940er Jahren, der das Anwesen mit einem für das Allgäu typischen »Winkelschopf« versah, wurde der Stall ausgelagert und der Keller als Geräteraum verwendet. Der Wohnbereich wurde von der Giebelseite über eine nach beiden Seiten dreistufige Treppe in einen Hausgang hinein erschlossen, an den sich nach Süden eine Stube und eine Kammer, nach Norden eine Küche anschlossen. Deutlich wird hier die Veränderung des ehemals für die Gegend typischen Grundrisses. So wurde von dem westlichen Teil des den Wohnstock umgebenden Winkelschopf eine Küche abgetrennt und mit einem neu gebauten Kamin versehen.

Im Gegensatz zu dem gemauerten und in einem Raum gewölbten Keller waren die beiden Wohngeschosse wie auch der Stadel als hölzerner Ständerbau

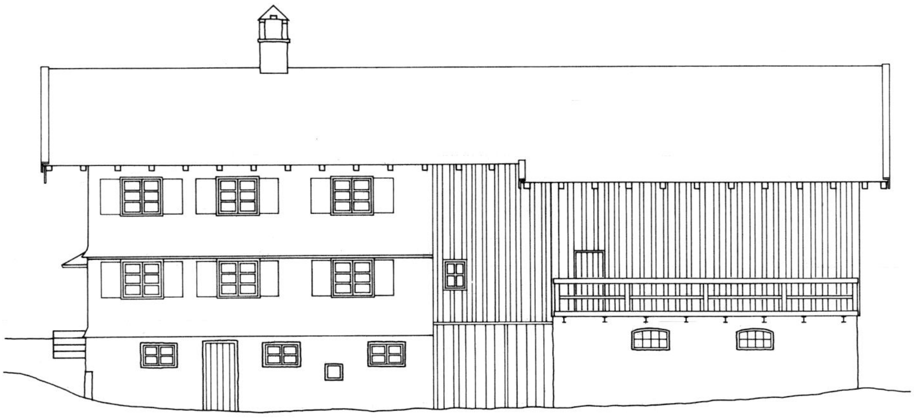

Ansicht von Süden.

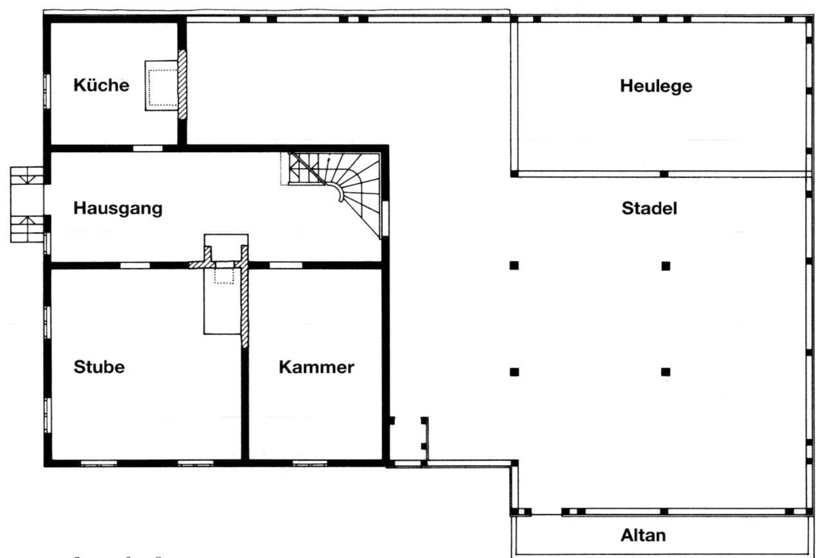

Erdgeschoß.

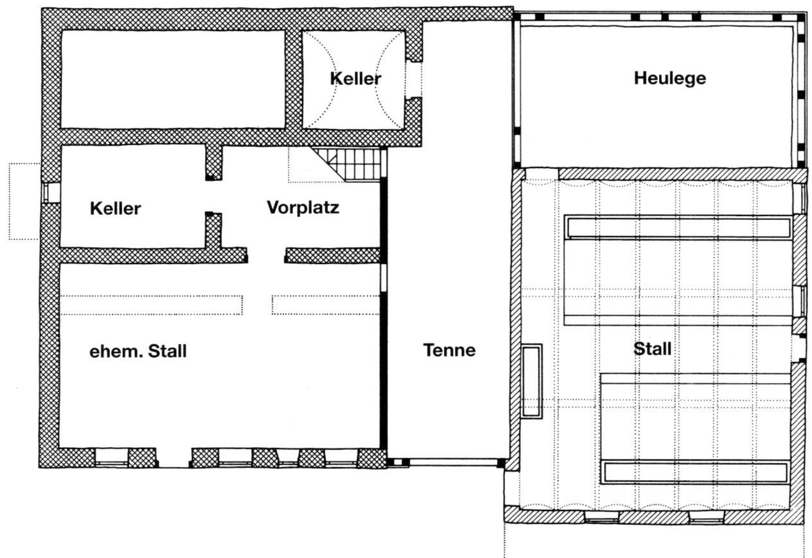

Untergeschoß.

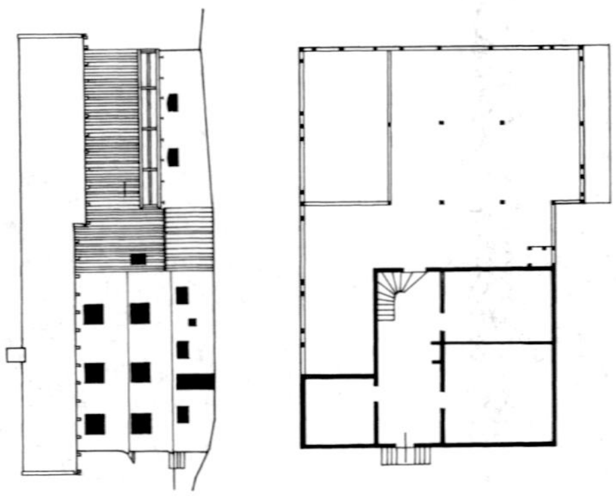

Ort	
Hindelang, Gailenbergstraße 8	
Gebäude	
Gebäudeart	Wohnstallhaus
Wandkonstruktion	Blockbau/Holzständerbau, Ziegel, Bruchstein
Geschoßzahl	2 + Dach
Geschoßhöhe	
Grundfläche (B × L)	274 qm (12,4 × 20,4 + 2,6 × 8,0 m)
Umbauter Raum	
Vollgeschosse	1780 cbm
Dachgeschoß	360 cbm
Dach	
Dachart	Satteldach
Dachneigung	20°
Dachdeckung	Landern
Dachüberstand	110 cm (Giebelseite)
Erschließung	
Hauseingang Lage	Giebelseite
Flur Lage	Längsflur
Grundfläche (B × L)	26,1 qm (3,0 × 8,7 m)
Treppe Art	einläufig über Eck gewendelt
Laufbreite	80 cm
Steigungsverhältnis	
Stube	
Lage	Südwestecke
Grundfläche (B × L)	26,0 qm (5,0 × 5,2 m)
Fensterzahl	4
Fensteröffnung (B × H)	95 × 100 cm
Belichtungsfaktor Fensteröffnung: Grundfläche	1 : 6,8
Stubenofen	Hinterlader von Flur
Küche	
Lage	gegenüber Stube
Grundfläche (B × L)	11,6 qm (3,4 × 3,4 m)

errichtet. Die Ständer reichten über zwei Geschosse hinweg und waren mit Holz ausgefacht. Die Fassaden des Gebäudes wurden im 19. Jahrhundert überformt, indem sie eine geschindelte Außenhaut erhielten, möglicherweise im Laufe der Umbauten des Ökonomieteiles. Der Stadel war nach Süden verbrettert worden und besaß nun einen hölzernen Gänter, an dem Feldfrüchte getrocknet werden konnten. Nach der Aufgabe der Landwirtschaft wurde der Hof zum Wohnhaus umgenutzt.

Gebäudemerkmale für Bauberatung

In dem eng bebauten Ortskern ist die Hofstelle von der im Westen vorbeiführenden Straße aus erschlossen. Das Wohnstallhaus ist an die nördliche Grundstücksgrenze gerückt, um auf der südlichen Traufseite ausreichend Hofraum in die Tenneneinfahrt und dem Stall im Sockelgeschoß zu gewinnen.
Über dem Bruchsteinmauerwerk des Sockels erhebt sich ein zweigeschossiger Blockbau. Der Rechteckbaukörper von 12,4 m Breite und 20,4 m Länge trägt ein 20° geneigtes Satteldach.
Der Wohnteil wird an der westlichen Giebelseite von der Straße aus über eine vorgelegte Freitreppe betreten. Der Längsflur in Firstrichtung nimmt am Ende die gewendelte Treppe zum Obergeschoß auf, unter der eine einläufige Treppe die Verbindung zur Tenne im Sockelgeschoß herstellt.
Bemerkenswert ist, daß hier wie in Gerstruben, Hausgang, Stube und Kammer einen quadratischen Grundriß von ca. 9 × 9 m bilden, in dessen südwestlicher Ecke die Stube wiederum als quadratischer Raum von 5,0 × 5,2 m eingefügt ist. Sie wird von zwei Fensterpaaren über Eck belichtet, deren gleiche Abmessungen und Wandabstände zur Außenecke hin eine Diagonalsymmetrie der Wandabwicklungen erkennen lassen. Verstärkt wird sie durch den Ofenplatz an der inneren Raumecke.
Eine eigene Küche ist nördlich des Hausgangs an der westlichen Giebelseite eingerichtet.
Der Wirtschaftsteil schließt in Firstrichtung nach Osten an. Da die Tenne und der Stall in dem die Hanglage ausgleichenden Sockelgeschoß liegen – der Stall zeigt eine spätere Erweiterung an der südlichen Traufseite – wird das Erdgeschoß hinter dem Wohnteil für den Stadel mit der Heulage genutzt.
Das konstruktive Baugefüge besteht im Sockel aus verputzten Bruchsteinmauern, im Wohnteil aus Blockwänden, die später verschindelt wurden. Der Wirtschaftsteil ist als Holzständerbau errichtet und mit senkrechten Brettern verschalt.
Am Südgiebel kragt das Dach über dem Wohnteil 110 cm aus. Hier ist auf die für das südliche Allgäu charakteristische doppelte Firstpfette hinzuweisen.
Bei einer überbauten Fläche von 274 qm ergibt der Umrechnungsfaktor von 0,75 eine Nutzfläche von ca. 205 qm im Erdgeschoß.

Knechtenhofen

Nr. 7

Gemeinde Oberstaufen, Landkreis Oberallgäu

Einfirsthof
Erbaut: Ende 17. Jahrhundert
1975: Bauernhausmuseum des Heimatvereins Knechtenhofen e.V.

Zur Siedlung

Das kleine Dorf Knechtenhofen gehörte im 18. Jahrhundert zur Ruralgemeinde Staufen. Nach dem Häuserkataster aus dem Jahr 1806 besaß der Ort 18 Wohnhäuser, von denen die Hälfte Weiderechte auf der Alpe Egg beanspruchten. Die einzelnen Güter waren vorwiegend mittlerer Größe. Besonders auffällig ist die Nennung von zwei Nagelschmieden, die offensichtlich beide bestehen konnten, weil der Ort an der stark frequentierten Durchgangsstraße von Immenstadt zum Bodensee lag und der Fuhr- und Reitverkehr die Dienste der Nagelschmiede beanspruchte. Während des Ausbaus der Eisenbahnlinie von Immenstadt nach Lindau stieg die Zahl der Einwohner aufgrund der einquartierten Arbeiter und Ingenieure von 122 im Jahr 1840 auf 243 im Jahr 1852 an.

Zur Hofgeschichte

Im Rustikalsteuerkataster aus dem Jahr 1808 wird das Knechtenhofener Anwesen des Josef Vogler unter der alten Steuerhausnummer 81 als »Einödgut« angegeben, zu dem $5^{1}/_{2}$ Sömmerungen und 3 Winterungen als ökonomische Grundfläche gehörten. Vogler hatte das Gut 1790 von seinem Vater Martin im Anschlag zu 1 050 Gulden übernommen. Die gut 34 Tagwerk Grund beinhalteten – ohne Gemeindegründe – allein 14 Tagwerk Wald und je $4^{1}/_{2}$ Tagwerk Wiesen und Acker. 1843/44 wurde das Anwesen zertrümmert. Ein Großteil der Flächen ging an Gallus Haslach von Knechtenhofen. Der restliche Besitz und die Gebäude wurden an Franz Anton Lohr verkauft, der es noch 1844 an den Knechtenhofener Fidel Breyer veräußerte. Dieser besaß den Nachbarhof mit der Hausnummer 5. Zwischen 1852 und 1856 wurde das Anwesen Nr. 7 von Christian Hauber bewirtschaftet. Danach gehörte das Haus, das seit dem Jahr 1865 nicht mehr bewohnt wurde, zum Hof der Familie Breyer, was sich auch im 20. Jahrhundert nicht änderte. 1975 war es dem Heimatverein Knechtenhofen möglich, das fast unverändert gebliebene Anwesen zu kaufen.

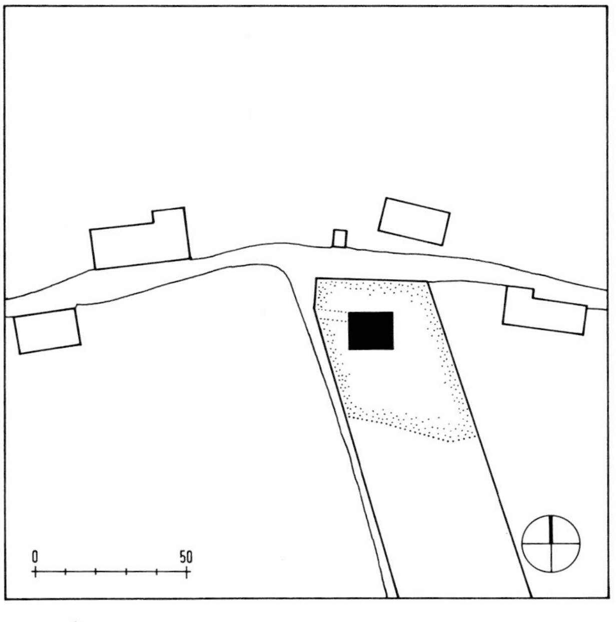

Lageplan 1823.

Blockbau nach der Renovierung mit wiederhergestelltem Legschindeldach.

Bauhistorische Beschreibung

Der an das Ende des 17. Jahrhunderts zu datierende Holzbau hatte sich im Hausstock bis in die 1940er Jahre in seinem ursprünglichen Zustand erhalten. Bei dem giebelseitig talauswärts gerichteten Gebäude handelt es sich um einen sogenannten »gestrickten« Blockbau, dessen Außenwände aus an den Ecken verbundenen Balken gefügt sind. Das Gebäude ruht auf einem Sockel aus Sandstein und sogenannten »Bachbollen«. Erschlossen wird das Haus – wie zahlreiche in der Umgebung erhaltenen alten Gebäude – giebelseitig über einen Hausgang. Der sogenannte Hausblock, also Stube, Gaden und das Hüs, das mit einem später eingebauten deutschen Kamin als Küche genutzt wurde, sind vollständig unterkellert. Der Wirtschaftsteil erfuhr mehrere Veränderungen, so fällt in der westlich an den Hausstock anschließenden ehemaligen Tenne eine Zweitverwendung von Balken auf, die Verblattungsspuren aufweisen. Die Tenne und der nördlich an den Hausstock angegliederte Schopf sind im Gegensatz zur Blockbauweise des Wohnteiles als Ständerbau errichtet und mit Brettern verschalt worden. Der Wetterschirm gegen Westen ist vollständig verschindelt. Bis zum Bahnbau 1853 war das Haus mit Landern gedeckt, die aufgrund der Gefahren durch Funkenflug von den Lokomotiven der nahe gelegenen Bahnstrecke Immenstadt–Lindau durch Falzziegel ersetzt

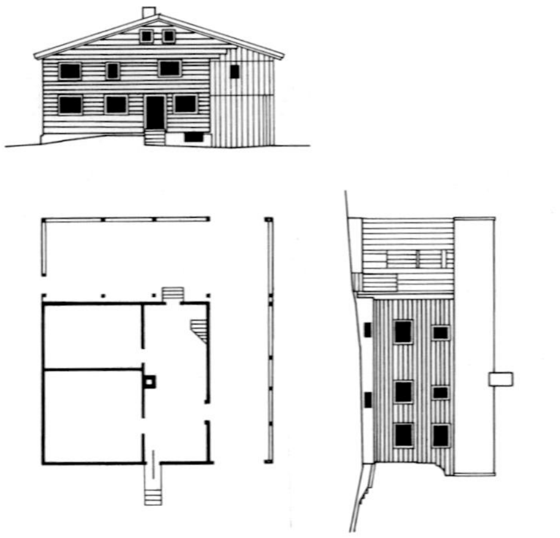

Ort	
Knechtenhofen, Nr. 7	
Gebäude	
Gebäudeart	Wohnstallhaus
Wandkonstruktion	Blockbau/Holzständerbau/ Bruchstein
Geschoßzahl	2 + Dach
Geschoßhöhe	2,2 m
Grundfläche (B × L)	180 qm (12,8 × 14,1 m)
Umbauter Raum	
Vollgeschosse	920 cbm
Dachgeschoß	220 cbm
Dach	
Dachart	Satteldach
Dachneigung	19°
Dachdeckung	Falzziegel
Dachüberstand	70 cm (Giebelseite)
Erschließung	
Hauseingang Lage	Giebelseite
Flur Lage	Längsflur
Grundfläche (B × L)	30,6 qm (3,4 × 9,0 m)
Treppe Art	einläufig
Laufbreite	70 cm
Steigungsverhältnis	17,9/20,0 cm, 42°
Stube	
Lage	
Grundfläche (B × L)	27,6 qm (5,2 × 5,3 m)
Fensterzahl	4
Fensteröffnung (B × H)	110 × 100 cm
Belichtungsfaktor Fensteröffnung: Grundfläche	1 : 6,3
Stubenofen	Hinterlader von Flur
Küche	
Lage	im Flur
Grundfläche (B × L)	

wurden. Für die Museumsnutzung orientierte man sich an der regional üblichen Dackdeckung des 18. und 19. Jahrhunderts und belegte das Dach wieder mit Landern, die von Stangen und Steinen beschwert werden.

Gebäudemerkmale für Bauberatung

Alle Einfirsthöfe der zeilenförmig angelegten Siedlung sind mit ihren Baukörpern von West nach Ost parallel zur Straße aufgereiht. Sie stellen der Wetterseite den Heubergeraum als Klimapuffer entgegen und ordnen den Wohnteil auf der geschützten Ostseite an.

Der dem Quadrat angenäherte zweigeschossige Baukörper weist an der Giebelseite eine Breite von 12,8 m und an der Traufseite eine Länge von 14,1 m auf. Er wird von einem 19° geneigten Satteldach abgeschlossen, das mit Falzziegeln gedeckt auf der östlichen Giebelseite über dem Wohnteil 70 cm auskragt, dagegen am Westgiebel die verschindelte Wandfläche mit dem knappen Ortgangbrett abschließt, um der Witterung möglichst wenig Angriffsfläche zu bieten.

Der Wohnteil wird im Westen und Norden von dem winkelförmigen Hakenschopf des Wirtschaftsteiles umschlossen und bildet in der geschützten Südostecke einen quadratischen Blockbau von 9,3 × 9,3 m Seitenlänge aus. Der Zugang erfolgt von der östlichen Giebelseite in einen firstparallelen Flur, dem Hüs, das als Flurküche dient und die einläufige Treppe zum Obergeschoß aufnimmt.

Die Stube in Abmessungen von 5,2 × 5,3 m bildet ebenfalls ein Quadrat. Sie wird von je zwei Fenstern gleicher Größenordnung und Detailgestaltung über Eck belichtet, die damit eine zur Außenecke gerichtete Diagonalsymmetrie der Wandabwicklungen erkennen lassen. Das Obergeschoß übernimmt die Raumaufteilung des Erdgeschosses mit Ausnahme der nach Süden versetzten Trennwand des Flures (Sohler) gegenüber der oberen Stube und der Kammer.

Das konstruktive Baugefüge besteht im Wohnteil aus Balkenlagen des Blockbaus, die im Erdgeschoß bis zum Fensterbrett die beachtliche Stärke von 20 cm erreichen, darüber die häufiger auftretende geringere Dimension von 14 cm aufweisen. Durch die Balkenköpfe der Wandverbindungen sind die Gebäudeecken und die Lage der Zwischenwände auch in den Außenansichten des Ostgiebels an der südlichen Traufseite abzulesen.

Der Wirtschaftsteil des Hakenschopfes ist als Holzständerbau konstruiert und von senkrechten Bretterschalungen abgeschlossen. Die dem Wetter ausgesetzte westliche Giebelseite ist vollständig verschindelt. Der in der Hofgeschichte vermerkte Verkauf von landwirtschaftlichen Flächen 1844 erklärt das Fehlen des Stalles in den Plänen der Bauaufnahme. Es ist als Glücksfall zu bezeichnen, daß das klar gegliederte Bauernhaus als örtliches Museumsobjekt erhalten werden konnte.

Bei 180 qm überbauter Fläche ergibt der Umrechnungsfaktor von 0,75 eine Nutzfläche von 135 qm im Erdgeschoß.

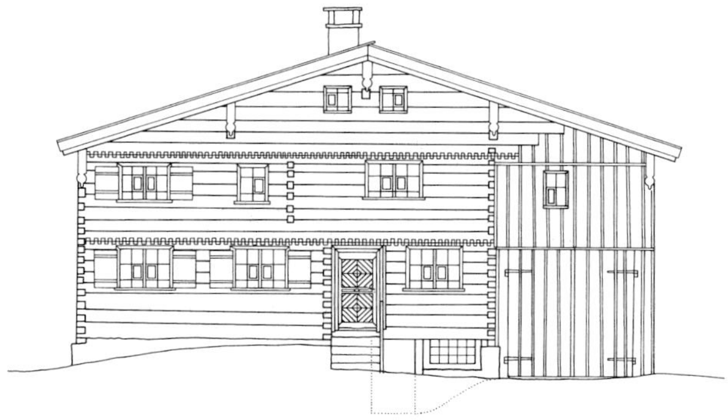

Ansicht von Osten.

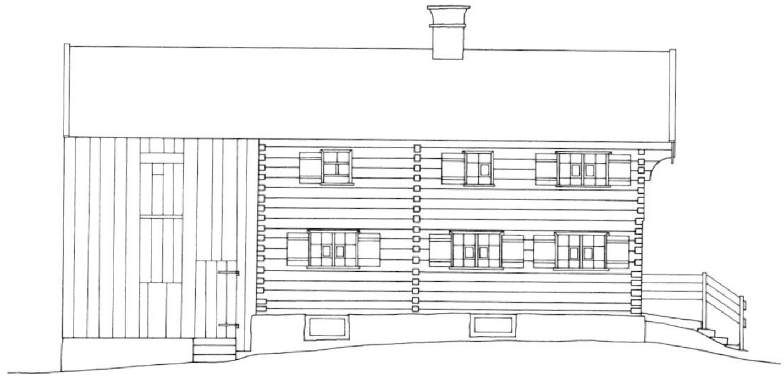

Ansicht von Süden.

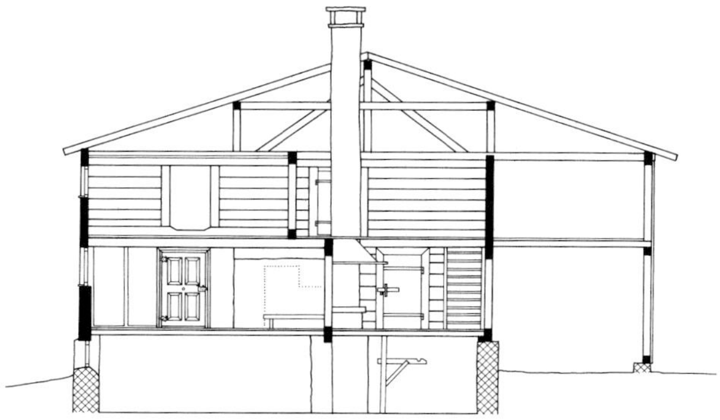

Querschnitt.

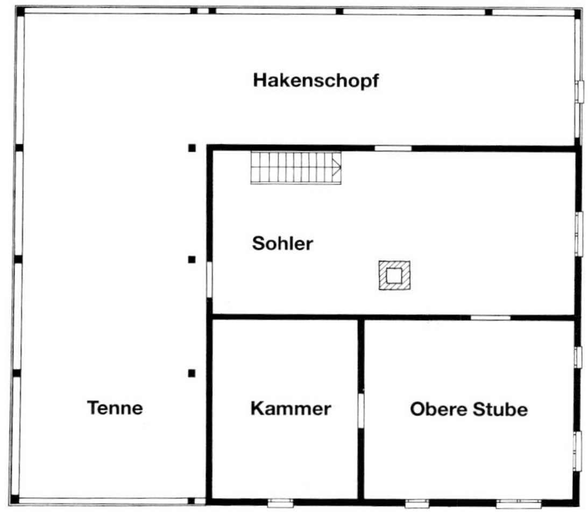

Obergeschoß.

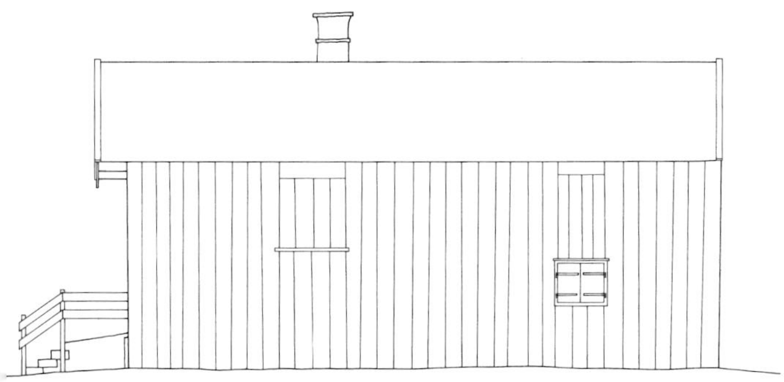

Ansicht von Norden.

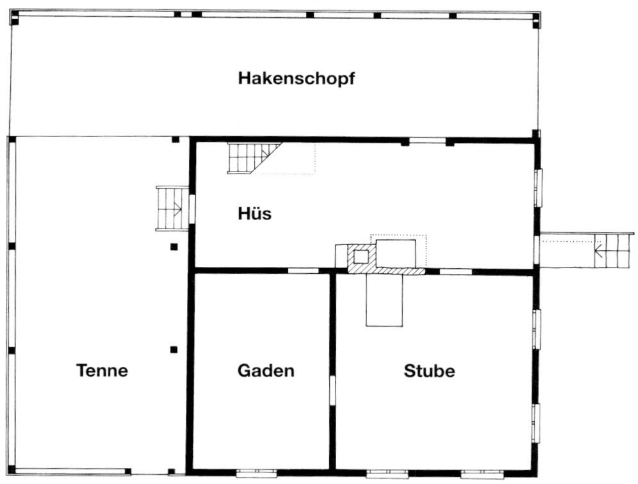

Erdgeschoß.

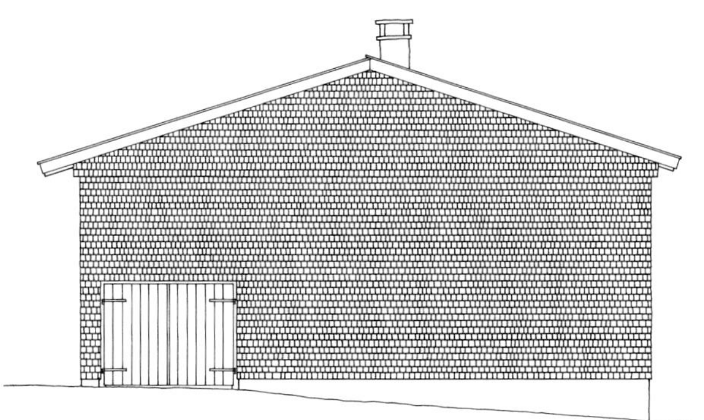

Ansicht von Westen.

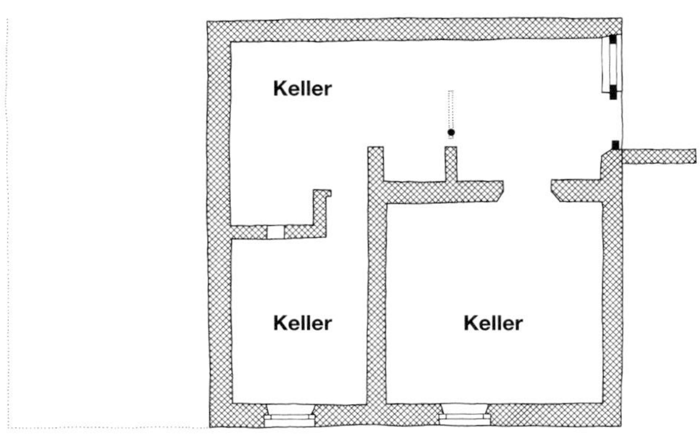

Kellergeschoß.

Lanzen

Kiefernweg 6 (alte Nr. 79)

Gemeinde Waltenhofen, Landkreis Oberallgäu

Einfirsthof
Erbaut: erste Hälfte 18. Jahrhundert

Zur Siedlung

Lanzen ist seit dem 14. Jahrhundert urkundlich nachweisbar und gehörte zur Pfarrei Waltenhofen. Gemäß einer Häuserstatistik um 1800 waren die zwölf Anwesen des kleinen, weit in das Hügelland des Oberallgäus gestreuten Weilers zum Fürststift Kempten gerichtsbar. Zwei Bauerngüter, sechs Sölden, drei sogenannte Leerhäuser ohne Grund, in denen meist Taglöhner lebten, sowie ein Wohnhaus mit Hofraum geben ein anschauliches Bild der im 19. Jahrhundert üblichen Sozialstruktur kleiner Allgäuer Dörfer.

Zur Hofgeschichte

Seitdem Joseph Casper im Jahr 1738 als Bauer in Lanzen auf dem damaligen Anwesen Nr. 6 genannt wurde, sind die Bewohner des Hofes durchgängig in den Steuerakten des Rentamts Kempten festgehalten worden. 1811 kaufte Johann Floritz für 1 200 Gulden das »Häuschen mit Gemüsgarten« von der Witwe des Sebastian Hugendobler. Dazu gehörte damals ein Jauchert Grund. 1844/45 war es ihm möglich, zu dem Söldanwesen weitere Grundstücke zu erwerben, und er übergab den Besitz 1857 an seinen Sohn Anton Floritz. Durch weitere Zukäufe von Acker- und Wiesenflächen war das Anwesen im Jahr 1855 auf 7,5 Tagwerk angewachsen. Aus diesem Grund wurde das Gehöft durch den Anbau eines Hakenschopfs um die Mitte des 19. Jahrhunderts vergrößert. Dennoch kam es nach und nach zum Verkauf der Wirtschaftsflächen, so daß Anton Floritz im Jahr 1896 nur noch 1,66 Tagwerk im Besitz hatte. Nach seinem Tod ging das Anwesen im Jahr 1900 an Modestus Floritz über. Er verkaufte Acker- und Waldflächen im Tausch gegen Wiesen und übte die Landwirtschaft im Nebenerwerb aus. Seine Frau Martha Floritz übergab 1934 den Besitz an ihre Tochter Philomena, verheiratete Baldauf, die mit ihrem Mann die zum Haus gehörigen Flächen weiter bewirtschaftete. 1969 wurde die Landwirtschaft aufgegeben. Seitdem bewohnt Hans Jörg Baldauf mit seiner Familie das Haus.

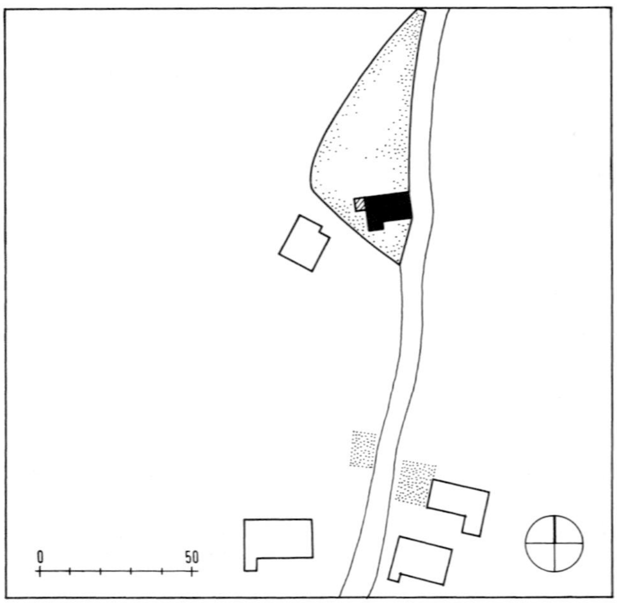

Lageplan 1822.

Südostansicht des renovierten Einfirsthofes.

Bauhistorische Beschreibung

Trotz einiger baulicher Veränderungen zeigt das Lanzener Bauernhaus neben dem historischen Äußeren den Grundriß, der die Raumstruktur Allgäuer Holzhäuser seit dem 17. Jahrhundert bestimmte. Der Zugang erfolgt traufseitig von Süden über drei Stufen, wobei die Haustür sogleich den Küchenflur erschloß, die – früher als »Hüs« bezeichnet – bis zur anderen Traufseite reichte. Erst später wurde von der Küche nach hinten ein Hausgang abgetrennt, von dem aus man über eine einfache Holztreppe ins Obergeschoß gelangen konnte. Mit dem Einbau eines russischen Kamins im Jahr 1916 wurde die hölzerne Wand zwischen Küche und Stube, sowie zwischen Stube und Gaden im Bereich des Kamins durch Mauerwerk ersetzt. Die Tenne trennte Wohn- und Wirtschaftsraum, besaß hofseitig eine Tür sowie nach Norden durch das Tennentor eine Zufahrt für Futter- und Heugefährte. Das im Erdgeschoß als Blockbau errichtete Holzhaus wurde im späten 19. Jahrhundert verschindelt und stand auf einem Sockel aus Bruchsteinen, der im heutigen Zustand betoniert ist. Das in Riegelbauweise errichtete Obergeschoß zeigt neben konstruktiven Merkmalen eine gleichmäßige Abfolge von Schrägstreben und Fußbändern. Die drei zu drei Fensterachsen werden jeweils durch unter den Sohlbänken der Fenster angebrachte Zierfelder betont: Einfache Andreaskreuze werden von liegenden Rauten überfangen. Das flachgeneigte, wohl ehemals mit Legschindeln belegte Pfettendach kragt an der Südseite weiter aus als auf der Nordseite.

Für den Ökonomieteil wurde im späten 19. Jahrhundert an der Südwestecke ein auf drei Seiten mit Zie-

Ansicht von Osten.

Ansicht von Süden.

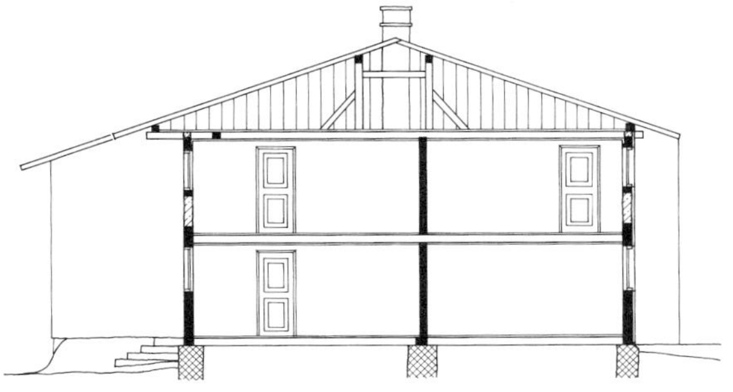

Querschnitt durch Stube.

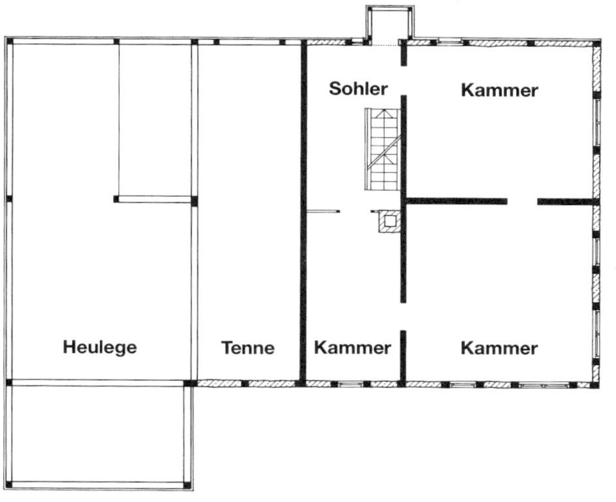

Obergeschoß.

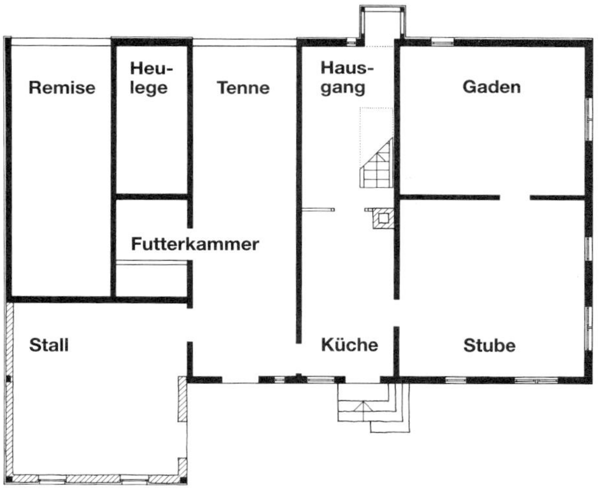

Erdgeschoß.

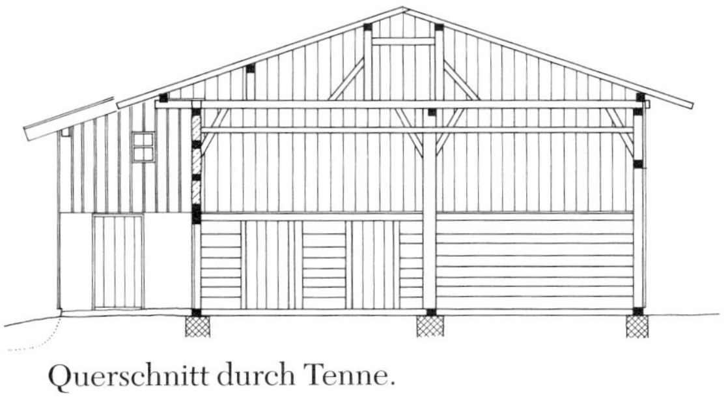

Querschnitt durch Tenne.

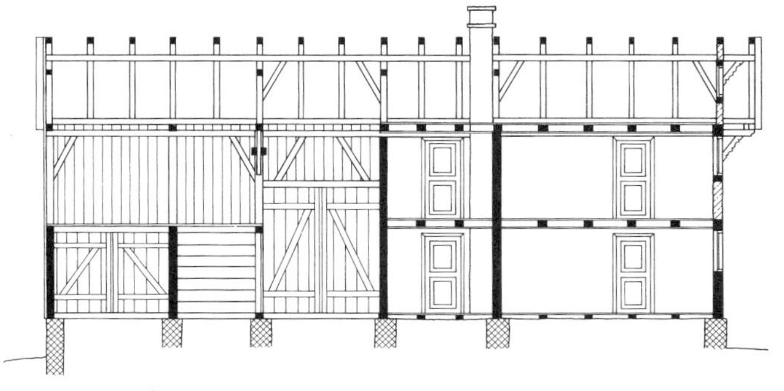

Längsschnitt.

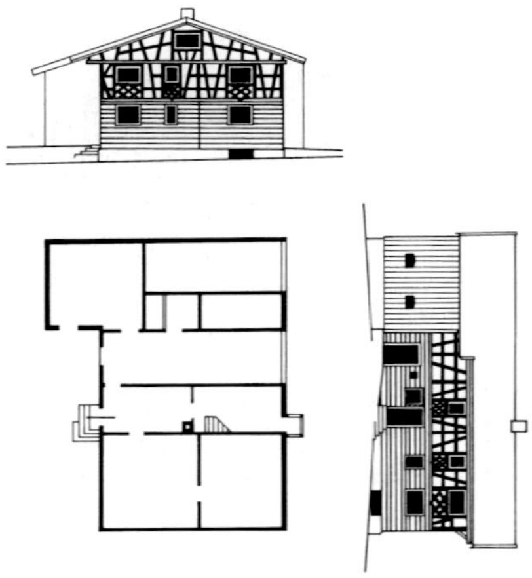

Ort	
Lanzen, Nr. 79	
Gebäude	
Gebäudeart	Mittertennhaus
Wandkonstruktion	Blockbau, Fachwerk, Holzständerbau, Ziegel
Geschoßzahl	2 + Dach
Geschoßhöhe	2,2 m
Grundfläche (B × L)	157 qm (9,4 × 15,3 + 2,7 × 4,8 m)
Umbauter Raum	
Vollgeschosse	750 cbm
Dachgeschoß	110 cbm
Dach	
Dachart	Satteldach
Dachneigung	20°
Dachdeckung	Ziegel
Dachüberstand	90/20 cm (Giebelseiten)
Erschließung	
Hauseingang Lage	Traufseite
Flur Lage	Querflur
Grundfläche (B × L)	10,6 qm (2,4 × 4,4 m)
Treppe Art	einläufig
Laufbreite	70 cm
Steigungsverhältnis	
Stube	
Lage	Südostecke
Grundfläche (B × L)	23,0 qm (4,8 × 4,8 m)
Fensterzahl	4
Fensteröffnung (B × H)	60 × 90 cm, 110 × 90 cm
Belichtungsfaktor Fensteröffnung: Grundfläche	1 : 7,5
Stubenofen	
Küche	
Lage	im Flur
Grundfläche (B × L)	10,6 qm (2,4 × 4,4 m)

geln gemauerter Stall errichtet. Auch die Remise ist eine Erweiterung des 19. Jahrhunderts. Nach Aufgabe der Landwirtschaft wurde der ehemalige Stall zu Wohnraum umgenutzt.

Gebäudemerkmale für Bauberatung

Die Siedlung Lanzen an der Straße zwischen Waltenhofen im Süden und Kempten im Norden besteht aus Einzelhöfen in Streulage. Das Kleinbauernhaus, als Sölde und später als Nebenerwerbsbetrieb bezeichnet, richtet seinen Ostgiebel auf die nordsüdlich vorbeiführende Straße aus.

Der zweigeschossige Rechteckbaukörper ist 9,4 m breit und 15,3 m lang und auf der südlichen Traufseite um 2,7 m für den Stall erweitert, der unter dem abgeschleppten 20° geneigten Satteldach einbezogen wurde.

Der Zugang erfolgt von der südlichen Traufseite über einige die Höhe des gemauerten Sockels überwindende Blockstufen in einen durchgehenden Querflur, der als Flurküche benützt wird und an dessen nördlichen Teil die einläufige Treppe in das Obergeschoß hinaufführt.

Die quadratische Stube von 4,8 × 4,8 m Seitenlänge ist in der Südostecke angeordnet und wird von je zwei Fenstern über Eck belichtet. Die beiden zweiflügeligen Fenster weisen gleiche Achsabstände zu der südöstlichen Raumecke der Stube auf und bilden so eine Diagonalsymmetrie zum Herrgottswinkel aus, wogegen die beiden folgenden einflügeligen Fenster unterschiedliche Wandabstände haben. Neben der Stube schließt die Kammer (Gaden) an.

Der Wirtschaftsteil beginnt mit der von Norden her befahrbaren durchgehenden Tenne, die durch Türen mit dem auf der südlichen Traufseite vorgebauten Stall verbunden ist. Hinter der Tenne schließen bis zum Westgiebel die Remise und das Heulager an.

Das Obergeschoß hat die gleiche Raumaufteilung wie das Erdgeschoß mit Querflur und zwei giebelseitigen Kammern und einer weiteren Kammer, die durch Abtrennung des Flures gewonnen wurde.

Im Wirtschaftsteil kann von der bis zum Dachstuhl offenen Quertenne aus die hintere Heulage auf der Höhe des Obergeschosses beschickt werden.

Das konstruktive Baugefüge weist im Erdgeschoß einen Blockbau und im Obergeschoß auf Fachwerk sowie einen Holzständerbau beim Wirtschaftsteil auf, der mit senkrechten Brettern verschalt ist, die auch das Mauerwerk des nach Süden vorgebauten Stalls überziehen. Die südliche Traufansicht zeigt wie ein gemauerter Sockel das nach Osten abfallende Gelände der Hofstelle ausgleicht.

Das Satteldach mit der doppelten Firstpfette steht an der östlichen Giebelseite über dem Wohnteil 90 cm vor, schließt jedoch an der westlichen Giebelseite über dem Wirtschaftsteil knapp mit 20 cm Überstand ab. Die an den Balkenköpfen sichtbaren Verbindungen der Innenwände mit den Blockbauaußenwänden lassen die innere Raumaufteilung ablesen, die auch in den Fensterachsen von Erd- und Obergeschoß sichtbar wird.

Bei 157 qm überbauter Fläche ergibt der Umrechnungsfaktor von 0,75 eine Nutzfläche von ca. 118 qm im Erdgeschoß.

Oberstaufen

Jugetweg 10

Oberstaufen, Landkreis Oberallgäu

Einfirsthof »beim Strumpfar« (seit 1808)
Erbaut: wohl 1788
1995: Museum »Beim Strumpfar«

Zur Siedlung

Im Jahr 868 in einer St. Gallener Urkunde erstmals erwähnt, entwickelte sich »Stoufun« rasch zum Pfarrdorf. Seit dem frühen 14. Jahrhundert war der Ort unter dem Grafen von Montfort-Bregenz zu einem Chorherrenstift avanciert. Die Burg der Herrschaft von Staufen wurde im Bauernkrieg niedergebrannt, danach wiederaufgebaut, um nach der Übernahme durch Bayern im Jahr 1807 in Teilen wieder abgerissen zu werden. Seit Errichtung der Bahnlinie von Immenstadt nach Lindau im Jahr 1853 prosperierte das Dorf und entwickelte sich zu einem bekannten Luftkurort. Seit den 1920er Jahrer wurde das Dorf »Oberstaufen« genannt.

Zur Hofgeschichte

In den Steuerbüchern ist die Hofstelle der ehemaligen Hausnummer 39 in Staufen seit dem Jahre 1705 nachweisbar. Als erster Besitzer ist Hieronimus Heß belegt, an dessen Nachbarn Josef Burger der Hof im Jahre 1765 ging. Das bis heute bestehende Hofgebäude wurde vermutlich im Jahr 1788 erbaut, die Jahreszahl ist in den steinernen Türsturz im Keller zusammen mit den Initialen »IB« für Joseph Burger eingemeißelt. 1798 wurde das Anwesen an Peter Burger übergeben und 1801 zwischen ihm und seiner Schwester Barbara Burger geteilt, die damit das halbe Wohnhaus samt Stallung und Heulege besaß. 1808 hatte Peter Burger eine Strumpfwirker-Concession erworben und konnte 1810 das Anwesen wie-

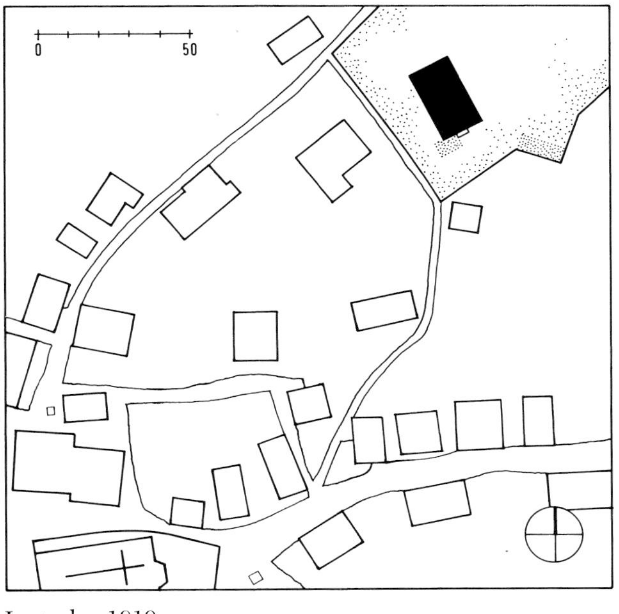

Lageplan 1819.

Der Südgiebel des Einfirsthofes ist symmetrisch aufgebaut und mit kleinteiligen Holzschindeln gegen das Wetter geschützt.

der ganz in seinen Besitz zu nehmen. Zudem wurde die Landwirtschaft betrieben, die in der zweiten Hälfte des 19. Jahrhunderts gut 9 Hektar landwirtschaftliche Nutzflächen umfaßte. Für den Ort Staufen handelte es sich dabei um einen größeren Betrieb mit fünf bis sechs Milchkühen. Der Acker erstreckte sich direkt hinter dem Anwesen. Der größte Teil der Wirtschaftsfläche bestand aus Wiesen und Mooswiesen. Im Keller des Hofes wurde eigenständig Käse hergestellt. Die Feuerungsnische ist Teil der originalen Grundeinrichtung der Käserei aus dem 19. Jahrhundert. Zur Zeit des Eisenbahnbaues 1853 wohnten in eigens eingerichteten Kammern über der Tenne zwei Eisenbahnarbeiter.

Bis in das Jahr 1908 wurde die Strumpfwirkerei als Nebenerwerb ausgeführt, die dafür notwendigen Gerätschaften wurden aufbewahrt. Zwischen 1908 und 1923 wurde anstelle der Strumpfwirkerei ein Laden für Woll- und Kurzwaren betrieben. Während im 19. Jahrhundert über zwei Generationen die Familie Alger der Strumpfwirkerei nachging, heiratete 1908 ein aus Grönenbach stammender Ökonom, Georg Burger, ein. Im Besitz dieser Familie blieb der Hof bis ins 20. Jahrhundert Die letzte Erbin Maria Burger, verheiratete Schädler, übergab, da die Ehe kinderlos blieb, das Haus dem Heimatdienst Oberstaufen, um es als »Zeugnis alter bäuerlicher und handwerklicher Tradition zu bewahren«. Seit 1995 dient es diesem Wunsch folgend als »Museum im Strumpferhaus«. Träger ist der Heimatdienst Oberstaufen.

Bauhistorische Beschreibung

Wie das im Nachbardorf Knechtenhofen gelegene Anwesen – »s'Huimatle« – wird der »Strumpfarhof« giebelseitig von Süden über fünf Stufen erschlossen. Das geräumige Anwesen lag im 19. Jahrhundert am Rande des lockeren Dorfverbandes, nahe dem Bahnhof. Der mit fünf Fensterachsen angelegte Giebel ist völlig symmetrisch, gleiches gilt für den gesamten Wohnbereich. Der »Hüsgang«, der die Funktion von Küche und Hausgang vereinte, ist mit grauen großen

Sandsteinplatten ausgelegt; aus dem gleichen Material, durchsetzt von Bachkieseln und Nagelfluh, sind Sockel und Keller gemauert. Der Hausgang wird von zwei, links und rechts der überdachten Haustür gelegenen Fenstern beleuchtet. Vom Hüs aus öffnen sich Stube und Gaden auf der Westseite und zwei weitere untereinander verbundene Räume nach Osten. Der vordere wurde als Strumpfwirker-Werkstatt und später als Kramladen genutzt. Der symmetrische Grundriß – eine Erweiterung des usprünglichen Dreierblockes von Hus, Stube und Gaden – gilt ebenso für das Obergeschoß und steht möglicherweise auch im Zusammenhang mit der Hofteilung in Hausnummer 39A und 39B im Jahr 1801. So befinden sich auch zwei Tennen im Anwesen. Die eine ist traufseitig von Westen im Erdgeschoß, die andere vom Osten im Obergeschoß befahrbar gewesen. Es ergab sich zudem ein großer Bergeraum, der auch nach Rücknahme der Hausteilung als Heulege benutzt wurde.

Die Schindelung, die geschoßweise jeweils über die Fensterstürze des darunter liegenden Geschosses kragt, entspricht der der Westallgäuer Häuser, eine beliebte Form des Wetterschutzes, die sich seit der Mitte des 19. Jahrhunderts aus dekorativen Gründen nicht nur auf die Wetterseite beschränkte. Am Strumpfarhaus in Oberstaufen wurden die Schindeln jedoch nicht farbig gestrichen. Das flachgeneigte Pfettendach war vermutlich bis zum Einbau von zwei russischen Kaminen in der Zeit um 1900 mit Landern oder Schindeln gedeckt. Die kräftigen Stützkonstruktionen des Dachwerks tragen den großen Schneelasten im Winter Rechnung.

Unter dem gesamten Wohnblock erstreckt sich ein Kellergeschoß. Unter der Stiege im Erdgeschoß führte eine gemauerte Steintreppe hinunter in einen gewölbten, aus Bruchsteinen gemauerte Kellerraum. Dazu kamen im 19. Jahrhundert drei weitere Räume, die mehreren Bauern als Sennerei dienten.

Für die Nutzung des Strumpfarhauses als Heimathaus wurde das Gebäude generalüberholt. Fenster, Fensterläden und die Schindelung des gesamten Wohnteiles wurden nach historischen Vorlagen erneuert.

Ansicht von Süden.

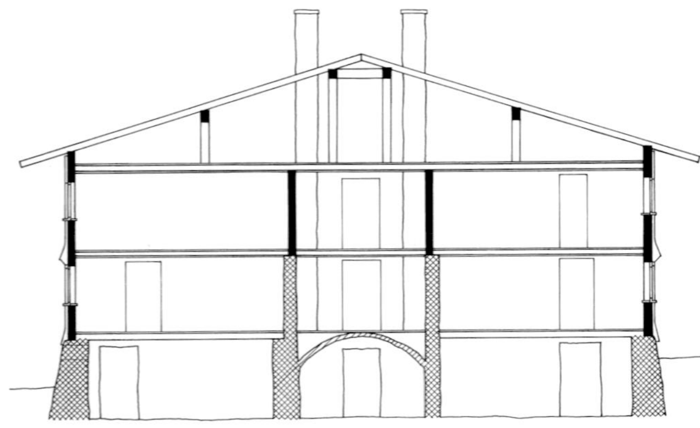

Querschnitt durch Stube und Strumpfwirker-Werkstatt.

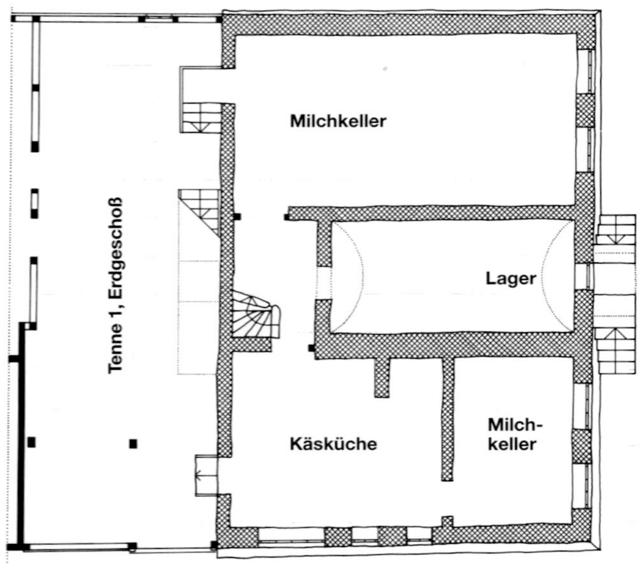

Kellergeschoß.

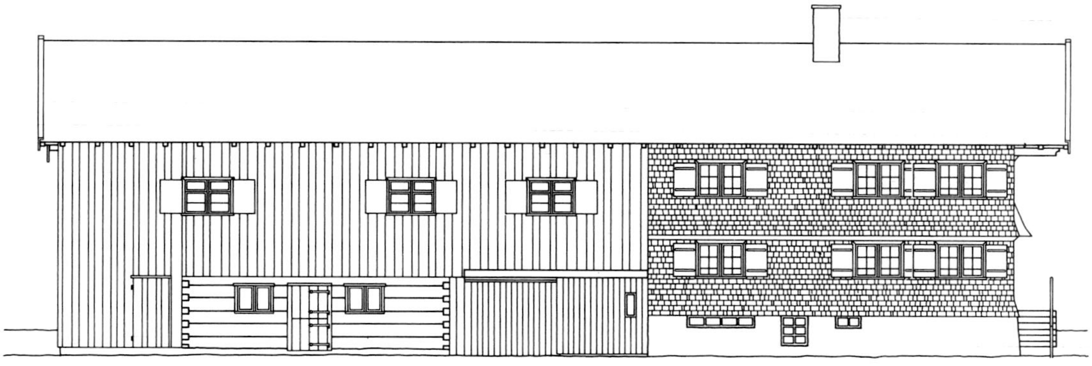

Ansicht von Westen.

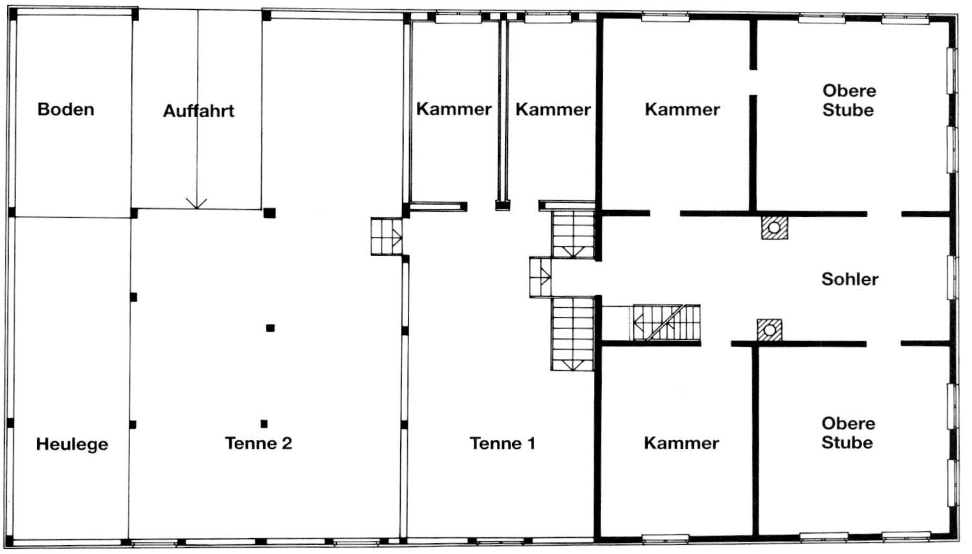

Obergeschoß.

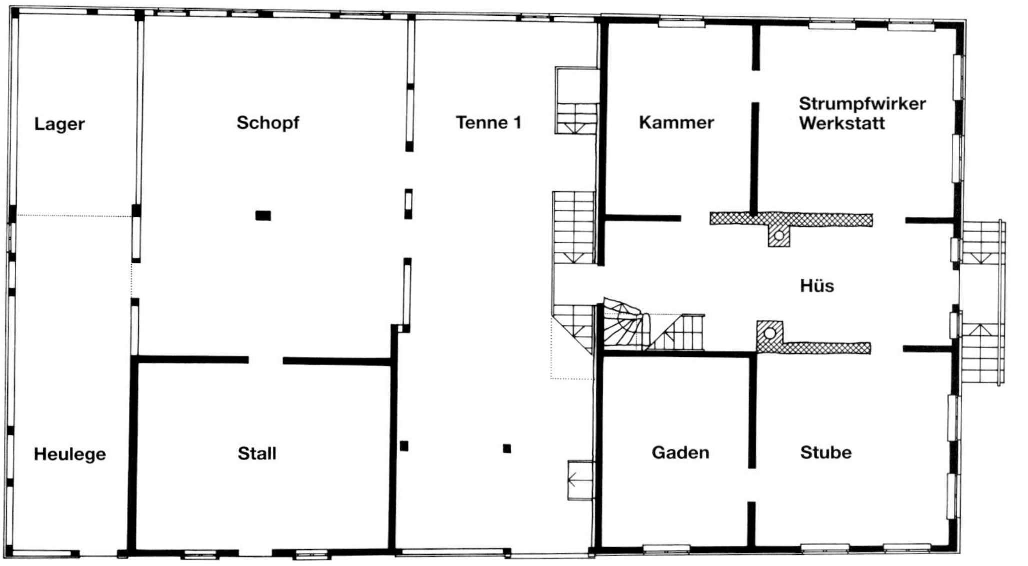

Erdgeschoß.

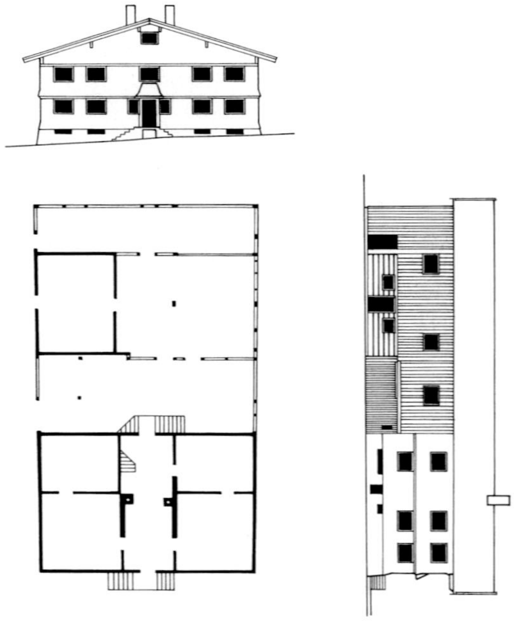

Ort	
Oberstaufen, Jugetweg 10	
Gebäude	
Gebäudeart	Mittertennhaus
Wandkonstruktion	Blockbau, Holzständerbau, Bruchstein
Geschoßzahl	2 + Dach
Geschoßhöhe	2,1 m
Grundfläche (B × L)	373 qm (14,7 × 25,4 m)
Umbauter Raum	
Vollgeschosse	1900 cbm
Dachgeschoß	540 cbm
Dach	
Dachart	Satteldach
Dachneigung	17°
Dachdeckung	
Dachüberstand	140/40 cm (Giebelseite)
Erschließung	
Hauseingang Lage	Giebelseite
Flur Lage	Längsflur
Grundfläche (B × L)	31,3 qm (3,4 × 9,2 m)
Treppe Art	einläufig
Laufbreite	90 cm
Steigungsverhältnis	
Stube	
Lage	Südwestecke
Grundfläche (B × L)	27,0 qm (5,2 × 5,2 m)
Fensterzahl	4
Fensteröffnung (B × H)	120 × 90 cm
Belichtungsfaktor Fensteröffnung: Grundfläche	1 : 6,3
Stubenofen	
Küche	
Lage	im Flur
Grundfläche (B × L)	

Gebäudemerkmale für Bauberatung

Das große Mittertennhaus steht am Nordrand des eng bebauten Ortskerns frei in seiner Hofstelle und wird von der im Südwesten vorbeiführenden Straße erschlossen.

Der zweigeschossige Rechteckbaukörper ist 14,7 m breit und 25,4 m lang. Er trägt ein 17° geneigtes Satteldach, das an dem nach Südosten ausgerichteten Giebel über dem Wohnteil 1,4 m auskragt. Die von zwei Seiten aufsteigende Freitreppe führt in der Mitte der südöstlichen Giebelseite zu der Haustüre empor, die sich zu einem Längsflur öffnet, der auch als Küche (Hüs) dient.

Die Raumfolge eines Quadrats von Flur, Küche, quadratischer Stube und seitlicher Kammer (Gaden) ist auch hier mit den Abmessungen von 9,0 × 9,6 m als Blockbau festzustellen, allerdings nach Nordosten durch eine zusätzliche größere Raumzone für Werkstatt und Kammer erweitert. Die von Fenstern neben der Haustüre belichtete Flurküche weist auf beiden Seiten Mauerabschnitte mit Kamineinbauten auf. Die Treppen zum Sockelgeschoß und Obergeschoß sind bis zur inneren Trennwand der Quertenne zurückgenommen.

Die Stube in der Südwestecke wird als Quadrat von 5,2 × 5,2 m ausgelegt und von zwei Fensterpaaren über Eck belichtet.

Eine durchgehende Quertenne trennt Wohnteil und Stall, hinter dem die Heulage bis zum Nordwestgiebel reicht, der mit senkrechten Brettern verschalt ist und nur einen geringen Dachüberstand gegenüber der Wetterseite aufweist.

Der Blockbau des Erdgeschosses ruht auf einem in Bruchsteinmauerwerk verputzten Sockelgeschoß, das nach Südost und Südwest mit hoch liegenden Fenstern belichtet ist und für die Mittelwände des Längsflurs im Erdgeschoß das tragende Fundament abgibt.

Das Obergeschoß wiederholt die räumliche Organisation des Erdgeschosses mit Längsflur (Sohler) und den symmetrisch zu beiden Seiten angeordneten Stuben und Kammern. Dahinter folgt der Wirtschaftsteil, in den zwei kleine Kammern eingesetzt sind und dessen Tenne von der nordwestlchen Traufseite her befahren werden kann.

Im Baugefüge werden die beiden Geschosse des Wohnteils und der hinter der Quertenne liegende Stall als Blockbauten ausgeführt. Der übrige Wirtschaftsteil ist ein Holzständerbau mit senkrechter Holzschalung. Ein besonderes Merkmal stellt die Verschalung des Wohnteils mit Holzschindeln dar, die hier geschoßweise gegen Sonne und Wind die Fenster schützen. Auch hier sind in der Dachkonstruktion als weitere regionale Besonderheit die geteilten Firstpfetten zu erkennen.

Die überbaute Fläche von 373 qm ergibt mit dem Umrechnungsfaktor von 0,75 einen Nutzfläche von 280 qm im Erdgeschoß.

Oberstdorf

Küferstraße 5

Markt Oberstdorf, Landkreis Oberallgäu

Einfirsthof
»beim Schrättlar« (20. Jahrhundert)
Erbaut: Mitte 17. Jahrhundert
1995/96: Umbau und Renovierung

Ansicht des Einfirsthofes von Osten.

Zur Siedlung

Oberstdorf hat sich als alemannische Ortsgründung auf einem Schuttkegel am Zusammenfluß von Stillach und Trettach entwickelt. Der Bau einer ersten Pfarrkirche ist für das Jahr 991 belegt. Die Erhebung des im Besitz der Bischöfe von Augsburg stehenden Ortes zum Markt erfolgte 1495 durch Kaiser Maximilian I. An einem von der Trettach abzweigenden Dorfbach sind die ersten Häuser der heutigen Siedlung entstanden. Besonders typisch für Oberstdorf ist die enge Bebauung, die mit steten Grundstücksteilungen zusammenhängt. Da zudem der Großteil der Anwesen aus Holz gebaut war, kam es immer wieder zu ausgreifenden Dorfbränden. Ein besonders einschneidender Ortsbrand vernichtete im Mai 1865 das Dorfzentrum, so daß nur an den Ortsrändern einige bis in das erste Drittel des 17. Jahrhunderts zu datierende, aus Holz gebaute Bauernhäuser erhalten blieben.

Zur Hofgeschichte

Das »hölzerne Wohnhaus mit Stadel, Stallung und Schopf unter einem Dach« erbte 1806 Maria Blattner von ihrem Mann Joseph, der bereits 1790 eigenen Grund für das Anwesen Nr. 266 erworben hatte. Für ihr Erbe hatte sie den stattlichen Betrag von 700 Gulden zu bezahlen. Der gut sechs Tagwerk große Betrieb bestand vor allem aus Grünland, die Ackerfläche von einem knappen Tagwerk deckte wohl gerade den Eigenbedarf. 1842 kaufte Ignaz Schratt den Hof mit allen darauf befindlichen Weiderechten. Er hatte zuvor in Spielmannsau das Anwesen Nr. 7 besessen, das er nach dem Tod seiner ersten Frau wieder verkaufte. Allerdings behielt er die Sennalpe in Durrach, deren Weidegründe 233 Tagwerk umfaßten, die an 82 Tagen des Alpsommers beweidet werden durften. Auch das Recht, nach Enzian und anderen Wurzeln zu graben, war dort enthalten. 1871 heiratete Ignaz Schratts Tochter Genovefa den David Berktold aus Gerstruben. Die Sennalpe war zu diesem Zeitpunkt bereits wieder verkauft; Schratt hatte nämlich aus erster Ehe sieben Kinder auszubezahlen. Das somit nur drei Hektar große Anwesen wurde übergeben. Aufgrund zahlreicher Zukäufe vergrößerte sich der Hof in den Jahren zwischen 1893 und 1907 von 3 auf fast 7 Hektar. Nach dem Tod Genovefas 1907 übernahm Joseph Ignaz Berktold das Anwesen, das er seit 1917 zusammen mit seiner Frau Therese weiterführte. Seit 1936 war Therese Alleinbesitzerin. Zwei Töchter – ihrer insgesamt fünfzehn Kinder – betrieben die Landwirtschaft bis 1980.

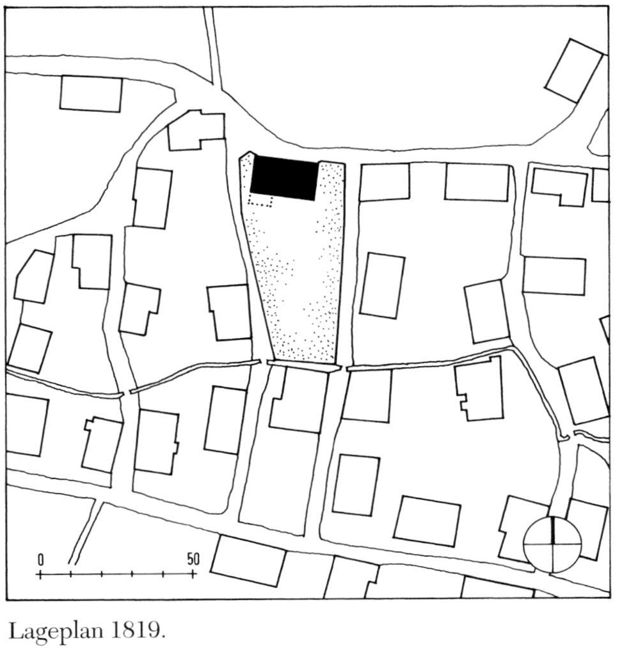

Lageplan 1819.

Bauhistorische Beschreibung

Zu den wenigen erhaltenen alten Bauernhäusern in Oberstdorf gehört das Anwesen in der Küferstraße 5. Der Zustand vor der vollständigen Sanierung und Restaurierung des Hauses zeigte einen für das Oberallgäu typischen Baukörper. Fast das gesamte Gebäude wurde in Blockbauweise errichtet. Der Wohnteil unter einem flachgeneigten Pfettendach ist bis zum First ein »gestrickter« Bau. Der Stall wurde erdgeschossig ebenfalls mit quergelagerten Balken erbaut, im oberen Geschoß jedoch als Ständerbau errichtet und nach Westen vollständig, nach Norden im Obergeschoß verbrettert. Der ursprüngliche Wohnblock wurde giebelseitig über das Hüs erschlossen. Nach Süden und Osten befinden sich noch immer die Stube, dahinter der Gaden. Erst im 20. Jahrhundert wurde der auf der nördlichen Seite des Hüs befindlichen Raum, ein ehemaliger Schopf, zu Wohnräumen umgebaut. Es entstand so eine zur Tenne gelegene Kammer und zur Giebelseite eine Küche, womit das Hüs seine eigentliche Funktion als Küchenflur verlo-

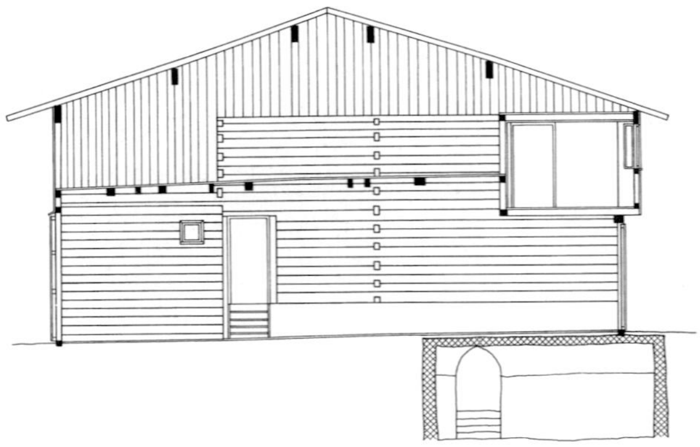

Querschnitt durch Tenne.

Ansicht von Osten.

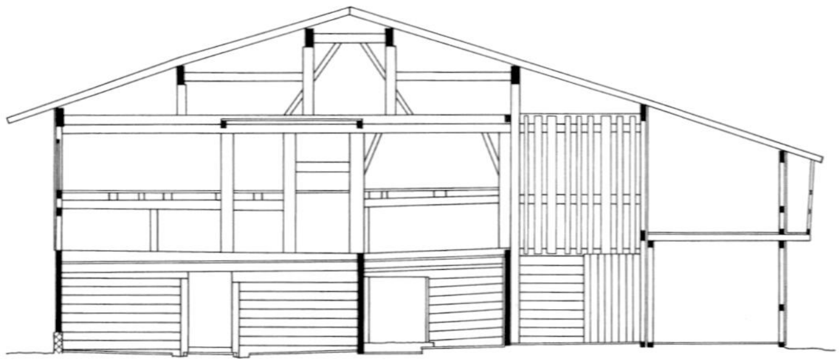

Querschnitt durch Stall.

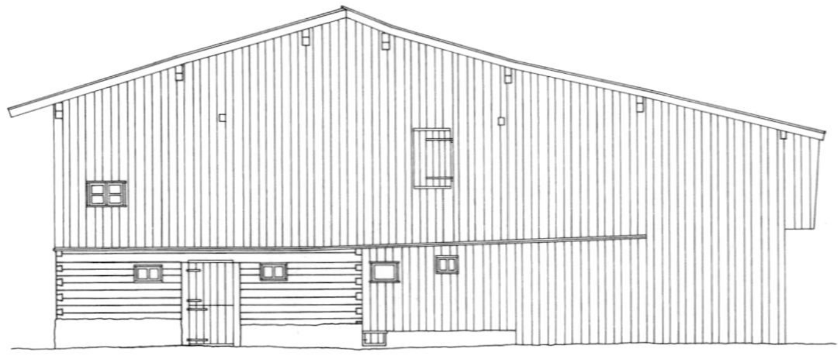

Ansicht von Westen.

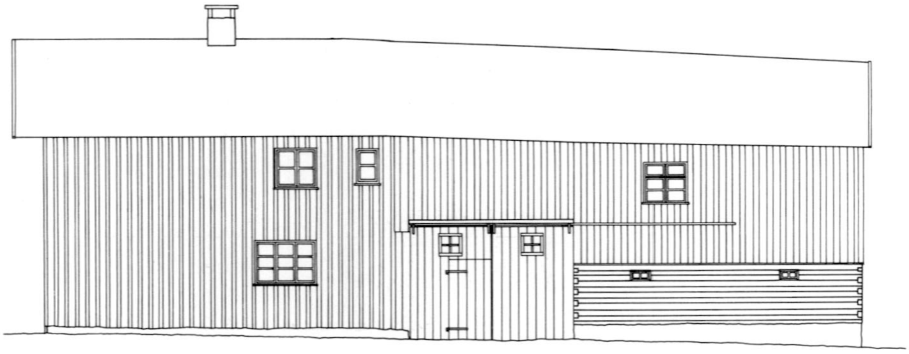

Ansicht von Norden.

Ansicht von Süden.

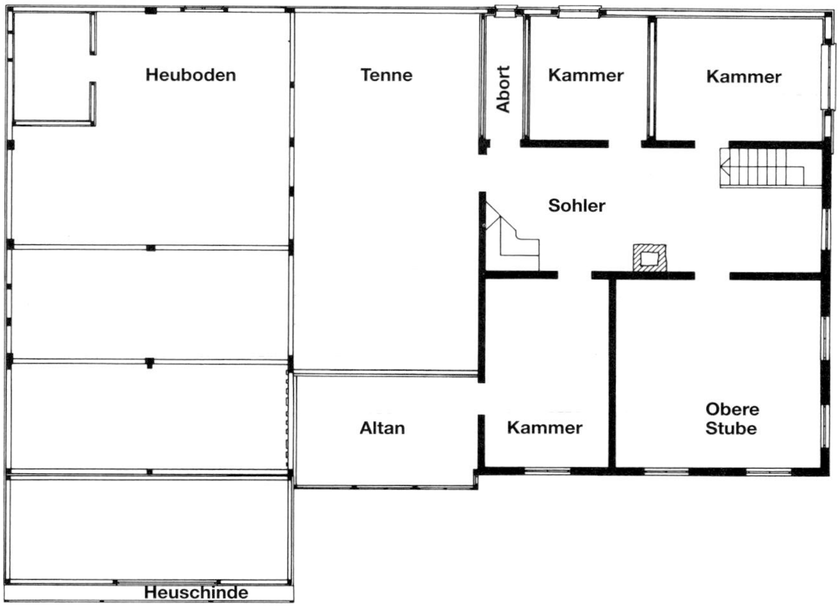

Obergeschoß.

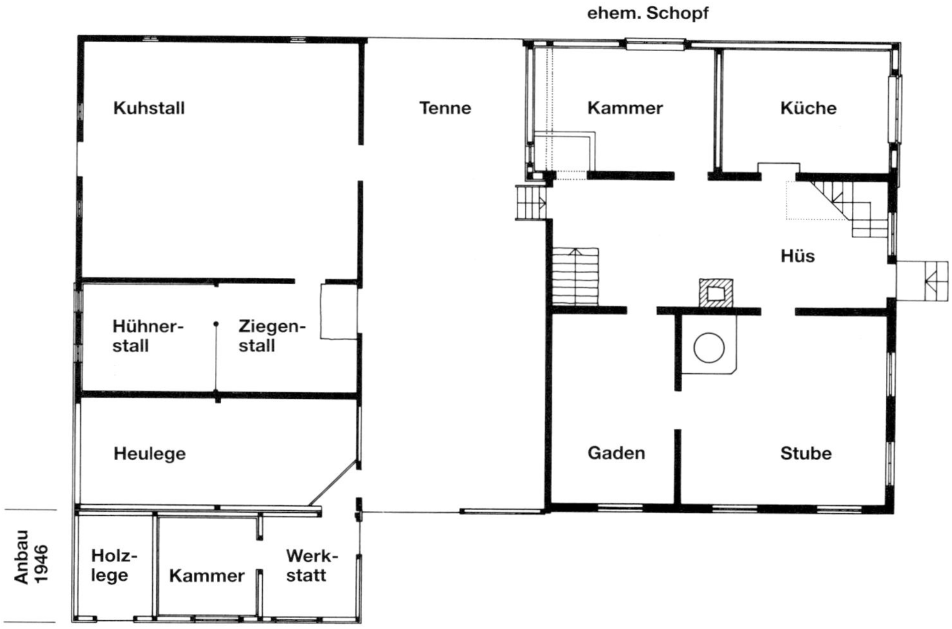

Erdgeschoß.

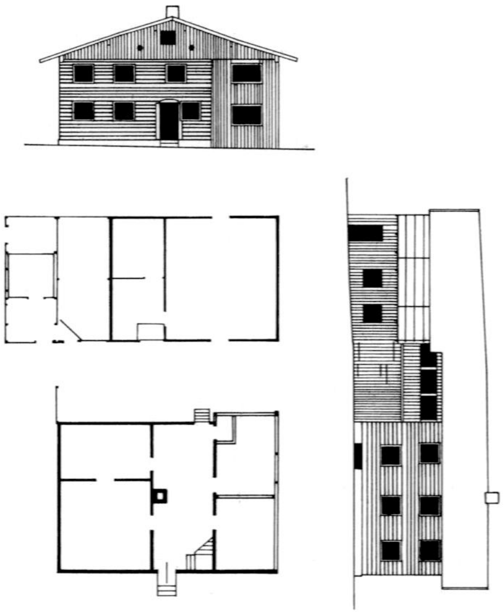

Ort	
Oberstdorf, Küferstraße 5	
Gebäude	
Gebäudeart	Mittertennhaus
Wandkonstruktion	Blockbau, Holzständerbau
Geschoßzahl	2 + Dach
Geschoßhöhe	2,2 m
Grundfläche (B × L)	303 qm (12,9 × 21,7 + 3,0 × 7,7 m)
Umbauter Raum	
Vollgeschosse	1700 cbm
Dachgeschoß	320 cbm
Dach	
Dachart	Satteldach
Dachneigung	18°
Dachdeckung	Blech
Dachüberstand	80/20 cm (Giebelseiten)
Erschließung	
Hauseingang Lage	Giebelseite
Flur Lage	Längsflur
Grundfläche (B × L)	29,9 qm (3,4 × 8,8 m)
Treppe Art	einläufig über Eck
Laufbreite	90 cm
Steigungsverhältnis	20,0/25,0 cm, 39°
Stube	
Lage	Südostecke
Grundfläche (B × L)	27,5 qm (5,1 × 5,4 m)
Fensterzahl	4
Fensteröffnung (B × H)	115 × 115 cm
Belichtungsfaktor Fensteröffnung: Grundfläche	1 : 5,2
Stubenofen	
Küche	
Lage	gegenüber Stube
Grundfläche (B × L)	14,5 qm (3,3 × 4,4 m)

ren hatte. An der Westseite befand sich ein Altan, der in den angebauten Hakenschopf reichte. Auf dieser Seite waren in die Holzwände zudem große schmiedeeiserne Nägel eingeschlagen, die zum Aufhängen und Trocknen der gebündelten Saubohnen dienten. Unter das Vordach des Hakenschopf wurde eine Heuschinde integriert, die zuletzt der Aufbewahrung von Heinzen diente. Seit den Umbauten der Ökonomiegebäude in den Jahren 1995/96 wird das im Wohnteil original belassene Gebäude von der Familie Berktold als Gästehaus betrieben.

Gebäudemerkmale für Bauberatung

Das Wohnstallhaus steht an der Nordgrenze seines Grundstücks, von der aus in das Tennentor eingefahren werden kann. Der Zugang zum Wohnteil erfolgt von einer Gasse an der Ostseite, zum Stall an der westlichen Giebelseite.

Der zweigeschossige Rechteckbaukörper weist eine Breite von 12,9 und eine Länge von 21,7 m auf und trägt ein 18° geneigtes Satteldach, das am Ostgiebel über dem Wohnteil 80 cm auskragt, dagegen am verschalten Westgiebel nur 20 cm übersteht, um an der Wetterseite möglichst geringe Angriffsflächen zu bieten.

Die Haustüre an der östlichen Giebelseite führt in den firstparallelen Längsflur, der ursprünglich auch als Flurküche genutzt wurde, heute nach Ausbau des nördlich anschließenden Schopfes zur Küche und Kammer nur noch Erschließungsfunktionen mit den Treppen zum Sockel- und Obergeschoß aufzunehmen hat.

Mit Stube und Gaden bildet das Hüs als Kern des Wohnteiles einen quadratischen Blockbau von 9,2 m Seitenlänge aus, in dessen Südostecke wiederum der nahezu quadratische Raum der Stube (5,1 × 5,4 m) eingefügt ist. Sie wird von 2 × 2 Fenstern gleicher Größe und Detailausbildung belichtet und durch einen Stubenofen an der Innenecke beheizt.

Hinter dem Wohnteil folgt die Quertenne, von der aus nach Westen die Ställe für Rinder, Ziegen und Hühner sowie die Heulage erreicht werden. An der südlichen Traufseite ist hier unter dem abgeschleppten Satteldach ein Schupf für Werkstatt und Holzlege angebaut, der bündig mit der westlichen Giebelseite abschließt.

Das konstruktive Baugefüge besteht im quadratischen Wohnteil aus einem Blockbau, ebenso beim Kuhstall in der nordwestlichen Ecke. Die übrigen Gebäudeteile sind als Holzständerwände konstruiert, deren senkrechte Brettschalungen die Ansichten der westlichen Giebelseite und der nördlichen Traufseite prägen.

Im Dachdreieck des Ost- und Westgiebels wird eine weitere regionale Eigenart mit der doppelten Firstpfette sichtbar.

Bei 303 qm überbauter Fläche ergibt der Umrechnungsfaktor von 0,75 eine Nutzfläche von ca. 227 qm im Erdgeschoß.

Unterminderdorf

Nr. 2 (alte Nr. 35)
Fl. Nr. 218 in Sulzberg
Gemeinde Sulzberg, Landkreis Oberallgäu

Einfirsthof
»Wiedemannshof«
1787: erbaut
1982/83: Renovierung und Sanierung

Zur Siedlung
Der kleine Weiler Unterminderdorf liegt nordwestlich des Pfarrdorfes Sulzberg, nach dem es auch abgabepflichtig war. Der Ort war die Ausgangssiedlung für Oberminderdorf, das einen Burgstall der Herren von Minderdorf besaß. Um 1800 umfaßte Unterminderdorf die Hausnummern 31–35. Vier der Anwesen waren Bauerngüter, eines war eine Sölde. Konrad Fürst schreibt in einer Statistik des Dorfes im Jahr 1887: »In den 6 Gebäuden wohnen 30 Personen, 16 männlich und 14 weiblich. Viehstand 9 Pferde, 48 Rinder, 4 Ziegen, 6 Schweine, 72 Hühner, 4 Tauben, 2 Bienenstöcke, 4 Hunde und 10 Katzen. Obstbäume: 80 Stück.«

Zur Hofgeschichte
In den Steuerakten des Königreichs Bayern läßt sich die Hofgeschichte bis zum Beginn des 19. Jahrhunderts zurückverfolgen. 1808 wurde das Anwesen als »Gut eigen zu Unterminderdorf dem Matthias Haneberg, ein hölzernes Wohnhaus mit Hofraiten sammt hölzernem Stadl unter einem Dach« bezeichnet. Das Gut besaß ausgedehnte Holzrechte im Kempter Wald, sowie die Webergerechtigkeit für zwei Leinwebstühle im Nebengewerbe. 1811 umfaßten die Wirtschaftsflächen gut 16 Tagwerk Weiden und $23^3/_4$ Jauchert Acker. 1809 hatte Matthias Haneberg das Gut an seinen Sohn Anton übergeben, der den Hof

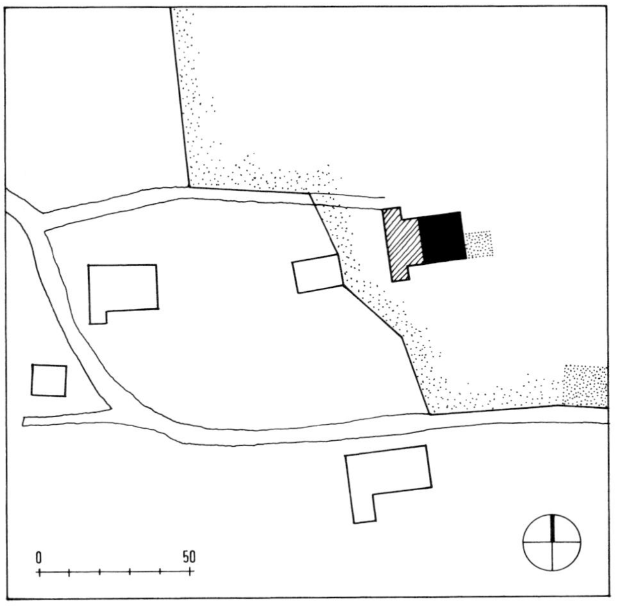

Lageplan 1822.

1851 wiederum an seinen Sohn Wendelin Haneberg übergab. Die Flächen erstreckten sich damals über knapp 37 Tagwerk. Als Haneberg 1876 starb, erbten seine beiden Töchter Josefa und Theresia das Anwesen. 1880 heiratete Josefa den Andreas Wiedemann und übernahm den Hof, den sie bis zum Tod ihres Mannes 1929 weiterführten. 1968 kauften Wilhelm und Josepha Milz das Anwesen, das sie weiter als landwirtschaftlichen Betrieb bewirtschaften.

Bauhistorische Beschreibung
Der Wiedemannshof in Unterminderdorf repräsentiert die entwickelte Form des historischen Einfirsthofes. Ursprünglich war das Gehöft im Erdgeschoß als hölzerner Blockbau und im Obergeschoß in Riegelbauweise errichtet gewesen. Über einen breitgelagerten Hausgang, der durch ein kleines Fenster rechts neben der Haustür beleuchtet wird, erschließt sich der Wohnteil von der hofseitigen, südlichen Traufseite. Später wurde der hintere Teil des Hausganges durch eine Bretterwand als Küche abgeteilt. Von hier führen Zugänge in eine Kammer, den Gaden, in den angebauten Schopf und von dort zur nördlichen Seite des Anwesens. Der Stall grenzt mit einer in Natursteinen aufgemauerten Wand direkt an den Hausgang.
Vom Erdgeschoß führt eine Treppe mit gestemmten Stufen ins Obergeschoß des Wohnteiles. Dort erstreckt sich der Hausgang giebelseitig von Westen nach Osten und erschließt jeweils zwei geräumige Kammern mit getäfelten Decken. Die Sparren des mit einer Stuhlsäule gestützten Pfettendaches sind im Giebel verblattet. Die Fußpfette ist auf der westlichen Traufeite mit den zu einem Vordach auskragenden Dachbalken verbunden. Eine grundlegende – 1991 preisgekrönte – Renovierung des Hofes fand in den Jahr 1982/83 statt. Es kam zu einigen Veränderungen, die auch den Keller betrafen, der aus Bruchstein und flachen Bachkieseln aufgemauert war. Das unter dem Wohnteil befindliche Kellergeschoß wurde im 19. Jahrhundert zunächst als Webkeller und dann als Käserei genutzt. Es bestand aus drei Räumen, von denen der kleinste zuletzt blind, d.h. ohne Zugang, war. Mit den Renovierungsmaßnahmen wurden die Zwischenmauern herausgenommen, der Keller wurde tiefer gegraben und schließlich in zwei Räume aufgeteilt.
Die Außenrenovierung Hofes wurde so angelegt, daß das historische Erscheinungsbild erhalten blieb und das Anwesen dennoch als moderne Landwirtschaft weiter betrieben werden kann.

Ansicht von Süden, Schnitt im Bereich des Dachüberstandes.

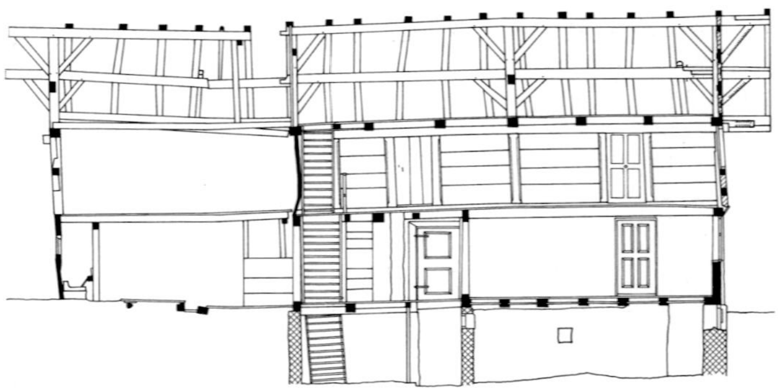

Längsschnitt.

Der sogenannte »Wiedemannshof« mit dem reichen Giebelfachwerk, das sich vor allem aus Viertelkreisen und Andreaskreuzen zusammensetzt.

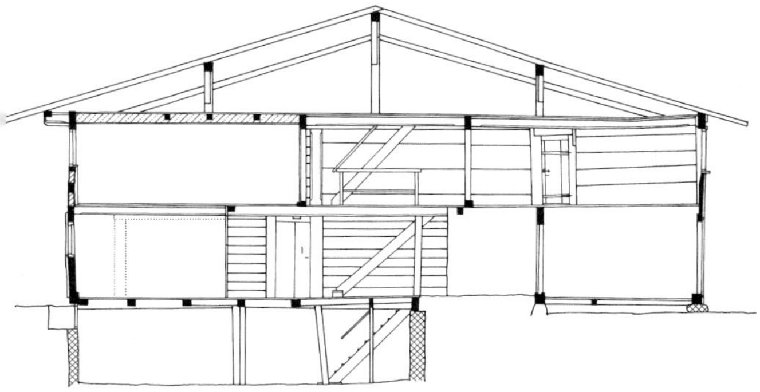

Querschnitt.

Ansicht von Osten vor der Renovierung.

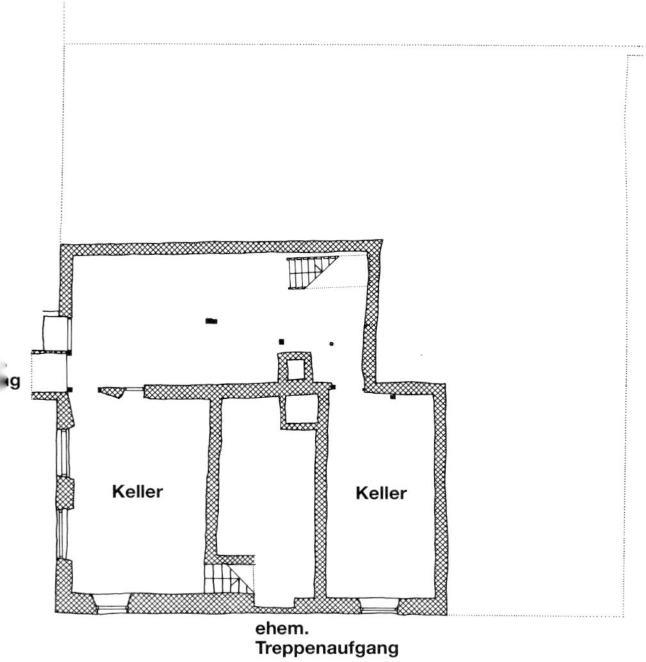

Untergeschoß.

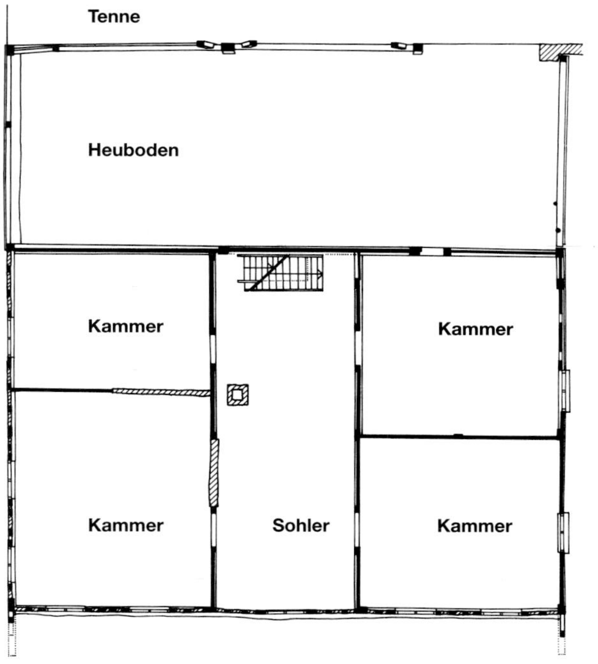

Obergeschoß.

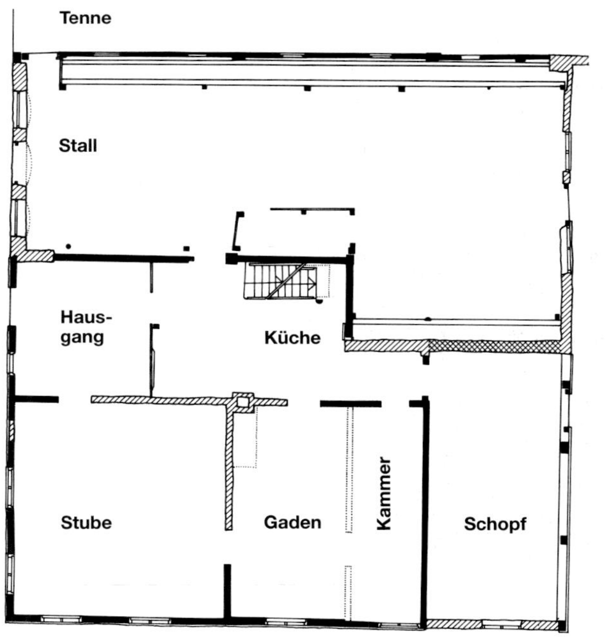

Erdgeschoß.

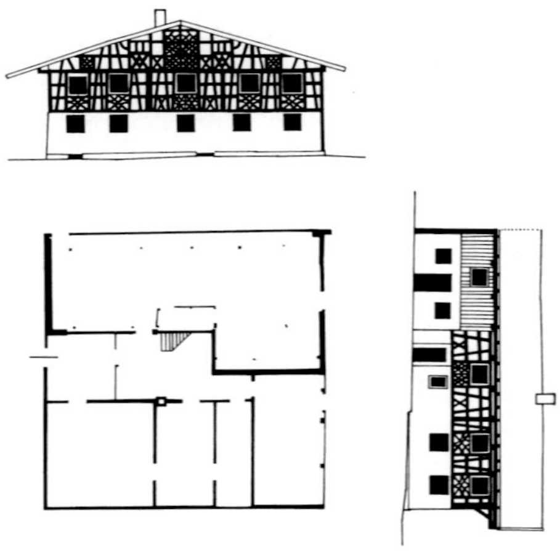

Ort	
Unterminderdorf, Nr. 2	
Gebäude	
Gebäudeart	Wohnstallhaus
Wandkonstruktion	Blockbau, Fachwerk, Ziegel, Bruchstein
Geschoßzahl	2 + Dach
Geschoßhöhe	2,3 m
Grundfläche (B × L)	234 qm (15,0 × 15,6 m)
Umbauter Raum	
Vollgeschosse	1080 cbm
Dachgeschoß	300 cbm
Dach	
Dachart	Satteldach
Dachneigung	17°
Dachdeckung	
Dachüberstand	110 cm (Giebelseite)
Erschließung	
Hauseingang Lage	Traufseite
Flur Lage	Querflur
Grundfläche (B × L)	13,0 qm (3,6 × 3,6 m)
Treppe Art	einläufig
Laufbreite	90 cm
Steigungsverhältnis	18,0/24,0 cm, 37°
Stube	
Lage	Südostecke
Grundfläche (B × L)	32,5 qm (5,6 × 5,8 m)
Fensterzahl	4
Fensteröffnung (B × H)	90 × 100 cm
Belichtungsfaktor Fensteröffnung: Grundfläche	1 : 9
Stubenofen	
Küche	
Lage	am Flurende
Grundfläche (B × L)	21,6 qm (3,7 × 5,1 m + 1,3 × 2,1 m)

Gebäudemerkmale für Bauberatung

Die inmitten ihrer Wiesen freiliegende Hofstelle wird von Westen her durch eine Stichstraße erschlossen. Das Wohnstallhaus richtet seinen First mit dem Wohnhaus nach Osten aus und wendet der Wetterseite im Westen den Wirtschaftsteil zu.

Die auf den Wohnteil und Stall bezogenen Bestandspläne lassen im Erdgeschoß Spuren des einem Quadrat angenäherten Grundrisses von Hausgang, Stube und Gaden in den Abmessungen des Blockbaus von ca. 9 × 10 m erkennen.

Wohnteil und Stall erreichen eine Breite von 15,0 m und eine Länge von 15,6 m. Dahinter folgen zum Westgiebel Tenne und Bergeräume. Am Ostgiebel kragt das mit 17° geneigte Satteldach 110 cm über dem Wohnteil aus.

Der Zugang erfolgt von der südlichen Traufseite in einen Querflur, der die einläufige Treppe in den Keller hinab und das Obergeschoß hinauf aufnimmt. Eine Holzwand teilt den Flur in einen äußeren, der Funktion eines Windfang dienenden und einen als Flurküche genutzten inneren Bereich auf.

Die einem Quadrat angenäherte Stube von 5,6 × 5,8 m Seitenlänge liegt in der bevorzugten Südostecke. Sie wird von zwei Fensterpaaren gleicher Abmessungen über Eck belichtet. Der neben der Stube anschließende Gaden ist durch eine weitere Türe mit der seitlich folgenden schmalen Kammer verbunden. Der seitliche Schopf wird unter die große Dachkonstruktion und in die Fensterabfolge der Giebelseite vollständig einbezogen.

Im Gegensatz zu den im Wohnteil überwiegenden Blockbau sind die Außenwände der nach Westen anschließenden und von beiden Seiten her zugänglichen Stallteile in Ziegelmauerwerk, teilweise auch aus Bruchsteinen aufgeführt und verputzt, wie die Längsansicht von Süden erkennen läßt.

Das Obergeschoß wird über die einläufige Treppe aus der Flurküche erreicht, dreht jedoch die Richtung des Flurs um 90° parallel zum First. Dieser, die Symmetrieachse des Firstes aufnehmende obere Flur wird auf beiden Seiten von je zwei Kammern begleitet.

Die konstruktive Gestaltung des reichen Fachwerks zeigt auch hier hohe handwerkliche Qualität in der klaren Abfolge der Fensterachsen und der darauf abgestimmten Formgebung der Brüstungsfelder, die im Dachdreieck eine variantenreiche Fortsetzung von unterschiedlich gestalteten Andreaskreuzen erfahren.

Bei einer überbauten Fläche von 234 qm ergibt der Umrechnungsfaktor von 0,75 für den in der Bauaufnahme erfaßten Wohnteil und Stall eine Nutzfläche von ca. 175 qm im Erdgeschoß.

Wollmuths

Nr. 50 (später $49^3/_4$)

Gemeinde Waltenhofen, Landkreis Oberallgäu

Einfirsthof
»ein Söld mit $2^3/_4$ Winterfuhren« (1809)
Erbaut: spätes 17. Jahrhundert
1767: Umbauten
1998: Renovierung und Sanierung

Zur Siedlung

Der Weiler Wollmuths ist über dem Niedersonthofer See gelegen und wurde urkundlich 1431 erstmals als von dem Personennamen Wolamuot abgeleiteter Ortsname erwähnt. Der reichsstädtisch Kemptische Lehenshof besaß seit dem 17. Jahrhundert Lehen in Wollmuths. Patrimonialrechtlich gehörte Wollmuths um 1820 zu Rauhenzell. Nach einer Häuserstatistik aus der Zeit um 1800 waren die sechs Anwesen des Ortes, vier Sölden und zwei Bauerngüter, grundherrschaftlich dem Freiherren von Pappus verpflichtet.

Zur Hofgeschichte

Die kleine Sölde der Witwe Ursula Burkart umfaßte im Jahr 1809 $3^1/_2$ Jauchert Grund. Die einzelnen Grundstücke befanden sich bis auf eine Ausnahme in der direkten Umgebung des Anwesens. Dabei handelte es sich um: »einen Grasgarten und ein Krautbeet, zwei Baind beim Haus, zwei über dem Bach, ein Ackerfeld an einem Stück gegen Abend, zwei einmähdige Wiesen, eine am Bach und eine am See, eine Wechselwiese, drei Holzmarken im Wollmuther Holz, zwei Wiesen Gemeindeantheile«. Auf der Sölde lag kein Weiderecht, es gab kein Vieh, keine Fischerei, keine weiteren Handwerksgerechtigkeiten. Dennoch waren es schließlich mehr als 10 Tagwerk, die Anton Burkhart 1821 von seiner Mutter

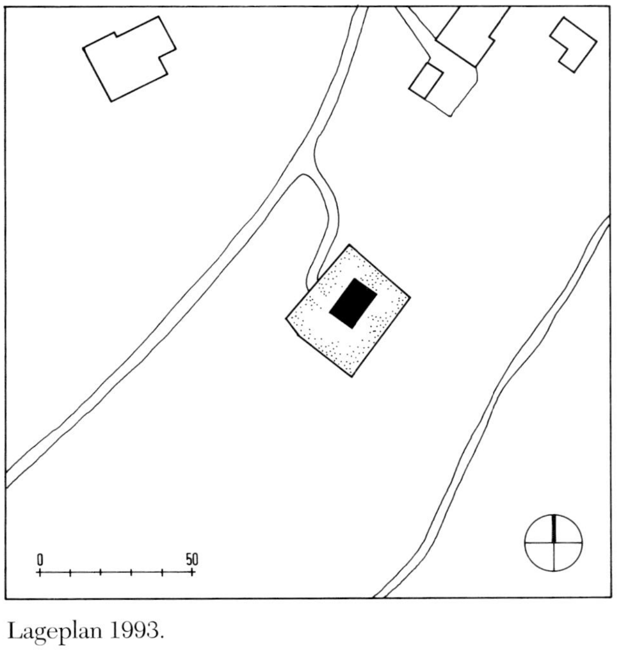

Lageplan 1993.

Giebelansicht nach der Renovierung.

übernahm. Dessen Kinder Kreszenzia, Johann Baptist und Maria Ursula erbten die Sölde im Jahr 1860. 1893 übernahmen Johann Baptist und Maria Ursula den Hof und verkauften ihn 1897. 1898 ging das Anwesen durch weiteren Verkauf an Josef Stoll, der in Wollmuths die Schlossersölde Nr. 49 mit Schlosser-, Schmieds- und Wagnersgerechtigkeit besaß. Seit dieser Zeit stand das Haus leer. 1998 wurde es grundlegend renoviert und wird nun wieder bewohnt.

Bauhistorische Beschreibung

Die in Teilen ins 17. Jahrhundert zu datierende Sölde hat sich im Kern als gestrickter Holzbau erhalten. Das Anwesen ist an einem flachgeneigten Hang gelegen und zeigt mit der Traufseite nach Südosten. Eine Beschreibung des Anwesens aus dem Jahr 1808 als »hölzernes Wohnhaus samt einem hölzernen Stadel ums Haus« skizziert so den für das Allgäuer Haus typischen Grundriß mit dem »Hakenschopf«, der um den Wohnblock führte. Unter der Stube im Erdgeschoß befindet sich ein aus Feldsteinen aufgemauerter Keller, der in der Mitte des 19. Jahrhunderts als Webkeller genutzt worden ist.

Der Grundriß entspricht dem eines im Allgäu häufig anzutreffenden Hauses, das ohne eigene Küche auskam. Giebelseitig setzt sich der Stubenstock mit drei zu drei Fensterachsen deutlich vom Gaden ab, der durch einem wohl im späten 19. Jahrhundert eingebauten Doppelfenster erhellt wurde. Dem einfachen Grundriß des Erdgeschosses entspricht der des Obergeschosses. So grenzen an den durchgesteckten Sohler zur Giebelseite zwei fast quadratische Kammern.

Die ehemals mit Legschindeln gedeckte, mit Steinen beschwerte Dachhaut deckte ein flachgeneigtes Pfettendach, das nach Süden weiter vorsprang und so einen zum Heutrocknen verwendeten Gänter überdeckte, der in einen Hakenschopf überging, wo ehemals zusätzliches landwirtschaftliches Gerät gelagert wurde.

Das Fachwerk des nach Nordosten gerichteten Giebelfeldes besteht aus geschwungenen Andreaskreuzen und Rautenmustern. Es wurde im 18. Jahrhundert als Riegelwerk eingebaut, als der ehemals

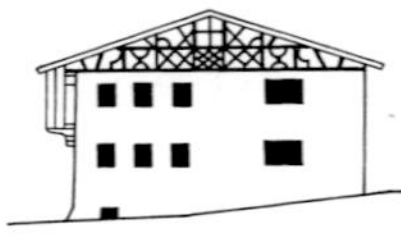

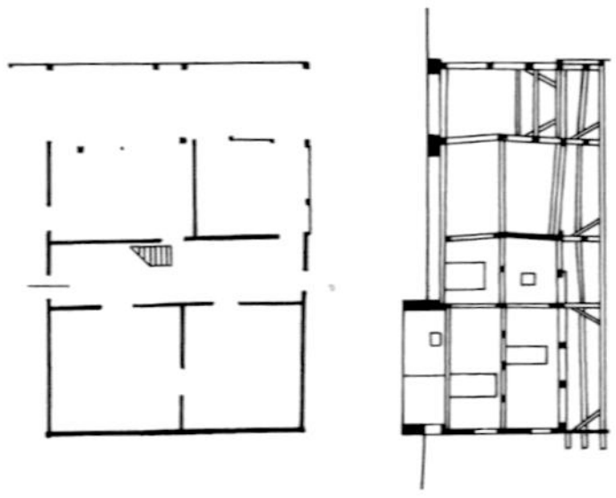

Ort	
Wollmuths, Nr. 50	
Gebäude	
Gebäudeart	Wohnstallhaus
Wandkonstruktion	Blockbau/Holzständerbau/ Fachwerk
Geschoßzahl	2 + Dach
Geschoßhöhe	2,0 m
Grundfläche (B × L)	135 qm (9,6 × 14,1 m)
Umbauter Raum	
Vollgeschosse	700 cbm
Dachgeschoß	130 cbm
Dach	
Dachart	Satteldach
Dachneigung	20°
Dachdeckung	ehemals Legschindeln
Dachüberstand	60/20 cm (Giebelseiten)
Erschließung	
Hauseingang Lage	Traufseite
Flur Lage	Querflur
Grundfläche (B × L)	22,3 qm (2,4 × 9,3 m)
Treppe Art	einläufig
Laufbreite	70 cm
Steigungsverhältnis	19,0/21,0 cm, 42°
Stube	
Lage	Nordostecke
Grundfläche (B × L)	21,6 qm (4,6 × 4,7 m)
Fensterzahl	6
Fensteröffnung (B × H)	60 × 90 cm
Belichtungsfaktor Fensteröffnung: Grundfläche	1 : 6,7
Stubenofen	
Küche	
Lage	im Flur
Grundfläche (B × L)	

vollständig hölzerne Blockbau auf der Südostseite und am Nordostgiebel verputzt und geweißelt wurde. Erst nachdem der Putz abblätterte, kam ein quer über den Giebel laufendes hölzernes Gurtgesims mit Zahnschnitt zum Vorschein. Orientiert am Zustand des Gebäudes, wie ihn ein Photographie aus dem Jahr 1916 festhält, wurde 1998 eine Renovierung und Sanierung abgeschlossen. Der Ökonomieteil wurde großteils in Wohnraum umgenutzt.

Gebäudemerkmale für Bauberatung

Das kleine Wohnstallhaus wird inmitten seiner landwirtschaftlichen Nutzfläche von der im Nordwesten vorbeiführenden Straße erschlossen und über eine kurze seitliche Zufahrt erreicht. Der Wohnteil blickt mit der Giebelseite nach Nordosten, während die Tenne auf der Wetterseite nach Südwesten angeordnet ist.

Der zweigeschossige Rechteckbaukörper von 9,6 m Breite und 14,1 m Länge trägt ein 20° geneigtes Satteldach, das zwar in sich symmetrisch angelegt, jedoch, wie die Nordostansicht zeigt, zu der südöstlichen Traufseite hin seitlich verschoben ist, um den dort im Obergeschoß auskragenden Seitenbalkon (Ganter) abzudecken und in die Gesamtkonstruktion einzubeziehen.

Ein von der südöstlichen zur nordwestlichen Traufseite durchgehender Querflur stellt das Rückgrat der räumlichen Organisation dar. Er dient im Erdgeschoß als Flurküche und nimmt die einläufige Treppe in das Obergeschoß auf.

Die nahezu quadratische Stube von 4,6 × 4,7 m Seitenlänge ist in der Ostecke angeordnet. Sie wird von je drei Fenstern gleicher Größe über Eck belichtet. Trotz der grundsätzlichen Ähnlichkeit der Fenstergruppen bilden im strengeren Sinn nur die beiden ersten Fensterachsen zur Außenecke eine Diagonalsymmetrie des Herrgottswinkels aus. An der Giebelseite folgt seitlich eine Kammer, die ebenfalls über Eck mit einem zweiteiligen Fenster belichtet ist.

Hinter dem Querflur schließt der Stall an, der sich zur Quertenne an der südwestlichen Giebelseite öffnet, ebenso der Bergeraum des Schopfes.

Im Obergeschoß wiederholt sich die Raumaufteilung des Erdgeschosses mit Querflur (Sohler), oberer Stube und Kammer am Nordostgiebel und im Wirtschaftsteil Stallbühne, Schopf, Quertenne am Südwestgiebel.

Das konstruktive Baugefüge besteht im Wohnteil aus einem Blockbau, der nachträglich verputzt wurde und im Nordostgiebel unter dem 60 cm auskragenden Satteldach ein mit Andreaskreuzen geschmücktes Fachwerk zeigt, in dem die Verdoppelung der Firstpfette deutlich hervortritt. Das Fachwerk des Giebeldreiecks läßt erkennen, daß der waagrechte Deckenbalken in den Verputz des darunter liegenden Blockbaus einbezogen wurde. Damit fehlt den darauf ruhenden Ständern und Streben eine sichtbare Basis. Die konsequente Klimaausrichtung des Gebäudes findet in den unterschiedlichen Dachüberständen der Giebelseiten ihren Ausdruck, die im Nordosten 60 cm, auf der Wetterseite nach Südwesten 20 cm beträgt.

Bei 135 qm überbauter Fläche ergibt der Umrechnungsfaktor von 0,75 eine Nutzfläche von ca. 101 qm im Erdgeschoß.

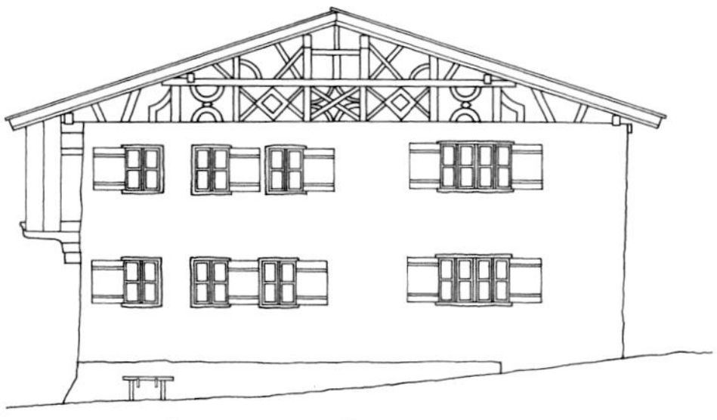

Ansicht von Nordosten.

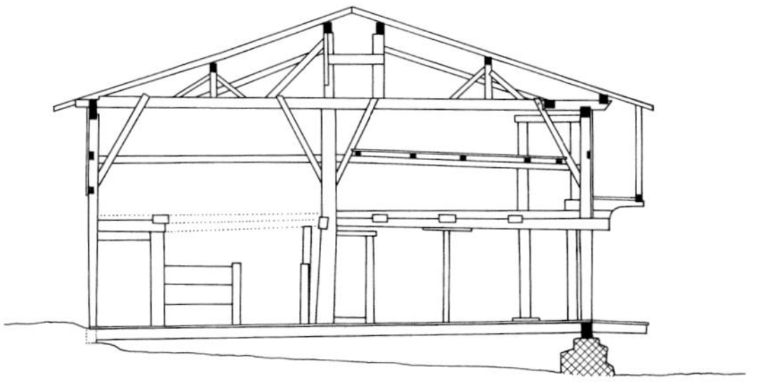

Querschnitt durch Tenne.

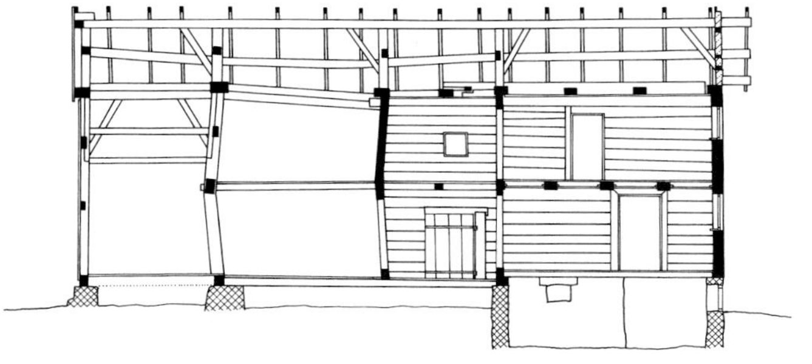

Längsschnitt.

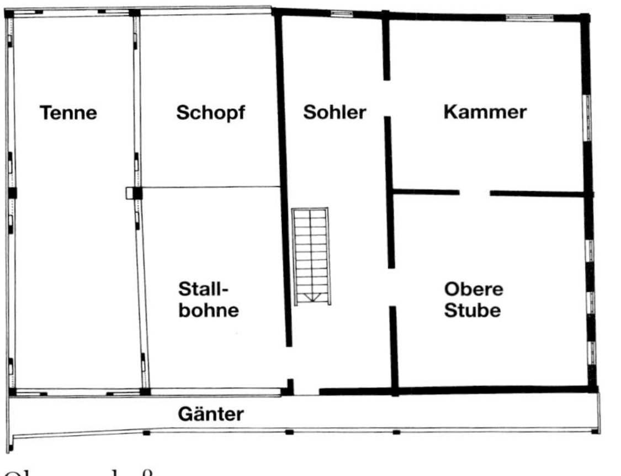

Obergeschoß.

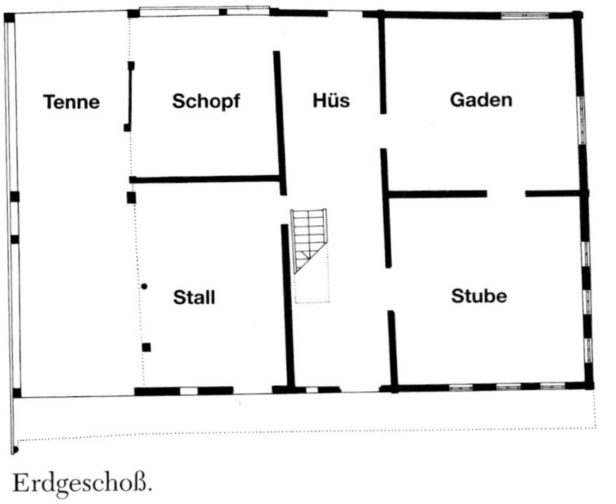

Erdgeschoß.

Illerbeuren
Gemeinde Kronburg
Landkreis Unterallgäu
Zweigeschossiger Massivbau
mit giebelseitigem Zugang
zum Garten

Schiltberg
Gemeinde Schiltberg
Landkreis Aichach-Friedberg
Eingeschossiger Massivbau
mit traufseitiger
Erschließung

Blonhofen
Gemeinde Kaltental
Landkreis Ostallgäu
Zweigeschossiger Massivbau
mit giebelseitigem Zugang
zum Garten

Bauernhäuser 1999

Sielenbach
Gemeinde Sielenbach
Landkreis Aichach-Friedberg
Zweigeschossiger Massivbau
mit traufseitiger
Erschließung

Oberwiesenbach
Gemeinde Wiesenbach
Landkreis Günzburg
Zweigeschossiger
Fachwerkbau
Erdgeschoß Massivbau

Blonhofen
Gemeinde Kaltental
Landkreis Ostallgäu
Zweigeschossiger Massivbau
mit traufseitiger
Mittertenne

Berg

Am Hörnle 1 (alte Nr. 192)

Gemeinde Pfronten, Landkreis Ostallgäu

Einfirsthof
»Jose Glaser« (1786)
»Goldonkel«
»unterer Glaser« (1898)
1793: erbaut

Zur Siedlung

Das Patrozinium der Pfarrkirche zum hl. Nikolaus legt ein Entstehen des Dorfes Berg im 10. Jahrhundert nahe. Aus dem Jahr 1496 datiert die erste schriftliche Erwähnung des Ortes. Die Ortsentwicklung von Pfronten und Berg wurde im 18. Jahrhundert durch Satzung bindend geregelt. War auch zuvor die Ansässigmachung von Fremden in der Gemeinde durch besondere Leistungen ausgesprochen schwierig, so wurden 1784 die Genossenrechte auf Hausnummern verteilt, die fest mit der Hofstatt verbunden waren. Damit blieb bis in die 1950er Jahre die Zahl der Nutzungsberechtigten (»Rechtler«) gleich.

Zur Hofgeschichte

Das »hölzerne Wohnhaus mit Stallung und Stadel, Krautgärtel und Baind« war 1836 bereits als »ludeigen«, also in Privatbesitz und nicht als Lehen vergeben, bezeichnet worden. Unter Joseph Weber wurde es im späten 18. Jahrhundert nach seiner Heirat (1785) mit Maria Anna Raiser vermutlich anläßlich eines Hoftausches erbaut. Im Zuerwerb war Weber als Glaser tätig, daher auch der Hausname »Jose Glaser«. Der noch heute geläufige Hausname »Goldonkel« stammt ebenfalls aus der Zeit des Joseph Weber. Mündlichen Überlieferungen folgend brachte er seinen Sold aus den Napoleonischen Kriegen in französischen Golddukaten ausbezahlt nach Hause. Nach seinem Tod ging der Besitz zunächst an die Kinder Alois, Xaver, Georg und Creszenzia Weber, 1838 übernahmen Georg und Creszenzia Weber die Landwirtschaft. Mit dem Tod Georgs erhielt im Anschlag zu 2500 Gulden Creszenzia das Anwesen, die noch im gleichen Jahr 1865 an Jakob Weber und dessen Frau Maria Anna, geborene Scholz, übergab. Bis 1895 wurde schließlich das Anwesen von Jakob und Maria Haf weitergeführt, später von deren Sohn Franz Xaver bei einer Größe von fast vier Hektar Grund. Franz Xaver Haf kaufte bis in das Jahr 1906, als er Maria Prem heiratete, vier weitere Hektar zu. Auf sie ging der gesamte Besitz im Jahr 1928 über. Da sie kinderlos starb, erhielt 1947 der Pfrontener Pfarrer Franz Xaver Huber den Hof. Mit seinem Tod 1955 kam das Anwesen in Kirchenbesitz, in dem es sich noch immer befindet.

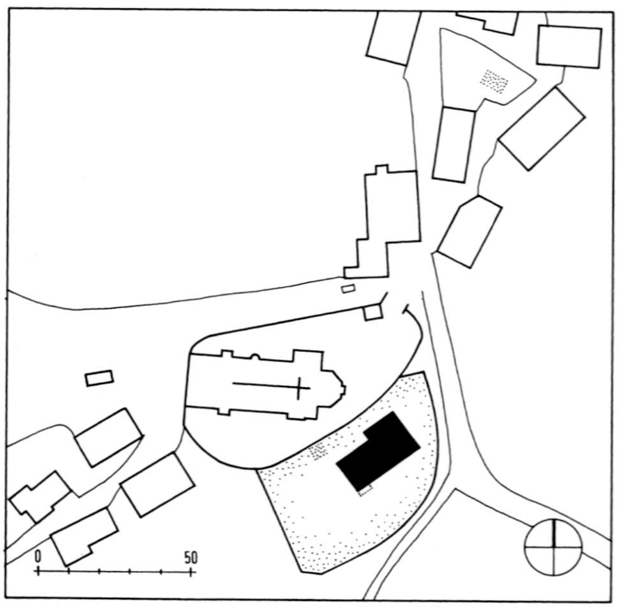

Lageplan 1825/30.

Bauhistorische Beschreibung

Der stattliche Einfirsthof, dessen Erbauung aufgrund einer Datierung im Sturzbalken des Tennentores im Jahr 1793 vermutet wird, liegt unterhalb der Pfarrkirche St. Nikolaus. Das unverputzte hölzerne Bauwerk wurde als Ständerbohlenbau errichtet. Da das Gebäude an einem Südhang liegt, konnte das Kellergeschoß als Sockelgeschoß mit fünf Fensterachsen ausgebaut werden. Das Ständerwerk des Hofes ist auf Sicht gearbeitet und auf der Traufseite in fünf, auf der Giebelseite in drei Joche unterteilt. Die Quergliederung der Fassaden wird durch die Zahnschnittbänder betont, die die einzelnen Geschosse ornamental abschließen und durch die Sprossenfenster deren Flügel je in drei querrechteckige Scheiben unterteilt sind. Zudem wurden die Bohlen querliegend in die Ständer eingelassen und im Obergeschoß durch ornamentierte, angeblattete Kopf- und Fußbänder versteift. Das Bundwerk im Giebelfeld, jenes auf der Südseite über der Tenne und schließlich das über dem Tennentor auf der Nordseite variiert das Motiv des Andreaskreuzes. Das mit Landern gedeckte Dachwerk liegt auf einer doppelten Fußpfette, die Schmuckfasungen aufweist.

Erschlossen wurde das mit Hakenschopf und Wagenremise großzügig angelegte Gebäude durch einen zum Stall hin durchgesteckten Hausgang von der Giebelseite. Nach Norden waren zwei schmale Kammern zugänglich, von denen eine als Milch-, die andere als Schlafkammer genutzt wurde. Nach Süden lag mittig zwischen Stube und Gaden die Küche. Unter der Küche befand sich im Sockelgeschoß ein weiterer Raum mit Feuerstelle, möglicherweise wurde er als Sennerei genutzt. Als einzige Räume wurden, wohl im 19. Jahrhundert der Stall und die zum Stall gelegene Kammer im Sockelgeschoß verputzt. Das in weiten Teilen unveränderte Gebäude ist heute als Wohnhaus vermietet.

Giebelansicht des Ständerbohlenbaus mit seitlicher Remise (Schopf).

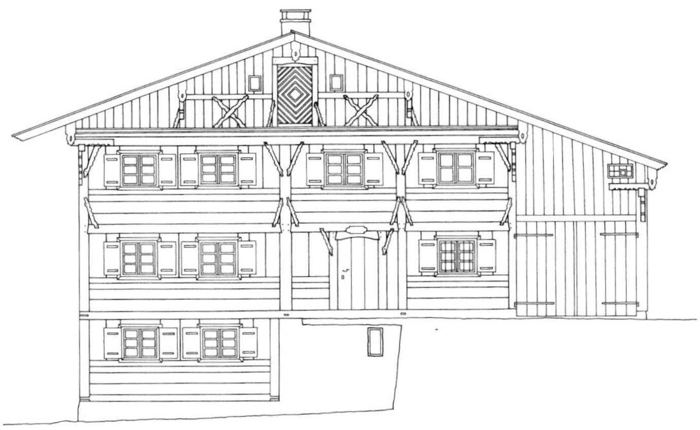

Ansicht von Nordosten.

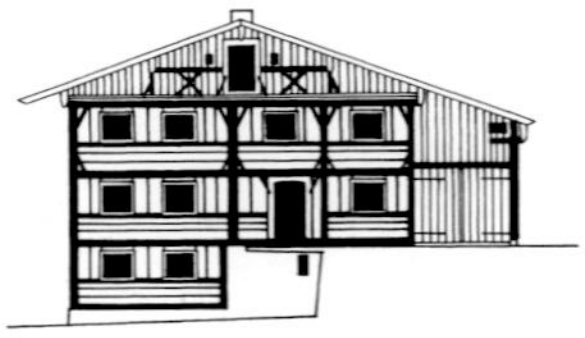

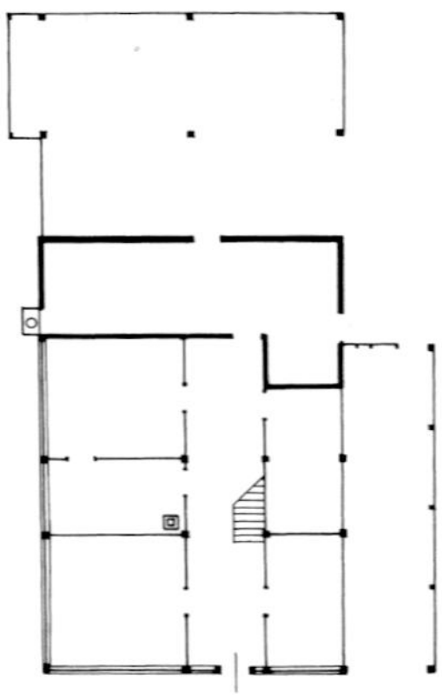

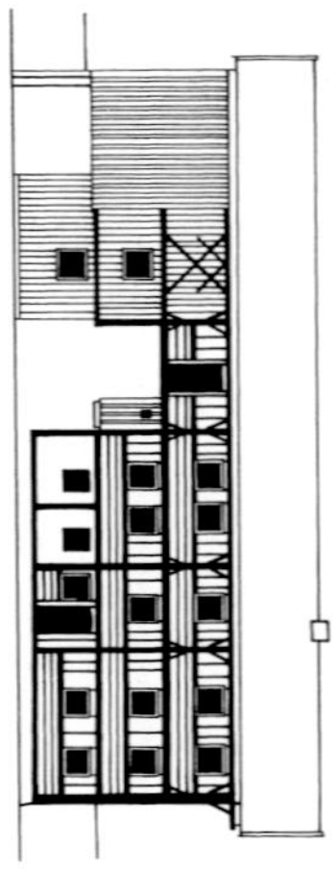

Ort	
Berg, Nr. 192	
Gebäude	
Gebäudeart	Wohnstallhaus
Wandkonstruktion	Holzständerbau, Ständerbohlenbau, Ziegel
Geschoßzahl	1/2 + 2 + Dach
Geschoßhöhe	ca. 2,1 m
Grundfläche (B × L)	355 qm (11,6 × 26,1 + 3,5 × 13,0 + 1,3 × 5,0 m)
Umbauter Raum	
Vollgeschosse	2460 cbm
Dachgeschoß	410 cbm
Dach	
Dachart	Satteldach
Dachneigung	20°
Dachdeckung	Landern
Dachüberstand	120/50 cm (Giebelseite)
Erschließung	
Hauseingang Lage	Giebelseite
Flur Lage	Längsflur
Grundfläche (B × L)	37,5 qm (2,0 × 12,9 m)
Treppe Art	einläufig
Laufbreite	100 cm
Steigungsverhältnis	
Stube	
Lage	Südostecke
Grundfläche (B × L)	28,0 qm (5,2 × 5,4 m)
Fensterzahl	4
Fensteröffnung (B × H)	90 × 90 cm
Belichtungsfaktor Fensteröffnung: Grundfläche	1 : 8,7
Stubenofen	
Küche	
Lage	neben Stube
Grundfläche (B × L)	15,7 qm (2,9 × 5,4 m)

Gebäudemerkmale für Bauberatung

Die Hofstelle grenzt unmittelbar an den Friedhof mit Pfarrkirche an und wird von der im Osten vorbeiführenden Straße über eine obere Zufahrt für das Erdgeschoß sowie hangabwärts über eine weitere Zufahrt für das Sockelgeschoß erreicht. Das abfallende Gelände ermöglich es, ein Sockelgeschoß an der östlichen Gebäudeecke auszubilden, das von der südöstlichen Traufseite her durch Türe und Einfahrt erschlossen ist.

Der damit $2^1/_2$-geschossige Rechteckbaukörper von 11,6 m Breite und 26,1 m Länge wird an der nordwestlichen Traufseite durch eine 3,5 m breite Remise erweitert, über die das 20° geneigte Satteldach abgeschleppt ist.

Die Haustüre an der nordöstlichen Giebelseite führt in einen firstparallelen Längsflur, der bis zu der den Stall abschließenden Querwand durchgeht. Seitlich verbinden einläufige Treppen den Flur mit dem darunterliegenden Sockelgeschoß und mit dem Obergeschoß.

Die Stube ist in der östlichen Hausecke angeordnet, mit 5,2 × 5,4 m Seitenlängen einem Quadrat angenähert und von zwei gleich ausgebildeten Fensterpaaren über Eck belichtet. Dahinter schließt mit einem Fenster die Küche an, der eine weitere Stube folgt. Auf der anderen Seite des Flurs liegen Kammern und daneben die von der Giebelseite her befahrbare Remise.

Der Hausgang ist durch eine Türe an der rückwärtigen Schmalseite mit dem die ganze Gebäudebreite einnehmenden Stall verbunden. Die Heulage geht bis zum südwestlichen Giebel durch, der über dem Wirtschaftsteil mit 50 cm einen geringen Dachvorsprung aufweist, jedoch an dem Nordostgiebel über dem Wohnteil 1,20 m auskragt.

Das konstruktive Baugefüge des Ständerbaus ist eines der wenigen Beispiele, die unverputzt blieben und die eingesetzten Bohlen der Wandkonstruktion mit ihrer waagrechten Struktur in den Außenansichten erkennen lassen. Die Lage der senkrechten Ständer zeigt wie die Innenräume aufgeteilt sind, z. B. die mit zwei Fenstern ausgestattete Stube an der östlichen Gebäudeecke und daneben der Hausgang mit einem Fenster.

Der Stall ist in verputztem Ziegelmauerwerk ausgeführt, das an beiden Traufseiten sichtbar in Erscheinung tritt. Die Konstruktion der Holzständerbauweise bestimmt die rückwärtige Heulage und Remise an der nordwestlichen Traufseite, beide sind mit senkrechten Brettern verschalt.

Bei 355 qm überbauter Fläche ergibt der Umrechnungsfaktor von 0,75 eine Nutzfläche von ca. 266 qm im Erdgeschoß.

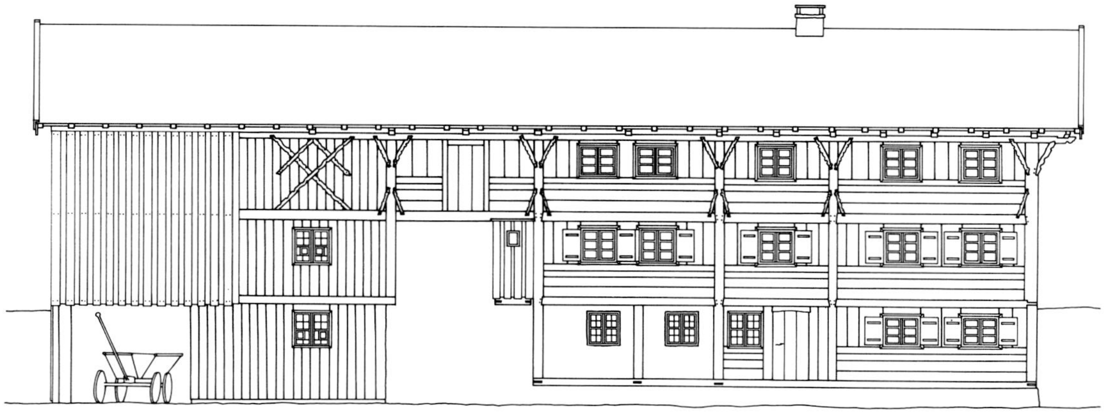

Ansicht von Südosten.

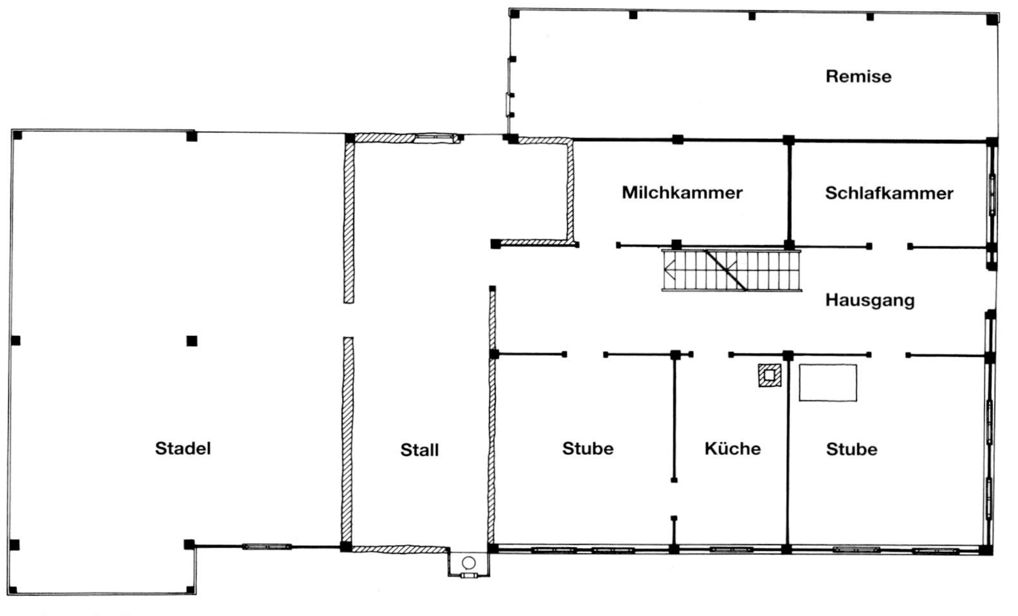

Erdgeschoß.

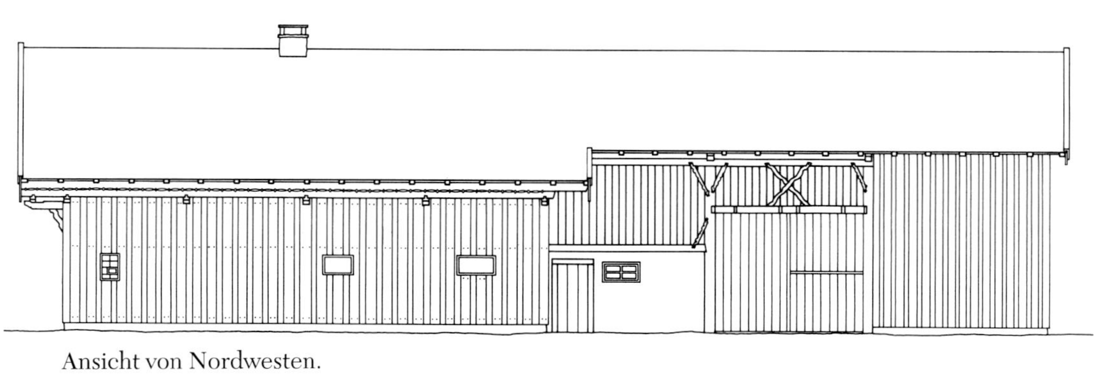

Ansicht von Nordwesten.

Häringen

Nr. 2

Gemeinde Halblech, Landkreis Ostallgäu

Einfirsthof
»Viertelhof« (seit 1710)
»beim Peter« (1810)
Erbaut: spätes 17. Jahrhundert

Ansicht des Einfirsthofes mit der Laube von Südosten.

Zur Siedlung

Die aus zwei Höfen bestehende Einöde Häringen gehört heut zur Gemeinde Halblech und liegt oberhalb des Halblech an einem flachen Hang, nach drei Seiten von Wald umgeben. 1390 wurde die Siedlung erstmals in einem Füssener Bürgerbuch erwähnt. Im 16. Jahrhundert besaß das Kloster Steingaden einen Hof in Häringen, der im 18. Jahrhundert in zwei Viertelgüter geteilt wurde. Beide Höfe haben bis heute ihre Hausnamen, beim Peter und beim Jäckele, nicht verändert. Wie häufig in klimatisch ungünstigen Gebieten wurde hier Feldgraswirtschaft betrieben. Die für diese Wechselwirtschaft genutzten Flächen wurden als Eggarten bezeichnet, also als Wiese, die von Zeit zu Zeit umgebrochen auch als Acker genutzt wurde.

Zur Hofgeschichte

Bis in das Jahr 1555 lassen sich die Bauern auf dem Häriger Hof namentlich zurückverfolgen. Seit Mitte des 17. Jahrhunderts ist, beginnend mit Peter Dürr, dessen Familie auf dem Anwesen, das grundherrschaftlich zum Kloster Steingaden gehörte, nachweisbar. Um 1710 wurde der sogenannte »Peterhof« an Georg Dürr verliehen. Hundert Jahre später steht noch immer die Familie Dürr mit Alois Dürr als Besitzer des Anwesens. Dessen Sohn Georg übernahm den Hof, bestehend aus Wohnhaus mit Stall und Stadel, Getreidekasten, Hofraum und Brunnen 1844 von seiner Mutter Maria Dürr. Der 65 Tagwerk Grund umfassenden Hof verfügte zudem über ausgedehnte Holzrechte im nahegelegenen Schwangau. Die Menge des von den Berechtigten selbst aufzuarbeitenden Holzes betrug 10 Klafter Bauholz und 143 Klafter Zaunholz. Als 1863 Georg Dürr starb, heiratete dessen Witwe Therese den Johann Höß aus Schwangau, der das Anwesen 1891 von ihr erbte, den Hof aber 1893 an seinen Stiefsohn Josef Anton Dürr übergab. Seit der Heirat mit Monika Niggl im Jahr 1901 führte er den Hof bei einer Größe von 7,2 Hektar weiter. Stete Zukäufe vergrößerten das Anwesen auf 17 Hektar im Jahr 1906. 1941 übernahm Franz Dürr den Hof, den er seit 1948 zusammen mit seiner Frau Franziska Linder bewirtschaftete. Heute befindet sich das Anwesen im Besitz von Siegfried Köpf und ist vermietet.

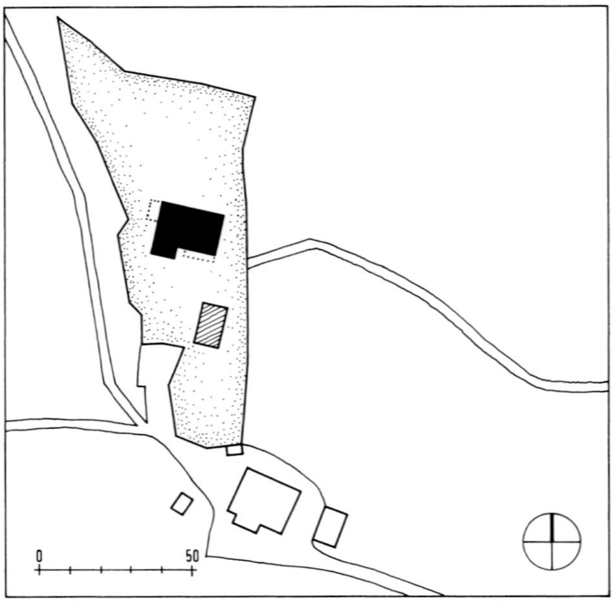

Lageplan 1816.

Bauhistorische Beschreibung

In seinem heutigen Erscheinungsbild gehört der »Peterhof« zum Typus des sogenannten Schwangauer Hauses, dessen Verbreitungsgebiet regional auf die Umgebung des Dorfes Schwangau bei Füssen beschränkt blieb. Im seinem aus dem späten 17. Jahrhundert datierenden Kern hat sich der Hof als hölzerner Ständerbau erhalten. So zeigen die Verblattungen des Ständerwerks im Obergeschoß Schmuckornamente und Fasungen aus dem 17. Jahrhundert und die noch im 18. Jahrhundert in Schwaben häufigen »Geißfüße«. Die Außenwände des Wohnteils wurden später im Sockel bis unter die Fenster mit Bruchstein vorgemauert. Dies geschah vermutlich gleichzeitig mit dem aus dem 18. Jahrhundert datierenden Umbau der Südseite zu einer erdgeschossigen Laube, indem unter das traufseitige Dach das Obergeschoß hinausgezogen wurde, bis es an den angebauten Hakenschopf anstieß. Dieser aus dem Obergeschoß 2,30 m auskragende Anbau wurde zur Traufseite ebenfalls als hölzerner Ständerbau konzipiert; das Bundwerk wurde hinterschalt. Der so im Obergeschoß zusätzlich entstandene, fensterlose Raum wurde als sogenannter »dunkler Winkel« zur Holzaufbewahrung genutzt.

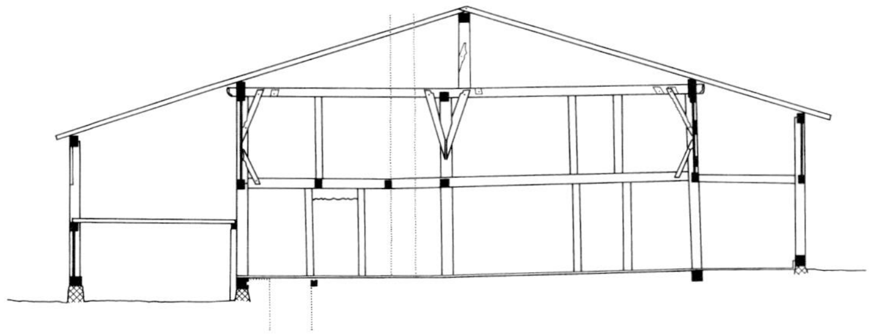

Konstruktionsquerschnitt durch Hüs.

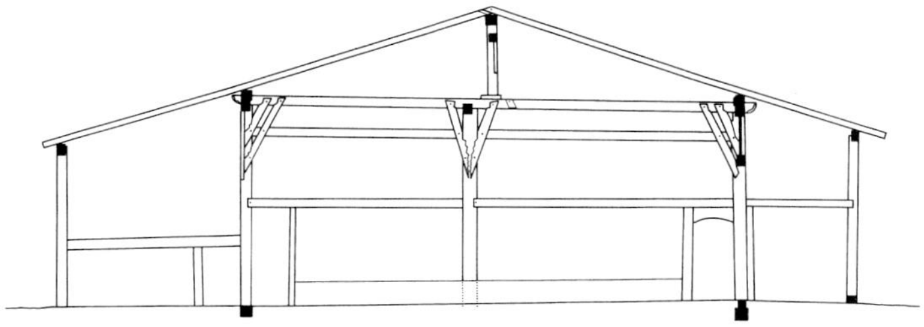

Konstruktionsquerschnitt durch Tenne.

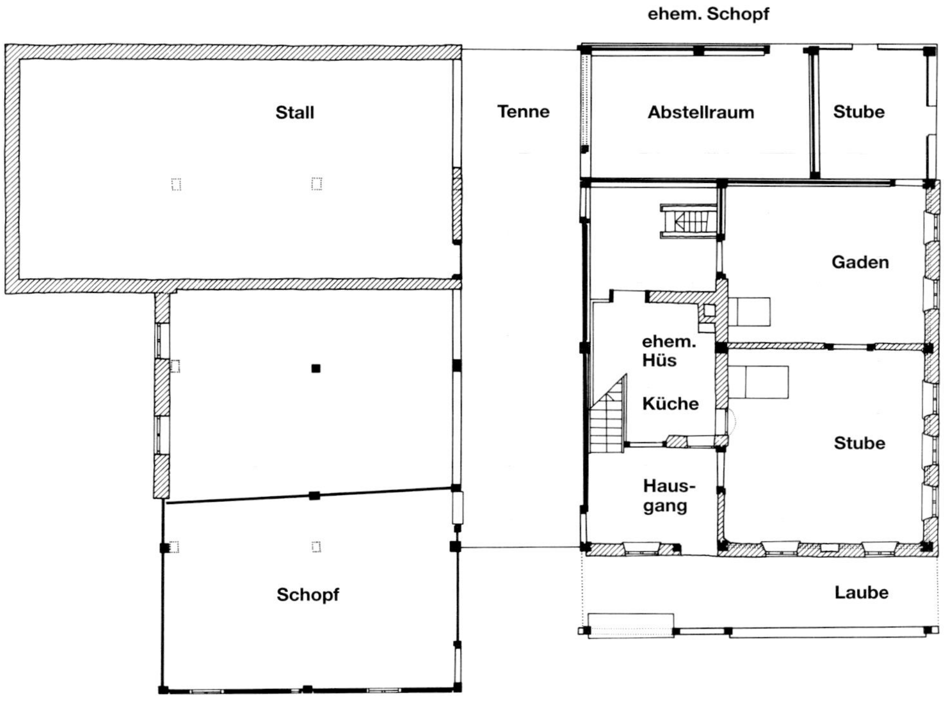

Erdgeschoß.

Der Grundriß macht deutlich, daß das ursprüngliche Flurküchenhaus einen sogenannten »warmen« Hausgang besaß, der mit dem Kamineinbau im späten 19. Jahrhundert im mittleren Teil in eine gemauerte Küche umgebaut wurde. Davon abgetrennt führt eine Treppe ins Obergeschoß. Wohl zeitgleich mit dem Umbau im Wohnteil wurde eine weitere Stube im Bereich des ehemaligen Schopf an der Nordostecke angebaut, deren Verlängerung nach hinten als Abstellkammer genutzt wurde und nur von draußen begehbar war. Die Tenne war von Süden nach Norden zu durchfahren, an sie schloß sich der erst im späten 19. Jahrhundert erbaute große gemauerte Stall. Als Remise diente der Hakenschopf. Das unter Denkmalschutz stehende Gebäude wird bewohnt und soll renoviert werden.

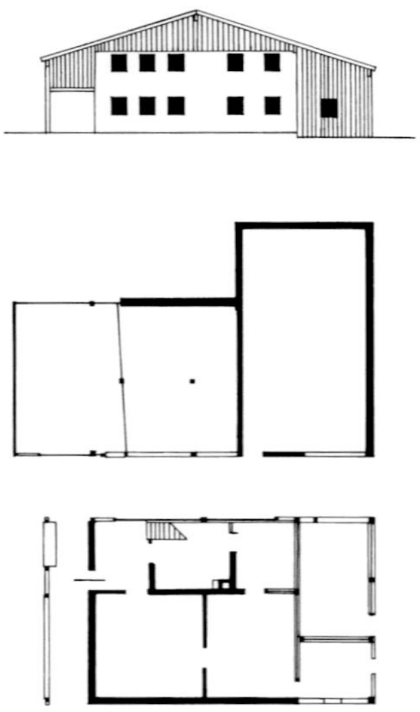

Ort	
Häringen, Nr. 2	
Gebäude	
Gebäudeart	Mittertennhaus
Wandkonstruktion	Ziegel/Holzbohlenbau/ Holzständerbau
Geschoßzahl	2 + Dach
Geschoßhöhe	2,3 m
Grundfläche (B × L)	368 qm (14,1 × 20,8 + 2,0 × 9,4 + 3,8 × 7,8 + 3,9 × 6,8 m)
Umbauter Raum	
Vollgeschosse	1580 cbm
Dachgeschoß	820 cbm
Dach	
Dachart	Satteldach
Dachneigung	17°
Dachdeckung	Ziegel
Dachüberstand	
Erschließung	
Hauseingang Lage	Traufseite
Flur Lage	Querflur
Grundfläche (B × L)	9,2 qm (2,7 × 3,4 m)
Treppe Art	einläufig
Laufbreite	80 cm
Steigungsverhältnis	18,0/23,0 cm, 38°
Stube	
Lage	Südostecke
Grundfläche (B × L)	28,6 qm (5,3 × 5,4 m)
Fensterzahl	5
Fensteröffnung (B × H)	80 × •• cm
Belichtungsfaktor	
Fensteröffnung: Grundfläche	
Stubenofen	
Küche	
Lage	
Grundfläche (B × L)	

Gebäudemerkmale für Bauberatung

Der Mittertennbau steht mit ostwestgerichtetem First frei in der Hofstelle, die von Süden her über einen Fahrweg, ebenso wie das zweite Anwesen der Einöde erschlossen wird.

Der zweigeschossige Rechteckbaukörper erreicht mit den verschiedenen Erweiterungen am Ostgiebel über dem Wohnteil eine Breite von 14,1 m und bis zum Westgiebel des Wirtschaftsteils eine Länge von 20,8 m, ohne die spätere Stallverlängerung an der Nordwestecke um 3,9 m.

Der Kernbereich ist aus dem Grundriß und Schnitt in den drei Ständerreihen deutlich abzulesen, deren Lage den beiden Fußpfetten und der Firstpfette des symmetrischen 17° geneigten Satteldaches entsprechen und die den Raum von Hüs, Stube und Gaden abstecken. Dabei erhält man ein den Hausbeispielen des Oberallgäu angenähertes Quadrat von 10,4 m Breite und 9,4 m Länge, in dem an der Südostecke die quadratische Stube eingefügt ist, die im Westen vom Hüs und im Norden vom Gaden winkelförmig umschlossen wird. Auf der westlichen Traufseite ist der ehemalige Schopf unter dem seitlich abgeschleppten Dach zu einer kleinen Stube und einem Abstellraum ausgebaut, jedoch nicht in die spätere Ausmauerung des Ostgiebels im Kernbereich von Stube, Hüs und Gaden einbezogen.

An der südlichen Traufseite ist das Satteldach über einem Vorbau mit Laube im Erdgeschoß abgeschleppt, die vor dem Hauseingang einen geschützten Vorbereich bildet.

Der Hauseingang führt in einen Querflur, der auch die einläufige Treppe in das Obergeschoß aufnimmt und von dem am Treppenantritt eine Flurküche abgetrennt ist.

Die Stube liegt mit Seitenlängen von 5,3 × 5,4 m in der Südostecke und wird von zwei Fenstergruppen über Eck belichtet. Sie bildet mit dem seitlich anschließenden Gaden und der kleinen Stube an der Nordostecke einen im Erdgeschoß zusammenhängenden Wohnbereich.

Hinter der die ganze Gebäudebreite durchziehenden Quertenne folgen bis zum Westgiebel Wirtschaftsräume für den Stall und dem nach Süden herausgezogenen Schopf.

Die östliche Giebelseite wird geprägt von dem weit überstehenden Dach, dessen Dreieck über dem verputzten Ständerbau des Gebäudekerns mit senkrechten Brettern verschalt ist. Mit der offenen Laube auf der südlichen Traufseite reiht sich der Mittertennbau in den Sondertypus des Schwangauer Laubenhauses ein.

Bei 368 qm überbauter Fläche ergibt der Umrechnungsfaktor von 0,75 eine Nutzfläche von ca. 276 qm.

Irsee

Oberes Dorf 19

Markt Irsee, Landkreis Ostallgäu

Einfirsthof, Mittertennhaus
»beim Koch« (1810)
1730: erbaut
1996–1999: Instandsetzung und Renovierung

Traufseite des renovierten Mittertennhauses mit dem historischen Tennentor.

Zur Siedlung

Die Siedlung Irsee ist an den Abhängen des Wertachtales nordwestlich von Kaufbeuren gelegen. Die Siedlungsentwicklung des Dorfes begann mit der Frühbesiedlung im »Oberen Dorf«. Seitdem sich Ende des 12. Jahrhunderts Benediktinermönche weiter talabwärts niederließen, entwickelte sich zusammen mit dem Kloster das »Untere Dorf«. Des weiteren waren nun die Geschichte von Ortsentwicklung und Kloster eng verbunden. 1715, zur Zeit der Errichtung des bis heute erhaltenen Klosterbaus, umfaßte Irsee drei ganze und drei halbe Höfe, zwei Viertelhöfe und 45 Sölden. Das Marktrecht wurde dem Dorf im Jahr 1782 durch die Herren von Ronsberg verliehen. Die Struktur des Ortes war weniger bäuerlich als vielmehr handwerklich orientiert. Die Handwerker nahmen ihre Aufträge oft aus dem Umfeld des Kloster wahr. Die bäuerliche Grundversorgung war zudem durch die Landwirtschaft gesichert.

Zur Hofgeschichte

Das ehemalige Söldgut »beim Koch« im oberen Dorf in Irsee ist nahe bei der Dorfkirche im Zentrum des Dorfes gelegen. Einer Datierung im Tennentor folgend wurde das Haus 1730 erbaut. Die Datierung ist links und rechts mit je zwei Initialenpaaren verbunden: P+AO, IA+K. Die Initiale K läßt sich sehr wahrscheinlich mit der Familie Klausen verbinden, die im späten 18. Jahrhundert auf dem Anwesen belegt sind. So legt in einem Übergabebrief der Witwe Walburga Klausen an ihre ebenfalls Walburga getaufte Tochter im Jahr 1787 die Bedingungen der Übergabe detailgenau fest – bis hin zur neugestrichenen Bettstatt, die die Tochter u. a. als Mitgift erhalten sollte. Walburga heiratete schließlich den Balthasar Koch. 1810 ist als Besitzer Johann Weiher verzeichnet, und 1829 schließlich heiratete der Klosterschreiner Georg Riedmayer in den fast 19 Tagwerk großen Hof ein. Die zugehörigen Grundstücke wurden stets vermehrt, bei der Übergabe an Joseph Riedmayer 1856 ist das 27 Tagwerk umfassende Anwesen als mittelgroßer Betrieb zu bezeichnen. Joseph jedoch verkaufte bereits 1863 das Anwesen. 1868 erbten es Balbina, Helena, Franziska, Viktoria, Stephan und Josepha Guggemos von ihren Eltern. 1891 kaufte Martin Boneberger mit seiner Frau Genovefa den »Sölderest« mit noch 13 Tagwerk Grund. Sie übergab 1942 an ihren Sohn aus zweiter Ehe, Josef Schorer, der wenige Monate darauf im Krieg umkam. Seine Witwe und deren Töchter bewirtschafteten den Hof weiter. Bis 1968 wurde das Anwesen noch als Landwirtschaft betrieben. Nach dem Tod Helene Schorers im Jahr 1970 erbten Josefine, geb. Schorer und Simon Lutz das Bauernhaus, das sie zunächst selbst bewohnten und später vermieteten.

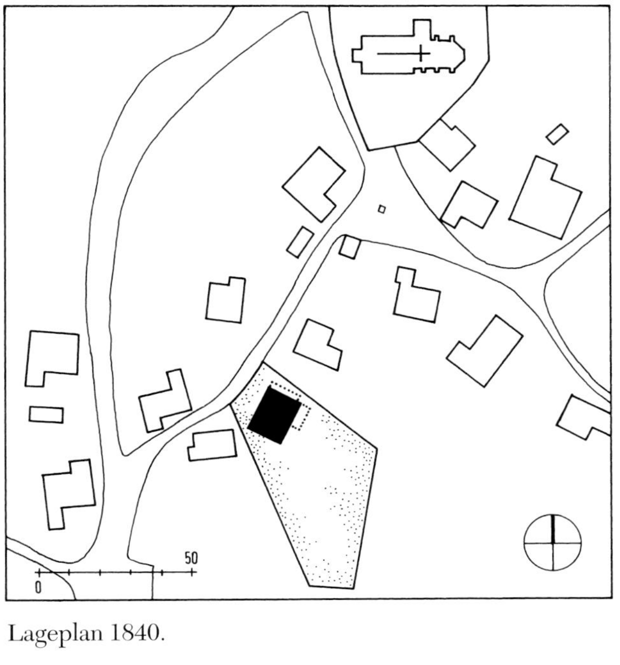

Lageplan 1840.

Bauhistorische Beschreibung

Der Hof folgt in seiner Gebäudestruktur der kleiner Mittertennhäuser, die in den Dörfern um Irsee sehr häufig waren. Das gedrungene, breit an den Abhang hingelagerte Haus behielt trotz mehrerer Umbauten den Charakter eines Mittertennbaues. Das – bis auf die Außenmauern – komplett in hölzerner Ständerbauweise aufgeführte Obergeschoß sowie der Rest einer hölzernen Ständerbohlenwand samt Altan auf der hofseitig gelegenen Südostseite verweisen auf einen ursprünglichen hölzernen Ständerbohlenbau. Das Erdgeschoß und alle Außenmauern des Wohnbereichs wurden wohl später mit Ziegeln aufgemauert, wogegen die Tenne und bis 1952 auch der Stall in Holz aufgebaut waren. Über dem Tennentor befindet sich hinterbrettertes Bundwerk, bestehend

Querschnitt.

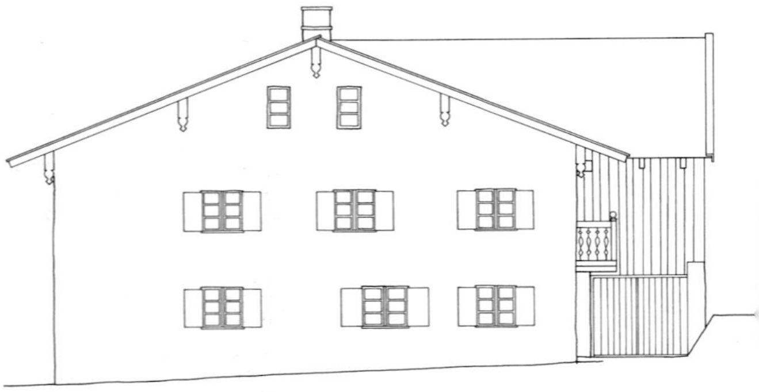

Ansicht von Südwesten.

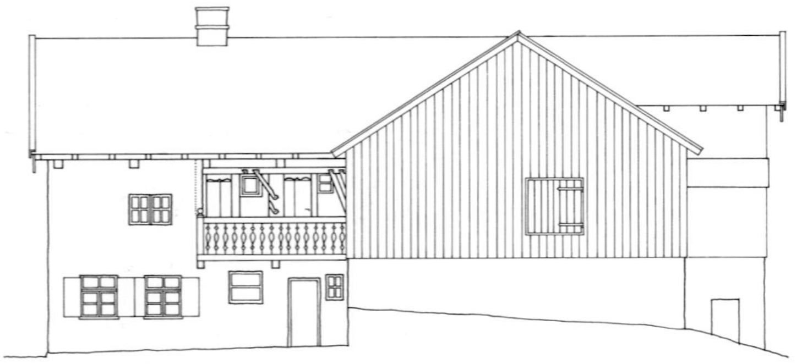

Ansicht von Südosten.

aus doppelten Kopfbändern, die ein geschwungenes Andreaskreuz flankieren.
Der Wohnteil wird von der Straßenseite traufseitig erschlossen. Von der Tenne war mit einer Bretterwand der durchgesteckte Hausgang abgeteilt. Er erschließt mit zwei Zugängen die Tenne und mit zwei weiteren die nach Südwesten gelegene Stube und die Küche, die untereinander durch eine weitere Tür verbunden sind. Hofseitig wurde über der Tür zum Hausgang ein hölzerner Altan mit einem ausgesägten Bretter-Geländer errichtet. Die kurze Wandseite unter der Südosttraufe hat sich als mit Bohlen ausgefachte bauzeitliche Ständerkonstruktion erhalten, zu der auch die mit einem gesägten Eselsrückenmotiv gezierten Sturzbretter der beiden Brettertüren gehören, die vom oberen Hausgang und einer Kammer auf den Altan führen. Die Verblattungen der doppelten Kopfbänder, die zur Versteifung der Ständerkonstruktion dienten, verweisen ornamental ebenso wie die anderen Türen zu den Kammern und die Konstruktion der Zwischenwände auf das frühe 18. Jahrhundert als Bauzeit. Das Dachwerk ist flach geneigt und war ursprünglich mit Landern belegt. Die Fußpfette liegt außerhalb der tragenden Umfassungswand auf auskragenden Deckenbalken auf und vergrößert so das Vordach.
Die Abfolge der Funktionseinheiten (Wohnen, Tenne, Stall) hatte sich bis zur Aufgabe der Landwirtschaft 1968 nicht wesentlich verändert. Eingehende Renovierungen im Zeitraum zwischen 1996 und 1999 haben es ermöglicht, den historischen Bestand der ehemaligen Sölde zu erhalten, die nun als Wohnhaus vermietet wird.

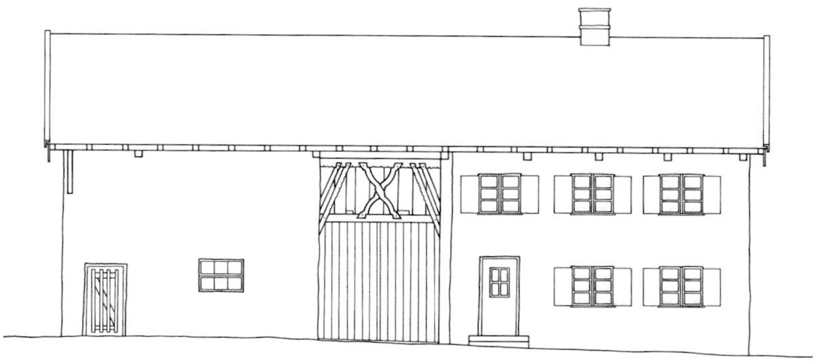

Ansicht von Nordwesten.

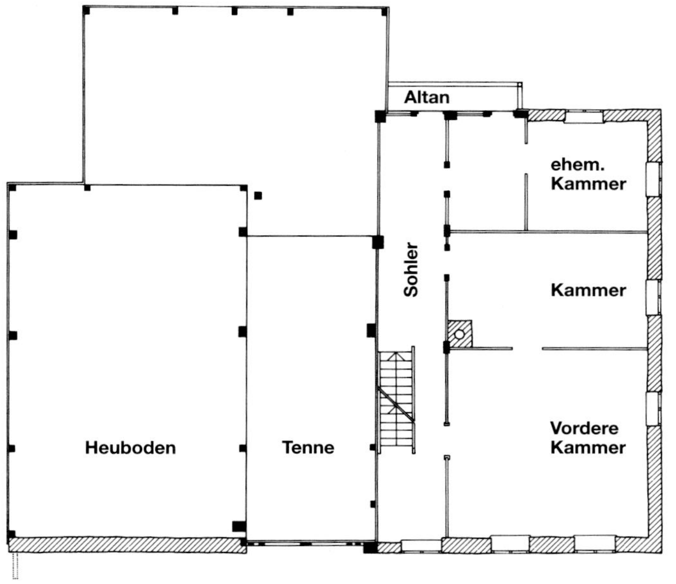

Obergeschoß.

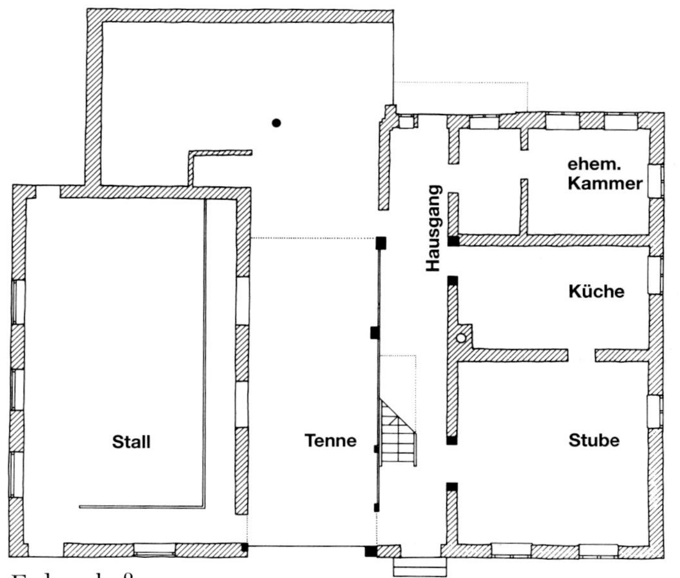

Erdgeschoß.

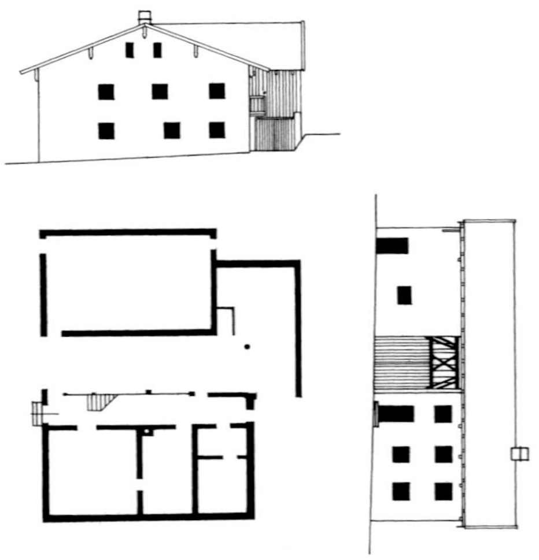

Ort	
Irsee, Oberes Dorf 19	
Gebäude	
Gebäudeart	Mittertennhaus
Wandkonstruktion	Holzständerbau, Ziegel
Geschoßzahl	2 + Dach
Geschoßhöhe	2,5 m
Grundfläche (B × L)	227 qm (12,1 × 7,5 + 10,2 × 9,7 + 4,8 × 7,8 m)
Umbauter Raum	
Vollgeschosse	1050 cbm
Dachgeschoß	340 cbm
Dach	
Dachart	Satteldach
Dachneigung	21°
Dachdeckung	Landern
Dachüberstand	50 cm (Giebelseite)
Erschließung	
Hauseingang Lage	Traufseite
Flur Lage	Querflur
Grundfläche (B × L)	20,3 qm (1,8 × 11,3 m)
Treppe Art	einläufig
Laufbreite	85 cm
Steigungsverhältnis	
Stube	
Lage	Südwestecke
Grundfläche (B × L)	25,0 qm (5,0 × 5,0 m)
Fensterzahl	3
Fensteröffnung (B × H)	100 × 100 cm
Belichtungsfaktor Fensteröffnung: Grundfläche	1 : 8,3
Stubenofen	
Küche	
Lage	neben Stube
Grundfläche (B × L)	14,0 qm (2,8 × 5,0 m)

Gebäudemerkmale für Bauberatung

Die Hofstelle des Mittertennbaus ist von der im Westen vorbeiführenden Straße erschlossen. Sie zählt zu den Sölden, deren handwerklicher Nebenbetrieb – hier als Klosterschreiner benannt – mit den Aufträgen des Benediktinerklosters verbunden war und deshalb nach dessen Aufhebung in der Säkularisation 1803 starke Einbußen erlitt. Nach mehreren Eingaben an die Kreisregierung konnte 1849 die Gesamtanlage des Klosters als schwäbische Kreisirrenanstalt, später Nervenkrankenhaus, neu genutzt werden, bis sie nach dessen Auslagerung seit 1981 renoviert als schwäbisches Bildungszentrum bis heute Verwendung findet.

Der insgesamt 17,2 m lange zweigeschossige Rechteckbaukörper weist unterschiedliche Breiten im Wohnteil von 12,1 m und im Wirtschaftsteil von 10,2 m zuzüglich eines in Querrichtung an der südlichen Traufseite angefügten Schopfes mit den Maßen von 7,8 × 4,8 m auf.

Der von der Tenne durch eine holzverschalte Wand abgetrennte Hausgang wird von der nordwestlichen Traufseite her betreten, nimmt seitlich die einläufige Treppe in das Obergeschoß auf und erhält als durchgehender Querflur auch an der gegenüberliegenden Traufseite einen weiteren Ausgang.

Die quadratische Stube von 5,0 × 5,0 m ist an der Außenecke des Wohnteils angeordnet. Sie wird von der Giebelseite nur durch ein Fenster, von der Traufseite her von zwei Fenstern belichtet. Daneben liegt die Küche, auf die an der gegenüberliegenden Gebäudeecke eine Kammer folgt. Zwischen dem gemauerten Stall an der nordwestlichen Giebelseite und dem Wohnteil schiebt sich die Quertenne, deren zweiflügliges Tor deutlich die mittige Lage sichtbar macht.

Im Obergeschoß wiederholt sich der Grundriß des Erdgeschosses in allen Einzelheiten, zusätzlich eines kurzen Seitenbalkons (Altan) auf der südöstlichen, dem Hang zugewandten Traufseite.

Das Baugefüge besteht im Erdgeschoß aus verputztem Ziegelmauerwerk. Nur die Trennwand zwischen Hausgang und Tenne ist aus Holzständern mit Verschalung konstruiert. Im Obergeschoß sind die Außenwände gemauert, die Trennwände zwischen den drei Kammern an der Giebelseite in Holz aufgeführt, ebenso Tenne und Heuboden.

Die im Erdgeschoß und Obergeschoß unterschiedlichen Fensterachsen weisen auf Umbauvorgänge hin, die jedoch durch die großen Flächen des hell verputzten Mauerwerks zu einer überzeugenden Gesamtgestalt zusammengefaßt sind.

Bei 227 qm überbauter Fläche ergibt der Umrechnungsfaktor von 0,75 eine Nutzfläche von 170 qm im Erdgeschoß.

Lechbruck

Untere Dorfstraße 39 (alte Nr. 62)

Lechbruck, Landkreis Ostallgäu

Einfirsthaus, Mittertennhaus
»beim Kramer« (1810)
»ludeigenes Leerhaus« (1835)
Erbaut: zweite Hälfte 18. Jahrhundert
1998: Teilrenovierung

Zur Siedlung

Lechbruck entstand an der Kreuzung zweier wichtiger Verkehrswege. Die Brücke über den Lech, die dem Ort den Namen gab, ist erst seit 1813 genau zu belegen, geht aber möglicherweise bis in die Römerzeit zurück. Bis zum Ende des 19. Jahrhunderts war das Ortsbild von der Flößerei im Lech geprägt. Auch deshalb war die Landwirtschaft für den Ort und dessen Entwicklung nur von marginaler Bedeutung. Um 1700 etwa sind von 170 zur Steuer verpflichteten Bürgern 15 Floßmeister, fünf Kauderer sowie 67 sonstige Handwerker vermerkt. Die Mehrzahl der kleinen Anwesen, in denen vor allem mittellose Taglöhner, Handwerker oder Flößer lebten, bestanden nur aus der Hofstelle und einem kleinen Baum- oder Grasgarten.

Zur Hofgeschichte

Das aus der zweiten Hälfte des 18. Jahrhunderts stammende kleine Anwesen steht unweit des Dorfbaches im sogenannten Unteren Dorf. Die steuerliche Festsetzung des Anwesens aus dem Jahr 1810 vermerkte unter dem Hausnamen »beim Kramer« Dionisius Feimeler ein Leerhaus, also ein Anwesen ohne zugehörigen Grund. Es zählte damit zu den zahlreichen Kleinstanwesen, in denen nur kleine Gemeindeteile oder sogenannte »walzende Gründe« bewirtschaftet wurden. Dieser Status hatte sich auch unter Josef Huber im Jahr 1835 nicht geändert. Hofstelle, Wurzgarten und Gemeinderechte ergaben eine Fläche von 0,13 Tagwerk. 1847 heiratete Josef Zinsbacher auf das Haus. Zwei Wiesen aus den »walzenden Gründen« und eine weitere Wiese aus Gemeindeanteil ergaben 2,8 Tagwerk an landwirtschaftlicher Nutzfläche für den Eigenbedarf, so daß in bescheidenem Umfang Vieh gehalten werden konnte. Mit dem Tod Josef Zinsbachers fiel das Anwesen an die Witwe Maria Anna Zinsbacher und deren Kinder Helena, Bertha, Andreas und Mariannl. 1895 übernahmen Helena und Bertha die Hofstelle. Drei Wiesen gehörten nun eigen zum Hof, eine im Forchenbühl, zwei im Brandeck. Unter einer Nachfahrin der Zinsbachers wird das Haus seit 1998 renoviert und zum Wohnhaus umgebaut.

Lageplan 1988.

Bauhistorische Beschreibung

Das ehemalige Leerhaus wurde den regionalen Baugewohnheiten des 18. Jahrhunderts entsprechend als Ständerbau errichtet und im Erdgeschoß mit Bruchsteinen ausgefacht. Der Grundriß verbindet das im Ostallgäu verbreitete Mittertennhaus mit dem im Oberallgäu üblichen Anbau eines im Ökonomieteil vorkragenden »Schupfen«, der der Erweiterung der Stellflächen diente. Wie vor allem östlich des Lechs üblich, war das Bundwerk über dem Tennentor hinterschalt. Ein durchgesteckter auch nach hinten mit einer Tür versehener Hausgang erschließt das Gebäude traufseitig von der Straße her. Die östliche Giebelseite bietet einer geräumigen Stube, einer Küche und einem »Stüble« Raum, das von den Austräglern genutzt wurde. Ins Obergeschoß führte eine hölzerne Stiege aus Blockbohlen. Der Grundriß dort wiederholt den des Erdgeschosses. Die Aufmauerungen um den Kamin in der zweiten Hälfte des 19. Jahrhunderts durchbrechen das sonst durch Bretterwände geteilte Obergeschoß. So war der zum Sohler gelegene Teil der mittleren Kammer ursprünglich Teil der in den Dachboden führenden Rauchkutte. Sie sorgte vor dem Einbau des russischen Kamins für den Rauchabzug. Nach Norden war vom Sohler zudem ein hölzerner Abtritt zugänglich. Wohl nach der Mitte des 19. Jahrhunderts wurden im Erdgeschoß Stube und Küche mit Ziegeln und Bruchstein vorgemauert. Zeitgleich wurden im Ökonomie-Teil im Erdgeschoß die Holzständer durch Mauerwerk ersetzt. Nach Süden wurde durch das Herausziehen des Daches ein Schupfen vorgebaut. Das Mauerwerk besteht auch hier aus Bruchsteinen und zahlreichen Bachkieseln, die in dem am Lech gelegenen Ort stets verfügbar waren.

Das flachgeneigte Pfettendach bildet über den hervorkragenden Dachbalken zur westlichen Traufseite ein Vordach aus, das nach unten verbrettert war. Nach Osten ragte das Dach über das Giebelfeld hinaus, das mit einem Wetterschirm aus Brettern versehen wurde. Gestützt wurden die Balken auf der Süd- und Ostseite durch kurze, geschwungene und

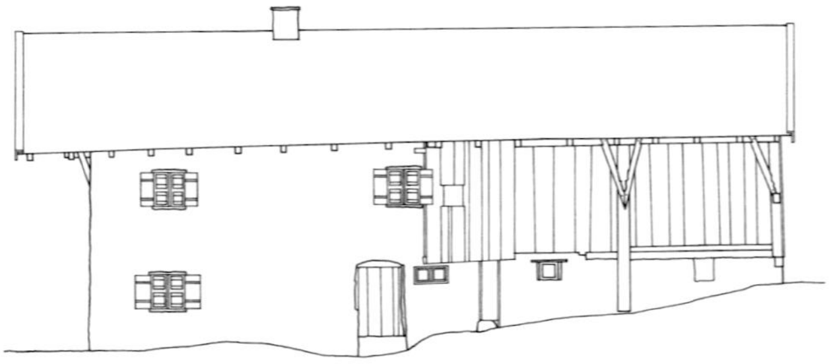

Ansicht von Norden.

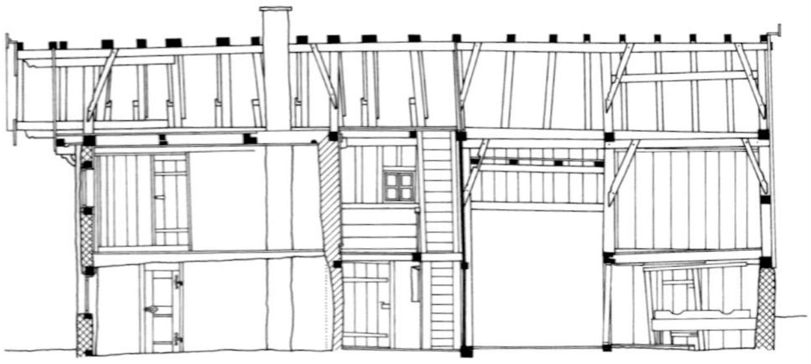

Längsschnitt.

Giebelansicht des Mittertennhauses vor dem Umbau.

Ansicht von Süden.

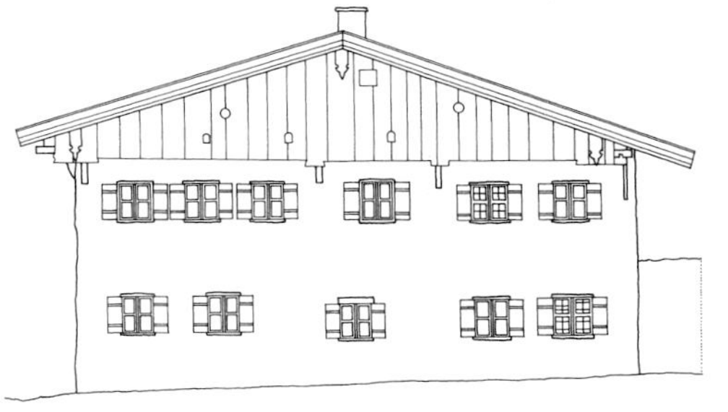

Ansicht von Osten.

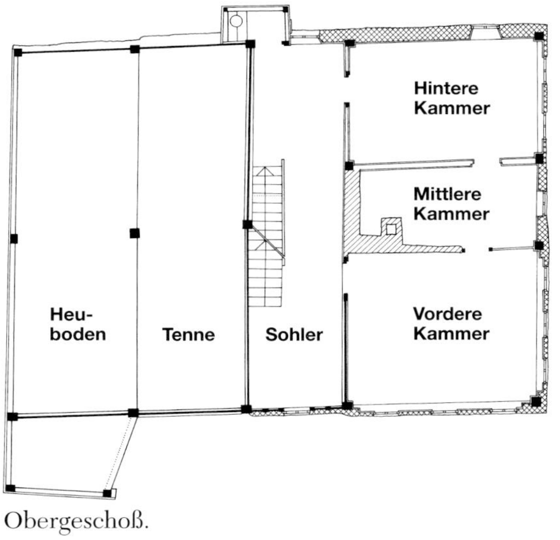

Obergeschoß.

Querschnitt durch Stube.

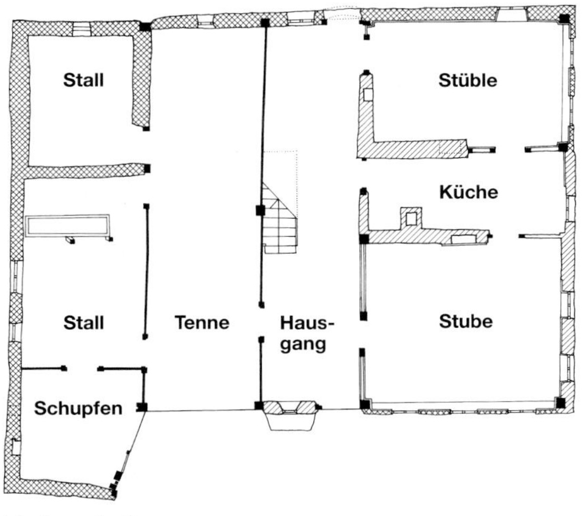

Erdgeschoß.

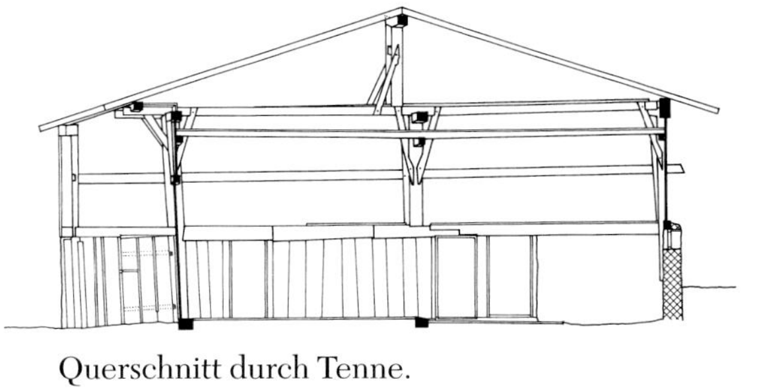

Querschnitt durch Tenne.

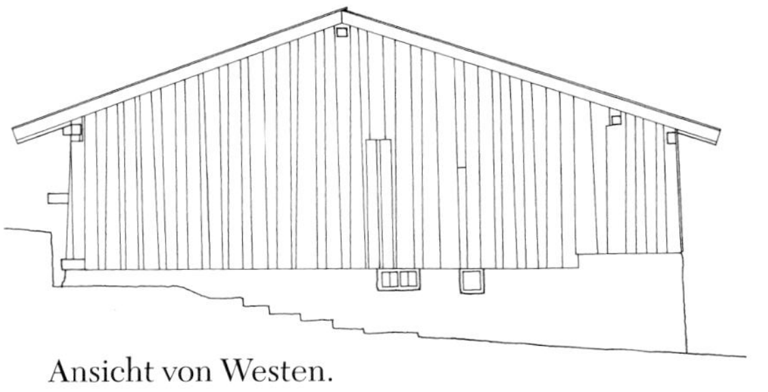

Ansicht von Westen.

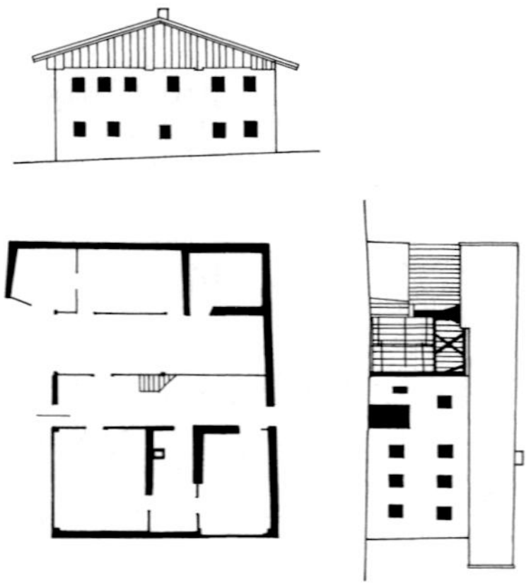

Ort	
Lechbruck, Untere Dorfstraße 39	
Gebäude	
Gebäudeart	Mittertennhaus
Wandkonstruktion	Holzständerbau/Ziegel/ Bruchstein
Geschoßzahl	2 + Dach
Geschoßhöhe	2,1 m
Grundfläche (B × L)	157 qm (10,5 × 14,3 + 2,6 × 2,2 + 1/2 × 2,2 × 0,7 m)
Umbauter Raum	
Vollgeschosse	720 cbm
Dachgeschoß	150 cbm
Dach	
Dachart	Satteldach
Dachneigung	18°
Dachdeckung	Falzziegel
Dachüberstand	145 cm (Giebelseite)
Erschließung	
Hauseingang Lage	Traufseite
Flur Lage	Querflur
Grundfläche (B × L)	23,3 qm (2,4 × 9,7 m)
Treppe Art	einläufig
Laufbreite	80 cm
Steigungsverhältnis	17,0/20,0 cm, 40°
Stube	
Lage	Südostecke
Grundfläche (B × L)	20,1 qm (4,1 × 4,9 m)
Fensterzahl	5
Fensteröffnung (B × H)	70 × 80 cm
Belichtungsfaktor Fensteröffnung: Grundfläche	1 : 7,2
Stubenofen	
Küche	
Lage	neben Stube
Grundfläche (B × L)	9,3 qm (1,9 × 4,9 m)

gefaste Streben. Die Pfettenköpfe der Ostseite sind durch ornamental ausgesägt Pfettenbrettchen geschützt. Heute wird das Anwesen als Wohnhaus genutzt. Anstelle des ehemaligen Tennentores wurde eine Glastür eingebaut.

Gebäudemerkmale für Bauberatung

Das Kleinbauernhaus steht am südlichen Rand der Hofstelle mit der Traufseite direkt an der Straße, auf die der Hauseingang und die Tennenzufahrt ausgerichtet sind.

Der zweigeschossige Rechteckbaukörper weist eine Breite von 10,5 m und eine Länge von 14,3 m auf und trägt ein 18° geneigtes Satteldach. Am holzverschalten Westgiebel ist der Schupfenanbau der südlichen Traufseite unter das Hauptdach einbezogen, das hier mit einer zusätzlichen Pfette versehen ein asymmetrisches Giebeldreieck ergibt.

Die Haustüre an der südlichen Traufseite öffnet sich in einen die ganze Gebäudebreite durchziehenden Querflur, der seitlich die einläufige Treppe in das Obergeschoß aufnimmt.

Die Stube an der Südostecke mit Seitenlängen von 4,1 × 4,9 m wird am Ostgiebel von zwei, an der Traufseite mit drei Fenstern belichtet. Die Trennwand zur Küche ist feuersicher als gemauerte Scheibe ausgebildet, die auch in der darüberliegenden mittleren Kammer des Obergeschosses fortgeführt wird. Daneben folgt an der Nordostecke des Wohnteils ein Stüble.

Der Wirtschaftsteil beginnt, durch eine Holzwand vom Hausgang getrennt, mit der Quertenne, die bis zur nördlichen Traufseite reicht und nach Westen die beiden Stallräume erschließt. Der im Süden vorgezogene Schupfen wird von außen her betreten.

Das Obergeschoß setzt die Raumaufteilung des Erdgeschosses fort: Vom durchgehenden Querflur (Sohler) werden die vordere und hintere Kammer im Ostgiebel erreicht, über die eine mittlere Kammer erschlossen ist.

Das konstruktive Baugefüge läßt in allen Teilen frühere Bauzustände des Ständerbaus erkennen, der im Erdgeschoß bei Stube und Küche durch Ziegelmauern und bei der nördlichen und westlichen Außenwand durch Bruchsteinmauerwerk ersetzt wurde.

Im Grundriß des Obergeschosses zeichnen sich die senkrechten Ständer auch in den überputzten und ausgemauerten Wandabschnitten des Wohnteils ab.

Die klimagerechte Bauweise wird in der Lage des Wohnteils auf der östlichen Giebelseite mit dem hier 145 cm auskragenden Dach deutlich sichtbar, im Gegensatz zu dem an der Wetterseite nur knapp ausgebildeten Giebel des Wirtschaftsteils.

Die Gesamtgestalt des Kleinbauernhauses erreicht in dem hell verputzten Wohnteil und Stall sowie den senkrecht verschalten Bergeräumen des Obergeschosses und Giebeldreiecks eine klare Gestalt, bei der die weitgehend freie Anordnung der vielen kleinen Fenster durch die großen Mauerflächen zusammengefaßt werden.

Bei 157 qm überbauter Fläche ergibt der Umrechnungsfaktor von 0,75 eine Nutzfläche von ca. 118 qm im Erdgeschoß.

Stadels

Nr. 1

Gemeinde Görisried, Landkreis Ostallgäu

Einfirsthof mit Hakenschopf
»Festenbauer« (1836)
1686: erbaut (d)

Zur Siedlung

Der kleine noch heute aus acht Anwesen bestehende Weiler Stadels liegt auf einer Hügelkuppe nahe der Gemeinde Görisried. Grundherrschaftlich gehörte er nach dem Stift Kempten und dem Hochstifts Augsburg und entwickelte sich wohl aus dem ehemaligen Fronhof (Stadelhof) des Hochstifts Augsburg. Die Bewirtschaftung besorgte dort ein sogenannter »Stadeler«. Die erste Teilung des Hofes ist für das Jahr 1391 belegt. Es gab nun den Hof »obern Stainbach« (jetzt Nr. 1) und »zu der Hugenrütin« (jetzt Nr. 2). Durch mehrere Teilungen entstanden bis 1851 die heutigen acht Anwesen.

Zur Hofgeschichte

Der Hof Nr. 1 in Stadels ist unter der Bezeichnung »im oberen Stainbach« der Ursprungshof des Weilers. Da das Anwesen stets zum Hochstift Augsburg gehörte, sind über die Urbare die Lehensinhaber auf dem Hof dokumentiert. Im Protokollbuch des Pflegamtes Oberdorf aus dem Jahr 1684 wird dem Hans Steiner von Nr. 1 als Mitgemeindsmann gestattet, ein neues Haus zu bauen und dafür die alte Hofstelle aufzulassen. Mit dem Neubau des Hofes wurde auch eine Quelle gefaßt und für die Bewohner im Dorf nutzbar gemacht. Neben der Familie Steiner sind auf dem Anwesen während des 17. und 18. Jahrhunderts die Familien Waldvogel und Riegg belegt. Im 19. Jahrhundert gelangte aufgrund der Heirat der Kreszenzia Riegg mit Johann Baptist Steiner

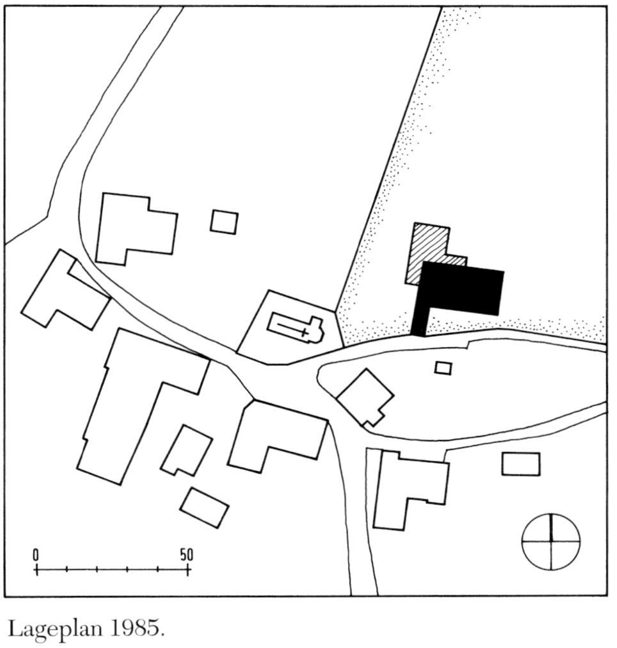

Lageplan 1985.

Ansicht des Einfirsthofes von Osten mit Giebelfachwerk.

aus Görisried wieder der Name der Steiner auf den Hof.

Über die Jahrhunderte hinweg wurde das Anwesen fast durchgängig an die Erstgeborenen vergeben, wobei den erstgeborenen Töchtern dasselbe Recht zukam – auch deshalb wechselte öfter der geführte Familienname. Die Rustikalfassion aus dem Jahr 1812 gibt den Hof im Besitz des Sebastian Riegg mit einer Hofgröße von gut 75 Tagwerk an. Eine Viehzählung aus dem Jahr 1822 ergab für den Hof ein Roß, einen Ochsen, sechs Kühe sowie sieben Stück Jungvieh und Kälber. Bis ins Jahr 1857 konnte der Grund auf 94 Tagwerk vergrößert werden. Entsprechend hoch waren die Abgaben und Handfron- und Spannfrondienste. Zudem hatte der »Festenbauer« als ältester Hof in Stadels die höchste Wachsgilt über ein Pfund oder 48 Kreuzer an die Pfarrkirche zu Görisried zu zahlen. Nachdem im 20. Jahrhundert beide männlichen Hoferben im Ersten Weltkrieg starben, verkauften Joseph und Maria Steiner den Hof und die Grundstücke. Das zertrümmerte Gut erwarb Mai 1918 der ehemalige Krämer Johann Georg Hotter aus Wildberg, der es noch vor seinem Tod 1936 an seinen Sohn Peter übergab. Heute wird das Anwesen in der dritten Generation von Adolf Hotter geführt.

Bauhistorische Beschreibung

Der stattliche Einfirsthof wurde im Jahr 1686 als sekundärer Fachwerkbau mit einem in Ständerbauweise errichteten Wirtschaftsbau und Hakenschopf errichtet. Obwohl das Obergeschoß später vermauert wurde, barg es innen die alte Holzkonstruktion. Auf diese Tatsache verweist eine zum Brustriegel reichende, mit Kerbungen verzierte Strebe. Mehrfach wurde über die Jahrhunderte an- und umgebaut. Wie im Ostallgäu häufig, erschließt sich das Wohnhaus von der Traufseite, die hier nach Süden gerichtet ist. Giebelseitig waren Stube, Küche und Stüble angeordnet, der Hausgang mit einem Durchgang zum ebenfalls gemauerten Stall ist durchgesteckt und führt über eine weitere Tür zur Nordseite. Giebelseitig nach Osten gerichtet, sind im Erdgeschoß

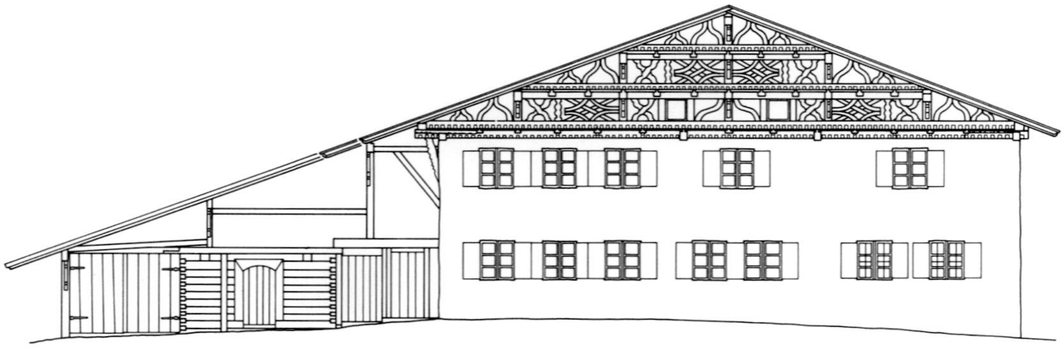

Ansicht von Osten.

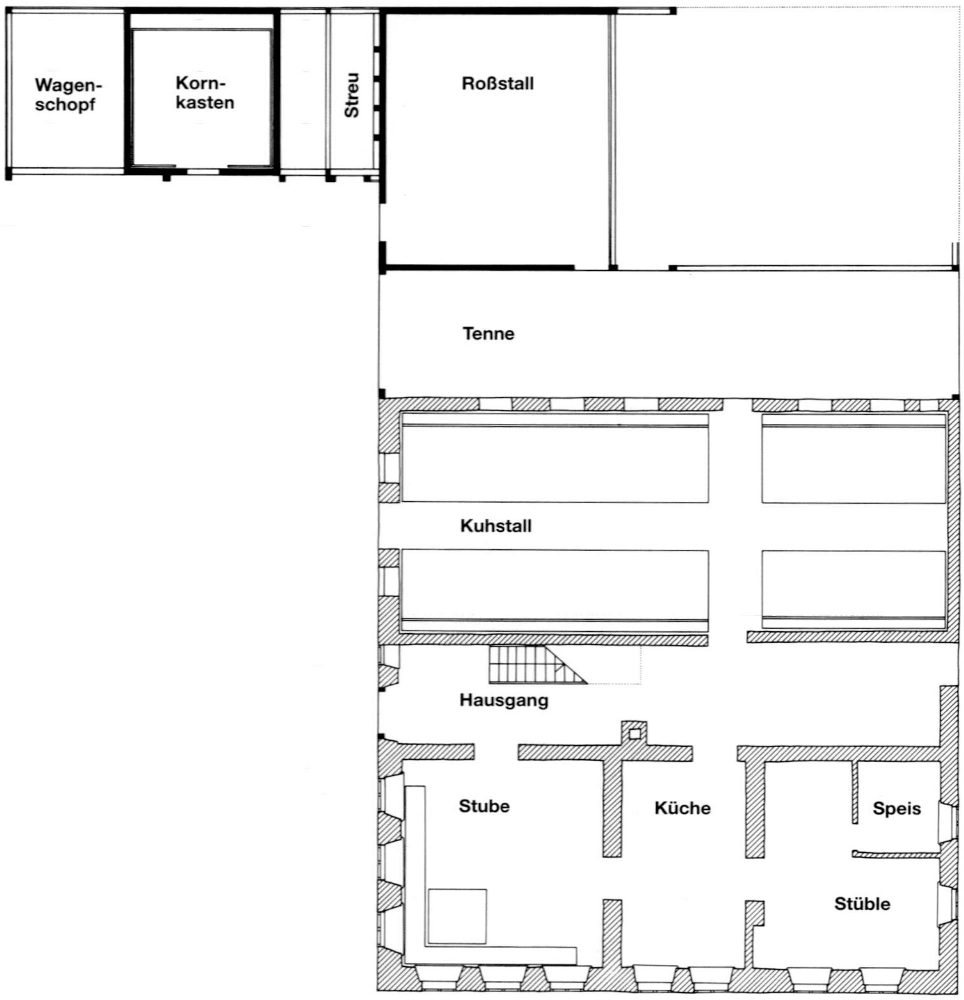

Erdgeschoß.

sieben, im Obergeschoß fünf Fensterachsen angeordnet. Sie lassen von außen deutlich die Raumabfolge nachvollziehen. So besitzen Stube und die darüber liegende Kammer drei zu drei eng nebeneinander liegende Fenster, deren Fensterläden sich überschlagen. Das Fachwerk-Giebelfeld ist durch drei Zahnbänder quergeteilt. Mit senkrechten Streben wurden die so entstanden Flächen geteilt. Drei Ziermotive kehren, symmetrisch verteilt, immer wieder: zusammenlaufende geschwungene Fußbänder, geschwungene Andreaskreuze und von Viertelbögen durchbrochene einfache Andreaskreuze. Der aus Holz errichtete Wirtschaftsteil, in dem sich Tenne und Roßstall befanden, wurde nach Süden mit einem Hakenschopf erweitert, in dessen Zentrum sich ein Kornkasten in Blockbauweise befand. Dessen Türschwelle war erhöht, vermutlich stand er auf kleinen Punktfundamenten, die einen wirksamen Schutz gegen Mäuse boten. Im 20. Jahrhundert wurde das Anwesen nach Norden im Wirtschaftsteil mit einer Wiederkehr vergrößert und modernen landwirtschaftlichen Anforderungen angepaßt.

Gebäudemerkmale für Bauberatung

Die Hofstelle liegt am Rand des Weilers östlich der Kapelle St. Petrus von Alcantara (1725) und wird von der im Süden vorbeiführenden Straße aus erreicht. Das große Mitterstallhaus wendet seinen Wohnteil nach Osten, den Wirtschaftsteil mit dem nach Süden vorgebauten Hakenschopf zur Wetterseite nach Westen.

Der zweigeschossige Rechteckbaukörper erreicht die Breite von 15,4 m und ist 27,2 m lang. Er trägt ein 20° geneigtes Satteldach. Auf der südlichen Traufseite wurde bündig mit dem Westgiebel der Hakenschopf auf eine Länge von 10,0 m angebaut und unter das gemeinsame Satteldach einbezogen, das hier bis zum Erdgeschoß herabreicht.

Man betritt den Wohnteil in einen durchgehenden Querflur, der seitlich die einläufige Treppe in das Obergeschoß aufnimmt.

Die Stube mit Seitenlängen von 5,4 × 5,6 m ist in der südöstlichen Gebäudeecke angeordnet und wird von je drei Fenstern belichtet, die auch in den Ansichten eine Gruppe gleicher Größenordnung und Detailausbildung erkennen lassen. Eine Diagonalbeziehung zur Außenecke betonen zusätzlich die umlaufende Eckbank und der quadratisch eingezeichnete Eßtisch. Seitlich folgen die Küche und daneben bis zur Ecke des Ostgiebels ein Stüble mit Speis, die von der Küche aus zugänglich sind.

An den Querflur schließt nach Westen hin der Rinderstall an, dessen Tierstände über Futterluken mit der dahinter durchgehenden Quertenne verbunden sind.

Der Wirtschaftsteil an der westlichen Giebelseite ist durch einen nach Norden angefügten Neubau verändert. Erhalten hat sich von der alten Bausubstanz der auch im Grundriß als Blockbau erkennbare Roßstall. Der bündig mit dem Westgiebel nach Süden anschließende Hakenschopf ist 4,7 m breit, jedoch 10,0 m lang und enthält zwischen einem Streulager und dem Wagenschupfen einen Kornkasten, der sich in der waagrechten Struktur des Blockbaus deutlich von den Bretterschalungen unterscheidet.

Die dem Erdgeschoß ähnlichen Nutzungen des Obergeschosses können an der Verteilung der Fensterachsen abgelesen werden. Während die Ansicht vom Osten im Erdgeschoß neben den drei Fensterachsen der Stube je zwei Fensterpaare von Küche und Stüble an der Nordecke erkennen läßt, folgt im Obergeschoß nach der Gruppe der drei Fenster an der Südecke je ein Fenster für zwei Kammern. Darüber erhebt sich der breite Giebel des Dachdreiecks, dessen Fachwerk durch Querriegel in der Höhe der beiden Mittelpfetten in drei waagrecht strukturierte Zonen gegliedert ist, deren Felder geschweifte Andreaskreuze und Rauten zeigen.

Bei 400 qm überbauter Fläche ergibt der Umrechnungsfaktor von 0,75 eine Nutzfläche von ca. 300 qm.

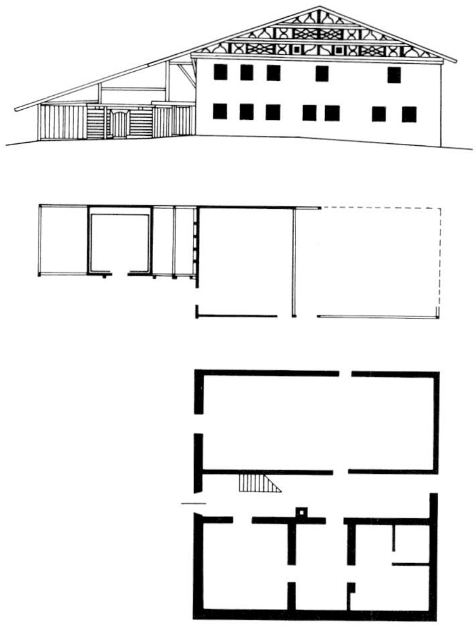

Ort

Stadels, Nr. 1

Gebäude	
Gebäudeart	Wohnstallhaus
Wandkonstruktion	Mauerwerk/Fachwerk/ Holzständerbau/Blockbau
Geschoßzahl	2 + Dach
Geschoßhöhe	2,5 m
Grundfläche (B × L)	400 qm (15,4 × 20,0 + 6,2 × 7,2 + 4,7 × 10,0 m)
Umbauter Raum	
Vollgeschosse	2380 cbm
Dachgeschoß	770 cbm

Dach	
Dachart	Satteldach
Dachneigung	20°
Dachdeckung	Falzziegel
Dachüberstand	

Erschließung	
Hauseingang Lage	Traufseite
Flur Lage	Querflur
Grundfläche (B × L)	41,8 qm (2,9 × 14,4 m)
Treppe Art	einläufig
Laufbreite	100 cm
Steigungsverhältnis	

Stube	
Lage	Südostecke
Grundfläche (B × L)	30,2 qm (5,4 × 5,6 m)
Fensterzahl	6
Fensteröffnung (B × H)	90 × 100 cm
Belichtungsfaktor Fensteröffnung: Grundfläche	1 : 5,6
Stubenofen	

Küche	
Lage	neben Stube
Grundfläche (B × L)	17,9 qm (3,2 × 5,6 m)

Steig

Nr. 4 (alte Nr. 69)

Gemeinde Günzach, Landkreis Ostallgäu

Wohnteil eines Einfirsthofes
»halbes Söldgut beim Klausen« (1811)
Erbaut: Ende 18. Jahrhundert
1988: Abbruch

Wohnteil des ehemaligen Einfirsthofes von Osten.

Zur Siedlung

Der Weiler Steig, 1431 belegt als »zur Staige, Ginzburger Pfarr«, liegt auf einer Anhöhe westlich des Günztales. 1797 nahm Steig an der Vereinödung teil. Zu dieser Zeit gab es in Steig sowohl stiftskemptische als auch bischöfliche Lehenanwesen. Für das Jahr 1806 war Steig Teil der Steuergemeinde Immenthal und stand mit sieben Anwesen vermerkt, die sich aus einer Mühle, die steuerrechtlich zum Fürststift Kempten gehörte, sowie zwei Sölden, drei Höfen und einem halben Leerhaus zusammensetzten.

Zur Hofgeschichte

Das Söldgut mit dem Hausnamen »beim Klausen« besaß 1811 elf Jauchert Grund. Noch im gleichen Jahr übergab »Reichards Wittib« ihrem Sohn Anton Reichard das kleine Söldanwesen zu »$^1/_2$ Theuer Weiden«. Bis zum Jahr 1815 befand sich in einem Raum des Gebäudes die Schule. Danach mußten die Kinder nach Günzach gehen. Nachdem Haus, Garten und Holzboden nach dem Tod von Anton Reichard kurzfristig den Besitzer, aber nicht die das Anwesen bewirtschaftende Familie wechselten, kaufte Sales Reichard 1821 seine Sölde um 620 fl wieder zurück. Die übrigen Grundstücke erhielt er später, 1828, von seiner Mutter Hildegard Reichard im Anschlag zu 800 Gulden vererbt. Nach mehreren Besitzerwechseln erwarben 1877 Martin und Theres Zeisele die Hofstelle, die 6,5 Hektar umfaßte. 1914 erhielt deren Tochter Katharina Zeisele das Anwesen und heiratete noch im gleichen Jahr den Georg Jehle. Das seit 1959 im Besitz der Familie Aumann befindliche Anwesen wird mit einem 1988 neu erbauten Wohnhaus anstelle des historischen Wohnteils im Nebenerwerb landwirtschaftlich genutzt.

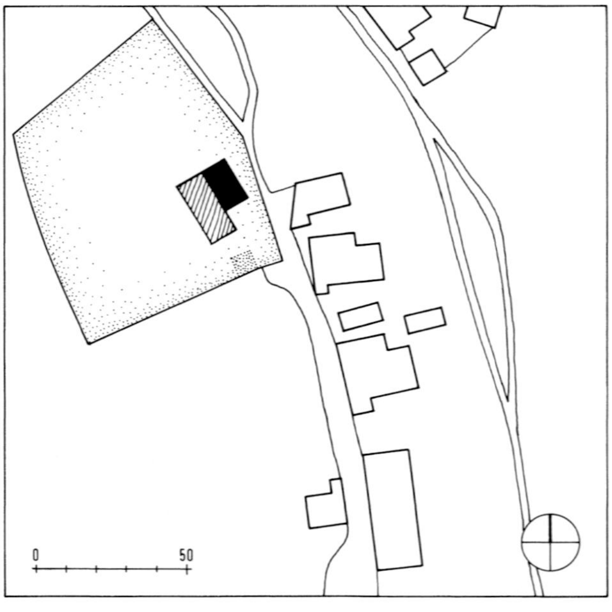

Lageplan 1822.

Bauhistorische Beschreibung

Nach der Beschreibung in der Besitzfassion aus dem Jahr 1811 steht unter der damaligen Hausnummer 69 ein »Söld- oder Wohnhaus samt Stallung, Stadel und Schopf unter einem Landerdach« verzeichnet. Die ehemalige Sölde war ursprünglich als Ständerbohlenbau errichtet worden. Hausgang, Küche, Speis und Stube bildeten den ältesten Teil des Baukörpers. Mit dem Einbau eines Kamines in der Küche und in der Erweiterung des Hauses nach Norden, wo ein geräumiger Gaden Platz fand, wurden Teile der Bohlenwände durch Mauerwerk ersetzt. Bis zum Abbruch waren, neben aus dem frühen 19. Jahrhundert stammenden Brettertüren mit Gratleisten, die zum Teil später aufgedoppelt wurden, die Schiebeladenfenster des 19. Jahrhunderts mit festen Mittelpfosten und dreigeteilten Fensterflügeln komplett erhalten. Jeder Fensterflügel besaß in der Mitte zudem ein kleines Schubfensterchen, das die Belüftung bei geschlossenen Flügeln ermöglichte. Nach außen waren Winterfenster angebracht. Das Haus wurde von der südlichen Traufseite erschlossen. Der ehemals durchgesteckte Hausgang mit einer Tür in den nördlichen Hofraum, wurde im 20. Jahrhundert durch Einbauten einer Trennwand, einer Toilette sowie eines Badezimmers verschmälert. Ein moderner Stadelanbau aus dem Jahr 1935/40 veränderte das Erscheinungsbild des Hofes. Den Vorgaben moderner Landwirtschaft folgend, wurde mit dem hohen Widerkehr ein für den Heuaufzug tauglicher Ökonomieteil neu erbaut. 1979 wurde das Dachwerk des Wohnhauses erneuert, so daß beim Aufmaß des Hauses im Jahr 1988 nicht mehr nachvollzogen werden konnte, ob das herabgezogene Dach an der Nordseite bereits den urspünglichen Bau des späten 18. Jahrhunderts kennzeichnete oder eine Bauveränderung aus der ersten Hälfte des 19. Jahrhunderts dar-

Ansicht von Süden.

Ansicht von Osten.

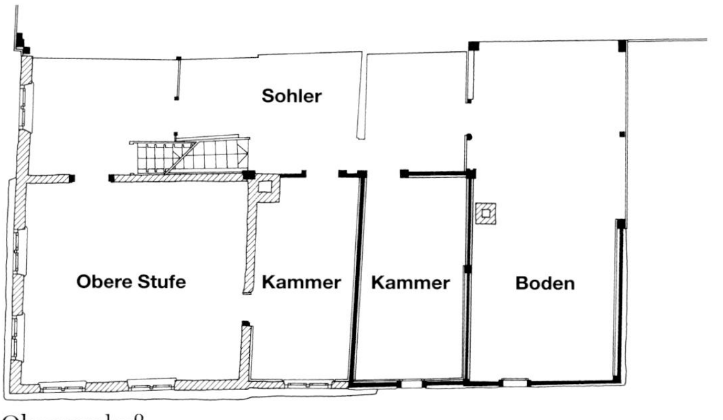

Obergeschoß.

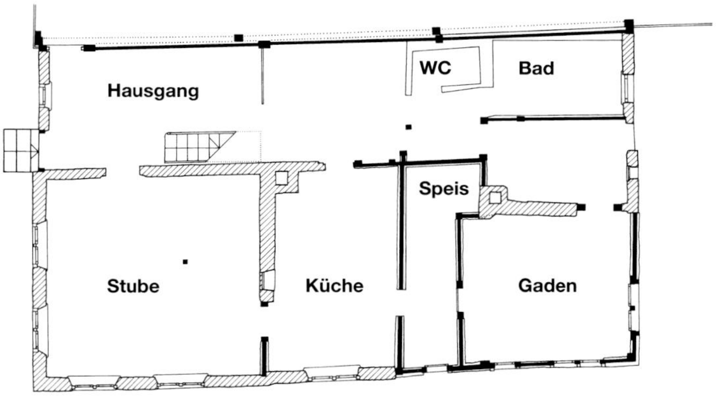

Erdgeschoß.

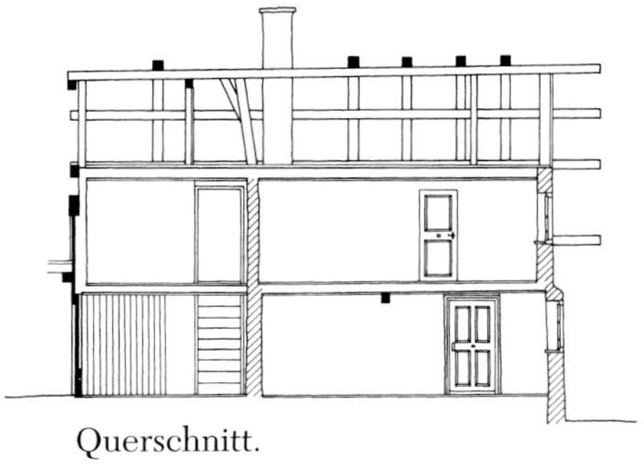

Querschnitt.

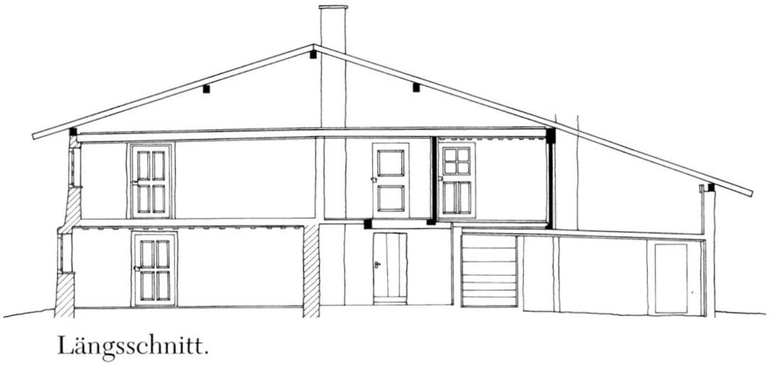

Längsschnitt.

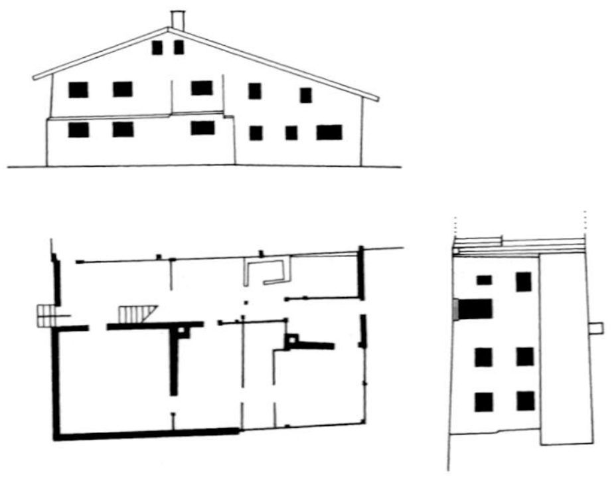

Ort	
Steig, Nr. 4	
Gebäude	
Gebäudeart	Wohnteil eines Einfirsthofes
Wandkonstruktion	Ziegel/Ständerbohlenbau
Geschoßzahl	2 + Dach
Geschoßhöhe	2,1 m
Grundfläche (B × L)	144 qm (9,2 × 15,6 m)
Umbauter Raum	
Vollgeschosse	530 cbm
Dachgeschoß	150 cbm
Dach	
Dachart	Satteldach
Dachneigung	17°
Dachdeckung	
Dachüberstand	90 cm (Giebelseite)
Erschließung	
Hauseingang Lage	Traufseite
Flur Lage	Querflur
Grundfläche (B × L)	29,1 qm (3,2 × 9,1 m)
Treppe Art	einläufig
Laufbreite	70 cm
Steigungsverhältnis	21,0/27,8 cm, 37°
Stube	
Lage	Südostecke
Grundfläche (B × L)	29,2 qm (5,3 × 5,5 m)
Fensterzahl	4
Fensteröffnung (B × H)	110 × 90 cm
Belichtungsfaktor Fensteröffnung: Grundfläche	1 : 7,4
Stubenofen	
Küche	
Lage	neben Stube
Grundfläche (B × L)	16,4 qm (3,1 × 5,3 m)

stellte. Die bis zum Abbruch erhaltene aus der Erbauungszeit stammende Putzschicht enthielt an der Ostseite Fragmente einer Fassadenmalerei, die aus der Zeit der Napoleonischen Kriege stammte. Dargestellt war unter anderem ein Soldat in französischer Uniform. Die Fresken wurden abgenommen und sind nun im Heimatmuseum von Günzach ausgestellt.

Gebäudemerkmale für Bauberatung

Die Planunterlagen des verformungsgerechten Aufmaßes zeigen einen als Typus mit mehreren Bauphasen höchst aufschlußreichen Wohnteil eines Bauernhofes. Der Wohnteil blickte mit dem Ostgiebel zu der von Nord nach Süden verlaufenden Erschließungsstraße des Weilers.

Der Wirtschaftsteil im Westen war nach Süden durch eine Widerkehr erweitert. Der damit entstandene Hakenhof wandte sich von der Wetterseite im Westen ab und bildete einen geschützten Hofraum vor der südlichen Traufseite des Wohnteiles aus.

Der zweigeschossige geschlossene Rechteckbaukörper des Wohnteiles von 15,6 m Breite an der Giebelseite und 9,2 m Trauflänge trägt ein 17° geneigtes Satteldach, das über dem Ostgiebel 90 cm auskragt. Die Haustüre auf der südlichen Traufseite öffnet sich zu einem Querflur, der die einläufige Treppe in das Obergeschoß aufnimmt und von einem seitlichen Fenster in den Maßen eines Flügels der Stubenfenster Licht erhält.

Die quadratische Stube von 5,3 × 5,5 m Seitenlänge liegt an der Südostecke und wird von zwei Fensterpaaren belichtet, deren gleiche Dimensionen und Detailausbildungen eine Diagonalsymmetrie der beiden Wandabwicklungen zur Außenecke hin ergibt. Seitlich folgen entlang des östlichen Giebels Küche, Speise und Kammer (Gaden).

Im Obergeschoßgrundriß kann aus der dem Erdgeschoß ähnlichen Raumorganisation von Querflur (Sohler) sowie oberer Stube und zwei Kammern am Ostgiebel in der Überlagerung mit dem Querschnitt und der dort ablesbaren Symmetrie des Satteldaches von fünf Pfetten ein älterer Zustand abgelesen werden. Entlang der nördlichen Traufseite deutet eine zusätzlich Raumzone aus Kammer (Gaden) und Nebenraum auf eine Erweiterung hin, die unter dem seitlich abgeschleppten Satteldach einbezogen wurde. Kompliziert wird die Betrachtung durch die unterschiedlichen Höhenlagen der Fenstergruppen des Ostgiebels, bei der auch das Fenster der Speise niedriger eingesetzt ist als die benachbarten Fenster von Stube und Küche.

Zusätzlich heben sich die vorspringenden Ausmauerungen von Stube und Küche im Erdgeschoß deutlich ab.

Das Baugefüge von Querflur, Stube und Küche besteht aus Ziegelmauern, an die sich nach Norden die Konstruktion des Holzständerbaus anschließt.

In den Ansichten zeichnen sich die Umbaumaßnahmen durch verschiedene Fensterachsen, Vor- und Rücksprünge des Mauerwerks ab, die jedoch durch das Überwiegen der Wandteile und das große Satteldach zu einem Gesamtbau zusammengefaßt sind.

Bei 144 qm überbauter Fläche des Wohnteils ergibt der Umrechnungsfaktor von 0,75 eine Wohnfläche von ca. 108 qm.

Tremmelschwang

Nr. 6

Gemeinde Bidingen, Landkreis Ostallgäu

Ehemaliger Mittertennbau mit Ökonomie-Widerkehr
»beim Kritzler« (1811)
1662: erbaut (d)
1999: Einsturz wegen Baufälligkeit

Zur Siedlung

Tremmelschwang, 1349 urkundlich als »Droemelswank« belegt, gehörte im Mittelalter zur Herrschaft Kemnat, später ins Kaltenthal nach Osterzell, das an das Kloster Rottenbuch verkauft wurde. Seit dem Jahr 1809, in dem 20 Anwesen gezählt wurden, hat sich das kleine an der Straße von Osterzell nach Bidingen gelegene Bauerndorf Ort auf 27 Anwesen vergrößert.

Zur Hofgeschichte

War das Anwesen im Jahr 1811 noch im Besitz des Johann Eberle verzeichnet, so wurde der Hof mit dem Hausnamen »beim Kritzler« 1829 von Franz Kretzler von seiner Mutter im Anschlag zu 930 Gulden übernommen. Die zu bewirtschaftende Fläche betrug 16½ Tagwerk. 1839 zog Kretzler im Tausch mit Xaver Wohlfahrt zur Hausnummer 13, behielt aber seine bisherigen Grundstücke, während die des Xaver Wohlfahrt zur Hausnummer 6 wechselten. Dabei handelte es sich um fast 23 Tagwerk Grund. Schon 1843 verkaufte Wohlfahrt das gesamte Anwesen um 1960 Gulden an Xaver Groß. Über Joseph Voelk kam der Hof 1861 schließlich im Tausch an Sebastian Foldenauer, der 1862 an seinen Sohn übergab. Von nun an blieb das Anwesen im Besitz der Familie Foldenauer, bis im 1937 Aloisia Foldenauer den Josef Geisenberger heiratete. Beide betrieben die kleine Landwirtschaft, solange es ihnen möglich war. Seit dem Tod des letzten Bewohners Josef Geisenberger steht das Anwesen leer.

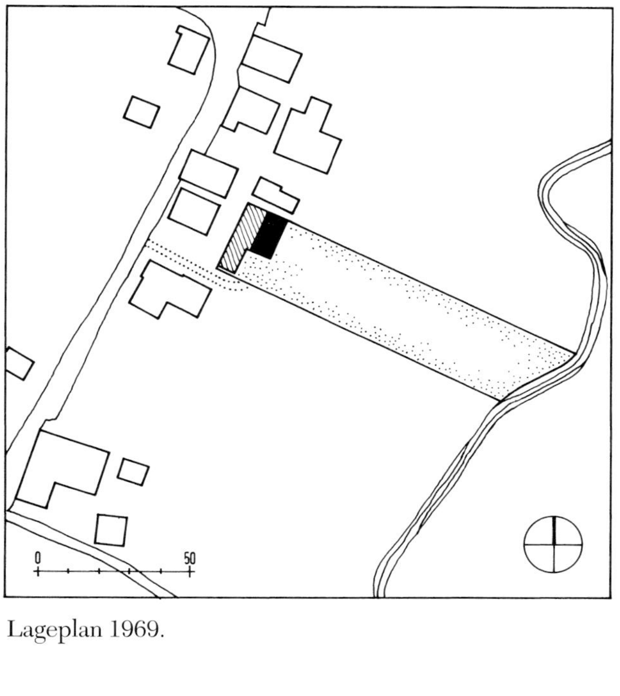

Lageplan 1969.

Einfirsthof mit Widerkehr von Südosten.

Bauhistorische Beschreibung

In der Besitzfassion aus dem Jahr 1811 wird das Anwesen des Johann Eberle beschrieben als »eine Behausung aus Holz samt Stadel und Stallung«. Die Beschreibung verweist auf die heute noch erkennbare ursprüngliche Struktur des Gebäudes. Der in Ständerbauweise auf Holzschwellen errichtete Mittertennbau konnte in seinen ältesten Teilen dendrochronologisch in das Jahr 1662 datiert werden. Im Erdgeschoß wurde der Ständer mit senkrecht eingefügten Bohlen ausgefacht, im Obergeschoß mit Lehmschlag. 1834 wurde das Haus verbreitert und der Ökonomieteil durch eine Widerkehr vergrößert. Nach dem Umbau wurde das Wohnhaus, das vorher über die Tenne mit je einem Zugang zur Stube, ehemaliger Küche und Speis und Austragskammer erschlossen worden war, giebelseitig von Süden begangen. Der Keller unter der Stube war von der ehemaligen Küche aus über eine elfstufige Treppe begehbar und besaß eine Bretterdecke, die auf zwei Unterzugbalken ruhte. Im Erdgeschoß haben sich im Bereich der ehemals als Austragsstube genutzen Raumes an der firstseitigen Südostecke zwei mit Bohlen ausgefachte Außenwände erhalten. Das Obergeschoß war erreichbar über eine Stiege mit eingeschobenen Brettstufen. Das Dachwerk, ein Pfettendach mit First-, Mittel- und doppelter Fußpfette, ist mit Falzziegeln gedeckt. Die Stuhlsäulen sind mit Fußstreben ausgesteift. Die Rafen wurden über der Firstpfette miteinander verblattet und mit einem Holznagel gesichert. Die geringe Dachneigung verweist auf eine ehemals weiche Dachhaut mit Legschindeldeckung. Schon von außen ist erkennbar, daß das Gebäude mehrfach verändert wurde. Im Obergeschoß eingeblattete Kopfbänder wurden zum Teil abgeschnitten. In einigen Balken der Ständerkonstruktion sind Reste der Verblattungen erkennbar. Seitdem das Anwesen leersteht, hat sich der bauliche Zustand verschlechtert.

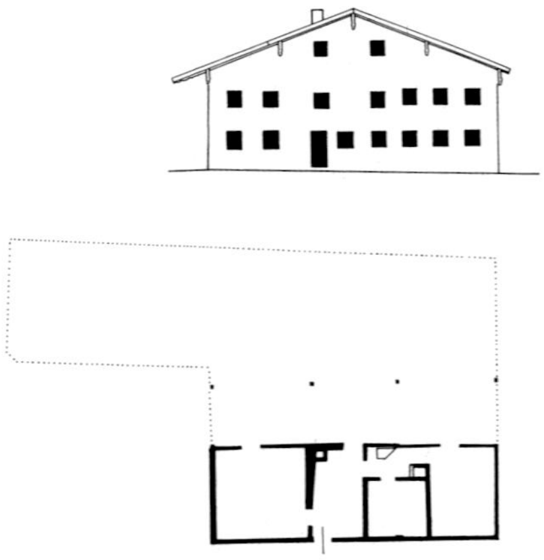

Ort	
Tremmelschwang, Nr. 6	
Gebäude	
Gebäudeart	Mittertennhaus
Wandkonstruktion	Holzständerbau, Ständerbohlenbau, Ziegel
Geschoßzahl	2 + Dach
Geschoßhöhe	2,1 m
Grundfläche (B × L)	116 qm (8,1 × 14,3 m)
Umbauter Raum	
Vollgeschosse	480 cbm
Dachgeschoß	200 cbm
Dach	
Dachart	Satteldach
Dachneigung	21°
Dachdeckung	Falzziegel
Dachüberstand	130 cm (Giebelseite)
Erschließung	
Hauseingang Lage	Giebelseite, ehemals Traufseite
Flur Lage	Längsflur, ehemals Querflur über Tenne
Grundfläche (B × L)	10,8 qm (2,4 × 4,5 m)
Treppe Art	einläufig
Laufbreite	50 cm
Steigungsverhältnis	19,5/24,5 cm, 39°
Stube	
Lage	Südostecke
Grundfläche (B × L)	21,2 qm (4,6 × 4,6 m)
Fensterzahl	4
Fensteröffnung (B × H)	90 × 90 cm
Belichtungsfaktor Fensteröffnung: Grundfläche	1 : 6,5
Stubenofen	
Küche	
Lage	
Grundfläche (B × L)	

Gebäudemerkmale für Bauberatung

Die Hofstelle im Osten der Dorfstraße ist über einen kurzen Stichweg erschlossen. Sie steht in einer Reihe von Bauernhäusern, die überwiegend den Wohnteil nach Osten ausrichten und den Wirtschaftsteil als Klimapuffer gegen die Wetterseite nach Westen stellen, auch wenn dort die Straße verläuft. Wie in einem Modell wird hier die klimabezogene Siedlungsorganisation des Alpenvorlandes deutlich, im Gegensatz zu den Weilern und Dörfern des nördlichen Schwaben, deren Wohnteile sich unabhängig von der Himmelsrichtung der jeweiligen Straße zuwenden.

Das Mittertennhaus ist im Wirtschaftsteil durch eine nach Süden angebaute Widerkehr zu einem Hakenhof erweitert. Davon sind in der vorliegenden Bauaufnahme der Wohnteil und die Quertenne dargestellt, deren Rechteckgrundriß eine Breite von 14,3 m und eine Länge von 8,1 m ergeben. Das Satteldach von 21° Neigung kragt am Ostgiebel von Pfetten getragen um 1,30 m aus.

Die Tenne zwischen Wohnteil und Stall bildet mit dem zweiflügeligen Tor an der südlichen Traufseite den Hauptzugang, auch für den Wohnteil mit Stube, Küche und Kammern im Ostgiebel.

Die Stube nimmt mit 4,6 × 4,6 m Seitenlänge die Südostecke ein und wird von je zwei Fenstern über Eck belichtet. Die gemauerte Kaminwand trennt sie von der anschließenden Küche, die bei einem späteren Umbau zum Hausgang mit Türe an der östlichen Giebelseite umgewandelt wurde. Von hier ist parallel zur Quertenne ein kurzer Querflur zugänglich, der die einläufigen Treppen zum Keller und Obergeschoss enthält und weiter zur Austragskammer an der nordöstlichen Gebäudeecke führt.

Der Wirtschaftsteil schließt mit der durchgehenden Quertenne nach Westen hin ab.

Das Obergeschoß läßt die räumliche Organisation des kurzen Querflurs mit der einläufigen Treppe neben der Quertenne deutlich erkennen, ebenso die große vordere Kammer über der Stube und die drei Kammern entlang der östlichen Giebelseite.

Das konstruktive Baugefüge wird in beiden Geschossen von Holzständerkonstruktionen mit unterschiedlichen Ausfachungen in Lehm und Holzbohlen bestimmt.

In der äußeren Erscheinung tritt der hell verputzte Baukörper des Wohnteils deutlich hervor, der sich damit von den holzverschalten Wirtschaftsräumen absetzt und die unterschiedlichen Nutzungen in der Baugestalt zum Ausdruck bringt. Dabei überwiegt im verputzten Wohnteil die Wandfläche gegenüber den verschieden großen, in unterschiedlichen Gruppen zusammengefaßten Fenstern und prägt damit die Gesamterscheinung des Bauernhauses.

Für die 116 qm überbaute Fläche ergibt der Umrechnungsfaktor 0,75 eine Nutzfläche von 87 qm.

Ansicht von Osten.

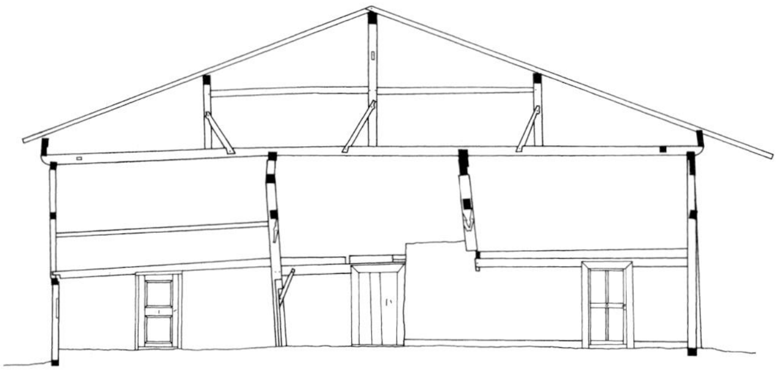

Querschnitt durch Tenne.

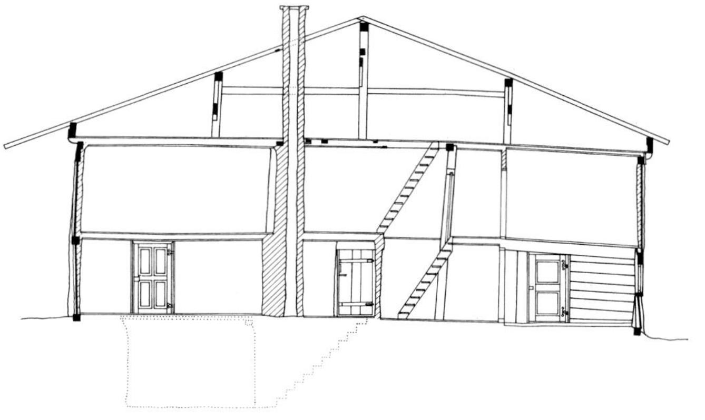

Querschnitt durch Wohnteil.

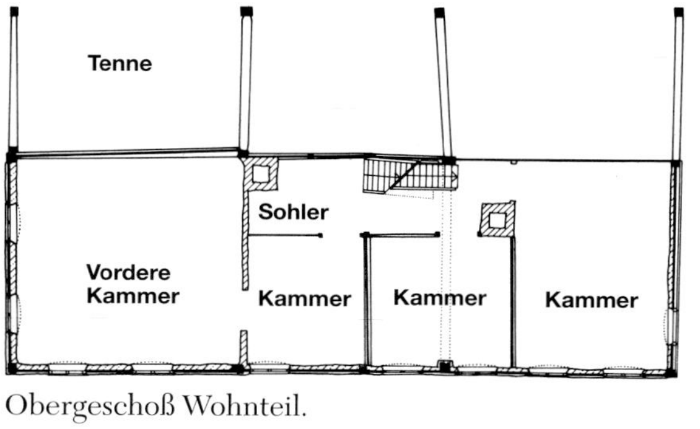

Obergeschoß Wohnteil.

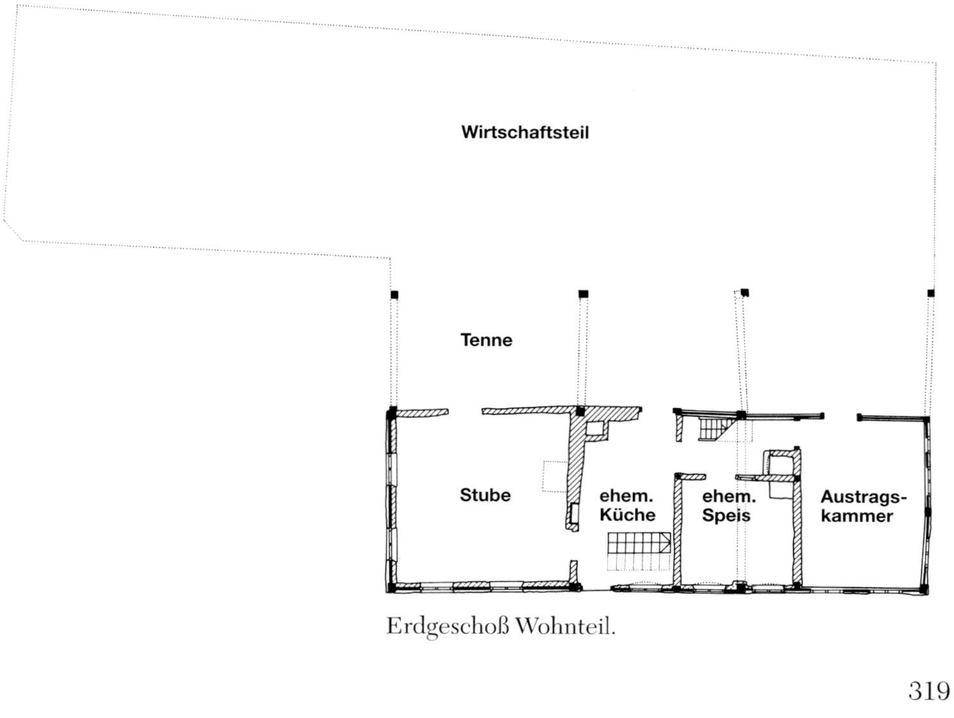

Erdgeschoß Wohnteil.

Boos

Nr. 44 (später 70), Memmingerstraße 4

Gemeinde Boos, Landkreis Unterallgäu

Wohnteil eines Einfirsthofes
»Bollenweber« (1809)
»Betscherhaus« (um 1860)
Erbaut: um 1800
1991: Abbruch

Zur Siedlung
Boos erstreckt sich als zwei Kilometer langes Straßendorf im Westen der westlichen Abdachung des mittelschwäbischen Hügellandes zur Illerebene hin. Das Martinspatrozinium der Pfarrkirche und der kurze, einsilbige Name lassen auf eine frühe Gründung der Ortschaft schließen, die 1084 erstmals urkundlich erwähnt wird. Von den insgesamt 96 Anwesen in Boos in der Zeit um 1809 waren 19 nicht »eigen« und mußten grundherrliche Abgaben leisten. Dazu gehörte auch das ehemalige Anwesen Nr. 70 »beim Bollenweber«.

Zur Hofgeschichte
Unter dem Hausnamen »Bollenweber« ist die alte Hausnummer 44 (zu Beginn des 20. Jahrhunderts Nr. 70) in den Steuerakten des Rentamt Memmingen zu finden. Das Häuser- und Rustikal-Kataster aus dem Jahr 1809 nennt Willebold Göppel als Besitzer des kleinen Betriebes, in dem wohl bereits im 18. Jahrhundert – der Hausname verweist darauf – als Zubrot gewebt wurde. Bei einer Wirtschaftsfläche, die nur aus etwa 2½ Jauchert Acker und gut 1 Tagwerk Wiesen sowie 1½ Tagwerk Acker- und Wiesen-Lehen zusammensetzt war, bedeutete dies eine Notwendigkeit. 1836 erbten Joseph Göppel und seine Schwester Barbara die Sölde, die im Grundsteuerkataster nun mit 12,22 Tagwerk veranschlagt wurde.

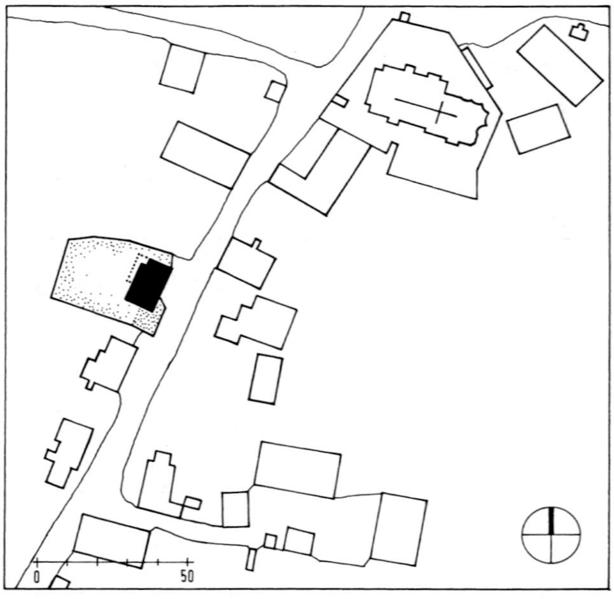

Lageplan 1819.

Zwanzig Jahre später kaufte Jacob Betscher das Anwesen um 2900 Gulden, allerdings nicht mit allen Grundstücken, die 1836 noch verzeichnet sind. Nach ihm tradierte sich der Hausname »beim Betscher« oder »Betscherhaus« bis ins 20. Jahrhundert. Zwischen 1853 und 1868 kaufte Betscher in regelmäßigen Abständen insgesamt fast fünf Tagwerk Grund zu und besaß 1868 eine Fläche von gut 13 Tagwerk. 1874 veräußerte er den Großteil des Besitzes nach Hausnummer 4. Es blieben nur noch 3,31 Tagwerk Grund. Jacob Betscher übergab 1884 an seine Tochter Mathilde und deren Mann Joseph Frommel, die den Hof bei einer Größe von 15½ Tagwerk bewirtschaften. 1955 gab Joseph Frommel jun. die Landwirtschaft auf. 1991 wurde das Gebäude verkauft, abgerissen und 1992 an derselben Stelle in ähnlicher Form als Bankgebäude wiederaufgebaut.

Bauhistorische Beschreibung
Der ehemalige »Bollenweberhof« stellte mit seiner strengen Giebelgliederung ein in den historischen Strukturen weitgehend erhaltenes Bauernhaus vor. Erbaut wurde es wohl in der Zeit um 1800 und besaß als für die Gegend typischer Mittertennbau einen abgetrennten, und nach hinten durchgesteckten Hausgang. Das kleine Söldnergütl lag an einem nach Westen hin leicht abschüssigen Gelände und wurde von der östlichen Traufseite erschlossen. Während die Außenwände im Erdgeschoß aus Ziegeln aufgemauert worden waren, war das Obergeschoß als Ständerbau angelegt. Dort hatte sich bis zum Abbruch des Gebäudes in Teilen die hölzerne Wandkonstruktion mit Brustriegeln und Streben erhalten. Mehrfach wurde umgebaut und verändert. Ein erster größerer Umbau hat wohl kurz vor 1836 stattgefunden. Das Grundsteuerkataster gibt einen »umgebauten Stadl und Stall« an, und in den Umschreibheften aus dem Jahr 1834 wird von einem »Sölderest« gesprochen. Aus der Zeit nach 1884 stammt der größere der Kellerräume mit seinem preußischen Kappengewölbe, der über eine Treppe im Hausgang begehbar war. Den Zugang eines älteren, beinahe quadratischen Kellerraums verschloß man beim Bau des zweiten Kellerraumes. In den 1920/30er Jahren wurden neue Fenster eingebaut, die jedoch die Fassaden nur unwesentlich veränderten. So zeigte der nach Süden gerichtete Giebel vier symmetrisch angelegte Fensterachsen. Die nach Süden gerichtete Giebelzone war mit auffälligem dreifachen Profil, das mit Biberschwanzziegeln abgedeckt war, doppelt gegliedert. Die im Lageplan erkennbaren kleinen Nebengebäude sind mit dem Abbruch des Hauses gewichen. Auch der im Umschreibekataster 1884 erwähnte Backofen ist in der Bauaufnahme des historischen Hausteiles nicht mehr auszumachen. Das stehende Sparrendach mit Aufschiebling war mit Falzziegeln gedeckt. Beim Wiederaufbau des Gebäudes 1992 versuchte man, die alten Bau- und Schmuckformen nachzuempfinden.

Ansicht des Mittertennbaus von Süden. Der Giebel mit gemauertem Ortgang und waagrechten Gesimsen ist symmetrisch gestaltet.

Ansicht von Osten.

Ansicht von Süden.

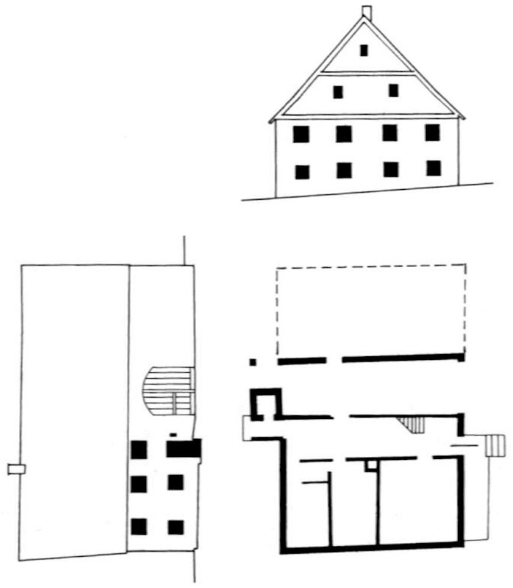

Ort	
Boos, Memminger Straße 4	
Gebäude	
Gebäudeart	Mittertennhaus
Wandkonstruktion	Ziegel/Fachwerk
Geschoßzahl	2 + Dach
Geschoßhöhe	2,1 m
Grundfläche (B × L)	115 qm (10,2 × 11,3 m)
Umbauter Raum	
Vollgeschosse	520 cbm
Dachgeschoß	360 cbm
Dach	
Dachart	Satteldach
Dachneigung	48°
Dachdeckung	Falzziegel
Dachüberstand	
Erschließung	
Hauseingang Lage	Traufseite
Flur Lage	Querflur
Grundfläche (B × L)	20,9 qm (2,2 × 9,5 m)
Treppe Art	einläufig
Laufbreite	70 cm
Steigungsverhältnis	17,5/21,8 cm, 39°
Stube	
Lage	Südostecke
Grundfläche (B × L)	20,6 qm (4,3 × 4,8 m)
Fensterzahl	4
Fensteröffnung (B × H)	100 × 100 cm
Belichtungsfaktor Fensteröffnung: Grundfläche	1 : 5,2
Stubenofen	
Küche	
Lage	neben Stube
Grundfläche (B × L)	11,8 qm (2,4 × 4,9 m)

Gebäudemerkmale für Bauberatung

Das Mittertennhaus steht mit nordsüdlicher Firstrichtung parallel zu der im Osten vorbeiführenden Straße. Das ca. 3 m breite Vorfeld steigt zur Straße hin an, wie aus den Stufen im Erdgeschoßgrundriß und auf dem Foto zu erkennen ist. Damit ist das Haus gefährdet, da bei Regengüssen oder Schneeschmelze das Oberflächenwasser von der Straße zum Haus hin abläuft und die Mauern durchfeuchtet werden – eine häufige Ursache für den späteren Abbruch.

Der zweigeschossige Rechteckbaukörper mit 10,2 m Breite und 19,0 m Länge wurde von der Bauaufnahme nur im Wohnteil mit anschließender Tenne auf eine Länge von 11,3 m erfaßt. Das 48° geneigte Satteldach gibt durch Aufschieblinge an den Traufen die Sparrenkonstruktion auch im äußeren Erscheinungsbild zu erkennen.

Die Haustüre an der östlichen Traufseite öffnet sich zu einem durchgehenden Querflur, von dem eine einläufige Treppe in das Obergeschoß aufsteigt und im rückwärtigen Teil eine weitere Treppe zum Keller hinabführt.

Die Stube mit 4,3 × 4,8 m Seitenlänge wird an der Süd- und Ostseite von 2 × 2 Fenstern gleicher Abmessungen und Abstände belichtet, die in den Wandabwicklungen eine Diagonalsymmetrie auf die Außenecke hin erkennen lassen. Daneben schließt die Küche mit Kamin und einer Speise an. Nördlich des Hausgangs folgt die durchgehende Quertenne, auf die der nicht mehr in der Bauaufnahme erfaßte Stallteil folgt.

Im Obergeschoß wiederholt sich die räumliche Organisation mit durchgehendem Querflur (Sohler), der zu den auf der südlichen Giebelseite liegenden oberen Stube und den beiden anschließenden kleinen Kammern führt. Die Quertenne nördlich des Flurs reicht mit der Höhe bis zur Dachtraufe des Obergeschosses. In der Mitte der südlichen Traufseite bildet das von Segmentbogen überwölbte zweiflügelige Tennentor einen bis zum Dach hinaufwirkenden baulichen Schwerpunkt, dessen Größe im Gegensatz zu den Fensterreihen des zweigeschossigen Wohnteiles deutlich in Erscheinung tritt.

Das Baugefüge wird von dem in Ziegel aufgeführten Massivbau der Außenmauern bis in das Giebeldreieck hinauf bestimmt. Die Profile der waagrechten Gesimse über den Vollgeschossen und auf der Höhe des stehenden Stuhles gehen bündig in den gemauerten Ortgang am Giebel über.

Die vier Fensterachsen des zweigeschossigen Giebels bilden eine zusammenhängende Komposition und werden trotz geringer Abweichungen der westlichen Achse mit kleinerem Fenster durch den klar gegliederten symmetrischen Giebel zu einer Einheit zusammengefaßt.

Bei 115 qm überbauter Fläche ergibt der Umrechnungsfaktor 0,75 eine Nutzfläche für Wohnteil und Tenne von ca. 86 qm im Erdgeschoß.

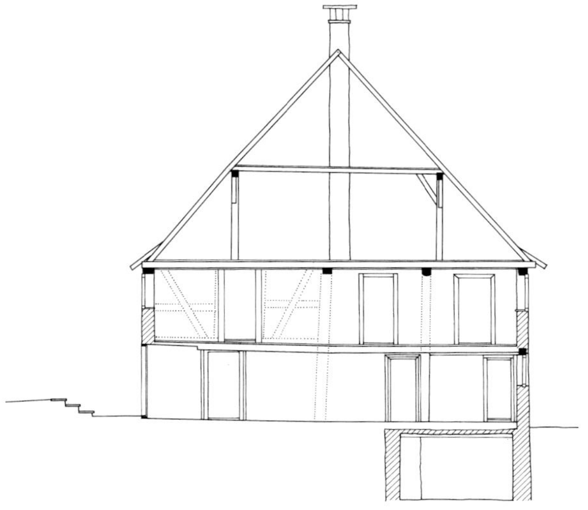

Querschnitt.

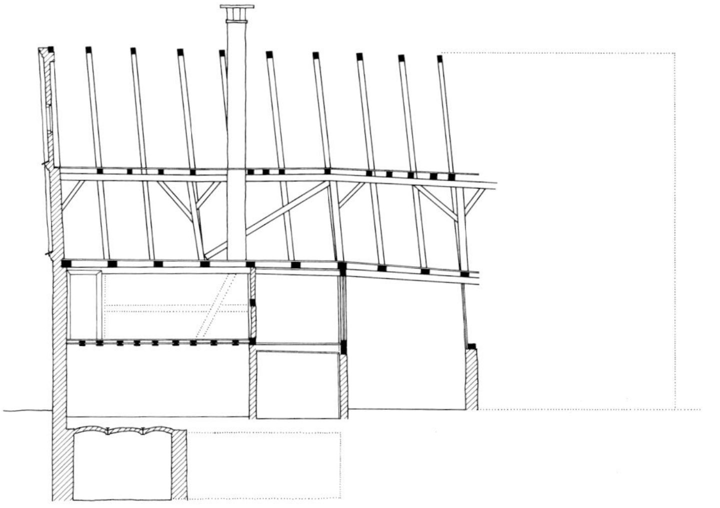

Längsschnitt.

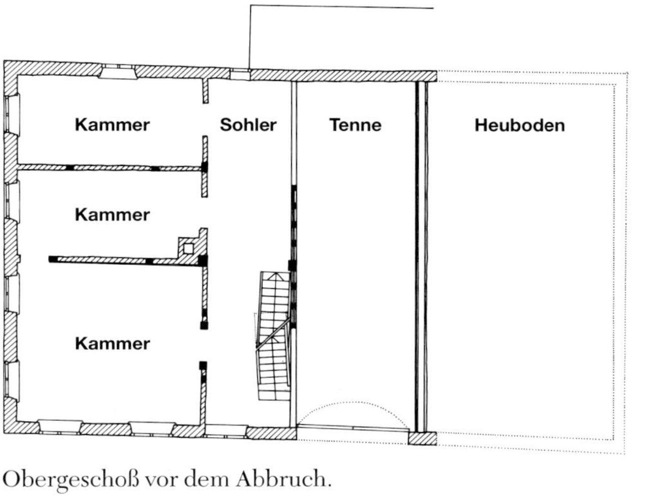

Obergeschoß vor dem Abbruch.

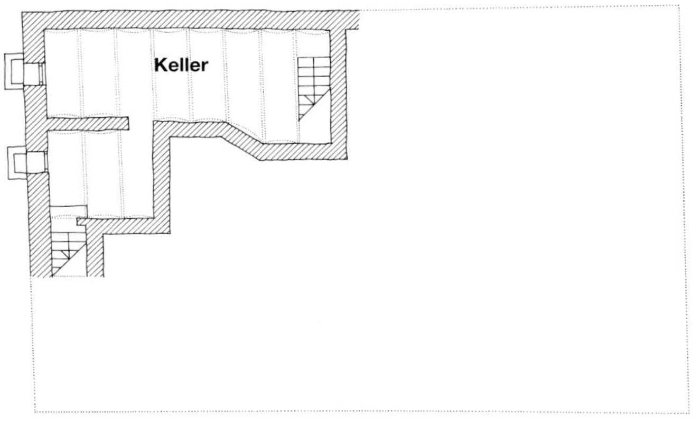

Kellergeschoß.

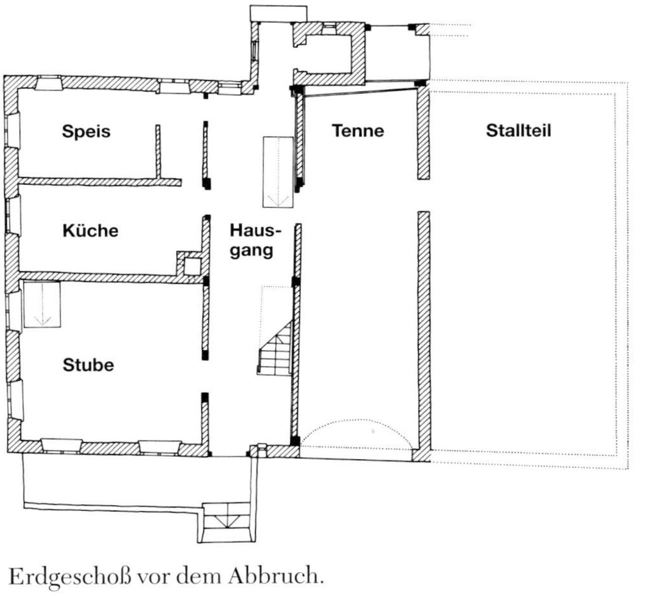

Erdgeschoß vor dem Abbruch.

Herbishofen

Nr. 4 (früher Nr. 2b)

Gemeinde Lachen, Landkreis Unterallgäu

Kornkasten und Stadel
»beim Zacher« (1789)
»Bauerngut« (1808)
1715: erbaut
1991/92: renoviert und saniert

Zur Siedlung

Das Entstehen der Siedlung Herbishofen reicht zurück in eine der hochmittelalterlichen Rodungsperioden. In der historischen Entwicklung des Dorfes, das seit der Säkularisation zur Gemeinde Lachen gehört, spielt das Reichskloster Ottobeuren eine wichtige Rolle. Nach den einschneidenden Verwüstungen in der ersten Hälfte des 17. Jahrhunderts durch Krieg und Pest wurde Herbishofen zum Teil durch Siedler aus der Schweiz wiederaufgebaut. Überörtliche Bedeutung erhielt das Dorf seit Beginn des 17. Jahrhunderts als reformierte Gemeinde. Die Glaubensspaltung der Herrschaft der Theinselberger wirkte sich auf den Ort aus, so daß es seit dem 18. Jahrhundert zwei Kirchen im Dorf gab, nachdem sich der Kemptener Fürstabt 1713 für den Bau einer neuen katholischen Kirche eingesetzt hatte.

Zur Hofgeschichte

Seit dem Jahr 1563 sind auf der Hofstelle des späteren Dreiviertelgutes »Zacherbauer« zahlreiche Besitzer namentlich nachweisbar. Im 17. Jahrhundert war der Hof im Besitz der Familie Birk und erblehenbar bei den Herren von Pappenheim. Ein Urbar aus dem Jahr 1771 gibt das Anwesen mit einer Wirtschaftsfläche von 80 Tw und 37 Decimal an. Die Besitzer des 18. und 19. Jahrhunderts sind greifbar über die Inschriften auf der hofseitigen Wand des Fachwerkstadels. Der Hofnamen »Zacherbauer« geht zurück auf Zacharias Einsiedler, der den Hof 1789 von seinem Vater Tobias Einsiedler übernommen hatte. An Gebäuden waren 1808 »ein ziegel gemauertes Wohnhaus mit Hofraite sammt holzernem Stadel mit Ziegeldach nebst einem Schopf« verzeichnet. Das zum Stadel gehörige zweigädige Wohnhaus war als sekundärer Fachwerkkonstruktion ursprünglich im ersten Stock und im Giebel als Fachwerkbau ausgeführt. Eine im Familienbesitz befindliche aquarellierte Zeichnung aus dem 19. Jahrhundert zeigt, daß Wohnhaus und der den Kornkasten bergende Stadel mit denselben Fachwerkornamenten ausgestattet waren. 1819 wurde das Gut von Zacharias Einsiedler an seine Tochter übergeben, die daraufhin den Salomon Ottinger heiratete. Im Besitz dieser Familie Ottinger blieb der Hof bis heute und wird noch immer als landwirtschaftlicher Betrieb geführt.

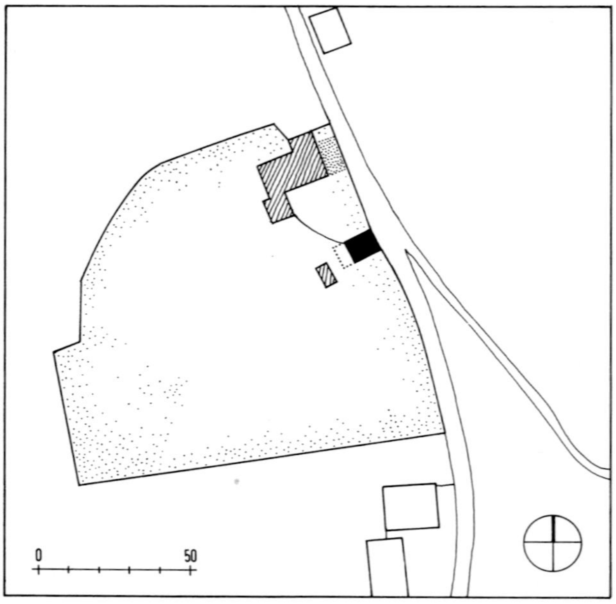

Lageplan 1824.

Bauhistorische Beschreibung

Laut Inschrift auf der Fachwerk-Fassade der hofseitigen, nördlichen Traufseite wurde der von einem Stadel umbaute Kornkasten von Philip J. Heider im Jahr 1715 gebaut. Mit dieser Jahreszahl ist auch die Kammer im ersten Obergeschoß datiert. Der Stadel selbst sowie der Kornkasten sind jedoch älter als das Fachwerk. Der ursprüngliche Ständerbau mit zum Teil erneuerten Lehm-Stroh-Ausfachungen hat sich in sichtbaren Teilen erhalten. Auf der zum Hof gelegenen Traufseite sind in den Eckständern und im Mittelständer abgeschnittene Kopfbänder und deren Schwalbenschwanz-Verblattungen erhalten. Auch der mit einem Eselsrückenmotiv ornamentierte Türsturz rechts neben dem Stadeltor ist Teil des urspünglichen Baues. Der Kornkasten in massiver Blockbauweise lagert auf Schwellhölzern, die auf Einzelfundamenten gegründet sind. Die einzelnen mit Bohlen ausgefachten Kornschütten sind zum Teil noch vorhanden. Einige Balkenunterzüge der Decke sind abgefast und in Ocker und Schwarz bemalt, an sie wurden Hufeisen genagelt, denen eine schadensabweisende Wirkung zugeschrieben wurde. Die reichhaltige Fachwerk-Ornamentierung der Nordfassade des Stadels wurde offensichtlich mit der Giebelfassade des Wohnhauses 1715 erneuert, während die Südseite vertikal verbrettert ist. Unter Jacob Heider wurde zwischen 1770 und 1780 der straßenseitige Ostgiebel, unter dem sich die Ständerkonstruktion mit den typischen Verstrebungen wie Kopfbug, Kopfband und Fußstrebe erhalten hat, verputzt und mit Putzbändern gegliedert. Die Ecken betonte eine illusionierend gemalte Eckrustika. Zwei aufgemalte Textfelder enthalten rückwärts zu lesende Sinnsprüche. Die Dachbalken des einfach stehenden Sparrendachs mit Aufschieblingen kragen an der Hofseite zu einem kleinen Vordach aus. In Zusammenarbeit mit dem Bayerischen Landesamt für Denkmalpflege ist der Stadel in den Jahren 1991/92 unter Georg Ottinger restauriert worden.

Ansicht von Osten.

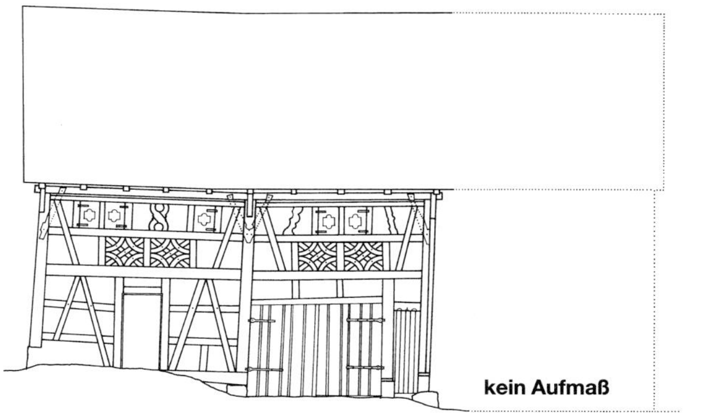

Ansicht von Norden.

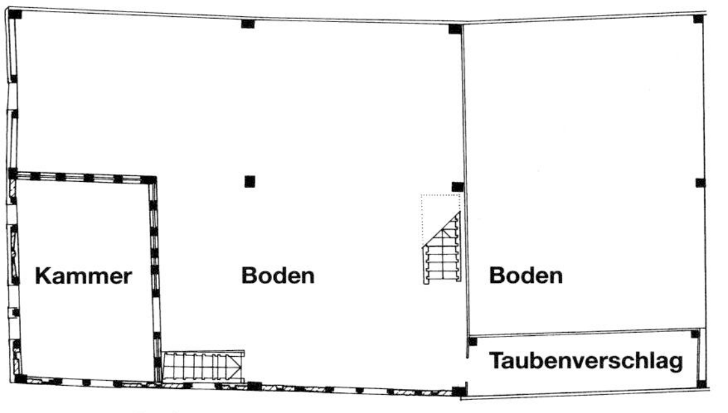

Obergeschoß.

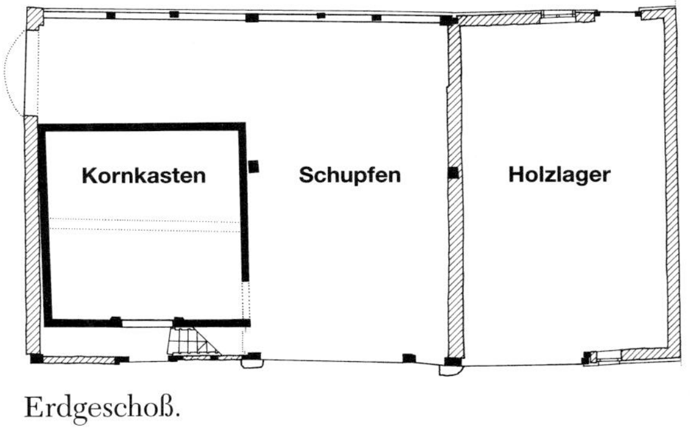

Erdgeschoß.

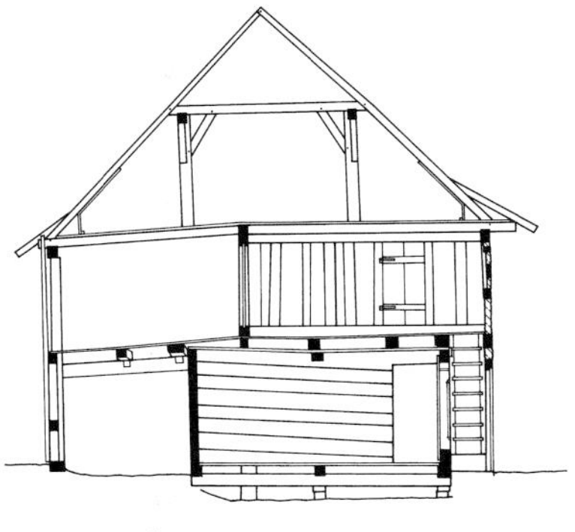

Querschnitt.

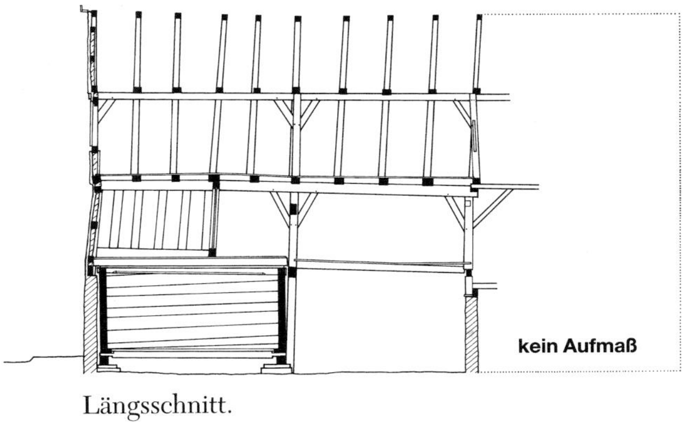

Längsschnitt.

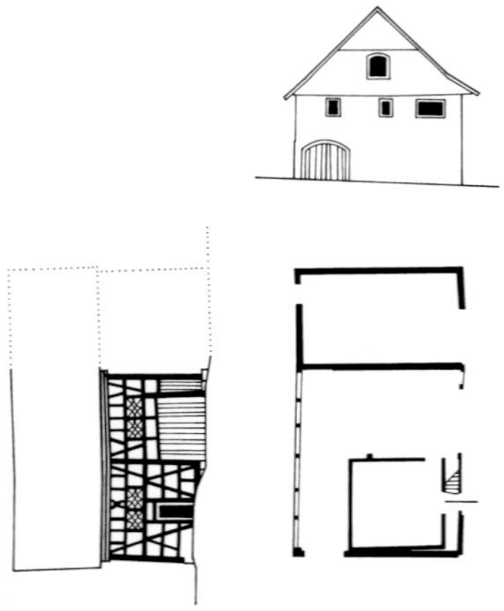

Ort
Herbishofen, Nr. 4

Gebäude

Gebäudeart	Kornkasten und Stadel
Wandkonstruktion	Ziegel/Fachwerk mit Lehm-/Stroh-Ausfachung, Blockbau/Bohlenständerbau
Geschoßzahl	2 + Dach
Geschoßhöhe	2,9 m
Grundfläche (B × L)	114 qm (8,0 × 14,3 m)
Umbauter Raum	
Vollgeschosse	500 cbm
Dachgeschoß	240 cbm

Dach

Dachart	Satteldach
Dachneigung	47°
Dachdeckung	Biberschwanzziegel
Dachüberstand	40 cm (Giebelseite)

Erschließung

Hauseingang Lage	Traufseite
Flur Lage	
Grundfläche (B × L)	
Treppe Art	einläufig
Laufbreite	50 cm
Steigungsverhältnis	

Gebäudemerkmale für Bauberatung
Die Hofstelle am Nordrand des Dorfes Herbishofen wird von der im Osten vorbeiführenden Straße aus erreicht. Der Stadel mit Kornkasten steht am südlichen Rand des Hofraumes, der im Norden vom Wohnstallhaus begrenzt ist.
Der nahezu quadratische Kornkasten von 4,6 m Seitenlänge ist als selbständige Blockbaukonstruktion in die Nordwestecke des Stadels eingesetzt. Der Stadel selbst weist eine Breite von 8,0 m, eine Länge von 14,3 m auf und trägt ein 47° geneigtes Satteldach.
Die Zugänge zum Stadel und den von ihm umschlossenen Kornkasten öffnen sich an der nördlichen Traufseite zum Hofraum mit Türen und zweiflügligen Brettertoren.
In das Obergeschoß steigt neben dem Kornkasten eine schmale einläufige Treppe auf, die zu Lagerflächen und einer kleinen Kammer (3,0 × 4,5 m Seitenlänge) in der Nordwestecke über dem Kornkasten führt.
Das Baugefüge des Stadels ist im Erdgeschoß an den Giebelseiten als verputztes Ziegelmauerwerk und an den Traufseiten als Fachwerk ausgeführt, das ebenso im Oberschoß an der dem Hof zugewandten nördlichen Traufseite und der zur Straße ausgerichteten Giebelseite auftritt. Dagegen sind die übrigen Seiten als Ständerkonstruktion mit senkrechten Brettern verschalt.
Im Fachwerk der Schauseiten nach Osten und Norden ist die konstruktive Freiheit der Fensteranordnung zwischen Brustriegel und Stirnriegel durch wechselnde Achsabstände und gekoppelte Öffnungen deutlich hervorgehoben, während die Andreaskreuze der Brüstungen zwischen Schwelle und Brustriegel zwei ähnliche Felder als gemeinsame Gestalttendenz zeigen.

Ansicht des renovierten Fachwerkstadels mit eingebautem Kornkasten von Osten.

Illerbeuren

Museumsstraße 8 (alte Nr. 10)

Gemeinde Kronburg, Landkreis Unterallgäu

Mittertennhaus
»Nattererhof« (seit 1863)
Erbaut: um 1780
1988: Bestandteil des Bauernhofmuseums Illerbeuren

Zur Siedlung

Am Illerübergang, auf einer kleinen Terrassenanhöhe von Illerhochwassern geschützt, liegt das erstmals im Jahr 948 als Puirra von einem Priester namens Paldmunt erwähnte Dorf Illerbeuren. Bereits zu dieser Zeit erwarb das Kloster Kempten dort Besitzungen, was in den folgenden Jahrhunderten immer wieder zu Machtstreitigkeiten mit der Herrschaft Kronburg führte. Sie hatte im späten 14. Jahrhundert Illerbeuren in Besitz genommen und fungierte als Lehensherr fast für den ganzen Ort. Auch das später zum »Nattererhof« gewordene Schmiedgütl gehörte als Ehafte den Kronburgern. Nach einer sog. »Herrenrechnung« aus dem Jahr 1700 umfaßte das Dorf 15 Anwesen, eines davon war ein ganzer Hof, sechs Hofstellen waren als mittlere und halbe Höfe, die übrigen waren als Söld- oder Häuslergüter angegeben. Auch im Jahr 1810 hatte sich an dieser ökonomischen Schichtung der Dorfgemeinschaft nichts geändert.

Zur Hofgeschichte

In den Vereinödungsakten aus dem Jahr 1798 wird der Hof unter der Hausnumer 10 mit dem Hausnamen beim »Dehm« geführt. Als Hausheiliger ist der heilige Anton verzeichnet. Mit einem Grundbesitz von 36 Jauchert war der Hof der fünftgrößte im Dorf. Schon sein dem 14. Jahrhundert war die Hofstelle als »Schmiedgütl« ausgewiesen. Im Zeitraum zwischen 1555–1651 sind die Schmiede sogar namentlich belegt. Erst 1826 verlagerte sich die Schmiede mit dem letzten Schmied Josef Diem nach Hausnummer 6, wo nun das Schmiedehandwerk weiter ausgeführt wurde. Seit 1863 besaß die Familie Natterer, beginnend mit Ignaz Natterer, den Hof und betrieb dort eine Landwirtschaft. Dem Trend der Zeit folgend, setzte auch hier die Maschinisierung ein. Vieh- und Milchwirtschaft verdrängten auch im unteren Allgäu an der Iller immer mehr den Ackerbau, der beim Nattererhof im Jahr 1905 nur noch die Hälfte der ursprünglichen Anbaufläche ausmachte. Remigius Natterer betrieb das Anwesen bis in die 1980er Jahre als Landwirtschaft. Mit einer Betriebsgröße von 63 Tagwerk Grund und 45 Stück Vieh im Stall gehörte der Hof auch damals noch zu den größten Höfen des Ortes. Seit 1988 ist der Hof Bestandteil des Bauernhofmuseums Illerbeuren und dokumentiert bäuerliches Leben im Kontext des im 19. Jahrhundert einsetzenden Strukturwandels in der Landwirtschaft bis in die Zeit um 1960.

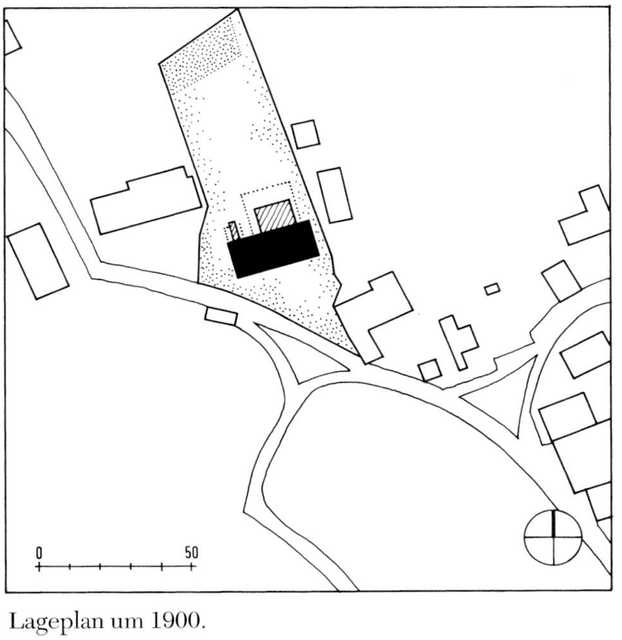

Lageplan um 1900.

Bauhistorische Beschreibung

Der um 1780 erbaute Nattererhof war ursprünglich ein einfacher Mittertennbau mit aus Ziegel gemauertem Erdgeschoß und einem in sekundärem Fachwerk errichteten Obergeschoß. Aus der Erbauungszeit stammt das Fachwerk über dem Tennentor und dem Stall, dessen Ziermotive mit denen des Hofes Nr. 4 in Herbishofen (vgl. auch der Kornkasten) korrespondieren. Ein abgetrennter, durchgesteckter Hausgang erschließt von der südlichen Traufseite den Wohnteil des zweigeschossigen Einfirsthofes. Die zur Straße liegende Giebelseite weist fünf Fensterachsen auf. Dahinter reihen sich die Stube mit zwei zu zwei Fenstern, die Küche und nach Norden eine weitere kleine Stube aneinander, die – geteilt – im Zeitraum zwischen 1950 und 1970 als Badezimmer und Speisekammer genutzt worden ist. An die Tenne grenzten der Roß- und schließlich der Kuhstall. Bis zur Mitte des 19. Jahrhunderts bestand der Nattererhof nur aus dem Hauptgebäude und zwei kleinen Zubauten, einem Backhaus und einer Remise. Ferner befand sich ein Brunnen im Hofraum, der 1833 als Dienstbarkeit ins Kataster eingetragen worden ist. Wohl um die Jahrhundertmitte wurde der Stall vergrößert. 1879 kam es unter Remigius Natterer im Osten zum Anbau eines Göpelhauses, das die Dresch- und Futterschneidemaschinen und deren Betrieb durch tierische Antriebskraft ermöglichte. Weitere bauliche Veränderungen und Erweiterungen kennzeichneten die Zeit um und nach 1950. Für die Eingliederung des Hofes in den Komplex des Bauernhofmuseums Illerbeuren wurden Veränderungen vorgenommen, die jedoch in den historischen Bestand des Wohnteils nicht wesentlich eingriffen, sondern den Zustand der Zeit um 1960 wiederherstellten.

Südansicht des zweigeschossigen Mittertennbaus. Im Vordergrund die Familie Natterer.

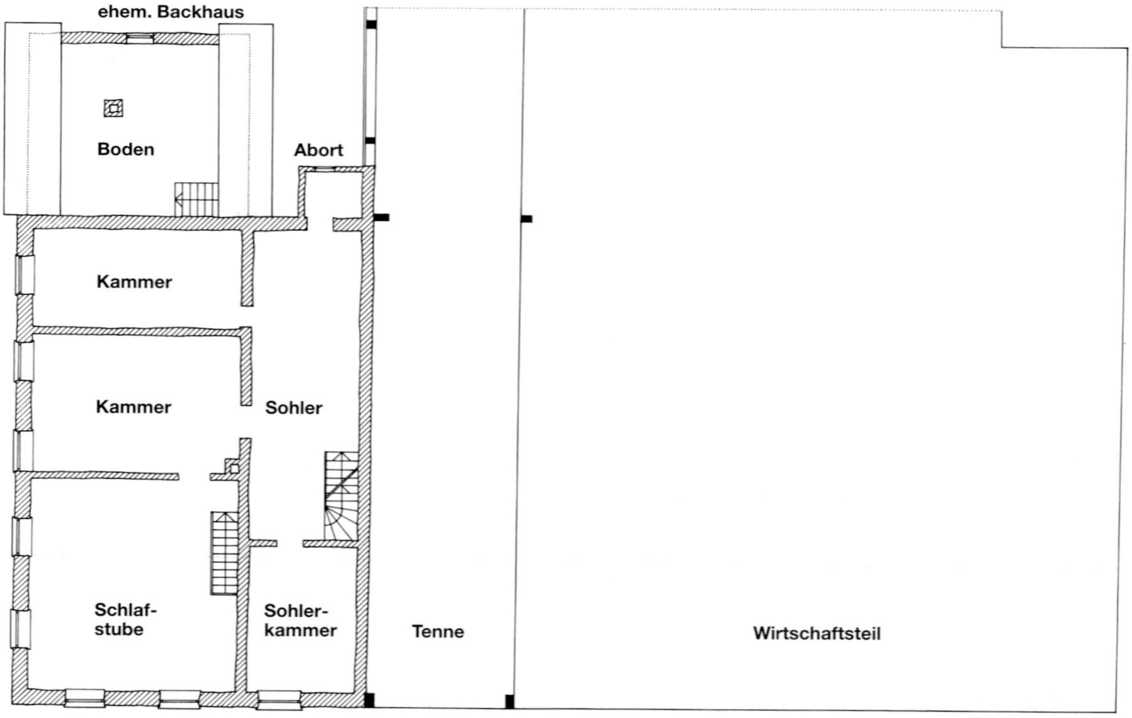

Obergeschoß ca. 1950–1970.

Ansicht von Westen.

Ansicht von Süden.

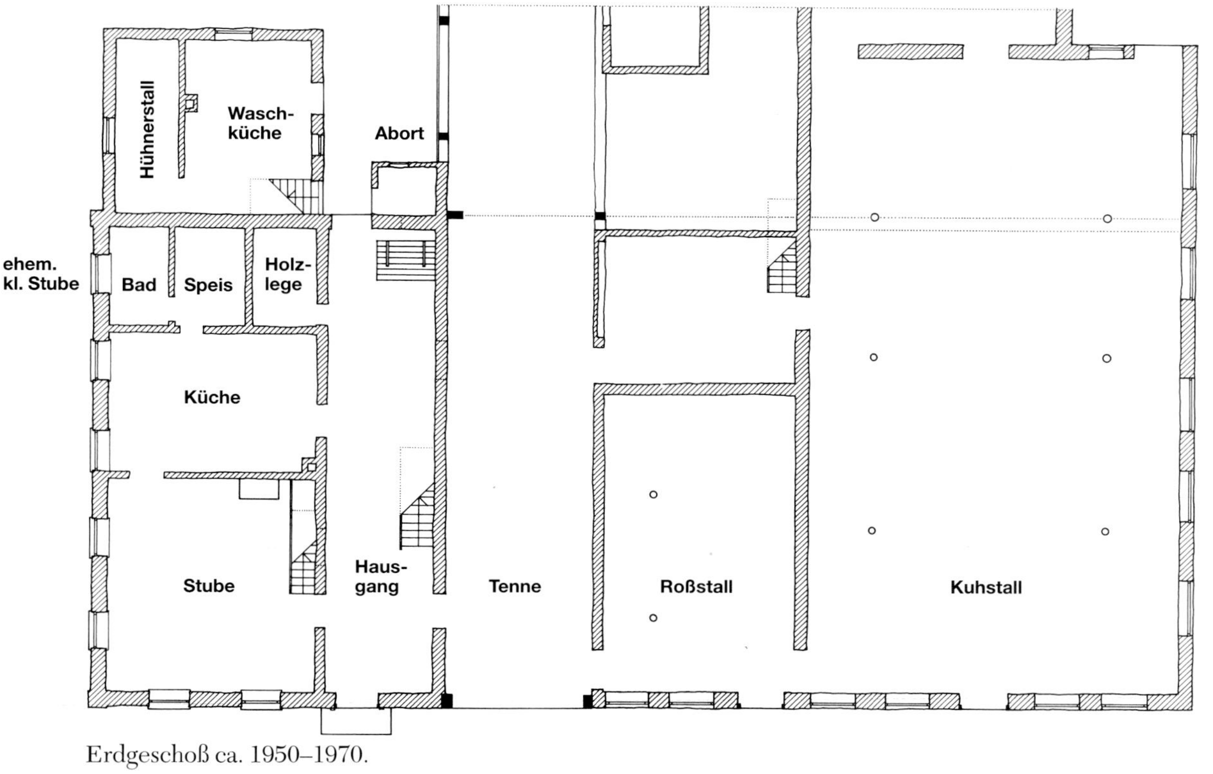

Erdgeschoß ca. 1950–1970.

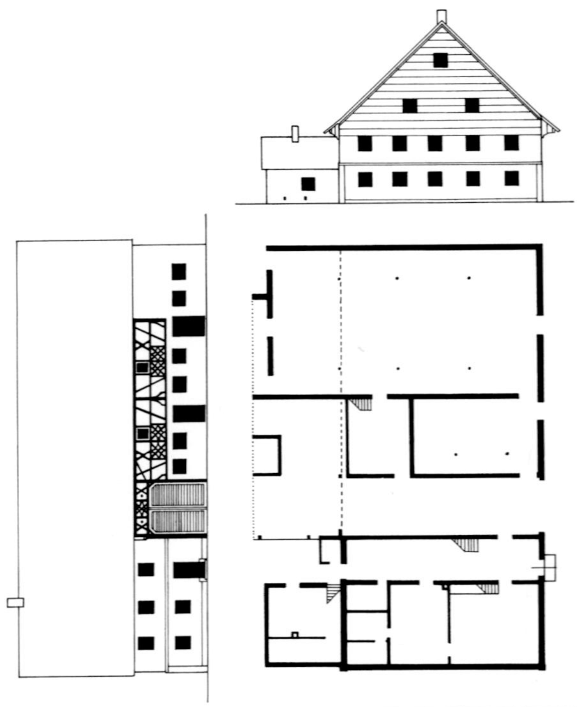

Ort	
Illerbeuren, Museumsstraße 8	
Gebäude	
Gebäudeart	Mittertennhaus
Wandkonstruktion	Ziegel
Geschoßzahl	2 + Dach
Geschoßhöhe	
Grundfläche (B × L)	391 qm (13,4 × 29,2 m Hauptbaukörper)
Umbauter Raum	
Vollgeschosse	
Dachgeschoß	
Dach	
Dachart	Satteldach
Dachneigung	45°
Dachdeckung	
Dachüberstand	20 cm (Giebelseite)
Erschließung	
Hauseingang Lage	Traufseite
Flur Lage	Querflur
Grundfläche (B × L)	35,0 qm (2,8 × 12,5 m)
Treppe Art	einläufig
Laufbreite	80 cm
Steigungsverhältnis	
Stube	
Lage	Südwestecke
Grundfläche (B × L)	31,9 qm (5,1 × 5,8 m)
Fensterzahl	4
Fensteröffnung (B × H)	105 × 105 cm
Belichtungsfaktor	
Fensteröffnung: Grundfläche	1 : 7,2
Stubenofen	

Gebäudemerkmale für Bauberatung

Der Ortskern von Illerbeuren, mit Kirche und einer hintereinander gestaffelten Gruppe von ostwestgerichteten Bauernhöfen liegt über einer Flußschleife der Iller und wird von einer nach Nordwesten verlaufenden Ortsstraße erschlossen, auch das große Anwesen des Nattererhofes.

Der zweigeschossige Hauptbaukörper weist ohne die späteren Anbauten an der nördlichen Traufseite eine Breite von 13,4 m und eine Länge von 29,2 m auf. Er trägt ein 45° geneigtes Satteldach. Die Haustüre führt an der südlichen Traufseite in einen durchgehenden Querflur, der seitlich die einläufige Treppe in das Obergeschoß aufnimmt.

Die Stube mit 5,1 × 5,8 m Seitenlänge ist in der Südwestecke angeordnet. Sie wird von zwei Fensterpaaren gleicher Abmessungen und Detailausbildung über Eck belichtet. Von der Ofenecke führt eine schmale einläufige Kammerstiege in die Schlafstube des Obergeschosses, eine Erschließung, die bei Mittertennbauten ohne eigenen Hausflur eine alte Tradition darstellt und hier zusätzlich zur Haupttreppe im Flur beibehalten wurde.

Neben der Stube folgt die Küche mit der Feuerstelle und an der Nordwestecke des Hauptbaukörpers Speise und Bad sowie Holzlege, kleinere Räume, die durch den Umbau der ehemaligen kleinen Stube gewonnen wurden.

Auf der Ostseite des Flurs schließt die Quertenne mit großen zweiflügligen Toren auf beiden Traufseiten an. Dahinter liegen der Roßstall und dann der große Rinderstall, die beide über Türen von Süden her versorgt und nach Norden hin entmistet werden können.

Das Obergeschoß zeigt die gleiche räumliche Organisation von durchgehendem Querflur und drei Kammern in der westlichen Giebelseite. An der nördlichen Traufseite ist der Bodenraum eines Anbaus vorgesetzt, der im Erdgeschoß als Waschküche genutzt wird.

Verputztes Ziegelmauerwerk bestimmt das Baugefüge in allen Teilen des Erdgeschosses, wogegen in der südlichen Traufansicht unter der hohen Tenneneinfahrt und über dem Stall Fachwerkkonstruktionen mit Ständern, schrägen Streben und Brüstungsfeldern aus reich gestalteten Andreaskreuzen zu erkennen sind.

Bei 391 qm überbauter Fläche ergibt der Umrechnungsfaktor von 0,75 eine Nutzfläche von ca. 293 qm je Geschoß.

Oberkammlach

Alte Nr. 10, Pfarrer-Herb-Straße 11

Gemeinde Kammlach, Landkreis Unterallgäu

Mittertennbau
»Bachvest« (1765)
»Stegmüller« (1836)
»Diepolder« (1908)
Um 1700 erbaut
1942: abgebrochen

Zur Siedlung

An einer Hangkante östlich der Kammlach gelegen, erstreckt sich das Straßendorf Oberkammlach im westlichen Teil des Dorfes mit Kirche und Pfarrhof hinunter bis zur Kammlach und zur historischen Steinbrücke, über die der Weg nach Unterkammlach führt. Seit dem 13. Jahrhundert war Oberkammlach als Gerichtsort belegt, der zur Herrschaft Mindelheim gehörte. Ein wichtiges historisches Ereignis ist die »Schlacht von Kammlach«, in der sich am 13. 8. 1796 Republikaner und königstreue Franzosen bekämpften und ein Schlachtfeld mit 1200 Toten hinterließen.

Zur Hofgeschichte

Seit dem Jahr 1601 sind die Besitzer der kleinen Sölde in der Nähe von Kirche und Pfarrhof in Oberkammlach namentlich faßbar, mehrfach änderten sich die Hausnamen. Das Haus Nr. 10 war indirekt auch in die Begebenheiten um die »Schlacht von Kammlach« verstrickt. In dem damals noch unter dem Hausnamen »Bachvest« bekannten Hof versteckte sich der Kammlacher Pfarrer Ignatz Reisch, während durch die französischen Söldner Pfarrhof und Kirche ausgeraubt wurden.

In einem Urbar der Herrschaft Mindelheim aus dem Jahr 1721 werden für Oberkammlach 49 Anwesen verzeichnet. Bei dem Haus Nr. 10 handelt es sich vermutlich um einen der der Herrschaft Mindelheim zugehörigen 40 Achtelhöfe, welcher nicht eigens mit Hausnamen angegeben wurde. Das Kataster aus dem Jahr 1836 gibt das Anwesen als »Sölde beim Stegmüller« im Besitz eines Sebastian Bögle an. 1850 bewirtschaftete Bögle 23 Tagwerk Acker, Wiesen und Waldungen, nachdem er während der letzten zwanzig Jahre stetig zugekauft hatte.1853 kauften Mathias Martin und dessen Ehefrau Kreszenz die Sölde um 700 fl. Fünf Jahre später übernahmen sie schließlich für 1330 fl auch die Teile der vormals dazugehörigen Acker- und Wiesengründe. Joseph Diepolder, nach dem der Hof, und nach dessen Abbruch die Hofstelle bis in die zweite Hälfte des 20. Jahrhunderts hinein benannt wurde, kaufte das Anwesen schließlich von einem Georg Zinth im Jahr 1908 um 1450 Mark. An Grund gehörten damals 1,92 Tagwerk zum Haus. Diepolder war der letzte Bewohner des Anwesens, das 1942 wegen Baufälligkeit abgebrochen wurde.

Lageplan 1808.

Bauhistorische Bescheibung

Die »Sölde beim Stegmüller« beschreibt das Grundsteuerkataster 1836 als »Wohnhaus mit Stadl, mit Viehstallung unter einem Dache«. Der kleine Einfirsthof war ein Ständerbohlenbau, dessen Wände im Erdgeschoß mit Bohlen geschlossen waren. Das obere Geschoß war als Fachwerk mit Brustriegeln und Steigstreben errichtet und ausgefacht worden. Die historischen Photographien zeigen das Obergeschoß verputzt, vermutlich im Bestand seit dem 19. Jahrhundert. Das flachgeneigte Rafendach mit Firstsäule wurde im 19. Jahrhundert um einen Kniestock erhöht. Das Dach behielt jedoch die geringe Dachneigung, auch wenn die Dachhaut nun aus Mönch- und Nonnenziegeln anstelle der Legschindeln bestand.

Über eine im Sturz segmentbogenförmig ausgeschnittene Haustüre, die direkt in die Küche führte, wurde das Anwesen von Süden her erschlossen. Stube und Küche lagen zur Südwest und Südseite, während der Stall auf der rückwärtigen Seite über die Tenne zugänglich war. Von der Küche aus erreichte man das obere Geschoß durch eine Stiege. Durch den über der Küche liegenden Sohler führte die Rauchkutte über dem Küchenherd den Rauch ab. Über den Sohler konnte auch die vordere Kammer begangen werden, die den Zugang zur hinteren Kammer ermöglichte. Die Sölde lag ein wenig abschüssig an einem Hang, der angegraben wurde, um Raum für den Wirtschaftsteil zu schaffen. Der Plan der historischen Bauaufnahme aus der Zeit vor 1940 dokumentiert im Gegensatz zu den Photographien nicht, daß die Tenne später noch weiter in den Hang hinein erweitert wurde. An der Nordseite wurde das Dach herabgezogen und so weiterer Raum gewonnen. Diese Erweiterungen stehen möglicherweise in Zusammenhang mit den steten Zukäufen von Acker

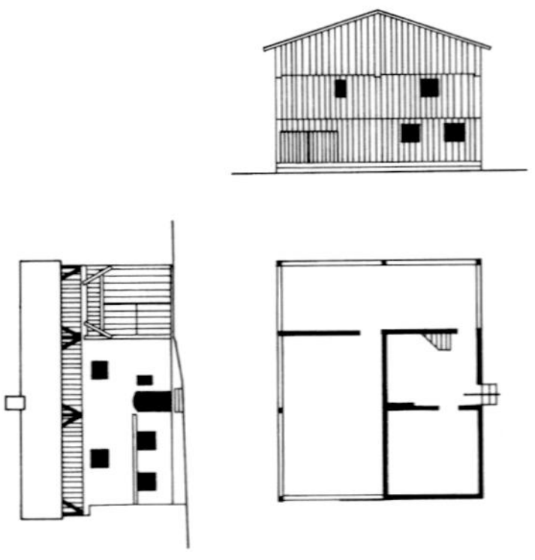

Ort	
Oberkammlach, Pfarrer-Herb-Straße 11	
Gebäude	
Gebäudeart	Wohnstallhaus
Wandkonstruktion	Ständerbohlenbau/ Fachwerk verputzt
Geschoßzahl	2 + Dach
Geschoßhöhe	1,9 m
Grundfläche (B × L)	99 qm (9,0 × 11,0 m)
Umbauter Raum	
Vollgeschosse	550 cbm
Dachgeschoß	80 cbm
Dach	
Dachart	Satteldach
Dachneigung	19°
Dachdeckung	Mönch- und Nonnenziegel
Dachüberstand	50/20 cm (Giebelseite)
Erschließung	
Hauseingang Lage	Traufseite
Flur Lage	Querflur
Grundfläche (B × L)	10,0 qm (2,0 × 3,3 + 1,7 × 2,0 m)
Treppe Art	einläufig
Laufbreite	50 cm
Steigungsverhältnis	
Stube	
Lage	Südwestecke
Grundfläche (B × L)	15,6 qm (3,9 × 4,0 m)
Fensterzahl	4
Fensteröffnung (B × H)	100 × 90 cm
Belichtungsfaktor Fensteröffnung: Grundfläche	1 : 4,3
Stubenofen	
Küche	
Lage	im Hausgang
Grundfläche (B × L)	3,0 qm (1,4 × 2,0 + 0,2 × 0,8 m)

und Wiesen durch Sebastian Bögle um die Mitte des 19. Jahrhunderts.

Gebäudemerkmale für Bauberatung

In dem zum Flußlauf der Kammlach abfallenden Hanggelände steht nördlich der Kirche mit ostwestgerichtetem First das kleine Wohnstallhaus, das von Süden her über die Ortsstraße erschlossen ist.

Der zweigeschossige Rechteckbaukörper von 9,0 m Breite und 11,0 m Länge trägt ein 19° geneigtes im letzten Bauzustand mit Mönch- und Nonnenziegeln gedecktes Satteldach. Die Haustüre in der südlichen Traufseite öffnet sich in eine Flurküche, die seitlich die einläufige Treppe zum Obergeschoß aufnimmt.

Die Stube ist in der Südwestecke angeordnet. Der nahezu quadratische Raum wird von je zwei Fenstern gleicher Abmessungen und Detailausbildung über Eck belichtet.

Die Grundrißorganisation des Hauses ist von 3 × 2 Feldern ähnlicher Größenordnung konsequent durchgestaltet. Neben der Flurküche und der Stube, die je ein Feld der südlichen Traufseite besetzen, liegt entlang der nördlichen Traufseite der zwei Felder umfassende Stall. Die Quertenne schließt nach Osten mit zwei Feldern an, die jeweils durch Türen mit Stall und Flurküche verbunden sind.

Im Obergeschoß wiederholen sich die sechs Felder, die hier durch die Lage der Holzständer an den Eckpunkten noch deutlicher hervortreten. Das südliche Mittelfeld ist durch eine einläufige Treppe vom Erdgeschoß her als Erschließungszone (Sohler) gekennzeichnet.

In der Ansicht der südlichen Traufseite zeichnen sich die drei Felder mit den senkrechten Ständern, vor allem im Fachwerk des Obergeschosses ab, auf das noch ein niedriges mit Brettern verschaltes Kniestockgeschoß aufgesetzt ist. Verteilung und Ausbildung der Türen, Tore und Fenster geben die Raumnutzungen zu erkennen: Die Haustüre mit seitlichem Belichtungsfenster, die Flurküche, das Fensterpaar an der Südwestecke die Stube; im Obergeschoß darüber die Einzelfenster von Sohler und vorderer Kammer und das hohe zweiflügelige Brettertor der Tenne.

Auf der Giebelansicht bilden in der Südwestecke die durch obere und untere Querbalken zusammengefaßten Stubenfenster eine konstruktive Einheit ähnlich dem alemannischen Fenstererker.

Die Aufmaße des schon 1942 abgebrochenen Wohnstallhauses geben nicht über alle Details Auskunft, weisen jedoch auf eine konsequente konstruktive Gestaltung hin.

Bei 99 qm überbauter Fläche ergibt der Umrechnungsfaktor von 0,75 eine Nutzfläche von 74 qm im Erdgeschoß.

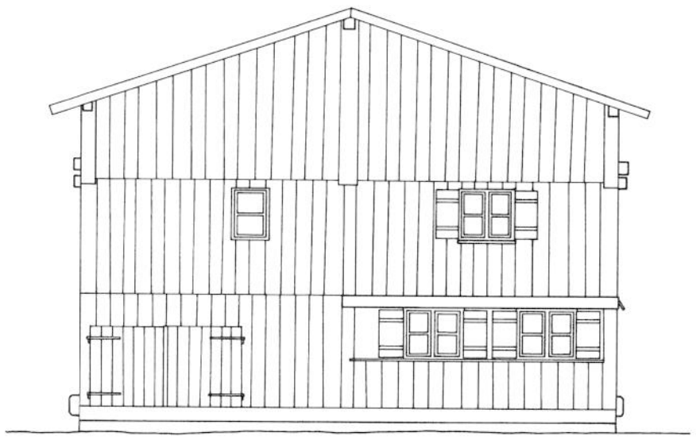

Ansicht von Westen.

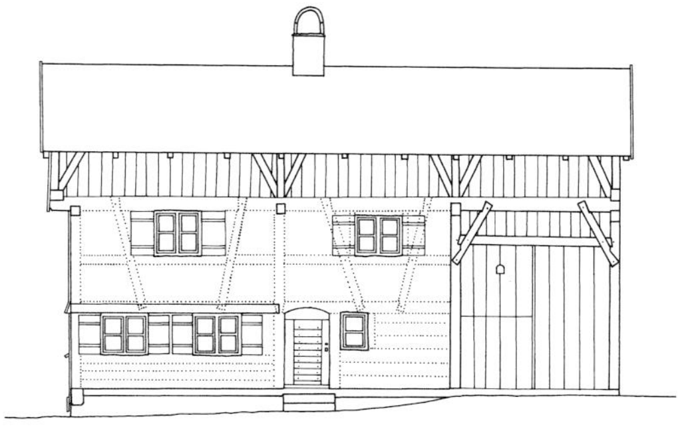

Ansicht von Süden.

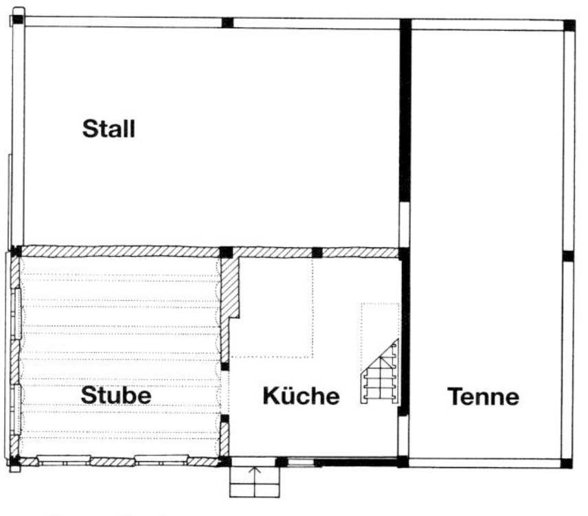

Erdgeschoß.

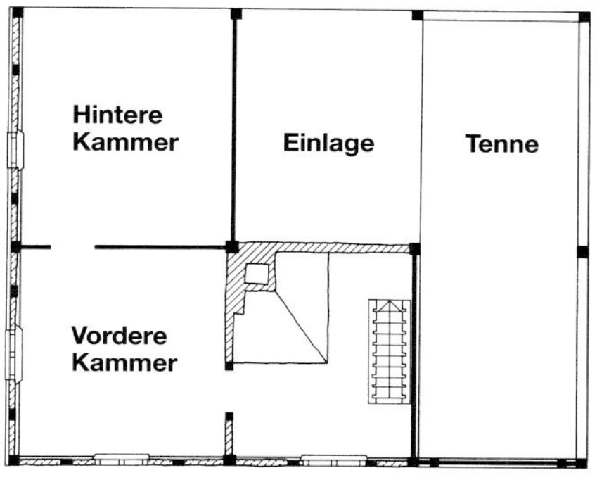

Obergeschoß.

Südliche Traufseite mit betontem Fenstererker der Stube.

Untersteinbühl

Woringer Wälder Nr. 3

Gemeinde Woringen, Landkreis Unterallgäu

Stadel mit Kornkasten
»Bauerngut im unteren Sterobühl« (1700)
»beim Kleßr« (1808)
1681: erbaut

Zur Siedlung

Das Untersteinbühl gehört zu den sieben Einöden der »Woringer Wälder« in der Gemeinde Woringen. Es entstand als Rodungssiedlung der Woringer Herren wohl im 14. oder 15. Jahrhundert. Urkundlich erwähnt wurde das Untersteinbühl erstmals im Jahr 1465 als »Möttellins Ainöde zum Sterenbühl«. Der Namen ist etymologisch aus dem mhd. Stere abzuleiten, d.h. der für die Ansiedlung benutzte Grund wurde vorher als Schafsweide benutzt. Mit der Pest in Woringen 1628/29 und als Folge des 30jährigen Krieges waren die Einöden verwaist und wurden von Schweizern wieder besiedelt.

Zur Hofgeschichte

Seit dem Jahr 1670 wurde der verödete Hof im Untersteinbühl von dem aus dem Schweizer Ort St. Antönien stammenden Bauern Peter Gruber revitalisiert. Während seiner Zeit auf dem Hof wurde auch der Kornkasten errichtet. Während des 18. Jahrhunderts kam der Hof in den Besitz der Familie Schwarz. Anna Barbara Schwarz heiratete 1750 einen Michael Kleß, auf den der bis ins 20. Jahrhundert geläufige Hofname »beim Kleßr« zurückverweist. Der stattliche Einödhof umfaßte 1836 107 Tagwerk Grund, die Georg Kleß 1824 von seinem Vater Mathias übernommen hatte. Die Hofstelle wurde von ausgedehnten Gras- und Baumgärten umgeben. Mehr als die Hälfte der Wirtschaftsflächen bestanden in Ackergründen. Der Hof befindet sich bis heute im Besitz der Nachfahren der Familie Kleß. Die jetzige Bäuerin des Hofes, Erna Füssinger, ist eine geborene Kleß.

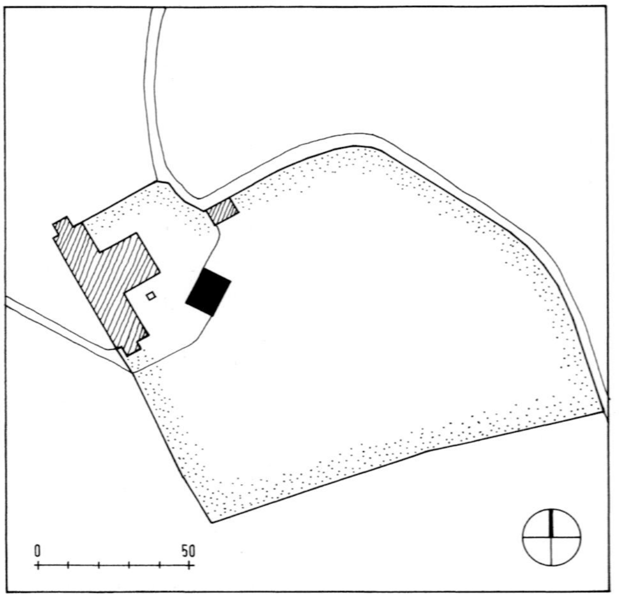

Lageplan um 1990.

Der Kornkasten wurde bis etwa 1967 zur Aufbewahrung des ausgedroschenen Getreides benutzt. In der ersten Hälfte des 20. Jahrhunderts wurde auf dem Dachboden des Stadels, der den Kornkasten umgibt, noch der Fesen getrocknet, bevor er ausgedroschen wurde. 1965 beschädigten brennende Teile eines abgestürzten Flugzeugs den Stadel im Süden. Der Schaden konnte behoben werden, so daß sich der innen liegende Kornkasten im originalen Zustand erhalten hat. Er wird als Abstellraum genutzt. Konservierende Maßnahmen sind geplant.

Bauhistorische Beschreibung

Der eingeschossige Stadel in Ständerbauweise, in den ein Kornkasten eingebaut ist, steht etwas entfernt vom Hof an einem flachen Abhang. Der Giebel ist zur Hofseite ausgerichtet. Die Stadelaußenwände im Nordosten, Südosten und Südwesten gründen auf Streifenfundamenten aus Ziegel beziehungsweise Naturstein, die Schwellen der Eingangsfassade und des eingestellten Kornkastens lagern auf Punktfundamenten, welche aus Ziegeln aufgemauert sind. Der Stadel besitzt einen einfachen gestampften Lehmfußboden, während die Kornlege mit einem hölzerenen Boden aus gefalzten Bohlen versehen ist. Die Bohlen der Kornfächer sind beidseitig gefalzt und quer eingesetzt. Die Decke ist auf gefasten Balkenunterzügen gelagert, die Balken sind mit Hufeisen benagelt (vgl. Herbishofen Seite 324). In den Dachboden führt eine Holzwangentreppe mit eingeschobenen Trittstufen. Dort befindet sich eine später eingebaute Vorratskiste. Nach außen ist der gesamte Stadel verbrettert. Auf der zum Hang gelegenen Südostseite hat sich eine originale in die Nuten der Ständer eingefügte Bohlenwand in Teilen erhalten. Stadel und Kornkasten haben separate Eingänge, der innen befindliche Kornkasten ist in Blockbauweise ausgeführt, die Eckverbindungen sind schwalbenschwanzförmig verblattet. Der Kornkasten ist, im Türsturz eingeschnitzt, in das Jahr 1681 datiert. Stadel und Kornkasten sind gemeinsam errichtet worden. In den stehenden Stuhl mit gefasten Stützen sind zur Längsaussteifung Kopf- und Fußbänder eingezapft bzw. mit Versatz angeschlossen. Die Dachhaut ist mit handgestrichenen Biberschwanzplatten geschlossen. Der westseitige Anbau kam später dazu, indem man das Dach mit verlängerten Sparren nach unten zog.

Nordwestliche Giebelseite des Stadels mit dem eingebauten Kornkasten.

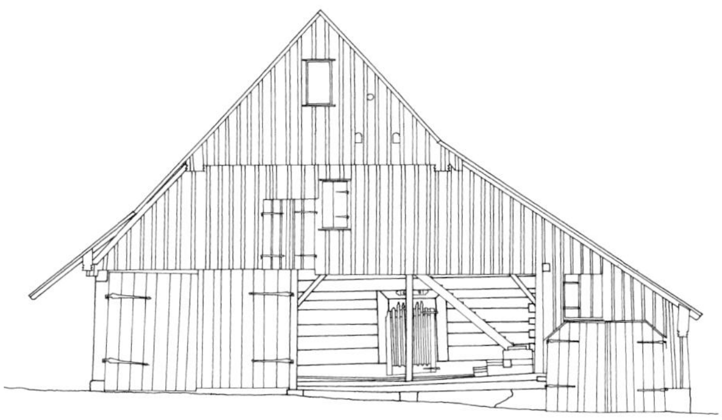

Ansicht von Nordwesten.

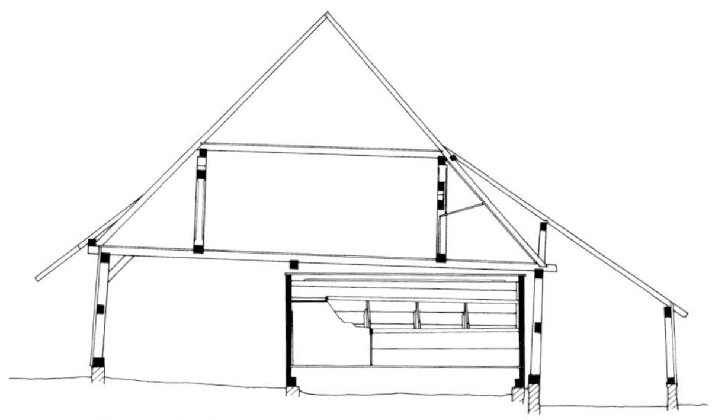

Querschnitt.

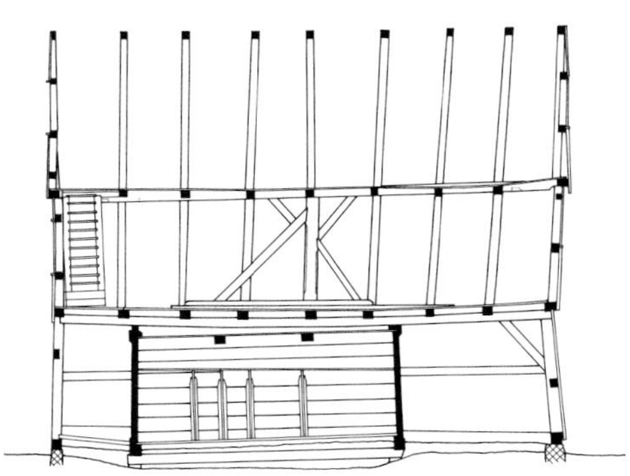

Längsschnitt.

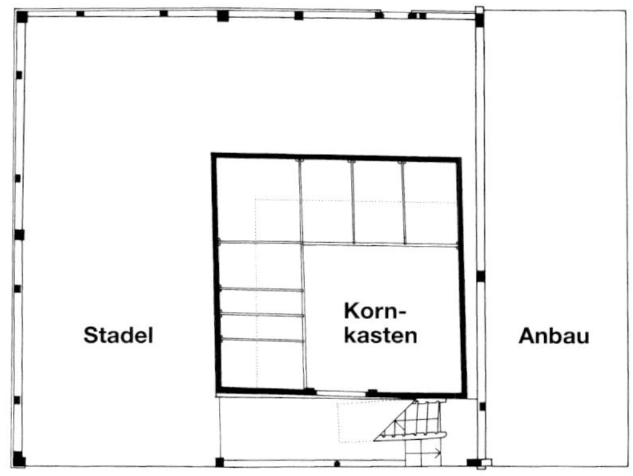

Erdgeschoß.

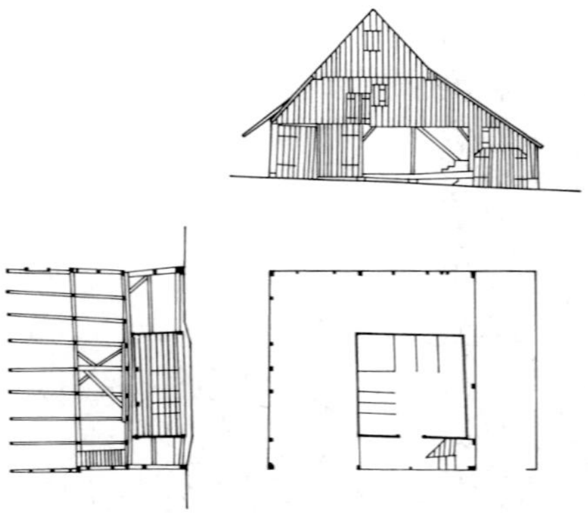

Ort
Untersteinbühl, Woringer Wälder 3

Gebäude	
Gebäudeart	Stadel mit Kornkasten
Wandkonstruktion	Blockbau/Holzständerbau
Geschoßzahl	1 + Dach
Geschoßhöhe	2,1 m (Kornkasten) 3,1 m (Stadel)
Grundfläche (B × L)	131 qm (10,0 × 10,0 + 10,0 × 3,1 m)
Umbauter Raum	
Vollgeschosse	390 cbm
Dachgeschoß	310 cbm
Dach	
Dachart	Satteldach
Dachneigung	49°/33°
Dachdeckung	Biberschwanzplatten
Dachüberstand	
Erschließung	
Hauseingang Lage	Giebelseite
Flur Lage	
Grundfläche (B × L)	
Treppe Art	einläufig
Laufbreite	70 cm
Steigungsverhältnis	

Gebäudemerkmale für Bauberatung
In dem freiliegenden Einödhof, der von Osten her angefahren wird, ist der Stadel mit Kornkasten getrennt vom Wohnstallhaus an der südlichen Grenze der Hofstelle errichtet.
Aus dieser Lage ergeben sich die Zugänge des Stadels mit Anbau und Kornkasten auf der nordwestlichen Giebelseite. Die bewußte konstruktive Gestaltung wird deutlich durch die quadratischen Grundrisse des eingeschossigen Bauwerks:
Der zum First querrechteckige Baukörper ist mit der seitlichen Abschleppung 13,1 m breit und an der Traufseite 10,0 m lang.
In den Kernbau des Stadels von 10,0 × 10,0 m Seitenlänge ist ein ebenfalls quadratischer Kornkasten von 5,3 × 5,3 m frei hineingestellt. Der Kornkasten selbst ist im Inneren wieder in eine quadratische Arbeitsfläche von 3,2 × 3,2 m und zwei über Eck zusammengefügten Schüttböden aufgeteilt.
Durch das Zurücksetzen des Kornkastens entsteht am nordwestlichen Giebel eine geschützte überdachte Vorzone, die einmal den Zugang des Kornkastens selbst schützt und weiter eine Treppe zum Dachgeschoß aufnimmt, die mit drei Blockstufen zu einem Zwischenpodest aufsteigt, von dem aus der eingestemmte Treppenlauf nach oben führt.
Das Baugefüge des als Blockbau konstruierten Kornkastens setzt sich mit seinen waagrechten Strukturen deutlich von den senkrechten Bretterschalungen des Holzständerbaus der Scheune ab.
An dem einfachen Wirtschaftsbau wird durch die ineinandergefügten unterschiedlich großen Quadrate eine überlegte Handwerkskunst sichtbar, die für alltägliche Nutzungen einen hohen Ordnungsgrad konstruktiver Gestaltung findet.

Woringen

Gemeinde Woringen, Landkreis Unterallgäu

Pfründhaus
»Junkers Stüble« (18. Jahrhundert)
»Woringer Häusle« (20. Jahrhundert)
Erbaut: Ende 18. Jahrhundert
1980: Bauernhofmuseum Illerbeuren

Zur Siedlung

Zusammen mit Illerbeuren wurde Woringen erstmals 948 urkundlich erwähnt. Als Pfarrdorf gehört es neben Illerbeuren zu den ältesten Ansiedlungen zwischen Iller und Mindel, worauf auch zahlreiche Bodenfunde der Vor- und Frühgeschichte hinweisen. Bis ins 16. Jahrhundert war Kempten als Oberlehensherr belegt. 1516 wurde der Besitz Woringen von der Reichsstadt Memmingen erworben und war seit 1532 nicht mehr katholischen, sondern protestantischen Glaubens. In den Jahren 1628/29 starb fast die Hälfte der Dorfbevölkerung an der Pest. Zwei Generationen später kam es aufgrund des Spanischen Erbfolgekrieges im Jahr 1703 zu einer Plünderung von Dorf und Kirche.

Zur Hofgeschichte

Das Pfründhäusle war Teil des Woringer Bauernhofs des Alexander Zengel, der vor etwa 400 Jahren zum Memminger Unterhospital gehörte. Der Hofname »beim Junker« geht in die Zeit des späten 17. Jahrhunderts zurück, als der gelernte Weber Johann Jakob Ungelehrt aus Lachen den Hof von seinem Schwiegervater übernahm. Seine Tätigkeit als Gemeindediener und sein offensichtlich eher herrschaftliches Auftreten brachten ihm den Spottnamen »Junker« ein, der daraufhin zum Hofnamen wurde. 1720 verlieh das Unterhospital den Hof an Johann Jakob Zettler, dessen Sohn Mathias 1751 das Anwesen übernahm und vermutlich Ende des 18. Jahrhunderts »Junkers Stüble«, das Austragshaus neben dem Hof, errichtete. 1800 baute er einen neuen Hof in Darast. Das alte Anwesen wurde aufgegeben und erhielt nun, da es in der Nähe der Kirche stand, den Namen »Kirchen-Junker«. Der neue Hof wurde beim »Darast-Junker« genannt. Das Pfründhaus allerdings blieb für den Austrag der ausgesiedelten »Darast-Junker« vorbehalten. Für das späte 19. Jahrhundert ist belegt, daß neben der Darast-Junkerin Jakobina Huith auch die ledige Schwester der Austräglerin dort lebte. 1908 wurde das Pfründhaus an seinen Stammhof, den »Kirchen-Junker«, zurückgegeben. Die letzte Bewohnerin vermittelte das Häuschen an das Bauernhofmuseum in Illerbeuren, wo es nach seiner Translozierung als Dokument regionaler Bauweise 1980 eröffnet wurde.

Giebelansicht des translozierten Pfründhauses.

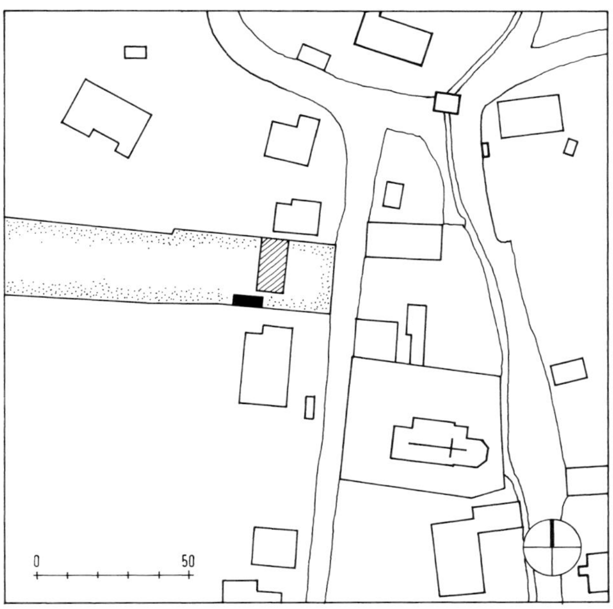

Lageplan 1841.

Bauhistorische Beschreibung

Das kleine Pfründhaus wurde als über zwei Geschosse reichender Ständerbau auf einem Sockel aus Bachkieseln und Bruchsteinen errichtet. Das schmale nur ein Joch breite Austragshaus stand ursprünglich an der südlichen Grundstücksgrenze des Junker-Hofes. Der Giebel blickte nach Osten zur Dorfstraße und war durch das einfache Strebenwerk des Ständers, das mit Ziegeln ausgefacht war, und die mittig untereinanderliegenden Fenster des Erd- und Obergeschosses gegliedert. Das Haus wurde traufseitig von Norden über eine flache Stufe aus Solnhofener Stein betreten. Der Hausgang zeigt sich hier als Küchenraum mit einer gemauerten Feuer-

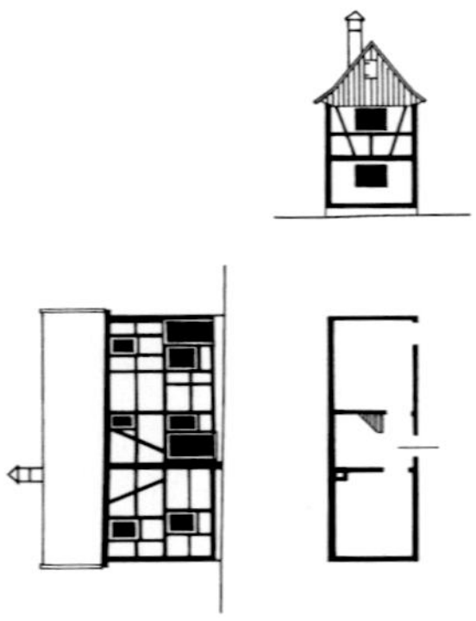

Ort	
Woringen, Nr. 3	
Gebäude	
Gebäudeart	Wohnhaus mit Laden
Wandkonstruktion	Fachwerk
Geschoßzahl	2 + Dach
Geschoßhöhe	2,2 m
Grundfläche (B × L)	36 qm (3,7 × 9,7 m)
Umbauter Raum	
Vollgeschosse	160 cbm
Dachgeschoß	40 cbm
Dach	
Dachart	Satteldach
Dachneigung	53°
Dachdeckung	Biberschwanzziegeln
Dachüberstand	30 cm (Giebelseite)
Erschließung	
Hauseingang Lage	Traufseite
Flur Lage	Querflur
Grundfläche (B × L)	6,1 qm (2,1 × 2,9 m)
Treppe Art	einläufig
Laufbreite	60 cm
Steigungsverhältnis	17,0/11,0 cm, 57°
Stube	
Lage	Südostecke
Grundfläche (B × L)	9,6 qm (2,9 × 3,3 m)
Fensterzahl	3
Fensteröffnung (B × H)	60 × 100 cm
Belichtungsfaktor Fensteröffnung: Grundfläche	1 : 5,3
Stubenofen	
Küche	
Lage	im Flur
Grundfläche (B × L)	

stelle und einem Fußboden aus Handschlagziegeln. Die einfachen Bretterdecken liegen ohne Fehlböden auf den Deckenbalken auf. Zur östlichen Giebelseite lag die Stube mit einem Kachelofen. Zur Wetterseite befand sich ein mit Solnhofener Platten gepflasterter Raum, der ebenfalls eine Tür nach draußen hatte und als »Hucklerei« – Kramladen – von den Austräglern betrieben wurde. Über eine Stiege mit eingeschobenen Bretterstufen erschloß sich von der Küche aus das Obergeschoß, das aufgrund der räumlichen Beengtheit ohne Hausgang auskam. Für den Zugang mußte eine hölzerne Luke geöffnet werden. Nach Osten lag eine Kammer, durch die der Kamin führte, nach Westen ein weiterer größerer Raum. Das steile mit Biberschwanzplatten gedeckte Dachwerk mit den prägnanten, ausladenden Aufschieblingen besitzt eine Firstpfette. Stuhlsäulen mit Kopfbändern steifen den Dachstuhl in Längsrichtung aus.

Gebäudemerkmale für Bauberatung

Die Hofstelle erstreckt sich von der im Osten vorbeiführenden Dorfstraße, ähnlich wie die benachbarten Anwesen, als schmale ca. 220 m tiefe Parzelle bis zu einem rückwärtigen Weg im Westen. Das Pfründhaus wurde an der südlichen Grundstücksgrenze zurückgesetzt von der Straße neben dem Wohnstallhaus erbaut.

Der zweigeschossige Rechteckbaukörper von nur 3,7 m Breite und 9,7 m Länge trägt ein 53° steiles Satteldach und ist von der nördlichen Traufseite her erschlossen. Die Haustüre öffnet sich in eine Flurküche, von der die einläufige Treppe in das Obergeschoß hinaufführt, und der Herd an der Trennwand zur Stube mit der Kammer steht.

Die Stube mit 2,9 × 3,3 m Seitenlänge nimmt den Ostteil des Hauses ein und wird von zwei gekoppelten Fenstern der Giebelseite und einem Fenster der nördlichen Traufseite über Eck belichtet. Rechts von der Haustüre betritt man die ehemalige Kammer im Westteil des Gebäudes, die für ein Ladengeschäft genutzt wurde und deshalb eine direkte Außentüre nach Norden erhielt.

Die leiterartige Treppe steigt mit 57° Neigungswinkel – 45° sind heute nach den Landesbauordnungen in der Regel maximal zulässig – so steil an, daß sie im Boden des Obergeschosses durch eine Falltüre gesichert werden mußte. Über der Stube findet sich mit der gleichen Fensterordnung wie im Erdgeschoß eine Kammer.

Das Baugefüge wird auf der Ost- und Nordseite durch eine Fachwerkkonstruktion mit den beide Geschosse zusammenfassenden Ständern geprägt. Die südliche Traufwand ist jedoch eine verputzte Mauer aus Ziegeln, die auch für die Felder der Ausfachungen des Fachwerks verwendet wurden.

In der Baugestaltung zeigt die Giebelseite von Osten eine durchgehend auf die Mittelachse des Dachfirstes ausgerichtete Symmetrie in den Fensteranordnungen und der Dachausbildung mit den deutlich sichtbaren Aufschieblingen an beiden Traufen. Dagegen wird an der Traufseite nach Norden die Gestaltungsfreiheit des Fachwerks voll ausgespielt, bei der die über zwei Geschosse reichenden Ständer als Eckpunkte feststehen, sonst aber die von Türen und Fenstern frei eingesetzt sind.

Bei 36 qm überbauter Fläche ergibt der Umrechnungsfaktor 0,75 eine Nutzfläche von ca. 27 qm je Geschoß.

Die Traufseite des Pfründhauses mit Hauseingang und Türe zum Laden.

Ansicht von Osten.

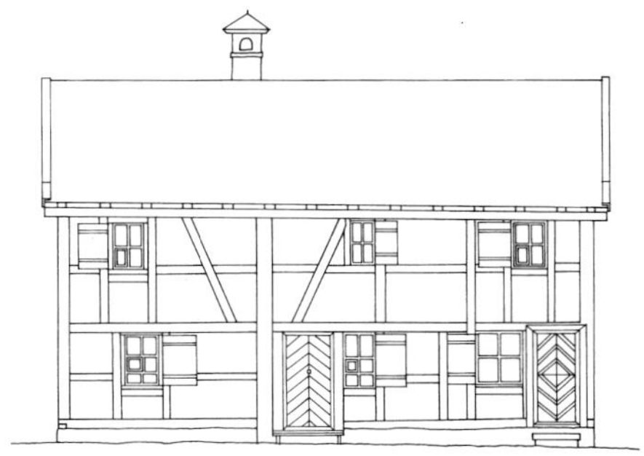

Ansicht von Norden.

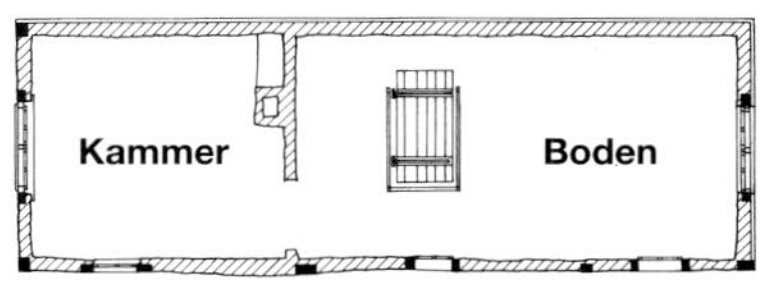

Obergeschoß.

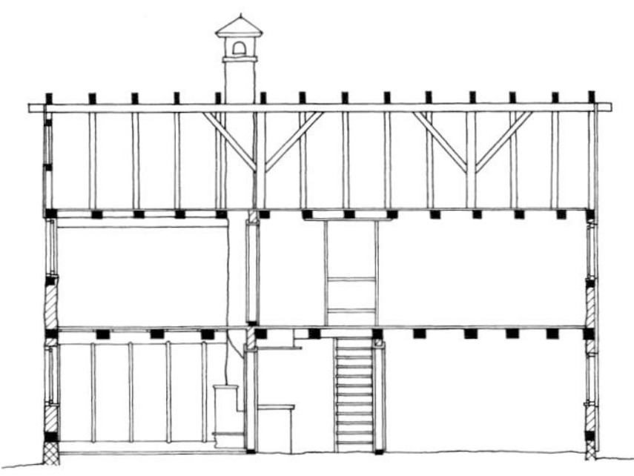

Längsschnitt.

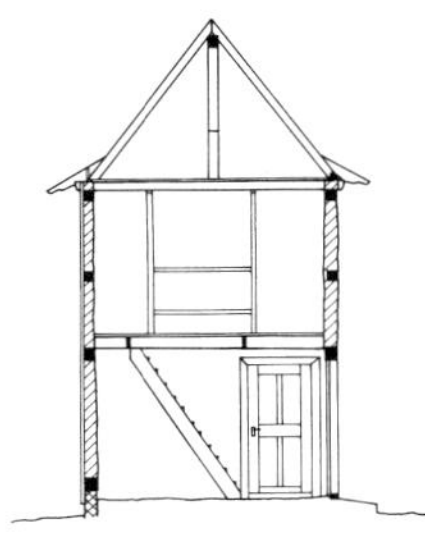

Querschnitt.

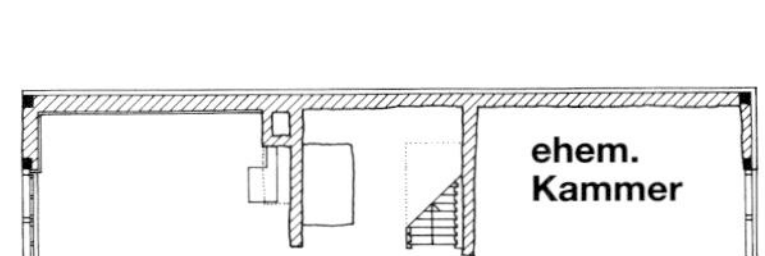

Erdgeschoß.

Bauernhäuser des Ries mit steilgeneigten Dächern im Dorf Wechingen, Landkreis Donau-Ries.

Bauernhäuser des Allgäu mit flachgeneigten Dächern im Dorf Hopfen a. See, Landkreis Ostallgäu.

Bauberatung

Helmut Gebhard

Bauen ist Umweltgestaltung, die in der Bauberatung zur Diskussion gestellt wird.

Warum vermitteln bestimmte Siedlungen und Bauwerke Zuversicht in die Fähigkeit der menschlichen Gesellschaft, die Probleme ihrer Lebenswelt immer wieder zu meistern, während andere Anlagen eine niederdrückende Hoffnungslosigkeit verbreiten, die jede Anstrengung zur Besserung der herrschenden Zustände vergeblich erscheinen läßt? Der bei dieser Frage erhobene Einwand, daß es hier allein auf die Stimmungslage der Betrachter, ihres Herkommens und ihrer derzeitigen Situation ankommt, beruht auf unvollständigen, wenn nicht falschen Voraussetzungen. Alle subjektiven Bewertungen der Sinneswahrnehmungen sind interpretierende Reaktionen auf die Gegenwart von Reizen. Dabei kann im Sinn eines kritischen Realismus[1] – im Unterschied zum naiven Realismus, der Sinneseindrücke direkt auf die Wirklichkeit der Welt bezieht – das interpretierende Element in die Wahrnehmung der Zeichen einbezogen werden. Damit gilt auch, daß diese individuellen Bewußtseinsinhalte es ermöglichen, durch die Erkennung von Zeichen in Beziehung zu einer physischen Welt zu treten.

Über diese Grundsatzfrage der Wahrnehmungstheorie ist hier in aller Kürze zu sprechen, da in der gegenwärtigen Diskussion des Bauens als ökonomische Investition entscheidende Fragen der Baukultur als subjektive Empfindungen in das Feld unverbindlicher Beliebigkeit verwiesen und damit abgetan werden.[2] Dagegen ist die Basisfunktion der räumlichen Umwelt mit der These zu vertreten: Je mehr die bauliche Umwelt die Raumbedürfnisse der Gesellschaft erfüllt, die Mittel der Technik fachkundig eingesetzt werden, die sozialen Wechselbeziehungen ausreichend berücksichtigt sind und eine überzeugende Gesamtgestalt erreicht wird, um so mehr sendet diese Umwelt Signale aus, die im Bewußtsein der Menschen als Zeichen der Zuversicht wahrgenommen und interpretiert werden.[3]

Diese Diskussion steht bei Neubauten im Mittelpunkt der Bauberatung.

Dabei ist vom Werden eines Zukünftigen, nicht nur vom Bestand der Gegenwart auszugehen. Wenn Gestalt auf ein zusammenhängendes Ganzes ausgerichtet wird, also nicht aus einer Anhäufung beliebiger Teile besteht[4], sollte die Freiheit der Komposition gewährleistet sein. So haben Kulturlandschaften einen eigenen Rhythmus, sei es in den Raumfolgen der Flußtäler oder im Wandel der Jahreszeiten. Ihre nachhaltige Tragfähigkeit beruht auf den immer wieder zu erringenden dynamischen Gleichgewichtszuständen zwischen Dauer und Wandel.[5]

Spannungsverhältnisse von Gegensatzpaaren durchziehen auch die gebaute Umwelt, für die der Städtebauer und Architekt Fritz Schumacher die Formel geprägt hat: »Architektur ist die Kunst der Raumgestaltung durch Körpergestaltung«[6]. Zu dem Begriff des Raumes führt Schumacher weiter aus, daß der eingeordnete Innenraum als abschließbares Werk dem übergeordneten Außenraum als Feld der Ortsplanung und des Städtebaus gegenübersteht. Aus dessen Aufgabe, Raum für das Zusammenleben unterschiedlicher sozialer und wirtschaftlicher Interessen zu sein, folgt seine grundsätzliche Unabgeschlossenheit und Offenheit für die Zukunft[7].

Hier liegen auch die Berührungslinien zwischen privater Initiative des Einzelbauwerks und den öffentlichen Belangen des größeren Raumes, des Ortes, der Gemeinde bis zur Region. In einer offenen Diskussion sind hier die verschiedenen Gesichtspunkte bürgernah und ebenso fachlich qualifiziert miteinander abzustimmen, ein Prozeß, zu dessen Gelingen die Bauberatung wesentlich beitragen kann[8].

Diese bauliche Umwelt ist als Kulturumwelt von der menschlichen Gesellschaft in die vorgefundene Naturumwelt eingefügt und durch fortwährende Arbeit der vorausgehenden Generationen zu den Siedlungen und Bauwerken in der Kulturlandschaft entwickelt worden, wie sie heute in unserer Verantwortung liegen. Diese Verantwortung erstreckt sich auf unterschiedliche Dimensionen und Reichweiten, vom Detail des Gebäudes bis zur Siedlung und der Region[9]. Deshalb wird die Bauberatung hier mit dem Hinweis auf die Lagequalitäten der Siedlungen begonnen, mit einer Gegenüberstellung der strukturellen Ähnlichkeit zwischen dem Angerdorf und dem Straßenmarkt einer Stadt sowie den Unterschieden der Siedlungssysteme von Haufensiedlung und Reihensiedlung. Die Vielfalt der konstruktiven Gestaltung der Bauernhäuser wird anhand von Karten und Gebäudereihen konkret zur Anschauung gebracht. Den letzten und entscheidenden Teil des Kapitels Bauberatung bilden die gebauten Beispiele von neuen Häusern und von sanierten Bauernhöfen als Nachweise, daß diese theoretischen Erörterungen in eine zukunftsbezogene Verwirklichung führen können, die wesentlich zur anziehenden Umweltgestalt eines Ortes oder einer Region beiträgt.

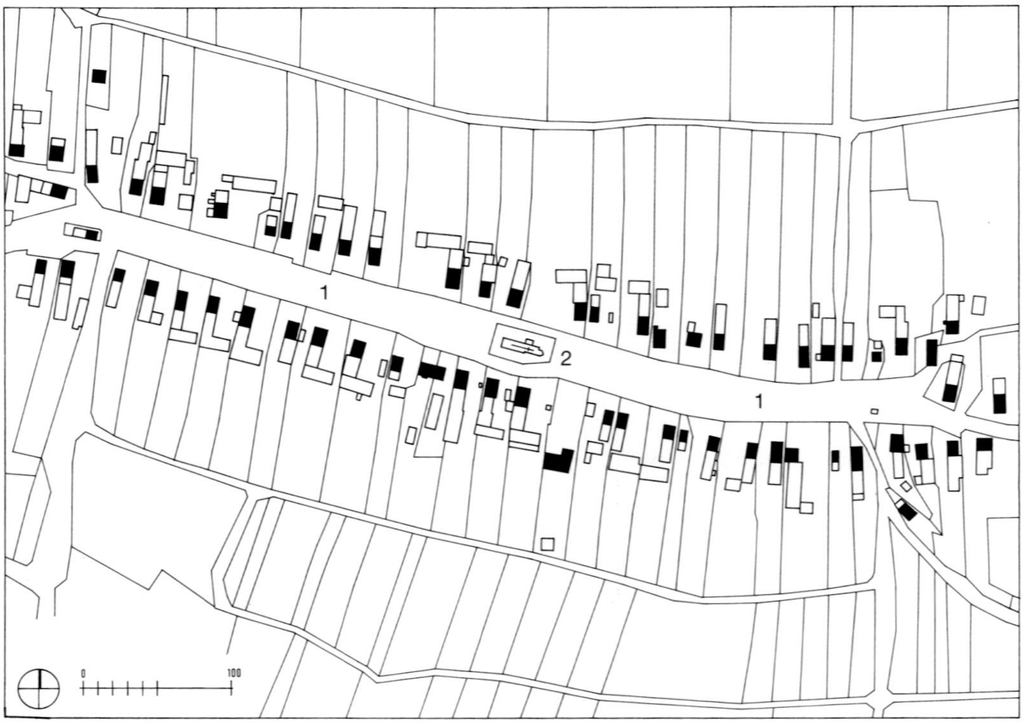

Baiershofen, Lageplan M 1:5000. 1 Dorfanger. 2 Pfarrkirche.

Donauwörth, Lageplan M 1:5000. 1 Reichsstraße. 2 Pfarrkirche. 3 Hl.-Kreuzstraße. 4 Kapellenstraße.

Häuser als Elemente der Siedlungssysteme

Gegenüberstellung eines Angerdorfes und eines städtischen Straßenmarktes

Baiershofen, Landkreis Augsburg

In der Gegenüberstellung des Angerdorfes und des städtischen Straßenmarktes tritt die Verwandtschaft der Siedlungssysteme längsgerichteter öffentlicher Räume und der auf beiden Seiten aneinandergereihten in die Tiefe entwickelten Hofstätten ähnlicher Breite deutlich hervor. Bei der Gründung des mittelschwäbischen Angerdorfes um 1350 erhielten 10 und 11 Lehen zu beiden Seiten des Angers gleiche Grundstücke von ca. 45 m Breite, die durch spätere Teilungen heute unterschiedliche Größen aufweisen[10].

Unterschiede bestehen bei den Hofstätten selbst. Sie sind im Dorf breiter gehalten als in der Stadt, um einen möglichst großen Hofraum für den landwirtschaftlichen Betrieb zu gewinnen. Deshalb stehen die langgestreckten Baukörper unabhängig von der Himmelsrichtung grenzständig an der seitlichen Nachbargrenze, mit dem Giebel auf den Anger ausgerichtet. Dieses Recht wird jeder Hofstelle zugebilligt und damit in der offenen Bauweise eine rationelle Raumnutzung erzielt.

Das öffentliche Gebäude der Pfarrkirche St. Leonhard[11] steht umgeben vom Dorffriedhof inmitten des ca. 650 m langen Angers als Wahrzeichen des Dorfes.

Baiershofen, Dorfanger mit Pfarrkirche.

Stadt Donauwörth, Landkreis Donau-Ries

Der Straßenmarkt der Reichsstraße bildet als öffentlicher Raum das Rückgrat des Siedlungssystems. Ähnlich wie im Angerdorf Baiershofen sind die Hofstätten in die Tiefe entwickelt, um möglichst vielen Bürgern direkten Zugang zum Marktraum zu bieten, jedoch gegenüber dem Dorf wesentlich dichter mit ca. 10 m Breite angeordnet. Die ca. 350 m lange, 15–30 m breite Reichsstraße weist mit ähnlichen Hofstellen die Merkmale staufischer Straßenmärkte auf, wie sie auch in den benachbarten Städten Dinkelsbühl und Rothenburg zu finden sind[12]. Die spätmittelalterliche Stadterweiterung erfolgte in zwei seitlich versetzten Verlängerungen von je ca. 175 m. Gegenüber der zügigen Führung der Hauptstraße folgt der Stadtumriß mit der Mauer dem unregelmäßigen Verlauf der Höhenlinien. Die Hofstätten sind mit zwei- und dreigeschossigen Satteldachhäusern bebaut, deren Erdgeschosse für Ladengeschosse genutzt werden[13].

Der Turm der spätgotischen Stadtpfarrkirche[14] steht seitlich vom Chor und bildet das sichtbare Wahrzeichen nach innen für den Straßenmarkt und nach außen für die Fernwirkung der Stadt.

Donauwörth, Straßenmarkt mit Pfarrkirche.

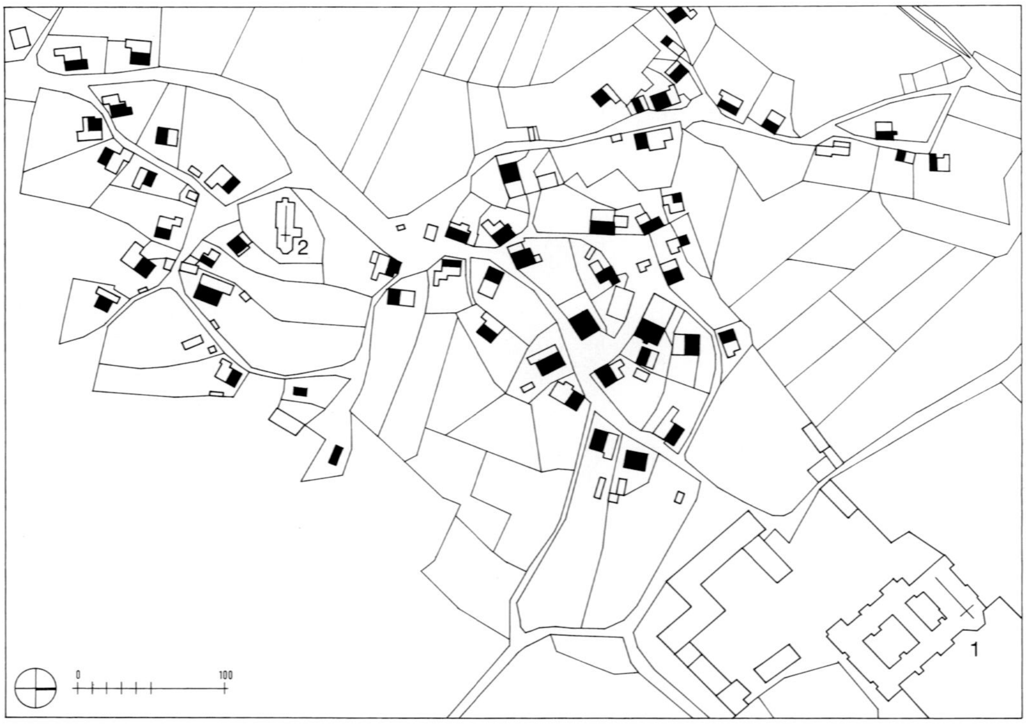

Irsee, Lageplan M 1:5000. 1 Ehem. Benediktinerkloster. 2 Ehem. Pfarrkirche.

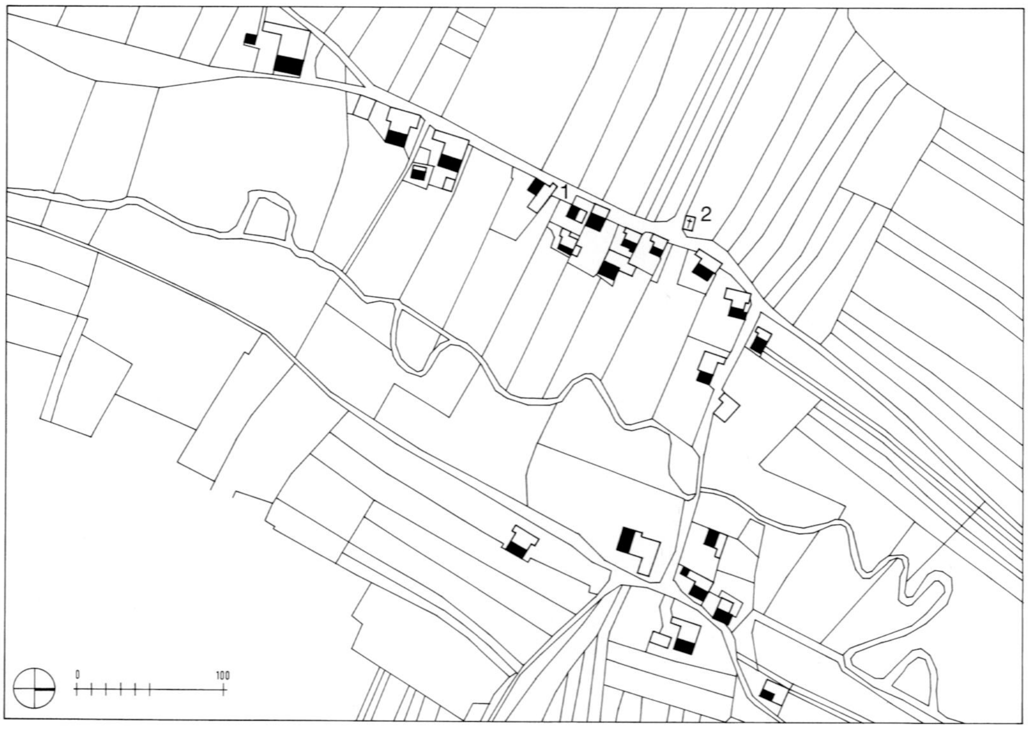

Tremmelschwang, Lageplan M 1:5000. 1 Dorfstraße. 2 Kapelle.

Gegenüberstellung einer Haufensiedlung mit einer Reihensiedlung

Markt Irsee, Landkreis Ostallgäu

Aus der Gegenüberstellung einer unregelmäßigen Haufensiedlung wie Markt Irsee mit einer linearen Reihensiedlung wie Tremmelschwang sind die Unterschiede der Siedlungssysteme klar abzulesen.
Irsee hat sich am westlichen Talhang der Wertach entwickelt, zu der vom ehemaligen Benediktinerkloster ein Bach hinunterfließt. Das Kloster, ab 1699 unter Abt Romanus Köpfle vom Baumeister Franz Beer mit Kirchenneubau und Konventgebäude errichtet[15], stellt nicht den Ausgangspunkt des ältesten Dorfes dar, gewann aber als Auftraggeber und Grundherr bestimmenden Einfluß auf die Berufsstruktur der kleinbäuerlichen handwerklichen Betriebe des Marktortes[16].
Das unregelmäßige Straßensystem entspricht dem bewegten Hanggelände, aus dem sich auch die unterschiedlichen Grundstückszuschnitte als Siedlungselemente erklären lassen[17]. Die Baugefüge sind vielfach Mittertennbauten mit flachgeneigten Satteldächern und seitlicher Widerkehr, ähnlich wie im Weiler Tremmelschwang. Sie fügen sich jedoch der unregelmäßigen Haufenstruktur ein und lassen das Siedlungssystem der Ortslage als entscheidende Voraussetzung der Gebäudeplanung erkennen, die damit in jede Bauberatung einzubeziehen ist.

Irsee, Blick über den Marktort zur ehem. Klosterkirche.

Tremmelschwang, Gemeinde Bidingen, Landkreis Ostallgäu

Die Reihensiedlung auf der Ostseite der vom südlich gelegenen Dorf Bidingen herkommenden Straße ist durch die regelmäßige Abfolge der Hofstellen bestimmt[18]. Die Gebäude auf den Parzellen sind oben unmittelbar an der Straße erbaut, wenden ihr jedoch die bretterverschalten Westgiebel als geschlossene Wetterseiten zu. Dagegen blicken die Wohnteile von der Straße weg nach Osten, eine klimabedingte Ausrichtung, die auch für das südliche Oberbayern zutrifft.[19] Ein wichtiges Umweltmerkmal des Dorfes bilden die offenen Ränder der in unterschiedlicher Breite durch die Siedlung führenden Straße.
Das für Tremmelschwang analysierte Hausbeispiel stellt einen Mittertennbau mit flachgeneigtem Satteldach dar, ähnlich wie in Markt Irsee. Es ist jedoch in ein regelmäßiges Siedlungssystem eingefügt und zeigt, wie ähnliche Hauselemente in unterschiedliche Siedlungssysteme eingesetzt werden können.
Die Kapelle St. Michael, im Kern 18. Jahrhundert, 1881 erweitert[20], betont ihre besondere Bedeutung als öffentliches Bauwerk durch die Solitärstellung auf der Westseite der Straße, in die sie mit dem schlanken Turm als Wahrzeichen des kleinen Dorfes hineinwirkt.

Tremmelschwang, Dorfstraße mit Blick zur Kapelle.

Die Vielfalt der konstruktiven Gestaltung

Die Vielfalt der konstruktiven Gestaltung entspringt der Verbindung der natürlichen Daseinsgrundlagen wie Boden, Klima, Wasser, Vegetation und Tierwelt mit dem Bauen für die gesellschaftlichen Daseinsgrundfunktionen wie Wohnen, Landwirtschaft, Gewerbe, Dienstleistungen, Ver- und Entsorgung und Verkehr. Wenn hier die Bauernhäuser im Vordergrund stehen, dann wegen der Tatsache, daß in ihnen die spannungsreichen Wechselbeziehungen zwischen den natürlichen Gegebenheiten der Landschaft und dem Bauen der Behausungen für Mensch, Tier und Ernte besonders deutlich hervortreten. Von hier aus sind Rückschlüsse möglich auf die unterschiedlichen Verhaltensweisen zwischen Einfügen und Widerstand gegenüber den Naturlandschaften, die auch nach der Umwandlung in Kulturlandschaften weiter von ihren naturräumlichen Gegebenheiten wie Bodenformationen, Klimaverhältnissen, Wasservorkommen, Vegetationsarten abhängig sind.

Allein die Tatsache, daß man mit den am Ort verfügbaren Materialien und Energien bauen mußte, führte zu einer selbstverständlichen und selbstbewußten konstruktiven Gestaltung, die grundsätzlich verwandte Züge zur Landschaft aufweist und zu dem bewunderten Zusammenklang zwischen Kulturlandschaft, Siedlung und ihren Bauten führte.

Die Karte von Schwaben zwischen dem Ries im Norden und dem mittelschwäbischen Land zwischen Augsburg und Memmingen sowie dem Allgäu im Süden zeigt die große Vielfalt der Bauernhäuser. Sie sind alle aus den schwäbischen Regionen entnommen und lassen in ihren Merkmalen die jeweiligen Teillandschaften erkennen, ja verleihen ihnen ihre charakteristische Erscheinung wie den geschlossenen Dörfern des Ries oder der offenen Einzelhoflandschaft des Allgäu.[21]

Die Giebelansichten der Hausbeispiele aus den einzelnen Landkreisen sind in ihrer räumlichen Verteilung in die Karte eingetragen. Um die gegenseitigen Abhängigkeiten von räumlicher Grundrißorganisation und konstruktivem Aufbau darzustellen, werden 12 der 20 in der Karte aufgenommenen Häuser, gegliedert nach Nord-, Mittel- und Südschwaben, im M 1 : 500 mit Ansichten und Grundrissen auf den Seiten 348 und 349 noch einmal gesondert gezeigt.

Auf der Karte »Vielfalt der Bauernhäuser in Schwaben« sind im Norden sind mit den Bauernhäusern aus Löpsingen (1) und Brachstadt (3), Landkreis Donau-Ries, typenbildende erdgeschossige Bauten dargestellt, deren steile Satteldächer sich von der Eindeckung mit Stroh herleiten und heute mit Ziegeln gedeckt sind. Das flachgeneigte Dach des Hauses aus Tagmersheim (2) weist auf den Anteil Nordschwabens am Jura mit Kalkplattendächern hin, deren Kernzonen im Altmühltal liegen.

Eine weitere Sonderstellung nehmen die noch bis in die Mitte des 20. Jahrhunderts mit Strohdächern gedeckten Häuser des Kesseltales im Landkreis Dillingen ein, wie das steil geneigte Satteldach des Hauses in Zoltingen (4) erkennen läßt.

Die erdgeschossigen Steildachhäuser, heute mit Ziegeln gedeckt und am Giebel mit gemauerten Ortgängen abgeschlossen, finden sich auch südlich der Donau, wie in Mertingen (5) und ebenso im Landkreis Aichach-Friedberg, wie das Beispiel Oberbernbach (6) zeigt.

Weiter südlich überwiegen zweigeschossige Bauernhäuser, wie die Fachwerkbauten in Ettlishofen (7), Landkreis Günzburg, und Meßhofen (8), Landkreis Neu-Ulm, nachweisen. Aus dem in der Hausforschung bekannten Staudengebiet im Landkreis Augsburg sind hier zwei 1–1/2-geschossige Bauten aus Döpshofen (9) und Scherstetten (10) aufgenommen.

Die großen zweigeschossigen Bauten Mittelschwabens sind durch drei Bauten aus dem Landkreis Unterallgäu vertreten, die Häuser in Boos (11) und Illerbeuren (13) mit steilgeneigten Satteldächern. Dagegen zeigt das Haus in Oberkammlach (12) mit dem flachgeneigten Dach, daß hier eine Übergangszone zwischen steilen und flachen Dachneigungen vorliegt.

In Schwaben berühren sich zwei weitergefaßte Zonen baulicher Merkmale, die in der vorindustriellen Zeit auch in den Städten bis in das 20. Jahrhundert, dann vor allem auf dem Lande selbstverständlich waren. In der Wandkonstruktion häufen sich Fachwerkbauten westlich der Mindel (Beispiele 7 und 8), während in den südlichen und östlichen Gebieten – auch im nördlichen Oberbayern[22] – der Ständerbau und später der Blockbau überwiegen, heute abgelöst durch den Massivbau. Wie verschiedene Wandkonstruktionen in einem Haus verwendet werden, zeigen Blockbauten mit Fachwerkgiebeln, die im südlichen Allgäu zu finden sind.

Zum Allgäu hin ändert sich – nach einer Mischzone zwischen Mindelheim, Memmingen und Kaufbeuren – die Dachneigung von dem steilgeneigten ursprünglichen Strohdach zu dem flachgeneigten Legschindeldach. In den niederschlagsreichen Alpenrandgebieten konnte die Qualität des geernteten Strohs nicht den Ansprüchen auf eine möglichst dauerhafte Dachdeckung genügen. Deshalb beginnt hier der große alpenländische Bereich der flachgeneigten Dächer, die mit Holzbrettern oder Holzschindeln eingedeckt waren.

So tragen alle südlich dieser Zone gezeigten Hausbeispiele – mit Ausnahme des Bodenseeufers – flachgeneigte Dächer, wie in Tremmelschwang (14), Stadels (15) und Häringen (16), Landkreis Ostallgäu, sowie im Landkreis Oberallgäu die Häuser in Oberstaufen (17) und Gerstruben (18).

Wie auf den folgenden Seiten die vier Hausbeispiele aus dem Allgäu nachweisen, treten hier verbreitet Flurküchen auf, mit quadratischen Baukörpern, die

Vielfalt der Bauernhäuser in Schwaben

1 Löpsingen
2 Tagmersheim
3 Brachstadt
4 Zoltingen
5 Mertingen
6 Oberbernbach
7 Ettlishofen
8 Meßhofen
9 Döpshofen
10 Scherstetten
11 Boos
12 Oberkammlach
13 Illerbeuren
14 Tremmelschwang
15 Stadels
16 Häringen
17 Oberstaufen
18 Gerstruben
19 Engenberg
20 Hoyren

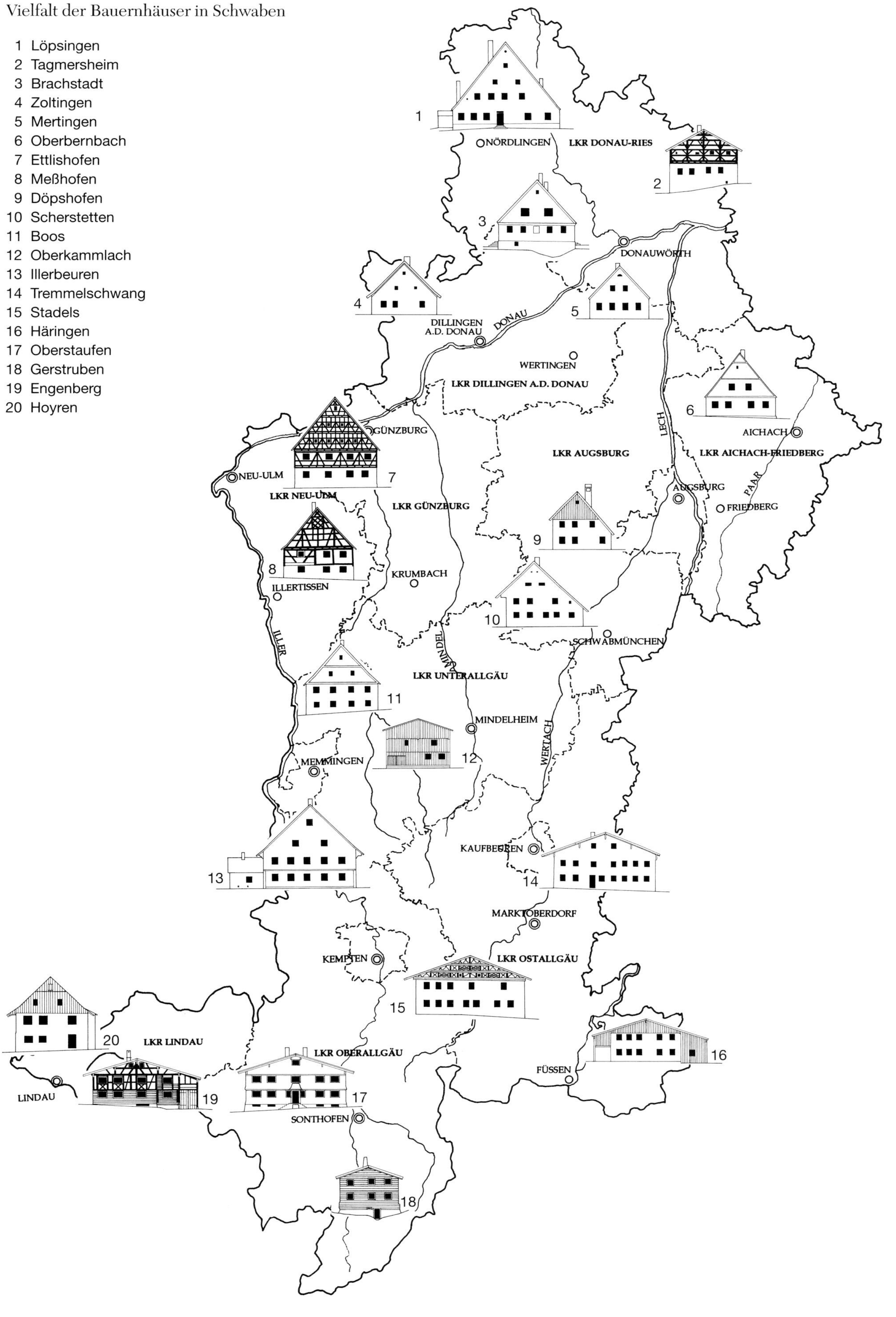

eine längsgerichtete Flurküche aufnehmen, seitlich die quadratische Stube und die dahinter liegende Kammer.
Wie sich Wandkonstruktionen vom Blockbau im Erdgeschoß und Fachwerk im Obergeschoß im Allgäu verbinden, zeigt das Hausbeispiel Engenberg (19), das im Vorgebirgsteil des Landkreises Lindau liegt. Für das Land am Bodensee mit dem milderen Klima ist als Beispiel das Steildachhaus in Hoyren (20) in die Karte aufgenommen.
Nach der Karte der räumlichen Verteilungen typischer Bauernhäuser in Schwaben sollen an zwölf ausgewählten Hausbeispielen die Zusammenhänge zwischen räumlicher Grundrißorganisation und konstruktivem Aufbau in übersichtlicher Weise im M 1 : 500 gezeigt werden. Die Vielfalt der konstruktiven Gestaltung ist hier für das nördliche, mittlere und südliche Schwaben beispielhaft mit je vier Häusern dargestellt.
Allen gemeinsam sind die aus klimatischen Gründen geschlossenen Baukörper, die jedoch die ganze Vielfalt unterschiedlicher Wandkonstruktionen und Dachausbildungen ausbreiten und ein nahezu unbegrenztes Spektrum unterschiedlicher Gestaltmöglichkeiten – auch im Sinne der Informationstheorie – zur Verfügung stellen[23].
Das Spannungsverhältnis zwischen Vielfalt und Typenbildung wird besonders deutlich an den Grundrissen, die in den wichtigsten Raumkombinationen von Flur (gelb), Stube (rot), Küche (blau) farbig hervorgehoben sind.
Vertieft werden die Aussagen über die Vielfalt der konstruktiven Gestaltung durch die anschließenden vier Schichtenanalysen. Erfaßt sind Häuser aus dem Ries (Herblingen) und aus Mittelschwaben (Meßhofen) sowie dem Allgäu (Lechbruck und Knechtenhofen).
Die getrennte Zeichnung von Vollgeschossen und den Giebeldreiecken im M 1 : 200 läßt die Kombinationen unterschiedlicher Wandkonstruktionen wie Massivbau, Fachwerk und Blockbau ebenso erkennen wie die unterschiedlichen Variationen der Giebelausbildung von Fachwerk, senkrechter Bretterschalung, waagrechter Blockbauweise und verputztem, mit Gesimsen gegliedertem Massivbau. Hier soll deutlich werden, wie durch die Konzentration auf wenige Materialien und Bauelemente, die jedoch fachgerecht und vielfältig kombiniert werden, ein großer Gestaltreichtum gewonnen werden kann. Die Schichtenanalyse soll dazu beitragen, das Vorurteil abzubauen, daß bei Aufnahme von landschaftlichen Randbedingungen eines klimagerechten Bauens mit geschlossenen Baukörpern und geneigten Dächern zwangsläufig Eintönigkeit entstehen würde. Die vielfach weit verbreitete willkürliche Anhäufung beliebiger Bauelemente führt dagegen zu dem viel kritisierten eintönigen Chaos der mangelhaft geplanten Einzelhausgebiete.

Bauernhäuser nördliches Schwaben
M 1:500

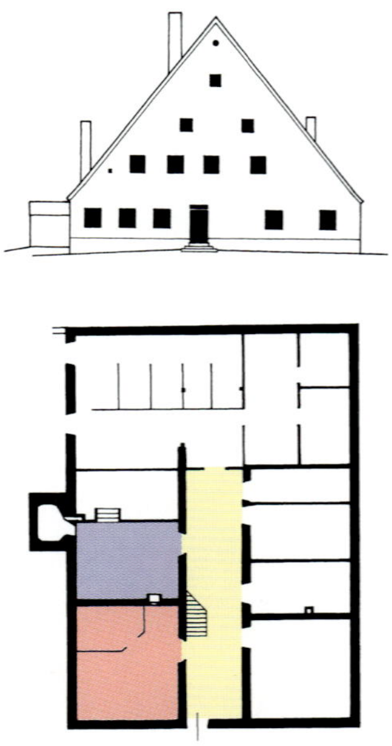

Landkreis
Donau-Ries
Löpsingen
Breite 15,6 m
Dachneigung 53°

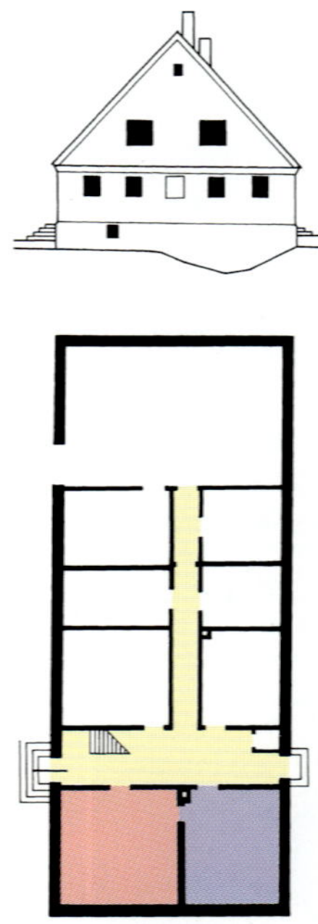

Landkreis
Donau-Ries
Brachstadt
Breite 10,8 m
Dachneigung 48°

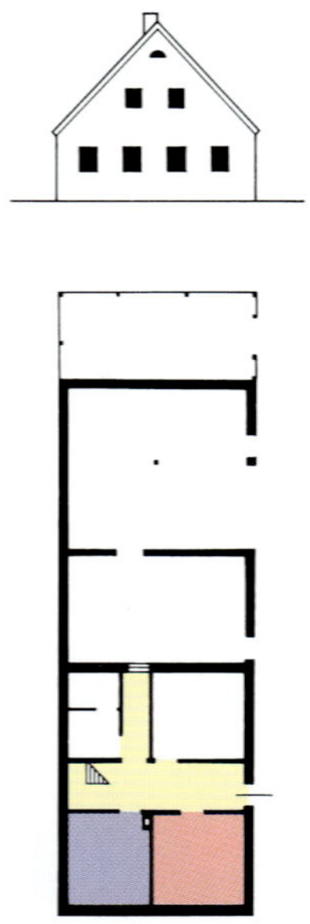

Landkreis
Donau-Ries
Mertingen
Breite 8,3 m
Dachneigung 47°

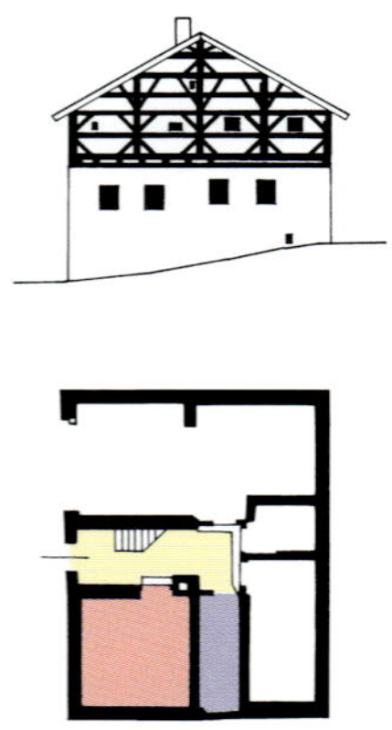

Landkreis
Donau-Ries
Tagmersheim
Breite 9,6 m
Dachneigung 30°

Bauernhäuser mittleres Schwaben
M 1:500

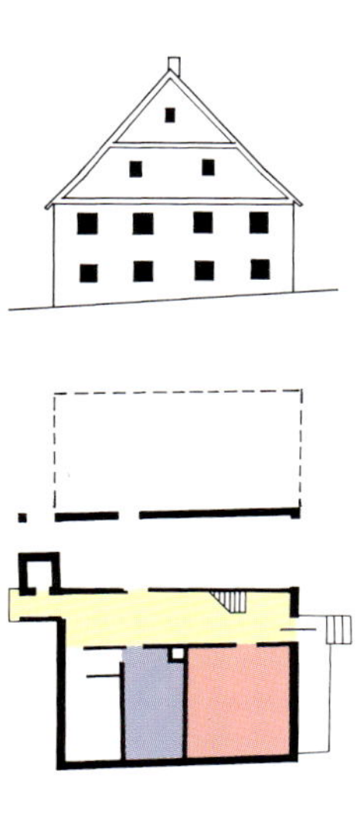

Landkreis
Unterallgäu
Boos
Breite 10,2 m
Dachneigung 48°

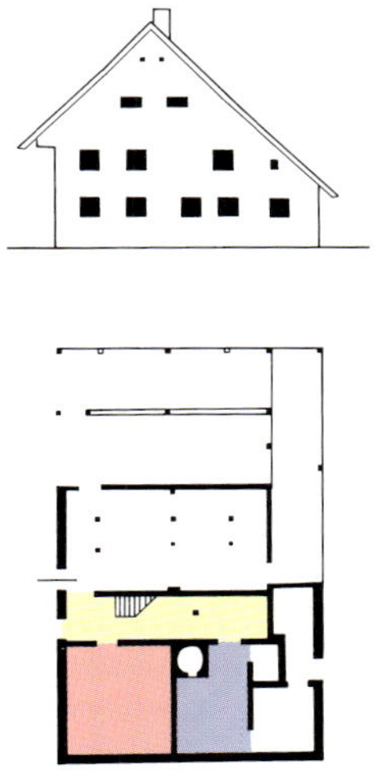

Landkreis
Augsburg
Scherstetten
Breite 10,5 m
Dachneigung 44°

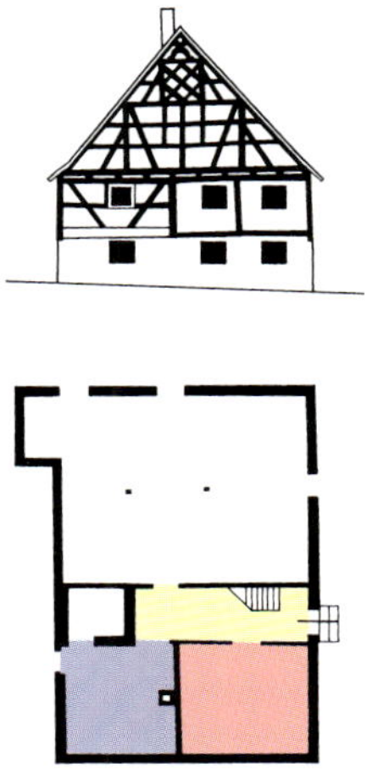

Landkreis
Neu-Ulm
Meßhofen
Breite 10,1 m
Dachneigung 50°

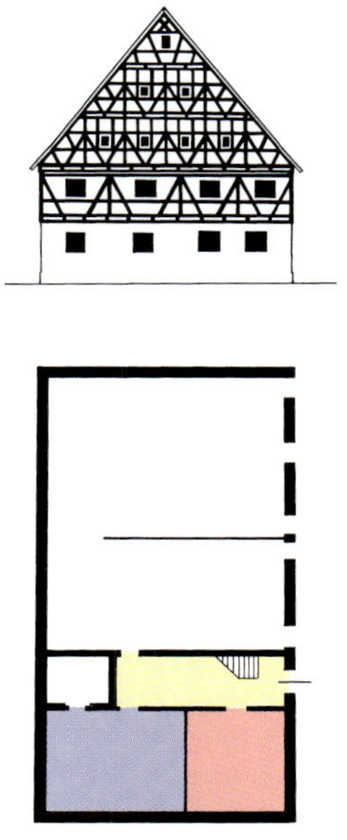

Landkreis
Günzburg
Ettlishofen
Breite 12,0 m
Dachneigung 50°

Bauernhäuser des Allgäu
M 1:500

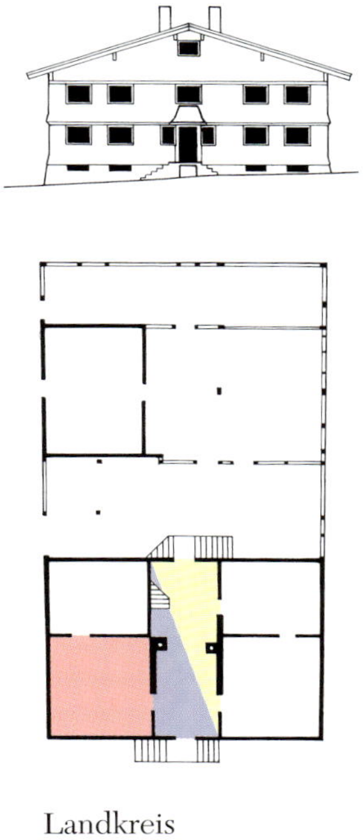

Landkreis
Oberallgäu
Oberstaufen
Breite 14,7 m
Dachneigung 17°

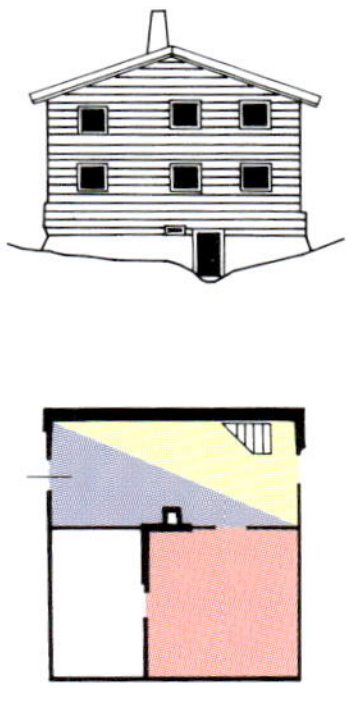

Landkreis
Oberallgäu
Gerstruben
Breite 8,4 m
Dachneigung 18°

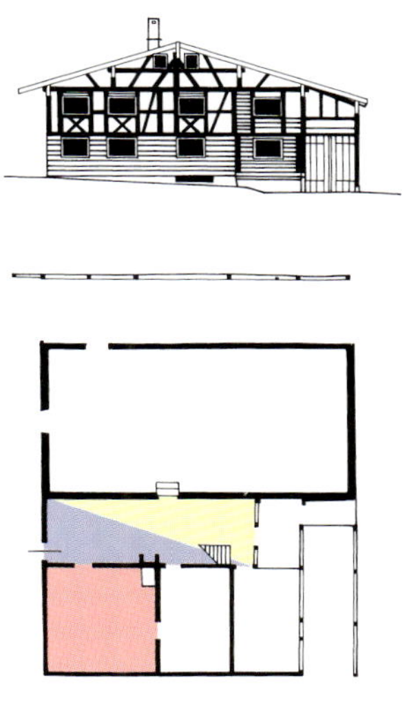

Landkreis
Lindau
Engenberg
Breite 15,1 m
Dachneigung 17°

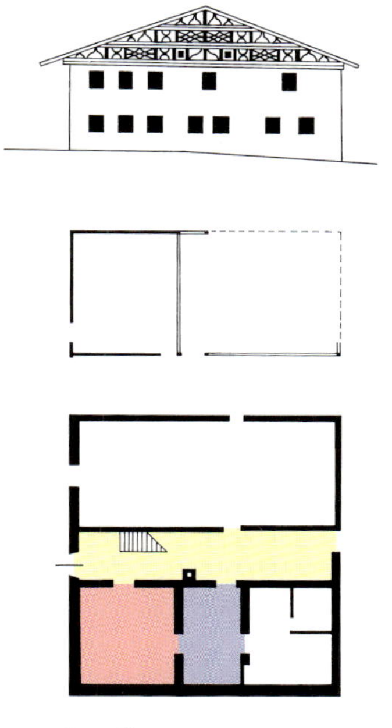

Landkreis
Ostallgäu
Stadels
Breite 15,4 m
Dachneigung 20°

Meßhofen, Nr. 23
Gemeinde Roggenburg
Landkreis Neu-Ulm
Breite 10,1 m, Dachneigung 50°

Der geschlossene Rechteckgrundriß ist durch eine klare Trennung zwischen Wohnteil und Stall sowie im Wohnteil durch die Quererschließung und die Lage der Stube und Küche an der Giebelseite bestimmt. Über den zwei Schichten der Vollgeschosse erheben sich zwei Dachböden. In beiden Vollgeschossen tritt die unterschiedliche Materialwahl auch in der Gestaltung zutage: Das verputzte Erdgeschoß trägt das sichtbare Fachwerk des Obergeschosses. Die asymmetrische Verteilung der Fensterachsen ergibt sich aus dem geringeren Abstand zwischen den beiden Stubenfenstern gegenüber dem Einzelfenster der Küche. Im Giebeldreieck nimmt das Fachwerk die Axialsymmetrie des Dachfirstes auf.

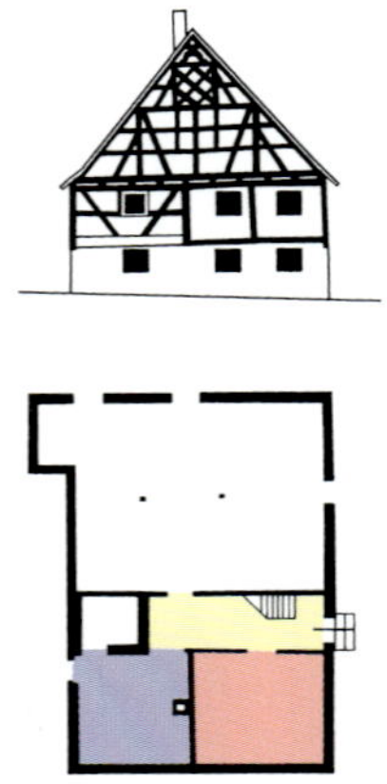

Herblingen Nr. 7
Gemeinde Fremdingen
Landkreis Donau-Ries
Breite 12,1 m, Dachneigung 47°

Der Grundriß des eingeschossigen Hauses bildet ein geschlossenes Rechteck, das von einem bis zum Stall durchgehenden Längsflur erschlossen wird. Die einfache räumliche Organisation kommt auch in der Giebelansicht zum Ausdruck, jedoch mit kaum wahrnehmbaren seitlichen Verschiebungen der Haustüre infolge der außermittigen Lage des Flures, die durch die größere Breite der Stube verursacht ist. Der Eindruck der Symmetrie wird jedoch durch die gleichen Abstände der seitlichen Fenster von den Gebäudeecken und dem Ausgleich der Maßdifferenzen bei den inneren Fensterachsen erreicht. Die beiden Fenstergeschosse im Dachdreieck, dessen massiver Ortgang in die gliedernden Gesimse übergeht, nehmen die Axialsymmetrie des Firstes auf.

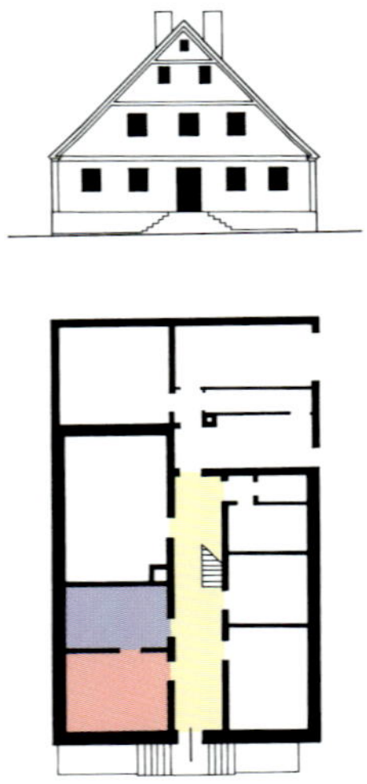

Lechbruck, Untere Dorfstraße 39
Gemeinde Lechbruck
Landkreis Ostallgäu
Breite 10,5 m, Dachneigung 18°

Im Grundriß tritt die klare Raumaufteilung des quer erschlossenen Mittertennbaus deutlich hervor. Hinter dem Wohnteil mit eigenem Flur folgt die Quertenne, an die nach Westen zwei Stallräume und ein seitlicher Schupfen anschließen. Beide Vollgeschosse sind verputzt, weisen jedoch auf einen früheren Ständerbau mit frei verteilten Fensterachsen hin, die vor allem im Obergeschoß unabhängig von der Symmetrieachse des Satteldachs eingesetzt sind. Das Giebeldreieck stellt mit der Fläche der senkrechten Bretterschalung, die nur von kleinen Lüftungsöffnungen durchbrochen ist, eine richtungsneutrale Übergangszone zwischen den Vollgeschossen und der Symmetrie des Dachfirsts dar.

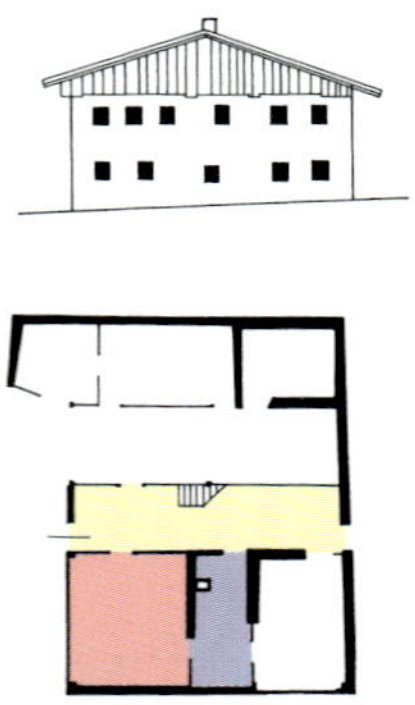

Knechtenhofen Nr. 7
Gemeinde Oberstaufen
Landkreis Oberallgäu
Breite 12,8 m, Dachneigung 19°

Der geschlossene Grundriß und die konstruktive Gestaltung des Aufbaus bilden eine überzeugende Gesamtheit. Der quadratische Wohnteil ist als Blockbau ausgeführt, der im Westen und Norden von einem mit senkrechten Brettern verschalten Wirtschaftsteil umfaßt wird. Die unterschiedlichen Lagen der Balkenköpfe der Innenwände zeigen in beiden Vollgeschossen die konstruktive Freiheit der Holzkonstruktion, die auch in der unterschiedlichen Aufteilung der Fensterachsen zum Ausdruck kommt. Von der waagrechten Struktur des Blockbaus sind die senkrechten Bretterwände des Wirtschaftsteils deutlich abgesetzt, die bis zur Dachschräge hinaufreichen.

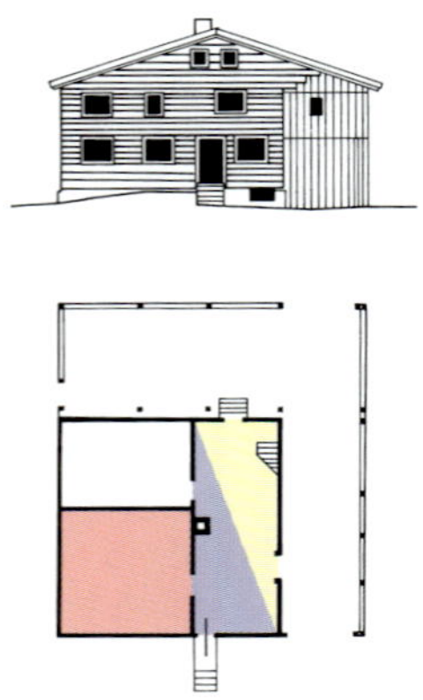

Ansicht und Grundriß M 1:500.

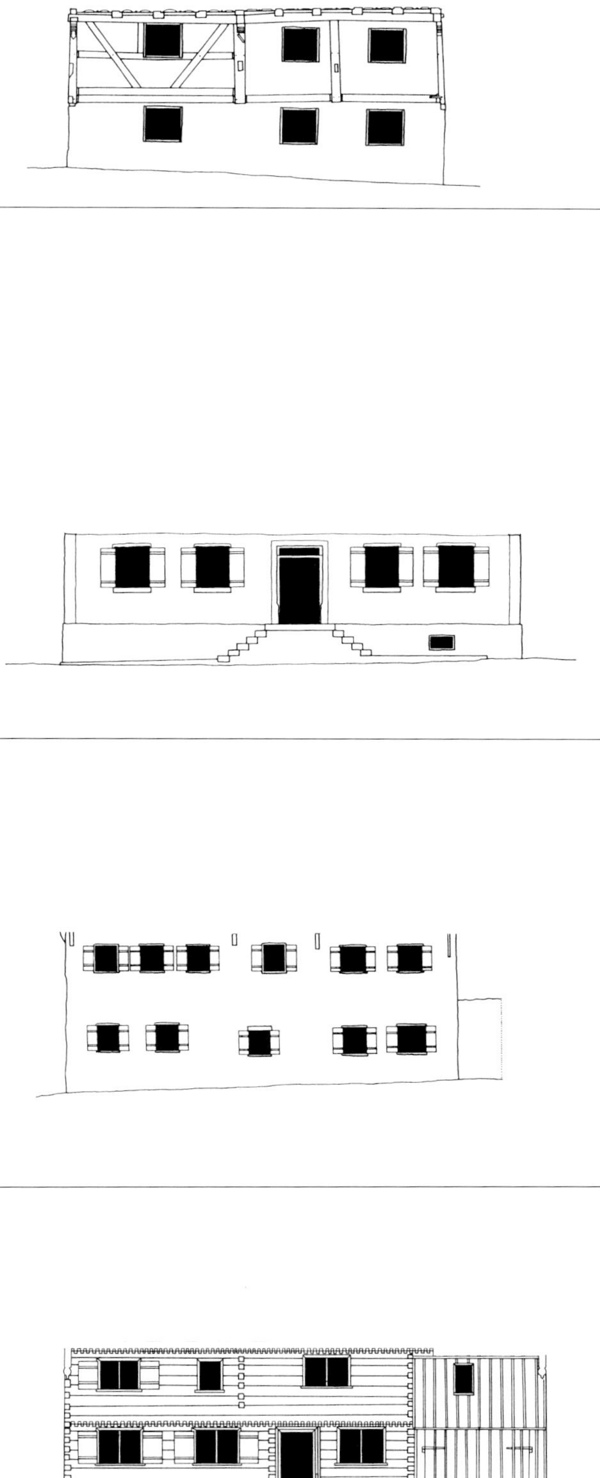

Ansicht Vollgeschosse M 1:200.

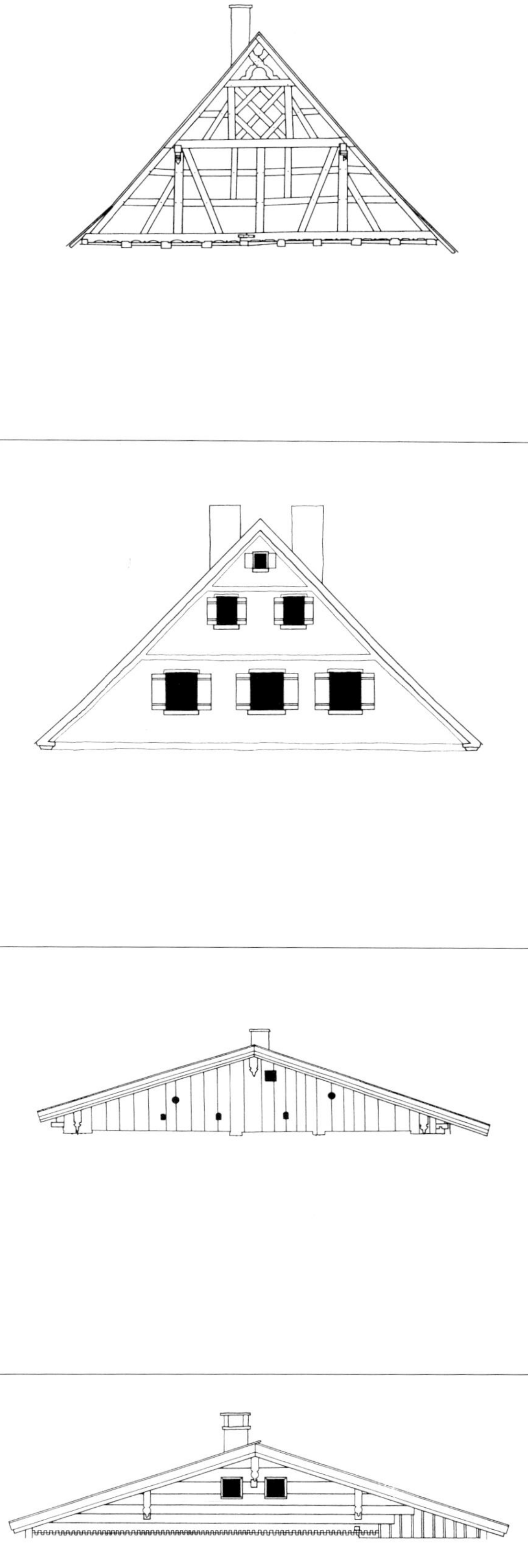

Ansicht Hausgiebel M 1:200.

Gegenüberstellung von Dachdetails: Steilgeneigtes Dach

Nördliches und mittleres Schwaben, nördliches Oberbayern

Im Traufgesims sind ebenso wie im Giebelgesims oder Ortgang die am Gebäude besonders hervortretenden Schnittpunkte zwischen Außenwand und Geschoßdecke, Dachkonstruktion und Dachdeckung zu lösen. Für das steilgeneigte Dach (im Beispiel 46°) wird hier als historisches Beispiel ein gemauertes Traufgesims und ein massiver Ortgang mit Biberschwanzdoppeldeckung gezeigt.

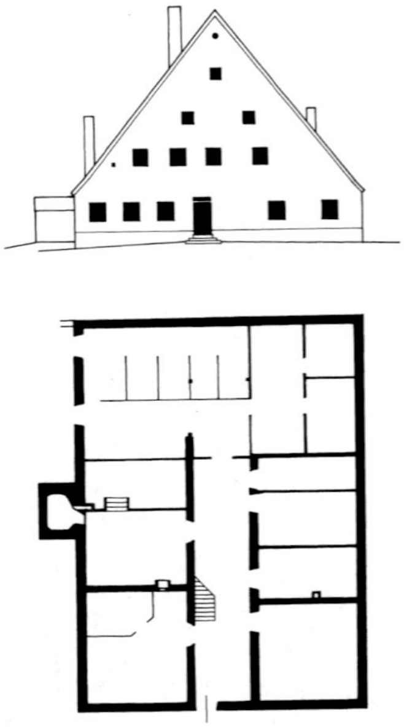

Landkreis Donau-Ries
Löpsingen
M 1:500

1 Biberschwanz-Doppeldeckung auf Lattung
2 Sparren
3 Aufschiebling mit Scharbrett und Scharblech
4 Fußpfette
5 Bretterboden
6 Deckenbalken
7 Deckenschalung mit Putz
8 Mauerlatte
9 Ziegelmauer $1^1/_2$ Stein stark
10 Innenputz 2 cm
11 Außenputz 3 cm
12 Dachrinne

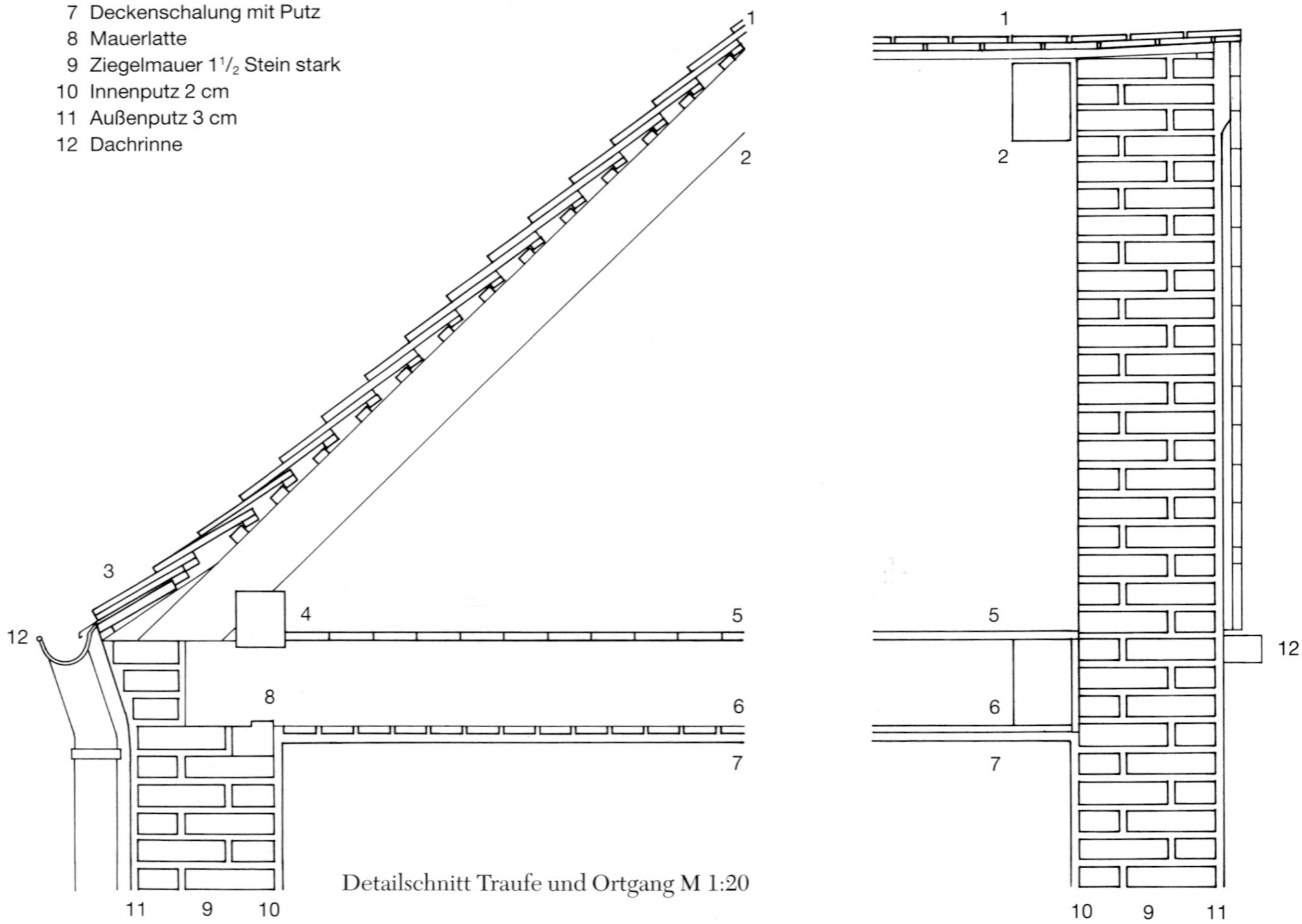

Detailschnitt Traufe und Ortgang M 1:20

Gegenüberstellung von Dachdetails: Flachgeneigtes Dach

Südliches Schwaben, südliches Oberbayern

Das ursprünglich von der Legschindeldeckung herkommende flachgeneigte Dach (im Beispiel 23°) ist durch weite Auskragungen an Traufe und Giebel gekennzeichnet. Damit konnten im rauhen Klima des Alpenvorlandes die Hauswände gegen Durchfeuchtung geschützt werden. Die flache Dachneigung erfordert die Eindeckung mit Legschindeln, Blechbahnen oder wie hier mit Falzpfannen.

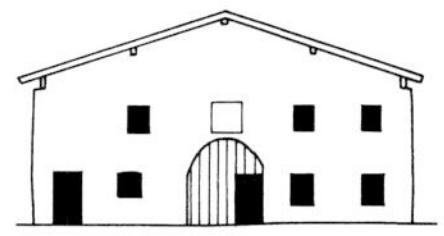

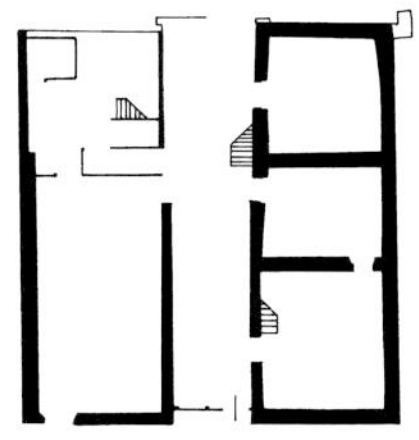

Landkreis Garmisch-Partenkirchen
Partenkirchen
M 1:500

1 Falzpfannen auf Lattung
2 Sparren (Rafen)
3 Aufdopplung
4 Fußpfette
5 First- und Mittelpfette aufgedoppelt
6 Bretterboden
7 Deckenbalken
8 Deckenschalung mit Putz
9 Ziegelmauer $1^1/_2$ Stein stark
10 Innenputz 2 cm
11 Außenputz 3 cm
12 Ziegelmauer 1 Stein stark
13 Dachrinne
14 Deckbrett mit Leiste
15 Stirnbrett aufgedoppelt
16 Konterlattung, Schalung, Flugsparren

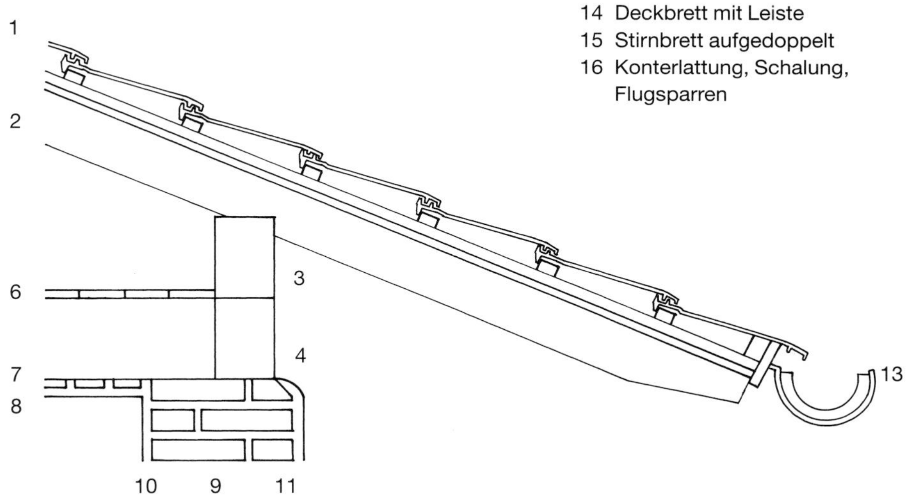

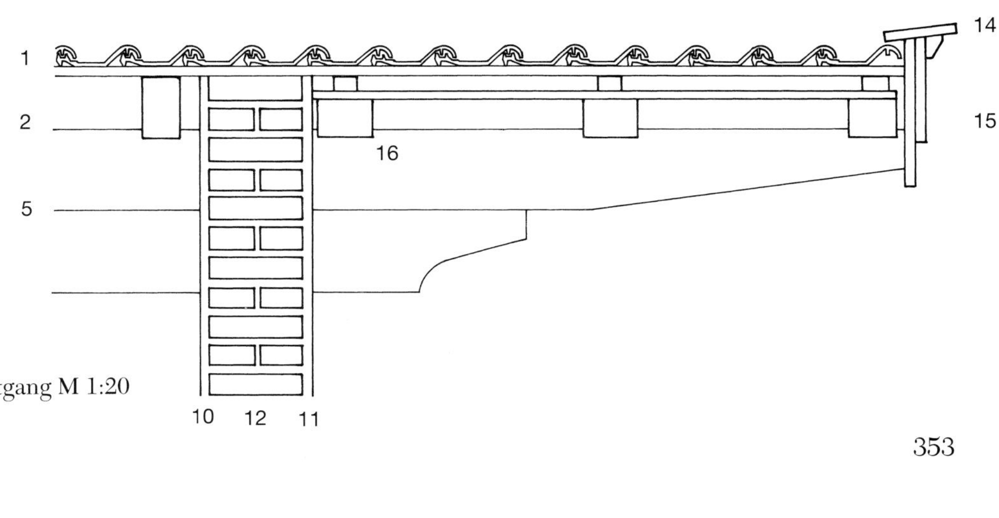

Detailschnitt Traufe und Ortgang M 1:20

Perspektiven der Dokumentation für die Bauberatung

Grundrißtypologie für das südliche Bayern

In der Dokumentation Schwaben findet die Reihe Bauernhäuser in Bayern einen Abschluß, der zusammenfassende Erkenntnisse ermöglicht, die aus den geowissenschaftlichen, hausgeschichtlichen, agrarsozialen und volkskundlichen Analysen gewonnen wurden. Sie eröffnen Perspektiven für ein zukunftsfähiges Handeln bei Neubauten und Sanierungen.
Im Band Unterfranken wurde für die Regionen nördlich der Donau ein erster Überblick zur Grundrißtypologie aus den Hausbeispielen von Mittelfranken (Band 1), Oberfranken (Band 2), Unterfranken (Band 3) und Oberpfalz (Band 4) in einer Karte (S. 334/335) gegeben. Nach dem Abschluß der Folgebände: Niederbayern (Band 5), Oberbayern Nord und Süd (Bände 6.1 und 6.2) und jetzt Schwaben (Band 7) können die Grundrißtypologien für die Regionen südlich der Donau ergänzt werden. Damit schließen sich beide Karten zu einer durchgehenden Darstellung der Bauernhausgrundrisse in ganz Bayern zusammen.
Hier stellt sich die Frage, warum gerade die Grundrisse der Bauernhäuser für eine Typologie ausgewählt wurden und nicht auch die Baumaterialien, die Wandkonstruktionen und die Dachgestaltung. Dem ist zu entgegnen, daß die Veröffentlichungen mit Abbildungen der Außenansichten in der Bauernhausliteratur überwiegen und Untersuchungen der konstruktiven Raumgefüge mit Plandarstellungen fehlen. Die aus dem Zusammenhang genommene isolierte äußere Erscheinung verführt zu willkürlichen Geschmacksurteilen, die bei näherer Untersuchung keiner Diskussion standhalten. Auf derselben falschen Bahn verläuft auch die landläufige Debatte über das »Schöne«, das, isoliert beurteilt, einer bodenlosen Beliebigkeit zum Opfer fällt. Damit wird deutlich, daß Schönheit nicht am Anfang eines Werkes oder isoliert neben anderen Eigenschaften wahrgenommen werden kann, sondern immer die Vollendung aus dem Zusammenklang und dem Aufleuchten der Merkmale des Ganzen, des Richtigen und des gelungenen Werkes erwächst.[24]
Bei aller Subjektivität und zeitlichen Bedingtheit des Schönen durchzieht die Auseinandersetzungen bis in die Gegenwart die Erkenntnis, daß sie nur über die Einbeziehung eines weiteren Begriffshorizontes angemessen diskutiert werden kann.
Diese Bewertungsfragen des Schönen sollen hier nicht ausgebreitet werden, sondern die Aussage bestätigen, daß für die Beurteilung von Sachverhalten und ihrer Wahrnehmung die Zusammenschau unterschiedlicher Einzelerkenntnisse erforderlich ist. Dies gilt im übertragenen Sinn besonders für Werke des Bauens als Umweltgestaltung, die Zeichen setzt und dem Leben Räume der Entfaltung bietet.[25]
Wenn damit einige Gründe genannt sind, wie sehr die tragenden Strukturen eines Bauwerks eine entscheidende Voraussetzung für seine Wahrnehmung durch die Gesellschaft und ebenso durch jeden Einzelnen darstellen, dann gewinnen die Raumfolgen der Bauernhäuser eine grundlegende Bedeutung.
Der Überblick wird in Beziehung zur Bauberatung vorgestellt. Er unterscheidet sich damit von den genetisch-physiognomischen Siedlungs- und Bauernhausforschungen[26] ebenso wie von der historischen Hausforschung[27] oder den wissenschaftlichen Bauforschungen im Rahmen der Denkmalpflege[28], zwar nicht grundsätzlich in den Ergebnissen, jedoch in der Zielsetzung. Sie geht über die diachronen Fragen der historischen Forschung hinaus zu den synchronen Fragen der Planungswissenschaften, wie Raumgefüge als gegenwärtige Kulturbestände zu beurteilen und welche grundsätzlichen Hinweise für ein zukunftsfähiges Bauen in den einzelnen Kulturlandschaften zu finden sind.
Bauernhäuser werden in der folgenden Karte des südlichen Bayern von der Salzach im Osten bis zum Bodensee im Westen nicht in erster Linie als Denkmäler oder ortsprägende Bauten aus einer zurückliegenden Epoche, sondern als grundsätzliche Beispiele eines Bauens gesehen, bei dem die Gesellschaft mit den am Ort verfügbaren Energien und Materialien wirtschaften mußte. Dabei war die Verantwortung für die Tragfähigkeit der Kulturlandschaft auch im Hinblick auf künftige Generationen einzubeziehen.
Wichtige Merkmale eines umweltgerechten und klimabezogenen Bauens bilden zuerst die geschlossenen Baukörper als Klimahüllen mit unterschiedlichen Temperaturzonen, von der ofengeheizten Stube über die nur wärmegedämmten Kammern zu den Wirtschaftsräumen, den von den Tieren erwärmten Ställen und den gegen Durchfeuchtung, aber nicht gegen Kälte geschützten Tennen und Bergeräumen. Die geneigten Dächer dienen dem dauerhaften Wetterschutz, mit den von der Strohdeckung ausgehenden steilen Dachneigungen nördlicher Bereiche und von der Legschindeldeckung herkommenden flachen Dachneigungen am Alpenrand im Süden. Hier wird die Einwirkung des Baumaterials auf die konstruktive Ausbildung sichtbar, die sich auch in den unterschiedlichen Materialkompositionen der Wandaufbauten zeigt.
Die grundsätzliche Eigenständigkeit der konstruktiven Einzelstrukturen eines Hauses, wie z. B. die räumliche Organisation im Grundriß oder die konstruktive Gestaltung im Aufbau bis zur Dachausbildung, werden hier deutlich. So treten unterschiedliche Merkmalkombinationen auf, wenn Querflurgrundrisse verschiedene Wandkonstruktionen von den verputzten Ziegelwänden bis zum Blockbau zeigen, die selbst wieder durch steile oder flachgeneigte Dächer

je nach der Klimazone gegen die Witterung geschützt werden.
Für die Grundrißtypologie wurde die Auswahl der Übersichtskarte so getroffen, daß die räumliche Organisation in der Vielfalt der möglichen Kombinationen sichtbar wird:

1. Querflurhäuser, die von der Traufseite her erschlossen sind. Die Stube in der Ecklage bildet mit der daneben oder dahinter angeordneten Küche und der Feuerstelle den Mittelpunkt des Wohnteils. Der Wirtschaftsteil mit Stall und Bergeraum folgt in der Regel der Firstrichtung nach hinten, bei längeren Häusern durch einen Stallgang erschlossen. Die Dachkonstruktion zeigt je nach regionaler Lage eine steile Neigung über 40°, wenn in Gebieten mit Ackerbau das Stroh als Deckungsmaterial gewonnen werden konnte, das dann im 19. Jahrhundert durch die feuersichere Ziegeldeckung abgelöst wurde.
   Flachgeneigte Dächer dagegen finden sich in Zonen mit hohen Niederschlägen, wie den Alpen und ihrem Vorland oder im Bayerischen Wald. Dort führte das Material Holz mit der Legschindeldeckung zu flachen Dachneigungen unter 35°, die ursprünglich mit Latten und Steinen beschwert waren, später jedoch durch feuersichere Blechbahnen oder durch Ziegel ersetzt wurden. (Hausbeispiele: Meßhofen, Landkreis Günzburg; Hofstatt, Landkreis Straubing-Bogen)
2. Querflurhäuser mit durchgehender Längswand, die hinter dem Querflur noch eine Kammerzone aufweisen, finden sich bei Wohnhäusern landwirtschaftlicher Anwesen z. B. in den Landkreisen Aichach-Friedberg und Dillingen. (Hausbeispiel: Oberbernbach, Landkreis Aichach-Friedberg)
3. Mittertennhäuser bilden im ganzen Alpenvorland einen weitverbreiteten Typus, der von der Schweiz bis Salzburg zu finden ist. Ihm entsprechen in der Schweiz die Vielzweckhäuser des Mittellandes (Dreisässenhäuser)[29] oder im österreichischen Bundesland Salzburg die Mittertennbauten des Flachgaues[30].
   In Schwaben treten sie in Kombinationen mit Steildach als Quertenne oder flachgeneigtem Dach als giebelseitige Tenne auf, Kombinationen, die in gleicher Weise im südlichen Oberbayern zu finden sind[31]. (Hausbeispiele: Erpfting, Landkreis Landsberg a. Lech; Partenkirchen, Landkreis Garmisch-Partenkirchen)
4. Längsflurhäuser, die von der Giebelseite erschlossen sind, gleichen in der Lage der Stube in der Gebäudeecke und der Küche mit Feuerstätte den Querflurhäusern. Sie sind jedoch mit dem First um 90° gedreht. Regionale Sonderformen des giebelseitig erschlossenen Hauses treten im Rottal als Rottaler Bauernhaus und Stockhaus auf. (Hausbeispiele: Haag, Landkreis Traunstein; Utzwingen, Landkreis Donau-Ries)
5. Eckflurhäuser, auch Seitenflurhäuser genannt, stellen eine Grundrißorganisation für kleine Bauernhäuser, vielfach Nebenerwerbslandwirtschaft mit Handwerk und Austragshäuser dar. Sie sind den Flurküchenhäusern verwandt, unterscheiden sich von ihnen jedoch durch eine oft nachträglich eingesetzte Wand zwischen Flur und Küche. Flur und Treppe sind in der Gebäudeecke angeordnet. (Hausbeispiele: Safferstetten, Landkreis Passau; Hohenraunau, Landkreis Günzburg)
6. Flurküchenhäuser bilden im Allgäu nahezu quadratische Einzelbauten mit Dreiraumgrundrissen von Hus (Flurküche), Stube als größtem Raum und Gaden als Schlafkammer. Dieser Dreiraumgrundriß findet sich als Kern auch in größeren Bauernhäusern des Allgäu. (Hausbeispiele: Gerstruben, Landkreis Oberallgäu; Knechtenhofen, Landkreis Oberallgäu)

Zusätzlich können weitere Merkmale erwähnt werden, wie die Diagonalbeziehungen in den Stuben zur Außenecke, die bis zur Diagonalsymmetrie der gleichen Abwicklungen der Fensterwände gehen[32].
Diese bis zum Detail reichenden Übereinstimmungen der Maße von Wandteilen und Fensteröffnungen der beiden Außenwände deuten auf eine besondere Bewertung der Stuben im bäuerlichen Hausbau hin. Wenn sonst die Raumfolgen der Bauernhäuser ein offenes System innerhalb grundsätzlicher Zuordnungen bilden, wie sie für Querflur-, Längsflur- oder Mittertennhäuser in den Hausbeispielen aufgezeigt wurden, lassen die ähnlichen Fenstergruppen der Stuben und die Ausrichtung auf die Tischecke auf genaue Ordnungsvorstellungen schließen.
Bei den vielfach einem Quadrat angenäherten Stubengrundrissen bestehen in der Diagonale Raumbeziehungen zwischen der inneren Ecke mit dem Stubenofen und der äußeren Fensterecke mit Tisch und umlaufender Eckbank. Häufig wird die innere Ofenecke von den Frauen, die äußere hellere Fensterecke von den Männern für winterliche Arbeiten genutzt, seien es das Spinnen des Garns oder Holzarbeiten für Werkzeuge und Schnitzereien.
Die Deckenkonstruktionen mit Balkenlagen und Unterzügen folgen der Rechteckstruktur des Baukörpers und seinen konstruktiven Randbedingungen. Sie nehmen – so weit sie nicht durch Kassettenfelder verkleidet sind – keine Diagonalbeziehungan auf. Erst in der Anordnung der Fensteröffnungen der beiden Außenwände tritt die Diagonale zur äußeren Ecke sichtbar in Erscheinung.
Die Dokumentation Unterfranken, Band 3 der Bauernhäuser in Bayern, zeigt auf Seite 342/343 drei nordbayerische Beispiele mit denselben diagonalen Raumbeziehungen im Maßstab 1:200 mit Grundriß und Ansichten. Dieser Nachweis bestätigt, wie die Stube als Raum zentraler Bedeutung über die unterschiedlichen Zonen von Haus- und Hoftypen hinweg eine herausgehobene Gestaltung erfährt.

Grundrißtypologien in Oberbayern,
Niederbayern und Schwaben.

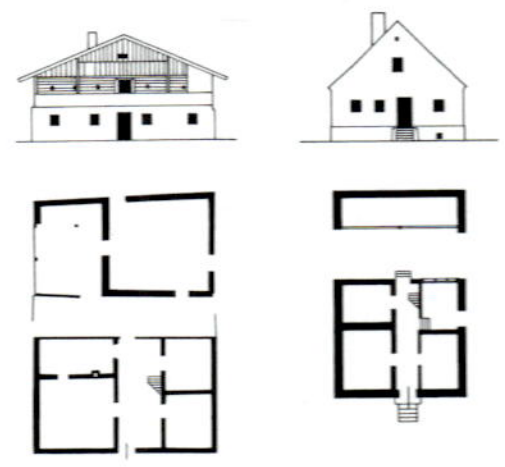

Längsflurhaus mit
giebelseitiger Erschließung

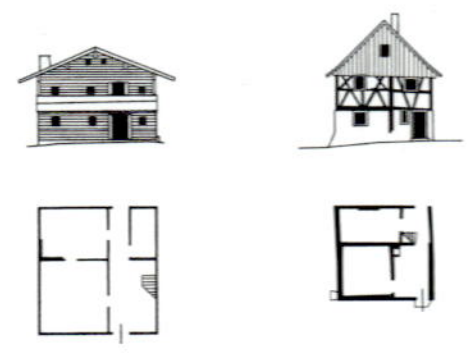

Eckflurhaus

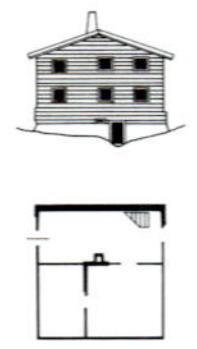

Flurküchenhaus
quer

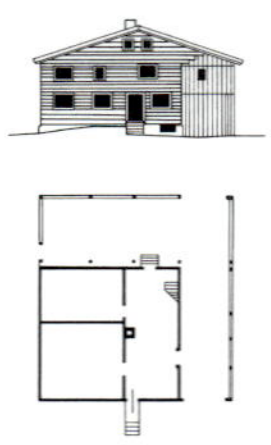

Flurküchenhaus
längs

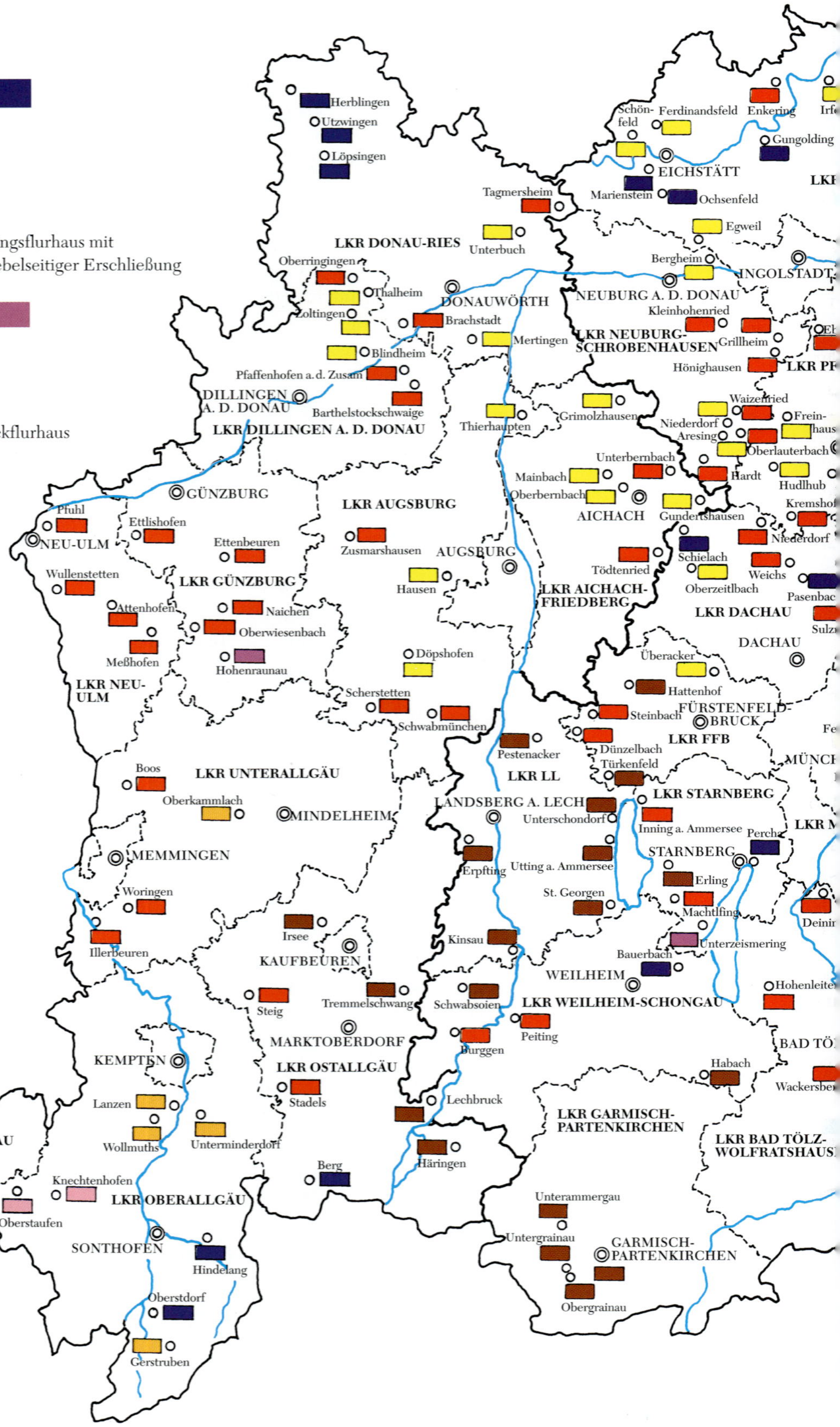

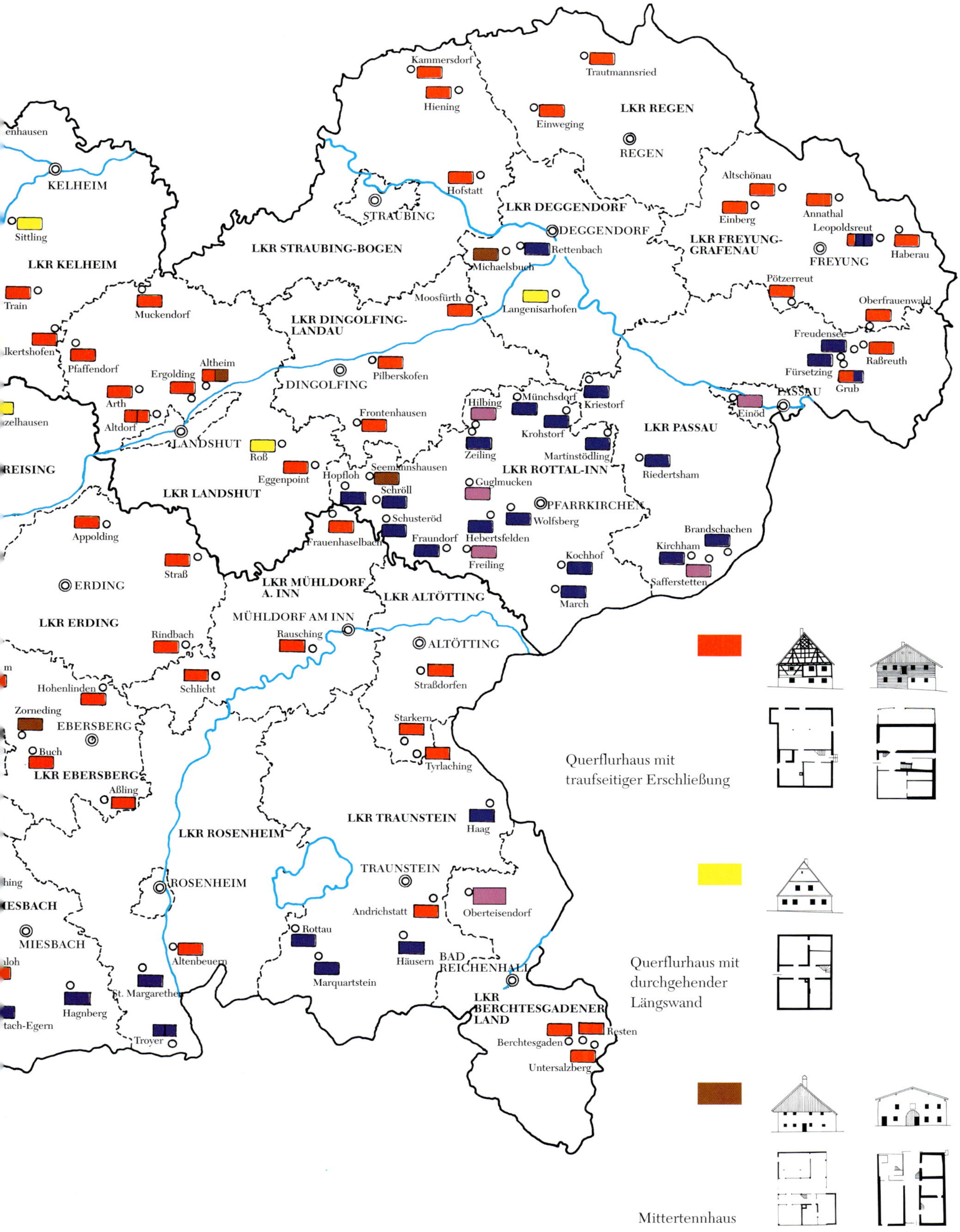

Kammersdorf
Trautmannsried
Hiening
Einweging
LKR REGEN
REGEN
KELHEIM
Sittling
LKR KELHEIM
Hofstatt
STRAUBING
LKR STRAUBING-BOGEN
LKR DEGGENDORF
DEGGENDORF
Rettenbach
Michaelsbuch
Altschönau
Einberg
Annathal
Leopoldsreut
Haberau
LKR FREYUNG-GRAFENAU
FREYUNG
Pötzerreut
Train
Muckendorf
Moosfürth
Langenisarhofen
LKR DINGOLFING-LANDAU
Oberfrauenwald
Freudensee
Raßreuth
Fürsetzing
Grub
Pfaffendorf
Ergolding
Altheim
DINGOLFING
Pilberskofen
Arth
Altdorf
Frontenhausen
Hilbing
Münchsdorf
Kriestorf
Krohstorf
PASSAU
Einöd
LKR PASSAU
LANDSHUT
Roß
Zeiling
Martinstödling
Riedertsham
REISING
Eggenpoint
Hopfloh
Seemannshausen
LKR ROTTAL-INN
Guglmucken
Schröll
LKR LANDSHUT
PFARRKIRCHEN
Wolfsberg
Appolding
Schusteröd
Frauenhaselbach
Fraundorf
Hebertsfelden
Brandschachen
Kirchham
Freiling
Kochhof
Straß
Safferstetten
ERDING
LKR MÜHLDORF A. INN
LKR ALTÖTTING
March
LKR ERDING
MÜHLDORF AM INN
Rindbach
Rausching
ALTÖTTING
Hohenlinden
Schlicht
Straßdorfen
Zorneding
EBERSBERG
Buch
LKR EBERSBERG
Starkern
Tyrlaching
Aßling
LKR TRAUNSTEIN
Haag
LKR ROSENHEIM
TRAUNSTEIN
ROSENHEIM
Andrichstatt
Oberteisendorf
MIESBACH
Rottau
Altenbeuern
Häusern
BAD REICHENHALL
Marquartstein
St. Margarethen
Hagnberg
LKR BERCHTESGADENER LAND
Resten
Troyer
Berchtesgaden
Untersalzberg
Querflurhaus mit traufseitiger Erschließung
Querflurhaus mit durchgehender Längswand
Mittertennhaus

Landschaft Ries, Mühlengehöft bei Munningen, Landkreis Donau-Ries.
Ackerbaugebiet, Bauernhäuser mit steilgeneigten Dächern.

Landschaft Allgäu, Einzelhöfe bei Gnadenberg, Landkreis Oberallgäu.
Grünlandgebiet, Bauernhäuser mit flachgeneigten Dächern.

Hausbeispiele, Neubauten und Sanierungen

Vorbemerkung

Die Neubauten weisen nach, wie in den Bauernhäusern Merkmale eines umweltverträglichen energiesparenden und wirtschaftlichen Bauens zu finden sind, wenn sie als Grundsätze konstruktiver Gestaltung von innen heraus weiterentwickelt und nicht als äußerliche Traditionsmotive kopiert werden. Die geschlossenen Baukörper und die klaren Konstruktionen führen zu klima- und materialgerechten Raumfolgen, die zweckmäßig und gut gestaltet, mit vertretbarem Aufwand errichtet und für eine dauerhafte Nutzung geeignet sind.
Ähnlichen Zielen galten auch die Reformbestrebungen im Wohnungsbau zu Beginn des 20. Jahrhunderts. Fortschrittliche Kräfte wandten sich von einem formalistischen Historismus mit seinen verschachtelten Grundrissen im Hausbau ab. Zu nennen sind hier die Gründung des Deutschen Werkbundes in München 1907 sowie der ebenfalls in München ins Leben gerufene private Verein für Volkskunst und Volkskunde 1902, der spätere Bayerische Landesverein für Heimatpflege, beide mit dem Bestreben, die gesamte Alltagskultur durch Bau- und Produktberatung zu verbessern. Deshalb wird die daraus hervorgegangene Bauberatung als freie Information interessierten Bürgerinnen und Bürgern aus ihrem Selbstverständnis heraus offen sein für neue Interpretationen der Wechselbeziehungen zwischen Kulturlandschaft und einem zukunftsfähigen Bauen. Nostalgische Postmoderne und kurzlebiger Dekonstruktivismus schließen sich dabei von selbst aus. Wenn die Bauernhäuser als Beispiele eines Bauens im Gleichgewicht mit den natürlichen Gegebenheiten vorgestellt werden, müssen auch die Neubauten diesen Grundsätzen folgen. Formalistische Tagesmoden oder regionalistische Kostümierungen würden den Anforderungen an langfristige Gebrauchsfähigkeit, und über den Tag hinaus beständige Gestaltqualität nicht entsprechen.
Neubauten und Sanierungen lassen die vielfältigen Möglichkeiten erkennen, die einfache Raumfolgen für unterschiedliche Nutzungen anbieten.
Die Pläne wurden ebenso wie bei den historischen Hausbeispielen in den Maßstäben 1 : 50 und 1 : 100 neu gezeichnet. Sie sind einheitlich im Maßstab 1 : 200 veröffentlicht, um durchgehende Vergleiche zwischen alten und neuen Häusern anzuregen. Die Planunterlagen folgen dem ursprünglich gebauten Zustand und sind deshalb nicht unverändert zu verwenden, zumal jedes Bauvorhaben eigenverantwortlich geplant werden soll und den jeweilig geltenden rechtlichen Vorschriften und Festsetzungen entsprechen muß. Die nebenstehende Legende führt alle Raumarten auf, die in zutreffender Auswahl in die jeweiligen Grundrisse eingetragen sind.

Wohnhaus in Lindenberg. Ansicht von Süden.

Legende der Grundrisse

Flur, Windfang, Garderobe, Treppe	1
Küche	2
Eßraum	3
Wohnraum	4
Arbeitsraum	5
Schlafraum	6
Schlafraum Kind	7
Bad, Dusche, WC	8
Abstellraum, Speisekammer	9
Mehrzweckraum, Hausarbeitsraum	10
Terrasse, Wintergarten, Balkon	11
Garage	12
Geräteraum	13
Keller	14
Technikraum	15
Werkstatt	16
Fremdenzimmer	17
Ausstellungsraum, Halle	18
Ankleide	19
Luftraum	20
Innenhof	21
Fitneßraum, Sauna	22
Stall	23
Tenne	24

Architektenverzeichnis der Hausbeispiele S. 405.

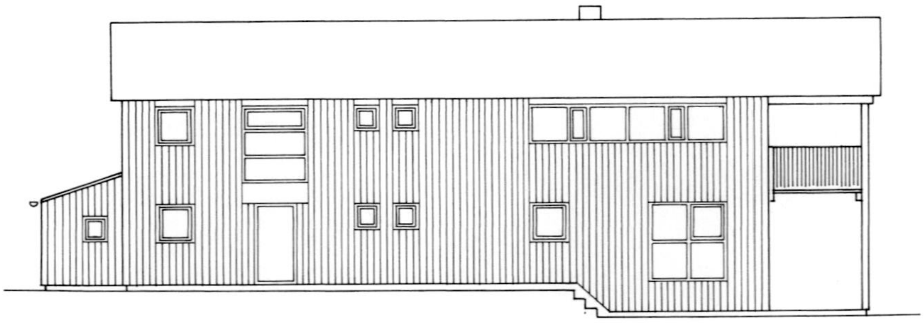

Ansicht von Westen.

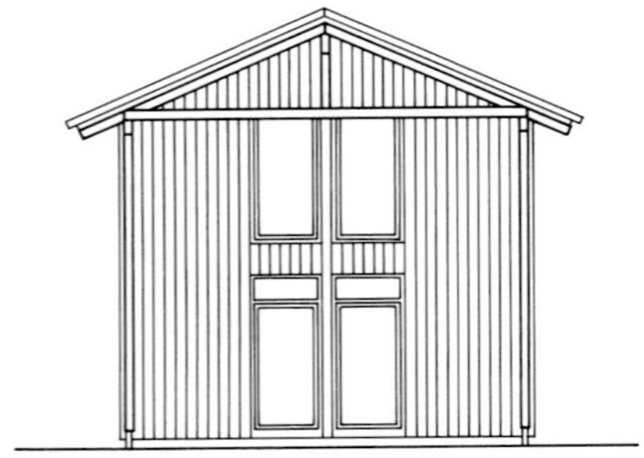

Ansicht von Süden.

1 Flur
2 Küche
3 Eßraum
4 Wohnraum
5 Arbeitsraum
6 Schlafraum
7 Schlafraum Kind
8 Bad
11 Freisitz
12 Garage
13 Geräteraum
20 Luftraum

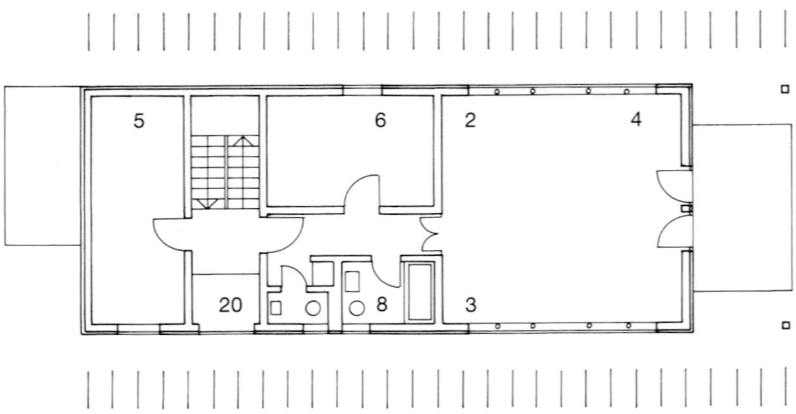

Grundriß Obergeschoß.

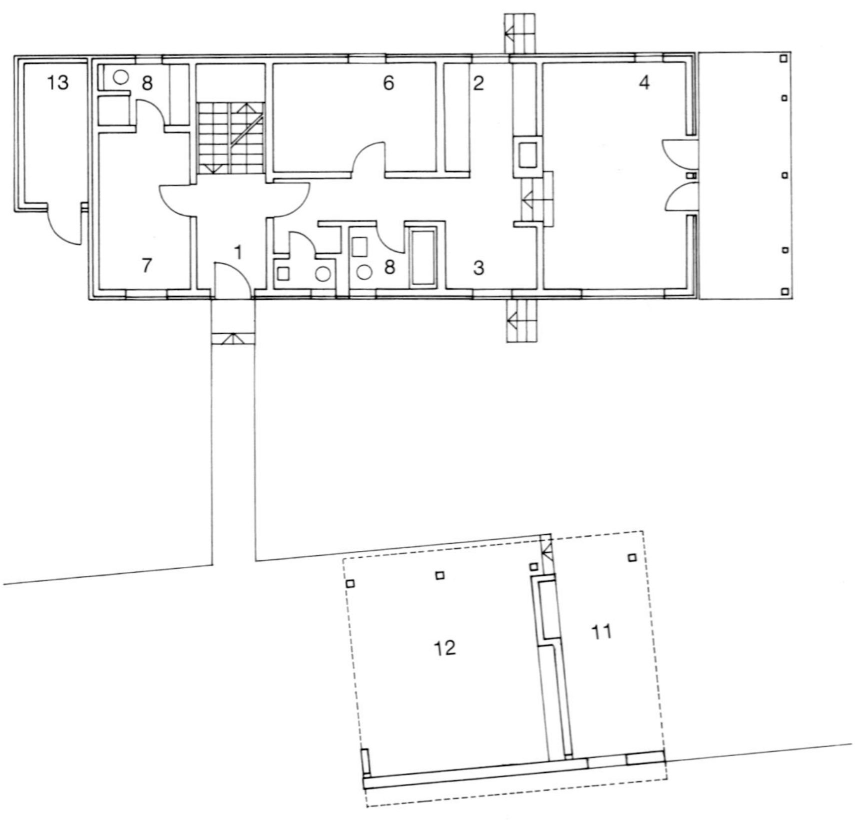

Grundriß Erdgeschoß
M 1:200.

Ansicht von Südwesten.

Wohnhaus in Lindenberg im Allgäu, Stadt Lindenberg im Allgäu, Landkreis Lindau

Das zweigeschossige Wohnhaus steht in unmittelbarem Anschluß an den Dorfrand, dessen Altbauten auf der Ansicht von Südwesten im Hintergrund zu sehen sind. Es wendet seinen Giebel mit dem Balkon nach Süden, ebenso den Freisitz des im Westen vorgesetzten erdgeschossigen Nebengebäudes mit zwei Stellplätzen. Von hier aus erreicht man den Hauseingang an der westlichen Traufseite und gelangt in den Flur, dessen Luftraum die zwei Geschosse erleben läßt.

Der Längsgang zum Wohnraum gibt den Blick nach Süden zur Terrasse und über den abfallenden Obstwiesenhang zur Alpenkette hin frei. Diese Ausrichtung zur Landschaft und zur Sonne wird für die Erdgeschoßwohnung und in gleicher Weise für die Wohnung im Obergeschoß mit dem Balkon durch großzügige Fenstertüren auf der südlichen Giebelseite erreicht.

Der Neubau nimmt mit dem geschlossenen Baukörper und dem weit auskragenden flach geneigten Dach (23°) die klimagerechte Bauweise der Bauern- und Handwerkerhäuser im südlichen Allgäu auf. Dabei werden die Erfahrungswerte des Wetterschutzes und die geschlossene Klimahülle neu interpretiert, sowohl in der räumlichen Organisation als auch in der konstruktiven Gestaltung.

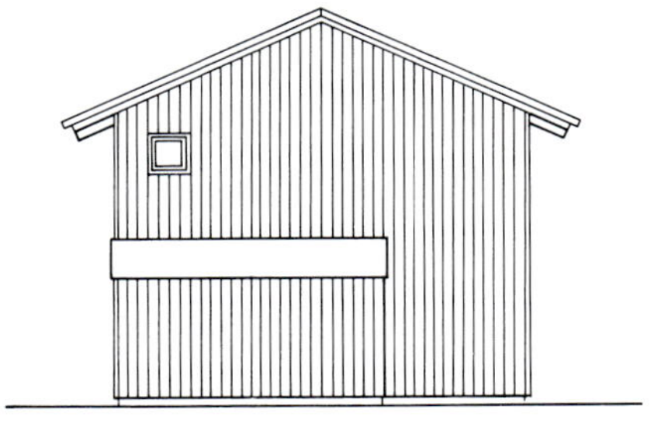

Ansicht von Norden.

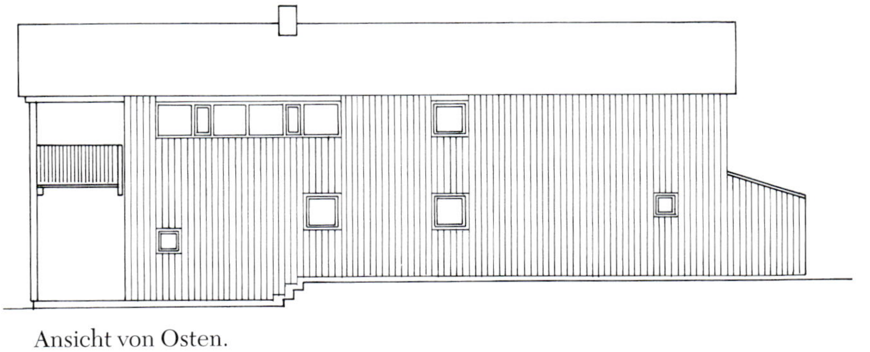

Ansicht von Osten.

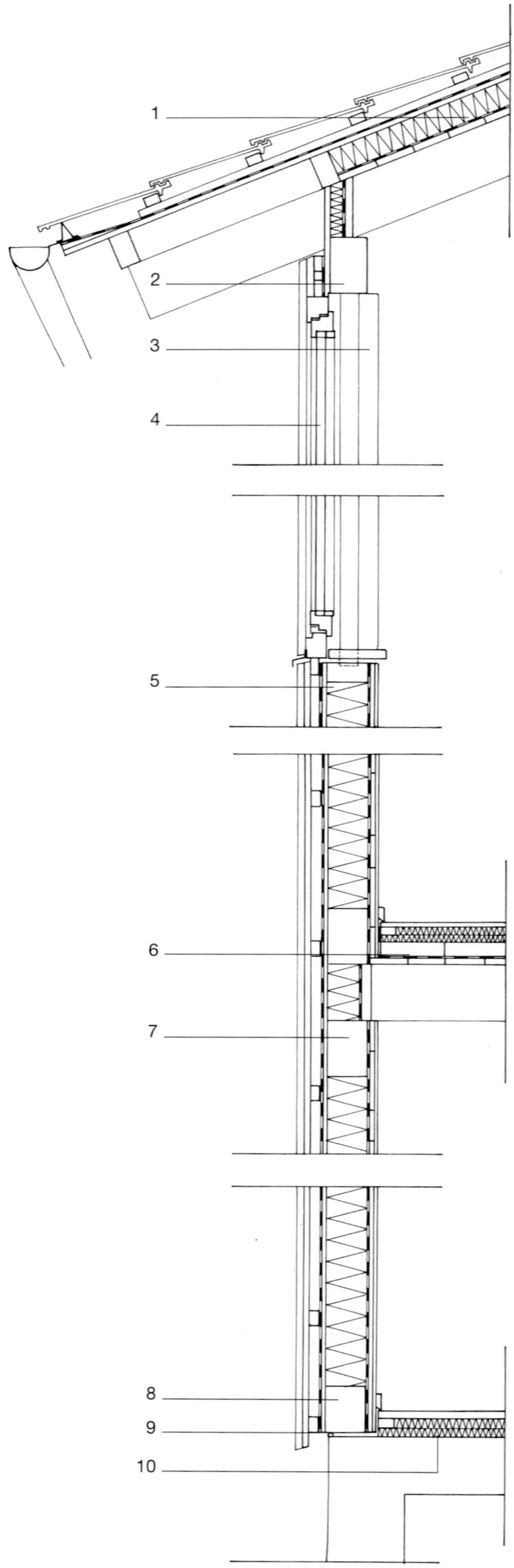

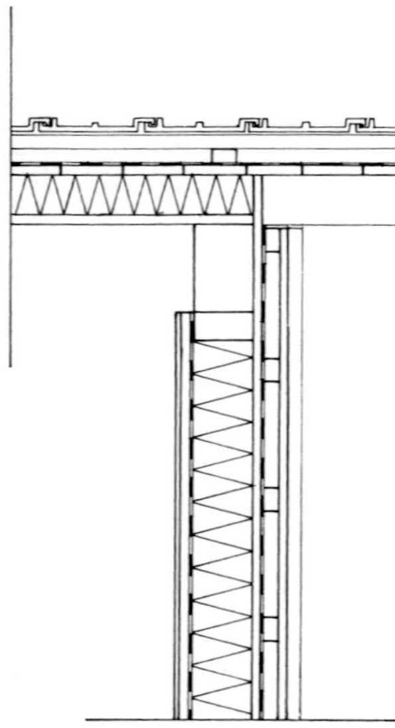

Wohnhaus in Lindenberg.
Fassadenschnitt M 1:20.

1 Dachaufbau:
Dachziegel
Lattung 30/50 mm
Konterlattung 30/50 mm
wasserabweisendes, dampfdurchlässiges Papier
Schalung
Wärmedämmung 80 mm
Dampfbremse
Nut- und Federschalung
Sparrenpfette 60/80 mm
Sparren 80/180 mm
2 Traufpfette
3 Stahlrohrstütze Ø 60,3 mm
4 Holzfenster mit Isolierverglasung
5 Wandaufbau:
Deckleistenschalung
Lattung 30/50 mm
Windpapier
Schalung 18 mm
Wärmedämmung 120 mm
Dampfbremse
Sparschalung 18 mm
Gipsfaserplatten 9,5 mm
6 Fußbodenaufbau:
Fichtendielen 22 mm
Kokos-Rollfilz 35/25 mm
Lagerhölzer 30 mm
Kokos-Estrichdämmplatten 23/20 mm
Beton-Gehwegplatten 50 mm
(Fugenschluß durch Quarzsand)
Rieselschutzpapier
Deckenschalung
7 Riegel 120/180 mm
8 Lagerholz 120/140 mm
9 Fugendichtung
10 Fußbodenaufbau EG:
Fichtendielen 22 mm
Kokos-Rollfilz 35/25 mm
Lagerhölzer 30 mm
Kokos-Estrichplatten
23/20 mm

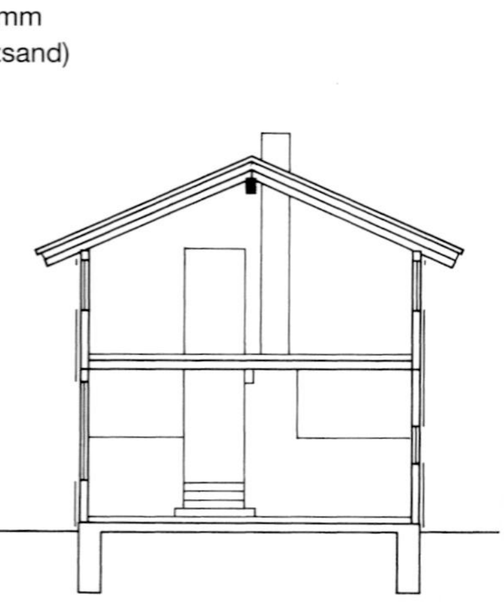

Querschnitt M 1:200.

Das zweigeschossige Bauwerk ist über dem massiven Keller in Holzrahmenbauweise mit hinterlüfteter Leistenschalung aus sägerauhen Brettern an der Außenseite konstruiert. Der Detailschnitt zeigt die Konstruktion, beginnend von dem Überstand der Holzverschalung am Sockel, hinauf zu dem offenen Deckenbalken über dem Erdgeschoß und den ebenfalls offenen Sparren mit den jeweils darüber durchgehenden Holzschalungen an der Traufe. Die Fußböden aus Holzdielen sind auf Lagerhölzern mit dazwischen eingebrachter Kokosisolierung befestigt. Bei den Fensterbändern des Obergeschosses unterstützen Stahlrohre die darüber durchgehenden Firstpfetten. Die überzeugende Gestaltung beruht auf dem über 28 Felder durchgehenden Konstruktionsraster von 65 cm, das im Ausbau variabel und phantasievoll ausgefüllt ist.

Ausschnitt westliche Trauffassade.

Ansicht von Nordosten.

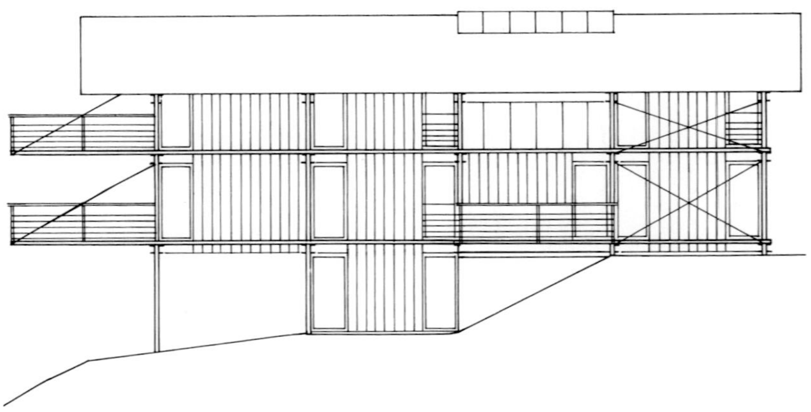

Ansicht von Osten.

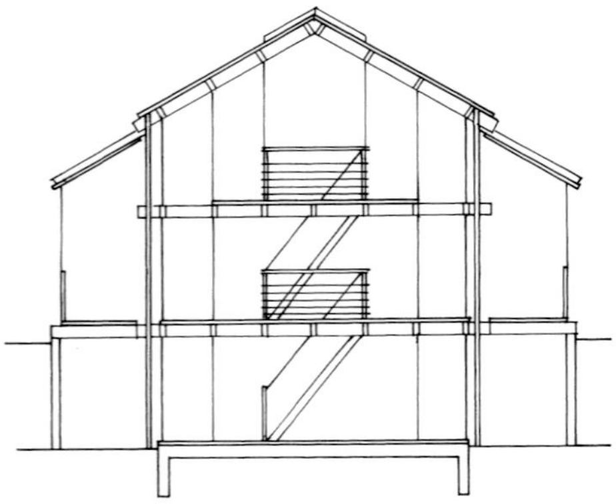

Querschnitt.

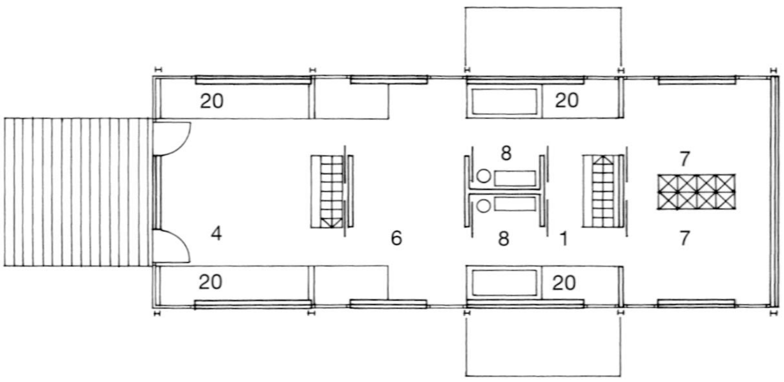

Grundriß Obergeschoß.

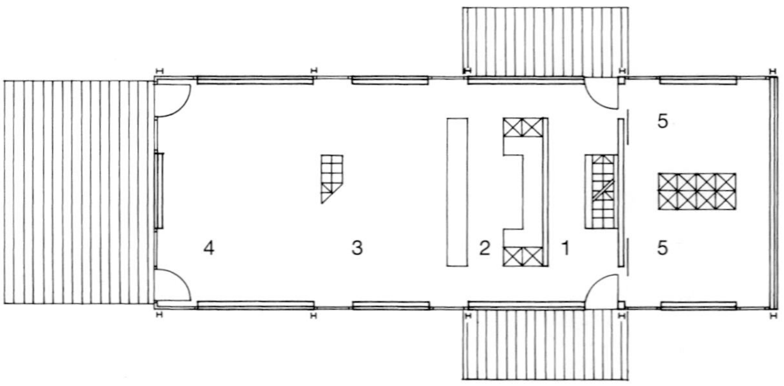

Grundriß Erdgeschoß.

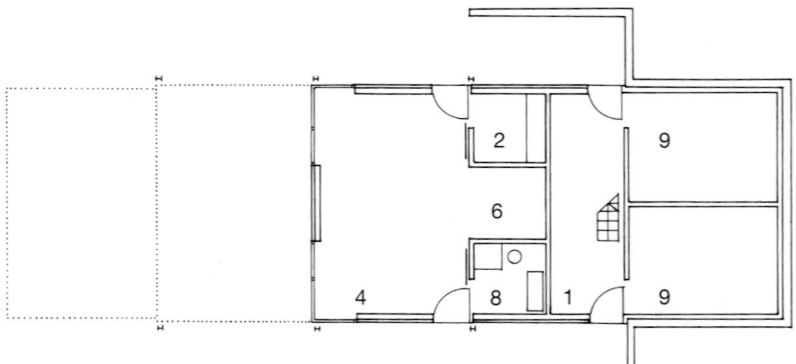

1 Flur
2 Küche
3 Eßbereich
4 Wohnraum
5 Arbeitsraum
6 Schlafbereich
7 Schlafraum Kind
8 Bad
9 Abstellraum
20 Luftraum

Grundriß Untergeschoß M 1:200.

Ansicht von Nordwesten.

Wohnhaus in Überlingen-Hödingen am Bodensee, Stadt Überlingen, Landkreis Friedrichshafen

Die landschaftlich bevorzugte Lage in einem Obstgarten am Rand des Ortskerns von Hödingen bietet nach Südwesten einen Ausblick auf den Überlinger See. Der Neubau nimmt bewußt die klaren Baukörper und einfachen Satteldächer der benachbarten Bauernhöfe und Scheunen auf, entwickelt sie aber kreativ in Materialwahl und Konstruktion weiter.
Der Rechteckbaukörper von 6 x 16 m trägt ein 30° geneigtes, an den Seiten und am Giebel weit auskragendes Satteldach aus Faserzementplatten. Über dem Sockelgeschoß erheben sich das Erdgeschoß für Wohnen, mit Kochen, Essen und Arbeiten und ein Obergeschoß mit Schlafräumen und Bädern. Die dem See zugewandte südwestliche Giebelseite wird von den großen Wohnräumen genutzt, die mit vorgehängten Balkonen den Austritt ins Freie ermöglichen. Die Innenräume sind durch mittig eingesetzte Quertreppen und Blöcke aus Küche und Bädern so gegliedert, daß die Raumfolge durchgehend erlebt werden kann.
Die Tragkonstruktion besteht aus Stahlrahmen mit Zugdiagonalen und Druckstreben, die Wände aus hochwärmegedämmter Holzkonstruktion. Die geschoßhohen Öffnungen sind mit Wärmeschutzgläsern ausgestattet.

Ansicht von Süden.

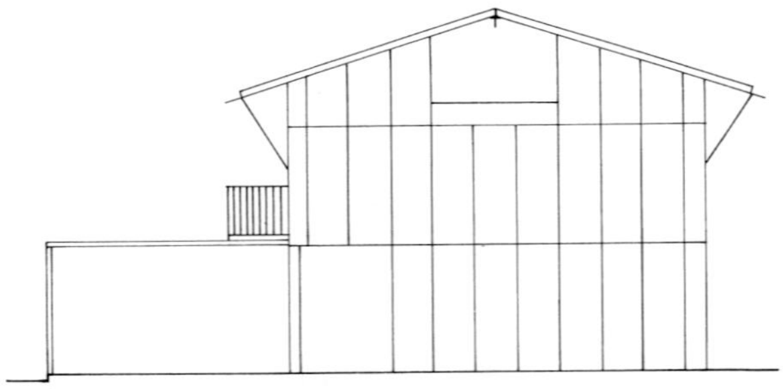

Ansicht von Süden, Solarfassade.

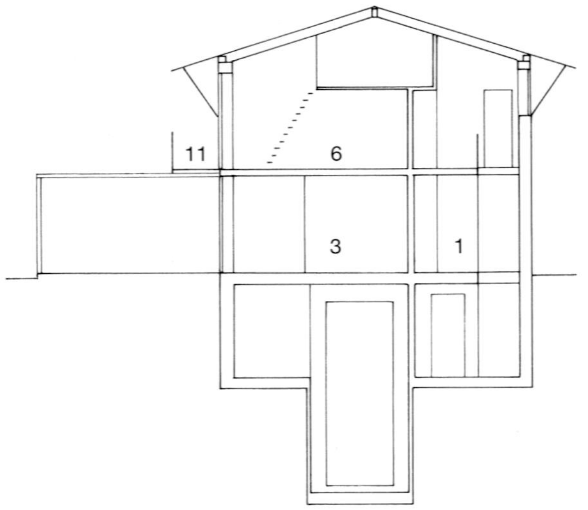

Querschnitt.

1 Flur
2 Küche
3 Eßraum
4 Wohnraum
6 Schlafraum
7 Schlafraum Kind
8 Bad, WC
11 Balkon
12 Garage

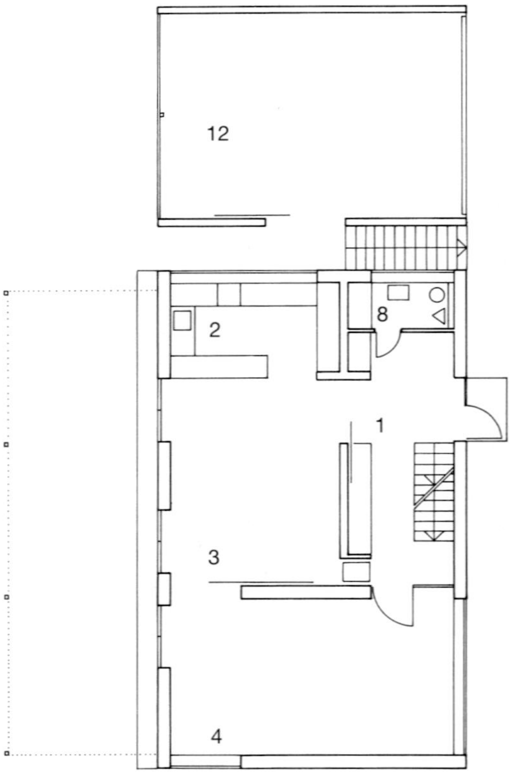

Grundriß Erdgeschoß.

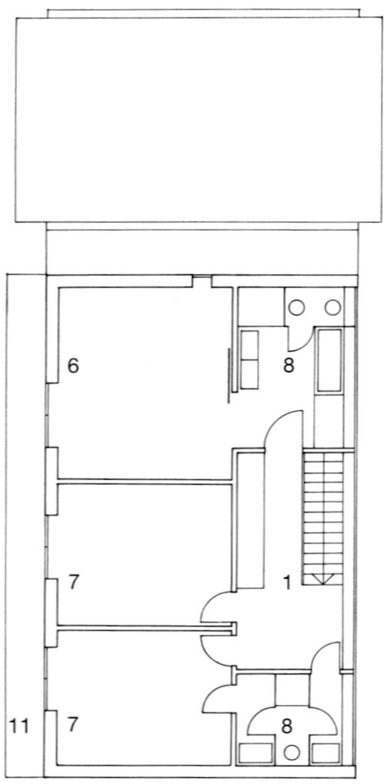

Grundriß Obergeschoß M 1:200.

Ansicht von Nordwesten.

Wohnhaus in Oberstdorf, Markt Oberstdorf, Landkreis Oberallgäu

Das zweigeschossige Familienhaus wendet seine lange Traufseite nach Westen zum Garten, auf den hin sich die Fenstertüren öffnen, im Erdgeschoß zur Terrasse und im Obergeschoß zu dem über die ganze Gebäudelänge durchgehenden Balkon. Der geschlossene Baukörper von 8 m Breite und 13 m Länge trägt ein weit auskragendes 18° geneigtes Satteldach.

Die klare Grundrißorganisation zeigt eine schmale östliche Zone mit Flur, einläufiger Treppe und Bädern sowie eine nach Westen ausgerichtete breitere Raumzone, im Erdgeschoß für das Wohnen und im Obergeschoß für das Schlafen.

Das Ziel, ein Niedrigenergiehaus zu bauen und regenerative Sonnenenergie einzusetzen, führte zu hoch wärmegedämmten Außenwänden in Holzbauweise, die witterungsunabhängig in der Werkstatt vorgefertigt und mit kurzen Bauzeiten montiert werden konnten. Die Sonnenenergie wird mit Kollektoren auf der ganzen südlichen Giebelseite gewonnen. Damit können die im Winter von Schnee bedeckten Dachkollektoren vermieden und die Schönwetterperiode des Oberallgäu im Januar mit der tief stehenden Sonne durch die große Wandfläche zur Energiegewinnung genutzt werden.

Ansicht von Südwesten, Solarfassade.

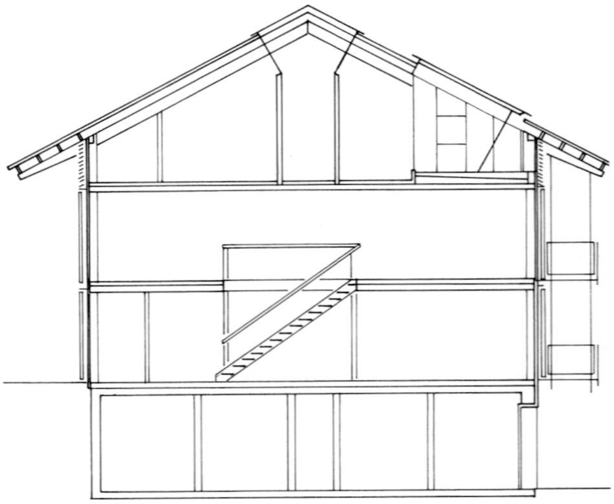

1 Windfang
2 Küche
3 Eßraum
4 Wohnraum
6 Schlafraum
8 Bad, WC
9 Abstellraum
11 Balkon

Querschnitt.

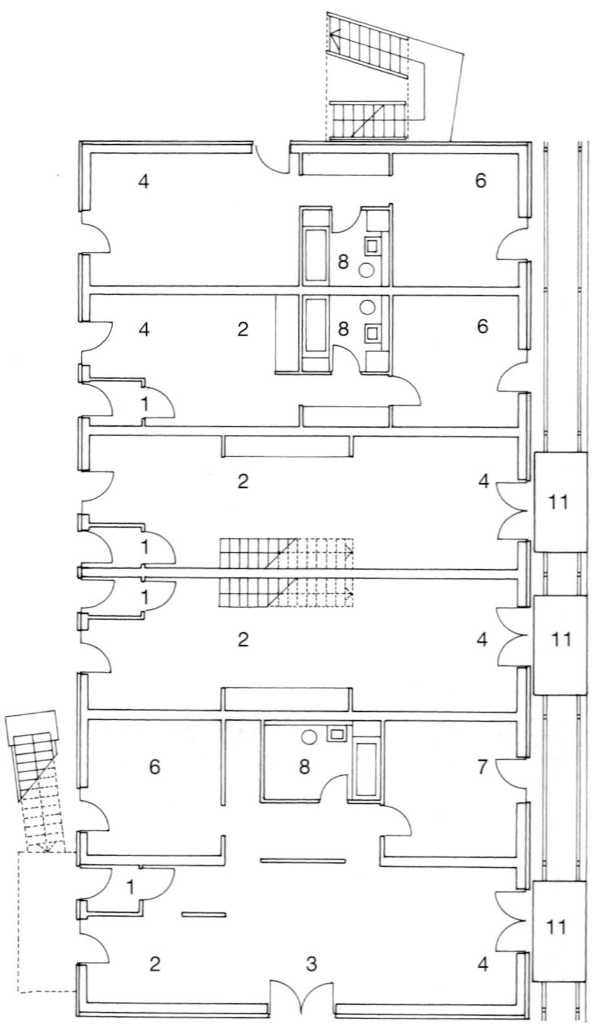

Grundriß Erdgeschoß.

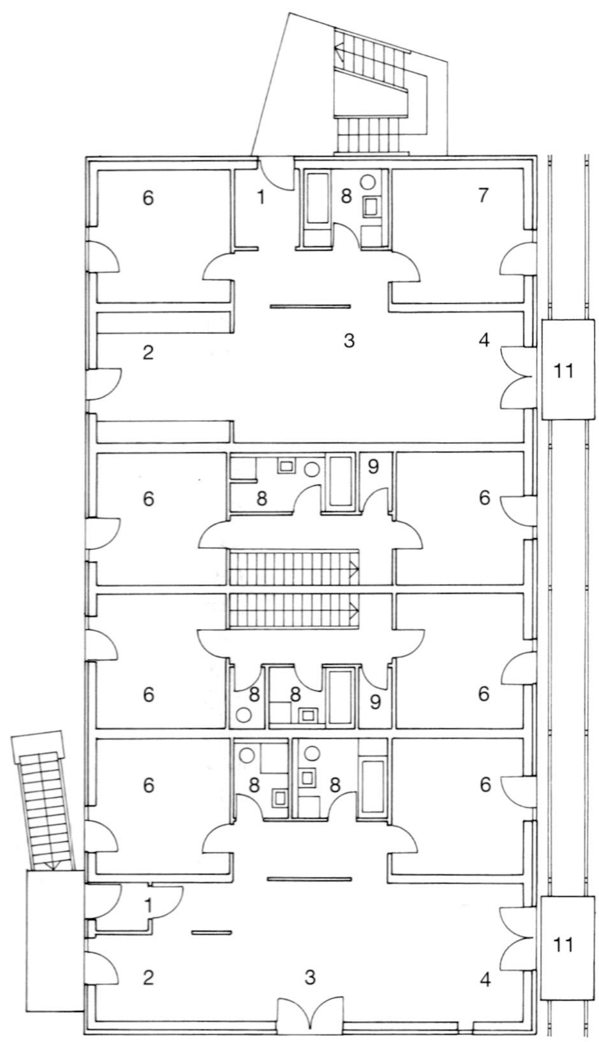

Grundriß Obergeschoß M 1:200.

Ansicht von Südwesten.

Mehrfamilienhaus in Martinszell, Gemeinde Waltenhofen, Landkreis Oberallgäu

Der 12 m breite und 24 m lange Baukörper greift die Dimensionen des früheren Meierhofes im Anschluß an ein mit Fachwerk traditionell aufgebautes Nachbarhaus auf. Der geschlossene zweigeschossige Rechteckbaukörper trägt ein 28° geneigtes weit auskragendes Satteldach.

Das Grundrißgefüge besteht aus sechs jeweils 4 m breiten Querzonen, die so kombiniert sind, daß neben zwei Appartements im Erdgeschoß, zwei in das Obergeschoß reichende Maisonetten und zum Südgiebel hin in beiden Geschossen je eine zwei Felder einnehmende Wohnung gewonnen werden konnten. Am Nordgiebel ist im Obergeschoß ebenfalls eine Wohnung über ein verglastes Treppenhaus zu erreichen, das auch zu der großen Wohnung hinaufführt, die das ganze Dachgeschoß auf die Länge von 24 m einbezieht. In dieser Wohnung werden die Querschotten konstruktiv durch Stützen ersetzt, um durchgehende Raumkombinationen zu erreichen. Die in der Dachschräge eingesetzten Loggien sind mit höhenverstellbaren schrägen Glasflächen gegen Niederschläge geschützt.

Da bei der Dachneigung unter 35° – hier 28° – Dachgauben weder im konstruktiven Aufwand noch in der Gestaltung gute Lösungen ermöglichen, wurde eine Firstverglasung gewählt, die zusätzlich die Mittelzone belichtet. Auf die massiven Außenwände wurde eine hinterlüftete Holzschalung aufgebracht. Das Dach ist aus Leimholzbindern konstruiert und mit Betondachsteinen gedeckt.

Situation vor dem Neubau.

Ansicht von Süden.

Doppelhaus in Heuberg, Stadt Öttingen in Bayern, Landkreis Donau-Ries

Für das landwirtschaftliche Anwesen sollte ein neues Wohnhaus die grundsätzlichen Merkmale der Bauernhäuser des Ries aufnehmen: ein gemauertes erdgeschossiges Haus mit steilgeneigtem Satteldach, das von der Traufseite her erschlossen wird und in dessen Querflur die einläufige Treppe zum ausgebauten Dachgeschoß hinaufführt. Am Quergiebel tritt der gemauerte Ortgang des verputzten Massivbaus deutlich hervor. Die zweiflügeligen Holzfenster mit den farblich abgesetzten seitlichen Klappläden runden die selbstverständliche Erscheinung des langgestreckten Bauwerks ab.

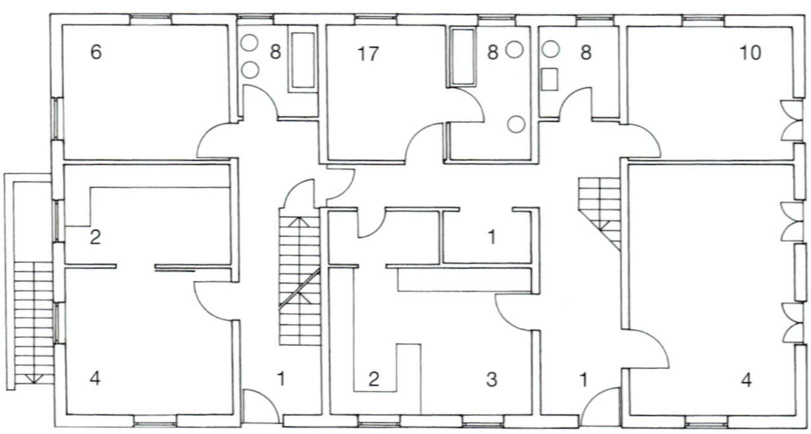

1 Flur, Garderobe
2 Küche
3 Eßbereich
4 Wohnraum
6 Schlafraum
8 Bad, WC
10 Hausarbeitsraum
17 Fremdenzimmer

Grundriß Erdgeschoß M 1:200.

Ansicht von Nordosten.

Wohnhausanbau in Hohenaltheim, Gemeinde Hohenaltheim, Landkreis Donau-Ries

Der Erweiterungsbau schließt am Treppenpodest des Altbaus mit 90° gedrehtem First in Querrichtung an. Hier ist nachgewiesen, wie eine scheinbar kleine Bauaufgabe durch einen klaren Baukörper und sorgfältig aufeinander abgestimmte Details großzügig gestaltet werden kann. Der verputzte 50° steile Giebel erhält durch die Abfolge der in der Firstachse angeordneten, jedoch in der Größe nach oben abgestuften, in schlanken Proportionen gehaltenen Tür- und Fensteröffnungen eine einprägsame Gestalt, die durch den knapp ausgebildeten gemauerten Ortgang noch gesteigert wird.

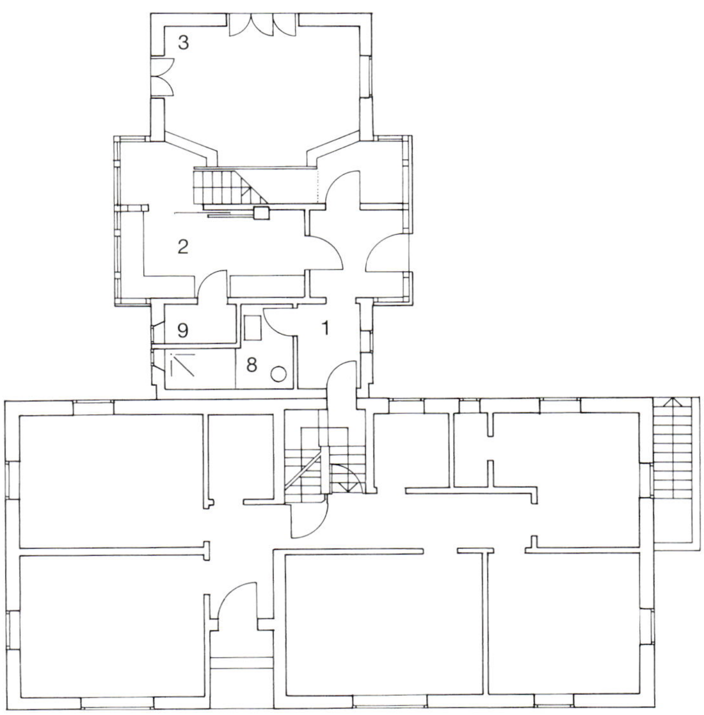

1 Flur
2 Küche
3 Eßraum
8 Dusche
9 Speisekammer

Grundriß Erdgeschoß M 1:200.

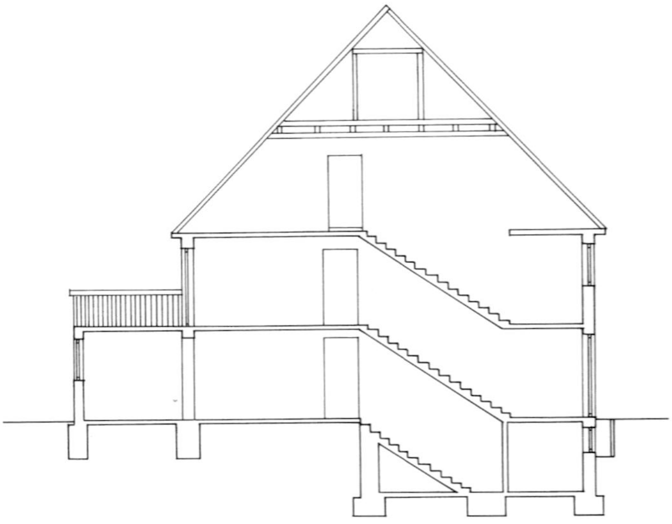

Querschnitt.

1 Flur
2 Küche
3 Eßbereich
4 Wohnraum
5 Arbeitsraum
6 Schlafraum
7 Schlafraum Kind
8 Bad
9 Abstellraum, Speisekammer
10 Hausarbeitsraum
11 Balkon
23 Stall

Sanierung eines Wohnstallhauses in Edelstetten, Gemeinde Neuburg a.d. Kammel, Landkreis Günzburg

Die Sanierung des Wohnstallhauses stellt ein überzeugendes Beispiel für die Qualität dar, die in einem alten Bauernhaus von 1735 verborgen ist, auch wenn sie durch einen zwischenzeitlich fehlgeleiteten Umbau verdeckt war. Nach der Hofübernahme des Grünlandbetriebs mit Pferdezucht und Pensions-

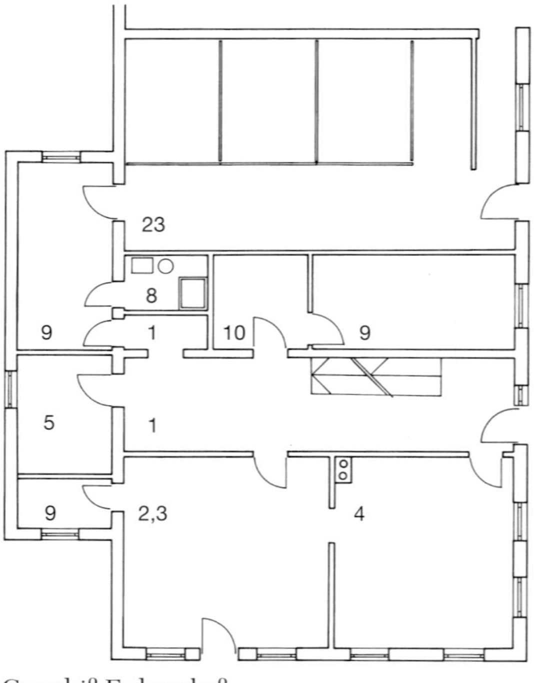

Grundriß Erdgeschoß.

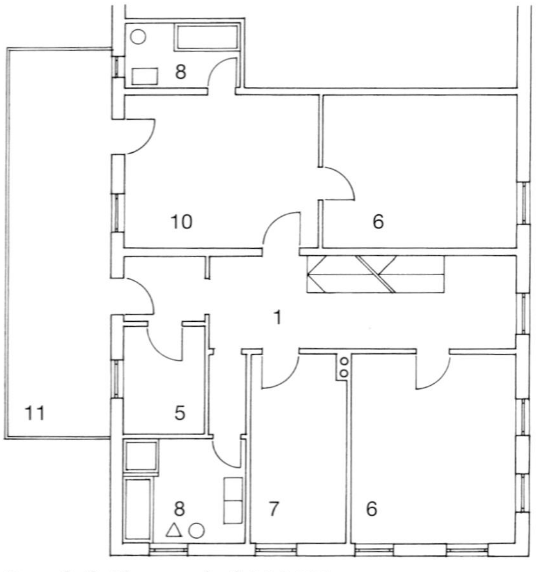

Grundriß Obergeschoß M 1:200.

Ansicht von Süden.

pferdehaltung hat das junge Ehepaar die Energie zu einer qualitätvollen Sanierung aufgebracht.
An dem zweigeschossigen Bauernhaus wurden die Asbestzementplatten im Giebeldreieck wieder entfernt und das ursprüngliche Sichtfachwerk freigelegt. Ebenso erhielt die südliche Giebelseite wieder vier Fensterachsen mit zweiflügligen Fenstern, die weiß gestrichen und durch grüne Klappläden auf beiden Seiten gesichert sind, im Erdgeschoß, ebenso im Obergeschoß.

Die Haustüre an der östlichen Traufseite führt in den Querflur, der die einläufige Treppe zum Obergeschoß aufnimmt und Küche mit Eßraum und Wohnstube in der Südostecke erschließt. Die Außentüre der Küche auf der Giebelseite findet sich bei vielen Bauernhäusern in Schwaben, wie zum Beispiel in Tremmelschwang, Landkreis Ostallgäu, ebenso im westlichen Oberbayern wie in Erpfting, Landkreis Landsberg am Lech, und im Allgäu, dort verwandt zu den Flurküchenhäusern.

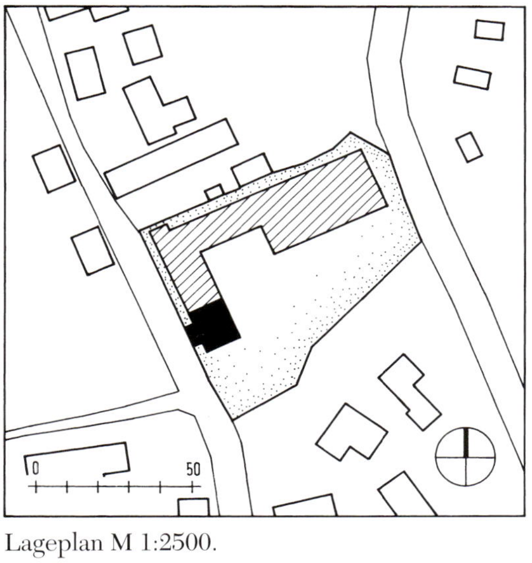

Lageplan M 1:2500.

Ansicht Eingangssituation.

Ansicht von Westen.

1 Flur
2 Küche
3 Eßraum
4 Wohnraum
6 Schlafraum
8 Bad, WC, Dusche
23 Stall
24 Tenne

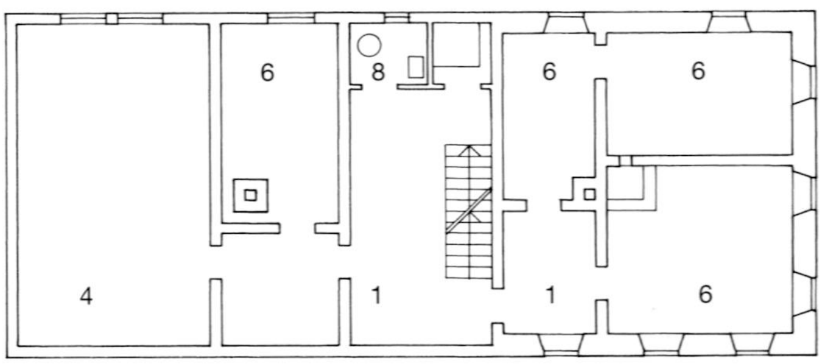

Grundriß Obergeschoß nach der Umnutzung.

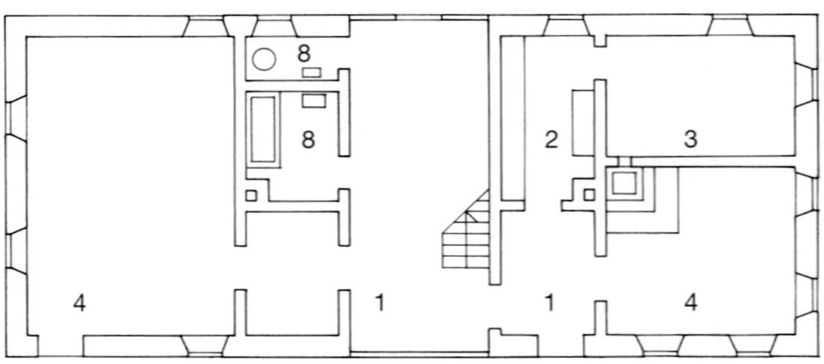

Grundriß Erdgeschoß nach der Umnutzung.

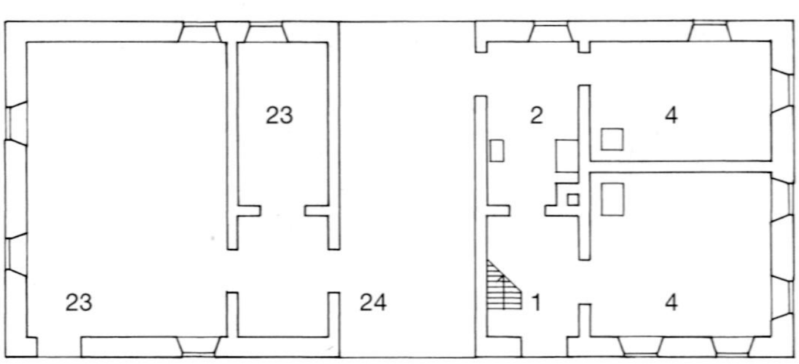

Grundriß Erdgeschoß vor der Umnutzung
M 1:200.

Ansicht von Südwesten.

Sanierung eines Mittertennhauses in Trauchgau, Gemeinde Halblech, Landkreis Ostallgäu

Dieses Mittertennhaus ist ein ermutigendes Beispiel, wie ein Bauernhaus mehrere Umbauphasen überstehen und heute mit einer neuen Wohnnutzung seine baulichen Qualitäten voll zur Geltung bringen kann. Das über 200 Jahre alte Mittertennhaus stand mit dem Giebel über der Längsseite zur Straße, wie sie heute noch im oberen Lech- und Loisachtal zu finden sind. Um mehr Raum für die Heulagerung zu gewinnen, wurde am Ende des 19. Jahrhunderts die Firstrichtung um 90° gedreht und ein steileres Satteldach über der Längsseite errichtet.
In diesem Jahrhundert hat der neue Besitzer den Wirtschaftsteil des kleinen Anwesens in die Wohnnutzung einbezogen. Der bisherige Hauseingang blieb als klimaausgleichende Diele und Windfang erhalten. Die daneben liegende Quertenne wurde zum großzügigen Treppenhaus ausgebaut, das von außen am Tennentor zu erkennen ist. Im Südteil sind Küche, Eßraum, Stube um einen großen Kachelofen gruppiert, der auch Wärme in die darüber liegenden Schlafräume des Obergeschosses abgibt. Nach Norden folgen im ehemaligen Stall und Heuboden Bad und weitere Räume zum Wohnen und für Gäste. Die klaren Außenansichten zeigen die einfache Architektur mit zweiflügeligen Fenstern, seitlichen Klappläden in der hellen Putzfassade, dauerhaft geschützt durch das auskragende Dach.

Wohnraum Obergeschoß.

Ansicht von Osten.

1 Flur
2 Küche
3 Eßbereich
4 Wohnbereich
5 Arbeitsraum
8 Bad, WC
9 Abstellraum
10 Mehrzweckraum, Hausarbeitsraum
18 Halle
22 Fitneßraum, Sauna

Ansicht von Süden.

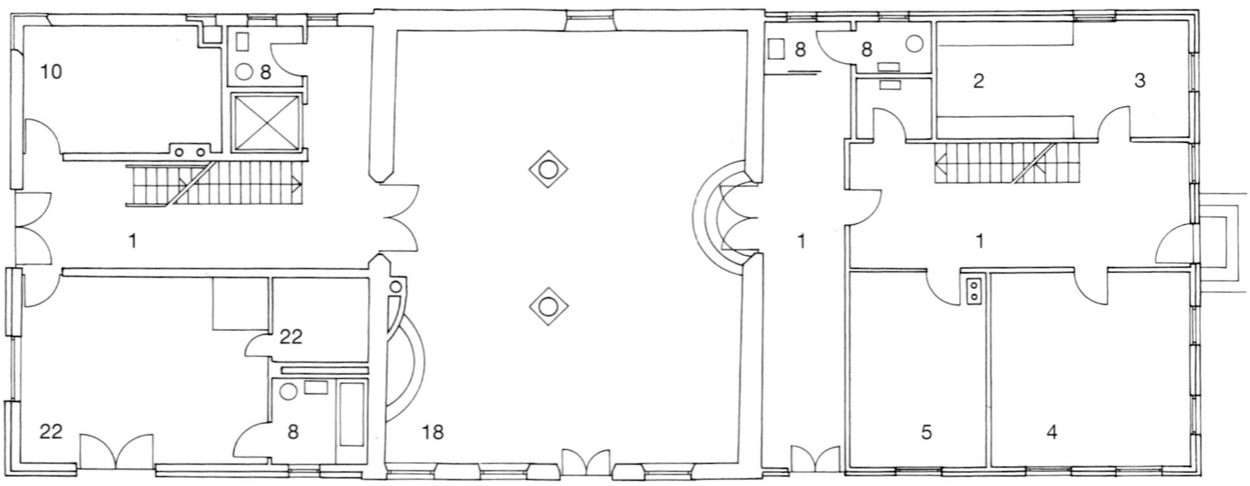

Grundriß Erdgeschoß M 1:200.

Gesamtansicht von Osten.

Sanierung eines Einfirsthofes in Schweineberg, Gemeinde Ofterschwang, Landkreis Oberallgäu

Der Einfirsthof auf dem nach Süden geneigten Wiesenhang unterhalb Ofterschwang ist ein überzeugendes Beispiel, wie Bauernhäuser materialgerecht saniert und für moderne Wohnanforderungen ausgebaut werden können. Der besondere Wert der Planung beruht einmal auf der Erhaltung des geschlossenen Baukörpers mit dem nach Osten gerichteten Wohnteil. Zum anderen zeigen alle Umbaumaßnahmen eine klare zeitgenössische Architektursprache. Nach Nordosten sind Küche und Eßplatz eingebaut. Der Stall mit zwei Säulen ist als ungeteilter Großraum dem Wohnen und der Geselligkeit gewidmet. Dahinter schließen im Bereich der Scheunenteile Raumgruppen für Hausarbeit, Fitneß und Sauna an sowie ein Treppenflur zu den Schlafräumen im Obergeschoß.
Der konstruktive Aufbau des Einfirsthofes besteht aus drei Teilen: dem verschindelten Blockbau des Wohnteils, dem massiv gemauerten Stall in der Mitte und dem verschalten Holzständerbau des Scheunenteils im Westen. Durch eine erfindungsreiche Holzladengestaltung bleibt auch bei größeren Lichtöffnungen der Charakter der durchgehenden Holzkonstruktion erhalten. Wie aus den Fotos der letzten Seite zu sehen ist, liegt hier eine Detailgestaltung vor, die in hervorragender Weise Alt und Neu zu einer zeitgemäßen Einheit zusammenfaßt.

Ansicht von Südwesten.

Ansicht des ehemaligen Wirtschaftsteils von Süden.

Detailansicht Doppeltür mit nach außen aufschlagenden Läden im ehemaligen Wirtschaftsteil.

Glossar

Ludwig Menner

(a). Datierung der Erbauungszeit eines Gebäudes anhand von Archivalien und Urkunden.

Ackerbürger. Landwirtschaft betreibender Stadt- oder Marktbewohner.

Allgäuer Fenster. Senkrecht dreigeteilter Fenstertyp mit Quer- und Längssprossen, wobei die mittleren Scheiben in der Regel zum Schieben ausgebildet sind.

Allmende. Von den Berechtigten gemeinsam genutzte Gemeindefläche, meist für die Beweidung, aber auch zur Holzgewinnung und für die Sammelwirtschaft (Beeren, Pilze u. a.).

Allod. → Freieigen.

Alm. → Alp.

Alp, Alpe (im Allgäu), Alm (im baierischen Sprachgebiet). Grundfläche im Gebirge, die oberhalb der ständigen Siedlungen liegt, während der günstigen Jahreszeit dem aufgetriebenen Vieh Weidemöglichkeiten bietet und getrennt von dem tiefer gelegenen Talgut bewirtschaftet wird, mit ihm aber in organischem wirtschaftlichem Zusammenhang steht. Die Bezeichnung einzelner Almen in Oberbayern als »... Alpen« rührt daher, daß der Begriff »Alpe« älter ist und sich daher auch hier noch vereinzelt gehalten hat.

Altlandkreis. Landkreis in der Abgrenzung und Größe vor der Gebietsreform, der Neugliederung Bayerns in Landkreise und Kreisfreie Städte vom 1. Juli 1972. Dabei kam es zu einer Verminderung der Landkreise von 143 auf 71, der Stadtkreise von 48 auf 25. Im Regierungsbezirk Schwaben verringerte sich dabei die Zahl der Kreisfreien Städte von 10 auf 4, die der Landkreise von 20 auf 10.

Andreaskreuz. X-förmige Verstrebungsfigur im Holzbau.

angeblattet, aufgeblattet. → Fachwerk.

Aufschiebling. Keilförmiges dem unteren Sparrenende aufgeschäftetes Holz. Beim Sparrendach zur Abdeckung des statisch-konstruktiv notwendigen Vorholzes beim Balkenkopf. Der Aufschiebling verringert die Dachneigung über der Traufe und dient oft auch dazu, einen Dachvorsprung an der Traufseite zu erzielen.

ausgeblockter Ständerbau. Holzbauweise in der Art des → Ständerbohlenbaus, wobei jedoch die zwischen den Ständerhölzern eingefügten »Bohlen« ebenso stark sind wie die tragenden Ständer.

Austrag. Notariell abgesicherte Bedingungen für die Hofübergabe. Da es keine allgemeine Altersversorgung gab, wurde diese vertraglich bis ins letzte Detail geregelt. Hierzu gehörten Nahrung und Kleidung sowie das Recht auf eigenen Wohnraum und Wärme im Winter. Austrag bezeichnet ferner die Räumlichkeiten für die »Austragler«. Nur auf großen Anwesen konnte man ein eigenes Austragshäusl errichten, oft in Verbindung mit Backofen, Werkstatt oder Waschhaus. Meist mußte ein Austragsstübl oder eine Kammer genügen.

Backsteinkalotte. Ziegelgewölbe über kreisförmigem oder ovalem Grundriß, u. a. bei Backöfen.

Baiern – Bayern. Am 19. Oktober 1825 legte Kronprinz Ludwig als neuer König Ludwig I. den Eid auf die Verfassung ab. Er verfügte, daß das Königreich Baiern statt mit »i« von nun an mit »y« geschrieben werde.
Wenn in dieser Dokumentation die Schreibweise »Bayern« oder »bayerisch« für Geschehnisse auch vor 1825 gewählt wird, dann zur besseren Verständlichkeit aus heutiger Sicht. Die Schreibweise »Baiern« oder »bairisch« wird dann verwendet, wenn sie im historischen Zusammenhang angebracht ist oder wenn der gesamte baiuwarische Siedlungs- bzw. Sprachraum gemeint ist, »bayerisch« dagegen für das Gebiet des Staates Bayern mit den drei Stammesländern Altbayern, Franken und Schwaben.

Barn, Bansen, Barret. Futterkrippe, Lagerraum für Futter und Getreide.

Beschlagsrecht. Anteil eines landw. Betriebes an der Gemeindeweide, der im Beschlagsbrief geregelt war.

Bestoß, Besatz. Höhe des Viehaustriebs, angegeben in Stück Vieh, in Stößen oder auch in Großvieheinheiten. Eine Alm (Weide) »bestoßen« oder »besetzen« heißt, auf sie Vieh zur sommerlichen Beweidung auftreiben.

Betriebsgrößen. Trotz aller Differenzierungen in den verschiedenen Landesteilen des aus Altbayern, aus schwäbischen und fränkischen Herrschaftsgebieten zusammengesetzten Königreichs Bayern des Jahres 1806 gab es eine ähnliche Klassifizierung nach Betriebsgrößen. Es gab ganze, halbe und Viertelhöfe sowie zusätzlich die Selden: Mit diesen Begriffen wird die unterschiedliche Größe und rechtliche Qualität der einzelnen Hof- bzw. Hausstellen bezeichnet. Für Bayern ergibt sich folgende Übersicht (wobei für Schwaben eine kleinteiligere Besitzstruktur angenommen werden muß):

- Ganzer Hof (Maier) – in Altbayern nach dem Dreißigjährigen Krieg etwa 170 Tagwerk und mehr = 60 ha und mehr, in Schwaben 30–40 Jauchert.
- Halber Hof (Huber) mit rund 75 Tagwerk = 25 ha, die am stärksten verbreitete Betriebsgröße. In Schwaben ca. 20 Jauchert.
- Viertelhof (halbe Hube = predium/Lehner) mit ca. 50 Tagwerk = 20 ha, in Schwaben ca. 15 Jauchert.
- $^1/_8$-Hof (Seldner/Bausölden) mit ca. 25 Tagwerk = 5–10 ha.
- $^1/_{16}$-Hof (gemeine Sölde) mit ca. 15 Tagwerk oder 5 ha.
- $^1/_{32}$-Hof (Leerhäusl), Kleinsthaus der Tagelöhner, häufig ohne Grund und Boden. Den Leerhäusern entsprechen in der Regel die → Tropf- und Tripfhäuser. Doch auch zu diesen Anwesen gehörte meist eine kleine Landwirtschaft, ebenso wie zum Pfarrer, Müller oder Gastwirt, zum Hirten und Schäfer (s. Literaturverzeichnis Torsten Gebhard, Wegweiser).

Beund. Der an die Hofstelle angrenzende Grasgarten.

Blatt, Verblattung. → Fachwerk.

Blockflur. Älteste Form der Flurteilung, bei der das Ackerland in verschieden große Blöcke geteilt wurde.

Blockwerk, Blockbau. Holzbautechnik , bei der ein Hauskörper aus aufeinandergesetzten Balkenkränzen besteht, wobei die Balken an den Enden auf verschiedenartige Weise miteinander verschränkt werden. → Schloß, Strick. → Stricken.

Böhmisches Gewölbe, Böhmische Kappen. Im Grundriß quadratischer oder rechteckiger Ausschnitt aus einer Kugelwölbung. Bei der böhmischen Kappe verteilt sich der Schub nach allen Seiten. Sie ermöglicht bei geringer Stichhöhe und Gewölbedicke größere Spannweiten als die preußische Kappe und läßt sich auch über unregelmäßigen Grundrissen ausführen. Durch Gurtbögen auf Pfeilern unterstützt und aneinandergereiht, überwölben die Kugelkappen auch ausgedehntere Räume. Böhmische Kappen sind bei einer Scheiteldicke von ½ Stein bis zu einer Spannweite von 5 m zu wölben. Die Gewölbekappen werden freihändig, ohne Schalung über Scheitelbrettern und Lehrbögen gemauert.

Bohlenständerbau. → Ständerbohlenbau.

Brache. Unbestelltes Ackerland, Brachfeld.

Breche, Brechel. Vorrichtung zum »Brechen« des Flachses: Ein scharfkantiges, mit einem Handgriff versehenes Schwingbrett wird durch einen Zapfen an seinem unteren Ende zwischen zwei Brettern fixiert und kann scherenartig bewegt werden. Der gedörrte Flachs wird auf den Rand der geöffneten Breche gelegt und durch heftiges Durchschlagen des Schwingbrettes gebrochen. Dabei werden die Stengel aufgefasert, und die unbrauchbaren Pflanzenteile fallen in Form von sog. »Agen« (schwäb.: »Ägne«) ab.

(d). Datierung der Erbauungszeit des Gebäudes oder eines Bauteils durch dendrochronologische Untersuchung.

Dach, Dachgerüst, Dachstuhl. Das Dachgerüst ist die Tragkonstruktion, die die Dachhaut in ihrer Neigung hält und ihre Last einschließlich der anfallenden Schnee- und Winddrücke auf den Baukörper überträgt. Die geläufigere Bezeichung »Dachstuhl« trifft eigentlich nur auf einen Teil der hölzernen Dachgerüste zu.
→ Liegender Stuhl, → Pfettendach, → Sparrendach, → Stehender Stuhl

Dachgauben. Dachaufbauten zur Belichtung des Dachraumes oder von Dachgeschoßräumen.
Gaubenformen: Stehende Gauben, liegende oder Schleppgauben.
Hinweis: Gauben verschiedener Art und Konstruktion sind ausführlich dargestellt im Band »Oberfranken« dieser Dokumentationsreihe. Sie sind jedoch in jedem Fall auf die gestalterischen Kriterien der jeweiligen Hauslandschaft und die Erfordernisse des Wärmeschutzes abzustimmen.

Dendrologie. Gehölzkunde (Bäume, Sträucher, Halbsträucher).

Dendrochronologie. Jahresringforschung; Verfahren zur Bestimmung des Alters vorgeschichtlicher Funde mit Hilfe der Jahresringe aufgefundener Holzreste.

Denkmalinventarisation. Die Grundsätze zur Inventarisation der Kunstdenkmale in Bayern wurden am 9. April 1904 im Ministerialblatt für Kirchen- und Schulangelegenheiten im Königreich Bayern veröffentlicht. Die Fortschreibungen, zuletzt noch 1971, blieben auf einzelne Formulierungen beschränkt. Auf dieser Grundlage wurden 94 Inventarbände (»Die Kunstdenkmäler in Bayern«/Großinventare) für das rechtsrheinische Bayern und neun für den ehemaligen bayerischen Regierungsbezirk Pfalz bearbeitet. Große Lücken der Inventarisation in Mittelfranken, Oberfranken und Schwaben wurden durch die seit 1958 erschienenen 34 Bände der Reihe »Bayerische Kunstdenkmale« (Kurzinventare) geschlossen. Auf den Ergebnissen der Groß- und der Kurzinventare fußt im wesentlichen mit dem Erlaß des Bayerischen Denkmalschutzgesetzes von 1973 die moderne Erfassung der bayerischen Denkmäler in Listen. → Denkmalliste.

Denkmalliste. Liste der Baudenkmäler entsprechend dem Bayerischen Denkmalschutzgesetz von 1973.

Deutscher Schlot, deutscher Kamin. Weiter, besteigbarer Schornstein, der direkt vom Rauchfang über der Feuerstelle aufsteigt. In jüngerer Form, insbesondere in Kombination mit → Sparherd durchgehend und geschlossen und über eine Eisentüre besteigbar.

Dreifelderwirtschaft. Fruchtfolgesystem, bei dem in dreijährigem Turnus Sommergetreide, Wintergetreide und Hackfrüchte (früher Brache) miteinander abwechseln und dabei jeweils zwei Drittel der Fläche jährlich wechselnd einnehmen.

Eckrustizierung. Auf Gebäudeecken begrenzte Rustizierung (→ Rustika). Bei Bauernhäusern seltener in Werkstein, häufiger mit Putzprofilen, in Sgraffito oder Maltechniken ausgeführt.

Einhüftige Dachbauweise, einhüftiger Haustyp. → Staudenhaus.

Egarten, Egartenwirtschaft bezeichnete insbesondere im Allgäuer Oberland die Nutzung eines Grundstücks, das man im Turnus 4–10 Jahre als Wiese nutzte, dann 1–3 Jahre als Acker bestellte.

Ehaftgewerbe. Gewerbebetriebe – Bader, Schmied, Müller, Wirt –, die in einem besonderen Rechtsverhältnis zur Dorfgemeinde und zum Grund- oder Gerichtsherren standen. Sie hatten bestimmte Verpflichtungen, aber auch Rechte (festgelegte Reichungen in Form von Naturalien oder Geld) oder Monopole für ihre Dienstleistungen und Produkte.

Ehehaften. Hofstelle und → Beunden bilden zusammen die »Ehehaften«, das Eigentum, über das niemand außer dem Eigentümer verfügen kann.

Eingädig. Eingeschossig.

Erbhof. Das (nationalsozialistische) Erbhofgesetz vom 29. September 1933 verfügte, daß bestimmte Bauernhöfe vor Überschuldung und erblicher Zersplitterung geschützt werden sollten. Ein Erbhof mußte mindestens 7,5 ha und höchstens 125 ha groß sein. Bis 1939 wurden in Deutschland ca. 22 %, in Bayern fast 28 % der Besitzungen zu Erbhöfen erklärt und in die »Erbhofrolle« eingetragen. Das Gesetz wurde wegen der eingeschränkten wirtschaftlichen Freizügigkeit, vor allem der starren Regelung der Erbfolge unter Benachteiligung der Töchter vom Großteil der Bauern abgelehnt.

Fachwerk. Aus dem Ständerbau entwickelter Gerüstbau, bei dem in der Regel das Wandgefüge aus senkrechten Kanthölzern (Ständern) besteht, die unten auf einer waagrechten Schwelle aufsitzen und oben mit dem sogen. Rähmholz abgebunden werden. Zur Aussteifung dienen horizontale Hölzer (Riegel) und schräge Streben (Kopf- und Fußbänder).

Falzziegel. Greifen in der Längs- und Querfuge mit angeformten Rillen ineinander, so daß ohne Mörtel bei geringster Überdeckung ein beweglicher und doch dichter Fugenschluß erzielt wird.

Fasche. 1. Binde, Bandage, 2. (weiße) Umrandung von Fenstern, Türen u.ä. bei einem (farbig) verputzten Haus als Zierde.

Fase. Abschrägung einer Kante (am Holz oder Stein).

Fehlboden. Zwischen den Deckenbalken eingefügte (nicht begehbare) Bretterlage, auf die Lehmschlag oder eine Schüttung aufgebracht wurde.

Fenstererker. Aus dem allemanischen Holzbau kommende Zusammenfassung von 2–5 Fensteröffnungen zu einer größeren (»gekuppelten«) Fenstereinheit als Auszeichnung besonders bevorzugter Räume des Hauses, in der Regel bei der Stube.

Fibonacci. Leonardo, Leonardo von Pisa, ital. Kaufmann und Mathematiker, 1170–1240 in Pisa. Er gilt als der erste bedeutende Mathematiker Europas. Die arab. Mathematik, die er auf Reisen nach Afrika, Byzanz und Syrien kennengelernt hatte, vermittelte er in seinem Rechenbuch Liber abaci (1202, überarbeitet 1228), in dem u. a. die → Fibonaccci-Folge erwähnt wird. Er beschäftigte sich auch mit der näherungsweisen Lösung von Gleichungen dritten Grades.

Fibonacci-Folge. Nach L. Fibonacci die Folge der Zahlen 1, 1, 2, 3, 5, 8, 13, …, wobei jedes Glied gleich der Summe der beiden vorangehenden Glieder ist und damit eine Annäherungsreihe an die Maßverhältnisse des Goldenen Schnitts bildet.

Fille, Fülle, Fillebrugg. Gangartige Pfostenbrücke oder podestartiger Antritt vor Hauseingang oder Stall Allgäuer Höfe.

fl. Abkürzung für Gulden: → Münzen.

Flächenmaße. Die in Bayern gebräuchlichen Flächenmaße waren und sind neben Hektar, Ar und Quadratmeter das Tagwerk zu 3 407 m², unterteilt in 100 Dezimale zu je 34,07 m².
1 Tagwerk (Morgen) = 400 Quadratruten =
0,34073 ha, also 1 ha = 2,9349 Tagwerk.
1 Quadratrute = 100 Quadratfuß.
1 Quadratklafter = 36 Quadratfuß.
1 Quadratfuß (Quadratschuh) = 144 Quadratzoll = 0,085182 m², also 1 m² = 11,740 Quadratfuß.
Für den Jauchert wechseln die Flächenangaben in den verschiedenen Quellen und je nach Region, so
– 1 Jauchert = 0,359665 ha,
– 1 Kemptischer Jauchert = 1, 3729 bayer. Tagwerk = 0,46774 ha,
nach Rainer Beck (»Unterfinning«, Anhang):
– 1 Jauchert = 0,6 ha.

Fletz, Flötz. Hausflur, Hausgang
Schmeller: Das Fletz ist der gepflasterte oder der aus festgestampftem Lehm bestehende Boden der Gänge im Haus, der Hausflur, die Haustenne. (Fletz ist nur im früher zu Oberbayern gehörenden Teil des Landkreises Aichach-Friedberg gebräuchlich. Ansonsten im Schwäbischen meist: Hausgang, im Ries: Haustenna).

Flugpfette, Auslagholz. Pfettenholz, das auf den vor die Hauswand auskragenden Balkenenden der obersten Deckenbalkenlage aufliegt.

Freieigen (Ludeigen, Allod, Edelgut). Von keinem Grundherren, sondern nur vom Landesfürsten abhängiges Gut, ohne Trennung von Obereigentum und Nutzeigentum.

Freistift. Pachtweise Vergabe eines Lehens auf 1 Jahr (Zeitpacht); bei dieser Leiheform mußte der Bauer jährlich seinen Pachtbrief erneuern und konnte gezwungen werden, nach Ablauf des Vertrags sein Lehen zu verlassen oder gegen ein anderes einzutauschen.

Frondienst. Dem Lehens- oder Grundherrn in Form von Handarbeit oder mit Gespannen zu leistender Dienst.

Gaden. (Eheliche) Schlafkammer.

Galtrinder, Galtvieh. Vieh, das keine Milch gibt (Schmeller I/903: galt, trocken, keine Milch gebend, nicht trächtig), trocken stehende Kühe oder Jungrinder, die noch keine Milch geben, bis zu 2–3 Jahre alt.

Gänter. Überdeckter Laubengang mit Stangengerüst zum Nachtrocknen der Feldfrüchte.

Gauben, Gaupen. → Dachgauben.

Geißfuß. 1. hebelartiges Werkzeug, dessen kurzes Ende gespalten ist, zum Herausziehen von Nägeln etc.
2. Holzbearbeitungswerkzeug, bei dem zwei Schneiden einen Winkel von 45°, 60° oder 90° einschließen. Dient zur Herstellung von scharfkantigen Kehlen oder Gehrungen.

Gesims. → Sims.

Gespannfron. → Frondienst.

Gestricktes Haus. In Blockbauweise errichtetes Gebäude. → Blockwerk, → Schloß, Strick.

Getreidemaß. Außer dem bayerischen Normalgetreidemaß, dem Metzen, und dem Münchner Schäffel gab es 1827 innerhalb Bayerns noch eine Unzahl von alt-territorialen Getreidemaßen, die noch dazu oft für die einzelnen Getreidearten verschieden waren. In Augsburg rechnete man damals nach Schaff = 1,015 Münchner Schäffel, in Lindau nach Malter = 1,117 Schäffel, in Nürnberg nach Simra (Simmer) = 0,668 Schäffel.
Als bayerisches Normalmaß galt:
1 Schäffel = 6 Metzen = 208 Maßkannen =
2,22358 hl, also 1 hl = 0,44973 Schäffel
1 Metzen = 2 Viertel = $34^2/_3$ Maßkannen
= 37,0596 l, also 1 l = 0,026984 Metzen.

Gewann. Die Wanne – Grenze zwischen zwei Grundstücken / die (das) Gewann – die Grenze der Gemarkung selbst (Schmeller II/943). In der geographisch-landeskundlichen Literatur ein Teil der Gemarkung, der aus einem streifen-förmigen Parzellenverband besteht, dessen Schmalstreifen in Längsrichtung parallel verlaufen. In der Dreifelderwirtschaft des Mittelalters und der frühen Neuzeit bilden derartige Gewanne die ackerbaulich genutzte Kernflur einer Gemarkung, in der fast ausschließlich die Bauern über Grundbesitz verfügen, während die unter- und nebenbäuerliche Schicht ihren kleinen Besitz in den randlichen Zuordnungen hat.

Gewannflur. Feldflur, die durch streifenförmige Flurstücke gekennzeichnet ist, deren Schmalstreifen in Längsrichtung parallel verlaufen.

Gild. Ursprünglich die Abgabe eines Teils des landwirtschaftlichen Ertrages, der sich nach der Intensivierung der Geldwirtschaft in die Zahlung eines Grundzinses wandelte.

Göpel. Seit der Antike bekannte Vorrichtung, die eine radial angesetzte Zugkraft von Tieren zum Antrieb von Arbeitsmaschinen, z. B. Dreschmaschinen auswertet (Rundganggöpel). Eine senkrecht stehende Holzsäule, an deren oberem Ende ein größeres hölzernes Zahnrad angebracht ist, wird axial gedreht. Dabei greift in das waagrecht laufende Zahnrad ein senkrecht laufendes ein und überträgt die Kraft auf eine waagrechte Holzwelle, die ihrerseits wiederum mittels eines Zahnrades die Bewegung an die Dreschmaschine weitergibt.

Grand. Wassergrand, Grandl im Herd, mhd. »grant« , Trog: ursprünglich war es ein ausgehöhlter Baumstamm, der als Brunnenfassung benützt wurde. – Im Schwäbischen: Wasserschiffle oder einfach Schiffle.

Gred, (in Schwaben:) Hausschlacht. Breite gepflasterte oder hölzerne Stufe an der Traufseite des Hauses, besonders unter dem einseitig auskragenden → Greddach, über die man trockenen Fußes vom Haus aus die Stalltür erreichen konnte (→ Gredpflaster). Mdh. »grede« Stufe, lat.: gradus Stufe .

Greddach. Einseitig, an der Hauseingangsseite (um meist ca. 1 m) vorstehender Dachüberstand bei Steildachhäusern, gebildet durch die auskragenden Balkenköpfe der Deckenbalken über dem Erd- oder dem Obergeschoß.

Gredpflaster. Kurz die »Gred«, befestigter Bereich entlang dem Haus; → Gred, → Greddach.

Grundherr. → Grundleihe.

Grundholde. Von Grundherrn abhängige Bauern, an Grund und Boden gebundener Höriger → Grundleihe.

Grundleihe. Die Grundleihe ist bis zur Bauernbefreiung im 19. Jahrhundert die herrschende ländliche Besitzform. Freies Eigentum (Ludeigen, Allod) der Bauern am Gut ist in Baiern seltene Ausnahme. Regel ist das Leihegut (Bestand), bei dem der eigentliche Eigentümer (Grundherr, Obereigentümer, dominus directus) das Gut gegen jährliche Abgaben (Stift) verleiht (verstiftet, verläßt), wobei dann der Grundholde (Beständer, admodiator) ein dingliches, eigentumartiges Recht (Nutzeigentum, dominium utile) am Gut erlangt. Man unterscheidet ursprünglich landrechtliche Leihe (Erbrecht, Leibrecht) und hofrechtliche Leihe, d. h. solche nach Baumannsrecht (ius colonum). Die letztere ist die Leihe der unfreien, auf Herrschaftsgrund (Urbar) sitzenden Hörigen, die ihr Gut nur aus Gnade und nicht aus Recht besitzen (daher auch: Herrengunst, Herrengnad für die hofrechtliche Leihe) und mit Ablauf des Wirtschaftsjahres wieder abgestiftet werden können (daher: »Freistift«). Seit dem 14. Jahrhundert verwischen sich diese Unterschiede, und Freistift wird praktisch mehr und mehr wie Erbrecht behandelt und damit auch den Besitzesveränderungsgebühren (Todfall, Anleit) unterworfen (veranleites Freistift). Tatsächlich herrscht im 18. Jahrhundert das Erbrecht, d. h. eine allgemeine Vererbbarkeit des Bauerngutes vor.

Gupfofen. Gemauerter Ofen in der Form einer Kalotte (→ Backsteinkalotte).

Hainzen. Pfähle mit Querleisten zum Trocknen des Heus.

Hakenblattverbindung. Zimmermannsmäßige Holzverbindung (hakenförmige Verblattung) z. B. bei einem Pfettenstoß, der auch Zugkräfte aufnehmen soll.

Hakenschopf. → Schopf.

Halbwalm, Schopf- oder Krüppelwalm. → Walmdach.

Hand- und Spanndienste. → Frondienst.

Handfron. → Frondienst.

Hausformenlandschaft, Hauslandschaft. Verbreitungsgebiet eines Haustyps, ein durch einen bestimmten Haustyp geprägter geographischer Raum .

Hausschlacht.→ Gred.

Haustenne.→ Fletz.

Hell, Höll, Hölle. Warmer Winkel zwischen Ofen und Stubenwand.

Heuschinde. 1. Heu-Lagerhütten auf weiter vom Hof entfernten Flurstücken. In der Regel einfache würfelförmige Blockbauten aus unbehauenen Rundhölzern mit breiten, offenen Zwischenräumen zur luftigen Lagerung des Heues, sowie flachgeneigtem Schindeldach. Ursprung des Wortes »Heuschinde« in der Altform »Schine« für »Scheune«.
2. Als »Heuschinde« werden aber auch die Heulager jeglicher Art innerhalb des Wirtschaftsteiles des Hauses bezeichnet, im Gegensatz zum »Heuviertel« im Nord- und Ostallgäu.

Hinterlader (-ofen). Ofen, der von einem anderen Raum aus beheizt wird.

Hirnholz. Eine Fläche an einem Stück Holz quer zu dessen Faserverlauf.

Hoffuß, Hoffußeinteilung. Das einzelne Bauerngut ist schon im Mittelalter Grundlage der Steuerveranlagung. Steuerliche Interessen vor allem führen frühzeitig zur Aufstellung einer festen Größenordnung der Bauerngüter, zum sog. Hoffuß. Der Hoffuß, schon im 15. Jahrhundert Steuerbasis, geht vom ganzen Hof (curia) als größter Einheit aus und gewinnt jeweils durch Halbierung die Hube (halber Hof, mansus), das Lehen (Viertelhof, halbe Hube), die Sölde (Achtelhof), die Bausölde (Sechzehntelhof) und die gemeine Sölde (Zweiunddreißigstelhof). Siehe auch → Betriebsgrößen.

Hur, Hurre, Rauchhurre. Gezimmerter oder aus verputztem Flechtwerk hergestellter raumhoher Schacht; leitete den Rauch von der Küche ins Dach (Rauchhausanlage). Eine von der Küche aus zu betätigende Klappe (»Hurluck«) in der Dachfläche sollte den Rauchabzug verbessern. Eine Rauchkutte verhinderte den Funkenflug ins Dachgeschoß, wo Heu und Getreidegarben lagerten.

Hus (gesprochen Hüs). Bezeichnung im Oberallgäu für den Raum mit der Kochstelle im → »gestrickten« Haus, der Bestandteil einer dreiteiligen Raumgruppe aus Hus, Stube und »Gaden« (der ehelichen Schlafkammer) ist.

(i). Datierung der Erbauungszeit des Gebäudes oder eines Bauteils durch aufgefundene Inschrift.

Illerkreis. → Regierungsbezirke, »Kreise«.

Jauchert. → Flächenmaße.

Kehlbalken. Horizontaler Balken zwischen einem Sparrenpaar, der zu dessen Versteifung dient und mit den Sparren verblattet, seltener (etwa ab 1650) verzapft ist.

Kehlbalkendach. Sparrendach (→) für größere Haustiefen, bei dem zur Verringerung der Knickbeanspruchung der Sparren ein waagrechter → Kehlbalken eingefügt ist. Statisch am günstigsten liegt der Ansatzpunkt des Kehlbalkens in der Sparrenmitte; wegen der Durchgangs- oder Raumhöhe muß dieser u.U. näher zum First gerückt werden.

Kniestock. Aufgebockte Dachkonstruktion zur Erzielung eines größeren nutzbaren Dachraums, auch: halbhohes Geschoß unter dem Dachraum, in dem man nicht aufrecht stehen kann.

Kreuzgewölbe. Rechtwinklige Durchdringung zweier Gewölbetonnen. Das Kreuzgewölbe ist nach allen Seiten offen, der Kämpferdruck konzentriert sich auf die vier Ecken.

Krüppelwalmdach. → Walmdach.

Küchengefälle. Abgabe von Eiern, Schmalz, Hühnern etc. zu bestimmten, festgelegten Terminen an den Grundherrn.

Längsaufstallung. Das Vieh steht im Stall parallel zum First.

Lander. Lange Dachschindel. → Landerdach.

Landerdach. Mit Steinen beschwertes Legschindeldach im Allgäu. (Schwardach).

Landesverschönerung. Bestrebung im Zeitalter der Aufklärung am Ende des 18. und beginnenden 19. Jahrhunderts mit dem Ziel, das Land nach den Prinzipien der Harmonie und Schönheit zu gestalten. Führende Gestalten dieser geistigen Auseinandersetzung mit Landbau und Landeskultur waren Dr. Gustav Vorherr, Heinrich von Nagel und Joseph von Hazzi.

Laube. Regional unterschiedliche Bezeichnung für Balkon, Altane, Gang, Söller oder Schrot; in Oberbayern auch für: Hausflur.

Laubenhaus. In der Schwangauer Gegend und vereinzelt bis Pfronten vorkommender Haustyp, bei dem an der Giebel- oder auch an der Traufseite des Wohnteils ein überdachter Laubengang ausgebildet war.

Laudemium. An den Grundherrn zu leistender Preis für die Überlassung des Hofes (in der Regel etwa 10 % des Vermögenswertes).

Lechkreis. → Regierungsbezirke, »Kreise«.

Leerhaus. $^1/_{32}$-Hof, Kleinsthaus der Tagelöhner ohne Grund und Boden, → Betriebsgrößen.

Legschindeldach. Flachgeneigtes (18–24°) Dach mit 80–100 cm langen Schindeln (Lärche, Fichte), die nur aufgelegt, nicht genagelt werden. Gegen Abrutschen und Verschieben durch Sturm werden sie mit Zapfen bzw. über die Dachfläche gelegten Stangen gehalten, die ihrerseits wieder mit Feldsteinen beschwert werden.

Leibgeding. Leihe auf Lebenszeit.

Lex alemannorum. Entsprechend der → Lex baiuvariorum im 8. Jahrhundert aufgezeichnete Rechtskodifikation der Alemannen, mit Hinweisen zum Hausbau.

Lex baiuvariorum. In der ersten Hälfte des 8. Jahrhunderts aufgezeichnete Rechtskodifikation der Baiern. Diese Sammlung von Rechts- und Strafbestimmungen enthält auch Aussagen zur Bauform und Konstruktion des Hauses.

Liegender Stuhl. Pfettendach-Konstruktion für größere, weit gespannte Steildächer. Kennzeichnend sind die durchgehenden tragenden Streben, die die Pfettenlasten zu den Außenwänden ableiten.

Liquidation. Auflösung eines Unternehmens, auch z. B. eines Grundbesitzes oder bäuerlichen Anwesens.

Lisene. Senkrechter, leicht vorstehender (Putz-) Streifen als Wandgliederung.

Ludeigen. →Freieigen.

Mediatisierung. Durch den »Reichsdeputationshauptschluß« (1803) und mit der Gründung des »Rheinbunds« (1806) verloren viele weltliche und alle geistlichen Territorien innerhalb des Deutschen Reichs (bis 1806) ihre Landeshoheit.

Metzen. → Getreidemaß.

Mitterstallbau. Einfirstige Hofanlage (Wohn-Stall-Stadelhaus), bei der der Stall in der Mitte zwischen Wohnteil und Stadel angeordnet ist.

Mittertennbau. Einfirstige Hofanlage, bei der die Tenne mittig zwischen Wohnteil und Stallteil angeordnet ist.

Molasse. Weiches, sandig-mergliges Gestein aus der Tertiärzeit.

Mortuarium. Beim Tod eines Grundabhängigen konnte der Grundherr aus dem Nachlaß das beste Stück Vieh, das beste Kleidungsstück oder eine gewisse Geldsumme fordern.

Münzen.

1 Gulden (fl.) = 60 Kreuzer (auch Xer) à 4 Pfennig à 2 Heller 1 bayer. Reichstaler = 1 fl. 30 kr. 1 bayer. Konventionstaler = 2 fl. 24 kr. 1 bayer. Kronentaler = 2 fl. 42 kr.	Silber
1 Dukaten = 5 fl. 20 Kr. 1 Maxd'or = 7 fl. 20 Kr.	Gold

fl., die Akürzung für Gulden, kommt von dessen Herkunft aus Florenz (Florenus).
Das Wechselverhältnis zu anderen, außerbayerischen Münzen war schwankend.

Oberdonaukreis. → Regierungsbezirke, »Kreise«.

Ortgang. Giebelseitiger Abschluß der Dachfläche, von der → Traufe zum First laufende Dachkante.

Patrimonialgerichtsbarkeit. Ausübung der Rechtsprechung über die Gutseingessenen durch den Gutsherrn.

Pfannenziegel. Das Pfannendach vereinigt Rinn- und Deckstein (bei Dachneigungen ≥ 40°).

Peunt, Point. Grundstück, meist in der Nähe des Dorfes, das dem Gemeindeviehtrieb verschlossen werden kann oder worauf das Recht liegt, es eingefriedet oder nicht eingefriedet zu halten.

Peuplierung. Aktive Siedlungspolitik zur Festigung oder Erweiterung bestehender oder zur Anlage neuer Orte, in der Regel mit Neusiedlern.

Pfette. 1. Zum First parallellaufender Dachstuhlbalken. Auf der Pfette liegen die Sparren oder Rofen auf, die die Dacheindeckung tragen.
2. alle firstparallelen, tragenden Hölzer, wie Unterzüge.

Pfettenbretter. Auf die auskragenden Enden der Pfetten zum Schutz des → Hirnholzes gegen Verwitterung aufgenagelte Bretter, meist in Zierformen.

Pfettendach. Dachkonstruktion, bei der die Sparren auf Fuß-, Mittel- oder Firstpfetten (→ Pfetten) aufliegen, die ihre Unterstützung und Lastableitung durch Mauern oder hölzerne Unterkonstruktionen erfahren. (→ Liegender Stuhl, → Stehender Stuhl).

Physikatsberichte. Entschließung des Kgl. Innenministerums vom 21. April 1858 zur Erstellung einer medizinisch-topographischen und ethnographischen Beschreibung aller Physikatsbezirke des Königreichs nach einem einheitlichen Schema. Diese Erfassung stand im Zusammenhang mit der von König Max II. in Auftrag gegebenen »Bavaria. Landes- und Volkskunde des Königreichs Bayern« (1860–1876).

Preußische Kappen. Flache Gewölbefelder bis 3,50 m Spannweite, durch Querwände oder Eisenträger in regelmäßiger Folge unterstützt.

Propst. In der katholischen Kirche Titel für den ersten Würdenträger eines Domkapitels (Dompropst) oder einer Kollegiatskirche (Stiftspropst); von lat. praepositus = Vorgesetzter.

Queraufstallung. Das Vieh steht im Stall quer zum First.

Rähm. Bei Ständer- und Fachwerkbauten die waagrechten, oberen abschließenden Längshölzer, auf denen die Dachbalken ruhen (auch »Wandpfette«, Mauerlatte).

Rauchküche, Rauchkuchl. → Schwarze Küche.

Rauchkutte. → Hur.

Realteilung, Realerbteilung. Erbsitte, bei der die Grundstücke eines Bauernbetriebes unter alle Erben gleichmäßig aufgeteilt werden. Führte zur Flurzersplitterung, zum bäuerlichen Kleinbesitz und dadurch verstärkt zum Arbeiterbauerntum.

Regierungsbezirke, »Kreise«. Bei der Neugestaltung des Bayerischen Staates durch die Konstitution vom 1. Mai 1808 (unter König Max I. Joseph und Graf Montgelas) erfolgte eine Einteilung in Kreise, die nach französischem Vorbild nach Flüssen benannt wurden. Zahl und Umfang der Kreise wechselten mit den politischen Verhältnissen. 1808 waren es 15 Kreise (Mainkreis, Pegnitzkreis, Naabkreis, Rezatkreis, Altmühlkreis, Oberdonaukreis, Lechkreis, Regenkreis, Unterdonaukreis, Isarkreis, Salzachkreis, Illerkreis, Innkreis, Eisackkreis und Etschkreis), 1810 neun Kreise (Mainkreis, Rezatkreis, Regenkreis, Oberdonaukreis, Unterdonaukreis, Illerkreis, Isarkreis, Salzachkreis, Innkreis) und schließlich 1817 acht Kreise (Isarkreis, Unterdonaukreis, Regenkreis, Oberdonaukreis, Rezatkreis, Obermainkreis, Untermainkreis, Rheinkreis). 1837 entschied sich König Ludwig wieder für die historische Benennung der Kreise, wie sie heute im wesentlichen noch gültig ist (Regierungsbezirke): Oberbayern, Niederbayern, Pfalz (d.i. die Rheinpfalz), Oberpfalz (und Regensburg), Oberfranken, Mittelfranken, Unterfranken (und Aschaffenburg), Schwaben (und Neuburg).

Remise. Geräte-, Wagenschupfen.

Ried. Schwäbische Bezeichnung für große Flachmoore (z. B.: Donauried).

Rindsweide, Winterfuhr. Grundstücksfläche, mit deren Ertrag eine Kuh ein ganzes Jahr – auch im Winter – ernährt werden konnte. Dabei wurde die Winterfuhr unterteilt in 4 Füße oder 8 Klauen und umfaßte je nach Gegend und Güte des Feldes zwischen 2 und 4 Jauchert (etwa 1 und 2 ha).

Risalit. Vorstehendes Gebäudeteil zur Wand- bzw. Fassadengliederung.

Rodungsorte. In größere Rodungsflächen von Waldgebieten gebaute Orte.

Russischer Kamin. Enger, nicht besteigbarer Kamin, der am Boden aufsitzt.

Rustika. Mauerwerk aus (Werkstein-)Quadern mit vorstehenden, roh bearbeiteten Ansichtsflächen, Bossenwerk.

Säkularisation. Enteignung kirchlichen Eigentums infolge der Auflösung der geistlichen Territorien (Hochstifte, Reichsabteien) durch den Staat aufgrund des Friedens von Lunéville (1801) und des »Reichsdeputationshauptschlusses« (1803).

Sal, Sala. (mhd.) rechtskräftige, förmliche und obrigkeitliche Übergabe eines Gutes.

Salbuch. Grundbuch, in dem alle einem Eigentümer gehörenden Grundstücke und die daraus fließenden Einkünfte oder Belastungen verzeichnet waren.

Salhof. Freier Grundbesitz.

Salland. Freies Land, Herrenland; Grundstück, das in der Regel in der Nähe eines Dorfes liegt, stets eingehegt und nicht dem Flurzwang unterworfen ist. Es diente meist nicht dem Ackerbau, sondern Spezialkulturen.

Sasse. Der Einschnitt eines Holzes bei bestimmten Holzverbindungen, in den sich ein anderes Holz voll oder im Ausschnitt einfügt.

Schab, Schaab. Ein Bund langes Stroh, der zur Dachdeckung dient.

Schäffel. → Getreidemaß.

Scharschindeldach. Steileres Dach ($\alpha \geq 25°$) für Holzschindeln, die mittels Nagelung angebracht werden. Vgl. → Legschindeldach.

Schiffle, Wasserschiffle. → Grand.

Schleppgauben. → Dachgauben

Schloß, Strick. Eckverbindung der Blockhölzer im → Blockbau.

Schopf. (= → Schuppen, Schupfen). Meist in den Gesamtbaukörper integrierter Bestandteil des Allgäuer Bauernhauses, in unterschiedlicher Form (Längs-, Seiten-, Quer-, Hakenschopf) und für verschiedene Aufgaben (z. B. Wagenschopf).

Schopfwalm, Schopfwalmdach. → Walmdach.

Schuppen, Schupfen. Kleines Nebengebäude zur Unterbringung von Maschinen, Geräten, Brennholz u. dgl.

Schwaigen, Schwaighöfe. In der Regel von Grundherren errichtete ganzjährig bewirtschaftete Viehwirtschaften, die an Bauern gegen Zins (Viehprodukte, meist Käse) vergeben wurden (z.T. in Erbpacht).

Schwalbenschwanzverbindung. Eine Form der Holzverbindung, bei der das Stirnstück der im (rechten) Winkel miteinander verbundenen (Kant-)Hölzer in Form eines Schwalbenschwanzes zugerichtet wird. Beispiel: eine Form der Eckverbindung beim Blockbau.

Schwellenbalken. Liegende Balken, auf denen Fachwerkwände oder Ständerbalken des Dachstuhls aufgestellt werden.

Schwellenkranz. Untere, an den Ecken überblattete Balkenlage des Blockwerks.

Schwarze Küche. Auch Rauchküche, Rauchkuchl genannt , seit dem 16. Jahrhundert vielfach gewölbt, mit offenem Herdfeuer.

Selde, Sölde.→ Betriebsgrößen, →Hoffuß.

Sims, Gesims. Bandartiges Bauteil, vorspringender Rand, Leiste.

Solar, Soler, Sohler. Bezeichnung im Allgäu für Raum oberhalb des Küchenraums, oberer Gang über dem Hausgang. Die Sohler-Kammer ist eine vom oberen Hausflur abgetrennte Kammer.

Spanndienst. Frondienst für die Grundherrschaft, mit einem Gespann zu leisten.

Sparherd. Bezeichnung für alle Typen des Kochherds, bei welchen das Feuer unter einer gußeisernen Platte brennt. Diese hat eine oder mehrere kreisrunde Öffnungen, in die Töpfe und Pfannen eingesetzt werden; herausnehmbare Herdringe gewährleisten eine optimale Anpassung an die verschieden großen Kochgefäße. Meist kombiniert mit Backrohr, Wassergrand. Vorteil: Holzersparnis gegenüber offenem Herd bis zu 80 %, keine Rauchbelästigung in der Küche, da Rauchgase durch ein Ofenrohr aus Blech direkt in den Schlot geleitet werden. Seit den ersten Jahrzehnten des 20. Jahrhunderts transportable Kachelherde, schließlich dann industriell gefertigte Herde.

Sparren. Die in der Dachneigung liegenden, die Dachhaut tragenden Hölzer beim → Sparrendach bzw. → Pfettendach.

Sparrendach. Dachkonstruktion, bei der sich die Sparren paarweise im First gegeneinander stützen und so eine Reihe von gleichen tragenden Dreiecken bilden, die sog.Gespärre. Das Sparrendach ist seiner Natur nach stehend und steil.

Spunddecke. Enge Balkendecke mit längs in eingestemmten Nuten eingeschobenen Brettern und darüber Lehm als Füllung – sog. Spunddecke, Bohlen-(Bretter-)Balkendecke, Riemendecke.

Sprengwerk. Komplizierte Dachkonstruktion zur Lastabfangung, die besonders große Spannweiten erlaubt.

Stadel. Bezeichnung für die Scheune im gesamten baierischen Sprachraum. Meist dreizoniger Grundriß mit mittlerer Tenne und beidseitigen Lagerbereichen für Heu oder Stroh.

Ständer. Senkrechtes, meist vierkantiges Holz, das im → Ständerbau waagrechte Balken trägt.

Ständerbau. Holzkonstruktionen, bei denen im Gegensatz zum Massivbau (Mauerwerk, Blockbau) die vertikalen Lasten durch regelmäßig angeordnete Holzstützen (Ständer) abgefangen werden. Ständer ursprünglich auf große Steine, später auf durchgehende Schwelle aufgelagert; oben durch ein horizontales »Rähm« zusammengefaßt. Längsaussteifung durch zwischen Rähm und Schwelle eingefügte Diagonalen (Streben) oder durch Kopf- bzw. Fußbänder. Ausbildung der Wandfläche durch verputztes Flechtwerk, Mauerwerk, Verschalung mit Brettern oder eingenutete Bohlen (Bohlenständerbau). Eine besondere Form des Ständerbaus ist das Bundwerk.

Ständerbalkenbauweise, Ständerbohlenbau. Wandsystem aus senkrechten Balken, in deren Nuten waagrechte Bohlen eingeschoben werden.

Stauden, Staudengebiet. Gebiet südwestlich von Augsburg mit kennzeichnender Wald- und Auenlandschaft.

Staudenhaus. Einhüftiger, im Querschnitt asymmetrischer Haustyp, der sich vorwiegend im sog. → »Staudengebiet« am längsten erhalten hat. Das Staudenhaus hat $1^1/_2$ Geschosse, d. h. auf der einen Längsseite, an der Hauseingang und Stube liegen, erscheint es zweigeschossig, während auf der Gegenseite das (strohgedeckte) Satteldach bis auf die ebenerdigen Räume herunterreicht. Der Giebel ist häufig holzverschalt. Haustypen mit einhüftigen Dächern gibt es verschiedentlich auch in anderen Hauslandschaften, z. B. in Mittel- oder Oberfranken (»Frackdach«, »Schleifdach«).

Stehender Stuhl. Pfettendachkonstruktion, bei der die Dachlasten über in der Regel senkrechte Stuhlsäulen auf den Baukörper abgeleitet werden.

Stift, Freistift. → Grundleihe.

Streusiedlung. In der Streusiedlung liegen die Gehöfte verstreut in der Siedlungslandschaft, meist regellos, stets aber in mehr oder weniger großen Abständen voneinander. Hingegen sind sie in der Sammelsiedlung nahe aneinandergerückt und erfahren durch eine Straße, einen Platz, einen Bach oder durch eine planmäßige Anlage ihre sinnvolle Gliederung.

Stricken, gestrickt (im Allgäu). In Blockbauweise errichten, errichtet.

Stube. Rauchfrei heizbarer Raum; zentraler Arbeits- und Aufenthaltsraum im süddeutschen Bauernhaus.

Stüberl, Stüberlvorbau. Kleiner heizbarer Raum, meist Wohn- oder Schlafraum für die Austragsleute, beim Bauernhaus des nördlichen Oberbayern oft an der Giebelseite angefügter, geringfügig vorspringender Anbau mit eigenem kleinen Stattel-, Giebel- oder abgewalmtem Dach.

Stuhlsäule. Senkrechtes oder liegendes Holz im Dach (→ Stehender Stuhl, Liegender Stuhl).

Tafernwirtschaft. Die »Tafern« (von lat. taberna: Gast-, Wirtshaus), »Wirts-Tafern« oder »Tavern-Wirtschaft« war eine mit allen Rechten ausgestattete Form von Gastwirtschaft. Der Wirt besaß ein öffentliches Schank-, Herbergs- und Gastrecht und war berechtigt, Hochzeiten, Tauf- und Totenmahle und dergleichen abzuhalten.

Tagwerk. → Flächenmaße.

Tenne. Ursprünglich nur die freibleibende Verkehrsfläche innerhalb des Stadels – in der Regel in der Breite eines Binderfeldes – zum Einfahren und Abladen der Erntewägen sowie zum Dreschen.

Traditionen. → Urbare, Urbarbücher.

Translozierung, Transferierung. Übertragung (Abbruch und Wiederaufbau) eines Objekts an eine andere Stelle, in der Regel in ein Freilichtmuseum.

Traufe. Unterer Abschluß der Dachfläche.

Trift. 1. Weiderecht, Weideplatz, 2. Triebweg zum Weideplatz, 3. Holzflößung.

Tropf-, Trüpf-, oder Tripfhaus. Bezeichnet ein Anwesen, zu dem nur soviel Grundfläche gehört, als die Dachtraufe reicht. → Betriebsgrößen.

Überblattung. Aneinanderfügen zweier in gleicher Ebene aber in unterschiedlicher Richtung laufender Hölzer, wobei aus jedem Stück das dem anderen Teil entsprechende Stück herausgestemmt wird.

Urbarbücher, Urbarregister. Sind Einnahmeregister (fällige Einkünfte aus der Urbarschuldigkeit) und Rechnungen mit wirklichen Einnahmen und Ausgaben aus dem Grundbesitz, die bis ins 19. Jahrhundert volle Bedeutung behalten.

Urbare. Güter- und Abgabeverzeichnisse; Urbare sind Beschreibungen des Bestandes einer Grundherrschaft an Gütern und Gerechtsamen, Verzeichnisse der Einkünfte aus Grundstücken, also Grund- und Steuerbücher, Zins- und Rentenbücher. Sie bilden vielfach Unterlagen für die Grundsteuerverwaltung. Für die älteste Zeit sind besonders die geistlichen Grundherrschaften (Bistümer, Stifte und Klöster) darin führend (Traditionen).

Verblattung. → Überblattung.

Vereinödung. Änderung der Agrarstruktur im Allgäu und in angrenzenden Gebieten vom 16. bis ins 18./19. Jahrhundert durch Auflösung der Gemengelagen in den und rund um die Dörfer und Weiler, Aufhebung der alten auf den Grundstücken ruhenden Verpflichtungen (wie Flurzwang, Weideservitute) und Neugründung der Hofstellen in arrondierten Einzelhoflagen. Diese frühe Form einer »Flurbereinigung« hatte in der 2. Hälfte des 16. Jahrhunderts im Territorium des Fürststifts Kempten ihren Ausgang genommen, beschränkte sich im 17. Jahrhundert noch auf den Raum der Reichsabtei Kempten und griff im 18. Jahrhundert auf die benachbarten Gebiete Vorarlbergs und des heutigen württembergischen Oberschwaben über. Dieses Reformwerk, bei dem die Höfe zur leichteren Bewirtschaftung aus dem geschlossenen Dorfverband hinausverlegt wurden in die freie Landschaft, wurde über alle zeitgeschichtlichen Zäsuren hinweg von den Bauern, den Grundherren und den Fürstäbten als Landesherren gemeinsam getragen.

Verkämmung. Holzverbindung, bei der an der Verbindungsstelle etwa die Hälfte eines Balkens ausgestemmt wird, um eine kantrecht gelagerte, drehfeste Verbindung zu erhalten.

Verzinkung. Holzverbindung, besonders an Ecken oder Wandeinbindungen, die bündig gearbeitet wird, d. h. die Balkenköpfe stehen nicht vor. Formen der Verzinkung: Schwalbenschwanz, Glockenschrot etc.

Vierseithof. Gehöftform, bei der Wohnhaus, Stallungen und Stadel vierseitig um einen Wirtschaftshof gruppiert sind.

Vollwalmdach. → Walmdach.

Volute. Zierelement in Form einer Schneckenlinie oder s-förmigen Spirale; als Schnecke charakteristischer Bestandteil des ionischen Kapitells. Voluten erscheinen als Gestaltungselement erst wieder in der Hochrenaissance und im Barock.

Vorderlader (-ofen). Ofen, der vom Raum aus beheizt wird, in dem er steht.

Waldkante. Beim Nutzholzzuschnitt nicht scharfkantig beschnittene Teile.

Walm. Abgeschrägte Dachfläche an der Schmalseite des Walmdachs. Nimmt der Walm nur den oberen Teil der Dachfläche ein, spricht man von Halb-, Krüppel- oder Schopfwalmdach.

Walmdach. Dachform, bei der die Traufe auf allen 4 Seiten in gleicher Höhe (Vollwalmdach) umläuft. Besonders geeignet (und deshalb hierbei entstanden) für Strohdeckung, da die komplizierte und witterungsgefährdete Giebelausbildung vermieden wird.

Walzende Gründe, walzende Grundstücke. Eigene, einzelne Grundstücke, die der Besitzer nach Belieben verändern und verkaufen konnte, im Gegensatz zu den gebundenen Grundstücken, die als untrennbare Teile eines zu Lehen gegebenen Gutskomplexes galten. (S. a. Schmeller II/911).

Wassergrand. Aus einem Stück Granit gehauener Wasserbehälter.

Widerkehr. Ist ein Zubau, der im rechten Winkel an den Hauptbaukörper angebaut und in das Hauptdach eingebunden ist.

Windbretter. Stirnbretter, die das Dach an der Giebelseite einfassen.

Winterfuhr. → Rindsweide.

Wüstung. Ehemalige (aufgegebene) Dorfstelle, abgegangene Siedlung.

Zehnt.
- Großer Zehnt. Abgabe des zehnten Teils vom Getreide- (oder Wein-)Ertrag.
- Kleiner Zehnt. Abgabe von Gartengemüse u.dgl.
- Blutzehnt. Abgabe jedes zehnten Jungtieres des gehaltenen Viehs.

Zehntstadel. Scheune, in der die Zehent-Abgaben gesammelt und eingelagert wurden.

Zelge, Zelch. Das bestellte Feld, mehrteilige, streifenförmig gegliederte Fläche der Feldflur, Grundeinheit der zelgengebundenen Dreifelderwirtschaft.

Zweigädig. Zweigeschossig.

Zwicker, Zwickelsteine. Kleine Steine, mit denen beim Bruchsteinmauerwerk die Spalten zwischen den großen Mauerbrocken gefüllt (»ausgezwickt«) wurden.

Zwicktaschendach. Kalkplattendach mit einer Deckung aus regelmäßig bearbeiteten (Leg-) Schieferplatten, sog. »Zwicktaschen« (Tasche = Dachplatte), weil sie mit der Zwickzange in Form gebracht werden. Sie haben ein Loch und werden mit Nägeln auf Dachlatten befestigt.

Anhang
Anmerkungen zu den einzelnen Kapiteln

Anmerkungen zu Kapitel: Ziele der Dokumentation (H. Gebhard)

1 Konrad Bedal: Historische Bauforschung, Bad Windsheim 1993.
Torsten Gebhard: Das Bauernhaus in Bayern, München 1976.
Paul Oliver (Hg): shelter and society, London 1976.

2 Die Vielfalt der Bauernhäuser wird in der Forschungsarbeit von 1991 – 1999 »Bauernhäuser in Bayern« in folgenden Bänden aufgezeigt:
Helmut Gebhard, Konrad Bedal: Band 1, Mittelfranken, München 1994.
Helmut Gebhard, Bertram Popp: Band 2, Oberfranken, München 1995.
Helmut Gebhard, Konrad Bedal, Albrecht Wald: Band 3, Unterfranken, München 1996.
Helmut Gebhard, Paul Unterkircher, Band 4, Oberpfalz, München 1995.
Helmut Gebhard, Georg Baumgartner: Band 5, Niederbayern, München 1995.
Helmut Gebhard, Konrad Bedal: Band 6.1, Oberbayern 1, München 1998.
Helmut Gebhard, Helmut Keim: Band 6.2, Oberbayern 2, München 1998.
Für Norddeutschland seien aus neueren Arbeiten genannt: G. Ulrich Großmann: Ländlicher Hausbau in Norddeutschland und den Niederlanden. Arbeitskreis für Hausforschung, Marburg 1996.
Zu grundsätzlichen Fragen der Ausbildung von Varianten wird verwiesen auf: Niklas Luhmann: Die Kunst der Gesellschaft, Frankfurt a.M. 1995. S. 341 ff: Evolution.

3 Wolfgang Haber: Nachhaltigkeit, S. 658. In: Akademie für Raumforschung und Landesplanung: Handwörterbuch der Raumordnung: Hannover 1995.
Zu den Definitionen des Begriffes Nachhaltigkeit:
Ulrich Beck, Antony Giddens, Scott Lash: Reflexive Modernisierung, eine Kontroverse, Frankfurt a.M. 1996. S. 7 »Sustainable development. Wobei bemerkenswert ist, daß die Forderung der Nachhaltigkeit sowohl die Semantik des technisch ökonomischen Fortschritts als auch die Rede von Natur und Naturzerstörung überlagert, bzw. verdrängt hat…
Zugleich belegt der Streit darüber was Nachhaltigkeit nun eigentlich heißt … das Ausmaß in dem die sogenannten Umweltprobleme längst nicht mehr als Probleme der uns umgebenden Welt gesehen und behandelt werden, sondern in die Gesellschaft integriert wurden und nun in und zwar in allen Institutionen (vom Verkehr über die Architektur zum Konsum) als politische (ethische, ökonomische, rechtliche) Konflikte aufbrechen.«

4 Helmut Gebhard: Wertvorstellungen als Elemente der Planung. In: Stadtbauwelt, Berlin 1968, Heft 17, S. 1275 ff.

5 Kommission für gesellschaftliche und soziale Fragen. Die deutschen Bischöfe: Handeln für die Zukunft der Schöpfung, Bonn 1998, S. 72 ff.

6 Gerd Th. Mader: Die Bauaufnahme, In: Petzet, Mader: Praktische Denkmalpflege, Stuttgart 1993, S. 156 ff.

7 Rolf W. Brednich (Hg): Grundriß der Volkskunde. Einführung in die Forschungsfelder der Europäischen Ethnologie, Berlin 1994. Darin: Utz Jeggle: Grundzüge der Volkskunde im 20. Jahrhundert. S. 51 ff.
Ruth E. Mohrmann: Wohnen und Wirtschaften, S. 128 ff.

8 Gerd Albers, Irene Wiese von Ofen: Stadtstrukturplanung. (S. 904)
Helmut Gebhard: Dorferneuerung (S. 189). Ortsplanung in ländlichen Räumen (S. 694).
Wolfgang Haber: Landschaft (S. 597).
In: Akademie für Raumforschung und Landesplanung. Handwörterbuch der Raumordnung, Hannover 1995.

9 Thomas Jung: Geschichte der modernen Kulturtheorie, Darmstadt 1999.
Herrmann Bausinger (Hg): Grundzüge der Volkskunde, Darmstadt 1978.

10 Vgl: Paul Werner: Almen in Oberbayern. Bauernhäuser in Bayern, Band 6.2 Oberbayern, S. 63 ff.

11 Bauernhaus in Honsolgen, alte Nr. 24, Stadt Buchloe, Landkreis Ostallgäu. Bauaufnahme von Wilhelm Neu. Veröffentlicht in: Heinrich Götzger, Helmut Prechter. Das Bauernhaus in Bayerisch-Schwaben, München 1960, S. 152 ff.

12 Die Auswahl wurde nach Vorerhebungen der jeweiligen Planunterlagen 1997 von Stefan Stoelzl und Sieglinde Wuillement durch die Autorengruppe getroffen, mehrfach erweitert bzw. gekürzt, um eine möglichst umfassende Dokumentation zu erreichen, die jedoch nicht den Anspruch erhebt alle Bauernhäuser flächendeckend erfaßt zu haben.

13 Die Maßtabellen folgen nicht den Kostengruppen nach DIN 276. Sie greifen die für die Hausforschung entscheidenden Daten von Baukörper, räumlicher Organisation des Wohnteils, Baumaterial und wesentlicher Innenräume auf.

14 Die Namen der Architekten von Neubauten und Sanierungen sind am Schluß des Buches in einem Verzeichnis zusammengefaßt.

15 Wolfgang Haber: Ökologie (S. 689 ff). In: wie Anmerkung 8.

16 Helmut Gebhard: Probleme und Entwicklungsziele der Siedlungen in ländlichen Räumen. Vortrag 25.5.73. In: Schönere Heimat: Erbe und Gegenwart, Heft 3, 1973.

17 Helmut Gebhard: Bauernhäuser als Bausteine von Ortserneuerung und Siedlungsentwicklung in Ober- und Niederbayern. In: Bauernhäuser in Bayern, Band 6.2 Oberbayern 2, München 1998. S. 339 ff.

18 Niklas Luhmann: Soziale Systeme. Grundriß einer allgemeinen Theorie, Frankfurt a.M. 1994. Paradigmenwechsel in der Systemtheorie. (S. 15 ff).
Darin wird auf die unterschiedlichen Aussageebenen der Teile eines Systems hingewiesen, die nicht verwechselt werden dürfen. Nur Elemente der gleichen Ebene können miteinander verglichen werden. Auf die räumliche Umwelt übertragen bedeutet dies, daß die verschiedenen räumlichen Ebenen des Gebäudes, wie der Gemeinde und der Region in ihren Elementen zu unterscheiden sind, auch in den Auseinandersetzungen über Handlungsalternativen.

19 Helmut Gebhard, Horst Biesterfeld, Manfred Brennecke: Umweltgestaltung im ländlichen Raum, Darmstadt 1974, S. 15 – 20.
Aufbau und Methodik des Forschungsvorhabens sind gegliedert in: Umwelt als System, Lebensvorgänge und räumlicher Rahmen, räumliche Reichweiten: Zusammenhang der Planungsebene, zeitliche Reichweiten.

20 Für weitergehende Darstellungen der Siedlungssysteme wird verwiesen auf: Hans Frei: Naturraum und Siedlung in Schwaben (S. 19 ff).

21 Bernd-Peter Schaul: Denkmäler in Bayern, Band 7, Schwaben, München 1986, S. 202.
Gemeinde Munningen, Landkreis Donau-Ries. Kath. Pfarrkirche Peter und Paul, Turmunterbau Anfang 13. Jh., Turmobergeschoß und Langhaus 1770.

22 Zur Frage der städtebaulichen Wahrzeichen wird verwiesen auf: Spiro Kostof: Das Gesicht der Stadt, Geschichte der städtischen Vielfalt, Frankfurt/New York 1992. Die Skyline (S. 279).
Aus der umfangreichen Literatur zur Zeichentheorie, vgl.: Charles W. Morris: Zeichen, Wert, Ästhetik. Frankfurt a. M. 1975.
Umberto Eco: Zeichen, Einführung in einen Begriff und seine Geschichte, Mailand/Frankfurt 1977.

23 Der landwirtschaftliche Weiler Schöneschach ist Ortsteil der Stadt Bad Wörishofen, Landkreis Unterallgäu.

24 Altensteig ist Ortsteil von Markt Dirlewang, Landkreis Unterallgäu.

25 Gemeinde Wiggensbach, westlich der kreisfreien Stadt Kempten, Landkreis Oberallgäu.

26 Bayerisches Staatsministerium des Inneren und Bayerisches Staatsministerium für Landesentwicklung und Umweltfragen: Kommunale Verwaltungsgrenzen. Karte vom 01.01.1991.

27 Karl Ilg: Die Haus- und Hofformen in Vorarlberg. In: Herrad Spielhofer: In alten Bauernhäuser leben, Graz 1981, S. 15.

28 Richard Weiss: Häuser und Landschaften der Schweiz, Zürich 1959.

29 Hans Frei: Haus, Hof und Dorf und ihre Beziehungen zu den natürlichen Gegebenheiten am Beispiel von Bayrisch-Schwaben, In: Schwaben, gesammelte Beiträge zur Landschaft, Geschichte und Kultur in Schwaben, Oberschönenfeld 1997, S. 175 ff.
Peter Fassl: Schwäbische Dörfer, Architekturzeichnungen aus zwei Jahrhunderten. Ausstellungskatalog, Kornburg-Illerbeuern 1995.

30 Thomas Jung: Geschichte der modernen Kulturtheorie, Darmstadt 1999. S. 40: Kulturtheorie von Johann Gottfried Herder.

31 Pankraz Fried: Bayerisch-Schwaben. Grundzüge der geschichtlichen Entwicklung, München 1994, S. 15 ff.

32 Werner Rösener: Die Bauern in der europäischen Geschichte, München 1993.
S. 54: »Als Hufe (mansus) definierte man demnach die Normalausstattung einer grundherrlich abhängigen Bauernstelle mit Haus und Hof, Ackerland und Wiesen sowie den dazugehörigen Rechten an Wald- und Weideallmende …«
»Vom Bistum Augsburg« heißt es z. B. in dem brevium exemplar aus der Zeit um 810, daß das Bistum insgesamt über 1427 belegte und 80 unbelegte Hufen verfügte. (Monumenta Germaniae Historica Cap. 1, 128).

33 Dietmar H. Voges: Die Reichsstadt Nördlingen, München 1988. Werden und Wirken der Pfingstmesse (S. 47 ff). Handel, Handwerk und Gewerbe (S. 381 ff).

34 Peter Nowotny: Vereinödung im Allgäu und in den angrenzenden Gebieten, Kempten 1984.

35 Hans Bergmeier: »Wie sie Einödien gemachet«. Vereinödung im Kemptener Raum. Ein Beitrag zur Geschichte der ländlichen Neuordnung durch Flurbereinigung. Berichte aus der Flurbereinigung, München 1986.

36 Dietmar Stutzer: Geschichte des Bauernstandes in Bayern, München 1988, S. 229 (Allgäu).

37 Landesentwicklungsprogramm Bayern 1994. Hier weist die Bayerische Staatsregierung auf das besondere Gewicht ökologischer Belange hin (S. 2): »Dies ist nicht nur eine Konsequenz unserer Verantwortung für zukünftige Generationen, sondern gerade auch wegen der zunehmenden Bedeutung einer intakten Natur als ökonomischer Standortfaktor, eine wichtige Handlungsmaxime zur Sicherung des Standortes Bayern im internationalen Wettbewerb.«

38 Bayerisches Gesetz- und Verordnungsblatt vom 04. Mai 1994, S. 28/29: Verordnung vom 25.01.1994. Landesentwicklungsprogramm Bayern.

39 Presse- und Informationsamt der Bundesregierung. Bonn 1992: Auf dem Wege zur Europäischen Union. Die Beschlüsse des Europäischen Rates von Maastricht.

40 Norbert Huse: Unbequeme Denkmale. Entsorgen? Schützen? Pflegen?, München 1997, S. 14/15.

41 Werner Rösener, wie Anmerkung 32.
Europas Bauern in der Industriegesellschaft (S. 265). »Seit Ende der 70er Jahre traten die negativen Folgen der betrieblichen und regionalen Konzentration immer deutlicher hervor. Dies wurde sichtbar an der Vernichtung zahlreicher wertvoller Biotope, an einem dramatischen Rückgang der Artenvielfalt und an einer steigenden Belastung von Natur und Umwelt mit Gift und Schadstoffen. Gefährliche Rückstände in Pflanzen und Nahrungsmitteln stellen darüber hinaus den gesundheitlichen Wert mancher Agrarprodukte in Frage« (S. 273).
»Das Konzept einer bäuerlichen Landwirtschaft, das sich von den Agrarfabriken mit ihren ökologischen Folgelasten absetzt, ist inzwischen auch bei vielen Bauern wieder populär geworden und findet breite Zustimmung.«
»Die bewußten Verbraucher und eine große Mehrheit der in der Landwirtschaft tätigen bäuerlichen Familien stimmen dabei häufig in drei wichtigen Forderungen überein:
1. Eine umweltverträgliche, standortgebundene Landwirtschaft, von der keine nachhaltigen Schädigungen der natürlichen Lebensgrundlagen ausgehen und eine vielfältige intakte Landwirtschaft bewahrt und pflegt;
2. Eine Landwirtschaft, die eine stabile Versorgung der eigenen Bevölkerung mit unbelasteten Nahrungsmitteln garantiert;
3. Eine sozial verträgliche Landwirtschaft, in der die darin tätigen Menschen in Eigenverantwortung ein leistungsgerechtes Einkommen erzielen können.«
Vgl. auch: Kommission für gesellschaftliche und soziale Fragen wie Anmerkung 5, S. 58.

42 Wolfgang Jean Stock: Anonyme Architektur und Ortsbild. In: Bauen im Allgäu, Selbstverständnis einer Region. Stiftung des BDA Bayern. München 1995, S. 6.

43 Jürgen Habermas: Die neue Unübersichtlichkeit, Frankfurt a. M. 1985. Moderne und postmoderne Architektur, S. 27: »Wenn in der Stadtplanung die Steuerungsmechanismen des Marktes und der Verwaltung so funktionieren, daß sie für die Lebenswelt der Betroffenen dysfunktionale Folgen haben …, dann ist es nur konsequent die willensbildende Kommunikation der Beteiligten mit den Medien Geld und Macht in Konkurrenz treten zu lassen.«

44 Winfried Nerdinger: Neue Architektur im Allgäu. Ausstellung des Architekturmuseums Schwaben, Augsburg 1997.

Anmerkungen zu Kapitel: Landschaft und Siedlung in Schwaben

(Hans Frei)

1 Josef Schmithüsen: Die Entwicklung der Landschaftsidee in der europäischen Malerei als Vorgeschichte des wissenschaftlichen Landschaftsbegriffes. In: Emil Meynen (Hg.): Geographie heute. Einheit und Vielfalt. Ernst Plewe zu seinem 65. Geburtstag von Freunden und Schülern gewidmet. Wiesbaden 1973 (Erdkundliches Wissen 33), S. 70–80.

2 Werner Konold (Hg.): Naturlandschaft – Kulturlandschaft. Die Veränderung der Landschaften nach der Nutzbarmachung durch den Menschen. Landsberg 1996. Josef Heringer: Kulturlandschaft – Definition und Abgrenzung. In: Manfred Treml (Red.): Fortbildung von Lehrern aller Schularten in Fragen des Denkmalschutzes und der Kulturlandschaftspflege. München 1984, S. 50–56.

3 Grundlegend zur historischen Entwicklung: Wolfgang Zorn: Historischer Atlas von Bayerisch-Schwaben. Augsburg 1955. Max Spindler (Hg.): Handbuch der bayerischen Geschichte, Bd. III: Franken, Schwaben, Oberpfalz. 2. verb. Aufl., München 1979. Pankraz Fried: Bayerisch-Schwaben. Grundzüge der geschichtlichen Entwicklung. 2. Aufl., München 1994.

4 Peter Klimm (Red.): Bayerisch Schwaben. Schönes Land zwischen Ries und Bodensee. 2. neu überarb. Aufl., Konstanz 1996.

5 Schwaben – ein Regierungsbezirk stellt sich vor. Hg. von Global Verlag, 2. Aufl., Möglingen 1987. Hans Frei (Hg.): Im Flug über Schwaben. Eine Landeskunde mit 80 farbigen Luftbildern. 2. verb. Aufl., Weißenhorn 1977.

6 Bayerisches Geologisches Landesamt (Hg.): Erläuterungen zur Geologischen Karte von Bayern 1 : 500 000. 3. neu bearb. Aufl., München 1981.

7 Emil Meynen u. a. (Hg.): Handbuch der naturräumlichen Gliederung Deutschlands. 2 Bände. Bad Godesberg 1953–1962, mit Karte 1:1 Mio. Eine detaillierte Gliederung und Beschreibung Schwabens im Maßstab 1:200.000 wird vorgestellt in: Hans Graul: Die naturräumlichen Einheiten auf Blatt 179 Ulm. Stuttgart 1952. Hans Graul: Die naturräumlichen Einheiten auf Blatt 180 Augsburg. Bad Godesberg 1962. Ralph Jätzold: Die naturräumlichen Einheiten auf Blatt 172 Nördlingen. Bad Godesberg 1962. Hansjörg Dongus: Die naturräumlichen Einheiten auf Blatt 187/193 Lindau-Oberstdorf. Bonn-Bad Godesberg 1991. Hansjörg Dongus: Die naturräumlichen Einheiten auf Blatt 188/194 Kaufbeuren-Mittenwald. Bonn-Bad Godesberg 1993.

8 Klaus Fischer: Die naturräumliche Gliederung Schwabens. In: Historischer Atlas von Bayerisch Schwaben. Hg. von Hans Frei, Pankraz Fried und Franz Schaffer: 2. neu bearb. und erg. Aufl., 2. Lfg., Augsburg 1985, Karte II,7.

9 Siehe dazu: Hans Frei: Schwaben und seine Landschaften. In: Hans Frei (wie Anm. 5), S. 13–31. Herbert Scholz: Bau und Werden der Allgäuer Landschaft zwischen Lech und Bodensee. Eine süddeutsche Erd- und Landschaftsgeschichte. 2. völlig neu bearb. Aufl., Stuttgart 1995.

10 Hermann Jerz: Das Eiszeitalter in Bayern. Erdgeschichte. Gesteine. Wasser. Boden. Stuttgart 1993 (Geologie von Bayern 2).

11 Karl Rocznik: Wetter und Klima in Bayern. Ein Beitrag zur bayerischen Heimatkunde. Nürnberg 1960.

12 Klima-Atlas von Bayern. Hg. von Deutscher Wetterdienst in der US-Zone. Bad Kissingen 1952. Die Meßwerte der Tabelle nach Mitteilung des Deutschen Wetterdienstes, Wetteramt München.

13 Walter Jahn: Die Dauergrünland-Monokultur als prägendes Strukturelement der Allgäu-Landschaft. In: Allgäuer Geschichtsfreund 92 (1992), S. 103–136. Walter Jahn: Strukturwandel und Abgrenzung der voralpinen Allgäuer Kulturlandschaft. Kempten 1954. (Allgäuer Heimatbücher 43).

14 Bayerisches Geologisches Landesamt (Hg.), Bodenkundliche Übersichtskarte von Bayern 1: 500 000. München 1955. Franz Vogel: Erläuterungen zur Bodenkundlichen Übersichtskarte von Bayern 1: 500 000. München 1961. Darüber hinaus detaillierte Bodenkarten von Bayern 1: 25 000 mit ausführlichen Erläuterungen zu einzelnen Blättern, hg. vom Bayerischen Geologischen Landesamt.

15 Sie sind in der Bodengütekarte von Bayern 1:100 000 dargestellt und bilden Verhältniszahlen, die reine Ertragsunterschiede zum Ausdruck bringen. Bayerisches Landesvermessungsamt (Hg.): Bodengütekarte von Bayern 1:100 000. München 1960 ff. Schwaben ist auf den Kartenblättern 16, 17, 22, 23, 28, 29, 33, 34 und 38 enthalten.

16 Bayerisches Staatsministerium für Ernährung, Landwirtschaft und Forsten (Hg.): Der Wald in Schwaben. München o.J. (1994). Felix von Hornstein: Wald und Mensch. Theorie und Praxis der Waldgeschichte. 2. durchges. und erw. Aufl., Ravensburg 1958.

17 Paul Seibert: Übersichtskarte der natürlichen Vegetationsgebiete von Bayern 1:500 000 mit Erläuterungen. Bonn-Bad Godesberg 1968. (Schriftenreihe für Vegetationskunde 3)

18 Josef Stechele u. a.: Naturpark Augsburg-Westliche Wälder. Wanderparadies zwischen Donau, Schmutter, Wertach und Mindel. Augsburg 1988. Enthält zahlreiche Beiträge von der Erdgeschichte bis zur Heimatpflege.

19 Ralph Jätzold (wie Anm. 7).

20 Gisela Pösges und Michael Schieber: Das Rieskrater-Museum Nördlingen. München 1994 (Akademie für Lehrerfortbildung Dillingen, Akademiebericht 253).

21 Hans Frei: Das Ries als Agrarlandschaft. In: Anja Lippert: Federvieh – Gänse im Ries. Oberschönenfeld 1997 (Schriftenreihe der Museen des Bezirks Schwaben 17) S. 6–15. Ruth Kilian: Die Rieser Landwirtschaft im Wandel. Neue Dauerausstellung im Rieser Bauernmuseum Maihingen. In: Museum heute 16 (1998), S. 17–23.

22 Ralph Jätzold (wie Anm. 7).

23 Über die Entstehung und Entwicklung des Donautales gibt es zahlreiche fachwissenschaftliche und praxisorientierte Veröffentlichungen. Einen landeskundlichen Überblick gibt: Hans Graul (1952) und Ralph Jätzold (wie Anm. 7). Ulrich Mäck und Hans Ehrhardt: Das schwäbische Donaumoos und die Auwälder zwischen Weißingen und Gundelfingen. Augsburg o.J. (1995).

24 Werner Freybourg: Schwaigen und Einöden in den Donauauen und die Perlenkette der Städte bis Donauwörth. Krumbach 1991.

25 Ulrich Wieczorek: Natur und Landschaft. In: Wilhelm Liebhart (Hg.): Inchenhofen. Wallfahrt, Zisterzienser und Markt. Sigmaringen 1992, S. 11–22. Hans Graul: Die naturräumlichen Einheiten auf Blatt 180 Augsburg. Bad Godesberg 1962.

26 Barthel Eberl: Die Eiszeitenfolge im nördlichen Alpenvorlande. Augsburg 1930. Ingo Schaefer: Das Alpenvorland im Zenit des Eiszeitalters. 2 Bände, Stuttgart 1995.

27 Hermann Jerz (wie Anm. 10).

28 Herbert Scholz (wie Anm. 9). Hansjörg Dongus (wie Anm. 7).
29 Herbert Scholz (wie Anm. 9).
30 Jörg Maier: Allgäu – eine Landschaft im Wandel. In: Mitteilungen der Geographischen Gesellschaft in München 60 (1975), S. 5–36.
31 Vergleiche dazu die gedanklichen und konzeptionellen Überlegungen zur Kulturlandschaftspflege bei: Hansjörg Küster: Geschichte der Landschaft in Mitteleuropa. München 1995. Winfried Schenk, Klaus Fehn und Dietrich Denecke: Kulturlandschaftspflege. Beiträge der Geographie zur räumlichen Planung. Berlin/Stuttgart 1997.
32 Eine umfassende Kartierung der archäologischen Fundstellen im Bezirk Schwaben nach einzelnen Epochen auf mehreren Kartenblättern in: Historischer Atlas von Bayerisch-Schwaben. 2. neu bearb. und erg. Aufl. in Lieferungen. Hg. von Hans Frei, Pankraz Fried und Franz Schaffer. Augsburg 1982 ff. Hans Frei und Günther Krahe: Führer zu archäologischen Denkmälern in Schwaben, Bd. 1–3. Stuttgart 1977–1995.
33 Bayerisches Landesamt für Denkmalpflege (Hg.): Die Römer in Schwaben. München 1985 (Bayerisches Landesamt für Denkmalpflege, Arbeitsheft 27).
34 Wolfgang Czysz und Günther Krahe: Via Claudia Augusta. München 1986 (Denkmalpflege Informationen Ausgabe A, Nr. 58/7).
35 Lothar Bakker: Siedlungsgeschichte und Archäologie in Augusta Vindelicum/Augsburg. In: Augsburger Stadtlexikon. 2. völlig neu bearb. und erheblich erw. Aufl.. Hgg. von Günther Grünsteudel u. a.. Augsburg 1998, S. 29–38.
36 Gerhard Weber: Archäologischer Park Cambodunum APC. 4. Aufl., Kempten 1995. Wilhelm Schleiermacher: Cambodunum – Kempten. Eine Römerstadt im Allgäu. München 1972.
37 Wolfgang Czysz: Das zivile Leben in der Provinz. In: Wolfgang Czysz u. a.: Die Römer in Bayern. Stuttgart 1995, S. 177–308.
38 Marlis Franken: Die Alamannen zwischen Iller und Lech. Berlin 1944 (Germanische Denkmäler der Völkerwanderungszeit 5) Volker Babucke: Die Reihengräberzeit in Schwaben 5. – 7. Jahrhundert. In: Historischer Atlas von Bayerisch-Schwaben (wie Anm. 32), Lfg. 2 (1985), Karte III, 9.
39 Herkunft, Siedlung, Lebensweise, Handwerk und Kult der Alemannen werden nach dem derzeitigen Forschungsstand der Archäologie ausführlich behandelt im Ausstellungskatalog: Die Alamannen. Hg. vom Archäologischen Landesmuseum Baden-Württemberg. 2. Aufl., Stuttgart 1997.
40 Walter Brandmüller (Hg.): Handbuch der bayerischen Kirchengeschichte. 3 Bände. St. Ottilien 1991–1998.
41 Siehe dazu: Historisches Ortsnamenbuch von Bayern. Hg. von der Kommission für Bayerische Landesgeschichte. München 1951 ff. Für den Bezirk Schwaben sind bisher erschienen die Landkreise Marktoberdorf (1953), Krumbach (1956), Kaufbeuren (1960), Dillingen a.D. (1966), Kempten (1966), Lindau (1973), Sonthofen (1973) und Mindelheim (1989), Füssen (im Druck).
42 Rolf Kießling: Städte und Märkte vom Hochmittelalter bis zur Gegenwart in Schwaben. In: Historischer Atlas von Bayerisch-Schwaben (wie Anm. 32), Lfg. 4 (1998), Karte IV,1.
43 Klaus Fehn: Siedlungsgeschichtliche Grundlagen der Herrschafts- und Gesellschaftsentwicklung in Mittelschwaben. Augsburg 1966. Friedrich Eigler: Die Entwicklung von Plansiedlungen auf der südlichen Frankenalb. München 1975 (Studien zur bayerischen Verfassungs- und Sozialgeschichte 6).
44 Rolf Kießling: Die Stadt und ihr Land. Umlandpolitik, Bürgerbesitz und Wirtschaftsgefüge in Ostschwaben vom 14. bis ins 16. Jahrhundert. Köln/Wien 1989 (Städteforschung A 29).
45 Hans Frei: Historische Städte an der schwäbischen Donau. In: Hans Frei: Für Schwaben. Erforschen, Bewahren, Fortführen. Gesammelte Beiträge zu Landschaft, Geschichte und Kultur in Schwaben. Gessertshausen 1997 (Schriftenreihe der Museen des Bezirks Schwaben 18), S. 77–87.
46 Adolf Layer u. a.: Schwaben. In: Max Spindler (wie Anm. 3), S. 803–1248. Wolfgang Petz: Reichsstädte zur Blütezeit. Alltag und Kultur im Allgäu und in Oberschwaben 1350–1550. Kempten 1989.
47 Peter Blickle: Die Revolution von 1525. 3. erw. Aufl., München/Wien 1993.
48 Rolf Kießling: Konfession als alltägliche Grenze – oder: Wie evangelisch waren die Reichsstädte? In: Wolfgang Jahn u. a.: »Geld und Glaube« . Leben in evangelischen Reichsstädten. Augsburg 1998 (Veröffentlichungen zur Bayerischen Geschichte und Kultur 37/98), S. 48–66. Wolfgang Petz: Zweimal Kempten – eine Doppelstadt 1694–1836. München 1998 (Schriftenreihe der Philosophischen Fakultäten der Universität Augsburg 54).
49 Petra Ostenrieder: Wohnen und Wirtschaften in Oettingen 1600–1800. Untersuchungen zur Sozialtopographie und Wirtschaftsstruktur einer bikonfessionellen Residenzstadt. Augsburg 1993 (Materialien zur Geschichte des bayerischen Schwaben 19). Barbara Rajkay: Verflechtung und Entflechtung. Sozialer Wandel in einer bikonfessionalen Stadt. Oettingen 1560–1806. Augsburg 1999.
50 Pankraz Fried: Zur Geschichte der dörflichen Unterschichten in den ländlichen Siedlungen Bayerisch-Schwabens. In: Zeitschrift des Historischen Vereins für Schwaben 71 (1977), S. 109–129. Hermann Grees: Ländliche Unterschichten und ländliche Siedlung in Ostschwaben. Tübingen 1975 (Tübinger geographische Studien 58).
51 Hanns Dorn: Die Vereinödung in Oberschwaben. Kempten/München 1904. Peter Nowotny: Vereinödung im Allgäu und in den angrenzenden Gebieten. Kempten 1984. Hans Bergmeier: »Wie sie Einödinen gemachet«. Vereinödung im Kemptener Raum. Ein Beitrag zur Geschichte der ländlichen Neuordnung durch Flurbereinigung. München 1986. (Berichte aus der Flurbereinigung 56).
52 Wolfgang Zorn: Die Territorien Schwabens 1802. In: Historischer Atlas von Bayerisch-Schwaben (wie Anm. 32), Lfg. 1 (1982), Karte VI,1.
53 Rainer Beck: Dörfliche Gesellschaft im alten Bayern 1500–1800. München 1992 (Hefte zur Bayerischen Geschichte und Kultur 14).
54 Wolfgang Zorn: Die Eingliederung Ostschwabens in den bayerischen Staat unter den ersten Königen Max I. und Ludwig I.. In: Pankraz Fried (Hg.): Probleme der Integration Ostschwabens in den bayerischen Staat. Bayern und Wittelsbach in Ostschwaben. Sigmaringen 1982 (Augsburger Beiträge zur Landesgeschichte Bayerisch-Schwabens 2), S. 79–92.
55 Bernhard Müller-Wirthmann u. a.: Vom Untertan zum freien Bauern. Die Reformen der Montgelas-Zeit. In: Bauern in Bayern. Von der Römerzeit bis zur Gegenwart. Hg. von Michael Henker. Regensburg 1992 (Veröffentlichungen zur bayerischen Geschichte und Kultur 23), S. 154–176.

56 Ingolf Bauer unter Mitarbeit von Nina Matt: Bayerns Landwirtschaft seit 1800. Texte zum Museum im Schafhof. Wolnzach 1994.
57 Heinz Haushofer: Die deutsche Landwirtschaft im technischen Zeitalter. 2. verb. Aufl., Stuttgart 1972 (Deutsche Agrargeschichte 5).
58 Franz Schaffer und Wolfgang Poschwatta: Bevölkerungsentwicklung in Schwaben 1840–1980. In: Historischer Atlas von Bayerisch-Schwaben (wie Anm. 32), 2. Lfg. (1985) Karte XII, 3.
59 Hans Frei: Märkte – ihre Bedeutung für den Warenaustausch und die Stadt-Land-Beziehungen am Beispiel von Nördlingen. In: Ruth Kilian und Eva Gilch: Märkte und Messen im Ries. Gessertshausen 1990. (Schriftenreihe der Museen des Bezirks Schwaben 4), S. 4–8.
60 Peter Maidl: Auswanderung aus Schwaben und Neuburg im 19. Jahrhundert. In: Historischer Atlas von Bayerisch-Schwaben (wie Anm. 32), 4. Lfg. (1998), Karte XII, 5.
61 Pankraz Fried: Voraussetzungen und Auswirkungen der frühen Industrialisierung in Bayern – Die Situation auf dem Lande. In: Rainer A. Müller (Hg.): Aufbruch ins Industriezeitalter Bd. 2: Aufsätze zur Wirtschafts- und Sozialgeschichte Bayerns 1750–1850. München 1985, S. 412–442.
62 Wolfgang Zorn: Handels- und Industriegeschichte Bayerisch-Schwabens 1648–1870. Augsburg 1961 (Studien zur Geschichte des bayerischen Schwabens 6).
63 Walter Pötzl: Zur Geschichte des Hausbaus. In: Walter Pötzl und Anni Hartmann: Häuser – Möbel – Trachten. Zur Sachkultur des Volkes. Augsburg 1993 (Der Landkreis Augsburg 8), S. 11–132.
64 Wilhelm Neu: Hauslandschaft in Bayern. In: Zeitschrift der bayerischen Staatsbauverwaltung 7. München 1979.
65 Peter Fassl und Robert Wirthensohn: Schwäbische Dörfer II – Schmuck und Zier an Haus und Hof. Fotoausstellung des Bezirks Schwaben. Augsburg 1994.
66 Flurbereinigungsdirektion Krumbach (Hg.): Flurbereinigung in Schwaben. Krumbach 1976.
67 »Der mechanisierte Bauer«. In: Hans Frei (wie Anm. 45), S. 199–207.
68 Das Dorf zwischen Tradition und Fortschritt. In: Hans Frei (wie Anm. 45), S. 191–198.
69 Bayerisches Staatsministerium für Ernährung, Landwirtschaft und Forsten (Hg.): Ländliche Entwicklung in Bayern. Fachtagung 1996 in Memmingen »Ländliche Entwicklung der Zukunft«. München 1997 (Berichte zur Ländlichen Entwicklung 72).
70 Thomas Gunzelmann u. a.: Denkmalpflege und Dorferneuerung. Der denkmalpflegerische Erhebungsbogen zur Dorferneuerung. München 1999 (Arbeitshefte des Bayerischen Landesamtes für Denkmalpflege 93).
71 Arthur Maximilian Miller: Die Vorausgegangenen. Peter Dörfler und Joseph Bernhart. Begegnungen im Zeichen der Freundschaft. Memmingen 1973, S. 120.
72 Helmut Gebhard: Dorfstrukturen. In: Schönere Heimat, Sonderheft 3 (1984), S. 3–64.
73 Heinz Ellenberg: Bauernhaus und Landschaft in ökologischer und historischer Sicht. Stuttgart 1990. Für Schwaben siehe bei: Hans Frei: Haus, Hof und Dorf und ihre Beziehungen zu den natürlichen Gegebenheiten am Beispiel von Bayerisch-Schwaben. In: Martin Hartl und Willi Englschalk (Hg.): Geographie. Naturwissenschaft und Geisteswissenschaft. Regensburg 1985, (Regensburger Geographische Schriften 19/20), S. 409–419.
74 Martin Born: Zur Geographie der ländlichen Siedlungen, Bd. 1: Die Genese der Siedlungsformen in Mitteleuropa. Stuttgart 1977. Karl Heinz Schröder und Gabriele Schwarz: Die ländlichen Siedlungsformen in Mitteleuropa. Grundzüge und Probleme ihrer Entwicklung. 2. erg. Aufl., Trier 1978 (Forschungen zur deutschen Landeskunde 175).
75 Klaus Fehn und Friedrich Eigler (wie Anm. 43).
76 Werner Freibourg (wie Anm. 24).
77 Peter Nowotny (wie Anm. 51).
78 Josef Paul Boneberger: Die Regulierung der Gemeindeflur zu Schönau im 18. Jahrhundert. In: Westallgäuer Heimatblätter Nr. 29, 1927, S. 164–166. Wilhelm Lochbrunner: 1550–1880. Ländliche Neuordnung durch Vereinödung. München 1984 (Berichte aus der Flurbereinigung 51). Zu Schönau siehe S. 36 und 37.
79 Martin Born (wie Anm. 74).
80 Walter Jahn: Das Allgäu. Materialien und Anleitungen zur analytischen und synoptischen Raumbetrachtung. München/Paderborn 1979.
81 Walter Jahn (wie Anm. 80).
82 Holger Magel: Flurbereinigung und Planung. In: 100 Jahre Flurbereinigung in Bayern. München 1986 (Berichte aus der Flurbereinigung 57), S. 99–116.
83 Hans Frei und Wolfram Proeller: Das Ries, wie es ist. Eine landeskundliche Erläuterung mit 123 farbigen Luftbildern und Beschreibungen. Nördlingen 1983.
84 Walter Jahn (wie Anm. 13).
85 Klaus Herrmann: Pflügen, Säen, Ernten. Landarbeit und Landtechnik in der Geschichte. Reinbek bei Hamburg 1985.
86 Hans Frei und Wolfram Proeller (wie Anm. 83), S. 29–30. Helmut Gebhard: Zukunftsfragen der Städte und Dörfer. In: Der Bauberater 63 (1998), S. 81–95.
87 Bernd Vollmar, Georg Paula und Catharina Kociumaka: Stadt Nördlingen. München 1998 (Denkmäler in Bayern VII. 90/2), S. 266–269.
88 Dieter Kudorfer: Nördlingen. München 1974 (Historischer Atlas von Bayern, Teil Schwaben).
89 Bernd Vollmar u. a. (wie Anm. 87), S. 260–262.
90 Hans Frei und Wolfram Proeller (wie Anm. 83), S. 65–66.
91 Denkmäler in Bayern, Bd.7: Schwaben. Bearb. von Bernd-Peter Schaul. München 1986, S. 177–179.
92 Klaus Fehn (wie Anm. 43).
93 Werner Schiedermair (Hg.): Kloster Oberschönenfeld. Donauwörth 1995.
94 Denkmäler in Bayern, Bd. 7: Schwaben. Bearb. von Bernd-Peter Schaul. München 1986, S. 259–263.
95 Rudolf Wagner: Algertshausen In: Fritz Mayer und Rudolf Wagner (Hg.): Der Altlandkreis Aichach. Beiträge zur Ortsgeschichte. Aichach 1979, S. 64–68.

Anmerkungen zu Kapitel: Bäuerlicher Hausbau in Schwaben

(Otto Kettemann)

1 Heinrich Götzger und Helmut Prechter: Das Bauernhaus in Bayerisch-Schwaben. München 1960.
2 Bavaria. Landes- und Volkskunde des Königreichs Bayern. Zweiter Band, Zweite Abteilung: Schwaben und Neuburg. München 1863, S. 777–784.
3 August Ullrich: Das Bauernhaus im Allgäu und seine Entwicklung. Heimatstudie. Allgäuer Geschichtsfreund 1916, S. 1–46.
4 Friedrich Jummerspach: Beitrag zur jüngsten Entwicklungsgeschichte des Bauernhauses im Allgäu. In: Heimgarten 5 (1920), Nr. 18.
5 Daß touristisch attraktive Landschaften auch für die Hausforschung interessant sind, zeigt beispielsweise

auch das Buch Otto Grubers über das Bodenseehaus des Hegau und Linzgau, das erst nach seinem Tod (1957) erschien: Otto Gruber: Bauernhäuser am Bodensee. Konstanz/Lindau 1961.

6 Hermann Kolesch: Das altoberschwäbische Bauernhaus. Mit einem Nachwort von Adolf Schahl. Tübingen 1967 (Volksleben 17).

7 Franz Eheleuter: Haus und Hof. In: Westallgäuer Heimatblätter 5 (1932), Nr. 10, S. 66–67. – Albrecht Bufler: Maßaufnahmen von alten Bauernhäusern im Allgäu. In: Schwabenland 5 (1938), H. 8/9, S. 284–292.

8 Hans Lippert: Das nordschwäbische Bauernhaus. In: Schwabenland 1 (1934), H. 2, S. 48–56.

9 Heinrich Götzger: Baufibel für das Allgäu. München 1942.

10 Robert Pfaud: Baufibel für Mittel- und Nordschwaben. München 1944.

11 Rudolf Hoferer: Die Bauernhausformen in Bayern. In: Schönere Heimat 33 (1937), S. 34–40. – Ders.: Ein Nord-Allgäuer Bauernhof. Haus Nr. 29 in Neuenried, Gemeinde Huttenwang, BA. Markt Oberdorf. Abgebrannt 1910. In: Schwabenland 6 (1939), S. 5–8. – Ders.: Zur Karte der Altformen schwäbischer Bauernhäuser. In: Schwabenland 8 (1941), H. 3, S. 61–65. – Theodor Heck: Das Bauernhaus im Regierungsbezirk Schwaben. Das Forschungsergebnis von Rudolf Hoferer aus dem Nachlaß zusammengestellt. (Maschinenschrift).

12 Hingewiesen sei in diesem Zusammenhang auch auf Torsten Gebhard: Wegweiser zur Bauernhausforschung in Bayern. München 1957.

13 Karl Erdmannsdorffer: Das Bauernhaus in Bayerisch-Schwaben. In: Schönere Heimat 49 (1968), H. 4, S. 284–292.

14 Peter Benedikter: Bauernhäuser im Oberallgäu. In: Allgäuer Bauernblatt 55 (1985), S. 57–61. – Häuser in bäuerlicher Tradition. Herausgegeben vom Landkreis Aichach-Friedberg. Aichach 1988.

15 Siehe etwa Torsten Gebhard: Der Bauernhof in Bayern. München 1973. Als Standardwerk der Hausforschung, das 1978 erstmals erschien und neu aufgelegt wurde, muß genannt werden: Konrad Bedal: Historische Hausforschung. Eine Einführung in Arbeitsweise, Begriffe und Literatur. Bad Windsheim 1993 (Quellen und Materialien zur Hausforschung in Bayern 6, zugleich Schriften und Kataloge des Fränkischen Freilandmuseums 19).

16 Walter Pötzl und Anni Hartmann: Häuser, Möbel, Trachten. Zur Sachkultur des Volkes. Augsburg 1993 (Heimatbuch des Landkreises Augsburg 8), insbesondere S. 11–132. – Ders. und Horst Gutmann: Das Staudenhaus aus Döpshofen. Mit einer Einführung von Hans Frei. Augsburg 1985.

17 Karl Höpfner: Ländliches Bauen im Ries. In: Schönere Heimat 78 (1989), H. 2, S. 93–98.

18 Wilhelm Neu: Das alte Bauernhaus im Landkreis Landsberg a. Lech. In: Schönere Heimat 71 (1982), H. 2, S. 313–319. – Ders.: Hauslandschaft in Bayern. In: Zeitschrift der bayerischen Staatsbauverwaltung 7, München 1973. – Ders.: Notizen zur Häusergeschichte von St. Georgen und Wengen. In: Lech-Isar-Land 1988, S. 3–49. – Paul Werner und Wilhelm Neu: Bayerische Hauslandschaften. Folge 19: Das Bauernhaus um Füssen. In: Charivari Nr. 7, München 1987, S. 51–56.

19 Siehe dazu den Sammelband von Hans Frei: Für Schwaben. Erforschen, Bewahren, Fortführen. Oberschönenfeld 1997 (Schriftenreihe der Museen des Bezirks Schwaben 18), insbesondere den Aufsatz »Haus, Hof und Dorf und ihre Beziehungen zu den natürlichen Gegebenheiten am Beispiel von Bayerisch-Schwaben«, S. 175–190. – Ders.: Haus, Hof und Dorf. In: Landkreis Unterallgäu, Bd. 1. Mindelheim 1987, S. 439–446. – Ders.: Das Ries als Kulturlandschaft. In: Schönere Heimat 78 (1989), H. 2, S. 86–92. – Ders. und Elisabeth Plössl: Denkmalpflege in Schwaben: Kulturelles Erbe und Lebensraum. Augsburg 1988.

20 Fachbereich Architektur der Fachhochschule München (Hg.): Bauern- und Bürgerhäuser des Marktes Irsee. München 1982.

21 Petra Sachs: Bauernhäuser im Bodenseekreis. Ein Führer zu Zeugnissen ländlicher Baukultur. Friedrichshafen 1985.

22 Bernhard Blümel hat beispielsweise die Hausgeschichten der Gemeinde Kronburg erforscht und veröffentlicht: Bernhard Blümel: Kronburg-Illerbeuren. Ein heimatgeschichtlicher Beitrag über die ehemalige Herrschaft Kronburg. Illerbeuren 1982.

23 So beispielsweise Ulrich Mayer und Josef Weizenegger: Verlorene Zeit-Zeugen. Verluste an historischen Bauwerken im Ortsbild der Gemeinden des Landkreises Günzburg in den Jahren 1945–1990. Günzburg 1991.

24 Siehe beispielsweise Hans Frei: Haus, Hof und Dorf. In: Landkreis Unterallgäu, Bd. 1. Mindelheim 1987, S. 439–446.

25 So findet etwa die Dokumentation eines Bauernhauses aus Honsolgen, des ersten Gebäudes der neuen Ausbauphase des Schwäbischen Bauernhofmuseums Illerbeuren, im vorliegenden Band Berücksichtigung. Zu einem anderen Haus des Bauernhofmuseums siehe Werner Scharrer: Der Grieshof. Zur Geschichte eines Bauernhauses und seiner Bewohner. Kronburg-Illerbeuren 1988 (Druckerzeugnisse des Schwäbischen Bauernhofmuseums Illerbeuren 1).

26 Siehe dazu: Peter Fassl (Hg.): Schwäbische Dörfer. Architekturzeichnungen aus zwei Jahrhunderten. Kronburg-Illerbeuren 1995 (Druckerzeugnisse des Schwäbischen Bauernhofmuseums Illerbeuren 10). Für den Landkreis Augsburg hat Walter Pötzl viele, auch mittelalterliche Bildquellen zusammengetragen. Siehe Walter Pötzl: Geschichte des Hausbaus.

27 Brigitte Trost: Domenico Quaglio 1787–1837. Monographie und Werkverzeichnis. München 1972.

28 Rolf Biedermann u. a.: Bild der Heimat in historischen und zeitgenössischen Bildern, Karten, Plänen und Postkarten. Neusäß 1984 (Neusässer Schriften 2).

29 Ebenda.

30 Ebenda; Heinrich Wilhelm Klonke ist allerdings mit seinem Sohn Jakob Heinrich verwechselt.

31 Dietmar-H. Voges: Friedrich Wilhelm Doppelmayr (1776–1845). Katalog zur Gedächtnisausstellung in Nördlingen und Rosenheim zum 150. Todestag. Nördlingen 1995.

32 Kornelius Riedmiller: Joseph Buck 1820–1897. Maler und Heimatforscher. Kempten 1979. – Joseph Buck: Das Bauernhaus im Allgäu. In: Allgäuer Geschichtsfreund 6 (1893), S. 8–13.

33 Siehe dazu und zu weiteren Architekturzeichnern Schwabens: Peter Fassl (Hg.): Schwäbische Dörfer – Architekturzeichnungen. Kronburg-Illerbeuren 1995.

34 Die Bezeichnung ist wissenschaftlich nicht sauber; sie dient hier dem leichteren Verständnis. Später wird im Zusammenhang mit diesem Thema exakt formuliert.

35 Selbstverständlich bestimmen in erster Linie die regionalen und zeitlichen Faktoren den Hausbau. Für die Darstellung scheint es mir aber verständlicher, zunächst das Haus zu beschreiben und dann auf die Einflüsse einzugehen, die es so haben entstehen lassen.

36 Franz Ludwig Baumann: Geschichte des Allgäus, Bd. 2. Nachdruck Aalen 1973, S. 106f.
37 Ebenda, S. 108.
38 Johann Heinrich Gottlob von Justi: Über die Haupthindernisse für den landwirtschaftlichen Betrieb, zitiert nach Werner Kontze: Quellen zur Geschichte der deutschen Bauernbefreiung. Göttingen 1957, S. 43–46.
39 Albrecht Thaer: Annalen des Ackerbaus, Bd. 4. Berlin 1805 bis 1810, S. 55.
40 Heinrich Ditz: Geschichte der Vereinödung im Hochstift Kempten. Kempten 1865, S. 10.
41 Sebastian Mayer und Ernst Höntze: Hausgeschichte des Anwesens Nr. 23 in Meßhofen, Textband. Maschinenschrift 1999, S. 13.
42 Ebenda.
43 Sebastian Mayer: Materialien zur Siedlungs-, Wirtschafts- und Sozialgeschichte des Dorfes Meßhofen. Maschinenschrift, S. 6. Und so scheint es fast selbstverständlich, daß sich die Bauern zahlreich im Bauernkrieg engagierten. Im Strafbuch der Herrschaft Roggenburg sind so die Ortschaft Meßhofen, um beim Beispiel zu bleiben, 45 Personen eingetragen, d. h. daß nahezu das ganze Dorf beteiligt war (ebenda).
44 Götzger und Prechter: Bauernhaus, S. 256.
45 Franz Tuscher: Das Reichsstift Roggenburg im 18. Jahrhundert. Weißenhorn 2. Aufl. 1991, zitiert nach Mayer, S. 8.
46 Helga Hoffmann: Revolution, Randale und Reformen. Bauernbefreiung in Bayerisch-Schwaben vor 150 Jahren. Kronburg-Illerbeuren 1998, S. 25.
47 Ebenda, S. 42f.
48 Zum Allgäu siehe Walter Jahn: Das Allgäu. Materialien und Anleitungen zur analytischen und synoptischen Raumbetrachtung. München 1953. – Ders.: Strukturwandel und Abgrenzung der voralpinen Allgäuer Kulturlandschaft. Kempten 1954. – Ulrich Crämer: Das Allgäu. Werden und Wesen eines Landschaftsbegriffs. Remagen 1954 (Forschungen zur deutschen Landeskunde 84).
49 Heinrich Ditz: Vereinödung. – Hanns Dorn: Die Vereinödung in Oberschwaben. Kempten 1904.
50 Es wurde bereits darauf hingewiesen, daß die Vereinödung allein auf der Eigeninitiative der Bauern beruhte und nicht obrigkeitlich verordnet war. Allein deshalb kann das Vereinödungsgebiet kaum mit politischen Grenzen in Verbindung gebracht werden.
51 Siehe dazu Peter Nowotny: Vereinödung im Allgäu und in den angrenzenden Gebieten. Kempten 1984, S. 14–16.
52 Siehe neben den später zitierten Arbeiten auch Gerhard Endriß: Die Separation im Allgäu. In: Schwäbische Heimatblätter 13 (1962), H. 1, S. 1–7.
53 Trieb ist das Recht zur Weide, Tratt das zum Übertreiben des Viehs. Beide waren in der Regel miteinander verbunden. War ausnahmsweise einmal allein Tratt erlaubt, durfte das Vieh nur mit »fliegender Geißel«, also hurtig übertrieben werden. Trieb und Tratt wurden beschränkt durch die Bennen, also die gebannte Zeit, in der das Feld dem Gemeindetrieb verboten war. Für Wiesen war das die Zeit vom alten Maitag bis Bartholomäus (24. August) oder ein paar Tage früher – je nach Klima. Für die Äcker galt die Zeit von der Bestellung bis zur Einheimsung.
54 Heinrich Ditz leitet Beund von binden, pynden her. Was nach innen »verbunden« ist, ist nach außen »gebannt«. Die oben erwähnten »Bennen« mögen auf die gleiche Wurzel zurückgehen (Heinrich Ditz: Vereinödung, S. 2). Nach Dorn bezeichnet Beund eigentlich das Gebundene, das Grundstück, das durch einen Zaun vom Nachbargrundstück abgeschieden ist (Hanns Dorn: Vereinödung, S. 77).
55 Wohl nicht ausschlaggebend, aber dennoch in 99 von 100 Vereinödungen angeführt wird der Grund, den »Spänen und Streiten«, die aus der gemeinsamen Nutzung der Felder entstehen, aus dem Weg zu gehen (so Heinrich Ditz: Vereinödung, S. 4).
56 Heinrich Ditz: Vereinödung, S. 4.
57 Ebenda, S. 4.
58 Zitiert nach Hanns Dorn: Vereinödung, S. 148.
59 Heinrich Ditz: Vereinödung, S. 45.
60 Peter Nowotny: Vereinödung, S. 87 und S. 89.
61 Siehe dazu Peter Nowotny: Vereinödung, S. 90.
62 Ebenda, S. 90.
63 Hanns Dorn: Vereinödung, S. 109f.
64 Ebenda, S. 109.
65 Heinrich Ditz: Vereinödung, S. 56.
66 Hanns Dorn: Vereinödung, S. 108.
67 Peter Nowotny: Vereinödung, S. 12.
68 Wohl als Folge davon schnellten im Amtsgerichtsbezirk Weiler die Vereinödungen schlagartig in die Höhe.
69 Als eine der Ursachen, warum gerade im Allgäu und nicht auch in anderen Landschaften die Vereinödung Fuß faßte, führt Ditz die Mentalität der Bauern an, die, beseelt vom Handelsgeist des Allgäus, wenig Bindung zum Grundbesitz hätten und deshalb Veränderungen im Besitz positiv gegenüberstünden. Dies kritisiert Dorn, der zweite Autor, der sich ausgiebig mit der Vereinödung befaßte, aufs schärfste. »Ein Beweis, der sich vorwiegend auf die Annahme gewisser Charaktereigenschaften eines Volksstammes stützt, wird wegen der schwierigen Kontrolle stets einer besonderen Vorsicht bedürfen.« (Hanns Dorn, Vereinödung, S. 66). Fünf Zeilen weiter stellt Dorn aber schon fest, daß, wenn man schon einen Charakterzug des Allgäuers bemüht, man nicht vergessen dürfe, »daß der Allgäuer im Vergleich zu anderen süddeutschen Stämmen, vor allem zum bayerischen Stamme ganz allgemein eine bedeutend höhere geistige Veranlagung zeigt – und ganz gewiß auch schon zu Zeiten der Vereinödung gezeigt hat« (Hanns Dorn, Vereinödung, S. 66f.).
70 Siehe dazu: Klaus Fehn: Entstehung und Entwicklung der mittelschwäbischen Angerdörfer des 14. Jahrhunderts. München 1963.
71 Freundliche Auskunft der Stadt Königsbrunn.
72 Zur Entwicklung ländlicher Bauformen siehe auch Heinz Ellenberg: Bäuerliche Bauweisen in geoökologischer und genetischer Sicht. Stuttgart 1984 (Erdkundliches Wissen 72).
73 Der bereits genannte Erklärungsansatz für die Bevorzugung der einfirstigen Hofanlagen im Südens Schwabens wegen des rauhen Klimas widerspricht dem nicht. Im Gegenteil: Das Bestreben, möglichst alle Funktionsbereiche unter einem Dach zu vereinigen, um die lästigen Gänge nach draußen zu minimieren, mag eigentlich die zweigädige Bauweise gar erst gefördert haben.
74 Die chemischen Abläufe interessieren hier kaum, dennoch sei kurz der Prozeß genannt: Der Kalkstein (Calciumcarbonat $CaCo_3$) geht beim Brennen – Erhitzen auf ca. 1000° – unter Abgabe von CO_2 in gebrannten Kalk (CaO) über. Beim Ablöschen mit Wasser entsteht daraus der Löschkalk $Ca(OH)_2$, der dem Mauersand beigemischt wird.
75 Siehe dazu den Beitrag »Alpen im Allgäu« von Michael Felkner im vorliegenden Band.
76 Wilhelm Grebe beschreibt in seinem 1943 erschienenen Handbuch für das Bauen auf dem Land – wohl angesichts des kriegsbedingten Notstandes – ausführlich den Lehmbau. Wilhelm Grebe: Handbuch für das Bauen auf dem Lande. Berlin 1943, S. 380–387.

77 Götzger und Prechter: Bauernhaus, S. 181.
78 Hans Frei: Haus, Hof und Dorf, S. 184.
79 Siehe dazu die Karte im Beitrag von Hans Frei im vorliegenden Buch.
80 Götzger und Prechter: Bauernhaus, S. 18.
81 Zum Wandaufbau – wie überhaupt zum Bauernhaus – im Landkreis Augsburg siehe Walter Pötzl: Geschichte des Hausbaus.
82 Götzger und Prechter haben die Grenze exakt definiert. Sie listen die nördlichsten Orte mit flachgeneigten Dächern und die südlichsten mit Steildächern auf. Siehe Götzger, Prechter: Bauernhaus, S. 135 und S. 141f.
83 Erst seit den späten 70er Jahren des 19. Jahrhunderts, als die flachgeneigten Dächer – meist verbunden mit dem Aufbringen einer harten Deckung – eine steilere Dachneigung von 30–40° erhielten, wurde durch die Intensivierung der Landwirtschaft die Gewinnung größeren Dachraumes relevant. In diese Zeit fällt auch die Erhöhung des Dachraumes beim flachgeneigten Dach durch einen Kniestock.
84 Über die Ausgestaltung des Ortgangs wird später im Abschnitt »Zierde am Bauernhaus« noch eingegangen.
85 Siehe Götzger und Prechter: Bauernhaus, S. 18.
86 Man muß sich dessen gerade bei Vorhaben wie der vorliegenden Dokumentationsreihe oder der Dokumentation von Bauernhäusern in Freilichtmuseen stets bewußt sein. Die Suche nach ursprünglichen, möglichst ungestörten Objekten fördert zwar das Wissen über Bautraditionen, dokumentiert werden aber zugleich Objekte, die alles andere als zeitgemäß, ja regelrecht atypisch waren.
87 Vgl. Rainer Beck: Naturale Ökonomie. Unterfinning: Bäuerliche Wirtschaft in einem oberbayerischen Dorf des frühen 18. Jahrhunderts. München 1986, S. 224. – Ders.: Unterfinning. Ländliche Welt vor Anbruch der Moderne. München 1993, S. 98. – Beck bemerkt zu den aus dem Steuerbuch erhobenen Zahlen, daß die Angaben wohl etwas zu niedrig sind, was hauptsächlich in der Art der Erhebung begründet liegt (s. Naturale Ökonomie, S. 226f.). Trotzdem muß davon ausgegangen werden, daß der Viehbestand auf den Höfen des 17. und 18. Jahrhunderts einfach gering war.
88 Götzger und Prechter: Bauernhaus, S. 182
89 Zum Laubenhaus siehe Albrecht Bufler: Das Schwangauer Haus. In: Schwabenland 6 (1939), H. 1, S. 1–5.
90 Götzger und Prechter: Bauernhaus, S. 178.
91 Der Zwiehof im Alpenraum mag seine Entstehung vielleicht der Landschaftsform verdanken, doch finden sich auch größere Einfirsthöfe in bergigem Gelände.
92 Siehe dazu Karl Lindner (Hg.): Geschichte der Allgäuer Milchwirtschaft. 100 Jahre Allgäuer Milch im Dienste der Ernährung. Kempten 1955.
93 Siegfried Laferton: Heinzen. Heutrocknungsgestelle begleiteten die Entwicklung der Allgäuer Landwirtschaft. Kronburg-Illerbeuren 1992, S. 16 (Druckerzeugnisse des Schwäbischen Bauernhofmuseums Illerbeuren 6). Genannt ist die mittlere Anzahl der Niederschlagstage in der ersten Hälfte des 20. Jahrhunderts.
94 Siehe dazu Siegfried Laferton: Heinzen.
95 Siehe auch Konrad Bedal: Ofen und Herd im Bauernhaus Nordostbayerns. München 1972.
96 Friedrich Christoph Schmidt: Volkskrankheiten und Volksmedizin. In: Bavaria. Landes- und Volkskunde des Königreichs Bayern. Zweiter Band, 2. Abt. Schwaben und Neuburg. München 1863, S. 887.
97 Genauer gesagt ist beim Bauernhaus Honsolgen der Raum über der Küche zur Hälfte Rauchabzug, zur anderen Hälfte Kammer. Spuren am Gefüge lassen erkennen, daß beim Neubau der ganze obere Raum für den Rauchabzug gedacht war. Aber unmittelbar nach Fertigstellung des Gebäudes zog man über die Hälfte der Küche eine Decke und bildete durch den Einbau einer Wand im OG eine kleine Kammer.
98 Siehe Peter Fassl und Robert Wirtensohn: Schwäbische Dörfer II. Schmuck und Zier an Haus und Hof. Augsburg 1994.
99 Ebenda, S. 36f.
100 Siehe dazu Konrad Bedal (Hg.): Das farbige Haus. Symposium am 28. Juli 1983. Bad Windsheim 1984 (Kleine Schriften des Fränkischen Freilandmuseums 4).
101 Ebenda, S. 5
102 Vergleiche Johannes Cramer: Farbigkeit im Fachwerkbau. Befunde aus dem süddeutschen Raum. München 1990, S. 61.
103 Als eine schöne Lektüre zu diesem Thema sei auf Peter Dörflers Allgäu-Trilogie hingewiesen, von der gesagt wurde, daß durch sie nun »das Allgäu ... innerhalb der deutschen Dichtung auf gültige und alle angehende Weise vertreten« ist. (Verlagstext in der Ausgabe von 1939. Peter Dörfler: Die Allgäu=Trilogie. Roman einer Landschaft. Der Notwender. Der Zwingherr. Der Alpkönig. Berlin 1939).
104 Anderes Streu waren beispielsweise Laub aus den Wäldern oder Reet aus Feuchtgebieten. Siehe dazu Hansjörg Küster: Geschichte des Waldes. Von der Urzeit bis zur Gegenwart. München 1998.
105 Das Schwäbische Bauernhofmuseum Illerbeuren besitzt eine solche Anlage aus Burtenbach, weitere ehemalige Anlagen sind bekannt.
106 Götzger und Prechter: Bauernhaus, S. 18.
107 Ebenda, S. 18.
108 Konrad Bedal: Bäuerlicher Hausbau in Mittelfranken. In: Bauernhäuser in Bayern. Mittelfranken. München 1994, S. 69.

Alpwirtschaft und ihre Gebäude im Allgäu (M. Felkner)

1 Thaddäus Steiner: Allgäuer Alpnamen. Kempten 1980; S. 7.
2 Peter Nowotny: Alpwirtschaft. Kempten 1991; S. 17.
3 Nowotny, Alpwirtschaft, S. 19.
4 Steiner, Allgäuer Alpnamen, S. 85.
5 Steiner, Allgäuer Alpnamen, S. 64/65.
6 Steiner, Allgäuer Alpnamen, S. 92.
7 Steiner, Allgäuer Alpnamen, S. 104.
8 Steiner, Allgäuer Alpnamen, S. 56.

Anmerkungen zu Kapitel: Dokumentation der Hausbeispiele

Überblick (H. Gebhard)

1 Bernd-Peter Schaul: Denkmäler in Bayern, Schwaben, München 1986, S. 104 »Landkreis Aichach-Friedberg, Stadt Aichach, Ortsteil Oberwittelsbach: Burgstall und Kirche, Reste der 1209 zerstörten Burg, Stammsitz der Wittelsbacher.« In der Gebietsreform von 1972 wurden die Landkreise Aichach und Friedberg zusammengelegt und dem Regierungsbezirk Schwaben zugeordnet. Bei Siedlungen und Bauernhäusern treten zwischen schwäbischen Landkreisen und dem östlich anschließenden Oberbayern verbreitet ähnliche Merkmale auf, wie die

Kurzbeschreibungen der Objekte auch im Band Oberbayern vor allem der Landkreise Neuburg-Schrobenhausen, Pfaffenhofen und Dachau beweisen. Vergl. Wilhelm Neu und Volker Liedke: Denkmäder in Bayern, Oberbayern München 1986.

2 Robert Gradmann: Süddeutschland, Stuttgart 1931, Darmstadt 1964. Die vorbildlichen Arbeiten Gradmanns verbinden Naturraum wie Landformen, Klimaübersichten, Wasserverhältnisse, Pflanzen- und Tiergeographie einerseits und Kulturraum mit Gang der Besiedlung und ländliche Siedlungsformen, Landwirtschaft und Gewerbe, Verkehr und Städte andererseits zu der jeweiligen Gesamtlandschaft.
Zu Abgrenzungsfragen schreibt Gradmann im Band 1 (u. a.), daß Verbreitungsgebiete sich um Verbreitungskerne lagern, ohne daß die Grenzen verwandter Merkmale sich überall genau decken (vgl. S. 83). Gradmann faßt die Gebiete zwischen Donau und Alpenkette als »Schwäbisch-Bayerisches Alpenland« zusammen. Band 1 Tafel 2: Die natürlichen Landschaften. Band 2, S. 374 Alpenverband.

3 Karl Ruppert u. a.: Wissenschaftliche Länderkunde, Band 2/8, »Bayern«, Darmstadt 1987, S. 20 ff. Potential und Bewertung der Naturfaktoren. Dazu die Karten: 3a Geologische Übersicht von Bayern, Karte 5: Die Bodengüte in den Gemeinden Bayerns, Karte 7: Mittlere jährliche Niederschlagssumme,Karte 9: Bioklimatische Zonen in Bayern.

4 Heinrich Götzger und Helmut Prechter: Das Bauernhaus in Bayerisch Schwaben, München 1960. Übergänge nach Oberbayern, Donautal, S. 52, Augsburger Land, S. 62.

5 Heinz Ellenberg: Bauernhaus und Landschaft in ökologischer und historischer Sicht, Stuttgart 1990, S. 193: 5.5 »Südöstliches Alpvorland als Randgebiet« Abb. 141: Übersicht der Regionen, Gebiete und Teilgebiete, 551 Hallertau Hügelland, 552 Alpvorland zwischen Hallertau und Ulm.

Beispiel einer wissenschaftlichen Hausdokumentation und Hausforschung (S. Schmidt-Lawrenz)

1 Hofmann, Siegfried: Steingadener Chronik. 1. Band. Steingaden 1983. S. 39.

2 Kärgel, Xaver: Chronik der Gemeinde Honsolgen. Honsolgen 1914. (Maschinenschriftliche Aufzeichnungen).

3 Fehring, Günther P.: Grabungsmethode und Datierung. Zur Arbeitsweise von Bauforschung und Archäologie des Mittelalters in Deutschland. In: Vereinigung der Landesdenkmalpfleger in der Bundesrepublik Deutschland (Hg.): Deutsche Kunst und Denkmalpflege. 29. Jahrgang, Heft 1. München, Berlin 1971. S. 35–41.

4 Gorys, Andrea: Wörterbuch Archäologie. München 1997. S. 457.

5 Bayerisches Hauptstaatsarchiv München Kloster Steingaden Lit 43.

6 Bayerisches Hauptstaatsarchiv München Kloster Steingaden Lit. 34, fol. 44.

7 Götzger, Heinrich und Prechter, Helmut: Das Bauernhaus in Bayern. Band I. Regierungsbezirk Schwaben. München 1960/ S. 152–155.

8 ebd.: S. 152.

9 siehe dazu: Waldemer, Georg: Beispiel einer wissenschaftlichen Dokumentation und Hausgeschichte. Untersuchungsmethoden und Ergebnisse beim Anwesen Nr. 26 in Ingolstadt, Gemeinde Sugenheim, Landkreis Neustadt a. d. Aisch. In: Bayerisches Staatsministerium für Ernährung, Landwirtschaft und Forsten und dem Bayerischen Landesverein für Heimatpflege (Hg.): Bauernhäuser in Bayern. Dokumentation Band I Mittelfranken (hgg. von Gebhard, Helmut und Bedal, Konrad). München 1994. S. 107.

10 Kettemann, Otto und Wiegel, Bert: Untersuchungen an einem spätbarocken Bauernhaus in Honsolgen. In: Bayerischer Landesverein für Heimatpflege (Hg.): Schönere Heimat. Erbe und Auftrag. Heft 3. München 1990, S. 155–165.

11 siehe dazu: Schmidt-Lawrenz, Stefan: Der römische Gutshof von Laiz, Flur Berg. Ein Beitrag zur Villenbesiedlung in der Umgebung von Sigmaringen. In: Fundberichte aus Baden-Württemberg. 16. Stuttgart 1991. S. 441–508.

12 Großeschmidt, Henning: Heizen und Sanieren im Museum und Architekturobjekt. In: Rheinisches Museumsamt (Hg.): Schutz für Museumsgut. Schriften des Rheinischen Museumsamtes Nr. 50. Köln 1991. S. 31–58.

13 Dehio, Georg: Handbuch der Deutschen Kunstdenkmäler. Bayern III: Schwaben. Sonderausgabe. Darmstadt 1989. S. 798.

14 Gebhard, Torsten: Kachelöfen. Mittelpunkt häuslichen Lebens. Entwicklung, Form, Technik. München 4/1988.

15 Bedal, Konrad: Ofen und Herd im Bauernhaus Nordostbayerns. München 1972.

Anmerkungen zu Kapitel: Bauberatung (H. Gebhard)

1 Aus der Diskussion der Erkenntnistheorie, der ästhetischen Wahrnehmung und anderer Teilgebiete der philosophischen Entwicklung wird auf den kritischen Realismus hingewiesen, wie er im 20. Jahrhundert bei Nicolai Hartmann (1882–1950) oder für den angloamerikanischen Bereich bei George Santyana (1863–1946) zu finden ist.
Die ästhetische Wahrnehmung der Zeichenprozesse steht im Mittelpunkt der Informationstheorie, für die Max Bense (1910–1980) mit der »Einführung in die informationstheoretische Ästhetik (1969) genannt sei.

2 Theodor W. Adorno: Ästhetische Theorie, Frankfurt 1973, S. 419 ff.
Hier sei auf den Bereich der Warenästhetik hingewiesen, die einseitig auf den Konsum zur Steigerung der wirtschaftlichen Rentabilität ausgerichtet ist, gegen deren Missbrauch sich am Ende des 19. Jahrhunderts die fortschrittlichen Kräfte zunächst in England als der führenden Industrienation, wie William Morris und in Deutschland die Gründungsmitglieder des »Deutschen Werkbundes« Hermann Muthesius, Friedrich Naumann, Fritz Schumacher, Hans Prelzig und Theodor Fischer wandten. Theodor Fischer wurde nach der 1907 in München erfolgten Gründung 1908 zum ersten Vorsitzenden gewählt.

3 Als theoretische Grundlagen vergl. Abraham A. Moles »Informationstheorie und ästhetische Wahrnehmung«, Köln 1971.
Manfred Kiemle: »Ästhetische Probleme der Architektur unter dem Aspekt der Informationsästhetik, Quickborn 1967.

4 Theodor W. Adorno: Ästhetische Theorie, Frankfurt 1973.
Niklas Luhmann: Die Kunst der Gesellschaft, Frankfurt 1995.

5 Helmut Gebhard: Die Zukunft der Städte und Dörfer. Vortrag 17.04.90. Veröffentlicht in: Der Bauberater, München 02/1998, S. 86 ff.

6 Fritz Schumacher: Der Geist der Baukunst, Tübingen 1956, S. 223 ff.

7 Aufgabe, Begriff und Grundsätze der Bauleitplanung § 1, Baugesetzbuch in der seit 01.01.1998 geltenden Fassung.

8 Über Ziele und Entwicklung der Bauberatung vergl. die Ausführungen in den vorausgehenden Bänden der Reihe »Bauernhäuser in Bayern«:
Helmut Gebhard, Konrad Bedal (Hg.):
Band 1, Mittelfranken, München 1994.
Helmut Gebhard, Bertram Popp (Hg.):
Band 2, Oberfranken, München 1995.
Helmut Gebhard, Konrad Bedal, Albrecht Wald (Hg.):
Band 3, Unterfranken, München 1996.
Helmut Gebhard, Paul Unterkircher (Hg.)
Band 4, Oberpfalz, München 1995.
Helmut Gebhard, Georg Baumgartner (Hg.):
Band 5, Niederbayern, München 1995
Helmut Gebhard, Konrad Bedal (Hg.):
Band 6.1 Oberbayern 1, München 1998.
Helmut Gebhard, Helmut Keim (Hg.)
Band 6.2, Oberbayern 2, München 1998.

9 Akademie für Raumforschung und Landesplanung, Handwörterbuch der Raumordnung, Hannover 1995.
Beiträge zu den Dimensionen der räumlichen Umwelt:
Helmut Gebhard: Ortsplanung in ländlichen Räumen, S. 694 ff.
Gerd Albers: Stadtplanung, S. 899 ff.
Rolf Funk: Regionalwissenschaften, S. 830 ff.
Konrad Goppel: Landesplanung, S. 579 ff.

10 Klaus Fehn: Baiershofen, In: Topographischer Atlas Bayern, München 1968, S. 198; Zusamschotterplatten S. 196.
Helmut Gebhard: Das bauliche Erbe als Herausforderung an das Bauen im ländlichen Raum. In: Das Dorf im Wandel, Schriftenreihe des deutschen Nationalkomitees, Nr. 35, Bonn 1988, S. 18.

11 Baiershofen, Gemeinde Altenmünster, Landkreis Augsburg. Kath. Pfarrkirche St. Leonhard, Chor 1701, Langhans 1733. In: Bernd Peter Schaul: Denkmäler in Bayern, Schwaben, München 1986, S. 122.

12 Helmut Gebhard: System, Element und Struktur in Kernbereichen alter Städte, dargestellt an der Stadt Dinkelsbühl und den Nachbarstädten Rothenburg o.d.T., Nördlingen und Donauwörth, Stuttgart, Bern 1969, S. 55 ff, Donauwörth.

13 Helmut Prechter: Donauwörth. In: Baumeister 6/1946, S. 142 ff.
Hofstätteneinteilung an der Reichsstraße und Veränderungen beim Wiederaufbau nach 1945

14 Stadt Donauwörth, Reichstraße, Landkreis Donau-Ries, Kath. Stadtpfarrkirche, Unsere liebe Frau, erbaut 1444–1467. In: Bernd Peter Schaul: Denkmäler in Bayern, Schwaben, München 1986, S. 183.

15 Markt Irsee, Landkreis Ostallgäu, Ehemaliges Benediktinerkloster, Klosterkirche 1699–1702, Klostergebäude 1707–1729. In: Bernd Peter Schaul: Denkmäler in Bayern, Schwaben S. 361, München 1986,

16 Walter Pötzl: Das Dorf Irsee und seine Bewohner um 1700, In: Das Reichsstift Irsee, Weißenhorn 1981, S. 168 f.

17 Harald Uhlig, Cay Lienau: Die Siedlungen des ländlichen Raumes, Gießen 1972. Grundbegriffe, Betrachtungsweise der Siedlungen und terminologischer Rahmen, S. 17 ff. Haufensiedlungen S. 81

18 Wie Anm. 17. Reihenweiler, Reihendorf, S. 67.

19 Helmut Gebhard: Bauernhäuser als Bausteine von Ortserneuerung und Siedlungsentwicklung in Ober- und Niederbayern. Dörfer und ihre Erneuerung: Gegenüberstellung von Dorfstrukturen, Südliches Oberbayern, Arget, Gemeinde Sauerlach, Landkreis München. In: Oberbayern 2, München 1998, S. 343

20 Tremmelschwang, Gemeinde Bidingen, Landkreis Ostallgäu. Kath. Kapelle St. Michael, 1881. In: Bernd Peter Schaul: Denkmäler in Bayern, Schwaben, München 1986, S. 347.

21 Vgl. Heinrich Götzger, Helmut Prechter: Das Bauernhaus in Bayern. Regierungsbezirk Schwaben, München 1960

22 Vgl. Konrad Bedal: Bauernhäuser zwischen Donau und München.
Walter und Wolfgang Kirchner: Bauentwicklung von Holz zu Stein im nördlichen Oberbayern. In: Helmut Gebhard, Konrad Bedal Bauernhäuser in Bayern, Oberbayern 1, München 1998, S. 73 ff und S. 96 ff.

23 Zur Informationstheorie vgl. Anmerkung 3.

24 Johann B. Lotz: Schönheit, In: Walter Brugger: Philosophisches Wörterbuch, Freiburg 1988, S. 337 f.

25 Bayerische Akademie der Schönen Künste, Stefan Moses: Jeder Mensch ist eine kleine Gesellschaft (Novalis), Helmut Gebhard, S. 113, München 1998.

26 Winfried Schenk, Klaus Fehn, Dietrich Denecke: Kulturlandschaftspflege, Stuttgart 1997.
Hans Jürgen Nitz: Historisch-genetische Siedlungsforschung, Darmstadt 1974.
Max Born (Hg.): Die Entwicklung der deutschen Agrarlandschaft, Darmstadt 1974.

27 Konrad Bedal, Historische Hausforschung, Band Windsheim, 1993.

28 Michael Petzet, Gert Th. Mader, Praktische Denkmalpflege, Stuttgart 1993.

29 Max Gschwend, Schweizer Bauernhäuser, Bern 1971, S. 126 ff.

30 Kurt Conrad, Salzburger Freilichtmuseum, Führer 1984, Flachgau S. 38.
Vgl. auch Torsten Gebhard: Der Bauernhof in Bayern, München 1976, S. 60 ff.

31 Helmut Gebhard, Helmut Keim, Bauernhäuser in Bayern, Band 6.2 Oberbayern 2, München 1998

32 Bernward Deneke, Europäische Volkskunst, Frankfurt a. Main 1980, S. 75f.
»Unterschiedliche Wertigkeit kam nicht nur in den Räumlichkeiten der Behausungen zu, sondern wie sich am Beispiel der Stuben zeigen läßt, gelegentlich auch bestimmten Zonen in diesen Wohnräumen. Die Heizstätte und der in üblicher Gliederung diagonal gegenüberliegende Standort des Tisches hatten gewöhnlich besondere Bedeutung… Auch Bezeichnungen machen den herausgehobenen Charakter dieses Bereichs kenntlich. Er wird bei den Völkern Osteuropas »schöne«, »große« oder »erste« Ecke genannt; die Großrussen sprechen von der »Haupt-« oder »Ehrenecke«. Im katholischen Traditionsmilieu waren in diesem »Herrgottswinkel« … Kruzifixe, Heiligenstatuetten … versammelt. In Häusern evangelischer Bewohner fanden sich hier neben bildlichen Darstellungen … vor allem Bibeln, Psalmen-, Gebet- und Andachtsbücher …
Rang und Geltung des Tisches standen zu diesem Raumteil in enger Beziehung. In Teilen Bayerns war der Tisch fester Bestandteil des Hauses und wurde beim Umzug zurückgelassen. In den Hinterlassenschaftsinventaren ist bei der nach einem festgefügten Schema vorgenommenen Registrierung der Habe die Verzeichnung der Ausstattung des Herrgottswinkels an den Anfang gestellt, anschließend ist dann der Tisch aufgeführt.«

Die Hausbeispiele, Quellen

(Michaela Haibl, Hans Frei, Otto Kettemann Objekt Zusmarshausen Jürgen Schmid)

Landkreis Aichach-Friedberg

Grimolzhausen, Nr. 4, Gemeinde Pöttmes

Gebäudedokumentation Bauaufnahme durch Dr. Kurt Müller-Klein, 1944. M 1:50. 3 Grundrisse, 2 Schnitte, 3 Ansichten.

Quellen und Literatur Eisenmann, Josef Anton und Hohn, Carl Friedrich: Topo-geographisch-statistisches Lexicon vom Königreiche Bayern. Bd. 1. Erlangen 1831. Mayer, Fritz und Wagner, Rudolf: Der Altlandkreis Aichach. Beiträge zur Ortsgeschichte. Aichach 1979. Diepolder Gertrud: Aichach. Historischer Atlas von Bayern. München 1950, StAM Nr. 19909, Grundsteuerkataster 1837. StAM Nr. 19911, Umschreibkataster. StAM Erneuertes Umschreibheft Nr. 19912. StAM Nr. 19914 Grundsteuerkataster 1865 dazu Umschreibheft Nr. 19915. StAmM Nr. 19917 Erneuertes Grundsteuerkataster 1887. StAM Nr. 19918 Grundsteuerkataster Umschreibheft. StAM Nr. 19 921 Haussteuerkataster 1887.

Gundertshausen, Nr. 10, Gemeinde Schiltberg

Gebäudedokumentation Vgl. Bauhistorische Aufnahme des Anwesens durch Dipl. Ing. Architekt Franz Hölzl, Wörthsee, 1990. Verformungsgerechtes Aufmaß 1990 durch H. Strehler: 3 Grundrisse, 1 Querschnitt. Bayerisches Landesamt für Denkmalpflege, Planarchiv, Inv. Nr. 90/125–129, M 1:25.

Quellen und Literatur Mayer, Fritz und Wagner, Rudolf: Der Altlandkreis Aichach. Beiträge zur Ortsgeschichte. Aichach 1979. Schmidberger, Michael (Kreisheimatpfleger): Der »Neumair« in Gundertshausen. Typoskript, Schiltberg 1998. Sellmeier Wolfgang: Hauslandschaften im Landkreis Aichach-Friedberg, S. 9, in: Häuser in bäuerlicher Tradition. Landkreis Aichach-Friedberg 1990. Vollmar Bernd: Ein Bauernhaus aus der Zeit um 1560 in Gundertshausen, S. 14, in: Altbayern in Schwaben 1990, S. 9–18, Aichach-Friedberg 1990. Diepolder Gertrud: Aichach. Historischer Atlas von Bayern. München 1950, S. 20. StAM, Kataster Nr. 1513, 1521, 1528.

Mainbach, Nr. 21 (ab 1874 Nr. 20), Gemeinde Hollenbach

Gebäudedokumentation Umbaupläne von Bauingenieur Hermann Plöckl, 1987. M 1:100. 4 Grundrisse, 1 Querschnitt, 4 Ansichten.

Quellen und Literatur Mayer, Fritz und Wagner, Rudolf (Hg.): Der Altlandkreis Aichach. Beiträge zur Ortsgeschichte. Diepolder, Gertrud: Das Landgericht Aichach. Historischer Atlas von Bayern. München 1950. Hillar, Irmgard; Sellmeier Wolfgang und Blöchl, Hans: Baudenkmal und Hauslandschaft im Landkreis Aichach-Friedberg. In: Altbayern in Schwaben 1995. StAM Kataster Nr. 1486, Besitzfassionen 1808/9. StAM Kataster Nr. 1487, Häuser- und Rustikalsteuerkataster 1809. StAM Kataster Nr. 1495 und 1496. Grundsteuerkataster 1836. StAM Kataster Nr. 1499, Umschreibgrundsteuerkataster. StAM Kataster Nr. 1145, Grundsteuerkataster 1866. StAM, Kataster Nr. 1147 Umschreibhefte.

Oberbernbach, Maria-Eich-Str. 7 (alte Nr. 2), Stadt Aichach

Gebäudedokumentation Bestandsplan von Hermann Plöckl, Bauingenieur, Aichach 1997. 3 Grundrisse, 1 Schnitt. Eingabeplan zum Abbruch des Stall-Stadel-Gebäudes 1968. M 1:100. 4 Ansichten, 1 Grundriß, 1 Schnitt.

Quellen und Literatur Diepolder, Gertrud: Aichach. Historischer Atlas von Bayern. München 1950. Mayer, Fritz und Wagner, Rudolf: Der Altlandkreis Aichach. Beiträge zur Ortsgeschichte. Aichach 1979. Vollmar, Bernd: Spurensicherung – die ältesten Bauernhäuser des Landkreises Aichach-Friedberg. In: Häuser in bäuerlicher Tradition. Aichach 1990, S. 16–27. StAM Kataster Nr. 734, Steuerfassion 1812. StAM Kataster Nr. 740, Grundsteuerkataster 1835. StAM Kataster Nr. 744, Umschreib-Kataster 1863.

Tödtenried, Nr. 27, Gemeinde Sielenbach

Gebäudedokumentation Verformungsgerechtes Aufmaß und bauhistorische Einordnung von Ulrike Steinbock, Bayerisches Landesamt für Denkmalpflege, Planarchiv, Inv. Nr. 88/787–792. M 1:50. 1 Grundriß, 2 Schnitte, 2 Ansichten.

Quellen und Literatur Diepolder, Gertrud: Aichach. Historischer Atlas von Bayern. München 1950, S. 12. Mayer, Fritz und Wagner, Rudolf: Der Altlandkreis Aichach. Beiträge zur Ortsgeschichte. Aichach 1979. Steinbock, Ulrike: Tödtenried Nr. 27. Diplomarbeit an der FH Augsburg 1988. Einzusehen: Bayerisches Landesamt für Denkmalpflege, München, Planarchiv, Dokumentationsschrank. Vollmar, Bernd: Spurensicherung – die ältesten Bauernhäuser des Landkreises Aichach-Friedberg. Aichach 1990, S. 22, in: Häuser in bäuerlicher Tradition, S. 16–27. StAM Kataster Rentamt Aichach 1723–1741.

Unterbernbach, Nr. 24, Gemeinde Kühbach

Gebäudedokumentation Verformungsgerechtes Aufmaß durch Planungsgemeinschaft Göbel-Reinecke, Neumarkt St. Veit, 1984. M 1:25. 1 Grundriß, 1 Querschnitt, 1 Ansicht.

Quellen und Literatur Mayer, Fritz und Wagner, Rudolf (Hg.): Der Altlandkreis Aichach. Beiträge zur Ortsgeschichte. Aichach 1979. Hauskundliche Dokumentation durch das Freilichtmuseum des Bezirk Oberbayern, Glentleiten, Ulrike Tress, 1991, Typoskript. StAM, Briefprotokolle 1226 fol. 780–86. StAM Kataster Nr. 1757, 1758, 1760, 1763, 1764.

Landkreis Augsburg

Döpshofen, Nr. 40, Gemeinde Gessertshausen

Gebäudedokumentation Bauaufnahme durch Bergmann und Struz, 1963/64. M 1:50. 2 Grundrisse, 1 Querschnitt, 2 Ansichten. Bauaufnahme durch K. Abele: 1 Grundriß, 1 Querschnitt, 2 Ansichten

Quellen und Literatur Neu, Wilhelm und Otten, F.: Bayerische Kunstdenkmale, Landkreis Augsburg, München 1970, S. 95. Pötzl, Walter und Gutmann, Walter: Das Staudenhaus aus Döpshofen, Beiträge zur Heimatkunde des Landkreises Augsburg, Bd. 9, 1985. Pötzl, Walter und Hartmann, Anni: Häuser, Möbel, Trachten. Zur Sachkultur des Volkes. Der Landkreis Augsburg Bd. 8. Augsburg, 1993. StAA RA Augsburg, Nr. 23. StAA L Augsburg Hl. Kreuz Nr. 53, 54, 55, 56, 60–62. HstAM KL Hl. Kreuz 1.

Hausen, Ortsstr. 2 (alte Nr. 8), Gemeinde Diedorf

Gebäudedokumentation Verformungsgerechtes Bauaufmaß durch Decke und Banner, Zusmarshausen. 1993. M 1:50. 2 Grundrisse, 1 Längsschnitt, 2 Querschnitte. Eingabepläne für Umbaumaßnahmen durch Herrmann und Öttl, München. 1994. M 1:100. 3 Grundrisse, 1 Längsschnitt, 2 Querschnitte, 3 Ansichten.

Quellen und Literatur Jahn, Joachim: Augsburg Land. Historischer Atlas von Bayern. Teil Schwaben. Heft 11. München 1984. Pötzl, Walter und Hartmann, Anni: Häuser, Möbel, Trachten. Zur Sachkultur des Volkes. Der Landkreis Augsburg. Bd. 8. Augsburg 1993. Pötzl, Walter: Das Landgericht Zusmarshausen. In: Ders. (Hg.): Zusmarshausen, Zusmarshausen 1992, S. 223–284. StAA RA Augsburg Land Nr. 189 I, Umschreibhefte 1842–1854. StAA RA Augsburg Land Nr.

984, Renov. Grundsteuerkataster 1854. StAA RA Augsburg Land Nr. 1033 III, Umschreibhefte 1884–1886. StAA RA Augsburg Land Nr. 1062, Umschreibhefte 1856–1901.

Abtei Oberschönenfeld, Schwäbisches Volkskundemuseum Oberschönenfeld, Gemeinde Gessertshausen
Gebäudedokumentation Bauaufnahme durch Decke und Banner, Zusmarshausen, März 1997. M 1:50. 1 Längsschnitt, 2 Querschnitte. Bestandsplan, erstellt durch das Universitätsbauamt Augsburg. M 1:100. 1983. 1 Grundriß, 1 Längsschnitt, 2 Ansichten.
Quellen und Literatur Eberlein, Hans: Das Kloster Oberschönenfeld. Beiträge zur Heimatkunde des Landkreises Augsburg Bd. 2. Augsburg 1961. Frei, Hans: Das Schwäbische Volkskundemuseum Oberschönenfeld. Von der Klosterökonomie zum Museum. In: Schiedermair, Werner (Hg.): Kloster Oberschönenfeld. Donauwörth 1995, S. 180–189. Ritter, Michael: Zusammenstellung zur Geschichte des Bräumeisterstadels. Typoskript, Oberschönenfeld 1998. Schiedermair, Werner (Hg.): Kloster Oberschönenfeld. Donauwörth 1995.

Schwabmünchen, Frauenstraße 21, (alte Nr. 319, später 577), Stadt Schwabmünchen
Gebäudedokumentation Verformungsgerechtes Aufmaß durch Decke/Banner Zusmarshausen. 1998. M 1:50. 2 Grundrisse, 3 Ansichten, 2 Querschnitte.
Quellen und Literatur Abröll, Georg J.: Strumpfstricker in Schwabmünchen. In: Der Landkreis Augsburg, S. 110. Winter, Annemarie: Der Hopferhof. 200 Jahre Hof- und Familiengeschichte. Schwabmünchen 1998. Bauer, Hans: Schwabmünchen. Historischer Atlas von Bayern. Teil Schwaben. Reihe 1 Heft 15. München 1994. Otten, Frank und Neu, Wilhelm: Landkreis Schwabmünchen. Bayerische Kunstdenkmale, Bd. 26. München 1967. Jahn, Joachim: Schwabmünchen. Geschichte einer schwäbischen Stadt. Schwabmünchen 1984. StAA RA Schwabmünchen, Nr. 948 IV, Grundsteuerkataster 1836. StAA RA Schwabmünchen, Nr. 1005 III, Renov. Grundsteuerkataster 1855. StAA RA Schwabmünchen, Nr. 1060 VII, Umschreibhefte 1854–1900. StAA Baupläne Schwabmünchen 95/1909, 175/1919, 84/32, 18/33, 54/37, 109/36.

Scherstetten, Nr. 27, Gemeinde Scherstetten
Gebäudedokumentation Aufnahme durch Dr. Mayer-Ulmer. 1946. M 1:50. 2 Grundrisse, 2 Ansichten, 3 Schnitte. Bayerisches Landesamt für Denkmalpflege, Alt-Archiv C.
Quellen und Literatur Landkreis Schwabmünchen. Landschaft, Geschichte, Wirtschaft, Kultur. Augsburg 1974. Götzger, Heinrich und Prechter, Helmut: Das Bauernhaus in Bayern. Band I. Schwaben. München 1960, S. 80–82. Pötzl, Walter und Hartmann, Anni: Häuser, Möbel, Trachten. Der Landkreis Augsburg, Band 8. Augsburg 1993. StAA RA Türkheim, Nr. 96, Steuerfassion 1808/10. StAA RA Türkheim, Nr. 6, Häuser und Rustikalsteuercataster 1812. StAA RA Schwabmünchen, Nr. 976, Grundsteuerkataster 1836. StAA RA Schwabmünchen, Nr. 1032 I, Umschreibhefte 1843–1854. StAA RA Schwabmünchen, Nr. 1130, Umschreibhefte 1862–1909. StAA Baupläne Schwabmünchen, 129/20, 182/32, 251/54.

Thierhaupten, Herzog-Tassilo-Str. 34 (alte Nr. 130), Gemeinde Thierhaupten
Gebäudedokumentation Verformungsgerechtes Aufmaß durch Elvira Ullmann, Antonia Ruisinger, Alexander Müller, 1995. M 1:25. 2 Grundrisse, 1 Querschnitt, 1 Ansicht.
Quellen und Literatur Götz, Wilhelm: Geographisch-historisches Handbuch von Bayern. Bd II. München 1898. Lit.: A. Guggenberger, Kurzbeschreibung des Heimatmuseums Thierhaupten, Typoskript, 1997. StAA RA Rain, Nr. 61, Besitzfassionen 108. StAA RA Rain, Nr. 17, Häuser und Rustikalsteuerkataster 1810. StAA RA Rain, Nr. 242 II, Grundsteuerkataster 1835. StAA RA Rain, Nr. 606 II, Renoviertes Grundsteuerkataster 1863. StAA RA Rain, Nr. 642 III, Umschreibhefte 1863–1909. StAA RA Rain, Nr. 642 VII, Umschreibhefte 1909–1961. StAA RA Rain, Nr. 405 II, Umschreibprotokolle, Nr. 2270, Nr. 2271.

Zusmarshausen, Wertinger Straße 5, Markt Zusmarshausen
Gebäudedokumentation Verformungsgerechtes Aufmaß durch Dip.-Ing. Heinz Strehler (BLfD München), Ltd. Restaurator Martin Saar (BLfD Bauarchiv Thierhaupten), Dipl.-Ing. Ruth Geiger. Jürgen Schmid M.A., Michael Schmidmeir 1995/96. M 1:25, 2 Ansichten, 3 Grundrisse, 3 Querschnitte, 1 Draufsicht. – Archäologische Grabung unter dem Wohnteil durch Jürgen Schmid M.A. 1996.
Quellen und Literatur Both, Leonhard und Heimschrott, Franz: Zusmarshausen. Heimatbuch einer schwäbischen Marktgemeinde. Weißenhorn 1979, S. 245. – Plötzl, Walter (Hrsg.): Zusmarshausen. Markt Pflegamt, Landgericht und Bezirksamt. Zusmarshausen 1992. Schmid, Jürgen: »Oppidum Zusemarhusen«. Ausgrabungen in einem mittelalterlichen Marktort. Jahrbuch des Historischen Vereins Dillingen 99, 1997, S. 42–46. Schmid, Jürgen: Zum Beispiel: Ortskernsanierung in Zusmarshausen. Ein Beitrag zum europaweiten »Tag des offenen Denkmals« am 20. September 1998. Augsburg 1998. Schmid, Jürgen und Saar, Martin: Ein Fachwerkbau des 18. Jahrhunderts in Zusmarshausen. Anmerkungen zur Geschichte eines schwäbischen Söldhauses. Typoskript der Autoren, 1998. Schmid, Jürgen: 25 Jahre Heimatmuseum Zusmarshausen 1974–1999: Bilanz und Ausblick. Heimatmuseum Zusmarshausen 1999. Pfarrmatrikel. Pfarrarchiv Zusmarshausen. – Fassionen, Kataster, Umschreibeakten, Steuerbücher. Staatsarchiv Augsburg. Montgelas-Statistik aus dem Jahr 1808. Bayrische Staatsbibliothek München. Interviews mit den ehemaligen bewohnern Hermann und Franziska Wagner (Zusmarshausen) und Franziska Schwarzmann (Augsburg) 1995/1998.

Landkreis Dillingen

Bartlstockschwaige, Gemeinde Buttenwiesen
Gebäudedokumentation Verformungsgerechtes Aufmaß und bauhistorische Dokumentation durch Dipl. Ing. Franz Hölzl 1994. M 1:50. 4 Grundrisse. Dendrochronologische Untersuchung durch das Büro Tisje, Iserlohn, 1994.
Quellen und Literatur Fehn, Klaus: Wertingen. Historischer Atlas von Bayern, Teil Schwaben, Heft 3. München 1967. Landkreis Dillingen (Hg.): Der Landkreis Dillingen an der Donau. Ehedem und Heute. Dillingen an der Donau 1982 (2. neu bearbeitete Auflage). Holleis, P.: Der Wasserbau an der Oberen Donau. In: Bayerland 1964. Frisch, Werner und Obermeier K. W.: Brecht in Augsburg. Erinnerungen, Texte, Photos. Berlin 1976, S. 112f. Henker, Michael und Reitzenstein, Wolf-Armin Freiherr von (Hg.): Bayerisches Flurnamenbuch, Bd. 4. Gemeinde Tapfheim. Augsburg 1996, S. 25. StAA RA Wertingen, Nr. 13, Häuser- und Rustikalsteuerkataster 1809. StAA RA Wertingen, Nr. 31, Besitzfassion 1809. StAA RA Wertingen, Nr. 89 III, Grundsteuerkataster 1842. StAA RA Wertingen, Nr. 880 II, Renov. Grundsteuerkataster 1857. StAA RA Wertingen, Nr. 972 II, Umschreibhefte 1857–1899. StAA RA Wertingen, Nr. 880 V, Renov. Grundsteuerkataster 1899. StAA RA Wertingen, Nr. 972 VIII, Umschreibhefte 1899–1963.

Blindheim, Weiherstraße 9 (alte Nr. 96), Gemeinde Blindheim
Gebäudedokumentation Baubeschreibung und verformungsgerechtes Aufmaß durch Dieter Domes, Lauingen. 1990. M 1:50. 2 Grundrisse, 1 Querschnitt, 2 Längsschnitte, 2 Ansichten.
Quellen und Literatur Steichele, Anton: Das Bisthum Augsburg historisch und statistisch beschrieben, Bd. 4. Augsburg 1883. Der Landkreis Dillingen an der Donau. Dillingen 1982 (2. verbesserte Auflage). StAA RA Höchstädt, Nr. 10 III. Lausser, Helmut: Die Beziehungen des Reichsstifts Kaisheim zum Altlandkreis Dillingen. Die Güter und ihre Verwaltung. In: JHVD 83, 1981, S. 119ff. Meyer, Werner: Landkreis Dillingen an der Donau. Die Kunstdenkmäler von Schwaben Bd. VII. München 1972. StAA Kl. Kaisheim Lit. 490, 494, 495, 497.

Oberringingen, Nr. 11, Gemeinde Bissingen
Gebäudedokumentation Bauaufnahme um 1950. M 1:100. 1 Grundriß, 2 Ansichten, 1 Querschnitt. BLfD, Altarchiv Nr. 16901.
Quellen und Literatur Götzger, Heinrich und Prechter, Helmut: Das Bauernhaus in Bayern. Bd. I. Regierungsbezirk Schwaben. München 1960, S. 45. Prechter, Helmut: Das Kesseltaler Strohdachhaus. In: Nordschwäbische Chronik 1950, Heft 3, S. 27f. Prechter, Helmut: Fachwerkbau in Wittislingen. In: Schönere Heimat 43, 1954, S. 79f. Landkreis und Stadt Dillingen ehedem und heute. Dillingen 1967. Seitz, Reinhard H.: Stadt- und Stadtkreis Dillingen a. d. Donau. Historisches Ortsnamenbuch von Bayern Bd. 4. München 1966. StAA RA Höchstädt, Grundsteuerkataster 1834, Nr. 29. StAA RA Höchstädt, Nr. 1020 I, Grundsteuerkataster 1853. StAA RA Höchstädt, Nr. 1090 I, Umschreibhefte 1853–1915.

Pfaffenhofen an der Zusam, St.-Martin-Str. 22 (alte Nr. 7), Gemeinde Buttenwiesen
Gebäudedokumentation Aufnahme des Baubestandes aufgrund der Renovierung des Wohnhauses durch Ralph Pöllath. Gezeichnet von Anton Götz, Alfred Hitzler, Ralph Pöllath. 3 Grundrisse, 4 Ansichten, 1 Querschnitt, 1 Längsschnitt, Sparrenlage. Bauhistorischer Befund durch Franz Hölzl, 1994. Anton Eggert, Befundbericht zur Außen- und Innendokumentation, 1998.
Quellen und Literatur Fehn, Klaus: Wertingen. Historischer Atlas von Bayern, Teil Schwaben, Heft 3. München 1967, S. 75. Wörner, Hans Jakob: Ehemaliger Landkreis Wertingen. Bayerische Kunstdenkmale Bd. 32. München 1973. Pöllath, Nadja: Zusammenstellung und Transskriptionen der Archivalien zum »Kittelwirth«. Unveröffentlichtes Manuskript, 1998.

Thalheim, Nr. 8, Gemeinde Bissingen
Gebäudedokumentation Maßaufnahme von Hannjörg Redslob, 1946, Ansicht und Grundriß M 1:200, Giebelansicht M 1:50, Lageplan M 1:500.
Quellen und Literatur Braun, Placidus: Historisch-topographische Beschreibung der Diözese Augsburg, Bd. 1, Augsburg 1823. 700 Jahre Markt Bissingen. 1281–1981. Jubiläumsbroschüre hgg. von der Marktgemeinde Bissingen, Bissingen 1981. Götzger, Heinrich und Prechter, Helmut: Das Bauernhaus in Bayern. Bd. I. Regierungsbezirk Schwaben. München 1960, S. 42f. Prechter, Helmut: Das Kesseltaler Strohdachhaus. In: Nordschwäbische Chronik 1950, N. 3. Prechter, Heinrich: Fachwerkbau in Wittislingen. In: Schönere Heimat 43, 1954, S. 79f. StAA RA Höchstädt, Nr. 36, Grundsteuerkataster 1835. StAA RA Höchstädt, Nr. 803, Umschreibkataster 1834–1842. StAA RA Höchstädt, Nr. 838I, Umschreibkataster 1842–1853. StAA RA Höchstädt, Nr. 1027II, Grundsteuerkataster 1885. StAA Baupläne Dillingen 117/1876, 128/1878, 208/1903, 295/1924, 262/1929.

Zoltingen, Nr. 19, Gemeinde Bissingen
Gebäudedokumentation Aufmaß durch Hannjörg Redslob, 1946. M 1:50. 1 Grundriß, 3 Ansichten, 1 Längsschnitt, 1 Querschnitt und Lageskizze.
Quellen und Literatur Steichele, Anton: Das Bisthum Augsburg historisch und statistisch beschrieben, Bd. 3. Augsburg 1872. Der Landkreis Dillingen an der Donau. Dillingen 1982. Götzger, Heinrich und Prechter, Helmut: Das Bauernhaus in Bayern. Bd. I. Regierungsbezirk Schwaben. München 1960, S. 47. StAA Rentamt Nördlingen, Grundsteuerkataster 1834, Nr. 43. StAA Rentamt Höchstädt, Umschreibkataster 1842–1854, Nr. 846. StAA RA Nördlingen, Nr. 1035 I (1854). StAA RA Höchstädt, Umschreibhefte 1854–1924, Nr. 1105 I. StAA, Baupläne Dilllingen 181/1883, 267/1886, 148/1900.

Zoltingen, Nr. 20, Gemeinde Bissingen
Gebäudedokumentation Bauaufnahme durch Hannjörg Redslob, 1946. M 1:50. 1 Grundriß, 1 Längsschnitt, 1 Querschnitt, 2 Ansichten, Details.
Quellen und Literatur Steichele, Anton: Das Bisthum Augsburg, Bd. 3. Augsburg 1872. Der Landkreis Dillingen an der Donau. Dillingen 1982 (2. verbesserte Auflage). Götzger, Heinrich und Prechter, Helmut: Das Bauernhaus in Bayern. Bd. I. Regierungsbezirk Schwaben. München 1960, S. 42–47. Wurm, Franz Xaver: Michel Eberhardt. Eine Begegnung. In: Jahrbuch des Historischen Vereins Dillingen, Bd. LXXIX, 1977, S. 289–304. StAA Rentamt Nördlingen, Grundsteuerkataster 1834, Nr. 43. StAA Rentamt Höchstädt, Umschreibkataster 1842–1854, Nr. 846. StAA RA Nördlingen, Nr. 1035 I (1854). StAA RA Höchstädt, Umschreibhefte 1854–1924, Nr. 1105 I. StAA Baupläne Dillingen 92/1887, 24/1929.

Landkreis Donau-Ries

Brachstadt, Nr. 1, Gemeinde Tapfheim
Gebäudedokumentation Landratsamt Donauwörth, Baurat Lutz Simon, aufgrund einer anstehenden Renovierung. M 1:100. 3 Grundrisse,1 Querschnitt, 1 Querschnitt durch den Keller, 4 Ansichten. Maßnahmenkonzept für das Baugesuch Weng, Abtsholzerhof durch Dipl.-Ing. Arch. Martin Ringeisen, Burgau 1986.
Quellen und Literatur Landkreis Donau-Ries. Donauwörth 1991, S. 311f. Henker, Michael und Reitzenstein, Wolf-Armin Freiherr von (Hg.): Bayerisches Flurnamenbuch, Bd. 4. Gemeinde Tapfheim. Augsburg 1996, S. 13, 26, 377. StAA RA Donauwörth, Nr. 689 II, Grundsteuerkataster 1834. StAA RA Donauwörth, Nr. 871 I, Renov. Grundsteuerkataster 1853. StAA RA Donauwörth, Nr. 871 II, Renov. Grundsteuerkataster 1881. StAA RA Donauwörth, Nr. 9381, Umschreibhefte 1853–1881. StAA RA Donauwörth, Nr. 938 III, Umschreibhefte 1881–1961.

Herblingen, Nr. 7, Gemeinde Fremdingen
Gebäudedokumentation Bauaufnahme durch Lutz Simon. 1981. M 1:100. 3 Grundrisse, 3 Ansichten. StAA Augsburg, Bpl. Nördlingen Nr. 82/1924. Zeichnung von Alois Neureiter, Maurer. M 1:100.
Quellen und Literatur Landkreis und Stadt Dillingen, ehedem und heute. Dillingen 1967. Götz, Wilhelm: Geographisch-historisches Handbuch von Bayern. Bd. II. München 1898. Frei, Hans und Proeller, Wolfgang: Das Ries wie es ist. Eine landeskundliche Erläuterung mit 123 farbigen Luftbildern und Beschreibungen. Nördlingen 1983. StAA RA Oettingen, Nr. 76 II, Besitzfassion 1809. StAA RA Oettingen, Nr. 228, Grundsteuerkataster 1836. StAA RA Oettingen, Nr. 333 I, Umschreibhefte 1844–1853. StAA RA Oettingen, Nr. 431 I, Umschreibhefte 1853–1901. StAA RA Oettingen, Nr. 431 II, Umschreibhefte 1901–1954.

Löpsingen, Ortsstraße 29 (alte Nr. 87), Stadt Nördlingen
Gebäudedokumentation Geyer, 1951. M 1:50. Wohnhaus: 1 Querschnitt, 1 Längsschnitt, 2 Grundrisse, 4 Ansichten. Scheune: 1 Grundriß, 1 Querschnitt, 2 Ansichten. BLfD Altarchiv: 19940–19949.
Quellen und Literatur Landkreis Donau-Ries. Donauwörth 1991. Frei, Hans und Proeller, Wolfgang: Das Ries wie es ist. Eine landeskundliche Erläuterung mit 123 farbigen Luftbildern und Beschreibungen. Nördlingen 1983. Götzger, Heinrich und Prechter, Helmut: Das Bauernhaus in Bayern. Bd. I. Regierungsbezirk Schwaben. München 1960. Götz, Anton und Mina: Das Ries und seine Landwirtschaft, Nördlingen 1984. Rieser Bauernmuseum Maihingen. Erläuterungen zum Inventar und zur Geschichte des Rieser Bauernmuseums. Nördlingen 1988. Kuhdorfer, Dieter: Nördlingen. Historischer Atlas von Bayern, Schwaben, Heft 8. München 1974. Vollmar, Bernd; Paula, Georg; Kociumaka Catharina: Stadt Nördlingen: Ensembles, Baudenkmäler, archäologische Denkmäler. Denkmäler in Bayern Bd. VII. Schwaben. München 1998, S. 258. StAA RA Nördlingen, Nr. 48 I, Besitzfassion 1810. StAA RA Nördlingen, Nr. 18 I, Häuser- und Rustikalsteuerkataster 1810. StAA RA Nördlingen, Nr. 121 II, Grundsteuerkataster 1833. StAA RA Nördlingen, Nr. 1582 I, Renov. Grundsteuerkataster 1853. StAA RA Nördlingen, Nr. 1582 II, Renov. Grundsteuerkataster 1879. StAA RA Nördlingen, Nr. 1668 III, Umschreibhefte 1879–1941.

Mertingen, Mardostr. 10 (alte Nr. 116), Mertingen
Gebäudedokumentation Baurat Lutz Simon, Donauwörth, 1988. M 1:100. 4 Ansichten, 3 Grundrisse, 2 Schnitte.
Quellen und Literatur Landkreis Donauwörth. Werden und Wesen eines Landkreises. München 1966, S. 349. Niebler, Kurt: Das Mertinger Dorfmuseum. Planung, Realisierung, Probleme. Facharbeit an der Staatlichen Fachoberschule Donauwörth. Donauwörth (Typoskript) 1990/91. Frei, Hans: Eine Sölde wird Museum. In: Heimatpflege und Museen in Schwaben. Mitteilungen und Meinungen aus Schwaben, 1990/5, S. 33–34, sowie in: Ebbes Nr. 5, 1990, S. 33. Wunderer, Anna: Zusammenstellung der Katasterakten zur Untermetzgersölde. (Manuskript) Mertingen 1998.

Tagmersheim, Goggenhofstr. 3 (alte Nr. 35), Gemeinde Tagmersheim
Gebäudedokumentation Bauaufnahme des Dachwerkes und Baugeschichte: Dipl. Ing. Franz Hölzl, Wörthsee, 1993, M 1:50. Systemquerschnitt. Dendrochronologisches Gutachten von Hans Tisje, Neu-Isenburg, 1993. Verformungsgerechtes Aufmaß durch Albert und Reinecke, Nürnberg, 1997. M 1:25. 2 Grundrisse, 1 Querschnitt, 3 Ansichten.
Quellen und Literatur Stengl, Max: Tagmersheim. Geschichte eines Dorfes und einer Hofmark in der Monheimer Alb, Krumbach 1973. Landkreis Donauwörth (Hg.): Landkreis Donauwörth. Werden und Wesen eines Landkreises. München 1966. StAA Baupläne Donauwörth 81/91, 18/51. StAA RA Monheim, Nr. 59, Besitzfassion 1808 (Fass. Nr. 46, Hsnr. 35). StAA RA Monheim, Nr. 14, Steuerfassion 1810. StAA RA Monheim, Nr. 579 II, Grundsteuerkataster 1841. StAA RA Monheim, Nr. 651 I, Umschreibhefte 1842–1856. StAA RA Monheim, Nr. 1029 I, Renov. Grundsteuerkataster 1856. StAA RA Monheim, Nr. 1064 I, Umschreibhefte 1856–1908. StAA RA Monheim, Nr. 1064 IV, Umschreibhefte 1908–1959.

Unterbuch, Nr. 5, Gemeinde Daiting
Gebäudedokumentation Bauaufnahme, Baubeschreibung und Bauzustandsbericht durch Lutz Simon, 1984, 2 Grundrisse, 1 Querschnitt, 3 Ansichten
Quellen und Literatur Prechter, Helmut: Haupttypen des schwäbischen Bauernhauses. In: Nordschwäbische Chronik, 1949, Heft 17, S. 399f. Landkreis Donauwörth. Werden und Wesen eines Landkreises. München 1966. StAA RA Monheim, Nr. 42, Besitzfassion 1808. StAA RA Monheim, Nr. 564, Grundsteuerkataster 1841. StAA RA Monheim, Nr. 637, Umschreibhefte 1834–1842. StAA RA Monheim, Nr. 1049, Umschreibhefte 1855–1957.

Utzwingen, Nr. 80, Gemeinde Maihingen
Gebäudedokumentation Aufmaß durch Karl Höpfner, M 1:50, 1 Grundriß, 1 Querschnitt, 1 Längsschnitt, 2 Ansichten. 1982.
Literatur und Quellen Moll, Johannes Georg: Sammlung von dem Rieß. 1764 (Manuskript). Kudorfer, Dieter: Nördlingen. Historischer Atlas von Bayern, Teil Schwaben. München 1974. Frei, Hans und Proeller, Wolfgang: Das Ries wie es ist. Eine landeskundliche Erläuterung mit 123 farbigen Luftbildern und Beschreibungen. Nördlingen 1983. Der Landkreis Donau-Ries. Donauwörth 1991. Höpfner, Karl: Kurzbeschriebe der Rieser bäuerlichen Gehöfte und Häuser. Typoskript Reimlingen 1997. StAA RA Oettingen, Nr. 105, Grund- und Häusersteuerfassion 1810. StAA RA Oettingen, Nr. 19, Häuser- und Rustikalsteuerkataster 1810. StAA RA Oettingen, Nr. 247 II, Grundsteuerkataster 1845. StAA RA Oettingen, Nr. 385 I, Grundsteuerkataster 1853.

Landkreis Günzburg

Burgau, Fl. Nr. 4822, 50 m zur Bundesstraße, 100 m zur Bahnlinie, Nähe Bahnhof Burgau
Gebäudedokumentation 1 Grundriß, 2 Ansichten, 1 Schnitt. Aufnahme 1953. M 1:50
Quellen und Literatur März, Josef: Röfingen. Ein Schwäbisches Pfarrdorf. Augsburg 1985. Wiesmüller, Franz Xaver: Geschichte der Moorkultur in Bayern. München 1934. StAA Amtsgericht Burgau, Hypothekenbuch für die Stadtgemeinde Burgau, Bd. 9, 1909. StAA Rentamt Burgau, Grundsteuerkataster Nr. 44, 1836. StAA Rentamt Burgau, Nr. 7982, Umschreibhefte 1854–1887.

Ettenbeuren, alte Nr. 13, später Nr. 49
Gebäudedokumentation Bauaufnahme 1946 durch Dr. Mayer-Ulmer, M 1:200. Wohnhaus: 3 Ansichten, 1 Querschnitt, 2 Grundrisse. Stadel: 1 Ansicht. Sprosseneinteilung der Fenster auf dem Plan bereits rekonstruiert (BLfD, Altarchiv Inv. Nr. 17674).
Quellen und Literatur Götzger, Heinrich und Prechter, Helmut: Das Bauernhaus in Bayern. Bd. I. Schwaben. München 1960. Prechter, Helmut: Das Günzburger Bauernhaus. In: Nordschwäbische Chronik 1950, Heft 6, S. 93f. Wüst, Wolfgang: Günzburg. Historischer Atlas von Bayern, Schwaben. München 1983. StAA RA Burgau, Nr. 397 I, Umschreibhefte, StAA RA Burgau, Nr. 313 I, Grundsteuerkataster. StAA RA Burgau, Grundsteuerkataster, Umschreibhefte 1858–1880.

Ettlishofen, Nr. 21, Gemeinde Bibertal
Gebäudedokumentation Aufnahme durch Lohr, 1909, veröffentlicht mit 1 Grundriß, 1 Schnitt, 2 Ansichten in: Götzger, Heinrich und Prechter, Helmut: Das Bauernhaus in Bayern. Bd. I. Regierungsbezirk Schwaben. München 1960, S. 119. BLfD Ansicht des Giebels, Altarchiv.
Quellen und Literatur Habel, Heinrich: Stadt- und Landkreis Neu-Ulm. Bayerische Kunstdenkmale Bd. 24. München 1966. Wüst, Wolfgang: Günzburg. Historischer Atlas von Bayern, Schwaben. München 1983. Götzger, Heinrich und Prechter, Helmut: Das Bauernhaus in Bayern. Bd. I. Regierungsbezirk Schwaben. München 1960, S. 117–119. StAA RA

Günzburg, Steuerdistrikt Ettlishofen, Landgericht Roggenburg, Steuerfassion von 1808. StAA RA Weißenhorn, Nr. 36, Grundsteuerkataster 1835. StAA RA Weißenhorn, Nr. 97 aI21, Renov. Grundsteuerkataster 1851.

Hohenraunau, Nr. 34 1/2 (1800 Nr. 22), Gemeinde Krumbach
Gebäudedokumentation Aufnahme des Hauses Hohenraunau 22 am Originalstandort, 1980 durch Dietmair, Grünwald, Mair, Peer. M 1:50. 3 Grundrisse, 1 Schnitt, 4 Ansichten.
Quellen und Literatur Habel, Heinrich: Landkreis Krumbach, Müchen 1969 (= Bayerische Kunstdenkmale Bd. 29). Hilbe, Fritz: Landreis Krumbach. München 1956 (= Historisches Ortsnamenbuch von Bayern Bd. 2). Landkreis Günzburg (Hg.): Kreisheimatstube Stoffenried. Mit Beiträgen von Hans Frei, Barbara Mettenleiter-Strobel, Georg Simnacher u. a. Günzburg 1990. StAA RA Krumbach, Umschreibhefte, Nr. 913 I. StAA RA Krumbach, Nr. 118, Häuser- und Rustikalsteuerkataster 1808. StAA RA Krumbach, Nr. 221, Grundsteuerkataster 1836. StAA RA Krumbach, Nr. 966, Grundsteuerkataster 1854.

Naichen, Nr. 9 1/2, Naichen, Gemeinde Neuburg an der Kammel
Gebäudedokumentation Bestandsplan von F. Buck im Auftrag des Bezirks Schwaben, Museumsdirektion. M 1:100. 3 Grundrisse, 2 Schnitte. Pläne zur Restaurierung und Umnutzung des Stockerhofs durch Günzburger Kreiswohnungsbau GmbH, Günzburg. 3 Grundrisse. M 1:50. Befunduntersuchung der Firma Menath/Burtenbach. 1991/92.
Quellen und Literatur Kuisle, Anita: Hammerschmiede Naichen. Geschichte und Technologie eines Handwerksbetriebs. München 1990. Frei, Hans: Erhaltung von Stockerhof und Hammerschmiede Naichen. In: Heimatpflege und Museen in Schwaben. Mitteilungen und Meinungen aus Schwaben, 1998/2. StAA RA Krumbach, Nr. 970 I, Steuerkataster 1854. StAA RA Krumbach, Nr. 970 II, Steuerkataster 1934.

Oberwiesenbach, Nr. 47 1/2, Gemeinde Wiesenbach
Gebäudedokumentation BLfD, Referat Bauforschung, Plan-Inv. Nr. 80/112, Gde. Wiesenbach. Bestandsaufnahme und Abbruchdokumentation von Harald Peer und G. Mair. 1980. M 1:50. 2 Grundrisse, 2 Schnitte, 6 Ansichten.
Quellen und Literatur Kolleffel, Johann Lambert: Schwäbische Städte und Dörfer um 1750. Erstdruck des Werkes, hgg. von Pfaud, Robert, Weißenhorn 1974. Tuscher, Franz: Das Reichsstift Roggenburg im 18. Jahrhundert. Weißenhorn 1976. Landkreis Günzburg (Hg.): Kreisheimatstube Stoffenried. Mit Beiträgen von Hans Frei, Barbara Mettenleiter-Strobel, Helmut Sperber, Alois Bäuchl und Georg Simnacher. Günzburg 1984.

Landkreis Lindau

Bodolz, Auf der Egg 1 (Nr. 54), Gemeinde Bodolz
Gebäudedokumentation Architekt Stoffel, 1939. M 1:200. 4 Grundrisse, 1 Querschnitt, 3 Ansichten.
Quellen und Literatur Götzger, Heinrich und Prechter, Helmut: Das Bauernhaus in Bayern. Bd. I. Regierungsbezirk Schwaben. München 1960. Dobras, Werner und Kurz, Andreas (Hg.): Daheim im Landkreis Lindau. Konstanz 1994. StAA RA Lindau, Nr. 212, Besitzfassion 1812. StAA RA Lindau, Nr. 14, Häuser- und Rustikalsteuerkataster 1812. StAA RA Lindau, Nr. 265 I, Grundsteuerkataster 1836. StAA RA Lindau, Nr. 335 I, Umschreibhefte 1842–1857. StAA RA Lindau Nr. 1012, Renov. Grundsteuerkataster 1918. StAA RA Lindau, Nr. 1077 I, Umschreibhefte 1918–1955.

Engenberg, Nr. 29, Gemeinde Heimenkirch
Gebäudedokumentation Verformungsgerechtes Aufmaß durch Rolf-Jürgen Müthe, Neu-Ulm 1998. M 1:25. 3 Grundrisse, 8 Querschnitte, 2 Längsschnitte.
Quellen und Literatur Ott, Manfred: Lindau. Historischer Atlas von Bayern. Schwaben, Heft 5. München 1968. StAA RA Lindau, Nr. 25, Rustikalsteuerkataster 1811. StAA RA Lindau, Nr. 273 I, Grundsteuerkataster 1836. StAA RA Lindau, Nr. 343 I, Umschreibhefte 1842–1856. StAA RA Lindau, Nr. 1020I, Renov. Grundsteuerkataster 1856. StAA RA Lindau, Nr. 1020 II, Renov. Grundsteuerkataster 1900. StAA RA Lindau, Nr. 1085 I, Umschreibhefte 1900–1964.

Hoyren, Öschländerweg 19, Stadt Lindau
Gebäudedokumentation Bauaufnahme durch Simon Haug. 1952, M 1:50 LfD Altarchiv Plannummer 18664, 18666–18670. 3 Grundrisse, 3 Ansichten.
Quellen und Literatur Dobras, Werner und Kurz, Andreas (Hg.): Daheim im Landkreis Lindau. Konstanz 1994. Ott, Manfred: Lindau. Historischer Atlas von Bayern, Teil Schwaben, Heft 5. München 1968. Horn, Adam und Mayer, Werner: Kunstdenkmäler von Schwaben. Augsburg 1954. Götzger, Heinrich und Prechter, Helmut: Das Bauernhaus in Bayern. Bd. I. Regierungsbezirk Schwaben. München 1960. StAA Landgericht älterer Ordnung, Lindau Nr. 4, Briefprotokolle 1809/10. StAA RA Lindau, Nr. 26, Rustikalsteuerkataster 1812. StAA RA Lindau, Nr. 215 I, Besitzfassion 1812. StAA RA Lindau, Nr. 275 I, Grundsteuerkataster 1836. StAA RA Lindau, Nr. 345 Umschreibhefte 1842–1857. StAA RA Lindau, Nr. 1022, Renov. Grundsteuerkataster 1914. StAA RA Lindau, Nr. 1087 I, Umschreibhefte 1914–1964.

Hoyren, Schönauerstr. 4, früher Schachen Nr. 56, Stadt Lindau
Gebäudedokumentation Bauaufnahme von Simon Mang 1952. M 1:50. 2 Grundrisse, 2 Ansichten, 1 Querschnitt. LfD Altarchiv Inv. Nr. 18540.
Quellen und Literatur Dobras, Werner und Kurz, Andreas (Hg.): Daheim im Landkreis Lindau. Konstanz 1994. Ott, Manfred: Lindau. Historischer Atlas von Bayern, Teil Schwaben, Heft 5. München 1968. Horn, Adam und Mayer, Werner: Kunstdenkmäler von Schwaben. Augsburg 1954. Götzger, Heinrich und Prechter, Helmut: Das Bauernhaus in Bayern. Bd. I. Regierungsbezirk Schwaben. München 1960. StAA RA Lindau, Nr. 26. Rustikalsteuerkataster 1812. StAA RA Lindau, Nr. 215 I, Besitzfassion 1812. StAA RA Lindau, Nr. 275 I, Grundsteuerkataster 1836. StAA RA Lindau, Nr. 345 I, Umschreibhefte 1842–1857. StAA RA Lindau, Nr. 1022, Renov. Grundsteuerkataster 1914. StAA RA Lindau, Nr. 1087 I, Umschreibhefte 1914–1964.

Landkreis Neu-Ulm

Attenhofen, St.-Lorenz-Straße 10, Stadt Weißenhorn
Gebäudedokumentation Bauaufnahme durch Josef W. Schwab, Thannhausen, 1997. M 1:50. 3 Grundrisse, 4 Ansichten, 4 Schnitte.
Quellen und Literatur Burkhart, Hans: Geschichte der Stadt Weißenhorn und ihrer Stadtteile. Weißenhorn 1988. Habel, Heinrich: Stadt- und Landkreis Neu-Ulm. Bayerische Kunstdenkmale. München 1966. StAA, RA Weissenhorn, Nr. 386, Besitzfassion 1808/10. StAA, RA Weissenhorn, Nr. 27 II, Grundsteuerkat. 1835. StAA, RA Weissenhorn, Nr. 111 I, Umschreibhefte 1843–1854. StAA, Rentamt Weissenhorn, Nr. 93 II, Renov. Grundsteuerkataster 1854. StAA, RA Weissenhorn, Nr. 1185 I, Umschreibhefte 1854–1873. StAA, RA Weissenhorn, Nr. 1185 III, Umschreibhefte 1873–1899. StAA, RA Weissenhorn, Nr. 1185 V, Umschreibhefte 1899–1965.

Meßhofen, Nr. 23, Gemeinde Roggenburg
Gebäudedokumentation Verformungsgerechtes Aufmaß durch Franz Hölzl 1996. M 1:25. 3 Ansichten, 4 Grundrisse, 4 Querschnitte, 2 Längsschnitte.
Quellen und Literatur Mayer, Sebastian: Materialien zur Siedlungs-, Wirtschafts- und Sozialgeschichte des Dorfes Meßhofen. Voruntersuchung zur Erstellung einer Hofgeschichte des historischen Anwesens Nr. 23 in Meßhofen für das Bauernhofmuseum Illerbeuren. Typoskript Winhöring 1997. Mayer, Sebastian und Höntze, Ernst: Hausgeschichte des Anwesens Nr. 23 in Meßhofen. Gemeinde Roggenburg, Landkreis Neu-Ulm. Textband. Typoskript Winhöring 1999. Bayerische Staatsbiblitothek, Handschriftenabteilung: Cgm. 6844, Bd. 20, Illerkreis 1809/10 und Bd. 21, 1811/12 Topographie von Bayern (Ortschaften, Gebäude, Dachdeckung), Mongelasstatistik. Habel, Heinrich: Stadt und Landkreis Neu-Ulm. München 1966. (Bayerische Kunstdenkmale, Bd. 24). Konrad, Anton H. (Hg.): Zwischen Donau und Iller. Der Landkreis Neu-Ulm in Geschichte und Kunst. Weißenhorn 1972. StAA Bauplan Neu-Ulm 213/1895.

Pfuhl, Hauptstraße 37 (alte Nr. 58), Stadt Neu-Ulm
Gebäudedokumentation Bauaufnahme durch Rolf-Jürgen Müthe. Referat für Bauforschung am Bayerischen Landesamt für Denkmalpflege. Inv. Nr. 90/428–438. 1990. M 1:25. 4 Grundrisse, 2 Querschnitte, 1 Längsschnitt, 4 Ansichten. Dendrochronologisches Gutachten der Firma Tisje. 1990. Neu-Iserlohn.
Quellen und Literatur Müthe, Rolf-Jürgen: Raumbuch zum Anwesen Hauptstr. 37 in Pfuhl. Typoskript 1990. Aubele, Anton: Die ältesten Pfuhler Anwesen nach dem Stand von 1823. In: Pfuhl 1224–1994. Neu-Ulm 1994 (= Dokumentationen des Stadtarchivs Neu-Ulm Bd. 5), S. 99–130. Treu, Barbara (Hg.): Stadt Neu-Ulm 1869–1994. Neu-Ulm 1994 (= Dokumentationen des Stadtarchivs Neu-Ulm, Bd. 6). StAA RA Neu-Ulm, Grundsteuerkataster 1836, Nr. 20 I. StAA RA Neu-Ulm, Umschreibhefte 1843–1848, Nr. 66 II. StAA RA Neu-Ulm, Renov. Grundsteuerkataster 1858, Nr. 399 II. STAA RA Neu-Ulm, Umschreibhefte 1858–1900, Nr. 419 II. StAA RA Neu-Ulm, Renov. Grundsteuerkataster 1900, Nr. 399 III.

Wullenstetten, Hauptstraße 17, Stadt Senden
Gebäudedokumentation Wullenstetten, Stadt Neu-Ulm. Bauaufnahme für den Abbruch des Gebäudes. M 1:100. LfD Planarchiv. Altarchiv Nr. 19668–19670. 2 Grundrisse, 4 Ansichten, 1 Querschnitt.
Quellen und Literatur Burkart, Hans: Ortsnamen, Hausnamen, Flurnamen. In: Senden. Beiträge zur Geschichte einer jungen Stadt im Illertal. Weißenhorn 1976, S. 35–57. Habel, Heinrich: Stadt und Landkreis Neu-Ulm. Bayerische Kunstdenkmale. München 1966. StAA RA Weißenhorn, Nr. 56 I, Grundsteuerkataster 1835. StAA RA Weißenhorn, Nr. 109 I, Renov. Grundsteuerkataster 1853. StAA RA Weißenhorn, Nr. 1216 I, Umschreibhefte 1853–1889. StAA RA Weißenhorn, Nr. 109 II, Grundsteuerkataster 1889. StAA RA Weißenhorn, Nr. 1216 IV, Umschreibhefte 1889–1909. StAA RA Weißenhorn, Nr. 109 III, Grundsteuerkataster 1909. StAA RA Weißenhorn, Nr. 1216 V, Umschreibhefte 1909–1959.

Landkreis Oberallgäu

Gerstruben, Nr. 3, Gemeinde Oberstdorf
Gebäudedokumentation Bauaufnahme durch Mathias Kappeler. M 1:200. 3 Ansichten, 1 Grundriß, 1 Querschnitt, 1 Längsschnitt. 1977 aufgenommen nach den Angaben der Hanna Weitenauer, geb. Rohrmoser.
Quellen und Literatur Zirkel, Heinrich Bernhard und Grundmann, Werner: Geschichte des Marktes Oberstdorf, Bd. 3, Oberstdorf 1976. Berktold, Anton; Huber, Leo und Kappeler, Mathias: Gerstruben und das benachbarte Traufberger und Spielmannsauer Tal. Oberstdorf 1977. Ullrich, Anton: Das Bauernhaus im Allgäu und seine Entwicklung. Kempten 1916.

Hindelang, Nr. 42 (jetzt Gailenbergstraße 8), Gemeinde Hindelang
Gebäudedokumentation Bauaufnahme durch Joseph Blanz, um 1940. 2 Grundrisse, 1 Ansicht, 1 Schnitt, ein Lageplan. M 1:100.
Quellen und Literatur Grundmann, Werner (Hg.): Der Landkreis Oberallgäu. München 1974. Scholl, Ulrich: Hindelanger Häuserchronik. Typoskript. Hindelang 1979 (Gemeinde Hindelang).

Knechtenhofen, Nr. 7, Gemeinde Oberstaufen
Gebäudedokumentation Bauaufnahme von Heinrich Götzger, 1941. M 1:100. 3 Grundrisse, 1 Querschnitt, 4 Ansichten. Archiv für Hausforschung, München Inv. Nr. 4608, 4617–19, 4864–4865, 5136–8.
Quellen und Literatur Dertsch, Richard: Landkreis Sonthofen. Historisches Ortsnamenbuch von Bayern, Schwaben, Bd. 7. München 1974. Götzger, Heinrich und Prechter, Helmut: Das Bauernhaus in Bayern. Bd. I. Regierungsbezirk Schwaben. München 1960. Götzger, Heinrich: Aufnahme Haus Nr. 7 in Knechtenhofen. Typoskript, 1941 (Archiv für Hausforschung, München). Ludewig, Thilo: Oberstaufen. Heimatbuch des Marktes Oberstaufen und der ehemaligen Herrschaft Staufen. Weiler im Allgäu. 1983. Voith, Christel und Helmut: Museen im Landkreis Oberallgäu. Bergatreute 1982. StAA, RA Immenstadt, Nr. 30, Rustikalsteuer 1808. StAA, RA Immenstadt, Nr. 124, Grundsteuerkataster 1836. StAA, RA Immenstadt, Nr. 126, Umschreibheft 1842–1854. StAA, RA Immenstadt, Nr. 266, Renov. Grundsteuerkataster 1854. StAA, RA Immenstadt, Nr. 332I, Umschreibhefte 1854–1958.

Lanzen, Kiefernweg 6 (alte Nr. 79), Gemeinde Waltenhofen
Gebäudedokumentation BLfD, Altarchiv Pl. 18364–6 Bauaufnahme aus dem Jahr 1936 durch Heinrich Weixler, Zimmermann. M 1:50. StAA Baupläne Kempten 30/16 und 184/36.
Quellen und Literatur Wegmann, Josef: Chronik der Gemeinde Waltenhofen. Waltenhofen 1952. Ullrich, Anton: Das Bauernhaus im Allgäu und seine Entwicklung. Kempten und München 1916. Götzger, Heinrich und Prechter, Helmut: Das Bauernhaus in Bayern. Bd. I. Regierungsbezirk Schwaben. München 1960. Blickle, Peter: Kempten. Historischer Atlas von Bayern, Teil Schwaben. München 1968. StAA RA Kempten, Nr. 777, Häuser und Rustikalsteuerkataster 1810. StAA RA Kempten, Nr. 950 I, Grundsteuerkataster 1836. StAA RA Kempten, Nr. 363 II, Umschreibhefte 1843–1855. StAA RA Kempten, Nr. 937 I, Renov. Grundsteuerkataster 1855. StAA RA Kempten, Nr. 1010 II, Umschreibhefte 1855–1896. StAA RA Kempten, Nr. 1010 V, Umschreibhefte 1896–1955.

Oberstaufen, Jugetweg 10 (ehemals Nr. 39), Gemeinde Oberstaufen
Gebäudedokumentation Pläne von Adolf Fäßler, Architekt, Oberstaufen. 4 Grundrisse, 2 Querschnitte, 1 Längsschnitt, 5 Ansichten. M 1:50. 1992.
Quellen und Literatur Grundmann, Werner (Hg.): Der Landkreis Oberallgäu. München 1974. Oberstaufen 868–1968. Heimatbuch des Marktes Oberstaufen und der ehemaligen Herrschaft Staufen. Bearbeitet von Thilo Ludewig. Weiler im Allgäu 1968. Ludewig, Thilo: 1125 Jahre Oberstaufen.

Kempten 1993. Ludewig, Thilo: Oberstaufen. Heimatbuch des Marktes Oberstaufen und der ehemaligen Herrschaft Staufen. Weiler im Allgäu. 1983. Mündliche Informationen von Georg Wagner, Oberstaufen.

Oberstdorf, Küferstr. Nr. 5 (alte Nr. 266), Markt Oberstdorf
Gebäudedokumentation Franz Vogler, Architekturbüro Kaiser & Vogler, Oberstdorf. 1995. M 1:50 und 1:100. 2 Grundrisse, 2 Querschnitte, 1 Sparrenlage, 4 Ansichten.
Quellen und Literatur Grundmann, Werner (Hg.): Der Landkreis Oberallgäu. München 1974. Grundmann, Werner und Zirkel, Heinrich Bernhard: Geschichte des Marktes Oberstdorf. 4 Bde. Oberstdorf 1976. Kappeler, Mathias und Vogler, Franz: Siedlungsentwicklung und Baugeschichte in Oberstdorf und Umgebung. Teil I. In: Unser Oberstdorf, Heft 10, 1986, S. 108–111. Ebenda, Teil II. In: Unser Oberstdorf, Heft 11, 1987, S. 141–148. StAA RA Immenstadt Nr. 56 II, Rustikalfassionen 1806. StAA RA Immenstadt Nr. 20, Häusersteuer 1811. StAA RA Immenstadt Nr. 114 III, Grundsteuerkataster 1836. StAA RA Immenstadt, Kontraktenprotokollbuch für das Amtsjahr 1842/43, Vertrag Nr. 500. StAA RA Immenstadt Nr. 222 VI, Umschreibhefte 1842–1854. StAA RA Immenstadt Nr. 256 III, Grundsteuerkataster renov. 1854. StAA RA Immenstadt Nr. 322 XIX, Umschreibhefte.

Unterminderdorf, Nr. 2 (ehemals Nr. 35), Sulzberg, Gemeinde Sulzberg
Gebäudedokumentation Verformungsgerechtes Aufmaß durch E. Rosenbaum, Büro für Bauforschung Michael Korte, Pipinsried 1982. M 1:25. 4 Grundrisse, 1 Querschnitt, 1 Längsschnitt, 2 Ansichten.
Quellen und Literatur Blickle, Peter: Kempten. Historischer Atlas von Bayern, Teil Schwaben. München 1968. Fürst, Konrad: Markt- und Pfarrgemeinde Sulzberg bei Kempten im Allgäu. Sulzberg 1887. Grundmann, Werner (Hg.): Der Landkreis Oberallgäu. München 1974. Denkmalfibel. Praktische Hinweise zu Denkmalschutz und Denkmalpflege in Bayern. Bearbeitet von Werner Schiedermair und Jutta Scherg. München 1991, S. 78f. StAA RA Kempten Nr. 23, Häuserfassion 1808. StAA RA Kempten Nr. 776, Häuser- und Rustikalsteuerkataster 1811. StAA RA Kempten Nr. 949, Grundsteuerkataster 1836. StAA RA Kempten Nr. 1008 I, Umschreibhefte 1854–1867. StAA RA Kempten Nr. 971, Renov. Grundsteuerkataster 1854, 1867, 1932. StAA RA Kempten Nr. 1008 IV, Umschreibhefte 1867–1932.

Wollmuths, Nr. 50 (später Nr. 49 3/4), Gemeinde Waltenhofen
Gebäudedokumentation Verformungsgerechtes Aufmaß durch M. Becker und Michael Felkner. 1993. M 1:50. 2 Grundrisse, 1 Längsschnitt, 1 Querschnitt, 4 Ansichten. Felkner, Michael: Baubeschreibung mit Maßnahmenprotokoll des denkmalgeschützten Anwesens Wollmuths Hs. Nr. 50. Martinszell-Oberdorf 1993 (Typoskript).
Quellen und Literatur Ullrich, August: Das Bauernhaus im Allgäu und seine Entwicklung. Kempten 1916. Wüst, Wolfgang: Bürgertum, Handel, wirtschaftliche und politische Außenbeziehungen der Reichsstadt. In: Dotterweich, Volker, u. a. (Hg.): Geschichte der Stadt Kempten. Kempten 1989, S. 202–222. Blickle, Peter: Kempten. Historischer Atlas von Bayern, Teil Schwaben. München 1968. Dengg, Andreas: Bauernhäuser im Allgäu. Vertiefungsarbeit am Lehrstuhl für Entwerfen und ländliches Bauwesen, TU München. Typoskript, München 1993. StAA RA Kempten, Nr. 16, Rustikalfassionen 1808. StAA RA Kempten, Nr. 771, Häuser- und Rustikalsteuerkataster 1809. StAA RA Kempten, Nr. 965, Grundsteuerkataster 1835. StAA RA Kempten, Nr. 987b, Renovierter Grundsteuerkataster 1900. StAA RA Kempten, Nr. 1002, Umschreibhefte 1854–1898.

Landkreis Ostallgäu

Berg, Am Hörnle 1 (alte Nr. 192), Gemeinde Pfronten
Gebäudedokumentation Bauaufnahme durch Architekt Müller 1950. M 1:200. 1 Grundriß, 3 Ansichten. Archiv für Hausforschung Inv. Nr. 5159–5163.
Quellen und Literatur Holzner, Ludwig: Geschichte der Gemeinde Pfronten, Pfronten 1956. Grundmann, Werner (Hg.): Der Landkreis Oberallgäu. München 1974. Petzet, Michael: Stadt und Landkreis Füssen. Bayerische Kunstdenkmale Bd. III. München 1960. Pölcher, Bertold: Rund um den Falkenstein. Mitteilungsblatt des Heimatverein Pfronten. Bd. 29, 1992, S. 678f. StAA RA Füssen, Nr. 14 II, Fassion 1808. StAA RA Füssen, Nr. 85 II, Grundsteuerkataster 1836. StAA RA Füssen, Nr. 128 III, Umschreibhefte 1842–1853. StAA RA Füssen, Nr. 674 II, Renov. Grundsteuerkataster 1853. StAA RA Füssen, Nr. 675 III, Renov. Grundsteuerkataster 1867. StAA RA Füssen, Nr. 741 II, Umschreibhefte 1853–1867. StAA RA Füssen, Nr. 741 III, Umschreibhefte 1867–1903. StAA RA Füssen, Nr. 741/8, Umschreibhefte 1903–1940.

Häringen, Nr. 2, Gemeinde Halblech
Gebäudedokumentation Bauaufnahme durch Franz Hölzl, Wörthsee. 1992. M 1:100. 2 Grundrisse, 2 Querschnitte.
Quellen und Literatur Bufler Albrecht, Das Schwangauer Haus, Schwabenland H. 1, 6, Augsburg 1939, S. 1–5. Rump, Hans-Uwe: Füssen. Historischer Atlas von Bayern. Teil Schwaben. München 1977. Lory, Peter (1905–1968): Hof- und Familiengeschichte von Häringen Nr. 59. Manuskript, Privatbesitz, Halblech. StAA RA Füssen, Nr. 1 II, Häuser- und Rustikalsteuerkataster 1810. StAA RA Füssen, Nr. 726 III, Umschreibhefte 1862–1899. StAA RA Füssen, Nr. 660 IV, Renov. Grundsteuerkataster 1899. StAA RA Füssen, Nr. 726 VI, Umschreibhefte 1899–1959. StAA RA Füssen, Nr. 660 II, Renov. Grundsteuerkataster 1862.

Irsee, Oberes Dorf 19, Markt Irsee
Gebäudedokumentation Bauaufmaß durch Annemarie Fuchs, Susanne Huber, Hans Niedermayer und Elisabeth Ortmaier, 1982. M 1:100. 4 Ansichten, 4 Grundrisse, 1 Querschnitt, 3 Details.
Quellen und Literatur Fuchs, Annemarie; Huber, Susanne; Niedermayer, Hans und Ortmaier, Elisabeth: Oberes Dorf 19. In: Burmeister, Enno (Hg.): Bauern- und Bürgerhäuser des Marktes Irsee. München 1982. Baudokumentationen der Fachhochschule München, Fachbereich Architektur Bd. 11. Frei, Hans (Hg.): Das Reichsstift Irsee. Vom Benediktinerkloster zum Bildungszentrum. Beiträge zu Geschichte, Kunst und Kultur. Weißenhorn 1981 (= Beiträge zur Landeskunde von Schwaben Band 7). StAA RA Kaufbeuren, Nr. 9, Häuser- und Rustikalsteuerkataster 1810. StAA RA Kaufbeuren, Nr. 278, Grundsteuerkataster 1835. StAA RA Kaufbeuren, Nr. 367 I, Umschreibhefte 1842–1854. StAA RA Kaufbeuren, Nr. 396 I, Renov. Grundsteuerkataster 1854. StAA RA Kaufbeuren, Nr. 396 II, Renov. Grundsteuerkataster 1868. StAA RA Kaufbeuren, Nr. 396 III, Renov. Grundsteuerkataster 1895. StAA RA Kaufbeuren, Nr. 454 I, Umschreibhefte 1854–1868. StAA RA Kaufbeuren, Nr. 454 III, Umschreibhefte 1868–1895. StAA RA Kaufbeuren, Nr. 454 V, Umschreibhefte 1895–1853.

Lechbruck, Untere Dorfstraße 39 (alte Nr. 62), Gemeinde Lechbruck
Gebäudedokumentation Bauaufnahme und verformungsgerechtes Aufmaß durch Michael H. Korte, 1986. BLfD Refe-

rat Bauforschung. M 1:25. 1 Längsschnitt, 3 Querschnitte, 3 Grundrisse, 4 Ansichten
Quellen und Literatur Kolb, Aegidius (OSB) und Kohler, Ewald: Ostallgäu. Einst und Jetzt. 2 Bände. Kempten 1984. Dussler, P. Hildebrand: Zur Geschichte des Dorfes Lechbruck. Lechbruck 1970. StAA RA Füssen, Nr. 12, Häuser- und Rustikalsteuerkataster 1810. StAA RA Füssen, Nr. 83 I, Grundsteuerkataster 1835. StAA RA Füssen, Nr. 671, Renov. Grundsteuerkataster 1853. StAA RA Füssen, Nr. 672 I, Renov. Grundsteuerkataster 1867. StAA RA Füssen, Nr. 738 I, Umschreibhefte 1867–1915. StAA RA Füssen, Nr. 677 II, Renov. Grundsteuerkataster 1915. StAA RA Füssen, Nr. 738 V, Umschreibhefte 1915–1962.

Stadels, Nr. 1, Gemeinde Görisried
Gebäudedokumentation Bauaufnahme aus dem Jahr 1977. M 1:50. BLfD München, Altarchiv PL 18867–18870. 1 Grundriß, 1 Schnitt, 2 Ansichten.
Quellen und Literatur Kolb, Aegidius (OSB) und Kohler, Ewald: Ostallgäu. Einst und Jetzt. 2 Bände. Kempten 1984. Petzet, Michael: Bayerische Kunstdenkmale. Landkreis Marktoberdorf. München 1966, S. 203f. Albin Schmiedl, Der Weiler Stadels. Hof Nr. 1 im obern Stainbach. Manuskript (Schmiedl hat für seine Hausgeschichte sämtliche Quellen des Staatsarchivs in Augsburg, des Bayerischen Hauptstaatsarchivs und des Gemeindearchivs Görisried erhoben). Gemeinde Görisried, um 1980. Rump, Hans Uwe: Füssen. Historischer Atlas von Bayern, Schwaben. München 1977.

Steig, Nr. 4 (ehemals Nr. 69), Gemeinde Günzach
Gebäudedokumentation Verformungsgerechtes Aufmaß durch Dipl.-Ing. FH W. Kuhn. 1988. M 1:24. BLfD, Referat Bauforschung Inv. Nr. 88/750–756. 2 Grundrisse, 2 Schnitte, 2 Ansichten.
Quellen und Literatur: Kolb, Aegidius (OSB) und Kohler, Ewald: Ostallgäu. Einst und Jetzt. 2 Bde. Kempten 1984. Eisinger-Schmidt, Claudia: Marktoberdorf. Historischer Atlas von Bayern, Teil Schwaben. München 1985. Hantschel, Gerlind und Wassermann, Andreas: Chronik der Gemeinde Günzach. Günzach 1982. StAA RA Marktoberdorf, Nr. 58, Besitzfassion 1811. StAA RA Marktoberdorf, Häuser- und Rustikalkataster 1811, Nr. 18. StAA RA Marktoberdorf, Umschreibhefte 1854–1959, Nr. 641c II.

Tremmelschwang, Nr. 6, Gemeinde Bidingen
Gebäudedokumentation Verformungsgerechtes Aufmaß durch Dipl. Ing. Franz Hölzl, Wörthsee, 1992. M 1:50. 5 Grundrisse, 2 Querschnitte, 2 Längsschnitte. Dendrochronologisches Gutachten der Firma Tisje, Neu-Isenburg, 1995. München. Rekonstruktion der Giebelansicht durch Dipl. Ing. Vinzenz Dufter, 1999.
Quellen und Literatur Kolb, Aegidius (OSB) und Kohler, Ewald: Ostallgäu. Einst und Jetzt. 2 Bände. Kempten 1984. StAA RA Marktoberdorf, Nr. 48, Besitzfassion 1811. StAA RA Marktoberdorf, Nr. 493 II, Grundsteuerkataster 1835. StAA RA Marktoberdorf, Nr. 529 II, Umschreibhefte 1835–1843. StAA RA Martkoberdorf, Nr. 565 III, Umschreibhefte 1843–1854. StAA RA Marktoberdorf, Nr. 601, Grundsteuerkataster 1854. StAA RA Marktoberdorf, Nr. 637 II, Umschreibhefte 1854–1867. StAA RA Marktoberdorf, Nr. 1292 III, Umschreibhefte 1867– 1958.

Landkreis Unterallgäu

Boos, Nr. 44 (später 70), Memmingerstraße. 4, Gemeinde Boos
Gebäudedokumentation Aufmaß durch Dipl. Ing. Richard Lugmair und Josef Huber, Tandern, 1989. M 1:50. 4 Grundrisse, 1 Längsschnitt, 1 Querschnitt, 3 Ansichten. BLfD, Referat Bauforschung, Inv. Nr. 89/098–106.
Quellen und Literatur Blickle, Peter: Memmingen. Historischer Atlas von Bayern, Schwaben I,4. München 1967. Gemeinde Boos. Dorferneuerung – Ortssanierung: Gestaltung am Beispiel der Gemeinde Boos, Krumbach 1991 (Flurbereinigungsdirektion). StAA RA Memmingen Grundsteuerkataster Nr. 725/II. StAA RA Memmingen Grundsteuerkataster Nr. 623/I. StAA RA Memmingen 725/IV.

Herbishofen, Nr. 2b, Gemeinde Lachen
Gebäudedokumentation Verformungsgerechtes Aufmaß durch Dipl. Ing. Joseph Huber und Richard Lugmair, Tandern, 1989. M 1:25. 2 Grundrisse, 1 Querschnitt, 1 Längsschnitt, 2 Ansichten. BLfD, Referat Bauforschung, Inv. Nr. 89/293–298.
Quellen und Literatur Schnieringer, Karl: Die Geschichte der Höfe und Sölden von Herbishofen (Gemeinde Lachen), in: Memminger Geschichtsblätter Mai 1937, 22. Jg., Nr. 2. Schnieringer, Karl: Heimatgeschichte der Gemeinde Lachen, Lachen 1936. Blickle, Peter: Memmingen. Historischer Atlas von Bayern. München 1967. HstAM, KL Kempten (Neuburger Ausgabe) 181. StAA RA Memmingen, Nr. 68, Häusersteuerkataster 1808. StAA RA Ottobeuren, Nr. 100, Steuerfassion 1808.

Illerbeuren, Nr. 10 (1798) – nach den Vereinödungsakten, Gemeinde Kronburg
Gebäudedokumentation Illerbeuren, Nattererhof, Gemeinde Kronburg Bauaufnahme 1995. M 1:100. 10 Ansichten. Bestandsplan 1988. M 1:100. 2 Grundrisse, 2 Ansichten, 2 Schnitte. Sowie rekonstruierte Ansichten von Norden vom Bauzustand 1850, 1900 und 1995, von Osten 1850, 1888, 1945.
Quellen und Literatur Blümel, Siegfried: Kronburg-Illerbeuren. Ein heimatgeschichtlicher Beitrag über die ehemalige Herrschaft Kronburg, Illerbeuren 1982. Kettemann, Otto: Kleiner Begleiter durch das Bauernhofmuseum Illerbeuren. Kronburg-Illerbeuren 1994 (Druckerzeugnisse des schwäbischen Bauernhofmuseum Illerbeuren 7). StAA Bezirksamt Memmingen, Nr. 158, Besitz- und Steuerfassionen 1808–1812. StAA Rentamt Memmingen, Nr. 633, Steuerkataster 1833. StAA RA Memmingen, Nr. 735 I, Grundsteuerkataster 1852. StAA RA Memmingen, Nr. 786 II, Umschreibhefte 1853–1904. StAA RA Memmingen, Nr. 735 II. Grundsteuerkataster von 1904. StAA Memmingen, Nr. 786 IV, Umschreibhefte 1904–1956.

Oberkammlach, Pfarrer-Herb-Straße 11 (alte Nr. 10), Gemeinde Kammlach
Gebäudedokumentation 2 Grundrisse, 2 Fassaden. Aufnahme von Architekt Pfand. M 1:50. Archiv für Hausforschung, Plan Nr. 4869.
Quellen und Literatur Walter, Karl: Kammlach unter einem Dach. Kammlach 1989, S. 53. Walter, Karl: Wir blicken zurück. Chronik Kammlach und Umgebung. Kammlach 1985. Vogel, Rudolf: Mindelheim. Historischer Atlas von Bayern. München 1970, S. 101, 108. StAA RA Mindelheim, Grundsteuerkataster von 1836. StAA RA Mindelheim, Grundsteuerkataster 1836. StAA RA Mindelheim, Renov. Grundsteuerkataster, 1852.

Untersteinbühl, Woringer Wälder Nr. 3, Gemeinde Woringen

Gebäudedokumentation Aufmaß durch Dipl. Ing. Joseph Huber und Richard Lugmair, Tandern, 1989. M 1:25. 1 Grundriß, 1 Längsschnitt, 1 Querschnitt, 1 Ansicht. BLfD, Referat Bauforschung, Inv. Nr. 89/905–908.

Quellen und Literatur Landkreis Unterallgäu, Mindelheim 1987, Bd. 2 (Beitrag zu Woringen von Siegfried Kaulfersch). Blickle, Peter: Memmingen. Historischer Atlas von Bayern. Schwaben Heft I,4. München 1967. Schöllhorn, Hans: Im Sterobühl, in: Memminger Geschichtsblätter Nr. 7, S. 26 (1970). Stepp, R.: Die Herrschaft Woringen im Mittelalter. Teil III, in: Memminger Geschichtsblätter, 1959. StAA RA Memmingen, Nr. 644, Grundsteuerkataster 1836. StAA RA Memmingen, Nr. 167, Häuser- und Rustikalfassionen 1810. StAA RA Memmingen, Nr. 746/1, Renov. Grundsteuerkataster 1853.

Woringen, Gemeinde Woringen

Gebäudedokumentation Bauaufnahme durch Studierende der FH Kassel. 1994. 1:25. 1 Grundriß, 2 Querschnitte, 1 Längsschnitt, Sparrenlage Bauernhofmuseum Illerbeuren.

Quellen und Literatur Kaulfersch, Siegfried: Woringen. In: Haisch, Hermann (Hg.): Landkreis Unterallgäu, Bd. 2, Mindelheim 1987, S. 1294–1298. Schöllhorn, Hans: Das »Woringer Häusle« – früher »Darast-Junkers Stüble«. In: Das Bauernhofmuseum Illerbeuren. O.J. (1980), S. 94–96. Kettemann, Otto: Kleiner Begleiter durch das Bauernhofmuseum Illerbeuren. Kronburg-Illerbeuren 1994 (Druckerzeugnisse des Schwäbischen Bauernhofmuseums Illerbeuren 7).

Architektenverzeichnis der Neubauten und Sanierungen

Wohnhaus, Stadt Lindenberg im Allgäu, Landkreis Lindau, 1988, Architekt Dipl. Ing. Dietrich Fink, München, S. 360ff.

Wohnhaus, Stadt Überlingen-Hödingen am Bodensee, Landkreis Friedrichshafen, 1988, Schaudt Architekten, Projektarchitekt Dipl. Ing. Ingo Bucher, Konstanz, S. 364f.

Wohnhaus, Markt Oberstdorf, Landkreis Oberallgäu, 1997, Architekt Dipl. Ing. Franz Vogler, Oberstdorf, S. 366f.

Mehrfamilienhaus in Martinszell, Gemeinde Waltenhofen, Landkreis Oberallgäu, 1993, Architekt Dipl. Ing. Michael Felkner, Martinszell, S. 368f.

Doppelhaus in Heuberg, Stadt Öttingen in Bayern, Landkreis Donau-Ries, 1992, Architekten Dipl. Ing. Moser + Rott, Nördlingen, S. 370.

Wohnhausanbau, Gemeinde Hohenaltheim, Landkreis Donau-Ries, 1977, Architekt Dipl. Ing. Anton Ziegelbauer, Hohenaltheim, S. 371.

Sanierung eines Wohnstallhauses in Edelstetten, Markt Neuburg a. d. Kammel, Landkreis Günzburg, 1989–90, Planung: Hans und Elisabeth Schlachter, Edelstetten, S. 372f.

Sanierung eines Mittertennhauses in Trauchgau, Gemeinde Halblech, Landkreis Ostallgäu, 1997, Architekt Prof. Erich Kassner, Augsburg, S. 374f.

Sanierung eines Einfirsthofes in Schweineberg, Gemeinde Ofterschwang, Landkreis Oberallgäu, 1988, Architekt Prof. Dr. Ernst Hiesmayr, Wien, S. 376ff.

Literaturverzeichnis

Alamannen, Die. Hg. vom Archäologischen Landesmuseum Baden-Württemberg. 2. Aufl. Stuttgart 1997.

Babucke, Volker: Die Reihengräberzeit in Schwaben 5.–7. Jahrhundert. In: Historischer Atlas von Bayerisch-Schwaben, Lfg. 2 (1985), Karte III, 9.

Bakker, Lothar: Siedlungsgeschichte und Archäologie in Augusta Vindelicorum/Augsburg. In: Augsburger Stadtlexikon. 2. Aufl., hgg. von Günther Grünsteudel u. a. Augsburg 1998, S. 29–38.

Bauer, Ingolf, unter Mitarbeit von **Nina Matt:** Bayerns Landwirtschaft seit 1800. Texte zum Museum im Schafhof. Wolnzach 1994.

Bauernhäuser in Bayern. Dokumentation. Hgg. vom Bayerischen Staatsministerium für Ernährung, Landwirtschaft und Forsten und dem Bayerischen Landesverein für Heimatpflege.

– Bd. 1: Mittelfranken. Hgg. von Helmut Gebhard und Konrad Bedal. München 1994.

– Bd. 2: Oberfranken. Hgg. von Helmut Gebhard und Bertram Popp. München 1995.

– Bd. 3: Unterfranken. Hgg. von Helmut Gebhard, Konrad Bedal und Albrecht Wald. München 1996.

– Bd. 4: Oberpfalz. Hgg. von Helmut Gebhard und Paul Unterkirchen. München 1995.

– Bd. 5: Niederbayern. Hgg. von Helmut Gebhard und Georg Baumgartner. München 1995.

– Bd. 6/1: Oberbayern-Nord. Hgg. von Helmut Gebhard und Konrad Bedal. München 1998.

– Bd. 6/2: Oberbayern-Süd. Hgg. von Helmut Gebhard und Helmut Keim. München 1998.

Baumann, Franz Ludwig: Geschichte des Allgäus. 3 Bde. Kempten 1883–1890 (Nachdruck Aalen 1971ff.)

Bausinger, Herrmann: Grundzüge der Volkskunde. Darmstadt 1978.

Bavaria. Landes- und Volkskunde des Königreichs Bayern, Bd. II, 2: Schwaben und Neuburg. München 1863.

Bayerisches Geologisches Landesamt (Hg.): Bodenkundliche Übersichtskarte von Bayern 1:500 000. München 1955.

– Erläuterungen zur Geologischen Karte von Bayern 1:500 000. 3. neu bearb. Aufl. München 1981.

Bayerisches Landesamt für Denkmalpflege (Hg.): Die Römer in Schwaben. München 1985 (Arbeitsheft 27).

Bayerisches Staatsministerium für Ernährung, Landwirtschaft und Forsten (Hg.): Ländliche Entwicklung in Bayern. Fachtagung 1996 in Memmingen »Ländliche Entwicklung der Zukunft«. München 1997 (Berichte zur Ländlichen Entwicklung 72).

– Der Wald in Schwaben. München 1994.

Beck, Rainer: Dörfliche Gesellschaft im alten Bayern 1500–1800. München 1992 (Hefte zur Bayerischen Geschichte und Kultur 14).

– Naturale Ökonomie. Unterfinning: Bäuerliche Wirtschaft in einem oberbayerischen Dorf des frühen 18. Jahrhunderts. München 1986.

– Unterfinning. Ländliche Welt vor Anbruch der Moderne. München 1993.

Beck, Ulrich / Antony Giddens / Scott Lash: Reflexive Modernisierung, eine Kontroverse. Frankfurt/M. 1996.

Bedal, Konrad: Bäuerlicher Hausbau in Mittelfranken. In: Bauernhäuser in Bayern. Mittelfranken, hgg. von Helmut Gebhard und Konrad Bedal. München 1994, S. 47–69.

– Historische Hausforschung. Eine Einführung in Arbeitsweise, Begriffe und Literatur. Bad Windsheim 1993 (Quellen und Materialien zur Hausforschung in Bayern 6, zugleich Schriften und Kataloge des Fränkischen Freilandmuseums 19).

– Ofen und Herd im Bauernhaus Nordostbayerns. München 1972.

– (Hg.): Das farbige Haus. Symposium am 28. Juli 1983. Bad Windsheim 1984 (Kleine Schriften des Fränkischen Freilandmuseums 4).

Benedikter, Peter: Bauernhäuser im Oberallgäu. In: Allgäuer Bauernblatt 55 (1985), S. 57–61.

Bergmeier, Hans: »Wie sie Einödinen gemachet«. Vereinödung im Kemptener Raum. Ein Beitrag zur Geschichte der ländlichen Neuordnung durch Flurbereinigung. München 1986 (Berichte aus der Flurbereinigung 56).

Biedermann, Rolf u. a.: Bild der Heimat in historischen und zeitgenössischen Bildern, Karten, Plänen und Postkarten. Neusäß 1984 (Neusässer Schriften 2).

Blickle, Peter: Die Revolution von 1525. 3. Aufl. München 1993.

Boneberger, Josef Paul: Die Regulierung der Gemeindeflur zu Schönau im 18. Jahrhundert. In: Westallgäuer Heimatblätter 29 (1927), S. 164–166.

Brandmüller, Walter (Hg.): Handbuch der bayerischen Kirchengeschichte, 3 in 4 Bdn. St. Ottilien 1991–1999.

Brednich, Rolf W. (Hg.): Grundriß der Volkskunde. Einführung in die Forschungsfelder der Europäischen Ethnologie. Berlin 1954.

Buck, Joseph: Das Bauernhaus im Allgäu. In: Allgäuer Geschichtsfreund 6 (1893), S. 8–13.

Bufler, Albrecht: Maßaufnahmen von alten Bauernhäusern im Allgäu. In: Schwabenland 5 (1938), S. 284–292.

– Das Schwangauer Haus. In: Schwabenland 6 (1939), S. 1–5.

Burmeister, Enno (Hg.): Bauern- und Bürgerhäuser des Marktes Irsee. München 1982 (Baudokumentationen der Fachhochschule München, Fachbereich Architektur 11).

Conrad, Kurt: Salzburger Freilichtmuseum. Führer. Salzburg 1984.

Crämer, Ulrich: Das Allgäu. Werden und Wesen eines Landschaftsbegriffs. Remagen 1954 (Forschungen zur deutschen Landeskunde 84).

Cramer, Johannes: Farbigkeit im Fachwerkbau. Befunde aus dem süddeutschen Raum. München 1990.

Czysz, Wolfgang: Das zivile Leben in der Provinz. In: W. Czysz u. a.: Die Römer in Bayern. Stuttgart 1995, S. 177–308.

– **/ Krahe, Günther:** Via Claudia Augusta. München 1986 (Denkmalpflege Informationen Ausgabe A, Nr. 58/7).

Deneke, Bernward: Europäische Volkskunst. Frankfurt/M. 1980.

Denkmäler in Bayern, Bd. 7: Schwaben. Bearb. von Bernd-Peter Schaul. München 1986.

Ditz, Heinrich: Geschichte der Vereinödung im Hochstift Kempten. Kempten 1865.

Dorn, Hanns: Die Vereinödung in Oberschwaben. Kempten 1904.
Eberl, Barthel: Die Eiszeitenfolge im nördlichen Alpenvorlande. Augsburg 1930.
Eheleuter, Franz: Haus und Hof. In: Westallgäuer Heimatblätter 5 (1932), S. 66–67.
Eigler, Friedrich: Die Entwicklung von Plansiedlungen auf der südlichen Frankenalb. München 1975 (Studien zur bayerischen Verfassungs- und Sozialgeschichte 6).
Ellenberg, Heinz: Bauernhaus und Landschaft in ökologischer und historischer Sicht. Stuttgart 1990.
Endriß, Gerhard: Die Separation im Allgäu. In: Schwäbische Heimatblätter 13 (1962), S. 1–7.
Erdmannsdorffer, Karl: Das Bauernhaus in Bayerisch-Schwaben. In: Schönere Heimat 49 (1968), S. 284–292.
Fassl, Peter (Hg.): Schwäbische Dörfer. Architekturzeichnungen aus zwei Jahrhunderten. Kronburg-Illerbeuren 1995 (Druckerzeugnisse des Schwäbischen Bauernhofmuseums Illerbeuren 10).
– **/ Wirthensohn, Robert:** Schwäbische Dörfer – Schmuck und Zier an Haus und Hof. Fotoausstellung des Bezirks Schwaben. Augsburg 1994.
Fehn, Klaus: Entstehung und Entwicklung der mittelschwäbischen Angerdörfer des 14. Jahrhunderts. München 1963.
– Siedlungsgeschichtliche Grundlagen der Herrschafts- und Gesellschaftsentwicklung in Mittelschwaben. Augsburg 1966.
Fischer, Klaus: Die naturräumliche Gliederung Schwabens. In: Historischer Atlas von Bayerisch Schwaben. Hgg. von Hans Frei, Pankraz Fried und Franz Schaffer. 2. Aufl., 2. Lfg. Augsburg 1985.
Flurbereinigungsdirektion Krumbach (Hg.): Flurbereinigung in Schwaben. Krumbach 1976.
Franken, Marlis: Die Alamannen zwischen Iller und Lech. Berlin 1944 (Germanische Denkmäler der Völkerwanderungszeit 5).
Frei, Hans: Das Dorf zwischen Tradition und Fortschritt. In: Hans Frei: Für Schwaben, S. 191–198.
– Eine Sölde wird Museum. In: Heimatpflege und Museen in Schwaben. Mitteilungen und Meinungen aus Schwaben, 1990/5, S. 33–34.
– Für Schwaben. Erforschen, Bewahren, Fortführen. Gesammelte Beiträge zu Landschaft, Geschichte und Kultur in Schwaben. Gessertshausen 1997 (Schriftenreihe der Museen des Bezirks Schwaben 18).
– Haus, Hof und Dorf. In: Landkreis Unterallgäu, Bd. 1. Mindelheim 1987, S. 439–446.
– Haus, Hof und Dorf und ihre Beziehungen zu den natürlichen Gegebenheiten am Beispiel von Bayerisch-Schwaben. In: Martin Hartl und Willi Englschalk (Hg.): Geographie, Naturwissenschaft und Geisteswissenschaft. Regensburg 1985, S. 409–419 (Regensburger Geographische Schriften 19/20).
– Historische Städte an der schwäbischen Donau. In: Hans Frei: Für Schwaben, S. 77–87.
– Märkte – ihre Bedeutung für den Warenaustausch und die Stadt-Land-Beziehungen am Beispiel von Nördlingen. In: Ruth Kilian und Eva Gilch: Märkte und Messen im Ries. Gessertshausen 1990, S. 4–8 (Schriftenreihe der Museen des Bezirks Schwaben 4).
– Das Ries als Agrarlandschaft. In: Anja Lippert: Federvieh – Gänse im Ries. Oberschönenfeld 1997, S. 6–15 (Schriftenreihe der Museen des Bezirks Schwaben 17).
– Das Ries als Kulturlandschaft. In: Schönere Heimat 78 (1989), S. 86–92.
– (Hg.): Im Flug über Schwaben. Eine Landeskunde mit 80 farbigen Luftbildern. 2. verb. Aufl. Weißenhorn 1977.
– **/ Krahe, Günther:** Führer zu archäologischen Denkmälern in Schwaben, Bd. 1–3. Stuttgart 1977–1995.
– **/ Plössl, Elisabeth:** Denkmalpflege in Schwaben: Kulturelles Erbe und Lebensraum. Augsburg 1988.
– **/ Poreller, Wolfram:** Das Ries, wie es ist. Eine landeskundliche Erläuterung mit 123 farbigen Luftbildern und Beschreibungen. Nördlingen 1983.
Freybourg, Werner: Schwaigen und Einöden in den Donauauen und die Perlenkette der Städte bis Donauwörth. Krumbach 1991.
Fried, Pankraz: Bayerisch-Schwaben. Grundzüge der geschichtlichen Entwicklung. 2. Aufl. München 1994.
– Voraussetzungen und Auswirkungen der frühen Industrialisierung in Bayern. Die Situation auf dem Lande. In: Rainer A. Müller (Hg.): Aufbruch ins Industriezeitalter, Bd. 2: Aufsätze zur Wirtschafts- und Sozialgeschichte Bayerns 1750–1850. München 1985, S. 412–442.
– Zur Geschichte der dörflichen Unterschichten in den ländlichen Siedlungen Bayerisch-Schwabens. In: Zeitschrift des Historischen Vereins für Schwaben 71 (1977), S. 109–129.
Gebhard, Helmut: Baufreiheit braucht Bauberatung. In: Der Bauberater 68 (1998), Heft 2.
– Besser bauen im Alltag. München 1982.
– Dorferneuerung. In: Handwörterbuch der Raumplanung. Hg. von der Akademie für Raumforschung und Landesplanung. Hannover 1995, S. 189 ff.
– Dorfstrukturen. In: Schönere Heimat, Sonderheft 3 (1984), S. 3–64.
– Ortsplanung im Ländlichen Raum. In: Handwörterbuch der Raumplanung. Hg. von der Akademie für Raumforschung und Landesplanung. Hannover 1995, S. 694 ff.
– Wertvorstellungen als Elemente der Planung. In: Stadtbauwelt, Heft 17. Berlin 1968, S. 125 ff.
– Wohnungsbau zwischen Heimatschutz und neuer Sachlichkeit. In: Bauen in München 1890–1950. München 1980.
– Die Zukunft der Städte und Dörfer. In: Der Bauberater 63 (1998), H. 2.
Gebhard, Torsten: Der Bauernhof in Bayern. München 1973.
– Kachelöfen. Mittelpunkt häuslichen Lebens. Entwicklung, Form, Technik. München 1988.
– Kasten und Speicher. In: Heimat und Volkstum 16 (1938), S. 241–246.
– Die Sachkultur der Almwirtschaft in Bayern. In: Bayerisches Jahrbuch für Volkskunde 1955, S. 45–56.
– Der Stand der Bauernhausforschung in Bayern. In: Berichte zur deutschen Landeskunde 9 (1951), S. 302–305.
– Wegweiser zur Bauernhausforschung in Bayern. München 1957.
Götzger, Heinrich: Bauernhausaufnahmen aus dem Allgäu. In: Schwabenland 8 (1941), S. 1–26.
– Baufibel für das Allgäu. München 1942.
– **/ Prechter, Helmut:** Das Bauernhaus in Bayern, Bd. I: Regierungsbezirk Schwaben. München 1960.
Graul, Hans: Die naturräumlichen Einheiten auf Blatt 180 Augsburg. Bad Godesberg 1962.
Grebe, Wilhelm: Handbuch für das Bauen auf dem Lande. Berlin 1943.
Grees, Hermann: Ländliche Unterschichten und ländliche Siedlung in Ostschwaben. Tübingen 1975 (Tübinger geographische Studien 58).
Gruber, Otto: Bauernhäuser am Bodensee. Konstanz 1961.
Gschwend, Max: Schweizer Bauernhäuser. Bern 1971.
Gunzelmann, Thomas, u. a.: Denkmalpflege und Dorferneuerung. Der denkmalpflegerische Erhebungsbogen zur Dorferneuerung. München 1999 (Arbeitshefte des Bayerischen Landesamtes für Denkmalpflege 93).

Haber, Wolfgang: Nachhaltigkeit. In: Handwörterbuch der Raumordnung, hg. von der Akademie für Raumforschung und Landesplanung. Hannover 1995.

Habermas, Jürgen: Die neue Unübersichtlichkeit. Frankfurt/M. 1985.

Häuser in bäuerlicher Tradition. Hg. vom Landkreis Aichach-Friedberg. Aichach 1988.

Handwörterbuch der Raumordnung. Hg. von der Akademie für Raumforschung und Landesplanung. Hannover 1995.

Haushofer, Heinz: Die deutsche Landwirtschaft im technischen Zeitalter, 2. Aufl. Stuttgart 1972 (Deutsche Agrargeschichte 5).

Heck, Theodor: Das Bauernhaus im Regierungsbezirk Schwaben. Das Forschungsergebnis von Rudolf Hoferer aus dem Nachlaß zusammengestellt (Maschinenschrift).

Heringer, Josef: Kulturlandschaft – Definition und Abgrenzung. In: Manfred Treml (Red.): Fortbildung von Lehrern aller Schularten in Fragen des Denkmalschutzes und der Kulturlandschaftspflege. München 1984.

Herrmann, Klaus: Pflügen, Säen, Ernten. Landarbeit und Landtechnik in der Geschichte. Reinbek bei Hamburg 1985.

Historischer Atlas von Bayerisch-Schwaben. 2. neu bearb. Aufl. in Lieferungen. Hg. von Hans Frei, Pankraz Fried und Franz Schaffer. Augsburg 1982 ff.

Historisches Ortsnamenbuch von Bayern. – Für den Bezirk Schwaben bisher erschienen: Landkreis Marktoberdorf (1953), Krumbach (1956), Kaufbeuren (1960), Dillingen a. D. (1966), Kempten (1966), Lindau (1973), Sonthofen (1973) und Mindelheim (1989).

Höpfner, Karl: Ländliches Bauen im Ries. In: Schönere Heimat 78 (1989), S. 93–98.

Hoferer, Rudolf: Die Bauernhausformen in Bayern. In: Schönere Heimat 33 (1937), S. 34–40.

– Ein Nord-Allgäuer Bauernhof. Haus Nr. 29 in Neuenried, Gemeinde Hüttenwang, Bezirksamt Markt Oberdorf. Abgebrannt 1910. In: Schwabenland 6 (1939), S. 5–8.

– Zur Karte der Altformen schwäbischer Bauernhäuser. In: Schwabenland 8 (1941), S. 61–65.

Hoffmann, Helga: Revolution, Randale und Reformen. Bauernbefreiung in Bayerisch-Schwaben vor 150 Jahren. Kronburg-Illerbeuren 1998 (Druckerzeugnisse des Schwäbischen Bauernhofmuseums Illerbeuren 12).

Hornstein, Felix von: Wald und Mensch. Theorie und Praxis der Waldgeschichte. 2. Aufl. Ravensburg 1958.

Huse, Norbert: Unbequeme Denkmale. Entsorgen? Schützen? Pflegen? München 1997.

Ilg, Karl: Die Haus- und Hofformen in Vorarlberg. In: H. Spielhofer, In alten Bauernhäusern leben. Graz 1981.

Jahn, Walter: Das Allgäu. Materialien und Anleitungen zur analytischen und synoptischen Raumbetrachtung. München 1979.

– Die Dauergrünland-Monokultur als prägendes Strukturelement der Allgäu-Landschaft. In: Allgäuer Geschichtsfreund 92 (1991), S. 103–136.

– Strukturwandel und Abgrenzung der voralpinen Allgäuer Kulturlandschaft. Kempten 1954 (Allgäuer Heimatbücher 43).

Jeggle, Utz: Grundzüge der Volkskunde im 20. Jahrhundert. In: Brednich, Rolf W. (Hg.), Grundriß der Volkskunde. Berlin 1954.

Jummerspach, Friedrich: Beitrag zur jüngsten Entwicklungsgeschichte des Bauernhauses im Allgäu. In: Heimgarten 5 (1920), Nr. 18.

Jung, Thomas: Geschichte der modernen Kulturtheorie. Darmstadt 1999.

Kettemann, Otto / Wiegel, Bert: Untersuchungen an einem spätbarocken Bauernhaus in Honsolgen. In: Schönere Heimat 79 (1990), S. 155–165.

Kießling, Rolf: Die Stadt und ihr Land. Umlandpolitik, Bürgerbesitz und Wirtschaftsgefüge in Ostschwaben vom 14. bis ins 16. Jahrhundert. Köln 1989 (Städteforschung A 29).

– Städte und Märkte vom Hochmittelalter bis zur Gegenwart in Schwaben. In: Historischer Atlas von Bayerisch-Schwaben Lfg. 4 (1998), Karte IV, 1.

– Konfession als alltägliche Grenze – oder: Wie evangelisch waren die Reichsstädte? In: Geld und Glaube. Leben in evangelischen Reichsstädten. Ausstellungskatalog. Augsburg 1998, S. 48–66 (Veröffentlichungen zur Bayerischen Geschichte und Kultur 37).

Kilian, Ruth: Die Rieser Landwirtschaft im Wandel. Neue Dauerausstellung im Rieser Bauernmuseum Maihingen. In: Museum heute 16 (1998), S. 17–23.

Klima-Atlas von Bayern. Hg. vom Deutschen Wetterdienst in der US-Zone. Bad Kissingen 1952.

Klimm, Peter (Red.): Bayerisch Schwaben. Schönes Land zwischen Ries und Bodensee. 2. neu überarb. Aufl. Konstanz 1996.

Kolb, Aegidius / Kohler, Ewald: Ostallgäu. Einst und Jetzt. 2 Bde. Kempten 1984.

Kolesch, Hermann: Das altoberschwäbische Bauernhaus. Mit einem Nachwort von Adolf Schahl. Tübingen 1967 (Volksleben 17).

Kolleffel, Johann Lambert: Schwäbische Städte und Dörfer um 1750. Hg. von Robert Pfaud. Weißenhorn 1974.

Kudorfer, Dieter: Nördlingen. München 1974 – (Historischer Atlas von Bayern, Teil Schwaben).

Kunold, Werner (Hg.): Naturlandschaft – Kulturlandschaft. Die Veränderung der Landschaften nach der Nutzbarmachung durch den Menschen. Landsberg 1996.

Laferton, Siegfried: Heinzen. Heutrocknungsgestelle begleiteten die Entwicklung der Allgäuer Landwirtschaft. Kronburg-Illerbeuren 1992 (Druckerzeugnisse des Schwäbischen Bauernhofmuseums Illerbeuren 6).

Layer, Adolf u. a.: Schwaben. In: Max Spindler (Hg.): Handbuch der bayerischen Geschichte, Bd. III, S. 803–1248.

Lindner, Karl (Hg.): Geschichte der Allgäuer Milchwirtschaft. 100 Jahre Allgäuer Milch im Dienste der Ernährung. Kempten 1955.

Lippert, Hans: Das nordschwäbische Bauernhaus. In: Schwabenland 1 (1934), S. 48–56.

Lochbrunner, Wilhelm: 1550–1880. Ländliche Neuordnung durch Vereinödung. München 1984 (Berichte aus der Flurbereinigung 51).

Luhmann, Niklas: Die Kunst der Gesellschaft. Frankfurt/M. 1995.

– Soziale Systeme. Grundriß einer allgemeinen Theorie. Frankfurt/M, 1994.

Mader, Gert Th.: Die Bauaufnahme. In: Petzet/Mader, Praktische Denkmalpflege Stuttgart 1993, S. 156–167.

Mäck, Ulrich / Ehrhardt, Hans: Das schwäbische Donaumoos und die Auwälder zwischen Weißingen und Gundelfingen. Augsburg o. J. (1995).

Magel, Holger: Flurbereinigung und Planung. In: 100 Jahre Flurbereinigung in Bayern. München 1986, S. 99–116 (Berichte aus der Flurbereinigung 57).

Maidl, Peter: Auswanderung aus Schwaben und Neuburg im 19. Jahrhundert. In: Historischer Atlas von Bayerisch-Schwaben, 4. Lfg. (1998), Karte XII, 5.

Maier, Jörg: Allgäu – eine Landschaft im Wandel. In: Mitt. d. Geograph. Gesellschaft in München 60 (1975), S. 5–36.

Mayer, Sebastian: Materialien zur Siedlungs-, Wirtschafts- und Sozialgeschichte des Dorfes Meßhofen. Maschinenschrift (Schwäbisches Bauernhofmuseum Illerbeuren).

– **/ Höntze, Ernst:** Hausgeschichte des Anwesens Nr. 23 in

Meßhofen. Textband. Maschinenschrift 1999 (Schwäbisches Bauernhofmuseum Illerbeuren).
Mayer, Ulrich / Weizenegger Josef: Verlorene Zeit-Zeugen. Verluste an historischen Bauwerken im Ortsbild der Gemeinden des Landkreises Günzburg in den Jahren 1945–1990. Günzburg 1991.
Müller-Wirthmann, Bernhard, u.a.: Vom Untertan zum freien Bauern. Die Reformen der Montgelas-Zeit. In: Bauern in Bayern. Von der Römerzeit bis zur Gegenwart. Regensburg 1992, S. 154–176 (Veröffentlichungen zur bayerischen Geschichte und Kultur 23).
Nerdinger, Winfried: Neue Architektur im Allgäu. Ausstellung des Architekturmuseums Schwaben. Augsburg 1997.
Neu, Wilhelm: Das alte Bauernhaus im Landkreis Landsberg a. Lech. In: Schönere Heimat 71 (1982), S. 313–319.
– Hauslandschaft in Bayern. In: Zeitschrift der bayerischen Staatsbauverwaltung 7 (1973).
– Hauslandschaften in Bayern. In: Wasser + Abwasser 1979, S. 118–121.
– Notizen zur Häusergeschichte von St. Georgen und Wengen. In: Lech-Isar-Land 1988, S. 3–49.
Nitz, Hans Jürgen: Historisch-genetische Siedlungsforschung. Darmstadt 1974.
Nowotny, Peter: Alpwirtschaft. Kempten 1991.
– Vereinödung im Allgäu und in den angrenzenden Gebieten. Kempten 1984.
Ostenrieder, Petra: Wohnen und Wirtschaften in Oettingen 1600–1800. Untersuchungen zur Sozialtopographie und Wirtschaftsstruktur einer bikonfessionellen Residenzstadt. Augsburg 1993 (Materialien zur Geschichte des bayerischen Schwaben 19).
Petz, Wolfgang: Reichsstädte zur Blütezeit. Alltag und Kultur im Allgäu und in Oberschwaben 1350–1550. Kempten 1989.
– Zweimal Kempten – eine Doppelstadt 1694–1836. München 1998 – (Schriftenreihe der Philosophischen Fakultäten der Universität Augsburg 54).
Pfaud, Robert: Baufibel für Mittel- und Nordschwaben. München 1944.
Pösges, Gisela / Schieber, Michael: Das Rieskrater-Museum Nördlingen. München 1994 (Akademie für Lehrerfortbildung Dillingen, Akademiebericht 253).
Pötzl, Walter: Das Dorf Irsee und seine Bewohner um 1700. In: Das Reichsstift Irsee. Weißenhorn 1981, S. 168 ff.
– Zur Geschichte des Hausbaus. In: Walter Pötzl und Anni Hartmann: Häuser, Möbel, Trachten. Zur Sachkultur des Volkes. Augsburg 1993, S. 11–132 (Der Landkreis Augsburg 8).
– **/ Gutmann, Horst:** Das Staudenhaus aus Döpshofen. Mit einer Einführung von Hans Frei. Augsburg 1985.
– **/ Hartmann, Anni:** Häuser, Möbel, Trachten. Zur Sachkultur des Volkes. Augsburg 1993 (Heimatbuch des Landkreises Augsburg 8).
Prechter, Helmut: Das Allgäuer Voralpendorf. In: Der Zwiebelturm 5 (1950), S. 244–246.
– Die Bauernhausforschung in Schwaben. Art und Stand der Bearbeitung. In: Bayerisches Jahrbuch für Volkskunde 1950, S. 36–43.
– Erscheinungsformen des schwäbischen Dorfes. In: Schwäbische Blätter für Volksbildung und Heimatpflege 3 (1952), S. 177–186.
– Fachwerkbau in Wittislingen. In: Schönere Heimat 43 (1954), S. 79–80.
– Das Kesseltaler Strohdachhaus. In: Nordschwäbische Chronik 1950, Nr. 3.
Riedmiller, Kornelius: Joseph Buck 1820–1897. Maler und Heimatforscher. Kempten 1979.
Rösener, Werner: Die Bauern in der europäischen Geschichte. München 1993.
Sachs, Petra: Bauernhäuser im Bodenseekreis. Ein Führer zu Zeugnissen ländlicher Baukultur. Friedrichshafen 1985.
Schäfer, Ingo: Das Alpenvorland im Zenit des Eiszeitalters. 2 Bde. Stuttgart 1995.
Schaffer, Franz / Poschwatta, Wolfgang: Bevölkerungsentwicklung in Schwaben 1840–1980. In: Historischer Atlas von Bayerisch-Schwaben, 2. Lfg. (1985), Karte XII, 3.
Scharrer, Werner: Der Grieshof. Zur Geschichte eines Bauernhauses und seiner Bewohner. Kronburg-Illerbeuren 1988 (Druckerzeugnisse des Schwäbischen Bauernhofmuseums Illerbeuren 1).
Schenk, Winfried / Fehn, Klaus / Denecke, Friedrich: Kulturlandschaftspflege. Beiträge der Geographie zur räumlichen Planung. Berlin 1997.
Schmithüsen, Josef: Die Entwicklung der Landschaftsidee in der europäischen Malerei als Vorgeschichte des wissenschaftlichen Landschaftsbegriffes. In: Emil Meynen (Hg.): Geographie heute. Einheit und Vielfalt. Festschrift für Ernst Plewe. Wiesbaden 1973 (Erdkundliches Wissen 33).
Schnieringer, Karl: Die Geschichte der Höfe und Sölden von Herbishofen (Gemeinde Lachen). In: Memminger Geschichtsblätter 22 (1937), Nr. 2.
Scholz, Herbert: Bau und Werden der Allgäuer Landschaft zwischen Lech und Bodensee. Eine süddeutsche Erd- und Landschaftsgeschichte. 2. Aufl. Stuttgart 1995.
Schumacher, Fritz: Der Geist der Baukunst. Tübingen 1956.
Schwaben – ein Regierungsbezirk stellt sich vor. 2. Aufl. Möglingen 1987.
Seibert, Paul: Übersichtskarte der natürlichen Vegetationsgebiete von Bayern 1:500000 mit Erläuterungen. Bonn–Bad Godesberg 1968 (Schriftenreihe für Vegetationskunde 3).
Spindler, Max (Hg.): Handbuch der bayerischen Geschichte, Bd. III: Franken, Schwaben, Oberpfalz. 2. Aufl. München 1979.
Stechele, Josef u. a.: Naturpark Augsburg–Westliche Wälder. Wanderparadies zwischen Donau, Schmutter, Wertach und Mindel. Augsburg 1988.
Steiner, Thaddäus: Allgäuer Alpnamen. Kempten 1980.
Stock, Wolfgang Jean: Anonyme Architektur und Ortsbild. In: Bauen im Allgäu, Selbstverständnis einer Region. München 1995.
Striebel, Josef: Die alte Mühle zu Katzbrui, ein schwäbisches Bauernhausdenkmal. 1661–1961. In: Schwabenland 1939, S. 99–102.
Stutzer, Dietmar: Geschichte des Bauernstandes in Bayern. München 1988.
Thaer, Albrecht: Annalen des Ackerbaus, Bd. 4. Berlin 1805–1810.
Trost, Brigitte: Domenico Quaglio 1787–1837. Monographie und Werkverzeichnis. München 1973 (Materialien zur Kunst des 19. Jahrhunderts 6).
Ullrich, August: Das Bauernhaus im Allgäu und seine Entwicklung. Heimatstudie. In: Allgäuer Geschichtsfreund 1916, S. 1–46.
Vergangenheit hat Zukunft. 20 Jahre Denkmalpflege in Bayerisch-Schwaben. Augsburg 1994.
Vogel, Franz: Erläuterungen zur bodenkundlichen Übersichtskarte von Bayern 1:500 000. München 1961.
Voges, Dietmar-H.: Friedrich Wilhelm Doppelmayr (1776–1845). Katalog zur Gedächtnisausstellung in Nördlingen und Rosenheim. Nördlingen 1995.
– Die Reichsstadt Nördlingen. München 1988.
Weiss, Richard: Häuser und Landschaften der Schweiz. Zürich 1959.

Werner, Paul / Neu, Wilhelm: Bayerische Hauslandschaften. Folge 19: Das Bauernhaus um Füssen. In: Charivari 7/1987, S. 51–56.

Wieczorek, Ulrich: Natur und Landschaft. In: Wilhelm Liebhart (Hg.): Inchenhofen. Wallfahrt, Zisterzienser und Markt. Sigmaringen 1992, S. 11–22.

Wiesmüller, Franz Xaver: Geschichte der Moorkultur in Bayern. München 1934.

Zell, Franz: Volkskunst im Allgäu. Original-Aufnahmen aus der Ausstellung für »Volkskunst und Heimatkunde« in Kaufbeuren, September 1901. Kaufbeuren–München 1902.

Zorn, Wolfgang: Die Eingliederung Ostschwabens in den bayerischen Staat unter den ersten Königen Max I. und Ludwig I. In: Pankraz Fried (Hg.): Probleme der Integration Ostschwabens in den bayerischen Staat. Bayern und Wittelsbach in Ostschwaben. Sigmaringen 1982, S. 79–92 (Augsburger Beiträge zur Landesgeschichte Bayerisch-Schwabens 2).

– Handels- und Industriegeschichte Bayerisch-Schwabens 1648–1870. Augsburg 1961 (Studien zur Geschichte des bayerischen Schwabens 6).

– Historischer Atlas von Bayerisch-Schwaben. Augsburg 1955.

– Die Territorien Schwabens 1802. In: Historischer Atlas von Bayerisch-Schwaben, 1. Lfg. (1982), Karte VI, 1.

Ortsverzeichnis

Das folgende Ortsverzeichnis gliedert sich in zwei Teile: Zunächst sind die Hausbeispiele des dokumentarischen Teils nach Landkreisen aufgeführt, danach folgt ein Register aller im Buch erwähnten Orte, Gemeinden und Städte (einschließlich der Hausbeispiele) in alphabetischer Reihenfolge.

Bildnachweis

Die Vorlagen für die Abbildungen des Bandes haben die im folgenden genannten Leihgeber aus ihren Archiven zur Verfügung gestellt. Die Zeichnungen wurden im wesentlichen vom Lehrstuhl für Entwerfen und ländliches Bauwesen, TU München und dem Architekturbüro Gebhard angefertigt.

Archiv für Hausforschung des Institus für Volkskunde, München: 54, 55, 58, 60 o.r., 61–68, 72, 73, 75–82, 83 l., 85–90, 218, 222 o.
Bayerischer Landesverein für Heimatpflege e.V., München: 131, 150, 179, 181, 184, 185, 195, 205, 208, 216, 218, 237, 245, 246, 249, 264, 273, 297, 308, 311, 317 (Hölzl), 333, 335
Bayerisches Landesamt für Denkmalpflege, München: 117, 133, 175, 326 (Strehler)
Bayerisches Landesamt für Wasserwirtschaft München: 23
Bayerisches Landesvermessungsamt, München: 38
Born, Martin: 43 (Aus: Geographie der ländlichen Siedlungen. Bd. 1: Die Genese der Siedlungsformen in Mitteleuropa, Stuttgart, 1977)
Decke und Banner, Zusmarshausen: 153
Dertsch: 34 o., 35
Direktion für ländliche Entwicklung, Krumbach: 27, 29 o., 45 o., 45 u.r.
Domes, Dieter, Blindheim: 169 u.
Felkner, Michael, Martinszell: 91–98, 369
Fink, Dietrich: 359, 361, 363
Freilichtmuseum des Bezirks Oberbayern an der Glentleiten: 134
Gebhard, Helmut, München: 12, 13, 101, 295, 340, 343, 358 u., 377, 378
Gemeinde Görisried: 314
Haibl, Franz: 303
Hölzl, Franz, Wörthsee: 122, 300
Höpfner, Karl, Reimlingen: 211
Kappeler, Mathias: 267
Kassner, Gerhard, Berlin: 375
Korte, Michael: 288
Kreisheimatstube Stoffenried: 225 (Barbara Mettenleiter-Strobl)
Landbrecht, Bernhard, München: 365 u.
Landkreis Unterallgäu: 45 m.r.
Lauer, Thomas, München: Titelbild, 373 o.
Lehrstuhl für Entwerfen und ländliches Bauwesen, TU München, Prof. M. Reichenbach-Klinke, wiss. Assistent Dipl. Ing. Vinzenz Dufter (Mitarbeiter: Harald Scharrer, Sabrina Hehl): Zeichnungen Hausbeispiele: 119–339
Ludwig Menner, München: 15 u., 373 u.
Mayer, Erwin: 169 o.
Moser und Rott, Architekturbüro, Nördlingen: 370
Müthe, Rolf-Jürgen, Brambach: 263
Museen des Bezirks Schwaben: 29 (E. Eberhardinger)
Museumsverein Mertingen: 202
Öttl, Stefan, München: 141
Plöckl, Hermann, Aichach: 123, 127, 129
Proeller, Wolfram, Donauwörth: 25, 45 u.l.
Raab, Erhard, Neu-Ulm; mit Genehmigung der Sparkasse Neu-Ulm-Illerstissen: 45 m.l.
Reichmann, Hermann, München: hinteres Umschlagbild, 10, 11, 14, 15 o.und m., 16, 52, 100, 145, 148, 158, 165, 191, 194, 214, 215, 221, 222 u., 233, 294, 337, 358 o.
Reißer, Gudrun: 139
Scharrer, Harald, München: 345
Schaudt Architekten: 365 o.
Familie Schmid: 156
Schmid, Jürgen, Zusmarshausen: 162, 164
Schmidberger, Michael, Schiltberg: 121
Schwab, Josef W.: 253
Schwäbische Forschungsgemeinschaft, Augsburg (Historischer Atlas von Bayerisch-Schwaben): 20, 37
Schwäbisches Bauernhofmuseum Illerbeuren: 71, 104, 106–113, 241, 257 (Otto Kettemann), 328, 339
Schwäbisches Volkskundemuseum Oberschönenfeld: 228, 229
Schwaiger, Maria, Weicht: 321
Simon, Baudirektor, Landratsamt Donauwörth: 187
Städtische Kunstsammlungen, Augsburg: 41, 60 l.
Steiner, Wolfgang, Deubach: 18
Trommer-Igling: 83 r.
Vogler, Bernhard, Oberstdorf: 367
Vogler, Karl: 283
Wagner, Georg, Oberstaufen: 279
Willi, Gerhard: 34 u.
Wolf, Albert, Kempten: 270, 276, 291
Ziegelbauer, Anton: Hohenaltheim: 371

Danksagung

Die Herausgeber dieser Dokumentation danken besonders für wissenschaftliche Beratung und Unterstützung und für die Bereitstellung von Plan- und Bildmaterial:

Univ.-Prof. Dr.-Ing. Gerd Albers, München

Dr. Alfred Albrecht, Ltd. Landwirtschaftsdirektor, Regierung von Schwaben

Prof. Dr. Ingolf Bauer, Landeskonservator, München

Dr. Peter Fassl, Bezirksheimatpfleger, Augsburg

Univ.-Prof. Dr. Pankraz Fried, Heinrichshofen

Andreas Guggenmos, Thierhaupten

Karl Höpfner, Kreisheimatpfleger, Reimlingen

Johannes Langer M. A., Augsburg

Dr. Gerd Mader, Hauptkonservator, München

Dr. Manfred Mosel, Hauptkonservator, München

Dipl. Ing. Wilhelm Neu, Landeskonservator i. R., Utting-Holzhausen

Ralph Pöllath M. A., Kreisheimatpfleger, Wittislingen

Dipl. Ing. Regierungsbaumeister Architekt Christian Prechter, Harburg

Hermann Reichmann, München

Walter Rock, Abteilungsdirektor, Regierung von Schwaben

Hans Roth, Geschäftsführer des Landesvereins für Heimatpflege e. V., München

Michael Schmidberger, Kreisheimatpfleger, Schiltberg

Georg Waldemer, Konservator, München

Martin Wölzmüller M. A., Stellv. Geschäftsführer des Landesvereins für Heimatpflege e. V., München

Albert Wolf, Kempten

Anna Wunderer, Mertingen

Hermann Zeller, Kreisheimatpfleger, Illerbeuren

Die Gemeinschaftsarbeit dieser Dokumentation verdankt ihre Entstehung einer großen Zahl von Mitarbeitern, Beratern und unterstützenden Institutionen:

Beteiligte Geschäftsbereiche und Institutionen:

Bayerisches Staatsministerium für Ernährung, Landwirtschaft und Forsten (Herausgeber der Dokumentation)

Bayerischer Landesverein für Heimatpflege e. V. (Mitherausgeber der Dokumentation und federführend für das Autorenteam)

Bayerisches Staatsministerium des Innern

Bayerisches Staatsministerium für Wissenschaft, Forschung und Kunst

Technische Universität München

Regierung von Schwaben, Augsburg

Bayerisches Nationalmuseum, München

Staatsarchiv Augsburg

Bayerisches Landesamt für Denkmalpflege, München

Landesstelle für die Nichtstaatlichen Museen, München

Institut für Volkskunde der Kommission für bayerische Landesgeschichte bei der Bayerischen Akademie der Wissenschaften, München

Schwäbisches Volkskundemuseum, Oberschönenfeld

Schwäbisches Bauernhofmuseum, Illerbeuren

Rieser Bauernmuseum, Maihingen